国家出版基金项目
NATIONAL PUBLICATION FOUNDATION

劉琳　刁忠民　舒大剛　尹波等校點

宋會要輯稿

1

上海古籍出版社

圖書在版編目(CIP)數據

宋會要輯稿／劉琳等校點. —上海：上海古籍出版社，2014.6（2024.7重印）
ISBN 978-7-5325-7301-1

Ⅰ.①宋… Ⅱ.①劉… Ⅲ.①會要—中國—宋代 Ⅳ.①D691.5

中國版本圖書館 CIP 數據核字(2014)第 121968 號

本書爲國家出版基金資助項目

本書爲
國家社科基金重大項目《巴蜀全書》(10@zh005)系列成果
四川省重大文化工程《巴蜀全書》(川宣 2012·110 號)系列成果

宋會要輯稿

（全十六册）

劉琳　刁忠民　舒大剛　尹波等校點

上海古籍出版社出版發行
（上海市閔行區號景路159弄A座5F　郵政編碼 201101）
(1) 網址：www.guji.com.cn
(2) E-mail：guji1@guji.com.cn
(3) 易文網網址：www.ewen.co
上海世紀嘉晉數字信息技術有限公司印刷
開本 787×1092　1/16　印張 631.625　插頁 80　字數　12,127,000
2014 年 6 月第 1 版　2024年 7月第 7 次印刷
ISBN 978-7-5325-7301-1
K·1876　定價：3200.00 元

校點者（按姓氏筆劃排列）

刁忠民　王小紅　王智勇　王曉波　尹　波
李文澤　李勇先　吴洪澤　徐亮功　郭　齊
郭聲波　黄錦君　舒大剛　楊世文　劉　琳

審定者

劉　琳　刁忠民　尹　波

項目負責人

舒大剛　尹　波

責任編輯

占旭東　鄭明寶　徐樂帥

張祎琛　王　珺　陳麗娟

責任校對

侯奇偉　楊思華　俞麗敏　梁　勤

陳　穎　李曉荷　王怡瑋　伍　愷

美術編輯

嚴克勤

技術編輯

富　强

序言

劉　琳

一、《宋會要輯稿》校點整理緣起

在中國現存的萬千古籍之中，清嘉慶年間學者徐松從《永樂大典》輯出的《宋會要》無疑是一部極爲重要、極有價值的文獻。迄今其大部分原稿保存在一九三六年前北平圖書館影印的《宋會要輯稿》一書中。這部書就其資料之豐富、卷帙之浩大，可與《宋史》、《續資治通鑑長編》比肩，堪稱宋代史料之淵藪。但同時這部書也是中國最難整理的古籍之一。其抄稿之斷裂、散亂、重複、錯簡比比而然，其文字之訛、脱、衍、倒滿篇皆是。昔年陳垣先生以元刻本及諸本校補沈家本刻《元典章》，凡得謬誤一萬二千餘條，復抽其十之一以爲《元典章校補釋例》一書，詳列其謬誤之類型。《宋會要輯稿》之謬誤較之沈刻《元典章》，有過之而無不及，幾乎古籍中一切訛誤的類型此書都有，而且更爲典型。王安石曾戲稱《春秋》一書爲「斷爛朝報」，言其殘缺零亂，《宋會要輯稿》也可以説是一部大得多的「斷爛朝報」。讀者翻開此書，耐着性子讀下去，就好像走在一條崎嶇小路上，重重荊棘，處處坑塹，常常無路可通，只好掩卷嘆息。學者對此書的心情，可以説是又愛又恨，愛其資料豐富，恨其錯亂難讀。因此，一些學者曾經有意重新整理此書。

上世紀九十年代，四川大學古籍整理研究所與美國哈佛大學、臺北中研院歷史語言研究所合作，由川大古籍所負責校點，出了一部電子版的《宋會要輯稿》點校本（包括《宋會要輯稿補編》），後來納入臺灣「中研院漢籍電子文獻」（舊稱「漢籍全文資料庫」）。但是那一次本來的目標也只是初加校點整理，掛到互聯網上，以供讀者閱讀，因此只能説是一次粗加工。二〇〇九年，川大古籍所與上海古籍出版社達成合作協議，由川大古籍所以上述電子版（不包括《宋會要輯稿補編》）爲基礎，進行增訂改造，精校、精點、精加工，以期成爲一部具有較高學術水平的古籍整理著作，交上海古籍出版社出版。爲此，原電子版編纂委員會的同仁經過會商，決定由刁忠民負責初審，劉琳負責終審定稿，所長舒大剛、副所長尹波爲項目負責人，負責統籌組織、對外聯絡、後勤保障，尹波還負責收集資料，并參與全書的校對以及部分審稿工作。

我們原計劃用三年完成此項任務，但結果經過四年多的全力以赴，才得以基本完成。現在的這部書較之電子版已經發生了脫胎換骨的巨大變化。電子版《輯稿》約有校記近一萬五千條，而本書則達到三萬三千餘條，增加了一倍多，原來的校記也作了很多增刪改寫。此外，正文中用括號直接改、補、删、乙未出校記者也比電子版多，達到二萬餘處；標點符號及分條、行款等的改正不計其數。

現在，這部書即將與讀者見面了，爲了讓讀者更好地了解本書，茲就下面幾個相關的問題談談我們的一些看法和作法。

二、歷代輯錄、整理、研究《宋會要》之回顧

《永樂大典》收錄宋代史學巨著《宋會要》，可謂功德無量。但很可惜，此書在《大典》中的命運沒有像另一部宋代史學巨著《續資治通鑑長編》那樣幸運。《長編》較完整地收錄在《大典》「宋」字韻中，因此清乾隆中四庫館臣輯出也比較完整，而且文字很少錯誤；而《宋會要》則被分散收錄在數百個字韻中（即今可考的就有近四百個字韻）。其中收得最多最集中的就是「貨」字韻「食貨」目，在三十二卷中均輯有《宋會要》之文；而最少者則一個字韻只有一條。即使是收得較多的字韻，又往往被分割成若干小塊。再加上編纂工作不夠嚴謹，由此帶來了很多問題。例如不標明底本的全稱，而籠統稱爲「宋會要」，使人不知底本爲何書；底本中原注的出處「以上《△△會要》」等或錄或不錄，使人不明以上文字究出何種《會要》；底本中原有的大類及門目被打亂塞到各字韻，而原來的門類名稱及各級標題或標或不標，使人不明所收文字在原書中屬何類何門何目；將原書中甲門的條文剪下插入乙門，而又不補出原有的年月，不但毀壞了原貌，而且常常造成年代的錯誤與混亂；時時將他書之文插入《宋會要》的條文之中，而又不標書名，使人誤以爲是《會要》之文；行款常有錯誤，大字正文誤作小字注文，小字注文誤作大字正文，該分段時不分段，不該分段時卻又分段，不但使文義不明、文理不通，而且往往造成年代錯亂；如此等等。其中一些問題，我們在後面還要詳加討論。我們今天能看到《宋會要》，《大典》編者自然是頭號功臣；但《宋會要》輯稿中出現的種種問題，其主要造成者也是《大典》編者。

清嘉慶中編《全唐文》，徐松入館任「提調兼總纂官」。他利用職務之便，假借編《全唐文》之名，從《大典》中輯錄出《宋會要》。輯錄之完成約在嘉慶十五年，據徐松自己說共有五六百卷。由於是在「假公濟私」、偷偷摸摸的情況下，輯錄、抄寫都不可能很從容精細，抄錄之後又未經校對，因此問題不少。例如文字的訛脫衍倒不計其數；按其抄寫體例，每葉中

縫當寫明抄自《大典》何卷，不止一葉者還應編出頁碼，但很多都沒有寫； 原有的標題（包括《宋會要》本身的和《大典》的標題）或標或不標； 正文前《大典》所標「宋會要」等書名經常漏寫，文中的小注「以上《△△會要》」可能也有脱抄； 等等。後來徐松曾對這一大堆草稿作過初步的歸類、整理，現存的輯稿中還有他的一些批校，可惜他生前沒有繼續完成這項工作。但他獨具慧眼輯出《宋會要》，已經是對中國文化的偉大貢獻。

徐松輯稿於同治初年散出，後輾轉流入北京琉璃廠書肆，光緒中爲繆荃孫購得，共五百卷。光緒十三年兩廣總督張之洞於廣州創建廣雅書局，聘繆氏入局校刊書籍，繆又薦屠寄入局。繆遂將《宋會要》輯稿轉讓與廣雅書局，并同屠寄對此書進行校勘整理。光緒十四年，繆因丁憂回江陰故里，旋被聘爲南菁書院山長。十五年，張之洞調任湖廣總督，次年屠寄也調任兩湖書院教習，繆、屠之校理《宋會要》也就此結束。在這短短一兩年中，他們整理了帝系、后妃二類及禮類之小部分，但未定稿，惟屠寄整理之職官類最爲完整，已寫爲清本。這就是現存的廣雅書局稿本。此外，屠寄還校過選舉、食貨等門。由於時間短促，他們的整理説不上有多大成就，而且他們在整理時，對原稿之文有所改竄增删，對原稿本身也有所割裂，以致其中一部分已經遺失，開了一個很不好的先例。

其後，《宋會要》徐輯原稿連同繆、屠整理稿爲廣雅書局提調王秉恩攫爲己有。民國四年、十二年，藏書家劉承幹不惜重金分兩批從王處購得，共五百冊（卷），藏於吴興嘉業堂。劉承幹繼繆荃孫之後，又一次搶救了《宋會要》這部珍貴古籍，他們保存文化遺産之功不可磨滅。

劉承幹收購的第一批徐稿四百二十八冊延請劉富曾整理，從民國四年開始，至十三年離去，前後十年。此前購得的第二批由費有容接着整理，計七十二冊。最後可能也是由費有容將兩批整合，并謄清爲一書，共四百六十冊（卷），這就是現存的嘉業堂《宋會要》清本（以下簡稱嘉業堂本）。十餘年中，劉、費二人特别是劉富曾將一大堆紛繁雜亂的稿子整理成一部完整的大書，用力甚勤。但很可惜，他們整理的路子不對。他們對原稿基本上沒有進行過校勘，而是直接將原稿打亂重編，因此原稿的一切錯誤，如文字的訛誤、年代的錯亂、摻雜非《會要》之文、錯簡、行款的錯誤等等，統統繼承了下來。非但如此，他們更大的錯誤在於對原稿之文率意增删竄改、分合移併，又不加注明。概而言之，原稿本錯者一仍其錯，舊錯之上又添新錯，原本不錯者反而改錯。試舉一例： 嘉業堂清本卷二百九十六「湖田圍田陂塘總水利」門。且不説題目之彆扭，此門之文在影印本《宋會要輯稿》中爲食貨八之一「水利下」，我們且以清本與原稿對照： 其一，清本將原稿夾注中所引《文獻通考》孝宗以下之文改作正文，與原稿正文按年代混編。這是以注文爲正文，將他書之文變成了《會要》之文。其二，原稿正文有《方域志》多條，清本不知《大典》所謂「方域志」乃指《宋會要》方域類，以爲是另一書，妄將其首條改作小注，移於乾道九年之後。這是以正文爲注文，將《宋會要》之文變成了他書之文。其三，將原稿乾道四年「九月二十四日」、「十月二十六日」二條誤編入乾道七年。這是竄亂原文年代。其四，將原稿乾道四年「八月七日」條中連敘乾道七年十二月八日事之文分割爲另一條，編入正文乾道七年。這是妄改原文。第五，原稿標引書名《食貨志》，實即《宋會要》食貨類，使人知以下文字出於此，而清本將此三字刪去。這是妄刪原文。此門文字不算很多，而竄亂改削竟如此之嚴重，較之原文，已面目全非，由此可見此書學術質量粗劣之一斑。設使原稿不在，則將貽誤後人，以爲原本如此，實在是罪過。後來葉渭清寫了一篇校記，專糾嘉業堂本樂、儀制、崇儒、刑法、兵、蕃夷六類之謬，他得出結論說「其書功不補過」！（見《續修四庫全書》第七八六冊葉渭清《宋會要校記》）這是非常確鑿而中肯的評判。

不過，嘉業堂本畢竟還有一點作用，它還保存了今《宋會要輯稿》及《補編》所沒有的某些佚文。例如嘉業堂本卷一八「外戚雜錄」共千餘字，記皇舅及皇后之父兄弟姪，不見於《輯稿》、《補編》，當是《宋會要》佚文。又如《輯稿》方域三之四三之前原稿脫去兩葉，幸此二葉之文今尚存於嘉業堂本卷四三〇方域三「門」門內，其內容爲「東京舊城」之全部及「東京新城」之前部。但可惜像這樣的佚文似乎并不多。葉渭清曾從嘉業堂本樂、儀制等以上六類中輯出所謂「佚文」樂章一組及他文四條，載於上述《校記》之末，但經筆者核對，《輯稿》及《補編》中全有，并非佚文。筆者又粗查了食貨、帝系類，至今也未見有真正的佚文。嘉業堂清本中究竟還有沒有其他佚文，有待於進一步核查，但如果撇開保存佚文這一點，嘉業堂本實在說不上有多少學術價值。最不可饒恕的是，整理者在整理過程中，竟直接對原稿痛下殺手，根據自己的需要大加剪割分併，認爲重複無用者甚且棄如敝屣，使這一宗珍貴文物遭到極大破壞。幸好遺失的不多，這從嘉業堂本超出《輯稿》和《補編》的佚文不多可見一斑。

總之，繆荃孫、劉承幹對保存《宋會要》徐輯稿功勞巨大，但廣雅書局尤其是嘉業堂整理、重編《宋會要》可說是失敗的。這一點給我們留下了深刻的教訓。主要問題就在於他們一開始就把幾乎全部精力放在重編上，孜孜於門類的分合、條文的編排，而忽視了研究和校勘。我們認爲，《宋會要》輯稿亟需整理，但必須是科學的整理。要整理好這樣一部情況極其複雜的大書，不可能一蹴而就、一步到位。可以重編，但必須首先要對《宋會要》和徐輯稿進行深入的研究、仔細的校勘，一字一句的校勘，一條一條的核對，理清頭緒，去僞存真，盡可能恢復《宋會要》原有的面目。只有在此基礎上，去除重複，再輯錄佚文，才有可能編出一部較爲正確、較爲科學、較爲信得過的重編本。否則，即使經年累月，費時費力，結果也只能製造出一大堆像嘉業堂清本那樣錯誤百出的不合格產品，正如葉渭清所說：「何若弗編之爲愈乎！」以上想法也正是我們校點整理《宋會要輯稿》的出發點。

解放後，劉承幹先生將廣雅書局稿本、嘉業堂清本連同嘉業堂其他藏書捐給了國家，今藏於浙江圖書館。至於《宋會要》徐松所輯原稿，其主要部分，即嘉業堂整理者編清本時所取爲底稿的部分，一九三一年由前北平圖書館向劉承幹購得，經葉渭清整理，一九三六年影印出版爲《宋會要輯稿》。被劉富曾等人當作複文及無用之文廢棄的遺稿，則流落至琉璃廠來薰閣，一九五三年爲北京圖書館購得，一九八八年由陳智超整理出版爲《宋會要輯稿補編》。這兩部書就是即今已知尚存的《宋會要》徐輯稿的全部。嘉業堂清本將徐輯稿除去重複還有四百六十卷，這也就是現存徐輯稿除去重複後的大概卷數。

以上說的是《宋會要》的輯錄、整理和流傳情況。至於對《宋會要》和徐輯稿的研究，現代最早較爲系統的研究者要數湯中。他廣泛參考各種資料，并親至嘉業堂訪問劉承幹，翻閱嘉業堂清本和廣雅稿本，於民國二十年寫成《宋會要研究》一書。書中考述了徐松輯錄、廣雅書局和嘉業堂收藏整理《宋會要》的全過程，使此前鮮爲人知的這一段掌故得以公之於世，使《宋會要》徐輯稿這一珍貴文化遺產爲更多的人所了解，洵有功於學術。本文前面的敘述主要就是依據湯中此書。

前北平圖書館影印本《宋會要輯稿》的問世，進一步推動了學術界對《宋會要》的學術研究和資料使用。中華人民共和國建立以後，特別是近三十多年，出了不少專著和論文，其中王雲海、陳智超等先生成績尤著，王著有《宋會要輯稿考校》、《宋會要輯稿研究》等，陳著有《解開宋會要之謎》等。陳智超從北京圖書館發掘出被劉富曾等人遺棄的徐稿，并整理成《宋會要輯稿補編》一書，更是嘉惠學林。除此之外，一些學者還將《宋會要輯稿》中的某些大類校點成書，如苗書梅等點校的《宋會要輯稿・崇儒》、郭聲波點校的《宋會要輯稿・蕃夷道釋》（郭君也是本書電子版的點校人之一）等。我們校點《宋會要輯稿》，就是在盡可能吸取前人及當代學人研究成果的基礎上完成的，在此順致深深的謝意。

三、對《永樂大典》所收《宋會要》底本之探討

我們今天所見的《宋會要》是《永樂大典》所收錄、徐松又從《大典》輯出來的。宋朝一共修成十幾種《會要》，因此要校點、整理《宋會要》，首先要弄明白《大典》所收錄的底本是什麼。

根據史料和學者的研究，宋代各朝編成的《會要》共十二部，即：

一、慶曆《國朝會要》一百五十卷，仁宗慶曆四年進呈。記事起太祖建隆元年，止仁宗慶曆三年。

二、元豐增修《國朝會要》三百卷，神宗元豐四年進呈。記事起太祖建隆元年，止神宗熙寧十年。

三、政和重修《國朝會要》一百一十卷，徽宗政和八年進呈。只成帝系、后妃、吉禮三類，記事起太祖，止政和。

四、乾道《續國朝會要》三百卷，孝宗乾道六年進呈。記事起治平四年神宗即位，止欽宗靖康二年。

五、《國朝中興會要》二百卷，乾道九年進呈。記事起高宗建炎元年，止紹興三十二年六月高宗退位。

六、《孝宗會要》三百六十八卷，孝宗淳熙六年、十三年、光宗紹熙元年三次進呈。記事起紹興三十二年孝宗即位，止淳熙十六年二月孝宗退位。

七、嘉泰重修《孝宗會要》二百卷，寧宗嘉泰元年進呈。係增刪合併上項《孝宗會要》而成。

八、《光宗會要》一百卷，寧宗慶元六年進呈。起淳熙十六年二月光宗即位，止紹熙五年七月光宗退位。

九、《寧宗會要》三百二十五卷，寧宗嘉泰三年、嘉定六年、嘉定十四年三次進呈。記事起紹熙五年寧宗即位，止嘉定十三年。

十、《寧宗會要》，理宗淳祐二年進呈。《宋史》卷二〇七《藝文志》六載《寧宗會要》一百五十卷，當即此書。可能是接續上項《寧宗會要》編至嘉定十七年，所以只有百餘卷。

十一、《總類國朝會要》若干卷，張從祖編，李心傳續編。張從祖編成於寧宗開禧中，五百八十八卷，嘉定三年進呈。記事起於太祖建隆元年，止於孝宗乾道九年。李心傳續編成於理宗端平三年，又稱《續總類國朝會要》，其卷數不詳。記事起於孝宗淳熙元年，止於寧宗嘉定十七年。但它後來很可能是與張從祖書合刊，并非單獨爲書。因爲曾經進呈，因而刊行之本稱爲《經進總類國朝會要》。這部書乃彙編宋代十三朝之《會要》而成，是宋代記事年限最長、記載最連貫、最完整的一部《會要》，我們在後面還要作較詳細的論述。

十二、《理宗會要》，度宗朝編，只有《宋史·度宗紀》提及，具體情況不詳，《宋會要輯稿》也沒有收入。

以上宋代十四朝十二部《會要》，經歷宋末元初、元末明初的兩次大戰亂，多有散失。元朝編《宋史·藝文志》記載的已只有二、四、五、七、八、十、十一等七種，到明代編《永樂大典》時留存下來的肯定更少。那麼《永樂大典》收錄的《宋會要》是以其中的哪一種或哪幾種作爲底本？對這個問題，學界存在不同的看法。王雲海先生在《宋朝〈總類國朝會要〉

考》一文中歸納爲三種意見：「第一種意見，將《輯稿》中所見宋修本朝會要名稱，皆視爲《永樂大典》所收《宋會要》之底本。第二種意見認爲，《永樂大典》所收《宋會要》是《十三朝會要》，即張從祖修、李心傳續《總類國朝會要》。第三種意見認爲，兩種説法都有道理，也都有不能講通的地方，這個問題還有待研究。」（《河南大學學報》一九九八年第一期）王先生是主張第二種意見的。通過這幾年的探索，我們也贊同第二種意見，確信《大典》所收《宋會要》的底本就是張從祖編、李心傳續編的《總類國朝會要》。

首先，從現存《宋會要》徐松輯稿和《永樂大典》殘卷來看，《大典》收錄《宋會要》標引書名的體例是：在《會要》正文前標「宋會要」等字樣，作爲總的出處；又較大的門目中相關段落之末，常有小字注「以上《△△會要》」。前者是《大典》編者所標，後者則是《大典》所據《宋會要》底本原有（詳見下文）。

據初步統計，《宋會要輯稿》正文前標《會要》名稱者有三千一百五十六處。其中：

稱《宋會要》者三千零二十八處（其中二處稱《宋朝會要》）；

稱《續宋會要》或《宋續會要》、《續會要》者三十三處，指乾道所修《續國朝會要》；

稱《中興會要》者十一處；

稱《乾道會要》者一處，指乾道所修《續國朝會要》。

稱《乾道會要》者五處，指淳熙六年第一次所上記隆興、乾道事之《孝宗會要》；

稱《孝宗會要》者一處，記淳熙後；

稱《光宗會要》者一處；

稱《經進總類會要》者三處，乃張從祖書；

稱《經進總類國朝會要》者一處，記淳熙至寧宗嘉定事，乃李心傳書；

稱《經進續總類會要》者二處，乃李心傳書；

稱《續宋會要》、《宋續會要》、《續會要》者七十處，名稱雖與乾道所修之《續國朝會要》相同，但記事爲淳熙至嘉定，實爲李心傳《續總類國朝會要》之簡稱。

在上列各項中，除前一項另論、末四項爲張、李書不論外，中間六項爲歷朝所編的斷代《會要》。能否據此認爲《大典》編者是親自看到並直接引用這些書？不能。因爲在三千餘處之中，稱引這六項總共只有五十二處，其中多者亦只三十三處，少者則僅一處，而且其下的條文都很零碎。如果《大典》編者是直接看到并輯錄這些書，就不可能只有這區區幾十處零星條文。就拿其中稱引得最多的《續宋會要》（乾道所修《續國朝會要》）來看，所引三十三處之中，按年月記事，稍有系統的只有四五處，篇幅都很小，而且其中一處前面標《續宋會要》，文末又標「以上《續國朝會要》」。似此前面標《△△會要》，文末又標「以上《△△會要》」的情況，同樣見於《中興會要》（二處）、《乾道會要》（一處）、《孝宗會要》（一處）、《光宗會要》（一處）。很明顯，《大典》編者并沒有親自看到并直接引錄這幾部書，而只是將《宋會要》底本中所注「以上《△△會要》」提到正文之前而已。

那麽《大典》標引得最多的《宋會要》究竟是指什麽書？

根據現存的徐松輯稿，我們可以歸納出此書的如下一些特徵：

其一，它是指一部書，而非多種宋朝《會要》的合稱。即是説，不可能是《大典》編者看到並引錄多種宋朝《會要》，而將它們總稱之爲《宋會要》。因爲從現存的《永樂大典》殘卷來看，從未有將幾部書合爲一個書名輯錄的先例；而且如果《大典》編者親自看到了宋代的歷朝《會要》，爲何不分別稱引，而要合稱爲《宋會要》？這不合情理。因此所稱《宋會要》只可能是指一部書。

其二，這部書通錄從太祖至寧宗十三朝的史實，跨越各斷代《會要》的時限。有無可能爲《大典》編者直接據各朝斷代《會要》彙編？決不可能。因爲這等於是重編《宋會要》。《永樂大典》爲類書，其輯錄古籍，有全抄，有節錄，有據他書作少量補充，但決無重編全書之理。《大典》所錄《宋會要》跨越各斷代《會要》，此必是其所據底本原是彙輯各斷代《會要》而成。

其三，《大典》所錄《宋會要》雖是通錄十三朝事，但其中又可分爲明顯的兩段，即建隆至乾道，淳熙至嘉定。在大多數情況下，這兩段的史事都歸在《宋會要》的名下，但有時前一段稱爲《宋會要》，後一段則另稱《宋續會要》或《續宋會要》。例如《輯稿》選舉一「貢舉」門從太祖至寧宗內容完整，其引書先標《宋會要》，其下小注依次有「以上《國朝會要》」、「以上《續國朝會要》」、「以上《中興會要》」、「以上《乾道會要》」，此四種《會要》記事起建隆、止乾道。次引《宋續會要》，其下小注則依次有「以上《孝宗會要》」、「以上《光宗會要》」、「以上《寧宗會要》」，此三種《會要》記事起淳熙、止嘉定，皆井井有條。選舉一七「武舉一」、選舉一八「武舉二」引《宋會要》、《宋續會要》，情況與此相同。這説明，《宋會要》這部書實際上又是包括兩種書，合之則統稱《宋會要》，分之則稱《宋會要》、《宋續會要》。

其四，《大典》所録《宋會要》，除了在正文前標「宋會要」之外，還常常在正文之末有小字注「以上《△△會要》」，標出歷朝《會要》之名稱。在《輯稿》中，此類小注共有五百七十九處，包含以下書名：《國朝會要》、《續國朝會要》、《中興會要》、《乾道會要》、《淳熙會要》、《孝宗會要》、《光宗會要》、《寧宗會要》。這類小注有没有可能爲《大典》編者所加，表明他們直接引自這些書？決不可能。因爲宋人稱本朝《會要》只稱《國朝會要》，後人始改稱《宋會要》。《大典》輯此書，於正文前所標書名都將「國朝」改爲「宋」，而正文末之小注「以上《△△會要》」則仍保留「國朝」字，在五百七十九處之中只有四處將「國朝」改稱「宋朝」或「宋」。這説明，這些小注是《會要》底本原有，而非《大典》編者所加。此外，這些小注還説明，《大典》所録《宋會要》底本係彙輯歷朝《會要》而成，故分别注明出自何種《會要》；若是斷代《會要》，則没有必要、也不可能有這樣的注。

其五，在《輯稿》和《補編》中，除注「以上《△△會要》」之外，還有的在其下或他處注明各種《會要》之異同。如選舉一一之四三「經明行修科」門末注：「以上《續國朝會要》。《國朝》、《中興》、《乾道會要》無此門。」食貨六二之三二「京諸倉」門末注：「以上《國朝會要》。《續會要》附『司農寺』。」禮四五之一六「宴享」門政和七年九月十四日條注：「按舊《會要》所載大宴，唯春、秋與南郊、明堂禮成，非時喜慶，則大宴某殿。又有觀賞，謂之曲宴，别立爲門。其正旦、生辰外國使人見辭宴飲，各隨本門附書之。大宴、曲宴之設，自建炎迄今雖未嘗舉行，然有宴殿不用文繡之詔與閤門所修儀注，既不指其爲某事宴，則亦不可不附於『雜録』以見焉。」《輯稿》和《補編》中此類注約有五六十處。很明顯，此類注都只能是孝宗、寧宗二朝彙編《會要》之人之注，而決不可能是其前歷朝《會要》之注，更不可能是宋以後人或《大典》編者之注。

其六，今《輯稿》中所録之《宋會要》時有與《長編》等書所引《會要》不同處。如兵二七之一三景德三年「九月十九日」條（職官四八之一二二也有此條），《長編》亦繫於三年九月十九日戊午，但又注云：「《會要》在四年九月。」又，蕃夷七之二〇：大中祥符九年「九月七日，邛部川山後百蠻都王黎吠遺歸德將軍趙勿婆貢犀角、犎牛、娑羅氈。」《長編》卷八八祥符九年九月壬戌條亦載此事，而注云：「《會要》及本傳（按：指《國史·邛部川蠻傳》）並不載此，當考。」此二例説明，《大典》所録《宋會要》與李燾所見《會要》不同。這只能有一種解釋，即李燾所稱之《會要》乃元豐增修《國朝會要》之原本，而《大典》所録之《宋會要》乃彙編《會要》者據《長編》或他書修改之本。

以上六個特徵説明，《大典》所録《宋會要》乃是一部纂輯各朝《會要》而成的彙編本，而不是宋代各朝所修的斷代《會要》。而在宋人所修《會要》中，符合以上六個特徵者只有一部書，那就是張從祖編、李心傳續編的《總類國朝會要》。此書正是彙編十三朝《會要》而成。據記載，張書起太祖建隆、止孝宗乾道；李心傳踵修，起孝宗淳熙，止寧宗嘉定（詳下）。這與《輯稿》所錄《宋會要》、《宋續會要》記事之年限正相吻合；而「以上△△《會要》」等注只可能是張、李之注。

這一點，從《文淵閣書目》所載《宋會要》也可以找到一些蛛絲馬跡。《永樂大典》是明成祖永樂元年至六年於南京文淵閣修成，其主要依據之底本即文淵閣之藏書。永樂十九年定都北京，南京文淵閣的圖書（包括《宋會要》）也隨之遷至北京。再過二十年，即英宗正統六年，楊士奇將這批圖書編成《文淵閣書目》（以上見《文淵閣書目》書首楊士奇等題本及郭伯恭《永樂大典考》）。其中記載：「《宋會要》一部，二百三冊。」按《文淵閣書目》的體例，同一種書若有多部，均分別登錄，而《宋會要》只登錄了這一部。由此推測，明初尚存、《永樂大典》據以輯錄的《宋會要》很可能就是這一部；而這一部書既稱之爲《宋會要》，且多達二百餘冊（若按一冊含二至三卷計，其卷數至少也應有四五百卷），因而不大可能是某種斷代的《會要》，而應是彙集宋代十三朝《會要》的《總類國朝會要》。

綜合以上考察，我們認爲，《永樂大典》所輯《宋會要》之底本應該就是張從祖編纂的《總類國朝會要》與李心傳編纂的《續總類國朝會要》。我們今天所見的《宋會要》，凡是記載乾道以前者，都是出自張書；淳熙以後者，都是出自李書。

爲了便於讀者更好地了解這兩部書，現將有關主要史料輯錄於下。

關於《總類國朝會要》：

《南宋館閣續錄》卷四：「嘉定三年六月十六日，秘書省謄寫張從祖纂輯《國朝會要》五百八十八卷、目錄二卷投進。」原注：「先是嘉定元年三月尚書省劄子備張幼公劄子：『切念先父將作少監從祖嘗摭《國朝會要》，纂輯成書，上自國初，至於孝廟，凡五百八十八卷。望朝廷特賜敷奏，付秘書省繕寫上進。』奉聖旨，令秘書省取索，謄寫進呈。至是，書寫裝褫畢備，得旨就令會要所承受官傳進，其副本藏於史庫。」

趙希弁《郡齋讀書附志》：「《總類國朝會要》五百八十八卷」，「由建隆至乾道也」，「此集則合十一朝爲一書也，然中多節略而始末不全者」。

《玉海》卷五一：「將作少監張從祖類輯《國朝會要》，自國初至孝廟爲一書，凡二百二十三冊，五百八十八卷。嘉定元年四月十六日詔秘書省寫進，三年六月十六日上之。」

《宋史》卷二〇七《藝文志》六：「《國朝會要》五百八十八卷，張從祖纂輯。」

關於《續總類國朝會要》：

《宋史》卷四三八《李心傳傳》： 「添差通判成都府，尋遷著作佐郎、兼四川制置司參議官（按，據《南宋館閣續錄》卷八，在端平元年正月）。詔無入議幕，許辟官置局踵修十三朝會要。端平三年成書。」

《宋史全文》卷三二： 端平元年三月「丁未，詔以李心傳爲著作佐郎、兼四川制置司參議官，修《國朝會要》，令成都府給筆札之費。」

吴泳《鶴林集》卷三一《答李微之（心傳）書》： 「朝廷見行下館中，令盡以寧考《會要》三百沓交付，以待鴻筆，纂修次第悉如大著之請也。」

《宋史》卷四〇九《高斯得傳》： 「李心傳以著作佐郎領史事，即成都修《國朝會要》，辟爲檢閲文字。」

《宋史》卷四一一《牟子才傳》： 「改辟總領四川財賦所幹辦公事。詔李心傳即成都修《國朝會要》，辟兼檢閲文字。」

《直齋書錄解題》卷五： 「《國朝會要總類》五百八十八卷，李心傳所編。合三書爲一，刻於蜀中，其板今在國子監。」

以上史料有幾點特别值得注意：

第一，張從祖所纂輯之《總類會要》「由建隆至乾道」，則李心傳續修乃是起於淳熙，止於嘉定。這與上引《輯稿》中所錄《宋會要》（指張書）、《宋續會要》（指李書）之年限吻合。

第二，李心傳續修所據者爲孝宗、光宗、寧宗三朝《會要》，但其時《寧宗會要》已定稿進呈者只有第一、二次進呈稿，即記事只到嘉定十三年，而《宋會要輯稿》所收者至嘉定十七年，最後幾年所依據的應是未定稿的《會要》稿本。上引吴泳與李心傳信中所說「寧考《會要》三百沓」，就是指稿本，因此不稱多少卷、多少册，而說多少沓。

第三，史稱李書成於端平三年，但其最終定稿並進呈不一定就在此年，因此今《輯稿》中偶有端平以後之事（如稱「福王趙汝愚」，汝愚封福王在嘉熙元年），也就不足爲疑。

第四，李書很有可能是與張書合爲一書，故《宋史》本傳稱「踵修十三朝會要」，意即踵修爲《十三朝會要》（十三朝指太祖至寧宗）。因爲是李心傳最後合而成書，故陳振孫直稱《國朝會要總類》爲李心傳所編。這一點，從《宋會要輯稿》也可以得到印證。《輯稿》所錄《宋會要》，淳熙以後的内容，除單獨標出書名的七八十處（見上）而外，其餘絶大多數都是直接與張從祖書所收乾道以前之條文同歸在《宋會要》名下，說明這兩部書並沒有截然分開。而且從《輯稿》來看，有的門目淳熙以後的條文甚少，甚至只有一兩條，以理推之，如果《續總類國朝會要》單獨爲書，決不可能一兩條便單立一門。《輯稿》食貨六二之四七有一處錄《經進總類國朝會要》「義倉」門，其記事則是從光宗紹熙至寧宗嘉定，顯然是出自李心傳《續總類國朝會要》，但仍直稱爲《總類國朝會要》，而不加「續」字，與《直齋書録解題》所記如出一轍，益證張、李二書實際上是合二爲一。但二書之合一是李心傳所爲，抑或是後來刻書者所爲，未敢斷定。

第五，上引《直齋書録解題》的記載頗有令人費解之處。一是張從祖所編《總類會要》已是五百八十八卷，而陳振孫説李心傳合編之後仍是五百八十八卷，这不合情理。從現存徐輯稿來看，其中所録淳熙以後之文分量不小，不大可能一卷不增。因此《續總類國朝會要》的卷數尚是一個未知數。二是説李心傳「合三書爲一」，是哪三書？學者對此各有猜測，但似乎都説不通。以上兩點有可能是陳振孫誤記，也有可能是《直齋書録解題》傳抄傳刻有誤，都有待於進一步探討。但陳振孫説李心傳踵修而成之《總類國朝會要》「刻於蜀中，其板今在國子監」，這一點我們相信是真的。陳振孫與李心傳爲同時代人，《直齋書録解題》一書寫於理宗淳祐中，而淳祐年間振孫曾任國子司業，正爲國子監之副長官，故所言「刻於蜀中，其板今在國子監」當非虚妄。《永樂大典》多次稱《宋會要》爲《經進總類國朝會要》、《經進總類會要》、《經進續總類會要》，這應是《大典》所録《宋會要》底本的全稱，其中「經進」二字不可能是張、李所編《會要》進呈稿原有，而只可能是刻書者所加。宋人刻書，若其書曾經進呈朝廷，刻書者爲了提高身價，每加「經進」二字。如清人善本書目中所録宋本有《經進稽古録》、《經進大學衍義》之類，現存有《經進東坡文集事略》、《經進皇宋中興四將傳》之類是也。這説明《永樂大典》所輯録、甚至《文淵閣書目》所登記的《宋會要》，應該就是陳振孫所説的這個蜀刻本。

張從祖與李心傳兩人都是四川人，李心傳爲隆州井研（今四川井研）人，學者多熟知，張從祖其人則世人知之者甚少，今據有關史料略述其生平如下：張從祖，字伯修，崇慶府江原縣（今四川崇州）人（見魏了翁《鶴山集》卷六九《許公奕神道碑》、李心傳《建炎以來朝野雜記》乙集卷一〇《淳熙至嘉定蜀帥薦士總記》）。寧宗嘉泰中爲四川制置使劉德秀所薦，歷知靈泉縣（《建炎以來朝野雜記》乙集卷一〇）。嘉泰四年入館閣，與魏了翁「始終同省」，相爲知友。歷秘書省正字、校書郎、秘書郎、著作佐郎、著作郎。開禧三年十月，以將作少監兼國史院編修官、實録院檢討官（以上見《南宋館閣續録》卷八、卷九）。而至次年即嘉定元年三月，其子幼公上尚書省劄子已稱「先父」（見上文），可見從祖卒於開禧三年十月至嘉定元年三月之間。其《總類國朝會要》應是嘉泰末、開禧中在館閣期間所纂輯。張從祖死後，魏了翁寫了一篇《哭將作少監從祖文》（見《鶴山集》卷九一）。

四、本書校勘之重點

本書校點整理的體例詳見《凡例》，這裏只説校勘中的一些問題。

除了一般文字的校勘，我們特别着力於以下幾個方面，即： 年月日之糾正，非《會要》文之鑒别，錯簡之移正，行款之改正。

第一、年月日之糾正。

歷史資料最重要的是必須準確，而其中的第一要素就是歷史事件發生的時間。時間錯了，史料的準確性就失去了前提。《宋會要輯稿》在輯録、轉抄的過程中，年月日的錯亂極其嚴重，因而我們將糾正年月日的錯誤作爲校勘的重點之一，盡可能逐條核對斟酌，錯者改之。約計全書共改正年月日的錯誤（含連帶的錯誤）二千八百餘條（處）。

此類年月日之誤，究其造成的原因，主要有以下幾方面：

一是《大典》及徐松手下書吏抄寫之誤。這類字誤有時只牽涉一條，有時則可能連累以下多條。例如食貨六一之一二四淳熙「二年三月四日」條，「二」訛爲「七」，於是以下七條都由淳熙二年誤成了淳熙七年。但此類單純爲書吏抄寫之誤者，其年代次序未亂。又有因書吏之字誤而被《大典》編者移至他處以致錯亂者。如職官一七之三三有紹聖事六條，因「紹聖」訛作「紹興」，《大典》遂編入紹興間。

二是《大典》在將《會要》條文納入《大典》各字韻的過程中由於年號或年月脱漏而誤編。從《輯稿》中我們可以清楚地看到，《大典》編者如果是將《宋會要》整門、整塊地輯録，則年代的錯誤很少。但因《大典》是按字韻編，《會要》是按事類編，二者的門目不完全一致，因而《大典》編者往往將《會要》某門中的某一或某些條文剪下插入《大典》另一門；或將《會要》之文打散，剪下來重編；或對《會要》之條文有所删節。在此類情況下就很容易出錯。因爲《宋會要》之記時係按照通行體例，假設首條爲「熙寧三年四月七日」，下條若也爲熙寧，則省去「熙寧」二字；若下條也爲熙寧三年，則省去「熙寧三年」四字；若下條也爲熙寧三年四月，則更省去「熙寧三年四月」六字。而《大典》編者令書吏剪下此類條文之後，忘了將剪下的條文補上原有的年號、年分、月分；當編者將此種條文插入他處時，因爲不知年號與年月，又没有經過考證，便想當然地胡亂插入某處；而前面的條文并不是熙寧、或不是熙寧三年、或不是熙寧三年四月，那麽這些插入的條文的年月日便錯了，而後面的條文也很可能跟着錯了。

在《輯稿》中此類例子極多，茲舉數例：　《輯稿》職官六四之三七柳植降官條，據《長編》卷一四八，乃慶曆四年三月事，而《大典》誤編入景祐四年三月。這顯然是此條剪下時脱去了「慶曆」年號，編者誤以爲景祐。同頁范雍降官條，據《長編》卷一二六爲康定元年事，也因脱落「康定元年」四字，被誤插於寶元二年諸條中。《輯稿》職官四二之一七至職官四二之二六這一大塊，其年代依次爲：　皇祐—治平—熙寧—〔宣和〕—〔崇寧〕—元豐。其中宣和、崇寧二塊當是從他處剪下移來。宣和一塊之首條脱去「宣和三年」四字，崇寧一塊之首條「崇寧三年九月」脱去「崇寧」年號，又「三年九月」訛作「十年五月」。於是《大典》編者誤以爲這兩塊文字都是熙寧事，遂妄編於熙寧之後。又如職官五一「國信使」門，有七條經考證實爲紹熙五年事，因脱去年號、年分，《大典》編者遂誤將其中二條插入紹興五年與七年之間，一條插入淳熙十三年與十四年之間，又四條插入淳熙十五年與十六年之間。又如食貨四三之一二政和「七年二月四日」條至食貨四三之一四「閏九月十一日」條共十七條，經考，其中六條爲政和七年、八年事，一條爲宣和六年事，其餘爲宣和七年事。《大典》在將《會要》「水運」、「陸運」二門之文混編爲「漕運」門時，上述條文被剪下而忘補年號，編者未經詳考，誤以爲皆宣和七年事，遂統統編於宣和六年之後，造成錯亂。其中有「八年」二條，宣和無八年，編者亦未察覺。

與此類似，《大典》編者有時對《宋會要》之條文有所刪節，或將其中一些條文移至他處，刪後、移後所存之文，其年號、年月承接上文，而編者未即補上，也會造成年月之脱誤。如食貨六二「諸州倉庫」門，其淳熙以前之部分乃刪節食貨五四同一門之文而成。其中食貨六二之五六「仁宗天聖二年九月」條後刪去三條，其末條爲天聖七年七月，下一條爲「九月」，即天聖七年九月；　而編者未在「九月」前補上「七年」二字，以致承前成了天聖二年九月，年分大錯。同樣，下頁「十年九月四日」條，其前本有熙寧七年一條，被刪去，而「十年」條忘補「熙寧」年號，因而熙寧十年承前誤爲天聖十年。又如禮三七之帝后陵，乃是刪節禮二九、三〇「歷代大行喪禮」門及禮三一「后喪」門之文而成，也因刪存之條未據上文添上年月日而多錯誤。

三是因行款之誤而致年月錯亂。主要是分條之誤。由此而造成的年月混亂在《輯稿》中很多，我們在下文還要專門討論，這裏不贅述。

四是因錯簡而致年月錯亂。例如職官六四之四八至五〇共四百餘字錯簡，造成其中三條本爲慶曆四年，而誤爲慶曆五年；　食貨四一之三至四一之九約二千七百餘字錯簡，造成乾道之二十一條誤爲淳熙；　食貨六八之七七至八一共八百九十餘字錯簡，造成其中五條本爲淳熙七年，而誤爲淳熙八年，又四條本爲淳熙九年，而誤爲淳熙七年。

五是因整理者删去年號、年分而造成錯亂。廣雅書局與嘉業堂整理者在將徐松原稿打亂按年代順序重編時，因其前已有某年號或年分，遂將原稿後面條文相同之年號或年分删去，因而造成年代錯亂。如刑法二之一五三「（紹興）二十六年二月二日」條，原稿本有「二十六年」四字，被整理者圈除，以致不但此條承前誤爲二十五年，以下十條本爲二十六年事，亦連帶全誤爲二十五年。

《輯稿》一書中的年月錯誤，情況非常複雜。本書除了改正所見到的錯誤而外，也盡可能在校記中分析其致誤的原因。

第二、非《會要》文之鑒别。

在《輯稿》中有很多非《宋會要》之文，其中除少數《大典》已標出書名，爲徐松手下書吏誤抄外，其餘大多數標爲《宋會要》而實非《宋會要》或疑非《宋會要》之文，或者未標明出自何書而亦非《宋會要》之文。此類文字據我們現在已經考知者約有六百餘處，主要是抄自《玉海》、《宋史》、《文獻通考》、《群書考索》、《續資治通鑑長編》等，尤以《玉海》最多。有的是整門（目）都不是出自《會要》，如禮一七之四「時饗」門二萬餘字都是抄自《文獻通考》，輿服六之一四「鼎」目十一條乃是抄自《通鑑長編紀事本末》，《儀制》一〇之一〇「勳臣封贈」門二十人的小傳全是節録《宋史》列傳；但更多的、也更難辨别的是在《宋會要》的條文中夾雜他書之文。之所以造成此種情況，主要是《大典》編者在輯録《宋會要》時，引用其他書中的材料進行補充，而誤標出處，或不注出處；也有時是徐松手下書吏漏抄出處或誤抄出處。

我們此次校點，花了很多精力用在鑒别此類非《會要》之文上面。鑒别的標準主要有以下幾個方面：

一是看紀日是用數字還是用干支。中國古代的史書，絶大多數都是用干支紀日，宋代也不例外。即今所知紀録宋代史料的主要史書如《宋史》、《續資治通鑑長編》、《建炎以來繫年要録》、《太宗皇帝實録》、《東都事略》、《兩朝編年綱目》、《宋史全文》等等無不如此。用數字紀日的則只有《靖康要録》、《南宋館閣録》等寥寥數種。《宋會要》繼承了《唐會要》的體例，也是用數字紀日，這一點從《宋會要輯稿》和《宋會要輯稿補編》可以清楚地看到。

也許有人會舉出反證説，《玉海》引《宋會要》也有用干支紀日的。的確如此。根據我們的統計，《玉海》共引用《宋會要》一百五十七處。其中用數字紀日者三十八處，用數字加干支紀日者十處，純用干支紀日者十一處，無日分者九十八處。就是説，共有二十一處用干支紀日。但經查證，都有其原因。試以純用干支的十一處來進行分析，除二處爲今《輯稿》及《補編》所無，無從核對之外，其中四處，今《輯稿》中之同條只有月而無日，顯然其干支爲《玉海》所添。例如《玉海》卷八引《會要》：「景德二年八月丙戌，詔（劉）承珪所定權衡法附《編敕》而不頒下。」《輯稿》食貨四一之三〇、食貨六九之四皆有此條，並無「丙戌」二字。另外五處，今《輯稿》之同條乃是用數字紀日，顯然是《玉海》引用時改數字爲干支。例如《玉海》卷二八：「（天禧）五年二月戊戌，（天章）閣成。」注引《會要》：「二月畢功，癸酉上梁，臨幸。」《輯稿》此條作「（二月）二十八日」，《玉海》改「二十八日」爲「癸酉」。這就說明，《玉海》中引《會要》有用干支紀日者，乃是王應麟所添所改，並非《會要》原本如此。《玉海》引《唐會要》，也有類似例子。

不可否認，在某些特殊的情況下，《宋會要》確有參用干支紀日者，例如《輯稿》運曆二「節候」門記孝宗、光宗、寧宗三朝歷年之節候，孝、光二朝都仍以數字紀日，獨寧宗朝則改以數字加干支。如云「紹熙五年八月二十三日甲寅，其日秋分」之類。瑞異二之一九記寧宗朝雷震之異，其紀日亦如是。蓋太史所記如此，《寧宗會要》照錄檔案，李心傳抄錄《寧宗會要》，亦保留原文，未加統一。此屬特例，並不能否定《宋會要》以數字紀日之體例。

而這一特點就成了鑒别是不是《宋會要》文的一個最重要也最明顯的標誌，凡遇用干支紀日者，即可初步判斷這些條文可疑，再根據其他方面進行分析，就可以確定此類條文是否《大典》抄自他書或增添干支。

試以《輯稿》禮二五之五〇至五三「郊祀恭謝」門中真宗、仁宗之條文爲例。此部分共三十條，其紀日方式有數字加干支、純干支、純數字三種類型。即使只按情理也可以推知，《會要》編者決不可能如此明顯地自亂體例。經過查證，我們發現，其中用數字加干支或純干支紀日的十二條，《玉海》卷九三都有，而且干支都相同；而用純數字紀日的十八條，除二條外，《玉海》都沒有。這說明，《輯稿》以上用干支紀日的十二條都可能抄自《玉海》。再進一步分析，此十二條中，有的文字與《玉海》全同，有的事同而文不盡相同。文字全同者，則有兩種可能：一是全條都抄自《玉海》，非《會要》之文；一是仍爲《會要》之文，而干支乃《大典》據《玉海》所添。文字不盡相同者，則說明該條仍是《會要》之文，但《大典》據《玉海》添干支。

《輯稿》中凡以干支紀日之條文都應作如是觀。我們使用這條標準去核對了《輯稿》中所有以干支紀日之條文，結果除極少數條文之外，都找到了其抄錄的來源。

二是看記事的體裁與風格。《宋會要》之一般記事係按時間順序逐條敘事，大體太祖至英宗多只記至年、月而無日分，神宗以後則除了極少數條文，均記至日分。又，除各門之序文而外，一般不採用綜合敘述與論說。掌握了這一體裁，就可以鑒别出許多非《會要》之文。例如輿服四之九「大中祥符二年」句至輿服四之一〇「淳熙二年」條一千五百餘字夾雜於《宋會要》條文之中，其記事只記年分而無月日，這就與《會要》之體例完全不同，經查，實抄自《宋史》卷一五三《輿服志》五。《文獻通考》之敘事也同於《宋史》，只記年、月，極少記日，《輯稿》中所抄《通考》，也可以此甄别。又如帝系一一「守法」門，標爲《宋會要》，而其文乃摘引高、孝兩朝三十事，每事有題，顯非《會要》之體。經考證，當是抄自嘉定間龍升之所著《中興政要》。《輯稿》中還有多處，其文之體裁同於類書，顯然也不是《會要》之文。

三是看所記之時代與地域。《永樂大典》所録《宋會要》，其記事起太祖建隆，止寧宗嘉定，《輯稿》中有所記之事在宋以前者，更有記理宗以下三朝事約四十條，甚至有記元朝人與事者，除因涉及寧宗而事在理宗朝的個别條文外，皆非《宋會要》之文。又有所記地域不在宋朝版圖之内者，亦非《宋會要》之文。此類條文，绝大多數都能找到其所抄的出處。

四是看抄録他書之其他痕跡。用以上三條鑒别標準，有時還不能斷定抄自他書，還須尋找其抄書的其他疑點。如：某條之文字全同於某書，而又不可能是該書抄襲《宋會要》；某條之文字同於某書，而反與本書他處所録《會要》記載同一事之條文不同；不但一般文字同於某書，誤字誤文也照抄某書；不但照抄某書記事之文，而且照抄該書著者之注文（如《長編》李燾注、《玉海》王應麟注之類）或該書著者之評論；不止一條同於某書，而是多條之文字與次序皆同於某書；誤讀某書，因而抄録不當；節抄某書，而又節略不當，文義不明，或致錯誤；文字同於某書，而與前後之條文重複，或插入不當，次序不合；等等。如有以上種種疑點，則更有助於判斷此類條文非《會要》之文，而是抄自他書。此類疑點在《輯稿》中都有對應的例證，這裏只舉二例：例一，禮一九之一八至二〇「黄帝壇」、「先農壇」、「先蠶壇」、「四望壇」四目之文，《輯稿》皆標《宋會要》，但其實是抄自《玉海》卷一〇一，而非《會要》之文。其一，其文除一二誤字外，全同於《玉海》，甚至錯誤之字亦同。其二，文中之記日，或用干支，或用數字，與《會要》之紀日純用數字不同。其三，此四目所記之事，大部分在今《輯稿》與《補編》中尚有記述同一事之條文，而其文字與此處之文字大異。如「先農壇」之前三段以數字紀日者，《補編》中也有，但文字遠爲詳備，蓋《玉海》節録《會要》；其後二段以干支紀日者，《補編》均以數字紀日，文字亦不同，則是《玉海》抄自他書。「四望壇」一段，本書禮二一之一「四鎮」門亦輯録有《宋會要》記載同一事之文，雖有脱漏，但所存大段文字與此處不同。凡此皆可證明，此四壇之文乃抄自《玉海》，而誤題爲《宋會要》。例二，禮二二之三大中祥符元年「四月四日」條末有如下數句：「丙申，王旦等奏封禪大禮合命大禮等五使，比郊禋舊制，以宰相爲大禮使，翰林學士以下爲禮儀等使。」按，丙申即四月六日，《會要》「六日」條自在下文，不應此處忽插入干支紀日，且與下文重複，可知此數句乃《大典》據他書妄添。

第三、錯簡之移正。

在中國現存的古籍中，恐怕没有哪一部書的錯簡像《宋會要輯稿》那樣嚴重。迄今我們發現並移正的已有五十九處，少者十餘字，多者三千餘字，總字數達三萬餘字。當移之距離，近者或在同頁，或在同卷；遠者乃至隔卷（如食貨六八錯簡至食貨五八），甚而隔類（如瑞異類之文誤入職官類或二類之文互易）。錯簡的類型也是多種多樣，有單邊位移，即一處之文錯簡至另一處；有相互錯位，即兩處錯簡之文互易；有鵲巢鳩佔，即原文脱去一塊，被另一塊不相干之文所取代；有連環錯簡，即甲處之文誤移至乙處，乙處之文又誤移至丙處。

究其錯簡之原因，有無心之錯簡，也有人爲之錯簡。細言之：

一是《大典》所據底本之誤。如食貨六五之八七與食貨六六之八〇兩處複文之錯簡情況完全相同，這應當是其底本已如此，而不是《大典》所造成。但僅見此一例。

二是《大典》編者之誤。如崇儒三之二二「八年赴學事司類試」以下約一千五百餘字本是崇儒三之二〇政和五年「八月二十日」條之一部分，蓋《大典》編者見有「八年」字，誤以爲以下爲政和八年事，遂將此塊割移於崇儒三之二一政和「八年十月七日」條後，造成人爲錯簡。

三是《大典》或徐輯稿抄者之誤。如今存《永樂大典》卷二六〇七「御史臺」門引《中興會要》、《續國朝會要》「御史臺」之文後，别有「三京留司御史臺」一子目，其下録《國朝會要》一段，《續國朝會要》一段，及其他文字。徐松輯稿之抄者誤將《國朝會要》一段與其上「御史臺」文連抄，而將《續國朝會要》及以下之文另頁抄録（見影印本職官一七之三、一七之三八）。此爲不明上下文之分合而誤。但更多的則是因書葉或紙條次序錯亂而誤抄，這也是錯簡之中數量最多者，此不具舉。

四是後來整理者之誤。如蕃夷五之六八至蕃夷五之一〇四「南蠻」門，此門之文原在《大典》卷四二二九、四二三〇、四二三一「蠻」字韻「南蠻傳」目，《大典》之編序本不誤，而嘉業堂整理者誤將卷四二三一之文（其中《宋會要》所載爲寧宗嘉定事）置於前，卷四二二九、四二三〇之文（其中《宋會要》所載爲太祖開寶至寧宗嘉泰事）反在後，今嘉業堂謄清本即如此。其後北平圖書館影印《宋會要輯稿》，亦沿襲其誤。又如《輯稿》食貨二七之三〇「七年六月二十六日」至食貨二七之三七第二行「比較賞罰從之」約二千八百餘字，據徐松原稿中縫之頁碼及《補編》頁七九六至頁七九九之複文，本應緊接於食貨二七之二七「合行事件取旨」之後，「七年六月二十六日」一節與上文本是一條。嘉業堂整理者不明《會要》之意，見此云「七年六月」，以爲是另一條，而後文又有「七年正月」云云，復以爲時序錯亂，遂按時間順序，將後文七年正月至四月共四條剪接於「七年六月二十六日」以下各條之前。表面看年月次序井然，實則造成年代錯誤，將乾道六年二月十七日至十一月十八日共八條變成了乾道七年事。是則原稿本不錯簡，後來整理者誤認爲錯簡，誤加移動，以致造成真正的錯簡。

五是剪貼之誤。整理者將某一片原稿剪下，本欲插於某處，但後來被打亂，或籤條脱落，影印者遂胡亂置於另一處，如職官六之六四是。也有原稿某門之末葉餘少量文字，整理者誤將其貼於另一處，如樂八之八是。

六是裝訂之誤。北平圖書館影印本裝訂時前後兩頁互倒，如食貨四之二三與二四、食貨六六之三四與三五即是。

第四、行款之改正。

行款之勘正是古籍校勘的任務之一，有時其重要性並不亞於文字之勘正。《宋會要輯稿》就是一個最好的例證。此書中行款之錯誤比比皆是，有《永樂大典》本身之誤，有徐松手下抄書者之誤。主要表現在三個方面：分條之不當，正文注文之互混，標題之混亂。關於後者，這裏不再細說，只說前兩者，因爲其影響最大。

先說分條之不當。徐松原稿沿襲《永樂大典》，於《會要》記事分條之處，一般空一字，但又時時不空，有不當分條處而卻分條，有當分條處而不分條，異常混亂。從表面看來，文字並無訛誤，似乎並不影響文意；而實際上，它常常會造成文意不清，甚至文意改變。就中危害最甚者乃是帶來年代錯亂，其惡果遠大於一般的文字訛誤。因爲如上所說，《宋會要》之記事，按年號與年月日次序編排，次條之年號、年月日即承接上條開頭的年號、年月日。但史家在敘述一事之時，往往連帶追述前事或續敘後事。在此種情況下，同一條中就會有多個年號或年月日，或者說，除主條之外還有一個或多個小條。而下一主條之年號、年月日並非承接此條之最後一個小條的年號、年月日，而是仍然承接此條中主條的年號、年月日。如果不當分條而卻分條，即將小條誤立爲主條，則極有可能造成下條甚至以下多條年代之錯誤與年月次序之舛亂。反之，當分條而不分條，即將主條誤作上條之小條，也會造成年代錯亂。讀者在讀《輯稿》時，經常會因爲年月先後顛倒而疑惑，實際上這當中不少是由於分條不當所造成，並非文字或編次有誤。

不當分條而分條。例如兵一二之一八政和五年「十一月十四日」條之後有「宣和元年十二月十八日」事，原稿另作一條，則似從此條起以下九條皆記宣和事；實則「宣和元年」云云乃是接上文續敘後事，並非另一條，下條「十二月十日」起仍爲政和事。又如刑法二之一四八紹興五年「五月十九日」條禁私鑄銅器，其中連帶記述六年五月、六年六月、十年五月、十二年四月、二十六年六月、七月、二十七年四月、二十八年七月、十月之同一事。以上九個小條原稿均分段另作一條，以致其後之「八月二十四日」條承前似爲紹興二十八年之八月二十四日，實則此條承上條之主條爲紹興五年之八月二十四日，見本書刑法三之四七。

當分條而不分條。例如食貨四九之三開寶「五年八月六日」條中有「太平興國二年正月」、「二月」、「四年九月」三小條乃連敘後事，本是一條，原稿連書，是也；但其後之「十一月」條乃承上條之主條爲開寶五年之十一月，應當分條，而原稿亦誤連書，遂成太平興國四年之十一月。又如兵一九之三二至三三淳熙十三年四月「八日」條後之「同日」條射簾推賞詔後接敘諸路所奏拍試合格人數共十三小條，其末條爲淳熙十四年五月二十六日，原稿均不分段，是也；但其後又連書「二十一日」推賞郭棣、梁師雄詔，似乎此「二十一日」爲淳熙十四年五月二十一日，這就錯了！據周必大《周文忠公集》卷一四九所載此詔原稿，乃淳熙十三年四月。由此可知，此條應分段另作一條，其時間乃是承接上條之主條淳熙十三年四月八日，爲淳熙十三年之四月二十一日。

此類分條錯亂造成年代錯亂的例子在《輯稿》中不勝枚舉。其後嘉業堂本不但沿襲原稿之錯誤，而且原稿本不誤者又隨意分合，大體上是凡見年月日即另分爲一條，以致錯亂更甚。我們此次校點，吸取其教訓，盡力逐條考究斟酌，務求分條正確。

次說正文注文之互混。這在《輯稿》中也是數以百計。其結果一是造成文意改變，二是引起年月錯亂，三是使他書之文變成《會要》之文，《會要》之文變成他書之文。例一、食貨二六之二八載鹽官推賞條格：「今將廣、惠、潮、南恩、鬱林、廉州鹽倉遞年支發過鈔鹽數目……參照立定下項：一萬碩以上至五萬碩倉減半年磨勘；惠州鹽倉、南恩州鹽倉、潮州鹽倉。五萬碩以上至十萬碩倉減一年磨勘；鬱林州都鹽倉、廉州石康倉。一十萬碩以上倉減一年半磨勘。」上段文中之小字原稿均誤作正文大字，則當屬下讀，這一來必致文意大變，似乎廣州鈔鹽數反少於惠州等五倉。例二、食貨五八之一五淳熙八年四月「十八日」條有注文，其中連帶記述「九年四月」事，《輯稿》誤作正文大字並另作一條，致使以下三條均成爲淳熙九年事（嘉業堂本即編入九年），實則仍爲八年事。例三、食貨五五之三九「熙寧八年二月」條小字注引《九朝紀事本末》，其後接《會要》正文「熙寧九年正月二十二日」、「二十四日」二條，本應作大字，而《輯稿》誤寫作小字，且與《九朝紀事本末》之文相連。於是《會要》之文變成了《九朝紀事本末》之文，且使以下四條熙寧九年之事承接前面的正文變成了熙寧八年事。反之，禮一九之二二「蜡臘」門建隆「四年六月二十三日」條後有「宋神宗元豐壬戌」一段，實爲《文昌雜錄》卷二之文，《大典》本欲抄爲上條之注,今《輯稿》脱去「文昌雜録」四字,作正文大字書寫,且另作一條,遂使讀者誤以爲此段亦爲《會要》之文,并造成與下二條年代(天聖三年十一月、元豐六年正月)顛倒。

以上就是我們要向學者和讀者彙報的幾個主要方面。

經過四年多的努力,我們總算交出了一份答卷,至於這份答卷是否合格,能打多少分,要由學者和讀者來評判。我們深知,在這份答卷之中,肯定還有很多疏漏和錯誤,我們真誠地希望得到批評指正。陳智超先生寫的書名叫《解開宋會要之謎》,的確,《宋會要》和《宋會要輯稿》有着太多的謎,我們願意與學者、讀者共同努力,以期進一步解開這些謎。

作爲四川的學者,我們特別高興的是,我們校點整理的這部書與四川有着深密的淵源: 本書的原始底本是四川的兩位先輩學者張從祖、李心傳編纂的《總類國朝會要》,李心傳繼張從祖續編《總類會要》並合爲一書是在成都完成的,而後又是在四川刊刻傳世的。兩位鄉邦先賢的這部巨著爲宋代蜀學又增添了一項輝煌的成果,我們爲能夠整理他們的著作而深感榮幸,同時也感到一份責任。

最後,我們要感謝上海古籍出版社的鼎力合作,特別要感謝編輯和校對人員的辛勤勞動。

二〇一四年五月,寫於四川大學竹林村

凡例

一、本書以一九三六年前北平圖書館影印的《宋會要輯稿》綫裝本（以下簡稱《輯稿》或「影印本」）爲底本進行校點整理。對底本總的原則是盡可能保持原貌，不打亂原有框架。但也作了必要的調整，如删除了部分重複内容，移正了我們已發現的錯簡，添補改正了缺漏或錯誤的標題等。

一、影印本原標有「帝系一之一」之類的頁碼，此種編碼的好處是不隨後來版本的改變而改變，且長期以來爲學者所習知習用。爲便於對照研究，本書於影印本換頁之處，用黑底白字小方塊標明原有頁碼。

一、因徐松原稿（以下簡稱「原稿」）係抄自《永樂大典》，抄録者於部分抄稿板心處標明《大典》卷數，但也有多處未標，或因被後來整理者割裂而不明。其缺漏之卷，陳智超先生於《解開宋會要之謎》一書中據《永樂大典目録》考定補出，列入表格（但未説明根據）。本書爲便於讀者了解徐松輯稿之來源，及與現存《大典》對照研究，兹據原稿及《永樂大典目録》，并參考陳書，將《大典》卷次置於有關文字之末，注明「以上《永樂大典》卷△△」。依據陳書者於校記中注明，並補充説明定於此卷之理由。

一、本書對校勘發現的訛誤與問題，凡屬明顯的、無需説明的文字訛、脱、衍、倒，則直接在正文中用小號字加圓括號「（）」標出原文，用正文大字加六角括號「〔〕」標出改正之字，不出校記；對確定錯誤需改正又需説明者，則直改正文，而後出校記；對存疑者或不涉及改字的其他問題，也用校記説明。

一、原稿中記事之年月日需改正者，若在每條之首，爲了醒目，也用上述加圓括號、六角括號的方式予以糾正；其他在正文或注文之中者則徑予改正，不加括號。以上均出校記説明。

一、本書之文字一律用繁體字。爲保存原貌，對原稿所用之字一般不改，包括異體字、俗體字、假借字、古今字等。惟對少數罕見、生僻、怪異者改爲現今通行的繁體字，如「刱」改爲「創」、「迯」改爲「逃」之類。

一、對原稿中經甄别確定的避諱字一律回改。其中，避諱缺筆、避諱改字，如「匡」作「𢎥」、「曆」作「歷」、「丘」作「邱」、「貞觀」作「正觀」、「齊桓公」作「齊威公」之類，視具體情況，或徑改正文而加校記説明，或用圓括號、六角括號直改而不出校。因避諱而空字者，如遇「棣」字避明成祖諱空格之類，皆回補並出校。

一、重文之處理。《輯稿》中有整門整類整塊之重文，其中又分幾種情況： 一是《大典》在輯錄《宋會要》時，將同一文字用於不同之字韻與門類，在《輯稿》中亦收在不同卷。如職官類之「法官」門與刑法類之「法律」門文字全同，而出自《大典》之不同卷。本書於此種重文，依舊保留而不刪。二是相同之文本出於《大典》之不同卷，但影印本收在同一卷。如禮二五之二八至禮二五之四八，與禮二五之一至禮二五之一四文字全同，而《大典》卷次不同。本書於此種重文，予以刪除。三是《輯稿》同一門目中兩處文字完全重複，且皆出於《大典》之同一卷或同一門目，如方域八之一六與方域八之一九「瀛州城」目即是。本書遇此，亦予刪削。四是徐松原稿與廣雅書局稿之重複。如禮一一、三一、三二、三三、四九等卷之後，又分別有「又禮」一一、三一、三二、三三、四九，前者乃是徐松原稿，後者則是廣雅書局整理之謄清稿，內容重複，今將「又禮」的幾卷刪除。至於《輯稿》之零星重文，本書一般仍舊保留。

一、錯簡之處理。《輯稿》中今已發現五十餘處錯簡，本書均予移正，并加校記説明。所移之文一般不再標出原有頁碼。

一、行款之處理。原稿之分條分段一般以空一格表示，今改爲提行分段。但原稿之分條分段極不規範、極爲混亂，本書根據內容仔細斟酌，或分或合，重新分段，力求準確。又，原稿同一門目之中，往往輯錄《大典》不止一卷，或前後部分內容不同，或其中某些文字原抄在另葉。若遇以上情況，本書一般採用空行，以示區分。但內容緊密相連者，仍接排而不空行。

一、原稿之正文用大字書寫，注文用小字書寫，今仍用其例。但原稿之大字小字、正文注文每多互混，造成文意不明、內容改變、年月錯亂，本書於此，酌加釐正。

一、標題之處理。《輯稿》標題極爲混亂，有《宋會要》原有者，有《大典》所加者，有徐松所批者，有後來整理者所添者，有在正文之前另行書寫者，有在「宋會要」之下者，有在正文之前與正文連書者，有夾在正文之中者，有批於天頭者，又有有文無題者，可謂五花八門。究其內容，亦多有不妥不確者。本書由於不打亂底本結構，因而對原有標題只能稍加整理，擇其善者而從之，勉強可用者也儘量保留，其不得不改者始加以修改，其缺題者則據正文內容擬補。書寫格式也予以整齊，統一於正文之前分行書寫。共分爲四級標題： 每卷卷首之書名、類名、序號爲一級標題，如「宋會要輯稿帝系一」之類； 以下則大致按正文內容之範圍大小及隸屬關係分別爲二、三、四級標題。

一、批語之處理。《輯稿》由於經歷多次整理，因此存在大量整理者之批語。除批標題而外，主要有以下幾種類型，一是校勘性批語，如列舉異文，提出改字意見，添加條文或字句等；二是注釋性批語，如此文原在《大典》某卷，此條本在何處，此爲何書之文之類；三是指令性批語，即指示書手如何抄寫。鑒於此類批語多少反映了前人的整理成果，對認識與整理本書有一定作用，而且爲了盡可能保存原貌，本書將绝大部分批語在校記中列出，有時還加以必要的說明。所增補之資料或字句能移入正文者則移入正文。純指令性的批語今已無用者，則不予列出，也不出校。

一、原稿一般於各部分正文之前標明所引之書名，本書今用「【】」號標示，如【宋會要】、【宋史】之類。又有原稿本有此種書名，被後來整理者刪去者，今一律恢復。又有脫去引用書名者，今則爲之補標。

一、本書校記中所引用之書，凡文淵閣《四庫全書》收入者，一般即用該本，取其便於電腦檢索；文淵閣《四庫》本不善或文字訛誤者，則改用其他版本，如《元豐九域志》用中華書局一九八四年點校本等等。若用文淵閣《四庫》本，即不再注明版本；若用其他版本，則於首次出現處注明。

目録

宋會要輯稿　帝系四

宋會要輯稿　帝系五

宋會要輯稿　帝系六

宋會要輯稿　帝系七

宋會要輯稿　帝系八

宋會要輯稿　帝系九

宋會要輯稿　帝系一〇

宋會要輯稿　帝系一一

宋會要輯稿　后妃一

宋會要輯稿　樂三

宋會要輯稿　樂四

宋會要輯稿　樂五

宋會要輯稿　樂六

宋會要輯稿　樂七

宋會要輯稿　樂八

宋會要輯稿　禮六

宋會要輯稿　禮七

宋會要輯稿　禮八

宋會要輯稿　禮九

宋會要輯稿　禮一八

宋會要輯稿　禮一九

宋會要輯稿　禮二〇

宋會要輯稿　禮二一

宋會要輯稿　禮三五

宋會要輯稿　禮三六

宋會要輯稿　禮三七

宋會要輯稿　禮三八

宋會要輯稿　禮三九

宋會要輯稿　禮四〇

宋會要輯稿　禮四一

宋會要輯稿　禮四二

宋會要輯稿　禮四三

宋會要輯稿　禮四九

宋會要輯稿　禮五〇

宋會要輯稿　禮五一

宋會要輯稿　禮五二

宋會要輯稿　禮五八

宋會要輯稿　禮五九

宋會要輯稿　禮六〇

宋會要輯稿　禮六一

宋會要輯稿　禮六二

宋會要輯稿　輿服一

宋會要輯稿　輿服二

宋會要輯稿　輿服三

宋會要輯稿　輿服四

宋會要輯稿　輿服五

宋會要輯稿　輿服六

宋會要輯稿　瑞異一

宋會要輯稿　瑞異二

宋會要輯稿　瑞異三

宋會要輯稿　崇儒七

宋會要輯稿　職官一

宋會要輯稿　職官二

宋會要輯稿　職官三

宋會要輯稿　職官四

宋會要輯稿　職官五

宋會要輯稿　職官六

宋會要輯稿　職官三二

宋會要輯稿　職官三三

宋會要輯稿　職官三四

宋會要輯稿　職官三五

宋會要輯稿　職官三六

宋會要輯稿　職官四三

宋會要輯稿　職官四四

宋會要輯稿　職官四五

宋會要輯稿　職官四六

宋會要輯稿　職官四七

宋會要輯稿　職官四八

宋會要輯稿　職官五九

宋會要輯稿　職官六〇

宋會要輯稿　職官六一

宋會要輯稿　職官六二

宋會要輯稿　職官六三

宋會要輯稿　職官六四

宋會要輯稿　兵四

宋會要輯稿　兵五

宋會要輯稿　兵六

宋會要輯稿　兵七

宋會要輯稿　兵八

宋會要輯稿　兵九

宋會要輯稿　兵一〇

宋會要輯稿　兵二七

宋會要輯稿　兵二八

宋會要輯稿　兵二九

宋會要輯稿　方域一

宋會要輯稿　方域四

宋會要輯稿　方域九

宋會要輯稿　方域一〇

宋會要輯稿　方域一一

宋會要輯稿　方域一二

宋會要輯稿　方域一三

宋會要輯稿　方域一四

宋會要輯稿　方域一五

宋會要輯稿　方域一六

宋會要輯稿　方域一七

宋會要輯稿　方域一九

宋會要輯稿　方域二〇

宋會要輯稿　蕃夷六

宋會要輯稿　蕃夷七

宋會要輯稿　道釋一

宋會要輯稿　道釋二

宋會要輯稿　帝系一

帝號

【宋會要】

1 僖祖立道肇基積德起功懿文憲武睿和至孝皇帝，諱朓，漢京兆尹廣漢之後。生於燕薊，仕唐，歷永清、文安、幽都三縣令。建隆元年三月，追尊曰文獻皇帝，廟號僖祖。諡議，翰林學士竇儼撰；册文，中書舍人扈蒙撰。陵曰欽陵。在幽州。大中祥符五年閏十月，加諡曰文獻睿和。册文，樞密使、同中書門下平章事王欽若撰。以上《國朝會要》。諡號中「立道肇基積德起功懿文憲武」十二字，大觀元年九月加上〔一〕。《續會要》。治平四年三月，以英宗祔廟，告遷神主，奉藏於夾室。熙寧五年十一月二十五日，復奉神主爲太廟始祖。(太)〔大〕觀元年九月加今諡。諡議，翰林學士薛昂撰；册文，宰相蔡京撰。以上《續國朝會要》〔二〕。

順祖惠元睿明皇帝，諱珽，僖祖子。歷藩鎮從事，兼御史中丞〔三〕。建隆元年三月，追尊曰惠元皇帝，廟號順祖。諡議，翰林學士竇儼撰；册文，中書舍人趙逢撰。陵曰康陵。在幽州。大中祥符五年閏十月加今諡。册文，參知政事陳彭年撰。以上《國朝會要》。《續會要》云：册文，樞密使陳堯叟撰。熙寧五年十一月二十五日，以奉僖祖爲太廟始祖，告遷神主，奉藏於夾室，依禮不諱不忌。以上《續國朝會要》。

翼祖簡恭睿德皇帝，諱敬，順祖子。歷營、薊、涿三州刺史。周顯德中，贈左驍衛上將軍〔四〕。建隆元年三月，追尊曰簡恭皇帝，廟號翼祖。諡議，翰林學士竇儼撰；册文，2 中書舍人趙逢撰。陵曰靖陵。在幽州。本曰定陵，乾興元年七月改。大中祥符五年閏十月加今諡，册文，參知政事王曾撰。以上《國朝會要》。《續會要》云：册文，參知政事丁謂撰。元祐元年正月，以神宗祔廟，告遷神主，奉藏於夾室，依禮不諱不忌。以上《續國朝會要》。

宣祖昭武睿聖皇帝，諱弘殷，翼祖子，母曰簡穆皇后劉氏。仕周爲龍捷左廂都指揮使、岳州防禦使。顯德三年七月二十六日崩，贈武清軍節度使。建隆元年三月，追尊曰昭武皇帝，廟號宣祖。諡議，翰林學士竇儼撰；册文，中書舍人扈蒙撰。陵曰安陵。在開封府開封縣，今奉先資福禪院即其地。乾德二年，改卜於河南府鞏縣。景德四年，析鞏、偃師、緱氏、登封縣地，置縣曰永安，以奉陵寢。大中祥符五年閏十月加今諡。册文，宰臣王旦撰。以上《國朝會要》。崇寧二年十二月，以哲宗祔廟，告遷神主，奉藏於夾

〔一〕元：原脱，據下文及《宋史》卷二〇《徽宗紀》二補。

〔二〕天頭原批：「《大典》卷一萬二千三百。」按，此是廣雅書局整理者所批，係指示謄寫者於此處補入《大典》卷次。廣雅本之體例，於頭一條末注明《大典》卷次，以下各條，若卷次相同者則注「同上」。嘉業堂本亦沿之，故《輯稿》中多有此等批語。本書以後遇此類批語，不再録出。

〔三〕史：原作「事」，據《宋史》卷一《太祖紀》一、《宋朝事實》卷一改。

〔四〕驍：原無，據《東都事略》卷一、《太平治迹統類》卷一補。另按，「驍衛」《宋史・太祖紀》作「驍騎衛」，當是史官偶誤，蓋唐初已改隋驍騎衛爲驍衛，且《宋史・禮志》九、十一均稱宋翼祖爲「驍衛府君」，無「騎」字，故不取。

室。三年十月二十九日，立九廟，復祀。以上《續國朝會要》。

太祖啓運立極英武睿文神德聖功至明大孝皇帝，諱匡胤，宣祖第二子，母曰昭憲皇后杜氏。後唐天成二年丁亥歲二月十六日，生於西京夾馬營。乾德元年，詔以其日爲長春節。仕周爲殿前都點檢、歸德軍節度使。顯德七年正月四日，受周禪於崇元殿。年三十四。乾德元年十一月，上尊號曰應天廣運仁聖文武至德。册文，宰臣范質撰。開寶元年十一月，加號應天廣運聖文神武明道 3 至德仁孝。册文，宰臣趙普撰。開寶九年十月二十日，崩於萬歲殿。年五十。太平興國二年四月二十五日，葬於永昌陵，在河南府永安縣。謚曰英武聖文神德，廟號太祖。謚議，翰林學士李昉撰；册文，沈義倫撰；哀册文，宰臣薛居正撰。大中祥符元年十一月，加謚曰啓運立極英武聖文神德玄功大孝〔一〕。謚議，宰臣王旦撰；册文，參知政事馮拯撰。五年閏十月，再加今謚。册文，宰臣向敏中撰。年號三：建隆四年十一月十六日改乾德，乾德六年十一月二十四日改開寶。

帝號雜録

太祖開寶四年八月二十六日，宰臣趙普等上表請加尊號曰應天廣運興化成功聖文神武明道至德仁孝〔二〕，表三上，詔答不允。九年正月二十六日，皇弟晉王率羣臣上表，請加尊號曰應天廣運一統太平聖文神武明道至德仁孝皇帝，以汾晉未平，燕薊未復，不欲稱「一統太平」，詔答不允。二月五日，晉王等復上表請上尊號曰應天廣運立極居尊聖文神武明道至德仁孝，表三上，詔允所請，候郊禋畢受册。及禮成，有司將奉寶册行禮，復詔止之。（以上《永樂大典》卷一二三〇〇）

【十朝綱要】〔三〕

4 太宗至仁應道神功聖德文武睿烈大明廣孝皇帝，諱炅，宣祖第三子，母曰昭憲皇后杜氏。晉天福四年己亥歲十月七日，生于開封府浚儀縣崇德坊護聖營官舍。《宋朝會要》：開寶九年，詔以其日爲乾明節〔四〕，淳化元年改壽寧節。初名匡乂，建隆元年改名光義。爲殿前都虞（侯）〔候〕、睦州防禦使。八月，遷泰寧軍節度使〔五〕。二年七月，加同中書門下平章事。乾德二年六月，加兼中書令。開寶六年七月，封晉王。九年十月二十日即位，改今諱，年三十八。太平興國三年十一月，上尊號曰應運統天聖明文武。《宋朝會要》：册文，宰臣薛居正撰。六年十一月，加號應運統天睿文英武大聖至明廣孝。《宋朝會要》：册文，宰臣趙普撰。端拱二年十二月，詔省去尊號。淳化元年正月，羣臣復上尊號曰法天崇道。《宋朝會

〔一〕玄：原作「元」，據《皇宋十朝綱要》卷一、《宋史》卷七《真宗紀》二改。
〔二〕明道：原作「明孝」，據前後文所加尊號改。
〔三〕按，以下太宗、仁宗，《大典》以《十朝綱要》爲正文，以《宋會要》爲注。
〔四〕按《宋史》卷四《太宗紀》一：太平興國二年五月「甲戌，以十月（十）七日爲乾明節」，與此不同。
〔五〕泰：原作「太」，據《皇宋十朝綱要》卷二改。

要》：册文，宰臣吕蒙正撰。三年三月二十九日，崩于萬歲殿，年五十九。十月十八日，葬于永熙陵，在河南府永安縣。謚曰神功聖德文武，廟號太宗。《宋朝會要》：謚議，翰林學士承旨宋白撰；册文，參知政事李至撰；哀册文，宰臣吕端撰。大中祥符元年十一月，加謚曰至仁應道神功聖德文武大明廣孝。《宋朝會要》：謚議，宰臣王旦撰；册文，參知政事趙安仁撰。五年閏十月，加今謚。《宋朝會要》：册文，樞密使、同中書門下平章〔事〕王欽若撰。年號五：太平興國九，雍熙五，端拱三，淳化六，至道四。《宋朝會要》：開寶九年十二月二十二日，改太平興國。九年十一月二十一日，改雍熙。五年正月十七日，改端拱。三年正月一日，改淳化。淳化六年正月一日，改至道。（以上《永樂大典》卷一二三一五）

李皇【十朝綱要】

5 仁宗體天法道極功全德神文聖武濬哲明孝皇帝，諱禎，真宗第六子，母曰章懿皇后李氏。大中祥符三年庚戌四月十四日生。《宋朝會要》：乾興元年，詔以其日爲乾元節。初名受益。七年三月，授左衛上將軍〔一〕，封慶國公。八年十二月，遷特進、忠正軍節度使、檢校太尉、兼侍中，封壽春郡王。天禧元年二月，加兼中書令〔二〕。二年二月，遷開府儀同三司、守太保、兼中書令、行江寧尹、建康節度使，進封昇王。八月，立爲皇太子，改今諱。乾興元年二月十九日即位，年十三〔三〕。天聖二年十一月，上尊號曰聖文睿武仁明孝德。《宋朝會要》：册文，宰臣王欽若撰。明道二年二月，加號睿聖文武體天法道仁明孝德。《宋朝會要》：册文，宰臣吕夷簡撰。七月，詔省「睿聖文武」字。景祐二年十一月，加號景祐體天法道欽文聰武聖神孝德。《宋朝會要》：册文，宰臣吕夷簡撰。寶元元年十一月庚戌，加號寶元體天法道欽文聰武聖神孝德。《宋朝會要》：册文，宰臣張士遜撰。康定元年三月，詔省「寶元」字。嘉祐八年三月二十九日，崩于福寧殿，年五十四〔四〕。十月二十七日，葬永昭陵，在河南府永安縣。謚曰神文聖武明孝，廟號仁宗。《宋朝會要》：謚議，翰林學士王珪撰；册文，宰臣曾公亮撰；哀 6 册文，宰臣韓琦撰。《續宋朝會要》：謚號中「體天法道極功全德濬哲」十字，元豐六年十一月加上。（係）《續會要》：元豐六年十一月加今謚。謚議，翰林學士鄧潤甫撰〔五〕；册文，宰臣王珪撰。年號九：天聖九，明道二，景祐四，寶元二，康定一，慶曆八，皇祐五，至和二，嘉祐八。《宋朝會要》：乾興二年正月一日，改天聖。天聖十年十一月六日，改明道。明道三年正月一日，改景祐。景祐五年十一月十八日，改寶元。寶元三年二月二十一日，改康定。康定二年十一月二十日，改慶曆。慶曆九年正月一日，改皇祐。皇祐六年四月一日，改至和。至和三年九月十二

〔一〕「初名」至「左衛」原作小字，今改爲大字。
〔二〕兼：原無，據《皇宋十朝綱要》卷四補。
〔三〕年十三：原作小字，據《皇宋十朝綱要》卷四改爲大字。
〔四〕年五十四：原作小字，據《皇宋十朝綱要》卷四改作大字。下句「在河南府永安縣」同。
〔五〕潤：原作「閏」，據《宋史》卷三四三《鄧潤甫傳》改。

日〔一〕，改嘉祐。　（以上《永樂大典》卷一二三七八）〔二〕

【宋會要】

7 孝宗，高宗皇帝之子也。初，藝祖皇帝六世孫秀王娶夫人張氏，以建炎元年丁未歲十月二十二日生上於秀州嘉興縣。紹興三十二年八月二十六日，詔以其日爲會慶節。是夜赤光滿室，如日正中，高宗皇帝知其生有聖瑞，詔鞠于宮中。紹興三年二月，授和州防禦使，賜名瑗。授貴州防禦使。五年五月，授保慶軍節度使，封建國公。十二年二月，授檢校少保，進封普安郡王。十七年六月，授常德軍節度使。三十年二月，立爲皇子，改賜名瑋。授寧國軍節度使、開府儀同三司，進封建王。三十一年十月，授鎮南軍節度使。三十二年五月，立爲皇太子，改今名。六月十一日，受内禪，即皇帝位。年三十六。淳熙十六年二月，遜位于光宗皇帝，退處重華宮，上尊號曰至尊壽皇聖帝。册文，宰臣留正撰。紹熙五年六月九日，崩于重華殿。年六十八。謚曰哲文神武成孝，廟號孝宗。謚議〔三〕，翰林學士李巘撰〔四〕；謚册文，知樞密院事趙汝愚撰；哀册文，左丞相留正撰。慶元三年十一月〔五〕，加謚曰紹統同道冠德昭功哲文神武明聖成孝。謚議，中書舍人、兼國子祭酒、兼直學士院、兼實録院同修撰高文虎撰；册文〔六〕，參知政事、兼知樞密院事謝深甫撰。　（以上《永樂大典》卷一二九三一）〔七〕

帝謚

【宋會要】

8 孝宗紹統同道冠德昭功哲文神武明聖成孝皇帝。能官賢才曰哲，帝德廣運曰文，應變無方曰神，保大定功曰武，持盈守滿曰成，慈惠愛親曰孝。後加上「紹統同道冠德昭功明聖」十字。

光宗循道憲仁明功茂德温文順武聖哲慈孝皇帝。初謚憲仁聖哲慈孝。聖能法天曰憲，施仁服義曰仁，通達先知曰聖，能官賢才曰哲，視民如子曰慈，繼先述事曰孝。後加上十字。華協于帝，恭己無爲，循道也；恢洪祖業，潤色增光，明功也；汲汲爲學，業業致孝，茂德也；小心翼翼，

〔一〕十二：原作「十三」，據《續資治通鑑長編》（以下簡稱《長編》）卷一八四、《宋史》卷一二《仁宗紀》四改。

〔二〕《大典》卷次原缺，據《永樂大典目録》卷三四補。

〔三〕議：原作「册」，據本書禮三〇之六改。

〔四〕巘：原作「獻」，據本書禮三〇之六改。

〔五〕十一月：原作「六月」。按本書禮四九之八六、四九之八九載：慶元三年七月詔禮部、太常寺討論加上孝宗謚號，十一月二日乃舉行册禮，加上下列謚號。《宋史》卷三五《孝宗紀》、《續宋編年資治通鑑》卷一二、《兩朝綱目備要》卷五等亦均繫此事於此年十一月辛丑（二日）。可證此處「六月」應爲「十一月」之誤，據改。

〔六〕「兼國子」至「册文」二十三字原脱，據本書禮四九之八七、四九之九〇補。

〔七〕《大典》卷次原缺，據《永樂大典目録》卷三五補。

光被四表，温文之謂也；保大定功，遵養時晦，順武之謂也。合「憲仁聖哲慈孝」之號。

太子謚

【宋會要】

昭成太子元僖，初謚恭孝。不懈爲德曰恭，慈惠愛親曰孝。乾興元年改謚昭成。明德有功曰昭，安民立政曰成。

悼獻太子祐。中身早夭曰悼，聰明睿智曰獻。

獻愍皇太子茂，初謚冲獻，後改謚獻愍。

莊文皇太子愭。賜謚。

景獻皇太子詢。耆意大圖曰景，文賢有成曰獻。（以上《永樂大典》卷一三三五〇）

廟號追尊

【宋會要】

9 太祖建隆元年二月五日，有司言：「追尊四廟，合撰帝后謚號、陵名。」詔翰林學士、判太常寺竇儼撰進。

三月二十四日，竇儼請上皇高祖文安府君謚曰文獻皇帝，廟號僖祖，陵曰欽陵。皇曾祖中憲府君謚曰惠元皇帝〔一〕，廟號順祖，陵曰康陵。皇祖驍衛府君謚曰簡恭皇帝，廟號翼祖，陵曰定陵。皇考太尉府君謚曰昭武皇帝，廟號宣祖，陵曰安陵。詔恭依。

九月九日，太常禮院言：「將來皇帝御崇元殿，備禮册四親廟。按禮文，天地、宗廟之饗及出征、巡狩、大射、養老皆博士引卿，卿引皇帝。惟追崇祖宗不載太常博士贊引之事。唐大中初，追尊順宗、憲宗謚號，皇帝於宣政殿授玉册，遣宰臣以下持節奉册赴太廟。授册日，帝既御殿，百僚拜訖，乃降階，跪授册於太尉。拜授訖，禮官俟太尉奉册出宣政門，然後升殿。伏請自今凡皇帝親行禮，皆太常卿贊導奉引〔二〕。」奏可。

二十七日〔三〕，帝御崇元殿，備禮，遣使奉册上四廟謚號。

真宗大中祥符元年六月五日，詔曰：「朕以寡昧，獲奉宗祧。恭膺累洽之祥，迄致小康之理。乾文詔錫，瑞命荐臻。仰承孚佑之仁，上賴貽謀之慶。迫於輿誦，將議升中。蓋以答三靈之眷懷，奉二聖之登配。戒期有素，講禮惟寅。且念建號施名，蓋率遵於典故；奉先尊祖，宜罄盡於追崇。考於舊史之文，仍存加謚之制。即當講求茂實，蹈詠鴻徽。備物典章，祗薦於寢廟；侑神宗祀，對越於高明。庶盡冲人之心，以報昊天之德。太祖英武聖文神德皇帝、太宗神功聖德文武皇帝，宜令所司，定加尊謚。俟封禪禮畢，擇日

〔一〕曾：原無，據《宋史》卷一《太祖紀》一補。

〔二〕「導」下原衍「禮」字，據《宋史》卷一〇八《禮志》一一删。

〔三〕按此事，《長編》卷一、《宋史》卷一《太祖紀》一皆繫於九月九日丙午，但《宋史》卷一〇八《禮志》一一亦作「二十七日」。

恭上寶册。」七月八日，詔宰臣王旦撰謚議，參知政事馮拯撰太祖謚册文并書，趙安仁撰太宗謚册文并書，拯又書謚寶文。

八月一日，王旦上議，請加謚太祖曰啓運立極英武聖文神德玄功大孝皇帝，太宗曰至仁應道神功聖德文武大明廣孝皇帝。詔恭依，遣官告天地、廟、社，仍命配座玉册并告廟文並載新號〔一〕。

十一月二十七日，帝於朝元殿備禮，奉祖宗尊謚册、寶，再拜授攝太尉王旦，奉之以出，安太祖册、寶於玉輅，太宗册、寶於金輅〔二〕，詣太廟奉上。

五年閏十月十一日，詔曰：「猥以眇質，獲紹寶圖。緬念聿修，居懷若厲。比者躬延真馭〔三〕，啓迪帝先。孚祐黎元，積豐功於上古；保綏宗社，垂鴻慶於後昆。錫羡聿昭，感慰交集。是敢揚祖禰之丕烈，增典册之徽稱。茂展孝思，用光燕翼〔四〕。太廟六室各奉上尊謚二字，擇日備禮奉册。」

十八日，中書門下與禮官等參議，請加上僖祖曰文獻睿和，順祖曰惠元 10 睿明，翼祖曰簡恭睿德，宣祖曰昭武睿聖，太祖曰啓運立極英武睿文神德聖功至明大孝，太宗曰至仁應道神功聖德文武睿烈大明廣孝。詔恭依，仍俟上聖祖册禮畢奉上。命樞密使王欽若撰僖祖册文，陳堯叟撰順祖册文，參知政事丁謂撰翼祖册文，宰臣王旦撰宣祖册文，向敏中撰太祖册文，王欽若撰太宗册文，並并書。

六年十月二日，宰臣、攝太尉王旦奉册、寶詣元德皇太后廟，改上徽號曰元德皇后，升祔太宗廟室。

天禧元年正月九日，帝詣文德殿備禮奉寶、册，拜授攝太尉向敏中，持節奉册升輅以赴太廟。翌日，敏中奉上六室。

仁宗天聖二年八月十五日，詔曰：「先皇帝臨御八紘，憂勞萬務，兩巡河朔，親統戎師，以櫛風沐雨之勤，成展義省方之事。繇是殊鄰修好，中夏偃戈，西裔稱藩，三邊絶警。牛馬休於林麓，疆畝遂其耕耘。路罕拾遺，家無轉餉。烝民老幼〔五〕，得全其生。二十年間，最爲隆盛。而謚號之内畧其威武之稱，中外之人咸有鬱嗟之論。斯豈朕奉揚先烈、褒顯世功之意也！始於前歲，嘗議增加，屬奉山陵，因而稽緩。今者類禋俯及，孝饗方伸。瞻二聖之舊規，有追崇之茂典。用昭美稱，式播無窮。宜於先帝謚號内用此意重詳定，加二字爲八字。仍令兩制與太常禮院詳定以聞。」二十七日，翰林學士承旨李維等請加上真宗謚號曰文明定武章聖元孝皇帝。詔恭依。

十一月十日，帝備禮大慶殿庭，奉册、寶，命宰臣王欽

〔一〕告：原作「書」，據本書禮五八之二三改。
〔二〕太宗：原作「大室」，據《宋史》卷一〇八《禮志》一一改。
〔三〕比：原作「此」，據《宋大詔令集》卷一四改。
〔四〕光：原缺，據《宋大詔令集》卷一四補。
〔五〕烝：原作「丞」，據本書禮五八之三〇改。

若持節上于廟室。

慶曆四年七月二十二日，詔俟南郊禮前，改謚莊懷皇后曰章懷〔一〕，莊穆皇后曰章穆，莊獻明肅皇太后曰章獻明肅，莊懿皇太后曰章懿，莊惠皇太后曰章惠。

八月二十五日，太常禮院言：故事只以册、寶告廟，更不改題神主。從之。議具「廟議」。

十一月二十二日，帝備禮大慶殿庭，奉册、寶授太尉，上于廟室。

五年十月九日，攝太尉、宰臣陳執中奉册、寶詣奉慈廟，改上章獻明肅皇太后徽號曰章獻明肅皇后，章懿皇太后徽號曰章懿皇后，升祔真宗廟室。《宋史》：十月，文德殿奉安寶、册。帝服通天冠、(降)〔絳〕紗袍，執圭，太常奏樂。百官宿廟堂。次日，有司薦享諸廟。寅時，復詣正衙，宰臣、行事官贊導册、寶至大慶殿庭。發册，出宣德門，攝太尉賈昌朝、陳執中受以赴奉慈廟，上寶、册，告遷二主。皆塗「太」字，祔於太廟。

七年七月八日，詔曰：「先皇帝繼聖御圖，右文敷化，睦鄰講好，封岱告成〔二〕。二紀之間，三代可復。載惟謚號之册，未殫善美之文，夙夜靡遑，人神觖望。屬[11]肇修於元祀，宜加上於徽名，傳之無窮，庶申永慕。將來南郊，宜增真宗皇帝尊謚〔三〕，如先朝再上祖宗謚號之儀。其令兩制、太常禮院詳定以聞。」

八月十一日，命宰臣陳執中撰加謚册文，樞密使夏竦書。

二十五日〔四〕，翰林學士張方平請加上真宗謚號曰膺符稽古成功讓德文明武定章聖元孝皇帝。詔恭依。

二十六日，召近臣觀册，書真宗加謚位版于崇政殿。初，帝跪設位版，書畢，再拜，涕泣久之。

十一月十五日，詔學士院撰加上真宗謚號樂章。

二十五日，帝詣大慶殿，備禮奉真宗加謚册、寶，拜授攝太尉陳執中，持節奉册升輅，赴太廟奉上。

神宗元豐六年三月二十五日，詔：仁宗皇帝、英宗皇帝尊謚宜加上至十六字〔五〕，有司詳具典禮聞奏，仍於大禮前擇日奉上册、寶。

五月二日，詔加上仁宗皇帝、英宗皇帝尊謚改作奉上徽號，仍令三省官、雜學士以上與太常寺官同詳定，以禮部尚書撰議文。

閏六月四日，詔改差翰林學士鄧潤甫撰仁宗、英宗徽號議文。

二十五日，宰臣王珪等請上仁宗皇帝徽號曰體天法道極功全德神文聖武濬哲明孝皇帝。是日，又上英宗皇帝徽號體乾膺曆隆功盛德憲文肅武睿神宣(者)〔孝〕皇帝。

〔一〕莊懷：原作「莊懿」，據本書禮五八之六九改。

〔二〕岱：原作「代」，據本書禮五八之三二改。

〔三〕尊：原無，據本書禮五八之三二補。

〔四〕二十五日：按《長編》卷一六一繫此事於八月十四日丙辰，當是。

〔五〕字：原作「年」，據本書禮五八之三四改。

七月二十七日，詔仁宗皇帝徽號册文命宰臣王珪撰〔一〕，門下侍郎章惇書；英宗皇帝徽號册文命宰臣蔡確撰，中書侍郎張璪書；兩朝徽號寶文命尚書右丞王安禮書〔二〕。

十一月二日，帝詣大慶殿，備禮奉徽號寶、册授左僕射王珪〔三〕，赴太廟奉上仁宗室。又授徽號寶、册于右僕射蔡確，赴太廟奉上英宗室。

哲宗紹聖二年正月二十一日，帝謂輔臣曰：「祖宗謚號各加至十六字，神宗皇帝今止初謚，尚未增加，宜考求典故以聞。」宰臣章惇等對曰：「祖宗加謚，歲月不定。真廟初加八字是天聖二年，今神宗祔廟已十年，故事加徽號必在南郊前，謹如聖旨討閲以聞。」

三月四日，詔曰：「朕恭惟先皇帝經德秉哲，君臨萬邦，十有九年。若古之道，考其政事，功烈之茂，匹休三王，而謚號所紀，曾未足以究宣萬一〔四〕。朕嗣有大業，懼德不類，無以光於前人。蓋聖人之在天下也，神化獨運，民無能名，而盛德形容，言可擬象。矧是追崇之禮，固存列聖之規。其率舊章，申加徽號，用揚顯烈，垂之無窮。先帝謚號見今六字〔五〕，宜增上徽號十字，如祖宗故事。令三省、樞密院官、御史中丞、雜學士已上，同太常寺集議聞奏，仍令禮官詳具禮以聞。」

二十八日，命翰林學士蔡卞撰議文。

四月二十七日，詔加上神宗皇帝徽號，於大禮前三日
12 行禮如故事。

五月十一日，尚書禮部言：「增上神宗皇帝徽號係大禮前三日皇帝初齋日，大慶殿爲明堂，欲乞文德殿行發册、寶之禮。」從之。

十七日，詔加上神宗皇帝徽號册文又命宰臣章惇撰，門下侍郎安燾書册（寶）〔文〕，中書侍郎李清臣書（册）〔寶〕文。

十八日，宰臣章惇等請上神宗皇帝徽號曰紹天法古運德建功英文烈武欽仁聖孝皇帝。

七月四日，宰臣章惇上所撰增上神宗皇帝徽號册文，詔恭依。

九月十六日，帝詣文德殿，備禮奉徽號寶、册授宰臣章惇，上于太廟神宗室。

徽宗崇寧三年三月二十六日，詔曰：「哲宗皇帝聰明睿知，天性夙成。嗣服之初，遵養淵默；洎總威柄，發揮彊剛。黜除姦回，修復法度，熙豐之政，燦然再新。十有六年，厎于至治。而謚號所紀，未能究宣。朕自纘承，因心則友，凡在典禮，必極其隆。仰稽追崇之文，具存祖考之訓。

〔一〕珪：原作「撰」，據本書禮五八之三七改。
〔二〕禮：原作「書」，據本書禮五八之四二改。
〔三〕寶册：原作「二寶」，據本書禮五八之四二改。
〔四〕足：原作「之」，據本書禮五八之四五改。
〔五〕「六字」二字原脱，據《宋大詔令集》卷一四一補。「六字」謂「英文烈武聖孝」也，見《宋史》卷一七《哲宗紀》一。

雖體道之妙莫顯於言聲，而御世之經可求於擬象。載揚丕烈，昭示無窮。宜加上哲宗皇帝謚號共爲一十六字。令三省〔一〕、樞密院官、御史中丞、雜學士、太中大夫以上，與太常寺同共集議合增徽號，仍令禮官詳具典禮以聞。」

二十八日，詔曰：「恭惟神宗皇帝以道涖天下〔二〕，而以政事治之。若稽唐虞三代之隆，垂裕萬世，無疆之統，與天地造化相爲終始。其功德之盛，豈言之一二所能該徧！而奉上徽號，循用舊章，必假丕揚，著之典册。紹聖之詔，竭意追崇，當時議臣講求弗盡。夫帝德廣運，非『運德』也；巍巍乎其有成功，非『建功』也。言既未安，理亦隨失，殆未足以仰慰在天之神，而昭示于後。哲宗皇帝屢欲更定，未及脩行。肆予纘承，安敢輒止？宜令三省、樞密院官、御史中丞、雜學士、太中大夫以上〔三〕，與太常寺同共集議，禮官詳具典禮以聞。」

五月六日，命翰林學士承旨張康國撰更定神宗皇帝、增上哲宗皇帝徽號議文。

六月六日，命宰臣蔡京撰神宗皇帝、哲宗皇帝徽號册文并書。

七月二十三日，宰臣蔡京等上更定神宗皇帝徽號曰體元顯道帝德王功英文烈武欽仁聖孝皇帝〔四〕。是日，又上增哲宗皇帝徽號曰憲元繼道顯德定功欽文睿武齊聖昭孝皇帝。

八月十一日，命中書侍郎趙挺之書神宗皇帝徽號寶文，尚書右丞吳居厚書哲宗皇帝徽號寶文。

十一月二十三日，上詣文德殿，備禮奉更定神宗皇帝徽號册、寶授宰臣蔡京，上于太廟室。是日，又奉哲宗皇帝徽號册、寶授知樞密院蔡卞，上于太廟室。（以上《永樂大典》卷一七〇五五）

13 大觀元年六月七日，內出手詔曰：「尊祖奉先，孝饗爲大。僖祖皇帝積功累行，肇基王迹。覃及後嗣，撫有四海，尊隆廟（祐）〔祏〕，萬世不祧，其徽號未足以顯功垂後。可集官議定，於宗祀前備禮加上，以稱嚴恭之意。」

十二日，有旨加上僖祖文憲睿和皇帝謚號，共爲一十六字。令三省、樞密院官、御史中丞、雜學士、太中大夫以上，與太常寺同共集議合增徽號。仍令禮官詳具典禮以聞。

二十四日，命宰臣蔡京撰册文并書，知樞密院事張康國書册、寶，翰林學士薛昂撰議文。又詔於宗祀大禮初致齋日，行發册、寶及上徽號之禮如故事。

八月四日，宰臣蔡京等奏請上僖祖皇帝徽號曰立道肇

〔一〕三省：原倒，據本書禮五八之六一乙。
〔二〕涖：原作「在」，據《宋大詔令集》卷一四二改。
〔三〕太中：原作「太宗」，據本書禮五八之四九改。
〔四〕元：原作「仁」，據《宋史》卷一九《徽宗紀》一改。

基積德起功懿文憲武睿和至孝皇帝〔一〕。

九月二十五日，上詣文德殿，備禮奉徽號册、寶授蔡京，上于太廟室。

政和三年正月十一日，内出手詔：「朕嗣承祖宗丕祚，懼德弗類，率時昭考。永惟熙寧、元豐盛德大業，述而明之，孚于四海。故自纘緒以來，循親疎惇叙之詔，而爲之建兩京敦宗之令；遵學校養士之法，而申之以鄉舉里選之政。追董正治官之志，制名定位，訓迪文武之秩；紹均輸裕國之制，懋遷有無，阜通山海之利。乘常平羡餘，以惠養鰥寡，使民養生送死無憾。嗣開拓武功以柔遠，闢牂柯、積石，列爲郡縣。一紀于兹，迄用有成。和足以廣樂，富足以制禮。聲名文物，於是大備。荷天之休，諸福之物畢至。錫以元圭，告成厥功。推原本始，實自我烈考施張彌綸，權輿萬事〔二〕，以克用乂；亦惟我哲宗繼志述事，克篤先烈〔三〕。顧朕何德以堪之！朕若稽古，《那》祀成湯，以衎烈祖；《維清》太平，以告文王。肆朕纘述，緝熙先烈，共成康功，永言孝思，不敢不告。可差官册告永裕、永恭陵。神宗尊謚比祖宗已各十六字，然不著稽古建立法度之意；哲宗遵制揚功，未能昭顯。蓋不足以慰在天之靈，垂示萬世。其令群臣參議，加上神宗四字，改定哲宗舊謚以聞。俟將來冬祀饗廟，躬行奉上，以稱朕功成不居、歸美顯親之心。咨爾中外，其體至懷。」

二月三日，命翰林學士張閣撰加上神宗皇帝徽號議文，翰林學士承旨白時中撰更定哲宗皇帝徽號議文。

二十八日，命太師、魯國公蔡京撰神宗皇帝、哲宗皇帝徽號册文并書，少師、太宰何執中書神宗皇帝徽號寶文，門下侍郎余深書哲宗皇帝徽號寶文。

八月二十九日，太師、魯國公蔡京等上加上神宗皇帝徽號曰體元顯道法古立憲帝德王功英文烈武欽仁聖孝皇帝。是日又上更定哲宗皇帝徽號曰憲元繼道世德揚功欽文睿武齊聖昭孝皇帝。

14 十一月三日，文武侍從六參官以上、宗室正任刺史以上、禁軍都虞候以上並服朝服，赴大慶殿立班。皇帝御殿，備禮奉神宗皇帝徽號册、寶，授于太師、魯國公蔡京，奉哲宗皇帝徽號册、寶，授于少師、太宰何執中。京奉神宗册、寶於玉輅，執中奉哲宗册、寶於金輅，並詣太廟幄殿，權奉安以俟。四日，皇帝詣景靈宫行禮畢，赴太廟宿齋。五日，文武陪官各服朝祭服，入就位以俟。皇帝服衮冕，躬行奉上神宗皇帝册、寶于本室，又躬行奉上哲宗皇帝册、寶于本室。

光堯皇帝紹興三年四月十五日，禮部太常寺言：都堂請官集議，昭慈獻烈皇后欲改定謚曰昭慈聖獻皇后。詔恭依。

〔一〕僖祖：原作「僖宗」，據本書禮五八之一五改。
〔二〕輿：原作「與」，據本書禮五八之五四改。
〔三〕篤：原作「爲」，據本書禮五八之五四改。

二十四日，禮部太常寺言：「奉詔，昭慈獻烈皇后改謚曰昭慈聖獻。謹按《謚法》曰：通達先知曰聖，克嗣徽音曰聖。」詔恭用「克嗣徽音曰聖」，命翰林學士綦崇禮撰議文〔一〕。

五月十二日，禮部太常寺言：「昭慈獻烈皇后謚號，檢照六家《謚法》，係君謚、后妃謚内通用該載。今來昭慈獻烈皇后改謚昭慈聖獻皇后，先申請開具『通達先知曰聖』，『克嗣徽音曰聖』，已有詔恭以『克嗣徽音曰聖』。合於君謚、后妃謚（曰）〔内〕參照通用。」詔宜恭以「備物成器曰聖」。

六月二十一日，翰林學士綦崇禮上昭慈獻烈皇后改謚曰昭慈聖獻議。詔恭依。

二十四日，太常寺言：「昭慈獻烈皇后改謚昭慈聖獻皇后，於温州太廟奉上册、寶，今參酌禮例修撰儀注。」詔依。

二十九日，詔：昭慈聖獻皇后改謚，命簽書樞密院事徐俯撰謚册文，參知政事席益書謚册文，樞密都承旨趙子畫書篆寶文〔二〕，户部員外郎徐杞奉册、寶告廟，并命使發册、寶，起居郎、權中書舍人孫近讀册文。

七月六日，樞密都承旨趙子畫言：「准敕差篆昭慈聖獻皇后寶文，尋據文思院供，舊寶方二寸四分。欲以『昭慈聖獻皇后之寶』八字爲文，分寸仍舊。」從之。

（九）〔八〕月十四日〔三〕，告廟。十五日，皇帝御常御殿，命開府儀同三司、信安郡王孟忠厚攝太尉，奉上册、寶于廟室〔四〕。

十二月十三日，詔：昭慈聖獻皇后改謚册、寶，命使發册，告遷，權安奉神御，迎奉至温州太廟，奉上册、寶，景靈宫安奉神御禮畢，禮儀使已下并官吏等比擬除几筵例，各支銀絹有差。

七年二月十九日，三省言：「已議上徽宗聖文仁德顯孝皇帝尊謚，所有惠恭皇后合易舊謚，禮部太常寺今討論：竊聞周之文母，唐之文德，及東漢諸后，皆同帝謚。議者以爲后無外事，法不專謚，故繫於帝，以爲稱謂。國朝以來，列聖諸后悉遵此制。至於昭憲皇后，初謚『明憲』，後改曰『昭』，以從宣祖『昭武』之謚也。真宗皇帝五后初皆謚 15
曰『莊』，後皆改『莊』曰『章』，以從真宗『章聖』之謚也。今徽宗皇帝已議上尊稱曰聖文仁德顯孝皇帝，寧德皇后已議尊稱曰顯肅皇后，伏請改惠恭皇后謚連『顯』字，仍依故事集官議謚。」既而吏部尚書孫近等集議，易惠恭皇后謚曰顯恭皇后。詔恭依。

四月六日，太常少卿吳表臣言：「侍從官議上惠恭皇后改謚，俟敕下有司合行製造册、寶。檢照昨加上神宗皇帝、哲宗皇帝謚號，係於政和三年冬祀大禮前一日皇帝行朝饗

〔一〕議文：原脱，據下「六月二十一日」條并參照前文類似文例補。
〔二〕趙子畫：按此人本書與其他史書中或作「趙子晝」，今仍其舊。
〔三〕八月：原作「九月」，據《建炎以來繫年要録》（以下簡稱《建炎要録》）卷六七改。
〔四〕册：原脱，按《建炎要録》卷六八云「上昭慈聖獻皇后改謚册於温州太廟」，是有册也，據補。

禮前躬行奉上。所〔以〕〔有〕將來奉上惠恭皇后改謚册、寶，合依加上神宗謚號禮例，將來大禮躬行奉上。」詔恭依。

五月二十三日，命給事中胡世將撰謚議，參知政事張守撰册文，知樞密院沈與求書册文〔一〕，參知政事陳與義篆寶文。

七月五日，給事中、兼直學士院胡世將上顯恭皇后謚議〔二〕。詔恭依。

九月二十一日，明堂前一日，奉册、寶上于廟室。

十二年十一月四日，詔曰：「朕恭惟徽宗皇帝躬神明之德，有堯舜之仁。紹累聖之丕基，當四海之全盛，儲精淵默，體道穆清。蓋垂拱優游於十閏之間，而功德度越於百王之上。逢時初否，棄屣若遺。曁訃驛之遠來，舉敷天而感痛。朕纘承大業，遭罹百難，力修鄰國之和，亟致輴車之復。已卜會稽之地，權行陵寢之儀。先遠告成，升祔云畢。顧徽號之莫稱，在眇躬而惕然。雖藏用之神無得而名言，而顯仁之迹可求於擬象。矧祖宗之明訓，有追崇之舊章。宜揚顯功，以垂來世。徽宗皇帝謚號見今六字，宜加十字，爲十六字，如祖宗故事。令三省、樞密院、侍從、臺諫以上同太常寺集議，仍令禮官詳具典禮以聞。」

16 十二月十二日〔三〕，宰臣秦檜等請加上徽宗皇帝徽號曰體神合道駿烈遜功聖文仁德憲慈顯孝皇帝。

同日，禮部太常寺言：文思院修製奉上徽宗皇帝徽號册、寶，所有修製玉寶，合以「徽宗體神合道駿烈遜功聖文仁德憲慈顯孝皇帝之寶」爲文。詔依。

同日，禮部太常寺言：「集議徽宗皇帝徽號訖，依禮例，奉上册寶使率行事官并百僚，詣徽宗皇帝本室奏請徽號，行禮。俟降下議文，從本寺關太史局，選定日辰，取旨排辦。行禮日，皇帝前後殿不視朝，百司作休務假。合差讀奏請徽號議文官一員，係差史官充；奏告，光禄卿、奉禮郎、太祝、太官令各一員，差本寺官充。奉上册、寶使并行事官宿齋於太廟齋坊，陪位官止至日赴。其行事奉册寶使、奉禮郎、太祝、太官令，並乞服祭服；讀徽號議文官并應陪位百僚，並服常服立班。」詔讀奏請徽號議文官以起居舍人程敦厚充，餘並依。

二十日，詔命宰臣秦檜撰上徽宗皇帝加上徽號册文。

同日，禮部太常寺言：「奉上徽宗皇帝徽號用來年正月九日，皇帝御殿，命使發册、寶，行禮。俟修製册、寶畢，有司前一日進呈，請御書訖，降出，於所御殿設幄安奉。令入内〔内〕侍省依例差内侍三員，專一掌管進呈及請御書，并在幄宿衛主管。所有發册、寶日，依〔例〕，文武百僚陪〔位〕立班，不視事，作休務假。」從之。

〔一〕求：原缺，據本書禮五八之七四補。
〔二〕議：原脱，據本書禮五八之七四補。
〔三〕按原稿此條與上條之間尚有「十一月二十一日」一條，已被原整理者挖至本書禮七之二一至七之二二。

同日，詔簽書樞密院事、兼權參知政事程克俊爲奉册讀册，中書令、户部尚書張澄爲奉寶讀寶，侍中、大理卿周三畏，大理少卿姜師中舉册，秘書少監秦熺、軍器監劉才邵舉寶，吏部侍郎魏良臣進接大圭，禮部侍郎王賞奏中嚴外辦，中書舍人張擴御前奏中嚴外辦，右諫議大夫羅汝楫禮儀使，前導皇帝行禮，祠部員外郎段拂奏解嚴，權太常少卿王師心御前奏解嚴，太常博士劉嶸贊引禮儀使。

二十三日，禮部太常寺言：「奉上徽宗皇帝徽號册、寶，奉册寶使合用本品車及鹵簿儀仗，緣今來未備，欲乞服朝服，騎從至太廟。侍中、中書令、舉寶官亦服朝服，騎從册、寶至太廟幄次。其册寶下官并職掌、（授）〔援〕衛親事官等，依禮例並於册寶幄之側宿衛。」從之。

二十八日，閤門言：「奉上徽宗皇帝徽號册、寶，行禮合差閤門官二員前導皇帝，一員奏中嚴等牌。」（言）〔詔〕以知閤門事（兼）客省四方館 17 事兼樞密副都承旨藍公佐、知閤門事兼客省四方館事鄭藻前導，知閤門事兼客省四方館事宋籛孫奏中嚴等牌。

同日，御史臺（詔）〔言〕：「奉徽宗皇帝徽號册、寶畢，次日皇帝詣太廟行饗禮，其陪祠文臣百官合前十日受誓戒。欲乞應通直郎以上及行在見任承務郎以上職事官趁赴。所有太廟奏請議文并習儀，奏請皇帝致齋、發册寶等立班，亦乞用前項已受誓戒官。」從之。

十三年正月六日，皇帝内殿致齋，文武百僚赴太廟徽宗皇帝本室請（殿）〔徽〕號。

九日，皇帝御文德殿，命宰臣秦檜上徽宗皇帝徽號册、寶于太廟。

十日，皇帝内殿宿齋，文武百僚赴太廟奉上徽宗皇帝徽號、册寶。（以上《永樂大典》卷一七〇五六）

18 淳熙二年七月六日，右丞相葉衡等恭請加上光堯壽聖憲天體道太上皇帝尊號曰光堯壽聖憲天體道性仁誠德經武緯文太上皇帝，壽聖明慈太上皇后尊號曰壽聖齊明廣慈太上皇后。詔恭依。參知政事龔茂良、簽書樞密院事李彦穎、户部尚書韓彦直、翰林學士王淮、權吏部尚書蔡洸、禮部侍郎趙雄、權吏部侍郎沈樞、趙粹中、給事中胡元質、權兵部侍郎周必大、權刑部侍郎周自強、祕書監兼權中書舍人莫濟、太常少卿兼權户部侍郎趙彦操、起居郎王希呂、侍御史范仲芑、左司諫湯邦彦、將作少監兼權禮部郎官吴飛英、監察御史（溥）〔傅〕淇、齊慶胄、劉藩、太常丞傅伯壽、太常博士許蒼舒等議。

淳熙〔十〕二年十二月一日〔二〕，皇帝詣大慶殿行發册、寶禮畢，皇帝帥文武百僚詣德壽宫行奉上光堯壽聖憲天體道性仁誠德經武緯文紹業興統明謨盛烈太上皇帝册、寶。

〔二〕十二年：原作「二年」，據《宋史》卷三五《孝宗紀》三、《續宋編年資治通鑑》卷一〇、《宋史全文》卷二七下補。

册文丞相王淮撰，書册文樞密使周必大，篆寶參政黃洽。册文曰：「皇帝臣慎謹稽首再拜言：臣聞有大德者必得其壽，必得其名，蓋天人同然之應也。故德參乎天，〔則天〕以壽錫之；德洽乎人，則人以名歸之。逖觀古初，歷選列辟，維堯之壽自少昊高辛氏以來莫及，而聰明文思之稱冠序（予）〔于〕二《典》，則亦惟非心黃屋，謝成功而不居，大哉之德有以致之。若夫躡陶唐之高躅，膺天人之美報，維我聖父，亶其同符。然則揚鴻休，登顯號，以崇介萬年之丕貺，曷其可已乎！恭惟光堯壽聖憲天體道性仁 19 誠德經武緯文太上皇帝陛下以聖神文武之資，承二百中天之運，興衰撥亂，再造區夏。寢兵措刑，躋民壽域。右賢左戚，量才授任。大綱小紀，因事制宜。儲精三紀之間，致治百王之上。迺以神器，（睠）〔睠〕（于）〔予〕冲人，順帝則而聽康衢之謡，放政機而處大庭之館，希夷高蹈，又二十有四載矣。夫在宥天下，則體乾健以時行；逍遥物表，則泯雷聲於淵默。汗南山之竹，不足以紀功業之隆；指上古之椿，不足以比春秋之盛。時因大慶，屢上鴻名。摹乾坤之容，繪日月之象，署能推高矣，然未滿事實也。兹者歲肇三元，數綿八帙，薄海内外，罔不慶賴，歸美之義，不謀而同，以爲壽之得乎天者既已益隆，則夫名之得乎人者所宜賓實。臣以寡昧，仰承付託之恩，念志莫大尊親，而物無以報德，博採群議，稽經諏律，拳拳之誠而不容默已。昔之紹大業者在于治（毫）〔亳〕之興，興聖統者在于得禹之後。文王丕顯之謨，所以肇造而起斯文者在是；武王丕承之烈，所以執競而定爾功者在是。洪惟盛德，超軼三五，合而言之，衆美具備。且夫入纂基圖，載安九廟，可謂紹業矣；上接千歲，下規億載，可謂興統矣。是彝是訓，炳如日星，明明之謨，孰有加于此乎！除亂布治，光于祖宗，盛哉之烈，孰有大于此者乎！臣不勝大願，謹（表）〔奉〕玉册玉寶，加上尊號曰光堯壽聖憲天體道性仁誠德經武緯文紹業興統明謨（烈）〔盛〕烈太上皇帝。伏惟陛下仰符天意，俯協人心，順迎丕慶，誕受典册，庶幾慰我子孫黎民，以永千萬世無疆之休。」

次詣宮中奉上壽聖齊明廣慈備德太上皇（帝）〔后〕册、寶。册文丞相梁克家撰，書册文參政施師點，篆寶參政黃洽。册文曰：「皇帝臣慎謹稽首再拜言：臣聞慶都佐嚳，是開放勳；塗山嬪夏，寔肇與子。越周文臣，亦有任、姒，徽音相繼，《雅》什載歌。永惟三五之隆，兹誠千一之遇。矧我聖母，輔翊慈極，養以天下，俱燕壽祉，今所創見，亶無前聞。增崇大號，用侈丕慶，以荅三靈之眷命，以慰四海之驩心，臣子之情，曷可後哉！恭惟光堯壽聖憲天體道性仁誠德經武緯文紹業興統明謨盛烈太上皇帝陛下生育長養，與天同功，虛静淵默，與道同妙。高蹈物表，玩心希夷。穹祇錫羡，神筴增授。方登延于八帙，以進至于萬億。實惟我壽聖齊明廣慈太上皇后殿下〔一〕，淑質懿範，儷美匹休。造舟爲梁，

〔一〕明：原作「心」，據《宋史》卷二四三《后妃傳》改。

丕顯《思齊》之聖；繼鼇立極，于昭再造之烈。助成正始之化，首贊揖遜之舉。媲德無媿，降年偕永。臣以寡昧，嗣守曆服，深惟付託之重，克享盈成之業，欽承慈訓，夙夜匪懈。念孝以尊親爲大，福以錫壽爲先。兩因歲紀，三舉顯册。雖乾坤覆載之恩非言可贊，而中外歸報之誠不謀而合。是用先獻歲以涓吉日，朝未央而蔵上儀〔一〕。併衍鴻名，益介親壽。臣不勝大願。謹奉玉册金寶，加上尊號 20 曰壽聖齊明廣慈備德太上皇后。伏惟殿下永承堯父，作配周宗，如日之升，如月之常，如南山之壽。宏賁我後人，使丕天之大律，繼自今不一舉而足，臣亦與有無窮之慶，不其韙歟！」

同日，中書令進讀光堯壽聖憲天體道性仁誠德經武緯文紹業興統明謨盛烈太上皇帝册，侍中進讀寶畢，皇帝稱賀曰：「臣慎稽首言：伏惟太上皇帝陛下丕衍壽祺，申崇顯號，邦家大慶，華夏騰歡。」侍中詣太上皇帝御座前承旨宣答曰：「皇帝寧親有道，介壽無疆，載衍尊榮，益昭親愛。」次皇太子奏：「臣惇等稽首言〔二〕：伏惟太上皇帝陛下衍登鴻筭，崇建尊名，慶集皇家，歡騰寰宇。」侍中詣太上皇帝御座前承旨，退詣折檻前宣：「有制，皇太子以下，太上皇帝聖旨：榮增丕號，申輯閎休，永介壽祺，同孚邦慶。」皇帝奉壽聖齊明廣慈備德太上皇后册寶入宫内，侍〔中〕讀太上皇后册寶畢，皇帝稱賀曰：「臣慎稽首言：伏惟太上皇后殿下坤元博載，天嘏駢臻，永奉慈庭，並增丕號。」内侍宣答曰：「太上皇后聖旨：皇帝歡奉庭闈，慶登册典，載增懿號，彌見勤誠。」其奉上册寶、讀册寶儀注詳見前「上尊號」。先是詔曰：「朕祗承慈訓，光纘睿圖。備天下之養以尊親，爰臻于二紀；兼聖人之名而得壽，彌衍于萬年。亘古昔以未聞，亶家邦之有慶。光堯壽聖憲天體道性仁誠德經武緯文太上皇帝精微默運，溥博難名。恢統緒系接之隆，軼漢唐而立制；懋謨烈顯承之懿〔三〕，參文武以寧民。修身高八帙之期，騰實焕百王之典。壽聖齊明廣慈太上皇后静符坤載，順翼皇勛。齊敬宅心，穆慈忱之壼範；純全迪德，昭萬國之母儀。蚤宣京室之徽音，並著康衢之嘉頌。粤兹昌會，展矣宏休。合未央、長樂之儀，欣上玉巵之奉；廣乾道、淳熙之議，肅申寶册之陳。輸誠先再駕之恭，揆日協三神之貺。肆頒明詔，具諗羣方。建顯號而施尊名，庶鋪于于有奕〔四〕；綏多福而輯純嘏，益保佑于無疆。尚孚欽愛之心，共慶休明之運。」

三日，奏事之次，王淮等奏：「前日册寶禮成，天色晴明，中外無不忻愜。」上曰：「前日慈顔甚懽，和氣洋溢不可言。壽聖諭朕以兒婦盡在前，便圖畫莫能就。」淮等奏：「陛下孝德，奉親甚至，今日之事，誠載籍所未聞。」上曰：「太上賜朕銷金背子一領，太上亦自著一領，但色差淺。此

〔一〕蔵：原作「藏」，據文意改。
〔二〕惇：原作「慎」。按此處爲皇太子名，應是光宗趙惇，因改。
〔三〕烈：原作「然」，據《中興禮書續編》卷一六改。
〔四〕上「于」字疑誤。

便是昔人斑衣。來歲慶壽日，更衣以往。」淮等奏：「幸茲際會，獲覩盛事。」

十四日，詔加上尊號册、寶了畢，依紹興三十二年奉上尊號册、寶體例，等第推恩。第一等：都大主管、承受、諸司官各轉兩官。第二等：照管一行事務三省禮工房、主管所催依、照管官物使臣、主管文字并行遣使臣各轉一官，減二年磨勘。第三等：主管所白身行遣人并承受、諸司下行遣人、禮直官、剋擇官、快行、親從、親事官各轉一官資。（以上《永樂大典》卷一七二八九）

大臣〔一〕

太祖朝

【宋會要】

21 使相三十四人。內有皇弟晉王〔二〕。

三司使八人：張美、薛居正、李崇矩、趙玭、沈倫、楚昭輔、呂餘慶、張澹。

學士八人：陶穀、竇儼、王著、李昉、扈蒙、竇儀、歐陽迥、盧多遜。

舍人院十人：扈蒙、趙逢、王瑩、盧多遜、張澹、高錫、王著、王祜〔三〕、李昉、李穆。

御史中丞三人：邊歸讜、劉溫叟、邊光範。（以上《永樂大典》卷一二二九九）

太宗朝

宰相九人〔四〕：薛居正、沈倫、盧多遜、趙普、宋琪、李昉、呂蒙正、張齊賢、呂端。

參知政事二十三人：盧多遜、竇偁、郭贄、宋琪、李昉、李穆、呂蒙正、李至、辛仲甫、王沔、張齊賢、陳恕、賈黃中、李沆、呂端、蘇易簡、趙 22 昌言、寇準、向敏中、張洎、李昌齡、溫仲舒、王化基。

樞密使四人：曹彬、楚昭輔、石熙載、王顯。

樞密副使十二人：楚昭輔、石熙載、柴禹錫、王顯、弭德超、王沔、張宏、趙昌言、張齊賢、張遜、溫仲舒、寇準。

知樞密院事三人：張遜、柴禹錫、趙鎔。

〔一〕原無此題，據內容擬加。

〔二〕按，嘉業堂本卷一此二句下録有徐松按語：「松按，《永樂大典》引《宋會要》太祖朝，於『使相三十四人』之下有三司使八人、學士〔八人〕、舍人院十人、御史中丞三人。又有進士及升改廢置州府、人數、地名。蓋李𡌴《十朝綱要》之文誤入《會要》也，考削之。」今按，徐松所説之《大典》文即本書之下文及相連之《補編》頁四三二、四三三，但不見徐松此按語，蓋籤條已脱。然據下文「太宗朝」之例觀之，此二句小字爲《會要》之文，以下作正文大字者則爲《十朝綱要》之文，蓋《大典》以《會要》爲注也。

〔三〕王祜：原作「王祐」。按此人文獻中或作「王祜」，或作「王祐」，當以「祜」爲正，詳見《全宋文》卷一《王祜知魏縣制》校記。據改。以下凡遇此人作「祐」者徑改「祜」。

〔四〕按，以下正文録自《皇宋十朝綱要》卷二，非《宋會要》之文。

同知樞密院事七人：温仲舒、寇準〔一〕、劉昌言、李惟清〔二〕、趙鎔、向敏中、錢若水。

簽書樞密院事五人：石熙載、張齊賢、王沔、楊守一、張遜。

使相二十人：皇弟廷美、皇子德芳、皇子德昭、皇子元佐、皇子元僖、皇子元份、皇子元傑、趙普、石守信、錢俶、向拱、張永德、高懷德、曹彬、李繼勳、潘美、宋偓、錢惟濬、陳洪進、趙保忠。《宋朝會要》〔使〕相二十一人，内有真宗。

三司使二十二人：王仁贍、侯陟、王明、宋琪、陳從善、郝正、許仲宣、張卓、張遜、魏丕、郭贄、李惟清、徐休復、陳恕、樊知古〔三〕、魏羽、李昌齡、張雍、魏庠、董儼、王延德、張鑑。

學士院十七人：李昉、湯悦、徐鉉、扈蒙、李穆、宋白、賈黄中、呂蒙正、李至、蘇易簡、李沆、韓丕、畢士安、錢若水、張洎、宋湜、王禹偁。

舍人院三十三人：扈蒙、李穆、張洎、王克正、郭贄、宋白、趙鄰幾、賈黄中、呂蒙正、李至、王(佑)〔祜〕、23 高冕、趙昌言、韓丕、徐休復、蘇易簡、宋準、范杲、宋湜、王化基、李沆、田錫、胡旦、王禹偁、向敏中、畢士安、柴成務、呂祐之、王旦、錢若水、馮起、和㠓、張秉。

御史中丞十一人：侯陟、滕中正、劉保勳、辛仲甫、趙昌言、張宏、李鉅源、王化基、朱昌齡、李昌齡、許驤〔四〕。（以上《永樂大典》卷一二三一五）

皇子諸王〔五〕

【宋會要】

24 曹王光濟，宣祖子，早薨。建隆三年四月，贈中書令，賜名，追封邕王。元符三年三月，贈太師兼尚書令，追封曹王。

魏王廷美，宣祖子，本名光美。建隆元年四月，授嘉州防禦使。二年七月，遷興元尹、山南西道節度使。乾德二年六月，加同中書門下平章事。開寶六年九月，加檢校太尉、侍中、永興軍節度。太平興國元年十一月〔六〕，加中書令、開封尹，封齊王，班宰相上。以避太宗名連字，改今名。三年十一月，加檢校太師。四年九月，進封秦王。七年三月，出爲西京留守，充西京功德使。四月，坐事勒歸私第。五月，降封涪陵縣公，房州安置。九年正月卒，追封涪王，

〔一〕寇準：原作「張齊賢」，據《皇宋十朝綱要》卷二、《宋史》卷二一〇《宰輔表》一改。

〔二〕李惟清：原作「李惟明」，據《皇宋十朝綱要》卷二改。

〔三〕樊：原作「礬」，據《皇宋十朝綱要》卷二改。

〔四〕此後原有批語：「案宰臣惟有太祖、太宗兩朝，而太宗朝尤詳，惜真宗以下無之，闕佚多矣。」

〔五〕原題作「太子諸王」，然此門内容實未涉及太子，按下一門標目爲「皇子諸王雜録」，則此門亦當題爲「皇子諸王」，今改。

〔六〕十一月：原作「十二月」，據本書帝系二之一及《長編》卷一七改。

賜謚曰悼。真宗即位，追復官爵，遂葬汝州梁縣。仁宗即位，贈太師、尚書令。元符三年三月，追封魏王。

岐王光贊，宣祖子，早薨。建隆三年四月，贈侍中，賜名，追封夔王。景德三年十月，詔鴻臚備禮，葬於河南府永安縣南訾村。仁宗即位，追贈中書令。元符三年三月，賜太師、兼尚書令，追封岐王。

高密郡王德恭〔一〕，魏王廷美子。太平興國四年二月，以皇子授貴州防禦使。七年五月，秦王得罪，削籍。九年四月，復以皇姪授峯州刺史。雍熙元年四月，封安定侯。端拱元年二月，進公，累遷左神武軍大將軍。真宗即位，轉左龍武軍，改樂平公。咸平二年，出判虢州，表留奉朝請，奏可。三年十月，進勝州團練使。景德二 25 年十一月，進衡州防禦使。三年五月卒，贈保信軍節度使、申國公。天聖二年六月，贈護國軍節度使、兼侍中。明道二年六月，追封郡王，謚曰慈惠。英宗即位，贈兼中書令。

廣平郡王德隆，魏王廷美子。太平興國九年四月，授瀼州刺史。雍熙二年四月，加左武衛大將軍，封長寧侯，判沂州。三年正月卒，贈寧遠軍節度使、臨沂郡公。天禧二年六月，贈崇信軍節度使、同中書門下平章事。明道二年九月，追封郡王，謚曰恭肅。英宗即位，贈兼侍中。

（穎）〔潁〕川郡王德彝，魏王廷美子。雍熙三年正月，授右千牛衛大將軍，封長寧侯，判沂州。端拱元年二月，進公。累遷右領軍衛大將軍。真宗即位，轉左武衛大將軍，封廣平公，召還。咸平二年八月，遷左神武軍大將軍，判滁州。三年十（年）〔月〕，進儒州刺史〔二〕。景德二年十一月，進永州團練使。大中祥符二年正月，進邵（川）〔州〕防禦使。四年二月，進桂州觀察使。七年十二月，進保信軍節度觀察留後。八年四月卒，贈昭德軍節度使，追封信都郡王，謚曰安簡。仁宗即位，改今封。英宗即位，贈太師。

廣陵郡王德雍，魏王廷美子。淳化元年四月，授右驍衛將軍，三遷右龍武軍。真宗即位，進左千牛衛大將軍。大中祥符二年正月，進高州刺史。七年十二月，進嘉州團練使。天禧二年八月，進（穎）〔潁〕州防禦使。仁宗即位，進曹州觀察使，封咸寧郡公。天聖七年九月，進天平軍節度觀察留後。九年八月卒，26 贈宣德軍節度使、同中書門下平章事。明道二年八月，追封郡王，謚曰康簡。英宗即位，贈兼侍中。

鄆國公德鈞〔三〕，魏王廷美子。淳化元年四月，授左武衛將軍，三遷右神武軍。真宗即位，進右龍武軍。景德二年十一月，進右監門衛大將軍。四年正月卒，贈河州觀察使、安鄉侯。明道二年九月，贈保平軍節度使，追封國公。

〔一〕天頭原批：「高密郡王以下係諸王之子，已見後。」按，本門之內，及本書帝系三「封建」門，其間條目多有重複，或文字全同，或略有增減。蓋《大典》取《會要》之條文，互用於不同之門目。

〔二〕儒州：《宋史》卷二四四本傳作「徐州」。

〔三〕鄆：原作「勛」，據《宋史》卷二三四《宗室世系表》改。

英宗即位，贈忠正軍節度使。

江國公德欽，魏王廷美子。淳化元年四月，授左屯衛將軍，三遷右驍衛。真宗即位，加右神武軍。景德元年六月卒，贈雲中觀察使、雲中侯。明道二年九月贈忠正軍節度使〔一〕，追封國公。英宗即位，贈同中書門下平章事。

金城侯德潤，魏王廷美子。淳化元年四月，賜名德宗，授右領軍衛將軍，三遷右武衛。真宗即位，進右神武軍，改今名。（五年）〔咸平六年〕二月卒〔二〕，贈應州觀察使，追封侯。英宗即位，贈保康軍節度觀察留後。

申王德文，魏王廷美子。淳化元年三月，授右監門衛將軍，三遷右屯衛。真宗即位，進右驍衛。大中祥符七年十二月，加右神武軍大將軍。八年十月，進興州團練使。天禧二年八月，進濮州防禦使。仁宗即位，進滑州觀察使，封馮翊郡公。天聖七年九月，進橫海軍節度觀察留後。十年五月，進昭武軍節度使。明道元年十一月，改感德軍。二年十月，改武勝軍。景祐二年十一月，加同中書門下平章事。慶曆四年七月，封東平郡王。八月，改忠武軍，兼侍中。六年五月 27 卒，贈太尉、中書令，進封申王，謚曰恭裕。英宗即位，加贈太師。

姑臧侯德愿，魏王廷美子。淳化元年四月，授右千牛衛將軍，三遷右領軍衛。真宗即位，進左武衛。咸平二年閏三月卒，贈涼州觀察使，追封侯。英宗即位，贈昭化軍節度觀察留後。

紀國公德存，魏王廷美子。淳化元年四月，授右千牛衛將軍，三遷右領軍衛。真宗即位，進右武衛。大中祥符二年正月，領獎州刺史。四年六月卒，贈洮州觀察使、洮陽侯。明道二年九月，贈武昌軍節度使，追封國公。英宗即位，贈同中書門下平章事。

燕王德昭，太祖子。乾德二年六月，授貴州防禦使。開寶六年九月，授山南西道節度使、檢校太傅、同中書門下平章事。太平興國元年十一月，改永興軍節度、兼侍中，封武功郡王，班宰相上。三年十二月，加檢校太尉。四年八月薨，贈中書令，追封魏王，謚曰懿。真宗即位，贈太傅。仁宗即位，贈太師。明道二年十一月，改封吳王。英宗即位，追封越王。元符三年三月，追封燕王。

秦王德芳，太祖子。開寶九年三月，授貴州防禦使。太平興國元年十一月，授檢校太傅、山南西道節（使）〔度〕使、同中書門下平章事。三年，加檢校太尉。六年三月薨，贈中書令，追封岐王，謚曰康惠。真宗即位，贈太保。仁宗即位，贈太師。明道二年九月，加贈尚書令。英宗即位，追封楚王。元符三年三月，追封秦王。

同安郡王惟正〔三〕，燕王德昭子。太平興國八年十月，

〔一〕二年九月：原作「二年九年」，逕改。
〔二〕咸平六年：原作「五年」，無年號，據《宋史》卷二四四本傳補改。
〔三〕天頭原批：「同安郡王以下係諸王之子，已見後。」

授28左千牛衛將軍。四遷左龍武軍。真宗即位，進左千牛衛大將軍。大中祥符八年十一月，進簡州團練使。天禧二年八月，進齊州防禦使。仁宗即位，進亳州觀察使，封樂平郡公。天聖七年九月，進保信軍節度觀察留後。十年五月，進建寧軍節度使。六月卒，贈太傅、兼侍中，追封郡王，謚曰僖靖。

冀王惟吉，燕王德昭子。幼養宮中，太祖視之如子，與諸叔聯名德雍。太平興國八年十月，授右監門衛將軍。端拱元年二月，改今名，進左驍衛大將軍。至道二年二月，進閬州觀察使。真宗即位，進武信軍節度使。景德二年十一月，加同中書門下平章事。大中祥符元年十二月，改感德軍。三年五月卒，贈中書令，追封南康郡王，謚曰康孝。仁宗即位，贈太尉。明道二年九月，進今封。

舒國公惟忠，燕王德昭子。初名文起，太平興國八年十月賜今名，授左千牛衛將軍。四遷右龍武軍。真宗即位，改右千牛衛大將軍〔一〕。大中祥符二年正月，進叙州刺史。五年十二月，進昌州團練使。八年閏六月卒，贈鄂州觀察使、江夏侯。明道二年九月，贈彰化軍節度使，追封國公。

清源郡公惟和，燕王德昭子。端拱元年二月，授右武衛將軍。三遷右神武軍。真宗即位，進右龍武軍。大中祥符四年二月，進右千牛衛大將軍。六年二月卒，贈汝州防禦使，追封臨汝侯〔二〕。明道二年九月，贈永清軍節度觀察留後，追封郡公。

高平郡公惟叙，秦王29德芳子。端拱元年二月，授右武衛將軍。三遷右神武軍。真宗即位，進右龍武軍。大中祥符四年二月，加左千牛衛大將軍。八月卒，贈懷州刺史，追封河内侯。明道二年九月，贈保静軍節度觀察留後，改封郡公。

英國公惟憲，秦王德芳子。端拱元年二月，授右屯衛將軍。三遷左驍衛。真宗即位，進左神武軍。大中祥符四年二月，進左千牛衛大將軍。八年七月，進資州團練使。九年五月卒，贈安德軍節度使，追封國公。明道二年九月〔三〕，贈保信軍節度使、兼侍中。

南康郡公惟能，秦王德芳子。端拱元年二月，授右屯衛將軍。三遷右驍衛。真宗即位，進右神武軍。大中祥符元年五月卒，贈蔡州防禦使，追封張掖侯。明道二年九月，贈集慶軍節度觀察留後，改封郡公。

漢王元佐〔四〕，太宗子，初名德崇。太平興國七年七月出閤，授檢校太傅、同中書門下平章事，封衛王。八年十月，改名元佐，進封楚王。雍熙二年被疾，九月，坐縱火廢

〔一〕大將軍：原無「大」字，據《宋史》卷二四四本傳補。又「軍」下原衍「軍」字，徑刪。
〔二〕臨汝：原作「臨安」，據《宋史》卷二四四本傳改。
〔三〕二年：原作「四年」。按明道僅二年，據本卷前後文，明道二年九月追贈追封皇室諸王公，此處亦應是二年，因改。
〔四〕天頭原批：「太宗九子。」

爲庶人。至道三年六月，授左金吾衛上將軍、檢校太尉，復封楚王，在宅養疾。咸平五年十一月，授左羽林軍上將軍。景德二年十一月，進檢校太師、右衛上將軍。大中祥符元年十二月，授守太傅、左衛上將軍。四年四月，加守太尉、兼中書令。五年十一月，加守太師。七年十二月，加尚書令、兼中書令。八年二月，加天策上將軍、興元牧，賜劍履上殿，詔書不名。天禧元年正月，改雍州牧。八月，加兼[30]興元牧。乾興元年三月，改兼江陵牧。天聖五年五月薨，贈河中、鳳翔牧，追封齊王，謚曰恭憲。明道二年十一月，追封潞王〔一〕。英宗即位，追封魏王。元符三年三月，追封漢王。

商王元份，太宗子，初名德嚴。太平興國八年二月，改名元儁。十月，授檢校太保、同中書門下平章事，封冀王。雍熙三年七月，改今名。端拱元年四月，授威武軍節度使、兼侍中，封越王。淳化四年正月，兼領建寧軍節度使。至道二年二月，改寧海、鎮東軍節度。真宗即位，改永興、鳳翔節度、檢校太尉、兼中書令，封雍王。咸平五年(十)十一月，加守太傅。景德二年八月薨，贈太師、尚書令，追封鄆王，謚曰恭靖。仁宗即位，改封陳王。明道二年九月，追封潤王。英宗即位，追封魯王。元符三年三月，追封商王。

越王元傑，太宗子，初名德和，太平興國八年二月改今名。十月，授檢校太保、同中書門下平章事，封益王。端拱元年四月，授劍南東西兩川節度、兼侍中。淳化五年二月，改淮南、鎮江軍節度〔二〕，徙封吳王。至道二年二月，改淮南、忠正軍節度使。真宗即位，改武寧、泰寧軍節度，檢校太尉、兼中書令，改封兖王。咸平五年十一月，加守太保。六年七月薨，贈太尉、尚書令，追封安王，謚曰文惠。仁宗即位，加贈太師。明道二年九月，追封邢王。英宗即位，追封陳王。元符三年三月，追封越王。

鎮王元偓，太宗子。端拱元年三月，授檢校太保、左衛上將軍，封徐國公。[31]至道二年二月，授鎮南軍節度使。真宗即位，加同中書門下平章事，封彭城郡王。咸平五年十一月，加檢校太傅。景德二年十一月，改靜難、彰化軍節度，進封寧王。大中祥符二年正月，改護國、鎮國軍節度使，檢校太尉，兼侍中。四年，改成德、安國軍節度，加中書令，進封相王。五年十一月，加守太傅。七年十月，加守太尉。八年十一月，加兼中書令。天禧元年二月，改成德、鎮寧軍節度，加尚書令、兼中書令，進封徐王。二年五月薨，贈太師、尚書令，追封鄧王，謚曰恭懿。葬日，真宗作(挩)〔挽〕詞賜之。仁宗即位，改封密王。明道二年十一月，追封蘇王。英宗即位，追封韓王。元符三年三月，追封鎮王〔三〕。

楚王元偁，太宗子。端拱元年二月，授檢校太尉〔四〕、右

〔一〕潞：原作「路」，據《宋史》卷二四五本傳改。
〔二〕江：原作「將」，據《宋史》卷二四五本傳改。
〔三〕鎮王：原作「燕王」，據《宋史》卷二四五本傳改。
〔四〕太尉：《宋史》卷二四五本傳作「太保」，當是。

衛上將軍，封涇國公。至道二年二月，授武昌軍節度使。真宗即位，加檢校太尉、同中書門下平章事，封安定郡王〔一〕。景德二年十一月，授宣德、保寧軍節度使，改封舒王。大中祥符二年正月，改平江、鎮江軍節度，檢校太尉、侍中。四年四月，改鎮南、寧國軍節度，加兼中書令。五年十一月，授守太傅。七年四月薨，贈太尉、尚書令，追封曹王，謚曰恭惠。仁宗即位，贈太師。明道二年九月，追封華王。英宗即位，追封蔡王。元符三年三月，追封楚王。

周王元儼，太宗子。至道三年四月，授檢校太保、左衛上將軍，封曹國公。咸平四年五月，授平海軍節度使。五年十一月，加同中書門下平章事。【32】景德二年十一月，加檢校太傅，封廣陵郡王。大中祥符二年正月，授昭武、安德軍節度，封榮王。四年四月，加兼侍中，改安靜、武信軍節度。五年十一月，加檢校太尉。七年十二月，加兼中書令。八年五月，省武信軍節度，降封端王。十一月，授鎮海、安化軍節度，封彭王。天禧元年二月，加守太保，改鎮海、天平軍節度。八月，加守太傅，改永清、橫海軍節度，封通王。三年十二月，改保平、定國軍節度，封涇王。乾興元年三月，加守太尉、尚書令，鎮安、忠武軍節度，封定王，賜贊拜不名。天聖五年十二月，賜詔書不名。七年九月，進封鎮王。八年十二月，賜劍履上殿，詔書不名。明道元年十一月，加太師、河陽三城武成等軍節度，進封孟王〔二〕。尋換京兆尹、兼鳳翔尹，永興、鳳翔節度，進封荆王。二年十一月，授雍州牧、兼鳳翔牧。景祐二年十二月，改荆州、揚州牧，荆南、淮南節度大使，賜入朝不趨。慶曆三年十二月感疾，仁宗臨問如家人禮，手自調藥慰撫。四年正月薨，贈天策上將軍、兖徐二州牧、燕王，謚曰恭肅。比葬，三臨其喪。英宗即位，追封吳王。元符三年三月，追封周王。

崇王元億〔三〕，太宗子，幼薨，號十七太保。至道三年六月，詔賜名，贈左衛將軍，追封代國公。英宗即位，追封左衛上將軍、安定郡王。元符三年三月，贈太師、中書令、兼尚書令，追封崇王。

平陽郡王允升，魏王元佐子。幼養宮中，明德皇后撫視之，及魏王疾，方出【33】外第。至道三年四月，賜名允中，授右監門衛將軍。咸平三年十一月，改今名。四遷右羽林軍。天禧二年六月，進蔡州團練使。仁宗即位，進齊州防禦使。天聖三年五月，進澶州觀察使，封延安郡公。十年九月〔四〕，進武寧軍節度觀察留後。十年五月〔五〕，進安德軍節度使。明道元年十二月，改建雄軍。二年十二月，改安

〔一〕定：原作「國」，據《宋史》卷二四五本傳改。

〔二〕孟：原作「盂」，據《宋史》卷二四五本傳改。

〔三〕元億：原作「元懿」，據《宋史》卷二四五本傳改。太宗九子名第二字均爲「亻」旁。

〔四〕十年九月：疑當作「七年九月」。按「十年九月」，與下句「十年五月」失次，且據前後文，廣陵郡王德雍、申王德文、同安郡王惟正等多人進官均在七年九月。

〔五〕十年：原作「十一年」，據本書帝系一之五五删「一」字。按天聖僅有十年。

國軍。景祐元年正月卒，贈太尉，追封郡王，謚曰懿恭。英宗即位，贈太師。

密國公允言，魏王元佐子。至道三年四月，授右千牛衛將軍。大中祥符二年三月，以寢疾曠朝請，降太子右衛率府率。十二月，復左屯衛將軍。三年四月，坐箠女僕過數，降太子左衛率府副率，勒歸私第，禁止朝謁，一房居都城西南隅。四年三月，復太子左衛率府率，依舊私第。五年十一月，許奉朝請。天禧元年二月，加右千牛衛將軍。二年八月，進左監門衛大將軍。仁宗即位，領黃州刺史。天聖七年十一月卒，贈明州觀察使，追封奉化侯。明道二年十一月，贈安遠軍節度使，改封國公。英宗即位，贈同中書門下平章事。

郇國公允成〔一〕，魏王元佐子。至道三年四月，授右千牛衛將軍。四遷右驍衛。大中祥符七年十二月，領綿州刺史。天禧二年八月，進汝州團練使。仁宗即位，進濮州防禦使。天聖三年五月卒，贈安化軍節度使，追封國公。明道二年十一月，贈鎮江軍節度使、兼侍中。英宗即位，贈兼中書令。

廣平郡王允懷，魯王[34]元份子。咸平六年十二月，賜名允徽，授右千牛衛將軍。三遷右屯衛。大中祥符五年閏十月卒，贈潁(川)〔州〕防禦使、汝陰侯。天聖元年，以名音同仁宗廟諱，追改允中。明道二年十一月，贈昭化軍節度觀察留後。景祐三年，追賜今名。康定元年正月，追封郡王。英宗即位，贈兼中書令。

濮王允讓，魯王元份子。大中祥符二年四月，授右千牛衛將軍。四遷右驍衛。天禧二年八月，進衛州刺史。仁宗即位〔二〕，進汝州防禦使。天聖七年九月，進華州觀察使。明道二年十月，進安化軍節度觀察留後。景祐二年十一月，進寧江軍節度使。三年七月，知大宗正事。慶曆四年七月，封汝南郡王。八月，加同中書門下平章事。皇祐二年，改平江軍〔三〕、兼侍中。至和二年，判大宗正司。嘉祐四年十一月薨，贈太尉、中書令，追封濮王，謚曰安懿。

相王(王)允弼，韓王元偓子。大中祥符八年十一月，授右千牛衛將軍。再遷右監門衛。仁宗即位，進蔡州團練使。天聖七年九月，進單州防禦使。明道二年十月，進貝州觀察使。景祐二年十一月，進安化軍節度觀察留後。寶元二年七月，同知(太)〔大〕宗正事。慶曆四年七月，封北海郡王。八月，進武康軍節度使。嘉祐五年十二月，改武寧軍，兼侍中。英宗即位，改護國軍，兼中書令，封東平郡王。神宗即位，加守太保、鳳翔雄武軍節度使。熙寧二年七月薨，贈太師、尚書令，追封相王，謚曰孝定。

博平侯允熙，吳王[35]元偓子。天禧三年十月，授右監

〔一〕郇：原作「郇」，據《宋史》卷二四五本傳改。
〔二〕仁宗：原作「英宗」，據《宋史》卷二四五本傳改。以下均爲仁宗年號。
〔三〕江：原作「將」，據《長編》卷一六九改。

門衛將軍。仁宗即位，進大將軍，領滁州刺史。天聖四年五月卒，贈博州防禦使，追封博平侯。英宗即位，贈滄州觀察使。

定王允良，吳王元儼子。天禧四年閏十二月，授右千牛衛將軍。仁宗皇帝即位，進大將軍，領舒州刺史。天聖五年二月，進泰州。七年九月，進（穎）〔潁〕州團練使。明道二年十月，進鄭州防禦使。景祐二年十一月，進安州觀察使。寶元二年二月，進鎮國軍節度觀察留後。慶曆四年七月，封華原郡王。八月，進安德軍節度使。至和二年六月，改奉寧軍。同知大宗正事。三年五月，加同中書門下平章事。嘉祐五年十二月，改彰信軍，兼侍中。英宗即位，進兼中書令，改封襄陽郡王。神宗即位，加守太保，寧江、平江軍節度使。治平四年三月薨，贈太師、尚書令、兼中書令，追封定王，謚曰榮易。

永嘉郡王允迪，吳王元儼子。天禧四年閏十二月〔一〕，授右千牛衛將軍。仁宗即位，遷大將軍，領和州刺史。天聖五年二月，改崇州。七年九月，進唐州團練使。明道二年十月，進汝州防禦使。景祐二年十一月，進耀州觀察使。寶元二年二月，進靜難軍節度觀察留後。慶曆四年八月，進安靜軍節度使。八年三月薨，贈太尉，追封永嘉郡王，謚曰思恪。英宗即位，贈太師。

博平郡王允初，吳王元儼子。天聖二年二月，賜名允宗，授右千牛衛將軍。明道元年十一月，改左領軍衛。[36]二年十月，領光州刺史。景祐元年三月，改和州。二年十月，進汝州團練使。三年正月，改今名。慶曆四年八月，進齊州防禦使。八年七月，進華州觀察使。皇祐二年十月，進定國軍節度觀察留後。至和二年五月，進感德軍節度使。英宗即位，進寧國軍節度使、同中書門下平章事。治平元年七月薨，贈中書令，追封博平郡王，謚曰安恭。

（楊）〔揚〕王昉，仁宗子。景祐四年五月九日生，是日不育。慶曆元年五月，賜名昉，贈太傅，追封褒王，謚曰懷靖。嘉祐四年十二月，加贈太師、中書令、兼尚書令，封魏王。英宗即位，追封周王。元符三年三月，追封（楊）〔揚〕王。

雍王昕，仁宗子。寶元二年八月十五日生。康定元年七月賜名，授檢校太尉、忠正軍節度使，封壽國公。二年二月十九日薨，贈太師、尚書令，封豫王，謚曰悼穆。嘉祐四年十二月，追封越王。英宗即位，追封唐王。元符三年三月，追封雍王。

荆王曦，仁宗子。慶曆元年八月五日生。十二月，授武信軍節度使、檢校太尉、同中書門下平章事，封鄂王。三年正月一日薨，贈太師、中書令，謚曰悼懿。嘉祐四年十二月〔二〕，追封陳王。英宗即位，追封燕王。元符三年三月，

〔一〕十二月：原作「十一月」，按此年閏在十二月，據改。
〔二〕四年十二月：原作「四年年十三月」，據《長編》卷一九〇刪改。

追封荆王。

吳王顥，英宗子，初名仲糺。嘉祐八年四月，自右内率府副率爲和州防禦使、樂安郡公。八月，遷明州觀察使，封祁國公。治平元年六月，加檢校太傅、同中書門下平章事、保寧軍節度使，封東陽郡王。四年正[37]月，加檢校太尉、武昌武安等軍節度，進封昌王。九月，徙泰寧、鎮海軍節度，進封岐王。元豐三年九月，官制行，换開府儀同三司。遷守司空，進封雍王。哲宗即位，改成德、横海軍，遷守太保、真定尹，進封（楊）〔揚〕王，賜贊拜不名。十二月，改永興、鳳翔等軍，遷守太傅，加京兆、鳳翔尹。元祐元年四月，遷守太尉，雍州、鳳翔牧。三年八月，進封徐王。四年九月，賜詔書不名。九年三月，遷守太師，進封冀王。紹聖二年九月，賜入朝不趨。十月，改淮南、荆南、揚州、荆州牧，進封楚王。三年九月薨，贈太師、尚書令、兼中書令、冀州牧，追封燕王，謚曰榮。比葬，四臨其喪。元符三年三月，進封吳王。

潤王顔，英宗子。元符三年三月，追賜名，贈太師、尚書令，追封潤王。

益王頵，英宗子，初名仲恪。嘉祐八年四月，自右内率府副率爲博州防禦使、大寧郡公。八月，遷耀州觀察使、鄂國公。治平元年六月，遷左衛上將軍，命給前禄。四年正月，加檢校太尉、同中書門下平章事、武勝軍節度使，封樂安郡王。九月，加興元尹，充山南西道節度使，改封高密郡王。熙寧四年二月，徙保信、保静軍節度，進封嘉王。元豐三年九月，官制行，换開府儀同三司，進封曹王。哲宗即位，改武昌、武安等軍，遷守太保，進封荆王，賜贊拜不名。元祐元年二月，改武寧、鎮海等軍，遷守太傅。四月，改成德、荆南等軍，遷守太尉，真定、江陵尹。三年七月薨，贈太師、尚書令，荆州、徐州牧，追封魏王，[38]謚曰端獻。比葬，三臨其喪。元符三年三月〔一〕，贈兼中書令，追封益王。

馮翊侯孝純〔二〕，吳王顥子。熙寧四年四月賜名，授右驍衛將軍。五月，遷右屯衛大將軍。六年正月卒，贈同州防禦使，追封侯。

永國公孝錫，吳王顥子。元豐八年六月賜名，授右驍衛大將軍、成州刺史。元祐元年五月，遷嘉州團練使。二年八月卒，贈感德軍節度使，追封國公。

博平侯孝哲，益王頵子。熙寧八年十月賜名，授右驍衛將軍。十年二月卒，贈博州防禦使，追封侯。

平原郡王孝奕，益王頵子。元豐二年四月賜名，授右武衛將軍。八年六月，遷慶州刺史。元祐元年五月，遷吉

〔一〕元符三年：原作「元符元年」。按《東都事略》卷一六、《宋史》卷二四六益王頵本傳皆云「徽宗改封益王」。而元符元年哲宗尚在位，此「元年」應爲「三年」之誤。《宋史》卷一九《徽宗紀》一載：元符三年二月「辛未，詔追封祖宗諸子光濟等三十三人爲王」。觀本書本卷之記載亦可見，三十三人之中自應包括益王頵。據改。

〔二〕天頭原批：「馮翊侯以下已見後諸王之子。」

州團練使。三年十月，遷忻州防禦使。紹聖二年十月，遷宿州觀察使。元符三年二月，遷彰化軍節度觀察留後。崇寧四年正月薨，贈司空，追封郡王。

廣陵郡王孝永，益王頵子。元祐三年十月賜名，授右武衛大將軍。紹聖二年十月，遷保州刺史。元符三年二月，遷右金吾衛大將軍、成州團練使。建中靖國元年十月，遷成州團練使。崇寧四年十二月，遷廉州防禦使。大觀二年，遷邢州觀察使。三年十一月卒，贈司空，追封郡王。

唐王俊，神宗子。熙寧六年四月一日生。七年正月賜名，授檢校太尉、彰信軍節度使，封永國公。八年十二月，改彰德軍。十年十月二十三日薨，贈太師、尚書令、兼中書令，追封兖王，謚曰哀獻。元符三年三月，追封唐王。

豫王价，神宗子。熙寧十[39]年正月十二日生。元豐元年正月賜名，授武勝軍節度使，封建國公。十二月薨，贈太師、尚書令，追封衛王，謚曰悼惠。元符三年三月，贈兼中書令，追封豫王。

徐王倜，神宗子。元豐元年十一月生。四年五月薨，追賜名，贈太師、尚書令，封鄆王，謚曰沖惠。元符三年三月，贈兼中書令，追封徐王。

吴王佖，神宗子。元豐五年七月生。六年閏六月賜名，授檢校太尉、山南東道節度使，封儀國公。哲宗即位，加開府儀同三司，進封大寧郡王。紹聖二年三月出閤，改鎮安、武勝等軍，進封申王。五年三月，改保平、奉寧軍，遷守司空。元符三年正月，徽宗即位，改永興、成德等軍，京兆、真定尹，遷守太傅，進封陳王，賜贊拜不名。九月，改荆南、淮南，遷守太尉，荆州、揚州牧。建(州)〔中〕靖國元年十二月，賜詔書不名。崇寧二年五月，改河東、山南西道，遷守太師，太原、興元牧。三年十二月，賜入朝不趨。五年十一月薨，輟朝七日，贈尚書令、兼中書令、徐州牧，追封燕王。比葬，四臨其喪，仍御書御製挽詞二首賜之。大觀元年正月，加贈侍中，追封吴王，謚曰榮穆。

儀王偉，神宗子。元豐五年生，次日薨。元符三年三月，追賜名，(賜)〔贈〕太師、尚書令，追封儀王。

燕王俁，神宗子。元豐六年九月生。七年八月賜名，授檢校太尉、定武軍節度使，封成國公。哲宗即位，加開府儀同三司，進封咸寧郡王。紹聖五年三月出閤，改河陽三城、雄武等軍，進封莘王。元[40]符二年三月，改武寧、鎮寧等軍，遷守司空。三年，徽宗即位，改河東、奉寧等軍，遷守太保，太原尹，進封衛王。九月，改護國、山南西道等軍，河中、興元尹。崇寧二年五月，改鎮海、泰寧等軍，青州、兖州牧。大觀元年正月，改淮南、安武軍，揚州、冀州牧，進封魏王。二年正月，改永興、成德等軍，遷守太尉，雍州、真定牧，進封燕王。政和三年正月，遷太傅。靖康元年三月，改河東、劍南西川，遷太師，太原、成都牧。

楚王似，神宗子。元豐六年十二月生。七年十二月，賜名，授檢校太尉、集慶軍節度使，封和國公。哲宗即位，加開府儀同三司，進封普寧郡王。紹聖五年三月出閤，改横海、鎮海等軍，進封簡王〔一〕。元符三年，徽宗即位，改武昌、武成軍，遷守司徒，進封蔡王。八月，改保平、鎮安等軍，遷太保。九月，改鳳翔、雄武等軍，鳳翔尹。崇寧二年五月，改荆南、武寧等軍，荆州、徐州牧。五年三月薨，輟朝七日，贈太師、尚書令、兼中書令、冀州牧，追封韓王。比葬，四臨其喪，仍御書御製（挩）〔挽〕詞二首賜之。大觀元年正月，追封楚王，謚曰榮憲。

華原郡公有恪〔二〕，吴王佖子。崇寧二年五月，賜名有俶，授右驍衛將軍。四年正月，遷茂州刺史，改今名。十月卒，贈感德軍節度觀察留後，追封郡公。

博平侯有鄰，燕王俣子。政和三年十二月賜名，授右驍衛將軍。四年五月卒，贈博州防禦使，追封侯。

文安侯有成，燕王俣子。政和七年五〔月〕賜名（名），授（有）〔右〕驍衛將軍。41 六月卒。八年三月，贈莫州防禦使，追封侯。

河内侯有儀，越王偲子。政和元年八月賜名，授右驍衛將軍。九月卒，贈懷州防禦使，追封侯。

荆王楫，（微）〔徽〕宗子。崇寧二年二月生。五月賜名，授山南東道節度使、檢校太尉，封楚國公。三年二月，改奉寧軍，加開府儀同三司，進封南陽郡王。四月，進封樂安郡王。是月薨，贈太師、尚書令、兼中書令，追封荆王，謚曰悼敏。

邠王材，（微）〔徽〕宗子。大觀元年十二月生。二年三月賜名，授鎮安軍節度使、檢校太尉，封魏國公。政和三年正月，正官名，改授檢校太保。六年十一月薨，贈太師、兼右弼，追封邠王，謚曰沖穆。（以上《永樂大典》卷三七三三）

遷守太尉，鳳翔、興元牧，進封越王〔三〕。

鄆王楷，徽宗子。建中靖國元年十一月〔生〕。崇寧元年二月，賜名焕，授檢校太尉、奉寧軍節度使，封魏國公。八月改今名。十一月，改鎮安軍，加開府儀同三司，進封高密郡王。大觀二年正月，改鎮東軍，守司空，進封嘉王。政和三年正月，正官名，改授太保。六年二月，遷太傅，武寧、保平軍節度使，徐州、陜州牧。八年閏九月，遷荆南、寧江軍節度使〔四〕，江陵、夔州牧，進封鄆王。

荆王楫，徽宗子。崇寧二年二月生。五月賜名，授山南東道節度使、檢校太尉，封楚國公。三年二月，改奉寧軍，加開府儀同三司，進封南陽郡王。四月，進封 42 樂安郡王。

肅王樞，徽宗子。崇寧二年六月生。九月賜名，授武勝軍節度使、檢校太尉，封吴國公。大觀二年正月，改集慶

〔一〕進：原作「追」，據《宋會要輯稿補編》（以下簡稱《補編》）頁四九改。
〔二〕天頭原批：「華原郡公等已見後。」
〔三〕按此句爲神宗子越王偲條之殘文，見本書帝系一之四七「越王」條。
〔四〕寧江：原作「江寧」，據《宋史》卷二四六本傳乙。

軍，加開府儀同三司，進封建安郡王。政和三年正月，正官名，改授檢校太保。宣和元年正月，改保平、武寧軍，遷太保，進封肅王。

景王杞，徽宗子。崇寧三年八月生。十一月賜名，授武安軍節度使、檢校太尉，封冀國公。大觀二年正月，改山南東道，加開府儀同三司，進封文安郡王。政和三年正月，正官名，改授檢校太保。重和二年正月，改太保，護國、武昌軍，進封景王。

濟王栩，徽宗子。崇寧五(月)〔年〕二月生。五月賜名，授鎮洮軍節度使、檢校太尉，封魯國公。大觀二年正月，改彰武軍，加開府儀同三司，進封安康郡王。政和三年正月，正官名，改授檢校太保。宣和二年十一月，改荆南、清海軍，進封濟王。

濟陽郡王棫〔一〕，徽宗子。大觀元年正月生。五月賜名，授橫海軍節度使、檢校太尉，封(楊)〔揚〕國公。二年正月，改淮南，加開府儀同三司，進封濟陽郡王〔二〕。

祁王模，徽宗子。大觀元年十二月生。二年三月賜名，授武勝軍節度使、檢校太尉，封鎮國公。政和三年正月，正官名，改授檢校太保。宣和二年十一月，改淮南節度使，加開府儀同三司，進封樂安郡王。三年十二月，改武勝、興寧軍，進封祁王。

莘王植，徽宗子。大觀二年六月生。九月賜名，授定武軍節度使、檢校太尉，封吳國公。政和三年正月，正官名，改 43 授檢校太保。宣和四年二月，改安遠軍，加開府儀同三司，進封信都郡王。十二月，改寧江軍，進封莘王。

華原郡王朴，徽宗子。大觀三年五月生。八月賜名，授鎮洮軍節度使、檢校太尉，封雍國公。政和三年正月，正官名，改授檢校太保。宣和五年二月，改静難軍，加開府儀同三司，進封華原郡王。

徐王棣，徽宗子。大觀三年六月生。九月賜名，授鎮江軍節度使、檢校太尉，封徐國公。政和三年正月，正官名，改授檢校太保。宣和五年二月，改鎮南軍，加開府儀同三司，進封高平郡王。八月，改山南東道、河陽三城，進封徐王。

沂王樗，徽宗子。大觀四年四月生。七月賜名，授橫海軍節度使、檢校太尉，封冀國公。政和三年正月，正官名，改授檢校太保。宣和六年八月，改劍南西川，加開府儀同三司，進封河間郡王。七年，改劍南東川、威武軍，遷太保，進封沂王。

和王栻，徽宗子。政和元年六月生。九月賜名，授静江軍節度使、檢校太尉，封廣國公。三年正月，正官名，改授檢校太保。宣和七年二月，改定武軍，加開府儀同三司，進封南康郡王。靖康元年四月，改瀛海、安化軍，檢校太

〔一〕「郡王」上，原抄稿作「濟陽」，被後來整理者點去，而旁批一「益」字，蓋欲改作「益王」。今從原抄稿。

〔二〕天頭原批：「『郡王』下補：『政和三年正月，正官名，追授檢校太尉，追封益王。』」按，此是據後帝系一之四八「益王」條補。今不取，仍從原抄稿。

傅，進封和王。

信王榛，徽宗子。政和元年八月生。十一月賜名，授建雄軍節度使、檢校太尉，封福國公。三年正月，正官名，改授檢校太保。宣和七年二月，改安遠軍，加開府儀同三司，進封平陽郡王。靖康元年四月，改慶陽、昭化軍，遷檢校太傅，進封信王。（以上《永樂大典》卷三七〇）

【宋會要】〔一〕

44 晉康郡王孝騫，顥之子也。元豐四年四月賜名〔二〕，授右武衛將軍。八年六月，遷端州刺史。元祐元年五月，遷濟州團練使。紹（興）〔聖〕二年十月，遷渭州防禦使。四年二月，遷崇信軍節度觀察留後。元符二年，降授萊州防禦使。三年二月，遷涇州觀察使。三月，遷武安軍節度觀察留後。建中靖國元年正月，遷昭化軍節度使，封廣陵郡王。大觀二年正月，改寧國軍，加開府儀同三司，改封郡王。

【宋會要】

潤王顔，元符三年三月追賜名，贈太師、尚書令，追封潤王。

【宋會要】

平原郡王孝奕〔三〕，顥之子也。元豐二年四月賜名，授右武衛將軍。八年六月，遷慶州刺史。元祐元年五月，遷吉州團練使。三年十月，遷忻州防禦使。紹聖二年十月，遷宿州觀察使。元符三年二月，遷彰化軍節度觀察留後。崇寧四年正月薨，贈司空，追封郡王。

【宋會要】

豫章郡王孝參，顥之子也。元豐二年四月賜名，授右武衛將軍。八年六月，遷和州刺史。元祐元年五月，遷通州團練使。三年十月，遷睦州防禦使。紹聖二年十月，遷廬州觀察使。元符三年二月，遷保信軍節度觀察留後。建
45 中靖國元年正月，遷奉國軍節度使，封信都郡王。大觀三年正月，改寧武軍，加開府儀同三司、豫章郡王。政和六年六月，加檢校少保。靖康元年四月，改武勝軍，加檢校少傅。

【宋會要】

廣陵郡王孝永，顥子也。元祐三年十月賜名，授右武衛大將軍。紹聖二年十月，遷保州刺史。元符三年二月，

〔一〕自此以下至「冀王」條，原稿每王各作一條，題「宋會要」，其下有小字標目，如本條標「晉康郡王」。因與本卷前後文體例不一致，不便另立標題；且此類細目一看而知，無需標題。今均刪去。

〔二〕天頭原批：「十一月生。」蓋指元豐三年十一月。

〔三〕天頭原批：「平原郡王與豫章郡王已見後。」

遷右金吾衛大將軍、成州團練使。建中靖國元年十月，遷成州團練使。崇寧四年十二月，遷廉州防禦使。大觀二年，遷邢州觀察使。三年十一月卒，贈司空，追封郡王。

【宋會要】

成王佾，熙寧二年十一月二十四日生，閏月六日薨。元符三年三月，追賜名，贈太師、尚書令，封成王。

【宋會要】

惠王僅，熙寧四年五月二十一日生，是月二十三日薨。元符三年三月，追賜名，贈太師、尚書令，封惠王。（以上《永樂大典》卷六七六二）

【宋會要】

豫王价，熙寧十年正月十二日生。元豐元年五月賜名〔一〕，授武勝軍節度使，封建國公。十二月薨，贈太師、尚書令，追封衛王，謚曰悼惠。元符三年三月，贈兼中書令，追封豫王。

【宋會要】

徐王倜，元豐元年十一月生。四年五月薨，追賜名，贈太師、尚書令，封鄆王，謚曰冲惠。元符三年三月，贈兼中書令，追封徐王。

【宋會要】

和義郡王有奕，崇寧四年五月賜名，授右驍衛將軍。五年十二月，遷右驍衛大將軍、慶州刺史。大觀元年正月，遷明州觀察使。二年二月，遷定國軍節度觀察留後。政和七年六月，改承宣使。八年正月，遷保順軍節度使，進封郡王。靖康元年四月，改武信軍，加檢校少保。

【宋會要】

47 儀王偉，元豐五年生，次日薨。元符三年三月，追賜名，贈太師、尚書令，追封儀王。

【宋會要】

永寧郡王有恭〔二〕，崇寧五年四月賜名，授右驍衛將軍。大觀元年二月，遷陳州觀察使。二年二月，遷保信軍節度（使）觀察留後。政和七年六月，改承宣使。重和二年正月，遷慶陽軍節度使、永寧郡王。靖康元年四月，遷定國軍節度使，加檢校少保。

【宋會要】

〔一〕五月：前文帝系一之三九作「正月」。
〔二〕天頭原批：「楚王似子。」

越王偲，元豐八年八月生。元祐元年八月賜名，授檢校太尉、武成軍節度使，封祈國公。八年五月，加開府儀同三司。紹聖五年三月，改武安軍，進封永寧郡王。元符二年二月出閤。五月，改鎮安、集慶等軍，進封睦王。三年，徽宗即位，改清海、鎮海等軍〔一〕，遷守司徒，進封定王。九月，改武寧、武勝等軍。崇寧元年三月，改成德、定武等軍，遷守太保、真定尹。二年五月，改淮南、永興等軍，揚州、雍州牧。大觀元年正月，改荆南、泰寧等軍，荆州、兖州牧，進封鄧王。三年正月，改鳳翔、山南西道，遷守太尉，鳳翔、興元牧，進封越王。政和三年正月，遷太傅。靖康元年三月，改永興、成德等軍，遷太師，雍州、真定牧。

兖王檉，建中靖國元年九月生，次日薨。崇寧三年五月 48 追賜名，贈太師、尚書令，封兖王，謚曰沖僖。

【宋會要】

荆王楫，崇寧二年二月生。五月賜名，授山南東道節度使、檢校太尉，封楚國公。三年二月，改奉寧軍，加開府儀同三司，進封南陽郡王。四月，進樂安郡王。是月薨，贈太師、尚書令、兼中書令，追封荆王，謚曰悼敏。

【宋會要】

益王棫〔二〕，大觀元年正月生。五月賜名，授横海軍節度使、檢校太尉，封（楊）〔揚〕國公。二年正月，改淮南，加開府儀同三司，進封濟陽郡王。政和三年正月，正官名，改授檢校太尉，追封益王。

【宋會要】

邠王材，大觀元年十二月生。二年三月賜名，授鎮安軍節度使、檢校太尉，封魏國公。政和三年正月，正官名，改授檢校太保。六年十一月薨，贈太師、兼右弼，追封邠王，謚曰沖穆。

【宋會要】

祁王模，大觀元年十二月生。二年三月賜名，授武勝軍節度使、檢校太尉，封鎮國公。政和三年正月，正官名，改授檢校太保。宣和二年十一月，改淮南節度使，加開府儀同三司，進封樂安郡王。三年十二月，改武勝、興寧軍，進封祁王。

【宋會要】

49 莘王植，大觀二年六月生。九月賜名，授定武軍節度使、檢校太尉，封吳國公。政和三年正月，正官名，改授檢校太保。宣和四年二月，改安遠軍，加開府儀同三司，進

〔一〕鎮海：原脱「海」字，據《補編》頁四九補。

〔二〕益王：即前帝系一之四二之「濟陽郡王」。

封信都郡王。十二月，改寧江軍，進封莘王。

【宋會要】儀王朴〔一〕，大觀三年五月生。八月賜名，授鎮洮軍節度使、檢校太尉，封雍國公。政和三年正月，正官名，改授檢校太保。宣和五年二月，改靜難軍，加開府儀同三司，進封華原郡王。薨，追封儀王。

【宋會要】鄆王栱〔二〕，大觀四年十月生。政和元年正月賜名，授淮康軍節度使、檢校太尉，封定國公。二年三月薨，贈太師、尚書令、兼中書令，追封鄆王，謚曰沖懿。

【宋會要】漢王椿，政和二年三月生。五月賜名，授慶源軍節度使、檢校太尉，封慶國公。三年正月，正官名，改授檢校太保。閏四月薨，贈太師、兼右弼，追封漢王，謚曰沖昭。

【宋會要】安康郡王楃，政和二年九月生。十二月賜名，授昭信軍節度使、檢校太尉，封衛國公。三年正月，正官名，改授檢校少保。六年十一月，改封鄆國公。靖康元年六月，自檢校 50 少傅、橫海軍節度使改鎮安軍、開府儀同三司，封安康郡王。

【宋會要】廣平郡王楗，政和二年十月生。三年正月賜名，授威德軍節度使、檢校少保，封韓國公。靖康元年六月，自檢校少傅、安國軍節度使改保靜軍，加開府儀同三司，封廣平郡王。

【宋會要】陳王機，政和四年二月生。五月薨，追賜名，贈太師、兼右弼，封陳王，謚曰悼惠。

【宋會要】建安郡王楧，政和五年六月生。九月賜名，授檢校少保、武安軍節度使，封惠國公。宣和七年三月，加開府儀同三司，封建安郡王。（以上《永樂大典》卷六七六三）

【宋會要】唐王俊，熙寧六年四月一日生。七年正月賜名，授檢校太尉、彰信軍節度使，封永國公。八年十二月，改彰德

〔一〕此「儀王」即前文帝系一之四三之「華原郡王」。
〔二〕栱：原作「拱」，據《宋史》卷二四六本傳改。

軍。十年十月二十三日薨，贈太師、尚書令、兼中書令，追封兖王，謚曰哀獻。元符三年三月，追封唐王。

【宋會要】

51 褒王伸，熙寧七年五月二十一日生，次日薨。元符三年三月追賜名，贈太師、尚書令，封褒王。

【宋會要】

冀王僩，熙寧七年六月十九日生。八年二月賜名，授鎮安軍節度使，封景國公。是年十二月十八日薨，贈太師、尚書令、冀王，謚曰冲孝。元符三年三月，贈兼中書令。（以上《永樂大典》卷六七六三）

鄆王栱〔一〕，徽宗子。大觀四年十月生。政和元年正月賜名，授淮康軍節度使、檢校太尉，封定國公。二年三月薨，贈太師、尚書令、兼中書令，追封鄆王，謚曰冲懿。

漢王椿，徽宗子。政和二年三月生。五月賜名，授慶源軍節度使、檢校太尉，封慶國公。三年正月，正官名，改授檢校太保。閏四月薨，贈太師、兼右弼，追封漢王，謚曰冲昭。

華冲穆王坦，寧宗子，早薨，追封。

申冲懿王⿰忄庶，寧宗子，早薨，追封。

順冲懷王忻，寧宗子，早薨，追封。

肅冲昭王㤄，寧宗子，早薨，追封。（以上《永樂大典》卷三七三）

【宋會要】

52 曹王光濟，早薨。建隆三年四月，贈中書令，賜名，追封邕王。元符三年三月，贈太師、兼中書令，追封曹王。

【宋會要】

岐王光贊，早薨。建隆三年四月，贈侍中，賜名，追封夔王。景德三年十月，詔鴻臚備禮，葬於河南府永安縣南訾村。仁宗即位，追贈中書令。元符三年三月，贈太師、兼尚書令，追封岐王。

【宋會要】

高密郡王德恭，太平興國四年二月，以皇子授貴州防禦使。七年五月，秦王得罪，削籍。九年四月，復以皇姪授峯州刺史。雍熙元年四月，封安定（候）〔侯〕。端拱元年二月，進公。累遷左神武軍大將軍。真宗即位，轉左龍武軍，改樂平公。咸平二年，出判虢州，表留奉朝請，奏可。三年十月，進勝州團練使。景德二年十一月，進衡州防禦使。三年五月卒，贈保信軍節度使、中國公。天聖二年六月，贈護國軍節度使、兼侍中。明道二年六月，追封郡王，謚曰（茲）〔慈〕惠。

〔一〕栱：原作「拱」，據《宋史》卷二四六本傳改。

【宋會要】

廣平郡王德隆，太平興國九年四月授瀼州刺史。雍熙二年四月，加左武衛大將軍，封長寧(候)〔侯〕，判沂州。三年正月卒，贈寧遠軍節度使、臨沂郡公。天禧二年六月，贈崇 53 信軍節度使、同中書門下平章事。明道二年九月，追封郡王，謚曰恭肅。

【宋會要】

(穎)〔潁〕川郡王德彝，雍熙三年正月授右千牛衛大將軍，封長寧侯，判沂州。端拱元年二月，進公。累遷右領軍衛大將軍。真宗即位，轉左武衛大將軍，封廣平公，召還。咸平二年八月，遷左神武軍大將軍，判滁州。三年十月，進儒州刺史。景德二年十一月，進永州團練使。大中祥符二年正月，進邵州防禦使。四年二月，進桂州觀察使。七年十二月，進保信軍節度觀〔察〕留後。八年四月卒，贈昭德軍節度使，追封信都郡王，謚曰安簡。

【宋會要】

廣陵郡王德雍，淳化元年四月授右驍衛將軍，三遷右龍武軍。真宗即位，進左千牛衛大將軍。大中祥符二年正月，進高州刺史。七年十二月，進嘉州團練使。天禧二年八月，進(穎)〔潁〕州防禦使。仁宗即位，進曹州觀察使，封咸寧郡公。天聖七年九月，進天平軍節度觀察留後。九年八月卒，贈宣德軍節度使、同中書門下平章事。明道二年八月，追封郡王，謚曰康簡。

【宋會要】

申王德文，淳化元年三月，授右監門衛將軍，三遷右屯衛。真宗即位，進(驍右)〔右驍〕衛。大中祥符七年十二月，加右神武 54 軍大將軍。八年十月，進興州團練使。天禧二年八月，進濮州防禦使。仁宗即位，進滑州觀察使，封馮翊郡公。天聖七年九月，進橫海軍節度觀察留後。十年五月，進昭武軍節度使。明道元年十一月，改感德軍。二年十月，改武勝軍。景祐二年十一月，加同中書門下平章事。慶曆四年七月，封東平郡王。八月，改忠武軍，兼侍中。六年五月卒，贈太尉、中書令，追封申王，謚曰恭裕。

【宋會要】

滕王德秀〔一〕，元符三年三月，追賜名，贈太師、尚書令，封滕王。

【宋會要】

同安郡王惟正，太平興國八年十月授左千牛衛將軍。四遷左龍武軍。真宗即位，進左千牛衛大將軍。大中祥符八年十一月〔二〕，進簡州團練使〔三〕。天禧二年八月，進齊州防禦使。仁宗即位，進亳州觀察使，封樂平郡公。天聖七年九月，進保信軍節度觀察留後。十年五月，進建寧軍節

〔一〕天頭原批：「太祖子。」

〔二〕「大中」以下九字：原作「四遷左龍武軍真宗即位」十字，據前文帝系一之二七「同安郡王」條改。

〔三〕簡：原脱，據前文帝系一之二七「同安郡王」條補。

度使。六月卒，贈太傅、兼侍中，追封郡王，謚曰僖靖。

【宋會要】

冀王惟吉，幼養宮中，太祖視之如子，與諸叔聯名德雍。太平興國八年十月，授右監門衛將軍。端拱元年二月，改今名，進左驍衛大將軍。至道二年二月，進閬州觀察使。真宗即位，進武信軍節度使。景德二年十一月，加同中[55]書門下平章事。大中祥符元年十二月，改感德軍。三年五月卒，贈中書令，追封南康郡王，謚曰康孝。仁宗即位，贈太尉。明道二年九月進今封。

【宋會要】

舒王德林，元符三年三月追賜名，贈太師、尚書令，封舒王〔一〕。

【宋會要】

平陽郡王允升，幼養宮中，明德皇后撫視之，及魏王疾，方出外第。至道三年四月，賜名允中，授右監門衛將軍。咸平三年十一月，改今名。四遷右羽林軍。天禧二年六月，進蔡州團練使。仁宗即位，進武寧〔二〕、齊州防禦使。天聖三年五月，進澶州觀察使，封延安郡公〔三〕。十年九月〔四〕，進武寧軍節度觀察留後。十年五月，進安德軍節度使。明道元[56]年十二月，改建雄軍。二年十二月，改安國軍。景祐元年正月卒，贈太尉，追封郡王，謚曰懿恭。

【宋會要】

信安郡王允寧，咸平五年十一月授千牛衛將軍。四遷右武衛。天禧二年六月，進唐州團練使。仁宗即位，進(穎)〔潁〕州防禦使。天聖七年九月，進同州觀察使。十年五月，進保信軍節度觀察留後。明道二年十月，進武定軍節度使。景祐元年十一月卒，贈太尉、信安郡王，謚曰僖簡。

【宋會要】

廣平郡王允懷，咸平六年十二月賜名允徵，授右千牛衛將軍。三遷右屯衛。大中祥符五年閏十月卒，贈(穎)〔潁〕州[57]防禦使、汝陰侯。天聖元年，以名音同仁宗廟諱，追改允中。明道二年十一月，贈昭化軍節度觀察留後。景祐三年，追賜今名。康定元年正月，追封郡王。

【宋會要】

相王允弼，大中祥符八年十一月授右千牛衛將軍，再遷右監門衛。仁宗即位，進蔡州團練使。天聖七年九月，進單州防禦使。明道二年十月，進貝州觀察使〔五〕。景祐二年十一月，進安化軍節度觀察留後。寶元二年七月，同知大宗正事。慶曆四年七月，封北海郡王。八月，進武康軍節度使。嘉祐五年十二月，改武寧軍，兼侍中。英宗即

〔一〕原稿此條天頭批有「華沖穆王」四字，按華沖穆王已見前帝系一之五一，乃寧宗子，此批不知何意。

〔二〕前文帝系一之三二「平陽郡王」條無「武寧」二字，此蓋因下文而衍。

〔三〕安：原脱，據前文帝系一之三二「平陽郡王」條補。

〔四〕十年：疑當作「七年」，參前文帝系一之三三「平陽郡王」校記。

〔五〕貝州：原作「具州」，據前文帝系一之三四「相王」條改。

位，改護國軍，兼中書令，封東平郡王。神宗即位，加守太保，鳳翔、雄武軍節度使。熙寧二年七月薨，贈太師、尚書令，追封相王，謚曰孝定。

【宋會要】

定王允良，天禧四年閏十二月授右千牛衛將軍。仁宗皇帝即位，進大將軍，領舒州刺史。天聖五年二月，進秦州〔一〕。七年九月，進（穎）〔潁〕州團練使。明道二年十月，進鄭州防禦使。景祐二年十一月，進安州觀察使。寶元二年二月，進鎮國軍節度觀察留後。慶曆四年七月，封華原郡王。八月，進安德軍節度使。至和二年六月，改奉寧軍，同知大宗正事。三年五月，加同中書門下平章事。嘉祐五年十二月，改彰信軍，兼侍中。英宗即位，進兼中書令，改封 58 襄陽郡王。神宗即位，加守太保，寧江、平江軍節度使。治平四年三月薨，贈太師、尚書令、兼中書令，追封定王，謚曰榮易。

【宋會要】

永嘉郡王允迪，天禧四年閏十一月授右千牛衛將軍。英宗即位，遷大將軍，領和州刺史。天聖五年二月，改崇州。七年九月，進唐州團練使。明道二年十月，進汝州防禦使。景祐二年十一月，進耀州觀察。寶元二年二月，進靜難軍節度觀察留後。慶曆四年八月，進安靜軍節度。八年三月薨，贈太尉，追封，謚曰思恪〔二〕。

【宋會要】

博平郡王允初，天聖二年二月賜名允宗〔三〕，授右千牛衛將軍。明道元年十一月，改左領軍衛。二年十月，領光州刺史。景祐元年三月，改和州。二年十月，進汝州團練使。三年正月，改今名。慶曆四年八月，進齊州防禦使。八年七月，進華州觀察使。皇祐二年十月，進定國軍節度觀察留後。至和二年五月，進（威）〔感〕德軍節度使。英〔宗〕即位，進寧國軍節度使、同中書門下平章事。治平元年七月薨，贈中書令，追封博平郡王，謚曰安恭。

【宋會要】

崇王元億〔四〕，幼薨，號十七太保。至道三年六月，詔賜名，贈左衛將軍〔五〕，追封代國公。英宗即位，追封左衛上將軍、安 59 定郡王。元符三年三月，贈太師、中書令、兼尚書令，追封崇王。

【宋會要】

温王禔〔六〕，元符三年三月追賜名，贈太師、尚書令，封温王。

【宋會要】

〔一〕秦州：前文帝系一之三五「定王」條作「泰州」。
〔二〕恪：原作「格」，據前文帝系一之三五「永嘉郡王」條改。
〔三〕二年：原作「一年」，據前文帝系一之三五「博平郡王」條改。
〔四〕億：原作「懿」，據《宋史》卷二四五本傳改。
〔五〕贈：原作「賜」，據前文帝系一之三二「崇王」條改。
〔六〕天頭原批：「真宗子。」

昌王祇，元符三年三月追賜名，贈太師、尚書令，封昌王。

【宋會要】

信王祉，元符三年三月追賜名，贈太師、尚書令，封信王。

【宋會要】

欽王祁，元符三年三月追賜名，贈太師、尚書令，封欽王。

【宋會要】

(楊)〔揚〕王昉，仁宗子，景祐四年五月九日生，是日不育。慶曆元年五月，賜名昉，贈太傅，追封褒王，謚曰懷靖。嘉祐四年十二月，加贈太師、中書令、兼尚書令，封魏王。英宗即位，追封周王。元符三年三月，追封(楊)〔揚〕王。

【宋會要】

雍王昕，寶元二年八月十五日生。康定元年七月賜名，授檢校太尉、忠正軍節度使，封壽國公。二年二月十九日薨[一]，贈太師、尚書令，封豫王，謚曰悼穆。嘉祐四年十二月，追封越王。英宗即位，追封唐王。元符三年三月[二]，追封雍王。

【宋會要】

60 荆王曦，慶曆元年八月五(月)〔日〕生。十二月，授武信軍節度使、檢校太尉、同中書門下平章事，封鄂王。三年正月一日薨，贈太師、中書令，謚曰悼懿。嘉祐四年十二月，追封陳王。英宗即位，追封燕王。元符三年三月，追封荆王。（以上《永樂大典》卷六七六一）

[一] 薨：原脱，據前文帝系一之三六補。
[二] 三月：原作「五月」，據前文帝系一之三六改。

宋會要輯稿　帝系二

皇子諸王雜録

【宋會要】

1 太祖開寶六年九月二十一日，詔曰：「周之宗盟，異姓爲後，此先王所以睦九族而和萬邦也。晉王光義〔一〕，親賢莫二，位望俱崇。方資夾輔之勳，俾先三事之列。自今宜位宰相上。」

八年七月二十日，納右武衛上將軍焦繼勳女爲德芳婦，出閤就第。

九年十月二十八日，皇子山南西道節度使、同中書門下平章事德昭加兼侍中、京兆尹，封武功郡王。貴州防禦使德芳領山南西道節度使、興元尹、同中書門下平章事。德昭、德芳皆太祖之子，太宗不欲異其呼稱，遂降制與昭慶公主而下皆稱皇子、皇女。

十一月五日，詔齊王廷美、武功郡王德昭朝會班宰相上。

太宗太平興國七年七月十三日，皇子衛王、廣平郡王同日拜同中書門下平章事，詔衛王先赴中書視事，廣平郡王以次至。

八年十一月三日，詔曰：「並建子弟以藩屏王室，申命輔相以羽翼公朝。藩邸之任雖崇，鈞台之寄尤重。聿分内外，須正等威〔二〕。自今宰相序立宜在親王上。」宰相宋琪、李昉等頓首言：「漢法，丞相在諸侯王下，請如舊制。」帝曰：「宰相實總百揆，與群官禮絶。藩邸之設，止奉朝請。元佐等尚幼，欲其知謙損之道，卿無固辭。」琪等拜舞稱謝。

雍熙二年九月九日，楚王宮火。帝以元佐素病心疾，意火必元佐也，攝置中書，遣御史按問，置巨校於前。元
2
佐恐懼，對云：「數年已來，心神迷亂。因重陽被酒，夜持簾幕卷爇炬，不令左右知覺，遂起此火。」案具，帝遣入内都知王仁睿謂曰：「汝富貴極矣，迺爾兇悖！國家典憲，我不敢私，父子之情，從此斷矣。」元佐無詞以對。陳王元傑等洎宰相、近臣號泣營救，帝涕泗謂曰：「朕讀書，見前代帝王子孫不率教訓者，尚爲之扼腕憤歎，豈知我家自有此事！朕爲宗社計，所不敢赦。」遂下制廢爲庶人，送均州安置。宰相率群臣伏閤拜表，乞留于京師。表三上，乃許之，命使者監護，不通外事。元佐，帝長子，初甚被愛，及長，漸驕恣。後病恍惚煩躁，或經時絶朝請。自是屢爲殘忍，左右微過，必加手刃，僕隸過庭，輒彎弓射之。帝誨責甚厲，皆不悛。是歲夏秋，疾甚，帝以爲憂。是月，以疾小愈，帝悦，故爲肆赦。九日，帝宴諸王，而元佐以病新間，不預會。

〔一〕光義：原作「太宗舊名」，據《宋史》卷三《太祖紀》改。
〔二〕正：原作「王」，據本書儀制三之三改。

至暮罷，陳王等往謝之，元佐謂曰：「汝等與至尊宴射，吾不預焉，是爲君父所棄也。」因發憤，夜閉媵妾於室，縱火。帝怒，遂廢之。楚府諮議趙齊、王遹、翊善戴元自以輔導無狀，表請罪，帝曰：「朕教之且不從，況汝等邪！」皆釋不問，止令解職。（以上《永樂大典》卷一二二五）

【宋會要】〔一〕

3 許王初名德明，太平興國七年七月出閤，授檢校太保、同中書門下平章事，封廣平郡王，改名元佑。八年十月，進封陳王。雍熙三年七月，改今名。十月，爲開封尹、兼侍中。端拱元年四月，進封許王，加中書令。淳化三年十一月薨，贈皇太子，謚曰恭孝。仁宗即位，改謚曰昭成。

【九朝長編紀事本末】〔二〕

〔雍熙〕三年七月甲午，陳王元佑改名元僖〔三〕，韓王元休改名元偓，冀王元雋改名元份。十月甲辰，以陳王元僖爲開封尹〔四〕、兼侍中。户部郎中張去華爲開封府判官，殿中侍御史陳載爲推官，並召見，謂曰：「卿等朝之端士，故兹選用，其善佐吾子。」各賜錢百萬。及去華就遷左諫議大夫〔五〕，又令樞密使王顯傳旨，諭以輔成之意。四年八月，水部員外郎、諸王府侍講邢昺獻《分門禮選》二十卷。上採其奏，得《文王世子》之編，觀之甚悦，因問入内西頭供奉官衛紹欽曰：「昺爲諸王講説，曾及此乎？」紹欽曰：「諸王常時訪昺經義，昺每至發明君臣父子之道，必重複陳之。」上益喜，賜昺器幣。端拱元年二月，陳王元僖進封許王；韓王元偓爲荆南、湖南節度使，進封襄王；冀王元份爲威武、建寧節度使，進封越王；益王元傑爲劍南東西兩川節度使。上手詔戒元僖等曰：「朕周顯德中年十六，時江淮未賓，從昭武皇帝南征，屯於揚、泰等州。朕少習弓馬，每與賊交鋒，賊應弦而踣者甚衆。太祖駐兵六合，聞其事，拊髀大喜。年十八，從周世宗、太祖下瓦橋關、瀛、莫等州，亦在行陣。暨太祖即位，親討李筠、李重進，朕留守帝京，撫鎮都下，上下如一。其年蒙委兵權，歲餘授開封府尹。歷十六七年，民間稼穡、君子小人真僞無不更諳。即位以來十三年矣，朕持儉素，外絶畋遊之樂，内鄙聲色之娱，真實之言，故無虚飾。汝等生於富貴，長自深宫，民庶艱難，人情善惡，必恐未曉，畧説其本，豈盡余懷。夫帝子親王，先須克己勵精，聽言納諫。每着一衣，則憫蠶婦；每餐一食，則念耕夫。至於聽斷之間，勿先恣其喜怒。朕每親臨庶

〔一〕此下原有小題「昭成太子元僖」，此題只轄二條，今删。

〔二〕原稿無此書名，下文與上文連寫。天頭原批：「此誤《紀事本末》，而又不全。」意即此下爲《長編紀事本末》之文。按，此批是也，以下文字今見於《皇宋通鑑長編紀事本末》（以下簡稱《長編紀事本末》）卷九，本書中他處稱爲《九朝長編紀事本末》。兹按本書體例補此八字。

〔三〕佑：原作「祐」，據《長編紀事本末》卷九改。

〔四〕「尹」下原衍「令」字，據《長編紀事本末》卷九删。

〔五〕議：原脱，據《長編紀事本末》卷九補。

政〔一〕，豈敢憚於焦勞；禮接羣臣，無非求於啓沃。汝等勿鄙人短，勿恃己長，乃可永守富貴，而保終吉。先賢有言曰：逆吾者是吾師，順吾者是吾賊。此不可以不察也。」庚戌，以皇弟第六子元偓爲左衛上將軍，封徐國公；第七子元[4]偁爲右衛上將軍、涇國公。御史中丞嘗劾奏開封尹許王元僖〔二〕，元僖不平，訴于上曰：「臣天子兒，以犯中丞，故被鞫，願賜寬宥。」上曰：「此朝廷儀制，孰敢違之？朕若有過，臣下尚加糾擿，汝爲開封尹，可不奉法邪？」論罰如式〔三〕。淳化二年，上嘗謂近臣曰：「累有人言儲貳事，朕頗讀書，見前代治亂〔四〕，豈不在心？但近世澆薄，若建立太子，則宮僚皆須稱臣。宮僚職次，與上臺等，人情之間，深所不安。蓋儲子冲幼〔五〕，未有成人之性〔六〕，所命僚屬，悉擇良善之士。至於臺隸輩，朕亦自揀選，不令姦巧憸佞在其左右。讀書聽書〔七〕，咸有課程。待其長成，自有裁制，何言事者未諒此心邪？」於是右正言、度支判官宋沆等五人伏闕上疏〔八〕，請立許王元僖爲皇太子，詞意狂率。上怒甚，將加竄殛，以懲躁妄。而沆又宰相呂蒙正之妻族，蒙正所擢。蒙正首以援引親暱，竊禄偷安罷相，責宋沆爲宜州團練副使。三年十一月己亥，開封尹許王元僖早朝，方坐殿廬中，覺體中不佳，遂不入謁，徑歸府。車駕遽臨視，疾已亟，上呼之猶能應。少選薨，年二十七。上哭之慟，左右皆不敢仰視。追贈太子，謚曰恭孝。元僖性仁孝，姿貌雄毅，沈静寡言，尹京五年，政事無失，上尤所鍾愛。及薨，追念不已，或悲泣，達旦不寐，作《思亡子》詩，以示近臣。未幾，人有言元僖爲嬖妾張氏所惑，專恣，棰僕妾有至死者，而元僖不知。爲張氏於都城西佛寺招魂葬其父母，僭差踰制。又言[5]元禧因誤食他物得病，及其宮中私事。上怒，命縊殺張氏，捕元僖左右親吏繫獄〔九〕，令皇城使王繼恩驗問，悉決杖停免。掘燒張（民）〔氏〕父母塚墓，親屬皆竄遠惡。丙辰，詔罷册禮，但以一品鹵簿葬焉。及真宗即位，始詔中外稱太子之號。張唐英作《寇準傳》，見上。按準淳化三年已爲樞密副使，元僖既死，太宗愛始衰。元僖無恙時，固未嘗（見）〔建〕東宮，不知唐英何所據，誣謗特甚，今不取。涇刑事蓋因楚王元佐，已見雍熙（二）〔元〕年九月〔一〇〕。開封府判官、右諫〔議〕大夫呂端，推官、職方員外郎陳載，坐裨贊無狀，端左遷衛尉少卿，載殿中侍御史。許王府諮議、工部郎中趙令圖，侍講、庫部員外郎閻象，並坐輔導無狀，免所居官，仍削（雨）〔兩〕任。上始追捕許王寮

〔一〕自「節度使進封襄王」至此句「朕」字一大段原脱，據《長編紀事本末》卷九補。
〔二〕尹：原脱，據《長編紀事本末》卷九補。
〔三〕如：原作「於」，據《長編紀事本末》卷九改。
〔四〕治：原作「泊」，據《長編紀事本末》卷九改。
〔五〕儲：原作「諸」，據《長編》卷二九改。
〔六〕性：原作「惟」，據《長編紀事本末》卷九改。
〔七〕聽：原作「課」，據《長編》卷二九改。
〔八〕闕：原作「閣」，據《長編》卷二九改。
〔九〕吏：原作「屬」，據《長編》卷三三改。
〔一〇〕按此小字注乃是《長編》李燾原注。

史，將窮竟其事。左諫議大夫魏羽乘間言於上曰：「漢戾太子竊弄父兵，當時言者以其罪笞爾，今許王之過未甚於此也。」上嘉納之，由是被劾者皆獲輕典。（以上《永樂大典》卷六七六一）

端拱元年二月二十三日，封皇子元偓徐國公，元偁涇國公，並食邑一千户。舊制，國公邑三千户，今止千，有司之誤也。自後皇子初封國公，猶循此制。

淳化三年十一月二十七日，詔：「先以來月十七日故恭孝太子元億行册命之禮，今緣俯逼郊祀，其册禮權停。」

6 五年二月二十七日，翰林學士張洎上言：「準制，益王元傑改封吳王，行揚州、潤州大都督府長史者。臣謹按前史，皇子封王，以郡爲國，置傅、相及内史、中尉等，佐王爲理。自漢魏已降，所封之王如不之國，朝廷命卿大夫臨郡，即稱内史行郡事。東晉永和、泰元之際，有瑯琊王、會稽王、臨川王，故謝靈運、王羲之等爲會稽、臨川内史，即其事也。唐有天下，以揚、益、潞、幽、荆五郡爲大都督，非親王不授。其揚、益等郡或有親王遥領，朝廷命大臣臨郡者，皆是長史、副大使知節度（使）〔事〕。如段文昌鎮揚州，云『淮南節度副大使、知節度事、管内營田觀察處置等使、檢校尚書左僕射、兼揚州大都督府長史』，李載義鎮幽州，云『盧龍軍節度副大使、知節度事、管内觀察處置押奚契丹兩蕃經畧等使、檢校司徒、平章事、兼幽州大都督府長史』，即其例也。今益王以揚、潤二郡建社爲吳國王，居大都督之任，又已正領節度使，豈宜却加『長史』之號？乃是吳國王自爲上佐矣。若或朝廷且以長史拜授，其如銜内又無『副大使、知節度事』之目。儻或他日 7 别命守將，俾臨本郡，即不知以何名目除授也。臣草制之夕，便欲上陳，慮報奏往迴，有妨來早宣降。兹事體大，實干邦國。況吳王未領恩命，尚可改。乞付中書、門下商議施行。」帝以制命已出，不欲追改。洎又再上表，引典故論列。中書、門下言：「端拱初，韓王改建襄王，領荆湖節度、江陵尹。冀王改封越王，領福建節度、大都督府長史。今益王改封吳王，苟如洎言，改充大都督。按《官品令》，大都督是二品，五府大尹、五府大都督長史是三品。若然，則吳王之品高於二王，昆弟之間，品秩未當。」詔俟他日改正之，洎奏遂寢。

至道二年二月五日，帝謂宰臣曰：「徐國公元偓、涇國公元偁宜各除化外藩鎮。」宰臣等不諭。久之，帝曰：「朕意非他，若除化内州府，詔下之日即遣諸色公人申送書狀，慮成煩擾。」宰臣奏曰：「親賢不當除化外，但指揮本道不得差人上京可也。」帝允之，由是命元偓爲洪州都督、鎮南軍節度使，元偁爲鄂州都督、武昌軍節度使。

七日，以越王元份爲杭州大都督，兼領忠正軍節度使。帝以吳、越二王疏封開國，當領兼鎮，因覃慶命中書改正之，越王以杭州大都督兼領壽春。由是二王盡得所封之地，削去長史之號。

三年六月六日，詔：「故涪王廷美追復西京留守、檢校太師、兼中書令，夫人張氏追復楚國夫人，魏王德昭贈太傅，岐王德芳贈太保〔一〕，仍遣中使致祭。」

真宗咸平元年十月十七日，宰 8 臣張齊賢、李沆表請序位於諸王下，詔以先朝定制，不許。

二年十一月三日，詔自親王領大都督府、節鎮者，勿兼長史。

五年十一月十八日，以皇子祐爲左衛上將軍、信國公。時宰相言：故事，皇子出閤當封王。帝不許，而有是命。

十九日，楚王元佐爲左羽林軍上將軍。唐德宗朝，六軍置統軍，秩從二品，左右羽林、龍武、神武是也。十六衛置上將軍，與統軍同，左右衛、驍衛、武衛、威衛、領軍、金吾、監門、千牛衛是也。今楚王當爲統軍，而以上將軍命之；又王前爲金吾衛上將軍，按儀制，金吾在統軍上將軍之上。今之改秩，蓋有司失於檢閱。

〔大中祥符〕八年四月二十三日夜〔二〕，榮王宮火，延燔殿庭。五月三日，制安靜武信等軍節度使、榮王元儼降授安靜軍節度使，封端王，宣制於崇政殿門之外。（以上《永樂大典》卷一二一五）

9 大中祥符元年十二月十五日，帝謂王旦等曰：「先帝每命宰臣、親王，降制則不御崇德殿視朝，應有故事。其旨以命宰臣、親王，示帝王不專耶〔三〕？」是日，以慶行，宰臣、親王、節度使皆有制加恩，故帝詢及於此。

四年六月，寧王元偓等言：「昨奉聖恩，俱膺寵命。以從弟德存身亡，顯有服式，迎授之日，合陳音樂，有此未便。又緣諸鎮節度各授麻制，望須朝旨，先令迎授。」從之。

八年四月二十三日，榮王元儼降封端王，宣制於崇政殿門之外。時榮王宮火延燔殿庭故也。

十二月十七日，禮儀院言：「皇子壽春郡王告勅，望令中書進呈，別擇良日，閤門使押引詣内東門進納，宮中給賜。」詔令閤門使就内東門，依降麻官告例賜。

二十四日，閤門言：「儀制，宣賜親王告敕，閤門使稱『有勅』，再拜，口宣訖，搢笏跪授。（侯）〔候〕箱過，俛伏，興，再拜，搢笏舞蹈，三拜，退。將來宣賜壽春郡王告勅，稱『有勅』，再拜，口宣，應喏跪授後，擬只再拜，隨拜萬歲，退。」詔可。

天禧二年二月四日，樞密院言：「楚王加恩，自來不遣使賜批詔，望依例進内。壽春郡王加恩，合有迎授恩命。」詔罷迎授之禮，其告勅如八年例，於内東門賜王。餘如所請。」旌節令周懷政就元符觀内安置。

治平四年神宗即位未改元。三月十九日，皇弟東平郡王顥

〔一〕贈：原作「增」，據《長編》卷四一改。

〔二〕原稿原有「大中祥符」四字，又用墨點刪去，按此實大中祥符八年事（見下文及《東都事略》卷四），今仍補此四字，以與上文「咸平」相別。

〔三〕示：原作「視」，據《長編》卷七〇改。

言：「蒙恩授兩鎮節度[10]使，進封昌王，仍令所司擇日備禮册命。竊以臨軒册命之禮，國朝以來，雖元功鉅德之臣未嘗敢有當之者，伏望收寢册命。」從之。（以上《永樂大典》卷六七三八）〔一〕

乾興元年二月二十日，詔曰：「涇王元儼，朕之叔父，而先朝親禮之甚厚，其令中書門下别定對接之儀。及諸皇親，亦議優加恩命。」禮儀院言：「後漢東平王蒼，光武子也。章帝即位，恩禮踰於前世，詔沛、濟南、東平、中山四王，贊拜皆勿名。又按，晉武陵王晞，元帝子，康帝即位，贊拜不名。今參詳涇王，欲望朝會及起居並依故事，賜贊拜不名。如皇帝見涇王於内中，即依先帝見大長公主之儀。諸皇親並準詔優與加恩。」

仁宗明道二年九月十六日，諸王子孫各乞贈其父爲皇太子，詔翰林學士馮元、端明殿學[11]士宋綬詳定，而元等言：「周王玄祐〔二〕，陛下長兄，宜追册爲皇太子。太祖二王、太宗五王，追卹之典，理難均及，止可徙封加鎮兼官而已。」從之。十月二十三日，追贈周王玄祐爲皇太子，詔翰林學士馮元等考詳舊典。元等言：「王舊無宫府，其告策請藏宗正寺屬籍堂，而遣使焚黄于永安縣墳次。」從之。

寶元二年十月九日，端明殿學士、翰林侍讀學士、宗正寺修玉牒官李淑言：「悼獻太子名上一字犯聖祖諱，請止書曰祐。」從之。

康定元年五月十二日，樞密院言：「皇子八月十五日生，請依郡王使相例，賜襲衣、綵帛百匹、金器百兩、馬二疋、金鍍銀鞍勒一副。」從之。

七月二十五日，命端明殿學士李淑修撰壽國公府表章文字。

慶曆元年五月十七日，詔以皇故長子始生而不育，將葬，賜名昉，贈太傅，追封褒王，謚曰懷靖。

八月八日，詔以皇第三子生，遣官奏告宗廟。

三年五月二十日，復給荆王元儼所上公使錢。元儼領荆、揚二鎮，歲凡給緡錢二萬五千。是時西鄙用兵，宗室自刺史以上各進納本州公使錢之半以助邊費，帝以元儼叔父之尊，不欲裁損，至是復全給之。

嘉祐三年二月二十九日，詔太常禮院議立周王祐之後。禮官言：王薨在下殤之年，未有爲父之道，於禮不當立後。從之。

〔一〕陳智超云：「《大典》此卷爲西漢之『宗室封王』，卷數似有誤。」（《解開宋會要之謎》頁一四四）按陳疑是，據《永樂大典目録》卷一八，宋「宗室封王」在《大典》卷六七六一至六七六三，此處所引當在卷六七六一。又按，以上數條亦重見於本書禮五九之三至五九之五，彼處所標《大典》卷次爲三一八七。

〔二〕玄祐：原作「元祐」。按，《宋史》卷六《真宗紀》一：咸平五年十一月「己酉，封子玄祐爲信國公」，又卷七《真宗紀》二：咸平六年四月「辛巳，信國公玄祐薨」。《長編》卷五四：咸平六年四月「辛巳，信國公玄祐卒，追封周王。」據此，「元祐」當作「玄祐」，因改。

英宗治平元年六月二十三日，詔賜皇子顥公使錢二千貫，頵一千五百貫。

二年五月十七日，權御史【12】中丞賈黯請自今皇子及宗室卑屬除檢校三師官者，隨其遷序，改授三公。詔兩制詳議。翰林學士王珪等言：「按《官儀》，自魏以來，以太師、太傅、太保是爲三師，太尉、司徒、司空是爲三公，國朝因之。《六典》曰：三師，訓導之官也。蓋天子所師法。今皇子以師傅名官，於義弗安，蓋前世因循，失於釐正。傳不云乎：『必也正名乎！』臣以謂，自今皇子及宗室卑者除官，並不可帶師傅之名，隨其遷序，改授三公之官。看詳黯言，委得允當。」詔俟加恩改正。

神宗熙寧四年九月十五日，中書門下言：「淳化五年翰林學士張洎奏對：吳王元傑帶揚州大都督長史，長史是王府佐官，不稱名秩。尋詔他日親王有恩命，落府長史。其後有司失於推行，親王猶帶府長史，今請罷去。」從之。

八年四月二十六日，岐王顥、嘉王頵言：「蒙遣中使賜臣等方團玉帶各一，及準閤門著爲朝儀。臣等欲寶藏于家，不敢服用。」帝不許。又乞佩金魚以別嫌，詔以玉魚賜之。親王賜玉帶佩魚自此始。

元豐二年七月二十七日，詔岐王顥、嘉王頵並歲賜見錢八千貫，更不以一半折絹。

六年五月十五日，詔：「雍王顥、荊王頵乞建外第，十餘年中，章數十上。入侍寶慈宮非便，數諭止之，而確然堅請不已，皇太后近亦屢以爲言。宜依所乞，令學士院降詔宣諭，仍令有司度地以聞。」尚書工部言：請以城北馬軍教場建第。從之。

閏六月二十二日，詔：「皇子、新授檢校太尉、【13】山南東道節度使、儀國公佖請給、公使並依延安郡王初除官例二千貫支給〔二〕。其牌印亦令改鑄。仍爲永例。」

哲宗元祐元年三月五日，詔：「見修建揚王顥、荊王頵外第，兩位各賜銀器并陳設動用等，令所屬製造。」

二十二日，三省言：「揚王顥、荊王頵奏乞遷外第，未蒙詔可。今雖名居外，而威顔咫尺，時奉朝謁，固與密邇宮禁無異。伏望早賜矜允。」從之，仍令學士院降詔。先是元豐中，二王屢奏乞居外第，雖已降詔許之，而未果遷出，至是懇請，故有是命。

二十四日，詔二王外第以親賢宅爲名。

二十八日，詔：「二王就第日，宗室正任以上自府門送至第，仍令親王伴食，入内内侍省差官管幹。」

四月十二日，詔：「二王各賜銀、絹、緡錢各五千，歲各增公使緡錢五千，仍給見錢。本府官吏賜與有差。」

五月六日，詔荊王頵妻嘉國夫人王氏進封潭國夫人。

十四日，詔揚王顥男二人、荊王頵男七人並遷一官。

〔二〕貫：原作「吏」。按，據本書帝系二之三八，元豐中宗室使相、郡王，歲給公使錢二千貫，此處「吏」應爲「貫」之誤，因改。

以駕幸親賢宅，特推恩也。

二年六月六日，詔揚王顥妻崇國夫人馮氏先送瑤華宮入道〔一〕，宜特賜法名守沖，仍賜紫衣，號希真凝寂大師。先是元豐二年，以與王不協，送瑤華宮，至是始有是命。

三年三月四日，揚王顥奏：「有女數人，婚嫁及期，私用不足，望特於左藏庫借（交）〔支〕料錢三萬貫，月以料錢四貫除折還納。」從之。

七年十一月二十二日，詔徐王顥增賜公使錢三千緡。先是三省言：「南郊禮 14 畢，徐王加恩，當賜劍履上殿，緣虛文已删去，請易以歲增公使緡錢。」太皇太后曰：「嘗有例耶？」呂大防等對曰：「仁宗時荆王元儼增至五萬貫，徐王昨亦增賜，今纔萬三千緡。」乃詔增之。

八年二月八日，詔：「皇弟大寧郡王以下出就外學，宜令於親王舊第置學舍，及差官二員充諸王説書，就差逐位内侍四員充管幹官。」前此太皇太后宣諭三省曰：「大寧郡王以下漸長，可令就學。」故有是詔。

三月二十三日，詔皇（第）〔弟〕、諸郡王、國公出就外學，各賜九經及孟、荀、揚子書一部，令國子監印給。

八月十八日，詔徐王顥許乘檐子至下馬處，以顥疾故也。

紹聖二年十月十三日，詔曰：「朕嗣有令緒，獲承至尊，惟先帝休德施及後世博矣。共賴燕謀之錫，實蕃同氣之親。頃在妙齡，已就外學。屬柄臣之僉議，援今昔以有言，以謂年逮奉朝，禮當出閤，庶明班爵之義，以固磐石之宗。朕稽協祖宗之猷，深懷手足之愛。因之廣孝，曷喻至情。以義稱恩，姑循故事。大寧郡王佖、遂寧郡王佶宜依所請。仍令有司疾速修完東宮位次，候來春出閤。」時宰臣章惇等言：「皇弟大寧郡王等出就外學，於今三年，年及奉朝，而爵號未稱，禮秩未備。宜及此時進爵增秩，啓真王封，及大建邸第，開府置屬。出班外廷，入侍長樂，以衍茂天支，增重王室。」故有是詔。

十一月十一日，詔瑤華宮希真凝寂（太）〔大〕師馮守沖復封崇國夫人。初，三 15 省奏冀王乞罷册禮，帝因宣諭：「王之夫人馮氏，在先帝時以其不和，止令異居爾。至元祐已及九年，乃更施行。聞所居甚敝，資用不足，可復其國封，給賜如故，仍葺其所居。」

三年正月十七日，諸王位説書傅楫言：「將來諸郡王聽讀日，乞依舊互講《論語》、《孝經》、《孟子》，如唐詩對句之類一切罷去。」從之。

二月二十二日，將作監上修蓋皇弟大寧郡王、遂寧郡王等五位外第地圖。詔皇弟五位依親賢宅故魏王位，從東先次修蓋。

九月二十八日，楚王顥言：「臣妻馮氏已蒙恩還復封邑，欲望許令歸臣本家。」未報。會王薨，其子孝騫復以爲

〔一〕崇：原脱，據後紹聖二年「十一月十一日」條補。

請，從之。

四年二月一日，詔故燕王崇國夫人請給依舊全支。以昨在瑤華宮減半支給，故有是詔。

十七日，三省奏楚王顥（遣）〔遺〕表，詔（將）〔特〕除其子渭州防禦使孝騫爲崇信軍節度觀察留後。又奏孝騫與狄諮女爲親，詔特封齊安郡君。

十八日，詔：「申王佖、端王佶每年特賜公使錢各六千五百貫，内一半見錢，一半折絹。」

元符元年二月十三日，詔：「咸寧郡王俁、普寧郡王似於三日内選日出閤，權就東宮。所有佖等見住位，以令有司依先定圖，計會（謄）〔騰〕那擗截施行。」以三省言，皇弟大寧郡王佖、遂寧郡王佶並許建第開府，今修外第兩位，旦夕畢，咸寧郡王已下次當出閤，故有是詔。

三月三日，皇弟申王佖、端王佶奏：「臣等自忝竊恩榮，開國建府，託局内城，附居宮禁，[16] 一日必葺，三年于兹，以理則早合丐還，論情則難於遽請。蓋陛下隆屬籍之愛，厚天倫之親，結戀既深，懇陳莫遂。而又營修第等，多閱歲時，比及告功，尚需督治。願陛下察其至誠，先於暇日申敕有司，爲臣等揀時曆吉，早許就居，則臣等被陛下友愛之賜，曷有窮已。」從之，仍令學士院降詔。先是兩上章懇請，再降詔不允，至是始得請。

六日，中書省言：「皇弟普寧郡王閤管幹所奏：普寧郡王出閤，欲依大寧郡王等例，日於前後殿退〔一〕，入内奏萬福，未時奏安置等。」從之。

八日，詔：「五王外第以懿親宅爲名。候申王佖、端王佶入日，宗室正任以上自府門送至第，仍就賜御筵，入内内侍省取旨差内臣二員管幹。」其後莘王俁、簡王似、永寧郡王偲出居外第，並用此例。

十六日，詔：「申王佖、端王佶歲賜實給公使見錢八千緡；及還外第，特各賜銀絹五千匹兩、錢五千緡；府官吏賜有差。」其後莘王俁、簡王似、永寧郡王偲出居外第，並用此例。

二十日，皇弟申王佖、端王佶遷居外第。

二十一日，車駕幸申王府，翌日幸端王府。

二年二月六日，莘王俁再上表乞居外第，從之。

三月十七日，皇弟永寧郡王偲再上表乞出閤，從之。

十月二十二日，詔睦王偲已出閤，依申王例添歲賜公使錢。

三年二月二十五日，皇弟蔡王似三上劄子乞居外第，從之。

八月二十一日，詔：「蔡王似九月三日遷外第，是 [17] 日令宗室正任以上往送，親王伴食，及差内臣二員主治。其餘外第事並如陳王佖等例。」

徽宗建中靖國元年七月四日，皇弟蔡王似以小史坐指

〔一〕「日」前疑脱「是」字。

斥繫獄，上表待罪，未敢朝參。詔令赴朝參如（政）〔故〕。

八月三日，皇弟定王偲兩上表乞遷外第，從之。

崇寧元年十一月十六日，上宣諭輔臣曰：「昨日內中見蔡王來，言語容止頗甚詳熟，痛引前咎，及再三稱謝欽成升祔，恩禮隆厚。亦漸向學，殊可喜也，已勸令勤讀。」蔡京進曰：「自古帝王於兄弟一有嫌疑，至終身不能解。陛下以天地之度，篤兄弟之義，今日宣諭，喜見顏色，坦然無疑，過古帝王遠甚。」僉曰：「陛下至德友愛如此，當書聖諭，以爲萬世之法。」

二年二月十四日，詔懿親宅改名棣華宅。

三年二月，臣僚上言：「伏聞皇弟蔡王數違義訓，陛下天造曲成，置而不問者已踰數四。前日蔡王與本位使臣等穿邸第後牆，不冠帶，私出宮門，步歷廛市，與宗室相見飲食，買宗女爲妾。陛下篤於友愛，不忍致法於王，已詔有司，更不根治。仁不傷恩，於是盡矣。其出入有從行之卒，垣牆有擅穿之吏，飲食有請召相見之人，邸第有提按監臨之官，罪不可赦。伏望聖慈，除蔡王已得旨更不根治外，本宮官吏並乞付有司推究。」詔依奏送開封府，（乃）〔仍〕依前降指揮根勘。

三月二十四日，詔：「陳王佖昨授守太師，其歲給公使未曾增定，可除見給公使外，特添見錢三千貫。」

18 大觀元年十一月二十八日，內出手詔曰：「朕荷天眷祐，景命有僕，承家之慶，是生多男。年近幼學，未親師友，因嚴以教，宜及其時。京兆郡王桓、高密郡王楷可於來年春擇日出就外學。其輔導講讀之官，宜以端亮鯁直、有文學政事人充選，具稱朕意。」又詔：「祥符故事，記室、翊善見諸王皆下拜，真宗皇帝特以張士遜爲王友，命王答拜，以示賓禮。今講讀輔翼之官，職在訓導，亦王之友傅也，可如王友例令答拜。」

政和元年二月二日，詔依太史局選定三月二十七日，令定王桓、嘉王楷出就資善堂聽讀。

三月二十八日，詔宰臣、執（正）〔政〕官許就資善堂見定王桓、嘉王楷，令管幹所定儀申尚書省。至日，定王、嘉王至堂之中門外迎揖，升堂就坐，二王西嚮，宰臣、執政官東嚮。宰執退，二王揖送於堂之大門內。

二年九月二十九日，詔皇子到堂聽讀，特許講筵官時暫到堂參見。時侍讀鄭居中講筵奏事，嘗面被旨也。

三年八月十日，詔令榷貨務支錢一萬貫，應副修蓋越王偲府第。以偲自奏所居府第損漏故也。

四年二月十二日，內出手詔曰：「冠者禮之始，所以加有成，諭其志也，故聖王重焉。朕顧諟天之明命，用懌于先王，罔敢怠遑。永爲萬事之統，莫大於禮制以善俗[一]。冠之廢久矣！眷予元子，孝友肅恭，出就外傅，既克邁于成德，以嫡以年，咸加厥服，式協禮經。是用求日之吉，正纚

[一]「永爲」二句：「爲」疑當作「惟」，「禮制」疑當作「制禮」。

于朝。豈惟敷時[19]内治，假我有家，作民孚先，實惟萬邦之慶，顧不偉歟！格爾有衆，其祇予猷告惟休。皇長子桓以二月二十七日於文德殿行冠禮。」先是御製冠禮，降議禮局載《五禮新儀》之首，至是舉而行之，千載墜典，焕然一新。

四年十二月十三日，中書省言：太史局選定皇長子出閤宜用來年二月七日受册。從之。

十四日，詔：「皇長子已擇來年二月初出閤，中旬授册。次子嘉王楷可於三月初行冠禮。其冠禮儀，令有司詳定以聞。」嘉王冠儀陳設如皇長子，唯席於房外户西，樽東南，甒玄酒。其詳見《政和五禮新儀》。

五年二月十三日，詔親王免赴東宫廷賀。

十八日，定王桓言：「臣已依詔旨於二月七日出閤過府訖。臣昨就資善堂聽讀，尋常須候邇英經筵已開，方取旨定日。恭惟聖學高妙，群臣莫及，躬御經筵，但欲遵承祖宗故事，非待儒臣講説，修輔睿明。如臣之愚，正當力學，不可曠日，豈應擬視經筵。兼臣問安視膳之外，還過府第，綽有餘暇。況不同往日深在禁嚴，出入不敢自便。今欲乞聖慈許令每日不拘早晚，但稍有間隙，即請學官赴廳講讀。所貴爲學日益，有以副聖慈眷撫之意。」從之。

二十三日，詔皇子建安郡王樞、文安郡王杞今春出資善堂講讀，其管幹官比附定、嘉王聽讀例施行。

三月八日，皇帝御文德殿觀視皇子楷冠禮。

六年正月十一日，手詔：「朕席祖宗之休，承天眷命，既安斯寢，[20]是生多男，篤慶本支，以綿繼序。皇第三子嘉王楷令德孝恭，率履不越，温清定省，志養無違。嘉其有成，亦既就傅。今年踰志學，禮當異宫。眷兹天性之慈，祇若國章之舊，可於仲春擇日出閤。」

二月二十二日，詔皇子嘉王可於今年四月内擇日趨朝。

四月十八日，詔提點御前生活所翻修燕王俁府第。以俁自陳所居府第損漏故也。

五月二十四日，内出手詔：「比閲國史，見故益王頵與神考情義甚篤，在元豐末，忠言正論，力排異意，功在社稷。今其子孫與追奉之禮，未曾褒顯，非所以勸。可檢會故實，取旨褒録。」乃加孝參檢校少保，孝穎德慶軍節度使。

十一月十九日，詔嘉王楷差提舉皇城司整肅隨駕禁衛所，兼提舉内東門、崇政殿等門。

七年四月十二日，詔：「皇子安康郡王栩出就資善堂聽讀，可特依此推恩。本閤祇應使臣、管勾所手分各轉一官，白身人補副尉，祇應人各轉一資，並依舊祇應。」

五月十九日，内出手詔：燕王俁第三子與依長子有章例，賜名、授官、支破請給等。

八年三月十一日，詔：十六日，嘉王楷令赴集英殿試，仍給食，就東（廓）〔廊〕排設幕次什物。

二十五日，詔嘉王楷依貢士唱名，賜勅謝恩。

二十七日，集英殿唱名，詔嘉王楷有司考在第一，不欲令魁多士，以第二人爲榜首。是日，詔嘉王楷已賜第一人上舍及第，許謁謝先聖，與《題名記》并《同年小録》，所有期集並【21】免。尋詔謝先聖亦免赴。

二十八日，詔：「嘉王府學官陸藻、葛次仲、張勸勸學有勞，各與遷秩，内張勸仍賜緋章服。」

五月九日，詔《同年小録》上用「第一人：皇子嘉王楷，字德遠」〔一〕。

八月二十日，嘉王楷言：「近兩具劄子，乞就蕃衍外第居止，荐蒙降詔不允，即令居處春坊之側，仍近禁庭，出入呵止，甚不遑安。況創修外邸已見就緒，伏望早付有司擇日施行。」詔從之，仍依太史局選定閏九月十九日出居外第。

九月二十二日，中書省言：「皇子嘉王閏九月十九日遷就外第。檢會莘王遷入外第日，宗室正任以上自府門送至外第，仍就賜御筵，及賜銀、絹、錢五千匹兩貫，本府官吏等第支賜；仍差官管幹，支散並依舊制〔二〕。」

十二月十四日，詔：「朕荷天休命，慶多男子。建安郡王樞、文安郡王杞出就外傅，亦既踰年，聞禮通《詩》，年逮志學，可依故事出閤，檢會前後條例施行。」

十九日，中書省言：「燕王俣奏：契勘本府内知客、宣政大夫、康州防禦使李詢仁，自差到管勾職事，備見勤謹，欲望聖慈候本人任滿日，特令再任。」從之。

宣和元年三月二十三日，駕幸蕃衍宅景王位。

五月二日，皇子鄆王楷奏：「臣自蒙恩就府第以來，庶事畢備，惟是未有監書可廣聞見。欲望特降睿旨，國子監印造頒賜。」從之。

十一月二十六日，詔皇子徐國公棣可來春擇日出就外傅。

四年三月二十七日，皇子肅王樞奏：「除授合得恩【22】例七人，今有都監入内武功大夫、康州防禦使楊端，入内武功大夫、貴州刺史王褒等，乞改轉一官。」詔楊端轉一官，依條回授；王褒轉行遥郡一官。

五月六日，詔：「皇子祁王模已經裹頭出閤，本閤官吏、諸色祗應人並依昨文安郡王裹頭例各與轉一官。」

七月三日，詔鄆王楷差將來冬祀大禮都大提舉禁衛行宮使。

六年正月二十八日，將作少監孟忠厚言：「修蓋蕃衍北宅第二位，所用材植物料萬數浩瀚。欲望將本監年計并抽税到材木竹箔物料顏色，外路應副起到數目並擬入本位，不許官司攔截取撥，抽分和買。及諸路不得改易兑借；若已團綱起發，不得中路改撥應副他處。所有在京抽

〔一〕「上」原作「止」，「子嘉王楷」四字原脱，並據本書選舉二之一四、《補編》頁三四一改補。
〔二〕此下疑脱「從之」二字。

税竹木箔等，亦乞據所得之數悉歸本位，權行住罷應副諸官司取撥支遣。候本位畢，十一月依舊。」從之。

七年七月二十五日，工部尚書兼蕃衍宅翊善張勸等奏：「契勘皇子沂王已選日出就外第，所有合用牋表等文字，緣未奉指揮，未敢供納。」詔令供納，今後依此。

十二月二十一日，詔：「蕃衍北宅罷修，已修者逐局拘收，未修者近已遷移民舍，依舊給還。將來皇子出閤日，可於十位内居止，不須創建府第。平陽郡王可以與祁王同居，南康郡王可以與康王同居，鄆國公可以與景王同居，韓國公可以與濟王同居，建安郡王可以於已廢擷景西園嘉國公同居。餘三人尚襁褓，第八位便可以三人【23】同居，温國公可以與沂王同居。」

欽宗靖康元年二月七日，以祕書省著作佐郎沈晦假給事中，從皇弟肅王樞使斡離不軍。

紹興三十二年孝宗已即位，未改元。九月一日，詔：「皇子貴州團練使愷可特授雄武軍節度使、開府儀同三司，進封慶王，食邑一千户，食實封四百户。令所司擇日備禮册命。」

同日，閤門言：「皇子依《儀制》，親王赴垂拱殿并後殿起居，於大殿後入。一、遇合班處，景靈宫行香立班，合押宗室。一、遇常朝日參，并後殿起居，輪差閤門提點、同提點兼祗應報引入殿，知閤門官引至起居〔處〕。及遇轉官朝謝，殿内知閤門官引揖。一、麗正及和寧門外待漏，垂拱殿門（外）内及殿門外（侍）〔待〕班，景靈宫行香，門外待漏，殿門外待班。其閤子并合在西壁，與宰臣閤子相對。或無設置去處，即權於宰臣閤子之次釘設。」詔（衣）〔依〕。

孝宗乾道二年十月十四日，詔：「皇第四子早薨，可追賜名愭，封邵王，謚悼肅。」十七日，詔愭特賜淮康軍節度使、開府儀同三司。

七年二月八日，詔：「皇子、雄武軍節度使、開府儀同三司、慶王、食邑四千户、食實封一千六百户愷，可依前皇子、開府儀同三司、特授雄武保寧軍節度使、判寧國軍府事、提舉學事、兼管内勸農營田使，進封魏王〔一〕，加食邑一千户、食實封四百户。令所司擇日備禮册命。」

二十四日〔二〕，中書門下省言：「魏王判寧國軍府，置長史、司馬各一人，記室參軍事二人。」詔並以【24】二年爲任，任滿與陞擢差遣。

十五日，詔：「皇子魏王愷出鎮寧國府，妻華國夫人韋氏、男皇孫攄見今曆内諸般請給等與隨帶前去，接續幫勘。韋氏，隆興二年郊恩，以信國夫人封華國夫人。」

十八日，詔内東門司：皇子魏王愷生日、節序物色等，並令依舊取賜。

〔一〕進：原作「追」，據《宋史》卷三四《孝宗紀》二改。

〔二〕天頭原批：「此條移後。」按，據本書儀制三之五二及《補編》頁一二九，孝宗依中書門下此奏下詔在十六日，則此「二十四日」當是「十四日」之誤。

二十一日，詔皇子魏王愷妻韋氏封韓魏國夫人。是日，上御選德殿，宰執進呈，上曰：「舊無此例，今以封可乎？」宰臣虞允文奏曰：「陛下因建儲之慶，特示恩章，進兩國亦無不可。」上曰：「亦須與封大國。」允文奏曰：「大國著于令者二十有八，陛下財擇。」遂有是詔。

二十三日，詔：「皇子魏王出鎮，（今）〔令〕左藏南下庫祇備金三千兩[一]、銀一萬兩，令承受取賜。」

二十五日，詔：「魏王愷出鎮，可依元祐五年文彥博例宴餞，仍依賜宰執已下喜雪體例排辦。」

三月四日，宰執侍從宴餞魏王于玉津園。

二十八日，詔：「今年四月二十四日，皇子魏王生日，特差内侍陸彥取賜牲餼。」

四月二十二日，宰執進呈皇子魏王賜夏藥，宰臣虞允文奏曰：「前二府用百兩銀合一具，親王莫易以金否？」上曰：「金合亦好。」參知政事梁克家奏曰：「舊來前二府以下夏、臘藥率遣中使宣賜，後以其起動州郡，令進奏院遞賜而已。」上曰：「聞中使所至州郡，不無煩費。」允文奏曰：「此爲害甚久。紹興之末，諸路安撫、制置使及諸軍主兵官始從遞給賜。自乾道初載，雖前二府亦皆罷遣。今親 25 王領藩，恐須遣中使以示陛下恩意。」上曰：「甚好。」

二十三日，皇子、判寧國府魏王愷奏：「將來天申節，臣合前期赴闕進香上壽。」詔依。

五月三日，詔入内内侍省：魏王到闕，差使臣謝安道傳宣撫問，賜金合茶藥。

十一月八日，客省言：「依格籤賜宰臣、親王以下正旦、寒食、冬至節料，在法止有宰臣執政官奉使出外取旨。今皇子魏王愷判寧國府，取旨施行。」詔依格賜，自發付寧國府[二]，仍令本府將合賜物色依數排辦就賜。今後準此。

八年十月十八日，詔：「會慶節，皇子（親）〔魏〕王愷令内中上壽，紫宸殿赴坐。」（以上《永樂大典》卷一二一五）

【宋會要】

淳熙元年五月三日，詔：「皇子魏王府見〔差〕破親事、黄皁院子、輦官、儀鸞翰林司厨子、教駿、兵級諸色人，已降指揮祗應，及七年與轉一資；已經轉資、見接續祗應人每及七年可特與轉行一資。今後準此。」

十二月五日，詔：「皇子魏王出鎮寧國府已及四年，今改鎮明州。其記室參軍、承受、幹辦官各與減三年磨勘；醫官、指使、宅案司承受官下主管文字、書表司、抱笏、直省官、節堂使臣各與減 26 二年磨勘；親事官、輦官、兵級、院子、儀鸞司翰林司厨子、教駿、梢工犒賜有差。」

二年十一月九日，詔（親）〔魏〕王府記室依舊同在京職事官體例施行。從魏王府記室參軍耿秉請也。

七年二月十日，宰執進呈皇子魏王遺表，上拉淚曰：

[一] 三千：原作「三十」，據《宋史》卷二四六《魏王愷傳》改。
[二] 自「取旨施行」以下原脱，據本書禮六二之七二補。

「朕向來躐次建儲者，正見此子福氣頗薄耳，然亦不料如此之夭也。」趙雄等奏：「昔建儲之初，天下猶未能盡識聖意，及今方曉然。所謂知子莫若父，知臣莫若君。」上曰：「朕以宗廟社稷之重，斷然行之。」趙雄等奏：「陛下愛子之心初無（原）〔厚〕薄，特以聖見高遠，爲宗廟社稷計，斷然行之而不疑。然而茲事甚難，雖以唐太宗之明，猶且疑惑不決。此天下所以咸仰陛下之明，又服陛下之斷也。」於是詔：「長史蘇謂，司馬陳蒼舒，記室元伯源、梁汝永，並特與各轉一官。本府一行官屬、使臣、諸色祗應人、兵（給）〔級〕等各先次特與轉一官資，並與存留在府接續祗應，其請給按月接續幫勘支破，理任、酬賞並依見行指揮，候至服闋日別行取旨。結局日，記室二員仍與陞擢見闕差遣；同幹辦二員與添差釐務路分都監，請給等依正官例。餘人願赴部者與添差釐務合入差遣一次。諸色人兵等願養老者聽，特與帶行舊請，在外居止。候歸葬日，官屬、使臣、諸色人兵等各借請給三月。」並從遺表之請也。

四月八日，詔戶部：「自今年四月爲始，每月支供錢一千貫文、白粳米四十石、次色米一百石，赴故皇子魏 27 王府，充本府位中并支散等用，候服闋日別降指揮。」詔令省倉每月供納白粳米四十石、次色米一百石，從吉日減次色米五十石。

十二年五月四日，詔：「恩平郡王府見差破親事官等已降指揮，祗應及十年各轉一資，見接續祗應人每及再十年可特與轉行一資。今後準此。」

五月九日，詔：「莊文太子府、魏惠憲王府官吏、諸色人，除已轉官資外，自今並依乾道三年十二月七日指揮，年勞更不推恩。」

五月二十五日，詔：「魏惠憲王府觀察與教授接見禮書數：初接見，觀察冠帶，教授穿秉，對拜。兩拜就坐，點茶訖，上講。候講畢，復坐，點湯，揖退。各年節相見禮數依此。其尋常上講，只背子相見，並觀察就主位，教授分輪入講堂，卯入午罷。行移文字合用印記，下文思院鑄造銅印一面，以『魏惠憲王府小學教授記』一十字爲文。講堂令講《論語》，讀《孟子》。日後如有申請事件，徑申尚書省施行。」以教授黃唐等條具下禮部指定，故有是命。

九月七日，詔：「入內內侍省東頭供事官梁襄特差幹辦皇孫平陽郡王府都監，比附諸王府都監作上等，三年替。」

十六年六月二十四日，魏惠憲王府小學言：「皇姪國公已行冠禮，進封，所有讀授《周易》近已終篇，合接續改讀經書。乞自今後免申尚書省敷奏，止移牒本府依次序接續改讀。如講徹一經，亦乞準此。魏惠憲王府小學教授欲止作魏王府教授繫銜。」從之。（以上《永樂大典》卷六七六三）

皇孫

皇孫諶

【宋會要】

28 本朝皇太子生子爲嫡皇孫，封秩比皇子。

大寧郡王諶，欽宗皇帝長子。政和七年十月生。八年正月賜名，授檢校少保、常德軍節度使，封崇國公。後辭節度使、國公，改授防禦使。靖康元年正月，自高州防禦使除少保，改昭慶軍節度使，進封大寧郡王。三月，加檢校少傅，改寧國軍。徽宗政和八年三月二十七日，提舉太子左右春坊言：「皇孫近已除授官封，所有諸般請給人從，乞申明降下。」詔並依見除官差破。閏九月二十一日，中書省言：「准提舉左右太子春坊申：今來十月二日，皇孫諶生日，緣未有支賜令格正文。」詔依宗室節度使令格施行。

皇孫愔惇

【中興會要】

29 高宗紹興十六年七月二十二日，吏部言：「普安郡王二子令取索補官條法取旨。大宗正司具到宗室賜名授官令格體例：緦麻以上親右內率府副率，袒免親保義郎。昨紹興五年內右千牛衛將軍安邵男賜名授官，賜名居端，補右內率府副率。」詔可賜名愉、愷，並補右內率府副率。

二十(二)年二月十六日[一]，詔普安郡王第三男賜名惇，依長男、次男例補官。

二十一年六月二十一日，詔普安郡王長男愉可改賜名愔。

二十八年正月二十二日，詔普安郡王長子右內率府副率愔可特轉右監門衛大將軍、榮州刺史，請給等並依行在赴朝南班宗室例支破。

三十年正月二十八日，詔普安郡王次子愷可特授右監門衛大將軍，請給等並依行在赴朝南班宗室例支破。

四月一日，詔：「皇子建王長子愔可特轉蘄州防禦使，次男愷可特轉貴州(圍)〔團〕練使，惇可特轉榮州刺史，告內並帶『皇孫』字。」

皇孫挻挺擴攄抦[二]

【乾道會要】

30 孝宗乾道元年六月四日，禮部太常寺言：「皇嫡孫降誕，今依典禮，合遣官擇日奏告天地、宗廟、社稷、諸陵、攢宮。」詔依。

二十七日，左通議大夫、參知政事、兼權知樞密院事、

[一] 二十年：原作「二十二年」，據《宋史》卷三六《光宗紀》刪。

[二] 「挻」原無，「抦」原作「柄」，據正文補改。

兼充德壽宮使、兼權提舉編修玉牒、兼修國史錢端禮率文武百僚上表言：「恭遇六月一日皇嫡孫降誕。道昌羣生，既躋仁壽之域；慶流奕世，遂收冢嫡之祥。廟社光輝，華夷鼓舞。恭惟皇帝陛下仁濟萬類，澤被四遐。坯冶一陶，德之所施者博；本支百世，邦其永孚于休。遂開磐石之宗，來應維熊之吉。臣等猥叨毗倚，獲與榮懷。歌《天保》之章，欲仰伸於歸報；賦《螽斯》之什，願益詠於衆多。」又奏：「帝道夙隆，垂休祥於聖祚；皇枝有衍，貽燕翼於孫謀。歡溢兩宮[一]，慶均九服。臣等恭惟光堯壽聖太上皇帝陛下，妙三皇之道，行五帝之仁。寶曆瑶圖，雖同脱屣之視；金枝玉葉，自開綿瓞之祥。爰卜有周之世年，大錫文王之孫子。臣等叨居近弼，共展慶儀。喜動天顔，未數含飴之樂；勢隆國體，更觀磐石之封。」

二年六月九日，詔皇太子愭男皇嫡孫可賜名挻，除福州觀察使，封榮國公；皇子恭王惇男皇孫可賜名挺，除千牛衛大將軍[二]。

〔五年〕十一月十三日[三]，詔皇子恭王惇次男皇孫可賜名擴，除右千牛衛大將軍。

六年十月三日，詔皇子慶王愷男皇 31 孫可賜名攄，除左千牛衛大將軍。

七年二月十五日，詔：皇子魏王愷出鎮寧國府，男皇孫攄見今曆内諸般請給等與隨帶前去，接續幫勘。

32 又[四]：淳熙九年五月四日，詔皇孫抦補右千牛衛大將軍。

十年正月十一日，皇太子宮左右春坊言：「皇孫英國公趁赴垂拱殿、後殿起居，其(侍)〔待〕班閤子及立班從駕行馬上下馬處，乞下閤門條具申請。仍差破抱笏祗應三名，書表、客司各一名，請給等乞用宗室觀察使下見行禮例。其親事官及白直兵士乞下皇城司、步軍司依格差撥。」詔：「待班處就宗室正任閤子，遇忌辰權免行香。餘依。」既而閤門條具：「宗室序位同者，以尊卑爲次。若封爵係嗣王、郡王、國公、郡公者，序位在本官之上，少前立。其起居立班、行馬合在宗室觀察使、郡王之次。」從之。

三月十一日，詔：「皇孫英國公閤書表司、抱笏祗應人等請給，依已降指揮支給外，每人特月支添給錢一十貫。」以其踏逐指名差取，各係人内分番宿直祗應人取也。

十一年七月十九日，詔：「皇孫英國公閤差破親事官、步軍司宣効等，依使臣等例，每及八年與轉一資，仍自今降指揮下日爲始。」

〔一〕溢：原作「益」，據《補編》頁一八改。

〔二〕此條原作：「二年六月九日，詔皇太子愭男皇嫡孫可賜名挻，除千牛衛大將軍。五年十皇子恭王惇男皇孫可賜名挻，除福州觀察使，封榮國公。」據《補編》頁一九、《宋史》卷三三《孝宗紀》改。

〔三〕「五年」二字原誤闌入上條，據《補編》頁一九、《宋史》卷三四《孝宗紀》改正。

〔四〕按，此下出自李心傳《續總類會要》，非《乾道會要》。

八月七日，詔：「皇孫英國公擴將來納婦，應合行事件可劄下承受官取旨施行。」次年三月四日始命劉慶祖。

十二年四月三日，皇太子宮左右春坊言：「皇孫平陽郡王近除安慶軍節度使，進封平陽郡王。先承指揮，請給、生日支賜，公使錢並與依格全支。所有禄粟，33欲乞依南班節度使士峴體例，依《禄格》全支。」從之。

五月四日，詔：「皇孫安慶軍節度使、平陽郡王擴納婦，已選定朝奉郎、新知濠州韓同卿次女爲親，劄付承受所取旨施行。」

八月二十二日，詔：「皇孫安慶軍節度使、平陽郡王擴婦韓氏，與封新安郡夫人，特依宫人支破諸般請給。」

九月二日，詔：「皇孫千牛衛大將軍抦與破請給，依《禄格》全支本色。」

八日，詔：「入内内侍省東頭供奉官梁襄特差幹辦皇孫平陽郡王府都監，令比附諸王府都監作上等，三年替。」

十一日，詔：「皇孫平陽郡王府見差破幹辦、指使、宅案、書表、客司、楷書、抱笏等，並特與依昨來恩平郡王府書表、客司已得指揮見行幫諸般請給等則例，自到府供職日放行批勘。餘依本府已得指揮。」

十月十日，詔皇孫平陽郡王府同幹辦譙令雍特與改作内知客名色。

十六年正月三日，詔皇孫抦除耀州觀察使、嘉國公。

十二日，詔皇孫抦所生母卜氏特與封信安郡夫人。（以上《永樂大典》卷三五五二）

濮秀二王雜録

濮王 [一]

【宋會要】

34濮安懿王子二十七人，孫一百二十六人，曾孫五百五十三人。嗣封者共十六人：

士輵，淳熙三年正月除少傅。六年十月，除少師，依前昭化軍節度使、充醴泉觀使。七年十二月，上遺表，特贈太傅，追封安王。

士歆，仲湜第十一子。政和八年九月三日生。宣和四年内該遇天寧節，賜名，授太子右内率府副率。靖康元年五月，遇欽宗皇帝覃恩，轉太子右監門率府率。建炎元年九月，遇高宗皇帝覃恩，授右千牛衛將軍。紹興十年二月，因父遺表授右監門衛大將軍。是年五月，轉右監門衛大將軍、榮州刺史。二十年七月，轉右監門衛大將軍、貴州團練使。二十六年閏十月，轉右監門衛大將軍、眉州防禦使。二十七年八月，轉和州防禦使。三十二年六月，轉宣州觀察使。乾道五年四月，轉昭慶軍承宣使、提舉佑神觀。是年十一月，授保康軍節度使，依前提舉佑神觀。淳熙八年

[一] 原無此目，仿後「秀王」例添。

二月，襲封嗣濮王，依前保康軍節度使、提舉佑神觀。九年九月，除開府儀同三司，依前保康軍節度使，充醴泉觀使。十三年正月，除少保。十六年三月，除少傅。紹熙五年八月，除少師，依前保康軍節度使、充醴泉觀使。慶元二年九月，上遺表，贈太傅，追封韶王。

不𥝢，士㥮第三子。宣和四年十一月五日生。靖康元年，該遇乾龍節，賜名，補保義郎。累轉武功郎。慶元三年四 35 月，授皇叔祖、福州觀察使，襲封嗣濮王。五年十二月，轉武安軍承宣使，提舉佑神觀。是月上遺表，贈開府儀同三司，追封蔣國公。

不矍，士勯第三子。宣和四年十一月二十四日生。紹興四年，該遇天申聖節，賜名，補保義郎。累轉武經大夫。慶元六年七月，授皇叔祖、利州觀察使，襲封嗣濮王。開禧三年六月，以寧遠軍承宣使提舉佑神觀。上遺表，贈開府儀同三司，追封安國公。

不儔，士銖第四子。建炎三年十一月二十六日生。紹興五年，該遇天申聖節，賜名，補保義郎。累轉修武郎。淳熙二(月)〔年〕三月，授皇叔、太子右監門率府率。四年五月，轉右千牛衛將軍。十年八月，因父遺表授右(門)〔監〕門衛大將軍。十二年五月，轉右監門衛大將軍、吉州刺史。十三年二月，轉右監門衛大將軍、成州團練使。十六年閏五月，該遇光宗皇帝覃恩，授皇叔祖、右監門衛大將軍、眉州防禦使。慶元元年正月，該遇寧宗皇帝覃恩，轉和州防禦使。是年六月，轉隨州觀察使。開禧元年七月，轉安遠軍承宣使，提舉佑神觀。三年七月，除昭慶軍節度使，依前提舉佑神觀，襲封嗣濮王。嘉定三年六月，除檢校少保。十年六月，上遺表，贈少師，追封高平郡王。

不嫖，士石第二男。紹興六年四月二十五日生。紹興十年，該遇天申聖節，賜名，補保義郎。累轉武翼大夫。嘉定十一年三月，授福州觀察使，襲封嗣濮王。十一年六月，上遺表，贈 36 開府儀同三司，追封惠國公。

不凌，士𥢶第六男。紹興十五年正月十六日生。紹興十九年，該遇天申聖節，賜名，補保義郎。累轉武德郎。嘉定二年七月，換授皇叔祖、右千牛衛將軍。十三年正月，授福州觀察使，襲封嗣濮王。十五年五月，轉奉國軍承宣使。十七年六月，上遺表，贈開府儀同三司，追封惠國公。（以上《永樂大典》卷六七六二）

神宗熙寧二年三月二日，中書門下言：「皇族宗袞建仙遊縣君影堂〔一〕，乞役兵填池，請許之。」詔：所差兵士若不限定日月，必是居常役使，無期放散，可與百人，令役一月。

閏十一月二十八日，詔：祖宗之子并濮國公並令傳嫡襲封，已封公者將來更不襲封。

〔一〕天頭原批：「仙遊縣君，英宗之母。」

三年十二月二日，詔三司，令左藏庫歲特支錢五千貫充濮王宮公用〔一〕，本位俸錢更不尅除。先是大宗正司奏：「宗樸狀：先奉御批，令兄弟量尅料錢入濮王宮庫，用爲四仲月祭饗支用；而近降指揮不許尅皇親俸錢。」故有是命。

四年九月二十二日，詔賜濮王子通州防禦使宗隱芳林園宅一區，仍計口給屋。後宗傳、宗瑗、宗蓋依此。

七年四月十二日，詔：濮安懿王子宗暉、宗綽、宗勝、宗楚各賜芳林園宅地，令將作監計口修蓋。

八年七月十八日，詔濮安懿王女德安縣主等六人並進封。元豐二年四月，詔王第十一女、第十 37 八女並進封郡主。七年，詔王女六人並特（贈）〔增〕料錢月三十千。元符三年三月，詔王女、曹誦妻延安郡主特改封郡號，與孫一名閤門看班祗候，仍添料錢及春冬衣、生日禮物等。大觀元年二月，詔王女永安郡主特封兩郡主。見宗室女門。

十年十月十六日，詔濮安懿王諸子襲封濮國公，主奉祠事，仍候濮安懿王諸子承襲徧，即傳長孫。翌日，封宗誼濮國公。十一月十四日，詔皇伯邕州觀察使宗暉權奉祠濮安懿王神主。

〔元豐〕二年五月八日〔二〕，詔：「濮安懿王子、贈鎮寧軍節度使、同中書門下平章事、陳國公宗治云亡，諸子不曾推恩，長子右監門衛大將軍仲忽可領文州刺史。」

十一月二十七日，詔淮康軍節度使、同中書門下平章事、濮國公宗暉奉濮安懿王祠事。

三年四月四日，詔：「皇伯濮國公宗暉進濮陽郡王，濮安懿王子孫皆遷一官，女增俸二十千，孀婦進封一等，無品可進者改大國，王夫人任氏弟皇城使昌州刺史澤遷嘉州刺史，姪四人並特轉一官。」

四年正月五日，詔：「贈武寧軍節度使兼侍中、彭城郡王宗衮，先帝濮邸同母長兄，宜比故宗誼例，量與加等推恩。妻張氏特封國夫人，男三人各轉一官。」

五年五月二十五日，大宗正司言：「奉詔，濮安懿王子、故楚國公宗蓋特與一子官。其子仲江今已從吉，乞依已得指揮遷一官。」從之，仍更與一子轉官，令大宗正司具名以聞。

六年五月三日，詔濮安懿王女建安 38 郡主夫左藏庫副使劉承緒特差帶御器械。郡主，王夫人任氏所生，英宗之季妹也。

七年二月十一日，手詔曰：「朕自嘉祐中從先皇帝入居儲宮，已二十餘年。今日緣奠故伯宗輔，因得趨謁濮安懿王祠堂。顧瞻諸伯叔父所存者無幾，皆齒髮衰遲，儀形非往日之比，深用惻然。其議加恩諸父。」命濮陽郡王宗暉爲鎮安軍節度使，進封嗣濮王，餘推恩有差。

〔一〕五千：原作「五十」，據本書帝系四之二四改。
〔二〕元豐：原脱，據《長編》卷二九八補。以下均爲元豐事。

三月十四日，詔：「嗣王雖著《品令》，然自國初以來未嘗除授，故有司不能昭其恩數。近除宗暉嗣濮王，宜下御史臺、閤門參定以聞。」十七日，御史臺、閤門言：「本朝舊令班儀，嗣王在郡王上，宗姓又在同列之上。近例，郡王領使相者得吏二人前引，雖出特旨，緣嗣王恩數，尤宜加隆。今參詳嗣王若止隨本官立班，當在本班之上，使相即用雙引。」從之。

四月三日，詔濮安懿王女吳承渥妻長樂郡主、曹誦妻延安郡主、劉承緒妻建安郡主、梁鑄妻同安郡主、夏大醇妻永嘉郡主，可並增俸錢三十千。

九月七日，詔：「嗣濮王宗暉主奉祠事，宜比宗姓使相、郡王，歲增公使錢二千貫，厨料給親王例三分之二。」

二十四日，又詔宗暉奏子與太子右內（府率）〔率府〕率，女上三人與縣主。

哲宗紹聖元年六月一日，詔故嗣濮王宗暉令户部以係官屋一百間賜本位居住。

二十三日，大宗正司言：「宗暉先以濮國公主奉濮安懿王祠事，後封嗣濮王，自係『主奉』，不當更於銜內稱說。今[39]宗暉薨，宗晟已封嗣濮王，其主奉祠事不須銜內帶行。」從之。

十一月二十六日，詔：「宗暉係嗣濮王，遺表恩澤依宗樸例外，特更與一男恩澤。」

二年二月二十八日，（紹）〔詔〕：「宗暉子仲損已至止官外，仲爰、仲說、仲璲、仲忞各轉一官。令大宗正司候服闋日申中書省。」

三月二十八日，三省奏：嗣濮王宗晟乞遺表恩澤，與男仲御、仲聘、仲儀轉官。詔依宗暉例。

四月十九日，尚書禮部言：嗣濮王宗愈乞今後仲饗依宗暉、宗晟例，輪男二人充攝亞、終獻行禮，及許以一子自隨供侍。從之。

八月七日，尚書户部言：嗣濮王宗愈欲依故宗暉等例，歲添公使錢二千貫。從之。

十月九日，詔：「嗣濮王宗愈係英宗皇帝同母弟，遺表恩澤依宗暉、宗晟例特加一名。」

十一月二十二日，尚書户部言：嗣濮王宗綽乞依故宗暉例，歲添公使錢二千貫。從之。

三年三月二十一日，詔：「宗暉主奉濮王祠事歲久，仲損特與轉小鎮留後。」

七月十九日，詔：「宗綽遺表恩澤，仲麋、仲譽、仲濰、仲謕各轉一官。第十四女封長安縣主，所生母竺氏封福昌縣太君。第十五女封同安縣主，所生母盧氏封壽昌縣太君。」

四年七月二十三日，禮部言：「仲麋奏，父宗綽遺表恩澤，乞奉聖旨依宗晟例，所有添厨物料亦合依例支破。」從之。

八月二十六日，三省言：嗣濮王宗楚遺表恩澤，乞將合得恩澤併回授男仲賜等推恩。詔：「宗楚乃英宗皇帝同母40弟，與五人恩澤，男仲疇特與併兩人轉兩官，仲璩轉一官。令大宗正司候服闋日申中書省。」

五年三月四日，同知大宗正事仲御言：「叔宗祐近授嗣濮王，以久病不出，時遣諸子照管先祠。而仲厥專用事，不能致恭祭祠之禮。宗祐疾甚，仲厥强其父行，衝冒山氣，遂薨于永安縣。不俟朝命，舁柩登坂，必有所損。不孝如此，望加顯黜。」詔宗祐遺表恩澤與以次人，仲厥更不推恩。

元符元年八月二十五日，〔詔〕：「宗祐係英宗皇帝同母弟，其子仲瑳、仲玲、仲慭、仲儆、仲覬各轉一官。」

徽宗崇寧三年九月十五日，詔：「嗣濮王宗漢，皇族近屬，自今遇天寧節及大禮，特許奏一女爲正縣主。」

大觀元年正月十一日，手詔：「興德禪院乃英宗、神考誕育之宮，粤自熙寧營建，迨茲告成。親臨謁欵，追惟曩昔，言念（玆）〔慈〕德，惕然感懷。孝思之報，宜有褒顯其祠。濮安懿王子孫可特與推恩，疾速具合推恩人取旨。」於是嗣濮王宗漢進檢校太保，改保平軍節度使；諸孫仲御、仲損移鎮，加檢校司空，進封郡王；仲增、仲僕、仲糜、仲癸皆爲節度使；仲惆、仲樽爲節度觀察留後。

二年正月一日赦文：「國家承平日久，宗室繁衍。自我英祖起於濮邸，入繼大統，濮王之後，於屬雖親，於服已遠。如『不』字之子，論正服則猶是緦麻，視正統則已非袒免，無賜名授官之制，無禄廩賜予之法。比聞貧乏匱困，或不能自存。朕富有天下，而五服内親僅同41民庶，非强本之道。欲盡絶親親之禮，而承統之重，義所不敢。夙夜以思，當使恩義兩得，然後爲稱。應濮王孫『士』字可依『仲』字、『不』字及『不』字之子並依『士』字恩數條例。宗女隨其字行等第施行。庶不失承統之義，而曲盡人倫之親。」其後因有司陳請，繼有詔旨者五事：一、宗女及其夫當隨所陞字行恩例。詔：「前此已出嫁者，亦當依此。」二、仲譙之女於赦恩未降之前，用一代有官法出適李彦嘉，今既升等，當用二代有官，而繫親財禮粧奩之數亦當增舊。詔：「宗女身所請給恩例并其夫恩澤，並依赦；其一代有官者免改正，繫親財禮粧奩更不重給。」三、「不」字行宗女夫内無官之人，大宗正司更不勘驗。今既升等，則其夫當授三班奉職，係大宗正司取會保奏。若前此有違條令者，欲依吏部再嫁降等法推恩。詔：「已成親者更不降等。」四、「不」字及「不」字之子既升與「士」字同，則於屬爲祖免。然條令所載蔭補恩乃斷自緦麻以上。詔：「『不』字及其子，十歲以上並特賜名授官；五歲以上及長子，候天寧節依緦麻親例推恩。」五、「士」字、「不」字以下宗女隨字行等第，則「宗」字行女不當用此恩例。詔：「『宗』字女已係縣君，特封縣主，無邑號者封縣君。」

三年六月十三日，詔：「去歲受寶赦恩，濮王孫『士』字依『仲』字、『不』字及『不』字之子並依『士』（子）〔字〕恩數；宗女隨其字行等第。可作一時指揮。」

九月二十二日，詔：「故嗣濮王宗漢許於西墳濮王園 42 内爲塋地，仍官給石門、石藏。故妻郭、見存妻王亦許附（冗）〔穴〕。妻王氏增料錢一倍，爲六十千，生日衣賜並給。男四人各轉一官，女二人封縣主，男女所生母六人並封縣太君。親事官許存占二人，軍士許差十人，並影前祗應王氏，充代檐子親事官許差六人，門下醫人與二名，補助教。都監、内（支）〔知〕客、直省官、班行充代殿侍祗應及親事官，具到宮年月，比擬推恩。書表司、客司、通引官各賜錢十千。營葬量給汴舟往來輦輜重。存日支添厨錢，永遠給賜。大葬免差監護官，仍不隸敦睦司統轄。守墳軍士差十五人。」以宗漢遺表陳乞也。

政和五年七月二十日，（穎）〔潁〕昌府奏：「檢會政和令，諸犯濮安懿王諱者改避。今據臨潁縣潁陽鄉北管村人民姓氏，有從言從襄家，犯濮安懿王諱。除令迴避外，乞申請改賜姓氏。」詔改賜姓遜。

七年三月，詔：「故宗室仲的，濮安懿王孫，年高官卑，未嘗求進。聚族百餘人，無所依賴，殊可矜憫。其見居室宇可特撥賜本位子孫，永充己業。其妻滕氏可特封國夫人，恩例請給並依仲綰新婦例倍給。」

九月十六日，故太師惠王宗楚新婦濮國夫（氏）〔人〕尹氏言：乞與男仲璩轉官，女族姬二人各封宗姬。從之。以尹氏故夫宗楚曾任嗣濮王，特從其請。

宣和元年四月二十六日，大宗正司奏：「右内率府副率士符狀：『伏念臣後濮安懿王孫〔一〕，素來棲心道教，喜慕虛無。幸遇朝廷興隆道教，伏望將士符見任官 43 資特賜保明敷奏，比換披戴入道。』檢會仲忽劄子節文：『欲乞今後宗室曾經犯公罪徒、私罪杖者，並不許陳乞入道。』奉御筆依（奉）〔奏〕。又仲忽劄子節文：『欲乞今後應宗室無妻室，願入道披戴者，並聽經大宗正司投狀，勘會無違礙，保明具奏聽旨；仍許帶行見破請給，以充乳藥之資。其宗女孀婦願往禁宮觀披戴者准此。』奉御筆依所乞。本司尋取會到商王宮濮王位狀，勘會士符自來並無諸般過犯，係見破請給之人，未有妻室。今來所乞別無違礙，保明是實。」詔依所乞，與換翠微郎。

五年十一月十九日，詔：「濮安懿王孫密州觀察使仲璩，昨有故母濮國夫人尹氏，合得遺表一十八年減年，未經（牧）〔收〕使，特與仲璩轉承宣使。」以上《續宋朝會要》。

高宗紹興元年九月二十六日，中書門下省奏：「勘會嗣濮王仲湜男右監門衛大將軍、榮州團練使、權知濮安懿王園令士街，右監門衛大將軍、吉州團練使士術，昨自南京扈從車駕至揚州，及迎奉濮安懿王神主神貌過江，理宜褒賞。仲湜言，乞差士街充温州太廟神主享獻官，其退下闕差士術，並不添支請給。其差下人別與差遣。」從之，仍各

〔一〕後：疑爲「係」之誤字。

特與轉行一官。

四年五月三日，詔：「皇叔檢校少傅、靖海軍節度使、開府儀同三司、兼判宗正事、嗣濮王仲湜第十四男士峴，可特授太子右内率府率。」

九月二十八日，右監門衛大將軍、貴州團練使士輵言：「先祖宗樸係濮王 44 第二男，元贈太師、中書令，追封康王，改封惠王。緣濮王第二十八男宗楚已封惠王。」詔改封恭王。五年五月九日，士輵又言：濮王第八男宗暉男仲爰已封恭王。詔宗樸特改封和王。

七年七月二十一日，詔：「嗣濮王仲湜薨，令臨安府諸寺院共聲鍾三千杵。將來出殯日，令行宮太常寺致祭。」

九年十月七日，判大宗正事士㒟奏〔一〕：「嗣濮王初除授，依神宗皇帝詔旨，女止三人除正縣主，男並與正率。先臣仲御任使相，嗣濮王日，有男十五人，並不曾陳乞上件恩例。今止存四人，臣弟士嵰、士遜在四人之内。乞許將上件恩例與士嵰、士遜轉行一官。」詔依所乞，士嵰特與轉正任防禦使，士遜轉遥郡刺史。

十二月十八日，檢校少師、光山軍節度使、開府儀同三司、同(封)〔判〕大宗正事、齊安郡王士㒟奏：「嗣濮王仲理自靖康之後止存男士桊，見任右監門(親)衛大將軍。乞將仲理襲封恩例與士桊，於見任官上轉行。」詔與特轉遥郡刺史。

十年六月二十一日，大宗正司言：「濮安懿王主奉官仲偘身亡，未見差人承襲主奉祠事。」詔令士㒟主奉，其承襲別聽指揮。

二十一年八月二十四日，大宗正司言：「權主奉濮安懿王祠事，依近例係差見任宗官長。契勘昭信軍節度使、知大宗正事士㚰合權行主奉〔二〕。」從之。

二十三年二月二日，安慶軍承宣使、同知大宗正事士街奏：昭信軍節度使〔三〕、權主奉濮安懿王祠事士㚰身 45 亡，見闕主奉官。詔差岳陽節度使、開府儀同三司、充萬壽觀使士樽〔四〕。

十月十七日，詔安遠軍承宣使、同知大宗正事士街差權主奉濮安懿王祠事。

二十五年七月二十四日，詔令禮部太常寺討論嗣濮王典故，大宗正司具合襲封官申尚書省取旨。

二十八年八月二十七日，詔：嗣濮王襲封，令有司檢舉。大宗正司言：「元豐中，濮王位最長宗暉襲封嗣濮王，其後並係濮王位宗室最長之人承襲。即令本位最長係皇叔、建州觀察使、知濮安懿王園令士輵，合襲封。」從之。

十一月十七日，昭化軍節度使、嗣濮王士輵奏：「祠堂

〔一〕判：原作「嗣」，據《建炎要録》卷一三二改。
〔二〕士㚰：原作「士大」，據《建炎要録》卷一六三、一六四改。下同。
〔三〕昭信：原作「安德」，據《建炎要録》卷一六四改。按紹興二十年七月士㚰已自安德軍承宣使改昭信軍節度使，見《建炎要録》卷一六一。
〔四〕樽：原作「愽」，據《建炎要録》卷一六四改。

官及臣合破馬丁、抱笏祗應六人，書表、客司、通引官七人，宣備兵士三十五人，并臣出入接見諸處投下文字，並依外官法。伏覩宗暉初除嗣濮王日，得旨，男與正率，女上三人與縣主。今臣止有兩女，乞並封縣主。其踏逐祠堂主管香火官理爲資任，支破本等請給，下所屬出給付身。內知客一員，依例支破茶湯錢一十五貫。并抱笏祗應乞踏逐已未到部小使臣、校尉、副尉或白身人代充，內有官人理爲資任。并書表、客司、通引官依例每月各人支破添給茶湯錢一十二貫。上件官吏乞隨祠堂香火官於紹興府幫勘〔一〕。所有臣本身應請給、舊請支賜、宣借等，於行在幫勘。如遇臣生日，乞令所屬取賜。」從之。

同日，士輵又奏：「濮安懿王祠堂，昨因嗣濮王仲湜迎奉前去紹興 46 府，就報恩寺西挾屋權暫安奉，逐時薦享，委是隘窄。今本寺主奉位廳堂見今空閑，乞下本府量行修葺，充祠堂安奉。」從之。

同日，士輵又奏：「乞依前嗣濮王仲儡例趁赴朝參，及依士諳例在外居止，令臨安府應副廨宇。如每遇仲享，乞依仲儡、士衎已降指揮，將帶合破親事官前去，出入免見辭，候回日隨班起居。」從之。

三十年四月二十一日，詔：「修武郎不昊係濮安懿王近屬，可特依不悦等例與換文資。」

十二月二十五日，昭化軍節度使、嗣濮王士輵奏：「濮安懿王神主神貌下官吏兵級，并臣合破內知〔客〕、使臣等一十四人，每月請給等，乞下紹興府經總制錢內按月支給。」從之。以上《中興會要》。

孝宗隆興元年三月五日，昭化軍節度使、嗣濮王士輵言：「臣年踰七十，並無男，有女夫保義郎司公度，未授差遣，乞除閤門祗候。」詔依。

二年六月十五日，檢校少保、昭化軍節度使、嗣濮王士輵言：「司封令襲封嗣濮王之人奏男太子右內率府副率。臣止有一女，欲乞將合得男恩數與女加封。」從之。

乾道元年三月十一日，士輵言：「臣年踰七十，拜跪稍艱，乞依士衎例趁赴六參起居，仍特免差諸處行事。」詔從之。

十四日，士輵又言：「濮安懿王祠堂合差破守把剩員四十人，先蒙指揮下紹興府差撥，後來本府節次差到十人，例皆老疾，相繼事故，見今止存三人。緣神貌四位所管供帳數目浩瀚，欲望特降指揮於 47 四十人內更裁減十人，令紹興府差撥厢軍三十人抵填。」詔從之。

十月四日，詔：皇叔祖、檢校少保、嚮德軍節度使、知大宗正事、嗣濮王、贈少師、追封瓊王仲儡，賜謚恭惠。

十一月十七日，士輵言：「濮安懿王園令士程在任恭奉神主神貌，并躬親監督修造園廟龕室屋宇，並皆如法。

〔一〕件：原作「行」，據本書禮六二之六一改。

乞〔依〕士奇前任園令體例，將兩次該遇園令月日，每一年與減一年磨勘，仍許通理轉官後歷過年月，揍行收使，於見今官上特與轉行。」詔從之。

三年十月四日，詔：「士輵已除開府儀同三司，其生日支賜并使臣依已降指揮外，所有應干恩數、請給、人從等，並依居廣例施行。」

十七日，詔：「岳陽軍節度使、開府儀同三司、充萬壽觀使、主奉濮安懿王祠事、贈太師、追封韶王士樽，賜謚恭靖。」

四年三月十三日，詔禮物局：如將來空閒，令臨安府將上件屋宇，同嗣濮王見住宅子一併撥賜嗣濮王士輵永遠居住，仍與量行修葺。

七年十一月六日，士輵言：「濮安懿王神主神貌見在紹興府光孝寺奉安，每年四季仲享合差三獻官行禮，其亞、終獻依格合差子姪充。已前係紹興府行司差南班官權充，今來行司已併歸行在宗正司，其紹興府並無南班官可差。兼士輵係襲封初獻官，蒙先降指揮，如遇士輵忽患，亦令差官權攝行事。欲特降指揮，遇四仲享月，就差嗣濮王位子姪，或紹興府見任寄居(侍)〔待〕闕宗室，依長次序，許士 48 輵牒紹興府逐時權差行事，庶得崇奉祖宗仲享，不致闕誤。」詔依。

〔乾道〕二年七月十二日〔一〕，士輵言：「叨冒襲封，每月請給止比宗室正任防禦使。今先乞依《祿格》全支本色，仍免折支，及每歲生日，令入內內侍省依舊全支取賜。」詔依。（以上《永樂大典》卷一二一五）

淳熙元年六月九日〔二〕，詔大宗正司於濮王諸位下見存「不」字一十七位，每位各選一人能循守規矩，無疾病過犯，人材可爲儀表者，令本司選擇取旨，與比換環衛官，趁赴朝參，並不作陞等恩數。每人月特支米十石，候官至合請米日住支。以日參南班人數稀少，故有是命。

十二月十二日，吏、禮部言：「看詳判大宗正事、嗣濮王士輵奏，請選擇列濮王下十七位『不』字比換南班，乞於舊格稍加陞擢。今若依元換出格法，復令換入，恐請給微薄。」詔依宣和六年正月八日指揮，與對換南班官。其所換人內，諸衛大將軍每月特添給錢一十貫〔三〕，將軍、正副率各添二十貫。仍依已降指揮月給米十石，候轉至合請米日住支。非今來十七位下選擇到人，不得援例。

二年四月二十二日，嗣濮王士輵言：「將濮王位近屬不謂等已比換南班。今見趁赴朝參，各人依官序於步軍司止差破兵士一人，乞各人特與雇募五人。」從之。

八月二十九日，詔：濮王位宗子、宗婦每月食料依舊

〔一〕乾道：原無，據本書禮六二之七三補。
〔二〕此條之前原標「雜録」二字，今删。
〔三〕按，下句言「將軍、正副率各添二十貫」，諸衛大將軍位在將軍上，不應只添十貫，疑「一」爲「三」之誤。

全與放行。以前曾住支，今從嗣濮王士輵請也。

十一月二49十一日，詔嗣濮王士輵第七男不屈所生母李氏特封宜春郡夫人。既而是年十二月十三日，參知政事龔茂良等進呈，李氏依第三等緦麻宗婦支破請給，上曰：「此可行否？」茂良等奏：「李氏係士輵妾，恐不可依宗婦。」上曰：「極是，請給不足較，名分豈可亂也？可留下文字，當以此喻之。」

四年八月九日，嗣濮王士輵言：「省部將臣少傅合得給使、減年等恩數，比之少保並行減半。乞依昨除少保體例全與放行。」詔依樞密使見行條法放行。既而刑部言：「士輵昨除少保，已依初除樞密使例全行出給、減年，再除少傅亦已作轉廳例減半，出給公據。今再乞全給，從來樞密使即無兩次陞遷並作初除全給之例。」詔依轉廳條格減半出給。

九月二十七日，嗣濮王士輵言：「昨該遇大禮恩數，緣臣別無兒男承受，遂奏補親從姪不儳文資內安排，降等補登仕郎。赴春銓試中第一名出官。緣姪不儳元係忠訓郎親民資序[一]，差御前軍器所監造官。其不儳父知西外宗正事士程歿於任所，已降指揮依例得遺表恩澤四名，與男不迡、不儳特添差不釐務一次，未曾收使。今乞依士珸男不執、不流例，與姪不儳初官上特換承務郎。仍乞將前項二男差遣恩數併與不儳收使，依前差御前軍器所監造官。」詔特依所乞。

十月九日，詔士歆第七男賜名不擅。時善切。

六年七月五日，詔皇叔祖、保康軍節度使、提舉佑神觀士歆妻碩人梁氏50封齊安郡夫人。

八年四月二十九日，詔嗣濮王士歆男忠翊郎不閼特授太子右監門率府率。從士歆請也。

九月二十一日，大宗正司言：「太子右監門率府率不閼元係忠翊郎，用父士歆襲封嗣濮王恩例，特換授前件官。其本身請給、生日支賜、人從等，及添支錢米、人從敕號，乞依不謂等前後已得指揮體例支破。」詔依所乞。初，户部勘當，以未有承降指揮，兼(口)〔日〕前有不許援例之人，故降特旨。

十年二月二十九日，詔：「右千牛衛將軍不舍爲伯士輵持服，今已服闋，其義可嘉，特與轉右監門衛大將軍，令赴朝參。」先是，大宗正司言：「不舍爲伯少師、嗣濮王蕘，並無男兒，不舍自幼父母早亡，蒙伯父鞠養，乞解官持服。依所乞，候服闋日取旨旌異。」故有是命。

十一年十月十四日，詔：保康軍節度使、開府儀同三司、充醴泉觀使、嗣濮王士歆男右監門率府率不閼換授南班已逾三載，依前嗣王士輵姪不舍例，特與轉行一官。從士歆請也。

十一月二十四日，大宗正司言：「奉詔於濮王下懷王位選擇『不』字宗室一員比換南班官，日赴朝參及諸般行

[一] 忠訓郎：原作「中訓郎」，據《宋史》卷一六九《職官志》九改。

事，填不諲身故闕。本司今選擇到修武郎、新添差東南第五副將、饒州駐劄不庾，持身廉謹，無疾病過犯，見年五十歲，欲填不諲闕。其請給、人從並乞依不諲等已得指揮。」詔依，與換率府率。

十四年二月二十四日，詔：秉義郎、前監福州都作院不慢與換率府副率。以昭慶軍承宣使、知大宗正事不惪言：「本司昨得旨於濮王下十七位各選擇『不』字號祖免親宗室一員，比換南班，日奉朝請。有濮王下信王位未曾選擇，今選擇到不慢堪充南班。」故有是命。

十五年正月四日，少保、保康軍節度使、充醴泉觀使、嗣濮王士歆言：「伏念前嗣王士輵歷事四朝，最蒙眷遇，念其耄耋，寵異無所不至。但其身後並無兒51女，每遇享祀，止是姨嬷李氏奉其香火，槩之人情，深可憐憫。乞令大宗正司於濮邸宗室中選擇資性明粹，昭穆相當，年及十五或二十以上者一人，與士輵爲其後嗣，使士輵銜恩瞑目於地下，而臣闔族亦均被無窮之惠。」大宗正司奏：「選擇到忠翊郎、添差平江府排岸兼船場公事不熄，資性明粹，舉族稱賢，委是昭穆相當，堪充繼嗣。」從之。

十二月三日，詔：「少保、嗣濮王士歆特與依士輵例，除上壽、六參、郊禮外，其餘並免趁赴。」

淳熙十六年四月一日，詔：「嗣濮王士歆已除少傅，除見今差破幹辦使臣、抱笏祗應外，有應干恩數請給、人從等，並特依昨除少保前後已得指揮。」

十月三日，少傅、保康軍節度使、充醴泉觀使、嗣濮王士歆言：「昨蒙聖恩憐臣衰老，令臣除上壽、六參、郊禮外，其餘並免趁赴。今來恭覩見降指揮，十月二十八日車駕幸候潮門外大閱。臣猥聯近屬，忝出肺附，願乞扈從隨班。以後每遇車駕出城，令臣準此。」從之。紹熙元年八月又言：「恭覩指揮，進呈至尊壽皇聖帝玉牒、日曆。臣幸聯屬籍，景〔追〕〔迫〕桑榆，獲觀盛事，乞隨班趁赴。」從之。

十一月二十日，大宗正司言：「武翼郎不廷進狀，乞比換南班。照得不廷係舒王位下『不』字宗室，依昨降指揮，合比換南班，諸般請給、支賜、人從等並乞依不諲等已得指揮施行。」吏部奏：「不廷已降指揮，於武翼郎上比換南班。今來雖無武翼郎換官條格，自合就以次修武郎格比換。兼照得昨不儳、不讟並係從義郎，亦無從52義郎條格，並用次等秉義郎格換官了當。今來不廷換授南班，合就修武郎格比換正率。」從之。

紹熙元年五月十八日，詔：「士峴男不恎可特與除右監門率府率，並依士歆男不閡昨來已得指揮施行。」

二十二日，華州觀察使、知大宗正事不黯言：「右監門衛大將軍、撫州刺史不贖身故，委是班列蕭疎。照得本位修武郎不黡性資孝友，儀矩舒詳，乞填不贖闕，比換南班，趁赴朝參及應干行事。所有諸般請給、生日支賜、人從等，並乞從一般南班不諲等前後已得指揮施行。」從之。

二年四月二十二日，詔：「嗣濮王士歆第七男不擅，依元降指揮改正官封，換授正率，免趁赴朝參。其請給、人從等並依見今一般趨朝南班宗室支破。」

四年七月十一日，詔皇叔祖、故少保、昭慶軍節度使、充醴泉觀使、贈少師士峴特追封平樂郡王。

慶元三年四月四日，詔：「武功郎、添差淮東兵馬鈐轄趙不柭除觀察使，襲封嗣濮王。」以大宗正司言：「奉詔，嗣濮王士歆薨，令(其)〔具〕合襲封人聞奏。今除無士歆一般字行外，照得以次『不』字行宗室年甲次第，挨排歲數最長宗室不柭，年七十六歲，合該襲封。」故有是命。翌日，宰執進呈侍從、兩省、臺諫集議：「今後嗣濮王乞取屬近行尊、年齒最長、無過犯疾病者爲之。」已得旨依。京鏜等奏曰：「此議固是，但屬近行尊而昏耄者，則閱時不久，又煩朝廷推擇。如近日安定子恭可曾識面？及其薨背，便 53 要許多恩數。臣等欲於集議內添『不昏耄』三字。」上曰：「年既昏耄，必無長久之理。」何澹奏：「如此則有可決擇，不專取一人。」上曰可。

五月二十一日，福州觀察使、嗣濮王不柭言：「叨冒襲封，合得諸般請給、歲賜、公使錢、春冬衣拆洗、生日大禮等，乞依士歆未襲封任觀察使體例支破施行。」從之。

四年二月二十五日，詔：「嗣濮王不柭長男善輻、次男善軿與授太子右監門率府率，其請給、生日支賜、人從等依不謬體例支破。」從不柭請也。

六年四月二十四日，詔：「武經大夫趙不壘除觀察使，襲封嗣濮王。」以大宗正司言：「已降指揮，襲封嗣濮王，臣僚集議：參照濮安懿王之後屬近行尊，年齒最長，無過犯疾病，不昏耄者爲之，不拘中外選擇。奉詔令具合襲封一名聞奏，餘照應已降指揮施行。既而商王宮濮王位狀：今挨排選擇到不壘年七十九歲，合該襲封。」故有是命。

二十六日，宰執進呈程松劄子，乞以嗣濮王所居爲公廨，不可占留。上曰：「得者多是年高不能長久，便認以爲己有，安得許多宅子與之？」先是右諫議大夫、兼侍講程松言：「竊惟承襲封爵，所以崇德繼世，昭示不忘，此國朝甚盛典禮。粵自濮邸衍慶，聖聖相承，遹求親賢，必重必敬。推原本意，蓋俾之奉承祭祀，以仰慰祖宗在天之靈，豈惟寵以高爵，華以居第，富貴而宴安之，專爲一己私利哉！從來推擇，非屬近行尊、德齒俱備，不在此選，是固無可言者。54 至於王之爲爵，品秩尊崇，雖則承襲而封，抑亦(起)〔超〕躐爲甚。夷考國朝典故，自宗暉而下至於士歆，嗣濮王者凡十有六員，咸以觀察使、節度使，或使相，或郡王次第除授，而後得之。自庶官徑授觀察使而遂襲封者，慶元三年不柭一人而已。夤緣相承，今爲定比，儻議更革，則咈人情。惟是所居屋宅，用爲私第，永遠拘占，理有未安。紹興二十八年嗣濮王士輵奏，乞令臨安府應副廨宇。既稱廨宇，則非私家第宅明矣。因而居止，奄爲己有，獨不思國家尊親體貌，至隆極備，乃不能自營室廬，爲身後子孫之計。貪得無厭，是誠可愧。夫一人襲封，得宅一區，又一人繼之，則又得之。嗣王之襲封不已，則有司之治宅亦無已。

臣非爲縣官靳費毫末，人言籍籍，以爲不可爾。而況合該襲封之人率是年高，且如不祛之來，年已七十有六，甫踰二載，旋即薨背。所居廨宇不復以與後人，數年之後，嗣王公廨將何地經營？所謂襲封，秪爲己私，其於奉祠，本意安在？欲乞自今嗣濮王第宅，今見該襲封人居之，前後相承，以爲公廨，不許拘占，將作私第。庶於事體合宜，揆之公論亦爲允當。」至是進呈，從之。

十二月二日，詔：「利州觀察使、嗣濮王不璺長男善輶，次男善瀆並與換授太子右監門率府率，其請給、人從等依不謂已得指揮施行。」從不璺請也。

同日，詔嗣濮王不璺特與依士歆例，除上壽、六參、郊禮外，其餘並免 55 趁赴。

嘉泰元年三月二十二日，利州觀察使、嗣濮王不璺言：「竊見武德郎趙不嚚，老成諳練，荐歷親民，乞差充濮安懿王園令，替趙善玭闕。」從之。

開禧三年七月，詔：「襲封嗣濮王不儔男善與特換皇叔祖、右千牛衛將軍、主管佑神觀。長女特封永康縣主，次女特封仁和縣主。」

嘉定十二年八月三日，臣僚言：「國家襲封王爵，主奉祠事，從獻郊廟，所以崇德廣恩，羽儀磐石，非特示一時之恩寵而已。嗣秀王屬族既近，班位自高，以序受封，固無可議。獨嗣濮安定郡王，近年以來，率自下僚，例行承襲；且多癃老疾病，不能起跪，至有賜履在列，竟未嘗一覿清光而趁朝謁者。照得(光)〔先〕降雖有擇年高行尊之文，然高宗皇帝朝，儀王仲湜以德望俱隆〔一〕，越仲綜而選拜。武德郎士蘽次當襲爵，以其官卑，乃命士㒟權奉祠事，越十六載，始正士俴之封。則斟酌劑量，又在宸意，初不拘一定常行之例也。今若專以德望爲選，則又恐啓争奪之風，創經營之路。謂當參稽中制，自後凡有合該封襲之人，先行下寄居州軍審驗，委堪拜跪，即與保明申上，津遣至宗司銓量，繼赴都堂審察，閤門引見奏事訖，然後取旨除授。或序當承襲，本州、宗司見其不能拜跪，與特轉一官，及一子恩澤，文武隨資，以華其老，却於以次人内更行選襲。庶幾尚年、尊德之典並行，奉先睦族之意增重。」從之。（以上《永樂大典》卷六七六二）

秀王

56 〔紹興〕二十年二月十六日〔二〕，詔普安郡王第三男賜名惇，依長男、次男例補官，并第四女與比附施行。

四月十五日〔三〕，吏部言：「普安郡王第四女，欲比附宗室曾孫緦麻親任節度使女封碩人條格施行。」從之。

【宋會要】

〔一〕仲：原作「冲」，據《宋史》卷二四五《宗室傳》改。

〔二〕紹興：原無，據本卷前文帝系二之二九補。又「二十」右下方旁批一「二」字，據《宋史·光宗紀》，趙惇（即光宗）賜名在紹興二十年，今删。

〔三〕原有旁批「紹興二十年」。

淳熙十六年十月二十五日〔一〕，詔：「皇伯伯圭已除少師，所有合得應干恩數、請給、人從、生日取賜等，並依昨除少保、少傅日前後已得指揮施行。」

紹熙元年七月一日，臣僚言：「近者陛下仰體慈皇孝愛之意，特建秀邸，置園立廟，襲爵承祀，貽合彝章。惟是南班一事未見舉行，似爲闕典。竊見治平三年春追崇濮邸，是秋，王之子孫幾二十人皆自環衛而序遷其官，以示優寵。朝廷方崇秀邸，以衍慶源，一時恩禮，要當加隆，而居南班者止師夔一人，非所以彊本支而固磐石也。前此未建秀邸，欲賦以禄，則不免責以吏事；今秀邸已建，而猶責以吏事，他日或不免於吏議，治之則傷恩，不治則廢法，揆之人情，(赤)〔亦〕有所不安者。莫若悉令換授，歸之南班，俾其身無吏責而享富貴之榮，日奉朝謁而承兩宮之眷。庶幾上合典故，下當人心，益闡慈皇孝愛之意。」詔令吏部開具申尚書省取旨。十日，詔秀王諸孫換班宜加優異。師揆、師垂與 57 換正任觀察使，師卨、師禹、師皋與換正任團練使。

二十一日，詔：「伯圭賜第久弊，兼合就建秀王祠堂，令兩浙轉運司同臨安府應辦修蓋，聽從本府措畫。」

九月二十四日，詔：「秉義郎、閤門祇候張卓爲係秀王夫人姪，久在殿陛，應奉詳熟。昨丁憂，今已服闋，可令依舊赴閤門供職，特不作員闕。請給、人從並依游恭等已得指揮，餘人不得引例。」

二年〔二月〕十三日〔二〕，太保、安德軍節度使、充萬壽觀使、嗣秀王伯圭言：「臣竊自念，猥叨嗣封，見奉朝請。所有本位南班宗室，欲望令臣就行主管，庶幾事體歸一。」從之。

二十三日，大宗正司言：「薦獻祖宗及諸處行事，本司見只將濮王位及吳益王府南班宗室輪差，所有秀王位換授南班，乞朝廷指揮。」詔嗣秀王位南班宗室輪差薦獻。

五月二十一日，詔：「秀王孫女縣主二人並與加封郡主，請給依禄格支破本色，於所在州軍經總制錢内幫支。其出嫁女夫張似續〔三〕、史彌廓恩例各特與轉兩官。」既而臣僚論似續、彌廓恩數太過，乞各轉一官，從之。

〔慶元〕元年正月五日〔四〕，詔皇伯、檢校少保、興寧軍節度使、提舉佑神觀師夔除開府儀同三司，依前興寧軍節度使、充萬壽觀使。

三年五月十六日，吏、禮部言：「大宗正司裁決嗣秀王乞秀安僖王襲封子孫合得恩數。照得濮王位『士』字依正統係是祖免親，該遇大觀二年所降寳赦，陞依『仲』字係作緦麻親恩數。其『不』字係非祖免親，『善』字係祖免外世，

〔一〕「淳熙」右側原批有「安僖秀王」四字。
〔二〕二月：原脱，據本書崇儒一之一三補。
〔三〕似：原作「以」，據《攻媿集》卷八六《皇伯祖太師崇憲靖王行狀》及下文改。
〔四〕慶元：原脱。按，據《宋史》卷二四四《宗室傳》，師夔「寧宗即位，加檢校少保」，則此「元年」乃指慶元元年，據補。

並陞依『士』字，各係袒免親 58 恩數。秀安僖王位下『伯』字，論正統祖免外一世，『師』字二世，『希』字三世，『與』字四世，『孟』字並係祖免外五世。今來伯圭所乞秀安僖王下子孫與濮安懿王下子孫，論正服，其『伯』字係期親，『師』字係大功親，『希』字係小功親，『與』字係（總親麻）〔緦麻親〕，『孟』字係袒免服紀。若比濮安懿王下子孫，其『孟』字、『善』字並係袒免親，事體一同。其餘所乞，各依服屬合得恩數陞等，定日各照應條制施行。」從之。

（泰嘉）〔嘉泰〕元年五月二十七日，詔：「秀安僖王祠堂，近日居民遺火延燒，令禮部太常寺討論典故，（議詳）〔詳議〕以聞。」

開禧元年二月，詔襲封嗣秀王師揆奉朝請。

七月二十一日，詔：「崇王元賜第，以居民遺火，沿燒不存，師揆未有居止。支降度牒一百道、會子二萬貫，依顯仁皇后等宅體例自行蓋造。」

三年四月六日，詔：師揆長女特封咸寧郡主，次女特封和義郡主。

嘉定三年五月十三日，詔：師揆男希德、希福係孝宗皇帝近屬，並除直祕閣。（以上《永樂大典》卷六七六一）

〔紹興〕二十九年五月五日〔一〕，詔：「普安郡王長男愭納婦，已選定直龍圖閣錢端禮長女。應合行事件，令主管所取旨施行〔二〕。」

〔一〕紹興：原無，宋代只紹興有二十九年，因補。
〔二〕按，原稿此條貼於此頁末之空白處，不與上條相接，當是整理者從別處剪出粘於此，《大典》卷次不詳。

宋會要輯稿　帝系三

宗室封建

廷美十子 〔一〕

【宋會要】

1 高密郡王德恭，太平興國四年二月，以王子授貴州防禦使。七年五月，秦王得罪，削籍。九年四月，復以皇姪授峯州刺史。雍熙元年四月，封安定侯。端拱元年二月，進公。累遷左神武軍大將軍。真宗即位，轉左龍武軍，改樂平公。咸平二年，出判虢州，表留奉朝請，奏可。三年十月，進勝州團練使。景德二年十一月，進衡州防禦(史)〔使〕。三年五月卒，贈保信軍節度使、申國公。天聖二年六月，贈護國軍節度使、兼侍中。明道二年六月，追封郡王，謚曰慈惠。英宗即位，贈兼中書令。

廣平郡王德隆，太平興國九年四月，授瀼州刺史。雍熙二年四月，加左武衛大將軍，封長寧侯，判沂州。三年正月卒，贈寧遠軍節度使、臨沂郡公。天禧二年六月，贈崇信軍節度使、同中書門下平章事。明道二年九月，追封郡王，謚曰恭肅。英宗即位，贈兼侍中。

(穎)〔潁〕川郡王德彝，雍熙三年正月授右千牛衛大將軍，封長寧侯，判沂州。端拱元年二月，進公。累遷右領軍衛大將軍。真宗即位，轉左武衛大將軍，封廣平公，召還。咸平二年八月，遷左神武軍大將軍、判滁州。三年十月，進儒州刺史。景德二年十一月，進永州團練使。大中祥符二年正月，進邵州防禦使。四年二月，進桂州觀察使。七年十二月，進保信軍節度觀察留後。八年四月卒，贈昭德軍節度使，追封信都郡王，謚曰安簡。仁宗即位，改今封。英宗即位，贈太師。

廣陵郡王德雍，淳化元年四月，授右驍衛將軍。三遷右龍武軍。真宗即位，進左千牛衛大將軍。大中祥符二年正月，進高州刺史。七年十二月，進嘉州團練使。天禧二年八月，進潁州防禦使。仁宗即位，進曹州觀察使，封咸寧郡公。天聖七年九月，進天平軍節度觀察留後。九年八月卒，贈宣德軍節度使、同中書門下平章事。明道二年八月，進封郡王，謚曰康簡。英宗即位，贈兼侍中。

鄖國公德鈞，淳化元年四月授左武衛將軍。三遷右神武軍。真宗即位，進右龍武軍。景德二年十一月，進左監門衛大將軍。四年正月卒，贈河州觀察使、安鄉侯。明道二年九月，贈保平軍節度使，追封國公。英宗即位，贈中正軍節度使。

〔一〕此類細目原寫在正文之首，當爲《宋會要》原有，今移於此。以下仿此。又天頭原批：「廷美，宣祖第四子，太祖弟。」

江國公德欽，淳化元年四月授左屯衛將軍。三遷右驍衛。真宗即位，加右神武軍。景德元年六月卒，贈雲州觀察使、雲中侯。明道二年九月，贈中正軍節度使，追封國公。英宗即位，贈同中書門下平章事。

金城侯德潤，淳化元年四月，賜名德宗，授右領軍衛將軍。三遷右武衛。真宗即位，進右神武軍，改今名。五年二月卒，贈應州觀察使，追封侯。英宗即位，贈保康軍節度觀察留後。

中王2德文，淳化元年三月，授右監門衛將軍。三遷右屯衛。真宗即位，進右驍衛。大中祥符七年十二月，加右神武軍大將軍。八年十月，進興州團練使。天禧二年八月，進濮州防禦使。仁宗即位，進滑州觀察使，封馮翊郡公。天聖七年九月，進橫海軍節度觀察留後〔一〕。十年五月，進昭武軍節度使。明道元年十一月，改感德軍〔二〕。二年十月，改武勝軍。景祐二年十一月，加同中書門下平章事。慶曆四年七月，封東平郡王。八月，改忠武軍，兼侍中。六年五月卒，贈太尉、中書令，追封申王，謚曰恭裕〔三〕。英宗即位，加贈太師。

姑臧侯德愿，淳化元年四月，授右千牛衛將軍。三遷右領軍衛。真宗即位，進左武衛。咸平二年閏三月卒，贈涼州觀察使，追封侯。英宗即位，贈昭化軍節度觀察留後。

紀國公德存，淳化元年四月，授右千牛衛將軍。三遷右領軍衛。真宗即位，進右武衛。大中祥符三年五月，領獎州刺史。四年六月卒，贈洮州觀察使、洮陽侯。明道二年九月，贈武昌軍節度使，追封國公。英宗即位，贈同中書門下平章事。

德昭五子〔四〕

【宋會要】

同安郡王惟正，太平興國八年十月，授左千牛衛將軍。四遷左龍武軍。真宗即位，進左千牛衛大將軍。大中祥符八年十一月，進簡州團練使。天禧二年八月，進齊州防禦使。仁宗即位，進亳州觀察使，封樂安郡公〔五〕。天聖七年九月，進保信軍節度觀察留後。十年五月，進建寧軍節度使。六月卒，贈太傅、兼侍中，追封郡王，謚曰僖靖。

【宋會要】

冀王惟吉，德昭次子。幼養宮中，太祖視之如子，與諸叔聯名德雍。太平興國八年十月，授右監門衛將軍。端拱元年二月，改今名，進左驍衛大將軍。至道二年二月，進閬州觀察使。真宗即位，進武信軍節度使。景德二年十一月，加同中書門下平章事。大中祥符二年十二月，改感德

〔一〕節度：原無，據本書帝系一之二六補。
〔二〕感：原作「咸」，據《宋史》卷二四四《宗室傳》改。
〔三〕裕：原作「祐」，據《宋史》卷二四四《宗室傳》改。
〔四〕天頭原批：「德昭，太祖子。」
〔五〕安：原脱，據《宋史》卷二四四《宗室傳》補。

軍。三年五月卒，贈中書令，追封南康郡王，謚曰康孝。仁宗即位，贈太尉。明道二年九月，進今封。

【宋會要】

左千牛衛將軍惟固，初名文扆。太平興國八年四月，賜名惟真，授左千牛衛將軍。雍熙四年三月卒。天聖元年，以名音同仁宗廟諱，追改今名。

舒國公惟忠，德昭子，初名文起。太平興國八年十月，賜今名，授左千牛衛將軍。四遷右龍武軍。真宗即位，改右千牛衛大將軍。大中祥符二年正月，進叙州刺史。五年十二月，進昌州團練使。八年閏六月卒，贈鄂州觀[3]察使、江夏侯。明道二年九月，贈彰化軍節度使，追封國公。

【宋會要】

清源郡公惟和，德昭子。端拱元年二月，授右武衛將軍。三遷右神武軍。真宗即位，進右龍武軍。大中祥符四年二月，進右千牛衛大將軍。六年二月卒，贈汝州防禦使，追封臨汝侯〔一〕。明道二年九月，贈永清軍節度觀察留後，追封郡公。

德芳三子〔二〕

【宋會要】

岐王德芳，太祖子。開寶九年出（閣）〔閤〕，授防禦使。太平興國中，進同平章事，六年薨。

高平郡公惟叙，德芳子。端拱元年二月，授右武衛將軍。三遷右神武軍。真宗即位，進右龍武軍。大中祥符四年二月〔三〕，加右千牛衛大將軍。八月卒，贈懷州刺史，追封河内侯。明道二年九月，贈保静軍節度觀察留後，改封郡公。

【宋會要】

英國公惟憲，德芳子。端拱元年二月，授右屯衛將軍。三遷左驍衛。真宗即位，進左神武軍。大中祥符四年二月，進左衛大將軍。八年七月，進資州團練使。九年五月卒，贈安德軍節度使，追封英國公。明道四年九月，贈保定軍節度使、兼侍中。

【宋會要】

南康郡公惟能，德芳子。端拱元年二月，授右屯衛將軍。三遷右驍衛。真宗即位，進右神武軍〔四〕。大中祥符元年五月卒，贈蔡州防禦使，追封張掖侯。明道二年九月，贈集慶軍節度觀察留後，改封郡公。

元佐四子 第三子不及名。

【宋會要】

平陽郡王允升，元佐子。幼養宮中，明德皇后撫視之。

〔一〕汝：原作「安」，據《宋史》卷二四四《宗室傳》改。
〔二〕此四字據天頭原批補。
〔三〕大中：原作「太宗」，據本書帝系一之二九改。
〔四〕神：原脱，據《宋史》卷二四四《宗室傳》補。

及魏王疾，方出外第。至道三年四月，賜名允中，授右監門衛將軍。咸平三年十一月，改今名。四遷右羽林軍。天禧二年，進蔡州團練使。仁宗即位，進齊州防禦使。天聖三年五月，進澶州觀察使，封延安郡公。八年九月，進武寧軍節度觀察留後。十年五月，進安德軍節度使。明道元年十二月，改建雄軍。二年十二月，改安國軍。景祐元年正月卒，贈太尉，謚曰懿恭。英宗即位，贈太師。

【宋會要】

密國公允言，元佐子。至道三年四月，授右千牛衛將軍。大中祥符二年三月，坐移疾曠朝請，降太子右衛率府率。十二月，復左屯衛將軍。三年四 4 月，坐箠女僕過數，降太子左衛率府副率，勒歸私第，禁止朝謁，一房居都城西南隅。四年三月，復太子左衛率府率，依舊私第。五年十一月，許奉朝請。天禧(五)〔元〕年二月，加右千牛衛將軍。二年八月，進左監門衛大將軍。仁宗即位，領黃州刺史。天聖七年十一月卒，贈明州觀察使，追封奉化侯。明道二年十一月，贈安遠軍節度使，改封國公。英宗即位，贈同中書門下平章事。

郇國公允成，元佐子。至道三年四月，授右千牛衛將軍。四遷右驍衛。大中祥符七年十二月，領綿州刺史。天禧二年八月，進汝州團練使。仁宗即位，進濮州防禦使。天聖三年五月卒，贈安化軍節度使，追封國公。明道二年十一月，贈鎮江軍節度使、兼侍中。英宗即位，贈兼中書令。

元偓二子〔一〕

【宋會要】

元偓二子，皆不及名卒，詔以允成子宗保繼其後。

元份四子 第二子不及名。

【宋會要】

信安郡王允寧，咸平五年十一月授右千牛衛將軍。四遷右武衛〔二〕。天禧二年，進唐州團練使。仁宗即位，進潁州防禦使。天聖七年九月，進同州觀察使。十年五月，進保信(州)〔軍〕節度觀察留後。明道二年十月，進武定軍節度使。景祐元年十一月卒，贈太尉、信安郡王，謚曰僖簡。英宗即位，贈太師。

廣平郡王允懷，咸平六年十二月，賜名允徽，授右千牛衛將軍。三遷右屯衛。大中祥符五年閏十月卒，贈潁(川)〔州〕防禦使、汝陰侯。天聖元年，以名音同仁宗廟諱，追改允中。明道二年十一月，贈昭化軍節度觀察留後。景祐三年，追賜今名。康定元年正月，追封郡王。英宗即位，贈兼中書令。

〔一〕原無此題，徑補。
〔二〕衛：原作「軍」，據《宋史》卷二四五《宗室傳》改。

濮王允讓，大中祥符二年四月，授右千牛衛將軍。四遷右驍衛。天禧二年八月，進衛州刺史。仁宗即位，進汝州防禦使。天聖七年九月，進華州觀察使。明道二年十月，進安化軍節度觀察留後。景祐二年十一月，進寧江軍節度使。三年七月，知大宗正事。慶曆四年七月，封汝南郡王。八月，加同中書門下平章事。皇祐二年，改平江軍，兼侍中。至和二年，判大宗正事。嘉祐四年十一月薨，贈太尉、中書令，追封濮王，謚曰安懿。

元傑四子〔一〕

【宋會要】

元傑四子，皆不及名卒，詔以允言子宗望繼其後〔二〕。

元偓一子〔三〕

【宋會要】

相王允弼，大中祥符八年十一月授右千牛衛將軍。再遷右監門衛。仁宗即位，進蔡州團練使。天聖七年九月，進單州防禦使〔四〕。明道二年十月，進 5 貝州觀察使。景祐二年十一月，進安化軍節度觀察留後。寶元二年七月，同知大宗正事。慶曆四年七月，封北海郡王。八月，進武康軍節度使。嘉祐五年十二月，改武寧軍，兼侍中。英宗即位，改護國軍，兼中書令，封東平郡王。神宗即位，加守太保，鳳翔、雄武軍節度使。熙寧二年七月薨，贈太師、尚書令，追封相王，謚曰孝定。

元儼六子 長子、第三子不及名。

【宋會要】

博平侯允熙，天禧三年十月，授右監門衛將軍。仁宗即位，進大將軍，領滁州刺史。天聖四年五月卒，贈博州防禦使，追封博平侯。英宗即位，贈滄州觀察使。

定王允良，天禧四年閏十二月，授右千牛衛將軍。仁宗即位，（即位）進大將軍，領舒州刺史。天聖五年二月，進秦州。七年九月，進潁州團練使。明道二年十月，進鄭州防禦使。景祐二年十一月，進安州觀察使。寶元二年二月，進鎮國軍節度（使）〔觀〕察留後。慶曆四年七月，封華原郡王。八月，進安德軍節度使。至和二年六月，改奉寧軍，同知大宗正事。三年五月，加同中書門下平章事。嘉祐五年十二月，改彰信軍、兼侍中。英宗即位，進兼中書令，改封襄陽郡王。神宗即位，加守太保，寧江、平江軍節度使。治平四年三月薨，贈太師、尚書令，追封定王，謚曰榮易。

永嘉郡王允迪，天禧四年閏十二月，授右千牛衛將軍。仁宗即位，遷大將軍，領和州刺史。天聖五年二月，改崇

〔一〕原無此題，徑補。
〔二〕望：原作「聖」，據《宋史》卷二四五《宗室傳》改。
〔三〕此四字據天頭原批補。
〔四〕單：原作「軍」，據本書帝系一之三四改。

州。七(月)〔年〕九月，進唐州團練使。明道二年十月，進汝州防禦使。景祐二年十一月〔一〕，進耀州觀察使。寶元二年二月〔二〕，進靜難軍節度觀察留後。慶曆四年八月，進安靜軍節度使。八年三月薨，贈太尉，追封永嘉郡王，謚曰思恪。英宗即位，贈太師。

博平郡王允初，天聖二年二月〔三〕，賜名允宗，授右千牛衛將軍。明道元年十一月，改左領軍衛。二年十月，領光州刺史。景祐元年三月，改和州。二年十月，進汝州團練使。三年正月，改今名。慶曆四年八月，進齊州防禦使。八年七月〔四〕，進華州觀察使。皇祐二年十月，進定國軍節度觀察留後。至和二年五月，進感德軍節度使。英宗即位，進寧國軍節度使〔五〕、同中書門下平章事。治平元年七月薨，贈中書令，追封博平郡王，謚曰安恭。

顥四子

【宋會要】

馮翊侯孝純〔六〕，熙寧四年二月賜名，授右驍衛將軍。五月，遷右屯衛將軍。六年正月卒，贈同州防禦〔使〕，追封侯。

晉康郡王孝騫，元豐四年四月賜名，授右武衛將軍。八年六月，遷端州刺史。元祐元年五月，遷濟州團練使。紹(興)〔聖〕二年十月，遷渭州防禦使。四年二月，遷崇信軍節度觀察留 **6** 後。元符二年，降授萊州防禦使。三年二月，遷涇州觀察使。三月，遷武安軍節度觀察留後。建中靖國元年正月，遷昭化軍節度使，封廣陵郡王。大觀二年正月，改寧國軍，加開府儀同三司，改封郡王。

永國公孝錫，元豐八年六月賜名，授右驍衛大將軍、成州刺史。元祐元年五月，遷嘉州團練使。二年八月卒，贈感德軍節度使，追封國公。

顗十子 第六子不及名。

【宋會要】

博平侯孝哲，熙寧八年十月賜名，授右驍衛將軍。十年二月卒，贈博州防禦使，追封侯。

保寧軍節度使孝詒，熙寧十年四月賜名，授右武衛將軍。元豐八年六月，遷寧州刺史。元祐二年五月，遷秀州團練使。三年十月，遷懷州防禦使。紹聖二年十月，遷泉州觀察使。元符三年二月，遷建雄軍節度觀察留後。大觀二年正月，遷保寧軍節度使。

〔一〕二年：原作「十二年」，據本書帝系一之三五改。

〔二〕「使、寶」二字原作「御史」，據本書帝系一之三五改。

〔三〕二年：原作「一年」，據本書帝系一之三五改。

〔四〕「八月」至「八年」十字：原作「一月進耀州觀察使寶十」，據本書帝系一之三六改。

〔五〕「英宗」以下十一字：原脱，據天頭原批補。

〔六〕孝純：原作「孝紀」，據本書帝系一之三八及《宋史》卷二三二《宗室世系表》一九改。

豫章郡王孝參，元豐二年四月賜名，授右武衛將軍。八年六月，遷和州刺史。元祐元年五月，遷通州團練使。三年十月，遷睦州防禦使。紹聖二年十月〔一〕，遷廬州觀察使。元符三年二月，遷保信軍節度觀察留後。建中靖國元年正月，遷奉國軍節度使，封信都郡王。大觀三年正月，改寧武軍，加開府儀同三司、豫章郡王。政和六年六月，加檢校少保。靖康元年四月，改武勝軍，加檢校少傅。

平原郡王孝奕，元豐二年四月賜名，授右武衛將軍。八年六月，遷慶州刺史。元祐元年五月，遷吉州團練使。三年十月，遷忻州防禦使。紹聖二年十月，遷宿州觀察使。元符二年二月，遷彰化軍節度觀察留後。崇寧四年三月薨〔二〕，贈司空，追封郡王。

寧武軍節度使孝隲，元豐四年四月賜名，授右武衛將軍。八年六月，遷榮州刺史。元祐元年五月，遷衛州團練使。三年十月，遷全州防禦使。紹聖二年十月，遷宣州觀察使。元符三年二月，遷寧武軍節度觀察留後。大觀二年正月，遷建寧軍節度使。靖康元年四月，改寧武軍，加檢校少保。

奉寧軍節度使孝忱，元豐八年六月賜名，授右驍衛大將軍、秀州刺史。元祐元年五月，遷寧州團練使。三年十月，遷吉州防禦使。紹聖二年十月，改霸州。崇寧四年十二月，遷容州觀察使。大觀二年二月，遷武勝軍節度觀察留後。政和七年六月，改承宣使。重和元年十一月，遷靖海軍節度使。靖康元年四月，改奉寧軍，加檢校少保。

順昌軍節度使孝穎，元豐八年六月賜名，授右驍衛大將軍、英州刺史。元祐元年五月，遷慶州團練使。三年十月，遷光州防禦使。紹聖二年十月，改忻州。崇寧四年，遷湖州觀察使。大觀二年二月，遷奉國軍節度觀察留後。政和六年六月，遷德慶軍節[7]度使。靖康元年四月，改順昌軍，加檢校少保。

静江軍節度使孝愿，元豐八年六月賜名，授右驍衛大將軍、通州刺史。元祐元年五月，遷和州團練使。三年十月，遷成州防禦使。紹聖二年二月，改全州。元符三年三月，遷邠州觀察使。大觀二年二月，遷感德軍節度觀察留後。政和七年六月〔三〕，改承宣使。八年五月，遷清遠軍節度使。靖康元年四月，改静江軍，加檢校少保。

廣陵郡王孝永，元祐三年十月賜名，授右武衛大將軍。紹聖二年十月，遷保州刺史。元符二年二月，遷右金吾衛大將軍、成州團練使。建中靖國元年十月，遷成州團練使。崇寧四年十二月，遷廉州防禦使。大觀二年，遷邢州觀察使〔四〕。三年十一月卒，贈司空，追封郡王。

〔一〕紹聖：原作「紹興」，據本書帝系一之四四改。
〔二〕三月：本書帝系一之四四作「正月」。
〔三〕政和：原作「和□」。按下文有「八年」，大觀之後、靖康之前唯政和有八年，據改。
〔四〕邢：原作「刑」，據本書帝系一之四五改。

佖三子

【宋會要】華原郡公有恪，崇寧二年五月，賜名有俶，授右驍衛將軍。四年正月，遷茂州刺史，改今名。十月卒，贈感德軍節度觀察留後，追封郡公。

和義郡王有奕，崇寧四年正月賜名，授右驍衛將軍。五年十二月，遷右驍衛大將軍、慶州刺史。大觀元年正月，遷明州觀察使。二年二月，遷定國軍節度觀察留後。政和七年六月，改承宣使。八年正月，遷保順軍節度使，進封郡王。靖康元年四月，改武信軍，加檢校少保。

寧遠軍節度使有常，崇寧五年十二月賜名，授右武衛大將軍。大觀元年正月，遷忠州刺史。二年二月，遷榮州團練使。政和八年十月，遷浙州防禦使。靖康元年四月，自德慶軍承宣使遷寧遠軍節度使。

俁三子

【宋會要】興寧軍節度使有章，大觀四年四月賜名，授右驍衛將軍。四年四月，遷右驍衛大將軍、康州刺史。八年四月，遷惠州防禦使。靖康元年四月，自集慶軍承宣使遷興寧軍節度使。

博平侯有鄰，政和三年十二月賜名，授右驍衛將軍。四年五月卒，贈博州防禦使，追封侯。

文安侯有成，政和七年五月賜名，授右驍衛將軍。六月卒。八年三月，贈莫州防禦使，追封侯。

似一子

【宋會要】永寧郡王有恭，崇寧五年四月賜名，授右驍衛將軍。大觀元年二月，遷陳州觀察使。二年二月，遷保信軍節度觀察留後。政和七年六月，改承宣使。重和二年正月，遷慶陽軍節度使、永寧郡王。靖康元年四月，遷定國軍節度使，加檢校少保。

偲三子

【宋會要】8 河内侯有儀，政和元年八月賜名，授右驍衛將軍。是月卒，贈懷州防禦使，追封侯。

遂安軍節度使有忠，政和二年十一月賜名，授右驍衛將軍，遷濮州防禦使。靖康元年四月，自威武軍承宣使遷遂安軍節度使。

右驍衛將軍有德，政和五年四月賜名授官。（以上《永樂大典》卷一六六二九）

宗室追贈

贈皇太子

【宋會要】[9]開封府尹、兼中書令、許王允僖，淳化三年十一月贈皇太子。　贈太尉、中書令、周王祐，明道二年十月贈皇太子。已上《國朝會要》。　贈太師、尚書令、兼中書令、鄧王茂，哲宗子。元符二年閏九月薨，贈太師、尚書令、越王。三年三月贈兼中書令、鄧王。崇寧元年十二月贈皇太子。以上《續國朝會要》。

皇子追贈

宣祖：長子贈侍中、邕王光濟〔一〕，元符三年三月贈太師、兼尚書令、曹王。　次子贈太師、尚書令、涪王（庭）〔廷〕美，贈魏王。　次子贈侍中、夔王光贊，贈太師、兼尚書令、岐王。

太祖：長子德秀〔二〕，未及賜名命官而薨。贈太師、尚書令、滕王。　次子贈中書令、魏王德昭，贈燕王。　次子德林，未及賜名命官而薨。贈太師、尚書令、舒王。　次子贈中書令、岐王德芳，贈秦王。

太宗：長子（子）贈鳳翔河中牧、齊王元佐，贈漢王。　次子贈太師、尚書令、鄆王元份，贈商王。　次子贈太師、尚書令、安王元傑，贈越王。　次子贈太師、尚書令、曹王元偁〔三〕，贈楚王。　次子贈太師、尚書令、鄧王元偓，贈鎮王。　次子贈天策上將軍、加兗徐二州牧、燕王元儼，贈周王。　次子贈左衛上將軍、安定郡王元億，贈太師、中書令、兼尚書令、崇王。

真宗：長子禔，未及賜名命官而薨。贈太師、尚書令、温王。　次子祇，未及賜名命官而薨。贈太師、尚書令、昌王。　次子祉，未及賜名命官而薨。贈太師、尚書令、信王。　次子祈，未及賜名命[10]官而薨。贈太師、尚書令、欽王。

仁宗：長子贈太傅、褒王昉，贈楊王。　次子贈太師、中書令、豫王昕，贈雍王。　次子贈太師、中書令曦，贈荊王。

英宗：長子贈太師、尚書令、中書令、冀州牧、燕王顥，贈吳王。　次子顔，未及賜（命）〔名〕命官而薨。贈太師、尚書令、潤王。　次子贈太師、尚書令、荊徐二州牧頵，贈兼中書令、益王。

神宗：長子佾，未及賜名命官而薨。贈太師、尚書令、成王。　次子僅，未及賜名命官而薨。贈太師、尚書令、惠王。

〔一〕王：原脱，據《宋史》卷二四四《宗室傳》補。

〔二〕秀：原作「芳」，又圈除，據《宋史》卷二四四《宗室傳》補。

〔三〕偁：原作「解」，據《宋史》卷二四五《宗室傳》改。

次子贈太師、尚書令、兗王俊，贈唐王。　次子伸，未及賜名命官而薨。贈太師、尚書令、褒王。　次子贈太師、尚書令、冀王倜，〔贈〕中書令，依舊冀王。　次子贈太師、尚書令、衛王价，贈兼中書令、豫王。　次子贈太師、尚書令、鄆王偶，贈兼中書（中）〔令〕、徐王。　次子偉，未及賜名命官而薨。贈太師、尚書令、儀王。

哲宗：長子贈太師、尚書令、越王茂，贈兼中書令、鄧王。

宗室諸王

皇伯天策上將軍、太師、尚書令、兼中書令、雍州牧、楚王元佐，天聖五年六月贈鳳翔河中牧、齊王。　皇叔荊南淮南節度大使、守太師、尚書令、兼中書令、行荊揚州牧、荊王元儼，慶曆四年正月贈天策上將軍，加兗徐二州牧、燕王。　太尉、成德荊南節度使、開府儀同三司、真定尹、兼江陵尹、荊王（碩）〔頵〕，元祐三年七月贈太師、尚書令、荊徐二州牧、魏王。　淮南荊南節度使、守太師、開府儀同三司、揚州牧、[11]兼荊州牧、楚王顥，紹聖三年九月贈太師、尚書令、中書令、冀州牧、燕王。　皇兄河東山南西道節度使、守太師、開府儀同三司、太原牧、兼興元牧、陳王佖，崇寧五年十二月，贈尚書令、兼中書令、徐州牧、燕王。

皇弟武寧泰寧等軍節度使、守太保、兼中書令、兗王元傑，咸平六年七月贈太尉、尚書令、安王。　永興鳳翔等軍節度使、守太傅、兼中書令、雍王元份，景德二年八月贈太師、尚書令、鄆王。　鎮南寧國等軍節度使、守太保、兼中書令、許王元偁，大中祥符七年四月贈太尉、尚書令、曹王〔一〕。　成德鎮寧等軍節度使、守太尉、尚書令、兼中書令、徐王元偓，天禧二年五月贈太師、尚書令、鄧王。

太尉、荊南武寧等軍節度使、荊州徐州牧、蔡王似，崇寧五年四月贈太師、尚書令、兼中書令、兼冀州牧、韓王。

皇子集慶（州）〔軍〕節度使、檢校太尉、同中書門下平章事、鄂王曦，慶曆三年正月贈太師、中書令。王既病革，前一日詔學士蘇紳就宰相第草制拜官，仍賜名，不及宣制而薨。

追封王

皇伯祖鳳翔雄武等軍節度（事）〔使〕、守太保、兼中書令、東平郡王允弼，熙寧二年七月贈太師、尚書令、相王。

鎮南軍節度使、開府儀同三司、嗣濮王宗暉，紹聖元年五月贈太師、懷王。　武安軍節度使、檢校司徒、開府儀同三司、判大宗正事、嗣濮王宗晟，三年三月贈太師、昌王。

〔皇〕叔祖寧海平江軍節度使、守太保、兼中書令、襄陽郡王[12]允良，治平四年閏三月贈太師、尚書令、定王。

（紹）〔昭〕信軍節度（事）〔使〕、檢校司空、開府儀同三司、漢東郡王宗瑗，元祐三年五月贈太師、崇王。　保信軍節

〔一〕曹王：原作「等主」，據《宋史》卷二四五《宗室傳》改。

度使、檢校司空、開府儀同三司、安康郡王宗隱，五年十二月贈太師、潤王。　鎮安軍節度使、開府儀同三司、嗣濮王宗愈，紹聖二年八月贈太師、襄王。　河陽三城節度使、嗣濮王宗綽，三年二月贈太師、榮王。　武昌軍節度使、檢校司徒、開府儀同三司、嗣濮王宗楚〔一〕，四年六月贈太師、惠王。　彰信軍節度使、檢校司空、開府儀同三司、清河郡王宗景，十月贈太師、循王。　靖海軍節度使、檢校司徒、開府儀同三司、嗣濮王宗祐，元符元年六月贈太師、欽王。　奉寧軍節度使、檢校太尉、開府儀同三司、嗣濮王宗漢，大觀三年九月贈太師、景王。　皇伯保康軍節度使、安定郡王從式，熙寧四年十二月贈同平章事、榮王。　彰德軍節度使、同中書門下平章事、濮陽郡王宗樸，十年十月贈太師、中書令、康王。　崇信軍節度使、開府儀同三司、華陽郡王宗〔但〕〔旦〕，元豐五年二月贈太尉、滕王。　鎮南〔軍〕節度使、開府儀同三司、豫章郡王宗諤，六月贈太尉、韓王。　武昌軍節度觀察留後、江夏郡王、知大宗正〔事〕宗惠，七年六月贈昭德軍節度使、開府儀同三司、鄖王。　保静軍節度觀察留後、安定郡王世準，紹興二年九月贈開府儀同三司、成王。　奉國軍節度觀察留後、安定郡王[13]世開，元符元年四月詔贈開府儀同三司、信王。　崇信軍節度使、安定郡王世雄，崇寧四年十一月贈少師、淄王。　彰信軍節度使、開府儀同三司、嗣濮王仲增，政和五年九月贈少師、簡王。　皇叔昭武軍節度使〔二〕、兼侍中、東平郡王德文，慶曆六年五月贈太尉、兼中書令、申王。　檢校少傅、奉國軍節度使仲御，宣和四年五月贈太傅、郇王。　慶遠軍節度使、安定〔軍〕〔郡〕王世福，五年正月贈少師、儀王。　檢校少傅、定武軍節度使、開府儀同三司仲爰，六月贈太傅、恭王。　崇信軍節度使、開府儀同三司、安化郡王仲營，七年七月贈少師、成王。　皇兄光濟，建隆三年四月贈侍中、邕王。　鎮東軍節度觀察留後、會稽郡王世清，元豐六年十月贈安化軍節度使、開府儀同三司、虢王。　皇弟光贊，建隆三年四月贈侍中、夔王。　皇子永興軍節度使、兼侍中、武功郡王德昭，太平興國四年八月贈中書令、魏王。　山南西道節度使、同中書門下平章事德芳，六年三月贈中書令、岐王。　左衛上將軍、信國公祐，咸平六年四月追封周王。　皇子昉，康定二年五月贈太傅、褒王。　忠正軍節度使、壽國公昕，慶曆元年二月贈太師、中書令、豫王。　鎮安軍節度使、景國公倜，熙寧八年十二月贈太師、尚書令、冀王。　彰信軍節度使、永國公俊，十年十月贈太師、尚書令、兼中書令、兖王。　武勝軍節度使、建國公价〔三〕，元豐元年十二月贈太師、尚書令、

〔一〕「嗣濮」二字原缺，據《宋史》卷二四五《宗室傳》補。
〔二〕昭武：原作「中武」，據《宋史》卷二四四《宗室傳》改。
〔三〕价：原缺，據《長編》卷二九五補。

衛王。　皇子倜，未及賜名命官而薨。四年五月追賜名，[14]贈太師、尚書令、鄆王。　皇子茂，未及賜名命官而薨。元符二年閏九月，追賜名，贈太師、尚書令、越王。　皇子檉，未及賜名命官而薨。崇寧三年五月追賜名，贈太師、尚書令、兗王。　樂安郡王楫，五月贈太師、尚書令、兼中書令、荆王。　淮康軍節度使、檢校太尉、定國公栱，政和二年二月贈太師、尚書令、兼中書令、鄆王。　檢校太保、慶源軍節度使〔一〕、慶國公椿，三年閏四月贈太師、兼右弼、漢王。　皇子機，未及賜名命官而薨。四年五月追賜名，贈太師〔二〕、兼右弼、陳（至）〔王〕。　檢校太尉、鎮安軍節度使、魏國公材，五年十一月贈太師、兼右弼、邠王。

贈三公三師追封王

皇叔祖檢校少傅、靖海軍節度使、開府儀同三司、兼判大宗正事、嗣濮王仲湜〔三〕，紹興七年九月贈太傅〔四〕、追封儀王。　檢校少保、嚮德軍節度使、知大宗正事、嗣濮王仲偁，九年十一月贈少保，追封瓊王。　贈武寧軍節度使、開府儀同三司、追封建王宗蓋，乾道二年二月追封濟王。　皇叔檢校少師、光山軍節度使、開府儀同三司、齊安郡王士（儴）〔㒟〕，〔紹興〕二十三年二月贈太傅、追封循王。　岳陽軍節度使、開府儀同三司、權主奉濮安懿王祠事士樽，二十三年八月贈太傅、追封韶王。　崇慶軍節度使、嗣濮王士俴，二十七年七月贈少師，追封思王。

皇兄左朝奉大夫、充秘閣修撰子偁，十四年六月贈太子少師，三十二年六月加贈太師、中書令，追封秀王。　皇（弟）〔第〕四[15]子恪，乾道二年九月追封邵王，十月贈淮康軍節度使、開府儀同三司。王早薨，未賜名，至是始詔有司討論，賜今名，封，繼又加贈焉。

追封郡王

皇伯祖保大軍節度使承範，熙寧元年九月贈太尉、遂寧郡王。　感德軍節度使、秦國公承亮，四年三月贈太尉、樂平郡王。　昭化軍節度使承顯，八年六月贈太尉、樂平郡王。　保大軍節度使承選，元豐元年四月贈太尉、博陵郡王。　寧武軍節度使承裕，三年十月贈太尉、建安郡王。　皇叔祖橫海軍節度觀察留後承衍，熙寧四年正月贈護國軍節度使、河東郡王。　武泰軍節度使宗勝，元祐元年五月贈太師、北海郡王。　房州觀察使宗喬，七年九月贈司空、南陽郡王。　皇伯寧武軍節度觀察留後、魏國公宗立，熙寧六年七月贈昭信軍節度使、南康郡王。　代州防禦使宗保，七年十月贈靜難軍節度使、

〔一〕軍：原作「官」，據本書帝系一之四九改。
〔二〕贈太師：原脱，據本書帝系一之五〇補。
〔三〕仲湜：原作「仲偍」，據本書帝系二之四三、《宋史》卷二四五《宗室傳》改。
〔四〕七年：原作「六年」，按本書帝系二之四四及《宋史·宗室傳》均云仲湜薨于紹興七年，據改。

新平郡王。　登州防禦使、韓國公宗繢，十年七月贈昭信軍節度使、南康郡王。　昭化軍節度使、同中書門下平章事、濮國公宗誼，元豐元年二月贈太師、中書令、廣陵郡王。　鎮安軍節度觀察留後宗袞〔一〕，三年閏九月贈武寧軍節度使、兼侍中、彭城郡王。　明州觀察使宗悌，四年正月贈保寧軍節度使、同中書門下平章事、東陽郡王。　安化軍節度觀察留後、魯國公宗肅，五年正月贈鎮海軍節度使、北海郡王。　武信軍節度使宗達，六年二月
16 贈安化軍節度使、開府儀同三司、高密郡王。　潞州觀察使宗輔，七年六月贈彰信軍節度使〔二〕、開府儀同三司、濟陰郡王。　定國軍節度觀察留後仲曄〔三〕，元祐元年七月贈保寧軍節度使、東陽郡王〔四〕。　皇叔寧國軍節度使、同中書門下平章事允初，治平元年七月贈中書令、博平郡王〔五〕。　建州觀察使宗翰，熙寧十年十二月贈建雄軍節度使、同中書門下平章事、平陽郡王。　橫海軍節度觀察留後宗博，元豐六年七月贈昭信軍節度使、開府儀同三司、南康〔郡〕王。　皇兄保信軍節度觀察留後、廣平郡公德彝，大中祥符八年四月贈昭德軍節度使、信都郡王。　建寧軍節度使、樂安郡公惟正〔六〕，明道元年五月贈侍中、同安郡王。　安國軍節度使、延安郡公允升，景祐元年正月贈太尉、平陽郡王。　武定軍節度使允寧，十一月贈太尉、信安郡王。　昭化軍節度觀察留後、廣平郡公允懷，寶元二年正月追封廣平郡王。　保康軍節度(使)觀察留後、徐國公承簡，嘉祐六年閏八月贈彰化軍節度使、安定郡王。　鎮南軍節度觀察留後世永，熙寧元年二月贈昭武軍節度〔使〕、南康郡王。　右金吾衛大將軍、忻州防禦使令甘，崇寧二年六月贈崇信軍節度觀察留後、漢東郡王。　皇弟安靜軍節度使允迪，慶曆八年三月贈太尉、永嘉郡王。　邢州觀察使孝永，大觀三年十一月贈司空、廣陵郡王。　皇姪感德軍節 17 度使、同中書門下平章事、安定郡公惟吉，大中祥符三年五月贈中書令、南陽郡王。　彰化軍節度觀察留後、同知大宗正(寺)事守節，寶元二年七月贈鎮江軍節度(事)〔使〕、丹陽郡王。

贈三公三師追封郡王

皇叔祖建寧軍節度使、提舉江州太平興國宮士⿰雪刂，紹興三十二年十一月贈少師、追封咸安郡王。　皇叔祖檢校少保、安慶軍節度使、同知大宗正事士籛〔七〕，乾道五年

〔一〕宗袞：原作「宗兖」，據《長編》卷三〇九改。
〔二〕彰：原作「彭」，據《長編》卷三四三改。
〔三〕曄：原缺，據《宋史》卷二三〇《宗室世系表》一六、《長編》卷三八二補。
〔四〕陽：原缺，據《長編》卷三八二補。
〔五〕平：原缺，據《宋史》卷二四五《宗室傳》補。
〔六〕惟正：原作「惟王」，據《宋史》卷二四四《宗室傳》改。
〔七〕士籛：原作「士錢」，據《宋史》卷二四五《宗室傳》改。

二月贈少師，追封新安郡王。　皇叔祖奉國軍節度使、同知大宗正事士銖，九年四月贈少師，追封咸安郡王。　皇叔祖檢校少保、崇慶軍節度使士衎，十一月贈少保，追封新安郡王。　皇叔安德軍節度使、開府儀同三司、權主奉濮安懿王祠事士㕘，紹興二十三年二月贈少師，追封通化郡王。　昭信軍節度使士太，二十四年三月贈少師，追封安化郡王。　平海軍承宣使、知南外宗正事士珸，二十六年六月贈少師，追封和義郡王。　皇兄寧國軍節度使安時，十七年七月贈少師，追封清化郡王。

贈三公三師

皇伯保平軍節度使、安定郡王令廣，紹興十三年四月贈少師〔一〕。

贈三師

皇叔祖昭化軍節度使、信安郡王宗粹，宣和三年八月贈太保。

贈節度使使相

皇伯祖太州觀察使克愉，元祐元年三月贈忠正軍、開府儀同三司。　皇叔祖遂州觀察使承錫，熙寧六年正月贈鎮寧軍節度使、同中書門下平章事、陳國公。18 渭州防禦使宗孺，元祐三年十二月贈昭德軍節度使、開府儀同三司、陳國公。　皇伯陳州觀察使仲郃，元祐元年閏二月贈保靜軍、開府儀同三司。　皇叔天平軍節度觀察留後、咸寧郡王德雍，天聖九年八月贈宣德軍節度使、同中書門下平章事。　皇兄宿州觀察使、和國公宗懿，治平元年五月贈鎮海軍節度使、同中書門下平章事、魏國公。　延州觀察使從吉，十二月贈保靜軍節度使、同中書門下平章事、楚國公。

贈使相追封國公

皇叔祖保成軍承宣使、知南外宗正事仲彌，紹興十一年九月贈開府儀同三司，追封國公。　宜州觀察使士周，乾道元年七月贈開府儀同三司，追封和國公。　慶遠軍承宣使仲輤，二年二月贈開府儀同三司，追封榮國（王）〔公〕。　福州觀察使士芑，四月贈開府儀同三司，追封永國公。　隨州觀察使士忞，九年三月贈開府儀同三司，追封永國公。　皇伯利州觀察使安信，三年二月贈開府儀同三司〔二〕，追封惠國公。　皇叔光州觀察使士術，〔紹興〕十四年十月贈開（封）〔府〕儀同三司〔三〕，追封永

〔一〕紹興：原無，據《建炎要録》卷一四八補。
〔二〕按本書帝系六之一載紹興二年三月臣僚言「竊聞皇兄故〔利〕州觀察使安信亡歿」。彼稱「皇兄」，而此稱「皇伯」，則必是孝宗時，此處「三年」當仍承上爲乾道三年。
〔三〕紹興：原無，據《建炎要録》卷一五二補。

國公。　廣州觀察使、知西外宗正事士慷，十六年二月贈開府儀同三司，追封和國公。　融州觀察使士筏，二十年八月贈開府儀同三司，追封潤國公。　福州觀察使士穧，二十六年七月贈開（封）〔府〕儀同三司，追封惠國公。　清遠軍承宣使不柚，七月贈開府儀同三司，追封萊國公。　皇兄[19]保寧軍承宣使居閎，〔乾道〕五年十二月贈開府儀同三司〔一〕，追封永國公。　安德軍承宣使居厚，十二月贈開府儀同三司，追封和國公。　昭慶軍承宣使居仁，十二月贈開府儀同三司，追封榮國公。

贈使相

皇伯祖保平軍節度觀察留後克思，元祐三年三月贈開府儀同三司、昌國公。　建州觀察使克柔，十二月贈開府儀同三司、尹國公。　亳州觀察使克諶，四年二月贈開府儀同三司、莘國公。　澶州觀察使克懼，五年正月贈開府儀同三司，追封和國公。　宣州觀察使克敦，五月贈開府儀同三司、和國公。　建武軍節度觀察留後克繼，九月贈開府儀同三司、建國公。　越州觀察使克孝，紹聖三年六月，贈開府儀同三司、惠國公。　皇叔祖永興軍節度使克揚，元符三年七月贈開府儀同三司，追封祁國公〔二〕。　宿州觀察使克務，崇寧四年二月贈開府儀同三司，追封吉國公。　定武軍承宣使、知南外宗正事、安定郡王令德，乾道七年九月贈開府儀同三司。　皇伯崇州觀察使仲騑，元符二年二月贈開府儀同三司、沂國公。　崇信軍節度（使）觀察留後仲論，三年閏十二月贈開府儀同三司、英國公。　明州觀察使世堯，元祐五年六月贈開府儀同三司〔三〕、潤國公。　桂州觀察使世智，七年十一月贈開府儀同三司、沂國公。　淮康軍節度觀察留後仲淹，十一月贈開府儀同三司、沂國公。　利州觀察使仲纂，十二月贈開府儀同三司、福國公。　婺州觀察使仲彌，紹聖二[20]年九月贈開府儀同三司、永國公。福州觀察使仲翩，元符元年四月贈開府儀同三司、滕國公。　耀州觀察使世逸，二年三月贈開府儀同三司、惠國公。　青州觀察使仲覽，三月贈開府儀同三司、沂國公。保信軍節度觀察留後仲遷，四月贈開府儀同三司、惠國公。　鄜州觀察使仲當，十二月贈開府儀同三司、順國公。　安化軍節度觀察留後仲瑝，三年五月贈開府儀同三司、信國公。　金州觀察使世卓，十月贈開府儀同三司、榮國公。　保大軍節度使仲臯，大觀元年正月贈開府儀同三司、榮國公。　鎮潼軍節度觀察留後仲處，三年七月贈開府儀同三司、崇國公。　寧州觀察使、安定

〔一〕乾道：原無。據本書帝系七之六，居閎及下文居厚、居仁卒於乾道元年至三年，則此五年當是指乾道五年，因補。
〔二〕追封祁國公：原無，據《宋史》卷二三六《宗室世系表》補。
〔三〕元祐：原無，據《長編》卷四四五補。

郡王令話，〔紹興〕二年八月贈開府儀同三司〔一〕。　寧遠軍承宣使、同知行在大宗正事、安定郡王令時，四年十月贈開府儀同三司。　華州觀察使、安定郡王令珵，六年二月贈開府儀同三司。　皇叔秀州觀察使宗治，熙寧五年閏七月贈鎮寧軍節度使、同中書門下平章事、陳國公。　通州防禦使宗蓋，元豐三年二月贈武康軍節度使、同中書門下平章事、楚國公。　遂州觀察使仲突，建中靖國元年七月贈開府儀同三司、榮國公。　房州觀察使仲隠，崇寧三年四月贈開府儀同三司、榮國公。　寧國軍承宣使世慽，政和六年六月贈開府儀同三司、嘉國公。　府州觀察使叔巢，六月贈開府儀同三司、崇國公。　鄆州觀 21 察使、知南外宗正事仲葩，七年六月贈開府儀同三司、嘉國公。　慶遠軍承宣使、安定郡王令衿，〔紹興〕二十八年十二月贈開府儀同三司。　皇兄邕州觀察使令遽，崇寧三年九月贈開府儀同三司、昌國公。　建州觀察使令鐸，十一月贈開府儀同三司、和國公。

贈節度使追封國公

防禦使皇伯祖克用，元祐元年二月贈保寧軍、榮國公。　大將軍、防禦使克彙，八月贈安化軍〔三〕、昌國公。　防禦使克常，紹聖三年七月贈昭信軍、吉國公。　防禦（禦）使皇叔祖和州防禦使士阫，紹興三十二年十月贈安慶軍節度使，追封舒國公。　大將軍、防禦使克勍，紹聖四年四月贈建寧軍、建國公。　團練使士跂，乾道元年七月贈保寧軍節度使。詳見雜録。　防禦使皇伯宗述，熙寧元年正月贈奉國（君）〔軍〕、祁國公。　宗懿，八月贈寧國軍、遂國公。　克紹，六年三月贈昭信軍、吉國公。　克廣，七年閏七月，贈建雄軍、光國公。　從賁，九年五月贈安國軍、燕國公。　克戒，元豐二年正月贈保平軍、成國公。　克勤，九月贈鎮寧軍、儀國公。　觀察使克彰，五年八月贈鎮寧軍、濟國公。　團練使世享，元祐元年二月贈保寧軍、昌國公。　防禦使仲嬰，七月贈奉國軍、申國公。　仲縮，三年二月贈武康軍、崇國公。　叔充，二月贈崇信軍、尹國公。　叔封，四月贈崇信軍、遂國公。　世括，四月贈建武軍、嘉國公。　世采，四年五月贈崇信軍、譙國公。 22 世程，五年正月贈崇信軍、榮國公。　叔亞，七月贈建寧軍、建國公。　仲革，八月贈保寧軍、婺國公。　叔萌，七年六月贈昭化軍、昌國公。　叔毗，六年九月贈奉國（君）〔軍〕、華國公。　世鴻，十月贈奉寧軍、華國公。　仲洽，十月贈崇寧軍、房國公。　仲防，紹聖元年五月贈武康軍、洋國公。　叔武，八月贈保康軍、房國公。　仲銑，二年六月贈武康軍、洋國公。　世强，三年四月贈保康軍、房國

〔一〕紹興：原無，據《建炎要録》卷五七補。

〔三〕安：原脱，據慕容彦逢《摛文堂集》卷一四補。

公。　世逢，七月贈感德軍、舒國公。　仲鸞，四年八月贈武康軍、洋國公。　叔紞，元符元年九月贈保慶軍、房國公。　世蒙，九月贈保康軍、房國公。　仲登，二年閏九月贈保慶軍、欽國公。　叔果，十月贈武康軍、溫國公。　刺（刺）〔史〕叔海，三年五月贈武康軍、舒國（軍）〔公〕。　防禦使仲集，十月贈奉國軍、惠國公。　叔玩，建中靖國元年三月贈昭化軍、欽國公。　叔紘，崇寧元年五月贈安化軍、惠國公。　世朏，大觀四年二月贈建寧軍、建國公。　皇叔克頠，元豐三年十一月贈昭德軍、祁國公。　仲浹，元祐五年三月贈建寧軍、建國公。　仲歇，七年二月贈威德軍、華國公。　仲汾，元符二年八月贈昭化軍、榮國公。　仲戡，崇寧三年三月贈保康軍、房國公。　仲緎，大觀元年正月贈武康軍、榮國公。　士灞，紹興二十年八月贈寧國軍節度使，追封惠國公。　士奇，二十六年七月贈楚寧軍節度使，追封楚國公。　皇兄樂平郡公德恭，景德二年五【23】月贈保信軍、申國公。　允成，天聖三年五月贈安德軍、郇國公。　承炳，皇祐四年十一月贈寧國軍、原國公。　承幹，十二月贈保静軍、蕭國公。　承裔，五年九月贈昭化軍、祁國公。　承蘊，嘉祐八年二月贈昭慶軍、舒國公。　世滋，熙寧六年五月贈寧國軍、昌國公。　世該，元豐四年十月贈鎮國軍、遂國公。　仲玘，五年二月贈安化軍、榮國公。　仲越，五月贈感德軍、惠國公。　仲恕，七年七月贈安化軍、燕國公。　令瑶，元祐元年五月贈武寧軍、榮國公。　令穀，四年二月贈感德軍、尹國公。　令瓘，元符三年五月贈保康軍、順國公。　皇弟孝錫，元祐二年八月贈感德軍、永國公。　皇姪潁國公守選，慶曆六年三月贈武勝軍、楚國公。　皇孫福州觀察使、榮國公挺，九年二月贈武當軍節度使，追封豫國公。　團練使、皇兄承慶，寶元三年七月贈武勝軍、循國公〔一〕。　皇姪惟憲，大中祥符九年五月贈安德軍、英國公。　大將軍、防禦使皇姪宗顏，至和二年九月贈昭信軍、遂國公。　榮國公從信，嘉祐七年十二月贈保寧軍、楚國公。

贈節度使追封郡公

大將軍、刺史皇姪判沂州、長寧郡侯德隆，雍熙三年正月贈寧遠軍、臨沂郡公。

贈節度使

防禦使、楚國公皇伯世恩，元祐二年四月贈奉國（公）〔軍〕。　防禦使皇叔仲江，元豐八年十一月贈寧遠軍。

贈節度觀察留後追封國公

大將軍、防禦使皇兄世規，【24】熙寧六年七月贈武寧

〔一〕循：原缺，據《宋史》卷二四四《宗室傳》補。

軍、魯國公。

贈留後追封郡公

大將軍、防禦使皇伯祖克賢，元祐二年四月贈奉國軍、奉化郡公〔一〕。　皇叔祖克勁，紹聖三年十二月贈保康軍、房陵郡公。　克赳，元符二年六月贈保康軍、房陵郡公。　克研，三年五月贈安武軍、信都郡公。　克家，大觀四年八月贈昭化軍、安康郡公。　皇伯宗辯，熙寧元年七月贈保寧軍、東陽郡公。　宗厚〔二〕，四年九月贈武寧軍、彭城郡公。　宗彦，七年五月贈武寧軍、彭城郡公。　克淑，元豐四年十二月贈彰信軍、濟陰郡公。　克偃，五年八月贈武勝軍、南康郡公。　克寬，六年閏六月贈安化軍、高密郡公。　克懋，九月贈武勝軍、南陽郡公。　仲烈，八年四月贈保寧軍、東陽郡公。　世儔，元祐元年十月贈奉國軍、奉化郡公。　世繁，十一月贈安武軍、信都郡公。　叔泰，二年正月贈安化軍、高密郡公。　世燮，六月贈昭化軍、安康郡公。　世褘，三年八月贈鎮寧軍、渤海郡公。　叔東，四年六月贈彰化軍、安定郡公。　世奉，五年十一月贈感德軍、華原郡公。　叔琥，紹聖元年七月贈武寧軍、彭城郡公。　世澤，二年正月贈安化軍、高密郡公。　仲虺，五年贈奉國軍〔三〕、奉化郡公。　仲誘，三年九月贈安化軍、高密郡公。　叔朝，元符二年六月贈安化軍、高密郡公。　叔摽，八月贈安化軍、高密郡公。　叔頍，九月贈昭化軍、安康郡公。　叔建，十月贈安化軍、高密郡公。

25 仲敔，建中靖國元年四月贈安德軍、閬中郡公。　世重，崇寧三年七月贈保康軍、房陵郡公。　皇叔承亶，治平元年六月贈武勝軍、南陽郡公。　宗制，熙寧八年八月贈彰信軍、渤海郡公。　叔老，紹聖元年閏四月贈安化軍、高密郡公。　仲郵，三年十月贈昭化軍、安康郡公。　世引，建中靖國元年六月贈昭化軍、安康郡公。　叔峙，崇寧三年八月贈安化軍、高密郡公。　叔納，九月贈安化軍、高密郡公。　叔拔，十一月贈建寧軍、建安郡公。　仲憚，政和元年正月贈保康軍、房陵郡公。　皇兄承翊，嘉祐五年七月贈安德軍、閬（平）〔中〕郡公。　克循，治平元年八月贈安武軍、高陽郡公。　宗嚴，二年正月贈武寧軍、彭城郡公。　宗藝，六月贈武寧軍、彭城郡公。　宗回，三年二月贈崇信軍、漢東郡公。　叔裒，熙寧五年正月贈天平軍、東平郡公。　世本，九年三月贈武寧

〔一〕奉：原脱，據《宋史》卷二四一《宗室世系表》補。按宋制，以某某州軍節、察、防、團等武階封贈州郡公侯者，其封爵與其武階所繫州軍相應。如此條贈奉國軍留後、奉化郡公，因奉國軍即明州，而明州又别稱奉化郡（見《元豐九域志》卷五）。

〔二〕宗厚：原作「風厚」，據《宋史》卷二二六《宗室世系表》改。宗厚爲漢王允升子、宗辯弟，于神宗爲皇伯。

〔三〕五年：疑當作「五月」。

軍、彭城郡公。　仲濬，十年二月贈保寧軍、東陽郡公。　仲汲，九月贈武寧軍、彭城郡公。　仲及，十月贈定武軍、(傅)〔博〕陵郡公。　叔驥，元豐四年十二月贈建寧軍、建安郡公。　叔愷，五年五月贈武寧軍、彭城郡公。　世珍，六年九月贈安化軍、高密郡公。　叔昴，七年八月贈保寧軍、東陽郡公。　令儇，元符三年九月贈安化軍、高密郡公。　令襄，〔元祐〕四年八月贈彰化軍〔一〕、濟陰郡公。　令苕，七年五月贈武昌軍、江夏郡公。　士馮，五月贈鎮潼軍、華陰郡公。　令26超，九月贈横海軍、景城郡公。　令諼，紹聖二年二月贈安武軍〔二〕、信都郡公。　令休，五月贈保康軍、房陵郡公。　令優，三年二月贈感德軍、華原郡公。　令潛，二月贈奉國軍、奉化郡公。　令續，十月贈感德軍、華原郡公。　令瓊，四年二月贈崇信軍、漢東郡公。　士獲，元符元年八月贈崇信軍、漢東郡公。　令緝，崇寧三年九(年)〔月〕贈奉國軍、奉化郡公。　令祛，四年二月贈安武軍、信都郡公〔三〕。　令犨，大觀元年二月贈武康軍、洋川郡公。　皇弟承衎，皇祐三年贈武信軍、遂寧郡公。　承俊，嘉祐七年二月贈崇信軍、樂平郡公。　皇姪從審，皇祐五年三月贈寧國軍、宣城郡公。　清源郡公宗望，嘉祐八年二月贈安化軍、高密郡公。　世長，十月贈彰寧軍、濟陽郡公。　世靜，治平元年三月贈鎮海軍、北海郡公。　令樞，元豐七年十月贈保寧軍、東陽郡公。　防禦使皇伯克助，元豐元年十月贈感德軍、常山郡公。　叔兼，元祐五年十月贈鎮安軍、淮陽郡公。　皇叔叔鑄，元符三年十月贈崇信軍、漢東郡公。　仲杵，崇寧元年五月贈崇信軍、漢東郡公。　皇兄仲滂，元豐元年七月贈彰信軍、濟陰郡公。　閤門使、防禦使、皇兄令晏，元祐五年四月贈感德軍、華原郡公。　大將軍、團練使、皇叔祖宗劼，元符元年六月贈安武軍、信都郡公。　大將軍、皇伯祖克聰，熙寧二年三月贈保安軍、東陽郡公。　皇兄世符，熙寧二27年十一月，贈鎮海軍、北海郡公。

贈節度觀察留後

大將軍、防禦使皇伯世復，元祐三年四月贈保寧軍。

皇姪潁國公從藹，嘉祐二年八月贈武勝軍、韓國公。

贈承宣使追封郡公〔四〕

大將軍、刺史皇兄仲來，元豐三年十二月贈安化軍(贈)

〔一〕元祐：原無。按下條令苕，據范祖禹《范太史集》卷四五《右金吾衛大將軍慶州防禦使墓誌銘》，卒於元祐七年五月，則此條之「四年」亦當是元祐四年。據補。

〔二〕安武軍：原作「武安軍」，據《元豐九域志》（中華書局一九八四年點校本。以下同）卷二乙。

〔三〕「安武」原作「安國」，「信都」原作「信化」，據《元豐九域志》卷二改。《宋史》卷二二一《宗室世系表》一三令祛贈「行都郡公」，「行都」亦爲「信都」之誤。

〔四〕原無此題，據正文補。

承宣使，追封郡公。　大將軍、防禦使皇叔祖士窘，紹興三十二年十月贈鎮東軍承宣使，追封會稽郡公。　士陪，十月贈保寧軍承宣使，追封東陽郡公。　士亽，十月贈昭化軍承宣使，追封安康郡公。　士恭，九年贈保寧軍承宣使，追封新安郡公。　皇叔士偰，十三年三月贈昭慶軍承宣使，追封吳興郡公。　士式，十三年十月贈保寧軍承宣使，追封東陽郡公。　士峕，二十一年七月，贈鎮東軍承宣使，追封會稽郡公。　皇姪居中，乾道五年十二月贈保寧軍承宣使，追封東陽郡公。紹興三十一年正月卒，故上辭皇姪。下古修準此〔一〕。

贈觀察使追封國公

大將軍、團練使皇姪從煦，慶曆五年六月贈同州、齊國公。

贈觀察使追封郡公〔二〕

大將軍、防禦使皇兄令教，元祐五年四月贈密州、高密郡公。

贈觀察使追封侯

防禦使皇叔祖克告，元祐五年八月贈華州、華陰侯。　克稟，元符三年四月贈均州、武當侯。　大將軍、團練使、皇叔祖克暨，元祐四年七月贈定州、博陵侯。　克愛，五年六月贈真州、常山侯。　克輿，元符二年二月，贈鄧州、南陽侯。　士[28]闈，乾道五年四月贈明州觀察使，追封奉化侯。　皇伯克凝，熙寧八年閏四月贈虔州、南康侯。　克倫，元豐二年八月贈曹州、濟陰侯。　仲軻，八年四月贈蔡州、汝南侯。　叔陳，六月贈鄆州、東平侯。　世敞，元祐元年三月贈婺州、東陽侯。　仲盤，六月贈滕州、馮翊侯。　世榮，三年九月贈密州、高密侯。　世經，四年正月贈湖州、吳興侯。　世掌，七年九月贈虔州、南康侯。　仲沃，紹聖元年七月贈華州、華陰侯〔三〕。　皇叔克晛，熙寧六年四月贈同州、馮翊侯。　克祇，元豐五年四月贈虔州、南康侯。　克履，六年五月贈密州、高密侯。　克堅，十月贈遂州、遂寧侯。　叔訛，八年四月贈鄆州、東平侯。　叔婼，十月贈華州、華陰侯。　叔舵，元祐三年五月贈鄆州、東平侯。　叔陶，七月贈建州、建安侯。　仲犨，八年正月贈徐州、彭城侯。　叔裝，紹聖元年四月贈徐州、彭城侯。　叔蚡，閏四月贈蔡州、汝南侯。　大將軍、團練使叔甯，九月贈襄州、襄陽侯。　防禦使仲廪，十一月贈涇州、安定侯。　仲鞠，元符元年七月贈徐州、彭城侯。　叔座，二年二月贈滄州、景城侯。　仲速，五月贈婺

〔一〕古修：疑誤。
〔二〕此下原又有「大將軍防禦使追封郡公」十字，乃衍文，今刪。
〔三〕陰：原作「陽」。按華州別稱華陰郡（見《元豐九域志》卷三），據改。下文叔諸等亦贈華州、華陰侯，可證。

州、東陽侯。　仲塡，崇寧四年二月，贈青州、北海侯。　士蓴，紹興十七年五月贈明州觀察使，追封奉化侯。　士遜，九月贈明州觀察使，追封奉化侯。　士瑄，二十四年十月贈金州觀察使，追封安康侯。　士岃，二十六年七月贈湖州觀察使，追封吳[29]興侯。　士赫，二十九年五月贈婺州觀察使，追封東陽侯。　皇兄承鑒，寶元二年六月贈婺州、東陽侯。　承雅，閏十二月贈宣州、宣城侯。　承遵，慶曆元年二月贈青州、樂安侯〔一〕。　承睦，十二月贈虔州、南康侯。　克修，嘉祐八年十二月贈同州、馮翊侯。　世哲，治平四年四月贈虔州、南康侯。　仲龐，熙寧元年三月贈華州、華陰侯。　仲尋，八月贈鄆州、東平侯。　世歷，二年三月贈青州、北海侯。　世淵，四年十二月贈懷州、河內侯。　仲瑱，七年十月贈徐州、彭城侯。　世覃，八年八月贈同州、馮翊侯。　叔瀞，十二月贈徐州、彭城侯。　世嵩，九年七月贈華州、華陰侯。　世覯，十年正月贈同州、馮翊侯。　世京，七月贈徐州、彭城侯。　仲點，八月贈同州、馮翊侯。　世爽，十一月贈青州、北海侯。　仲隨，元豐二年八月贈曹州、濟陰侯。　仲侔，四年五月贈密州、高密侯〔二〕。　世岳〔三〕，七月贈徐州、彭城侯。　仲瓘，五年四月贈同州、馮翊侯。　世統，六年三月贈曹州、濟陰侯。　令瞿，元祐四年四月贈鄆州、東平侯。　令巍，六年十二月贈揚州、廣陵侯。　令琮，七年六月贈洪州、豫章侯。　令門，紹聖元年五月贈鄆州、東平侯。　令駔，五年贈金州、安康侯〔四〕。　士窮，五月贈鄆州、東平侯。　令涓，二年二月贈鄧州、南陽侯。　士會，八月贈房州、房陵侯。　蕔之〔五〕，三年九月贈金州、安康侯。　令鏗，四年六月贈蜀州、東平侯〔六〕。　令褫，七月贈襄州、[30]襄陽侯。　致之，十一月贈陳州、淮陽侯。　令櫛，元符二年正月贈鄆州、東平侯。　令在，五月贈虔州、南康侯〔七〕。　士穫，五月贈越州、會稽侯。　令漬，三年十一月贈密州、高密侯。　士掞，建中靖國元年十一月贈晉州、平陽侯〔八〕。　皇姪惟忠〔九〕，大中祥符八年六月贈鄂州、江夏侯。　守度，康

〔一〕樂安侯：原作「安樂侯」，據《宋史》卷二四〇《宗室世系表》改。又「青州」疑當作「棣州」，《元豐九域志》卷二：「棣州，樂安郡，防禦。」

〔二〕高密侯：原作「彭城侯」，「彭城」二字又用墨點删去，今據《宋史》卷二二四《宗室世系表》補。

〔三〕世岳：原抄作「仲瓘」，又被點去而未補。考王安禮《王魏公集》卷七宗室世岳墓誌銘，世岳於元豐四年七月卒，贈徐州觀察使，追封彭城侯。年月、贈官、封爵均與此吻合，則此處所闕字必是「世岳」無疑。因補。

〔四〕五年：疑當作「五月」。安康：原作「南康」，據《元豐九域志》卷一，金州又稱安康郡，據改。

〔五〕蕔之：《宋史》卷二三五《宗室世系表》作「報之」。

〔六〕蜀州：疑當作「鄆州」。鄆州又稱東平郡，見《元豐九域志》卷一。

〔七〕南康：原作「高康」。《元豐九域志》卷六：「虔州，南康郡。」據改。

〔八〕晉州：原作「普州」。《元豐九域志》卷四：「晉州，平陽郡。」據改。

〔九〕惟忠：原作「惝忠」，據《宋史》卷二四四《宗室傳》改。

定元年二月贈廬州、廬江侯〔一〕。　從誨，八月贈襄州、襄陽侯。　從謹，皇祐元年十一月贈宣州、宣城侯。　從贄，三年正月贈鄧州、南陽侯。　從質，四年八月贈定州、博陵侯。　宗道，五年四月贈密州、高密侯。　宗訥，至和元年八月贈壽州、安陸侯〔二〕。　從湜，嘉祐五年十二月贈遂州、遂寧侯。　宗儒，六年十一月贈容州、普寧侯〔三〕。　奕，治平二年五月贈虔州、南康侯。　瓊，元豐三年五月贈鄆州、東平侯。　□□，元年八月贈徐州、彭城侯。　修，乾道五年十二月贈明州觀察使，追封奉化侯。　團練使、皇叔祖克眷，元祐元年七月贈曹州、濟陰侯。　皇伯世陟，元豐八年二月贈同州、馮翊侯。　皇叔仲遼，元豐八年四月贈婺州、東陽侯。　世法，建中靖國元年六月贈萊州、平陽侯。　皇兄令鮪，元祐七年十二月贈青州、北海侯。　士儁，紹聖元年六月贈(閏)〔潤〕州、丹陽侯。　令夫，元符二年四月贈(青)〔明〕州、奉化侯。　士贇，崇寧元年五月贈潤州、丹〔陽〕侯。　皇姪令典，熙寧元年五月贈鄆州、東平侯。　令謂，十年七月贈同州、馮翊侯。　皇城使、團練使、皇【31】伯仲韡，元祐二年十月贈密州、高密侯。　大將軍、刺史、皇叔祖克迓，元祐六年五月贈青州、北海侯。　克慕，元符二年正月贈冀州、信都侯。　克惴，建中靖國元年二月贈徐州、彭城侯。　仲鑛，九年八月贈鄧州、南陽侯。　皇伯克友，熙寧三年五月贈華州、華陰侯。　克臻，八年十月贈鄆州、東平侯。　克觀，元豐七年十二月贈蔡州、汝南侯。　皇叔克偕，熙寧八年七月贈(博)〔同〕州、馮翊侯。　叔嫣，元豐八年十月贈婺州、東陽侯。　世職，元祐二年閏二月贈婺州、東陽侯。　叔晰，二月贈明州、奉化侯。　仲嵩，二年正月贈華州、華陰侯。　世枚，七月贈(深)〔徐〕州、彭城侯。　世灼，三年八月贈華州、華陰侯。　世造，四年正月贈〔曹〕州、濟陰侯。　叔豹，六月贈夔州、雲安侯。　叔龏，五年二月贈定州、博陵侯。　叔羅，五月贈利州、益昌侯。　叔兑，六年六月贈定州、博陵侯。　世資，七年三月贈晉州、平陽侯。　世劬，紹聖元年四月贈同州、馮翊侯。　叔昊，二年六月贈金州、安康侯。　仲午，十二月贈蔡州、汝南侯。　叔邯，三年三月贈陳州、淮陽侯。　世訳，三月贈隨州、漢東侯。　叔肻，十月贈耀州、華原侯。　叔半，四年五月贈同州、馮翊侯。　叔鄿，五月贈宣州、宣城侯。　叔晌，元符元年八月贈(閏)〔潤〕州、丹陽侯。　叔昂，二年正月贈冀州、信都侯。　叔轎，三年五月贈襄州、襄陽侯。　仲汧，五月贈襄州、襄陽侯。　叔鄭，崇寧二年五月贈密【32】州、高密侯。　世珝，〔紹

〔一〕二「廬」字原均作「盧」，據《宋史》卷二一五《宗室世系表》改。

〔二〕壽州：疑當作「安州」。《元豐九域志》卷六：「安州，安陸郡。」壽州則稱壽春郡。

〔三〕容州：原作「密州」。按《元豐九域志》卷九：「容州，普寧郡。」據改。

興〕十一年九月贈建州〔一〕、建安侯。　仲琶，十一月贈華州、華陰侯。　士瀸，十二年二月贈洪州、豫章侯。　士礝，十九年七月贈揚〔州〕、廣陵侯。　士彙，二十一年六月贈建州、建安侯。　士瑀，二十三年三月贈婺州、東陽侯。　士園，五月贈泉州、清源侯。　士晴，二十八年十一月贈金州、安康侯。　皇兄允言，乾興元年七月贈明州、奉化侯。　允熙，天聖四年五月贈〔滄〕〔博〕州、博平侯。　承操，嘉祐三年正月贈涇州、安定侯。　克闢，八年八月贈陳州、淮陽侯。　克臧，治平元年十一月贈〔乾〕〔虔〕州、南康侯。　克伸，三年四月贈安州、安陸侯。　世曼，治平三年四月贈同州、馮翊侯。　仲寂，〔熙寧〕三年六月贈華州〔二〕、華〔陰〕侯。　叔材，七月贈華州、華陰侯。　仲嘉，五年四月贈鄆州、東平侯。　仲蕤，五月贈青州、北海侯。　世總，五月贈同州、馮翊侯。　仲噲，熙寧六年六月贈鄆州、東平侯。　叔蕃，七年二月贈華州、華陰侯。　叔藻，二月贈同州、馮翊侯。　仲晏，十二月贈同州、馮翊侯。　仲勸，八年四月贈同州、馮翊侯。　世瑞，八年閏四月贈華州、華陰侯。　叔鞅，十年五月贈同州、馮翊侯。　世登，元豐四年五月贈同州、馮翊侯。　世穹，八年二月贈婺州〔三〕、東陽侯。　令赫，元祐元年閏二月贈蔡州、汝南侯。　士蔿，四年四月贈同州、馮翊侯。　令濯，五年五月贈真州、常山侯。　令壷，十二月贈明州、奉化侯。　令軔，六年五月贈遂州、遂寧侯。　33 羡之，紹聖元年二月贈金〔州〕、安康侯。　士歡，閏四月贈金州、安康侯。　士宸，閏四月贈鄧州、南陽侯。　士岑，閏四月贈明州、奉化侯。　令息，五月贈密州、高密侯。　令萃，五月贈定州、博陵侯。　士歸，十一月贈襄州、襄陽侯。　令戞，二年四月贈明州、奉化侯。　迎之，三年三月贈密州、高密侯。　士倪，六月贈徐州、彭城侯。　士奄，元符元年五月贈冀州、信都侯。　燭之，六月贈滄州、景城侯。　敉之，八月贈定州、博陵侯。　士穮，二年五月贈鄆州、東平侯。　令祁，五月贈襄州、襄陽侯。　令驁，五月贈襄州、襄陽侯。　補之，三年四月贈密州、高密侯。　士浄，建中靖國元年二月贈定州、博陵侯。　況之，二月贈同州、馮翊侯。　士兗，十二月贈密州、高密侯。　士棖，崇寧三年八月贈同州、馮翊侯。　皇姪從郁，慶曆元年六月贈金州、昌化侯。　從讜，皇祐二年二月贈同州、馮翊侯。　宗敏，二月贈越州、會稽侯。　宗鼎，四年四月贈華州、華陰侯。　宗魯，五年閏七月贈徐州、彭城侯。　宗默，至

〔一〕紹興：原無。按此條承上條「崇寧」，然崇寧無十一年，此處當脱「紹興」二字，今補。

〔二〕熙寧：原脱，據本書禮四一之三六補。

〔三〕婺州：原作「安州」。《元豐九域志》卷五：「婺州，東陽郡。」據改。

和元年三月贈金州〔一〕、安康侯。　宗師，嘉祐元年十月贈密州、高密侯。　宗仁，二年正月贈虔州、（安）〔南〕康侯。　克構，贈邠州〔二〕、新平侯。　宗詠，二月贈洪州、豫章侯。　宗楷，三年三月贈隨州、漢東侯。　宗迴，五年四月贈婺州、東陽侯。　仲琳，治平二年四月贈安州、安陸侯。　世綱，六月贈虔州、南康侯。　令箴，熙寧四年三月贈華州、華陰侯。　仰之，**34** 七年四月贈鄆州、東平侯。　令賞，八年二月贈虔州、南康侯。　□□，□□年二月贈同州、馮翊侯。　令磋，元豐七年九月贈鄧州、南陽侯。　深之，九月贈鄧州、南陽侯。　公邵，元祐三年六月贈泉州、（深）〔清〕源侯。　子春，紹聖元年九月贈潁州、汝陰侯。　刺史皇兄捨之，元祐三年閏十二月贈華州、華陰侯。　大將軍皇叔宗史，熙寧十年三月贈同州、馮翊侯。　仲曦，元祐五年十二月贈明州、奉化侯。　皇兄宗秀，治平元年十二月贈華州、華陰侯。　旬之，元祐四年八月贈莫州、文安侯。　令琤，紹聖元年二月贈蔡州、汝南侯。　撫之，二年二月贈徐州、彭城侯。　令媞，三年五月贈同州、馮翊侯。　皇弟德鈞，景德四年正月贈河州、安鄉侯。　皇姪孫世茂，嘉祐八年正月贈婺州、東陽侯。　將軍皇兄仲倕，熙寧九年三月贈同州、馮翊侯。　皇弟德愿，咸平二年閏三月贈涼州、姑臧侯〔三〕。　德潤〔四〕，六年二月贈應州、金城侯。　德欽，景德元年六月贈雲州、雲中侯。　德存，大中祥符四年六月贈洮州、（兆）〔洮〕陽侯。　皇姪孫士揆，治平二年六月贈安州、安陸侯。

贈觀察使

團練使皇叔叔冉，元符三年九月贈金州。　大將軍、刺史皇兄令愔，元祐二年三月贈明州。　令逌，四年十月贈徐州。　士關，紹聖元年四月贈陳州。

大將軍將軍贈防禦使追封侯

大將軍皇伯克端，熙寧三年五月贈登州、東牟侯。　皇叔叔曹，元祐元**35**年閏二月贈洺州、廣平侯。　叔遂，四月贈懷州、河內侯。　叔奢，三年四月贈濟州、濟陽侯。　叔詣，五月贈瀛州、河間侯〔五〕。　叔稇，紹聖元年四月贈濟州、濟陽侯。　叔峴，三年五月贈洺州、廣平侯。　仲壬，九月贈博州、博平侯。　仲庠，十二月贈洺州、廣平侯。　叔徇，元符元年八月贈深州、饒陽侯。　叔

〔一〕至和元年：原作「至和六年」，按至和僅有三年，作「六年」顯誤。考王珪所撰宗默墓誌銘（《華陽集》卷五二），宗默卒於皇祐六年二月，次月改元至和，故當作「元年」。本書禮四一之三一載，至和元年三月，爲宗默輟朝，是也。據改。

〔二〕「贈」上當脱「正月」二字。

〔三〕「涼」原缺，「臧」原作「藏」，據《宋史》卷二四四《宗室傳》補改。

〔四〕潤：原作「閏」，據《宋史》卷二四四《宗室傳》改。

〔五〕河間：原作「河內」。按《元豐九域志》卷二：「瀛州，河間郡。」據改。

榮，九月贈洺州、廣平侯。　仲爹，二年二月贈濟州、濟陽侯。　叔源，七月贈洺州、廣平侯。　仲慥，三年五月贈濟州、濟陽侯。　士崢，〔紹興〕十二年九月贈濟州、濟陽侯。　士羯，三十二年二月贈眉州、通義侯。　皇兄叔沈，熙寧元年四月贈博州、博平侯。　仲連，三年五月贈華州、華陰侯。　叔禽，四年八月贈懷州、河內侯。　仲炎，五年正月贈懷州、河內侯。　仲銷，八年八月贈博州、博平侯。　世將，九年六月贈華州、華陰侯。　叔頎，元豐六年五月贈博州、博平侯。　令駟，元祐二年四月贈博州、博平侯。　令耽，四年二月贈懷州、河內侯。　令珊，四月贈博州、博平侯。　令岏，五月贈博州、博平侯。　令攀，五年六月贈洺州、廣平侯。　令賽，六年五月贈登州、東牟侯。　士憑，紹聖元年四月贈濟州、濟陽侯。　士輯，九月贈眉州、通義侯。　士軿，二年正月贈懷州、河內侯。　士証，六月贈博州、博平侯。　傳之，四年二月贈博州、博平侯。　令課，十月贈懷州、河內侯。　令雙，十二月贈萊州、東萊侯。　議之，元符元年五月贈莫州、文安侯。 36 令晝，二年六月贈登州、東牟侯。　令悦，七月贈萊州、東萊侯。　和之，建中靖國元年二月贈懷州、河內侯。　皇弟克貴，嘉祐八年九月贈懷州、河內侯。　克奂，治平二年四月贈均州、武當侯。　仲嵡，熙寧三年十月贈懷州、河內侯。　叔駘，八年閏四月贈洺州、廣平侯。　世係，九年三月贈懷州、河內侯。　仲丁，十年六月贈博州、博平侯。　仲佹，八月贈洺州、廣平侯。　叔民，元豐元年五月贈懷州、河內侯。　叔墀，六月贈洺州、廣平侯。　世覩，四年二月贈洺州、廣平侯。　叔鳳，四月贈洺州、廣平侯。　仲鎖，六月贈洺州、洛陽侯。　叔慈，六年二月贈懷州、河內侯。　仲歇，八月贈登州、東牟侯。　仲養，七年五月贈濟州、濟陽侯。　仲璊，六月贈博州、博平侯。　叔邢，七月贈懷州、河內侯。　皇姪克儉，康定元年八月贈濟州、濟陽侯。　克己，慶曆三年二月贈饒州、饒陽侯。　克基，五年六月贈復州、景陵侯。　克温，皇祐五年閏七月贈洺州、廣平侯。　克明，至和元年七月贈懷州、河內侯。　克悚，嘉祐三年五月贈濟州、濟陽侯。　克順，十一月贈瀛州、河間侯。　克咸，四年正月贈眉州、通義侯。　克詢，六年閏八月贈濟州、濟陽侯。　叔魚，治平元年四月贈和州〔一〕、歷陽侯。　叔奎，閏五月贈博州、博平侯。　仲向，二年二月贈懷州、河內侯。　仲山，四月贈郢州、富〔平〕〔水〕侯。　仲謙，六月贈懷州、河內侯。　孝純，熙寧六年正月贈同州、馮翊侯。　令譞，七年二月 37 贈懷州、河內侯。　令叟，八年贈

〔一〕元年：原作「四年」。按下條承此條言「閏五月」，惟治平元年閏在五月；又再下條稱「二年」，若此條作「四年」，則年次顛倒，是「四年」應爲「元年」之誤，今改。

博州、博平侯。　孝哲，十年二月贈博州、博平侯。　令甲，元豐四年正月贈同州、馮翊侯。　令虛，五年九月贈博州、博平侯。　令俁，十月贈博州、博平侯。　士執，六年七月贈博州、博平侯。　令儔，七年十月贈洺州、洺陽侯。　令門，八年二月贈博州、博平侯。　子賈，元祐五年三月贈蘄州、蘄春侯。　子照，元符三年正月贈深州、饒陽侯。　皇姪孫世崇，皇祐五年正月贈洺州、廣平侯。　世儀，九月贈郢州、富水侯。　仲翹，嘉祐六年五月贈眉州、通義侯。　將軍皇弟承嗣，慶曆元年六月贈蘄州、昌化侯。　皇姪惟能，大中祥符元年五月贈蔡州、張掖侯。　允中，五年十一月贈潁州、汝陰侯。　宗孟，康定元年四月贈汝州、臨汝侯。　宗邈，至和元年二月贈濟州、濟陰侯。　宗沔，二月贈洺州、廣平侯。　有鄰，政和五年五月贈博州、博平侯。　皇姪孫宗育，大中祥符五年七月贈潁州、汝陰侯。

贈防禦使

大將軍皇兄令夬，元祐元年八月贈博州。

贈團練使

皇伯右監門衛將軍宗易，熙寧九年六月贈舒州。

皇兄承訓，天聖八年四月贈深州。　皇弟承偉，景祐二年四月贈濮州。　皇姪守約，天聖五年七月贈沂州。

贈刺史

皇兄莊宅使承矩，天聖五年八月〔贈〕博州。　南作坊使承壽，七年六月贈德州。　西京作坊使承拱，九年七月贈濱州。　皇姪西染院從恪，天聖九年三月 38 〔贈〕磁州。　六宅使從穎，景祐二年二月贈濟州。　如京使從吉，七月贈懷州。

贈大將軍追封國公〔一〕

皇弟元億，至道三年六月贈左衛、代國公。

贈上將軍

右千牛衛將軍皇叔祖克祐，元符三年七月贈右監門衛上將軍。

贈大將軍

右千牛衛將軍皇兄令緻，元祐二年十一月贈（尤）〔左〕屯衛。　皇弟世英，熙寧六年四月。　叔藩，八年閏四月。　叔虆，五月。　叔布，十年正月。　皇姪克丕，嘉祐二年二月。　克蕭，四月。　克任，七月。　克並贈右武衛。　克諧，三年十二月贈右武衛。　克

〔一〕公：原無，據正文補。

沖，六年四月贈右驍衛。　克終，六月。　令講，熙寧
五年七月。並贈右屯衛。皆未見元係何官。　右千牛衛將軍士
莀，七年三月。　令儲，十年八月。　積之，八月。
莊宅副使令款，元豐二年七月。　右千牛衛將軍令
駒、令每，五年八月。　令篯，七年七月。並贈右屯衛。
皇姪孫世宏，寶元二年十月贈右武衛。　世謐〔二〕，
慶曆五年二月。　世安，皇祐二年六月。並贈右驍騎。
仲髦，嘉祐三年十一月。　世衡，四年六月。
仲寅，六月。　仲緘，五年六月。　仲參，九月。
仲喜，七年三月。並贈右屯衛。

贈將軍

率府率皇叔克慄，治平四年八月。　皇弟士㮚，政
和三年三月。並贈左領（將）軍〔衛〕。　皇姪允莊，舒王元偁長子，未命官而卒。大中祥符七年四月特賜名，贈左千牛衛。
克平，慶曆二年閏九月贈左領軍衛。　克莊，嘉祐
四年六月贈右領軍衛。　39 士衆，熙寧九年五月贈左
領軍衛。　令閶，元豐二年五月贈左領軍衛。　皇姪
孫世豐，寶元□年十一月。　仲伉，慶曆四年正月。
仲郢，七年四月。　世邁，皇祐元年四月。　世卿，
二〔年〕二月。並贈右領軍（領）〔衛〕。

宗室文臣

寶文閣直學士、左太中大夫、提舉萬壽觀子櫟，紹興七
年贈四官。　徽猷閣學士、左朝議大夫、提舉江州太平
觀子晝，十三年五月贈四官。　寶文閣直學士、右通奉
大夫子湭，十六年二月贈右光禄大夫。　右太中大夫、
知紹興（紹）府不棄，十九年十月贈右宣奉大夫。　敷文
閣直學士、左通議大夫致仕令詪，乾道二年十二月贈左宣
奉大夫。　龍圖閣學士、左通奉大夫、知泉州子（肅）
〔潚〕，二年五月贈光禄大夫。（以上《永樂大典》卷一九一二五）

〔二〕世謐：原作「世謐」，據《宋史》卷二一八《宗室世系表》改。

宋會要輯稿　帝系四

宗室雜録 一

【宋會要】

❶太宗雍熙(元)〔二〕年正月十一日〔一〕，以皇姪德恭爲左武衛大將軍〔二〕、判濟州，封定安侯；德隆爲右武衛大將軍、判沂州，封長寧侯。初，廷美徙房陵，諸子皆從行，至是並受封，仍厚賜緡錢，遣高品衛紹欽送之治所。以起居舍人韓檢、右補闕劉蒙叟通判二州，諭旨令檢等專郡政焉。

三年正月九日，德隆卒，以弟德彝爲右千牛衛大將軍、判沂州，封長寧侯，繼其任。

真宗咸平二年十一月十五日，以左神武軍大將軍德恭爲左衛大將軍、判虢州；左武衛大將軍德彝爲右神武軍大將軍、判滁州。德恭等拜章，願奉朝請，從之。

大中祥符元年十二月二十三日，詔皇親今後南班及十八年者具名取旨。時以皇弟德雍等皆領刺史，德雍高州，德文恩州，德存獎州，皇姪惟正順州，惟忠遂州，惟叙勤州，惟和澄州，惟憲演州。允升遷右武衛將軍，允言左屯衛將軍，允成右屯衛將軍，允寧、允正並右監門衛將軍。先是真宗謂王旦等曰：「皇親在環衛者衆，宜第其久次者俾領州郡。」由是德雍而下八人在班十八年，允升而下五人在班七年，故有是命。

二年九月二十六日，召宗室觀書于龍圖閣，因覽《尚書圖》。寧王元偓曰：「侍講近説《尚書》、《論語》間，無事即習射。」帝喜其勤學，令講讀官日給太官膳，命入内副都知張繼能主之，且戒以無得輕待專經之❷士。

十二月二十一日，右驍衛將軍允寧等言：「兄允言前坐稱疾不朝降率府率，願復舊官。」帝謂宰臣曰：「允寧諸弟同爲拜章，詞亦懇切，宜聽其請，以獎雍睦。」遂復授允言左千牛衛將軍。

祥符三年七月十九日，諸宮言：「已依詔旨，子孫及年十歲以上者並就學於教授時大雅。」帝曰：「童稚就學，深有資益，且聰晤者讀書往往便能風誦。」

二十五日，勾當南宮諸院内侍高班陳文懿、勾當北宅内侍高班趙知昇等各奏：南宮有將軍惟忠、惟叙、惟和、惟憲，北宅有大將軍德雍已下，各赴書院講讀經史。有詔：諸院十歲已上穿執及未穿執者，日須入學誦書。學書既午，方得歸院。帝謂宰臣等曰：「朕常思太宗誡諭，惟學讀書最爲好事，朕遵行之，未嘗失墜。若輔導者多方以誘之，即必至於善。今諸院能奉承先訓，亦皇族盛美之事。朕嘗憶太宗遺中官王仁熙主楚王宮事，仁熙忠勤，動由規矩，王

〔一〕二年：原作「元年」，據《宋史》卷五《太宗紀》二改。

〔二〕武：原脱，據《宋史》卷五《太宗紀》二補。

諸子微有闕失，即憂形于色，多方警諭之。其聽授學書，無一日廢闕；從楚王出入，早夜無少懈，未嘗干以私。詢於其類，不可多得。朕今求其可繼者，未有之也。」

九月十二日，帝作《宗室坐右銘》并注，分賜寧王元偓等。帝謂宰臣曰：「判宗正趙善湘請朕親著箴誡之文以示宗室，因製此銘，以申誨導。可付學士院降詔賜之。」寧王等因此亦降詔諭意分賜。

十二月十六日，內出南陽郡王惟吉書蹟七卷并目録，并御3製序送祕閣。惟吉子守節又獻其父真草書《千字文》石本，詔付史館，而賜守節勅書。帝因謂宰臣曰：「兖王元傑筆札甚精，但所存者少，朕嘗詢訪，蓋多焚之。」

祥符四年五月十二日，增皇姪已下俸月十千。先是初授官俸三十(年)〔千〕，稍加五十千，再加七十千。行慶之後，各求領郡，帝以新進秩不許，故復增俸。

四月十八日〔一〕，龍圖閣直學士陳彭年集帝在藩邸與諸王酬唱，并故鄆王與畢士安酬唱，故安王、德潤、惟正等詩來上，詔並藏秘閣。

九月二十八日，南宮惟正等諸院移居新修西宅，令內侍省選差使臣一員勾當本院公事。

天禧元年二月十三日，宗正寺言：「准詔，以皇族初命授官未有定制，令參議者。今請以宣祖、太祖、太宗孫初蔭授諸衛將軍，曾孫授右侍禁，玄孫授右班殿直。內父爵高者聽從高蔭。其事緣特旨者，不以爲例。」詔中書、樞密院再參定而行之。先是，帝謂宰臣曰：「皇族漸多，而授官未有定制，其令宗正寺以房院次第詳定合除授班行以聞。」至是上議，始有是詔。

仁宗天聖三年五月二十二日，楚王子濮州防禦使允成卒，其長兄允升日夕哀泣，帝嘉其友睦；仍以楚王先帝同氣，寢疾彌年，思有以慰其心，特授允升澶州觀察使，封延安郡公。

五年十二月二十四日，供奉官從質爲兄從謹疾封股肉以療，帝頗以爲純孝。宰臣王曾等以爲，身體髮膚受之父母，此雖出4於孝友，然在昔聖賢所不許。閭里小民相倣爲之，未能止絶，況在宗室，不可嘉賞。遂止給賜縑帛。

明道二年十一月一日，詔：皇親諸司使已下料錢，自來已支見錢。今諸司使特添見錢十貫，副使已下各於本資上依次第添一等料錢。其餘請受並依舊。

景祐二年九月二十九日，詔曰：「朕紹承丕搆，懷撫懿親，荷廟祧錫羨之祥，致藩戚廣滋之慶。並開邸第，散處都城。念讌集之或暌，加室居之多隘，俾遷爽塏，載易規摹。示列次之有倫，庶在宗之胥樂。宜以舊玉清昭應宮地修蓋

〔一〕此月日與上條失次。按《長編》卷七七：祥符五年三月二十三日「庚寅，上作《諸王唱酬詩集序》示宰相，仍命以集赴祕閣」。《玉海》卷五九記此事，注云：「鄆王、安王及德潤、德明詩集序，共四首。」此事顯然與本條有關。蓋三月真宗作序時只有詩四首，乃命陳彭年擴而集之，至四月十八日上之，即此條事也。據此，本條「四月」上疑脱「五年」二字。

潞王等宮院，仍賜名睦親宅。命三司使程琳總其事，入内内侍省内侍都知閻文應、内侍省内侍副都知張永和、引進副使王克基典領工作。」

十一月十五日，詔曰：「三聖登侑，二廟薦誠。言念宗枝，同膺慶祉。應宗室並比類文武官優與加恩。其任諸司使以下至殿直，並與換西班官。仍今後依此遷授。」

景祐三年正月十三日，詔：「自今宗室訓名，令宗正寺與修玉牒官同共議定，勿得重疊。」

七月十九日，初置大宗正司，以寧江軍節度使允讓知大宗正事，彰化軍節度觀察留後守節同知大宗正事，仍賜器(弊)〔幣〕、襲衣、金帶、鞍勒馬。時宗室子孫衆多，方聚居大第，故於祖宗後各擇一人知宗正事，令敦睦之，違失則糾正焉。凡宗室奏陳，不得專達，先委詳酌而後聞。小可過失，並依理施行。

八月三日，大宗正司言：「請令皇族每 5 日朝罷，各令聽讀，出入行馬須依次序。」從之。

九月五日，以睦親宅成，帝臨幸，賜宗室器幣、工匠役卒緡錢有差。遂燕宗室及從官於都廳，時儒臣多爲賦頌以獻。（以上《永樂大典》卷一二一五）

【宋會要】

6 寶元二年七月二十日，命安化軍節度觀察留後允弼同知大宗正事。

二十八日，大宗正司言：「先朝故事，宗室子孫七歲始賜名授官。今在襁褓者已有恩澤，請自今遇乾元節、南郊，聽官其一子，餘須俟五歲方得陳乞。」從之。

十一月二十五日，從藹言：「長男不豐勵志精學，不幸夭折，乞追賜一進士及第。」詔可。

慶曆二年五月十日，詔：「自今南郊支賜，皇后及宗室婦各減舊數之半。」

閏九月十三日，詔：「寒食、十月朔，宗室遥郡刺史以上聽更往朝陵。」先是唯允弼、守巽遞行，它宗室不預，乃詔更往。

四年正月二十八日〔一〕，詔大宗正司曰：「朕思古之人君，莫不厚親戚以輔王室，始家邦而化天下。近鑒前史，有足觀者。如漢河間王之好書，東平王之樂善，不亦爲風教之助乎？國家之興，八十餘載，子孫蕃衍，幾數百人。比令建置宗官，開敞居第，所以示糾合之義、敦睦之愛。亦嘗臨遣儒士，往授經訓。雖忠孝篤行，人皆夙習，而詩書成業，罕聞來上。自今帥諸宗子勵翼一心，周旋六藝，以廢學爲恥，以飭身爲賢，朕豈以爵賞恡之哉！使四方謂朕有懿親茂族，爲國盤維之固，誠不愧於前代也。宜令睦親宅、北

〔一〕按，此條之詔，《宋大詔令集》卷五〇、《長編》卷一五五、《東都事略》卷六、《玉海》卷一三〇等均繫於慶曆五年三月己未（三日）。

宅諸院教授官〔一〕，常具聽習經典或文詞書翰功課以聞。咨爾宗室，體我眷懷。」

二月二十三日，大宗正司言：「皇族凡有違越過失，請從本司舉劾。」從 7 之。

七月五日，燕王宮火，驚移靈座，遣内侍押班李允文即燕王几筵告之。

十六日，制以武勝軍節度使、同中書門下平章事、馮翊郡公德文爲東平郡王，寧江軍節度〔使允〕讓爲汝南郡王，安化軍節度觀察留後允弼爲北海郡王，鎮國軍節度觀察留後允良爲華原郡王，左屯衛大將軍、達州刺史從藹爲潁國公，左屯衛大將軍、雅州刺史從煦爲安國公，左千牛衛大將軍宗説爲祁國公，昭成太子孫右千牛衛大將軍宗保爲建安郡公，華王孫右千牛衛將軍宗達爲恩平郡公，邢王孫右屯衛將軍宗望爲清源郡公。自燕王薨，而祖宗之後未有封王爵者。議者以爲，自三代以來，皆建宗戚，用自承助，於是次第封拜之。八月，又以宗室久不遷，自德文以下三百二十一人遞進一官。

八月三日，封洺州團練使守巽爲（穎）〔潁〕國公。初以從藹爲（穎）〔潁〕國公，而守巽自言，冀王之後爲最長，故更命之。

九月二十九日，召宗室燕太清樓，射于苑中。

五年二月十七日，安静軍節度使允迪責授右監門衛大將軍。允迪居父喪，命奴女日爲優戲宮中，其妻昭國夫人錢氏告之，詔入内副都知岑守素即本宮按問。允迪既責降，亦度錢氏爲洞真宮道士。

十八日，詔允良、允迪、允初候服闋日移入睦親宅。

四月二日，左龍武軍大將軍、温州團練使從讜削除官爵，仍鏁於別宅。坐射殺親事官。

是月，大宗正司言：「皇族 8 衆多，朝參、慶賀及侍燕、從駕等處添展幕次，排辦什物，遇賜食乞令管勾使臣畫料供應。」從之。

六年六月二十六日，詔自今皇族之喪，皆官爲製服。時諫官李京言：「皇叔德文卒，而在宮緦麻以上親並不給服。蓋因近歲減省致此，甚非厚親飾哀之道。」遂下太常禮院議而復給。

十月，大宗正司言：「近制，宗室子孫候一十五歲即令（裏）〔裹〕頭赴起居。每年及者，即經本司奏陳，乞賜例物，内降憑由，付内東門司關三司施行，踰時方蒙支賜。欲自今年一十四歲即令本司關赴所司，依例支賜；且令在宮教習朝儀，次年即赴起居。」從之。

十二月九日，大宗正司言：校試宗彦等書藝頗進。降勑奬之。

十三日，大宗正司言：右監門衛將軍世績以真宗皇帝

〔一〕親：原作「族」，據《宋大詔令集》卷五〇改。又「睦親宅、北宅」，《宋大詔令集》作「睦親南北宅」。

御製《喜雪》詩書石摹本來上。詔獎之。

七年正月八日，大宗正司請自今宗室輒有面祈恩澤者，罰俸一月，仍停朝謁。從之。

九月二十二日，賜北宅名曰廣親。先是，以秦王宗子蕃多，而所居隘狹，乃命以故宰臣王欽若第增修之，及成而賜名。

十月二十三日，以廣親宅成，帝臨幸，謁太祖、太宗神御殿，遂徧至諸院，賜賚有差。

八年五月二十六日，以群牧司新修宗室馬廄爲宮駿坊。

皇祐二年正月十七日，左羽林大將軍宗望上集虞世南筆法《千字文》，特轉資州刺史。

三月十七日，詔宗室子生四歲者爲給食。初詔五歲始給食，而大宗正司請宜[9]仍舊以三歲，故裁定之。

四年八月二日，三司言：「左監門衛大將軍、循州刺史世清以病馬私易官馬，計贓絹十六疋，其罪合聽裁。」帝曰：「雖然宗室，可廢國法乎！」特罰銅四十斤。

五年六月十四日，右屯衛大將軍宗諤上《治原》十五卷，降詔獎之。

八月十一日，宗諤又上《宗室善惡寶戒》，詔轉右神武大將軍。

二十八日，詔：「皇親今後趁朝不到，依新定罰俸，令三司於料錢內尅除。」

九月六日，右武衛大將軍、永州團練使宗懿上飛白大字十軸，詔褒之。初，宗懿嘗進飛白書，帝賜「更切進學」飛白四字〔一〕，至是以所學書再上之。

七日，詔：「應宗室犯姦私、不孝、贓罪，若法至除名勒停者，並不得叙用，仍永不許歸宮。所犯不至除名勒停者，並臨時取旨。」

十四日，左屯衛大將軍世永上《宋邸恩華録》三卷，詔書獎諭。

十月五日，判大宗正司允讓言：「宗室養子須五歲然後賜名授官，毋得依長子不限年。」從之。

至和元年八月二日，大宗正司言：「右衛大將軍從古自陳，亡子世邁嘗冒請亡孫令袒俸錢，願月除己俸入官，請劾罪以聞。」帝以其知過，特釋之。

九月十五日，右屯衛大將軍克繼寫國子監《論語》石本五卷，賜銀絹各五十。

十二月二十七日，睦州團練使宗諤上所撰《太平盤維録》，勑獎諭之。

二年五月一日，以汝南郡王允讓子右領軍衛大將軍宗師爲康州刺史，北海郡王允弼子右監門衛將[10]軍宗喬爲右領軍衛大將軍。以父領大宗正久，因乾元節推恩也。

六日，右屯衛大將軍叔韶上書願自試劇郡，遷領賀州

〔一〕四：原作「六」，據《玉海》卷三四改。

刺史。

十八日，右神武軍大將軍、睦州團練使宗謌自陳生太宗宮中，及上所藏真宗御容，特遷左龍武軍大將軍。

二十一日，左屯衛大將軍從湜爲右神武軍大將軍。妻父王貽永爲請而遷之。

二十八日，以右武衛大將軍、永州團練使宗懿上所撰詩賦，右屯衛大將軍克修自陳幼時嘗侍仁宗禁中，特遷宗懿領和州防禦使，克修領貴州刺史。

六月一日，華原郡王允良同知大宗正事。大宗正司舊只二員，至是允良以燕王遺表自陳，故特添置。未幾復罷。

四日，以左衛大將軍、郢州防禦使宗顏爲衛（州）防禦使，左衛大將軍、絳州防禦使宗禮爲懷州防禦使，左屯衛大將軍、光州團練使、弋陽郡公世永爲邢國公。宗顏以其母錢氏嘗爲仁宗乳母，宗禮出繼昭成太子後，世永自陳其父守節嘗知大宗正司，並特遷之。

八日，制以允良爲奉寧軍節度使，罷同知大宗正司事。御史言其起居反晝夜，特遷鎮而罷之。

九（月）〔日〕〔一〕，以知大宗正事允讓爲判大宗正事，同知大宗正事允弼爲同判大宗正事。

八月二十七日，詔曰：「先朝舊制，皇族在班及十八年者具名取旨。今宜令中書、樞密院檢會自明堂覃恩後及十年者，特以名聞，當議依天（僖）〔禧〕元年二月宗正寺所定房
11 院次第各與遷官。其近因特恩遷官者，須更理十年乃遷。」

嘉祐元年六月一日，右監門衛將軍仲軻等九人各罰俸一月。初，其父宗説廢居別第，仲軻等遮宰臣哀訴，而大宗正司請懲戒之。

二年八月二十六日，賜右監門衛大將軍、柳州刺史克循銀絹各三百。初，帝不豫，克循日夜齋戒，徧爲禳禬之事，又鏤佛書，身自禮誦，故有是賜焉。

十二月十一日，大宗正司言：「故從善新婦張氏奏，蒙宣以故仲郢男士朋充繼嗣，乞依例賜士朋依本宮行從名，連令寧稱呼。」從之。

三年四月二十五日，罷修睦親宅祖宗神御殿。初，上封者言：「神御非人臣私家之禮，若援廣親宅例，當得興置，則是沿襲非禮之事。」詔兩制、臺諫、禮官詳定，乃言：「漢韋元成奏議：《春秋》之義，父不祭於支庶之宅，君不祭於臣僕之家，王不祭於下土諸侯。其後遂罷郡國廟。今睦親宅所建神御殿不合典禮，悉宜罷。」時帝以廣親宅置已久，不欲毀之，止罷睦親所修。

八月六日，詔禮部貢院，宗室壻不許鎖廳應舉。

十一月二十四日，左龍武衛大將軍、深州防禦使宗謌爲沂州防禦使，進封虢國公。宗謌，魯王長孫，濮王薨，以本宮之長特封之。

〔一〕九日：原作「九月」，據《長編》卷一八〇改。

十二月十八日，詔大宗正司，令睦親、廣親宅教授官具所教宗子功課以聞。

十九日，右千牛衛將軍克頎上《周禮樂圖》，勑獎諭之。

四年十二月十五日，磁州防禦使承亮上《祫享[12]受釐頌》，詔獎之。

五年六月二十四日，詳定編勑所言：「皇親宮院有違禁衣服、首飾、器用之類，及雖係所賜或父祖所置者，聽百日改造之。如違令，本宮使臣覺察，申大宗正司施行。」從之。

十一月九日，大宗正司言：宗室解官，未知稱謂。下禮部詳定。本院言：自來文武官丁憂，皆稱「草土臣」。詔依。

十二月十七日，以右衛大將軍、蘄州防禦使、安國公從古權同判大宗正事。

六年正月七日，判大宗正事允弼請以潭王宮教授周孟陽、燕王宮伴讀李田編修本司所降宣勑劄子。從之。

二十四日，降郢州防禦使宗懿爲信州團練使。初葬濮安懿王，而宗懿自以本命日不臨(宂)〔穴〕，故降之。

二月三日，詔：宗室賜名授官者，須年及十五乃許計年轉官。

八日，詔：宗室上陵墳，毋得以粘竿、彈弓、鷹(大)〔犬〕隨行。

九月七日，磁州防禦使承亮爲明州觀察使，進封昌國公。故事，皇族本宮之長封國公，卒則以次受封。至是安定郡王承簡卒，而承亮於秦悼王後爲最長，故以命之。

十月十二日，詔曰：「先王糾合宗族，而分職以治之，所以嚴宗廟也。宗廟嚴，則禮俗成而天下治，其事豈可輕哉！皇姪右衛大將軍、岳州團練使宗實惠仁孝恭〔一〕，忠信純篤〔二〕，故遷厥位，以修于宗正之官，亦先王治親之意也。夫士之欲施於政，未有不學而能者。學所以修身也，身治則無不治矣。朕言維服，爾往懋哉！可起復，依前右衛大將軍、泰州[13]防禦使、知宗正寺。」二上表乞終父喪，從之。

七年正月二十三日，皇姪、前右衛大將軍、岳州團練使〔宗實〕復領泰州防禦使、知宗正寺，以濮安懿王服除也。

二月四日，詔大宗正司：「自今皇親之喪，五年以上未葬者，不以有無尊長新喪，並擇日月葬之。」初，龍圖閣直學士向傳式言：「故事，皇親係節度使以上方許承凶營葬，其卑幼喪皆隨葬之。自慶曆八年後積十二年，未葬者僅四百餘喪，官司難於卒辦，致濮王薨百日不及葬。請自今兩宅遇有尊長之喪，不以官品爲限而葬之。」下(判)大宗正司同太常禮院、司天監議，而降是詔。

〔一〕宗實：原無，蓋避英宗諱（宗實即英宗原名）删。今據《宋大詔令集》卷四一補。下條同。

〔二〕忠：原脱，據《宋大詔令集》卷四一補。

三月六日，大宗正司言：皇姪右衛大將軍、岳州團練使曙乞還泰州防禦使、知宗正寺告勅。不許。

八月五日，皇姪右衛大將軍、岳州團練使曙復辭泰州防禦使、知宗正寺。許之。

十月三日，左屯衛大將軍、登州防禦使、邢國公世永自陳：「太宗與秦王之後官正任者十餘人，臣太祖之嫡孫，又本宮爲最長，而遥領使名歲久。」詔遷隴州防禦使。

八年八月二十六日，祔葬所言：「宗室送葬者多，乞就遷官高有才者敦睦管勾，令送者皆稟其約束。」詔以右神武大將軍、全州團練使宗厚主西路，右監門衛大將軍充鮍主南路〔一〕，令所過毋得擾州縣，著爲定制。

英宗治平元年五月六日，帝問執政前代宗室。富弼曰：「唐時名臣多出宗室。」吳奎曰：「祖宗時宗室皆近親，然初授止於殿直、【14】侍禁、供奉官，不如今之過也。朝廷必爲無窮計，當有所裁損。」

閏五月十一日，太常禮院言：「宗室嫡母存，則所生母、庶母、乳母，婦之所生母、乳母卒，請皆令治喪于外。」從之。

六月五日，詔曰：「雖王子之親，其必由學；惟聖人之道，故能立身。稽古大猷，若時至訓。粤三德三行之順，有四術四教之崇。歷辟承風，自家刑國。今一祖之後，諸宗之支，亦嘗著令于前，命官以訓。或兼職他邸，或備位終年，誘導之宜，滅裂無狀。蓋命不持固，事遂因循。特詔近臣並薦能者，使成童而上，講誦經書。小學之居，通達名數，朝夕勸善，日月計能。固當漸漬簡編，崇修志業。與其趨異端而無守，豈若就有道而自修。居常謹思，戒在中止。所謂少成若天性，習慣如自然。顧禮義之方，須尊長之誨，內有懿親之表率，外有明師之切劘。懋進汝功，用符朕意。其子弟不率教約，俾教授官、本位尊長具名申大宗正司，量行戒責。教授官不職，不能勉勵，大宗正司察訪以聞。」初，帝以宗室自率府副率以上八百餘人，其奉朝請者四百餘人，而教學之官六員而已，因命增置。凡皇族年三十已上者百十三人，置講書四員；年十五以上者三百九人，增置教授伍員；年十四已下者別置小學教授十二員〔二〕。并舊六員，爲二十七員，以分教之。帝謂韓琦等曰：「凡事之行，患於漸久而怠廢；況爲學之道，尤戒中止。諸宗室之幼者，仍須本位尊長常加率勵，【15】庶不懈惰。可召舍人喻此意，作詔戒勉之。」故有是詔。

九日，貢院言：娶宗室女補官者，乞許其應舉。從之。

十三日，以左神武衛大將軍、寧州防禦使宗惠爲懷州團練使、同知大宗正（司）〔事〕，仍下詔曰：「夫明德以親九族，正家而刑萬邦，古先哲王，罔不由此。朕嗣守丕業，率循舊章。惟皇屬之敦和，命宗臣而董正。而累聖承繼，百

〔一〕充鮍：疑誤。
〔二〕下：原作「上」，據《長編》卷二〇二改。

年盛隆，荷宗社之慶靈，茂本支而蕃衍。念其性本於仁厚，宜廣學以勤修；顧其日益於衆多，必增員而統理。故外已詔於儒學，各選經師；而內仍擇於親賢，共司屬籍。庶乎協贊其職，並修厥官。糾乃非違，先以正而爲率；勉夫怠惰，惟其善而是從。式孚于休，以副予意。」帝既命增置宗室學官，以謂宗室數倍於前，而宗正司事亦滋多，乃增置同知大宗正事一員，擢宗惠爲之，而降是詔。

十五日，詔建睦親、廣親北宅于芳林園。初，睦親宅密州觀察使宗旦等五位〔一〕、廣親宅原州團練使克戒等二位言〔二〕，子孫衆多，而所居狹隘，遂命度故上清宮地爲七位，以宗旦等五位爲睦親東宅，克戒等二位爲廣親東宅。有司方營造，而天章閣待制王獵建言，取睦親、廣親四旁官私屋以廣兩宅。既遣三司户部副使張燾等按視，而上以搔動居人頗多，不許。然以上清所修七位無復餘地，而皇族蕃衍，恐後有當遷者，命別擇地，遂作宅於此園，徙宗旦等七位，而其後有求徙者，又廣宅而徙焉。

二十五日，大宗正司[16]言：定到宗室聽讀賞罰規式。詔從之，而令本司選宗室及宮官一人，季一試其所讀；仍令籍被罰姓名，遇遷官日以聞。

二年三月，大宗正司〔言〕：「諸皇親自三十以上聽書者，每朝罷則集講於都廳，乞差翰林儀鸞司供應。」從之。

五月二十六日，詔：「宗室除已襲封外，今後生前封王者方許子孫承襲，襲封者並轉一官，止觀察留後。」

三年四月五日，懷州團練使宗惠降恩州刺史，罷同知宗正事，止其朝參。坐女僕相告訐，語不順也。

七月十三日，詔濮王子孫及魯王子孫各以序遷。

十九日，翰林學士承旨張方平言：「皇族賜名，其屬絕無服，而異字同音，或上下一字同者，皆請勿避。」從之。

治平四年正月十七日，神宗即位未改元。詔東平郡王允弼、襄陽郡王允良朝朔望。

二月七日，以東平郡王允弼、襄陽郡王允良再上表，乞依先朝五日一奉朝謁，詔曰：「朕聞王者之臨天下，非禮莫治，故尊尊親親之教必始于朝廷，萬方是則。今我伯祖、叔祖止朝朔望，示尊親之義，爲立教之始。而封章再上，曲形謙損，非所望也，宜毋固辭。」

七月十九日，詔：「右龍武軍大將軍、深州團練使世準、右監門衛率府率世設並降一官，停朝請；右千牛衛將軍世膺降兩官；右監門衛大將軍、嘉州刺史世瑞贖銅□斤。」先是，宗室從□無嗣，詔以弟從古之子世設爲嗣；世設私歸本宗，廼以從藹之子世膺爲嗣，世膺後遁歸。乃詔世準發遣而違慢，[17]不即奉詔，世瑞受匿，故有是責。

九月十八日，詔同知大宗正事宗旦展磨勘二年。先是，宗旦妻沈氏服其姑德妃所遺銷金衣入禁中，宗旦坐罰

〔一〕睦：原作「陸」，據《長編》卷二〇二改。
〔二〕克戒：原作「克成」，據《長編》卷二〇二改。

金。至是，大宗正司言：宗旦改官及十二年，請舉磨勘如故例。上以前事，又命展年，示法禁當自貴始。

十月二十五日，大宗正司言：「右羽林軍大將軍、磁州防禦使仲佺等乞遇父宗樸赴濮安懿王園廟祠事，與弟仲龐、仲容輪從行。」詔可。

神宗熙寧元年二月一日，以吉州團練使宗惠權同管勾大宗正司事，候允弼服闋日依舊。

八月二日，詔曰：「昔我藝祖皇帝之興，以天發之期，再造區夏，大謀偉烈，被諸萬世而莫高焉。朕奉承聖緒，夙夜不敢康。乃顧後之子孫〔一〕，而有司未嘗議封爵之文，豈朕所以尊大統、推親親之意哉！且積厚者流必遠，施大者報必豐。其令中書門下考大宗之籍，以屬近而行尊者一人，裂土地而王之，使常從獻于郊廟，世世勿復絶，以稱朕尊祖報本之意焉。」

二十六日，集慶軍節度使、同中書門下平章事宗諤落中書門下平章事，節制如故。坐以濮王、魯王宮奉給分作兩曆勘請，遣吏於三司請托，爲御史所彈故也。

九月二日，以涇州觀察使、舒國公從式爲彰化軍節度觀察留後，進封安定郡王。從式，太祖之曾孫，楚王德芳之孫，英國公惟憲之子，於諸孫居尊行，故有是命。

二十八日，三司言：「天章閣待制王獵奏：皇親 18 月料，嫁娶、生日、郊禮給賜，乞檢定則例，編附（録）《〔禄〕令》。省司看詳，其間頗有過當及不均一，欲量行裁減。」從之。

熙寧元年十一月二十五日，大宗正司言：大將軍叔滸、檢之、將軍克猛、克勁、叔慈、叔劉、腕之不赴太廟陪位。詔各罰俸三月，南郊更不賜賚。

〔二年〕三月二十五日〔二〕，三省進呈宗室世清乞襲封事，王安石曰：「宗室襲封轉官，此法無理。」詔令自今襲封勿轉。

五月十四日，罷宗室正任以上借教坊樂人爲博士。

六月九日，提舉司言：裁定宗室供身驅使吏人，各以官序爲差。從之。

十六日，降茂州防禦使、申國公世清爲左武衛大將軍、郢州防禦使。初，世清累上書訟襲封不當，帝摘其言襲封處，曰：「恐世清以爲襲越王後。」王安石復摘其言，有自言襲冀王處，帝曰：「此則反覆明矣。」安石曰：「陛下方欲裁制宗室，此事當必行。」帝曰：「雖群臣有如此者，皆不可容，蓋難見罪狀明白若是也。」故有是命。

七月二十三日，鎮潼軍節度觀察留後、同知大宗正（司）〔事〕宗旦知大宗正事，吉州團練使、權同管勾大宗正司公事宗惠同知大宗正司事。

〔一〕「子孫」下，王珪《華陽集》卷二三有「寖微不顯」四字，補入意更勝。

〔二〕二年：原無。按上條已述及熙寧元年十一月事，不應此條反叙三月事。查下條，據本書樂五之二六，乃「熙寧二年五月」事；又下文「二十五日」條，據《宋史》卷一四《神宗紀》一，乃熙寧二年十月二十五日事；又「閏十一月」條，惟熙寧二年有閏十一月。可知此條脱「二年」二字，因補。

二十八日，三司請許皇親舍屋如願自備人匠，請官物料修蓋者，從之。

十月一日，詔右羽林軍大將軍、衡州團練使仲騑贖銅十斤，以在朝假私乘座車觀車駕。

二日，詔仲啀、仲全依舊外宅居住，骨肉並遣歸宫，不得往還。坐擅出外宅，私過雜户，及相告言。

二十五日，制 19 以集慶軍節度使、檢校尚書、左僕射、虢國公宗諤復爲同中書門下平章事。初，帝欲復宗諤官，王安石曰：「陛下姑遣使存問，諭以恩意，俟裁處宗室事定乃復。」帝曰善。至是宗室法議定，將降詔施行，乃復之。

十七日〔一〕，貴州防禦使宗愨降左武衛將軍、萊州防禦使。坐於親弟新婦處借錢物不還，又行毆打，法止贖銅，案奏，特有是命。

閏十一月四日，太常禮院言：「檢詳國朝近制，諸王之後皆用本宫最長一人封公繼襲。今來新制既言祖宗之子皆擇其後一人爲宗，即與自來事體不同。謹按令文，諸王、公、侯、伯、子、男，皆子孫承嫡者傳襲；若無嫡子，及有罪疾，立嫡孫；無嫡孫〔二〕，以次立嫡子同母弟；無母弟，立庶子；無庶子，立嫡孫同母弟；無母弟，立庶孫。曾孫已下准此。本院參詳，合依《禮令》傳嫡承襲。」詔令定合封公者以聞。

二十八日，詔：「祖宗之子并濮國公並令傳嫡襲封，其（二月十）將來即更不襲封。」

十二月十三日，詔賜澤州防禦使宗愈睦親北宅地居止，仍官爲計口修蓋。宗愈子孫人數未當外居，詔以先帝同母弟，餘人無得援例。

熙寧三年正月十七日，詔：「近制，皇族非袒免已下更不賜名授官，只令應舉。今後其所生男女及死亡者，關報逐祖下襲公爵者，置籍纂録，歲終上玉牒所。其未出官者，依舊入大小學。祖宗袒免親外兩世貧無官、合量賜田者，大宗正司今後體量有如此，即具（指）〔詣〕實以聞。祖宗 20 袒免男，近制賜名授官，與右班殿直。年十五支請受、裹頭穿執、逐日喫食、祔葬送殯盤纏錢依舊。時服、南郊賞給依外官例。至赴朝參日，賜馬一匹價錢。祖宗袒免女，未出適，日給食；出適，支料錢三貫。祖宗袒免親新婦，日給食，并夫亡無子孫食禄者，料錢、衣賜依舊，餘請給物皆罷。祖宗袒免及非袒免男女、新婦，諸請給物係降勑已前合支者，依舊例。」

三月二十八日，詔：「應宗室已於在京置賃第宅居止者，聽如外官與賓客往還，即不得請假出外。」

四月二十八日，中書言：「宗室令晏等自陳袒免以下親，文移表奏欲乞亦如外官。帝以令晏雖袒免親，止是法許外居，非換官出官人，不可一用外官例。命中書詳度，令

〔一〕十七日：疑當作「二十七日」。
〔二〕無嫡孫：原脱，據《傳家集》卷六六《宗室襲封議》補。

諸事相稱，毋使親疎輕重不等。

六月八日，詔：「外居重親，凡有表章，許由閤門以進。舊居舍屋，仰宗正司均給本宮院兒女多、屋宇少者居。」

十三日，詔：「宗室封爵至大國，更不改封；其妻封並隨夫郡國。」

十四日，大宗正司言：「請併省管勾睦親、廣親，并提舉郡縣主等宅所，並令本司依舊例一面管勾。」從之。

同日，封建州觀察使宗肅爲魯國公〔一〕，文州防禦使、恩平郡公宗達爲蔡國公，吉州團練使宗惠爲魏國公，代州防禦使宗保爲燕國公，右龍武衛大將軍、果州團練使、齊安郡公仲郃爲陳國公，右驍衛將軍、泰州刺史世程爲越國公。以二年十一月十一日勑祖宗之後傳襲封公故[21]也。

同日，判太常寺兼禮儀事陳薦、李及之、周孟陽、章衡、同知禮院文同、張公裕等言：「秦王、楚王之後各無嫡子嫡孫及同母弟，亦無庶子傳至庶孫，詔依令敕詳定。臣等謹按令文：諸王、公、侯、伯、子、男皆子孫承嫡者傳襲；若無嫡子，及有罪疾，立嫡孫；無嫡孫，以次立嫡子同母弟；無母弟〔二〕，立庶子；無庶子，立嫡孫同母弟；無母弟，立庶孫。曾孫以下准此。竊以國朝近制，諸王之後皆用本宮最長者封公繼襲。今來新制稽古改正，祖宗之子並令傳嫡襲封。按令文，傳襲之法莫不以嫡統爲重；若不幸無嫡子，及有罪疾，始許立嫡子同母弟；無母弟，事不獲已，乃立庶弟，然亦不離本統。其言庶者，別妾子之稱，故下言嫡孫同母弟，次言庶孫，是別本房妾生之子，與上文庶弟之義同也。夫兄弟一體，同父異母，不序長少，繼禰與祖，不離本統，是重嫡之義也。若無庶孫，則曾〔孫〕已下准此令文之明據也。以禮傳言之，爲後者四：有正體而不傳重，嫡子有罪疾是也；有傳重而非正體，庶孫爲後是也；有體而不正，庶子爲後是也；有正而不體，嫡孫爲後是也。然皆不敢捨本統而及旁支也。按晉范宣議：嫡孫亡無後，則次子之後乃得傳重。由此言之，須嫡房已絶，方許次子之後承之，況嫡房自有曾孫者耶？以《五服勑》言之：凡爲後承嫡者，雖曾孫、玄孫與孫同，則庶孫包於其中矣。後總言爲庶孫者，謂正服也，豈可通入別房之庶孫，而謂之承嫡耶？若以[22]行尊而屬近者爲當立，則令文何以先母弟而後庶，不以長少爲序？若以恩親等者爲當立，禮傳何以受重者不以尊服之？借使本房有曾孫，而立別房之庶長，則是嫡統無故而廢之也，於義安乎？推情求理，宜以本房之庶孫繼禰與祖；無庶孫則下傳曾孫，不離本統而襲封，於《禮令》爲是。臣等今定奪到秦王、楚王各無嫡子，無嫡孫，無嫡子同母弟，無庶子，無嫡孫同母弟，無庶孫，無嫡曾孫，無嫡玄孫，無嫡曾孫同母弟。秦王之後合立庶曾孫克繼，楚王之後合立庶曾孫世逸。其克繼、世逸祖父皆嫡。」知禮院

〔一〕魯：原稿作「晉」，而又圈去，據《長編》卷二一二補。
〔二〕無母弟：原脱，據《長編》卷二一二補。

韓忠彦、陳睦等奏以：「古者襲封之法，子孫承重，皆以嫡相傳。今詳令文之制，與古稍異。若無嫡孫，而有嫡曾孫，則舍曾孫而立嫡子之母弟；若無母弟，又立庶子。以此知亦許推及旁支，常以親近者爲先也。今令文稱，無嫡孫同母弟，則立庶孫。以禮典與《五服勅》言之，諸子之子除嫡長外皆爲庶孫。既云立庶孫，則當於諸房庶孫内擇其長者一人立之，蓋王視庶孫恩親等也，庶孫比曾孫行尊而屬近故也。今若專以嫡房妾子爲庶孫，則別房之孫當以何親名之？竊詳當時立法之意，若專主嫡房妾子，則必曰嫡孫庶弟，不應統云庶孫也。既指王而統言庶孫，則通於諸房明矣。今庶孫見存，偶因嫡孫房兄弟皆亡，遂棄庶孫不立，而下傳曾孫；或不幸又無曾孫，只有別房庶孫，豈可便作無後國除乎？不惟人情未順，切恐深違法令之[23]文。況續奉旨依令勅詳定。臣等謂諸房之孫，合依《五服勅》通爲庶孫。既無嫡孫母弟，合依令文立庶孫傳襲。其秦王合以庶長孫承亮，楚王合以庶長孫從式定襲封。」詔依忠彦等所定，封感德軍節度使、榮國公承亮爲秦國公；從式以封郡王，更不改封。將來後嗣即依今來條例。

二十五日，詔大宗正司：「應祖免以下親，勅前授副率已上者，勅後合請裹頭穿執、逐日喫食、送殯盤纏、赴朝日支馬一匹，依祖免授殿直例支給。」

七月三日，大宗正司奏：「克繼、承選言：秦王下見封嫡庶不當，乞賜詳定。」詔兩制官檢詳勅令、皇族屬籍，十日内再議合襲封者以聞。乃改封寧武軍節度觀察留後宗立爲魏國公，左武衛大將軍、鄧州防禦使世清爲越國公，宗惠、世程勅誥繳納中書。禮院元定奪官除蘇頌、韓忠彦去官，陳(陸)〔睦〕特罰銅三十斤外，李及之、章衡、周孟陽、文同、張公裕並降一官，陳薦令定該與不該去官。再定奪官王珪、范鎮、司馬光、韓維、吳充、王益柔、蔡延慶、呂大防並罰銅三十斤。

九日，詔：「宗室祖免婿與三班奉職，已有官者轉官循資。堂除免選及聽就文資并鎖廳進士者，悉如治平二年十月五日詔。」先是大宗正司奏：「緦麻婿有官者，京朝官與轉一官，職官與循資。祖免婿止云與奉職，乃無有官轉官、循資指揮。」王安石議：可並依緦麻親法行之。曾公亮曰：「轉官宜有降殺。」安石曰：「與循資不可殺，[24]則轉官亦不可。且白身得一官，有官者轉一官不爲過。此所以勸有官者肯與宗室爲婚，亦省入官之一道也。」帝是安石議，故有是詔。

八月五日，知大宗正丞張稚圭言：「宗室請受券曆，令相度分擘，合爲四百一十九道，乞付三司勾磨，逐月止隨料錢請勘。」從之。

二十四日，詔：「皇姪左羽林軍大將軍、邵州團練使令晏爲左騏驥使，依舊團練使、外任都監。」先是，詔祖免親將軍以下聽補外，令晏雖大將軍，首出應詔，宗正司同學官保明堪充任使〔一〕，故特命之。

十一月二日，太常禮院言：「定到皇祖免親出任外官並著姓〔二〕；若降宣勅或自表及代還京師，宜復稱皇親，不著姓。」從之。

十二月二日，詔三司，令左藏庫每年特支錢五千貫充濮王宫公用支使，本位皇親俸錢更不尅除。先是，大宗正司（使）〔言〕：「宗樸狀：先奉御批，令弟兄量尅料錢入濮王庫，爲四仲月祭饗支用，而近降指揮不許尅皇親俸錢。」故有是命。

熙寧四年正月二十三日，詔：「皇族自治平四年覃恩普轉後及十周年者，特具名取旨。近因特恩改轉者，即須候特轉及十周年取旨。」

二月三日，知大宗正（承）〔丞〕事李德芻言：「皇親出入，並幹當使臣申大宗正司，得報方出；既歸，復具牓子奏知。事至微瑣，動煩聖覽。乞將皇親應內外親族吉凶弔省合出入事編例，付逐宫幹當使臣，更不日申，只置曆赴本司點檢。其牓子月終類聚奏聞。」從之。

十二日，25賜恩州防禦使宗晟芳林園宅地一區。

十八日，大宗正司言：「宗悌等奏稱，自嘉祐五年十二月磨勘轉官，今已十年，乞依條磨勘。檢會至和二年詔書，即無今後指揮；近正月所降詔旨並係特恩，即非定制。又宗厚等引克繼例，又稱：治平四年正月赦書，文武職官並與轉官，合磨勘者仍不隔磨勘。緣宗室即無立定磨勘年限，其昨降勅文稱祖宗玄孫磨勘至觀察使止。緣自有十年取旨指揮後，宗室合轉官者亦磨勘前後授官年月，及有無過犯合展年，故亦謂之磨勘，即與外官不同。克繼昨所轉官乃是有司誤行。」詔：克繼去轉官日限只少一年，更不追奪。餘並從之。

三月十八日，左騏驥使、邵州團練使、新許州兵馬都監趙令晏乞遇國朝大禮入陪位，及依宗室例支日食等物。並從之。

四月二十四日，知大宗正丞事李德芻言：「竊詳禮法，諸侯不得祖天子。今宗室邸第並有帝后神御，非所以尊事嚴奉。蓋緣諸王當時供奉，後來自合寢罷。」詔送禮院詳定，禮院請如所奏。乃詔諸宫院祖宗神御，令入內內侍省差使臣迎入內藏天章閣。

五月十七日，又言：「宗室遭喪，率府率已上官持服，並給全俸、人馬，朝廷顧待，無異平時。其副率遭父母喪，及嫡孫承重，亦令解官持服。又舊制，睦親、廣親二宅寒食、十月朔，諸院輪差姨嬭往永安縣及汝州上墳，內廣親宅又差使臣隨行，煩費關防，不至清肅。26欲乞諸院只差殿侍上墳。又宗室女緦麻以上舊赴國忌行香，今宗女衆多，雖使輪番，多託故不赴，廼爲虛文，欲乞廢罷。又大宗正司

〔一〕保明：原脱，據《長編》卷二一四補。

〔二〕任：原脱，據本書帝系四之六三、《長編》卷二一七補。

舊多使相已上知、判，爵位既崇，人從亦衆。近者選用宗室不限官次，人從屢經裁減，月給並無所增。欲乞比附外官，量定添給人從，稍示旌異。」詔：副率持服、殿侍上墳並依宗室女行香依舊。知、判大宗正事，各差當直兵士、親事官共十五人，添支錢二十千。

六月十五日，大宗正司言：「皇親及孀婦無嗣者，舊制許乞無祖父母兒孫一人充繼嗣。近來多指定乞取兄弟中官稍高者。欲乞今後須年及五十已上無嗣即許陳乞，孀婦自如舊制。仍須別位有兄弟三人，昭穆相當，見不居喪，於中聽取卑幼者。」從之。

九月十六日，詔右武衛大將軍、辰州刺史世爽爲西作坊使，依舊刺史、河陽都監。先是世爽於大宗正司自陳，本司以踰新制，抑而未奏。世爽乃唐突上表，猶詔審察，而後命之。

十七日，詔：「應赦前責官宗室，令大宗正司具名及元犯以聞。」

十月五日，詔：「赦前責降宗室近已等第叙復外，其宗室婦女曾因罪削封邑冠帔、勒住請授者，令大宗正司具(折)〔析〕以聞。」

十二月十四日，詔茂州防禦使、越國公世清爲越州觀察使，封會稽郡王。先是，從式以太祖後紹封，今卒，以世清繼。

五年四月二十六日，皇伯祖昭化軍節度使承顯等上表：「準閤門關報，止令朔望日赴參 **27** 起居。乞依舊朝參，以盡臣節。」降詔不允。

二十九日，詔左龍武軍大將軍、寧州防禦使宗績爲登州防禦使〔一〕。御批：「相王允弼遺奏嘗乞推恩諸子，以違法不行。今已終喪，長子特遷一官。」

五月八日，右監門衛大將軍仲奚領文州刺吏，以學士院試大義、論中等故也。

十三日，中書言：「宗室改官，欲自觀察使以上令大宗正司檢舉，保明申奏，中書以例施行。其正任防禦使已下止令本司檢舉，依審官東院京朝官磨勘例取旨，候印畫訖，降付中書給敕告。外任宗室依外任例，令所屬施行。」從之。

七月六日，詔：「自今宗室過失犯杖以下，委宗正司劾奏。」

二十七日，知大宗正事宗旦言：「皇親趁朝者，至有顧借騶從，不惟所費滋多，兼出入宮禁，有犯不輕，使勉力趨朝之人常負憂責。」詔：「皇親見闕當直兵士，令步軍司、軍頭司將自來不合差赴宮院兵士內有罪輕之人，亦許差撥。仍從全闕及闕人多者先填。」

十二月二十一日，詔右監門衛大將軍叔蹤、右千牛衛將軍叔吳各奪一官。叔蹤坐誣告其弟，叔吳坐不稟母還黜婢。

〔一〕績：原作「縝」，據《長編》卷二三三改。

六年十月二十三日，詔宗室女僕嘗生子者，不得再顧入有服屬位。

二十五日，賜章武軍節度觀察留後承選芳林園宅地，官爲營造。

十一月十九日，大宗正司言：「宗樸生日，合賜禮物，乞依例者。舊制，宗室使相生日禮賜，客省請降宣，差官押賜。」詔令本司諭宗室，自今不須自陳。

七年七月九28日，詔：「宗室自賜名授官，年十五以上理十年磨勘，大宗正司依審官院例檢舉。其經覃恩改官者，自覃恩後別理。」

是日，右監門衛大將軍叔兼言：「弟叔莪昨奉詔出繼克敻。今克敻已有數子，而叔莪乃臣父克仲嫡子，乞還本宗同奉祭享。」從之。

九月二十五日，召宗室仲淹、仲戡、仲緎、世本試所業于學士院。以宮教張詳等論薦也。

十月十八日，詔：「宗室見補外官者，皆非近制所當出之人，宜依令晏例，並仍舊與南郊賜賚。」

熙寧八年二月八日，右驍衛大將軍、秀州刺史仲軻等言：「父宗説在外二十餘年，今七十三歲，乞納官贖父歸官，或乞許臣并弟姪兒孫就養。」詔許輪子孫一人在彼供侍。宗説治平中坐内亂除名，復坐阬殺無罪女使三人，囚新城外。

十三日，以皇兄仲騑、仲伋、仲濬、仲越、仲遷爲汝、沂、解、萊、登等州防禦使。先是仲騑等並羽林軍大將軍，衡、漢、昭、楚、賀州團練使。帝以英宗昔自藩邸入居皇子位，仲騑等以宗子從，逮帝嗣位，未有加寵，且眷其屬近，故並進官。

二十五日，詔大宗正司，今後宗室緦麻親願出官者，係將軍以下即取旨。

三月二十二日，大宗正司言：「左監門衛大將軍世登子令雙，年十四，誦經書精熟。」賜銀絹獎之。

四月十四日，手詔：「仲銑廉静修潔〔一〕，好學知分，比嘗召對，宜特遷官。」乃自右監門衛大將軍領雅州刺史。

六月十一日，詔宗室大將軍轉遥郡刺史29已上更不轉環衛。

七月十一日，詔：「外居及隨侍宗室係環衛者轉官，委大宗正司依在宮立定年限取旨。」

二十七日，大宗正司言：「令扁、令戚、令志、令攝、仲玉、仲滂、仲當、仲暹，毓性甚敏，學經已明，乞特與召試。」詔學士院精加考試以聞，仍賜宗室正任已上《詩》、《書》、《周禮》義各一部。

十一月二十七日，詔右龍武軍大將軍、楚州團練使世開領洺州防禦使。以大宗正司言世開學行修潔，帝既召

〔一〕仲銑：原作「仲鋭」，據《長編》卷二六二、鄭獬《鄖溪集》卷二二《霍國夫人康氏墓誌銘》、陳襄《古靈集》卷二〇《崇國太夫人符氏墓誌銘》改。

見，手詔曰：「世開資性俊敏，少勤於學，可依仲鋭例遷一官。」

十二月二十五日，詔：「宗室坐事追官、降官、勒停、特勒停，並須自叙理復舊官後，乃理年取旨，仍依條展年。未叙復間，別因酬獎，或因恩澤，轉至舊官，(舊官)仍候叙復所追降任數足，亦依此取旨。」

九年四月十七日，詔：「宗室女前洞真宮道士趙道深，昨以罪降送瑶華宮，近經赦，已許依舊。其兄隨州團練使克淑本緣道深私禱宮官及賂吏人欲求相見致罪，乃尚罣吏議，法當展年磨勘。宜特除落元犯罪名。」

五(年)〔月〕十四日〔一〕，詔知大宗正司候管(斡)〔幹〕及十年取旨。

二十二日，右武衛大將軍、解州防禦使克頎進《周易開奥圖》，右龍武軍大將軍、海州防禦使克孝進《孝經傳》，降詔褒諭。

七月二日，詔：「宗室有遭水火賊盗之類，毁失敕告，許所屬宮院完保。如敢虚僞，即不理五服，依法科罪。」

十一月三日，中書門下言：「禮房定到宗室年五十已上并孀居宗婦 30 無嗣者，許於本房兄弟之子陳乞爲嗣。」從之。

十年正月二十五日，大宗正司言：「屯田郎中、幹當在京步軍糧料院趙令鑠言：父係祖宗玄孫緦麻親，乞依例許父母一房賃宅同居。」詔許令鑠入宮省觀，帶公人等關報經由出入。

二月十三日，詔：「今後宗室除授使相者，雖及十年，更不取旨。」以宗諤擅經中書自陳乞遷官，特釋其罪，乃立此制。

二十七日，舒州團練使宗輔特展二年磨勘。坐不鈐束本位遺火，法當贖金，特有是命。

三月二十五日，玉牒所言：「皇第六子賜名傭，皇族名同并旁音相犯者並合改避。」詔宗室名音同更不改。

四月五日，詔：「宗室袒免親將軍以下試换官，候出官日，特與支賜，將軍銀絹各一百兩匹，率七十兩匹，副率五十兩匹，殿直三十兩匹。」

五月三日，詔大宗正司：「定武軍節度〔觀〕察留後承裕，候所展年限及半年，與磨勘。」承裕嘗於殿廬厲聲責大宗正司，及毆姪婦，更展一年半磨勘，帝以其屬尊，特減之。

二十五日，大宗正司言：「右千牛衛將軍令禠等言：『祖母亡，乞許父世亨及臣等於權殯所守宿百日。』令鐸等言：見今外居，子姪頗多，乞詔〔依〕士人修習儒業。」詔並從之，世亨等仍不得出入接見賓客。

六月五日，詔：「宗室自今每二年一次，許大將軍以下

〔一〕五月：原作「五年」，不可通。按下條，《玉海》卷三六載作「熙寧九年五月二十二日」，則此條「五年」爲「五月」之誤無疑，因改。

依科場條制〔一〕，五經內有通一經，兼《論語》、《孟子》者，許投狀乞試。」

十九日，詔右監門率府率令埤，令審官西院依條試換。31 以大宗正司保明堪任使故也。

十三日〔二〕，詔：「宗室非換官者，出入往還約束並依在宮法，仍不得於街市下馬。如出新城外，雖不經宿，亦稟大宗正司。」

十月十六日，詔中書門下：「濮安懿王諸子襲封濮國公，主奉祠事仍舊，濮安懿王諸子承襲遍即傳長孫。」翌日，封宗誼濮國公。

十一月十一日，詔左龍武軍大將軍、筠州防禦使宗景爲懷州防禦使。先是手詔：「相王允弼，皇家近屬，先帝敦伯父之愛，眷顧加禮。逮朕纂承，以行尊諸祖，待之尤所致恭。今宗績云亡〔三〕，諸子尚列環衛，非所以稱王昔日親膺光寵之意。王之子宗景於今爲長，宜特遷之。」

裁定宗室授官

【九朝長編紀事本末】〔四〕

熙寧元年九月丁酉，詔三司裁定宗室月料、嫁娶、生日、郊禮給賜。時京師百官月俸四萬餘緡，諸軍十一萬餘緡，宗室七萬餘緡，其生日婚嫁、喪葬及歲時補洗雜賜與四季衣不在焉。

二年二月壬寅，樞密院言：宗室乞子孫賜名授官。韓絳奏曰：「中書、密院嘗議定宗室之制，已有旨，候亮陰後商度。今合施行。」上曰：「此事甚大，須議使今可行迺便。」文彥博等各陳大旨，皆以親疏當有等降，若非立法，無以爲經常久遠之計。上曰：「祖宗時皆是近親，今用（嘗）〔常〕時奉養賜予之例，誠宜裁定。若以諸王嫡長世爲南班官，其餘子授以三班職名，可否？」陳升之曰：「須依前代繼承之法，餘子殺其恩例。六世親盡，別爲經制。」絳曰：「此事乞 32 專委屬臣下議論，須辨親疏立法，則不失陛下親親之意。」彥博曰：「自古宗族犯法，恩有不聽者，臣下以義固爭是也。」上頷之。

三月壬辰，上問措置宗室事，富弼曰：「此事誠當出於陛下，外人謀之，則爲疏間親。」公亮曰：「此亦當自外裁定。」弼曰：「爲之當以漸，恐致紛紜。」安石曰：「此事但欲於恩義間無傷，使彼可安而已，不論漸不漸也。今欲裁減恩澤，何能免其紛紜？但陛下不爲卹，則事可爲也。」上又問裁定親疏之宜，公亮以爲當從上身爲親疏，上曰：「當以祖宗爲限斷。」安石曰：「以陛下身即是以祖宗爲限斷也。」

九月，上謂陳升之、王安石曰：「今賦入非不多，只是用度無節，如何節用？」升之、安石皆言兵及宗室之費。

〔一〕以下：原作「以上」，據《長編》卷二八三改。
〔二〕十三日：似當作「二十三日」。
〔三〕績：原作「續」，據《長編》卷二八五改。
〔四〕按，以下録自《長編紀事本末》卷六七《裁定宗室授官》篇。

十一月庚午，邇英講讀畢，上留司馬光，問以變更宗室法。光對曰：「此誠當變更，但宜以漸，不可急耳。」

甲戌，中書、樞密院言：「伏以祖宗受命百年，皇族日加蕃衍，而親疎之施，未有等衰，甄序其才，未能如古。臣等今議定方今可行之制：宣祖、太祖、太宗之子，皆擇其後一人爲宗，令世世封公，補環衛之官，以奉祭祀，不以服屬盡故殺其恩禮。祖宗祖免親將軍以下願出官者聽，仍先令經大宗正司投狀上聞，委大宗正選擇本宮尊長，同大學教授結罪保明才行堪與不堪任使，復委大宗正審察聞奏。就試武官者，試讀律、寫家狀。就試文官者，試説一中經，或論一首。將軍換諸司副使、太常丞，正率換内殿崇 33 班、太〔子〕中允，並與州郡監當一任，無敗闕，與親民。副率換西頭供奉官、大理評事，監當一任滿，如職事（斡）〔幹〕集，操守修（飾）〔飭〕，即委本州長吏及監當同罪保明，與親民差遣；無保明，即依外官條例。祖宗祖免親賜名授官者〔一〕，除右班殿直，年十五與請受，二十許出官。願文資者與試銜知縣，並令監當考試，及任滿有無保明準上條。以上出官，並特與支賜。願鎖廳應舉者，依外官條例。其非祖免親〔二〕，更不賜名授官，只許令應舉。應進士者止試策、論，明經者止習一大經，試大義及策〔三〕。初試，考退不成文理者，餘令覆試，取合格者，以五分爲限，人數雖多，毋過五十人。累經覆試不中，年長者當特推恩，量材録用。以上出官者，雖在外，俸錢依在京分數，許依審官、三班銓法指射差遣，仍許不拘遠近差注。授文官者，與進士出身同。鎖廳應進士、明經舉，有出身人至員外郎，與遷左曹。宗室不出官者，祖宗元係磨勘，至正觀察使止，祖免親至遥郡防禦使止，非祖免親至遥郡刺史止。祖免親見任官合奏薦子孫者，許依外官例奏薦。祖免親以下，見任官不出官、父祖俱亡者，許在京置賃居第，仍許隨處置産業；其出官者，置田宅如外官之法。祖免女嫁，賜錢減半，婿與三班奉職；非祖免女，即量加給賜，更不與婿官，婿有官者與免入遠，許依審官、三班院流内銓法指射差遣，班行仍免短使。其祖免親娶妻，量加給賜。以 34 上嫁娶，官司更不勘驗管勾。其非祖免親嫁娶，即依庶姓之法，毋得與非士族之家爲婚姻。祖免親以外兩世，貧無官者量賜田土。其孤幼無依及尤貧失所者，不以世數，所在具名聞奏，當議特加存恤。今所降新制内合具條件者，令所司議定聞奏。」於是詔曰：「自我祖宗惇叙邦族，大則疏封於爵土，次則通籍於閨臺，並留京師，參奉朝請。然而世叙寖遠，皇枝益蕃。屬有親疎，則恩有隆殺；才有賢否，則禄有重輕。今而一貫於周行，是亦奚分於流品？雖敦睦之道誠廣，而德施之義未周。故廷臣數言，宰司繼請，謂宜裁定，限以等夷。朕惟親

〔一〕「賜名」上原有「未」字，據本書帝系四之二〇刪。
〔二〕非：原脱，據本書帝系四之一九補。
〔三〕「試大義」上原有「試大經」三字，黄以周《續資治通鑑長編拾補》卷六録《長編紀事本末》此文無此三字，是，今據刪。

戚之間，經史有訓；漢唐之世，典故具存。或以九族辨尊卑，或以五宗紀遠近；或聽推恩而分子弟，或許自試而效才能；或宗子之賢得從科舉，或諸王之女自主婚姻。蓋前世之所行，顧當今之未備。況我朝制作，動法先王，豈宗室等衰，乃無定著？因俾羣公之合議，將爲一代之通規。載覽奏封，具陳條目。以謂祖宗昭穆，是宜世世之封；王公子孫，抑有親親之殺。若乃服屬之既竭，洎于才藝之並優，在隨器以甄揚，使當官而勉懋。至於任子之令、通婚之儀，凡曰有司之常，一用外官之法。僉言既允[一]，朕意何疑？告於將來，用頒明命。宜依中書、樞密所奏施行。」呂夷簡在仁宗時，改宗室補環衛官，驟增廩給，其後費大而不可止。至韓琦爲相，嘗議更之而不果。及上即位，遂欲改法。於[35]是王安石爲上具道措置之方，上曰：「祖宗之後，擇一人爲宗，或者曰，若立嫡則人不服。朝廷法制，苟當於禮，豈患不服？」曾公亮、陳升之曰：「立子可也，不必分嫡庶。」安石曰：「今庶長得傳封爵，則嫡母私其子以害庶長者多矣。母害其子，法之所難加，而政之所難及。若嫡子得傳爵位，則庶長無禍。蓋於今立嫡，非但正統，亦所以安庶長也。」上曰善。

十二月乙酉，詔：「近制，皇族非袒免以下更不賜名授官，止令應舉。自今如生子及其死亡者，即關報逐祖下襲公爵者，令各置籍，歲終上玉牒所。其有未出官者，依舊入大小學。」

三年二月丙寅，詔大宗正司置丞二員，以都官員外郎張稚圭知大宗正丞事。詔大宗正丞於芳林園置治所[二]，給實俸、添支錢。

六月癸酉，宗正寺言：「每歲正月一日裝寫《仙源積慶圖》、《宗藩慶緒録》各一本[三]，供送龍圖、天章、寶文閣。今祖宗非袒免親更不賜名授官，一依外官之法，合與不合修入圖册？」詔送禮院詳定。禮官言：「聖王之於其族，上殺下殺，而殫於六世，所以明親疎之異也。親道雖盡，且記其源流，百世不紊，所以著世系之同也。親疎異則恩禮不得不異，世系同則圖籍不得不同，二者並行而不相悖，親親之義備矣。《禮》：『四世緦麻，服之窮也；五世袒免，殺同姓也；六世親屬竭矣。庶姓别於上，而戚單於下，婚姻可以通乎？繫之以姓而弗别，綴之以食而弗殊，百世而婚姻不通，周道然也。』鄭[36]注：『繫之弗别，謂若今宗室屬籍。』蓋據漢宗正歲上名籍[四]，與禮經合。又《户令》：『皇宗祖廟雖毁，其子孫皆於宗正寺附籍。自外悉依百姓，唯每年總户口帳送宗正寺。』此則《户令》之文又與古制合也。以此言之，遠近之恩固宜有差降，而譜（諜）〔牒〕之記不可以不存。況朝廷釐改皇族授官之制，而袒免外親統宗襲爵，

[一] 允：原作「久」，據《蘇魏公集》卷二九改。
[二] 大：原作「於」，據《長編紀事本末》卷六七改。
[三] 緒：原作「諸」，據《長編紀事本末》卷六七改。
[四] 上句「籍」、此句「蓋」二字原脱，據《長編》卷二一二補。

進預科選，遷官給俸，事事優異，悉不與外官匹庶同法，是則屬雖疏，而恩禮不絕。若圖籍湮落，則無以審其所從，而爲遠久之證。所有祖宗非袒免親，欲乞依舊修寫入《仙源積慶圖》、《宗藩慶緒録》。其在外者委宗正寺逐年取索附籍〔一〕。」從之。

十一月，禮院言：「袒免親出任外官，宜著姓；若降宣勑〔二〕，或自上表及代還京師，即止稱皇親〔三〕，不著姓。」從之。（以上《永樂大典》卷一二二六）

〔一〕其在：原作「在其」，據《長編》卷二一二乙。
〔二〕若：原作「名」，據本書帝系四之二四、《長編》二一七改。
〔三〕止：原作「上」，據本書帝系四之二四、《長編》卷二一七改。

宋會要輯稿　帝系五

宗室雜録　二

【經進總類會要】

1 神宗元豐元年正月二十六日，詔：「康王宗樸，先帝近親，其子仲容、仲壬〔一〕，服闋日各特轉一官，女二人特與縣主。他人不得援例。」

四月十九日，詔：「相州觀察使、同知大宗正事宗惠子孫衆多，可特賜芳林園睦親南宅宗綽舊地。」

五月七日，詔：「宗室女隨親外任，請受并食料並隨給。」

六月九日，中書門下言：「諸宗室緦麻以上及袒免女，聽離再嫁，如已追奪前夫恩澤，後夫即降一等，有官者轉一官。欲立條頒下。」從之。

十八日，詔：「饒州防禦使克懼特賜芳林園廣親北宅空地，仍依條計口，官爲修蓋。」

九月十八日，詔將作監於芳林園側按係官地，與廣親北宅接連蓋屋，賜宗室克亶；如無，即度民業，具所占地步以聞。

二年五月六日，詔右武衛大將軍、湖州刺史、楚國公世恩爲袁州刺史，右武衛大將軍、封州刺史、魏國公仲來爲筠州刺史。以近詔大宗正司，磨勘及十年者取旨改官，宗室內有繼諸王後見襲封公爵者，如所遷官至遥郡團練使，可並與除正刺史已上。比類准此。世恩等始用此令。

八月二十一日，詔以教駿營地脩宗室克亶等五位第宅，徙教駿營於他所。

二十六日，詔：「崇信軍節度使、同中書門下平章事、判大宗正(司)〔事〕宗旦，舊例添厨食料，雖合該後條衝革不支，以其領職宗正，特與支給。他官雖等，非職事同 2 者，無得援以爲例。」

二十七日，濰州防禦使克諶、饒州防禦使克懼各奪一官，贖銅九觔，勒住朝參，請受。以慈聖光獻皇后虞主回下宫，至陵門，克懼等道旁坐不起，爲禮儀使劾奏之。

三年八月六日，詔：「宗室袒免親授班行者，料錢支見錢。」

閏九月三日，詔：「宗室任外官者辭見上殿，遇大禮依式支賜。」

十二日，詔：「自今宗室係三班使臣者，如犯罪殿罰，令大宗正司牒三班院照會，依例施行。」

十月十七日，權監察御史裏行滿中行言〔二〕：「豫章郡王宗諤曾託處州監押黎若訥置什物，將損壞者非理退還；

〔一〕壬：原作「任」，據《長編》卷二八七改。
〔二〕滿：原作「蒲」，據《長編》卷三〇九改。

兼多受若訥饋遺，取玩好女樂並不償價。望付有司論以國法，以爲貴戚之誡。」詔大宗正司依價直理還。

四年二月二日，詔：「克頌先以心風歐妻致死，外處鎖閉。昨放歸宮，全無禄食，宜特給與初官俸錢。」

十四日，詔：崇信軍節度使、開府儀同三司、判大宗正事、華陰郡王宗旦，今後如遇私家出入，許垂簾（擔）〔檐〕轎往還。

五月一日，詔：右監門衛大將軍克類所居窄隘，特許賃外宅居，仍依例差使臣幹當。

十二月十八日，大宗正司言：「仲俞叙降，初授右内率府副率，朝旨更候五期叙，去年五月於法合叙。爲元授右内率府副率别無降等官收叙，乞特許比類降等官量支請受。」詔特支右内率府副率半俸。是日又言：「華州觀察使仲淹等乞依赦文，比附外官除落過名。緣宗室自來有過，未有條例出 **3** 落。」詔比類外官年限輕重立法。

五年正月十七日，大宗正司言：「近者宗室以年高疾恙，許乘檐轎出入，擁從太盛，頗爲驕僭。欲乞乘檐轎出入，許出兩節踏引，遇夜用燭籠不得過兩對。如有違犯，從本司覺察。」從之。

十八日，大宗正司請外任宗室毋得造酒，許於舊宫院尊長及近親處寄醖。從之。

是日，詔鎖閉人叔跪依世融例五日一開鎖滌除，遇有疾即令醫治。叔跪、世融皆坐内亂，故收閉之。

二月二十一日，詔：「贈守太尉、睦王宗旦，皇家近屬，自選典宗籍，畏謹寡過，惇睦有方。其幼子二人候服闋，可特與轉一官。女二人與進封縣主。」五年五月二十五日附。

六月一日，詔：「自今宗室防禦使轉觀察使已上，聽大宗正司磨勘歷任保明，奏降中書取旨。其副率至防禦使即中書磨勘進狀，請畫勅授。」

十八日，大宗正司言：濟州防禦使叔充乞主奉本位祭祀。太常寺看詳：「太祖、太宗諸子及秦王下各已襲封，主祭諸宫院時饗。並於見存子孫中令最長一員相承主奉，於理爲順。」從之。

九月二十三日，大宗正司言：「乞將元豐三年九月二十二日明堂以前宗室過犯，許令投狀（中）〔申〕刑部定奪，依赦除落。」從之。

十一月十八日，詔：「宗室叔敖訟太常禮院定克愉襲封不公，贖銅二十觔。」

十二月二日，詔：「右武衛大將軍、丹州團練使叔侯先緣（註）〔詿〕誤，展一年磨勘，今遇赦恩，特與除落。」

二十二日，詔：**4**「祠部郎中趙令鑠道遇叔祖宗晟不致恭，令大理寺劾罪〔一〕，贖銅四觔。」

六年正月二十四日，詔：「祖宗非袒免親蔭充外官，父祖俱亡，年未及者，於合出官年限内減半支本官俸。」從内

〔一〕寺：原作「司」，據《長編》卷三三一改。

殿崇班令坤請也。六年五月三日附。

五月五日，舒州防禦使克敦進父保靜軍節度使、蕭國公承幹文集十卷。詔：「承幹父子世以藝文儒學名於宗藩，在朝廷旌善與能之義，宜有褒寵。可加贈安定郡王，克敦仍降詔獎諭。」

十三日，尚書吏部言：「（陸親它）〔睦親宅〕講書見闕多日，未審依舊朝廷除授，爲從本部差官？」詔尚書吏部於教授年月最深，命差兼，後准此。六年五月十五日附。

二十一日，尚書禮部言：「諸王之後襲封人遇上墳、忌辰祭享，先具事目及合支錢物，依等第收率。所用有餘，後次相兼支用，不得因緣，廣有收率。歲終大宗正司取索文簿，如有非禮支破，及侵欺入己，並計贓科罪。內襲封人行卑官小者，即申本祖下尊長同行收率，管幹支破。」從之。

二十六日，尚書吏部言：「宗正司狀：右千牛衛將軍士冰乞依條換官。緣係外任，又隨父外任，未有學官保明，未敢依敕審察。」詔士冰令大宗正司保明以聞，今後準此。

六月十三日，尚書禮部言：仲集等乞依遙郡團練使已上，凡遇車駕遊幸隨從。從之。

二十五日，詔：「今後外任換授外官宗室合赴大禮陪位者，與免特恩例支賜。」以內殿承制敕令所言，差權襄陽等縣 5 巡檢，乞候將來大禮陪位畢赴任，故有是詔。六年閏六月〔附〕。

九月一日，詔：「祖宗袒免親蔭在外官，父祖俱亡，年未及出官者，除已破食外，並依非袒免親蔭外官例支本官俸給。」以大宗正司言「宗室叔揉等奏：祖父母、父母俱亡，本家並無食祿之人，乞依非袒免親例給本俸請給」故也。

二十六日，知大宗正事、江夏郡王宗惠言：男仲奚犯法，有失教訓，乞罷宗正司，居家待罪。詔宗惠特贖銅二十觔。

十月八日，詔：「江夏郡王、知大宗正事宗惠年高，艱於拜趨，應太廟祠事宜並免。」

十三日，詔以右監門衛大將軍令綽爲朝請郎，賜六品服，與親民差遣。以秘書省試《尚書》義合格。

七年正月六日，詔右龍武軍大將軍、洺州防禦使世準爲金州觀察使、安定郡王。以宗〔正〕司言：會稽郡王世清既卒，世準於太祖、太宗之後最長，當襲。

二月三日，右監門衛大將軍子騫奏：「祖世清卒，大宗正司令再從叔祖世準權行主奉越王祭祀，候有襲封人即依舊。世準不待朝命，取本宮越王并夫人繪像赴越王院。今臣父令廓雖在草土，已襲封越國，欲乞依臣祖世清襲封主奉祭祀。」詔旨許迎越王及夫人繪像，與冀王同處一室，及依克愉例權令諸子主奉祀事。（從之）

五月十三日，尚書禮部言：「大宗正司奏：據宗惠狀，祖魏王繪像舊在魏王南宮，昨緣火，權於本位供養。今本宮從孫士倪已封魏國公，乞令士倪迎赴本家。今士倪權 6 寓甘泉坊官宅，自來無例遷就外宅供養。」詔士倪位特令將作監先次修葢。

八月二十三日，大宗〔正〕司言：「仲葩（葩）唐突進表，乞依元豐新令賞格轉官。緣仲葩先就試，已特減七年磨勘，今復僥求。」詔仲葩特展二年磨勘。

二十九日，詔：「宗室諸王影前器物、姨嬭、請受等，並令襲封主奉人管幹。如未有襲封主奉人，即權令尊長幹當。」以宗室世括言：「祖越王繪像與冀王同處一室，臣今本宮最長，見與本宮五位同共管幹。有令廓元非最長，輒留文曆，堅要獨行管幹。」故有是詔。

九月二日，以右武衛大將軍仲先爲登州團練使，襲封魯國公。仲先，宗肅子也，宗肅於先帝爲藩邸初從兄，故有是命。

十月二十日，詔：「故贈滕王宗旦嘗侍仁宗潛宮講讀，兼典宗司日久，畏法寡過。除遺表奏諸子已推恩外，幼子右內率府副率仲璦可除右監門率府率。」

十二月二十一日，詔：「宗室孀婦與子孫所請俸料，從一多給，子二人以上者通比。」

八年三月十二日，樞密院言：「皇城使、登州防禦使、陳州兵馬鈐轄令晏等一十八員，皆以宗室換授外官，嘉祐、治平年例無遺賜。」詔各依宗室官序支賜。

四月八日，詔：「宗室官至磨勘止法者，該今年三月六日覃恩，並特與轉官加恩。」

哲宗元祐元年四月二十二日，大宗正司言：「宗室內殿崇班士琢奏：有弟士琈、士僊、士雙，乞依令晏例，將帶隨行指教。將來授差遣日，亦乞■隨行。又宗室殿直士瑃言：乞迎侍母劉氏，將帶弟士剛隨行赴任指教。」並從之。

六月二十六日，大宗正司言：「右武衛大將軍、康州團練使叔盎，屢嘗唐突，皆蒙放罪，顯無畏憚，乞賜施行。」詔叔盎特展一年磨勘。

二年正月十日，詔宗子服屬疏遠者得補外官。

四月二十六日，三省言：「外庭臣寮至節度使即無磨勘改轉之法，宗室節度使亦未有體例。」詔宗室至節度使更不磨勘，候實及十年，具名取旨。

五月二十二日，詔：「孤遺宗室非袒免親外，如父祖俱亡，無官俸貧闕者，委大宗正司及所在官司體訪驗實以聞，仍令户部計口支錢米。女已嫁即除之。」

三年二月二日，詔：「袒免外兩世親，除已有計口給錢米指揮外，其間外任孤遺，别無依倚者，與量破舍屋居住，或給賃錢。令禮部立法以聞。」

十四日，詔：「宗室初參選，合入監當，許添差充諸州及萬户以上縣監當，任滿不差人。並支驛券，仍並許指射。」

三月十六日，詔罷别考校祖宗袒免就試法。

四月二十六日，詔宗室嫁娶依舊制大宗正司勘驗。

九月十七日，大宗正司言：「內臣出入宮掖，若與宗室聯姻，非便。欲乞宗室不得與內臣之家爲親。」從之。

五年九月二日，户部言：「請令大宗正司具合請生日支賜宗室及宗室女職位、名稱，并係所生月日，及合給支賜條例，關太府寺。」從之。

七年正月十三日，詔：「宗室祖免親參選，常許不拘名[8]次路分陳乞指名差遣。非祖免親除初參選依條添差外，更許不拘名次路分陳乞指名差遣一次，並替任、滿闕、初任并與監當。須職事幹集，操守修飭，有監司或〔尊〕長同罪保明，與親民。內選人與録事參軍即別有縣令舉主二員，內一員職司，仍通注縣令。其無保明者，並依外官條例。」從尚書省所請也。

五月七日，詔宗室初關陞親民資序人注監當，其請給並視諸路監押。

六月二十四日，詔諸宗室朝陵、上墳者，毋得携戲玩之具隨行。

七月二十九日，大宗正司言：「宗室分異，自來未有著令。今相度，欲乞除緦麻以上不許析居外，祖免已下親父母財產除永業田及供祭祀之物不許分割外，餘聽均分。」從之。

八年五月十八日，户部言：「左班殿直趙叔嶢等自陳係祖免親，爲父亡解官持服，乞比附宗室換官體例支給請受。按宗室小使臣丁憂，並不許解官，所以不罷俸給。今若依外官丁憂例，更不支給俸錢，慮或失所。欲乞應宗室小使臣丁憂，父祖俱亡者，祖免親許給俸，非祖免親許給半俸。」從之。

紹聖元年四月十八日，詔：「右金吾衛大將軍、惠州防禦使叔諄追兩官勒停，令叔諄贖銅六十觔。官屋鏁閉，差人監守。」以停止逃軍、屠牛、賣酒，其監門并本位使臣皆坐罪。

二十五日，禮部言：「諸宗室係祖免以外兩世，祖、父俱亡而無官，雖有官而未釐務，各貧乏者，委大宗正司及所在官司常切[9]體訪，保明聞奏，支破錢米。其有官男至釐務日，本房下隨行共居人口住支；女至出嫁日計口豁除〔一〕。每月十口以下錢十二貫、米十碩、屋五間；七口以下錢十貫、米七碩、屋四間；五口以下錢七貫、米五碩、屋三間；三口以下每口錢二貫、米一碩、屋二間。衝改元祐四年續降全條。」從之。元祐四年續降全條檢未獲。

十一月十五日，內侍省〔官〕〔言〕：「建武軍節度使、郎國公宗楚乞差高班周華充都監。緣本省三等差遣，依令以等第優劣及合入資序定差，不以私徇屈法。」詔內侍省依條定差。先是熙寧中，宗誼指名乞差都監，自是援例陳請。宗子至有公爲不法，相與蒙蔽，陷于罪者。帝察見，革之。

二年五月十一日〔二〕，尚書吏部言：「欲將宗室兩犯私

〔一〕豁：原脱，據下文二年「七月二日」條補。
〔二〕按，下條爲四月，此「五月」疑是「二月」或「三月」之誤。

罪以上，除依本條外，候到部，不許用陳乞占射及初參選添差恩例。」從之。以開封府言：宗室有屢犯法禁者，乞立法懲戒，故有是命。

四月五日，右金吾衛大將軍、澤州防禦使、秦國公叔牙言：「本秦王之後，承襲公爵，遇登極覃恩，轉前件官。若使臣與諸祖免親一例止官，竊恐未盡先帝立宗子、隆本系之意。欲乞以遥郡防禦使依例換正任團練使，即非在正官之上僥求恩命。」詔特與換正任團練使，餘人不得援例。

六月二十一日，詔：「元祐減定除授正任以下俸禄，遞損物數不多，有虧朝廷優異之禮。其見行條例悉宜罷去，並依元豐舊制。其宗室公使并生日所賜自依元祐法。」元祐**10**格尋未獲。

七月二日，三省言：「宗室祖免外兩世，祖、父（父）俱亡而無官，雖有官而未釐務，各貧乏者，雖許支錢米，其數未均。欲每口月支錢二貫、米一碩，十二口以下給屋二間。」詔委大宗正司及所在官司常加體訪，保明奏支錢米。其有官男至釐務日本房住支，女出嫁日計口豁除。據元年四月計口給屋指揮，與此間數絶不同，疑《實録》誤也。

八月十五日，詔：「宗室貧乏支錢米，人口雖多，錢不過二十貫，米不過六碩。」以户部言：「自來宗正司只保明男女之數，更不開房下人口。（人口）其條内稱計口支破，即母、妻、子孫之婦並合計口。欲申明行下。」故定此數。

二十三日，詔：宗室祖免親參選，常許不拘名次路分陳乞指射差遣。

九月二十八日，詔：「祖免親授班行者，出官未出官，俸錢並依元豐三年支給見錢。其非祖免，因奏薦授官者，俸錢雖在外任，並依在京分數支給。」

十月一日，右羽林軍大將軍、郢州防禦使、越國公令廓爲合州團練使。以令廓自陳：「頃者神考推原大本，以宣祖、太祖、太宗之子擇一人爲宗，世世封公，仍補環衛官，不以服盡而殺。今有司概以臣依它祖免親止官例，恐未稱神考之意。今止乞依諸王後見襲公爵之人例爲正任。」從之。

三年二月六日，詔：「宗室授外官右選者，並不注緣邊差遣。令吏部於内地相度添員，候任滿更不差人。」

五月十九日，宗正寺言：「請太祖下子孫有服親並連『無』字〔一〕，餘並連『伯』字。太宗下子**11**孫連『季』字人數未多，乞依先降朝旨，止連一字，用初賜『不』字訓名。」又宗正寺丞宋璟言：「請宗室賜名，及非祖免親本家命名，於本宗下有服親，雖音同字異，並避。於本祖下無服親及別祖下有服親，即音同字異，許用。於別祖下無服親非連名，即雖本字，亦許用。其稱祖者，以宣祖支子秦王下爲一祖，太祖支子越王、楚王各爲一祖，太宗支子魏王、昭成太子、魯王、陳王、蔡王、韓王、吳王下各爲一祖。其連名者，隨祖宗支子而下，雖兄弟數多，並以一字相連。庶分祖取字稍寬，

〔一〕「無」字疑誤，宋宗室無「無」字輩。

不至乖僻。」從之。

二十六日，管幹親賢宅所言：「故魏王男孝詒等並係皇孫，乞定祇應人，各隨本官見任官闕所屬依條例差。今後有來赴朝參人，並依孝詒等例。」從之。

六月五日，吏部言：「忠州防禦使仲庳、右監門衛大將軍、資州刺史勞之卒，各曾有罪情重，合與不合贈官？」詔各贈一官。

七月十一日，禮部言：「乞宗室祖免、非祖免親授外官人，若未曾參部者，並依宗室例，令大宗正司管轄。」從之。

十二月五日，詔宗景落開府儀同三司，罷判大宗正事。以三省言：「宗景乞與楊應賓第二女成親。按宗景貴兼將相，任專宗正，不能正身律下。楊氏乃生子妾，欺罔聖聽。陛下親睦九族，務盡恩意，待之不疑，不復更加詢考，遂從其請，在於聖德，可爲至厚。且自置大宗正司以來，所任主判皆一時之選，所以表率宗子，使之循理。今宗景乃公 12 然自肆，違犯典禮，此而不懲，無以肅清宗室，示天下後世。伏望聖斷重行削奪，以明勸沮。」故有是命。

四年正月七日，右武衛大將軍、興州團練使叔紺坐取城濠土及修宅侵街，詔追三官勒停，展五期敍。

五月二日，三省言：「今後宗室雇女使，不得雇同姓，違者降娶同姓妻罪一等。」從之。

七月二日，提舉修蓋皇親位次所言：「邸第遺火位次舊係將作監修蓋。緣宗室自來不肯嚴戒火燭，欲乞自今遺火，並先坐尊長，所犯人亦不以常法科罪，仍舊將作監管幹。」從之。

八月四日，詔：「今後宗室換授外官，令大宗正司勘驗自授官後來有無過犯增減，具有無漏落，於奏狀聲說。」先是士琚充率府率日，以姦罰俸。其後尊長宗景、學官黃頡保明才行堪充任使，換授外官。至是吏部言，難作才行換授。詔士琚依已降指揮，其元保明官該疎決放罪。故有是詔。

九月四日，大宗正司言：「叔諄以罪鎖閉，男女並無官品、邑號、俸給。欲并所生母，比附孤遺計口支錢米，候叔諄復官日罷。未復官間，女出嫁、男釐務，亦計口豁除。」從之。

十八日，詔：「宗室大使臣如該選將副，許差中下州鈐轄，替雙員都監；如無雙員處，即與添差。」

十月五日，禮部言：「外任宗室應舉者，所屬給假赴京；願就本路取應者，亦聽引試考校。解額依所應條制。」從之。

十二日，三省奏：大宗正司言叔盎乞依令晏例換武官。詔叔盎換左藏庫 13 使，依舊康州團練使。

元符元年六月四日，詔：「非祖免親應舉推恩，有司建明寖失先帝初令之意，及見今多有貧乏之人。今後祖免親鎖廳應舉，及非祖免親應舉，並依熙寧二年十一月指揮。應給錢米者，並計口支破。其紹聖二年八月指揮更不施行。其應干條貫，令有司修定聞奏。」

七月十日，右武衛大將軍、開州團練使叔急降領蜀州刺史，以增草價貸軍人也。

八月十一日，宗正司言：「叔紆妻王氏病，男盈之割股與食而瘉。」詔特賜絹百匹、羊十口、酒十瓶、麵十碩。建中靖國元年六月三日，右金吾衛大將軍、濠州防禦使叔重男舉之爲父割股，亦依此賜。

九月二十三日，三省言：「今後宗室及非袒免離妻，如已經開封府根治者，令大宗正司並限半月審察。」從之。

二年九月二十一日，莊宅副使仲秉言，係緦麻親換授，乞比袒免、非袒免親服紀，分兩等免注監當一任，便入親民差遣。從之。今後準此。

十一月十八日，同知大宗正司（使）〔事〕言：嘉國夫人劉氏乃故宗瑗之妻，亡未卒哭，子仲譁忘哀買妾。詔特降一官，逐其妾。

二十三日，詔：「故公著長男希孟，係袒免以外三世，無官，並無請俸之人，特依袒免外兩世條給錢米舍屋。」

十二月十六日，詔：「宗室大將軍以下婦及宗女入內，只許帶從人一名。其立班賜坐並依服屬高下。」以大宗正司言宗室袒免親授外官之妻，依條帶從人二人，與 14 正任已上婦無異，奏乞立法。

三年二月二十五日，詔大宗正司：「見赴朝參遙郡已下宗室員多，可均作三番互輪趁赴。」

三月七日，左中散大夫、新知壽州趙令綽爲金吾衛大將軍、均州防禦使，以久換外官，宜歸環衛故也。

八日，詔：「西南路祔葬宗室并公主等，西路朝奉大夫、直龍圖閣温益主之，南路某官主之。」

五月二十八日，詔：「河北、河東、陝西路添差宗室差遣並罷，見任人候任滿（者）更不差人。」

九月二十九日，中書省言：「諸宗室任外官，辭見上殿，如無所奏事，例申閤門，更不上殿。」從之。

徽宗建中靖國元年三月二十四日，大宗正司言：「宗室大將軍以上，於法不許試換。比來換者衆，乞申明行下。」從之。

四月九日，詔復置宗學，應合行事令禮部條具以聞。初，元祐六年，宗室令鑠嘗乞建宗學，詔從之。及畢工，以賜蔡確家。至是，令鑠之父、知大宗正事世雄及同知大宗正事仲爰言：「宗子置學，本出神考之意，事既中輟，論者惜之。願詔有司復依初旨。」故有是詔。

十六日，詔右金吾衛大將軍、唐州防禦使叔雉降充團練使，以不能訓子，爲宗司所劾故也。

同日，詔：「宗室添差闕，於開封府界監當添四員；京東路監當添十員；京西路親民添十員；淮南路親民添二員，監當添十四員；兩浙親民添二員，監當添十四員；湖北路親民添二員，監當添四員。」以吏部言，河東、陝西應添差宗室差遣 15 並罷，差注不行，故有是詔。七月二十二日，吏部請内郡置添差宗室闕，從之。

八月二十八日，詔宗室成之祖父影像，許隨外任奉祀。先是諸宗(宗)室影像並在京最長子孫位，以成之任外官，其弟涣之白身，仍不居本宫，故有是詔。

十月二十二日，詔：「宗室祖免補授外官，轉至大使臣已上者，料錢並依宗室祖免以下换授外官法。」

十二月六日，大宗正司奏：「太廟行事宗室，以官爵高下資次預先差定三員，充一年行事。乞於所差行事宗室，於三獻條内『預先』字下添入『審驗』二字。」從之。

崇寧元年正月二十一日，詔：「故榮王宗綽係英宗親弟，其嫡孫士㮚特與换授率府副率。」

二月三日，詔：「前右侍禁叔宓房下計口破錢米人並減半支給。應似此之人依此。」以叔宓嘗任温州監税，贓罪除名，援例支給孤遺錢米，故有是詔。

五月四日，詔：「宗室舊有止法及服紀釐革者，令格外改轉，若合授班行者，令换授環衛官。自今雖奉特旨，令衛改舊條等指揮，許三省、樞密院子細契勘，若於祖宗貽訓格法實有衝改侵紊者，可明具有礙是何條法奏知，更不施行。」以近者貪冒之徒夤緣請謁，告囑希求，衝改格條，泛濫陳請，故降是詔。

十一月十二日，手詔輔臣曰：「神宗嘗詔宗室年長者推恩，又嘗詔祖免外兩世貧無官者賜田，又嘗詔外任者許居於兩京，今宜遵先志。」

同日，提舉講議司蔡京等言〔一〕：「奉16承德音，謹追考神宗詔書，推原本旨，稽之往昔，增以當今所可行者，謹條具如左。如允所請，即乞付本司立法施行。一、自熙寧降詔已來，宗室量試之法中廢不講。至紹聖間，始復講之，所以預試應格之人至少，亦未曾有以年長特推恩者。宗室之無官者繇此甚衆。今若俟其累試不中，然後録用，緣未嘗教養，一旦峻責其藝能，則推恩之文殆成虚設。況非祖免親乃祖宗六世孫，恩澤所加，謂宜稍厚。乞將上件服屬宗室，年二十五已上者，今次許於禮部投狀，試經義或律義二道。以文理稍通者爲合格，分爲兩等，候至來春附進士榜推恩。内文藝優長者，臨時取旨。其不能試，或試不中者，並赴禮部書家狀，讀律，别作一項奏名，只作一時指揮，不爲永法。今後自依熙寧詔書并元符試法施行。一、宗室有世數既遠，出仕外官者漸衆，而宗女隨夫之官者數亦不少。或亡殁於外任，而其子孫不能歸葬，或隨侍在外，因而流落，或孤寡無依，或道路貧病。若不存恤，恐無所歸。今請委所在州軍常切體量，如有上件宗室，仰隨所在保明，量加存恤(乞)〔訖〕奏。其存恤格，從本司詳議頒下。若應保奏而不保奏，或保奏而不以實，並杖一百，聽宗室隨所在監司陳述，監司依格給訖，按劾以聞。一、宗子雖有教授，名存實廢，宗子往往不出聽讀。雖設宗子學，聚而爲一，則有

〔一〕議：原作「義」，據《宋史》卷四七二《蔡京傳》改。

赴學之費、往來之勞，其勢必不能群處。今請逐宮[17]各置大小二學，添置教授二員，量立考選法，月書季考，取其文藝可稱、不戾規矩者注于籍。在外任而願入宮學者，聽依熙寧詔書、元符試法量試推恩。其學制從本司參定。願入太學律學者亦聽。應宗子年十歲已上入小學，二十以上入大學，年不及而願入者聽從便。若無故應入學而不入，或應聽讀而不聽讀者，罰俸一月；再犯勒住朝參，三犯移自訟齋。即兩人不入學，本官本位尊長罰俸半月；三人以上併犯者，罰一月；十人以上，罰兩月；重者申宗正司奏裁。一、今雖置學立師，爲量試之法，然所學未廣，遽使出長入治，必未能守法奉令，而至瘝官廢職。伏請依熙寧文武官試出官法，再試經義，中選者許令出官；若再試不中者，止許在宮院，使食其禄。其試法從本司參定。一、熙寧間，神宗釐正宗室，乃有袒免親賜名授官，非袒免親更不賜名授官，只許應舉之制；袒免、非袒免亦各立奏補子孫之法。獨緦麻親舊用國蔭，自來未有蔭孫已下明文。今請依外官例，得補蔭孫。一、舊制，宗室袒免親初參選，常許不拘名次陳乞指占差遣；非袒免親初參選，依條添差外，更許不拘名次陳乞指占差遣一次。以後每到部，如無遺闕，與陞一年名次。今來袒免以下親出官者人數寖多，侵占在部(元)〔員〕闕不少。緣職事既有修廢，若不分別勤怠，無以勸沮。欲乞今後應宗室非袒免以下親量試出外官者，並各于員闕外添[18]差。每大郡通都屬縣不得過十人，中郡不得過七人，小郡不得過四人。到任不簽書本職公事。如有本轄長貳或監司二人保奏堪任釐務，方得供職。未釐務者，添支驛券、供給人從並減半支破。」並從之。蔡京條具九事，內四事分入敦宗院，餘並見本門內。元祐宗室廢量試法檢未獲。

二十一日，詔仲(仚)〔企〕等七員各轉一官。以試藝業合格故也。

十二月十八日，樞密院言：「宗室諸司副使以上，於條止許差充非節鎮州鈐轄。其經任人固有材能可倚，若一依上條，無以激勸。」詔：「宗室非節鎮州鈐轄人，如任內有舉主三員，無過犯，許審量添差節鎮大藩州鈐轄。」

二年二月三日，中書省言：「大理寺立法：諸以孤遺宗室錢米曆質當者徒一年，孤遺自質當者減一等。錢主各與同罪，其錢不追。即因舉債及預借錢物買所請錢米，而每月取利過四釐者，錢主杖八十，舉借錢物不追，已請錢米還主，許人告。」從之。

三月二日，詔：「宗室非袒免親試中經律義人與三班奉職，書家狀讀律人與三班借職，仍附特奏名進士放牓推恩。」

三年二月三日，詔：「宗室免侍宴，門外賜酒食。今後准此。」

五月十五日，中書省言：「自今宗室過犯，降斷旨日，一就定所犯情理輕重，免致重復，紊煩降勑。」從之。

九月二十九日，南京留守司言：「準《外宗正司令》：

諸宗室不得私造酒麯，許於公使庫納麯麥價錢寄造，每人月不過一碩，遇節倍之。今已到宗室三百二十五人，若[19]男或女十歲以下者合與不合造酒？」詔：「五歲已下不造，十五以下減半。西京依此。」

十月二十九日，詔：「諸州縣宗室官莊租課絲絹粟麥等，如人户願計價納當月中等實價者聽。」以管幹南京宗室莊晏曇言，宗室所請錢米外諸物，候官司糶貨兑撥見錢，遲緩妨用，故立法。

十一月九日，皇姪孫三班奉職善清特授右千牛衛將軍、武騎尉，仍（奉）〔封〕漢國公，奉漢王祀事。善清，不儻之子，不儻卒，乃以善清襲封。

二十二日，中書省言：「諸宗室女使曾生子者，更不得雇人別位。不限有無服紀。違者，牙保人徒二年，知而雇者加一等，許人告。合入《大宗正司勑》。」從之。

徽宗崇寧四年四月四日，詔：「仲忽已除知西京外宗正事，如敦勸有方，宗子肅戢，即與轉官。」

十二日，知西京外宗正事仲忽言：「無官宗室多是少孤失教，自恃贖罰之外無以加責，故犯非禮。乞所管宗室或有恣橫不遵教約者，聽比附崇寧《宫學敕》行夏楚。苟敗群不悛，及不（負）〔服〕夏楚者，則許奏劾，押赴大宗正司，下本宫尊長羈管。」從之。

七月十四日，詔世開男令瓢、令戈各轉一官。以世開嘗在英宗皇帝潛邸同學故也。

八月八日，詔：「非袒免親之子，磨勘至大將軍止。其今日以前因試藝業得減年磨勘、應至止法人，並許回授有官有服親。」

十六日，仲忽言：「河南府偃師縣故西頭供奉官趙士礴男不器，係非袒免親，爲父亡，有祖母及母與姊妹，乞給[20]官屋。勘會士礴母楚氏係故仲璊緦麻親之婦，見今貧乏，依條並合居敦宗院。其請給等，依條轉運司應副。如今後更有此類，並許來敦宗院就係居屋住。」從之。

九月二十三日，詔：「熙寧《宗室葬敕》可須降施行，如與今事名不同者，禮部貼正。今後如敢式外輒受錢一千以上，以自盜論。」

十一月十五日，詔：「宗室公使併生日支賜並依元豐條例，其元祐條例更不施行。」户部言：「元豐年別無定宗室公使錢則例，只許引用熙寧五年六月朝旨，每年支賜使相，節度使各二千貫，節度觀察留後一千五百貫，觀察使一千貫，防禦使七百五十貫，團練使五百貫，刺史二百五十貫。」從之。

二十一日，仲忽言：「準格，宗室非袒免以下兩世，於兩京近輔沿流便郡居止者，支賜起發錢：十五口以上三十千，十口已上二十千，四口已上十五千，三口以上十千。南京比西京水陸遠近不同，故貧乏宗室願往西京者少。」詔：往西京居止宗室，起發錢各遞增十千。

是日，中書省言：「宗室諸王影前屋業房錢，莊宅行人輒爲典賣，若錢主知而買者，各杖一百。其屋業及錢物，委大宮院尊長同襲封人管幹。若襲封人尊長，即以次宗室同管。檢察侵欺入己，或非理破用，各以違制論，失覺察者減三等，仍令均備。著爲敕令。」從之。

十二月二日，尚書省言：「檢會崇寧《內外宮學令》，諸宗子入學即篤疾廢疾，若無兼侍，曾被解送宗正司驗實，聽免。21即有官，在學未及一年，雖及一年而犯第二等以上罰者，犯(等)〔第〕二等罰未再滿一年，不在出官赴任之限。若已經赴任，而無舉主三人，亦準此。已經赴任，既有舉主，即不須更限員數。」從之。

八(月)〔日〕，詔：「太祖皇帝應天啓運，創業垂規，福庇生民，澤流萬世。其襲封王爵安定郡王世雄身薨，可令有司議當襲封者，封王爵施行。」

十五日，武(庫)〔康〕軍節度觀察留後、同知大宗正事仲爰言：「奉詔以昨幸世雄宅澆奠，宮學宗子道旁起居人數甚多，可見宗子向善，學官勸導有方，蒙恩特轉一官，回授有官有服親。乞與弟右武衛大將軍、袁州團練使仲訦。」從之。

二十二日，詔：「仲糜久患脚膝，特與隨六參官起居。在假更不看驗及抽攔人馬。」

二十五日，判大宗正事宗漢言：「遇有公事，乞依久例不限日本廳聚議；如同知官欲不依日限入局商議公事者，亦乞從便，庶得公事不致留滯。」從之。

大觀元年八月二十日，詔：「皇家宗族屬有遠近，禮有隆殺，親親之恩，義所當厚。熙寧變法，皆循中制；而元祐紛更，務從裁削，失敦宗之道。可依下項：一、熙寧法，祖宗祖免、非祖免親常許指射差遣，仍不拘遠近差注。元祐唯許指占一次，致出官親屬久不得差注，待次或(遇)〔過〕歲年，頗見失所。可依熙寧(注)〔法〕，仍常許占射，不拘遠近差注，仍並替成資。一、熙寧法，祖免、非祖免親出官者，雖在外，俸錢依在京分數。元豐法，祖免親授班行者22支見錢。建中靖國依外官分數給。宗室既不補南班，俸禄至薄，今又不以見錢支給，而限以外官分數，頗聞貧窘不足。可依熙寧、元豐，應祖免、非祖免在京并敦宗兩院並支見錢；任外官，依在京分數。一、熙寧法，常許指射，不拘遠近。方是時，宗族尚少，指射未多。今蕃衍盛大，深恐有妨百官差注。可依紹聖法，一州添差、親民不得過一員；一州五縣以上，添差、監當不得過三員，餘二員。一、熙寧法，宗室刺史以上，每年公使錢絹各支一半，後以漬汙紬折，以故宗室支用不足。可依熙寧法，唯以絹折，仍三分以上一分折絹。一、宗室熙寧中未有遺表蔭補之法，崇寧二年雖立祖免遺表許推恩子孫之文，唯及正任以上，而不及餘官。且外官之法，諸司副使已許推恩，豈宗族之恩義可薄，而不及外官乎？可諸司副使以上遺表推恩如外官法。」

二年三月八日，大宗〔正〕司奏：「右武衛大將軍、通州防禦使仲琢唐突乞宮學無官宗子三經公試不中，亦乞特與陞補內舍。詔仲琢唐突，特與放罪。本司看詳，宮學已有法，今仲琢妄敢唐突，非朝廷考察行藝、甄別能否之意。」兼上批〔一〕：「學校之法非有窒礙，而輒議改者，以違制論。」仲琢特降兩官。

九月十二日，學制局奏：「勘會内外宗子上舍，近制已令附貢（生）〔士〕舉院引試，取六分爲限，其不合格者依貢士法施行。契勘貢士試合格下等人方升内舍，其不合格人係留辟雍充23外舍生。若該升補太學内舍，即與貢士同試。今來宗子試中下等人更不補内舍，便合推恩；其不合格人若降充外舍，即又無升補内舍便許附貢士舉試條法。今相度：宗子上舍附貢士舉院試不合格者，並歸本學爲内舍生，許理考察；再試上舍，依條保奏。若三經試不與升補，或兩試不與而犯第三等已上罰者，並降充外舍，依初入學法。其在本學陞補内舍生者，亦合依此。如得允當，即乞先次施行。」詔：「宗子在舜通謂之胄子，在周謂之國子。今京師置監名國子，而宗室升貢，試或不中，不入國子，名之不正甚矣！士許留辟雍，而宗子遺歸本學，薄於宗親，厚於庶士，不可施行。可許入國子學。」

三年正月二十一日，制以皇叔仲忽起復定國軍節度使、普安郡王、知西京宗正事。

三月二十一日，詔：「宗室並依行第連名，不得單名；並須連『士』字、『之』字之類。其見不連名者，限十日改正。」

政和元年三月八日，詔：「宗室知通、兵職官、令丞不得同任一州，餘官州不得過三員，縣不得過二員。」

二年五月十五日，詔：「比聞孤遺宗子應給錢米，一有愆違，終身遂無所給，深慮匱（法）〔乏〕，不能自存。當限以歲月，使之自新。自今若犯取人財物、故毆傷人杖以下罪，情理重者住給一年，輕者半年。或私罪徒以上罪若贓罪二年，如不再犯，仍舊支給；有再犯者，大宗正司量輕重再展年限。」

六月十九日，詔：「今後宗室承直郎24以下，罷任不住請受。」

二十三日，詔：「宗室袒免已下親，男女生、亡，外任限三日申所屬州縣，州縣限三日申大宗正司，在京限三日報本祖下襲封宗室注籍。」（存）〔從〕大宗正司請也。

二十八日，詔：「節度使仲皝特依仲糜例，人從並同外官額定人數差取。如遇疾病在假，緩急事故，許依元豐令乘暖轎出入。餘人不得援例。」

三年正月二十一日，宗正寺言：「本寺訓撰宗室名，『之』字子皆從『公』字，『子』字子從『伯』字，『不』字子從『善』字。自來未有『公』字、『伯』字、『善』字之子許連名指揮，今欲乞依『公』字等例，許撰連名。所貴有以分別宗族昭穆。」從之。

閏四月二日，詔：「宗室同安郡王仲僕薨，陳乞男三人

〔一〕「兼」字疑衍。

見係副率，轉將軍；女二人轉郡主，仍依出適人例支給請俸等；妻張氏依故仲縮妻王氏例破俸給；餘恩例並依故仲損遺表恩澤體例已得指揮。其仲僕父宗愈爲係英祖同母弟，所乞先次行出，餘人不得援例。」

二十二日，詔：「宗室諸王已追封大國者，其世襲子孫尚仍舊國，甚未稱正名之(任)〔義〕。如魯王改封商王，其子尚襲魯國之類。其令大宗正司改正。」二十四日，制以皇伯寧遠軍節度使、魯國公仲先改封商國公。

四年正月二十四日，詔：「比覽宗籍，濮王子皆英宗昆仲之列，並已淪亡，而未封王爵者尚衆。念祖追往，惻然興懷。故宗誼等八人可追封王爵。上以慰祖考在天之靈，下以昭隆親報本之意。」於是追封宗誼 25 爲祁王，宗詠爲萊王，宗師爲溫王，宗輔爲楚王〔一〕，宗博爲蕭王，宗沔爲霍王，宗蓋爲建王，宗勝爲袁王。

四月一日，上御崇政殿，按宗子習大樂，賜奬諭曰：「敕仲爰等：先王本人之情性，禮樂出乎法度。後世樂壞不作，而敗禮者莫之能禁。比詔有司頒樂宗學，其從也深，其入也易，而能改其所習，忘其貴驕，服我教養，以克有成，朕不愧於古矣。故茲親札，其體至懷。」

九日，手詔：「宗室樂成，昨日庭按。登歌擊拊，八音克諧，朕甚嘉之。因閱名籍，無祿者百有餘人，惻然興歎。應昨日按試，有官者可並轉一官，正任大將軍及遥郡以上回授有服親，無官者可並與承信郎。仰宗正司申中書省施行。」

七月四日，詔：「應見今環衛遥郡正任以上官，因子孫迎侍在任人，候任滿日更不許迎侍之官。」

十三日，詔承節郎、添差監秀州在城都酒務趙宥之許令入學，考選、校定、升補之類依國子監生條令施行。以宥之言，係不釐務，即無職事，已依見任宮觀嶽廟差遣及得替待闕人條法，願入州學聽讀，故有是詔。

十一月二十二日，詔：「自今應宗室無父，宗婦無夫若舅亡殁，仰大宗正司管勾葬事。如有居喪非理爭訟，挾長取財物等，及一切違犯，並許糾劾以聞。其所差官吏敢有搔擾乞取，收受餽遺者，並以違制論。所有官給孝贈，限一月內賜。非袒免以下無官人遭期以上喪，於法不應給孝贈，約度所用，每位許共借 26 助錢一百貫，仍於所破錢米內逐月剋納。應有該載未盡事，仰大宗正司條析以聞。」

五年六月十六日，詔：「宗庭按雅樂所得各轉一官恩例，內宗室仲軒、仲軖係大將軍止法，合行回授，特許與親姪士僅；士稱合轉小將軍，亦係止法，特令轉行。餘人不許援例。」

六年三月七日，臣寮言，乞宗室不注沿邊差遣。從之。

十日，詔：「宗子犯罪鎖閉者，並釋之，令尊長鈐束，許以自新。」

〔一〕楚王：原作「樊王」，據《宋史》卷二一《徽宗紀》改。

十三日，吏部奏：「臣寮上言：『自來宗室惟大小使臣不許注授沿邊，至於文臣，即無條法。欲望特降睿旨，今後宗室不注沿邊差遣，並依宗室女夫已得聖旨施行。』奉御筆依，見任人對移近裏一般差遣。其被對人本部不見得本路本州有無合避親嫌，并合對移宗室填替等違礙因依，若伺候會問，竊恐遲延。本部今相度，欲應有違礙人，且依今來御筆指揮對移。如願放罷，與不依名次路分在外指射差遣恩例，别授差遣。」從之。

七年三月二日，臣僚言：「比來宗室宗婦往往僥倖陳乞，多不次第經由，而直赴朝廷，至有冒瀆宸嚴者。伏覩本司令文，諸事有條令及無違礙，非本司理斷不當而不由本司者，尚有法禁，況事無條例者乎？欲望降旨，今後宗室以無條例事進狀，及直經朝廷或他司陳論，敢有隔越者，乞增立禁止。」詔宗正司立法。

二十五日，詔：「自今宗室賜名，令學士院看定，中書省取旨。」

二十七日，詔：「故濮王孫仲的[27]年高官卑，未嘗干託求進。家貧累重，聚族百餘人，並無依賴，殊可矜憫。其見居宅屋等可特撥賜本位子孫永充己業。其妻滕氏恩例請給，並依仲縮新婦例倍給，仍封康國夫人。」

三十日，判大宗正事仲爰等言：「欲令宗正寺將保州宗子依在京三祖下宗子例編爲圖録，别爲一秩，歲具見存字行人數(闕)〔關〕報本司。」從之。

四月十九日，吏部奏：「承節郎趙不訥、子濬狀：各係依政和五年二月十四日赦文量試補授出官，不訥注江州鹽酒稅，子濬注襄州酒稅，並不釐務。今來擬注作(意)〔不〕簽書本職公事，伏乞依赦文改作不釐務差遣施行。本部檢詳：宗室該出官人無闕注擬，待次半年以上，許添差，每州不得過三人。本部看詳，上件赦文内該載依崇寧法量試。未審係差注逐州人數，並係崇寧法只改不釐務稱呼，唯復合依不釐務法每州不得過三人，合取自朝廷指揮。」詔依崇寧法人數，並不釐務。

二十四日，詔：「西京敦宗院漢王宫宗子士佩管勾本位尊長職事三年，勸誘本宫宗子入學，陞補過上舍不化等一十四人。士佩緣見係同免官例勒停人，雖在罪廢，能改過自新，不干吏議；又能以長率幼，俾趨庠序，陞貢者衆，可特與叙官，以爲宗子之勸。」

五月十日，詔：「宗室見任不釐務小使臣，應陳乞再任，並依大使臣已得指揮。」從吏部請也。

九月九日，詔以仲爰、仲忽判大宗正事，各特添差兵士二[28]十人，餘人不得援例。

十日，手詔：「宗室犯罪，不以親疎、有無官爵、罪犯輕重，從來循例與常人同法。有司承例奏乞，不俟三問，未承，便加訊問。朕席慶仙源，嗣承大統，豈有恩不及於祖宗之裔乎？追遠念親，爲之惻然。自今有犯，除情理巨蠹，事涉重害，及已殺傷人，并别被御筆處分外，餘只以衆證爲定，仍取伏辯，並不得輒加箠栲。若徒流以上，方許依條請官制勘，自餘只行嚴監散禁。雖有上條，承勘官司逐旋奏稟，若合行庭訓者，並赴大宗正司，令本位尊長以小杖依法夏楚。恪意遵承，立爲永法，以副朕敦睦九族之意。」

八年正月二十二日，詔皇姪有奕特授保順軍節度使、和義郡王。有奕，陳王子也。制曰：「永念泰陵之末命，緬懷陳邸之懿親。居長而賢，退託以疾。」有奕襲慶，屬兹奉朝，特有是命。

三月十六日，故宗楚新婦濮國夫人尹氏表：孫男二人，朝□郎提點彭州冲真觀士悘、朝奉大夫前知滁州士虓，各乞除一省曹寺監近見闕煩要差遣。詔依所乞，士悘除衛尉寺丞。

九月二十日，太僕卿間丘籲言：「奉詔措置玉牒祖簿。緣宗正寺每修進《玉牒屬籍》、《仙源類譜》、《宗藩慶系録》、《仙源積慶圖》，皆以祖簿爲據。祖宗以來，蕃衍盛大，舊簿止是二十一秩，不能盡載。兼本支不分，世系難別。今以宣祖之後太祖、太宗、魏王，分三祖而下，依次序編纂。每朝皇子、皇女并親賢、棣華宅及諸宮院宗室女婦〔一〕，分 29 立字行，依式樣編載。修至政和六年終。太祖皇帝下九十九秩，太宗皇帝下二百六十九秩，魏王下一百四十八秩，總計五百一十六秩。內目録九秩。進呈，乞降付宗正寺收掌，遇有增修，檢照施行。」從之。

宣和元年十二月四日，詔：「除宗室依已降指揮不注沿邊差遣外，其服屬相避並依元豐法。」

二年五月二十九日，詔：「宗室有文行材術、名實顯著者，令大宗正司具名以聞。」從龍圖閣學士宋康年請也。於是子沂與寺監貳，子晝與郡。

六月二十二日，知大宗正事仲湙奏：「方今宗室蕃衍，陛下惇叙族屬，教養作成，于兹有年，才能並出，咸拭目以幸千載之遇。然混於常列，格於銓選。有志於事業者不爲不多，若不特加旌別，無以昭示激勸。欲望聖慈特降睿旨，應宗子有文行才術、名實顯著，許本司具名以聞，斷自淵衷，不次陞擢。庶使人人奮勵，以副陛下樂育之意。」從之。

七月十一日，詔：「近歲添置宗室不釐務差遣，既失循名責實之義，而不釐務者乃違元豐成憲，拘以同任之限，致使累歲不調，殊失先帝惇叙本旨。應宗室注不釐務差遣指揮可罷，見任者依省罷法注擬。同任條令並遵從元豐舊制施行。」

十月九日，詔：「宗子非袒免親遇恩奏薦者，許預定名中大宗正司，報宗正寺參照。同名者，大宗正司改定。」

十九日，臣僚上言：「臣伏覩皇帝陛下加惠宗子，遴擇師儒教導。自幼學，由選升舍，30 賜之名第，然後官使之。比峨冠鏘佩，接武外廷，咸思奮勵，以赴事功，甚盛舉也。比

〔一〕棣：原缺。按據《建炎要録》卷二，北宋宗室所居宅院有親賢宅、棣華宅等。《永樂大典》避明成祖諱空「棣」字，今補。

年以來，有司申陳，文禁過密，動見拘礙，殆非元豐立法之意。元豐法：宗子服屬相避，亦同庶官。是時宗子補外之人少，州縣可入之闕多。今既不許同局，又復不注沿邊，至於内地知通、兵職官、令丞悉不得同任，郡縣有一宗子，吏部不容注擬。雖引恩例、展員數，皆爲虚文。況宗室蕃盛，人才至衆，就禄之路甚艱，居閑之日淹久。議法之弊，乃至於此！臣願明詔有司，詳求厥中，仰副陛下紹述之意。」詔依元豐法差注。

十一月四日，吏部奏：「勘會宗室注擬不釐務小使臣，近承指揮減罷，在任者依省罷法。其量試出官之人，依條許注不簽書本職事及不釐務。宗室内在任不僉書者，所屬承受上件指揮，減罷到部。勘會不僉書本職事未有亦許省罷指揮明文。本部今相度，欲乞將前項量試宗室依奏補法，各隨本資敘許注釐務差遣，通理舊任；見任者亦乞依今年七月十二日所降指揮。」詔：宗室量試指揮更不施行，見任人候罷注釐務差遣。

三年三月一日，知大宗正事仲湙奏：「臣先奏，欲應宗子文行材術、名實顯著者，許本司具(以名)〔名以〕聞，斷自淵衷，不次陞擢。已得旨依奏。伏覩朝散郎、權通判隆德府紀之學術該通，操守端謹。上舍試藝，嘗冠宗盟；歷任以來，莅職詳敏。尚淹郡倅，未究所長。欲望聖慈特賜睿旨陞擢，必有殊 31 功，以勸屬籍。」詔與除寺監貳官。

四年六月十二日，承議郎、試宗正少卿趙子崧奏：「伏覩御筆，以子崧族兄子櫟爲宗正少卿，仍移異姓他官。子崧一介孤外，久容尸素，未即汰斥，天地大恩，(大)〔犬〕馬糜殞，無以論報。仰體並用公族之意，不敢以親嫌自列。檢准元豐官制：諸職事官以先後列爲序。子崧(侍)〔待〕罪司屬，并書吏考，雖難以私義輒紊甲令，然長幼有叙，愚分未安。伏望詳酌施行。」詔依元豐官制。

二十二日，詔：「應同國姓者，毋得與宗室連名相犯。」從宗正少卿趙子崧之請也。

五年六月十四日，詔今後内外宗室並不稱姓。

十二月三日，詔：「教誘陪涉宗室，雖不係敦宗院所管之人，並依外宗正司條法。」

六年四月二十四日，詔諸路應宗室並不許募押糧綱。

七月十一日，詔罷添置宗室不釐務差遣，並遵元豐成憲。

七年六月一日，詔内外宗室依熙寧法，並著姓。先是宗正少卿子崧賜對，上疑宗子出仕者皆著姓。子崧對以熙寧法如此，與異姓共事，須著姓以别之。若辭見謝及獨銜奏事則否。上曰：「終是相疎，可令討論奏來。」子崧檢會開寶中有趙令圖任宗正丞，本貫濟州，因申明與國同姓者不許與宗子連名故事，上之。後子崧從兄子渲召對，上又及之。有旨，宗室内外並不著姓。朝廷不復攷故事，而有司不以官職高下，皆名别之。至是，子(孫)〔崧〕出守淮寧，陛辭，復爲上言：「周曰姬氏，漢曰劉氏，32 唐曰李氏。今無故去國姓，恐非所宜。」故有是詔。

七月二十五日，詔：「承議郎詳之，三經進士及第，特與陞擢，可除見闕在京合入差遣。」

八月十九日，詔：「外官宗室不著姓，自降指揮以來，凡官司行移、文券幫書之類，雖侍從至一命，皆以名別之，殊失國體。熙寧、元豐中，宗室任外官，惟辭見牓子並不著姓，餘依外官法。此制甚明，可依前降不著姓指揮改正，並依熙豐舊制。」

高宗建炎元年五月一日赦：「應外官宗室未有差遣，及已授三路差遣，願別授者，並令吏部不依名次，注近闕近便差遣。應宗室年幼未合出(宮)〔官〕人，並與依見今官序支破請給。」

六月四日，中書省勘會：「宗室先因臣僚陳請，不令書姓，後已改正仍舊。至今往往尚有不書姓者。」詔今後宗室銜位不書姓名，官司不得收接。

十二月二十三日，詔：「昨降指揮罷添差官，訪聞諸路將宗室例罷，致各失所。可令已罷添差宗室各還舊任。」

三年三月十日，詔宗室有才能者，令三省擢用。

六月八日，詔：「宗室，國之枝葉。自艱難以來，有不得已從事軍旅之人，可限指揮到日，應在軍中充參謀、統領之類，並發遣赴都堂審量，與陞等差遣。如不即發遣，其主兵官及合發遣人並重行黜(貢)〔責〕。」

十一月十二日，宰臣呂頤浩言：「乞令宗室赴吏部自陳，未有添差官處指定添差監當一次。仍須年及二十以上。其添差員數，每州不許過七員，縣不過三員。33並不釐務。人從供給各減半。」從之。四年二月二十三日，詔仍通注八路，亦不通計已前添差員數。

四年五月十一日，詔：「國家宗枝凋零，侍從之間有子櫟，近已除在外宮觀，令所至按月支行請給，無令失所，以稱朕敦睦宗族之意。」

六月五日，尚書省言：「勘會宗室陳乞添差差遣，於格法之外每州添七員、諸縣三員。今吏部不參照朝廷已差員數，又復擬差，致溢額者衆，州縣無以應副。」詔：「今後陳乞添差宗室，并已經朝廷陳狀及召保、經都司審驗、未曾注授之人，並赴吏部投狀。內已經審保人更不召保。仰本部遵依已降指揮差注，不得過立定員額之數。其已前朝廷添差宗室雖溢額，特許赴任，仍不釐務。」

九日，詔：「昨在京師南班宗室留下新婦，見隨大宗正司人數，有子孫見食禄人外，餘緦麻親新婦每月特支料錢八貫；春冬衣羅、大綾各二疋，小綾各四疋，絹各六疋，冬加綿八十兩。袒免親新婦每月料錢五貫；春冬衣大羅、大綾各一疋，小綾各二疋，絹各三疋，冬加綿四十兩。並許隨司批勘。仍令大宗正司具的實合該請給南班宗室婦數目、各人服屬，申尚書省。其逐人舊請並罷，止依今來則例支破。」從大宗正司之請也。

十五日，禮部、太常寺言：「勘會襲封節度使、信都郡王孝參身亡，合係孝參嫡子襲封。今右監門衛大將軍、忠州防禦使安時乞依孝騫等例襲封。昨係朝廷特降指揮，[34]所乞難行。其益王祭祀即合專差官主奉。」詔安時差權主奉祭祀。

七月十五日，知樞密院事、宣撫處置使張浚言：「應在外宗室，不因贓私罪犯，許召保官具脚色保明申繳赴本司，許令赴本路參部注合入差遣。未有差遣人，取見告劄付身照驗，與注近裏差遣。如曾犯贓私罪，不許注授。」從之。

八月十九日，詔故景王宗漢男仲儡力回切特轉武功大夫、忠州防禦使，差主管江州太平觀，（任）便居住。從其家所乞也。

九月十九日，詔宗室伯瑜令不隔班上殿。上問宰執：「伯瑜何如？」參政張守對：「恐是士㒟所薦十人之數。」上曰：「宗子果賢，便須奬用，不惟可以激勸，亦示朕敦睦九族之意。」

紹興元年正月二十三日，詔曰：「朕念太祖皇帝創業垂統，德被萬世〔一〕，神祖詔封子孫一人爲安定郡王，世世勿絶。乃者宣和之末，以太常、禮部各有所主，依違不決，使安定之封至今不舉，朕甚憫之。有司其上合襲封人名，遵依故事施行。」先是上謂宰執曰：「神祖嘗詔太祖子孫一人襲封郡王，自宣和末年廢此事，可以討論施行。太祖功德如此，世襲王爵，當不爲過。」故降是詔。

三月二十五日，宰執進呈子砥之規切乞差遣。上曰：「宗室有行藝者當留之朝廷，有才幹者當與郡縣，其不足收用者亦當存恤，不可同之外人。」

六月三日，臣僚言：「伏見累降德音，令存恤所在宗室。緣州縣支費滋廣，廩給不繼，遂致姦弊多端，真[35]僞無別，多有飢寒流落者。乞令所在州軍選委尊屬，按月類聚券曆，點勘無僞冒，保明赴州幫支。」從之。

七月二十九日，詔皇伯右武衛大將軍、信州防禦使令話可特授寧州觀察使、安定郡王。先是五月三日，上促襲封，曰：「得一賢宗室承襲爲佳。」參政張守對曰：「降詔旨當以屬近行尊者，若曰擇賢，必啓爭端，誰肯以不賢自處？頃行在宗室（因）〔固〕嘗有進狀，乞推令話者。」既以禮部言：「據燕王德昭之後則稱：太祖皇帝之長子，燕王爲大宗。熙寧詔書令考大宗之籍，以屬近而行尊者一人裂地而王之。今令話係大宗之後，當封；而令庇雖長，係太祖皇帝次子小宗之後，不當承襲。所以中間封世清、世開，而從賁、世逸雖長，皆不得封，爲其小宗之後也。據秦王德芳之後則稱：熙寧詔書所謂大宗之籍者，謂大宗正之屬籍〔二〕，非有大宗、小宗之辨。所以熙寧降詔之後，首封秦王之後從式爲王。及宣和禮官所定，亦主用大宗正屬籍之説，封秦王之後令盪。本部以今來所執大宗之説，考之禮經，及見行

〔一〕萬：原作「五」，又删去，據《建炎要録》卷四一補。
〔二〕正：原脱，據下文補。

襲封條法皆不合。蓋禮所謂别子爲祖，則嫡嫡相承作大宗，百世不絶。在法：襲封以嫡子，無嫡子及有罪疾，立嫡孫；無嫡孫，立嫡子同母弟；無母弟，立庶子；無庶子，立嫡孫同母弟；無母弟，立庶孫。此見今襲封之法，古嫡嫡相承之義。昨熙寧首封秦王之後從式，後來雖改封燕王後世清而下五人，本部即不見得自世 36 清至世福五人依與不依得禮經嫡嫡相承，及司封見行襲封條制有無違戾。然自封秦王後從式以來，改封燕王之後凡五人，秦王之後雖有服屬第行等者，皆不得封。時方國家閒暇，禮文典籍具存之時，不應謬誤如此。切慮上件承襲，臨時出自朝廷特旨。今來亦合取朝廷指揮。」員外郎王居正劄子：「近來朝廷指揮定奪襲封安定郡王事，本部以燕王之後所執大宗之説考之禮經及見行襲封法，雖不合，然不敢以謂當封（奏）〔秦〕王之後令庇，而乞取自朝廷指揮。居正切謂，太祖皇帝生二子，長曰燕王，次曰秦王。燕王立，則燕王之子孫相傳，世世不絶，秦王何與焉？宣和之末，識不及此，有司執文，遂封令盪，失熙寧後來捨從賁封世開之意也。伏乞朝廷詳酌，特降指揮施行。」於是詔封令話。

八月八日，臣僚言：「知西外宗正事士從自衡州移司温州，經由廣中，有弟士籛隨行，將帶亡命軍兵，搔擾州縣，至或縱火焚毁。士從謬懦，不能約束。乞放罷士從，黜責士籛，以戒宗子之妄作者。」詔士從放罷，士籛令廣南東路提刑司體究，詣實取勘，具案聞奏。

十七日，中書門下省〔言〕：「奉詔：『宗子不循理者，付有司鞠治，當重行誡約。其窮乏懦善不能自存者，令越州契勘見在員數，有官者按月幫支請給，無官者逐月量給朝廷錢應副養贍。如違令，御史臺糾劾。仍於尊長中選其可以服衆者權行主判，專務鈐束。37 在外者令有司措置以聞。』今欲將有官宗子請受，見住行在人令越州按月支給，無官宗子、宗女、宗婦令越州於上供錢内取撥錢一萬貫、米三千石接續應副。其行在有官無官人錢米，委添差鈐轄仲蒸專一幫勘檢察。其在外有官人及孤遺錢米，下諸路轉運司措置應副。」從之。

九月二十五日，知越州陳汝錫言：「宗室請給已委新添差兵馬鈐轄仲蒸專一幫勘檢察。其宗子等若在外不因請給，别有違法，亦就委仲蒸鈐束。」從之。

二十八日，詔：「諸路宗室有官人及不釐務人請給按月支給，專委通判檢察。其無官宗子、宗女錢米，亦委通判檢察監支。内建炎四年十月十六日不釐務宗室請給減半指揮不行。」以三省言，渡江宗室散在州縣，請給不繼故也。

十四日〔一〕，詔：英州團練使、知南外宗正事士樽奏事詳審〔二〕，可以表率宗子，特與轉行一官。以上《中興會要》。

（以上《永樂大典》卷一二一七）

〔一〕「十」下當脱「月」字。

〔二〕士樽：「士」字原脱。按據《建炎要録》卷三〇，建炎三年十二月知南外宗正事者爲士樽，則此當脱「士」字，據補。

宋會要輯稿　帝系六

宗室雜録 三

【經進總類會要】

❶紹興二年三月二日，臣僚言：「竊聞皇兄故利州觀察使安信亡殁〔一〕，有孤遺男女三人，止是乳母張氏提携往來，寄食他舍，行路之人，見者憐憫。其本宫尊長安時親則伯父，又職承祀，實任一（官）〔宫〕之事，坐視不恤，乞賜行遣。」詔安時特降一官，其張氏並孤遺三人並給孤遺錢米，令仲蒸收管存恤。

四月二十五日，權主管行在宗正司仲蒸言：「宗室文武官近有徑詣朝廷陳乞差遣，意在僥求。欲乞自合該堂除之人方得經由朝廷，餘官並合赴吏部注授。」從之。

閏四月十三日，詔：皇叔祖檢校少保、武泰軍節度使、追封平原郡王仲綜合得遺表恩澤，候孫女出嫁日，夫特與補承信郎。從其子士申所乞也。

八月十九日，吏、禮部、太常寺言：「寧州觀察使、安定郡王令話薨。伏見榮州防禦使、權行在宗正司令畤時止切屬近行尊，合依例襲封。緣别無案籍檢照，乞依昨令話襲封事理，集行在見任待闕寄居宗室議定，取旨施行。」從之。

十二月一日，詔：故安定郡王令話親孫女三人，候出嫁日，依仲綜例，女夫與補承信郎。以其用遺表恩陳乞也。

三年正月四日，臣僚言：「比來宗室〔有〕貧乏不能自存，官不爲給曆者；或已給曆，而不爲支俸。有該普恩量試，不爲保奏；或因去失告敕，已給公據，而有司尚需去失以前干照者。望詔有司，凡宗室流寓所在，❷其未給曆者，令依累降旨揮，速以給曆，即令按月支俸。其該普恩量試，或去失告敕，若已給公據，别無僞冒，即令起奏施行，並不得非理阻難，致有失所。」詔令户部勘當。本部言：「祖宗朝，非袒免親蔭補外官，父祖俱亡，年未該參部之人，自合依條施行。如年及參部，若普恩量試補授選人，自合釐務日給曆，起支請受，罷日不住。如係補授使臣，已赴吏部公參了當，及參部日别無差遣，其請受文曆依前項指揮别無違礙，合行出曆。如未參部，及參部日已有差遣，依〔上〕件指揮，未合出給曆。今欲行下逐路轉運司遵依施行。」從之。

三十日，詔：「宗室添差差遣，每州十縣已上，不得過十員；不及十縣至五縣去處，各隨所管縣分數目添差；三縣已上五員；三縣已下三員。諸縣萬户已上三員，萬户已下二員。仍並以二年爲任。」以吏部言：「檢准敕：宗室添差合入差遣，每州親民、監當不得過七員，諸縣監當不得過三員，並不釐務。蓋爲優恤宗子。今已添差數足，不住有

〔一〕利：原脱，據本書帝系三之一八補。

宗室陳乞接續添差，而元降指揮内即無今後之文，亦無止添差一次指揮。本部切詳宗室祖法，每州縣限定員數，比之外官，所入闕次絶少。況目今在部宗室已是員多闕少，差注不行。其諸路州軍所管縣分多寡不等，難以一概作州七員、縣三員差注。謂如江陰軍止管江陰一縣，建昌軍止管南城、南豐二縣，若與福州、臨安府等縣分多處一3般差七員，實爲不均。欲乞今後諸州軍添差不釐務宗室，每州十縣已上，親民、監當通不得過十員；不及十縣去處，合隨所管縣分數目添差；其不及五縣，並不得過五員；諸縣不得過三員。並從本部於去替前一年内，以先到任人使闕，候見任人罷日赴上，並三年爲任。其昨來州七員、縣三員已添差處，自合終滿今任。其差注條法並依建炎四年六月五日已降指揮施行。」故有是詔。

四月二十六日，詔：「今後宗室南班官不許出謁及接見賓客。著爲令。」

六月十八日，詔：令時、安時、士穪、仕于切士輵古萬切月廩特免一半折錢，依尚書侍郎等則例並支本色。從所乞也。

二十三日，知大宗正丞謝伋言：「奉詔與令時同條畫移司事務，謹具五事。一曰舉賢才以彊本支。夫宗室之有人，邦家之光，社稷之衛也。望詔内外從官各舉宗室一二人，畧及其才行履歷，以備任使。二曰更法制以除煩苛。臣嘗取大宗正司敕令閲之，多有不便於今者。宗室耆老爲臣言曰：熙寧、元豐之令，綱條至簡。昨據宗正仲忽多所建白，行之二十年，徒有峻深之具，而無恥格之風。其大宗正司敕令，乞下詳定所訪尋舊令，與新令參酌删修。三曰擇官師以專訓導。真宗咸平間，使輔臣選醇儒教授南北宅。比來選用寖輕，至或久闕正員，簿書期會之吏得以攝事，使宗室何視以爲模範哉！其大小學教官，乞詔三省遴擇儒臣，以專訓4導。四曰繼封爵以謹傳襲。夫宗室襲王公之爵，以奉其先祀，不過十數人而已。艱難以來，幾廢紹封。比年漸復舊典，仲湜嗣濮王矣，令時襲安定矣；而親賢之宅徒得主奉祭祀之名，廣、睦諸位不襲國公之號，非所以隆骨肉之恩也。望詔有司定次行封，以傳謹叙之法。五曰修圖諜以定親疎。宗正之掌圖諜，所以分源流之遠近，定世次之戚疏。比年以來，雖間置卿，漫不省察。宣和之間，有乞附屬籍而非宗室者，令國是也。近年以來，亦有詐稱宗室而興兵者，不覆是也。遠慮過防，必於無事之際；世系遠近，當使天下明知之。漢律：郡國歲因計上宗室名籍。今宗正有寺而無官，以太常兼治。望詔宗正寺下州縣取索名籍，編修玉牒，或先爲宗室世系表，頒之天下。」詔：内外侍從各舉宗室一員，大小學教授各選差一員，襲封令吏部勘當，餘從之。

八月二十九日，嗣濮王仲湜言：「孤遺宗子散居州縣，支請錢米，乞令諸路轉運司下逐州軍委檢察尊長檢察詐冒。其尊長每月添破茶湯錢三貫。如有詐冒，許諸色人告，每名賞錢五十貫。仍許逐宮宗子互相覺察，亦支上賞。其錢米令按月支給，過期不支，許監司按劾。」詔：「自今檢察尊長滿一年無詐冒者，與減三年磨勘；如有不實，責亦如之。其勘給官司有失覺察，重作行（違）〔遣〕。仍令所在月具管下宗室支過錢物數以聞。餘從之。」

九月十八日，詔：「仲湜、士從、士術、5士籛月廩依令時等例，特免一半折錢，並依尚書郎官則例支破本色。」

十一月十日，令時言，乞於逐宮各選差年長可以表率宗子一員充都尊長。從之。

十二日，江陰軍進士李韜、蘇白上書言：「宗子分寓郡縣，搔動民庶。或暴人以威，而（疆）〔彊〕取其物；或攘人之物，而不償其直。或挾以讎而肆欺，或指他事而見虐。稍涉觸忤，則動以尺鐵箠之，至死而弗之恤。或挾弓帶矢，飛鷹走（大）〔犬〕，驟駿馬，驅小人，馳騁田野，踏踐穀麥，曾不顧藉。或醞造酒貨，興販私物。百姓無所申愬，郡縣不敢誰何。」詔令諸路帥臣、監司、守臣常切覺察，如有似此之人，仰具事因聞奏，取旨重作施行。

二十五日，詔今後宗室添差釐務小使臣權以二年爲任。

四年二月一日，詔南班宗室自今並赴臺參。以侍御史辛炳言：「右監門衛大將軍、忠州防禦使士⿰禾芻等一十一員，於去年十一月十五日朝見訖，並無故不赴臺參。累牒大宗正司告報，逐官回牒，取到士⿰車芻等狀，止稱自從陞換南環衛官，及今二十六年，並不曾赴臺參；並昨來自東京至建康府以來，一（搬）〔般〕宗室趁赴朝參，亦不曾臺參；兼詳臺參令注，即不該載南班環衛官赴臺參之文。檢准本臺令：諸節度觀察留後至刺史、諸衛上將軍至副率，到闕出使，仍參辭。紹興《職制令》：諸金吾衛上將軍至諸衛將軍爲衛官。又本臺令：諸不赴臺參者，無故過十日，同以見謝辭日爲始，殿中6侍御史具姓名申臺，取審狀申尚書省，太中大夫、侍御史以上並奏。餘官拒過飾非准此。今契勘，逐官依條令並合赴臺參。兼檢照得去年有宣州觀察使仲彌權知大宗正司事，在任替罷，到闕見朝訖，依本臺條限趁赴臺參。及新授郢州防禦使安時朝謝訖，亦曾臺參。今來士彌等不依本臺條令趁赴臺參，亦不伏取審，却一向他說，顯是違本臺條法，拒過飾非。」故有是詔。

五月十三日，詔：「檢校少保、光山軍節度使、同知大宗正事士⿰亻褭仍了切第三男秉義郎不訍初加切特與換文資，第四男忠翊郎不怞文又切特換環衛官。」以士⿰亻褭陳：靖康末得太后密旨，遣管押張邦昌賫圭寶詣南京，未曾推恩；及不訍昨係宗學陞補上舍。故有是命。

六月五日，詔令廌苦謗切特與轉行左太中大夫，別與知州軍差遣。尋有指揮更不施行。臣僚言：「契勘元豐更定官制，以左右諫議爲太中大夫，秘書監爲中大夫。雖兩官相去一間，然官制既定，則諫議者侍從也，秘書監庶官而已。故吏部法：自承務郎已上應遷官者，至中大夫止；若太中大夫，非侍從不得轉行，謂之礙止法。今令廌係中大夫，庶官寄禄，至此極矣，而輒得轉行太中大夫，則是庶官超轉侍從，於法有礙。夫國家立法，所以公天下也。使令廌得以超越轉行太中大夫，非惟名器可惜，亦恐方今天下官至中大夫者不少，若其間苟得無耻之士佗日引此[7]爲例。兼令廌在宗室中廉聲不聞，昨居福州，於太守程邁處關説公事，不滿其意，遂興訴訟。近差知泉州，泉人知其貪而畏其來。今又改除別郡，不知果能爲陛下安養百姓乎？欲望陛下將令廌轉行太中大夫并知州差遣指揮特賜寢罷。」有旨：「趙令廌別與知州軍差遣指揮更不施行，令以次官命詞行下。」起居舍人、權中書舍人王居正奏：「庶官中大夫之不可轉行太中大夫，則此祖宗之法，萬世不可改易。以令廌爲賢邪，則貪惏苟得，衆所共知；以一太中大夫爲不足惜耶，則宗室之爲承宣使者不還踵求爲節度使矣。臣誠不敢曲從，助成朝廷之過舉。臣未敢命詞行下。」於是併寢。

七月二十二日，大宗正司言：「洺州防禦使、前知西外宗正事士從狀：任滿依格推恩，合於見今官上改轉一官。吏部却依外官轉至武功大夫，作止法依條回授。士從係南班緦麻親，依條格合轉觀察使止，即與外官遷轉條法不同。」詔士從特與轉行正任觀察使。

五年二月二十一日，詔：「應在外宗室等合得請給，并遺孤錢米，令所在州軍按月支給。如州軍應副請給之後，尚有遺漏之人，仰所屬具姓名申尚書省。」

二十二日，嗣濮王仲湜言：「契勘宗室昨係本司元保奏，因遭兵火，有全去失告劄者，召知閤、御帶、管軍之類作保，吏部方許給據。切詳宗室若與知閤、御帶、管軍素非親識，難使終身不得從仕〔一〕。欲乞許全[8]去失告劄宗室，召異姓大使臣二員并宗室無服親小使臣一員保識，同本宫尊長保明，結除名編置之罪，許本司保奏。」從之。

閏二月十三日，福建路安撫使司言：「眉州防禦使、知西外宗正事士樽到任三年，宗室無犯徒以上罪，保明，乞依條施行。」吏部勘會：「宗正司稱：昨士暕古限反任滿，於密州觀察使上特轉清遠軍承宣使。今來士樽與士暕事一同。」詔士樽與特轉行正任觀察使。

四月七日，詔賚之與減三年磨勘。以大宗正行司言其任紹興府鈐轄，稽察宗子，更無冒請，乞行推賞，故有是命。

六月二日，大宗正司奏安定郡王令時薨。詔皇伯武經大夫令玒古邦切可特授華州觀察使、安定郡王。

四日，詔南班宗室見居屋宇窄隘，令臨安府相度檢計，申尚書省。

七日，上曰：「朕以南班宗室請給至薄，貧窶者衆，昨日出内帑錢賜二百千，令宗正丞沈禹卿散給。尚有親賢宅近屬，以取會人數，別行給賜。」趙鼎等曰：「陛下敦睦如

〔一〕「難」下疑脫「於作保」三字。

此，盛德事也。」

十七日，添差通判湖州子偁言：「諸州宗室未有屋宇，欲乞以官地蓋造，拘在一處。內選差尊長一人鈐束，檢察僞冒，仍差監門官一員禁止出入。年未及十五歲，附入州小學，十五歲以上入大學，依學生月給錢米，仍許依進士科舉法取應。未出官者，亦許入學聽讀，實及一年，方許參選。庶可教養成材，以副敦叙之意。」從之。

同日，尚書省言：「昨南班宗室 9 合支食料，除羊肉見折支價錢外，餘物依靖康元年十一月指揮權行住支。今行在物價稍貴，其見在不帶遥郡南班宗室日赴朝參，每月用度不足，理宜措置。」詔：南班不帶遥郡大將軍至率府副率，特依御厨第等食折支錢例支給，其見折支羊肉錢更不支破。

十一月二十八日，上曰：「南班宗室當此時寒不易，朕前日各賜綿絹，共支過絹三千六百疋、綿一萬兩。」趙鼎等曰：「陛下盡敦睦之道，可謂盛德，然賜出内帑，故外庭無由知之。」上曰：「不欲令户部支者，恐傷經費故也。」

十二月二十五日，大宗正司言：「南班宗室并隨侍共十四員，内士⿰亻癸瞿龜切痼疾，慮朝參人少，欲於紹興府士㚎、魚吻切士夳它大切前赴行在。」從之。

六年正月十四日，詔子彦男伯玖賜名璩，除正任防禦使。九年三月七日〔一〕，以和州防禦使爲保大軍節度使、崇國公。十四年九月二十三日，詔璩宅令臨安府張叔獻相視普安郡王宅屋宇一體修造。十五年正月十一日，詔璩可於三月内選日出外第，應合行事並依普安郡王例施行。二月二十二日，制爲檢校少保，進封安平郡王。三月一日，詔璩所差官吏并合行禮儀等，並依普安郡王體例。十七年六月二十六日，制授依前檢校少保、充武康軍節度使、恩平郡王。十九年三月二日，詔璩（德）聽讀《周禮》終篇，本府教授官吏並各與減二年磨勘。四日，詔璩府官吏等，自今 10 後有官吏到府，及兩任無過犯，特與轉一官資。内礙止法人特與轉行；無名目人候有名目日收使；白身宅案、書表司楷書自差到府，滿七年無遺闕，並特與補進武副尉出職〔二〕。二十四年十一月十七日，制以璩從吉，除舊官。三十年三月二十四日，制特授開府儀同三司，依前武康軍節度使、恩平郡王，判大宗正事，紹興府置司。

四月九日，詔親賢宅益王府開府儀同三司、豫章郡王孝參兩女，特依晉安郡王孝騫女和容宗姬體例放行請給米麥。時有旨並權住支，（所）〔從〕所乞也。

六月二十五日，詔左太中大夫、充集英殿修撰、提舉臨安府洞霄宮令慮特除閬州觀察使〔三〕，封安定郡王。

七月二十九日，諸王宮大小學教授蔡安（疆）〔彊〕言：

〔一〕按，以下連叙趙璩封除事，直至紹興三十年，實只是一條，原稿多分段立條，誤。

〔二〕進武：原倒，據《宋史》卷一六九《職官志》九乙。

〔三〕令慮：原作「令應」，據《建炎要録》卷一〇二改。

「自艱難而來，宗籍散闕，立嫡以繼，漫不可推。在昔諸王皆祖宗之子，而其後世襲封公爵，如秦、漢、魏、燕、周、冀、商、越、鎮、楚，國公不過十人。古者有子孫存，不可以乏先祖之祀；今諸王之祀，十年不供，而有司未聞有議之者。願詔有司考諸王之世，選屬近而行尊者各一人補環衛官，襲封公爵。」後太常寺討論：「如有依條合襲封公爵之人，令大宗正司擬定，取旨施行外，其乞行尊一節，即不應襲封條令，難以施行。」從之。

十一月十八日，象州防禦使士街言：「昨差充宗廟神主五享獻官，前後五年，及自温州護從至臨安府，并昨主管四朝五殿御容，自建康府迎奉至洪州，並無 11 疎虞。」詔特依黄正彦、麥伸、士埆立弓切已推恩體例，與減七年磨勘。

二十四日，諸王宫大小學言：「大學生不微，係潤王宫士夻位，母病，割股奉母，所患平復。」不微特與轉一官。

二十八日，詔：知邵武軍子木到任，陳獻利害，深有可採，特與減二年磨勘。

七年正月二日，吏部言：「閬州觀察使、同知大宗正事、安定郡王令廌昨爲集英殿修撰，止於紹興六年七月八日，準告特授前件官襲封。依條，襲封人不礙止官，合該磨勘轉行。」詔令廌與磨勘，特授鎮東軍承宣使。

十一月二日，知南外宗正事仲儡言：「昨降指揮，依嗣濮王仲湜申請，將詐冒請錢宗子押送外宗正司鎖閉。檢準宗子犯罪鎖閉條内，諸殺人已殺、彊盜、十惡、故燒有人居之室，各罪至死，貸免；或罪不至死，謂如知人彊盜，藏匿，過致資給，令得爲盜，而分受所盜贓物之類。而所犯醜惡者，本宫院鎖閉，滿三年取旨。特旨永不放免，依特旨。契勘本司見有臨安府并大宗正司牒送到冒請錢米及累作過犯宗子赴本司鎖閉，緣逐人所犯不係前項該載，及不係特旨永不放免之人。」詔：見鎖閉冒請錢米宗子，並放逐便。

八年十二月十三日，知大宗正事士㒟言：「南班宗室自團練使以上每月各有俸米，遥刺以下則不合支破。此固成法，然在承平之時，如生日、郊天，支賜既厚，每月生料米麥亦可資助。今來一切住罷，所有俸錢，有不足於糴者。望將南班宗室遥刺以下，權依寺監丞近 12 例，每月逐員特給米三石，俟將來放行其他支賜日住罷。」詔令紹興府每歲於合發上供苗米内支撥五百石付士㒟均俵。

九年七月二十六日，左迪功郎善時言：「切見沈晦榜初罷三舍改科舉，宗子分三科，亦分三等推恩：有官鎖應，先轉兩官，换文資；無官取應，上三人保義郎，餘承節郎；無官應舉，補修職郎。見今鎖應、取應人依舊推恩，善時係無官應舉，沈晦後方第一牓，若是補迪功郎，是與庶姓進士一同，别無宗室恩數。」詔善時特補左修職郎。

九月二十四日，詔：「東京首先遠來宗子，實及二十歲，並特補承信郎；未及，令大宗正司支給錢米養贍，候年及日取旨。」時收復河南之地，保平軍院宗子東京尊慧之自陳，故有是命。

十一月二十八日，臣僚言：「契勘宗室在京日，係分宮院居處，自太祖下燕王院以及諸位凡十有九所。崇寧年間，又置兩外敦宗院，拘籍非袒免已下宗室。渡江以來，未及定居，除南班在宮隨司居住（位）〔外〕，其餘在外宗室隨所在州軍居住，朝廷又於泉、福州置兩外宗正司以處之。依政和重修令，非袒免以下孤遺之人願往敦宗院居住者，聽經本司陳乞前去。今行在除（陸）〔睦〕親宅居南班外，其餘（詣）〔諸〕宮院孤遺宗子及女婦，雖依格支破錢米養給，即無拘籍宮院，不免散居民間，出入市井，混雜細民，所爲自如，殊無檢約。欲令措置，若未於宗司添置屋宇，且當處分兩外或鄰 13 近紹興府諸處居住，勿令散處行在民間及僧寺處。所有續自京師來者，亦乞依此，庶幾收集存養，各得其所。」詔令禮部取會大宗正司祖宗典故，措置申尚書省。

十二月八日，禮部言：「故嗣王仲儡男士周不欲遽遠丘壙，欲乞候仲儡出殯了日，止於法安寺殯所居住，候至百日，却歸本宮。」從之。

十一日，臣僚言：「恭以翼祖皇帝世子孫實在保州敦宗院〔一〕，自河朔失守，得過江南者僅十數人。陛下憫其失所，乃詔宗司收係屬籍。今有官者止四人，至於注授差遣，未得與兩京宗室侔擬。此雖昔時頗有等差，然兩京宗室中興之後，於舊法之外已嘗推恩，而保州宗子顛沛遠來，亦宜稍加厚於昔時。乞令合赴部之人，權依兩京宗室體例注授。」詔保州宗子令吏部先次注授。

十六日，臣僚言：「比年宗子有官無官人，初緣兵革，避地遐方，無資而不能歸；間有因循安土，留滯而不肯歸；甚者逐什百之利，爲懋遷之計，與商賈皁隸爲伍，故多有未隸宗司者。欲召諸路轉運司委州縣檢括，凡宗室寓居與往來者，量給路費，發歸所屬宗司居之。有所往，則給與假，朝廷增廪稍以養之。庶幾人人貴愛，知自別於流俗，以稱陛下惇叙之意。」詔檢會十一月二十八日臣寮上言乞措置宗室居處，令禮部一就措置申尚書省。

十八日，臣寮言：「仰惟陛下惇叙九族，袒免近屬合得生料米麥，西南兩司皆有 14 孤遺錢米。方其出適，則因等第而給嫁資；逮其送終，則〔依〕官品而支賵贈。法令具存，親睦厚矣。昨因削裁，遂致匱乏。即今近屬有若孤遺宗婦，孀居而或無子弟，雖有子弟而未能出官；宗子年未入仕，宗女幼未出嫁。既不支錢米，又緣住罷生料，平日已見貧窶，一或凶變，多是臨時假貸。望詔有司將袒免以上宗子宗女婦逐月合得生料（內）米麥等，依舊放行。宗婦有子弟者候到官，宗子年未及者候出官，宗女幼小者候出嫁，方令住支。其餘宗婦雖孀居而子弟出官，宗女雖幼小而父兄可恃，宗子已參部，宗女已適人，不得援例。所有賵贈，乞依嫁資等第給賜。」詔令大宗正司開具申尚書省。

紹興十年正月五日，臣僚言：「知建州士源，魚園切與

〔一〕保：原脱，據《九朝編年備要》卷二七補。

本州添差通判士禡，莫駕切皆係宗室。依條，宗室知、通不得同任。其士禡合行迴避，而遷延在任，無迴避之意。乞將士禡放罷，聽歸部別注差遣。」從之。

二十九日，大宗正司言：「修武郎士穀昨取福建路轉運司文解，未嘗試。欲依宗室令芹、子蕵例換授文資。」詔：士穀令中書後省召試時務策一道，特與補右宣義郎。其後十四年五月二十四日，宗室子攸進文字，乞換文資，上曰：「朕固欲宗室向學，然文資豈可僥倖而得，須令後省試策乃可。」

十一月十五日，諸王宫大小學教授石延慶言：「仰惟神宗皇帝誕頒詔旨，以祖宗之子皆擇其後一人爲宗，令世世封公，補 15 環衛官，以奉祭祀，不以服屬故殺其恩禮。爰自艱難以來，屬籍散漫，繼襲之宗，未易推考，故諸王之祀闕然弗舉，上軫聖慮。昨因臣寮之請，嘗令大宗正寺擬定襲封，累年未決。〔乞〕詔有司趣令擬定應將（未）〔來〕襲封宗子，合居環衛官，量與陞等補授，仍特優其稍廪，庶幾繼襲之人各修厥職。」詔令禮部依已降指揮疾速取索擬定，申尚書省。〔十一年〕八月十一日〔一〕，禮部言：「宗正司欲將諸王之後見在最長一名，權令主奉祀事，即不改換環衛，添破請給。將來有已襲封人來歸，及見得有合襲封人，即依自來法（法）〔令〕施行。檢會本司令：諸祖宗之子皆擇其後一名爲宗，世補環衛官，以奉祭祀。今來所乞權令主奉祭祀事，並不改換環衛、添破請給，別無違礙。」從之。

同日〔二〕，諸王宫大小學教授范雩言：「伏覩祖宗舊法，南班宗室大將軍以下每二年一試藝業，取中選者推恩。切詳立法之意，以謂大將軍至副率府率，官卑齒壯，可以專心學問。既設官以教導之，又間歲以程試之，選其藝業之精，增以禄秩之賜。故官卑者有升進之望，學成者得襲寵之榮，而怠惰者莫不相與激勸，一舉而三利，實良法也。建炎二年秋試選人，合行附試，有司以大宗正司及南班宗室尚在京師，乞候次年春秋試依舊施行。因循至今，未曾檢舉。望詔有司遵行舊制，來年春試選人，復許宗室大將軍已下附試藝業。取人之數、推恩之法，一依條格 16 施行。」詔令禮部行宗正司等處，疾速取索合用條法，開具申尚書省。

十一年九月二十九日，詔宗子持之特送西外司鏁閉，永不放出。以大宗正司言其累冒刑禁，頑惡不悛故也。

十月七日，判大宗正事士㒟言：「近來行在南班宗室或有物故，及換官出外，其趁朝參人日益稀少。乞將紹興府行司宗室正任以上，並發赴行在奉朝請，庶幾增益班列，少壯國體。」從之。

十二年二月六日，吏部言：「勘會小使臣宗室經任添

〔一〕十一年：原脱，據《建炎要録》卷一四一補。原稿另作一條，誤，此乃接叙後事。

〔二〕同日：指十年十一月十五日，見《建炎要録》卷一三八。

差，一州十縣以上通縣合差伍員，七縣以上四員，五縣以上三員，餘二員。初任添差宗室，大藩節鎮二員，餘州諸縣各一員。續承紹興八年七月十四日申請指揮，爲初任闕多員少，將初任員闕亦許經任宗室指射。如無初任人指射，許差經任宗室，止理爲初任員數。本部見遵執逐項指揮，依格差注。近累有經任宗室指射諸州縣初任員闕。內有課利陞及三萬貫以上去處，依格，經任有舉主、無過犯，較量功分高下定差。緣初任宗室拘礙格法，不合注授，從來未經申明。本部欲將諸州縣初任宗室員闕內，有課利陞及三萬貫以上去處，許經〔任宗〕室指射，較量功分高下，依格差注，止理爲初任員數。」從之。

五月六日，知大宗正事士夽言：「行在趁赴朝參南班宗室元係一十七員，昨緣士糾、士恭、士雄換授外官，仲䍃余箴切身亡，今止有一十三員。後雖令士街等四人赴行在趁赴 17 朝參，又緣士街、士術、士筏並以病免，士𤦶五胡切見丁母憂。今乞據見闕員數，於紹興府行司南班宗室內選擇循守規矩，別無疾病，可以趁赴朝參之人，具名申取朝廷指揮。仍乞今後遇有行在睦親宅赴朝參宗室事故，准此施行。」從之。

九月十三日，赦：「應宗女在外，因夫亡親死，無所依倚，聽於所在自陳，仰州縣當職官驗實，量支盤費，差厢軍或舟船津發赴宗正司。責委本位尊長撫養，與計口依孤遺法給錢米，勿令失所。」

十一月三日，右監門衛大將軍、開州團練使士諳奏：「乞依行在南班近屬令疇、士輵、士穪、安時、士傒月廪米麥特支一半折錢，依尚書侍郎則例並支本色。」從之。

十三年九月一日，詔：「宗子先往軍前未回之人，有遺下妻孥，已依格支破俸給。其間或無子孫依倚，如願往父母及親兄弟之家歸寧，并親女已出適之家權暫居住者聽。候夫若子還日依舊。如無父母、親兄弟及親女，或雖有而不願出外者，責本位尊長主管養贍。」從宗正司請也。

十四年十一月二十五日，宰執進呈：乞以軍器監子厚暫權吏部侍郎。秦檜曰：「今日宗室所宜崇獎，令聚於朝。」上曰：「宗室之賢者如曾試中科第，及不生是非之人，可收置行在，如寺、監、秘書省皆可處之。祖宗以來，不用宗室作宰相，其慮甚遠，可用至侍從而止。」

十五年正月二十五日，宰執進呈大宗正司申宗子不皦古了切不法等事。18 上曰：「宗子不肖，至於如此！然其間不無清貧有守之人。前日有貧而不能娶者，朕賜之千緡，所以勉之也。」

三月十八日，詔取應宗子伯攄抽居切令赴正奏名廷試。先是上諭宰執曰：「朕閱其程文，多引《詩》、《書》，頗不易得。」故有是命。

四月二十五日，詔：和州防禦使、知西外宗正事士慊身亡，令福建路轉運司支給銀絹各一百疋兩。

五月十三日，禮部狀：「准敕：臣僚奏國家三歲取士，於宗室特加優異，蓋示親睦。昨國子監申，請行在宗室并赴國子監試；如授外任差遣并宮觀嶽廟，並赴轉運司試。特從其便，初非有内外之別。其赴國子監試者，有官鏁應，每七人取三人；無官應舉，每七人取四人；無官袒免親取應，文理通者爲合格，不限人數。唯赴轉運司試者，其所取之數即與進士一同，非所以奬進宗子之意。望詔有司詳酌施行。」國子監言：「欲除行在宗室依見行條法外，其諸路宗室不以有官〔無官〕，如願赴行在應舉、鏁應者，欲依熙寧舊制，並許國子監請解赴省。如不願，即依見行崇寧通用貢舉條法施行。」從之。

九月九日，詔：「（誠）〔成〕忠郎不皦以倡女爲妻，僞冒請受，追四官，罰銅三十觔，勒停（特）除名，送宗正司庭訓拘管。」

二十九日，吏部言：「近潼川府路轉運司乞將本路宗室大小使臣陳乞添差之人，不候季首使闕，出榜五日，許占射。竊詳在法，遇有射闕宗室，並會問三選并宗正司，與見任宗室有無服[19]紀相干，方許差注。到任半年，使闕二年爲任。緣四川即無宗司可以會問，今欲將見在四川宗室，令逐路轉運司遇使闕差注，先令射闕人供具與見任宗室別無服紀職事相干結罪文狀，依定差外官格式，繳録申部照應，出降付身。」從之。

十六年二月二十九日，右監門衛大將軍、貴州刺史居中言：「昨緣父歿無依，得旨令赴伯母咸寧郡夫人王氏位恩養，仍不妨祭祀。今來成立，義當還本宗。切見故伯安統位下無人主奉祭祀，望以居中承嗣，並主奉本位祭祀，以報鞠養之德。」從之。

八月二十九日，詔：「故寧國軍節度使安時合（德）〔得〕遺表恩澤，依〔安〕信例，與安時親男右監門衛大將軍、榮州團練使居廣轉行兩官，千牛衛將軍居仁、居申、居修各轉行一官。」從所乞也。

十七年二月二十一日，詔：「承節郎、監澤州南嶽廟伯廣以歐打百姓致死，會赦追毀出身以來文字，除名勒停，送宗正司拘管。」

三月九日，西外宗正司言：不頠五罪切久居庠序，文藝卓然，衆所推譽。詔與免文解一次。

九月十四日，〔宰執〕進呈安德軍節度使、知大宗正事士夽赴行在供職，乞上殿奏稟職事。上曰：「南班有分處紹興府者，比之行在日奉朝謁，勞佚不均。祖宗時待遇優卹，間有服湯藥假，比及合參見，但令隨班起居。朕念宗子口衆食貧者多，如衣裘僕馬之費時有以資助之。」秦檜曰：「向日郊禮，錫予加厚，足見聖慈惇叙之意。」

十[20]九年六月十五日，西外宗正司言：伯仁在學二年，文藝優長，衆所推譽。詔特免文解一次。

二十年七月七日，詔右監門衛大將軍居申特降一官。以權主奉益王祭祀居廣劾其不遵禮法，衩袒私出故也。

十三日，太府少卿徐宗説言：「昨降指揮，州縣寄居宗室見請孤遺錢米文曆，繳納户部换給。自降指揮累年之間，尚有繳發舊曆未到者。竊慮既已住勘，因致失所，欲乞且令照舊請檢旁，權與按月放行，仍催促供申换給。」詔令户、禮部同大宗正司看詳。户、禮部、大宗正司言：「昨换舊曆，已有紹興八年六月指揮更展一年，已是出違年限。若依今來臣僚所請，用舊旁放行，慮別有詐冒。今欲將四川、二廣、福建、湖南北路州軍再展限一年，其餘鄰近州軍半年。專委守臣并檢察尊長催促，依紹興五年四月指揮召保，取索宗枝等所屬保明申部。其繳到舊曆之人，權行給據批勘，候新曆到日追據毀抹。如更違今來年限之人，令所屬具名申本司取旨。如守臣并檢察尊長容縱蓋庇，許監司按劾。」從之。

十二月四日，詔：「宣州觀察使士衎特許用兄士術所得回授一官恩例，與減三年磨勘；仍依仲温例除在京宫觀，任便居住。應合得請給支賜等，並依南班舊法支破。」

十二日，詔：無官宗子師椿令大宗正司押赴南外宗司拘管。以本司言其過犯非一，屢經庭訓不悛故也。

二十二日，詔知大宗正[21]事、權主管濮安懿王祠事士夽男不𧨶、彌連切不賕特與依不凡例换授文資。

二十一年四月十九日，詔取應宗子公乂令赴正奏名廷試。

二十二年二月五日，安慶軍承宣使、同知大宗正事士街言：「行在南班宗室目今窮窘，用度不足，至有亡歿而無以辦棺殮者，若宗室士晴倉向切并士闈妻王氏是也。欲乞行在奉朝〔請〕南班宗室，應權住支請給及郊禮支賜等，並乞依舊格全放施行。」從之。

四月二十一日，詔：「無官宗子不辱，令秀州差人押赴大宗正司庭訓〔乞〕〔訖〕鏁閉。」以夜遊毆擊右迪功郎呂褫致死故也。

五月一日，詔：「右監門衛大將軍、開州團練使士諳，令大宗正行司發赴行在，依舊奉朝請。所有應住支請給人從等，並依行在見今南班宗室支破。」

十二月二十四日，詔：「右監門衛大將軍居申降一官，特送紹興府宗正司拘管。」以乘馬撞踏百姓致死故也。

二十三年三月十三日，詔：「福州觀察使、前提舉江州太平興國宫士穪任滿，特令再任。請給人從等並許於經總制錢内支破本色，仍免減借。」

二十二日，詔：「皇姪右千牛衛將軍、權主奉吳王祭祀居端轉兩官〔一〕；右監門率府率居靖轉一官。」以居端等言：「祖父檢校少保、寧國軍節度使、開府儀同三司、晉康郡王孝騫，自靖康以來該遇聖節并大禮共三十餘次，合得奏薦恩澤，乞依安時、仲麘如昆切例，止於居端及居靖官上轉行。」故有是詔。

[22]五月四日，故檢校少師、光山軍節度使、開府儀同三

〔一〕吳：原缺，據本書帝系六之二五補。

司、齊安郡王士㦎男不忸言：「先臣曾判大宗正事，兼主奉濮安懿王祠事，乞依仲湜、仲偘例贈官封爵。臣乞依不微例轉行一官，候服闋日差在京宮觀。親弟六人，乞以（遺）〔遺〕表恩澤各轉兩官。曾長孫汝礪見係白身，乞補文資。姑崇德縣主乞特封郡主。諸妹所生母五人，乞依士夽妾焦氏封號。仍許踏逐功德院。」詔並從之。

十一月一日，瓊州觀察使、權主奉益王祭祀居廣等言：「祖父各任檢校少保，孝詒淮康軍節度使，孝悦奉寧軍節度使，孝穎順昌軍節度使，孝愿静江〔軍〕節度使。自靖康以來遇大禮并聖節合得恩澤共一百二十餘次，乞附收使。」從之。於是以居廣特授常德軍承宣使，右監門衛大將軍、貴州團練使居中特授和州防禦使，右監門衛大將軍、貴州刺史居閎于救切特授榮州團練使，右監門衛大將軍居仁特授吉州刺史，右監門衛大將軍居修特授高州刺史，右千牛衛將軍居厚特授右監門衛大將軍，降授右千牛衛將軍居中特降右監門衛大將軍〔一〕。

二十四年三月十七日，詔：「士（大）〔太〕上遺表，可依士夽例贈官進爵。弟士諳、士奇巨宜切各特轉行一官，男不諦與轉行兩官，不賕、不濈並特與除直秘閣，不騁、不呰、祖爾切不刓、吾官切並特改次等合入官，并幼男二人與賜名補官。仍撥賜紹興府山陰縣天衣寺充功德院。」

二十八日，詔：「無官 23 宗子公竇，令大宗正司庭訓訖押送南外宗正司鏁閉。」以宗正司言公竇在鎮江府兇暴擾民，累犯不悛故也。

二十五年十一月二十六日，〔詔〕左朝（儀）〔議〕大夫、直秘閣、福建路提點刑獄公事令詪下懇切可特授利州觀察使、安定郡王。

二十八日，安定軍承宣使、同知大宗正事士籛言：「竊惟天下之才成於激昂，敗於自棄，況天族之貴乎！陛下建宮學，選師儒，所以崇奬宗子，委曲備至。比年以來，布衣韋帶與進士群試有司者甚盛也。望令今後得解宗子，不以有官無官，願與異姓舉子混同考試者聽。如有中選之人，乞稍加採擢。如不願與異姓舉子混試者，只依舊法施行。庶幾人思自勵，奇才輩出，以彰宗黨得人之盛。」從之。

紹興二十六年正月二十四日，詔左朝請大夫令衿除明州觀察使，襲封安定郡王。初，令衿坐累拘管，嘗詔左朝（儀）〔議〕大夫、直秘閣令詪襲封，至是令詪言：堂兄令衿係齒序最長，偶因停降，乞賜改封。故有是命。

二十六日，樞密院編修官吳棣言〔二〕：「仰惟國家敦叙九族，是故睦親有宅，敦宗有院，又設學校、尊師儒以教導之。比年以來，以科舉進，數倍日前，可謂甚盛。然特精於文藝耳，其於行檢，庸或闕然。望下内外宗正司，其間宗子

〔一〕特降右監門衛大將軍：「降」似當作「復」，蓋居中上年因罪由此職降一官，至此推恩復還故官，作「降」誤。參上頁「十二月二十四日」條。

〔二〕棣：原缺，據《建炎要録》卷一七一補。

有能砥節礪行、不同流俗、恪遵士檢、可爲宗室表儀者，上其名於大宗正司，籍記姓名，以俟他日登科，優加擢用，庶幾有〔以〕激勸。」從之。

四月七日，右監門衛 24 大將軍、昌州防禦使、提舉祐神觀不微言：「先臣士夽元任開府儀同三司，恩數依見任執政條例。昨來身薨，雖蒙恩與男三人、弟二人各轉一官，其致仕遺表恩澤等並未得指揮。竊見故叔士樽亦任開府儀同三司，遺表恩澤男九人内八人各轉一官，一男除直敷文閣，添差通判，一弟叙復觀察使。其給使減半，並皆依所乞。望依故叔士樽前後已得指揮施行。」從之。

六月二十二日，故敦武郎子駿男伯璡言：「故父子駿曾於濟南府募兵勤王，隸大元帥；又於濟南勸進，并護從至南京，該遇登極。乞補授一初補使臣名目。」詔伯璡補承信郎。

七月十九日，知南外宗正事士⿰雪刂先活切言：善從、伯邁、伯仁在學，文藝爲衆所推。詔並特免將來文解一次。

十月四日，上諭宰執曰：「往年京師宗室繁盛，侍從官以至建節者甚多。今如南班，亦絶稀少，朕甚念之。或有材行文藝者，選三兩人與除行在官。」

二十六日，定江軍承宣使、同知大宗正事士䉒奏：「具到宗室正任觀察使三員，正任防禦使一員，遥郡防禦使四員，遥郡團練使八員，遥郡刺史二員，右監門衛大將軍二員。」詔：南班近屬，所存無幾，久不推恩，可特與轉行一官，承宣使者令回授。於是以皇叔、均州觀察使士洪爲華容軍承宣使；潭州觀察使士嵰丘檢切爲静江軍承宣使；宣州觀察使士諳爲清遠軍承宣使；和州防禦使、知濮安懿王園令士輵 25 爲建州觀察使；右監門衛大將軍、和州防禦使士阫攀悲切爲和州防禦使；右監門衛大將軍、和州防禦使士豢乎串切爲蘄州防禦使；右監門衛大將軍、眉州防禦使士周爲復州防禦使；右監門衛大將軍、象州防禦使士程爲眉州防禦使；右監門衛大將軍、吉州團練使仲輴寫與切爲和州防禦使；右監門衛大將軍、成州團練使士銖爲蘄州防禦使；右監門衛大將軍、成州團練使士窅九又切爲眉州防禦使；右監門衛大將軍、貴州團練士隌烏感（慼）〔切〕爲復州防禦使；右監門衛大將軍、果州團練使士入補徹切爲郢州防禦使；右監門衛大將軍、成州團練使士穆爲和州防禦使；右監門衛大將軍、貴州團練使士石爲蘄州防禦使；右監門衛大將軍、貴州團練使士歆爲眉州防禦使；右監門衛大將軍、榮州刺史士秀爲成州團練使；右監門衛大將軍、吉州刺史士闐爲果州團練使；右監門衛大將軍士詡丘列切爲恭州刺史；右監門衛大將軍士峴户顯切爲達州刺史。其所帶環衛官並依舊。

十一月二十六日，詔：「親賢宅南班宗室居廣等九員，可依士嵰等例，特與轉行一官。內居廣係承宣使，許依條回授。」於是以蘄州防禦使居中爲宣州觀察使；右監門衛大將軍、均州防禦使居閎爲和州防禦使；右監門衛大將軍、貴州團練使居仁爲和州防禦使；右監門衛大將軍、貴州團練使、權主奉吳王祭祀居端爲復 26 州防禦使，權主奉吳王祭祀；右監門衛大將軍、榮州刺史居申爲成州團練使；右監門衛大將軍、高州刺史居修爲貴州團練使；右監門衛大將軍、榮州刺史居厚爲忠州團練使；右監門衛大將軍、吉州刺史居靖爲果州團練使。所帶環衛官並依舊。

二十七年六月二十一日，諸王宮大小學〔教〕授樓璹奏：「伏見紹興五年七月十七日敕：諸王、宗室年未十五歲附入州小學，十五歲以上入大學，依學生日給錢米，依進士科舉法取應。其有官而未出官，亦許入學聽讀，實及一年，許參選出官。敦叙之道、訓迪之方，可謂至矣！而比年以來，諸州宗子入學或止係籍，而身未嘗到。至於有官參選之人，往往臨時計會有司，虚給公據，上下相蒙，寖以成俗，甚非所以奉承休德。乞下大宗正司嚴行約束，仍敕監司、郡守督所在尊長檢察勸誘，痛革前弊。」從之。

七月二十日，吏部尚書陳康伯言：「勘會紹興令：諸宗室知通與兵職官不得同任〔一〕；又令：諸職事相干或統攝有親戚者並迴避。尚書右選差注宗室兵官，見依建炎四年五月二十九日指揮，會問大宗正司，與見任宗室無服紀，許行差注。緣尚書左選每遇差注宗室知通，即會問本州，如有已差宗室兵官，即拘上條，不以有無服紀，不得同任。近來諸州兵官多是添差宗室。又近承指揮，應通判除武臣知州、高麗人使經由、及元係堂除使闕外，餘並令本部使 27 闕。若不申明朝廷，不惟宗室已關陞通判資序，無闕可入，使本部亦差注不行。今欲乞注擬宗室知通，其見任已差下宗室兵官係是添差釐務者，並行會問大宗正司，若別無服紀，即行擬差。如有服紀，及係正額兵官，到罷月日相〔防〕〔妨〕，並不許同任。」從之。

二十八年二月七日，詔益王府宗子居申、居修各特降一官，内居修送紹興府宗正司拘管。以在府喧嚣不肅也。

二月十七日，禮部言：「契勘本部見在宗室職事官隨侍子弟，乞依條國子監補試，緣自來未有立定條法。竊詳在法，補入學國子生，雖赴公私試，即不許陞舍，不差職事；至發解年，係別立號，於十人取三人爲合格。今來若令宗室職事官隨侍有服親依國子監法補試，即合依庶姓例，如補試入學後，亦不許陞舍，不差職事。至發解年，即合自依宗室取解本法，更不與庶姓太學、國子監生混試。庶幾天支之秀，得與寒士均被教養。」從之。

五月十五日，宰執進呈宗正司乞將取應宗子比類府監得解人理年免舉。上曰：「此等皆有條法。且如祖宗時，宗室子孫衆多，朝廷費用亦廣，自分祖免、非祖免親以來，俸料之數稍就科格。此事若可行，當亦不至今日。只令遵守舊制可也。」宰臣沈該等奏曰：「自神祖朝加意宗室，法令周備，當依聖訓，同共遵守。」

〔一〕兵職：原脱，據本書帝系五之二三補。

八月二十六日，知大宗正丞陳棠言：「切觀比年以來，宗室補環衛者無幾，而朝謁之員寖闕；28合襲封者不舉，而主祀之人或廢。是皆有司失於講明，甚不稱陛下惇睦之意。臣聞祖宗時，近屬並留京師參奉朝請，治平中爲最(感)〔盛〕。爰自時艱，環衛稀少，又分處紹興府外司者幾半。頃者宗官建言，遇朝參宗室闕員，乞於紹興府南班内選擇循守規矩之人，具名以聞，既得請矣。今睦親、親賢兩宅，奉朝請者不滿二十人，而在他司者未聞選擇，寘之周行。凡奏告薦饗，攝行祀事，輪差猥并。以此知朝謁之員寖闕也。臣又聞，祖宗之子皆擇其後一人爲宗，世世封公，補環衛官，以奉祭祀。緣襲封公爵並須傳嫡，遂難其人。後因臣僚論奏，乞選屬近行尊者各一人承襲，於是宗司擬定，將諸王之後最長宗室一名，權令主管祀事。閱時滋久，逮今十國公位，典祀之人闕員甚多，楚、晉、秦、魏，祭享曠然。以此知主祀之人或廢也。望詔有司檢會前後已得指揮，舉而行之，庶幾益壯宗子維城之勢。」詔令禮部、宗正寺討論，申尚書省。開具(項下)〔下項〕：一、(切)契勘趁赴朝參南班宗室係一十七員，目今止是一十一員。今欲令大宗正司於紹興府行司南班宗室内選擇循守規矩、無疾病可以趁赴朝參之人，具名申取朝廷指揮；如不足，亦乞於在外居住南班宗室内依此選擇施行。一、十國公位除商國公、周國公見有仲檝、仲輶權行主管祀事外，有冀國公、漢國公、越國公雖元係子堂、不世、不敳權行主管，今來未知存亡。29其秦國公、昭國公、楚國公、鎮國公、魏國公五位見闕人主管祀事。今欲令大宗正司將逐位各推見在最長宗室一名，權令主管。所有子堂、不世、不敳亦令本司再行取會詣實，令於本位下別推最長之人，權令主奉施行。從之。

十月十九日，詔利州觀察使居閎特降一官。以大宗正司言其太廟告遷祖宗神主不赴也。

十一月十七日，定江軍承宣使、同知大宗正事士籛言：「自來宗室文臣參選，並免銓試。蓋祖宗優異宗枝，別於庶姓，德至渥也。近有宗室不⿱宀居近于切係京官參選，吏部告示，令赴銓試。若是本選去失指揮，無可籍考，自合申明，通用選人見今免試條法，竊恐後來成例。欲乞自今後京官參選，許通用選人免試條法施行。及武臣宗室，昨因臣僚論列，應任監當並不釐務，亦非國家並用文武、均惠戚疎之意。乞依祖宗舊例，仍舊注授釐務差遣，如有願就嶽廟宫觀者聽從便。兼契勘宗子犯罪，據所司根勘，約法定斷，得旨拘管或鏁閉之人，自有條法，立定(年)限，取旨放免。近來遇有拘管鏁閉年限已滿之人，有司又行看詳元犯情理，再行展年。如此，則罰責尤重於異姓。欲乞依祖宗舊制，依年限取旨放免，以彰陛下加惠同姓之德。」詔吏、刑部看詳，申尚書省。逐部欲以初官宗室無出身，如試不中，及無免試恩例，未應出官之人，令比選人法，(不)候年及三十；如授官，候滿三年，年二十五，許30行出官。及宗室鏁閉、拘管、監管之人，除犯謀殺、彊盜、十惡、故燒有人居止之屋各罪至死〔一〕，貸免；或不至死，而所犯兇暴或醜惡〔二〕，及謀殺、彊盜、十惡、放火、私鑄錢、彊姦、詈人，罪至流；并殺牛馬，徒以上，經斷再犯者，皆係情犯深重，即難以便依常法取旨放〔免〕，從刑部參酌，具申朝廷施行。其餘罪犯，欲依所請施行。從之。

二十三日南郊赦：「勘會行在、紹興府孤遺宗子、宗女、宗婦等，所請錢米微薄，不可贍養。可比附兩外司孤遺體例，將見請錢米之人籍定名字。如十五歲以上，每月添支錢一貫，米一石；十四歲已下，減半添支。」

十二月十六日，禮部言：「准今年郊禮赦，應宗子三經覆試不中，依條合推恩。據取應宗子善翬、吁韋切師孟、師閔、善諏、公愿、彦進叙陳，並係三經覆試不中，年四十以上，乞依條量材録用。」詔並與補承信郎。

二十九年四月七日，大宗正司言：「禮部、宗正寺討論，令本司於紹興府行司南班宗室内選擇可赴朝參之人。緣人數稀少，難以選擇。今於在外南班宗室，有静江軍承宣使士嵰、清遠軍承宣使提舉祐神觀不恤可以趁赴朝參，乞先次發遣。」從之。

六月十二日，詔：無官宗子公彍古鑊切特貸命，令臨安府差人押赴大宗正司庭訓訖拘管。坐令百姓毆人至死故也。

七月十一日，禮部言：「奉詔，安定郡王襲封，令有司檢舉。太常寺檢准神宗熙寧元年八月手詔：令中書、門下考太祖之後，以〔31〕屬近而行尊者一人，裂土地而王之，使常從獻于郊廟，世世勿復絶。九月，以涇州觀察使、舒國公從式爲彰化軍節度觀察留後，進封安定郡王。是時宗正言從式於諸曾孫在者爲長，故命之。大宗正司引集燕王院宗室尊長，保義郎伯杲等狀：左太中大夫、權户部侍郎、兼提領諸路鑄錢令詪，係故世膺第二十八男，見年六十一歲，言行最長，法當襲封。」從之。

八月十四日，崇慶軍承宣使〔三〕、安定郡王令詪奏：「前此未有自從列而襲封者，欲乞少加優異。遇大禮奏薦，及將來致仕遺表恩澤，仍舊依權侍郎格例，於文資内安排。其應干請給并大禮生日支賜，及公使拆洗、食料等，依行在南班官幫行舊請格例，及出入接見投下文字依外官外，并宣借人數、書表、客司等請給，欲乞並依前定安郡王令枚已得指揮施行〔四〕。」從之。

九月十日，皇叔右監門衛大將軍、成州團練使士㢸言：「父光山軍承宣使仲湙而由切自靖康以後，遇聖節、大禮恩澤三十餘次，未曾陳乞。兼自宣和三年陞朝，合理磨

〔一〕死：原脱，據本書帝系六之一一補。
〔二〕而：原無，據本書帝系六之一一補。
〔三〕崇慶軍：原作「崇寧軍」，據本書帝系七之一及《宋史》卷二四四《宗室傳》一改。
〔四〕定安郡王令枚：似當作「安定郡王令衿」。據《宋史》卷二四四《宗室傳》一：安定郡王令衿薨，令詪由崇慶軍承宣使再襲封。

勘，至紹興十七年方使過十周年轉行一官，所有紹興十七年已前實歷過一十三年，至今未曾收使。乞依復州防禦使居厚體例，及已未曾收使磨勘，於見任官上特與轉行。」從之。

十二月六日，主管親賢宅所言：「復州防禦使居厚母亡，合解官持服，其本官身分請給，依條曆内幫勘。所有該遇大禮、生日支賜 32 等，乞依在京日南班宗室丁憂體例依舊放行。」從之。

二十二日，詔：「建寧軍節度使、知（内）〔南〕外宗正司士㔻，如遇生日，特依士衎例取賜。」

三十年八月十二日，詔：「静江軍承宣使士嵰趁赴朝參，所有請給支賜等依士諳等例支破。」

十一月二十六日，詔：「清遠軍承宣使、提舉萬壽觀士諳可權暫内外任便居住，請給及郊禮、生日支賜、人從等，只就行在勘支。」以病，從其請也。

二十九日，詔：「華容軍節度使、權主奉益王祭祀居廣合差破馬下人從及生日取賜，並比附士輵體例施行。」居廣言：「士輵見差破抱笏衹應六人，今乞差四人；書表、客司、通引官七人，今乞差五人；宣借兵士二十五人，乞依例全破。其抱笏衹應依例每月各添支茶湯錢一十貫，書表、客司各一十二貫。益王影前書表、客司各一人，乞依例各人每月支破添給茶湯錢一十二貫文。所有臣生日支賜，乞依士輵體例取賜。」從之。

十二月二日，詔：「和州防禦使士歆與久任宫觀，任便居住，請給及郊祀、生日支賜、人從等，就行在支勘。」以病，從其請也。

九日，安德軍節度使、同知大宗正事士街言：「本司所管南班宗室，除宫觀任便居住外，又士諳、士歆因病陳乞内外任便居住，行在勘支請給支賜等了當，每日趁赴朝參不及十員，并每年五享三獻、奏告朝拜行事，委是輪差不行。乞將見今在外隨侍南班宗室士穆并宫觀任便居住不 33 怞，令所在州軍日下發遣趁朝參。其請給、支賜並乞依行在南班宗室各隨服屬體例。所有士諳、士歆請給，却令在外勘支。」從之。

紹興三十二年八月十六日，孝宗即位未改元。詔：「恭奉光堯壽聖太上皇帝聖旨：右宣義郎、添差權通判明州伯圭除集英殿修撰、知台州，母張氏特與依《禄式》支破諸般請給〔一〕。」（以上《永樂大典》卷一一二八）

〔一〕禄式：原作「禄氏」，據本書帝系七之二九改。

宋會要輯稿　帝系七

宗室雜録　四

【經進總類會要】

1 隆興元年正月二十一日，崇慶軍承宣使、新知大宗正事、安定郡王令譓言：「宗子散居州縣，皆仰俸廩。累降旨揮，令按月支給，而長吏不切奉行。欲望戒敕，無至拖積。尚或違戾，許經臺省陳訴。庶幾獲霑實惠，不至他營，抵冒法禁。」詔依。

二十五日，安慶軍節度使、同知大宗正事士籛言：「宗司行移以官叙高下列銜。臣序位在令譓之上，緣令譓係臣二兄，乞依士㒟例，許臣列銜令譓下。庶幾尊卑有序，不致踰越分守。」從之。

二月一日，士籛言：「方今邊埸未寧，調度尚繁，爲臣子者宜以體國爲心。臣合得請給，於内生日支賜、郊祀賞給，銀絹例各千數，最爲優厚，各乞權行減半，候邊事寧日依舊。合破抱笏、書表、客司，乞於内權減客司一名。宣借兵士雖已經減三分，今乞於見存留七分内更減一分。」從之，仍降詔奬諭。七日，崇慶軍節度使、提舉祐神觀士衎乞將見請郊祀、生日支賜各減半。昨任西外知宗，差破宣節兵五十三人，尚許依舊，亦乞減半施行。從之，仍降詔奬諭。十五日，岳陽軍節度使、開府 2 儀同三司、權主奉益王祭祀居廣乞將諸般支賜及差破使臣並權行裁減，從之，仍降詔奬諭。十六日，崇慶軍承宣使、同知大宗正事、安定郡王令譓言：「臣生日支賜、郊祀賞給，其數太優，乞各行減半；合破客司、抱笏祗候，於數内亦乞各減一名。」詔從之。七月八日，右監門衛大將軍、昌州防禦使、提舉祐神觀不微言：「乞將所得支賜、郊賞、拆洗盡行住支；逐月料錢、米麥、春冬衣絹，欲乞隨臣官品減半。」詔除月俸、春冬衣物〔不〕減外，餘並從之，仍降詔奬諭。

三月五日，詔：「恭奉光堯壽聖太上皇帝聖旨：秀王夫人張氏、伯圭妻信安郡（王）〔主〕宋氏應合得請給等，令於所在州軍合發上供及經總制錢内按月幫勘支給。」

七月二十一日，岳陽軍節度使、開府儀同三司、權主奉益王祭祀居廣言：「主奉祀事幾二十年，比多疾病，乞差次長利州觀察使居閎權主祀事。」詔依，居廣除萬壽觀使，奉朝請。

九月八日，詔：「居廣權主奉後合奏兒女（兒）〔恩〕數，特與兩男補率府副率。」十二日，臣僚言：「宗室在法遇大禮、聖節，賜名授官，其緦麻親補率府副率，袒免親補保義郎。居廣係緦麻親（補）出官補率府副率，今其二男係袒免親，亦補率府副率，雖出陛下之特恩，然恐起例者衆，誠有未安。袒免親而補環衛官，其起例一也；非大禮、非聖節而特補官，其起例二也；權主奉而得補環衛官，其起例三也；權主奉而得之，非權者又必[3]增加，其起例四也；居廣今已不主奉矣，尚得恩數，異時權主奉者託故而去，又差權官，則陳乞無窮，其起例五也。陛下令補二人官固不足惜，異時源源而來，無辭以却之，則今日之舉深爲可惜。故事，雖有不得已，於其遠屬，引而使之。近者濮王之後，至大觀間以其服盡，無賜名授官之制，貧乏困匱，不能自存，遂降陞等指揮，以盡均一之義，固非特加於一二人者。然猶以爲未安，乃續降詔，止作一時指揮，以杜扳援之請。則作事謀始，不可不謹。」詔依。

十一日，詔：「覃恩南班宗室，節度使與除檢校官，仍加恩；承宣、觀察使加恩回授；餘礙止法人並加恩回授。」

十一月八日，詔：「恭奉光堯壽聖太上皇帝聖旨：秀王夫人劄子，專以子孫爲請，陳辭懇切，兼聞伯圭在郡頗著政績，可與轉右通直郎，除敷文閣待制，依舊知台州。諸子有官人特與改合入官，無官人並補承務郎，合與宫觀差遣。」吏部言，伯圭子右迪功郎、新太平州蕪湖縣主簿師夔合改右承務郎，師龍、師垂、師尚、師禹、師臯並合補右承務郎，主管台州崇道觀。二年二月二十四日，伯圭言：「諸子年齒尚幼，其次猶在丱角，於祖宗舊法，年及二十方許出官。除長子師夔、次子師龍年及合行出官，其餘諸子欲候將來年及支破請給，方理爲資任。」詔依。

二年正月二十五日，詔武德大夫、榮州團練使士岜換南班，特授右監門衛大將軍、成州團練[4]使。六月十四日，詔轉授和州防禦使，依前右監門衛大將軍。乾道元年六月二十七日，詔轉授福州觀察使。並依士岜兄嗣濮王士輵所請。

二月十七日，詔同知大宗正事令詪、知明州子濂於宗室文臣正郎、武臣遥郡以上，各保薦堪任宗官者二人以聞。

四月十五日，詔洪州觀察使居厚轉行一官。居厚言：實歷磨勘一十年，乞依士街、居中例轉行。從其請也。

五月二十九日，詔岳州觀察使、權主奉益王祭祀居閎轉行一官。居閎言：自靖康以來該遇恩澤三十餘次，未曾循轉，乞依居端、居厚例轉行。從其請也。

閏十一月十一日，皇(帝)〔弟〕少保、静江軍節度使、判大宗正事、恩平郡王璩言：「昨除開府儀同三司、判大宗正事指揮内依舊恩平郡王，止是請給恩數依士㒟例。其恩平郡王前後已得指揮，即無衝改。緣主管所更不照應，將元差人兵官吏等並皆裁減。乞將恩平郡王前後已得指揮依舊施行，并昨已得指揮依《禄格》支歲給錢，仍乞改昨歲賜錢。」詔依。

二十五日，詔璩男賜名師淳，特補武翼大夫、遥郡刺史。璩言：「臣有男年甫五歲，寅緣近屬，伏乞賜名。」從其請也。

乾道元年正月一日赦：「勘會州縣寄居宗子等孤遺錢米，累降指揮，令按月支給。訪聞州縣不爲依期批勘，致有失所，未副惇睦之意。仰監司常切檢察。勘會行在、紹興府孤遺宗子、宗女、宗婦等，所請錢米微薄，不能養贍，可 5 比附兩外司孤遺體例，將見請錢米之人籍定名字。如十五歲以上，每月添支錢一貫、米一石；十四歲以下，減半添支。」乾道三年十一月二日、六年十一月六日、九年十一月九日赦同。

十三日，崇慶軍承宣使、同知大宗正事、安定郡王令譓言：「依格，任宗官每一歲子孫遥郡刺史以下減二年磨勘。昨自南渡後，任宗官子孫服屬稍遠，多無任遥郡刺史以下之人。其前官令廌子孫皆係文臣，已蒙依所乞收使。今令譓子孫亦係文臣，欲望特與收使。」詔依令廌例特許回授。

二十三日，詔令譓與换文階，特授左太中大夫、充敷文閣直學士、知紹興府。

二月二十九日，明州觀察使、提舉祐神觀、權主奉吴王祭祀居端言：「伏爲係英宗皇帝三世孫、緦麻親，昨差權主奉吴王祭祀。及脚膝之疾，已蒙除在京久任宫觀。近年疾勢愈增，乞除一在外久任宫觀，台州居住。其合得請給，就本州幫請；生日、大禮支賜依士籛等例，於行在幫支。見權主奉吴王祭祀，乞令親姪保義郎多才權行主奉。」詔並依。

三月四日，洪州觀察使、同知大宗正事士銖言：「宗官宣借兵士合差破二十三人，書表、客司每月添破茶湯錢十二貫，抱笏祗應每月添破茶湯錢一十貫。其抱笏祗應闕人，許踏逐辟差。欲乞並依士街、令譓已得指揮施行。」詔依。

五月一日，禮部言：「安定郡王令譓已换文階，知紹興府。大宗正司引集宗室，以序合襲封安定郡王係武德郎、6 主管台州崇道觀令德。」詔令禮部檢照典故，討論取旨。

七月二日，詔：「故洪州觀察使居厚係近屬宗子，宜優恤其孤。可自今每月支錢五十貫、米十石，候本家有人食禄日住罷。」二年九月故宗子居仁、三年三月故宗子居閎孤遺詔依此。

八月十二日赦：「應宗室合堂除不釐務人，令三省、樞密院精加銓量，如委有材能，特與釐務差遣。」七年二月十四日赦同。

十二月九日，詔右監門衛大將軍、和州防禦使士穆特降授楚州團練使。判大宗正事、恩平郡王璩言：「士穆丁憂祥除，不遵指揮回司，尚留福州，恣行兇暴。若不懲戒，切恐其餘南班遞相視傚，難以鈐束。乞將士穆先次降官，令所在州差使臣兵級管押赴司，以爲宗屬欺上慢下之戒。」故有是詔。

二年正月二十六日，禮部言：「左朝奉大夫、知南外宗正事不猷言：『竊見諸州差見任宗室充尊長，謂之尊屬司，不過檢察僞冒請受而已，至於違犯法令者，莫敢誰何。乞將宗子應有負犯，除大宗正司及西、南二宗司各於置司處專一鈐束外，其餘州縣並聽本州尊長量行訓治。』本部今勘當：除宗子所犯情理深重，遵已降指揮取旨施行，其情罪輕者，令本州見任尊長依法訓治。」詔依。

三月二十四日，臨軒唱賜進士第，汝愚初爲第一，以宗室有官，降居其次，仍賜第一人恩例。

四月十五日，常德軍承宣使、同知大宗正事士銖言：「臣筋力不逮，乞依士輵例，【7】特與出入南北門，免諸處行事，趁赴六參起居。」詔依。

五月十二日，詔：「恩平郡王璩妻王氏特進封澤國夫人，諸般請給、生日時服等並與依慶國夫人靳氏，内東門司給曆，下紹興府幫勘；錢米並於經總制及湖田米内支給。」

六月十六日，詔右監門衛大將軍、和州防禦使士秀特與轉正任防禦使。判大宗正事、恩平郡王璩言：「士秀服勤儒學，恪遵禮度，閨門孝友，終始如一。月俸常患不給，而安於分義。近屬之賢，實鮮其比。欲望特與進秩一等，以爲宗室之勸。」故有是詔。三年四月五日士秀知西外宗室事，替子英，亦璩所請。

十一月十四日，詔居廣令趁赴前後殿六參起居，仍與免差諸處行事。

三年四月十三日，故秀王夫人張氏言：「長孫右承奉郎、主管台州崇道觀師夔，次孫右承務郎、前主管台州崇道觀師龍，第三孫右承務郎、主管台州崇道觀師垂，欲望特與添差差遣一次。親姪張宏乞於右選内安排。」詔：「恭奉光堯壽聖太上皇帝聖旨：師夔除直秘閣，添差台州通判，仍釐務；師龍添差湖州簽判，師垂添差秀州簽判，並不釐務。張宏特與補保義郎。」

五月十九日，詔金州觀察使、濮王位檢〔察〕尊長士詶特與轉保信軍承宣使。同知大宗正事士銖言，詶實歷十年，合該磨勘，故有是詔。

八月二十九日，皇叔祖、華容軍承宣使、提舉隆興府玉龍觀士洪言：「已〔得〕指揮，令久任宮觀，紹【8】興府居住。比來愈衰，伏乞依舊久任宮觀、任便居住，請給衣賜並乞於所在州軍幫勘。」詔依。

九月二十四日，皇弟少保、静江軍節度使、判大宗正事、恩平郡王璩言：「恭遇陛下節届誕聖〔一〕，而又禮講郊天〔二〕。臣職總宗盟，戚預近屬，欲乞隨班上聖，且厠陪祠之列。」詔從之。四年九月十九日璩亦有請，詔依。

四年十一月四日，詔璩除少保恩數，與依昨除使相已得指揮施行。

十二月六日，詔：「恭奉太上皇帝聖旨：秀王夫人長孫師夔特賜紫章服。」

二十六日，詔右千牛衛將軍士矩特轉右監門衛大將軍。皇叔祖宣州觀察使、提舉祐神觀士歆言：該遇覃恩，合轉一官，礙止法，回授與親堂弟士矩。從之。

五年二月二十二日，詔：「右監門衛大將軍士矩特授蘄州防禦使，右千牛衛將軍士悉特授右監門衛大將軍、楚

〔一〕誕：原作「聖」，又點去而未補，今據《中興禮書》卷二二五補。

〔二〕「禮」下原衍「部」字，據《中興禮書》卷二二五删。

州團練使，右内率府副率士恭特授右監門衛大將軍、榮州刺史。」吏部言：「已降指揮，士矩、士忞、士恭並與換元舊南班官，其任外官日曆過磨勘轉官，特許以兩官比換南班一官收使。」故有是詔。

四月一日，詔：「左宣教郎、主管台州崇道觀師訓召赴都堂審察；左承議郎、提轄行在榷貨務都（察）〔茶〕場善俊，左文林郎、知臨安府仁和縣祐之，並候任滿召赴都堂審察。」從同知大宗正事士銖所請也。

九月十八日，詔右監門衛大將軍、榮州刺史士恭特授楚州團練使，（士）依前右監門衛大 9 將軍。以兄武當軍承宣使、知濮安懿王園令事士程該覃恩，礙止法回授，從其請也。

十九日，詔不輵特與除直秘閣。以父檢校少保、安慶軍節度使、同知大宗正事士籛遺表來上，從其請也。

十二月十日，敷文閣直學士、右承議郎、知明州、兼沿海制置使伯圭言：「長男師夔見任台州通判，次男師龍見任湖州添差不釐務簽判。今各相次任滿，欲望許令再任一次。」詔：恭奉太上皇帝聖旨，可從所乞。

六年二月二十九日，光州觀察使、安定郡王令德言：「昨經外任，有歷過月日，自襲封後，通理十年。兼依令衿例合該磨勘。」詔特轉定武軍承宣使。

五月十八日〔一〕，皇叔祖均州防禦使士忞言：「實歷十年，合該磨勘。」詔特轉隨州觀察使。

五月二十八日，常德軍承宣使、同知大宗正事士銖言：「安定郡王令德乞立班在臣下。臣竊謂朝廷莫如爵，鄉黨莫如齒。臣年雖長，及叨冒宗官，然令德係是襲封郡王，於臣分守有所未安。欲望依官序，令臣立班在令德下。」詔依令德所乞。

〔閏〕五月六日〔二〕，臣僚言：「勘會南班宗室〔三〕，自太子右内率府副率至正任承宣使十階，並用十年磨勘轉行一官；至觀察使取旨施行。近來南班有礙止法者，往往回授近屬，作一官轉行，顯是太優。欲望特降指揮，如有回授，止與改給減十年磨勘。其承受減年人若該磨勘，即照應隆興二年三月二十三日指揮，對用實歷改轉施行。」詔依。

二十八日，詔：「士銖久司屬籍，特授奉國軍節度使，依前同知大宗正事。」

六月二十八日，奉國軍承宣使、提舉台州崇道觀士豢言：「年老多病，伏乞依士衎例任便居〔住〕。所有合得請給，依已得指揮，於所至州軍經總制錢支給。」詔從之。

九月十九日，奉國軍節度使、同知大宗正事士銖言：「保信軍承宣使、濮王位檢察尊長士訒老病，本房並無子孫。今本位堂弟士忞第三孫欲與士訒爲孫承繼，契勘昨在

〔一〕五月：本書職官一一之四九作「四月」，當是。
〔二〕閏：原脱，據本書職官一一之五〇補。
〔三〕室：原稿字跡不明，據本書職官一一之五〇補。

京日，有周王宮宗室允初爲無嗣，將漢王宮宗魯幼男仲速爲孫。今來士詡、士悉係同宮本位，委是昭穆相當。」詔依。

七年正月二十七日，詔：「歸正趙不驕特與補正承信郎，添差合入差遣，候本人召到知識保官，委有干照，方隸玉牒。」

八月二十二日，同知大宗正事士銖言：「故左朝散郎彥增妻安人元氏狀：故夫兄彥堪將第二男寬夫過房與故夫彥增承繼，緣彥堪及夫彥增相繼身亡，未曾陳乞附籍。契勘寬夫係彥堪之次子，即非嫡長，與彥增爲嗣，昭穆相當，伏望許令寬夫過房彥增爲後。」詔依。

九月二十五日，同知大宗正事士銖言：「定武軍承宣使、安定郡王令德薨。藝祖之後，襲繼祠事，不可久闕，欲望下有司襲封施行。」詔依。

十月六日，詔：皇弟少保、靜江軍節度使、判大宗正事、恩平郡王璩改判西外宗正事。

是日，詔：「紹興府大宗正行司可併行在大宗正司，見任并已差下官屬並依省 11 罷法。」

十一月三日，恩平郡王璩言：「已除醴泉觀使，任便居住。乞依舊於紹興府居止。見今差破官屬諸色人從請給恩數，并生日取(次)〔賜〕等，並乞依恩平郡王前後已降指揮施行。妻澤國夫人王氏及見差破官屬人從諸般請給、歲賜米衣、賜時服等，依舊於紹興府支給。」詔依。

十六日，詔：「隨州觀察使、知西外宗正事士秀提舉隆興府玉隆觀，任便居住。其士秀并兒女合破人從請給，許於所在州軍支給。」

二十二日，詔：「今後宗室遥郡以下，如遇請假，止令申閤門。」

八年五月七日，詔：居廣生日支賜，依士輵已得指揮。

二年七月十二日，嗣濮王士輵言：「叨冒襲封，每歲取賜生日，伏乞令入內內侍省依舊全支取賜。」詔依。

六月三日，詔武德郎、主管台州崇道觀令擡除金州觀察使，襲封安定郡王。

十二日，詔：「恭奉太上皇帝聖旨：右宣教郎、直秘閣、知徽州師夔除直徽猷閣。」

十二月十三日，成忠郎、權主管吳王祭祀多才奏乞比換官。吏部(詔)〔照〕對多才元係袒免親，陞作緦麻親，換官格法合比換太子右內率府副率，於階銜上帶「皇姪」二字。詔依。

九年閏五月十日，知明州伯圭言：「館客周筌(又)〔久〕從先臣，且教導臣子，欲望特降指揮補文資恩澤。」詔：「恭奉太上皇帝聖旨，特與依士銖例，依《祿格》全支本色，仍免折支。」

八月一日，詔：「秀王孫右承事郎、添差權通判婺州師龍，右承奉郎、添差權通判平江府 12 師垂，並除直秘閣，差遣如故。」

十月十八日，詔：「皇(帝)〔弟〕少保、靜江軍節度使、充醴泉觀（察）使、恩平郡王璩已賜玉帶金魚，許令繫赴朝參。」

十一月二十五日，璩言：「長男師淳特蒙錫以訓名，寵以官職。今來師淳年齒寖長，欲望量加寵爵。及臣次男七歲，乞依師淳訓名命官。」詔：「師淳特轉忠州團練使，次男賜名師灝，特補武翼大夫。」（以上《永樂大典》卷一二一八）

紹熙宗室雜録

13 淳熙十六年二月四日登極赦：「應宗子見入道或爲僧，願歸家者聽，元有官封者依舊。」

四月六日，大宗正司言：「『不』字南班宗室合行繫帶皇叔祖，安定郡王子彤（擊）〔繫〕帶皇伯祖，士韶、士峴仍舊繫帶皇叔祖。」從之。

十七日，詔：「皇姪耀州觀察使、嘉國公、食邑五百户、食實封貳百户抦〔一〕，特授永興軍承宣使，進封許國公，加食邑五百户、食實封貳百户。應諸般請給、生日等可並與依《禄格》全支本色。」

六月一日，新授華州觀察使、知大宗正事不黯奏：「轉授之初，循例合破書表、客司、殿侍人從，并諸般請給、生日、大禮、歲賜、公使錢等，乞依見今全給。將來遇郊奏薦，亦乞比視文臣官序施行，仍乞自後準此。」從之。

八月十三日，詔：「無官宗子量試，如給到降生公據或見請孤遺錢米之人，與免召保，令本處宗室尊長保明，從州郡給據赴試。」

紹熙元年正月二十八日，詔：「成忠郎多功特與補太子右内率府副率，仍繫帶『皇弟』二字。」以多功言：「『居』字行位下各有男換授南班，獨先父居仁位未霑恩霈。乞從例比换，請給、人從、添給、生日支賜等亦乞依則例支破。」故有是命。

二月五日，大宗正司言：「無官宗子依赦量試，内有無年甲干照、未曾召保人，乞照紹興三十二年指揮，若引試前執到官司赴試公據，許令先次引試，候試畢從禮部將合格名字，具所屬州軍三代牒報本司，行下取會，勒令召保。別無詐冒，即與放行推恩；若 14 有虛僞詐冒，依已降指揮斷罪。」從之。

二十八日，大宗正司言：「爲宗室增立到字行：翼祖皇帝下『繼』字子欲連『大』字；從上連。太祖皇帝下『孟』字子欲連作『由』字；從上連。太宗皇帝下『良』字子欲連作『友』字；從上連。魏王下『若』字子欲連作『嗣』字；從上連。〔棣〕華宅『中』字親賢宅『自』字子欲連作『甫』字；從下連。子欲連作『孫』字。從下連。」從之。

四月七日，將仕郎公掄奏乞免試參選〔二〕。吏部勘會：「公掄因捧表推恩補將仕郎，曾請到江西漕司文解。乞照應奏補宗室曾經應舉得解，與免試放行參選。」從之。

九日，詔：「應命官同國姓、與宗室連名相犯之人，令

〔一〕抦：原作「柄」，據《宋史》卷三七、三八《寧宗紀》改。

〔二〕公掄：原作「公撫」，據下文及《誠齋集》卷一一九《朝請大夫將作少監趙公（像之）行狀》、《宋史》卷二三六《宗室世系表》二二改。

經所屬陳乞改避。所有宗子如無立名公據，經所在州軍陳乞保明，申所屬出給。限半年，四川、二廣限一年，經所在州軍陳乞。如仍前不曾給到公據，不許參選，州軍並不得放行請給。經由官司去處人吏違滯，從條科罪。令禮部具條式下諸路州軍遵依施行。」

五月二十六日，詔：「今後宗室身故，委四鄰依五保法報所在官司，即時拘收降生文帖，申州批鑿身亡日月。本州類聚，季申禮部，行下大宗正司、兩外宗司照會。州軍奉行不虔，監司覺察聞奏，當議重作施行。」先是三省言：諸州縣間有不逞之徒收買宗子身亡降生文帖，影射作過。故有是命。

十月二十七日，詔信王（據）〔璩〕長男師淳轉一官，仍換南班；第三男師瀹落階官；第四男師潞帶行遙刺。

二年十一月二十七日郊祀赦：「**15** 行在及紹興府見請孤遺錢米宗子、宗女、宗婦等，其間有未曾引赦添支錢米，可比附兩外司孤遺體例籍定名字，將十五歲以上並依前赦例添支，十四歲以下減半添給。」

三年八月六日，户部言：「忠訓郎、特添差監榷貨務都茶場不釐務不嘈人從請給等，依多述、不耽例全行支破。準紹興四年指揮，内外應添差官，除本身料錢衣賜外，其餘添給等並減半支。不嘈係添差之官，竊恐攀援不已。」詔除人從更不支破外，餘依已得指揮。〔淳熙〕十四年，宰執進呈嗣秀王伯圭言：乞量復宗室添差員數。上曰：「諸郡員數已經減罷，若行再復，恐州郡費力。兼每州復得一員，亦不濟事。」又進呈乞置宗學，留正奏云：「每番宗官須理會這一事，他要給五十頃田，卒急亦無許多田應副。」上曰：「記得不黯亦曾理會，有司相度得難行，不若已之。」

四年六月四日，故吳王主奉多才遺表奏：弟多藝、多見乞依例比換南班；妻令人高氏封碩人；男二人「自」字行依「多」字恩數。見破人從存留，候服闋日發遣。致仕恩澤併乞施行。詔並從所請，男二人各爲年小，候官別取指揮。以上《光宗會要》。（以上《永樂大典》卷一二二）

宗室襲封 濮、秀二王各見本門〔一〕

【經進續總類會要】

16 慶元元年十月十六日，詔忠翊郎子恭除利州觀察使。嘉泰二年七月九日，詔子覿除金州觀察使。四年十一月十三日，詔伯栩除宜州觀察使。嘉定元年十月十四日，詔伯柷除福州觀察使。八年（年）十一月一日，詔伯澤除潭州觀察使。已上襲封安定郡王。

〔嘉定〕十二年八月三日，臣僚言：「竊見國家襲封王爵，主奉祠事，從獻郊廟，所以崇德廣恩，羽儀磐石，非特示一時之恩寵而已。嗣秀王屬族既近，班位自高，以序受封，

〔一〕按，此題及題注原在正文之前，此應是李心傳《經進續總類會要》原有之細目。以下「換授」、「補官」、「請給」等諸小題同。

固無可議。獨嗣濮〔王〕、安定郡王，近年以來，率自下僚，例行承襲；且多癃老疾病，不能起跪，至有賜履在列，竟未嘗一覲清光而趍朝謁者。照得元降雖有擇年高行尊之文，然高宗皇帝朝，儀王仲湜以德望俱隆，越仲綜而選拜〔二〕；武德郎士蘏次當襲爵，以其官卑，乃命士儴權奉祠事，越十六載，始正士俴之封。則斟酌劑量，又在宸意，初不拘一定常行之例也。今若專以德望爲選，則又恐啓争奪之風，創經營之路。謂當參稽中制，自後凡嗣濮王、安定郡王有合該封襲之人，先行下寄居州軍審驗，委堪拜跪，即與保明申上。仍津遣至宗司銓量，繼赴都堂審察，閤門引見奏事訖，然後取旨除授。或序當承襲，本州宗司見其不能拜跪，與特轉一官，及一子 17 恩澤，文武隨資，以華其老，却於以次人内更行選襲。庶幾尚年尊德之典並行，奉先睦族之意增重。」從之。

换授

紹熙五年十月二日，詔朝散大夫、新知南外宗正事不迦特與换右監門衛大將軍、濠州團練使、權知大宗正事。是年十一月，不迦言：「蒙恩换授，合破書表、客司、殿侍，及差雇募，并臣合得請給、生日、大禮、歲賜等，乞依不意等累降指揮，依舊全給。兼元係文官换授，所有將來遇郊奏薦，乞依已降指揮，視文臣官序奏薦施行。臣年及六十，艱於衝冒，欲依累政宗官例，止令趍赴〔太〕〔六〕參。」詔：雇募依尚書格差破，餘依所乞。

閏十月三日，詔師瀹與换南班，轉正任眉州防禦使。該遇覃恩故也。

慶元元年正月二十一日，詔忠訓郎多謨特與换太子右内率府副率，其生日支賜、請給、人從並依見今南班官則例支破。以故皇叔太子右監門率府率多福妻徐氏奏：「親賢宅吴王、益王府、兩〔師〕〔司〕南班宗室，在紹興、隆興以來，有居寅等二十餘員，皆是使相、節度使，小者承宣、觀察使，不數年間，相繼淪没。乾道、淳熙間有『多』、『不』等十七八員，近年以來，相繼不禄。今兩宅止有七八員，委是官小員闕，日就零落，望憐卹近屬。」從其請也。

十月一日，詔：忠訓郎不嘈特與换授率府率，令趍赴朝參；其請給、生日支賜、人從等，依不謣等前後已得指揮施行。以大宗正司言不〔普〕〔嘈〕侍父士峴服闋從吉，故有是命。

十二日，詔希楙候服闋年及日陳乞比换南班。先是皇叔寧遠軍承宣使、提舉佑神觀師淳上遺表，乞與男希楙换授右千牛衛將軍，故有是命。

十二月四日，詔朝散郎善下特與换右監門衛大將軍、遥郡刺史，服闋日與本京宫〔宫〕〔觀〕差遣，仍奉朝請。

嘉泰元年三月十四日，詔：「保義郎自牧爲係英宗皇帝近屬，特與比换南班，填多見身故闕。其請給、18 人從、生日支賜、添給等，並與依見今南班則例支破。」

開禧二年十一月五日，詔：「朝奉郎、直秘閣、新權發遣台州師嵒，奉議郎、新添差通判衢州師彌，通直郎、〔直〕秘閣、新添差通判臨安府師貢，並係崇王諸子，理宜優異。

〔二〕綜：原作「孮」，據本書帝系二之五五改。

師邕可特換授忠州防禦使，師彌換授和州防禦使，師貢換授均州防禦使。」

三年三月二十三日，詔師皋次男希怟與依兄希閔例換授將軍〔一〕，免赴朝參，應干請給等依兄希閔例支破。

嘉定二年七月六日，詔修武郎、前特添差東南第三副將、不釐務不逷特與比換南班。以不退言〔二〕：「先父士褭任監門衛大將軍〔三〕、權主奉周王祭祀，被旨差充奉使。是時偶正使張子正中塗得疾，虜庭捧進國書，並係先父任責。累蒙朝廷軫念，特添差差遣，今已士任〔四〕。竊見張孝曾因奉使回程身故，蒙恩更特與子恩澤。乞將臣所得添差恩數比附，特與臣比換南班，仍權令主奉周王祭祀。」故也。

十四年五月二十二日，詔：「不𢘿行尊年高，中外屢更事任，自爲司農卿，今已十二年，理宜優異。可特換授保康軍承宣使、提舉佑神觀，仍奉朝請。特賜金帶一條，許令服繫。」不𢘿元係奉直大夫、直寶謨閣、主管建康府崇禧觀。

二十八日，詔：「不熄屬近行尊，理宜優異，特與換授和州防禦使、提舉佑神觀，仍奉朝請。」不熄元係奉直大夫、主管華州雲臺觀。

八月十一日，詔：「伯檜、善踐行尊年高，中外屢更事任，並特與換授觀察使、在京宮觀，仍奉朝請。」伯檜元係朝議大夫，新除大理少卿，除揚州觀察使；善踐元係中奉大夫，新除司農少卿，除潭州觀察使，並提舉佑神觀。

同日，中書門下省言：「太祖皇帝下燕王、秦王位宗室，見今趁赴朝參，立班員數極少。」詔希宿 19 特與換授蘄州防禦使，希錧特與換授右監門衛大將軍、吉州刺史，並令提舉佑神觀；師謇、希瑋、與莒並特與換授右監門衛大將軍；師註、師賑並特與換授右千牛衛將軍，仍並令奉朝請。希宿元係朝奉郎、吏部郎中；希錧元係宣教郎、知大宗正丞、兼權工部郎官；師謇元係宣教郎、大理寺丞；希瑋元係宣教郎、將作監丞；與莒元係秉義郎；師註元係忠翊郎；師賑元係忠翊郎。

閏十(月)〔二〕月十三日〔五〕，詔：「朝散郎希槱屢任繁難差遣，曾經作縣，資歷已深，又係秀安僖王近屬，今乞換授南班，理宜優異。特與換授右監門衛大將軍、吉州刺史，特差提舉佑神觀。」

二十三日，都省言：「宗室正任見今趁赴朝參員數尚少，師謇、希瑋皆係進士出身，曾任寺監丞，理宜優異。」詔：師(譽)〔謇〕特除文州刺史，希瑋特除雅州刺史，並提舉佑神觀。

補官

嘉定十四年六月二十二日，中書門下省言燕王

〔一〕怟：原作「忯」，據《宋史》卷二二二《宗室世系表》八改。按字書：忯，愛也；怟，悶也。當以怟爲是。

〔二〕退：正文作「逷」，二字同。按《宋史》卷二三三《宗室世系表》一九，士褭之子有「不退」，又有「不逷」，其實應是一人，蓋《宋史》以字形不同而重收。

〔三〕褭：原脱，據《宋史》卷二三三《宗室世系表》一九補。按字書不見此字，應是「褭」之俗體。

〔四〕士：疑誤。

〔五〕十二月：原作「十月月」，按嘉定十四年閏在十二月，今改。

優卹〔一〕。

十一月十八日，都省言：「宗室正任防團見今趁赴朝參，一班止有二員。」詔希錧除成州團練使，仍賜金帶一條，許令服繫趁赴朝參。

請給

紹熙五年七月七日登極赦文：「訪聞宗室見請孤遺錢米之人，緣縣道闕乏，多有拖欠。自今赦到日，並改就逐州按月幫支。」自後明堂、郊赦並同。

九月十四日明堂赦：「勘會行在及紹興府見請孤遺錢米宗子、宗女、宗婦等，其間有未曾引赦添支錢米，可比附兩外司孤遺體例，籍定名字，將十五歲以上並依前赦例添支，十四歲以下減半添給。」自後明堂、郊赦並同。

嘉定五年二月十三日，宗正寺[20]主簿陳卓言：「臣觀《仙源圖籍》、《宗藩慶系》等録，仰窺三祖下流派枝葉之茂，盻分彪別，日益歲增。其已訓名者動以萬計，而未訓名者不與焉。蓋祖宗時宗室尚少，率皆養之宮院；逮熙寧漸至繁衍，始聽外補。渡江以來，萃之東南，訓名給據，既爲費力，而孤幼貧乏錢米尤未易得。邇者宗寺已嘗申畫訓名事宜，陛下既俞其請，天族均受其賜。獨請給一事，其弊已久。考之令甲，宗室祖免外兩世祖、父（父）俱亡，無官，雖有官而未釐務，各貧乏，應計口給錢米。孤幼無依倚或貧乏者，不限世數。又復量其歲數，定爲給賜之格。令甲昭然，而州縣艱阻，扼以猾吏，困以拖券之夫，大率一名之給，爲費數十千，遲回數月，僅乃得之。是以雄藩巨屏，拖閣不支；壯邑小縣，抑遏愈甚。儻不嚴行戒勅，將見日益月滋，朘弱元氣，虧損大體。望賜睿旨，應所在宗室合得孤遺請給，即與照條幫放，州縣不得阻抑，及容吏胥、拖券等人乞取。州委通判點檢，路委監司覺察。庶幾洪《行葦》忠厚之實，（厚之實）厚《葛藟》本根之芘。」從之。

十年六月二十六日，都省言：「雨澤稍愆，見行祈禱。訪聞州縣有宗子、宗婦、宗女因事被州縣長吏住閣月請孤遺錢米之人，多者一二年，少者三數月。州縣利於減省支費，不與放行。有一名被閣，全家狼狽者。州縣不惟違戾按月支給指揮，殊失朝廷親睦之恩，有傷和氣，合議施行。」詔令大宗正司及西南兩外[21]宗司行下州縣契勘，如有住閣錢米之人，日下並與施行。

十六年五月四日，臣僚言：「宗室隸于行都者，月給料錢三千，視外郡幾半其倍，以皇族稍近，而獨厚之。彼日用所資，於此取給，分文以上，不容有虧。而管行吏給與拖請人互相欺掩，幫支之際，輒於逐人名下減刻五百。怯懦宗子隱聲受抑，而莫能與爭，寠衣艱食，而弗敢陳訴。以公家之厚費，以飽吏欲之營私。輦轂之下，且猶若此，散而州郡，將何如？乞下大宗正司索上簿曆，究問所減錢數，吏

〔一〕此條文意未完，疑有脱文。

輩刻取，重作施行。自今每遇散錢，並須先期逐項點對，不許分文減刻。仍委丞佐親往監視，各令宗子正身到官，照曆交付。」從之。

恩賜

嘉定十四年七月二十日，詔：「今後宗室節度使帶嗣王、郡王、國公及檢校官，並許佩魚。」

十月十八日，詔：「瑞慶聖節，集英殿賜御宴，令南班宗室大將軍赴座。所有上壽茶酒，今後令率府副率以上並赴座。」

二十六日，詔：「燕王宮冀王角位故修職郎、福州永福縣尉希壚，令户部支賜銀絹二百匹兩，妻全氏封安人，男與芮特補迪功郎。」

十一月十八日，都省言：「宗室正任防團見今趁赴朝參，一班止有二員。」詔希館除成州團練使，仍賜金帶一條，許令服繫趁赴朝參。

卹孤

開禧元年五月二十三日，詔：「英宗皇帝二世孫安邵最爲近屬，昨在軍前，深可憐憫，累該奏薦子孫恩澤。可將已陞[22]等見主祀長孫多藝，依居端等例特與轉行一官，以示優卹。」

嘉定六年二月二十七日，臣僚言：「竊見令甲所載，孤幼財産，官爲檢校。注云：並寄常平庫。所以愛護甚至，隄防甚密矣。民間孤幼，責在州縣，其家於鄉村者，縣(之)〔乏〕專責，應辦窘迫，苟且目前，罕不於此移借。西南兩外宗子孤幼，責在宗司，宗司自行拘收，吏輩既因以侵欺，用度務侈，遂視爲公帑之儲。且其在孩提之時，不能自有其有而委之官，須其及令而歸之，謂不啻(局)〔扃〕鑰之固。至於執券就索，以歲月久遠拒之，否則婉辭以欵之，十或不能還一二。彼其初籍之〔日〕，已有利之之心。蓋自籍而至於給還，近亦不下十載，而居官不過二三年爲任。前者以非我給還而敢於用，後者以非我移用而吝於還。縣令如此，甚非父母斯民之意；宗司如此，其亦盍以公族枝葉爲念乎！乞詔户部行下州郡，毋容縣道互用民間孤幼寄庫財物。今後有法應檢校之家，其財物並拘樁本縣常平庫；西南外宗司令大宗正司行下兩司，如有孤幼宗子合檢籍者，移文於寓居處，本州施行，亦寄常平庫。如拘樁之物及續入地利，並須簿曆分明收附，月委官點檢，具申大宗正司。庶幾給還以時，宿弊可革。」從之。

訓名

嘉定八年七月二十三日，詔：「皇從弟承宣使搢[23]改名思正，皇從姪觀察使均改名貴和。」先是侍御史石宗萬言：「竊惟先王之制禮，其於名分之際至嚴也。蓋尊卑之有序，上下之有等，貴賤之有殺，截然不可紊。至於一器用之微，一服飾之末，猶且嚴爲之主，而況族屬之親疏，名稱之同異，可不謹其別乎！是故嫡庶之辨，大宗小宗之分，聖人於此，尤致意焉。誠以示等衰之制，防僭擬之萌，不得不然，別嫌明微，其意深矣！恭惟藝祖皇帝友愛天至，凡諸子行之賜名俱聯『德』字。至(大)〔太〕宗繼統，禮文寖舉，漸以區別，諸王皆聯『元』字，而諸姪仍聯『德』字。爲從兄弟，而不得聯名，豈非以宗廟之重貴於有別歟？真宗諸王皆從『示』傍，而諸王不惟不敢聯，且皆複名以爲別。自時厥後，遂爲典故。商王、楚王、周王，真宗之親弟也，其子悉聯『允』字；燕王、秦王，真宗之從弟也，其子則聯『惟』字。蓋親弟之子與從弟之子又有別焉。神宗諸王皆從『人』傍，而吳、益二邸實聯『孝』字。至於諸孫，則又視其戚疏，從而派別。聖朝家法，宏遠深長，質諸三代而無愧。臣愚妄論今日，竊有疑焉。承宣使揩於屬爲從弟，乃得與御名俱從『手』字；觀察使均於屬爲從姪，乃得與皇太子俱以一字名，恐非所以崇至尊、重國本也。雖陛下崇睦親族，務從過厚，然祖宗成憲俱在，所當遵從。欲乞下臣此章，令禮部、宗正寺討論以聞。」從之。既而朝奉郎、宗正丞、兼權刑部郎官吳格等討論：「照得揩係是皇從弟，均 24 係是皇從姪，與皇親弟單名者事體不同；兼才手偏傍，尤不能無嫌。臣僚所請改正，誠爲允當。但是檢出紹興三十年立孝廟爲皇子詔書，明言係藝祖皇帝七世孫。若從藝祖皇帝之後，合聯『希』字、『與』字。然在禮，入繼大宗者只從所繼服屬。父既從所繼服屬，則生子若孫雖不爲父後，亦無緣歸認本家服屬。若以此論，則係太宗皇帝之後合聯『崇』(子)〔字〕、『必』字。聯立雙名，自是無疑，而所聯之派，莫知所從。此外又更討論先朝(旌)〔族〕姓，有昭穆同而字號同者，有昭穆同而字號不同者，又所以銖辨親疏、別嫌明微也。如英廟之繼仁廟，亦猶孝廟之繼高廟也。英廟生神廟及吳、益王，吳、益(皇)〔王〕之子實聯『孝』字，孫實聯『安』字。濮邸而下，聯『士』字者與『孝』字正同行，聯『不』字者與『安』字正同行。雖然同行，而所聯之字又自不同。今若倣此，別立一字，庶無形迹，兼有故實可援。然格等人微識淺，亦未敢指以爲定，謹以三説開陳於前，更在斟酌施行。」禮部看詳：「臣僚欲謹名稱之別，宗寺欲致親疏之辨。二議所陳，理須改定。蓋以今皇從弟、從姪之名乃與至尊儲禁名字偏傍相犯，似非累朝故事，有失別嫌明微之義。若以宗(姪)〔姓〕昭穆而論，孝宗皇帝實繼高廟正統，則莊文暨魏惠憲王子孫只當從太宗之後叙聯昭穆。若連『崇』字、『必』字，則太示疎遠，驟爲更革，於義未安。今來乞用吳王、益王以『孝』字、『安』字爲名故事，酌親疎之宜，權輕重之義，別立名今字，與宗屬之 25 疎者稍有差別。上遵祖宗之制，下示親親之義，則於理於情，皆爲允當。」詔令宗正寺擬撰字號并賜名，申尚書省。至是本寺擬撰到「思貴乃如延」五字，學士院看定，故有是命。

八月十三日，大宗正司言：「樞密院編修官趙崇朴申請：宗子年長，四五十歲不曾訓名，父無名籍，子無訓據，乞行下諸路州縣，明示年長未訓名宗子，許日下經所屬陳乞，保明具申。本司檢準：在法，宗室降生，限一日報所屬，限一季陳乞立名，以革僞冒之弊。自後宗子間有不遵條令，遇降生兒男，或不照應條法陳乞；或討覓外姓男女，一時扶合厢鄰，只經州縣出給降生。及自立私名，亦不陳乞訓據。遂於嘉定五年内立式申明：今後宗子降生男女，仰具三代家狀聲説其父曾不訓名，係第幾男，實排行第，於何年月日在甚處厢界(防)〔坊〕巷生長。收生老娘、抱育人同本家尊長共狀結罪保明。召承信郎或迪功郎保官一員，所在州軍厢鄰次第勘驗，委無僞冒，批書保官印紙，保明申司置籍，出給降生文帖。如有自獲指揮之後續陳乞者，亦照格式施行，方與給據。行之許久，頗革前弊。所有宗子訓名，亦照已得指揮，占偏傍避諱，牒報宗正寺訓給。二者並是見行遵守。於今申請明示年長未曾訓名宗子，經所屬陳乞，保明具申。雖見念及宗子，免使因而流爲外姓，竊慮僞冒之人乘時得以影射，妄作年長陳乞脱漏訓名。本司今措置：26如有似此年及四十、五十未曾訓名宗子，亦照前來格式，仰同本家近親尊長重結罪名，委保陳乞。仍具夾細家狀，擬占偏傍，避父祖名諱，令召或文或武陞朝官一員委保，經所在州軍陳乞。本州軍亦照見行指揮，取索降生干照，委官點對，如前次第勘驗。委非過房討養異姓兒男，結立罪賞，批書保官印紙訖，保明繳申，出給訓名。如陳乞之人父祖已亡，失於陳乞訓名，以致宗寺不曾該載屬籍，即乞就與添注。」從之。

十六年正月十九日，臣僚言：「仰惟祖宗睦族，超越前代。宗室之始生也，有降生以紀其實；既長也，有訓名以示其別。分潢析派，整整有倫。今日本支蕃衍，視昔蓋數十倍，降生訓名，法非不備，然富者十不一二，貧者不啻七八。彼其經營一據，自縣保明，至于州，然後上之宗司，道(理)〔里〕往來，費不知其幾。所以家貧無力者每不暇訓名，甚而降生有據，亦未必盡由宗司陳給。存亡之數，在宗司且不得盡知；名稱之誤，在宗寺亦安得盡革？臣嘗見近日奏牘，有以『澤夫』爲名者，考其三代，則父名『郴夫』。若此舛訛，往往非一。矧名既得不訓，則他日應試，變易冒濫，豈無以一人而計會兩降生據，而冒二人之試者乎？又豈無兄弟同試，而遜一得於文筆優長之人者乎？蓋本名無定，則虚實難稽，其勢固應爾也。乞申飭大宗正司，遍牒所在州軍，移文各處尊長司：凡宗室，不問寄居見任，其未經宗司出27給降生，與年及五歲而未經訓名者，限以半年，並無勘會著實〔一〕，類聚申上宗司，次第出給公據。所有召保批書等事，悉準舊制。仍令宗司著爲定令，每三年一次檢舉施行。庶幾振振之盛，無不登名宗牒，而冒濫應舉之風亦可少革。」從之。

〔一〕無：疑當作「與」。

賜名

慶元六年十一月一日，詔宗子與愿改賜名曮，特除福州觀察使，令就資善堂授書。詳見「資善堂」門。

嘉定十四年八月二十七日御筆：皇姪右監門衛大將軍與從艹從呂可改賜名貴從言從成，除果州團練使。十五年，轉邵州防禦使。

承繼

嘉泰三年九月七日，詔：「莊文太子繼嗣未立，朕每以爲念。宗子希𡏖可改名搢，令爲嗣，補右千牛衛將軍。」

十七日，禮部、太常寺言：「莊文太子繼嗣，照典禮合行祭告。行禮官差本宮都監一員、太祝一員，並於前一日絶早赴莊文太子攢宮致齋行禮。祝文一首，下學士院修撰。」從之。

開禧二年五月一日，皇弟少傅、昭慶軍節度使、吳興郡王〔柄〕〔抦〕奏：「臣不善衛生，寖成綿痼之疾。念臣年〔愈〕〔逾〕三十，有子不育，堂有老母，何以自慰？而先臣香火之奉，亦遂孑然。伏望矜念，於近屬中擇昭穆相當者一人，與臣爲後，庶幾嗣續有傳，存没不朽。」從之。

同日，詔宗子希瞿長男令繼沂王後，賜名均，與補右千牛衛將軍。差置小學教授二員，以太保沂王府爲名。合行禮數，依〔作〕〔昨〕來太保沂王〔府〕初置小學體例施行。每年於内藏庫請降教官以下一年請給、衣賜、時服等，充本府支散。主管文字、書寫文字、供檢文字等，就太保沂王府講堂見存留人在府接續祇應，理任、請給、年勞、酬賞等，依前後已得指揮施行。

28 嘉定八年八月五日，詔：皇從弟思正仍舊爲莊文太子府，皇從姪貴和仍舊爲魏惠憲王府。

十一年十月一日，禮、户部言：「判大宗正事、嗣秀王師禹奏：故武經大夫、浙西兵馬都監趙希古妻吳氏與本位尊長通直郎、新通判太平州趙希永議，乞過房同宗下宗子希澂第三男與侄爲希古繼嗣。逐部勘當，委是昭穆相當，於見行條法別無違礙。」從之。

十四年七月一日，武翼郎趙善湝言：「昨者先兄善拊得蒙换授南班，以繼昌王之後，不幸在任身故。欲望陶鑄，抵替名闕，庶幾衰宗墜緒，不致孤絶。」詔善湝特與换授右千牛衛將軍，仍令趁赴朝參。

五日，禮、户部言：「奉議郎、前權通判太平州趙希永，并本位尊長保康軍承宣使、提舉佑神觀、充秀安僖王園令、本位檢察尊長師彌狀，保明議定：過房同祖下宗子希稙第二男，乳名雙哥，與希永爲嗣。逐部勘當，所乞過房委是昭穆相當，應得見行條法，別無違礙。」從之。

雜録

紹熙五年七月七日登極赦：「應宗室〔犯〕〔凡〕請到文解，並與推恩。仰有司照應淳熙十六年體例，條具取旨。」

同日赦：「應宗室無官人，依淳熙十六年二月四日赦，與量試推恩。令有司照應已行體例，條具取旨。」同日赦：「宗子見入罪，見鎖閉、監管、拘管人，並放逐便。內情重，具元犯取旨。」同日赦：「宗子見入道或爲僧，願歸家者聽。元有官者依舊。」

二十九(年)〔日〕〔一〕，詔皇弟許國公婦俞氏與封咸寧郡

29 夫人，依《宫人禄式》支破諸般請給。慶元四年七月封安國夫人。

九月十四日明堂赦文：「應宗室犯罪，元係情理重，與減作稍重，稍重減作稍輕，稍輕減作輕〔二〕。」自後明堂、郊赦並同。

同日，赦：「應宗室犯罪，永鎖閉、永監管拘管之人，令西南兩外宗正司具元犯輕重及有無悛改，結罪保明，申大宗正司，具奏取旨。餘鎖閉、監管、拘管者可特與減一年，理爲放免年限。已經展年人，令逐司結罪保明，申大宗正司，檢照元犯，合行放免者與放免。」自後明堂、郊赦並同。

閏十月二十一日，詔：「比來宗室在朝者少，可令兩省、臺諫、侍從各舉有文學器識者二人，以備選擢。」

嘉泰四年二月，詔：莊文府小學教授以秘書省校書郎朱質、軍器監簿留駿兼。

開禧二年三月，詔：「皇弟搢除忠州防禦使，趁赴朝參。莊文府小學以莊文府講堂爲名，教授銜內除落『小學』二字。」

五月十四日，皇叔祖和州防禦使、新差知西外宗正事不揞言：「竊見文武臣僚，自陞朝以上，遇大禮皆得封贈父、母、妻等。欲乞自今後，南班正率以上，遇大禮並依外官法，許令封贈。」詔三省詳議以聞。尋送吏部，長貳看詳：「照得宗正司專法，別無立定正率許封贈母、妻并所生母及父祖條法。見行皆係宣和、紹興格法，內該載換官格明言：正率換修武郎。今外官修武郎該遇大禮，皆得封贈，而正率係是修武郎一等，合封贈官，却只得封贈母、妻，而不及父，是致不揞遂有此陳乞。今看詳，不揞所乞亦人

30 之子孫常情，況均爲宗室，豈有南班而反不如(室)〔宗〕室外官可以榮其親？欲乞朝廷許從本官奏陳事理，今後南班宗室自正率以上，遇大禮並依宗室外官法，許令封贈父、母、妻，並經大宗正司從條驗實，保奏施行。」從之。

嘉定六年正月十一日，宰執進呈次，上曰：「希懌已致仕，可念。太子視希懌爲伯，朕已令請假七日。」宰臣史彌遠〔奏云〕：「伏覩御筆，希懌除昭信軍節度使、開府儀同三司致仕，恩禮隆厚。今又蒙聖諭如此，仰見陛下篤叙宗族之意。」

二月二十四日，大宗正司言：「在法，非袒免以下親宗

〔一〕二十九日：原作「二十九年」。按，此條及下三條均爲紹熙五年事，以九月十四日明堂及閏十月可知。則「年」應爲「日」之誤，因改。

〔二〕以上二句原作「與重減作稍輕，稍輕減作重」，據《補編》頁一四載淳熙二年十二月十七日赦文改。

子、宗女，嫁娶雖依庶姓法，而注文該載：『唯雜類與曾犯徒刑若惡逆之家子孫，亦不許成親。』『雜類』，注文爲：『舅曾爲人力奴僕，姑曾爲娼。并父、祖係化外及居沿邊兩屬之人，亦不許。』近年以來，往往姦胥猾吏多與無籍宗子僞冒苟合，蓋芘門户，兜攬詞訟，專事放譁，把持上下，莫敢誰何。事成則安接賄賂，事敗則宗子出官抵拒；設有罪名，不過聽贖閤請而已。是以村豪恃富，賄賂得行者必勝，愚善貧民有寃莫伸，誠爲利害。今欲自後宗室並不得與曾爲公吏之家爲親，比同『雜類』之法，庶幾隔絶前弊。乞降指揮下本司，以憑遵守。」從之。

七年二月二十三日，大宗正司言平江府崑山縣寄居宗子希堯文身犯法等事：「照對宗室爲非，皆是不逞惡少之徒，苟於一時酒食錢物之利，尋訪他事，故意縱臾，使之出名，謂之『陪涉』。31 逮至有司，但令宗室招承其罪，餘人悉得幸免。惡少恃此，何憚而不爲？其陪涉之法，著之令甲，非不分明，然冒犯者尚多。況有該載未盡者，謂如宗室雕青，必須針筆之人，方能文刺肢體，悉是平時稔熟之輩。雖明知宗室不許雕青，緣無正條，萬一犯至，有司不曾推究所自，是以爲其引誘文刺者往往有之。凡人一被文刺，終身不可洗除，餘人尚有從軍之計，在宗室無所容身，遂至愈更習下。而況毁傷遺體，有玷祖宗，莫此爲甚。宗室不許雕青，未著令甲；所有施針筆爲宗室雕青之人，雖有條法，欲更比附陪涉之法，加一等斷罪。仍許人告，給賞錢一百貫，於所犯宗室名下監償。其宗室見支孤遺請給，即與住支，終身更不幫放。或有父祖恩澤，不得承受。其有同居尊長不覺察者，亦作施行。不唯使之知畏，此實杜絶宗室爲非之一端。」敕令所看詳：「在法，教誘陪涉宗室致犯罪者，徒一年。因而破壞資産、費用錢物，若爲文刺身體者，各加二等，並千里編管，不以蔭論。上條該載，已自詳備，止緣宗室文身者却無斷罪正條，宗司今來申請，委得允當。所有日前文身者，合就令措置，使之自陳，或置籍，或給據，庶使有所分别，免（到）〔致〕一例施行。」從之。

八年六月四日，吏部言：「四川制置大使司申：『右選宗室，在法，釐務二考，通不釐務四考，聽通理關陞。本司照得，四川宗室釐務闕止是作院理爲釐務。今來諸州作 32 院已行廢罷，其宗室釐務差遣無闕可入。若必令歷釐務、不釐務差遣，共六考然後關陞，委是艱阻。乞將右選宗室令歷不釐務差遣三任六考，特與關陞施行。』本部照得四川宗室既無可入之闕，則是無緣關陞。若從本司所請，則（大）〔太〕爲優濫。欲與展一任二考，通理八考不釐務，放行關陞。庶幾酌中，不廢四川宗室寸進。」從之。

十年三月十八日，詔：魏惠憲王府小學教授依莊文府教授體例，除落「小學」二字。以皇姪貴和趁赴朝參，本府教官陳皦等申請故也。

十二年八月三日，臣僚言：「照得大宗正司專糾合宗盟之職，所宜望實素著，乃能觀聽具孚。今以嗣秀王兼總，深爲允當。併乞今後如除授知宗，須擇老成更練之人，庶幾肅示表儀，同歸信厚，尤稱陛下强宗之意。」從之。（以上《永樂大典》卷一二三）

宋會要輯稿　帝系八

公主

【宋會要】

1 國朝沿漢唐故事，皇祖姑、皇姑爲大長公主，皇姊妹爲長公主，皇女爲公主。所封或以國名，或以郡名，或以美名，亦有以縣爲名者。初封多擇美名，進封乃以郡國名，至特恩始有兼兩國者。初降月俸百五十千，遇恩慶稍增至二百千，至道(宗)〔中〕復益至三百千。自是封祀行慶，唯褒進崇號及易國封。明道以後，累增獻穆大長公主俸，月至千緡，後遂著例云。至崇寧初，燕國大長公主進封秦魏兩國，始詔月給外更增二百千。政和三年，詔改公主爲帝姬，其稱大長者依舊爲大長帝姬，仍以美名二字易其國號，内兩國者以四字。建炎元年六月六日，臣僚上言：「本朝制度多循用前代故事，皇女稱公主，姊妹稱長公主，諸姑稱大長公主。近年一例改作帝姬，臣嘗思之，進退無據，亦有妨嫌。古者婦人稱姓，故周王姬猶宋子、齊姜之類是也。本朝實爲商後，非姬姓也，不可以爲稱明矣。或者以謂非姓氏之姬，乃姬侍之姬，此尤不可者，豈有至尊之女而下稱姬侍乎？若以避忌主字，因有改易，曾不知字有體用，義不相干。天子嫁女不自主婚，以同姓諸侯主之，故稱公主。諸侯則自主婚，故漢制，諸侯之女稱翁主，言乃翁自主之也。此主字則主簿、主書之主，非國主、家主之主也。況主字不當避忌，往者凡是主字一切除去，是以民間有無主之説；又言姬者飢也，2 亦用度不足之讖。自秦稱皇帝以來，未嘗獨以帝爲稱號，惟有配謚稱帝一事而已，蓋取諸禮書『措之廟，立之主曰帝』也。今以帝爲稱號，委合忌諱。望改正，依祖宗故事。」從之。

徽宗政和三年閏四月六日，内出手詔曰：「比覽神考《實録》，在熙寧初，有釐改公主、郡縣主稱名，當時羣臣不克奉承，以至今日。近命有司，祗若先志，循沿既久，莫能董正。稽考前世，周稱王姬，見於《詩·雅》。姬雖周姓，考古立制，宜莫如周。今帝天下，而以主封臣。可改公主爲帝姬，郡主爲宗姬，縣主爲族姬。其稱大長(若)〔者〕可並依舊爲大長帝姬，仍以美名二字易其國號，内兩國者以四字。」

八月九日，尚書吏部言：「奉手詔，郡主改爲宗姬，縣主改爲族姬。緣未有大長帝姬女郡主改換名稱。」詔：「帝姬女已封郡主者，並換郡夫人，其恩數依舊。」

宣和五年三月三日，車駕幸賢德懿行大長帝姬宅澆奠。

靖康元年正月四日，詔罷帝姬宅教授。未見初置年月。

國朝公主受封降制，有册命之文，多不行禮，只以綸告進内，至嘉祐始備册禮。仁宗嘉祐二年六月二十三日制：

福康公主進封兖國公主，仍令所司備禮册命。二十八日，命參知政事王堯臣充册使，樞密副使田況充副使，端明殿學士、翰林侍讀學士、龍圖閣學士李淑撰册文并書印。七月二十三日，内降兖國公主册印，宰臣率百官班文德殿行禮。

其儀：前一日守宮設宰臣、樞密使、應内外文武 3 百僚次於朝堂，所司奉公主册、印先進入内。是日，宰臣率文武百僚並常服，早入次。禮官、通事舍人先引中書令、侍中、門下侍郎及奉册印官册印案每案四人對捧，中書門下奏差。并執事人等，並詣垂拱殿門就次，應行〔事〕官並奉册印官並常服，應〔執〕事人〔降〕〔絳〕衣介幘。以俟内中降册。禮官、通事舍人分引宰臣、樞密使、册印使副、文武百僚入文德殿庭立班，東西相向，北上立定。内臣二員自内中承旨降册印，率執事者以捧册印出垂拱殿。其捧册印官俱搢笏，率執事人導中書侍郎押册，其中書令後從；門下侍郎押印〔一〕，侍中後從。援衛如儀。由東上閤門出，至文德殿庭權置。援衛人等少退立。禮官、通事舍人引使副就成制位立定，次引侍中於使前，西向，稱「有制」，典儀曰「再拜」，贊者承傳。使副、應在位官皆再拜訖，宣曰：「福康公主進封兖國公主，命公等持節展禮。」宣訖，使副再拜，侍中還位。門下侍郎帥主節者詣使東北，主節者以節授門下侍郎，門下侍郎執節授册使，跪受，興，付主節幡，隨節立於使左。次引中書令、侍中詣册印東北，西向立，中書侍郎引册案立於中書令之右。中書令取册授册使，跪受，興，置於案。册文曰：「皇帝若曰：二姓合好，肇正人倫；諸女畢封，著於典册。風化自出，物采有庸。惟皇度衷，稽諗故實，揆吉釐降，錫命是彝。咨爾長女福康公主，慧晤哲温，柔嘉敏達。夙憑詒翼之慶，祇蹈婉和之箴。徽智天成，韶華日茂。肆胙國邑，期之壽康，而夷亮 4 自持〔二〕，莊静逾恪〔三〕。肅侍左右，勤孝盡恭，承顔愿色，純至非勉。實繄能養，乃底燕寧。朕緬慕先慈，參詢福耦，謀及外黨，得兹善述。枚卜休辰，申寵褒數〔四〕，益地廣魯，龜蒙之疆。公圭主儀〔五〕，率由舊準〔六〕。今遣使户部侍郎、參知政事王堯臣，副使樞密副使、禮部侍郎田況，持節册命爾爲兖國公主。爾其欽師内範，繹敷令猷，動監圖史之規，時稟紳褵之戒。懋爾德，慎爾心〔七〕，尚服祖宗之攸訓，永流惠聲，不其猗歟！」中書令與中書侍郎退復本班。又門下侍郎引印案於侍中之右，侍中跪取印以授册使，册使跪受，興，置於案。侍中與門下侍郎俱退復本位立定。典儀曰「再拜」，贊者承傳。册使副、應在位文武

〔一〕印：原作「册」，據前後文意改。
〔二〕夷：原缺，據《明集禮》卷二二上補。
〔三〕恪：原作「格」，據《明集禮》卷二二上改。
〔四〕申：原作「甲」，據《明集禮》卷二二上改。
〔五〕儀：原缺，據《明集禮》卷二二上補。
〔六〕由：《明集禮》卷二二上作「迪」。
〔七〕心：原作「止」，據《明集禮》卷二二上改。

官皆再拜訖，禮官、通事舍人引使副押册印，持節者前導，捧册印官捧舁，援衛如式。以次出朝堂門，由殿西過，至殿後門出，由宣祐門至内東門，附内臣入進。有司先設册使等幕次於内東門外；内命婦次於公主本位門之外；公主受册印位於本位庭階下〔一〕，北向。又設册使位於内東門，副使及内給事於其南，差退，並東向；設册印案位於册使之前，南向；内給事位於册使北，南向。自文德殿奉册印將至内東門，内給事詣本位，請公主服首飾(榆)〔褕〕翟。册印至内東門外褥位置訖，捧册官少退。内臣引内命婦俱入就位，禮直官引册使副等俱就東向位立定，内給事進就南向位。通事舍人、博士引册使就内給事前，東向躬稱：5「册使某、副使某奉制授公主册印〔二〕。」退，復位。内給事入詣所設受册印本位公主前言訖，退，興。内給事進詣册使前，西向，册使跪，以册印授内給事。内給事亦跪，以授内謁者。册使退，復位。内謁者及主當内臣等持册印入内東門〔三〕，内給事從入，詣本位庭〔立〕。又内給事贊公主降詣庭中北向位立定，跪取册，興，立於公主之右少前，西向。又内給事立於公主之左，少前，東向。又内給事稱「有制」，内給事贊公主再拜訖，右給事捧册跪授公主〔四〕，公主受，以授左給事〔五〕。右給事又捧印授公主〔六〕，如捧册之儀。内給事贊公主再拜，前引公主升位。以次内臣引内命婦賀，内給事贊言，禮畢，内命婦退。遂引公主謝皇帝皇后〔七〕，一如内中之儀。禮畢，羣臣進名賀。其册印如貴妃，有匣，文曰「兖國公主之印」。遂爲定制。神宗進封邠國大長公主、魯國公主，皆請免册禮，止進告入内云〔八〕。

【宋會要】

駙馬都尉初謝選尚者，必召見，賜衣一襲，紅羅、盤金銀線或銷金。玉帶一、象笏一、烏皮鞾一、紅羅百疋、塗金銀倒仙花鞍轡馬一，狨毛坐褥，竹鞭副之。謂之繫親。又賜銀萬兩，令辦聘財。其進財用函書，玄纁五〔九〕，錦三，五色羅綾十，押函：馬二，羊百口，酒百瓶，紅綾絹三百匹，花二十罩，又細花百枝，煙脂粉二百十盝，果二十盤，銀果六百枝，臘面茶二百斤，眠羊卧鹿花餅二十事，金銀勝百合，羅畫勝百合，銀錢二十千，重二千兩。頭須紅羅百匹，金釵釧十雙，金纏6二副，真珠、翠毛、玉釵朵六頭，真珠、琥珀、玉、水精瓔珞五項，面花耳鐶百一十副，綴珠、銷金、盤金線繡畫衣二十襲，

〔一〕受：原作「授」，據《宋史》卷一一一《禮志》一四改。
〔二〕授：原作「捧」，據《宋史》卷一一一《禮志》一四改。
〔三〕持：原作「特」，據《宋史》卷一一一《禮志》一四改。
〔四〕右：原作「内」，據《宋史》卷一一一《禮志》一四改。
〔五〕左：原作「内」，據《宋史》卷一一一《禮志》一四改。
〔六〕右給事又：原無，據《宋史》卷一一一《禮志》一四補。
〔七〕皇后：原脱「后」，據《宋史》卷一一一《禮志》一四補。
〔八〕告：原作「内」，據《宋史》卷一一一《禮志》一四改。
〔九〕五：原作小字，以下各物件之數量及計量單位亦均作小字。今爲使文意連貫并便於標點，均改爲大字（《明集禮》卷二七引此聘禮單亦作大字）。但原注中有不宜改作正文者，則仍作小字。

錦綺羅綾紗縠千匹，塗金銀器二千兩，生綾二千匹，錢二千貫，金合二。重三百兩。飾房用真珠、琥珀、水精、玉、七寶瓔珞、瓏璁、釵朵共三百副，冠朵六頭，金釵釧十雙，金纏二副，綴珠、銷金、貼金、戭金生色繡素衣五十襲，又散衣千三十事，鞋韈三百七十緉，□帕二百事，真珠戎裝□，塗金銀勝百九十六，雜花六十枝，煙脂粉千四百盝，蠟蠋三百條，乳香百斤，小色金銀果二十合，金器千三百兩，銀器萬四千兩，錦綺羅綾紗縠絹六千疋，錢四千貫，盤合銀堝器二百，又髹漆器二百、什物五百，緋羅繡畫銀泥帳幔、圖郭、仰額、壁柱牀衣二百十四，錦繡氈褥、紗厨、簾席百四十七，錦繡被五十二，樗蒲子、骰子各一副，馬十五疋，玉雲鶴撒星鞍轡、塗金銀撒星鞍轡各一副，錦榼□玉鞭、玳瑁鞭各一，從人塗金銀鞭轡十三副，又從人粧具銀三百兩。已上並有司供辦。真珠翠毛冠朵□十六，真珠、琥珀、水精瓔珞六項，玉篦釧五十三，面花三十箱，耳環三十隻，燕脂粉三百盝，綴珠銷金衣二十襲，又散衣千六百七十六件，金器百兩，銀器千四百兩。已上内降。出降日，駙馬家來迎者，賜衣著百匹、銀器百兩。從者賜衣着五十匹，牽櫳簷子官七十匹。又給公主塗金銀裝簷子一，銀千兩。檐子官十三人，牽櫳官十二人，座車一乘。又給方團扇八，行坐鄣四，花二十枝，燭二十籠。戴鬢釵插童子八前導就第。凡主第，皆遣八作工案圖□賜，有園林之勝。又引金明漲池，其制度皆同。其日見諸親如常禮。凡駙馬兄，皆寬衣一襲，手帊名紙，衣着三百匹，銀器二百兩。姊寬衣一襲，手帊名紙，粉三盝，棗豆三囊，衣着百匹，銀器百兩。弟妹共衣着五十匹，銀器五十兩。本宅嬸嬸已下共衣着五〔十〕匹，銀器五十兩。軍將小底諸色人衣着百匹。又賜宰臣、親王、樞密、參知政7事、兩制侍從、内職閤門祗候以上、諸軍副指揮使以上金銀錢勝包子各有差。

太祖同母妹

【宋會要】

陳國長公主〔一〕。建隆三年四月，追封陳國長公主。政和四年十二月，追封恭獻大長帝姬。

秦國大長公主。建隆元年封燕國長公主。真宗追封元符三年三月，改封荆國大長公主。政和四年十二月，追大長公主。元符三年改秦國。政和四年改封恭懿大長帝姬〔二〕。

太祖六女〔三〕

申國大長公主。元符三年三月，追封申國大長公主。政和四年十二月，改封安惠大長帝姬。

成國大長公主。元符三年三月，追封成國大長公主。政和四年十二月，改封顯惠大長帝姬。

永國大長公主。元符三年三月，追封永國大長公主。

〔一〕「太祖同母妹」及此句係原稿天頭批補。
〔二〕此條係原稿天頭批補。
〔三〕此四字係原稿天頭批補。

政和四年十二月，改封宣惠大長帝姬。

魏國大長公主。開寶三年封昭慶，降左衛將軍王承衍。太宗即位，進封鄭國。淳化元年，改封秦國。至道三年五月，進長公主。大中祥符元年薨，賜謚賢肅。元符元年三月，改封魏國大長公主。政和四年十二月，改賢肅大長帝姬〔一〕。　咸平四年閏十二月六日，增秦國長公主月俸廚料米麥各三十斛。自王承衍卒，主家供億稍闕，故令增給。六年十二月三日，秦國大長公主爲子六宅使世隆求近州刺史，帝曰：「牧守之任，繫朝廷公議。」不許。景德五年閏十月八日，帝謂宰臣曰：「頃聞鄭國長公主肩輿之出，民有犯其前導者，即捕笞之。朕頃在東宮，有犯第委之府縣，未嘗輒自笞掠〔二〕。宜令開封府，自今如此類未得決罰，具名以聞。諸宅勾當使臣嚴行禁約。」

魯國大長公主。開寶五年封延慶，降左衛將軍石保吉。太宗即位，進封許國。淳化元年，改晉國。至道三年五月，進長公主。大中祥符二年，進大長公主。薨，賜謚賢靖。元符三年三月，改封魯國。政和四年十二月，改賢靖大長帝姬〔三〕。

陳國大長公主。開寶五年七月封永慶，降右衛將軍魏咸信。九年十月，進封虢國。淳化元年正月，改齊國。至道三年五月，進封8許國長公主。咸平二年四月薨，賜謚貞惠。乾興元年五月，以舊謚上字同仁宗廟諱，改謚恭惠。景祐三年二月，追封大長公主〔四〕。元符三年三月，改封陳國。政和四年十二月，改封賢惠大長帝姬。

太宗七女

【宋會要】

滕國大長公主。元符三年三月，追封滕國大長公主。政和四年十二月，改封和慶大長帝姬。

【宋會要】

徐國大長公主。太平興國九年正月封蔡國。二月，降左衛將軍吳元扆。淳化元年正月，改封魏國。十月薨，賜謚英惠。至道三年六月，追封燕國長公主。景祐三年二月，追封大長公主。元符三年三月，改封徐國。政和四年十二月，改封英惠大長帝姬。　太平興國九年二月二十五日，蔡國公主出降吳元扆，皇后率宮闈掌事者送至第外，命婦咸從。元扆兄元載任諸衛將軍，奉朝請，帝令公主拜之。公主，太宗之愛女也。翌日，帝謂宰臣曰：「前代以來，皇子娶婦，皇女出降，固自有典禮，迺爲奢僭，豈所宜也。唐太平公主置邑司、備官屬；咸通同昌恩澤隆厚，不可勝言，懿宗惑於邪說，窮奢極侈：皆朕所鄙而不取者。

〔一〕「開寶三年」至此亦爲批補。

〔二〕輒：原作「轍」，據《長編》卷七九改。

〔三〕靖：原作「肅」，據《宋史》卷二四八《公主傳》改。又按，此條及下條首句「陳國大長公主」亦爲天頭批補。

〔四〕追：原作「進」，據《宋史》卷二四八《公主傳》改。

當令禮官、博士參酌奢儉之宜，著爲永制，以示後世。」

邠國大長公主。太平興國七年爲尼，號員明大師。八年卒。至道三年六月，追封曹國長公主。景祐三年進大長公主。元符二年三月，改邠國〔一〕。

（楊）〔揚〕國大長公主。至道三年五月，封宣慈長公主。咸平五[9]年五月，進封魯國，降左衛將軍柴宗慶。大中祥符二年正月，改韓國。四年七月，改魏國。六年正月，改徐國。天禧三年八月，改福國。乾興元年二月，進封鄧國大長公主。明道二年七月薨，追封晉國，一作魏國〔二〕。賜謚和靖。元符三年三月，改封（楊）〔揚〕國。政和四年十二月，改封和靖一作純美。大長帝姬。真宗景德元年二月二十一日〔三〕，鎮寧軍節度使柴禹錫自陝府召赴闕，以其子宗慶尚魯國長公主，特詔長公主就第謁禹錫以舅姑之禮。禹錫固辭，不得請，貢名馬稱謝。

【宋會要】

雍國大長公主〔四〕。至道三年五月，封賢懿長公主。咸平六年二月，降右衛將軍王貽永，進封鄭國。景德元年四月薨，賜謚懿順。景祐三年二月，追封大長公主。皇祐三年七月，追封韓國。元符三年三月，改封雍國。政和四年十二月，改封懿順大長帝姬。

衛國大長公主。至道三年五月，封壽昌長公主。大中祥符二年正月，進封陳國，改封吳國，號報慈正覺大師，名清裕。四年七月，改楚國。六年正月，改邠國。天禧二年八月，改建國。乾興元年二月，封申國大長公主。天聖二年五月薨，賜謚慈明。元符三年三月，改封衛國。政和四年十二月，改封慈明大長帝姬。　大中祥符二年（十一）〔八〕月二十一日〔五〕，制以皇第七妹陳國長公主進封吳國，賜號報慈正覺大師，賜紫，法名清裕，令所司擇日備禮册命。帝將賜主師號[10]及紫衣，問宰相當降制否，王旦等言：「降旨有故事，但宣於正衙則非宜。」帝曰：「進封大國，因而降旨，可乎？」旦等曰可。又賜所居院名曰「崇真資聖」，與師名並以四字爲稱。二十五日，命入內高品二人勾當崇真資聖院事，昭宣使劉承珪提舉并主門外事；凡祗應人請給並依親王宮例。主將入院，帝召而誨以居院宜先清肅內外，勿受請託，勿與諸尼、女冠往還等數事，又手記其大要以賜之。出所記以示宰相曰：「諸妹出降者，朕教以婦道而已；今主出家，自主院事，須爲備言。」先一日，又幸其院，命諸主並送之，賜會作樂，宿於院中。又詔諸闍黎授戒，後欲到院者，遇主生日，許臘高者一人到院〔六〕。

〔一〕「太平興國七年」至此亦爲原稿批補。
〔二〕按，此注及下文「一作純美」注爲旁添。
〔三〕天頭原批：「魯國大長公主，接『真宗』上。」按，下條所記仍爲揚國大長公主之事，其人嘗封魯國，並非另一魯國大長公主，故不取。
〔四〕此題爲天頭所批。
〔五〕八月：原作「十一月」，據本書道釋二之一四、《宋大詔令集》卷三六改。
〔六〕太宗尚有一女荆國大長公主，見後帝系八之一六。

真宗二女〔一〕

昇國大長公主。初入道。明道二年十一月，進封衛國長公主，號清虚靈照大師，名志沖。慶曆七年五月薨，追封魯國，賜謚昭懷。元符三年三月，改封昇國大長公主。政和四年十二月，改封昭懷大長帝姬。

仁宗十三女

周、陳國大長公主〔二〕。仁宗寶元二年九月十一日，制皇長女封福康公主，皇次女封崇慶公主，只進綸告，不行册命之禮。先是內降劄子：皇長女、次女未有美稱，令檢尋故事。於美名中點定二名，令王宗道、王洙檢討故事以聞。宗道、洙言：「據《唐會要》，凡公主封，有以國名、郡名，有以美名。惟唐明皇女皆以美名封之，若永穆、常芬、唐昌、太華皆是。唐太宗女晉陽公主，幼而太宗親加鞠養，此則幼在宮中已有晉 11 陽之號。」乃下是命。嘉祐二年六月二十二日，太常禮院言：檢詳公主禮衣合用內外命婦一品服。詔依定到制度。二十三日，少府監言：「修(制)〔到〕兖國公主出降法物，內有人、馬、地、莊舍、頭口等不係修製，乞下合屬去處。馬二十疋、牛二十頭、駞二頭、羊二百口、地五十頃、莊舍三區、奴婢十房、給使二人、食手四人。」太常禮院言：「上件名色不類當時制度，欲乞更不供應。」詔三司、史院檢詳舊例以聞。史院言，檢詳並無體例。詔依國朝舊例不給。五年十月五日詔：「兖國公主宅自今更不置都監，令入內內侍省選內臣年四十以上、三班院使臣年五十以上無私罪者二人爲在宅勾當，及選內臣十五以下者二人爲入位祗應，並不得與駙馬都尉接坐。著爲定制。」初，臺諫官言，主第內臣多而不自謹。於是都監梁全一、朱士安等十人皆被貶逐，因省其員數。又言：「兖國公主乳母昌黎郡君韓氏出入禁中，嘗因公主奏其姪婿于潤爲右班殿直，典主第服玩器物，而多盜歸私家，請下有司推鞫之。」詔潤降下班殿侍，韓削封邑。八年五月九日，中書門下言：「請用故事，公主并長公主皆賜告，罷其册禮。」熙寧二年五月二十六日，楚國大長公主以同天節合得霞帔，乞換翰林醫官，賜緋石麟章服，許之，今後不得爲例。三年正月九日，楚國大長公主薨，帝對輔臣涕泣曰：「公主事仁宗至孝〔三〕。」命謚曰莊孝，仍罷上元朝謁及御樓作樂，命輔臣分詣諸神御殿 12 燒香。元豐二年六月二十日，詔：「大長公主下降而薨故者，其子往往已領遙郡，惟秦國莊孝大長公

〔一〕真宗二女：原無，據《宋史》卷二四八《公主傳》補。又真宗長女惠國公主見後文。

〔二〕周陳國大長公主：原無，據正文內容擬補。另，天頭原批「福康公主、崇慶公主」。按，福康公主即周、陳國大長公主，崇慶公主即徐國大長公主，今依例以大長公主爲稱。二公主均有小傳，見後。

〔三〕仁宗：原作「神宗」，顯誤。按《宋史》卷二四八本傳云：「帝以主事仁祖孝，命曰莊孝。」據改。

主之後未有顯者。皇城使李嗣徽爲莊孝之子，而能守官自立，可特加榮州刺史。」徽宗崇寧五年四月七日，詔：「故周國大長公主謚莊孝，可特追封周、陳國大長公主。以公主乃欽慈皇后舊恩之家故也。政和四年十一月二十七日，建寧軍節度觀察留後李嗣徽言：「伏覩手詔，改公主爲帝姬，其稱大長者可並依舊爲大長帝姬，仍以美名二字易其國號，內兩國者以四字〔一〕。先妣元係秦魏兩國大長公主，謚莊孝，准吏部牒，並用謚改稱帝姬。伏覩故賢懿大長公主已蒙改封賢懿恭穆大長帝姬，是以舊『賢懿』謚號更將國號易，添『恭穆』二字。況先妣元係秦魏兩國，止蒙以元謚『莊孝』兩字爲稱，合易兩國美名四字。」詔莊孝大長帝姬特加謚莊孝明懿大長帝姬。

徐國大長公主。寶元二年九月封崇慶。慶曆二年五月薨，追封楚國。嘉祐四年十二月，追封周國。治平元年五月，追封唐國長公主。元符三年三月，改封徐國大長公主。政和四年十二月，改封莊和大長帝姬。

鄧國大長公主。慶曆二年五月封安壽。是月薨，追封唐國。嘉祐四年十二月，追封漢國。治平元年五月，追封魏國長公主。元符三年三月，改封鄧國大長公主。政和四
13
年十二月，改封莊順大長帝姬。

鎮國大長公主。慶曆三年封寶和。是月薨，追封越國。嘉祐四年十二月，追封秦國。治平元年六月，追封楚國長公主。元符三年三月，改封鎮國大長公主。政和四年十二月，改封莊定大長帝姬。

楚國大長公主。慶曆三年八月薨，追封鄆國。嘉祐四年十二月，追封魏國。治平元年六月，追封吳國長公主。元符三年三月，改封楚國大長公主。政和四年十二月，改封莊禧大長帝姬。

商國大長公主。慶曆二年八月薨。嘉祐四年十二月，追封魯國。治平元年六月，追封陳國長公主。元符三年三月，改封商國大長公主。政和四年十二月，改封莊宣大長（公主）〔帝姬〕。

魯國大長公主。慶曆四年五月賜號崇因保佑大師，名懿安。是月薨，追封隋國。嘉祐四年十二月，追封吳國。治平元年六月，追封燕國長公主。元符三年三月，改封魯國大長公主。政和四年十二月，改封莊夷大長帝姬。

唐國大長公主。慶曆四年十二月賜號保慈崇（祜）〔祐〕大師，名幼悟。五年四月封鄧國。是月改齊國，落師號。尋薨，追封韓國。嘉祐四年十二月，追封燕國。治平元年六月，追封秦國長公主。元符三年三月，改封唐國大長公主。政和四年十二月，改封莊慎大長帝姬。張方平《樂全集·皇第八女追封韓國公主石記文》：
14
「慶曆紀年，龍集作噩，孟夏二十五日辛亥，皇第八女齊國公主薨，出斂于都城西普濟佛舍，以須即遠。宸衷愴悼，有詔追封于韓，再不視垂拱朝。甲寅，爲舉哀於後苑。羣臣敘班，慰于崇政殿門

〔一〕「四字」二字原脱，據本書帝系八之二補。

之外。時皇族楚國太夫人之喪歸祔潤恭靖王之兆，故因其儀仗，載堲周以輧車。五月丁卯，葬諸永安陵園，本朝之故典也〔一〕。公主以癸未季冬十日，實啓裼衣之慶。生而明秀，自然温靖。每省中建道場，聞梵唄鐃磬之音，輒有悅色，以故嘗依浮圖，法號爲保慈崇祐大師。及是疾良美，乃下制改封于鄧，再進大國于齊。噫！稟和天粹，託體帝家，以鍾念于淵慈，故荐膺于寵數。（故）〔胡〕不遐壽，永享多福〔二〕，早歲逝矣，彼蒼何哉！不歸兜率之宮，親承受記；必向迦羅之國，還復下生。被旨譔文，用識幽穸。謹記。」

陳國大長公主。嘉祐五年正月封福安〔三〕。《歐陽修文集・皇第九女封福安公主制》：「門下：朕稽有國之彝章，著皇女之稱謂。取其主以同姓，所以見王體之尊；必也錫之美名，所以彰禮命之寵。載涓吉日，敷告在庭。皇第九女岐嶷之姿，有生知之異稟；柔順之質，得天性之自然。方嚴保傅之規，以養肅雍之德。俾遵舊典，褒以徽章。嘉乃妙齡，盛哉儀服。考僉言而惟允，非予意之敢私。嗚呼！隆仁德以厚親，茲惟教愛；習圖史而循法，繄乃夙成。祇若訓言，往膺渙渥（一作命）。可封福安公主。仍令所司擇日備禮册命，主者施行。」八年五月，進封康國長公主。治平四年正月，封鄭國大長公主。閏三月薨，追封秦國。元符三年三月，封陳國。政和四年十二月，改封莊齊大長帝姬。張方平《樂全集・秦國大長公主墓誌銘》：「秦國大長公主，仁宗皇帝第九女也。母曰淑妃董氏。嘉祐四年四月二十五日誕生。嘉祐初，仁宗違裕，淑妃奉侍勤瘁，帝心察而憐之，眷遇甚渥，故主愛亦隆。五年，封福安公主。八年，英宗纂御，進封康國長公主。治平四年，今上踐阼，加號鄭國大長公主。閏三月二十三日薨，年八歲。主雖妙齡，地居尊屬〔四〕。在仁宗有兌女之寵〔五〕，於英宗處天妹之重。今上當太主之貴，而太皇太后盡鞠育之慈，皇太后敦諸姑之好，可謂生而極盛榮之致也。主既終三年之制，復值大行之恤，性資純孝，情深攀慕，日課佛經，間或疎饌。積毀癯瘠，感疾遂浸。三宮軫懷，日就臨問，親嘗毉劑，奄然無瘳。美玉韜華，明珠晦色。琅函金簡，應圖牒以暫來〔六〕；矞雲景星，見光靈而遽返。中闈傷慟，掖庭哀送。四月二日，菆塗于奉先資福精舍，上爲輟視朝五日，追襚秦國大長公主〔七〕。秋八月，從 15 英宗皇帝龍輴，歸穸昭陵外域〔八〕，別用鹵簿儀物以從，蓋舊禮也。有詔近臣，刊辭樂石。銘曰：月渚仙娥〔九〕，星潢帝女。周美天妹，漢尊太主。初解文褓，承嬉紫房〔一〇〕。穠華鳳彩，秀色龍章。素瑟未工，玉簫方習。黼渥愛隆，雲輧迴急。三宮慈渥，五陵神隩。逝不可留，吁嗟太早！」《秦國文恭公集・集禧觀開啓福安公主禳災道場青詞》：「伏以神輦宅中，嶽祠峙左，據國陽之勝勢，嚴館御之尊容。時屬仲商，眷惟愛女，粵居穉齒，用禱琳庭。慮氣運之交乘，或星躔之臨燭，特營祠醮，恭致禬禳。仰祈陰隲之仁，密賜擁全之惠。伸福而壽，既安且寧。微災頓消，妙氣來集。」

豫國大長公主。嘉祐六年閏八月薨，追封楚國。《王安石文集・皇故第十三女追封楚國公主制》：「勑：先王制禮，有卑尊疏戚之宜，惟至親得以致悼痛之恩〔一一〕，惟至貴得以極褒崇之意。皇故第十三女，方在襁褓，尚其有成；位號未正，奄與物化。蓋王姬之車服下后一等，而不視其夫，情文之隆，于是爲稱。則雖夭閼，其可弭忘〔一二〕？追命啓封，胙之全楚。以終天性之愛，且慰幽穸之靈焉。可。」治平元年六月，追封韓國長

〔一〕典：原作「曲」，據張方平《樂全集》卷三八改。
〔二〕多：原作「我」，據《樂全集》卷三八改。
〔三〕正月：原作「五月」，據《宋大詔令集》卷三六、歐陽修《文忠集》卷八八改。
〔四〕屬：原作「蜀」，據《樂全集》卷三八改。
〔五〕兌：原作「允」，據《樂全集》卷三八改。
〔六〕牒：原作「課」，據《樂全集》卷三八改。
〔七〕追：原作「逡」，據《樂全集》卷三八改。
〔八〕域：原作「城」，據《樂全集》卷三八改。
〔九〕娥：原作「俄」，據《樂全集》卷三八改。
〔一〇〕嬉：原作「禧」，據《樂全集》卷三八改。
〔一一〕得：原脱，據王安石《臨川文集》卷五四補。
〔一二〕「其」下原有「弭」字，據《臨川文集》卷五四删。

公主。元符三年十二月，改封豫國大長公主。政和四年十二月，改封莊懿大長帝姬。

【宋會要】

16 荆國大長公主〔一〕。至道三年五月封萬壽長公主。大中祥符元年十二月，進封隋國，降右龍武軍將軍李遵勗。四年七月，改越國。六年正月，改宿國。天禧三年八月，改鄂國。乾興元年二月，進封冀國大長公主。明道元年十一月，改魏國。皇祐三年六月薨，追封齊國，賜謚獻穆。元符三年三月，改封荆國。政和四年十二月，改封獻穆大長帝姬。

　大中祥符六年正月十九日，魏國長公主進封徐國，楚國長公主進封邠國，越國長公主進封宿國。時以聖祖降，帝謂宰相曰：「諸主宜推慶澤，而疏封之名已遍大國，奈何？」王旦曰：「亦有以小國美名升爲大國進封者。」帝以爲然，遂命更封。大中祥符八年八月五日，命入内副都知張景宗同勾當長公主宅及郡縣主諸院公事。初，供備庫副使麥守恩管勾，至是守恩請以入内都知兼涖其事。

　惠國大長公主〔二〕。元符三年三月，追封惠國大長公主。政和四年十二月，改封静一大長帝姬。

　周、陳國大長公主〔三〕。寶元二年封福康。嘉祐二年，進封兖國，降駙馬都尉李瑋。七年三月，降沂國。十一月，復岐國。治平四年五月，進楚國大長公主。熙寧三年薨，謚莊孝，追封秦國。徽宗初加周、陳國。政和四年十二月，改封莊孝明懿大長帝姬〔四〕。韋驤《代劉兵部賀兖國公主出降表》：「臣某言：伏審六月日内降白麻，福康公主進封兖國出降者。禮盛太平，舄奕本朝之事；勢榮下嫁，光華舊戚之門。築館據乎魯經，附騎沿於漢制。表正人倫之大，藩維帝祚之長。四方聞風，萬口稱 17 慶〔五〕。臣某誠驩誠喜，頓首頓首。恭惟尊號皇帝陛下荷祖宗之業，挾堯舜之心。循降女之前規，發慕親之至德。賜公主以兖國之號，乃陛下愛育之深；歸公主於皇舅之家，蓋陛下孝思之永。延寵休於勿絶，繼懽好而又新。物儀所稽，豐約惟古。義評周什，車服避帝后之尊〔六〕，言採庶臣，資送減先皇之子。聖明一舉，慈順兩全。遠貽史册之昭章，幽致廟靈之説喜。臣限以官守之在遠，不獲奔走闕庭，蹈舞稱賀〔七〕，卑情無任瞻天踴躍之至。謹差某奉表以聞。」

　秦、魯國按《宋史》作「魯國」。賢穆明懿大長公主〔八〕。嘉祐五年封慶壽，進惠國。治平四年五月，進許國大長公主，降右領軍衛大將軍錢景臻。改韓、周、燕國。徽宗朝進秦、魏兩國。政和三年，更封令德景行大長帝姬。建炎初復公主號，改封秦、魯國。紹興十五年薨，謚賢穆〔九〕。二十九年，

〔一〕按，此爲太宗女，應移前「魏國大長公主」條後。
〔二〕按，此是真宗長女，應移于前。
〔三〕按，周、陳國大長公主，仁宗女，前有記事之文。
〔四〕以上一段，除「七年三月降沂國十一月復岐國」十三字外，均係原稿批補。
〔五〕口：原作「古」，據韋驤《錢塘集》卷八改。
〔六〕帝：原作「至」，據《錢塘集》卷八改。
〔七〕蹈：原作「鼓」，據《錢塘集》卷八改。
〔八〕按，秦、魯國大長公主，仁宗第十女。
〔九〕賢：原作「明」，據前文及《宋史》卷二四八《公主傳》改。

加謚明懿〔一〕。　神宗熙寧九年二月十二日，中書門下言：「前詔陳國公主出降王師約，更不升行及令行舅姑之禮。今韓國大長公主降錢景臻，其見行舅姑禮合依此。」帝曰：「大長公主，朕宫中每見必拜，惟皇太后亦叙姑嫂之儀，不可與朕諸妹等也。宜止依兖國公主降李（韓）〔瑋〕之禮。」三月一日，太常禮院言：「皇后居父期服，韓國大長公主出降日，皇后行更不行至第之禮？」詔：賢妃率宫闈掌事送至第外，命婦更不從。　熙寧九年三月一日制：許國大長公主進韓國大長公主，令所司備禮册命。三（月）〔日〕，命樞密副使、尚書禮部侍〔郎〕王韶爲册禮使，樞密直學士、起居舍人、僉書樞密院事曾孝寬爲副使，翰林學士、尚書兵部郎中、知制誥鄧綰撰册文并書篆印。四日，中書門下言：「韓國大長公主受[18]册法物，慮有司趁備繡作不及，欲權以錦代。」從之。十四日，内降韓國大長公主册印，宰臣率百官班文德殿庭行禮。册文曰：「皇帝若曰：好合二姓，人倫所先；禮隆諸姑，國典惟舊。風化是式，品章有彝。參稽前猷，申錫明命。咨爾許國大長公主，仙源流慶，實婺分輝。（總）〔聰〕慧敏明，天姿特異。懿柔端静，姆訓弗煩。朕仰惟仁祖之慈，早厚公宫之教。而乃和順見乎積行，教愛稟乎夙成。性修而愈循，言謹而無擇。爰迨及笄之始，載詢卜鳳之祥。是用進加大國之封，涓選邇辰之吉。君袂備物，公圭主儀，諏循舊章，參酌異數。今遣使樞〔密〕副使、尚書禮部侍郎王韶，副使樞密直學士、起居舍人、簽書樞密院事曾孝寬，持節册命爾爲韓國大長公主。於戲！惟順爲正，式顯燕貽之謀；以貴而行，無忘釐（隆）〔降〕之義。永啓來譽，不其美歟！」　元豐五年正月十日，詔：韓國大長公主長女錢氏特封宜春郡主。　七年九月二十三日，詔以韓國大長公主長男爲莊宅副使，賜名忱。

紹聖三年閏八月八日，尚書户部言：「周國大長公主長女宜春郡主與侍禁盧琉爲親，合破諸般請給，乞依條施行。」詔依宗女已嫁郡主請給外，每月更特添料錢二十貫。

十二月七日，周國大長公主奏：「長女宜春郡主與盧琉爲親，欲依駙馬都尉王師約、王詵女郡主除請給外，更支生料錢等。」從之。　五年四月九日，三省言：「周國大長公主奏，男西染院[19]使錢忱年十六，乞除一使額赴朝參。」詔特遷莊宅使、文州刺史。　元符三年三月四日，詔：「（宗祖）〔祖宗〕諸女並進封。其殁而已封贈者，自宣祖諸女而下，並復追贈，依昭穆序加長公主、大長公主之號。」

徽宗崇寧元年九月十九日，詔：「朕恭惟仁宗皇帝以神器大寶屬於英宗，保宗社萬世安固之基，爲天下得人，澤漸夷夏。知人睿哲，煇煥無前。圖報忱誠，不忘寤寐。燕國大長公主迺仁宗皇帝愛女，莊静和懿，徽柔惠恭。動容周旋，率由儀矩。秉心淑謹，迪德肅雍。不有優異褒嘉，何以仰酬盛德？疏封兩國，超越典彝。（典）〔斷〕自予懷，庸

〔一〕以上一段亦是原稿批補。

昭施報。可特進封秦、魏兩國大長公主。」　十一月十一日，秦、魏國大長公主奏：「近封秦、魏兩國，出於陛下親睦之厚。乞依親王移鎮例推恩。」詔與恩澤三人。　二十四日，詔：「秦、魏國大長公主第三女錢氏，已與故李瑋男承徽議親，特封信都郡主。所有請給、祗應人并添賜生料、細食等，并依長女宜春郡主例施行。」　十二月二十三日，詔：秦、魏國大長公主除見給外，特增月俸二百千。先是大長公主月俸千緡，至是以始兼兩國，增俸及春冬衣、奏薦等。　崇寧五年十一月二十三日，詔秦、魏國大長公主第五女特封同安郡主，第七女特封齊安郡主，第八女特封建安郡主，第九女特封文安郡主。　高宗建炎元年六月二十六日，詔：「仁宗皇帝長女秦〔一〕、魯國大長公主駙馬都尉、贈太傅錢景臻，忠[20]臣之後，昨緣薨逝，一無陳乞。今遇登極赦文，可與贈太師。景臻子、仁宗之甥止有忱等今〔生〕〔在〕闕下。忱、愕元任節度使，恤承宣使，依祖宗故事，並與依舊原任官，許持服。」續詔錢景臻還舊官，其環衛官告令吏部拘收毀抹，贈太傅依舊；錢忱、錢愕、錢恤並令檢討官討論取旨。　二年十月十日，秦、魯國大長公主奏：欲朝見畢，詣名山福地燒香。從之。　四年六月五日，詔：「秦、魯國大長公主本身請給，令所至州軍於諸司錢内應副；不足，即許截撥上供錢。其餘官吏等並依元降指揮施行。仍具每月請給名色數目申尚書省。內生日支賜并節料之類並權住支。」　紹興元年五月十七日，中侍〔奉〕大夫、宣州觀察使、〔榦〕〔幹〕辦秦魯國大長公主宅郭永錫奏：「大長公主孫錢端英、端禹、端議并曾孫錢符，並各長立，乞依蔭補條格比附，並於文臣内安排。兼契勘大長公主孫已有合補授條格外，有曾孫欲乞比附孫男降等補授。大長公主女之子、應天府進士王博，乞依蔭補條格比附，於文臣内安排。」司封檢準大觀條，特推恩：「大長公主子莊宅副使今係武節郎，孫東頭供奉官今係從義郎，女之夫右班殿直今係保義郎。勘會除有大長公主子孫并女之子入條格外，即無大長公主曾孫比附推恩入官條格。兼自來公主遇大禮合蔭補親屬，若换文資者，如三代内曾任朝奉郎以上，或身曾預文貢士，依條聽於文資[21]内安排，亦無比附蔭補格换文資法。」詔令吏部依條施行。　紹興〔六〕〔三〕年五月九日〔二〕，秦、魯國大長公主奏：「久遠宮庭，今自閩中至信州，欲權寄家衢州，止帶兒孫赴行在朝見。」詔令紹興府居住，仰守臣踏逐寺院安泊；其朝見一節候到紹興府具奏聽旨。續有詔：「大長公主遠涉勞頓，可免朝見。如有申請事件，開具奏聞。」　六月二十六日，秦、魯國大長公主奏：「本宅主管事務、武經郎王惻隨逐有

〔一〕長女：「長」字當衍，據《宋史》卷二四八《公主傳》，秦、魯國大長公主爲仁宗第十女。

〔二〕三年：原作「六年」，按《建炎要録》卷六九載：紹興三年冬十月，「秦、魯國大長公主自閩中至會稽，請入見，許之。」與此條所敘事正相接，則此條乃三年事，據改。

勞，乞特令再任。」尚書省檢會紹興二年十月三日勑：「今後除監司、沿邊守臣許再任外，餘不許，仍令御史臺覺察彈奏。」詔檢坐已降指揮與照會。　十一月二十四日，秦、魯國長公主第五男武功大夫、嘉州防禦使錢愷年已及格，依條例合赴朝參。詔許放參。　四年八月二十六日，秦、魯國大長公主奏：「昨於建炎之前首上表奏迎請皇帝登位，未經陳乞推恩。重念妾有子二人，歷任三十年，並自諸司副使積官至節鉞留務。靖康之初，槩授環衛，今已九年，未還舊秩。忱元任檢校少保、瀘(州)〔川〕軍節度使、充中太一宮使；愐元任光山軍承宣使、提舉萬壽觀公事。今來乞用前件恩典，各與改正元任舊官。其請給見支節度、承宣使半俸，止乞依舊支破。」詔：「秦、魯國大長公主係仁廟之女，忱、愐特各與改正舊官。餘依奏。應戚里之家不得援例，如違，重寘典憲。」　六年二月十六日，詔差錢愐往台州傳宣撫問秦魯國大長公主，并賜 22 銀合茶藥。

七年七月七日，秦、魯國大長公主乞令錢忱隨侍，暫赴行在所起居。詔候至八月起發赴行在所。　十月二十三日，上諭宰臣曰：「秦、魯國大長公主今日入內。朕以仁宗皇帝之女，朕之曾祖姑，待遇加禮，每入內，朕必迎見，先聲喏。朕惟仁宗皇帝深仁厚澤，涵育海內，大長公主眉壽康彊，亦仁宗盛德遺澤之所致。」　閏十月十九日，上曰：「秦、魯國大長公主昨日入謝，錢忱除開府(義)〔儀〕同三司。朕因從容語之曰：『大長公主壽考如此，乃仁宗皇帝四十二年深仁厚澤，天下愛戴，鍾慶於長主。在家(侍)〔待〕遇諸子，宜法仁宗之用心，須是均一。』長主曰：『未嘗敢不均一也。』」上知愐、愷非主所出，常偏厚於忱，故訓諭及之。

八年十月十三日〔一〕，制：檢校少保、瀘(州)〔川〕軍節度使、充中太一宮使、吳興郡開國公、食邑五千五百户、食實封一千五百户錢忱，可特授開府(議)〔儀〕同三司，加食邑五百户、食實封三百户。餘如故。先是秦、魯國大長公主奏：長子錢忱歷事累朝，自任節鉞，逮今十有七年，欲望優賜推恩。詔：「忱，仁宗之甥，近隨秦、魯國大長公主入覲，理宜疏寵，以慰其母心。令三省、樞密院進擬施行。」故有是命。　十二月六日，詔錢端禮除直祕閣，先次除授差遣。續有旨，除職指揮更不施行。以臣僚言：「仰惟陛下敦尊祖睦族之義，昨以秦、魯國大長公主入覲，顧屬籍行時無先者，乃疏恩其子忱，進陞使弼，位親公(司)〔師〕。其儀 23 物禮秩固已度越彝章。(又)〔今〕又以其子端禮爲直祕閣，恩寵太過，臣切惑之。端禮未有勞効，非所當得。傳之四方，必有譏議。臣嘗聞真宗皇帝謂近臣曰：『皇諸親爲族姻求恩，多過有希冀。朕念羣臣戮力盡瘁，或遠在邊防，久歷歲時，非功狀顯著，未嘗進一資一級。此若盡遂其請，甚紊公道。』陳堯叟等因言：『如秦國長公主爲長子求刺史，諸子歲改官，陛下皆寢其奏。中外之人知陛下推公御

〔一〕「十月」上原有「閏」字。按八年無閏月，此字當是承上而衍，今刪。

人，不以親疏爲異。』臣又嘗聞神宗皇帝時，知諫院楊繪請易向傳範差遣，以杜外戚僥求。當時執政言：『傳範累守郡有政績，非緣外戚進。』上曰：『得諫官如此言，甚善，可以止異日妄求也。』而況今日艱難之時，所以激勵多士者，職名爲重。臣願陛下深念祖宗成訓，不輕畀付。所有錢端禮直祕閣之命，乞賜追寢，以塞輿議。」故有是命。　十年七月十九日，秦、魯國大長公主奏：「妾恭聞皇太后將還宮闕，欲與男錢忱暫赴行在起居。」從之。　十二年十一月七日，詔：秦、魯國大長公主男錢愷特落階官指揮更不施行。以臣僚劄子奏：「陛下敦肺腑之愛，曲徇其欲，然事越舊制，不可爲法。錢氏所引，乃潘長卿、粹卿之例，而潘氏有請，緣錢氏啓之於前。今各思及其子，不爲不均，若又從而求之，則轉相攀援，寧有窮已。此例復開，後來者何以拒之？伏望宸斷於藝祖之訓，効章聖之爲，將錢愷落階官指揮亟賜寢罷。自今尚有似此【24】不應陳乞而陳乞者，令臣僚施行。庶幾少塞倖門，以復先朝舊制。」故有是詔。

十五年十一月一日，詔：「秦、魯國賢穆大長公主上遺表，男降授舒州團練使、知閤門事、兼客省四方館事錢愷與叙元官，仍轉行一官。已有官孫四人、曾孫三人，並轉一官；未有官孫四人補宣義郎，曾孫三人並補承奉郎。女夫魏端臣補忠訓郎。愷妻王氏特封感義郡夫人。孫女二人並封恭人。玄孫榮祖補承務郎，孫女夫劉度補保義郎。本宗異姓白身親屬共與文武恩澤各三人。」　二十五年十月三日，少保、瀘川軍節度使、充中太一宮使、榮國公錢忱奏：「契勘大長公主孫女出適白身，例封恭人；女夫有官人轉一官，選人循兩資。今賢穆大長公主幼孫恭人錢氏已出適楊存中長男偰，緣用別恩已封恭人，欲乞將出適恩例，并臣昨自紹興十三年至二十二年四遇大禮合得陳乞封邑兩項恩例，特與加恩郡夫人，楊偰依例與轉行一官。」從之。

（以上《永樂大典》卷一〇七二八）

兗國大長公主。嘉祐六年三月封永壽。八年五月，進封榮國長公主。治平四年正月，進封邠國大長公主。熙寧九年十一月，改魯國。十二月，降左領軍衛大將軍曹詩。元豐六年十二月薨，追封荆國，賜謚賢懿。元符二年，追封秦國。元符三年二月，追封兗國。政和四年六月，特追封賢懿恭穆大長帝姬。　熙寧九年十一月二十一日制〔一〕：邠【25】國大長公主進封魯國大長公主，仍令所司備禮册命。

二十三日，詔中書門下：「昨制命邠國大長公主進封魯國，所有合備典禮，累據大長公主面陳，欲得免罷。可依所奏，更不排（辨）〔辦〕，止進誥入內。」　十一月二十四日，詔：「魯國大長公主下降，德妃苗氏率宮闈執事人送至私第外，命婦更不從。」　元豐六年正月十九日，詔特以魯國大長公主男莊宅副使曹曄爲右騏驥副使，旼爲如京副使。陳國長公主男宮苑副使王殊爲東染院使，崇儀副使殖

〔一〕熙寧：原無，據上文補。

爲六宅副使。衛國長主公男如京副使張秉淵爲莊宅副使。六月五日，詔：韓國、魯國、魏國大長公主、陳國、衛國、長公主宅，各差禁軍十人、節級一人巡宿。　十二月二十四日，詔：「故魯國大長公主自始染疾，幹當本院内殿崇班曹新不以聞，降授西頭供奉官，特衝替。」　紹聖元年八月二日，詔將作監修故荆國賢懿大長公主宅(彭)〔影〕堂，毋過七十間。以主第火，中書省爲請也。

【宋會要】

燕、舒國大長公主。嘉祐六年三月封寶壽。八年五月，進封順國長公主。治平四年正月，進封冀國大長公主。元豐五年十二月，改魏國。是月，降開州團練使郭獻卿。八年四月，進封楚國。元符三年三月，改吴國。崇寧五年十二月，進封吴、越國。大觀二年二月，改封秦、兖國。政和二年正月薨，追封燕、舒國，賜謚懿穆。四年正月，改封懿穆 26 大長帝姬。

英宗四女

魏、楚國大長公主。嘉祐八年五月封德寧。治平三年五月，進封徐國，降左衛將軍王師約。四年正月，進陳國長公主〔一〕。元豐八年薨，追封燕國大長公主，謚惠和。元祐四年，追封秦國。徽宗追封魏國。大觀六年六月〔二〕，加韓、魏國，改魏、楚國。政和四年三月，改惠和大長帝姬〔三〕。　治平三年十一月十九日，徐國公主降王師約，皇后及皇子潁王、東陽郡王送至第。　治平四年二月，詔曰：「朕昔侍先帝，恭聞德音，以『舊制，士大夫之子有尚帝女者，輒皆升行，以避舅姑之稱。習行既久，義甚無謂。朕常念此，寤寐不平，豈可以富貴之故，屈人倫長幼之序也！宜詔有司革之，以厲風俗。』朕聞諭之始，欽仰稱嘆，至于再三。不幸先帝後嬰疾疢，其議中寢。朕恭承遺旨，敢不遂行。可中書門下議，降詔有司，發揚先帝盛德。」於是(旨)〔以〕遺旨爲令，自陳國長公主始。十三日，詔曰：「蓋聞聖人制禮，造端乎夫婦，所以正人倫；先王立教，莫善於孝悌，所以厚風俗。王姬下降，舊典有儀，於其舅姑，當行盥饋。然歷代相沿〔四〕，習爲矜式，至於亂昭穆之序，廢長幼之節。是爲作法於涼，何以使民興行？先皇帝暇日，嘗以爲言，欲申訓勅，俾成禮順〔五〕。旋屬違豫，未皇著于令也。末予冲眇，祇服休命，德音在耳，曷敢昏逾？率循大卞，盍先遺志〔六〕。豈曰善繼，用彰我昭考稽古垂憲、足以貽謀後世者。其體兹旨，令有司按典禮奉行。仍令陳

〔一〕長：原作「大」，據《宋史》卷二四八《公主傳》改。
〔二〕大觀六年：按大觀無六年，當誤。《皇宋十朝綱要》卷七作「崇寧五年四月」。
〔三〕「英宗四女」以下至此原爲眉批，今移入正文。
〔四〕代：原脱，據《宋大詔令集》卷四〇補。
〔五〕成禮：原脱，據《宋大詔令集》卷四〇補。
〔六〕「率循」二句：原作「率循太不盍先志」，據《宋大詔令集》卷四〇改。

國長公主行舅姑之禮，王師約更不升行〔一〕。」公主見舅姑之禮自此始之。

熙寧四年十二月五日，太常禮院言：「駙馬都尉王師約等奏：『自來長公主凡有表章，不稱臣妾，質諸典禮，慮未允當。』參詳男子、婦人，凡上所尊，稱臣若妾，義實相對。今宗室伯叔近[27]親悉皆稱臣，即公主自大長公主而下，理合稱妾。況家人之禮，難以施於朝廷。請自大長公主而下，凡上牋表，各據國封，並稱妾。」從之。

元豐二年四月二十二日，以龍衛廢營地賜（衛）〔陳〕國長公主，地與主第相直也。三年五月二十二日，詔：陳國長公主子王殊、王殖轉五資。先是車駕幸其第，乃（是有）〔有是〕命。

哲宗元祐二年六月九日，詔：燕國惠和大長公主長男皇城使、成州團練使王（洙）〔殊〕，特與免依格試，許令朝參。

六年閏八月十四日，户部言：「故魏王位影前姨㑘共二十二人，請給自秦國惠和、越國、荊國大長公主宅例，仍舊勘給。」詔：「比舊人數減半，其秦國惠和、越國、荊國大長公主宅亦如之。若秦國莊孝、秦國獻穆大長公主宅人數、請給，據見存者給終身，候及半勿補。」

紹聖三年六月五日，詔：公主女之子依舊條推恩，其元祐五年六月八日指揮不得行。先是吏部特推恩格：公主女之夫補承奉郎。元祐五年六月八日勅：「公主女適夫，與左班殿直；願就文資者授假承事郎。其已有官人即依舊法。」至是三省奏，以秦國惠和公主親女永嘉郡主王氏親男初子通，乞依格施行，而有司以女之子未敢用特恩格，故有是詔。

大觀三年六月十八日，制以英宗女魏國大長公主進封韓、魏國，以嫠居，用故事加恩也。

魏國大長公主。嘉祐八年五月封寶安。治平四年正月，[28]進封舒國長公主。熙寧二年七月，改蜀國，降左衛將軍王詵。元豐三年五月薨，進封越國，賜謚賢惠。元祐元年十一月，追封大長公主。元符三年三月，追封秦國。政和元年三月，追封荊國。二年閏四月，追封魏國。四年三月，追封賢惠大長帝姬。五年正月，改封明惠。

熙寧二年七月十二日，太常禮院言：「蜀國長公主出降，主婚當具雁幣玉帛等物，自內東門進入。中宮當率宮闈掌事者及外命婦送至第。又當行親迎同牢之禮。」從之。二十四日，召輔臣觀蜀國長公主下嫁粧奩於集英殿。自是公主下嫁，並宣宰輔觀粧奩。《孝友同風》〔二〕：越國（莊）〔賢〕惠長公主，英宗第二女，其賢聞天子。方崇養慶壽宮，雖皇太后至尊，猶爲姑婦禮，朝夕見，奉上甘肥，候問寒温。凡仁宗、英宗諸女駐車宮東門，歲時朔望慶賀，兩宮先後少長柔恭序順，與與如也。公主長出入帝家，於慈仁孝友，飫聞習識，故不待傳言母教，而動止中禮。賓重其夫，芘其宗族，賙恤其婣黨。居孀姑盧氏於其側，給致饔饍，必先擇珍異者致之。盧有疾，主日至榻下自和湯劑以進。聞者驚歎，諸家傳之，以爲法式。

韓、魏國大長公主。嘉祐八年五月封壽康。治平四年

〔一〕升：原作「申」，據《宋大詔令集》卷四〇改。

〔二〕以下一段原作大字。按，明楊士奇《文淵閣書目》卷二録有「歐陽萬里《孝友同風》一部二册」，當即此書。據《文淵閣書目》之編次，前後皆爲元人，蓋亦元人書，《大典》録以爲注也。今按同類之例改作小字。

五月，進封祁國長公主。熙寧三年四月，改衛國。五月，降左衛將軍張敦禮。元豐八年四月，進封冀國大長公主。紹聖二年十月，改秦國。元符三年二月，改越國。（大觀元年 29 正月改越國）大觀元年正月改楚國。二月三（月）〔日〕，改魏國。三年七月，進封韓、魏國。政和三年閏四月，特改封賢德懿行大長帝姬。宣和五年三月薨。　哲宗紹聖元年閏四月三日，三省言：「冀國大長公主言：長男右騏驥副使張秉淵欲赴朝參，乞依李端慤恩例，特與對改使額。」詔張秉淵除右騏驥使，令赴朝參，免吏部試并短使差遣。後遂爲例。　二年十一月二十三日，秦國大長公主男賜名棻，亦除莊宅副使。　三年正月二十七日，秦國大長公主女張氏特進建安郡主。

舒國大長公主。元符三年追封。

神宗十女

周國長公主。熙寧元年三月封延禧公主。元豐元年二月薨，追封燕國。元符三年三月，追封周國長公主，賜謚淑懷。政和四年十二月，改封淑懷長帝姬。　神宗女燕國公主仍賜謚〔二〕，未受封者並封小國。（以上《永樂大典》卷一〇七二九）

【宋會要】

30 楚國長公主。熙寧三年十二月封寶慶公主。五年七月薨，追封吳國。元符三年三月，追封楚國長公主。政和四年十二月，改封賢恪長帝姬。

唐國長公主。熙寧八年十二月封淑壽公主。元豐八年四月，進封温國長公主。元祐七年二月，進封曹國。是月，降左衛將軍韓嘉彦。元符三年，改冀國。崇寧二年五月，改雍國。大觀元年正月，改越國。二年二月改燕國。政和元年十一月薨，追封唐國，賜謚賢穆。四年十二月，改封賢穆長帝姬。　元祐四年十二月十八日，詔温國長公主并皇太妃親屬，與五人恩澤。　五年四月十八日，將作監言：「温國長公主第已畫圖進呈，並依温國長公主第修蓋〔三〕。今踏逐到見住軍頭司及添展龍衛營東壁地步可以修蓋。其間有侵居民税業地步，乞估定價錢，下户部支還。」從之。　七年二月四日，詔：「温國長公主下降日，皇太妃率宮闈掌事者送至第外，命婦免從。」二十五日，曹國長公主下降駙馬都尉韓嘉彦。　紹興十年正月十二日，詔：「韓恕係唐國大長公主長男，昨兩任知閤門事，通及十年，罷職未曾推恩。可特落階官，除正任防禦使。」

潭國長公主。元豐八年四月封康國長公主。紹（興）〔聖〕四年 31 二月，改定國。閏二月，降左衛將軍王遇。元符三年二月，改韓國。崇寧二年五月，進封魯國。大觀元年正月，改陳國。二年二月，改鄆國。六月，薨，追封潭國，

〔二〕「神宗」上疑有脱文。

〔三〕温國：疑誤。

賜謚賢孝。政和四年十二月，改封賢孝長帝姬。　紹聖四年二月十三日，詔：「康國長公主閏二月二十四日下嫁，婉儀宋氏率宮闈掌事人送至第外，命婦免從。」

鄆國長公主〔一〕。元豐八年二月薨，追封惠國公主。元符三年二月，追封鄆國長公主。政和五年正月，改封賢康長帝姬。　紹聖八年八月十八日〔二〕，詔：「故惠國、莘〔國〕、申國公主祔葬畢，於奉先資福禪院依故燕國公主例修影堂屋各十間，每位方二十五步。」

潞國長公主。元豐七年四月薨，追封莘國公主。元符三年二月，追封潞國長公主。政和四年十二月，改封賢穆長帝姬。

邢國長公主。元豐七年正月薨，追封申國公主。元符三年二月，追封邢國長公主。政和四年十二月，改封賢令長帝姬。

邠國長公主。元豐八年四月封沂國長公主。十月薨，追封鄧國。政和四年十二月，改封賢宜長帝姬〔三〕。

兖國長公主。元豐八年四月封嘉國長公主。元祐五年正月薨，追封蔡國。元符三年二月，追封兖國。政和四年十二月，改封賢和長帝姬。

徐國長公主。元豐八年四月封德國長公主。元符三年二月，封慶國。崇寧二年五月，封益國。三年十二月，降左 32 衛將軍潘意，封冀國。大觀元年正月，封蜀國。二年二月，封徐國。政和三年閏四月，改封柔惠帝姬。政和五年十一月薨，追封賢靜長帝姬。

哲宗四女

陳國公主。紹聖三年五月封德康公主。元符三年二月(追)〔進〕封榮國。大觀二年二月，封瀛國。四年二月，降左衛將軍石端禮，封陳國。政和三年閏四月，改封淑和帝姬。政和七年七月薨，追封靖懿帝姬。　高宗建炎元年八月十九日，詔靖懿帝姬依舊改封陳國長公主，從駙馬都尉石端禮之請也。

秦國公主。紹聖四年六月封康懿公主〔四〕。元符三年二月，進封嘉國。大觀二年二月，改慶國。政和元年二月，改韓國，降左衛將軍潘正夫。三年閏四月，改封淑慎帝姬。建炎初復公主號，改封吴國。孝宗即位，進封秦國大長公主。隆興二年薨，謚康懿〔五〕。　紹興二年四月十九日，詔：「吴國長公主所過州縣，據所管的確人數批(文)〔支〕驛券。其人夫、器皿等量行應副，不得過有搔擾。仍劄與本宅使臣照會，不得僞冒支請官物。如違，計贓重作施行。」

六月十七日，詔：吴國長公主一行請給，依秦、魯國大

〔一〕原稿有此細目，被整理者删去，今從之。下三條同。
〔二〕紹聖八年：按紹聖無八年，疑爲「元年」之誤。
〔三〕「政和」以下二句，據天頭原批補。
〔四〕康懿：原作「懿康」，據《宋史》卷二四八《公主傳》乙。
〔五〕「建炎初」以下，據天頭原批補。

長公主(自)〔已〕得指揮施行。　八月十三日，詔：吳國長公主俸米，許諸司米内取撥；如不足，截撥上供米應副。其都尉并一行官屬等請給，令所在州軍依條勘給。　三年四月二十六日，詔：今後駙馬都尉不許出謁及接見賓客。　十二月二十一日，〔詔〕：今後駙馬都尉潘正夫至所居州軍，許與知、通州官相見一次。　四年四月五日，吳國長公主奏：「男潘長卿、粹卿係武德大夫，見33帶遥郡。欲乞特與除落階官。端卿、温卿並係武功郎，乞特與除轉大夫帶行遥郡。　昨(過)〔遇〕建炎二年郊祀大禮，合奏補親屬白身恩澤，欲乞回授與駙馬都尉潘正夫親弟敦武郎、閤門祗候潘堯(大)〔夫〕，於職名上轉行。」從之。　七月十一日，吳國長公主奏：「與潘正夫兒男骨肉等請給、衣賜、生〔日〕、食糧，並乞依例施行。」詔潘長卿特(衣)〔依〕粹卿、端卿支破一分料錢。　五年二月二十五日，吳國長公主奏：「有男二人，望依男潘粹卿、端卿例賜名授官，支破請給。」〔詔〕吳國長公主二男並依格與補武節郎，賜名令中書舍人訓撰。　十月十五日，吳國長公主奏：「長男潘長卿，次男粹卿，並昨自武節郎特轉武翼大夫、遥郡刺史。有男端卿、温卿二人，各已係大夫，乞特依例，並與帶行遥郡。」詔潘端卿、温卿並特除遥郡刺史。　七年二月五日，吳國長公主奏：「男武義大夫、文州刺史潘温卿合趁赴朝參，乞依男長卿等例，除一外任宮觀。」詔特差(立)〔主〕管台州崇道觀。　三月二十一日，吳國長公主乞赴行朝入覲。詔聽指揮起發。　紹興七年八月九日，吳國長公主乞駙馬都尉潘正夫依石保吉、魏咸信、柴宗慶等及見今宗室士㒟例，除開府儀同三司，并將見任檢校少保除落檢校二字。詔：「士㒟係任宗司十年，依故事除開府儀同三司。劄與本位都監照會，自後不得妄有陳請。」　八年六月十六日，上語宰相曰：「吳國長公主數日前到，留宮中三日，34爲駙馬都尉潘正夫求恩數。朕語之云：『官爵豈可私許人，須與大臣商量。況近日多事，未暇及此。』」上又曰：「當此極(署)〔暑〕，朕每日着衣服相伴飲食，蓋爲長(生)〔主〕是哲宗之女、朕之姊也。」趙鼎曰：「陛下行家人禮於宮中，所以待長主之禮，雖盛暑不廢；至於官爵，則不以私予。此帝王之公也。」　九月五日，進呈都尉潘正夫乞加恩及援例乞使相。宰執言：「祖宗封石保吉等使相，皆以勳(榮)〔勞〕顯著，非專爲懿戚之故也。正夫何功，敢爾爲請？」上曰：「在朕敦睦之義，不欲峻却。既於國體有嫌，焉得私？當明諭之，以絶其辭。」　十二日，詔：「吳國長公主同駙馬都尉潘正夫將帶一行，見今在外從便居止。所至州軍，仰守臣常切應副請給等，毋令欠闕。」　九年十一月十六日，制以檢校少保、昭化軍節度使、充醴泉觀使、駙馬都尉潘正夫爲開府儀同三司。　二十七日，詔：「哲宗皇帝昭慈聖獻皇后止有孟忠厚、潘正夫係近親，餘人不得援例。」以臣僚言：「近日戚里除授每加優異，往往不用祖宗故事。豈以比年以來，外族凋踈〔一〕，於是深軫聖慈，務極恩意？此固陛下睦姻之厚德也。陛下之賜者甚寡，而不以爲然者天下皆是，此不可不知也。前日孟忠厚以郡王出守鎮江，今潘正夫又以駙馬都尉除開府儀同三司。是以歷考祖宗朝，駙馬都尉惟石保吉以履歷外任，嘗著成效於行營，乃於晚年纔得使相，自餘皆無此除。如以郡王出守，則未 35 之有也。忠厚、正夫儻於艱難時嘗有勳勞在人耳目，則越常制而寵異之，其誰曰不然？今徒以存撫之故，而廢祖宗之法，啓僥倖於後人，無怪乎輿論之未孚。然開府者既已敷告治廷，日傳千里矣；分符者又已就郡。臣亦嘗以爲請，蒙陛下爲臣道其所以矣。臣之區區，固知其無及於事，然執法，臣之職也。陛下嘗謂臣：『祖宗之法不可輒改。』臣以謂，上行法則下知所從，上廢法則下亦莫之守矣。臣願陛下特降處分，孟忠厚、潘正夫差除係一時特恩，後人不得援例。仍自今改授，有非祖宗舊制，並許給舍臺諫論駁，當不憚改。如此，庶幾倖門杜絶，而天下皆知陛下如天之無心也。」故有是命。　十二年六月十一日，詔差潘温卿往婺州傳宣撫問吳國長公主，并賜銀合茶藥。可依差錢愐例立定畫一指揮施行。　八月二日，吳國長公主奏：「伏聞皇太后還闕有期，乞同潘正夫、兒女、官吏等詣行在入覲，并前去迎接。」從之。　十五年三月十七日，詔：右武大夫、成州團練使、帶御器械潘温卿，特授貴州防禦使。以用母吳國長公主合得白身親屬恩澤陳乞也。　十七年十月十六日，吳國長公主奏：「男舒州觀察使、帶（禦）〔御〕器械潘温卿昨（幹辨）〔幹辦〕皇城司六年，任滿，并該遇親從揀配諸班直了當，依條特轉兩官，許令回授，本家未有合回授之人，欲望將温卿兩官恩例許於見今官上轉行一官。」詔潘温卿可特授武寧 36 軍承宣使。　十九年八月二十一日，吳國長公主入覲，爲男潘長卿、粹卿、端卿乞推恩。詔潘長卿特授泉州觀察使，粹卿利州觀察使，端卿閬州觀察使。　二十二年十月二十六日，詔：右通直郎、新添差權通判嚴州鄭珙特除直祕閣，閤門宣贊舍人潘堯夫特轉右武郎。珙係吳國長公主長女之夫；堯夫，長主駙馬都尉正夫之弟。皆以累從長主入覲，主爲之請，故有是命。　二十三年六月八日，吏部言：「吳國長公主奏：有男合賜名授官，女二人合封郡主，並支破請給。詔依例施行。照例，係令中書舍人訓撰名訖，依格合補武節郎，合命詞給告。」從之。　二十七年十一月二十四日，詔：「吳國長公主長女夫右奉議郎、直祕閣、前添差婺州通判鄭珙轉兩官，添差兩浙東路安撫司參議官指揮更不施行。」以給事中賀允中奏：「伏覩吳國長公主劄子，乞長女夫鄭珙轉行兩官，特與陞擢，詔從其請。臣竊詳所奏，即非用本家合得恩例陳乞，却創自擬定官職，仍乞特與行下，顯是過有僥求，未合公議。昔漢館陶公主爲子求

〔一〕凋：原作「周」，據《歷代名臣奏議》卷二八九改。

郎，明帝止賜之金，而不從所求。蓋自古帝王謹惜名器，皆如是也。今吳國有請，若從其自先指定，特與之，則予奪輕重不出於陛下。而此例一開，其將何以禁塞？望追還已降指揮，以稱陛下力行公道之意。」上曰：「命下逾兩旬，已被受差遣勅，乃始封駁轉官詞頭，恐非故事。可諭與令書讀。」宰臣退召賀允中到堂〔一〕，37面諭聖旨，既而〔允〕中執所見，不欲中易，翌日再進呈。上曰：「雖稍後時，所論極有理，蓋慮後來援例者衆，當曲從之。」宰臣沈該等奏曰：「諫行言聽，使言者得以自安，此盛德事也。當再諭允中以陛下虛懷納諫之意。」　二十八年正月二十八日，吏部言：「吳國長公主〔乞〕孫潘昌衡、昌佐、昌輔、昌朝依秦、魯國大長公主孫錢端英等，并孫昌期、昌齡等體例，並與補授文資。本部契勘，昨秦、魯國大長公主奏孫錢端英等并吳國長公主孫潘昌期等補官體例，係是先次依格補授從義郎，後來與依格換授文資。今欲依此施行。」從之。　七月九日，詔：「寧江軍承宣使、提舉台州崇道觀潘長卿，昭信軍承宣使、提舉江州太平興國宮潘端卿，舒州團練使、提舉台州崇道觀潘清卿，建寧軍承宣使、特差兩浙東路馬步軍副都總管、婺州駐劄潘粹卿，並令任滿日各與再任。所有長卿、粹卿、清卿並溫卿各身分并元隨人請受，並與依已降指揮，依見今已請則例支破。」從吳國長公主請也。

二十九年四月二十九日，詔：吳國長公主男賜名振卿，與依格補官。　六月十七日，詔：「吳國長公主生日合得度牒、紫衣各一十五道，依例係折銀三百兩，令户部支。」

三十年三月七日，吳國長公主乞：「女夫鄭珙見添差兩浙東路安撫司參議官，男潘溫卿見任在京宮觀，端卿、清卿各在外宮觀，粹卿添差兩浙東路馬步軍副都總管、婺州駐劄。38欲〔後〕〔候〕今任滿日，各特與再任。粹卿身分請受與依已降指揮，於上供經制錢物内支給。」從之〔二〕。

三十二年五月二十八日，御藥院言：吳國長公主生日，合取賜酒壹拾碩，係下駐蹕州軍應副。詔令臨安府依數支供。　紹興三十二年孝宗即位未改元。八月二十六日，詔：「吳國長公主進封〔秦國〕大長公主，有司擇日備禮册命。」大長公主言，册命乞賜寢罷。詔曰：「朕誦周詩『唐〔棣〕之華』，鄙漢室沁園之制。維時懿主，鍾慶泰陵。屬紹服之云初，豈推尊之可後。爰布褒優之澤，亟加大長之名。諏辰將御於昕朝，備物中頒於涣册。遽觀需牘，祈寢祲儀。勉狥謙冲，良深嘉歎。所請宜允。」二十八日，詔秦國大長公主女夫右承議郎、直祕閣鄭珙特添差兩浙東路安撫司參議官，長孫右通直郎潘昌期添差通判嚴州。並從大長公主所請也。　隆興二年九月二十七日，詔：「故秦國大長公主孫潘昌光、昌輝、昌簡、昌錡，並特授右宣義郎；曾孫志、

〔一〕宰：原作「追」，據《建炎要録》卷一七八改。
〔二〕原稿此下尚有「十月二十八日」一條，係錯簡，已移至下頁帝系八之三九「紹興五年」條之後。

恕並特授右承奉郎。」大長公主遺表來上，從其請也。

徽宗三十四女

39 嘉德公主。建中靖國元年六月封德慶公主。大觀三年二月，改封嘉福〔一〕。政和三年閏四月，改封帝姬。五年四月，改封嘉德。五月五日，降左衛將軍曾夤〔二〕。

徽宗崇寧元年八月五日，詔榮德、嘉德二公主廩給等並特加倍。　政和五年五月一日，尚書省言：「嘉德帝姬下降，乞升厭翟車，惟於儀(伏)〔仗〕內除去四望金根車外，餘用皇后儀〔仗〕人數三分之二，以應帝姬下皇后一等之義。仍乘(擔)〔檐〕子至承天門外升車。」並從之。　五日，嘉德帝姬下嫁曾夤，詔用嘉禮新儀行盥饋之禮，皇后率宮闈送至第外，命婦免從。先是，上命議《五禮新儀》，既詔皇太子行冠禮，至是復命帝姬行婚禮。車服粲然，中外稱慶。其儀制並詳見《嘉禮》門。　六年二月二十六日，手詔：「朕荷天右序，男女僅五十人，以次成立，建第築館，指日有期。而京師民庶櫛比，無地可容，深虞移徙居民，使久安之衆遽棄舊業。可令有司度國之南，展築京城，移置官司軍營。將來繕脩諸王外第，與帝姬下降，並不得起移居民。」

紹興五年三月十二日，樞密院奏：「興寧軍承宣使〔三〕、駙馬都尉致仕曾夤母普寧郡太夫人郭氏狀：乞將男曾夤昨轉蔡州觀察使合得(依條恩例)〔恩例，依條〕回授親姪脩武郎郭珙，差鈐轄一次。詔特差權發遣福建路兵馬都監、泉州駐劄。　〔三十年〕十月二十八日〔四〕，興寧軍承宣使、駙馬都尉曾夤母普寧郡太夫人郭氏陳乞孫女夫敦武郎徐公選添差差遣。詔令吏部添差合入差遣一次。　乾道七年九月十二日，詔嘉德公主長女〔夫〕徐公選差主管台州崇道觀〔五〕。

榮德公主。建中靖國 40 元年十一月封永慶公主。大觀二年二月，改封榮福。政和三年閏四月，改封帝姬。政和六年二月，改封榮德。三月三日，降左衛將軍曹晟。

益國公主。崇寧二年三月封順慶公主。四年三月薨，追封益國。政和四年十二月，改封順淑帝姬。

安德公主。崇寧二年三月封淑慶公主。大觀二年二月，改封安福。政和三年閏四月，改封帝姬。七年六月，改封安德。十六日，降左衛將軍宋邦光。

茂德公主。崇寧二年三月封延慶公主。大觀二年二月，改封帝姬。重和元年十一月，改封茂德。十八日，降宣和殿待制蔡鞗。　十一月十七日，太師蔡京言：「今月

〔一〕福：原作「德」，據《宋史》卷二四八《公主傳》改。

〔二〕曾夤：原作「曹夤」，據本書帝系八之五六改。下同。

〔三〕興寧：原作「興化」，據下文「十月二十八日」條改。政和七年改節度觀察留後爲承宣使，興寧軍爲節鎮，故有承宣使，興化軍則非。

〔四〕按，此條原錯簡在前帝系八之三八哲宗女秦國公主傳內紹興「三十二年五月二十八日」條之前，審其內容乃徽宗女嘉德公主傳之文，今移於此。三十年：原無，據原所在處上文補。

〔五〕「乾道七年」以下原無，據天頭原批移入正文。

十八日，茂德帝姬下降。依《新儀》，見舅姑行盥饋之禮。乞賜寢罷。」詔答曰：「朕以禮貌師臣，眷遇元老，特遣稚女，使聯姻婭。而棗栗之體，蘋蘩之奉，蓋治平、熙寧已行之舊，是遵祖考彝憲，及有諸姬近例。迺亦報施，尚齒貴老，盛事可嘉，卿何辭焉？况《五禮新儀》初頒天下，法行自近始。卿當勉此，以風天下。所乞宜不允。」　十八日，茂德帝姬下嫁蔡鞗，淑妃劉氏率宫闈掌事人送至第。

二十九日，手詔：「神考治平間親灑宸翰，洎降詔旨，以王姬下降，躬行舅姑禮。革去歷代沿習之弊，以成婦道，以風天下，貽謀後世，甚盛之舉也。於是崇寧、大觀以來，詔有司講求典禮，繼頒《五禮新儀》，著爲永法，遍行天下。近聞自降詔以來，前後[41]帝姬下降，雖有奉行《新儀》之名，元無實迹。兼舅姑亦不端坐，及聞反有下拜之禮，(其)〔甚〕失祖考本意。兼所降《新儀》，殆成虚文。可自今後，帝姬下降，仰恪遵《新儀》，並服褕服、花釵冠升車，並見舅姑。若帝姬沿習，不肯設拜，只責管幹官司女相贊者及内謁者。如違，以違御筆論。仍聞帝姬、都尉合髻，所服不經，别無稽據，亦令禮制局討論以聞。」　宣和三年六月十七日，御筆處分，數内一項：皇子、帝姬〔出〕閤推恩，合係授官頭晬留髮，裹頭出閤五次；帝姬係上頭下降。詔皇子係授官裹頭出閤三次，帝姬係上頭下降兩次，令推恩外，餘並止絶。　宣和四年十一月五日，詔茂德帝姬長男蔡愉，依例合奏補武節郎，可特與文資内安排，補授通直郎。

豫國公主。崇寧三年五月封壽慶公主。五年正月薨，追封豫國。政和四年十二月，改封壽淑帝姬。

鄧國公主。鄧國公主，崇寧四年六月封惠慶公主。十月薨，追封鄧國。政和四年十二月，改封惠淑帝姬。

蜀國公主。蜀國公主，崇寧四年七月封安慶公主。大觀二年二月改封隆福。三年五月薨，追封蜀國。政和四年十二月，改封安淑帝姬。

崇德公主。崇寧四年十月封和慶公主。大觀二年二月，改封崇福。政和三年閏四月，改封帝姬。宣和元年九月，降左衛將軍曹湜。二年五月，封崇德。三年九月薨。二十一日，車駕幸崇德帝姬[42]宅澆奠。

商國公主。商國公主，崇寧五年十一月封康慶公主。大觀二年二月，改封承福。二年二月薨，追封商國。政和四年十二月，改封康淑帝姬。

蔡國公主。蔡國公主，大觀元年五月封榮慶公主。二年二月，改封懿福。四年十一月薨，追封蔡國。政和四年十二月，改封榮淑帝姬。

魯國公主。魯國公主，大觀元年七月封保慶公主。閏十月薨，追封魯國。政和四年十二月，改封保淑帝姬。

成德公主。大觀二年五月封昌福公主。政和三年閏四月，改封帝姬。宣和五年六月，改封成德。

洵德公主。大觀三年七月封衍福公主。政和三年閏四月，改封帝姬。宣和六年十月，改封洵德。

悼穆公主。悼穆公主，大觀四年正月封徽福公主。政和三年閏四月，改封帝姬。政和七年十月薨，追封悼穆。

顯德公主。顯德帝姬，初封顯福公主〔一〕，改號帝姬。尋改封顯德，下嫁劉文彦。顯德公主〔二〕，大觀四年七月封顯福公主。政和三年閏四月，改封帝姬。宣和七年八月，改封顯德。下嫁劉文彦〔三〕。

華國公主。華國公主，大觀四年十一月封熙福公主。政和二年四月薨，追封華國。四年十一月，改封熙淑帝姬。

涇國公主。涇國公主，政和元年三月封壽福公主。二年三月薨，追封涇國。四年十二月，改封敦淑帝姬。

順德公主。政和元年三月封順福公主。三年閏四月，改封帝姬。靖康元年七月，改封順德，以 43 將下降向子扆故也。

柔福公主。柔福公主，政和三年四月封柔福公主。閏七月，改封帝姬。

冲慧公主。冲慧公主，政和三年七月封申福帝姬。四年二月薨，追封冲慧。

寧福公主。寧福公主，政和四年正月封寧福帝姬。

莊懿公主。莊懿公主，政和四年二月封保福帝姬。十一月薨，追封莊懿。

冲懿公主。政和五年九月封賢福帝姬。六年十一月薨，追封冲懿。

順穆公主。政和六年九月封仁福帝姬。八年八月薨，追封順穆。

和福公主。和福公主，政和七年二月封和福帝姬。

永福公主。永福公主，重和元年十一月封永福帝姬。

惠福公主。惠福公主，重和二年正月封惠福帝姬。

令福公主。令福公主，宣和元年九月封令福帝姬。

華福公主。華福公主，宣和三年十一月封華福帝姬。

慶福公主。慶福公主，宣和三年十一月封慶福帝姬。

儀福公主。儀福公主，宣和六年十一月封儀福帝姬。

純福公主。純福公主，宣和七年十月封純福帝姬。

隋國公主。宣和元年七月封恭福帝姬。建炎三年薨，封隋國。

孝宗女〔四〕

嘉國公主。乾道二年十月十四日，詔皇長女永嘉郡主贈嘉國公主〔五〕。（以上《永樂大典》卷一〇七三〇）

〔一〕福：原作「德」，據下文及《宋史》卷二四八《公主傳》改。

〔二〕按，下文與上文意重，但更詳，顯是兩種不同本《會要》之文，蓋合編者未及删除。今仍之。

〔三〕此五字乃後來旁批。

〔四〕此題及正文「嘉國公主」原爲眉批，今移下。按，孝宗二女，據《宋史》卷二四八《公主傳》，其次女早夭未封。

〔五〕原稿此條之後尚有一條：「七年九月二十日，詔嘉德公主長女夫武節郎徐公選差主管台州崇道觀。」按嘉德公主乃徽宗女，此條已見前帝系八之三九，以嘉德、嘉國相混而誤入於此，今删。

宗女

【宋會要】

44 淳熙十六年二月四日登極赦：「應宗女、宗婦見入道或爲尼，願歸家者聽，元有官封者依舊。」

紹熙二年十一月二十七日郊祀赦：「行在及紹興府見請孤遺錢米宗女、宗婦等，其間有未曾引赦添支錢米，可比附兩外(可)〔司〕孤遺體例，籍定名字，將十五歲以上並依前赦例添支，十四歲以下減半添給。」

五年正月一日慶壽赦：「宗子、宗婦、宗女年八十以上，令大宗正司保明奏聞，與轉官加封；未有官封者，特與官封。」以上《光宗會要》。

紹熙五年九月十四日明堂赦：「應宗婦、宗女因事令入道尼，如後來能自循省，仰大宗正司保明，特與放令自便；不願者聽。」自後明堂、郊赦並同。

慶元四年四月五日，詔：「今後宗女因疾願給度牒者，令禮部先次從實書填訖，方得給付。」以中書門下省言：「宗女有疾願出家者，得指揮給降度牒，止合自行承受。近來多有巧作名色，意在轉賣。」故有是詔。

開禧元年九月十八日，南外宗正司言：「泉州宗婦李氏染病，有親生第三女趙氏爲見病勢危篤，割股飼母，當時痊愈。本司自建炎年間移司泉州，今七十餘年，宗室之家如趙氏者，天資純孝，不愛其身，割股救母於垂死之際，效驗昭然，誠爲罕見。恭覩主上以孝理天下，遂致在遠宗女觀感動化有如此者，不敢隱默。乞優加旌賞，仍乞宣付史館，不唯使宗女知勸，亦足以俾天下凡爲人子 45 者(所有)〔有所〕激勸。」從之。

三年五月十四日，又言：「商王宮宗子汝評染患(爲)〔危〕篤，女年一十六歲，割股救父，當時痊瘥。其能體善行孝，皆聖朝廣睦族之愛，推錫類之仁，凡蒙褒旌，悉起敬慕。乞優加旌賞，俾知激勸。」詔宣付史館。以上《寧宗會要》。（以上《永樂大典》卷一〇七八八）

駙馬都尉雜録〔一〕

【宋會要】

46 太祖開寶三年六月五日，以忠武軍節度使、同中書門下平章事王審琦子内殿供奉官都知承衍爲左衛將軍、駙馬都尉，選尚昭慶公主。

五年閏二月四日，以故鎮安軍節度使、中書令石守信子鄆州牙内指揮使保吉爲左衛將軍、駙馬都尉，選尚延慶公主，賜襲衣、玉帶、塗金鞍勒馬。自是尚主者賜率如例。

〔一〕駙：原作「附」，徑改。按，此題原在正文之前，與正文連書，或是《會要》之原題，今移作大題。原稿「宋會要」之下又批有「駙馬」一題，此是《大典》此卷之事目，今不取。

後又加賜絨毛暖座。

七月十三日，以尚書右僕射魏仁浦子東頭供奉官咸信爲右衛將軍、駙馬都尉，選尚承慶公主。

太宗太平興國八年八月十一日，以故永興節度使吴延祚次子元扆爲右衛將軍、駙馬都尉，選尚蔡國公主。

雍熙三年十二月十三日，以彰國〔軍〕節度使、駙馬都尉王承衍知大名府，威塞軍節度使、駙馬都尉石保吉知孟州，慎州觀察使、駙馬都尉魏咸信知澶州，愛州團練使、駙馬都尉吴元扆知鄆州。命開封尹、陳王元僖餞承（僖）〔衍〕等於城北園。

淳化二年二月十四日，鄯州觀察使、駙馬都尉吴元扆上言：避所賜魏 47 國公主第〔一〕，願盡解所居官，歸守先人舊廬。優詔不允。

真宗咸平三年六月十九日，以鎮寧軍節度使柴禹（鎮）錫孫鎮寧軍都指揮使宗慶爲左衛將軍、駙馬都尉，選尚魯國長公主。宗慶，禹錫之孫，太子中舍宗亮之子，及尚主，令稱禹錫子。

六年正月十一日，以故太師王溥子貽永下字本音同仁宗廟諱，後改貽清，再改貽永。爲右衛將軍、駙馬都尉，選尚（懿賢）〔賢懿〕長公主。貽永以祖爲父，如柴宗慶例。

景德元年四月三日，（懿賢）〔賢懿〕長公主薨。既葬，王貽永三上表乞守塋域，真宗不許。時貽永在公主喪式假，〔故〕有是請。帝尉諭之，令赴朝參。

二年十二月六日，命柴宗慶、王貽永同於内殿別班起居。

大中祥符元年十一月二十七日，以故右千牛衛上將軍李崇矩子遵勗爲左龍武將軍、駙馬都尉，選尚萬壽長公主。遵勗以祖爲父，如王貽永例。

十二月二十三日，有司上言：「柴宗慶遇慶恩移郡，不赴便殿告謝，請以違制論。」詔罰兩月俸。

二年六月七日，以左龍武將軍李遵勗領澄州刺史。時遵勗以疾在假，真宗謂王旦等曰：「朕遣人視其疾，狀甚危。且柴宗慶列環衛不久爲刺史，遵勗亦當校月日以聞。」旦等言：「宗慶授將軍始七月，遇郊祀恩遂領刺史。遵勗未遇恩，然至今亦七月。」遂命領郡。

〔四年〕四月九日〔二〕，左龍武將軍、澄州刺史、駙馬都尉李遵勗責授均州團練副使。坐私主之乳母。初，帝以使臣所取遵勗狀示宰相王旦等曰：48「遵勗先曾請對，意在歸過於人。矯誣如此，緣已經赦宥，姑務恩貸。及有彰露，止令詢其端由，而畧無畏忌。朕以長公主爲性至善，未嘗言其失，不欲深究〔三〕，恐傷其意。」於是中書、樞密院同奏（議）〔宜〕正朝典，故有是命。

〔一〕避：疑當作「還」。

〔二〕四年：原脱，據《長編》卷七五補。下條亦四年事，見《長編》卷七六。

〔三〕究：原作「行」，據《長編》卷七五改。

十一月二十四日，封柴宗慶母穆氏爲河南郡君。宗慶以母爲嫂，故不得郡封，而衛國長公主累請，故特封之。

五年六月十三日，柴宗慶言：「自陝西市木至京，望蠲免税筭。」帝曰：「先朝王承衍市木，販易規利，當時興訟不已。曩者曾諭宗慶，無得遣人市易，何故復有此奏？」即諭樞密院召宗慶責之，宗慶謝罪，奏云：「年老事多，偶成廢忘。」特詔戒約之。帝因謂宰相曰：「衛國長公主近請市所居北鄰張氏舍以廣其居。張氏即宗室婿。朕語之：『如立券出賣，則可也。』及詢張氏，且云仰僦錢。朕戒令不得强市，止賜錢二百萬，聽他處營置。」

十月六日，河東路提點刑獄司柴宗慶遣人私於買馬州郡市馬十九匹，不納商税。詔捕劾以聞。

六年三月九日，衛國長公主宅内知客趙惟永宣補右班殿直，主奏留在宅勾當。帝曰：「廷臣豈可更留。」令樞密院召柴宗慶諭之。

仁宗天聖元年十二月十七日，詔：「駙馬都尉等自今不得與清要權勢官私第往還。如有公事，即赴中書、樞密院啓白。仍令御史臺常切覺察，如有違犯，糾舉以聞。」

四年正月二十七日，柴宗慶陳乞使相。宰臣王曾等奏曰：「將相之任，非可陳乞。只如[49]先朝石保吉等俱曾履外任行營差遣，前後頗著誠效，晚年方與使相。」帝令召至中書諴諭。

慶曆四年四月三日，令入内内侍省劉從愿與三司勾當公事陳宗古檢點柴宗慶家財現數，約度支給外，官爲檢校。以宗慶二女尚幼故也。

七年五月三日，以彰信軍節度使、兼侍中李用和子東頭供奉官瑋爲左衛將軍、駙馬都尉，選尚福康公主。用和，章懿太后弟；公主，上之愛女。以太后故，詔瑋選尚。

嘉祐二年七月五日，濮州團練使、駙馬都尉李瑋言：「特賜塗金鞍、狨毛暖座及玉帶等。今出降有日，欲乞依例乘服趨朝。」詔可。

八月四日，燕國公主出降。翼日，李瑋入謝，宴於禁中。

五年九月十四日，降駙馬都尉、安州管内觀察使李瑋爲和州防禦使，仍與外任差遣。瑋所生母忤公主，公主夜開皇城門入禁中，瑋上表自劾，故責及之。

六年十一月一日，駙馬都尉李瑋言：「奉詔舉官爲將領，而臣家有賓客之禁，無由與士人相親。聞柴宗慶當時得與禁近往還，臣請如宗慶等例。」詔具凡所接賓客以聞。

七年二月二十五日，李瑋出知衛州，詔究國公主入内。三月四日，降瑋爲建州管内觀察使，落駙馬都尉，以與主不相諧也。十一月三日，瑋改安州觀察使，復駙馬都尉，主復還第。

英宗治平三年五月十九日，以屯田員外郎王克臣子孝莊爲左屯衛將軍、駙馬都尉，賜名師約，選尚德寧公[50]主。初，英宗數稱唐公主下嫁多名人，及是得師約，故駙馬都尉承衍曾孫，而父子皆業進士。令至宰相第試以詩，而以其所業賦一編以進御。至召見清居殿，又諭以無廢學，後又出經籍及紙筆硯賜之。以上《國朝會要》。

神宗熙寧元年四月十九日，李瑋請以兄奉寧節度使瑋第十一子偓爲嗣。詔以爲供備庫副使，賜名嗣徽。

二年六月七日，以武勝軍節度觀察留後、侍衛親軍馬軍副都指揮使王愷孫右侍禁詵爲左衛將軍、駙馬都尉，選尚舒國長公主。

十一月十五日，以故屯田郎中張宗雅子丕爲左衛將軍、駙馬都尉，賜名敦禮，選尚祁國長公主。

三年正月九日，楚國大長公主薨，上幸其第，召輔臣入，慟哭，諭以主久疾，而瑋奉主無狀。即日責授瑋爲郴州團練使，〔落〕駙馬都尉，陳州安置。

八年五月十二日，詔駙馬都尉今後轉官及七年取旨。

九月十一日，詔：「大長公主當出降，令內外兩制以下及監司體訪世族子弟有性氣溫良，儀狀秀整，可備選尚者，令乘馬赴闕。」

十二月十六日，以崇信軍節度使錢惟演孫景臻爲左領軍衛大將軍〔一〕、駙馬都尉，選尚許國大長公主；侍衛親軍馬軍都指揮使、定國軍觀察留後曹琮孫詩爲左領軍衛大將軍、駙馬都尉，選尚邠國大長公主。國朝駙馬都尉未有除大將軍者，以景臻等選尚大長公主，故優命之。

九年三月二十六日，以左領軍衛大將軍、51（都）駙馬都尉錢景臻爲秀州團練使，以韓國大長公主下嫁推恩也。

十二月十七日，以右領軍衛大將軍、駙馬都尉曹詩爲成州團練使〔二〕，以手詔：「魯國大長公主已有日歸館，其駙馬都尉照例改官。」故有是命。

元豐元年三月九日，詔樞密院：「大長公主大禮，奏薦夫之期親與判司簿尉。」以樞密院奏擬韓國大長公主奏駙馬都尉錢景臻兄景勳等恩澤，與中書不同也。

二年二月五日，詔：韓國大長公主姑少府監錢暄妻同安郡君胡氏，可特進封永嘉郡夫人。

十二月二十六日，詔絳州團練使、駙馬都尉王詵追兩官，勒停。以詵交結蘇軾及携妾出城與軾宴飲也〔三〕。

三年四(日)〔月〕十八日，詔前絳州團練使、駙馬都尉王詵可特授慶州刺史，許赴朝參。以長公主故，敘詵官以慰其心。

七月十六日，責駙馬都尉王詵爲昭化軍節度行軍司馬、均州安置。手詔：「王詵內則朋淫縱欲，無行；外則狎邪罔上，不忠。」繇是長公〔主〕憤愧成疾，終至彌篤。皇太后聖衷哀念，累月罕御玉食，摭詵之辜，義不得赦。

十二月二十七日，駙馬都尉王師約等〔奏〕：「皇祐《一

〔一〕「演」原作「寅」，「領」字原脱，據《長編》卷二七一改補。
〔二〕州：原脱，據《長編》卷二七九補。
〔三〕兩「軾」字，原作「試」，據《長編》卷三〇一改。

司勑》：駙馬都尉不與清要權勢官私第往還。臣等凡遇垂拱殿起居，即與修起居注等同閤子，雖非私第，亦慮非便。欲望以使相閤子二間爲臣等(侍)〔待〕班處。」從之。

四年二月六日，詔光州防禦使、駙馬都尉曹詩所生母杜氏特封安康郡太君。

五年三月五日，以贈司徒[52](徒)郭崇仁曾孫獻卿爲左領軍衛大將軍，選尚冀國大長公主。

六年正月二十二日，駙馬都尉張敦禮以男秉淵選尚第六公主進封，辭免，帝曰：「秉淵有可稱採，盡出公議，不但以長公主之故。可更令進學。已有成命，勿復辭也。」次年公主薨，不及成禮。

三月八日，詔：「自今駙馬都尉及七年，令尚書吏〔部〕磨勘，更不取旨。」

五月二十一日，詔國子監於外舍選年四十以上素有行義學生爲郭獻卿宅門客。以國子監奏：內舍未有年及四十者。

閏六月十九日，三省奏：「今後大長公主、長公主、公主下降，駙馬都尉骨肉恩例令尚書省立法。」從之。以郭獻卿選尚冀國大長公主，其父乞恩例故也。

十月十六日，中書省奏：駙馬都尉曹詩乞以南郊合得骨肉恩澤一名與門客李漢臣理選一官。詔特與郊社齋郎。後詔吏部毋得爲例。

十二月二十四日，詔：「光州防禦使、駙馬都尉曹詩責授右屯衛將軍，落駙馬都尉，令家居省過。」手詔：「詩不能仰稱朝廷選尚爵命恩德，數以幃薄不謹，浼撓魯國大長公主，致悒怏成疾。又不以時奏請醫療治，終於沉痼不起。」故有是命。

七年二月十六日，尚書刑部奏：「責授昭化〔軍〕行軍司馬、均州安置王詵已經三年，再遇大禮赦，合依先降指揮取旨。」詔王詵特與諸衛將軍，潁州安置。

十月三日，駙馬都尉錢景臻對，因謝父暄除寶文閣待制。帝曰：「暄治郡有聲，朝廷自以才[53]用。」又謝子忱賜名，帝曰：「公主賢，宜有子也，其勉以學。」

八年四月二十三日，駙馬都尉王師約奏：「燕國大長公主薨，太常寺關，本服齊衰杖期，給假三十日。臣忝冒寵祿，悉緣選尚，乞令有司別議，特乞假一年。」

五月六日，詔右監門衛將軍、潁州安置王詵免安置。以有司檢舉累經赦宥故也。

七月十四日，駙馬都尉王師約言：「蒙給假一年，今來特授鎮安軍節度留後，乞入謝畢，然〔後〕在假。」詔從之，仍給俸。

哲宗元祐元年二月十六日，詔宣州防禦使、駙馬都尉張敦禮爲密州觀察使。以三省言：「自來駙馬都尉選尚公主、長公主，並除小將軍，下降日除刺史；選尚大長公〔主〕即除大將軍，下降日除團練使。」敦禮元選〔尚〕祁國長公主，今已進冀國大長公主，故有是命。

三年三月九日，駙馬都尉王師約奏：「臣父現知鄭州，欲乞御前後殿不坐日，每次給假一日前去省覲，仍免辭見，過三日即依自來體例朝見。若非次駕出應合立班之類，並乞下閤門照會免赴。」從之。

四年七月十二日，詔以故司徒、兼侍中韓琦男宣義郎嘉彦除左衛將軍、駙馬都尉，選尚温國長公主。時嘉彦兄忠彦爲尚書左丞，以嘉彦選尚爲嫌，乞罷免，不許；再表懇請，詔不允。

六年九月二十六日，駙馬都尉錢景臻以母喪辭起復，再請乃許。元符元年八月，郭獻卿以母喪起復，亦三上表辭，從之。

十月十二日，右朝奉郎韓端彦言：「弟嘉彦尚[54]温國長公主，下降有期，私家進財，支費甚多。欲以相州田業契書於在京四抵當所各質錢二千五百緡，依例出息。」詔於抵當所特貸錢萬緡，仍限五年還納。其後韓端彦援元豐中郭獻卿例，乞除放所貸錢，從之。

十二月十七日，駙馬都尉韓嘉彦言：「温國長公主下降有日，臣家世以儒進，乞换一近下文資。」不報。嘉彦引晉、唐選尚公主參用文士，及英宗皇帝出嫁皇女，訪求儒門爲言。其後紹聖間復申前請，不報。

九年正月十二日，詔：「文州刺史、駙馬都尉韓嘉彦於長公主有虧禮不遜，擅宿私家，特降兩官，差知黄州。」是日，又命勘會駙馬都尉李瑋如曾安置，即嘉彦可降兩官、蘄州安置。中書〔言〕蘄州犯嘉彦父嫌名。十三日，詔嘉彦降左衛將軍，依前駙馬都尉、分司南京，黄州居住。仍差御史郭知章押嘉彦即日出門。時忠彦引咎乞罷，賜詔不允。

紹聖元年十月一日，詔嘉彦赴闕。十六日，落分司，令赴朝參。

三年十二月二十六日，以通直郎王師古男遇爲左衛將軍、駙馬都尉〔一〕，選尚康國長公主。

〔元符二年〕閏九月六日〔二〕，詔駙馬都尉王詵特罰銅三十斤。以詵隱匿婦人劉氏，教令寫文字及虚作逃走跡狀，自首不實。侍御史石豫言詵自恃豪貴，抑勒傭人，不畏公法，故有是詔〔三〕。

〔紹聖〕四年八月三日〔四〕，詔降授左衛將軍、駙馬都尉韓嘉彦可特授持節文州諸軍事、文州刺史。

元符元年十月二[55]十九日，詔：「武勝軍節度觀察留後、駙馬都尉張敦禮降授左千牛衛將軍，特免安置，仍勒住朝參。」以三省言，敦禮元祐間上書言退宰臣蔡確，進司馬光爲上相等事，故有是命。

二年十二月二十四日，三省、户部言：「駙馬都尉王昨

〔一〕遇：原作「詵」，據本書帝系八之三一、《宋史》卷二四八《公主傳》改。
〔二〕元符二年：據《長編》卷五一六補。
〔三〕原注：「係元符二年，誤編于此。」按，此注係抄在正文下，或是《永樂大典》編者所加。
〔四〕此仍是紹聖四年事，見《長編》卷四九〇，因補二字。

以進財借四抵當所錢五千貫〔一〕，限二年半還納。又於宮後門庫借錢三千貫，限五年還納。今乞每月尅料錢一百貫。」詔特與除放。

三年八月九日，保平軍節度觀察留後、駙馬都尉王師約可特授依前官駙馬都尉，充樞密院都承旨。

徽宗建中靖國元年二月二十三日，錢忱特授西上閤門使。以燕國大長公主托體仁宗，故褒其後也。

崇寧元年七月十三日，户部言駙馬都尉曹詩乞於合破公使錢内先借支二萬貫辦大長公主影前供物。詔禮部給空名度牒一百道。

二年七月二十三日，手詔：「朕觀前世外戚擅事，終禍亂天下。唯我祖考創業垂統，承平百有餘年，外戚之家，未嘗預政，厥有典則，以貽子孫。即政之初，以駙馬都尉韓嘉〔彦〕兄忠彦爲門下侍郎，繼除宰相。方朕恭默，弗敢有言。給事中劉拯抗疏論駁，亦不果聽。上違祖考成憲，下虞前世禍亂之失。其自今勿復援忠彦例，以戚里家屬爲三省執政官。世世守之，著爲甲令。」

三年九月十八日，以供備庫〔使〕潘孝嚴男意爲左衛將軍、駙馬都尉，選尚益國長公主。二十三日，管勾益國長公〔主〕出降所狀：「勘56會授官體例（施行），今來潘意尚益國長公〔主〕，宣繫，遂具聞奏。」奉御寶批：依例施行。

五年十月十四日，詔：「故昭信軍節度〔觀察〕留後、駙馬都尉郭獻卿特贈武泰軍節度使，男鎮特授皇城副使。」

大觀元年正月，以集慶軍節度觀察留後、駙馬都尉張敦禮充建寧軍節度使。以車駕幸興德禪院，特推恩。興德禪院，英宗、神宗誕育之宮，敦禮所尚英宗女故也。

七月二十一日，以建寧軍節度使、駙馬都尉張敦禮爲檢校司空、保信軍節度使致仕。

三年六月六日，詔故保信軍節度使、檢校司徒致仕、駙馬都尉張敦禮特贈開府儀同三司。十二日，車駕臨奠，支賜銀絹各二千疋兩，男楙特與莊宅使。

七月二十七日，以西京左藏庫副使石澈男端禮爲左衛將軍、駙馬都尉，選尚瀛國長公主。

政和二年九月十五日，以右侍禁潘絳男進士正夫爲左衛將軍、駙馬都尉，選尚慶國長公主。

三年九月十四日，詔：「令德景行大長帝姬長男邕州觀察使、提舉萬壽觀錢忱，自除正任九年，並不曾推恩磨勘。可特轉寧武軍節度觀察留後〔二〕。」

四年十二月四日，以故相曾公亮四世孫姪進士夤爲左衛將軍、駙馬都尉，選尚嘉德帝姬。十三日，詔曾夤特詣太子少師、樞密府、開府儀同三司鄭紳宅相見〔三〕。

五年九月十日，以光禄卿曹調男晟爲左衛將軍、駙馬

〔一〕「王」下有脱字。
〔二〕寧武：《宋史》卷四六五《錢忱傳》作「武寧」。
〔三〕太子少師：原作「太師少師」，據《宋史》卷二〇《徽宗紀》二改。又「樞密府」三字疑衍。

都尉，選尚榮德帝姬。

六年十一月十七日，以故西頭供奉官57宋景孫邦光爲左衛將軍、駙馬都尉，選尚安德帝姬。

八年三月十六日，以太師、魯國公蔡京男鞗爲朝散郎、宣和〔殿〕待制、充駙馬都尉，〔選〕尚（福康）〔康福〕帝姬。二十四日，中書省言：「檢會蔡鞗已奉御筆除朝散郎、宣和殿待制、駙馬都尉，其敘位立班未有指揮。」〔詔〕敘位立班在諸待制之上。

四月六日，太師蔡京言：「男鞗已蒙宣繫，選尚康福帝姬。檢會崇〔寧〕詔書：今後勿復援韓忠〔彦〕例，以戚里家屬爲三省執政官。乞免五日一赴都堂治事。」詔答不允。是後以帝姬下降畢，再上章乞罷，不允。

重和元年十二月十六日，手詔：「蔡鞗選尚茂德帝姬，其父京子孫一十一人，内六人白身各補初等官，仍並賜紫章服。」

二年正月十日，詔：「車駕幸茂德帝姬宅，駙馬都尉、朝奉大夫、宣和〔殿〕待制蔡鞗可特轉中大夫。」

宣和元年十二月二十九日，詔曹誘孫湜選尚崇福帝姬，授左衛將軍、駙馬都尉。

三年九月十六日，詔：「駙馬都尉曹湜粗俗無狀，素乏譽望，一旦選尚，自以爲身出門閥，素處富貴，兇豪肆志。宜示戒懲。可先次勒停，送房州安置，候帝姬堂殯日出門，開封府差人管押前去。父曹戩有失義方，不能訓子，與宮觀差遣。」

十月五日，詔：「成州團練使、駙馬都尉宋邦光，操純守正，士行修潔，戢肅閨門，日奉朝請。宜優寵渥，庸示勸奬。可特與轉代州防禦使。」

四年十一月二十六日，詔：「榮州團練使、責授全州別駕、房州安置曹湜已經58大赦，可以敘復。」續詔曹湜免安（令置）〔置，令〕居賜第。

六年三月四日，制以檢校少傅、安武軍節度使、開府儀同三司、佑神觀使、駙馬都尉錢景臻爲少師，進封康國公。

四月十七日，詔：「通議大夫、保和殿待制、駙馬都尉、提舉上清寶籙宮蔡鞗自除侍從選尚已六年，可特與除保和殿直學士。」

靖康元年二月二十九日，詔保和殿直學士、駙馬都尉蔡鞗換深州防禦使。用侍御史孫覿奏也。

七月二十一日，詔蔡鞗勒停。以上《續國朝會要》。

紹興三年十二月二十四日，詔：「今後駙馬都尉潘正夫至所居州軍，許與知、通州官相見一次。」以上《國朝會要》〔一〕。

（以上《永樂大典》卷一一六八二）〔二〕

〔一〕國朝會要：當作「中興會要」。本書凡稱「國朝會要」，乃指元豐所修《五朝會要》；高宗一朝事則爲《中興會要》。

〔二〕原無《大典》卷次，據《永樂大典目録》卷三一補。

進馬〔一〕

【宋會要】

太祖建隆四年六月，詔尚書兵部：每年所補千牛進馬，自今左右仗千牛每仗各減兩員。其應補人並須年齒合格，試念書精熟。如經覆試引（念）〔驗〕，不合元勅，其本司官員並須貶降。

乾德二年九月，《周易》博士奚嶼坐校試所補進馬不實，責授乾州司户參軍，庫部員外郎王貽孫責授左贊善大夫，翰林學士承旨、禮部尚書陶穀奪兩月俸。舊制，臺省六品、諸司五品以上官皆得蔭補，歲令兵部、禮部試念書精熟者中選。至是穀子戩求補殿中省進馬，而所試未精。嶼受穀私禱，以合格聞，事發按之，以嶼受請求，而貽孫不之覺，故並黜之。（以上《永樂大典》卷次原缺）〔二〕

〔一〕按，「進馬」乃官名，執役殿庭，多以大臣子弟蔭補。此目當入「職官」類，嘉業堂整理者蓋以其帶「馬」字，遂將徐稿此頁編於「駙馬」之後，嘉業堂謄清本亦然，大誤。葉渭清等人編《輯稿》未發覺，故仍在此。

〔二〕按，據《永樂大典目録》卷三二，似應在《大典》卷一一六五〇至一一六六一「馬」字韻「事韻」目中。

宋會要輯稿　帝系九

詔群臣言事〔一〕

【宋會要】

1 太宗太平興國六年九月十八日，詔曰：「古者振木鐸于路，所以採四方之風謡；設獸樽于庭，所以來羣臣之諫諍。既物情之無壅，則朝政以允釐。朕以眇躬，獲承大寶，懼不克荷，罔敢遑寧，乙夜觀言，日旰忘食。事無細大，必務躬親，言有抵牾，皆從採納。尚慮中外臣庶闕於咨詢，朝廷政理有所堙鬱。在朝及外任文武官不以名位高卑，自今或聞民間利病，及時政得失，並得上書直言，無有所隱。爲臣之道，自合愛君；有位之人，豈宜惜禄？況朕渴聞讜議，不汝瑕疵。折檻靡修，蓋惟素志；賜帛而罷，誠非優典。凡爾多士，體兹至懷。」

九年六月十三日，詔曰：「朕恤念蒸民，勤勞庶政，每令詢訪，以導鬱堙。苟規益之有聞，豈卑高之是間。應天下幕職州縣官俱負吏才，咸通時務，其或知民俗利害、政令否臧〔二〕，並許於本州附傳置以聞。如所言有可收採，必行旌賞；如無所取，亦不加罪。」先是轉運司及知州、通判皆得上書言事，而州縣官則否，帝慮下情壅蔽，故降是詔。後有草澤上書言時政，引對，詞甚狂悖〔三〕，帝不之罪，慰諭以遣之。因謂宰相曰：「往昔帝王多以尊極自居，詞氣嚴厲，左右無敢貢一言者。朕雖布衣言事，必温顔以待之，只如每與卿等款曲商搉時事〔四〕。蓋欲通上下之情，無有所隱。」宋 2 琪等頓首稱謝。

八月十六日，有布衣以皂囊封書獻者，其詞狂妄，帝覽而不之罪。因謂宰相曰：「（此）〔比〕降詔書許人言事，近有上章者，朕皆一一覽之。但外人不知朝廷要務，所言孟浪，不切機會。本欲下情上達，庶事無壅，故雖狂悖〔五〕，亦不加罪。」宋琪等對曰：「陛下廣納言之路，苟百中得一，亦是國家之利。」

端拱元年三月七日，詔：「内外文武百官，近以擬議之間，選用非當。雖居侍從，相尚因循，殊無直氣英風，但有虛詞矯飾。言事者率多侵局，拜章者止務身謀。今後諫省官等各思砥礪，共守箴規，事有不便者即時上言，民有未康

〔一〕天頭原批：「《帝系・帝治》：詔群臣言事、優禮大臣、賜功臣字、守法、經筵、觀賞、却貢、罷貢、存先代後、録諸國後、出宮人。」按，此是整理者區分門類之設想。其中「經筵」、「觀賞」、「却貢」、「存先代後」、「録諸國後」、「出宮人」諸目今見於《輯稿》崇儒七，「優禮大臣」見禮四七，「賜功臣字」見禮五九，「帝系」中僅有「詔群臣言事」、「守法」及「觀賞」目中所附「三元燈」，不宜標以「帝治」之目，今只用《大典》所收《宋會要》子目爲題。

〔二〕臧：原作「藏」，據《長編》卷二一五改。

〔三〕悖：原作「勃」，據《長編》卷二一五改。

〔四〕搉：原作「確」，據《長編》卷二一五改。

〔五〕悖：原作「勃」，據《宋史全文》卷三改。

者盡情條奏。至于御史臺官實號紀綱之任，亦當動舉憲章，静司（彈）〔彈〕奏。勉哉臣僚，咸聽朕命！」

二年正月十一日，詔曰：「頃者以燕薊之民，國家舊俗，（此）〔比〕因晉室，遂陷北戎。耆老没於遐荒，子孫墜於塗炭。間歲以來，乘秋爲患。凡中外臣僚、文武百辟，比肩食禄，峨冠在庭，必有智路宏深、才識並茂，可以坐清祆祲，克静烽煙，各宜悉陳所見，密具封章。所責盡心，無効鉗口。」

淳化五年八月十五日，詔曰：「昔漢武之時，上書闕下衒鬻者以百數，故枚臯徒以作賦，遂拜爲郎；東方朔敢肆大言，亦得待詔。朕甚不取也。蓋自衒自媒者，士女之醜行；難進易退者，賢達之令猷。適足長躁競之風，何以取敦朴之士？自今京、朝、幕職、州縣官等，不得輒獻詩賦雜文。如有時政闕失、民間利害策及直言極 **3** 諫書，即許投進。其宏才奥學，爲人所稱者，令於中書投獻，丞相以聞，别聽進（旨）〔止〕。」

至道元年三月十四日，詔曰：「在昔唐虞建官惟百，今國家郡縣至廣，吏員衆多，自三公九卿以至九品一命，逮千萬數。皆懷材抱器，明習利病，恪居官次，不求聞達。非開敢言之路，曷導下民之情？宜令諸路轉運司告諭部内幕職、州縣官等，應公私利害，並許上言，附傳置以聞，委舍人院閲視其可否。」

三年五月四日，詔曰：「朕聞古先哲王之御天下也，懼德教之未修，慮政刑之或濫，必資獻替，用致和平。朕承二聖之靈，託兆民之上，側身思道，恭己嚮明。念守位之至艱，若涉川而未濟，夙夜兢畏，靡遑厥居。且萬務至繁，四海至廣，政令豈能盡善，風謡安得盡知？凡所施張，寧無闕失？未聞讜議，朕甚懼焉。况今有位之賢，咸藴佐時之畧。所宜朝夕納誨，以弼予違，蹇諤盡規，以補台德。苟言之弗用，則過在朕躬；若求之不言，則咎將誰執？宜令御史臺告示内外文武羣臣，自今人君有過，時政或虧，軍事否臧，民間利害，並許直言極諫，抗疏以聞。庶乎在下者不隱其情，居上者獲臻于治。罔或畏避，以副虚懷。」

真宗咸平元年二月四日，詔曰：「自昔哲王之有四海也，樂聞己過，忻納讜言，用能致時雍熙，驅民仁壽。矧予寡昧，始嗣基圖，逾歲于兹，上穹譴見。斯蓋時事乖舛，政刑鬱堙，果惻天心，遽垂星變。夙夜循省，祗懼益深，敢忘責躬，以答 **4** 譴戒？詢于有位，竚以虚懷。當思極言，無有所隱。朕將親覽，惟善是從。」

十月二十二日，詔：「今後臣僚如有著述文字，許詣閤門通進，朕當親覽，用擇材能。如文理稍優，仍令兩制官銓簡聞奏。」

二年閏三月七日，詔曰：「朕處九五之尊，託億兆之上，撫臨四海，倏及再期。軫宵旰之憂勞，奉祖宗之憲度。誠不感於穹昊，惠未及於黎元。歲罔豐登，氣尚堙鬱。將歷炎蒸之候〔一〕，荐成僁亢之災。緩獄恤刑，雖示哀矜之旨；側身思咎〔二〕，彌深惕懼之懷。比者累降詔書，大開言路，頗多叢脞，不足頒行。且念古先哲王纂承統緒，求工瞽之諫，納蒭蕘之言，克濟大猷，以臻至治。咨爾簪紳之士〔三〕，洎乎巖穴之倫，必能辯朝政之是非，察下民之疾苦，無懷畏避，當悉敷陳，體予不諱之心，副此惟行之命。自今並宜直言極諫，密疏以聞。或靡尚於屬詞，當直書其所見。言善者必加甄賞，理短者亦爲優容。勿習餘風，復談鄙事。誕告中外，知朕意焉。」

四月四日，帝謂宰相曰：「近覽言事封章，日不下百數，時亦有得。卿等更詳之，如文理可采者，別取進止〔四〕。」因詔文武羣臣封事，令閤門畫時進内〔五〕，勿致稽留。

三年十一月九日，詔：「應在京文武百官，自今已後，眇躬之行事過失，朝廷之布政苛煩，時令之有所不和，人情之未能上達，並宜直具條奏，勿或緘藏。至于在外文武臣僚，皆受國家寄任，未預依次轉對者，各許上章奏事。國疵時病，吏[5]蠹民艱，一一上言，孜孜在念。繄爾多士，咸知朕意。」

四年五月二十九日〔六〕，帝謂王旦等曰：「朕以臣僚上殿者，劄子不列名姓；拜章言事者，請留中不下。是皆攻人之短，發人陰私，而不欲明行彈糾者。若偏聽，則事不可明；若不宣行，又遺言者之意。」遂命杜鎬、陳彭年檢討前代臣僚上封言事故事，而降詔曰：「朕司牧生民，講求政典。言念代工之理，實資著位之臣，咸服蟬聯，並勤夙夜，固傾輸於誠節，悉砥礪於廉隅，恪奉教條，共康理道。而有因循未革，習以爲常，馳競相沿，免而無耻，或攸司之曠廢，或言事之詐欺。宜頒申儆之文，用洽至公之化。文武臣僚等各膺寵遇，宜在竭誠。凡所上章，故當無隱。倘思盡瘁奉國，復何恤於人言？豈必留中匿名，俾有傷於公(禮)〔體〕？蓋有愛憎是狥，善惡多誣，但欲潛惑於聽聰，不願顯行於按覆，頗彰欺罔，深黷政經。今後所上章疏，並(頒)〔須〕明具姓名，不得更乞留中。如事干機密，朕即臨時相度，自餘並付所司，依理施行。又每因公事上殿，例有徼求，徒增躁競之風，何助隆平之治？今後或有時政得失，人民疾苦，刑獄寃濫，軍馬未便，事涉機密，即許上殿；尋常細務，並於閤門進狀。上殿劄子即許徑述事由，不必過爲文飾。倘或能除民弊，克利公家，即當旌此忠誠，別加甄賞。又或於外庭顯有聞見，倘云摭實，何憚明言？多因對敭，密形口奏，別無文狀，可以研窮。朋比者爲稱，廉直者

〔一〕候：原缺，據《宋大詔令集》卷一五一補。
〔二〕以上二句，「示」字原脱，「旨側身」三字原缺，並據《宋大詔令集》卷一五一補。
〔三〕簪：《宋大詔令集》作「搢」。
〔四〕止：原作「旨」，據《長編》卷四四改。
〔五〕畫時進：原作「畫時近」，據《長編》卷四四改。
〔六〕按此條事，《長編》卷六五編于景德四年五月，并注云：「《五朝會要》以此事繫之咸平四年，誤也，今不取。」

見6謗，忠良受染，評黷爲公。既暗昧以難明，必欺誣而潛肆。徒使有罪獲免，非辜致疑。今後或覩在京及外處官員政治有聞，公忠可舉，意不掩善，欲達朝廷，及貪黷狗私，踰違昏昧，志思疾惡，心欲盡規，並仰明獻封章，當行覆驗，虛實之際，賞罰攸存。不得更因上殿，口有陳奏。中書、樞密院咸司政柄，共乂邦家；矧在公朝，宜崇治體，用符表率，以正彝倫。今後如聞内外文武臣寮、使臣軍校，或公勤舉職，清白檢身，或不守廉(肆隅)〔隅，肆〕爲踰濫，並令進擬，明述所因，或請獎諭甄(陛)〔陞〕，或請替移按驗。庶叶至公之道，允成康濟之功。諫議大夫、司諫、正言官參侍從，職奉箴規。既言責以在茲，且忠規而是竭。但懷緘默，尤屬素尸。自今覩朝廷過失，刑政不當，雖成命已行，而羣情未協，並仰各上封章，直言利病。至於考績，當舉舊規，即不得苟扇虛聲，潛相朋附。御史臺糾察四方，肅正百辟，臺閣之内，無所不監，王公以降，皆得舉劾。自今内外臣僚有灼然違犯，刑獄寃濫，並依舊典，糾察彈奏。倘能盡公忠，不瘝職業，當加擢用，以勸能官。如是懷顧禄之心，絶繩違之志，既章選愞，必正簡書。或有應糾而不糾，不應糾而糾，令尚書都省彈舉以聞。王者稽古，蓋思於俾乂；先甲出令，用示於必行。當九有之承平，乃百度之求理。旌别淑慝，人也其時；申明紀綱，行之在我。咨爾縉紳之列，暨于鈞軸之臣，各啓乃心，奉若成憲，所宜遵稟，無冒7憲章。中外臣僚，體予深意。」時太常丞李邈上言：「準詔，上章疏不得更乞留中。切見唐憲宗朝李絳面陳，願獎勸忠藎，開納規諫。憲宗曰：『卿所陳至公〔一〕，有裨於我。今諫官韋處厚、路隨甚有疏諫，言極忠益〔二〕，恐卿不知。』以此足見諫臣之言，不泄於〔外〕。況羣臣多士，願獻至忠，或有機微之事，理須密切。又陛下亦欲知天下民務，觀百辟才能。此詔若行，恐未允當。願令追寢，以開言路。」帝曰：「邈殊不知朕意。前詔但爲禁詆訐誣罔之輩爾，倘軍國機宜大事，不可付外者，即不在此限。」乃以手詔諭之。又龍圖閣待制戚綸面陳詔旨不便，因出示宰臣。帝曰：「綸意以謂陳述之人難得面奏。然自頒詔以來，升殿奏事之人未嘗有阻。朕於諸臣，貴在公共，不願潛行交構，陰有中傷。朕思天下至廣，自惟寡昧，常慮闕政，豈止虛懷求諫，常亦惕然而懼。前代帝(主)〔王〕好窮兵黷武，懈於機務，惑聲色，事奢靡，此其大過，朕固不爲。人臣論事，若衆人所不敢言，獨能言之，乃可嘉尚。綸性純謹有學問，但未諭詔意爾。」

七月九日，帝謂宰臣曰：「比降敕不許臣僚以無名劄子奏事，近日以來，奏事者殊少。卿等宜因接士大夫，察問四方之事以聞。」

六年十二月九日，詔曰：「朕受命上穹，爲民司牧，罔

〔一〕公：原稿注云「原本缺」，據《長編》卷六五補。
〔二〕忠益：原作「志盡」，據《長編》卷六五、《國朝諸臣奏議》卷一八改。

敢逸豫，冀臻治平。而大信未孚，至化猶鬱，下情罕達，闕政靡聞。深佇讜言，用寬吳席〔一〕。在蒭蕘而弗棄，庶藥石之見投。間者實有詢求，徧于中外，8或遘納中之説，必期擇善而行。雖每覽封章，慰予所望，而極陳得失，未見其人。宜令内外文武羣臣述官政之否臧，指生民之利病，恪盡所見，無爲後言。《書》曰『詢謀僉同』，《禮》云『有犯無隱』。倘箴規之可採，顧賞勸而必行。期爾衆多，無吝傾竭。仍令御史臺、諸路轉運司布告天下，知朕意焉。」

景德元年正月六日，帝謂宰臣等曰：「近日羣臣罕嘗言事，若有所畏避。況今公朝，何至如此？」因言唐朝朋黨尤盛，漸不可制，以至王室卑弱。又言其姦邪難辨。李沆曰：「佞言似忠，姦言似信。至如盧杞蒙蔽德宗，李勉以爲真姦邪，是也。」帝曰：「姦邪之類，雖一時難辯，亦久當自露。」

三年四月二十五日，詔：「應在朝文武百官等，候得替，先具民間利害，條列實封，於閤門通進後，方許朝見。博詢中外，庶廣聰明，凡爾臣僚，咸悉朕意。」

大中祥符八年四月二十四日，詔曰：「朕承大寶，祗懼小心。膺眷祐之無疆，荷靈禧之協應。少虧周慎，俄有震驚〔二〕。雖曰因人，敢忘克己？今月二十三日夜〔三〕，榮王元儼宮不謹遺燼，遽致延燒。昏夕之間，撲滅靡及；遲明之際，士伍併臻。尚賴羣心，率同盡瘁。殿庭連屬〔四〕，不免致焚〔五〕；宮禁回環，幸皆安堵。眷茲藩邸，自失於防微；叩謝宗祊，(爾)〔彌〕深於省咎。亦虞庶務，未洽大和，或政令匪中，或物情有壅，期聞讜論，以輔眇躬。應文武官並許直言，當從親覽。渴聞規益，勿吝傾輸。」

仁宗天聖十年八月二十一日，詔曰：「朕以眇9躬，纂膺鴻緒。席祖宗之累善，遵方夏之大寧。内奉慈顔，宣揚庶務；外詢髦士，稽訪遠猷。纖介之善必旌，毫分之罰惟慎。既絶畋游之好，亦無臺榭之營。十載於茲，群倫所悉。不虞昕夕，遽有震驚。今月二十三日夜，宮掖之間，忽興遺燼。蓋掖庭之内，火禁非嚴；而永巷之中，警巡無及。殿堂密接，遂致延燒；鍾漏未晨，難於救撲。(向)〔尚〕賴蒼旻垂祐，臣庶協忠，迨及遲明，已息炎燎。端門正寢，禁帑群司，幸免俱焚，實緊衆力。至于武衛，各竭純誠，肅奉宸居，即時安堵。緬思降儆，遴念前規，凡遇災祥，必伸戒懼。或者朝章時政，猶爽至和；物態民心，非無壅閼。敢忘罪己，庶叶飭躬。惟爾具僚，達于群品，有懷碩慮，罔吝昌言。當隱憂啓聖之晨，佇畢力首公之効，同歸于道，茲有望焉。」

〔一〕吳席：疑當作「矢席」，矢古側字。《禮記·曲禮上》：「有憂者側席而坐。」「用寬矢席」謂用寬憂慮。「矢」以形近而訛爲「吳」。
〔二〕俄：原作「成」，據本書瑞異二之三二、《宋大詔令集》卷一五二改。
〔三〕二十三日：原作「二十二日」，又脱「夜」字，並據本書瑞異二之三二、《長編》卷八四改補。
〔四〕連：原作「達」，據本書瑞異二之三二、《宋大詔令集》卷一五二改。
〔五〕焚：原作「禁」，據本書瑞異二之三二、《宋大詔令集》卷一五二改。

宜令中書門下宣諭中外。」

明道二年四月一日，詔曰：「朕歷踐藩儲，暨于纂紹，荷祖宗之積善，致寰海之隆平。大行皇太后撫育眇躬，恩仁至厚，自膺付託，佑助政機。宵旰十年，憂勞萬務。動克遵於禮法，言必合於典常。涖事擇於大中，奉身極於清儉。乃至保大安人之術，求賢御衆之方，詳刑慎罰之規，恤隱防微之要，實賴慈誨，臻于善經。方祈壽康，以祚邦國，而昊穹降沴，風（不）〔木〕纏哀。莫報飭勞〔一〕，但增追慕。眷言涼薄，荐遘孤煢。念王業之惟難，非獨見之攸濟。而今而後，所掌中外文武群材衆臣〔二〕，副予肯構之心，贊我保邦之業。無有遠邇，悉輸（悉）〔忠〕勤，徇公[10]滅私，興利除害。政率先於久大，舉無壞於經常。威愛而治兵民，剛柔以濟能否。罔違衆而從欲，各竭誠而佐時。庶盡所長，輔予不逮。用協先訓，以光令猷。宜令中書門下遍行宣諭。」

景祐五年正月十日，詔曰：「朕紹膺景命，撫育中區。一對天地之宏休，奉祖宗之成憲。常懷惕厲，靡敢怠荒。一志于兹，十有六載。兵戈偃戢，方隅底寧。百稼屢登，億姓咸（義）〔乂〕。雖未臻至化，抑可謂小康。而去歲以來，衆異間作。星文流變，謫見於穹旻；坤載震摇，沴生於邊鄙。定襄之郡，爲害特深。室廬墊陷以寔蕃，黎氓壓覆而斯衆。飛奏繼至，予心惻然。而又春候方初，蟄户俄振。退而修省，罔究端倪。蓋朕體道雖勤〔三〕，燭理猶昧。以涼德而處尊位〔四〕，以眇質而保鴻名。致此（機）〔機〕祥，敢忘戒懼。爰申誕告，式佇讜言。其或朕躬之闕遺，執事之阿枉，政教未臻於理，刑獄靡協于中，在位有壅蔽之人，效官有貪墨之吏，仰諫官、御史，搢紳百僚，密疏以言，悉心無隱。限半月内實封進納〔五〕。朕當親覽，靡及有司，擇善而行，固非虚飾。咨爾多士，宜體朕懷。」

康定元年三月二十五日，詔曰：「朕寅威端命，撫有多方。紹服前人之明，勤經庶政之治。居常勵翼，罔敢怠荒。每惟眚異之來，深原譴告之自，（處）〔虔〕修應實，所冀格和。而乃咎證薦臻，猋風示變，若豐其蔀，方晝而冥。震懼載懷，惄焉如疚。蓋朕責躬匪至，求訾尚違。德刑弗協于中，信化未孚于下。緣兹爽戾，再集（機）〔機〕祥。重[11]念景公退熒舍之災，成王起郊禾之偃，曾不旋日，念應自天。寧予渺冲，靡克通感？矧前詔中外，率貢讜謀，亦既累旬，未聞獻可。宜申誕告，式并條陳。有能補朕闕遺，究民利病，圖禦邊之方畧，述在位之阿私，悉心以談，遲當親覽。庶擇善言之益，助迎休氣之祥。咨爾群倫，咸知朕旨。」

〔慶〕曆四年二月二十二日，詔權御史中丞王拱辰赴

〔一〕飭：疑當作「劬」。
〔二〕掌：疑誤。
〔三〕雖：原作「迪」，據《國朝諸臣奏議》卷三八（宋淳祐刻元明遞修本）改。
〔四〕位：原脱，據《國朝諸臣奏議》卷三八（宋淳祐刻元明遞修本）補。
〔五〕月：原作「日」，據《長編》卷一二一、《國朝諸臣奏議》卷三八（宋淳祐刻元明遞修本）改。

臺。拱辰因入見，諭曰：「言事官第自振職〔一〕，勿以朝廷未行爲沮己，而輒請解去，以取直名。自今有當言者，宜力陳無避。」拱辰頓首謝。

七年三月二十一日，詔曰：「朕臨御以來，于今二紀，〔威〕〔夙〕夜祗懼，不敢康寧，庶洽治平，以至嘉靖。自去歲冬末，時雪已愆；今春大旱，赤地千里。百姓失業，無所告勞。朕思災變之來，不由他致，蓋朕不敏於德，不明於政，號令弗信，聽納失中，俾茲眚祥，下逮黎庶，天威震動，以戒朕躬。大懼不能承宗廟之靈，負社稷之重，苦心焦思，惶悸失圖。是用屈己以謝愆，歸躬而上叩。不御正殿，不舉常珍。外求直言，以答天譴。冀高穹之降鑒，閔下民之無辜。與其降疾於人，不若移災於朕。庶用感格，以底休成。自今月十九日後，只坐崇政殿，仍減常膳。應中外文武臣僚，並許實封言當世切務。三事大夫其協心交儆，輔予不逮。」

八年三月十六日，幸龍圖、天章閣，召近臣宗室觀太宗《遊藝集》、三朝瑞物，乃出手詔賜輔臣曰：「朕承祖宗大業，賴文武藎臣夙夜兢兢〔二〕，期底[12]於治。間者西陲禦備，天下驛騷，輒募兵師，急調軍食。雖常賦有增，而經用不給，累歲于兹，公私匱乏。加以承平寖久，仕進多門，人浮政濫，員多闕少。又牧宰之職，以惠綏吾民，而罕聞奏最；將帥之任，以威制四夷，而艱於稱職。豈制度未立，不能變通於時邪？簡擢靡臻，不能勸勵于下邪？西北多故，虜態難常。獻奇譎空言者多，陳悠久實效者少。備豫不虞，理當先物。思濟此務，罔知所從，悉爲朕條畫之。」

二十五日，賜翰林學士、三司使、知開封府、御史中丞等詔曰：「欲聞朕躬闕失，左右朋邪，中外險詐〔三〕，州郡暴虐，及法令非便民者，悉以條陳。至於朝廷幾事，或自有所見，亦附于篇，當不付外。擇在〔子〕〔予〕衷，毋慮後患。」時皆給筆札，令即座以對，而宰臣陳執中固辭。帝復敦諭，至于三四，乃聽兩府歸而上之。

二十六日，御迎陽門，召知制誥、待制至臺諫官等，又出手詔曰：「朕欲聞朝政得失，兵農要務，邊防備預，將帥能否，財賦利害，錢法是非，與夫讒人害政，姦盜亂俗，及所以防杜微漸之策。悉對于篇，無有所隱。如所懷未盡，聽別疏以聞。」

皇祐二年十二月二十四日，詔曰：「逾歲于兹，上天譴見。良由時事乖舛，政化鬱堙，果惻天心，遽出星變。仍自今月五日不御正殿，其尚食所供常膳亦宜減省。中外臣僚言當世切務。」

四年正月十九日，詔：「昨爲唐介顯涉結附，合行降黜之典，亦慮言路或梗，尋與叙遷。尚恐言[13]事之臣有所顧慮，令御史臺、諫院務盡鯁直，以箴闕失。仍令通進司，或

〔一〕振：原作「辰」，據《長編》卷一四六改。
〔二〕藎：原作「盡」，據《樂全集》卷一八、《長編》卷一六三改。
〔三〕詐：原作「計」，據《長編》卷一六三改。

有章奏，晝時進入，必當親覽，或只留中。」

十月十八日，帝謂輔臣曰：「比日上封言政事得失者少，豈非言路壅塞所致乎？其下閤門、通進、銀臺司、登聞、理檢院、進奏院：自今州縣奏請，及臣僚表疏，毋得輒有阻留。」

五年五月(十)六日〔一〕，詔曰：「朕循三聖之法，監百王之憲。永惟唐虞之世，以及文武之時，上有求教之勤，下有告猷之助。憂勞旰昃，罔敢自安。日與輔臣，裁決萬務，雖極辯之不倦，當退公而益彊。宜即燕閒，同講治道。自今中書、樞密院輔臣如有軍國大政、邊防重事，候前殿退，別請對於後殿。仍前一日先具所陳事以聞。」

十月九日，詔：「春夏以來，蝗旱爲災〔二〕，民間利害有未達者。其令諸路轉運、提點刑獄司徧諭親民官採訪以聞〔三〕。」

至和三年六月二十九日，詔曰：「朕猥以眇身，奉承聖業，常懼政化之爽，以羞祖宗之靈，日昃劬勞，躬自懋勉，約己以濟物，推誠而任人。肅將一心，殆且三紀，庶蒙休應，以登至平。近乃淫雨降災，大水爲沴，敗公私之廬舍，冒西南之城扉。秋稼有淪傷之嗟，貧人罹溺喪之苦。彌月于此，積晦未開，兩河之間，決溢爲患。夙夜惟念，悼痛于懷。此皆朕德不明，天意所譴，致茲災潦，害及下民。是亦邦治未孚，王職多闕，賞罰有所不當，詔令得非未便，獄訟頗枉〔四〕，賦役煩急。既民寃失職者衆，則天災緣政而生。思聞讜14言，以推咎罰。道有消復，志在更張。應中外臣僚並許上封言時政闕失。凡當世之利害，及制治之否臧，悉心以陳，無有所諱。庶幾弭塞變異，召致和平。咨爾股肱之臣，其交相戒敕，虛心以調元化，合志而營庶政，輔予不逮，冀其有慶。」

英宗治平二年八月八日，詔曰：「蓋聞古之聖賢在位，陰陽和，風雨時，日月光，星辰静，黎民阜蕃，以底休平，朕甚慕之。朕猥以眇身，託于王公之上，夙夜以思，惟懼不能以承先帝鴻業〔五〕。而比年以來，水潦爲沴。迺八月庚寅大雨，京師廬室墊傷，被溺者衆，大田之稼，害于有秋。竊迹災變之來，曾不虛發，豈朕之不敏於德，而不明於政歟〔六〕？將天下刑獄滯寃，賦繇煩苦，民有愁嘆亡聊之聲，以奸其順氣歟？不然，則何天戒之甚著也？今飭躬焦思，欲銷伏大異，而未聞在位者之忠言。進祈自新，厥路何繇焉？應中外臣寮，並許上實封，言時政闕失及當世之利病，可以佐元元者，悉心以陳，毋有所諱。執政大臣皆朕之股肱，其協德交修，以輔朕之不逮。」以上《國朝會要》。

〔一〕「六」上原有「十」字，據本書儀制六之一一及《宋史》卷一二《仁宗紀》删。
〔二〕爲：原作「於」，據《長編》卷一七五改。
〔三〕親：原作「新」，據《長編》卷一七五改。
〔四〕枉：原作「狂」，據《宋大詔令集》卷一五三改。
〔五〕不：原脱，據《華陽集》卷二三補。
〔六〕於：原脱，據《長編》卷二〇六補。

四年神宗已即位，未改元。閏三月二十二日，詔曰：「朕以菲德承至尊，託于公卿兆民之上。惟治忽在朕躬，夙夜兢兢，上思有以奉天命，下念所以修政事之統。愧不敏明，未燭厥理。夫闢言路、通上下之志，欲治之主所同趣也。其布告內外文武羣臣，若朕知見思慮之所未及，至於朝之闕政，國之要務，邊防戎事之得失，郡縣民情之利【15】害，各令直言抗疏以聞，無有所隱。言若適用，亦以得人，觀其器能，當從甄擢。惟爾文武，其各體朕茲令之非徒下也。」

六月二十五日，詔曰：「農，天下之本也。祖宗以來，務加惠養，每勤勞勉，屢下寬恤之令，數賜蠲復之恩。然而歷年于茲，未極富盛，間因水旱，頗致流離[一]。深惟其故，殆州郡差役之法甚煩，使吾民無敢力田積穀，求致厚產，以避其擾。至有遺親背義，自謀安全者多矣。不幸逢其暴政，骨肉或不相保，愁怨亡聊之聲，豈不（勃）〔悖〕人理、動天地歟？害農若此，爲弊最深。上下偷安，苟務因循，重於改作，故農者益以匱乏，末遊者安其富逸焉。生生之路至謬戾也，朕甚悼焉。永惟出令之慎，故訪中外羣議，宜有嘉謀宏策貢于予聞。朕將親覽，擇善而從。順天興益，誠安敢怠；命非徒下，欽哉無忽！其令中外臣庶，限詔下一月，並許條陳差役利害，實封以聞，無有所隱。」

神宗熙寧元年正月十四日，中書、樞密院先奉手詔，以「經冬無雪，令各述朕躬過失，及時政未符天意者」。是日，曾公亮等同對，引咎拜謝。上曰：「日與卿等相見，議政之外，未聞忠規。朕非欲文飾，誠冀卿等極言闕失，以答天變也。」公亮等惶恐頓首而退。

二年四月二日，詔曰：「朕惟理財之臣失於因循，其法遂至於大壞，而天下之貨留積而不通，故特召輔臣，俾之置司，以講求其利病，將救其宿弊而更張之[二]，上以裨於國，下以足於民。而或者不察，【16】以爲專務苛碎刻削，以趨公家之急，茲豈朕之意哉？然而商天下之利者，必資天下之衆智而集成之，則理盡而不悖，事行而不跲，於是利源通，而富庶之俗成矣。其令內外臣僚，有能知財用利害者，詳具事狀聞奏。其諸色人亦具事理，經制置三司條（列）〔例〕司陳狀。在外者即隨所屬州軍投狀，逐處繳申制置三司條（列）〔例〕司。夫有言不酬，不足以申勸，事如可行，何吝於賞？如諸色人所言財利有可採錄施用者，當量其事之大小而甄賞之。」

二十日，詔曰：「傳曰『近臣盡規』，以其榮恥休戚與上同也。今在此位者，視朕過失與朝廷政事之闕，默而不言，乃或私議竊嘆，若以其責不在己。夫豈皆習見成俗，以爲當然，其亦有含章懷寶，待唱而發者也。今百度隳弛[三]，風俗偷墮薄惡，災異譴告不一，此誠忠賢助朕憂惕，以創制

[一] 離：原作「庸」，據《太平治迹統類》卷二一改。
[二] 救：原作「林」，據《宋大詔令集》卷一八四改。
[三] 隳：原作「墮」，據司馬光《傳家集》卷四三《上體要疏》改。

改法，救弊除患之時。宜令侍從官自今視朕過失與朝廷政事之闕〔一〕，無有巨細，各具封章，極言無隱。噫！言善而不用，朕有厥咎；道之而弗言，爾爲不恭。朕將用此考察在位所以事君之實，而明黜陟焉。咨爾有官，勿違朕旨。」

七年三月六日，詔曰：「朕涉道日淺，晻于致治，政失厥中，以干陰陽之和〔二〕。乃自冬迄春，旱暵爲虐，四海之內，被災者廣。間詔有司，損常膳，避正殿，冀以塞責消變。歷日滋久，未蒙休應，嗷嗷下民，大命近止，中夜以興，震悸靡寧。永惟其咎，未知攸出，意者朕之聽納不得於理歟？獄訟非其 17 情歟？賦斂失其節歟？忠謀讜言鬱於上聞，而阿諛壅蔽以成其私者衆歟？何嘉氣之久不効也？應中外文武臣僚，並許實封直言朝政闕失，朕將親覽，考求其當，以輔政理。三事大夫其務悉心交儆，成朕志焉。」

八年十月十二日，詔曰：「朕以寡薄，猥承先帝末命，獲奉宗廟。顧德弗類，不足仰當天心。比年以來，災異數見，山崩地震，旱暵相仍。今彗出東方〔三〕，變尤大者。內惟淺昧，敢不懼焉。已避正殿、減常膳，慮未足以祇天戒。應中外臣僚並許直言朝政闕失，朕〔將〕虛心以（致）〔改〕，庶以消天文之變焉。」先是手詔中書門下：「卿等率在庭之臣直言朕躬過失，改修政之未協於民者以聞。」宰臣遂頒。

元豐三年七月二十五日，詔中書曰：「朕以寡昧，獲奉宗廟，夙夜祇畏，不遑康寧，冀或仰當天心，感格和氣，以敷錫於庶民。而太史占言，謫見乾象，乃孟秋癸未，彗出西方。譴告之來〔四〕，厥有攸召。夫豈朕德弗類，刑政或謬於理歟〔五〕？吏之不良，而民或失職歟？永惟厥咎，朕甚懼焉。自今月戊子避正殿，減常膳，中外臣僚並許直言朝政闕失，朕虛心以改，庶古先格王正厥事之意焉。」原本缺。

八年哲宗已即位，未改元。五月五日〔六〕，詔曰：「蓋聞爲治之要，納諫爲先。朕思聞讜言，虛己以聽。凡內外之臣，有能以正論啓沃者，豈特受之而已〔七〕，固宜不愛高爵重禄〔八〕，以獎其忠。設其言不當于理，不切于事，雖拂心逆耳，亦將欣然容之，無所拒也。若 18 乃陰有所懷，犯非其分，或扇搖機事之重，或迎合已行之令，上則觀望朝廷之意以徼倖希進，下則衒惑流俗之情以干取虛譽，審出於此，而不懲艾，必能亂俗害治。然則黜罰之行，是亦不得已也。顧以即政之初，恐群臣未能徧曉，凡列位之士，宜識此心，務自竭盡。朝政闕失，當悉獻所聞，以輔不逮。宜令御史臺出榜朝堂。」

六月二十五日，詔曰：「朕紹承燕謀，獲奉宗廟。初攬

〔一〕官自今：原作「臣」而前後各空一格，據《傳家集》卷四三《上體要疏》補改。
〔二〕干：原作「失」，據《長編》卷二一五一改。
〔三〕方：原作「萬」，據《長編》卷二一六九改。
〔四〕來：原作「未」，據《宋大詔令集》卷一五四改。
〔五〕理：原缺，據《宋大詔令集》卷一五四補。
〔六〕五日：《長編》卷三五六繫於三日乙未。
〔七〕「豈特」、「之」三字原缺，據《長編》卷三五六補。
〔八〕「宜」原作「且」，「愛」原作「受」，并據《長編》卷三五六改。

庶政，鬱于大道，夙夜祇畏，不敢皇寧，懼無以章先帝之休烈，而安輯天下之民。仰惟古之王者，即政之始，必明目達聰，以防壅蔽，敷求讜言，以輔不逮，然後物情徧以上聞，利澤得以下究。《詩》不云乎：『訪予落止。』此成王所以求助，而群臣所以進戒，上下交儆，以遂文武之功，朕甚慕焉。應中外臣僚及民庶，並許實封直言朝政闕失、民間疾苦，在京於登聞鼓、檢院投進〔一〕，在外於所屬州軍驛置以聞。朕將親覽，以考求其中而施行之。」以資政殿學士〔二〕、通議大夫司馬光言：「臣先於三月三十日上言，乞下詔書廣開言路。臣昨奉聖旨入見〔三〕，蒙降中使，以五月五日詔書賜臣看閲。臣伏讀詔書，其間有愚心未安者，不敢不冒萬死極竭以聞。切見詔書，始末之言固盡善矣，中間逆以六事防之。臣以爲人臣惟不上言，上言則皆可以六事罪之矣。其所言或於群臣有所褒貶，則可以謂之『陰有所懷』。本職之外微有所涉，則可以謂之『犯非其分』。陳國[19]家安危大計，則可以謂之『扇搖機事之重』。或與朝旨暗合，則可以謂之『迎合已行之令』〔四〕。言新法之不便當改，則可以謂之『觀望朝廷之意』〔五〕。言民間愁苦可憫，則可以謂之『衒惑流俗之情』。然則天下之事，無復可言者矣。是詔書始於求諫，而終於拒諫也。伏望於詔書中删去中間一節〔六〕，使天下之人各盡所懷，不憂黜罰。」故有是詔。

元祐六年四月五日，左諫議大夫鄭雍言：「冬春之交，陰陽繆盭。願詔近臣條具利病，明言失得，考之經傳，參之今古，益廣聰明求治之意。」詔御史臺行下。

紹聖四年九月二日，詔曰：「朕以菲德，奉承大業，夙夜戰栗，不遑康寧，惟恐不足以仰當天心，以羞先帝聖德。乃仲秋之夕，彗出西方。推原典經，茲謂大異。永惟其咎，未燭厥理。豈非庶政之失，以悖三光之明？譴告之來，朕實祇懼。《書》不云乎：『惟先格王正厥事。』已避正殿，損常膳，罷秋宴。公卿其各悉心修政，輔朕不德。應中外臣僚等並許直言朝廷闕失，朕將親覽，虚心以改，庶幾以銷天文之變焉。」

元符三年徽宗已即位，未改元。三月二十四日，詔曰：「朕以眇身，始承天序，任大責重，罔知攸濟。永惟四海之遠，萬機之煩，豈予一人所能徧察，必賴百辟卿士，下及庶民，敷奏以言，輔予不逮。矧太史前告，天將動威，日有食之，期在正月。變異甚鉅，殆不虚生，夙夜以思，未燭厥理。將以彌綸初政，消弭天菑，自非藥石之規，孰開朕聽？況今周[20]行之内，人有所懷，蒭蕘之中，言亦可採。凡朕躬之闕失，若左右之忠邪，政令之否臧，風俗之孅惡，朝廷之德

〔一〕鼓檢：原稿注云「原本缺」，據《長編》卷三五七補。
〔二〕政：原作「正」，據《長編》卷三五七改。
〔三〕昨：原作「非」，據《温國文正公文集》卷四七《乞改求諫詔書劄子》改。
〔四〕行：原脱，據《温國文正公文集》卷四七補。
〔五〕可：原脱，據《温國文正公文集》卷四七補。
〔六〕「詔書」上原衍「諸」字，據《温國文正公文集》卷四七删。

澤有不下究，閭閻之疾苦有不上聞，咸聽直言，毋有忌諱。朕方開讜正之路，消壅蔽之風，其於鯁論嘉謀，唯恐不聞，而行之唯恐不及。其言可用，朕則有賞；言而失中，朕不加罪。朕言惟信，非事空文。尚悉乃心，毋悼後害。應中外臣僚以至民庶，各許實封言事。在京於合屬處投進，在外於所在州軍附遞以聞。」先是中書舍人曾肇言：「臣伏讀《詩》《書》，見周成王即政之初，咨嗟求助，至于再三。群臣進戒，亦皆至誠懇惻，無所諱避。然考其時，猶在除喪朝廟之後。及康王嗣位，自乙丑至癸酉纔九日，而君臣更相訓告，如恐不及。豈非天位至重，守之至難，祗畏恐懼，尤在其始。今陛下踐祚之初，臣願修轉對之制，下不諱之令，明詔百官，下及庶民，使得極言時政，無有所隱。庶以鼓動天下敢言之氣，紓發鬱湮壅塞之情。當今先務，無易此者，惟聖明亟行之。」迺下此詔。既而以奉議郎鄭敦義爲承議郎，左班殿直高士育爲承務郎，韶州仁化縣令鹿敏求爲承事郎。賜大學上舍生何大正同進士出身，及開封府進士呂彦祖並爲初等官。大正(直)〔真〕州司法參軍，彦祖淄州司户參軍。鄭敦義、高士育、鹿敏求仍令閤門引見上殿。後又賜太學生江緯進士及第，仍召對，爲處州縉雲縣令。皆以應詔上書推賞也。

五月十一日，臣僚上言：21「伏見陛下發德音，下明詔，使臣直言，毋有所隱諱。況詔書已有『其言可用，朕則有賞』之文，則宜實其言以信天下。臣伏聞治平四年，神宗皇帝踐祚之初，即求直言，尋又下詔：『上書言事人所陳政事時務，材識出衆者，命官特加甄擢；其次賜(次)詔書奬諭。布衣則令有司召問，條對有理，量材録用。』即當時諮謀勸誘，如此其詳矣。至有朝上書、暮召對者，是以四方萬里，人人奮勵，争竭腹心，唯恐在後。伏願陛下明諭輔臣，討尋治平四年之令，舉而行之。臣又伏思，上書之人所言不一，其泛論大體，指陳邪正，如此類者，自可留之禁中，以備觀覽。至於陳述利害，事干有司者，即乞降付政府，委官看詳，有可施行，旋具聞奏。如此，則聖詔之出，不爲空文，施之國家，固非小補。」詔差豐稷、張舜民看詳。後右司諫孫諤言：「差官看詳士民所上封事，臣切以爲未便。若謂章疏繁多，聰明不及周覽，乃使臣下泛觀而歷採之，臣恐上封言事之人繼踵趨走於看詳之門，私謁者源源不已也。願收還其書，於燕閒之餘，時取而觀之，間有可採，褒以爵賞，則命令尊而天下勸矣。」詔前差豐稷、張舜民看詳指揮勿行。

徽宗崇寧五年正月十二日，詔：「朕以寡昧，奉承大烈，夙夜祇惕，靡敢康寧，冀以仰當天心，感格和氣。方孟春之夕，星文變見，推原載籍，兹謂大異。豈朕德弗類，政刑罔中，皇天動威，以示譴告？永惟厥咎，朕甚懼焉。已避22正殿，損常膳，中外臣僚等並許直言朝政闕失，朕將親覽，虛心以改。庶幾古先哲王克正厥事，以銷乾象之變。」

十五日，詔：「比詔求直言，尚慮臣僚畏避，不敢指陳闕失，可詔侍從官各具所見，實封聞奏，朕將親覽焉。」

二月一日，詔：「四方之遠，視聽豈能周偏？慮有民瘼，壅於上聞，可詔逐路監司察民間疾苦，具實以聞。」

大觀四年五月二十二日，詔曰：「朕以寡昧，獲奉宗廟，顧德弗類，不足以仰當天心。今彗出東方，兹爲大異，永思厥咎，朕甚懼焉。自五月十八日避正殿，損常膳，許在京任職侍從官直言朝政闕失，朕虚心以改，庶以迎休嘉之應焉。」

政和元年二月八日，詔：「諸路臣僚陳述民間利害，已付三司看詳。可令左右司置籍，每半年攷校，内有補治功、實利及民者，具名取旨，隨材陞擢。」

四月四日，臣僚言：「乞内外大小之臣，應有富國裕民之術，皆許條畫以聞。」詔：「富民之要，無如節用。若講究利源，徒見紛紛。臣僚之議可勿行。」

二年二月二十九日，詔曰：「朕惟神宗皇帝上稽成周，下監百代，立常平、免役之法，以成仁民愛物之政。其斂散有經，其操縱有權，憲禁詳密，無敢侵紊。不十數年，家給人足，國豐用裕，儲峙衍溢，粟腐而貫朽。雖中更隳弛，費出無藝，而積歲用之，靡有殫竭，何其盛哉！朕夙寤晨興，思庶幾焉。永惟紹聖之纂承，以迄于今，緝之熙之，罔或違寧。今縣官之費不給，而民財亦屈。算計見【23】効，若彼其遠，其故何哉？豈吏奉吾詔不勤，而惻怛之意不加歟？抑狎於餘習而詭法，以成其私者衆歟？將時異事殊，而奉行者未得其職歟？此朕之所憫也。宜令諸路提舉司推原熙豐立法之意，參究方今利害之實，何修何飭，而可以追復前日之盛，條具以聞，朕將擇其中而施行之。」

宣和七年十二月十九日，（語）〔詔〕：「河北、燕山邊事，理宜詢訪利害，選用人材。許文武臣僚等經尚書省投狀自効，并獻緊切利害。開封府牓諭。」

二十二日，詔曰：「朕獲承祖宗休德，託于士民之上，二紀于兹。雖兢業存于中心，而過咎形於天下。蓋以寡昧之資，藉盈成之業，言路壅蔽，導諛日聞，恩倖恃權，貪饕得志。搢紳賢能陷於黨籍〔一〕，政事興廢拘於紀年。賦斂竭生民之財，戍役困軍伍之力〔二〕。多作無益，侈靡成風。利源酤榷已盡，而牟利者尚肆誅求；諸軍衣糧不時〔三〕，而冗食者坐享富貴。災異讁見而朕不悟〔四〕，衆庶怨懟而朕不知。追惟己愆，悔之何及。已下信詔，大革弊端；仍命輔臣，蠲除宿害。凡兹引咎，興自朕躬，庶以少謝天人譴怒之心，保全祖宗艱難之業。慨念前此數有詔旨，如下令以求直言，修政以應天變。行之未久，奪于權臣，乃復歸咎建議臣僚，使號令不信，士氣沮傷。今日所行，質諸天地，後復更易，何以有邦。況當今急務在通下情，不諱切直之言，兼

〔一〕黨：原作「賞」，據《九朝編年備要》卷二九改。
〔二〕役：原作「後」，據《九朝編年備要》卷二九改。
〔三〕軍：原作「郡」，據《九朝編年備要》卷二九改。
〔四〕讁：《九朝編年備要》卷二九作「疊」。

收智勇之士，思得奇策，庶能解紛。望四海勤王之師，宣二邊禦敵之【24】畧。永念累聖仁厚之德，涵養天下百年之餘，豈無四方忠義之人，來徇國家一日之急？應天下方鎮、郡邑守令，各率師募衆〔一〕，勤王捍邊〔二〕。能立奇功者，並優加異賞〔三〕，不限常制。草澤之中〔四〕，懷抱異材，能爲國家建大計、定大事，或出使疆外者，並不次任使，其尤異者以將相待之。中外臣僚士庶，並許實封直言極諫，詣登聞檢院、通進司投進，朕當親覽。雖有失當，亦不加罪。」

欽宗靖康元年正月一日，詔曰：「木從繩則正，后從諫則聖。朕獲保大器，思聞藎言。應朝廷之闕失，政令之僻違，保邦御俗之方，安民禦戎之策，詢于有衆，咸極敷陳。雖有過差，必無罪譴。自今中外臣庶，並許實封直言得失以聞。」三月一日，詔侍從之臣，雖非本職，特許言事。

高宗建炎元年五月一日，詔：「應監司州縣違法賦斂，涉於掊克，或科配大買物色，實有擾害，及應干民間疾苦事件，並許中外臣庶詳具利害，經所屬官司陳述繳奏，或詣闕投進。當議者悉較正施行。雖語言訛訐，亦不加罪。」

十二月三十日，詔曰：「朕以眇躬，獲嗣大統。以一心之思慮，而圖四海之安危，以一己之見聞，而萬機之情僞，非盡臣工之謀議，曷臻方夏之敉寧？肆敷朕心，歷告列位。自今服采在職，其各悉心極言。凡言動舉措之過差，暨軍旅財用之闕失，人情之逆順，政事之否（藏）〔臧〕，號令不便於民，法制無益於國，若將施設，咸得指陳。或抗章而盡辭，或造膝而【25】入告。務從簡直，以便聽覽。咨爾有位，體至意焉。」

二年四月十三日，詔諸路監司條具靖康以來，凡棄城逃遁者某人，保城力守者某人，書其功罪，著其賞罰。賞太薄者厚加其賞，罰太輕者嚴正其罰，罪狀未聞者付之有司推明，使守土之臣，有以懲勸。

三年二月十九日，詔：「國（少）〔步〕艱難，謀慮之士咸願獻陳，往往無路達于朝廷。令左右司輪官設次延接，看詳所陳，納尚書省。」

二十七日，詔曰：「朕以菲躬，遭時多故，舉事失當，知人不明。昨以宰臣非才〔五〕，任用既久，專執己見，壅塞下情，懷忠者不能自明，論事者不得盡達，以致邊備廢而莫講，鄰敵至而不知，事出倉皇，匹馬南渡。臣庶陷没，士卒逋逃，府藏殫殘，井邑隳廢。深思厥咎，在予一人。既已悔過責躬，洗心改事，極寅畏以答天譴，肆沛宥以慰人心，放斥宮（殯）〔嬪〕，貶損服御，罷黜宰輔〔六〕，收召雋良。尚慮多方，未知朕志，肆加播告，用見忱誠。自今政事闕遺，民俗

〔一〕募：原作「慕」，據《九朝編年備要》卷二九改。
〔二〕王：原作「正」，據《九朝編年備要》卷二九改。
〔三〕賞：原作「常」，據《九朝編年備要》卷二九改。
〔四〕草：原作「章」，據《九朝編年備要》卷二九改。
〔五〕才：原作「求」，據《建炎要録》卷二〇改。
〔六〕黜：原作「出」，據《建炎要録》卷二〇改。

利病，或有關於國體，或有益於邊防，並許中外士民直言陳奏。朕當躬覽，採擇施行，旌擢其人，庸示勸奬。言之或失，朕不汝尤。咨爾萬邦，欽予至意。」

六月二日，詔宰執：「可來日召郎官以上赴都堂，宣諭朕旨，各言朕之過失，政事失當，百姓疾苦。庶可以收人心，召和氣，消天變。各令實封以聞。」上謂輔臣曰：「太史奏，久陰，霖雨不止，占爲陰盛，下有陰謀。霖雨者人怨所致〔一〕，早晚差寒，天道不順，寒陰反節。朕 26 觀《晉書·天文志》備言其證，恐政失其當，以召天變。」呂頤浩奏曰：「陛下憂勤庶政，臣等輔政無狀。宰相之職，燮理陰陽，在漢故事，遇災異則策免三公。今日臣實任其咎。」上曰：「此朕不德所致，豈可咎卿？」故降是詔。

閏八月一日，内降詔曰：「朕嗣位累年，寅奉基緒，愛育生靈，凡可以和戎息兵者，卑辭降禮，無所不至。而敵人猖獗，迫逐陵犯，未有休息之期，朕甚悼之。比命杜充提兵防淮〔二〕，然大江之北，左右應接，我之所守者一；由荆襄至通、泰，敵之可來者五六〔三〕。兵家勝負，難可豫言，議者衆多，未易偏廢〔四〕，軫念旬月，莫適決擇。朕將定居建康〔五〕，不復移蹕，與夫右趨岳、鄂，左駐吳、越，山川形勢，地利人情，孰安孰危〔六〕，孰利孰害；以至彼我之所長，步騎之所宜，何險可守，何地可戰，甚路之錢帛可致〔七〕，甚郡之粟穀可漕〔八〕，其各悉心以致思，明以告朕。昔漢高謀臣良將多矣，都雒之計已定，及聞婁敬一言，而入關之意立決。況吾士大夫之確論，朕豈不能虚懷而樂從之哉？三省可召應行在職事官共條具以聞〔九〕。」是日，輔臣呂頤浩召百官就都堂，應詔條具駐蹕事共二十五封，至晚進入。翌日，上宣諭曰：「昨晚臣僚條具事，猶未曾觀。國家大事，召百官議，蓋亦古制，如陸贄奏議是也。」頤浩曰：「祖宗時，遇大事亦召公卿集議。」王綯曰：「《書》所謂大疑謀及卿士。」上曰：「但恐封事中趣向必不一。大凡公生明〔一〇〕，偏生闇，人能至公，議論自有見處〔一一〕。昔 27 真宗澶淵之役，陳堯佐蜀人，則欲幸蜀；王欽若南人，則欲幸金陵。唯寇準決策親征〔一二〕。人臣若不以家謀〔一三〕，專以國計，則無不安利矣。」

〔一〕人怨：原注「原本缺」，據真德秀《西山文集》卷五補。
〔二〕杜充：原作「杜克」，據《建炎要録》卷二七改。
〔三〕敵：原作「適」，據《建炎要録》卷二七改。
〔四〕偏：原作「徧」，據《揮麈録》後録卷一〇改。
〔五〕將：原無，據《揮麈録》後録卷一〇補。
〔六〕「危」上原有「安」字，據《揮麈録》後録卷一〇删。
〔七〕甚：原作「某」，據《揮麈録》後録卷一〇改。
〔八〕「甚」原作「某」，「粟」字原脱，據《揮麈録》後録卷一〇改補。
〔九〕官共：原作「官兵」，據《揮麈録》後録卷一〇改。《建炎要録》卷二七、《咸淳臨安志》卷一作「管兵官」，亦通。
〔一〇〕大凡：原注「原本缺」，據《中興小紀》卷七補。
〔一一〕自：原作「目」，據《中興小紀》卷七改。
〔一二〕寇：原作「冠」，據《中興小紀》卷七改。
〔一三〕人：原缺，據《建炎要録》卷二七補。

四年正月二十八日，詔侍從官條具金人若退，當如何措置，金人不退，當如何措畫，及將來何處駐蹕以聞。

紹興元年二月二十六日，內降手詔曰：「朕以國難日深，政治未洽，寇虜充斥，汙瀦於齊魯宋衛之郊，而盜賊跳梁，株連於江鄂洪撫之地，閩中屢擾，淮上多虞，是用大惕于朕心，懼墜祖宗之業，而正士大夫可爲之時也。三省可令侍從、臺諫，各爲悉意條具當今切務，所宜施行。何道而可以保民，何術而可以弭盜，何策而可以遏虜寇，何術而可以生國財〔一〕，各具以聞，朕當虛己而力行之。」

九月二十八日，詔：「朕以眇末，獲承至尊，伍年于茲，天未悔禍。日者於艱危之際稱秩元祀〔二〕，蓋以溫清急難之念〔三〕，請命于皇天后土及我祖宗，夙夜祗栗，以俟降監。載念國家百七十年涵養，豈無忠義感發、懷憤善謀之士如漢侯生者慰朕焦勞？苟鑾馭之可還〔四〕，詎尋常之足報〔五〕？應四方有爲謀策，能還兩宮者，實封以聞。可行有効，當以王爵賞之。播告天下，明知朕意。」

二年五月二十七日，手詔曰：「朕以紀綱壞亂之餘，悼師旅凋殘之極，國用（虐）〔窘〕而費廣，兵力弱而民疲，苟可救時，安避改作。應內外侍從、省臺寺監職事官、監司守令、寄居曾任郡守郎官以（下）〔上〕，限半月各述所職及已見的確利 28 害，凡可以省費裕國、强兵息民者，條具以聞。中外之臣所同濟難，各陳忠義之策，共成長久之利。咨爾有衆，咸體朕懷。」

三年八月二十二日，詔：「比者雨暘弗時，幾壞苗稼，朕方寅畏怵惕之中，又復地震蘇、湖，朕甚懼焉。蓋天（下）之降災，應必隨至，皆朕失德，不能奉順乾坤，協序陰陽〔之〕故。咨爾在位小大之臣，有能應變弭災，輔朕不逮者，極言無隱。」

四年十二月二十五日，詔曰：「朕獲承祖宗休烈，夙夜兢業，寅畏天命，弗敢康寧。屬者强敵侵陵，師旅未解，元元騷動，咎在朕躬。太史有言，天著大異，乃來歲正月朔日有食之。永思厥咎，朕甚懼焉。顧德弗類，菑害荐至，繆盭之氣，上累三光，側身自儆，未燭厥中。公卿大夫、師尹百職，各悉乃心，交修不逮。其爲朕講求闕政，察理寃獄，收輯流冗，詢問病苦，舉遺逸，徠直言。凡可消變弭菑者，毋匿厥指，共圖應天之實，以稱朕意。」

六年六月十三日，手詔：「朕以菲德，奉承大統，遭時艱戹，虜僞相挺，師旅方興，賦役重困，痌瘝恫矜，未知攸濟。迺六月乙巳地震，〔朕〕甚懼焉。政之失中，吏之無良，怨讟滋彰，乖氣致沴，坤厚之載，搖動靡寧。變不虛生，緣類而應，永思厥咎，在予一人。凡內外臣庶，有以應變輔朕

〔一〕生：原作「産」，據《建炎要録》卷四二改。
〔二〕者：原脱，據《三朝北盟會編》卷一五三補。
〔三〕清：原作「清」，據《三朝北盟會編》卷一五三改。
〔四〕鑾：原作「鸞」，據《三朝北盟會編》卷一五三改。
〔五〕尋常：原作「彝章」，據《三朝北盟會編》卷一五三改。

之不逮者，其各悉心以言，毋諱朕諱，毋悼後害。」

七年七月二十三日，詔：「朕獲奉祖宗基緒，若涉淵冰，罔知攸濟，夙夜祗畏，恐弗克勝。乃夏秋之交，陽亢爲沴，黎民愁嘆，朕甚[29]懼焉。顧德寡昧，上累陰陽之和，徹膳省躬，未燭厥理。公卿大夫、師尹御事，下及庶民，咸聽直言，無有隱諱。凡朕之過失，與思慮之所不逮，闕政寃獄，人之疾苦，吏之無良，朕樂聞之。將以消弭天災，導迎善氣，副畏天之誠焉。應中外臣僚，以至民庶，各許實封言事。在内於合屬去處投進，（任）〔在〕外許於所在州軍附遞以聞。布告遐邇，咸知朕意。」

九年四月四日，詔曰：「昨以巡幸在遠，號令不通，緬懷凋瘵之民，如在方域之外，晝方食而屢歎，夜不寐以隱憂。今者境土初還，版圖來上。欲革煩苛之令，撫以寬大之條。稽九功以厚生，約三章而解撓。與之更始，庶幾小康。惟利之所當興，順人心而施設；害之所宜去，求民瘼以蠲除。乃臨政願治之所先，豈明目達聰之可後？咨爾在位，暨于庶民，各陳切己之言，用廣兼聽之益。虚心以佇，擇善而從。因革弛張，用咸稽於衆志；休息涵養，將共樂於丕平。宜悉乃心，靡有所隱。應河南新復諸路州軍民間利病，許監司守臣條陳。餘官及士庶上書，經所在州軍繳奏。」先是，上宣諭輔臣曰：「河南新復諸路州軍民間利病，所欲急聞。」故降是詔。

十年閏六月十五日〔一〕，詔順昌府官吏軍民等：「狂虜犯境，王師扼衝。惟爾吏民〔二〕，協濟軍事，保捍城壘，驅遏寇攘。眷乃忠勤，宜加撫惠。應本府縣有民間利害，守臣條具以聞。詔書到日，明告吏民，各令知悉。」

十五年四月八日，詔曰：「太史奏，彗出東[30]方，朕甚懼焉。已避殿、減膳，側躬省愆。尚慮征科苛擾，繫獄淹延，致傷和氣〔三〕，上干垂象。可令逐路監司、郡守條具便民事目，措置聞奏。務要必行，以施實德。」

二十五年十二月一日，上謂輔臣曰：「向來指揮監司、守臣到任半年，令條具民間利病上之，已委官看詳。今數年未嘗進呈，是取宰相意旨，民事不欲令朕見也。」於（事）〔是〕詔除民事外，若更有已見利害，並許敷奏。

二十六年五月七日，右朝請大夫李邦獻言：「切見百官及遠方登對臣僚，上殿奏陳稍久，或聖語有所詢訪，而近年用事之臣狠忌，陰即中傷，致臣下所陳皆不切之務。望申飭，凡登對臣僚，盡言無隱，不許依前以閑慢事陳奏。」從之。

七月九日，詔曰：「太史奏，彗出東方，朕甚懼焉。已避殿、減膳，側身省愆。尚慮朝政有闕失，民間有疾苦，刑獄有寃濫，官吏有貪殘，致傷和氣，上干垂象。可許令士庶

〔一〕按，《三朝北盟會編》卷二〇四繫於七月十九日。
〔二〕爾：原脱，據《三朝北盟會編》卷二〇四補。
〔三〕和：原作「利」，據《中興小紀》卷三二改。

實封陳言，詣登聞檢院投進。仍令諸路監司、郡守，條具便民寬恤合行事件聞奏。」是（以）〔日〕，上謂輔臣曰：「夜來太史奏，彗出井宿間。朕當避殿損膳，以答天戒。深慮朝政尚多闕失，或民情疾苦無由上達，可述此意，降詔許士庶實封陳言，務盡應天之實。」故降是詔。

十二月二十三日，上謂輔臣曰：「昨者下詔求言，四方之士陳獻甚多。朕一一披覽，所言利害，極有可取。宜擇其議論尤切當者，量與推恩，庶幾有以激勸。」沈該等奏曰：「（比）〔此〕仰見陛下樂聞藎言，天下幸[31]甚。當令看詳官審擇，具名進呈。」翌日降旨行下。

三十年四月十五日，詔：「比來久雨，有傷蠶麥，及盜賊間發。雖已措置，未至詳盡，可令侍從、臺諫條具消弭災異之術、防守盜賊之策，各具己見，以實聞奏。」

三十二年四月三日，詔：「防秋不遠，事貴預備。足兵足食，宜有長策。可令臺諫、侍從各以所見，條具以聞。」以上《中興會要》。

紹興三十二年孝宗已即位，未改元。六月十九日，詔：「朕欽承聖訓，嗣守丕基。猥以眇身，託于王公士民之上，兢兢焉，懼德菲薄，不敏不明，未燭厥理，將何以緝熙初政，稱太上付託之恩？永惟古先極治之朝，置鼓以延敢諫，立木以來謗言，故下情不壅于上聞，而治功所由興起也，朕甚慕之。況今薦紳之士，咸懷忠良，蒭蕘之言，豈無一得。朕躬有過失，朝政有闕違，斯民有休戚，四海有利病，凡可以佐吾元元，輔朕不逮者，皆朕所樂聞。朕方虛懷延納，容受直辭。言而可行，賞將汝勸；弗協于理，罪不汝加。悉意陳之，以啓告朕，毋隱毋諱，毋悼後害。自今時政闕失，並許中外士庶直言極諫，行在詣登聞檢、鼓院投進，在外於所在州軍實封附遞以聞。」

十二月六日，有旨：「今日早朝退，集侍從、臺諫赴都堂，條具方今時務，仍聽詔旨。」詔曰：「朕惟天下有弊事，無弊法。祖宗立法，夫豈不良。今日之弊，在乎因仍習俗，固而不化，遂與法意背馳。若解而更張，宮商斯在。經不云乎：變而通之以盡利，推[32]而行之存乎人。朕覽張燾所奏，犂然有契于衷，已令侍從、臺諫集于都堂。今賜卿等筆劄〔一〕，宜取當今弊事，悉意以聞。退各於聽治之所，盡率其屬，諭以朕旨，使極言之，毋得隱諱，朕將有考焉。」既而翰林學士承旨洪（邁）〔遵〕、吏部侍郎凌景夏、户部侍郎兼權知臨安府趙（于）〔子〕潚、禮部侍郎黄中、兵部侍郎周葵、給事中金安節、中書舍人唐文若、中書舍人陳俊卿、中書舍人張震、户部侍郎向伯奮、刑部侍郎路彬、工部侍郎張闡、工部侍郎王普、起居郎周必大、起居舍人陳之淵、御史中丞辛次膺、右諫議大夫劉度、殿中侍御史胡沂、右正言周操、監察御史陳良翰、芮（曄）〔燁〕、劉子遵等〔奏〕：「今月六日奉聖旨，赴都堂恭聽詔旨，條具方今時務。切見仁宗皇帝

〔一〕等：原無，據《建炎要録》卷二〇〇補。

時，開天章閣，御資政殿，又御迎陽門，召近臣賜問目上當世之務，富弼、范仲淹、張方平皆條退而條具。今乞用前件故事，於三日內條奏，庶幾不致疎畧，仰稱清問下逮之意。」詔從之。

隆興元年三月二十九日，詔：「霖雨爲沴，雖側身修行，尚恐誠意未孚。可令諸路監司守令，應遇災傷去處，常切賑卹困窮，糾察刑禁。仍各條具聞奏。」

七月十六日，詔以：「秋陽亢旱，飛蝗在野，星變數見，朕心懼焉。意者政令多有所闕，賞罰〔多〕有不當。朕雖側身求應以實，卿等各思革正積弊，勿狥佞私，務塞災異之原，稱〔朕〕夤畏之意。」又令剳與侍從、臺諫、兩省官照會，仍依今月十二日已降指揮，各條 33 具時政闕失聞奏。

二年七月三十日，詔：「政事不修，災異數見，江浙水潦，有害秋成。朕自八月一日避殿減膳，思所以應天之實。可令侍從、臺諫、卿監、郎官、館職疏陳闕失及當今急務，毋有所隱。」

乾道三年十一月十三日，詔：「比者盛冬之月，雷聲震發。上天譴告，不虛其應。惕然警戒，深懼朕有失德，朝有闕政，民有疾苦，上奸陰陽之和。可令臺諫、侍從、兩省官指陳咎證，毋有所隱。」

六年五月二十五日，詔：「舊制，兩省言路之官所以指陳〔時〕政得失，給舍則正於未然之前，臺諫則救於已然之後，故天下事無不理。今任是官者往往於封駁章疏不頻，憚於論列，深未盡善。自今後，給舍臺諫凡封駁章疏之外，雖事之至微，亦毋致忽。少有未當，可更隨時詳具〔奉〕〔奏〕聞，務正天下之事。」（以上《永樂大典》卷一三三九六）

宋會要輯稿　帝系一〇

三元燈〔一〕

【宋會要】1 三元觀燈，本起於外方之説。自唐以後，常於正月望後開坊市門然燈。宋因之。上元前後各一日，城中張燈，大内正門結綵爲山樓影燈，起露臺，教坊陳百戲〔二〕。天子先幸寺觀行香，遂御樓，或御東華門及東西角樓，飲從臣，四夷、蕃客各依本國歌舞列於樓下。東華左右掖門、東西角樓、城門、大道、大宮觀寺院悉起山棚，張樂陳燈。皇城雉堞亦徧設之。其夕，開舊城門達旦，縱士民觀。後增至十七、十八夜。

太平興國二年七月中元節，御東閣樓觀燈，賜從臣宴飲。

五年十月下元節，依中元例張燈三夜。

雍熙五年上元節不觀燈，躬耕籍田故也。後凡遇用兵及災變、諸臣之喪，皆罷。

真宗景德元年正月十四日，賜大食、三佛齊、蒲端諸國進奉使緡錢，令觀燈宴飲。

大中祥符元年十一月二十五日，詔天慶節聽京城然燈一晝夜。

六年四月十六日先天降聖節亦如之。

天聖二年六月，罷降聖節然燈。

政和三年正月，詔放燈五日。

五年十二月二十九日，詔：景龍門預爲元夕之具，實欲觀民風，察時態，黼飾太平，增光樂國，非徒以遊豫爲事。特賜公師宰執以下宴，及御製詩四韻賜太師蔡京。

六年正月七日，御筆：「今歲閏餘候晚，猶未春和，晷短氣寒，於宴集無舒緩之樂。景靈宮朝獻移十四日東宮，十五日西 2 宮，畢，詣上清儲祥宮燒香。十六日詣醴泉觀等處燒香。上元節移於閏正月十四日爲始〔三〕。」

宣和六年十二月二十四日，賜太師蔡京以下應兩府赴睿謨殿宴，景龍門觀燈〔四〕。續有旨宣太傅王黼赴宴。

七年正月十八日，宴輔臣，觀燈。

上元燈

【宋會要】

國朝之制，每歲正月十一日，車駕詣寺觀祖宗神御殿朝謁，十四日始幸諸寺觀焚香。是夕，還御正陽門樓觀燈。

〔一〕原稿眉批標題作「帝治・觀賞　三元燈附」。今正文只有「三元燈」，而此目實應入「禮」類。
〔二〕陳：原無，據《宋史》卷一一三《禮志》一六補。
〔三〕閏：原無，據《宋史》卷一一三《禮志》一六補。
〔四〕觀：原無，據《宋史》卷一一三《禮志》一六補。

應從駕官倈皇帝登樓座，通事舍人引宰臣已下分班橫行，奏聖躬萬福，再拜稱萬歲，就座，進酒如常儀。酒三行，皇帝降座，臨軒觀燈，宰臣已下分班侍座。觀燈罷，再拜，退，皇帝降座，還内。宰臣、樞密以下、親王以下、學士、知制(詔)〔誥〕、待制、統軍、上將軍、使相、節度使至刺史、三司副使、知開封府定例(起至)〔赴座〕。三師、三公、太子三師、三少、賓客、僕射、尚書丞郎、御史大夫、中丞、知雜御史、太常、宗正卿、常侍、給事、諫議、修起居注，臨時取旨宣召赴座。侍衛馬步軍都指揮使至四厢都指揮使准例不座。中元、下元觀燈，御東華門樓，如上元儀。

太祖建隆二年正月上元，御明德門樓觀燈。召宰相、樞密、宣徽、三司使、端明、翰林、樞密直學士、兩省五品以上官、見任前任節度、觀察使飲宴，江南、吴、越朝貢使與焉。樓前結綵爲山樓影燈，起露臺，教坊(張)樂，兩軍陳百戲。四夷(潘)〔蕃〕客各以本國歌舞列於樓下，賜酒食以勞之。夜分而罷。東華左右掖門、東西角樓、大道、大宫觀寺院悉設山棚，張樂，陳籠燈。其夕開舊城門達旦，皇城繞堞設燈盌，内庭徧設燈擎。

三年正月十三日，詔開封府：上元夜然燈，罷内前排場戲樂。以昭獻皇太后喪制 3 故也。四年亦然。乾德二年，孝明皇后在殯，亦如此制。

乾德三年正月上元節，御明德門樓觀燈，召江南、兩浙、泉州進奉使及孟昶降將悉預會。

五年正月十六日，詔以朝廷無事，年穀屢豐，上元觀燈可更增十七、十八兩夜。自後每至十六日，開封府以舊例奏請，皆詔更放兩夜。

六年正月上元節，御明德樓觀燈，移御東角樓、東華門樓，夜分而罷。

〔開寶〕七年正月十四日〔一〕，幸大相國寺焚香，還御東華門，召從臣觀燈。先是，帝自左掖門出，乘逍遥輦，至明德門外燈山前駐輦，閲百戲，遂召從官升樓宴飲。是歲，始自左掖門出，由御橋至開封橋觀坊市影戲，遂至相國寺。過酒户孫守彬樓，少駐輦，又至白礬樓觀雜戲〔二〕，遂御東華門。是年中元節，又幸開寶寺。

太宗太平興國二年正月上元節，京城張燈。幸相國寺，御東華門樓，召近臣宴飲，夜分而罷。太宗朝，燈夕前，又嘗幸太平興國寺、建隆觀、寶相院、啓聖院。

四年正月上元節，不觀燈，以將有事晉陽故也。

雍熙二年正月上元節，御丹鳳樓觀燈，樓前增設飛丸、走索、緣竿、擲劍之技。初夕，密雪驟降，帝顧近臣，命賦《觀燈夜瑞雪滿皇州》詩一章，以爲娱樂。

四年正月上元節，不觀燈。是月十四日，爲皇姪女雲陽公主發哀，在輟朝。

五年正月上元節，不觀燈，是月十七日躬耕籍田故也。

端拱二年正月上元節，不觀燈，時北面用兵故也。

淳化二年正月上元節，不觀燈，以夏州用兵故也。

三年正月上元節，觀燈，特召尚書左右丞、侍郎、給事中、諫議大夫預宴。時吏部尚書宋琪、左諫議大夫楊徽之皆年七十餘，帝慰撫之，各賜巵酒。

〔一〕開寶：原脱。按乾德無七年，此當是脱「開寶」二字，因補。

〔二〕礬：原作「樊」，據《東京夢華録》卷二、《能改齋漫録》卷二改。

五年正月上元[4]節，御乾元門樓觀燈。時外國〔藩〕〔蕃〕夷酋長縱觀樓下，詔賜以酒，又令太官置大截，縱其飲。

至道元年正月上元節，觀燈，召司空致仕李昉預宴。

至道二年正月上元節，不觀燈，以十月祀南郊故也。

真宗咸平元年正月上元節，以諒陰罷張燈。二年亦然。

三年正月上元節，京城罷張燈，時車駕北巡駐大名故也。

四年正月上元節，始御乾元門，召從臣觀燈。

五年正月上元節，幸興國寺、建隆觀，回御乾元樓觀燈。初，太祖、太宗每燈夕，或幸佛寺道觀焚香，還，始御樓。真宗以啓聖設太宗神御，不欲爲遊幸之所，故用然燈前行朝謁之禮，至望夕乃幸佗寺，遂爲定制。真宗朝所幸寺觀又增上清宮、崇真資聖院。

景德元年正月十四日，賜大食、三佛齊、蒲端諸國進奉使緡錢，令觀燈宴飲。二年，又賜交州、占城、大食國使緡錢。

大中祥符元年十一月二十五日，詔：天慶節聽京城然燈一晝夜，皇城四面諸城門不設燈山外，餘並同上元例。

二年正月九日，詔：上元燃燈，所須之物並令官給，無假於民，委三司、開封府糾察。

二年正月上元節，京城張燈，帝不臨觀，以明德皇后喪制故也。三年亦然。

三年正月上元節，不觀燈，賜〔藥〕〔樂〕工緡錢、帛如例。以皇〔娣〕〔姊〕晉國大長公主發引在近也。

四年，又賜交州、甘州進奉使錢二萬，皆令館伴使臣引往觀燈，館設之。

五年正月十四日，以駙馬都尉吳元扆葬，十五日始御乾元樓觀燈。

七年正[5]月上元節，不觀燈，以十五日車駕發赴亳州也。

八年正月十四日，朝拜玉清昭應宮回，御乾元樓觀燈。自京師四宮觀慶成之後，每歲正月以十四日詣會靈觀，十五日詣玉清昭應宮朝，十五日或別詣景靈宮，十四日或別詣祥源觀。

九年正月九日，詔皇城司：上元節須駕回登樓，始得放車馬檐子入正陽門前、東西界門并山樓下觀看。

天禧元年正月十五日，以宣讀天書，十七日始御東華門觀燈。

五年正月上元節，觀燈。十四日，命臣僚朝拜玉清昭應宮、開寶寺、上清宮、祥源觀、景靈宮、會靈觀。其夕，帝乘步輦出東華門，御正陽門觀燈。十三日，帝止詣啓聖院，餘皇太子行禮。前二日，又命內侍四人各領兵二百，分爲皇城四面巡檢。

乾興元年正月初一日，禮儀院言：「二月一日正陽門宣制，其樓前燈山已不排設。所有諸宮觀，望依去年例，命皇太子至師傅臣行禮。」從之。十七日，御東華門觀燈，皇后、皇太子從。

仁宗天聖元年正月上元節，以諒陰罷觀燈。二年亦然。

二年六月十六日，詔罷先天降聖節然燈。

三年正月十四日，（詔）〔詣〕啓聖院朝謁，又幸景靈、上清宫、大相國寺，還御正陽門，召從臣觀燈。

四年正月，帝以朝謁不可與游幸同日，故用十一日朝謁，十四日始幸諸寺觀，宴從臣，還，御樓觀燈。仁宗朝皆然，而十四日或别詣會靈、祥源、建隆、萬壽觀，慈孝、景德、開寶、寶相、顯聖、大清、顯寧寺，福聖、大乘、戒壇院。

九年正月上元節，御正陽門觀燈，6 高麗使預焉。

明道二年正月上元節，罷張燈，以籍田禮近也。

景祐三年正月十八日，罷張燈。時直集賢院王堯臣言，是日追復皇后郭氏出葬，請輟張燈故也。

四年正月上元節，罷張燈，以莊惠皇太后在殯故也。

寶元元年正月上元節，罷觀燈，以荆王元儼妻晉國夫人張氏卒也。

慶曆三年正月上元節，罷觀燈，以鄂王薨故也。

四年正月上元節，罷張燈，仍停作樂，以燕王喪未成服故也。

皇祐二年正月上元節，罷張燈，以歲饑也。

五年正月上元節，罷張燈，以嶺南用兵也。

至和元年正月上元節，罷張燈，以温成皇后在殯也。

嘉祐元年正月上元節，罷張燈，以帝不康故也。

四年正月上元節，以京城積雪，罷張燈，縱士庶遊觀，仍不禁夜。

七年正月上元節，御宣德門觀燈。酒行，帝顧從臣曰：「此因歲時與萬姓同樂爾，非朕獨肆遊觀也。」前此，諫官以去年水災，乞罷觀燈，故特此宣諭。

英宗治平元年正月上元節，罷張燈，以在諒陰故也。二年亦然。

三年正月十四日，幸集禧觀、景靈宫、建隆觀、寶相院，宴從臣，回，御宣德門樓觀燈。

四年神宗已即位，未改元。正月上元節，罷張燈，以在諒闇故也。熙寧元年、二年亦然。

神宗熙寧三年正月十三日，詔罷上元觀燈，以楚國公主喪故也。

熙寧四年正月十四日，幸集禧觀，宴從臣於齋殿，次幸大相國寺，還，御宣德門樓觀燈。七年，又幸中太一宫。

元豐二年正月十五日，詔：上 7 元節車駕登門及行幸燕所，並令樞密副都承旨張誠一提舉幾察。

三年上元節，罷張燈，以慈聖光獻皇后在殯故也。

四年上元節，罷觀燈，以明州觀察使宗悌卒，輟朝臨奠故也。

七年上元節，罷觀燈，以魯國大長公主在殯故也。

八年上元節，罷觀燈，以上不豫故也。先是中書省言：「上元節欲景靈宮、萬壽觀神御殿排設張樂，開諸宮觀寺院五日，然燈作樂，及不禁夜，不御宣德門，諸樂藝人賜物依舊給。」從之。

哲宗元祐元年、二年諒闇。三年正月十四日，以陰雪，罷上元節游幸。

四年正月十四日，御宣德門，召從臣觀燈。

紹聖元年、二年，宣仁聖烈皇后喪。

徽宗建中靖國元年、崇寧元年諒闇。

崇寧五年正月十一日，以彗星現于西方，大赦天下，避正殿，減常膳，元夕不御樓。

大觀二年十一月十二日，詔：「來歲上元節，以〔大〕行皇后園陵禮畢，所有御樓觀燈可罷，唯幸宮觀燒香，爲民祈福。齋殿不作樂，止宣臣僚坐，賜茶。開宮觀寺院，不禁夜，放庶士燒香，許民間點照。」

政和(三)〔二〕年正月十一日〔一〕，詔放燈五日，自二十一日爲始。先是以秦兖國大長公主之喪，降旨更不觀燈。太宰、兼門下侍郎何執中奏：「祖宗朝曾展觀燈日數，而近年因雪亦曾展日。欲乞特展放燈日，以盡衆庶歡欣傒望之意。」乃有是詔。

中元燈

【宋會要】

宋太祖建隆三年七月四日，詔禁諸州中元張燈。

乾德六年七月中元節〔二〕，詔京城張燈三夜。其夕，帝御東華門樓，召 8 近臣宴飲，夜分而罷。正門不設燈山，餘如上元之制。自是遂以爲例。

開寶四年七月中元節，京城張燈，車駕不出臨觀。五年中元節亦然。

太宗太平興國二年七月中元節，御東角樓觀燈，賜從官宴飲。

三年七月中元節，詔有司於淮海國王府前設燈棚，陳妓樂女舞。是時錢俶始來朝故也。

四年中元節，猶在師行，罷張燈。

六年七月中元節，不觀燈。

端拱二年七月中元節，不觀燈，以彗星見故也。

淳化元年，中元、下元張燈。

下元燈

【宋會要】

宋太宗太平興國五年九月十八日，詔開封府：下元日依中元例張燈三夜。

雍熙二年十月下元節，張燈，賜近臣宴於樞密使王顯

〔一〕二年：原作「三年」。按，本書帝系八之二五云秦兖國大長公主「政和二年正月薨」，則此「三年」乃二年之誤，因改。

〔二〕乾德：原脱。按，建隆無六年，乾德有六年，又下文爲「開寶四年」，則此「六年」爲乾德六年無疑，因補。

第。夜分，命中使以御製詩一章賜之。三年下元亦然。其後每燈夕，皆命中書、樞密分往大寺觀焚香訖，就寺中賜會。

四年十月下元節，不觀燈，時十五日以乾明節大宴，故罷之。端拱元年下元，亦以十日大宴罷觀燈。

端拱二年十月下元，不觀燈，以旱故也。

淳化元年六月三日，詔罷中元、下元張燈，遂爲故事，自此始也。

真宗大中祥符元年十一月二十五日，詔天慶節聽京城燃燈一晝夜，皇城四面諸城門不設燈山外，餘並同上元例。

（以上《永樂大典》卷八六六六）

宋會要輯稿　帝系一一

守法〔一〕

內降再任以不應法而止

【宋會要】❶建炎四年九月，內降：監御厨潘縝特令再任。三省檢會，縝係添差，法不當再任。宰臣奏：「如欲令再任，當降特旨更添差一次。」上曰：「既不合再任，則不須與。若更添差，則人得以援例，而廢法矣。」

不以戚里有過而廢法

紹興元年十月，進呈推勘僞告身文字，事連潘永思〔二〕，上曰：「永思雖戚里，即有過，安可廢法？」于是令罷閤門職事，就逮。秦檜退而歎曰：「卓哉此舉！」《聖政》。

以中制法則法行

三年，上謂呂頤浩曰：「爲法不❷可過有輕重，然後可以必行，而人不能犯。太重則法不行，太輕則不禁姦。朕嘗語徐俯，異時宫中有所禁，切令之曰『必行軍法』，而犯者不止。朕深惟其理，但以常法處之，後更無犯者。乃知先王立法，貴在中制，所以決可行也。」

六曹以例決事

四年八月，權吏部侍郎胡交修等奏：「契勘近降細務指揮，內一項：『六曹長貳以其事治，有條者以條決之，無條者以例決之，無條例者酌情裁決。』夫以例決事，吏部最爲繁多。因事旋行檢例，深恐人吏隱匿作弊。欲七司各置例册〔三〕，凡勑劄、批狀、指揮可以爲例者編之，令法司收掌，以待檢閱。」詔依之。臣升之釋曰：慶曆三年，富弼謂：「近年紀綱甚紊，隨事變更，兩府執守，便爲常例，施于天下，咸以爲非。而朝廷安然奉行，不思剗革。」蓋不務謹守成憲，而凡事許以援例。兹頑弊所由生，而弼之所深慮也。呂源《增釋·總論》謂：「景祐親政，小大之臣不能丕變。朝廷命令之地，刑賞之施，合取進止，率皆引例，以決

〔一〕按，原稿此題之前又有整理者所批：《帝系·帝治·守治》。又按，此一卷實非《會要》之文，其中摘引高宗、孝宗嚴于守法之三十事，每事有題，顯非《會要》之體。其三十事大抵出自兩朝《聖政》（核對今存之《中興兩朝聖政》可見），間有引録兩朝《寶訓》者。文中兩處有「臣升之釋曰」，知爲升之所輯。按《文淵閣書目》卷一録有宋人龍升之《中興政要》一部十四册。萬曆《吉安府志》卷一八：龍升之，字子崇，永新人。博學好著述，嘗游真德秀之門。寧宗朝歷任臨川户曹、福建節幹、史館校勘。著有《中興政要》等。人名、内容、年代俱與此合，則本卷當即録自龍升之此書。

〔二〕潘永思：原作「潘思永」，據《宋史》卷四六五《外戚傳》乙正。以下并同。

〔三〕欲：原作「與」，據《中興小紀》卷一六改。

重輕。往往出于堂吏之手，則天子威權悉制于例，非祖宗獨斷之意也。」由是言之，守法不謹而牽于用例，非一日矣。紹興四年，常因權吏部侍郎胡交修等奏：無條例者酌情裁決，謂以例決事，吏部最爲繁多。蓋深慮人吏（之）隱（慝）〔匿〕之弊，而《聖政》史臣所謂稍知任人之重，而救吏强之弊也。九年，御史中丞勾龍如淵抗論，謂：「藝祖受命之初，睿斷英發，動以便宜從事，而法令 3 之在天下，何其簡也！累聖相承，講求備具，凡載在官府者，有嘉祐、熙豐、政和勑令。陛下即位以來，有紹興令，本末相參，纖悉備具，凡人情有疑而事之難決者，揆之于法，鮮不在焉。粵自艱難以來，有權一時之宜而行之者，有朝廷一時特達而行者，有出州縣一時利害而申明者，有出百司庶府一時務爲人情而不恤後患者。事既一行，遂引爲例，而法令之外，又雜例而行，始不勝其繁矣。夫例之爲害有四：法令已繁而復援例，是非叢擾，不知所出，一害也。其始有司所行，本非得已，互相攀引，取若探囊，而官日增，費日廣，賞日濫，二害也。吏人私自記録，隨事而售。甲理會某事，則曰有某例；乙理會某事，則曰有某例。既得此例而訴之也，所償或不如所欲，則又持他例之不可者白之官，曰某例雖可用，然有某例以衡之。吏强官弱，賄賂公行，三害也。甲令所載，本有定法，或緣官司特行一事，後來循吏，置法用吏，四害也。欲望特降指揮，將官司應干行過舊例，委官搜檢，並行架閣；并吏人私所紀録者，限十日許令首納，盡行燒燬。仍明飭有司，今後一切依法令從事，而訴事之人敢輒引例者，官員徒一年，百姓杖一百科斷。」並亦深有見于用例之弊，不容以不革也。乾道元年五月詔告天下，以旁緣出入引例爲弊，失刑政之中，其刑部大理寺例册令封鏁架閣，更不引用矣。二年又諭執政：「當謹法令，毋 4 創例害法。」臣以斯言推之，則當時之事必無牽制于例之患。誘曰久用之例不容盡廢也，亦決不至聽其出没變化于吏胥之手矣。

抑戚里恩戰士不以私恩廢公法

六年五月，户部論潘永思添破食錢不應格法，上曰：「若于法不可，亦無如之何。」

謂不便民之事不去申嚴無益〔一〕

七年十（日）〔月〕〔二〕，上曰：「昨日降出劉瑜論十事，皆民間疾（若）〔苦〕，可擇其當行者行。」于是（趙）鼎等曰：「所論皆善，然役法今已詳密，當申嚴行下。」上曰：「止申嚴未

〔一〕此題原與上條相接，字體亦同，似爲上條之一部分，但與上條文意不合。今參詳，此句實爲下條之標題。此稿抄寫之法，諸題與正文連寫，僅前後空一格。蓋抄寫者見此句有「謂」字，遂以爲上條之文，因而連抄。實則「謂」字乃標題之首字，下文多條之標題亦有「謂」字。又，若無此題，則所謂「三十事」僅有二十九事，益證此句必爲標題。今爲改正。

〔二〕十月：原作「十日」，據《中興小紀》卷二三改。

必濟事，須去其不便于民者爲善〔一〕。」

立法不貴太重而貴力行

十四年正月，進呈楊存中乞刺本軍未刺字人，以防諸處互相召置，仍乞嚴行約束。秦檜奏：「舊有二法：一、召別軍人，並行軍法。此太重難行。一、立賞許人告，犯人請給，計贓坐罪，將校佐取旨。乞依此施行。」上曰：「甚好，立法不貴太重，而貴必行。法必行，則人莫敢犯矣。」《聖政》史臣曰：王者明以法示人，使人知避，而不敢犯也。且人有不幸而罹于法，王者往往有所不忍，而法遂不行焉，何也？是太重之過也。夫欲重則必難行，欲行則不必重。設之太重，而行之不顧，此惟商鞅能之，聖人不能也。

謂法令奉行不虔申嚴無益

二十四年三月，進呈臣僚上言州縣不依法即時過割税租，有害于民事。有司供到見行條法指揮，命申嚴行下。上因言：「法令固在，如官吏奉行不虔，雖申嚴行下，終亦無益。爲知州者，須更歷民事、通曉 5 利病者爲之。」因命監司以時檢察，有不如令，按劾以聞〔二〕。

用法之公

紹興三十二年八月乙丑，詔：文州刺史、知閤門事孟思恭奉使受賂，可罷見任。辛未，諫議大夫任古奏：「思恭奉使受賂，而朝廷不能正其典刑，止罷見任。夫人之有過而不能治，在國法爲可廢；國之有法而不能施，在朝廷爲可羞。而道路之言，以謂其弊滋久，動則窒礙，若其果然。願陛下澄源塞流，使斯(輋)〔輩〕貪利敗國之心潛銷于冥冥之中，則專對于外，可以無辱命之憂。」乃降授武功大夫、吉州刺史。

給舍繳論王繼先經赦恩法並用

九月，給事中金安節等奏：「奉聖旨，福州居住致仕王繼先已經大赦，可令任便居住。臣竊以聖人用法，常以天下爲心，罪之宥之，一用公議。王繼先罪惡稔積，羣情久憤，太上皇帝用公議逐之，天下稱快。原其罪狀，當屏遐裔，而近居閩中，爲幸已大。曾幾何時，遽用恩赦，許其從便，殊駭物聽。欲乞寢罷令任便居住指揮。」詔：「王繼先依赦任便居住，不得輒至行在。」《聖政》史臣曰：聖人之治天下，恩與法並用，而後可以相維于無窮。蓋偏于法，則無以開天下自(幸)〔新〕之路；而偏于恩，則無以杜天下僥倖之門。諸葛亮曰：「吾今威之以法，法行則知恩。」二者未嘗(便)〔使〕之偏勝而已。王繼先罪惡稔積，太上以公議逐之，此法也；壽皇登極，引大宥之文許之從便，此恩也。而

〔一〕善：原作「害」，據《中興小紀》卷二三改。
〔二〕劾：原作「刻」，據《建炎要録》卷一六六改。

給舍猶以爲未厭公議。于是裁之以聖斷曰：「王繼 6 先依赦任便居住，不得輒至行在。」一以開其自新之路，使之知朝廷之恩；一以杜其僥倖之門，使之不敢玩朝廷之法。御天下之道，至是無餘藴矣。

責守法懲依違

隆興元年四月，詔有司：「所行事件並遵依祖宗條法及紹興三十一年十二月十七日指揮，更不得引例及稱疑似，取自朝廷指揮。如敢違戾，官司重作施行。」先是紹興三十一年十二月十七日，因臣僚上言：「乞詔三省大臣，凡四方奏請送有司，令各以成法來上；其不以實而依違遷就者，主典科違制之罪，長吏以不職免所居官。臺諫常切覺察。」得旨依奏，令三省六曹遵守。至是臣僚復論吏舞文曲說，檢會元敕奏上，故有是命。

用法不用例曉告天下

乾道元年五月，詔：「法令禁奸，理宜畫一。比年以來[一]，旁緣出入，引例爲弊，殊失刑政之中。應今後犯罪者，有司並據情欵，直引條法定斷，更不奏裁。內刑名有疑，令刑部、大理寺看詳，指定聞奏。永爲常法，仍行下諸路遵守施行。其刑部、大理寺見引用例册，令封鏁架閣，更不引用。仰刑部遍牒諸州，大字出榜曉諭。」

舊無條法之事不可創

輔臣奏：「昨日傳旨，詢問醫官换授事[二]。吏部供：並無條法，惟有王繼先以特恩换授。」上曰：「伎術官自是不許换授。」洪适等奏：「陛下欲推恩一小臣，亦須問法。」上曰：「正恐批出，又不可行。舊有條法之事豈可創？卿等亦當如此。」适等奏：「陛下如此遵守法 7 度，臣等豈敢輕違三尺？」《寶訓》。

諭執政毋創例以害法

二年四月，上諭執政：「卿等當謹法令，無創例以害法。如胥輩兼局之類，切不可放行。」

欲增宫人俸顧禄令不可而止

八月，進呈內東門司申：內人紅霞帔韓七娘得旨轉郡夫人，依外命婦支給請受。據户部供，除紅霞帔逐月有請受外，外命婦郡夫人即無《禄令》。魏杞等奏：「豈有加封而反無請俸者？」上曰：「《禄令》如此，朕不欲破例。此事且已，朕禁中自理會也。」《聖政》（使）〔史〕臣曰：壽皇聖帝欲爲一宫人增俸，顧《禄令》不可而止，則其重爵禄、守法令

[一]以：原作「一」，據《宋史全文》卷二四下改。
[二]問：原作「門」，據《宋史全文》卷二四下改。

之意可以類推矣。

謂言事未必盡知利害便欲更張

六年八月，呂游問進對，論祖宗成法。上曰：「言事者未必盡知利害〔一〕，便欲更張〔二〕。」

親定乾道新書

十月，禮部尚書劉章進對奏：「臣聞李德林在隋開皇初與修勑令〔三〕。時有蘇威者每欲易其條目，德林請于朝，謂欲有更張者當以軍法從事。夫法之弊也故修之，修之而未必皆當，與衆共議之可也，乃欲脅以軍法，其亦不仁甚矣。仰惟陛下清明遠覽，命官取新舊法并前後勑旨，緝而修之。越歲書成，反覆參訂，迺以奏御，而丙夜之觀尤爲詳悉。其間有未便于人情，未安于聖心者，莫不朱黃識之，還以下諭，俾疏奏以聞。稍或可疑，必加改定，然後頒行。欲望播告中外，惟《新書》是遵。」上曰：「朕已自看一遍，亦異乎隋高祖之事矣。」于是詔從之。《聖政》(使)〔史〕臣曰：法之未成也，議之貴乎詳；法之既成也，守之貴乎堅。故今日議法之詳，所以爲異日 8 守法之地也。議論講明，一或不審，異日雖欲信而必行之，有不可得矣。《乾道新書》卷帙(而)〔不〕爲不多，而壽皇丙夜遍覽弗倦，朱黃識之，多所改定，而後頒行。議法之詳如此，所以爲萬世法。

祖宗法度

七年二月，侍講張(拭)〔栻〕輪對奏：「本朝治體，忠厚仁信爲本。」因及熙豐、元符大臣。上曰：「祖宗法度，乃是家法，熙豐之後不合改變耳〔四〕。」

改法宜審于初

十一月，虞允文奏：「舊法，黃甲不曾到部人，在銓試下等人之上。」上曰：「可依舊法。」又曰：「改法不當，終有窒礙，不如加詳審于初，則免改更于後也。」

謂僥倖之門由上自啓

九年，宰臣梁克家奏：「龍雲、陳師亮添差，于指揮有礙。」上曰：「卿等如此守法，甚善。」又曰：「僥倖之門，蓋在上者多自啓之，故人生覬覦心。講畫一之法，貴在能守。」《寶訓》。

法度須是上下堅守

淳熙二年六月，進呈内降李顯忠奏陳，乞女夫添差東

〔一〕者：原無，據《宋史全文》卷二五上補。
〔二〕「六年」以下原脱，據天頭原批補。按此條亦見《中興兩朝聖政》卷四九。
〔三〕「修」下原衍「政」字，據《中興兩朝聖政》卷四九删。
〔四〕不：原作「人」，據《中興兩朝聖政》卷五〇改。

南第四副將趙鼐差遣〔一〕，奉御筆：「再與前任差遣。」緣無添差恩例，有礙近降指揮。上曰：「卿等合如此理會，既礙指揮則已。大凡法度，須是上下堅守〔二〕。」

謂法令明備守之自足爲治

閏九月，進呈淮南轉運司申：濠州鍾離定〔遠〕縣巡檢耿成令再任〔三〕。上曰：「祖宗成法，惟監司及沿邊郡守方許再任。耿成雖有勞效，已經再任，不欲以小官差遣壞祖宗成法。」因論及：「國家承平二百餘年，法令明備，講若畫一，儻能守之，自足爲治。蓋天下本無事，庸人擾之耳。」

諭輔臣遵守法度

輔臣進〔承〕〔呈〕諸司薦舉劉三傑，緣係初改官人，近制合作縣〔令〕，乞與堂除一知縣。上曰：「得卿等守法度如此，甚善。間有内降，朕初無心，不厭卿等來理會。國家或有大事，須賴謀猷；平居無事，且當遵守法度。」《寶訓》。

内批誤用未經任人輔臣有請而止

輔臣進呈：内批「劉球，勳臣之後，可差充諸州軍簽判」。輔臣奏：「球未經〔内〕〔任〕，有礙堂除。」上曰：「此劉光世孫，可特堂〔除〕之。」次日，中使至龔茂良私第傳旨宣諭：「昨日劉球差簽判指揮更不須行。方進呈時，誤認未曾經任之意，反覆思之，此除正礙近制，不可廢法。」《寶訓》。

親定淳熙法册

六年八月，進呈敕令所重修《淳熙法册》，御筆圈記《户令》内驢、駝、馬、舟船契書收税，上曰：「凡有此條，並令删去。恐後世有筭及舟車之言。」辛丑，進呈《户令》，内有「户絶之家，繼絶者，其家財物許給三千貫；如及二萬貫，奏裁。」上曰：「國家財賦，取於民有制〔四〕。今若立法，於繼絶之家其財産及二萬貫者奏裁，則是有心利其財物也。」趙雄奏：「似此者欲悉删去。」上曰：「可悉令删去。」九月丙寅，進呈《捕亡令》：「諸捕盗公人不獲盗，應決而願罰錢者聽〔五〕。」上曰：「公人捕盗不獲，許令罰錢，而不加之罪，是使之縱盗受財也。此等條令，可令删去。」丁卯，進呈《賞格》，内有監司、知通納無額上供錢賞格。上曰：「祖宗時，取于民止二税而已〔六〕。今有和買及經總制等錢〔七〕，又有無額上供錢。既無名額，則是白取于民也，又 10 立賞以誘之，使之多取于民，朕誠不忍也。可悉删去此賞格。」趙雄

〔一〕鼐：原作「鼎」，據《宋史全文》卷二六上改。
〔二〕堅：原作「監」，據《宋史全文》卷二六上改。
〔三〕耿：原作「景」，據《宋史全文》卷二六上改。下同。
〔四〕於：原脱，據《中興兩朝聖政》卷五七補。
〔五〕聽：原脱，據《中興兩朝聖政》卷五七補。
〔六〕税：原作「歲」，據《中興兩朝聖政》卷五七改。
〔七〕和：原作「合」，據《中興兩朝聖政》卷五七改。

等奏：「立賞以誘之，錢愈多則賞愈厚，俗吏唯賞〔是〕圖，侵漁苛斂，無所不至。今聖慈刪去此等賞格，斯民被實惠廣矣。」上曰：「朕不忘恢復者，欲混一四海，效唐太宗爲府兵之制〔一〕，國用既省，則科敷民間諸色錢物可悉蠲免，止收二税，以寬民力耳。」雄等奏：「聖念及此，天地鬼神實臨之，必有陰相，以濟大業。」《聖政》史臣曰：壽皇萬機之暇，無他嗜好，勅局所修條令，皆勤乙覽〔二〕，去取之間，輒經御筆竄定。臣嘗觀筭及舟車之訓，而知聖人之遠慮；觀縱盜受財之訓，而知聖人之淵識；觀有心利其財物之訓，而知聖人之大義；觀設賞誘之多取之訓〔三〕，而知聖人之至仁。

詳審不輕變法

七年五月，進呈廣南路經畧安〔按〕〔撫〕、轉運、提點刑獄司狀：「準指揮，以本路奏請，乞將湖南宜章、臨武兩縣割屬廣東連州。再委官詢訪，審究二縣委不可割。欲望特降指揮下湖南漕、憲司，只令仍舊。」上曰：「不若仍舊，豈可輕更易？朕向來見陳獻利害，聽其一時之言似乎可行，輕欲更改。邇年以來，惟務詳審，未嘗輕變一法。蓋天下之言，來之欲廣，而聽之在審。」

諭士大夫改正罪名

輔臣進呈勅令所删定官郭明復奏：「有犯入枉法自盜〔賊〕〔贜〕抵罪，乞不許改正。」上曰：「〔仕〕〔士〕大夫陳乞改正罪名，不必問其所犯輕重，但委有寃枉，則雖重罪，亦不可不與改正；若所犯得實，雖是公罪，亦【11】難改正。」

法令不必申明但按劾違法者

輔臣進呈福建提刑司奏：乞下本路州縣，不得存留罷役公人充耆長。上曰：「法令自明，但州縣奉行不虔耳。今更不必申嚴，可令將違法知縣按劾以聞。只行遣一二人，則諸路州縣自不敢不遵法令。」

自守法不敢開倖門

輔臣進呈伯圭劄子：門客不理選限，登仕郎恩澤，乞理選限。上曰：「于法如何？」趙雄等奏：「在法不許。」上曰：「每自守法，不敢開放。若違常法，以開倖門，則援例干請不已，將何以阻之？」《寶訓》。

違戾當行遣不降指揮

十三年八月，進呈朱緩奏〔四〕：乞約束州縣，不得擅行苗税折納價錢。王淮等奏：「莫更申嚴？」上曰：「不須得，事貴簡而嚴，若煩，徒爲文具。」進呈約束諸路納義倉

〔一〕唐太宗：原作「唐太唐」，據《中興兩朝聖政》卷五七改。
〔二〕乙：原作「一」，據《中興兩朝聖政》卷五七改。
〔三〕「誘」下「之」原脱，據《中興兩朝聖政》卷五七補。
〔四〕朱緩：《中興兩朝聖政》卷六三作「朱紘」。

米，上曰：「亦不須得。若有違戾，自當行遣，今後更不降指揮。」

已上三十事，兩朝嚴于守法，務在必行之。臣升之釋曰：維持國家，在乎法守。國家之守在人，固有上立法而上自不守者，有前人立法而後人不守者，有上欲守法而下不能守者，有下欲守法而上不容其守者。徇情牽制，則以私意敗法；隨事變更，則以用例棄法。命令不一，則以無信玩法；束吏弗嚴，則以舞文害法；威斷不立，則以姑息廢法。甚哉，守法之不可不謹也！《大禹謨》曰：「儆戒無虞，罔失法度。」蓋慮遊于逸，淫于樂，則不能謹守憲度也。《旅獒》曰：「不役耳目，百度惟正。」欲其內有所主，不至徇外而解棄繩墨也。《無逸》曰：「嚴恭【12】寅畏，天命自度。」欲其一陟一降，秩然有天則不可亂也。《大誥》曰：「惟十人迪知上帝命，越天棐忱，爾時罔敢易于法。」謂治定固當遵守成憲。況多事之時，尤不可輕易變更也。《詩·六月》之序曰：「魚麗廢則法度缺。」傷其治內治外之政不舉，而綱紀文章（文）〔又〕爲之蕩然也。《易》之「雷電噬嗑」，曰「先王以明罰勑法」，懼其無威明，不足以謹法也。《祈招》之詩曰：「思我王度，式如玉，式如金。」言其法度精純，愛民如金，治而不窮其力也。《語》曰：「謹權量，審法度，四方之政行焉。」言數聖人相繼有天下，未有無法而可行者也。《孟子》曰：「上無道揆，下無法守，朝不信道，工不信度，君子犯義，小人犯刑。」蓋懼夫上不（義以）〔以義〕理度量事物而制其宜，則下亦莫能以法度自守也。國朝立法，以洗晚唐五季之末習，歷變多而慮患深，持心厚而禁防簡。藝祖始創之，太宗增備之，真宗遵承之。咸平、景德之際，固無替于前朝。大中祥符以來，稍稍漸異祖宗之制。迨天聖、明道十餘年間，東朝垂簾，姦倖始肆。雖景祐親政，紀綱稍肅，而積習用例，祖宗躬親聽斷之意浸以不復。弊法不除，頹綱不（整）〔振〕，非所以守基圖、救禍亂，此富弼所以有請，而《三朝政要》之書所由（所）〔作〕也。高宗深懲禍亂之源，慨念更張之弊，凡前日法度之廢者無不復，謹存者無不舉，當行者無不申明，遵守惟恪。慮夫法太重而難必行，則立法貴乎中；慮申嚴未必濟事，則去其不便于民者；慮官吏【13】奉行不虔，則命監司檢察按劾；慮法禁之所不戢，則謂自公卿貴戚皆當以身帥之，不以特旨廢法，不以私恩廢法，不以戚里廢法。此高宗所以爲善守法。孝宗守之尤嚴，嘗謂：「國家承平二百餘年，法令明備，講若畫一，儻能守之，自足爲治。」又曰：「大凡法度，須是上下堅守〔一〕。」又曰：「國家或有大事，須賴謀猷；平居無事，且當遵守法度。」凡此者，皆嚴于守法之意，而其所以守之則有道矣。蓋守法所以不堅者，必自上始，嘗謂：「每自守法，不敢放開。若違常法，以開倖門，則干請不已，何以止之？」故雖欲增一宮人之俸，顧《禄令》不可而止；欲與（以）〔一〕未經任僉判，

〔一〕上下：原作「法度」，據前文改。

以礙近制而止；欲與一潛邸祗應差遣，以指揮不應而止。既倖門不開于上，可以守法矣，又慮公卿大臣之不（然）〔能〕共堅所守也，則又諭大臣曰：「卿等如此守法，甚善。」公卿既相與堅守矣，又慮並緣出入，引例爲弊，以失政刑之中，則詔犯罪者有司並據情欵〔一〕，直引條法定斷，凡例册封鏁架閣，更不引用。既已曉告天下，又特命官取新舊法并前後敕旨緝而修之，反覆參訂，丙夜之觀，尤爲詳悉。其間有未便于人情、未安于聖心者，莫不朱黄識之，稍或可疑，必加改之。其《淳熙法册》，下至《户令》内驢、駝、馬、舟船契書收税〔二〕，無不釐正。《聖政》史臣釋之云：「觀筭及舟車之訓，知聖人之遠慮；觀縱盜受財之訓，知聖人之淵識；觀有心利其財物之訓，知聖人之大義；觀賞誘多取之 14 訓，知聖人之至仁。」其講明無憾，可以百世共守之矣，猶慮言事者之未必盡知利害而輕欲更張，則曰：「邇年以來，惟務詳審，未嘗輕變一法。」又曰：「改法不當，終有窒礙，不如加詳審于初，則免改更于後。」既又堅守不輕變矣，而下之人猶有不相與守之者，則黜賞行焉。于是長吏以不職免所居官，主典以違制科罪，違戾去處便行取問，奉行不虔之州縣便許按劾。淳熙十三年十一月，嘗因進呈陳居仁劄子，上曰：「今之要務，不過擇人才、正紀綱、明賞罰。更賴卿等留意，却不須多降指揮，徒見繁碎。」又進呈司農寺分委西倉糴米，上曰：「此等文字便可劄下。凡指揮須教人信，若玩瀆，何補于事？當取其大者要者留意，小事姑從闊略。」又曰：「少降指揮，不惟事簡，又且人信。」當時議論，大抵貴信不貴輕改，貴要不貴煩瀆。如是而法不行，未之有也。故曰：「朝廷不必變法，能以實意守法可也；士大夫不必議法，勿以私意敗法可也。」（以上《永樂大典》卷二一三〇四）

〔一〕情：原作「刑」，據前文改。
〔二〕税：原作「訖」，據前文改。

宋會要輯稿　后妃一

皇后皇太后 〔一〕

宋僖祖文懿崔皇后

【宋會要】 1 僖祖文懿皇后崔氏，建隆元年三月追謚，治平四年三月以英宗祔廟，告遷神主，奉藏於夾室。熙寧五年十一月二十五日，奉僖祖神主爲太廟始祖，復祀。

順祖惠明桑皇后

【宋會要】順祖惠明皇后桑氏，建隆元年三月追謚，熙寧五年十一月二十五日，以奉僖祖爲太廟，始告遷神主，奉藏於夾室。

翼祖簡穆劉皇后

【宋會要】翼祖簡穆皇后劉氏，幽州營田使兼平州刺史正之女。初，追封京兆郡太夫人，建隆元年三月追謚。元祐元年三月以神宗祔廟，告遷神主，奉藏於夾室。崇寧三年十月二十九日立九廟，復祀。紹興三十二年正月，以欽宗祔廟，告遷神主，奉藏於夾室。

太祖母昭憲杜太后

【宋會要】宣祖昭憲皇后杜氏，贈中書令爽之女。周顯德中，封南陽郡太夫人。太祖即位，建隆元年二月，尊爲皇太后。生曹王光濟、太祖皇帝、太宗皇帝、岐王光贊，恭憲、恭懿二大長公主。二年六月二日崩于滋德殿，年六十，謚曰明憲。合葬安陵，祔太廟宣祖室。乾德二年二月改今謚。崇寧二年十二月，以哲宗祔廟，告遷神主，奉藏於夾室。三年十月二十九日立九廟，復祀。

孝章宋皇后

【宋會要】太祖孝章皇后宋氏，左衛上將軍邢國公偓之女，乾德六年立爲皇后，太平興國二年居西宮〔二〕，雍熙四年徙東宮，至道元年四月二十八日崩，年四十四。謚曰孝章，陪葬永昌陵，祭別廟。元豐六年七月十二日，升祔太廟太祖室。

〔一〕原稿無此題，而以各后之稱號置於「宋會要」之下。今據内容添此大題，而以各后之稱號爲小題。
〔二〕西：原作「熙」，據《宋史》卷二四二《后妃傳》上改。

太宗淑德尹皇后

【宋會要】太宗淑德皇后尹氏，滁州刺史廷勛之女，早崩，太平興國元年十一月追册爲皇后，謚曰淑德，陪葬安陵，祭別廟。元豐六年七月十二日，升祔太廟太宗室。

懿德符皇后

【宋會要】懿德皇后符氏，魏王彦卿之女，國初封汝南郡夫人，建隆二年九月進封楚國，乾德六年改封越國，開寶八年十二月十九日崩，年三十四。太平興國元年十一月追册皇后，謚曰懿德，陪葬永安陵，祔太廟太宗室。

明德李皇后

【宋會要】明德皇后李氏，淄州刺史處耘之女，太平興國二年七月入宮，雍熙元年❷十二月立爲皇后。生皇子一人，早世。至道三年四月尊爲皇太后，景德元年三月十五日崩于萬安宮，年四十五。謚曰明德，陪葬永熙陵，祔太廟太宗室。

真宗母元德李太后

【宋會要】元德皇后李氏，乾州防禦使、贈安國軍節度使、常山郡王英之女。開寶初封隴西縣君，太平興國初封隴西郡夫人，生漢王元佐、真宗皇帝，又皇子三人，皇女二人，皆早世。二年三月十二日崩，年三十四。至道三年五月追封賢妃，十二月追尊爲皇太后，咸平元年正月謚曰元德。初葬普安院，三年四月陪葬永熙陵，祭別廟。大中祥符六年七月，去「太」字，升祔太廟太宗室〔一〕。

章穆郭皇后

【宋會要】真宗章穆皇后郭氏，宣徽南院使守文之女。淳化二年歸于襄邸，封魯國夫人，至道二年進封秦國，三年五月立爲皇后。生悼獻太子祐。景德四年四月十六日崩於萬歲後殿，年三十二。謚曰莊穆。陪葬永西陵，祔太廟真宗室。慶曆四年十一月改今謚。

〔一〕天頭原批：「章懷皇后潘氏移入此條下。」

章獻明肅劉皇后

【宋會要】章獻明肅皇后劉氏，虎捷都指揮使、嘉州刺史、贈太師、尚書令、兼中書令、魏武懿王通之女。太平興國八年入韓邸，景德元年正月爲美人，大中祥符二年正月進修儀，五年五月封德妃，十二月立爲皇后。乾興元年二月遺制尊爲皇太后，軍國事權兼取處分。天聖二年十一月行册禮，以郊祀畢，上尊號曰應元崇德仁壽慈聖。明道二年籍田，朝廟禮畢，加上尊號曰應元齊聖顯功崇德慈仁保壽。三月二十九日崩，年六十四〔一〕。謚曰章獻明肅，陪葬永定陵，祭奉慈廟。慶曆四年十一月改今謚，五年十月升祔太廟真宗室。

章惠楊太后

【宋會要】章惠皇后楊氏，崇儀使、贈忠武軍節度使、兼侍中知儼之女。景德元年正月爲才人，大中祥符二年正月進婕妤，六年正月進婉儀，七年六月封淑妃，乾興元年二月遺制爲皇太妃。明道二年，章獻明肅皇后崩，尊爲皇太后。景祐元年，加號保慶皇太后，以所居閣爲保慶殿。三年十一月四日崩，年五十三。謚曰莊惠，陪葬永定陵，祭奉慈廟。慶曆四年十一月改今謚，熙寧二年十月奉神主瘞于陵園。

章懿李太后

【宋會要】❸章懿皇后李氏，左班殿直、贈太師、開府儀同三司、漢東郡王仁德之女。大中祥符九年二月爲才人，天禧二年九月進婉儀，乾興元年四月進順容，天聖十年三月封宸妃。生仁宗皇帝。明道元年二月二十六日崩，年四十六。二年四月，（尊）〔追〕尊爲皇太后，謚曰莊懿。初葬洪福院，十月，陪葬永定陵，祭奉慈廟。慶曆四年十一月改今謚。（以上《永樂大典》卷一九〇三五）

仁宗郭皇后

【宋會要】仁宗（聖）〔皇〕后郭氏，崇儀副使、贈忠武軍節度使、中書令、兼尚書令允恭之女。天聖二年九月立爲皇后。明道二年十二月自請入道，詔封淨妃、玉京沖妙仙師，賜紫，名清悟，居長寧宫。景祐元年八月出居外宅。十月賜號金庭教主、沖淨元師，出居安和院，名曰瑶華宫。二年十一月八日遷于嘉慶院，暴薨。年二十四。三年正月追册爲皇后，葬禮用孝章皇后故事，起陵臺于奉先資福禪院。

〔一〕六十四：《宋史》卷二四二《后妃傳》上作「六十五」。

慈聖光獻曹皇后

【宋會要】

慈聖光獻皇后曹氏，樞密使、檢校太師、兼侍中、贈魯王彬之孫，尚書虞部員外郎、贈開府儀同三司、太師、中書令兼尚書令、秦王玘之女。景祐元年九月立爲皇后，十一月行册禮，嘉祐八年三月尊爲皇太后，四月權同聽政，治平元年五月降手書還政。二年十一月行册禮，四年正月尊爲太皇太后〔一〕，居慶壽宮，熙寧二年四月行册禮。元豐二年十月二十日崩于慶壽宮，年六十二〔二〕，謚曰慈聖光獻。三年三月陪葬永昭陵，祔太廟仁宗室。

温成張皇后

【宋會要】

温成皇后張氏，石州軍事推官、贈太師、開府儀同三司、安定郡王堯封之女。幼入宮，爲御侍。慶曆元年封清河郡君，進封才人、修媛。後忽被疾，請下遷爲美人。八年十月封貴妃。生莊順、莊定、莊慎三大長公主。皇祐六年正月八日薨，年三十一。追册爲皇后，謚曰温成。葬奉先資福禪院，立廟于園側，以知制誥歲時行禮。嘉祐七年正月更廟爲祠殿，遣宮臣以常饌致祭。

真宗章懷潘皇后〔三〕

【宋會要】

真宗章懷皇后潘氏，忠武軍節度使、同中書門下平章事美之女。雍熙二年閏九月歸于襄邸，五年封莒國夫人，端拱二年五月三日崩，年二十二。至道三年六月追册爲皇后，謚曰莊懷，陪葬永昌陵，祭別廟。慶曆四年十月改今謚。元豐六年七月十二日升祔太廟真宗室。（以上《永樂大典》卷一九三〇六）

英宗宣仁聖烈高皇后

【宋會要】

4 英宗宣仁聖烈皇后高氏，忠武軍節度使、贈太師、尚書令、兼中書令、衛王瓊之曾孫，建雄軍節度使、贈尚書令、康王繼勳之孫，北作坊副使、贈太師、開府儀同三司、陳王遵甫之女。慶曆十年三月歸於藩邸〔四〕，封京兆郡君。嘉祐八年四月立爲皇后，治平二年十一月行册禮。生神宗皇帝、吳王顥、潤王顏、益王頵，惠和、賢惠、賢德懿行、舒國四

〔一〕太皇：原脱「太」字，據《宋史》卷一四《神宗紀》一、卷二四二《后妃傳》上補。

〔二〕六十二：《宋史》卷二四二《后妃傳》上作「六十四」。

〔三〕天頭原批：「移前真宗郭后前。」

〔四〕十年：按慶曆無十年，「十」或爲「七」之誤。

大長公主。四年正月尊爲皇太后，居寶慈宮，熙寧二年四月行册禮。元豐八年三月一日詔〔一〕，應軍國事權同行處分。五日，遺制尊爲太皇太后，應軍國事權同行處分。元祐二年九月行册禮。八年九月三日崩，年六十二。謚曰宣仁聖烈。九年二月七日陪葬永厚陵，祔太廟英宗室。

欽成朱皇后

【宋會要】

神宗欽成皇后朱氏，贈太保士安之女。初入宮，爲御侍。熙寧八年正月進才人，九年十二月進婕妤，元豐二年九月進昭容，五年八月封賢妃，七年正月進封德妃。八年三月尊爲皇太妃，居聖瑞宮〔二〕，元祐二年九月行册禮。生哲宗皇帝，楚王似，賢穆、賢康、賢孝、賢宜、賢靖五長公主。后本姓崔，父傑，幼育於任廷和家，最後依朱氏。紹聖中訪知其故，時以后姓氏已布中外，不復歸姓，唯贈傑、廷和皆太師。崇寧元年二月十六日崩，年五十一。追尊爲皇太后，謚曰欽成。五月二十四日陪葬永裕陵，祔太廟神宗室。

欽慈陳皇后

【宋會要】

神宗欽慈皇后陳氏〔三〕，贈太尉守貴之女。初入宮，爲御侍。元豐五年十一月進才人，八年四月進美人。生徽宗。元祐四年六月二十八日崩，年三十六〔四〕。七月贈充儀。紹聖三年四月，徽宗以遂寧郡王出(門)〔閤〕，贈貴儀。元符三年正月追號皇太妃，建中靖國元年正月十七日追尊爲皇太后，謚曰欽慈。初葬多慶院，五月六日陪葬永裕陵，祔太廟神宗室。（以上《永樂大典》卷一九三〇七）

哲宗昭懷劉皇后〔五〕

【宋會要】

5 哲宗昭懷皇后劉氏，贈太師、東平郡王安成之女。初入宮，爲御侍。紹聖元年四月封平昌郡君，二年五月進美人，十月進婕妤。元符二年立爲皇后，行册禮。三年五月，號元符皇后。崇寧二年二月進號太后，五月行册禮，居崇恩宮。政和三年二月九日崩，年三十五。謚曰昭懷。五月二十七日陪葬永泰陵，祔太廟哲宗室。

徽宗顯恭王皇后

徽宗顯恭皇后王氏，德州刺史、贈太師、榮國公藻之女。元符二年六月歸于端邸，封順國夫人。三年二月立爲

〔一〕豐：原作「聖」，據《宋史》卷二四二《后妃傳》上改。
〔二〕聖瑞宮：原作「瑞聖宮」，據《宋史》卷二四三《后妃傳》下、《文獻通考》卷二五二、《玉海》卷一五八改。
〔三〕神宗：原旁添作「哲宗」，據《宋史》卷二四三《后妃傳》下改。
〔四〕三十六：《宋史》卷二四三《后妃傳》下作「三十二」。
〔五〕按，自此以下原無小題，據上文體例補。

皇后，崇寧二年六月行册禮。生欽宗皇〔后〕〔帝〕、榮德公主。大觀二年九月二十六日崩，年二十五。謚曰靜和。十二月二十七日陪葬永祐陵，祭別廟。四年十二月十六日改謚曰惠恭，紹興七年六月一日改今謚。

顯肅鄭皇后

顯肅皇后鄭氏，檢校太師、瀛海軍節度使紳之女。元符三年十二月爲才人，建中靖國元年八月進美人，十月進婕妤，十二月進婉儀，崇寧元年十一月封賢妃，二年五月進封淑妃，三年二月進封貴妃。大觀四年十月立爲皇后，政和元年二月行册禮。生兗王檉，嘉德、安德、壽淑、崇淑、成德公主。宣和七年十二月二十三日尊爲道君太上皇后，靖康元年三月居寧德宮。二年二月從徽宗北狩，建炎四年九月五日崩，年五十二。紹興七年六月十一日謚曰顯肅，十二月十日祔太廟徽宗室。十二年八月梓宮還臨安，十月七日權欑永祐陵。

顯仁韋皇后

顯仁皇后韋氏，贈太師、韓王安禮之女。崇寧五年封平昌郡君，大觀元年二月進才人，六月進婕妤，二年進脩容，生高宗皇帝。靖康元年十一月進位龍德宮賢妃，二年二月從徽宗北狩。建炎元年五月尊爲宣和皇后，紹興七年三月尊爲皇太后。十二年八月回鑾，居慈寧宮。二十九年九月二十日崩，年八十。謚曰顯仁。十一月二十六日權欑永祐陵，祔太廟徽宗室。

明達劉皇后

明達皇后劉氏，太師彥清之女。元符三年四月爲御侍，崇寧元年十二月封壽安〔群〕〔郡〕君，二年三月進才人，三年七月進美人，四年四月進婕妤，大觀元年二月進婉容，九月進婉儀，二年正月進德妃，二月進淑妃，三年四月進貴妃。生濟陽郡王棫，祁王模，秦王榛，茂德、安淑、洵德公主。政和三年七月二十二日薨，年二十七。謚曰明達懿文，葬昭先積慶院。九月二十日追册爲皇后，止以明達爲謚，即塋所爲園陵，置祠殿，祭別廟。十月三十日，詔即本家建德隆殿。

欽宗朱皇后

【宋會要】

6 欽宗皇后朱氏，故少傅、恩平郡王伯材之女。政和六年納爲皇太子妃。七年十月生嫡皇孫大寧郡王諶。宣和七年十二月立爲皇后，靖康二年四月從欽宗北狩。

明節劉皇后〔一〕

明節劉皇后，興寧軍節度使、龍德太一宮使宗元之女，十歲入宮中。政和三年閏四月自宮人爲才人，八月進美人，九月進婕妤，五年六月進婉容，六年十一月進婉儀，十二月進賢妃，八年六月進淑妃，宣和二年進貴妃〔二〕。生建安郡王楧、嘉國公椅、英國公橞、和福公主。三年四月薨，年三十三〔三〕。五月追册爲皇后，謚曰明節，葬昭賢馬〔四〕，祔明達皇后寢園之西北（偶）〔隅〕。

高宗懿節邢皇后

【宋會要】

7 高宗懿節皇后邢氏，徽猷閣待制、贈少師、追封嘉國公煥之女。政和五年四月歸于康邸，封嘉國夫人。靖康二年二月，侍顯仁皇后從徽宗北狩。建炎元年五月四日立爲皇后。紹興九年六月二日崩，年三十四，謚曰懿節。十二年七月六日祔太廟別廟。八月梓宮還臨安，十月七日權攢祔永祐陵。

孝宗安穆郭皇后

孝宗安穆皇后郭氏，後改成穆。（度）〔慶〕遠軍節度使、贈太師、追封榮王瑊之女。紹興十四年正月十九日封咸寧郡夫人，生莊文太子愭、魏王愷、皇太子惇、邵王恪。二十六年六月二日崩，年三十一。三十年八月十三日贈淑國夫人，三十一年九月十七日加贈福國夫人，三十二年六月四日追封皇太子妃，八月二十六日追册爲皇后。九月二十三日上謚曰恭懷，十月二十八日改今謚。十二月二十七日祔太廟別廟，攢臨安府錢塘縣南屏山。（以上《永樂大典》卷一九三〇九）

安穆皇后郭氏，紹熙五年十月二十九日改〔謚〕成穆，謚議給事中、兼直學士院、兼實録院同修撰樓鑰撰，册文右丞相趙汝愚撰〔五〕。（以上《永樂大典》卷一九三一一）

安恭夏皇后

安恭皇后夏氏，後改成恭。贈太師、追封信王協之女。紹興三十一年二月二十日封齊安郡夫人，三十二年八月二十八日進位賢妃。隆興元年十月二十五日立爲皇后，二年正月六日行册禮。乾道三年六月二十五日崩，年三十二。七月十七日上謚曰安恭。閏七月二十一日祔太廟別廟，攢

〔一〕原批：「此在前。」明節爲徽宗后，當在欽宗朱皇后之前。又，「朱皇后」條批云：「此在後。」

〔二〕宣和二年：《宋史》卷二四三《后妃傳》下作「政和四年」，恐誤。

〔三〕三十三：《宋史》作「三十四」。

〔四〕昭賢馬：疑當作「昭先焉」。前文述明達皇后葬昭先積慶院，明節后亦祔葬於此，故云。

〔五〕此條原在本書后妃一之八，出自《大典》另一卷，整理者抄補於第七頁天頭，今從其意移於此，以免重複標題。下文「安恭夏皇后」之第二條同。

臨安府錢塘縣南屏山。（以上《永樂大典》卷一九三〇九）

安恭皇后夏氏，紹熙五年十月二十九日改〔謚〕成恭，謚議給事中、兼直學士院、兼實録院同修撰樓鑰撰，册文右丞相趙汝愚撰。（以上《永樂大典》卷一九三二一）

成肅謝皇后

〔成肅〕皇后謝氏，贈太師、追封忠王寧之女。紹興三十一年二月二十日封咸安郡夫人，三十二年八月二十八日進封婉容，隆興二年二月十一日進位貴妃，淳熙三年八月十四日立爲皇后。十月五日行册禮。（以上《永樂大典》卷一九三〇九）

8 成肅皇后謝氏，淳熙三年八月十四日立爲皇后，十月五日行册禮。册文參知政事龔茂良撰。紹熙元年正月一日，恭上尊號曰壽成皇后，册文參知政事王藺撰。慶元二年十月三日，恭上尊號曰壽成惠慈皇太后，册文知樞密院事鄭僑撰。六年八月十六日，加上尊號曰壽成惠慈太皇太后。十月十四日禮部太常寺言：「依淳熙十四年禮例，候三年喪畢行禮。」詔依。嘉泰二年十二月四日，加上尊號曰壽聖慈祐太皇太后，册文右丞相謝深甫撰。開禧三年五月十六日，崩于壽慈殿。八月二日，上謚曰成肅〔一〕，〔謚〕議吏部侍郎、兼直學士院衛涇撰〔二〕，册文右丞相陳自强撰。攢祔于永阜陵〔三〕，二十九日祔太廟孝宗室。

光宗慈懿李皇后

光宗慈懿皇后李氏〔四〕，慶遠軍節度使、贈太師、追封楚王道女〔五〕，隆興二年四月十八日封榮國夫人，閏月十二日進封定國夫人，乾道七年三月一日立爲皇太子妃。淳熙十六年二月二日立爲皇后，紹熙元年正月十九日行册禮，册文同知樞密院事葛邲撰。慶元二年十月三日上尊號曰壽仁太上皇后，册文參知政事何澹撰。六（月）〔年〕六月四日，崩于慈儀殿。八月一日上謚曰慈懿，謚議起居舍人、兼權中書舍人、兼直學士院邵文炳撰，册文知樞密院事、兼參知政事何澹撰。二十日攢臨安府錢塘縣南屏山，九月二日祔太廟光宗室。

寧宗恭淑韓皇后

寧宗恭淑皇后韓氏，慶遠軍節度使、開府儀同三司、贈太師、崇國公同卿之女。淳熙十二年八月封新安 **9** 郡夫

〔一〕肅：原闕，據《宋史》卷二四三《后妃傳》下補。

〔二〕涇撰：原脱。據《四庫全書總目·後樂集》提要引南宋《翰苑題名記》載，衛涇以開禧二年十月自中書舍人、兼直學士院除吏部侍郎，則此「衛」乃指衛涇。據補。

〔三〕「攢祔于永」四字：原脱，據《宋史》卷二四三《后妃傳》下補。

〔四〕「光宗慈懿皇」五字原無，據前後文例補。

〔五〕道：原闕，據《宋史》卷二四三《后妃傳》下補。

人，十六年五月進封崇國夫人。紹熙五年七月六日立爲皇后，慶元二年十月六日行册禮，册文簽書樞密院事葉翥撰。六年十一月七日崩于坤寧殿。十二月十八日上謚曰恭淑，謚議禮部侍郎、兼直學士院陳宗召撰，册文知樞密院事、兼參知政事何澹撰。二十日欑臨安府錢塘縣南屏山，二十八日祔太廟別廟。

恭聖仁烈楊皇后

恭聖仁烈皇后楊氏，故保義郎、累贈太師尚書令、追封齊王漸之女。慶元二年三月封平樂郡夫人，三年四月進封婕妤，五年五月進封婉儀，六年二月進位貴妃。嘉泰二年十二月十三日立爲皇后，三年二月六日行册禮，册文知樞密院事陳自强撰。嘉定十七年閏八月三日，寧宗遺制尊爲皇太后。寶慶三年正月缺日上尊號曰壽明皇太后，册文右丞相史彌遠撰。紹定元年正月缺日加上尊號曰壽明慈睿皇太后，册文右丞相史彌遠撰。四年正月缺日以聖壽七十，加上尊號曰壽明仁福慈睿皇太后，册文知樞密院事薛極撰。五年十二月七日崩于慈明殿。六年二月二十三日上謚曰恭聖仁烈，謚議同簽書樞密院事陳貴誼撰，册文知樞密院事薛極撰。四月二十八日陪葬永茂陵，五月十三日祔太廟寧宗室。（以上《永樂大典》卷一九三一一）

皇后皇太后雜録 一

【宋會要】

10 真宗咸平〔一〕〔二〕年閏三月三日〔二〕，宰臣張齊賢等言：「謹按漢制，帝母稱長樂宮。又唐穆宗郭太后居興慶宮，號興慶太后；敬宗王太后居義安宮，號義安太后；文宗蕭太后居積慶宮，號積慶太后。今皇太后宮室之制有所未備，臣等請命有司爲皇太后建宮立名，以稱陛下奉承慈顔，孝治天下之志。」詔曰：「朕欲時奉皇太后顔色，宜近朕所居，修建宮殿，貴便於晨省。仍以萬安宮、萬安殿爲名。」遂以滋德殿爲宮。

三年八月三日，詔：「自今〔獻〕皇太后物皆曰『恭上』。」先是，帝謂宰臣曰：「朕覽前代帝王故事，凡獻皇太后物皆曰『奉上』，恐未協尊稱。」故有是詔。

大中祥符二年七月八日，中書門下上言：「按《漢書·百官表》，長信詹事掌皇太后宮，景帝更名長信少府。注云，以太后所居爲名也。居長信宮則曰長信少府，居長樂宮則曰長樂少府。又云，長樂衛尉不常置。萬安宮本因明德皇太后特建，今明德皇太后上僊，萬安宮廢置，合依宮官

〔一〕「二」原作「一」，誤。按《宋史》卷六《真宗紀》一：咸平二年閏三月「己丑，上皇太后宮名曰萬安」。據改。

之例。」詔恭依，復以宮爲滋德殿。

六年六月十一日，宗正寺言：「準制，册德妃爲皇后，合編入屬籍。」從之。

乾興元年仁宗即位未改元。二月二十三日，禮儀院言：「準遺制，軍國事兼權取皇太后處分。其所降制命、群臣上表，凡文字名稱等，望下兩制與崇文院檢討官同詳定以聞。又所降批答欲首云『覽表具之』，末云『所請宜許』或『不許』。」並從之。宰臣請所御何殿，皇太后遣内侍都知張景宗宣諭曰：「雖勉奉遺旨，將來嗣君視事，當朝夕在側，冀申保護，何須別御殿也。當深體此意，以定儀式。」

二十四日，内降皇太后手書曰：「先帝以嗣君之託，所以遺制之中，權令處分軍國事。勉遵遺命，不敢固辭。自今中書、樞密院事進呈皇帝後，並依常式進入文書印畫，亦不妨内中子細看覽，或事有未便，即當與皇帝宣召輔臣商議。若事關機要，亦許非時請對，即不必預定奏事日限。蓋念先朝理命，務合至公，其於文武大臣、内外百辟推誠委任，斷在不疑。緬料忠賢，各懷恩義，必能盡節，以佐昌朝。顧予菲躬，得守常制，興言及此，五内摧傷。」先是，中書、樞密院奏：請每五日一次皇太后與皇帝同御便殿，垂簾奏呈公事。既依奏，已而復有此命。

三月十六日，禮儀院上言：「内外命婦入見皇太后，請於内中別設客殿。唯長公主并親王夫人許殿上起居，自餘挨命婦並立殿下〔一〕。仍度宮庭設次，不得交雜往還，其班序次第及表狀文字專委職掌之人管幹收接。如有犯者，並奏取旨。」從之。

七月十一日，中書、樞密院上表請皇太后特遵大行皇帝遺制，每五日一次與皇帝同御便殿，許中書、樞密院奏事。表三上，從之。

八月八日，始御 11 承明殿，宰臣率百僚詣内東門上閤門拜表稱賀，中書、樞密院請軍國機宜及臣僚恩澤並進呈取旨，若常事即依舊進入文字，候印畫付外施行。若事從別旨，有未可行者，即於御前納下，再候指揮。其日殿上垂簾，皇帝座亦在簾内，輔臣以次奏事，屏去左右侍衛。如有軍機急速，即不限五日，並許非時請對及宣召閤門前一日奏裁。並從之。初，丁謂定皇太后稱「予」，于是中書與禮儀院參議，每下制令稱「予」，便殿處分事稱「吾」。詔並止稱「吾」。初御承明殿，馮拯等再拜舞蹈，皇太后哀慟久之，令内侍宣諭曰：「予不欲行垂簾御殿之儀，卿等累請，辭不獲已，候皇帝春秋長，即當還政。」拯等言，皇太后臨朝，蓋先朝顧命之托也。

仁宗天聖五年七月二十一日，皇太后手詔，文武臣僚今年南郊更不得上表請加尊號。

八年七月二十一日，群臣請加上尊號曰「應元崇德顯功隆運仁壽慈聖皇太后」，表三上，不許。

〔一〕挨：疑當作「族」。

明道元年十二月九日，太常禮院言：「皇太后赴太廟，乘玉輅，服禕衣、花釵冠，其行禮服袞衣、儀天冠。」從之。

二年四月八日，太常禮院言：「尊皇太妃楊氏爲皇太后，百官通奏於皇太后，言牋，不稱表。其稱謂則曰『殿下』，若『教旨』、『懿旨』〔一〕。」詔從之。先是，大行皇太后遺誥曰：「皇太妃與吾同事先朝，備彰懿範。自今朝之臨御，亦共贊於内謀。爰屬兹辰，允當崇奉。宜尊爲皇太后。往者皇帝踐祚，方幼冲年，吾稟先帝遺言，權助軍國。今皇帝統臨一紀，盛德日新，此後聽斷，一依祖宗舊規。如有軍國大事，皇帝與皇太后内中裁旨商量。」是時帝久臨御，威德已著，中外企望親政。及宣誥之際，尚有「裁旨商量」之語，往往竊議，浸淫上聞。翌日令中書門下掇去遺誥内所載皇太后事，不須頒告天下。有司因得用咸平舊章以正其禮。

景祐元年九月二十六日詔，皇太后宜令宮禁上下此後並以保慶皇太后爲稱，并題所居殿額。

嘉祐八年英宗即位未改元。四月八日詔曰：「朕承大行之遺命，嗣列聖之丕基。踐祚之初，銜哀罔極〔二〕。遂罹疾恙，未獲痊和。而機政之繁，裁決或壅。皇太后母儀天下，子育朕躬，輔佐先朝，練達庶務。因請同於聽覽，蒙曲賜於矜從。俾緩憂勤，冀速康復。候將來聽政日，請皇太后權同處分。」太常禮院奏：「請自十一日皇帝同皇太后御内東門小殿垂簾，中書、樞密院合班起居，以次奏事，或非時召學士亦許至小殿。皇太后處分稱『吾』，其日群臣進名起居於内東門。」從之。

英宗治平元年五月十三日，皇太后手書付中書曰：「日者昊天不弔，先帝上賓。遽揚末命之言，方結未亡之痛〔三〕。而皇帝踐祚之始，銜哀過情〔四〕，忽傳詔於外廷，請預聞於庶政。載念承邦之重，累申還辟之文。皇衷未回，群聽猶鬱。顧人子之誠雖至，然國家之【12】事靡安。況日聽治朝，躬發神明之斷；出馳禁蹕，衆聞輿馬之音。百姓莫不交欣，三靈以之薦祉。吾嘗視前史之戒，思累聖之圖，將退飭於母儀，庸進彊於君德。從容房闥，不亦美歟？」先是，帝即位感疾，大臣以命令無所出，遂請皇太后權同聽政，以安人心。初議於内東門垂簾奏事，而帝方服藥，權居柔儀殿東閤之西室，皇太后居其東室。輔臣日入東閤候問聖體，因奏事。至五月二十七日，帝初御延和殿，至六月三日，復不出，唯輔臣得入對柔儀，退詣内東門小殿簾外，覆奏事於皇太后。至七月十三日，帝始間日御前後殿，視朝聽政。輔臣每退朝，入内東門小殿覆奏事如初。皇太后再出手書還政，大臣以白帝，輒留之不下。至是，皇太后以帝躬康復，故降手書，遂撤小殿簾帷，不復處分軍國事。

七月十六日，詔曰：「頃以嗣承大統，方執初喪，過自

〔一〕懿旨：原作「懿慈」，據《長編》卷一一二改。
〔二〕銜：原作「御」，據歐陽修《文忠集》卷一一九改。
〔三〕亡：原作「已」，據王珪《華陽集》卷二〇改。
〔四〕銜：原作「御」，據《華陽集》卷二〇改。

摧傷，遂嬰疾恙。皇太后尊居母道，時遘家艱，閔予哀荒，俯徇誠請，勉同聽覽，用適權宜。賴保護之勤劬，獲清明而康復。恭惟坤德之至静，實厭事機之久煩。迨此彌年，荐承諄誨。顧寔繁於庶政，難重浼於睿慈。而方國多虞，則共濟天下之務；惟時無事，亦宜享天下之安。先民有言，無德不報。雖日用三牲之養，未足盡於予心，而形於四海之風，必務先於孝治。惟是事親之禮，蓋存有國之規。當極尊崇，以稱朕意。應合行儀範等，令中書、門下、樞密院參議以聞。」

十九日，詔：「皇太后稱『聖旨』，出入唯不鳴鞭，他儀衛如章獻明肅太后故事。有所取索，本閤使臣録聖旨付所司，事屬中書、樞密院者，使臣具申狀，皆覆奏即施行。」

二十一日，中書、門下之表：「伏以蓄非常之施者，必獲非常之報；舉極隆之典者，必有極隆之名。而況廓帝母之深居，揭宸庭之大順，宜圖懿號，式表常尊。恭惟皇帝陛下，秉德自天，乘時出震。大横之兆，夏啓以光；《小毖》之詩，成王求助。賴穹蒼之降祐，復宗社之垂休。外則多士協忠，終濟艱難之務；内則慈闈輔治，益恢顧復之恩。同大政以踰年，順羣情而復辟。臣等竊謂：極天下之養，未足以報其仁；嚴禁闈之稱，乃所以崇其位。稽參近古，蔚有前規。在漢之隆，實居長樂；有唐之盛，亦闡義安。斯皆保承承繼繼之昌，達尊尊親親之義。下推子道，上奉坤儀。臣等訂正遺章，講明大法。入以摽九重之奥，爛乎有文；出以訓百行之源，莫加於孝。願聞俞旨，俯亮愚衷。臣等不勝大願，請以皇太后所居爲慈壽宮，殿爲慈壽殿。」詔恭依。

治平四年神宗即位未改元。四月四日，太常禮院言：「參詳到太皇太后已有治平元年所定儀範外，皇太后出入儀衛：御龍骨朶子直都虞候、都頭、副都頭各一名，十將、長行共三十人；弓箭直指揮使、都頭、副都頭各一名，十將、長行共二十人。皇太后、皇后 [13] 常出止用正副金塗銀裝白藤輿各一，上覆椶櫚屋，飾以鳳輦宮服，同乘輿平頭輦之制。咸平中，萬安太后輿上設行龍六，制飾率有加焉。今來皇太后出入所乘，伏請依萬安太后輿製造。所請有金銅坐車子等即於禮典不載，合依自來體例施行。」並從之。從皇太后儀視太皇太后，唯不呼萬歲。

神宗熙寧元年三月十五日，中書、門下上言：「伏以太皇太后輔佐仁祖之久，參決英廟之初，内協和於六宮，外敉寧於百度，成功不處，復辟之明。皇太后誕育聖躬，布宣陰教，動循共儉之訓，允隆顧復之恩。陛下日欵慈闈，躬修色養。臣等以謂其施博者其報厚，其實茂者其名閎。故漢尊長樂之宮，唐揭興慶之號。本朝當咸平之際，明德饗萬安之名，於歲時而奉觴，即躬省而改築。質於典册，具有故常。足以亡隆母儀〔一〕，首善風教，置而未講，闕孰甚焉。

〔一〕亡：疑當作「上」。

臣等不勝大願，請命有司稽考舊典，特建太皇太后宮殿，並以慶壽爲名，皇太后宮殿並以寶慈爲名。」詔答曰：「朕聞孝莫大乎尊親，尊親莫大乎以天下養。顧惟寡德，獲承丕緒，富兼四海，榮奉兩宮。雖晨昏不遠於慈顏，而居室尚仍於舊貫。四時温清，未通陰陽之和；三朝慶賀，莫容儀物之盛。有稽營建，茲用慊然。後覽奏陳，請圖改築。歷援故事，並揭華題，事協尊崇，理爲宜稱。所請宜允。」後過諒闇，令有司檢舉施行。後慶壽宮建慶壽、萃德二殿，寶慈宮建寶慈、姒徽二殿。

二年五月二十七日，太皇太后遷居慶壽宮。七月二十二日，皇太后遷居寶慈宮。

六月二十六日詔：「兩宮畢工，事干尊奉。提舉及幹當官張若水等推恩各有差。」

元豐六年七月十二日，詔祔孝惠、孝章、淑德、章懷皇后于太廟。後二日詔曰：「朕若稽古昔，是正禮文。永惟四后之慈，實佐三朝之聖。載涓穀旦，參訂鉅儀，升自閟宮，祔于太室。侑禘祫四時之饗，協天地一體之文。嘉娭神心，稱秩祀事。宜均慶澤，以暨後昆。四后之家，宜推其長一人，已仕者遷一官，未仕者與初等官。」

八年三月一日，詔曰：「朕膺昊穹之（腃）〔睠〕命，纘列聖之丕圖，夙夜積勤，興居爽豫。永惟四海之廣，慮壅萬機之繁。皇太后德盛母儀，道隆坤載，聖性聰哲，達于幾深。仰叩慈仁，許同聽斷，庶專調護，早遂康和。應軍國事並皇太后權同處分，候康復日依舊。」先是，三省、樞密院奏皇太后權同聽政，候康復日依舊。帝顧視首肯。既退，即移班近東，垂簾見皇太后，具所奏以聞，皇太后泣許，故有是詔。

五日，遺詔尊皇太后爲太皇太后，應軍國事並權同行處分。

七日，制德妃朱氏加號皇太妃，其合行册禮令有司檢詳典故以聞。時哲宗已即位，未改元。

四月六日，禮部言：「太皇太后、皇太后、皇太妃當行册禮，請如故事，在三年之外。」從之。

十八日，詔太皇太后[14]母魯國夫人李氏進封韓越國太夫人。

五月二日，詔太皇太后母韓越國太夫人凡給賜倍常儀。

六月八日，尚書禮部言：「太皇太后生辰舊所供奉物於令式宜增一倍。冠朵舊用朵子九及花五，亦各增爲十二之數。皇太妃生辰節序宜用皇后例。」從之。

十二日，詔：「皇太妃出入宜乘檐子，令所屬議制度及儀衛恩數以聞。」於是禮部尚書韓忠彦等言：「檐子當用牙魚鳳爲飾，繖用青羅，命婦上牋，宫人稱『慈旨』，升階上拜。應禮物，太皇太后、皇太后於皇太妃稱『賜』，皇帝於皇太妃稱『奉』。百官不稱臣。應有該載未盡，令所屬比附所定禮儀施行。」從之。

八月二日，詔：「太皇太后遇大禮、興龍、坤成節，親屬恩澤及冠帔之數，並以臨時所得指揮取旨施行。」

八日，禮部言：「皇太妃冠服之屬，減皇后五分之一。」詔翰林學士、給、舍、禮部、太常寺同詳定。後翰林學士鄧温伯等言：「參詳皇太妃冠服《禮令》不載，亦無故事。請參酌裁定，其生日節序請損皇后五分之一。」詔依。所定内冠朵用牙魚。

十月二十二日，詔皇太妃出入上下檐子並於内東門内會通門前堦下。

十二月十二日，禮部言：「皇太妃欲依皇后例供進新曆。」從之。

哲宗元祐元年正月十二日，詔：「太皇太后出入儀衛及從駕臣僚對御賜茶酒等儀式，並依章獻明肅皇后故事。内不可考者，依慈聖光獻皇后例施行。」

閏二月八日，詔皇太妃遇〔聖〕節及生日更與骨肉一人恩澤。

十九日，詔賜宰臣韓縝：「省所上表，請建太皇太后宫殿，宫曰崇慶，殿曰崇慶、壽康；皇太后宫殿，宫曰隆祐，殿曰隆祐、慈徽，事具悉。朕以紹承大統〔一〕，奉事兩宫，循六世之燕謀，極萬方之至養。露章來上，引義甚明。謂德厚者報隆，而禮盛者文縟。宜開中禁，仰奉慈儀。崇長信之名，備洛書之介福；揭東朝之號，紹太姒之徽音。若稽古初，具存典册。漢家致孝，有朝夕上食供御之廷；唐室承顔，有歲時踵門慶賀之禮。逮于列聖，咸有舊章。顧惟沖人，敢忘繼序？所請宜允。候過諒闇，令有司檢舉。」

四月八日，尚書禮部言：「太皇太后恩禮已準章獻明肅皇后故事，今坤成節所奉已增一倍，其歲時合供奉物亦當依此。」詔更不增奉。

十二月六日，太皇太后詔曰：「近中書省檢詳故事，將來服除，百官當拜表上尊號。可依元豐三年詔書，更不檢舉。」

二十二日中書省言：「太皇太后權同處分軍國事，合依章獻明肅皇后故事，用玉寶方四寸九分，厚一寸二分，龍鈕。」從之。

三年六月四日，三省奏，尚書吏部言：「同進士出身陳仲宜狀，自三班奉職鏁應，合换判、司、簿、尉。爲係太皇太后姑之子，依昭憲皇后族孫杜藻例，特與初等職官。今欲少損恩例，與知、令、録。」太皇太后曰：「安敢比用昭憲體例，兼非本宗，只（令）〔令〕依條。」

七月 15 九日，太皇太后手詔：「皇帝嗣位，于兹四年。皇太妃以恭儉之德，鞠育之恩，雖典册以時奉行，而情文疑有未稱。皇帝以祖考之奉，尊無二上，而吾推《春秋》之義，母以子貴。其推天下之養，以慰人子之心。宜下有司，尋繹典故。」於是詔檐子飾以龍鳳，織用紅羅，從衛人各有加，人數見儀衛門。冠服度數並依皇后，其詳見冠服門。生辰合奏恩

〔一〕紹：原作「詔」，據《宋大詔令集》卷一一改。

澤之類亦如之。

八月十四日，詔「皇太妃宮閤依皇后所居制度，惟不設鴟尾。」先是，輔臣言：「禮官已議皇太妃禮儀依皇后，宮閤亦當准此。緣外廷不見宮禁制度。」太皇太后曰：「皇后所居一小殿有鴟尾，今已展修。皇太妃閤惟不設鴟尾，爲是皇帝誕育之地，更不欲遷。」遂降此詔。

十月十四日，詔：「皇太妃儀制已依皇后，其所居宮閤合與不合稱殿及立殿名，其考議聞奏。」於是禮部、太常寺言：「皇帝推崇母道，皇太妃儀制當依皇后。緣尊無二上，理有屈伸。兼檢會歷代及國朝典故，皇太妃即無稱殿及立殿名之制，請如故事。」從之。是日，輔臣奏禮官所議於延和殿。太皇太后曰：「既言並依皇后，應須一一如此。」文彦博曰：「事固有不可盡同者，臣下於皇后有臣妾之稱，於太妃則否。晉宋間議論亦曰位號不極，禮不盡恭。」太皇太后又曰：「漢、唐有典故否？此事非因人有求，乃吾思慮所及，恐於禮有闕，故與卿等商議。」僉曰：「漢、唐非正之事不可用於聖朝，若稽典故，當依禮官所定。」

閏十二月十五日，太皇太后手詔曰：「官冗之患，所從來尚矣。流弊之極〔一〕，實萃于今。以闕計員，至相倍蓰。上有久闕失職之吏，則下有受害無告之民。故命大臣，考求其本。苟非裁損入流之數，無以澄清取士之源。吾今自以眇身率先天下，永惟臨御之始，嘗敕有司，蔭補私親，舊無定限，自惟薄德，敢配前人？已詔家庭之恩，止從母后之比。今當又損，以示必行。夫以先帝顧託之深，天下責望之重，苟有利於社稷，吾無愛於髮膚。矧此恩私，實同毫末。忠義之士，當（職）〔識〕此誠，各忘内顧之心，共成節約之制。今後每遇聖節、大禮、生辰合得親屬恩澤，並四分減一。皇太后、皇太妃準此。」先是，太皇太后宣諭輔臣，欲減親屬恩澤，僉曰：「陛下臨朝，本殿恩澤自當不限人數，向來止用皇太后例已是數少，何可復減？」太皇太后曰：「今來官冗，自宰執以下恩澤皆有減損，本家亦須裁定。要自上始，所貴均一。」僉曰：「此盛德事，容臣等别具進呈。」遂降此詔。

四年八月二十六日，太皇太后手詔：「皇帝臨御，海内晏安，五經季秋，再講宗祀。克有君德，以享天心。顧吾何功，獲被斯福？今有司因天聖之故事，脩會慶之盛禮，將俾文武，稱慶于廷。吾自臨決萬幾，日懷祗畏，豈以菲薄之德，自比章獻之時？矧復皇帝致賀于禁庭，群臣奉表于闈佐，禮文既具，夫又【16】何求？前朝舊儀，吾不敢受。將來明堂禮畢，更不受賀，百官並内東門拜表。」先是，禮官言：「天聖中南郊禮畢，皇太后御會慶殿，皇帝於簾内恭謝，百官稱賀於廷，升殿賜酒。」輔臣以故事奏稟於延和殿，太皇太后諭止之，遂降此詔。

十一月二十二日，太皇太后復詔曰：「王朝盛會，禮見

〔一〕弊：原作「斃」，據《長編》卷四一九改。

羣臣。今有司欲依天聖故事，行會慶稱賀之儀。顧惟菲薄，豈敢比隆於先后？來年正月一日更不御殿受賀上壽，皇帝御殿禮畢，百官並內東門拜表如常儀。」

六年十二月十四日，詔皇太后親姪女三人並封郡君。

九年二月二十六日，詔曰：「比朕親奉皇太后聖諭，皇太妃保育之德著於中外，皇帝雖已備極崇奉，而儀節之間，猶有未稱。蓋舊儀雖全比皇后，而宮閤輿蓋之制及出入所由宜有所加，苟於本朝祖宗以來母后之制有所差降，則褒隆之數可施行矣。其下禮部、太常寺，參考典禮儀制及臣僚上牋稱名、命婦進見等儀式奏（門）〔聞〕。」於是群臣議：皇太妃所居宮閤建殿立名；所乘檐（二）〔子〕改爲輿，上設行龍五；出入宣德東偏門；百官上牋稱殿下，自稱姓名；命婦舊升階上拜，今改爲殿下出入。儀衛率加於舊。帝又詔曰：「昨親奉皇太后聖諭，皇太妃特與立宮殿名，殿名聖瑞。坐六龍輿，進黃繖，出入由宣德正門。朕常思皇太妃尊奉之禮未至周盡，今奉玉音，不勝惓惓，卿等可并臣下稱呼講議奏聞。」於是三省議：皇太妃坐龍鳳輿，繖紅黃兼用，遇從皇太后出入止用紅；應宮中並依皇后儀制稱臣妾，外命婦入內準此；有司供納之物並稱進奉。餘依禮官所定。從之。

紹聖元年閏四月十八日，詔改隆祐宮曰「慈德宮」，前殿曰「慈德」，中殿曰「仁明」，後殿曰「壽昌」。

十月十二日，以武安軍節度觀察留後高公繪爲鎮寧軍節度觀察留後，恩州團練使向宗回爲相州觀察使，榮州團練使向宗良爲利州觀察使。上以宗回等皇太后近屬，恭謹少過，故有是命。

十三日，詔：「昨議裁損中外奏薦，宣仁聖烈皇后欲以身率群下，故於親屬恩澤首行四分減一指揮。今茲於奉親之禮不宜一例裁損，所有皇太后、皇太妃親屬恩澤四分減一指揮宜罷。」

十一月二十四日，禮部言：「明年正旦朝賀，以宣仁聖烈皇后服制未除，於禮合罷。欲其日百僚詣東上閤門拜表稱賀，次詣內東門拜表賀皇太后，拜牋賀皇太妃。」從之。

二年三月二日，詔皇太妃生辰祇應人推恩依皇太后條例。

五月二十一日，帝諭輔臣曰：「皇太后嘗有旨令立皇太妃宮殿名，向禮（宮）〔官〕止請建殿立名，未嘗及宮名，其審議之。」同知樞密院事曾布曰：「皇太妃宮乃陛下降誕之地，今（欲）〔殿〕名聖瑞，亦宜以聖瑞名宮。」從之。

十月七日，詔皇太妃合奏親屬恩數並視皇太后例，聖節大禮亦如之。

17 三年九月三十日，詔：「皇后孟氏可上皇后册寶，廢居瑤華宮，賜號華陽教主、玉清妙静仙師，賜紫，名冲真。其居處供帳服用稟給之類務從優厚，稱朕所以始終待遇之意。」

四年正月五日，詔：「皇太妃昔從任氏并繼父朱氏，依禮制各以封贈。近訪求，適父母悉已物故，未曾明言於朝，乞賜恩禮。其崔傑并李氏可擬始封品秩進呈。皇太妃姓氏已布告中外，更不歸宗，止續朱氏舊稱。任氏雖非父母之家，亦係近戚，存亡恩命，更不追正。每歲所得親屬恩澤，並奏薦朱、任二家。」

元符二年九月二日，宰臣章惇等上表言：「中宮虛位，歷載於此，宜有建立，協修陰教。望於定省兩宮之暇，祗稟慈訓，登崇賢淑，正位內治。備舉典册之盛，俯慰中外之望。」詔答曰：「后聽內治，以風四方。昔之盛王，茂建賢德。朕若古明訓，慎於柬求。卿等職在秉鈞，誠深體國。以長秋之虛位，援故實而有言。當稟兩宮，即頒禮命。用承天祐，俯慰群情。所請宜允。」

七日，內出手詔曰：「朕以卿等上表請建中宮事稟於兩宮，皆以爲莫宜於賢妃劉氏。柔明懿淑，德冠後宮，誕育元良，爲宗廟萬世之慶。中宮特建，非斯人其誰可當？所宜備舉典册，以正位號。恭依慈訓，即頒禮命。」

三年徽宗即位未改元。正月十二日，上召輔臣，面諭章惇等請皇太后權同處分。又顧曾布曰：「事初即再三告太后，乞同聽政。」布曰：「陛下聖德謙悒，乃欲如此。然長君無此故事，不知太后聖意如何？」上曰：「皇太后已許，方敢指揮。兼遺制未降，可增入。」

十三日，詔皇太后權同處分軍國事，並依嘉祐、治平故事施行。三省檢會嘉祐、治平故事，皇帝御前後殿，輔臣奏事，退詣內東門簾前覆奏皇太后。皇太后不御殿，百司不奏事，不立生辰節名，不遣使契丹。詔恭依。

十四日，詔先皇帝皇后建宮殿並以元符爲名，仍號元符皇后。

同日，手詔：「朕奉皇太后聖諭曰：『皇帝以踐阼之初，請權同處分軍國事。遭家不造，所不忍聞。皇帝仁孝，至再至三，繼之以泣。勉從勤請〔一〕，暫濟艱難，非久便當退處房闥。除不御前後殿等事已降指揮外，尚慮有司依循故事，如迴避家諱之類，可並勿施行。宜布告中外，使諭此意。』朕躬被慈訓，敢不奉承？」初，輔臣具天聖、嘉祐、元豐故事進呈：天聖、元豐前御殿垂簾，立誕節，遣北使，避家諱。嘉祐末則不然，皇帝間日御前後殿，輔臣奏事退，詣內東門簾前覆奏而已。皇太后諭輔臣曰：「非久即還政，宜只用慈聖故事。」故有是詔。

十六日，制曰：「聖人之德，無加於孝；天子之貴，必有所尊。朕遭家多難，紹國大統，恭念所生之重，永懷追遠之情。故貴儀陳氏德範載於公宮，徽猷著於天下。輔佐先帝，警戒憂勤，誕育冲人，劬勞顧復。稽諸典禮，詢于師言，有親親之恩，有貴貴之義。念之不見，感 18 春露之既濡；（慈）〔茲〕率厥常，報昊天之罔極。宜追號皇太妃，仍令有司擇日備禮奉册施行。」

同日，詔求故皇太妃親屬。

二十三日，詔贈故皇太妃曾祖贈忠州防禦使懷德爲太

〔一〕勤請：原作「勤情」，據《曾公遺録》卷八改。

保，祖内殿承制繼榮爲太傅，父贈右監門衛將軍守貴爲太尉，曾祖母而下皆封大國夫人。

二十八日，内降故皇太妃親屬姓名并宗枝圖付中書省〔一〕，以長兄右班殿直陳永成爲内殿承制、閤門祗候，次兄三班借職永清爲東頭供奉官、看班祗候，姪仲堅爲左侍禁，其餘親族命官有差。

二月二日，三省言：「追尊故貴儀爲皇太妃，緣稱號無别，請哲宗皇太妃以『聖瑞』冠號。」從之。

同日，輔臣詣簾前，太后謂輔臣曰：「皇帝聖明，本不須同聽政，只（願）〔緣〕勤請，不得已從之。公等必知此意，恐天下未能盡曉，須降手詔，令中外知本心非欲與政事也。」輔臣稱贊而退。

三日，上曰：「慈聖光獻太后家恩禮當從優異。」輔臣對曰：「仁宗授英宗以天下，神宗、先帝於慈聖家恩禮無不曲盡，今聖諭（旨）及此，臣等敢不欽承？」

四日，輔臣於簾前奏以上旨欲優與向宗回等遷官，皇太后曰：「外家豈可過與恩澤？恐貽笑中外，姑緩之。」

七日，皇太后手書付三省曰：「吾德薄，不敢上同明肅、宣仁，而遠戒前代稱制終身之失，自同聽斷，夙夜靡遑。本欲候先帝殿蕆禮畢，即遂退處。皇帝聖孝，堅請再三，仍以山陵事重爲言。故兹黽勉，有愧於心。止俟將來神主祔廟，便遵此志。吾意以決，可令中外聞之。」

十二日，詔皇后父左班殿直王藻爲德州刺史，及追封三代。

十三日，三省進呈聖瑞皇太妃增崇儀物，除六龍輿不用，依舊只進龍鳳輿外，餘請依太常寺所定。從之。

同日，以朝奉大夫、尚書主客員外郎向紃等各轉一官，太后弟姪命官者二十一人，以太后聽政推恩也。

二十一日，詔皇太后殿使臣等並依宣仁聖烈皇后例推恩，各轉一資〔二〕。

二十六日，詔皇太妃特與親屬恩澤二人，以上登寶位推恩故也。

五月七日，詔贈皇太后三代，以朝請大夫、尚書右司員外郎向紃爲（古）〔右〕朝議大夫，朝請郎、尚書司封員外郎向紘爲朝奉大夫，以皇太后復辟推恩也。

九日，上宣諭翰林學士承旨蔡京曰：「廢后處瑶華，皇太后極所矜憐，今欲復其位號，召卿草制。詞須平（几）〔允〕，不可過當，恐彰先帝之失。」京曰：「臣曾草廢后詔，今又草復后制，未敢奉詔。」上曰：「皇太后言，昨先帝既廢后，亦有悔意，曾語與皇太后。今先帝上僊，追前意與復位號，於理無嫌。」京曰：「古無兩后，今日若出於皇太后恩憐，理亦無妨〔三〕，但有復必有廢，不知聖意如何？」上曰：

〔一〕皇太妃：原作「皇太后」，據《長編》卷五二〇改。按，此仍指徽宗生母陳氏，至明年始追册爲皇太后。
〔二〕資：原作「五」，據天頭原批改。
〔三〕妨：原作「姑」，據《雞肋編》卷中改。

「元符皇后先帝所立，位號已定，豈可更廢？」京曰：「聖意如此，天下幸甚。」上曰：「卿於制詞中可入三省議狀不廢元符、無嫌並后之意，使天下曉然知之。」京奉詔 19 而退。

十日，制曰：「朕紹休烈聖，承訓東朝。施惠行仁，既誕孚於有衆；念今追往，用敦叙於我家。廢后孟氏，頃自勳門，嬪于王室，得罪先帝，退處道宮，（建）〔逮〕兹累年，克庸祗德。皇太后念仙遊之寢邈，撫前事以興悲，惻然深矜，示不終廢。申崇位叙，還復宮庭。乃詔輔臣，具依審議。雖元符建號，已正位於中宮；而永泰上賓，固無嫌於並后。於戲！源情起義，蓋示親親之恩；克己慎身，宜成婦婦之道。其率循於懿範，以上答於深仁。往服茂恩，永膺多福。可復爲元祐皇后。」

六月二十八日，皇太后手書付三省：「吾（懽）〔權〕同聽斷，本非吾志，艱難之初，欲上不敢。黽勉于兹，日計一日，苟可得已，宜不待時。乃者皇帝以哲宗山陵事重爲請，故候祔廟禮畢，即遂退處。今皇帝聖智日躋，萬務益習，仁明睿斷，裁決中理，海隅蒼生，咸被德澤。吾用慰心，顧復何慮。況山陵營奉就緒，引發有期，或不知止，則豈不蹈古人所戒而失『復子明辟』之義哉。可不候祔廟，止俟靈駕發引，罷同聽斷。」

是日，輔臣以手書進呈，上曰：「此月之初，皇太后已欲降此指揮。禁中涕泣拜請，至於累旬，皇太后聖意堅確不回，不得已勉强恭依，可令學士院降詔。所有增崇禮數，速議以聞。」

七月一日，詔曰：「朕奉皇太后手書，不候祔廟，止俟靈駕發引，罷同聽斷。朕以眇身，獲承大寶，實賴皇太后仁聖，敉寧萬邦。遽奉玉音，靡遑安處，涕泣拜請，至于累旬。雖盛德徽猷，度越今古，顧惟不類，懼弗克勝。聖志莫回，未知攸濟。勉遵慈訓，深惕于懷。布告中外，咸使聞知。」

七日，以皇太后罷同聽政，姻戚族屬遷秩命官者凡三十三人。

一十九日〔一〕，詔曰：「朕祗膺寶圖，夙賴慈蔭。方決策艱難之際，實先定於睿謨；及臨朝淵默之初，復仰煩於共政。惟明智之自得，避成功而不居。亟下手書，退安房闈。豈惟前世母后之罕及，抑亦自昔聖賢之所難。至仁大恩，全德鉅美，無物以稱，非言可宣。朕日至寢門，躬修子道，殫四海之備養，得萬國之懽心。夫惟有天下之功，固宜享天下之報。興言典禮，未極尊崇，肆命輔臣，裁成彝制。上以章母儀之盛，下以廣孝治之風。頒之有司，昭示永世。皇太（皇）〔后〕出入儀衛，恭依禮部、太常寺增定，餘依治平元年五月十七日慈聖光獻皇后故事施行。」

八月一日，追封皇太后曾祖敏中三代。

建中靖國元年二月二十七日，封皇后姊妹三人爲縣君，仍賜冠帔，弟宗渙、宗沔爲右侍禁，用向宗回等例也。

〔一〕一十九日：「一」字疑衍，又或是「二」字之誤。

十一月五日，詔以欽慈皇后誕生祥異事付玉牒所增修。又内出宣仁聖烈皇后、欽聖憲肅皇后元豐八年以後事跡付輔臣參酌，降下玉牒所。宣仁聖烈皇后當哲宗初即位，選習知時務謹重内侍，令侍左右。性謙損儉素，服御取給而已。雖同聽斷，外家恩例，每自裁減，爲天下 20 先。后素爲慈聖光獻皇后所愛，元祐中，以粧奩貲葬曹氏旅櫬數百。欽聖憲肅皇后當元豐末，神宗疾甚，后遽遣人作延安郡王祝聖壽道場。或未諭其意，后曰：「欲所在揭榜，使人知皇嗣長立，已能致憂伸孝也。」哲宗晨昏定省，乃必衣背子見之。一日，偶供不逮，止服常服，乃遜謝不已。或曰：「母見子何過恭？」后曰：「子雖幼，君也；母雖尊，以慢禮見君，可乎？」后無玩好，閱祖宗實録、寶訓，遂通知政事。族人有丐以轉官恩易閤門祇候爲通事舍人及選人改合入官者，且言有特旨例，后曰：「吾族未嘗用此例，忍以私恩紊法度乎？」不許。哲宗選后及諸王擇婦，后預戒族人勿投家狀。元祐初，宣仁聖烈皇后命有司葺舊慶壽宮，俾后居之，后固辭曰：「豈有婦居東而姑處西，瀆上下之分，敢固辭。」宣仁嘉其意，止以慶壽後殿爲隆祐宮。宣仁山陵既發引，雪甚，后憂之，命内侍爲密詞以禱，内侍皆辭以不能。后曰：「應天但以誠實，何尚文華？惟直書吾意可也。」詞成，中夜焚之。良久，雪霽。哲宗晏駕，輔臣定策有異議者，后毅然獨斷，力秉大義，援立徽宗。既同聽政，凡故事所有如避家諱、立生辰節名之類，皆一切不用。輔臣奏事于小殿簾前，每聞有褒功臣後及省賦息兵、崇儉愛民之事，則喜見容色。初議俟哲廟升祔還政，及山陵未發引，遽欲退處，上再三懇請，確然不從。上詔有司應供慈德宮所須不候審覆。后聞之曰：「吾子至孝，以四海奉養，吾豈忍以庫給私用耶？」一無所取。欽慈皇后初生，赤光發於室，遠近謂陳氏火，亟往視之，乃知后生。少穎悟若成人，多奇相，家人不敢育於私室，遂入禁中。

徽宗崇寧元年五月四日，詔：「后妃、王府、主(弟)〔第〕奏授骨肉令作文資、被奏人父母係文資，或自曾得解，或曾補試入太學者非。或后妃、王府、主第臣僚奏乞醫官充額外太醫局丞之類者，自今雖奉特旨，令衡改舊條(第)〔格〕指揮，並許三省、樞密院子細契勘。若於祖宗貽訓格法實有衡改侵紊者，可明具有礙是何條法奏知，更不施行。」時有貪冒之徒不顧廉恥，夤緣請謁，告囑希求，衡改格條，泛濫陳請。故降是詔。

閏六月十四日，詔以欽成皇后祔廟禮畢，本家親屬郢州防禦使伯材已下三十三人推恩有差。

七月八日，詔元符皇后奏補等恩數並依聖瑞皇太妃例。又詔元符皇后自今應(共)〔供〕須薦獻之物，並依聖瑞皇太妃元符三年體例。以后於元符末嘗參預欽聖援立之謀也。

八月六日，皇后祖母慶國太夫人慎氏、皇后母衛國太夫人呂氏等授國太夫人，乞比劉宅魏國太夫人王氏例請諸般請給。從之。

九日，詔曰：「朕恭念哲宗皇帝以聖德嗣有基業，推至仁無私之心，乃以神器屬于沖人，而元符皇后實受遺訓，故定策之際，欽聖皇太后深所付21託。永惟繼統承（桃）〔祧〕之重，敢忘追往事居之情？垂簾之初，姦臣輒議廢黜〔一〕，其事未及褒顯。近上表章，敘述大功，朕思所報，允其陳請。供須等事，已降指揮外，其出入儀衛等當議加崇，以昭前人之德，而稱朕友恭之意。內屬樞密院事，關送樞密院照會指揮施行。」

十月二十二日，詔曰：「元祐皇后退處道宮，殆將累歲。頃從並后之議，實慰兩宮之心。今臺臣合奏，引議固爭，宰輔僉同，抗章繼上。可依紹聖三年九月三十日詔旨，其諸恩數悉如舊章，仍加優厚，以稱先帝始終待遇之意。」先是，馮澥上書論復后非是，肆爲劫持之語。其後御史中丞錢遹、殿中侍御史石豫、左膚奏疏，謂違先帝意，妄及宗廟，以動上聽。繼而宰臣蔡京、門下侍郎許將、中書侍郎溫益、左丞趙挺之、右丞張商英皆主臺臣之說，力請不已，上迫於羣議而從之。

十一月八日，臣僚上言：「近論列元祐大臣、臺諫等興造邪謀，欲廢元符皇后。今名位未正，禮物未備，儀制未充。伏望聖慈亟詔有司，講求典禮，稽參故（賓）〔實〕，總公卿博士之議而制旨臨決焉，以慰哲廟在天之靈。」詔令禮部、太常寺同詳議聞奏。

二十一日臣僚上言：「臣伏以元符皇后，先帝寢疾倉惶顧命之初，陛下入繼大統艱危之際，豈無定策之勳？伏望聖慈詳酌，明詔有司議所以尊尊之禮，以遵先帝之心，以重宗廟之祀。」詔送禮部、太常寺。

二年二月十七日，手詔：「朕入繼大統，獲承至尊。永惟哲宗皇帝不克與子，而元符皇后實與定策。因心之義，夙夜靡忘。故鄧王已追贈爲皇太子。母以子貴，於古有稽，而禮義以起，惟事之稱。宜崇位號，以慰在天之靈，稱朕友恭敦報之意。可進號太后。除依禮部所定加崇儀制外，其儀衛人數及請俸、奏薦、恩澤等並依昨欽聖憲肅皇后元符三年體例，依皇后禮制施行，名所居宮曰崇恩。」

四月二十五日，詔太后受册寶並依皇后禮制〔二〕，仍以五月二十八日御文德殿發册。

七月二十六日，手詔：「朕恭惟欽慈皇太后生育朕躬，孝養弗及，即政之初，即詔有司議尊重之典。祖宗以來，（且）〔具〕存舊章，有司觀望，務從降禮，使朕不得申罔極之報。興言及兹，慨然嗟悼。今雖悉從改正，而議禮之官未正其罪，如劉拯等抗論不從，亦未褒賞。其速定賞罰以聞。」於是朝請郎曾旼，朝奉郎、尚書屯田員外郎吳絪，朝奉郎、知耀州王允中，朝奉郎、知和州鄭居中各降一官；孫傑贖銅三十斤。朝散大夫、尚書吏部侍郎劉拯，承議郎、祕書

〔一〕臣：原作「成」，據《宋大詔令集》卷一七改。
〔二〕太后：原作「太皇」，誤，據上文「可進號太后」改。

少監鄧棐，各轉一官。

三年三月二十一日，詔曰：「恩緣義起，禮自情興。顧復之念雖隆，子貴之崇宜順。躋嚴序列，祇安神靈。朕惟欽成皇后佐佑神考，寔生哲宗。今奉安廼在欽慈之次，循思繼及，義或未安。內中欽成皇后神御宜居欽聖憲肅皇后之次，22 欽慈皇后又次之，其太廟神主及景靈宮奉安並依此。」

五月十一日，詔以元符皇后進號太后，今後大禮合用賀表答詔並更不排辦，所有使臣恩澤錢依令取賜。

大觀元年六月一日，手詔：「朕自王藩，入繼大統，懼德不任，夙夜以思，推原本因，欲報之德。欽聖憲肅皇后受哲廟之顧託，詘姦臣之異心，援翊冲人，付畀神器。靡自一人之助，建茲萬世之安。施等丘山，功在社稷。其親屬未加顯崇，報未加隆，甚不足以稱孝思靡及之意。向宗回可除開府儀同三司〔一〕，改封大郡王，餘令三省更檢會合推恩事件聞奏。」

三年三月四日，詔曰：「朕惟欽成皇后輔佐神考，淑順懿恭，誕育哲宗，慈仁顧復。尊爲帝母，十有五年，就養宮闈，陰利天下。而崇寧之初，姦臣用事，飾終送往，因陋就簡，妄騁私意，悉損舊儀，屢加詰問，終莫遵承。比閱典禮，欲以是正。而歲月遄邁，既往莫追，事違本懷，情深惋惻。咨爾在位，體朕意焉。」

八月二十二日，宰臣何執中言：「長秋虛位，宜登崇賢淑，以慰安四海。」於是內出手詔曰：「覽卿所奏，雖禮儀當爲，然皇儀几筵，尚未周期。祥符故事，時踰五載，政府大臣方建議及此。祖宗彝訓，朕所專奉，當終祥練之制，以伸追往之儀。庶盡情文，以厚風化。俟徹几筵，別聽處分。」自是再請不允。

四年九月十五日，何執中等又以爲言，上弗許，曰：「諸皇子宮中尚行禮制，恐無以示四方、厚風化。」執中等奏曰：「靖和俯及再期，在陛下聖德，揆之禮文，稽之人情，可謂曲盡。願以宗社爲重，以義斷恩，俯徇群情。」上曰：「像設尚存，情所未忍，姑置之。」執中退，又三上章懇請，再出手詔曰：「《關雎》爲風化所先，正家室人倫之始。卿等以宗社爲重，請建坤儀，陳（儀）〔義〕甚高，深嘉誠意，勉以從之。」

十月二日，詔曰：「貴妃鄭氏柔明婉淑，謙慎持身，位極元妃，德冠中壼。有進賢逮下之志，無險詖私謁之心。越自纘承，祗服內職，夙夜匪懈，嬪御式從。屬長秋之久虛，致大臣之懇請。遠稽東漢，近考祥符，質古參今，具存方冊。宜隆位號，以正坤儀。可立爲皇后，令學士院降麻。」皇后聞命，辭表三上，詔答皆不允。有司請涓日受命，皇后猶固辭曰：「方欲有所陳請，豈敢遽受命也。」迺上表言：「族姪居中夙蒙睿眷，擢秉樞衡。妾自冠元妃，屢陳愚

〔一〕向宗回：原作「向宗四」，據《宋史》卷二四三《后妃傳》下改。

懇，願投閑散，載沐優容。曲褒近戚之賢，宜處本兵之地，遂侵尋於累歲，尚叨據於崇賢。今又（出）〔令〕出非常，恩數至渥，正坤儀於宮壺，奉中饋於家邦。豈容邇親，輒居重任？望賜俞允，俾還機軸。」翌日，三省以表進呈，上曰：「皇后至今辭避，未有拜命，及遷入后宮，意甚堅確，朕累遣敦諭，敷陳經史，義不可折。言漢、唐以來，后族之事固不足爲聖時道，然不可不戒者，（首）〔昔〕長孫無忌於太宗爲佐命元勳，文德皇后尚謂不願私親據權于朝，卒罷無 23 忌政。」執中等奏曰：「居中存西樞，且族屬稍疎。」上曰：「皇后言：雖在西樞，終預國政。若必欲用居中，即乞且充元妃之職。」執中等奏請且降詔不允，上曰：「皇后言理盡于此，不復再表，儻不獲從，惟不敢受命而已。今大禮在近，有稽典禮，終屬妨嫌，可除居中觀文殿學士、中太一宮使。」是日，上又出手詔曰：「中宮累有堅請，以居中后族，不宜居臺省要職，可除龍圖閣學士、提舉醴泉觀。」皇后乃受命，上表稱謝。三省進呈謝表，上曰：「皇后自入宮，操行端修，惟喜讀書，以古善惡自鑒，作一事未嘗容易，宮中內外罔不欽服。自立后，朕密令採聽，上下人情，無不懽悅，以爲得人。所上章皆其自爲，朕初疑有代草者，俾問之，皇后曰：『不能文詞，亦女子之常事，若乃妄言，則爲欺君，所不忍爲也。』」僉奏曰：「陛下登建母儀，盛德如此，天下幸甚。」

十一月十二日，內出手詔曰：「皇后自降制命後，依例有合陳乞推恩奏薦之類，尚處謙沖，並不陳乞。可劄下本閤使臣，仍依例施行。」

十六日，執中奏事言皇后受册冠服當辦具者。上曰：「比有司畫一來上，內頭冠合用珠子，中宮一見，輒自陳曰：『方今朝廷用度未豐，不當以服飾之費耗邦財。頭冠用珠數多，請以爲妃時所服冠命工改造，增篦插三枝足矣。』朕嘉其能躬儉節用，亦既許之。」執中奏曰：「此蓋陛下克勤克儉風化所及。今士大夫儒素之家歲時節序尚皆競務鮮華，況母儀天下，又當受册盛禮，雖其費十百於此，豈患不足。而能以朝廷費用爲慮，躬自菲薄如此。自古聖帝明王未有不由內治而興，此可爲陛下賀也。」尚書右丞鄧洵仁請紀，以其事宣付史館，從之。

政和元年正月二十五日，皇后上表曰：「伏（奏）〔奉〕聖慈，以妾將來受册排黃麾仗及垂重翟車、陳小駕鹵簿等，伏望特頒溫詔，追寢盛儀。」詔小駕鹵簿、端禮門外黃麾仗、紫宸殿臣僚稱賀上禮，並依所乞罷；其延福宮受册，依已降指揮；朝謁景靈宮，止依近例。命學士院降詔。

二月二十三日，平海軍節度使、開府儀同三司、中太一宮使鄭紳等奏：「崇寧中，欽慈皇后之家常除教授一員。近制，戚里、主第並下太學保明有行藝舉人爲門客。敢援例有請，乞差命官一員充教授，舉人一員充門客。」從之。

三年八月十九日，皇后上表言：「妾有養女故貴妃劉氏，襁褓而入禁庭，總丱而親宸扆，方幸榮昌之漸，遽爲冥漢之遊。願賜討論，別議追崇之禮。」手詔追册劉氏爲皇后。

四年三月十六日，皇后言：「伏蒙聖慈，（持）〔特〕許歸寧，妾獲至家庭，詢以私事，乃知父紳與知樞密院事居中時復往還，妾聞之不勝恐懼。竊以居中號爲族姪，職當本兵之地，爲朝廷近臣，凡所設施，悉干機要。而與父紳積稔過從，如親無間，使傳聞之人皆謂招權市恩，一有貽機，譴累必至，[24]甚非公朝所以別嫌明疑爲天下勸也。兼執政大臣等並掌機密，自來不許與后妃之家往還，朝廷大政亦非戚里所當與聞。欲望睿慈特降指揮，自今止絶父紳與居中弟兄子姪，凡係居中族系者，並不得交往，稍有干犯，許御史臺奏（効）〔劾〕以聞。仍乞重加黜責，庶使各嚴分守，以允公議。」從之。

五年六月七日，內出手詔：「朕履霜露之濡，懷劬勞之感。永唯欽慈太后鞠育之恩，欲報之德，靡所逮及。而其家族屬官不過大夫，禄止食宮觀，曾未褒顯。爵禄天下之公器，決不以私，故其家不敢干請，有司亦失於建明，甚不足以稱孝思罔極之心。考循舊章，厥有故實。仲拯可除正任防禦使。」

十一月八日，內出手詔：「昔我藝祖，聿懷明德，戡定禍亂，應天順人，肇造區宇，奄宅萬國，亦惟內助，克相以成。恭惟昭憲皇后淑哲懿敏，誕育上聖，深謀遠計，輔佐初潛，勤勞王家[一]，勳在社稷。俾我祖宗創業垂統，以成萬世之業，燕及後昆，其敢怠忽！今考杜氏之後，閥閱微替，（其求）〔求其〕子孫，不在仕版，第宅圮壞，貧不自給，豈所以慰在天之靈，報垂裕之德乎？可令有司訪其後裔，命之以官，檢會明肅、光獻諸后故實條具來上，以稱朕意。」

六年十一月三日，詔：「中宮祖母鎮國郡夫人劉氏親姪中奉大夫劉彦賜見係尚書省都事，可先次出職，與合入差遣。」續詔知濰州。

七年三月二十九日，華陽教主、玉清妙静仙師奏：「檢會御筆：『華陽教主、玉清妙静仙師静處琳宮，俸宜優典，以稱先朝始終待遇之意。每遇大禮，許奏本宗有服親一名，於班行內安排。』昨遇冬祀大禮，合奏恩澤，乞奏再從叔進士孟師古，於班行內安排。」從之。

四月十二日，詔曰：「朕循名考實，據古驗今，凡繫稱謂之謙，必協是非之正。華陽教主、玉清妙静仙師孟冲真頃自紹聖，退居道宮，恩數加優，歲時滋久。（此）〔比〕覽有司之請，尚仍教主之稱，理實未安，義當有易。爰中錫於懿號，俾允迪於真風。夫可言可行，兹惟人治之大；以静以正，庶幾衆美之從。可加賜希微元通知和妙静仙師。」

八年四月二十二日，御筆：「皇后親（始）〔姑〕宜春郡夫人鄭氏等三人，並特依鄭直之妻永嘉郡夫人朱氏例支破

[一]「勞」字原闕，「王」原作「主」，據本書后妃二之一一紹興「二十七年十月十三日」條補改。

請受。」

宣和三年九月十五日，詔以明節皇后追册祔廟畢，本家親屬和州防禦使劉敦等二十二人推恩有差。

七年十二月二十三日，尊道君皇后曰道君太上皇后，居擷景園。是年欽宗即位未改元。

欽宗靖康元年三月十日，改擷景園爲寧德宮，以居太上皇后，殿以壽祺爲名。

五月三日，罷后妃常姬宅教授官。

十二月四日，李若水奏事，上從容語及更張弊政，曰：「瑤華一事，日在朕心，多事未及舉行，只候開門，便當降詔行典禮。」若水答曰：「陛下言及於此，宗廟社稷之福。臣請於〈門〉〔開〕門赦書中 25 具載此事，庶使天下速聞。」上曰：「宜於赦書中作第一件，卿可條具來。」若水尋具以進，上親定詔書，中曰：「恭惟元祐皇后逮事宣仁聖烈皇后、欽聖憲肅皇后，又曾經送哲宗皇帝山陵。元符之末，欽聖憲肅皇后垂簾，曾降指揮，復册命爲元祐皇后〔一〕，可令三省檢會，恭依元降指揮，仍尊爲元祐皇太后，以順天人之意。有司擇日備禮施行。」

二年四月三日，元祐皇后自私第入居延福宮。時張邦昌僭位，以僞詔迎奉。

十日，太后御內東門小殿垂簾聽政，群臣詣祥曦殿起居，邦昌以太宰退處資善堂。

十五日，太后告天下手書曰：「比以敵國興師，都城失守。祲纏宮闕，既二帝之蒙塵；誣及宗祊，謂三靈之改卜。衆恐中原之無統，姑令舊弼以臨朝，扶九廟之傾危，免一城之慘酷。乃以衰癃之質〔二〕，起於閑廢之中，迎置宮闈，進加位號。舉欽聖已還之典，成靖康欲復之心〔三〕。〈水〉〔永〕言運數之屯，坐視家邦之覆，撫躬獨在，流涕何從〔四〕。緬惟藝祖之開基，實自高穹之眷命。歷年二百，人不知兵；傳序九君，世無失德。雖舉族有北轅之釁，而敷天同左袒之心。乃眷賢王，越居近服〔五〕，已徇羣臣之請，俾膺神器之歸。繇康邸之舊藩，嗣宋朝之大統。漢家之厄十世，宜光武之中興；獻公之子九人，唯重耳之尚在。茲爲天意，夫豈人謀。尚期中外之協心，同定安危之至計。庶臻小愒，漸底丕平。用敷告於多方，其深明於吾志。」（以上《永樂大典》卷一九三一〇）

〔一〕册：原作「明」，據《東都事略》卷一二《欽宗紀》改。
〔二〕衰：原作「哀」，據汪藻《浮溪集》卷一三改。
〔三〕成：原作「或」，據《浮溪集》卷一三改。
〔四〕涕：原作「萍」，據《浮溪集》卷一三改。
〔五〕居：原作「君」，據《浮溪集》卷一三改。

宋會要輯稿　后妃二

皇后皇太后雜録　二

1 高宗建炎元年五月二日，上詔輔臣曰：「元祐皇后家諱宜避。矧中更僭竊，載以聖德，起於宮闈，乃眷朕躬，膺天曆數〔一〕，不惟累章之勸進，亦又播告於邇遐。於國有功，宜(遵)〔尊〕名號。」乃下御札曰：「朕惟德盛者報必隆，屬尊者禮宜備，古之彝訓，國有故常。元祐皇后制行徽柔，宅心虛靜，蚤儷極於永泰，久慕道於瑶華〔二〕。庚辰並后之文，已嘗誕告〔三〕；丙午復號之旨，未及布宣。比者還御宮闈，暫臨庶務，洞達事機之變，深惟宗社之安，踵遣使軺，敦諭至意。逮此纘圖之日，亟頒歸政之書。功加于時，舉協於義。是用參稽衆志，奉上尊稱，冀茂對於休辰，以永綏於壽祉。元祐皇后册爲元祐太后〔四〕，並令所司擇日奉上册寶，應合行典禮，禮官討論以聞。」

(八月)〔四日〕〔五〕，制嘉國夫人邢氏可立爲皇后，其合行册禮令有司檢詳典故以聞。

八月十二日，尚書省言：「伏見元祐皇后尊稱第一字犯祖諱，乞以所居宮爲稱。」有旨，宮名令學士院擬撰，今撰到宮名，詔以隆祐宮爲名。

十二月九日，詔：「歷考祖宗朝，后父無文臣侍從官者，朕欲遵依舊制，以復祖宗平治之時，豈可以近親違戾彝憲？邢焕可特换光州觀察使，依舊提舉(毫)〔亳〕州明道宮。」初，焕除徽猷閣待制，以右諫議大夫衛膚敏言：「祖宗之法，后族戚里如得除文資，恐撓法而干政也。」故有是命。

三年正月十八日，詔后族自 **2** 今不許任侍從官，著爲(申)〔甲〕令。顯謨閣直學士孟忠厚特與换授常德軍承宣使。從臣僚之請也。

三年四月二十五日，詔隆祐太后上尊號爲隆祐皇太后，緣有司未曾製造册、寶，自合先次稱隆祐皇太后。

七月二十六日，詔曰：「朕屬時多艱，涉道未濟，念邊(偶)〔隅〕之震擾，國制之搶攘。將兼總萬微，則軍旅之政在所先；欲專意五兵，則邦家之事不可廢。蓋文武一道，固無任用之殊；而軍國異容，宜簡經常之務。必有救弊之策，以爲戡亂之方。今則因時變通，隨事參酌，合三省樞庭之任，總有司庶府之繁。爰命邇臣，俾司厥職。若征伐財用之大計，與賞罰選任之至權，悉屬行營，且關朕聽。既獲

〔一〕天：原作「夫」，據《中興小紀》卷一改。
〔二〕以上二句，「蚤儷」原作「畓僱」，「慕」原作「現」，據《三朝北盟會編》卷一〇二改。
〔三〕告：原作「古」，據《三朝北盟會編》卷一〇二改。
〔四〕元祐太后：「元」原作「隆」，據《建炎要録》卷五改。
〔五〕四日：原作「八月」，據《建炎要録》卷五、《宋史》卷二四《高宗紀》一改。本卷所有條文紀時均落至日分，不應此條獨異，蓋字之誤。

親於戎律，亦無廢於邦經。庶振大威，稍平多壘。朕已恭請隆祐皇太后率六宮往江表，其行在有司非預軍旅之事者，悉俾從行。仍命李邴權知三省、樞密院，滕康同權知三省、樞密院，從衛前去。應軍旅、錢穀、差除等事，咸總於行營；其常程有格法事務及四方刑獄奏案、吏部注授差遣、整會功賞舉辟之類，並隸洪州三省、樞密院。播告中外，咸使聞知。」

二十八日，詔：「從隨隆祐皇太后官屬等經過州縣，並行謁禁，不許收受供饋，所至州縣亦不得擅行取索。如違，從違制科罪，收受供饋多者仍取旨。」

二十九日，上諭宰臣呂頤浩等曰：「有司月供皇太后錢數不過千緡，太后聖性儉約，間或用度不足，亦不使朕知。近因見斥賣本殿庫絹二千匹充費，方知尋常用度不足。朕事太后與所生無異，近買得衣著絹數十匹，即先分以供獻，飲食服用類皆如此。今往洪州，未有回期。除已有綿當自禁中分納外，可令户部供錢及絹各二萬貫匹、銀一萬兩隨從太后，以備支費。」

四年正月二十一日，上諭宰執曰：「近議遣使往江西隆祐皇太后處問安，恐合行便宜，郎官體輕，宜差從官，庶幾事不可報者得與滕康等參決。遂差中書舍人李正(氏)〔民〕充兩浙、(兩)〔江〕西、湖南撫諭使到虔州。及辭，許於簾前奏事，及道朕瞻望思慕之意。候駐蹕，當遣具禮迎奉次。」

十月十六日，詔：「天申節合回進隆祐皇太后度牒五十道、紫衣五十道。建炎三年，隆祐皇太后生辰合進度牒、紫衣各七十道，冬節進奉并支散行門班直節料使用度牒五百道，令禮部依數修寫，兩浙路度牒、紫衣，內東門司進入。」

十一月二十四日，詔：「月供隆祐皇太后洗頭炭一百八秤，內人賢妃已下月料炭九百八十一秤，歲供隆祐皇太后入冬炭一千五百秤。並一半支本色，餘折支價錢。」

十二月十一日，詔令户部日下計會，內東門司進錢一萬貫，充隆祐皇太后生辰，依年例進奉。

二十四日，詔隆祐皇太后該遇建炎四年天申節合得骨肉恩澤四人。先次將三人回授與親屬〔一〕，於文資合補 3 授名目內安排；一名親弟女之夫進士魏希哲，一名親弟女之夫進士晁公肖，一名親姊之子敦武郎趙銘之。詔並令吏部依條施行。

紹興元年正月十四日，宰執進呈：「內批皇太后以聖節恩例，令本殿祗應人轉官，在法許以親屬恩澤回授，意其已補親屬，別有創行。」上曰：「必是用親屬恩澤回授爾。太母恭慎，於所不當得，毫髮不以干朝廷。性喜飲，朕以越酒不可飲，令別醖。太母寧持錢往酤，未嘗肯直取也。」

五月五日，上宣諭輔臣曰：「太母失位於紹聖之末，其

〔一〕三人：原作「二人」，據下文所述改。

後欽聖復之，再廢於崇寧之初。雖事出大臣，然恐天下不能户曉，或得以竊議兩朝。」范宗尹等曰：「不然。太母聖德，人心所歸。自陛下推崇位號，四海莫不忻悦，以爲當然。前後廢斥，實由章惇、蔡京，人皆知之，非二聖之過。」

六月四日，太常寺狀：「奉聖旨：『朕以隆祐皇太后慈容遽遠，遺族可憐，可撿劄本家合得恩數，疾速施行。』勘會昨來欽聖憲肅皇后上僊後，特推恩二親弟，宗（向）〔回〕、宗良皆係節度使，封永陽、永嘉郡王，親姪各轉官。餘以服屬等第推恩，有官人轉官，無官人補官。約記得除近屬外，其餘子孫白身推恩者，其父更不轉官，内逐房有白身三人以上，更與一人官。婦女亦以服屬等第加封邑。」詔：（太）〔大〕行隆祐皇太后期親姪女孺人孟氏四人與加封兩等，大功親姪孟忠厚妻嘉國夫人王氏加封次國夫人，其餘本宗緦麻已上親並各與轉一官，選人依條施行，白身人依太（歲）〔后〕每歲合得恩例條格與補初品官。異姓緦麻已上親並各轉一官，選人比類施行。内本宗異姓緦麻已上親，婦人已有封號人加封一等，未經封號人與封孺人，無服親姪女之夫承事郎燕仰之、通仕郎魏希哲各轉一官，選人比類施行。進士陳似與補初品文質。

二年十一月三日，詔：「皇后母福國夫人熊氏昨緣皇后封册〔一〕，已降指揮依例支破諸般請給。於建炎三年三月内去失文曆，至今並不曾請給，所有積下請受更不支破，可别行出給曆頭，仍自十一月爲始，依舊勘給。」

二十六日，起復鎮潼軍節度使、開府儀同三司、充醴泉觀使孟忠厚劄子，乞給還昭慈獻烈皇后建炎年以後收使不盡恩澤，其過瑶華日未給恩澤乞更不施行。從之。

三年四月十七日，禮部太常寺討論昭慈聖獻皇后大祥除几筵本家親屬合行加恩。詔：「本宗緦麻已上親各特與轉兩官。礙止法人，依條（同）〔回〕授。内親姪之子孟毅夫、孟子禮、孟子夏各更賜緋章服，白身二人從昭慈聖獻皇后每歲合得恩例條格與補初品官，未有差遣人令吏部與占射差遣一次，合堂除人與合入差遣，異姓緦麻已上親各特與轉一官，内本宗異姓緦麻已上親命婦並各加封一等。」

九月十二日，故慶遠軍節度使、贈開府 4 儀同三司邢焕家乞將遺表恩澤特補皇后親弟孝蘊、孝騫京官。吏部言：「勘當節度（事）〔使〕遺表恩澤，若不降等，依格子合補忠訓郎。所乞無似此條法。」詔邢孝蘊、邢孝騫並依格蔭補，邢孝揚特與轉兩官。是日，宰執進呈焕妻福國夫人（能）〔熊〕氏以焕物故，乞賜田賜第，官其子弟門客，皆踰常制〔二〕。上纔令二子依格蔭補，一子有官者進秩一等而已，餘悉不行，且顧宰臣朱勝非等曰：「祖宗待戚里皆有常憲〔三〕，朕不敢逾，豈以后族故私之邪？」

〔一〕熊：原作「能」，據《中興小紀》卷一六、《建炎要録》卷六三改。下文三年「九月十二日」、「十月二十一日」、「十一月三日」等條並同。
〔二〕踰：原作「諭」，據《建炎要録》卷六八改。
〔三〕常：原作「堂」，據《建炎要録》卷六八改。

十月二十一日，吏部言：「故贈開府儀同三司邢焕妻(能)〔熊〕氏進狀，本家遇皇后受册，親屬合該推恩。欽慈皇后親姪陳仲堅具到欽慈皇后受册恩數，曾祖太保懷敏贈祁王等八項。司封供到狀，宣和皇后恩例並依陳祁王宅例施行。承建炎三年七月五日敕，許依例借奉使印，三代依格封贈，親屬并出嫁姪女、姪孫女恩澤，共與承信郎三十名。」詔依宣和皇后恩例，許借奉使印一面，應行移文字以邢開府宅爲名，所有本宅及異姓有服親恩澤承信郎咸五名，共與二十五名，令本家遇陳乞逐旋具合祗受人姓名申尚書省。

十一月三日，故邢焕妻福國夫人(能)〔熊〕氏上遺表，乞除皇后親(第)〔弟〕邢孝揚職名。詔：「皇后母(能)〔熊〕氏特令户部支銀絹五百匹兩，並支本色。皇后弟邢孝揚除直秘閣，孝藴、孝騫並除閤門祗候，依舊持服。叔(盡)〔藎〕臣與轉兩官，姊碩人加郡夫人，妹并弟之婦並與轉兩等封號。」又奏〔一〕：「皇后父邢焕自徽猷閣待制换光州觀察使，除慶遠軍節度使、開府儀同三司，身亡，未被受册恩數，望優加贈官。一、陳祁王宅體例，合賜酒名，醖造進酒；及韋郡王宅見今賜『王旨』爲名，本家欲依例賜酒名爲『慶遠』。一、陳祁王宅差破官船三隻，今乞差破二隻。」詔邢焕贈少師，追封嘉國公。餘從之。

二十五日，德慶軍節度使充萬壽觀使韋淵奏，自宣和四年十二月至今十二年，未嘗磨勘，乞遷秩〔二〕，而吏部言横行於法，無以年勞磨勘遷者。上曰：「若宣和皇后來歸，勢必加恩，外家姑留此以需母后之歸可也。」乃命留俟焉。

四年五月五日，故贈少師、嘉國公邢焕女和義郡夫人邢氏奏：「伏覩《紹興令》，諸后合得親屬恩澤回授與本位使臣者，聽。今來別無使臣，本位乞回授與本家主管進奉等，補授初等使臣名目。」從之。

五年二月二十五日，詔：「昭慈聖獻皇后建炎以前逐年依格合得恩澤並不曾陳乞，姪忠厚宜有寵賚，可令兩浙轉運司於係官田内摽撥三十頃給賜。」先是，孟忠厚援紹興故事，太后家合陳乞門客恩澤一名，許理選限。上曰：「昭慈頃在瑶華宮三十餘年，合得恩澤近八十員，未嘗陳請。忠厚受昭慈之訓，不敢以私事干朝廷。今此門客恩澤既有故事，宜與之。朕見漢、唐后家亂政，累朝母后之賢非漢 5
唐所可擬議。」上又曰：「前日合得恩澤俟軍旅事間，給田以賜忠厚，庶幾少慰昭慈在天之靈。」故有是賜。

五月三日，吏部言：「故慶遠軍節度使邢焕昨曾任徽猷閣待制，兩遇明堂大禮，不曾奏補。其家乞將遺表致仕恩澤於文資内安排。」從之。

六年二月十四日，詔：「皇后親弟右承事(師)〔郎〕、直祕閣邢孝揚特授武義大夫、遥郡刺史，與在京宮觀。親堂

〔一〕按下文，此并非熊氏奏，疑「又」字上脱「吏部」等字。
〔二〕遷：原作「僊」，據文意改。下同。

弟登仕郎邢孝紀、右承務郎邢孝廣並特差監潭州南嶽廟。」皆從所乞也。

五月十八日，詔：「昭慈聖憲皇后親族右朝奉郎孟子夏、右宣教(即)〔郎〕孟子禮並特差主管台州崇道觀。」

七年三月十一日，行宫内殿進呈吏部尚書孫近等奏，宣和皇后(令)〔合〕上尊號曰皇太后，乞下有司擇日備禮册命。上曰：「恭依典禮。」玉色愀然，顧謂宰臣張浚等曰：「宣和皇后春秋寖高，朕朝夕思之，不遑安處，到此即遣人於三茅山設黄籙醮仰(倪)〔祝〕聖壽。」臣浚等曰：「孝悌之至，通於神明。陛下聖孝如此，可以格天矣。」

十七日，詔曰：「推立愛之道，蓋本於事親；昭欽養之誠，莫先於隆禮。爰正母儀之位，以形孝治之風。宣和皇后静順承天，柔明育德，肅雝慶衍〔一〕，是生眇冲。陰教表乎六宫，美化行乎四海。閔予小子，逢此百罹，迺骨肉之至親，偕父兄而時邁。十年地阻，懷《陟岵》、《凱風》之思；萬里使還，奉上皇寧德之諱〔二〕。興言痛慘，增慕劬勞。顧家難以何堪，唯母慈之是恃〔三〕。念從狩襄城之野，遠播徽音；將迎還長樂之宫，永依善訓。屬當在疚，亟議推崇。日用三牲，期致天下之養〔四〕；母臨萬㝢〔五〕，宜極域中之尊。延望慈闈，恭加懿範。宣和皇后宜尊爲皇太后。仍令所司擇日奉上册、寶，應合行典禮，令禮官討論以聞。」

十八日，禮部、太常寺言：「請依祖宗故事，俟終制日奉上皇太后册、寶。今來止合先師御札〔六〕，播告中外。」上曰：「故事如此，自合遵依。」

同日，翰林學士朱震上言：「謹按唐德宗建中元年，上皇太后沈氏尊號。是時沈太后遭史思明之亂，莫知所在，而猶供張含元殿，具(兖)〔衮〕冕，出左序，立東方，羣臣在位，帝再拜奉册。今皇太后遠奉宸極，聖體無恙，信使相望，玉旨不隔，豈可不舉揚前憲，以盡孝誠？臣又聞三年之制〔七〕，唯天地社稷越綍行事。按唐德宗以大曆十四年五月即位〔八〕，明年正月改元建中，是時行易月之制，故德宗以冕服行事〔九〕。今陛下雖從權宜，而退朝之服盡如禮制〔一〇〕。謂當供張别殿，遣三公奉册，以伸臣子之志，册藏有司，恭俟來歸。陛下孝通神明，安知不兩宫重歡、母子如初，獲奉萬年之觴乎〔一一〕？願下禮官講明故事，設若憲章有闕，猶當禮以義起，奉詔從之。今檢會嘉祐、治平故事，俟三年禮畢，然後奉上皇太后册、寶。」詔恭依。

〔一〕肅雝慶衍：原作「夙擁慶羡」，據《三朝北盟會編》卷一二三改。
〔二〕寧：原作「宣」，據《三朝北盟會編》卷一二三改。
〔三〕恃：原作「持」，據《三朝北盟會編》卷一二三改。
〔四〕致：原作「政」，據《三朝北盟會編》卷一二三改。
〔五〕㝢：原作「寓」，據《三朝北盟會編》卷一二三改。
〔六〕師：當作「降」。
〔七〕年：原作「月」，據《宋史》卷一一〇《禮志》一三改。
〔八〕十四年：原作「二十四年」，據《新唐書》卷七《德宗紀》改。
〔九〕故：原作「改」，據《宋史》卷一一〇《禮志》一三改。
〔一〇〕盡：原作「晝」，據《宋史》卷一一〇《禮志》一三改。
〔一一〕觴：原作「傷」，據文意改。

九年正月十八日，詔：「皇太后昨從徽宗皇帝北狩日，未正位號，慮本殿閤人使喚，可令王倫等踏逐❻使臣四人前去，轉官請給依中節例。」又詔：「迎奉御幄儀物禮數，可令禮部、太常寺議定聞奏。」

三月十四日，禮部、太常寺言：「所製册、寶乞以『皇太后寶』四字爲文，合差撰册文官、書册文官、篆寶文官各一員。」詔撰册文差參知政事孫近，書册文、篆寶文差參知政事李光。又言：「皇太后册、寶已有旨，依故事，候三年禮畢舉行。未審將來脩製册、寶了畢，便合擇日行禮，唯復候皇太后還宫擇日？」詔候迎奉皇太后歸日取旨。

十六日，上諭宰輔曰：「太后歸，一行從物務從簡朴，如器等塗金可也。朕自即位，服食器用未嘗妄費，卿等所知。」臣檜等退相謂曰：「上之儉素出於天資，雖奉太母猶戒敕臣下不欲過當〔一〕。漢文帝履革舄、衣弋綈，不能過也。」

二十六日，禮部、太常寺言：「上皇太后册、寶，依禮例，是日皇帝服通天冠、絳紗袍，御常御殿發册、寶，行事官服朝服，陪位官服常服，皇太后受册服首飾、褘衣。」從之。

四月四日，禮部、太常寺言：「先次參酌條具奉迎合行事：一、合差奉迎扈從禮儀使、扈衛都大主管官各一員；一、奉迎扈從禮儀使以下初見皇太后，是日，有司於行宫設幄施簾，侍衛排立，皇太后即御座，侍衛起居，次本殿官起居。經過州縣，長吏以下出城奉迎並如儀。」詔禮儀使差參知政事孫近，都大主管官差内侍藍珪〔二〕，餘並從之。

同日，又言：「今來合脩制皇太后首飾、褘衣、佩綬、環、舄等。」詔差内侍黄晃主管修製。上因謂宰輔曰：「皇太后聖性恭儉，平時服用多尚簡素。今回鑾有期，朕得盡東朝之養。」上喜見顔色。臣檜等退竊贊歎：「主上聖孝，出於天性，其屈意求和，實緣太母。宜乎上天悔禍，彊虜革心，誠非常之慶也。」

二十七日，禮部、太常寺言：「皇太后將回鑾，是日，皇帝及百僚出城奉迎，合用御幄并百僚幕次。於御幄北設降舟幄次。令臨安府預先相度，就餘杭門外北郭税務亭排辦。」詔於前路迎接。

十月二十一日，宰臣秦檜等進表，請建皇太后宫殿，以慈寧爲名。上因謂輔臣曰：「行宫地步窄隘，今營建太后宫（抵）〔邸〕，是依山因地勢修築。至於器用供張衣衾之類，悉已畢備。皆朕一一臨視，親加指畫，仍許執政入觀。」

十年十一月一日，宰臣秦檜等言：「恭惟皇太后宫殿，聖躬肇開駿命，臣等稽合衆志，不謀同辭，謂宜申命禮官，奉上册、寶，還御慈寧，以享天下之養，臣等不勝大願。」詔恭依。

九日，禮部、太常寺言：「奉上皇太后册、寶，依禮例，

〔一〕敕：原作「救」，據文意改。
〔二〕藍：原作「監」，誤，據《宋史》卷四六九《藍珪傳》改。

皇帝服通天冠、絳紗袍，執大圭，發册日詣常御殿，以册、寶授太傅，於慈寧殿奉上。是日皇帝於常御殿上北向再拜，俟奉上册、寶畢，皇帝詣慈寧殿，遥賀皇太后如宮中之儀。次羣臣奏疏慈寧殿下，遥賀皇太后畢，詣常御殿拜表稱賀，其合用表令禮部撰。是日，太傅已下奉册、寶至慈寧殿下，與7本殿提點官東西相向，傳授册、寶，付本殿收掌。皇太后還宮，擇日進呈，合差奉上册寶太傅、奉寶侍中、奉册中書令、前導禮儀使各一員。」詔差尚書右僕射秦檜攝太傅，參知政事孫近攝侍中，參知政事王次翁攝中書令，開府儀同三司韋淵充前導禮儀使。又言：「奉上册、寶合差都大主管官一員。」詔差内侍梁邦彦。太史局言：「奉上册、寶宜用十二月壬午日。」從之。

十六日，詔成州團練使、帶御器械邢孝揚賜田二十頃，令兩浙轉運司於係官田内摽撥。

十二月十二日，常御殿發皇太后册、寶，文武百寮陪位。次赴射殿行奉上册、寶禮，次詣南宮門外遥賀皇太后，次赴常御殿稱賀。

二十二日，太常少卿陳(桶)〔桷〕等言：「國朝禮例，冬至、正旦，羣臣詣内東門拜表賀皇太后。今已奉上皇太后册、寶，欲自今遇冬至、正旦，許羣臣如故事拜表遥賀。其表付本殿提點官收掌，皇太后還宮日進呈。」從之。

紹興十一年七月十一日，禮部、太常寺言：「討論皇太后生辰，欲依冬至、正旦已降指揮禮儀體例拜表遥賀。」詔恭依。

九月十九日，詔：「皇太后生辰，預就内中開啓祝聖壽道場。」

十月九日，昭遠軍節度使、開府儀同三司、充萬壽觀使韋淵奏：「皇太后既上册、寶，正徽號，所有禮儀體例欲望依陳祁王宅比類開具。今來皇太后父已累封魯王，母秦越國夫人外，曾祖並乞追封王爵，高祖以下父親屬恩數并田宅、影堂、月錢、酒庫、功德院、使臣、兵級，並乞依陳祁王體例。」詔有司具體例申尚書省取旨。

十二年四月一日，詔奉迎皇太后差參知政事王次翁爲禮儀使，内侍藍珪爲都大主管官〔一〕，差江東轉運副使王焕爲提舉應奉幹辦一行事務。

二十四日，禮部、太常寺言：「奉迎皇太后還宮，合拜表稱賀。乞俟還宮之次日，皇帝詣慈寧殿賀皇太后如宮中之儀，宰臣率文武百寮詣常御殿門外拜表賀皇太后，次詣常御殿下拜表賀皇帝。其外路監司郡守亦合奉表稱賀。」從之。又言：「皇太后還宮日，欲比附(太)〔大〕慶體例，擇日差官奏告天地、宗廟、社稷、諸陵。」從之。

五月二十一日，太常寺言：「今討論到將來皇太后經過，逐處統兵官率副將以上於城外奉迎，立班如常儀，内將佐免赴。」從之

〔一〕藍：原作「監」，據《宋史》卷四六九《藍珪傳》改。

六月七日，詔（准）〔淮〕南官吏軍民等：「朕嗣守丕圖，躬行要道，蓋將教孝，夫豈病民。仰惟母后回鑾，獲伸天下之養，已命有司備禮，唯資外府之儲，取具一時，靡勞百姓。慮州縣罔祇於德意，致里閭或困於征求，吏而不良，刑茲無貸。今來皇太后一行，應沿路州縣合供辦陳設什物之類，並令户部科撥的確係官錢物應副，不得少有科敷搔擾。如違，許民户越訴。監司失於按劾，並一等科罪。」

同日，禮部、太常寺言：「奉迎皇太后，是日，皇帝及百寮出城奉迎，百官俟 8 皇帝將至，並迎駕起居，候降輦入幄，退歸幕次。」從之。

十八日，諸王宮大小學教授石延慶言：「恭聞皇太后鑾輿還闕，陛下方將肅陳仗衛，奉迎于郊，究宸儀，展帝容，聿彰希世之盛典，而儀衛弗講，誠爲闕文。望詔二三大臣集禮官（免）〔勉〕舉往憲，恢復舊章，仍檢會康定中常行儀衛，酌取中制。豈特克正萬乘尊嚴之分，抑亦振肅綱紀。」詔車輅儀仗委莫將、張澄製造。

十九日，皇帝表曰：「伏以瞻望慈闈，喜言旋於北道；肅迎彩仗，獲就養於東朝〔一〕，臣誠歡誠抃，頓首頓首。恭惟皇太后殿下，位尊母儀，德隆坤載。六騑在御，將承長樂之顔；四海均歡，永被思齊之化。謹遣左中大夫、參知政事、奉迎扈從禮儀使王次翁捧表奉迎以聞。」

八月十六日，詔普安郡王瑗從駕前去奉迎〔二〕。

二十二日，車駕至臨平奉迎皇太后，皇帝入幄朝見，宰臣文武百官班幄外起居，如禮官所定儀。上初瞻慈容，喜深感極，淚濕龍綃。軍衛驩呼，聲動天地。父老童稚携持夾道擁觀，以手加額，咸歎曰：「不圖復見聖祖母子之重歡如此也。」

二十三日，車駕還自臨平，皇太后還慈寧宫，宰臣文武百官表賀。

〔十二年四月〕五日〔三〕，詔皇太后曾祖並追封王爵。

十五日，詔昭慶軍節度使、開府儀同三司、充萬壽觀使韋淵進封樂平郡王。先是，皇太后宅提點官張去爲被旨令淵起發前去迎奉皇太后，故有是詔。

同日，尚書省奏，大金已差使、副扈從皇太后一行前來。詔魏良臣充接伴使，藍公佐副之。

六月七日，詔差左迪功郎張本爲皇太后宅教授，以太后宅援陳祁王例陳乞故也。

八月二十三日，詔皇太后姪彦章與補忠翊郎、閤門祗候，姪孫珏與補保義郎。

九月七日，詔扈從皇太后官屬第一等六人轉五官資，第二等四人轉四資，第三等三人轉三資。

〔一〕朝：原作「廟」，據《三朝北盟會編》卷二二三改。

〔二〕瑗：原作「孝宗御名」，按孝宗其時名瑗，據改。

〔三〕十二年四月：原無，據《建炎要録》卷一四五補。按，自此條至「十三年四月二十七日」條共九條均是皇太后迴鑾後推恩事，疑是《大典》從《會要》其他門目抄來插編於此，故脱去年月，且與後文年月不相接。

十一月九日，詔皇太后本宗及異姓親屬轉官減年有差。

十二月五日，慈寧宮主管事務藍珪乞今後應干補授恩例等，並聽慈寧宮施行。從之。

十三年四月二十七日，詔：「慈寧宮官吏等到宮合行推恩，並特與轉一官資，内礙止法人特與轉行，白身人與補進武副尉。」

〔十二年九月〕九日〔一〕，詔：「皇太后俸錢月一萬貫，冬、年、寒食、生辰各二萬貫，生辰加絹一萬匹，春、冬、端午絹各三千匹，冬加綿五千兩，綾羅各一千匹。」

十二日，詔：「懿節皇后上仙，其本家合得恩數，可令有司討論申尚書省。」

十四日，詔：「懿節皇后親弟滎州防禦使、帶御器械邢孝揚除保信軍承宣使，右承務郎孝肅、孝寬並除直秘閣。」以其家自陳皇后受册命十六年不曾加恩故也。

十月九日，禮部言：「十月二十五日皇太后生辰，是日，皇帝詣慈寧殿稱賀皇太后，如宮中之儀，用樂，上壽。」從之。

十九日，內東門司言：「臨安府每月供奉皇太后法酒一石[9]五斗，法糯酒一石計二十五瓶。奉皇太后聖旨，每日供一瓶。」詔令臨安府每月特添法酒五瓶，通作三十瓶。

十三年四月二日，制：貴妃吳氏可立爲皇后，仍令所司擇日備禮册命。上諭宰執曰：「數日來，太后催行册命中宮之禮〔二〕。朕乞太后降一指揮，令外庭奉行，太后再三不允，云我但知家事，豈可容易降指揮於外廷耶？太后知國體，凡事重謹如此。」秦檜等奏曰：「太后有定命，陛下奉行可也。」

六日，翰林司狀，依令例，每年自五月二十六日起供御前并及皇太后時菓日各一合，至八月六日止。詔御前權罷，皇太后依例供進。

五月二十七日，詔：「皇后册禮已成，親屬合行推恩。皇后弟右武郎、帶御器械吳益除正任〔圖〕〔團〕練使，武翼郎、兼閤門宣贊舍人吳蓋除正任刺史，親屬恩澤與二十五人。」

七月十二日，宰執進呈吳益以皇后受册陳乞合得恩數文字〔三〕。上曰：「可令檢例，有例即行。皇后甚嚴，無例事必不敢陳乞。皇后之意見欲除益等在内宮觀，不令出入，且教閉門讀書。朕以謂書不惟男子不可不讀，雖婦女亦不可不讀，讀書則知自古興衰，亦有所鑒誡。」

十月十四日，詔：「懿節皇后親弟右承奉郎、直祕閣、添差僉書平江軍節度判官廳公事邢孝肅，右承奉郎、直祕閣、添差僉書保寧軍節度判官廳公事邢孝寬，親叔武義大

〔一〕十二年九月：原無，據《中興小紀》卷三〇補。以下四條亦爲十二年事。
〔二〕太后：原作「皇后」，據《中興小紀》卷三一改。
〔三〕吳益：原作「蓋」，據《中興小紀》卷三一改補。

夫、兼閤門宣贊舍人邢藎臣，親姪右承務郎邢鐔、邢鍇、邢鉊、邢銖、邢鉞並各與轉三官。親妹夫武功大夫、文州刺史潘温卿，與遥郡上轉行一官。親姑普寧郡夫人邢氏與封慶國夫人，親姊和義郡夫人邢氏與封永康郡夫人，親妹宜人邢氏與封令人，親姪女四人並封安（氏）〔人〕。

十四年四月九日，詔：「皇后歸謁家廟，本家官吏等並依顯肅皇后歸寧例推恩。」

九月七日，詔皇后宅宜置教授一員。上宣諭宰執曰：「可擇人充之，子弟雖未能向學，且令不習他事。」

十月八日，皇太后欵謁家廟，宗族推恩有差。皇太后兄故贈武功大夫、秀州刺史韋宗閔特贈崇慶軍節度使，故贈武功大夫、真州刺史韋宗顔特贈安國軍節度使，姊故贈希元宣净葆真大師惠旃特贈十字師號，嫂普寧郡夫人燕氏特封榮國夫人，姪右武郎韋謙除右武大夫，依前帶御器械，武經郎兼閤門宣贊舍人韋讜、韋訊並除右武郎，武功郎、兼閤門宣贊舍人韋誼特與轉武翼大夫、貴州刺史，秉義郎韋訢特與轉兩官。姪女令人韋氏特封永嘉郡夫人，次（需）〔孺〕人特封高平郡夫人，次安人封和義郡夫人，次特封咸寧郡夫人，次特封感義郡夫人，次孺人特封恩平郡夫人，次永寧郡夫人特封福國夫人。韋謙妻安人韓氏、韋讜妻孺人張氏、韋訊妻孺人張氏，並與依格加封。姪孫保義郎韋珏除閤門祗候，韋珪與依格補官。姪女夫右朝 10 請大夫、直祕閣、添差通判嚴州楊持與轉行一官，成忠郎趙煒、從義郎劉滌並除閤門祗候，脩武郎趙大損特轉兩官，右從事郎王過特改右承務郎。姨之女孺人張氏加封一等，夫范彦通與轉一官。

十五年十月十五日，詔皇太后育母故崇國夫人許氏，可特贈崇國柔嘉明淑勤恭慈惠育聖夫人。

十七年正月二十七日，上曰：「孟享詣景靈宫及皇太后、皇后或時出入，禁衛、從人自有合支錢米，不須臨安府應副，恐擾及市民。」

十八年十一月十四日，上諭宰執曰：「來歲正旦，皇太后慶七十，可令禮官檢會國朝典故以聞。」

十九年三月二日，詔皇太后慶壽，親屬各與轉一官，慈寧殿官吏等並與推恩。

四月十一日，詔皇后姪女夫和州防禦使居廣特與轉行一官。

二十一年四月十五日，詔皇后乳母建國夫人蔡氏、姊楚國夫人吴氏、越國夫人吴氏，與依張浚等妻見請《禄式》則例，支破諸般請給。

七月九日，詔：「皇太后視物微昏〔二〕，召行在醫官并草澤醫治，有効者有官人轉五官，支賜錢二萬貫，白身人賜錢外比類補官。」又詔：「令諸路州縣多方搜訪能醫治之人，優支路費，疾速津發赴行在。」

〔二〕視：原作「親」，據下條改。

二十二年十月十五日，尚書省檢會紹興二十一年已降指揮：「皇太后視物微昏，召行在醫官、草澤醫治，有效者有官人轉五官，支賜錢二萬貫〔一〕，白身人賜錢外比類補官。」有旨令諸路州縣多方搜訪能醫治之人，優支路費，疾速津發赴行在。如醫治有効，與依已降指揮推恩。仍多出文牓曉諭。

二十五年三月二日，詔：「皇后閤官吏并諸色人到閤及十年，祗應有勞，依舊例合行推恩，可各與轉一官，礙止法人特與轉行，願回授者聽，寄資者依舊寄資。其餘見在閤官吏、諸色祗應人未及十年者，可自到閤月日理及十年，令本閤保明申尚書省，依今降指揮推恩。今後准此。」

四月十七日，詔皇后親弟吴益男珣、琠、璐、璟、珙、琦，吴(益)〔蓋〕男環、玫、珪、璨，並依例補忠訓郎，堂弟吴世隆男璜補成忠郎，吴益女三人、吴蓋女三人並特與封恭人。

二十六年十月十八日，上御垂拱殿，尚書左僕射、禮儀使沈該，右僕射、提舉實録院万俟卨率本院官進呈《皇太后回鑾事實》。先是，臣寮言：「乞令扈從臣寮編録回鑾本末宣付史館，宰執進呈，欲至日進讀訖，提舉官以書授都大主管官，依儀進呈皇太后，於慈寧殿安奉。內中合行儀注，令都大主管官一面取旨。副本藏之祕閣。」上曰：「母后事須如法，可下有司討論。」卨曰：「臣竊觀書中所載皇太后服用，一日有司供進金唾壺、盂，太后令止用塗金，以此見盛德以儉約爲先。」上曰：「太后盛德，自古所無，雖一錢不曾妄用。間或飲酒，用伶官三兩人，支與錢不過三數千，賜予亦不過酒食之屬。每歲衣 11 服亦止進得數套，尋常供進金銀錢帛並積在庫，往往盈滿。」張(網)〔綱〕曰：「可謂恭儉節用，服澣濯之衣，此等事皆外庭不能盡知也。」至是書成，詔依《聖統》例推恩。宰執奏，《聖統》例轉一官，更減三年磨勘，太優。上曰：「今爲奉皇太后，事大體重，固當優也。」

二十七年十月十三日，宰執進呈昭憲皇后姪孫杜子善、杜湑、杜演狀：「繳到政和五年十一月八日手詔：『昭憲皇后淑哲懿敏，誕育上聖，深謀遠計，輔佐初潛，勤勞王家，勳在社稷。今考杜氏之後，門閥微替，可令有司訪其後裔，條具來上。』乞依前項指揮，將本家未仕子孫逐月計口支給孤遺錢米。」上曰：「此雖不多，緣有徽宗皇帝御筆指揮，可特與依紹興格。宗室祖免外兩世，逐月計口支給。朕平日於此等事未嘗輒放，蓋恐援例者衆，若例一開，不可復閉。」宰臣沈該等奏曰：「聖意高遠，非臣等所及。」

二十八年正月八日，詔皇后親姨張氏可特封樂平郡夫人，姨之夫周師古特補忠翊郎。

十二月五日，宰臣沈該等奏：「恭惟皇太后新歲八十，面奉聖訓，以正月旦日於宮中行慶賀之禮。乞依建隆故事，率百寮詣文德殿拜表稱賀，次率百寮拜皇太后牋表稱

〔一〕二萬：原作「一萬」，據上條及《建炎要録》卷一六二改。

慶。許臣等備上壽福物，於元日詣内東門拜牋表投進，使相亦許進奉。」從之。

二十一日，太學武學生、臨安府父老各欲拜表稱賀，詔從之。

二十九年正月一日，宰臣率百寮拜表稱賀，次拜表稱慶皇太后。是日，皇帝於慈寧殿賀皇太后，如宮中之儀。制曰：「朕恢崇孝治，棐迪民彝。考立教之經，親其親而爲大；推廣恩之道，老吾老以及人。方奉東朝之尊，以光南面之履。躬循至行，日對慈顔。侍膳問安，靡違於温清〔一〕；備物博施，期展於愛欽〔二〕。當歲籥之肇新，欣鴻筭之方永〔三〕。就諏元吉，祗闡曠儀。介壽稱觴，侈萬年之景貺；示民錫類，洽四表之歡心。爰酌邦條〔四〕，式敷惠澤。皇太后仁德天祐，聖壽無疆，新歲八十，朕於宮中行慶賀之禮，當與普天同慶。應陞朝官以上父母，並與加封一次；京官、選人并使臣父母，年八十以上特與官封，已有官封者，承務郎以上與賜章服，婦人與冠帔；曾得解進士父母年八十以上、士庶男子婦人年九十以上，與初品官，婦人與封號。以上並經所屬自陳，勘會詣實，保明聞奏。宗子、宗婦、宗女年八十以上，令（太）〔大〕宗正司保明聞奏，與轉官加封。命官并得解進士恩及耆年父母而未及祖父母，文武陞朝官恩及致仕者而未及年八十以上未致仕者，其命官并得解進士祖父母年八十以上、士庶祖父母年九十以上，並特與官封。京朝官年八十以上者與改賜章服；選人、使臣年八十以上願致仕者，於合致仕官上與轉一官；士庶男子婦人年八十以上給賜束帛。應人户有祖父母、父母年八十以上，與免户下一 12 名身丁錢物。臨安府迎駕起居父老年格合得封賜外，與倍賜束帛。文武致仕陞朝官以上官年八十以上，並與依格支賜羊酒粟帛，内曾任太中大夫、觀察使以上，仍與倍賜，長（史）〔吏〕致禮。應給賜物並令長（史）〔吏〕差官實行就賜，不得呼集煩勞，徒爲文具。文臣致仕官朝奉大夫以上者，與賜紫章服。僧尼、道士、女冠年八十以上，並與紫衣，已有紫衣者與師號。仍令州縣尊禮高年，常加存恤，以示優老之義，使爲子者同樂以致其養，居鄉者尚齒而達於尊。文母思齊，遂及古人之無斁；魯君燕喜，亦惟庶士之咸宜。咨爾多方，體予至意。」

二十九年二月四日，詔：「皇太后慶壽八十，親屬推恩有差。以右中大夫、直祕閣、添差江南西路安撫司參議官楊持（持）〔特〕除直敷文閣，達州刺史、新特改添差兩浙東路馬步軍副都總管不釐務韋訊爲忠州團練使，惠州刺史韋誼爲貴州團練使，榮州刺史韋訢爲成州團練使，右承直郎韋璞、璿並爲右承事郎，忠訓郎、閤門祗候璹、琛並爲秉義郎，忠訓郎瑛爲秉義郎，武節郎趙煒爲武德郎，武經郎劉滌爲

〔一〕違：原作「達」，據周麟之《海陵集》卷一一改。
〔二〕期：原作「明」，據《海陵集》卷一一改。
〔三〕欣：原作「於」，據《海陵集》卷一一改。
〔四〕邦：原作「拜」，據《海陵集》卷一一改。

武節郎，右宣教郎、特添差兩浙東路安撫司幹辦公事王過爲右通直郎，忠訓郎吳瓌爲秉義郎。本殿官武畧大夫劉奭爲榮州刺史，武畧大夫、榮州刺史、帶御器械李綽爲武顯大夫，保義郎、閤門祇候李思文爲成忠郎，延福宮使、安德軍承宣使、入内内侍省押班張去爲轉一官，依條回授。幹辦人船、主管文字、掌牋奏、儀鸞司輦官、厨子、翰林司親事官、雜役兵士，各與轉一官資。應轉官資礙止法人特與轉行，無資可轉人依軍頭司立定轉員格法，特補充御前忠佐，依本等格支破請受，與免體量。幹辦人船、主管文字、掌牋奏内，白身人與補進武副尉，有官人特與理爲資任，並依舊祇應。」

同日，詔慈寧殿夫人尚儀王氏可特封永嘉郡夫人，依《禄式》支請受。

三十年四月九日，詔：「顯仁皇后祔廟，親屬並與依例故推恩。以姪韋訊、誼、訢各與轉行三官，姪孫璞、瓘、璹、琛、瑛、珪各與轉兩官，璟、珆、珝各與補承節郎。姪女夫楊持、劉滌、王過、裴良宗、吳瓌各與轉一官，内楊持依條回授。姪婦會稽郡夫人韓氏、政和郡夫(氏)〔人〕張氏、恭人張氏、張氏、趙氏各加封二等。姪女福國夫人韋氏與加封一等，永嘉郡夫人韋氏、高平郡夫人韋氏、和義郡夫人韋氏、(減)〔咸〕寧郡夫人韋氏、感義郡夫人韋氏、恩平郡夫人韋氏各加封二等，孫女五人並與封安人。」

二十日，顯仁皇后門客楊綰特補將仕郎。

五月二十九日，詔：「寧武軍節度使、提舉佑神觀吳蓋係吳后之弟，兼係顯仁皇后親屬。恭奉遺訓，(今)〔合〕與遷轉。今來升祔禮畢，親屬並推恩。可依例與轉行一官，特授太尉。」

八月二十三日，詔故武翼郎杜脩妻孺人李氏并男[13]澤等，依杜演等例支破錢米。以自陳昭憲皇太后姪孫也。

十一月二十三日，詔武德大夫、高州刺史鄭興宗差權發遣平江府兵馬鈐轄。以自陳顯肅皇后姪孫也。

紹興三十二年八月二十六日，孝宗已即位，未改元。詔皇后父右朝散郎、充祕閣脩撰郭瑊特授鄂州觀察使、提舉萬壽觀。

孝宗隆興元年三月二十六日，詔郭瑊除昭慶軍承宣使，依前提舉萬壽觀，奉朝請。妻趙氏特封淑國夫人。

五月九日，瑊奏：「伏自追册安穆皇后，本家未曾陳乞恩澤。欲望並依懿節皇后體例推恩施行。」吏、禮部檢具懿節皇后受册推親屬恩數，承信郎恩澤二十五人，親弟邢孝肅、孝寬，親叔蓋臣，親姪鐔、鍇、鉊、銖、鉞，並各與轉三官，親妹夫潘温卿與遥郡上轉行一官，親姑普寧郡夫人與封次國夫人，親姊和義郡夫人與封大郡夫人，親妹宜人與加封令人，親姪女四人並與封安人。詔依檢具到體例推恩施行。

十月十一日，詔夏執中特與依格補承信郎。二十四日，執中除閤門祇候。

十八日，宰執進呈光堯壽聖太上皇帝詔，立賢妃夏氏爲皇后。宰臣陳康伯奏：「故事，率百官三上表，太上皇帝既有聖旨，臣等更不敢拜表，止擇日降制，然後發册。」上曰：「用二十五日。」

二十四日，中書、門下省言：「三省行首司省記，在京日，遇臣僚除授鏁院，係門下侍郎押麻。若事體重大，係宰相押麻。將來册皇后降麻，事體至重，合依舊例，宰相押麻。」詔依。

十一月一日，詔：「皇后册、寶，諸路監司州軍並免進獻。」是日，宰執進呈皇后册、寶禮例。上曰：「諸州有進奉無？」宰臣陳康伯奏：「舊例有之。」上曰：「可先期降指揮，並不須進奉，免斂於民。」故有是詔。

五日，宰執進呈皇后受册，依例於有司排辦到禮物金五千兩、銀五萬兩上進。上曰：「太多。」宰臣陳康伯奏：「係舊例。」上曰：「金減作二千兩，銀三萬兩。」先是，宰執進呈侍御史周操言：「伏見陛下遵太上皇帝詔旨，建立長秋之宫，母儀天下，甚副四海之望。然而既建其位，必行其禮，禮儀之間，按之故事，册、寶、法物之費用與夫錫賚之蕃，實爲不貲。竊以謂不可不正者，禮也；所可痛節者，繁文之浮費也。方今軍旅未寧，歲事荒歉，尤宜抑畏。伏望親諭大臣，行下有司，應禮典繁文、内外錫賜，痛行裁節，十減七八。如此，則長秋一建，而陛下節省之詔下，陰教之脩，傳播中外，捷同響答，于以感悦天人，召迎和氣，豈不盛哉！」上曰：「朕宫中已痛加節省，卿等更一切畧去浮費。」

二年正月二十一日，詔：「宰執使相以下進皇后生辰香疏，可並權免。」

二十六日，詔皇后弟承信郎、閤門祗候夏執中除右武郎、閤門宣贊舍人。皇后親屬恩澤依格二十五人。

二月九日，執中罷閤門宣贊舍人，特改差主管佑神觀，免奉朝請。

三[14]月三日，詔懿節皇后親弟右朝散郎邢孝寬依所乞添差權通判臨安府。

十九日，詔中宫恩澤可減七人，安穆皇后宅差破宣借兵士可減二十人。是日，臣僚言：「近覩關牒，中宫親屬恩澤二十五人，已依吏部所申。皇后母儀天下，親屬恩澤，格法所在，理固當然。陛下若以多事之時，因而亦少節焉，作法以示天下，豈不爲盛德事！至於安穆皇后宅，特與差破宣借兵士五十人，似亦在可節之目。」故有是詔。

七月二日〔一〕，詔顯仁皇后親姪右承議郎韋璞、右通直郎韋璹，特各與除直祕閣。〔乾道〕五年二月〔二〕，詔右承議郎、直祕閣、特添差權通判平江府韋璞特令再任。六年三月除璞直敷文閣。

〔一〕七月二日：本書選舉三四之一四作「八月二日」。

〔二〕乾道：原無。按下文，六年三月韋璞除直敷文閣，而據本書選舉三四之二五，乾道七年三月，詔直敷文閣韋璞除直顯謨閣。可知此處五年、六年均指乾道，據補。

十月一日，詔居廣退下宅子，令臨安府量行脩葺，撥賜皇后作外宅。

十二月二十日，詔懿節皇后親姪右奉議郎邢鍇依所乞添差權通判嚴州。

乾道元年五月八日，詔皇后家廟令兩浙轉運司隨宜修蓋。

六月二十七日，詔皇后姑之子駱椿年、彭年，並與依格補通仕郎，從姪夏元長依格補成忠郎。

二年三月一日，宰執進呈吏部狀，安穆皇后堂姪女夫沈巘補官方十二歲，年未及格。又趙氏乞收使故夫郭瑊恩數，與康汝濟等嶽廟差遣。宰臣洪适奏曰：「補官法須年及十五，沈巘年方十二，於法有礙。郭瑊初除觀察使，合得減一年半磨勘恩例，陳乞嶽廟，於法不該。此二事爲係陛下懿戚，故吏部不敢不申，朝廷亦不欲便不與，所以進呈。」上曰：「補官只爭三年，無甚利害，可待年及。恩例既不合換嶽廟，只可依條。」适奏曰：「陛下以至公存心，雖親懿不爲少回，況臣等豈得用私意耶？」

四月十三日，詔達州刺史、帶御器械、幹辦皇城司夏執中妻安人（謀）〔諶〕氏特封宜人。皇后歸謁家廟推恩也。

九月十六日，詔皇后親姊夏氏與封縉雲郡夫人，特依宮人支破諸般請給，其告進入。

三年正月二十四日，詔皇后親叔夏悦屢應鄉舉，可特補承務郎；堂弟夏居中、守中、行中三人並補成忠郎。

閏七月十九日，詔安恭皇后弟夏執中特與轉宜州觀察使，新婦宜人諶氏與加封令人，門客鄧伯濟特與補將仕郎。

九月四日，詔安恭皇后親姊縉雲郡夫人夏氏特加封和國夫人，堂妹夏氏特封宜人。

四年七月十九日，詔：「持服夏執中已除容州觀察使告命，依韋訊等例，賜所有執中元帶見請職錢；新例請給人從等，自授告命日令所屬照見請條例批請。安（泰）〔恭〕皇后宅并家廟、影堂等處屋宇，令兩浙轉運司每季檢計損動去處，如法脩整看管，家廟、影堂宣借人并潛火軍兵等，並與分擘逐（入）〔人〕身分諸般請受，隨本宅幹辦官等一曆批勘。」

九月十日，詔慈聖光獻皇后親姪孫武翼郎曹灌添差明州兵馬都監。

十二月十三日，詔太尉、保信【15】軍節度使、充萬壽觀使鄭藻賜花羅公服，許令著赴朝參。九年十一月二十四日，詔鄭藻〔一〕，令趁赴旦望并筵宴從駕上壽，餘並免。

五年二月一日，詔宣仁聖烈皇后親屬保義郎、前秀州兵馬監押、兼在城巡檢高世榮特令再任。九年六月一日，詔成忠郎、特添差充東南第三將、嚴州駐劄高宗榮除閤門祗候，差遣如故。九月一日，詔高世榮特添差江南東路兵馬副都監、徽州駐劄，請給人從依正官例。

〔一〕鄭：原作「趙」，據上文改。

二十七日，詔昭憲皇后兄杜審琦親孫邦榮昨自僞地來歸〔一〕，可特補承信郎。

三月十八日，詔顯仁皇后親姪昭化軍承宣使、提舉佑神觀韋誼，依所乞，候今任滿日特令再任一次，仍奉朝請。請給、人從等，並依舊接續幫勘施行。

六年十一月二日，詔安穆皇后母福國夫人趙氏特與依（泰）〔秦〕國夫人王氏見請則例，支破諸般請給。

八年十一月十六日，詔應戚里緦麻親，不以出嫁降等，並與放行添差。（以上《永樂大典》卷一九三一〇）

皇后皇太后雜録 三〔二〕

皇太后雜録

【續宋會要】

16 孝宗淳熙元年四月二十七日，詔壽聖明慈太上皇后親屬訓武郎、閤門祗候潘師尹特添差幹辦御前忠佐軍頭引見司，請給、酬賞、人從等並依正官例。

三年十月十四日，詔壽聖齊明廣慈太上皇后親姪宣義郎吳瑊特添差通判秀州，不釐務，請給、人從依正官例。

十一月三十日，詔壽聖齊明廣慈太上皇后姊孫承信郎王惟忠，特除閤門宣贊舍人。

四年七月十三日，詔壽聖齊明廣慈太上皇后親姪宣義郎吳琰可令服緋。

六年六月十五日，詔壽聖齊明廣慈太上皇后親屬沈棣，特添差兩浙東路提刑司幹辦公事，不釐務，請給、人從等並依正官例。

七年三月四日，詔壽聖齊明廣慈太上皇后親姪宣義郎、直祕閣吳琰，特添差通判臨安府；承事郎、直祕閣吳珽，特添差通判平江府，並釐務；宣義郎吳瑊特除直祕閣、添差通判臨安府，不釐務。請給、人從等依正官例，任滿更不差人。

九月十四日，詔壽聖齊明廣慈太上皇后親姪右武郎、權知閤門事、兼客省四方館事吳環，可將解罷帶御器械恩例，特轉右武大夫。

十一月十七日，詔壽聖齊明廣慈太上皇后親姪閤門宣贊舍人吳珪，可除帶御器械。

八年正月八日，詔壽聖齊明廣慈太上皇后親姪承事郎、直祕閣、特添差權通判平江府、不釐務吳珽，可特除直敷文閣，賜紫章服，差遣仍舊。

四月九日，詔壽聖齊明廣慈太上皇后親妹子脩武郎、

〔一〕憲：原作「慈」，據《宋史》卷四六三《杜審琦傳》改。

〔二〕天頭原批「淳熙雜録」。按以下所録自淳熙至慶元，不止於淳熙，今不取。又有批語云：「案《皇太后皇后雜録》，乾道以上合編，淳熙以下係分編，今仍其舊。」今按，所謂「分編」，指皇太后與皇后各自爲編。因後文有「皇后雜録」一題，今相應於總題下添「皇太后雜録」一題。

閤門祗候、特差兩浙西路兵馬鈐轄、臨安府駐劄韓侂胄，特除閤門宣贊舍人，差遣如故。

九月二十四日，詔壽聖齊明廣慈太上皇后妹子武翼大夫、閤門宣贊舍人潘師尹，特添差幹辦御前忠佐軍頭引見司，請給、理任、酬賞、人從等與正官同，依吳珪例與釐務。

九年四月二日，詔壽聖齊明廣慈太上皇后親姪脩武郎吳珣除閤門宣贊舍人，特添差兩浙西路兵馬鈐轄、臨安府駐劄，宣教郎吳琯添差兩浙路轉運司幹辦公事，秉義郎吳璟特添差京畿第二副將、臨安府駐劄，並不釐務，請給、人從等依正官例。

十二月四日，詔壽聖齊明廣慈太上皇后親妹子張薦累該赦宥，特與落勒停，敘武功郎。事因詳見《敘用》。

十八日，詔壽聖齊明廣慈太上皇后親姪承奉郎、直敷文閣、特添差兩浙路轉運司主管文字、賜緋魚袋、不釐務吳璹，候今任滿日(時)〔特〕令再任，請給等並依正官例，仍賜紫章服。閤門宣贊舍人吳璨可特添差權發遣兩浙西路馬步軍副總管、湖州駐劄，不釐務，二年滿日罷，任滿更不差人，請給等並依正官例。

十年正月二十六日，詔壽聖齊明廣慈太上皇后親姪宣義郎吳璹，特除直祕閣、添差兩浙 17 西路安撫司主管機宜文字，不釐務，請給、人從等依正官例。

四月二十九日，詔壽聖齊明廣慈太上皇后親姪宣教郎吳琰與轉一官，再添差兩浙西路安撫司參議官，依舊釐務。

閏十一月十一日，詔壽聖齊明廣慈太上皇后親姊孫閤門宣贊舍人王惟忠，可特添差權發遣兩浙西路兵馬鈐轄、臨安府駐劄，不釐務，請給依正官例。

同日，詔壽聖齊明廣慈太上皇后妹子閤門宣贊舍人、特添差權發遣兩浙西路馬步軍副總管、臨安府駐劄、不釐務韓侂胄，今任滿日特令再任。

十二月二十二日，壽聖齊明廣慈太上皇后慶壽七十，妹魯陳國夫人吳氏改封秦漢國夫人。姪吳璟爲吉州刺史，依前官職，吳琰、吳珽、吳珹、吳璹並特與進一職，吳琯直祕閣，吳珪轉右武大夫，吳璨轉右武郎。姪孫一十四人內，吳鈞係長姪孫，特與添差兩浙東路安撫司主管機宜文字，不釐務，請給等並依正官例。餘有官人並與轉一官資，內白身人及姪孫女夫燕榮，並特與初補文資內安排。姪女五人並加封恭人。韋璞妻張氏加封淑人，趙齊妻潘氏、舅張彥敔妻趙氏、堂姪女吳氏，並與封安人。姪婦八人已經封號，更與加封二等，未曾經封並與封安人。白身吳瓌特補承信郎，吳思侯有名目日特作一官資收使。吳國佐礙止(發)〔法〕依條回授，潘師尹、潘師旦並特與轉遙郡刺史，潘師旦候磨勘告下日轉行，張嶷特與階官上轉右武大夫。其本殿官吏諸色人各轉一官資，推恩有差。

十一年五月三十日，詔壽聖齊明廣慈太上皇后親姪宣義郎、直徽猷閣、賜紫金魚袋吳珹，特添差通判臨安府，仍釐務，請給、人從等並依正官例。

七月八日，詔壽聖齊明廣慈太上皇后親姪武翼郎、前添差兩浙西路兵馬鈐轄吳珣，特添差兩浙西路馬步軍副總管、臨安府駐劄，不釐務，請給等依正官例。

十二年正月六日，詔壽聖齊明廣慈太上皇后親姪右武郎吳璪，特差權發遣江南東路馬步軍副總管，建康府駐劄。承奉郎、直徽猷閣吳璿添差通判明州，仍釐務。

二月二十一日，詔：「壽聖齊明廣慈太上皇后親姪右武郎、吉州刺史、權知閤門事、兼客省四方館事吳環，其請給依龍雱已得指揮，依《祿格》全支本色。日後遷轉準此。」

十三年二月二十六日，詔壽聖齊明廣慈備德太上皇后親姊之孫武經郎王惟忠，特添差權發遣兩浙西路兵馬鈐轄、臨安府駐劄，不釐務，請給依正官例。

六月二十九日，詔：「壽聖齊明廣慈備德太上皇后親姪帶御器械吳珪，服勤殿陛，應奉日久，其請給依夏執中等已得指揮，特與依《祿格》全支本色。日後遷轉準此。」

十一月六日，詔：「壽聖齊明廣慈備德太上皇后親姪宣教郎、直祕閣、添差充兩浙西路安撫 18 司主管機宜文字、不釐務、賜緋魚袋吳璹，候任滿日特令再任，仍釐務，請給、人從等並依已降指揮施行。」

十二月二十七日，詔：「壽聖齊明廣慈備德太上皇后親妹之子武節郎、閤門宣贊舍人、添差幹辦御前忠佐軍頭引見司潘師禹，今任滿日特令再任，請給、人從、酬賞並依前任已降指揮，仍與釐務。」

十四年二月四日，詔：「壽聖齊明廣慈備德太上皇后親姪承奉郎、直徽猷閣、特添差通判明州吳璿，候今任滿日特令再任，仍釐務，請給等並依已降指揮。」

淳熙十四年十二月八日，詔：「皇太后親姪司農少卿、淮東總領吳琚職事脩舉，（陳）〔除〕敷文閣待制、提舉佑神觀，仍奉朝請。」

十五年四月十一日，詔：「朕祈請皇太后還内者數四，未蒙俞允，今早復伸懇切之請。恭奉皇太后聖旨：『先帝享天下之養，優遊二十餘年，升遐此宮，何忍遽然遷去。今几筵又復奉安于此，儻欲還内，當俟終制。』百官宜敬悉皇太后聖意。」

九月一日，詔會慶節皇太后合得親屬恩澤，可依天申節例。

十月二十一日，詔：「皇太后弟太師、永王吳蓋身後恩澤，存留本家幹辦使臣共五員，各候今任滿日可特與再任一次，理任、請給等並特依前後已降指揮施行。」

十一月五日，上謂皇太子曰：「恩數不可泛濫，將來皇太后慶八十，與朕慶七十相近。若是恩例太泛，添多少官〔一〕？如皇太后慶壽，只得推本殿官屬方是〔二〕。」又謂宰相周必大等曰：「此事將來全在卿等。」

〔一〕官：原脱，據《宋史全文》卷二七下補。
〔二〕官：原作「宮」，據《宋史全文》卷二七下改。

同日，詔封樁庫支會子一十萬貫，奉皇太后充脩蓋家廟使用。先是，詔帥漕兩司脩蓋，既又得旨，先降指揮更不施行。

十二月一日，詔皇太后親姪左武大夫、蘄州防禦使、知閤門事、兼客省四方館事、樞密都承旨、兼提點御前忠佐軍頭引見司、兼提點製造御前軍器所吳瓌，身兼數職，脩舉公勤，可特與落階官，正任和州防禦使。

二十一日，詔：「直龍圖閣、權知臨安府趙不流、德壽宮提點張宗尹各特轉一官，脩內司提轄符思永特轉兩官，脩內司官吏使臣、監作兵匠等分三等轉官，推賞恩有差。」以脩蓋慈福宮了畢推恩故也。

十六年正月五日，詔：正月十五日皇太后遷慈福宮，合用起居表文，令學士院撰文進入。

十五日，皇太后遷慈福宮，皇帝詣起居表文曰：「臣某言，伏以正壽母之儀，久伸尊養；謹宮闈之制，載闢常居。歷吉既孚，問安敢後？恭惟皇太后殿下翼興炎運，體厚坤元。思齊以美大任，備膺徽顯；得道而游少廣，懋履粹冲。禮容夙盛於東朝，聖算方高於南極。迺敞大安之舊，就經長樂之新。建翬飛跂翼之甫成〔一〕，冀夕膳晨羞之咸適。自堯門之贊化，一本於慈；協禹範之叙倫，大來厥福。莘慈懿鑠，揭以鴻名，用永奉於親顏，益垂休於寰宇。清寧是相，興止攸宜。臣誠篤愛欽，職脩定省。19形爲孝治，彌增四海之光；嘉與群元，更上萬年之策。」宰執帥文武百寮賀皇帝表文曰：「伏以丕崇禮典，尊奉母儀，肇新宏宇之嚴，昭揭隆名之美。一人盡敬，百辟傾心。恭惟皇帝陛下德配乾坤，行高今古。紹堯行道，甫深繼志之思；如舜事親，益謹承顔之養。乃酌累朝之制〔二〕，載營長樂之規〔三〕。本老氏之一慈，衍箕疇之五福〔四〕。茂揚懿範，增聳羣瞻。歷吉日以考成，順春陽而移御。兹極人倫之至〔五〕，允爲孝道之光。臣等幸與周行，願伸善頌。風移四海，知聖治之愈隆；慶集兩宮，祝壽祺之彌永。」

二十二日，提點官詔差左武大夫〔六〕、宜州觀察使、入內內侍省押班張宗尹。二十八日，詔慈福宮提舉、提點官繫銜在宮名之下。

淳熙十六年七月三日，詔皇太后生辰奉銀三萬兩、金五百兩，令左藏西上庫依例排辦投進〔七〕。

十二月九日，詔皇太后曾祖吳文誠、祖從亨、父近並特追封秦王，曾祖母王氏、祖母劉氏、母張氏並特贈秦、魏國夫人。以登極霑恩故也。

光宗紹熙元年四月十九日，詔壽聖皇太后姪吳琚妻令

〔一〕建翬：原作「翬建」，據文意乙。樓鑰《攻媿集》卷五四《建寧府紫芝書院記》：「修廊廣廈，翬飛跂翼。」

〔二〕酌：原作「配」，據《五百家播芳大全文粹》卷一中改。

〔三〕營：原作「榮」，據《五百家播芳大全文粹》卷一中改。

〔四〕衍：原作「冠」，據《五百家播芳大全文粹》卷一中改。

〔五〕兹：原作「慈」，據《五百家播芳大全文粹》卷一中改。

〔六〕「差左」二字原作「官詔」，據文意及《周益國文忠公集》卷一七三改。

〔七〕左：原作「在」，據下文「七月八日」條改。

人邢氏特封淑人、姪孫女吳氏特封孺人。

七月八日，詔壽聖皇太后生辰，令左藏西上庫排辦銀三萬兩、金五百兩投進。每歲如之。

八月二十一日，壽聖皇太后生辰，皇帝詣慈福宮上壽。每歲如之。

二年三月七日，詔：「皇太后親姪朝議大夫、充顯謨閣待制、知襄陽府吳琚久在從班，服勞邊寄，可依師夔例與換承宣使，在京宮觀，奉朝請。」

八月五日，臣僚言：「每月一日、八日、十五日、二十二日，車駕詣重華宮起居，此用至尊壽皇聖帝詣德壽宮之例也。壽皇所詣止是德壽一宮，陛下詣重華宮必詣慈福宮，禮既兼行，文宜並載。乞令閤門，今後月報遇車駕詣重華宮起居日分，兼書詣慈福宮，使天下昭然知聖朝尊事兩宮典禮之盛。」從之。

十一日，壽聖皇太后生辰前，皇帝詣慈福宮進香。每歲如之。

四年十一月十九日，奉上壽聖隆慈備福皇太后尊號冊寶銀三萬兩，令左藏封樁庫投進。

三十日，詔提領封樁庫所排辦金二萬兩、銀五萬兩、錢一十萬貫，絹二萬匹、度牒五十道，供進壽聖隆慈備福皇太后，爲來歲元日宮中上壽用。

五年五月二十一日，詔壽聖隆慈備福皇太后親姪女咸安郡夫人吳氏，特與依宮人《祿式》支破諸般請給。

紹熙五年閏十月二十三日，詔：「武功大夫、幹辦皇城司潘師稷爲係將帥之子孫，又係太皇太后親姊之子，可除左武衛將軍，填王知新闕，依前幹辦皇城司。」

十二月十三日，詔：「恭奉太皇太后聖旨，諸姪並已易武，止有吳瓊、吳琯並特依吳珹、吳璹例，吳瓊特授永州防禦使，吳琯特授忠州防禦使，並提舉佑神觀。」

寧宗慶元二年六月十一日，詔：「將來撤孝宗皇帝几筵畢，重[20]華宮改爲慈福宮，皇太后却還于壽慈宮。其兩宮官吏、諸色人等到宮實及二年并實及五年之人，依紹熙二年九月、五年八月已降指揮推恩施行。內有歷過重華宮月日，仍與通理推賞。」

二十七日，禮部、太常寺言：「已降指揮，重華宮改爲慈福宮，皇太后却還于慈福宮，以『壽慈』爲名。今來太皇太后、皇太后過宮，依禮例宰執文武百寮進表稱賀。緣（李）〔孝〕宗皇帝未大祥，（上）〔止〕稱進表起居。」從之。

三年十一月七日，詔：「慈福宮并本殿官吏諸色人、擺鋪軍兵等，並依舊存留宿衛崇奉，候撤几筵畢，將本殿人各行發遣，其本宮一行人並別聽候指揮。」

四年八月十八日，詔：「已降指揮，憲聖慈烈皇后上僊，慈福宮并本殿官吏、諸色人等各轉一官資，內提舉官王公昌特與於階官上轉行，提點官王毅、楊紹先，幹辦事務王溱、謝恕，並特與於遙郡上轉行，劉世亨特與帶行遙郡。內有名目人，候將來到部，更與占射添差一次。將校兵級轉

不行人，令户部等第折支犒設。」（以上《永樂大典》卷一九三一一）

皇后雜録

21 淳熙元年四月五日，詔安穆皇后親弟武功大夫、忠州團練使、主管佑神觀郭師元，特改添差兩浙西路兵馬鈐轄、臨安府駐劄，請給、人從並依正官例。七年八月二日，均州防禦使、帶御器械郭師元，忠州防禦使、帶御器械、幹辦皇城司師禹，特與將解帶恩例，各轉行一官。九年十月六日，詔師元、師禹並除在京宮觀，仍奉朝請。十一年九月十四日，福州觀察使、提舉佑神觀師元，利州觀察使、提舉佑神觀師禹，並候今任滿日特令再任，仍奉朝請，請給等並依已降指揮。十三年二月二十日，詔師元〔除〕奉國軍承宣使、師禹除昭慶軍承宣使。十六年正月十四日，詔師禹換武已及三十年，可除保大軍節度使、提舉萬壽觀，仍奉朝請。

二年九月十八日，詔翟貴妃親屬趙氏立爲皇后□夫人。

三年九月十日，内東門司言：「已降制，貴妃謝氏立爲皇后，合取請給雜物等，欲乞依紹興十三年閏四月二十五日已降指揮，並所至州軍依數全行取索本色供納。」從之，自受册日爲始。謂匹帛、錢銀、龍腦、綿、紙、酒、燭月供節送之類。

十三日，執政進呈中宮受册寶合設幄次等事，上曰：「皇后自言欲候册禮畢辭免合得奏薦等恩數。」龔茂良、李彥穎奏：「臣等屬因奏事内殿，曾蒙宣諭及近年貨賣恩澤之弊，聖意欲減奏薦，却增脂澤之費。今皇后上體聖意，首及此事，天下幸甚。」上曰：「中宮内膳日供一羊，亦預以爲請，言傷害物命，心所不忍，乞不用舊制。」茂良奏：「皇后恭儉之德〔一〕，著聞中**22**外，今又好生如此。仁慈謙抑，真可母儀天下。詩人言，文王所以聖而及於大姒之賢，蓋自家刑國乃風化之本也。」上曰：「殺生一事，朕所深戒。如舊來御膳中進鵪之屬，今皆以肉代之，正不欲多殺耳。」彥穎奏云：「臣聞仁宗皇帝一日諭輔臣以夜來覺饑，欲食燒羊，已而中輟。羣臣言何不令供進，仁宗云：『若敕有司，知他倉卒間殺了幾羊方得臠肉以進。』今陛下至仁與祖宗同符。」上再三嘆云：「仁宗之所以爲仁，其聖德皆如此。」

十七日，詔皇后生辰并節序等物色並依例排辦，大禮茶酒等前期取旨。

二十五日，執政謝外，曰：「蒙恩宣示中宮禕衣，臣等寒遠書生，獲觀儀物之盛，實爲榮遇。今諸事悉已辦集，且極精緻。」上曰：「珠玉之屬，乃就用禁中舊物，不然，安得如此之速，所費不及五萬緡。」奏云：「若不因宣諭，臣等無由得知支用如此不多〔二〕。」上曰：「朕安肯於此妄有所費，所不可闕者，德壽宮合進禮物耳。」因宣諭：「近來風俗如何，莫大段奢靡否？」李彥穎奏云：「輦轂之下，近年似稍侈，四方未必如此。」龔茂良奏云：「此等習俗，皆由貴近之家倣傚宮禁，以故流傳民間。如鬻簪珥者動必言『内樣』，於此可見也。彼若知聖意崇尚敦朴，亦必觀感而化。」上

〔一〕恭儉之德：原作「恭德之儉」，據文意改。
〔二〕得知：原作「支得」，據《宋史全文》卷二六上改。

曰：「今有兩宫，外間人安得不以此藉口？ 若要革弊，當自宫禁始。」奏云：「臣竊聞仁宗皇帝嘗以南海没入蕃商大珠賜温成皇后，后時爲貴妃，以充首飾，戚里靡然效之，京城珠價至數十倍。仁宗聞其事，因禁中内宴，望見貴妃首飾，不復回顧，云：『滿頭白紛紛，殊無忌諱。』貴妃皇恐易之，仁宗大喜，命剪牡丹徧賜妃嬪。不數日間，京城珠價頓減，久之貨鬻不行。」上喜曰：「此事誠當始於宫禁。」茂良等奏：「古人謂動民以行不以言，又云從其行不從其令。今陛下深究治道之原，中宫又以儉德著聞，躬行于上，何患弊俗不革。」上曰：「然。」

十月九日，詔皇后閤今來合破人船篙梢等，權免差破。

十日，皇后謝氏奏：「御厨見供本閤内膳，雖有常儀，載在有司。妾自揣過分，安敢叨逾？ 傷生害性，尤所弗忍。欲權行寢罷，上以廣陛下好生恭儉之德，下以遂妾知分廉退之心。」從之。於是執政等奏：「《周官》膳夫掌后之膳羞，歲終不會。蓋自昔帝后所奏未始有所限約。國朝之制，日進一羊，其視成周已爲抑損，今中宫乃有逡巡辭避，下至兵舡之屬，皆故事所當飾備者，亦復祈免。其謙恭仁儉之德，於古有光。雖中宫天稟純懿，出於自然，實陛下脩身齊家之所致。臣等比因奏事，親聞聖訓，謂皇后躬服澣濯之衣，至有經數年不易者。自膺制册，即欲辭免應得恩數，如前所謂内膳羊之類。凡數事，臣等各已備録聖語，付之史官，請以皇后奏牘并聖訓所及宣示中外，仍飭有司申嚴奢僭踰度之禁〔一〕。」從之。

二十五日，詔皇后弟承[23]信郎、閤門祗候謝澄與除右武郎、閤門宣贊舍人，妻趙氏與封安人。既而四年十二月二十四日歸謁家廟，澄特與轉右武大夫、依舊幹辦皇城司，妻安人趙氏封恭人。本閤官吏等依紹興十四年并乾道二年例，各特與階官上轉行一官。七年五月二十七日，澄特授吉州刺史、帶御器械，餘如故，請受等特依《禄格》全支。十二月七日，澄特授成州團練使，餘如故。以幹辦皇城司任滿，特有是命。

十二月十七日，皇后奏：「親屬恩澤依格二十五人，因臣僚奏請裁減七人外，尚餘一十八人。而妾親屬至鮮，欲更賜裁減。」詔依所乞，更減八人。

四年四月四日，詔兩浙轉運司以豐和倉卒内宅子一所脩作皇后外宅。

五月一日，詔安穆皇后母秦國太夫人趙氏特與封秦越國夫人〔二〕，依《禄格》支破請給。

同日，禮部、太常寺言：「皇后家廟制度等，照禮制：一、堂及旁兩翼增置前兩廡及門，東廡以藏祭器，西廡以藏

〔一〕飭：原作「飾」，據文意改。

〔二〕趙：原作「巷」。按，本書職官五七之八八「乾道六年八月」條云「安穆皇后母福國夫人趙氏」，又后妃二之二六慶元元年「十一月十一日」條云「成穆皇后（按：即安穆皇后）親舅之子趙彦倕」。可見安穆皇后母姓趙而非巷，因改。

家譜，祊在中門之右，省牲、展饌、滌濯在中門之左，庖厨在其東南，其外門再重西折而南出。一、廟在門内之左，如狹隘，聽於私第之側，力所不及，仍許隨宜。四孟月擇日享廟，差本宅親賓充行事官。及應合用酒齊禮料等，照乾道元年脩製家廟已降指揮禮例，祭器乞令工部下所屬依例製造給賜。」從之。

六月十四日，詔皇后該遇大禮，天申、聖節、生辰，各合得親屬恩澤二名，可令有司依條格放行。

九月十日，詔皇后親妹謝氏特與封永嘉郡夫人。

十月四日，太常寺言：「得旨，將來皇后歸謁，令有司檢照禮例施行。照得皇后歸謁止合依家禮。」從之。

六日，幹辦皇城司謝澄言：「該遇皇后受册，乞賜田三十頃，令兩浙轉運司於平江府諸縣上等係官田摽撥。如不足，於湖州管下揍數。除苗税外，與免諸般科敷。并差幹辦官二員，與理爲資任，任滿無遺闕，減二年磨勘，依五年法比折。副知一名、七年爲界〔一〕，無遺闕，白身補進武副尉，有名目人與轉一官資。宅案司二名、書表司一人，出職年限並比附親王府體例，滿七年與補進武副尉，願再留者聽。及差破篙梢并官船二隻。」詔依所乞，照例施行。

八年四月五日，詔秉義郎、寄班祗候夏允言除閤門祗候，額外供職，以安恭皇后親姪故也。

九年八月一日，詔皇后親弟謝淵特與補武翼郎。既而十二月二十日，淵除帶御器械。十二年正月六日，淵特差幹辦御前忠佐軍頭引見司，仍特與出給料錢文曆。十四年正月二十一日，淵妻劉氏特封恭人。

二日，詔皇后親屬茹氏、鄧氏、周氏、樂氏並特封恭人，親妹故夫王仲安特贈武翼郎。

十年十月七日，詔：「皇后閤官吏、諸色人應奉有勞，可特與理到閤實及七年年勞，各與轉一官資，白身人特補進武副尉，令本閤開具實歷 24 月日保明申尚書省。自今每及七年準此。」既而臣僚上言：「予奪在人主，不應併有『準此』之命，無使横恩遂爲例定。」從之。

十一年九月十六日，詔皇后親屬太令人樂氏與封太碩人。

十一月三日，詔皇后親妹榮國夫人謝氏改封嘉國夫人。

十二年九月十二日，詔皇后親妹之子王燾特補保義郎，王炳補承節郎。

十三年五月二十三日，詔：「顯仁皇后宅親屬各已析居，分爲五位，所有家廟祭祀及本宅應干事務，向來太上皇帝聖旨令韋訢、韋璞通行主管。今韋訢身故，可令韋璞專一主管，其餘不得干預。」

十五年九月十八日，詔：「皇后每遇會慶節，合得親屬恩澤，合依天申節例陳乞。」

〔一〕七年爲界：原作「七爲年界」，據後妃二之二五乙。

淳熙十六年二月二十五日，三省、樞密院奏事，上曰：「皇后合得恩澤可並減半，庶省名器僥倖。」周必大等奏：「此陛下盛德事，臣等恭承聖諭，不任歎仰。」

五月七日，詔安穆皇后宅可賜家廟，令有司條具以聞。禮部、太常寺言：「家廟制度禮例：一、堂及旁兩翼增置前兩廡及門，東廡以藏祭器，西廡以藏家譜，祊在中門之右，省牲、展饌、滌濯在中門之左，庖厨在其東南，其門外再重西折而南出。一、廟在門内之左，如狹隘，聽於私第之側，力所不及，仍許隨宜。四孟月擇日饗廟，差本宅親賓充行事官。應合用酒齊禮料等，照應安恭皇后宅禮例施行，祭器乞令工部行下所屬製造給賜。」從之。尋詔：「安穆皇后宅已賜家廟，緣地段窄狹，可將堰所屬親兵營寨就賜〔一〕，却令别行踏逐營寨。仍令轉運司、臨安府蓋造，及添脩兩位屋宇。」

紹熙元年正月九日，宰執奏：「皇后册寶用正月十九日，欲令（在）〔左〕藏封樁庫依例奉銀三萬兩，金二千兩。」從之。

十九日，皇后李氏奏：「御厨合供本閤内膳，望權行寢罷。上以廣帝德之好生，下以示宫闈之節用。」從之。

二月十五日，詔：「皇后受册合得親屬恩澤，可令有司照應淳熙三年以前條例放行。仍照應前體例，取會親屬李孝友保明詣實取旨，無令泛濫。」

十月十三日，詔皇后姊一人、親姪孫女一人、堂姪孫女一人、姊之女張氏一人，並特封孺人，以皇后受册推恩故也。

同日，詔：「皇后受册，本（閣）〔閤〕官吏等，提舉官各轉兩官，餘人各轉一官資。其已經壽聖皇太后加上尊號册寶轉官資人，更不推恩。」

十二月三日，詔皇后親姊淑人李氏三人並特與封郡夫人。

四日，詔白身游玠爲係皇后親屬，特與補承信郎。

二十八日，詔：「見建皇后家廟，展套後市街韓彦直房廊，賃户户支般家錢三十貫文。」既而臣僚言：「其中有於元賃之地添造間架多者，槩以給之，似覺太輕，乞命臨安守臣再行審覈，稍與添給。」從之。於是添造樓屋者加給七千，平屋者加給五千。

二年正月二十五日，詔：「朝議大夫、新除焕章閣待制、在京 25 宫觀韋璞特授明州觀察使，提舉佑神觀，仍奉朝請。」璞先任司農卿，以久在班行，屢經任使，爲係顯仁皇后親姪孫，特除焕章閣待制。既而臣僚繳奏，后族勿任侍

〔一〕堰：不通，疑當作「樞府」。本書兵六之二五載：乾道九年三月，馬軍司言，本司雲騎寨「與樞密院親兵寨相連」，是也。寨：原作「賽」，徑改。下同。

從官，著爲令。上曰：「與换觀察使〔一〕。」

四月十三日，詔：「皇后家廟制度，令有司檢照禮例施行，制度同安穆皇后，饗廟行事、酒齊禮料等照應壽成皇后。」

十二月二十九日，詔皇后三代今來該遇郊祀大禮，並贈一字王、大國夫人。

三年八月三日，閤門宣贊舍人李孝友言：「該遇皇后受册，合賜功德院，欲以褒忠顯德。賜田三十頃，乞依紹興十三年、乾道元年則例施行。并乞差幹辦官二員、於得替待闕大小使臣、校副尉内踏逐指名差取，理爲資任，願再任者聽。副知一名、七年爲界，界滿無遺闕，白身人補進武副尉，有名目人轉一官資。宅案司二名、書表司一名。出職年限並比附親王府體例，滿七年補進武副尉。官船二隻，篙梢隨船差破。並從本家踏逐，於所屬官司指差。如看管影堂等役使，或有事故，報元差撥處差填。」詔特依所乞。

十一月二十九日，詔李孝純爲係皇后親姪，可與除閤門宣贊舍人，依舊幹辦軍頭引見司。

十二月二十六日，臣僚言：「皇后受册恩數，今若欲援引成例，則乾道二年推恩體例九十三人，淳熙四年一百三十三人，今來計一百七十二人，數目之多，則前例所無也。乾道二年惟陳珤一人轉兩官，淳熙四年本(閣)〔閤〕官止轉一官。今楊舜卿於遥郡轉兩官則爲觀察使，陸彦端、張彦臣亦轉兩官，則徑轉團練使。夫以兩使之重，而以恩賞超遷，亦前例所無也。其未有請給文曆人特令户部出給，此又前例所無也。乞下樞密院條具合推恩人數，酌量裁定。」詔：「本(閣)〔閤〕提舉官楊舜卿、陸彦端、張彦臣特與依指揮轉行，兼爲其間有製造頭冠未曾推恩之人，餘人不得援例外，其餘礙止法人特與回授，白身人候有名目日特與作一官資收使，未有料錢文曆人更不出給。餘依已降指揮。」

四年正月九日，詔皇后歸謁，親姪李孝純與轉右武郎，李孝友與轉右武郎，依舊帶御器械、幹辦皇城司。

十七日，臣僚言：「皇后歸謁家廟，一行推恩，如李孝純、李孝友轉行右武郎，臣亦不復論列，命婦加封，親屬轉官，悉當書行。惟是門客蔣孝曾白身補將仕郎〔二〕，親屬衆多，特旨霍溥白身補承信郎，求之故事，既無此例。前此正以李氏子孫親屬衆多，特旨放行恩澤八名，張景詵、霍淵、霍溥既是親屬，即合於所添八名恩澤内補官，庶免又於十八名之外别添三人，反過安恭皇后之例。乞令親屬三人於所添八名内奏補，仍追寢蔣孝曾補將仕郎指揮，止與免文解一次，實爲允當。」從之。既而又言：「乾道二年安恭皇后歸謁家廟，親屬推恩共只計一十一人；26 淳熙四年壽

〔一〕换觀察使：原作「焕官察使」。按魏了翁《鶴山集》卷八五《倪公(思)墓誌銘》：「上命經筵取索韋璞以后姪孫爲焕章閣待制。公引馬季良、孟忠厚故事及建炎詔書后族勿任侍從以争之，璞坐改觀察使。」即此文所述之事，據改。

〔二〕蔣：原作「將」，據下文改。

成皇后歸謁家廟，親屬推恩共只計七人。今來推恩計二十六人，乞睿照。」

三月一日，詔：「皇后歸謁，親姪婦故任忠訓郎、贈文州刺史李孝斌妻安人潘氏，右武郎、帶御器械、幹辦皇城司李孝友妻安氏、趙氏，親姪女安人李氏，並特封恭人，姪孫女孺人李氏特封安人。」

四月十三日，詔：「兩浙轉運司差取五百料座舡三隻，逐舡合用繩帆、篾索、銅羅、黃旂、幕帟之屬，撥充皇后閤乘用。令本閤續次踏逐差取篙梢三人，請給本司依舊按月批勘外，有舡兵六十人，候本閤招募數足，於本司封記，令本閤解發前去平江府填刺。如日後有闕，依此差填。」

六月十九日，詔安恭皇后宅家廟日常花果、旦望供養、四時祭饗等，令臨安府依安穆皇后宅例，每月支錢三百貫文。

二十三日，詔杜士寶爲係昭憲皇后姪孫，可特與補承信郎。

八月二日，詔：「皇后祖先墳塋、饗亭、屋舍可令湖北路轉運司應辦脩造，聽候擇日興工。其故贈福王李道合立神道碑，令有司照應行狀撰述。」

九日，辛執等奏，恭遇皇后生辰，左藏封樁庫投進金三千兩。詔免投進。

十一月十六日，詔皇后親屬莊氏、路氏、錢氏、張氏並與依宮人《禄式》則例，支破紅霞帔請給。

（詔）〔紹〕熙五年九月十八日，詔皇后三代依典故與封贈。

閏十月八日，詔皇后母紅霞帔夫人莊氏特封安國夫人。慶元二年七月加封秦齊國夫人。

十六日，詔皇后父朝奉大夫、權知泰州韓同卿特換授揚州觀察使、提舉佑神觀。慶元元年六月轉清遠軍承宣使，二年七月授慶遠軍節度使，十一月授太尉。

十一月七日，詔：安恭皇后親弟夏執中長男閤門宣贊舍人允言應奉日久，特除帶御器械，候服闋日，先令額外供職；次男允功、允弼並除閤門祇候；女夏氏特封安人，從姪日新、親屬諶大本女夫楊源並特轉一官。

二十六日，詔皇后叔祖母信安郡夫人陳氏特封陳國夫人。

慶元元年正月二十五日，詔皇后叔祖姑碩人韓氏特封新安郡夫人。

二年七月二十一日，詔：皇嗣誕生，皇后殿官吏、諸色人各特與轉一官資，內提舉官與轉兩官，已係橫行人特與轉行，礙止法人依條回授，白身人候有名目日作一官資（受）〔收〕使。六年二月亦如之。

八月二日，右丞相京鏜等奏：「恭遇皇后生辰，左藏封樁庫投進金三千兩，伏取聖裁。」詔免投進。自後每歲並免投進。

九月二日，右丞相京鏜等奏：「皇后册、寶用十月六日，欲令左藏封樁庫依例奉銀三萬兩，金二十兩。」從之。

十月九日，皇后韓氏奏：「御厨見供本閤内膳雖有彝典，具載司存，望權行寢免。」從之。

二十八日，詔皇后每遇大禮、聖節、生辰，各合得蔭補恩澤，令有司依條放行。

十一月十一日，詔：「成穆皇后親弟故27太保、永寧郡王郭師禹可比附吳益、夏執中體例，長男授特除閤門宣贊舍人，次男拓、揀見係文資，特與帶貼職，並候出官祗授。親姪揄、揚、女夫張沆、從姪掄、操、揆及皇后親舅之子趙彥倕，並特與轉行一官，内選人比類施行。」

十六日，詔皇后册寶禮畢，親兄宣教郎韓竢特除直寶文（閤）〔閣〕〔一〕，賜紫章服。六年閏二月特换觀察使。

三年三月二十六日，詔：「先賜王德謙屋宅，改賜故嗣濮王士歆家屬居住，令脩内司拘收，脩蓋皇后家廟，令所屬條具聞奏。」

四月一日，詔皇后受册，祖姑太令人韓氏特封齊安郡夫人，太令人韓氏特封咸寧郡夫人，韓氏特封宜人。

九月三日，詔皇后受册了畢，庶合得親屬恩澤，令有司依條例放行。

四年八月二十三日，仁懷皇后親姪前文林郎朱軌特與復元官，朝議大夫、添差浙西路安撫司參議官朱輞特轉行兩官，親姪孫朱億年、耆年、（疆）〔彊〕年、長年、龜年、康年、斯年、樗年、逢年、泰年各轉一官，選人比類施行。白身朱大年、齊年、儋年並特補進武校尉，許令呈試參部。以祔廟畢故也。

十二月四日，詔：「臨安府、轉運司見脩蓋皇后家廟，創蓋屋宇不得過壽仁太上皇后家廟間架之數。」

五年七月二十二日，詔皇后祖姑宜人韓氏特封和政郡夫人。

六年三月十一日，詔：「皇后每遇生辰恩例，依都官條格聽奏補進武副尉一名。自紹熙五年八月以後合得生辰恩例，令有司照條格並特與放行。」

七月十二日，宰執進呈皇后生辰宰執合進香疏，謝深甫等奏，慶元二年壽皇服制之内，得旨免進奉。上曰：「可依例免進。」

嘉泰元年五月二十七日，詔：「顯仁皇后、成恭皇后、慈懿皇后家廟，近日居民遺火延燒，令禮部、太常寺討論典故，詳議以聞。」

九月十二日，詔：「恭淑皇后殿昨慶元府招刺崇節第二十八指揮厢軍潘勝等六十九人，充本殿舡兵，將來撤几筵畢日，與帶行慶元府舊請，特並改撥充脩内司捧拽指揮軍兵，收管執役，填昨來於逐州差取已行裁減定人數見闕。其逐人脩内司請給，並照則例支破，仍令兩浙轉運司行下慶元府施行。」

〔一〕竢：原作「埃」，據《宋史》卷二四三《后妃傳》下改。

三年四月十二日，知樞密院事、兼參知政事陳自强等奏，恭遇皇后生辰，左藏封樁庫投進金三千兩。詔令依數投進。以初册命故也。

七月七(月)〔日〕，詔皇后家廟令脩内司同臨安府、兩浙轉運司日下脩蓋。先是，皇后外宅與張循王銀鎗親兵寨屋并張宗尹屋地相連，既而宗尹以地投獻，於是展拓改造。

開禧元年四月二十六日，臣僚言：「伏見皇后歸謁家廟，親屬及本閤官屬推恩兩項指揮，其間階官并遥郡上及帶遥刺内，礙止法人並特與轉行，并白身人陳元忠三名補承信郎。照得祖宗格法，凡恩賞轉官礙止法人例合回授，雖特旨放行，28臣僚論奏，隨即追寢。遥郡上轉行或帶遥刺，蓋非有功不除，不可以恩例得者。至於白身補官尤不可以越例。恭聞壽慈太皇太后曩日初受册、寶，親屬恩數止十人補官，慈懿皇后受册，一(尊)〔遵〕成憲。今來所降指揮，其間人數多寡、恩例重輕，考之近比，蓋亦不同，不敢枚數。其礙(上)〔止〕法人及白身補授之人所當論奏，乞將慈懿皇后向來體例，參考斟酌施行，庶幾予之不爲濫，受之不爲忝。」詔：「礙止法人并白身補授人并本閤提舉官續康伯應轉階官，並照應慈懿皇后歸謁體例指揮，餘並依開禧元年三月二十八日已降指揮施行。」

嘉定元年四月八日，宰執進呈皇后乞減俸助國用，錢象祖奏：「臣等仰見陛下齊家有道，中宮節儉體國，有古賢后之風。」上曰：「此出自中宮之意。」象祖奏：「臣等昨日見付出劄子，相與敬嘆中宮盛德。但於事體恐不應減削至此，欲乞御筆批不允，徑付本殿。臣等退而書之，以備史臣紀述，庶彰懿範，貽之永世。」

十九日，臣僚奏：「竊惟自昔聖帝明王未有不守家法而可以致天下於治安者。《書》曰『有典有則，貽厥子孫』，又曰『監于先王成憲，其永無愆』，皆守家法之謂也。然《詩》三百(編)〔篇〕，王道備，人事盡，而獨首於《關雎》文王之詩，豈非周家致治之道基於此歟？國家受天明命，列聖相傳，内而修身齊家，外而立政立事，無一不可爲後世法者，載之於書，國史、實録之外，則有寶訓，有聖政録。陛下日命儒學之臣勸誦於前，理亂安危之所由基，蓋已洞達而無疑，遵守而不敢失矣。竊謂本朝治效之盛所以夐絶前古者，非獨帝道之隆，有内助焉。惟是彤史既廢，内言不出，外廷罕有(絶)〔紀〕述，見於書者，不過本傳之所載；其或記録於他書，又(敢)〔散〕漫而無考。宜命脩史之官博加採録，凡先后之崇孝敬、躬節儉、尚慈愛，與夫齊内庭、待外族及關於政者，以類相從，會粹成書。陛下留之禁中，以爲内則。在外則守祖宗之成規，在内則遵先后之遺範。内外交脩，家法具舉，而天下不法者未之有也。」從之。

十一月十日，皇太子幬奏：「仰惟皇帝陛下表正坤儀，自家齊國，皇后恭儉儷極，密佐宏圖。臣私切慶幸，得以子職，日親慈範，《詩》、《書》所載，未之前聞。然外庭不得而知，史官不得而述，誠今日之闕典也。臣載惟陛下致養重闥，躬行通制。而皇后自幼蒙恩憲聖，定省無違，成肅就養東朝，益勤虞侍，以至視疾而親嘗藥（鉺）〔餌〕，事終而動合禮經，有以贊陛下之孝。陛下菲食惡衣，足履革舄。而皇后膳羞有節，雖蔬茹而亦共；澣濯爲常，雖絶布而不厭〔一〕。以至減常俸以上裨邦用，吝賜予而不私外家，有以贊陛下之儉。陛下嚴恭畏天，旱蝗軫慮，親祠露禱，備極精純。而皇后夙夜齋戒致虔，憂勞閔歲，上符宵旰愛民之意。其後飛蝗屏迹，膏澤應祈，29 汔致中熟，有以贊陛下之誠。陛下仁慈愛人，慨念南北生靈重罹塗炭，首誅元惡，勉就和盟。而皇后嘗言兵貴多筭，不可輕用，以戒權臣於未事之先。其後密輔乾剛，弗遺餘力，斂兵繼好，有以贊陛下之斷。凡此數條，皆國家安危所繫之大者。自餘鉅美，未易殫言。若夫鞠育微臣，恩勤曲盡，奉承嚴訓，教載必親。以至日督課程，不移晷刻，每令覆講，必究指揮。不唯字畫詩章悉加面命，且以前言往行俾知矜式。恭惟父天母地，盛德難名，是宜大書特書，以詔萬世。欲望聖慈以臣今來所陳宣付史館，用彰聖朝宮壼之懿。」詔宣付史館。繼而皇后楊氏奏：「竊見皇太子奏皇帝陛下孝、儉、誠、斷事實併及臣妾，乞宣付史館。臣妾不勝震懼。伏念臣妾本無他長，獲事宸極，雖宮中之務，不敢不謹，然初蔑毫髮，仰贊聖明。今皇太子曲盡愛親之道，條摭數事，將欲登載信史。仰惟陛下盛德大美，固當特書；有如臣妾，自顧闕然，豈宜濫塵簡册？所有皇太子奏劄，欲望聖慈特免付出，庶幾愚分得以少安。」詔所請不允。

十二月二十六日，皇后楊氏奏乞將俸餘所積會子五萬貫下臨安府添助（賬）〔賑〕濟。從之。以都城米價騰踴，貧民乏食故也。

三年三月四日，皇后楊氏奏：「伏奉聖旨，誕育華王恩澤，令本閤承受陳乞四名。臣妾竊惟陛下俯念皇子坰易名，褒贈典禮，過隆今古，異數復頒，理難冒受，望垂寢免。」詔：「誕育恩澤，下逮嬪御，猶有典常，皇后位正中闈，禮宜異數，既頒成命，勿復謙辭。所請不允。」

八年八月七日，樞密院言：「皇后殿主管進奉因用本殿大禮、聖節、生辰恩澤補官，節次有陳乞陞轉武翼郎，吏部以爲係吏職出官，只許轉至訓武郎止，及不許注授京局差遣。今照得多有士子充應，兼自來許應舉即與吏職補授不同，轉官即合至訓武郎，其差遣及應舉合議施行。」詔皇后殿主管進奉用本殿大禮，聖節、生辰、恩澤補官之人，許令注授京局差遣，照舊例放令應舉，其轉官令至訓武郎。

（以上《永樂大典》卷一九三一一）

〔一〕絶：疑當作「絁」。絁，粗綢。此言后節儉，故絁、布不厭。《長編》卷一〇六：「紬絹不足，又令以土絁布代之。」

宋會要輯稿　后妃三

妃嬪〔一〕

貴妃

【宋會要】❶太宗貴妃孫氏。左金吾衛大將軍守斌之女〔二〕。太平興國二年七月入宮，三年爲才人，又賜號貴妃。八年九月卒。

太宗貴妃臧氏〔三〕。江南李煜宮人。煜卒，入宮中。太平興國八年九月自御侍爲縣君，端拱二年四月爲美人，至道三年七月進昭容，大中祥符六年三月進順儀，天禧二年九月進淑儀，乾興元年四月進貴儀。卒年月缺。明道二年十二月贈婕妤，慶曆四年九月贈貴妃。生舒王元偁，晉國、中國大長公主〔四〕。

【宋會要】

真宗貴妃杜氏。初事藩邸，後於洞真入道，爲法正都監，號悟真大師，名瓊真。明道二年十一月爲婕妤，寶元元年十一月進充媛，慶曆元年十二月進充容，四年進婉儀〔五〕，尋爲賢妃。六年八月卒，贈貴妃。生衛國大長公主。

太宗貴妃方氏〔六〕。初封新安郡君，天禧二年九月爲美人，乾興元年四月進婕妤，五月卒。天聖三年五月贈昭媛，明道二年十二月贈太儀，慶曆二年三月贈淑妃，四年九月贈貴妃。生魏國大長公主〔七〕。

【宋會要】

仁宗貴妃張氏〔八〕。慶曆八年十月十八日制：以美人張氏爲貴妃，令所司擇日備禮册命。國朝以來，命妃未嘗行册禮，然故事須俟旨方以告勅授之；又凡降制，皆從學士院待詔書告❷詞，送中書，結三省銜〔九〕，官告院用印，然後進入。時宣制畢，學士宋祁止就院寫告，直取官告院印用之，遽封以進。方妃寵盛，欲行册命之禮，得告，怒擲地，不肯受。祁坐落職知許州。

二十一日，命參知政事龐籍爲貴妃册禮使、樞密副使

〔一〕妃嬪：原無此總題，嘉業堂本添，今從之。
〔二〕守斌：《長編》卷一八作「守彬」。
〔三〕天頭原批：「太宗貴妃臧氏。」今據補「太宗」二字。以下凡缺帝名者均仿此補出。
〔四〕此下原注：「《大典》一千二百二十五。」按，據原稿中縫及《永樂大典目録》，應作「一千二百六十五」。
〔五〕婉儀：原作「婕儀」，據《宋史》卷一一《仁宗紀》三慶曆四年九月癸亥條改。
〔六〕太宗：原無。地腳原批：「太宗貴妃方氏。」據補二字。方氏當在杜氏前，此編序有誤。蓋此卷各妃嬪乃《大典》輯録《宋會要》之條文分於各處，又未曾詳考各妃所屬之帝，故每有混亂。
〔七〕天頭原批：「方貴妃下接沈貴妃並册。」
〔八〕天頭原批：「《宋史》：仁宗貴妃張氏。」據補「仁宗貴妃張氏」六字。
〔九〕結三省銜：原作「經三者御」，據《長編》卷一六五改。

高若訥副之，翰林學士李淑撰册文并書册印，後淑侍養，命觀文殿學士丁度代。

二十二日，太常禮院言：「參詳令文及歷代典故，脩撰貴妃册禮儀注：册竹簡長一尺一寸，闊一寸，約文多少，用一十四枚，以錦裝褾。用天下樂錦。印用金，方一寸。其文曰『貴妃之印』，龜鈕紫綬。服以褕翟之衣，青質，羅爲之，衣畫裳繡，皆爲翟文，編次於衣及裳，重爲九等。素紗中單，黼領，朱褾襈，黼謂爲雜文綉爲黼文。蔽膝，隨裳色並用青，以緅爲緣，亦繡翟文，重爲二等。大帶以青，加革帶，青襪，青舄，舄以白飾如綉次文。玉珮，錦綬，首飾用花釵九株，寶鈿准花之數，施二博鬢。」從之。

二十三日，司天監言：「選定十二月三日行册命禮告。」詔可。

十一月三日，太常禮院言：「據文思院供到貴妃册匣印盝各件，減定制度。黑漆册匣一，長六尺，闊一尺三寸，底蓋共高八寸，渾金鍍銀起突鈒花草暈鳳葉段，裝手把、屈戌、戀攀、鐶鑰，茜大綾托裏，茜絲條全。黑漆册床一，身裏六尺五寸，竿長一丈八尺，闊三尺五寸，高二尺一寸，渾金鍍銀起突鈒花草暈鳳葉段，裝釘分鎝、獸面等，銀裹鐵魚鉤，茜絲絛拂線全，茜羅繡肩褥八片，帶全，并行馬。黑漆印匣兩重，並渾金鍍銀起突鈒花草暈鳳葉段，裝 3 手把、(屈子)戀(鸞)攀、屈戌等，并茜大綾托內，可底茜羅繡褥，茜絲鐶條。第一重印匣一，方二尺二寸，高二尺六寸；第二重印匣一，方一尺六寸，高二尺二寸。鞠束事件全。黑漆腰舁一，方二尺九寸，并竿長一丈五尺，連脚高二尺，渾金鍍銀鈒花草暈鳳葉段，裝釘分鎝等全，銀裹鐵魚鉤，茜絲魚鉤絛，可腰舁面茜羅繡褥全，并肩褥子八片，金鍍銀分鎝、獸面、螭頭(金)〔全〕，并行馬全，茜羅繡花艸暈鳳。蓋印匣夾帕二，裏印夾帕一，蓋册夾帕一，襯册文夾帕一，册內褥子一，册床上褥子一，茜絲絛拂頭線全。韇印匣板絛二，綾絡絛二，絆册圖絛二，蓋册匣印茜絹夾油帕二。黑漆印床一，金鍍銀鈒花草暈鳳，裝茜繡褥子。黑漆香案一，茜繡案衣，花草暈鳳，上用間金鍍銀香爐匙合。」從之。仍差內侍盧昭序同少府監、文思院製造。

十二月三日，宰臣率百官班文德殿庭，內臣二員，自內中承旨，降册、印，宰主當者以奉册、印，出垂拱殿，其捧册官俱搢笏。宰主當捧册、印，執事人等以次捧舉。禮直官導中書侍郎押册，通事舍人、博士導中書令後從；次禮直官導禮部郎中押印，通事舍人、博士導禮部侍郎後從，援衛如儀。由東上閤門至文德殿庭，西向，褥位權置。援衛人等少退立，通事舍人、博士引册使、副就承制位，北向立定。躬次，禮直官引宣徽使於册使前，西向，稱「有制」，典儀曰「再拜」，贊者承傳，册使、副應在位官皆再拜訖，宣曰：「美人張氏 4 特進封貴妃，命公等持節展禮。」宣訖，册使、副再拜，宣徽使還位。門下侍郎帥主節者詣册使東北，主節者以節授門下侍郎，主節者退立於後。門下侍郎執節授册使，跪受，興，付主節，門下侍郎歸本班，幡隨節立於使左。次引中書令詣册使東北，西向立，中書侍郎引册案立於中書令之左，中書令取册授册使，跪受，興。册文曰：「皇帝若曰：夫上憲星極，協敷陰教。惟四妃之列，亞長秋之位〔一〕，正始王化，御于家邦。咨于淑哲，是謂疇内治；備于典册，是謂隆徽數。諗而行之，古今通誼。美人張氏，淵敏居質，醇和賦性，生紱冕之令族，稟圖史之懿戒。柔明維則，克茂嬪風；婉嫕含章，詎煩姆訓。肆予涼薄，纂大丕構。樂得邦媛，參叙宮職。始明慎于選納，見勤勞于輔佐。鼂辭貴秩，愈勵冲誠。宜有褒嘉，聿申崇拜。揆兹穀旦，膺此涣恩。質于師僉，孚我德舉。褕翟盛其服，禮莫大焉；彤管貽其範，體莫重焉。澣衣示儉，婦道于以從訓；樛木逮下，風人于以流詠。寵命既輯，爾實宜之。今遣使左諫議大夫、參知政事龐籍，副使右諫議大夫高若訥，持節册命爾爲貴妃。於戲！體順承以勸道，躬法度以脩己，祗率九御，贊于壼則，惟勞謙以處其貴，惟肅雍以成其美。永啓休譽，不其盛歟！」中書令、中書侍郎各還本班。次引禮部侍郎詣册使東北西向立，禮部郎中引印案立於禮部侍郎之右。禮部侍郎取印授册使，册使跪受，興，禮部侍郎、禮部郎中 5 各還本班。其册、印並東向置於案。舉案者退立於後。立定，典儀曰「再拜」，贊者承傳，册使、副應在位文武百僚皆再拜。訖，通事舍人、博士引册使、副押册印持節前導，援衛如式。以次出朝堂門，文武百僚班退。由右昇龍門入大慶門，由殿西過，至殿後門出，由宣祐門至內東門，權置册、印於貴妃本位門之外。設受册印位於庭階下，北向，又設册使位於內東門外，副使及內給事又於其南，差退，並東向北上。設册印案位於册使之前，南向；又設內給事位於册使北，南向。其日，自文德殿奉册、印，將欲至內東門。內給事詣本位，請貴妃首飾、褕翟衣。衣服所司預供入。册、印至內東門外褥位，置訖，捧册官主當者少退。內臣引內外命婦諸親俱入，就位立如儀。禮直官引册使、副等俱就東向位，立定，內給事進就南向立。通事舍人、博士引册使就內給事前，東向，躬稱「册使龐籍、副使高若訥奉制授貴妃册、印」訖，退，復位。內給事入詣所受册、印本位貴妃前，躬言訖，退。內給事進詣册使前西，册使跪，以册、印授內給事，內給事跪受，付內謁者。册使退，復位。內謁者及主當內臣等持册、印入內東門，內給事從之，册使、副并行事官班退。以次入詣本位庭。又內給事贊貴妃降詣庭中，北向位立定。內給事跪取册，興，立於貴妃之右，少前西向；又內給事一員立於貴妃之左，少前東向。又內給事稱「有制」，內給事贊貴妃再拜訖，內給事奉册授貴妃，貴妃受，以授內給事。內給事奉印授貴 6 妃，貴妃受，以授內給事，如奉册之儀。內給事贊貴妃再拜訖，內給事前引貴妃升位，以次內臣引內外命婦諸親賀如常儀。內給事贊言「禮畢」，內外命婦諸

〔一〕以上四句，原作「天上憲星，極協四妃，敷陰教之列，亞長秋之位」，語意不明，茲據《明集禮》卷二二下所載此册文改正。

親退。内給事引貴妃謝皇帝、皇后，一用内中儀。百官上表稱賀。

【宋會要】

仁宗貴妃張氏〔一〕。熙寧九年十一月，詔：「魯國大長公主養母仁宗後宮延安郡君張氏，可特進美人。」元豐八年四月進婕妤，元符三年正月進充儀，崇寧二年三月進賢妃，三年十月薨。車駕臨奠，特贈貴妃，賜謚昭懿。

真宗貴妃沈氏〔二〕。故相倫之孫、光禄少卿繼宗之女。大中祥符二年四月爲才人，六年正月進美人，天禧二年九月進婕妤，乾興元年四月進充媛，明道二年十一月進昭容，寶元元年十一月進昭儀，慶曆元年十二月進婉容，四年九月進賢妃，尋加德妃。爲人淑儉不華，帝亦以妃家世，故待之異衆。長秋虚位，帝欲立之，有從中沮之者，不果。嘉祐七年十二月，進貴妃。熙寧九年十一月卒，賜謚昭静。

【宋會要】

嘉祐七年十二月二十三日，太常禮院言：「准詔，詳定貴妃册禮合與不合奏告天地、宫觀、宗廟、社稷、諸陵。檢詳即無奏告之禮。」八年八月二日，以參知政事歐陽脩爲貴妃册禮使，樞密副使胡宿副之，翰林學士王珪撰册文并書册、印。册文曰：「皇帝若曰：夫《國風》之始，以厚天下 7 之大倫；陰教之脩，以助王者之正道。顧予涼昧，奉若基圖。眷言別掖之英，逮事先帝之室。維年德之並茂，且名秩之未稱，稽求往册之適，登冠列妃之華。咨爾德妃沈氏，淵粹惠閑，柔明端靚。幼蹈儀矩，不待姆師之訓；初被選納，蓋出公相之族。鳴玉節動，陳詩戒盈。展如邦之良媛，宜然天與遐福。朕仰欽聖烈之餘，俛懷宫籍之舊。維爾有輔佐之力，早經於大謨；維爾有澣濯之工，下式于群御。兹庸表迪懿實，敷錫徽猷。亞於軒龍之象，不謂不崇；衣以褕翟之衣，不謂不寵。備物既渥，蠲辰既良，咨合僉謀，答揚顯命。今遣使禮部侍郎、參知政事歐陽脩，副使樞密副使、左諫議大夫胡宿，持節册命爾爲貴妃。於戲！内治起化，外姻戒權。相祭祀以時，則有周家之禮在；斥儉謁之行，則有漢史之論明。當(職)〔識〕恩禮之來，以綏賢令之祉。遂永終譽，不其美歟！」

【宋會要】

仁宗貴妃周氏〔三〕。嘉祐四年六月自御侍、安定郡君爲美人，五年七月進婕妤，八年三月進婉容，熙寧九年三月進賢妃，元豐五年十二月進德妃，八年四月進淑妃，元符三年正月進貴妃。生令德景行大長公主、懿穆大長公主。

【宋會要】

仁宗貴妃董氏〔四〕。嘉祐四年自御侍、縣君爲貴人，五

〔一〕天頭原批：「仁宗貴妃張氏。」據補「仁宗」二字。

〔二〕天頭原批：「《宋史》：真宗貴妃沈氏。」據補「真宗」二字。按，此條及下條當移至真宗貴妃杜氏後。

〔三〕天頭原批：「《宋史》：仁宗貴妃周氏。」據補「仁宗」二字。

〔四〕天頭原批：「仁宗貴妃董氏。」據補「仁宗」二字。

年進美人，固辭，請回授其父一官，許之。六年七月進婕妤，九月進 8 充媛。是月卒，贈淑妃。元符三年四月贈貴妃。生莊謹大長公主、莊齊大長公主、賢懿恭穆大長公主。

神宗貴妃邢氏。初爲御侍，熙寧二年四月封永嘉郡君，四年六月進美人，七年七月進充容，十年二月進婉儀，元豐元年十二月進賢妃，八年四月進淑妃，元符三年正月進貴妃。崇寧三年十月薨，車駕臨奠，賜謚曰懿穆。生惠王僙、冀王僩、豫王价、徐王偁，賢和長公主。

神宗貴妃宋氏〔一〕。熙寧二年十一月爲才人，六年四月進婕妤，元豐二年進充媛，八年四月進婉儀，紹聖四年二月進賢妃，元符三年正月進德妃，大觀二年二月進淑妃，政和三年三月進貴妃，七年六月薨。生咸王俏、唐王俊、賢孝長公主。崇寧八年〔二〕，內出手詔曰：「神考嬪御貴妃宋氏，自熙寧初誕育皇嗣，年德彌邵，譽（謁）〔藹〕掖庭。遽爾淪謝，（列）〔殊〕用傷惻。可依例賜二字謚，并依貴妃苗氏合得恩澤七人外，更添三人，以稱朕思親眷舊之意。」宣和五年，以岳陽節度使王舜臣乞致仕，手詔獎諭王貴妃〔三〕。

神宗貴妃林氏〔四〕。初爲御侍，元豐五年八月封永嘉郡君，六年十月爲美人，八年四月進婕妤。元祐五年正月卒，贈婉儀。元符三年四月贈賢妃，政和三年四月贈貴妃。生燕王俁、越王偲、賢令長公主。

【宋會要】

神宗貴妃武氏〔五〕。初爲御侍，元豐五年八月進才人，八年四月 9 進美人，紹聖三年進婕妤，元符三年正月進昭儀，建中靖國元年十二月進賢妃。大觀元年六月薨，七月車駕臨奠，贈貴妃，謚曰惠穆。

徽宗貴妃王氏。初封壽昌郡君，建中靖國元年十月進美人，崇寧二年三月進婉容，三年七月進德妃，四年八月進淑妃，大觀元年四月進貴妃。生鄆王楷、荆王楫、肅王樞、徐王棣〔六〕、相國公梴、崇德公主、保淑公主、熙淑公主。

徽宗貴妃王氏〔七〕。崇寧三年九月封平昌郡君，四年閏二月進才人，三月進美人，是月進婕妤，五年八月進修容，大觀二年進婉容，七月進賢妃，政和元年七月進德妃，三年二月進淑妃，四年三月進貴妃。七年九月薨〔八〕，謚曰懿肅。生莘王植、陳王機、惠淑公主、康淑公主、柔福公主、冲懿公主。

〔一〕天頭原批：「神宗貴妃宋氏。」據補「神宗」二字。

〔二〕崇寧八年：按崇寧無八年，似爲「政和八年」之誤，又或爲「八月」（政和七年八月）之誤。

〔三〕天頭原批：「『宣和五年』至『獎諭王貴妃』一行，似不在此處。」按，徽宗貴妃王氏下文有二人，其謚「懿肅」者卒於政和七年，定非宣和五年獎諭之王貴妃。此獎諭之「王貴妃」，或爲「初封壽昌郡君」之「徽宗貴妃王氏」。

〔四〕天頭原批：「《宋史》：神宗貴妃林氏。」據補「神宗」二字。

〔五〕天頭原批：「《宋史》：神宗貴妃武氏。」據補「神宗」二字。

〔六〕棣：原缺，據《宋史》卷二四六《宗室傳》三補。

〔七〕天頭原批：「徽宗貴妃王氏。」據補「徽宗」二字。

〔八〕月：原作「百」，據《宋史》卷二四三《后妃傳》下改。

徽宗貴妃喬氏〔一〕。初爲御侍，崇寧二年五月封宜春郡君，二年九月進美人，四年閏二月進婕妤，五年二月進婉容，大觀元年十二月進賢妃，二年二月進德妃，三年五月進貴妃。生景王杞、濟王栩、邠王材、華原郡王朴、鄆王栱、鄆國公楃、瀛國公樾。【宋會要】

徽宗貴妃崔氏〔二〕。初爲御侍，大觀三年正月封平昌郡君，十月進才人，四年七月進美人，十二月進婕妤，政和元年二月進婉容，二年二月進賢妃，三年十一月進德妃，六年七月進貴妃。生漢王椿、悼穆公主、敦淑公主、寧福公主、順穆公主、永福公主。宣和四年七月降爲庶人。【宋會要】

10 孝宗貴妃張氏〔三〕。淳熙十四年三月二日，詔婉容張氏進封貴妃，制曰：「朕董擇柔儀，宣明內治。奉慈闈之養，上焉祇事於兩宮；佐中壼之徽，下以翼齊於九御。克艱厥選，兹得其人。申制綍以誕敭，亶廷紳而傾聽。婉容張氏，性資嫺肅，矩度淵英。德盛雎鳩，擅《彤管》三章之美；禮崇褕翟，應良家八月之求。自虞侍於邃清，即寖蒙於腆澤。恩隆而志愈巽，位峻而身益恭。蘭行桃姿，茂迪嬪嬙之化；瑤環瑜珥，動循珩佩之龢。罍觥不替於憂勤，琴瑟日章於窈窕。靖言懿範，妙簡深衷。是用稽參往策之文，登晉列妃之冠。扆班一品，有嚴玉瑱之華；天極四星，於赫珠躔之貴。昭其命數，匪我私親。於戲！《鷄鳴》與賢女之思，久賴陳詩之戒；魚貫利宮人之寵，更圖觀象之孚。勉輯芳猷，永綏多祐。」【宋續會要】

孝宗貴妃黃氏〔四〕。淳熙十六年五月十八日，詔和義郡夫人黃氏進封貴妃，制曰：「周以三夫人佐后，視外朝三事之崇；唐以四美號建妃，體圓極四星之序。朕若稽古訓，遴擇婦官，延登邦媛之良，協輔坤儀之重。載差吉旦，敷告昕廷之典〔五〕。和義郡夫人黃氏，履行肅雝，稟姿和粹，動必循於圖史，言自合於箴規。被選良家，已謹佩璜之節；承恩儲禁，益流藻荇之芳。攀鱗適際於天飛，秉德有光於內則。當朕纂承之始，寔資警戒之成。相予夙夜之憂勤，助我庭闈之 11 孝養。肆疇懿範，升備元始〔六〕。志在進賢，贊徽音於中壼；坐而論禮，等峻秩於上公。以基王化之風，以厚人倫之本。於戲！正家而刑萬國，朕方取法於《關雎》；率職以倡九嬪，爾尚匹休於彤管。欽承異渥，遹迺令猷。可特進封貴妃。」辭不受册禮。【宋續會要】

〔一〕天頭原批：「《宋史》：徽宗貴妃喬氏。」據補「徽宗」二字。
〔二〕天頭原批：「徽宗貴妃崔氏。」據補「徽宗」二字。
〔三〕天頭原批：「孝宗貴妃張氏。」今據以移入正文。
〔四〕天頭原批：「孝宗貴妃黃氏。」今據以移入正文。
〔五〕廷：原作「延」，據文意改。又，此二句失對，「之典」二字疑衍。
〔六〕始：據文意與平仄，似當作「妃」。

寧宗貴妃楊氏〔一〕。慶元六年二月二十八日，詔婉儀楊氏進封貴妃，制曰：「朕飭内治以化民風，因王春而修古制。弓韣謹禖祠之奉，應中壼以開祥；種稑佐耕事之共，命六宮而來獻。將協成於國典，必肇建於妃聯。諏辰既良，出綍誕告。婉儀楊氏，性鐘純靚，躬迪惠和。誦德象窈窕之篇，動閑以禮；宜副笄委蛇之飾，行稱其容。蚤推邦媛之英，入侍掖庭之邃。夙宵殫乎謹毖，榘範著乎柔賢。雖陰教是裨，可繩九御之列；然婦官未峻，僅處六儀之間。顧余纘圖，法古崇儉。凡良家八月之選，皆於時而靡遑；眂圜極四星之文，亦取象之猶缺。兹會逢於邦慶，疇叶輔於坤闈。肆旌婉則之芳，特侈貴名之懿。褕衣闕翟，交輝命服之華；龜紐金章，外等公台之秩。豈特坐嚴於論禮，蓋將共飭於齊家。於戲！朕問安而至寢門，爾備贊兩宮之甘旨；后服澣而化天下，爾宜帥内職之儉勤。無險詖私謁之心，全明章婦順之道。斯有光於彤史，庸永對於鴻休〔二〕。」（以上《永樂大典》卷一二六五）

淑妃

【宋會要】

12 真宗淑妃楊氏〔三〕。真宗大中祥符七年〔四〕，封婉儀楊氏爲淑妃。帝不欲（蕃）〔藩〕臣貢賀，故不降制外廷，止命學士草制付中書。翼日，宰臣言：「宮掖加恩，朝廷慶事。臣下不可缺禮，望令客省依例受貢。」帝勉從之。

大中祥符七年六月十八日，制以婉儀楊氏爲淑妃。后妃降制，皆學士院草詞，（宜）〔宣〕於正衙，近臣、牧伯、皇親、諸親皆脩儀禮爲賀。至是，真宗不欲令藩臣貢賀，故不降制外廷，止命學士草詞付中書。

太宗淑妃王氏〔五〕。初封金城郡君，天禧二年九月進爲美人，乾興元年四月進婕妤，天聖九年十一月進昭媛，卒年月缺。明道元年十月贈大儀，二年十一月贈德妃，慶曆四年九月贈淑妃。生荆王元儼。

仁宗淑妃董氏〔六〕。元豐五年十一月，詔故淑妃董氏與恩澤四人，令本家具名以聞。以逮事仁宗，生莊夷大長公主故也。

神宗淑妃張氏〔七〕。初爲御侍，熙寧二年四月封仁壽縣君，三年正月進才人，元豐八年四月進婕妤，元符三年正

〔一〕天頭原批：「寧宗貴妃楊氏。」今據以移入正文。

〔二〕原本後有批語云：「按此門内太宗貴妃方氏、太宗淑妃王氏，係據藁本内定本（原稿内夾有另鈔數頁，繕寫清晰，叙述整齊，今據爲定本）。又查《宋史》諸王及公主傳，王淑妃生荆王元儼、方貴妃生魏國大長公主，亦合，第原藁内俱與真宗妃嬪連叙，俟考。」

〔三〕天頭原批：「《宋史》：真宗淑妃楊氏。」今據以補入正文。

〔四〕大中祥符：原作「景德」。按景德僅四年，兹據《長編》卷八二改。又按此條與下條内容相同，當是出自《宋會要》之不同門類。

〔五〕天頭原批：「定本：太宗淑妃王氏。」據補「太宗」二字。

〔六〕天頭原批：「仁宗淑妃董氏。」今移入正文。又地脚原批云：「董氏似不誤。查帝系九十五頁前六行莊夷。」

〔七〕天頭原批：「神宗淑妃張氏。」據補「神宗」二字。

月進婉容。崇寧五年九月卒，贈淑妃，謚曰懿静。生賢恪長公主。

高宗淑妃張氏〔一〕。淳熙七年十二月十三日，詔德壽宮婉儀張氏進封太上皇帝淑妃，本位親屬官吏等推恩有差。

德妃

【宋會要】

太宗德妃朱氏〔二〕。淳化二年七月自御侍爲縣君，四年十一月爲才人。至道三年三月於太和宮入道，爲脩容。大中祥 13 符六年進昭容，賜號明真大師，名正惠。七年進昭儀，天禧二年九月進淑容，乾興元年四月進淑儀，改名冲惠。明道二年十一月進太儀，是月進賢妃。景祐二年二月薨。慶曆四年九月贈德妃〔三〕。

【宋會要】

真宗德妃劉氏〔四〕。真宗大中祥符五年五月十一日，制以脩儀劉氏爲德妃，令所司擇日備禮册命。

真宗德妃沈氏〔五〕。仁宗慶曆四年九月三日制，以真宗婉容沈氏爲賢妃，六日復進封沈氏爲德妃。

仁宗德妃俞氏〔六〕。景祐五年三月自御侍、延安郡君爲才人，九月進美人，寶元二年六月進婕妤，皇祐二年十月進充儀，嘉祐八年三月進昭儀。卒年月闕。治平元年六月贈賢妃，元符三年四月自賢妃贈德妃。生(楊)〔揚〕王昉、莊和大長公主。

仁宗德妃楊氏〔七〕。初入宮爲美人，景祐元年八月出於別宅安置。十月聽入道，賜名宗妙，居瑶華宮。皇祐二年十月爲婕妤，嘉祐八年三月進修儀。熙寧五年十二月卒，贈賢妃，元符三年四月贈德妃。

仁宗德妃苗氏〔八〕。嘉祐七年十二月二十一日，賢妃苗氏爲德妃，令所司備禮册命。嘉祐七年十二月二十三日，參知政事趙槩爲德妃册禮使，樞密副使吳奎副之，翰林學士賈黯撰册文并書册印。册文曰：「皇帝若曰：天文列星，次妃亞軒龍之象；《周官》分職，夫人擬公台之任。朕奉若典訓，率繇禮序，故登建嬪媛，必先令淑。助德理内，其在兹乎！咨爾賢妃苗氏，14 性資柔嘉，體蹈静婉，居循圖史之戒，動顧珩璜之節。頃自魯館降嬪，淑封進位，而能飭躬彌約，率德罔違。曾微私詖之謁，益茂肅廱之美。流徽壼則，增光彤史。宜及吉時，顯膺恩册。今遣使尚書禮

〔一〕天頭原批：「《宋史》：高宗淑妃張氏。」據補「高宗淑妃張氏」六字。
〔二〕天頭原批：「太宗德妃朱氏。」據補「太宗」二字。
〔三〕此下原有小注：「同上(按，此指《大典》卷一二六六)。又《大典》卷一千七百二十三。」
〔四〕天頭原批：「真宗德妃劉氏。」今據以移入正文。
〔五〕天頭原批：「真宗德妃沈氏。」今據以移入正文。
〔六〕天頭原批：「仁宗德妃俞氏。」據補「仁宗」二字。
〔七〕天頭原批：「《宋史》：仁宗德妃楊氏。」據補「仁宗」二字。
〔八〕天頭原批：「《宋史》：仁宗德妃苗氏。」據補「仁宗德妃苗氏」六字。

部侍郎、參知政事趙槩，副使樞密副使、左諫議大夫吳奎，持節册命爾爲德妃。於戲！惟謙畏所以杜奢盈之源，惟柔順所以得輔佐之義。惟奉上以禮，惟逮下以和。克念有終，則罔攸悔。往欽休哉，不其慎歟！」元豐元年，詔賜德妃。苗氏乞遇同天節，比類婕妤等親屬霞帔，故有是詔。

賢妃

【宋會要】

太宗賢妃高氏〔一〕。太平興國二年三月入宮，三年三月爲才人，至道三年七月爲脩容，進昭容，大中祥符六年進昭儀，天禧二年九月進淑容，乾興元年四月進淑儀。卒年月缺。明道二年十月贈太儀，慶曆四年九月贈賢妃。

太宗賢妃邵氏〔二〕。初事藩邸，及帝即位，授司衣、博陵縣君，遷御侍押班、郡夫人，再遷尚宮、冀國夫人，知大内事。真宗初，徙封鄭國夫人，大中祥符二年遷宮正、安國夫人，六年爲司宮令、楚國夫人，八年十一月加號順容。九年二月卒。明道二年十二月贈太儀，慶曆四年九月贈賢妃。

真宗賢妃曹氏〔三〕。樞密院使、檢校太師、兼侍中、贈魯王彬之女。大中祥符中爲美人，六年正月進婕妤，天禧二年九月進充媛，乾興元年四月進修媛。天聖四年六月卒。明道二[15]年十二月贈淑儀，慶曆四年九月贈貴儀，皇祐元年十月贈賢妃。

真宗賢妃陳氏〔四〕。初事藩邸，爲司衣。至道二年卒於東宮，葬沙臺寺。咸平三年十月改葬普安院，追號美人。大中祥符八年正月贈昭儀，乾興元年四月贈順容，明道二年十二月贈淑容，又贈太儀，慶曆四年九月贈賢妃。

仁宗賢妃杜氏〔五〕。仁宗慶曆四年九月六日，進封杜氏爲賢妃，中書門下言：「近例封妃劄送學士院撰制詞，更不鏁宿，不付閤門宣讀，便寫告進入。」從之。

仁宗賢妃苗氏〔六〕。嘉祐二年六月二十三日，制淑妃苗氏爲賢妃，令所司備禮册命。妃生福康公主，以主將出降李瑋，故加妃命，後免行禮。

【宋會要】

神宗賢妃周氏〔七〕。神宗熙寧九年三月一日，制婉容周氏進封賢妃，令有司備禮册命。三日，命參知政事王珪爲賢妃册使，元絳副使，翰林學士楊繪撰册文并書册、印。十四日，内降賢妃周氏册、印，宰臣率百官班文德殿庭行禮。册文曰：「皇帝若曰：家邦風化之原，必先内職之正；嬪御典司之秩，無尚列妃之華。上稽乾文，將法四星

〔一〕天頭原批：「太宗賢妃高氏。」據補「太宗」二字。
〔二〕天頭原批：「太宗賢妃邵氏。」據補「太宗」二字。
〔三〕天頭原批：「真宗賢妃曹氏。」據補「真宗」二字。
〔四〕天頭原批：「真宗賢妃陳氏。」據補「真宗」二字。
〔五〕天頭原批：「仁宗賢妃杜氏。」今據以移入正文。
〔六〕天頭原批：「《宋史》：仁宗賢妃苗氏。」據補「仁宗賢妃苗氏」六字。
〔七〕天頭原批：「神宗賢妃周氏。」今據以移入正文。

之次；外視官品，蓋比三公之崇。必（推）〔惟〕其人，迺命以位。眷言禁掖之媛，逮事祖先之庭。懿範有聞，勤誠無懈。粤受顯册，厥惟舊章。咨爾婉容周氏，早膺法相之求，入踐宫闈之列。材（咨）〔資〕淑哲，性質温和。動循環珮之音，雅出衣冠之胄。奉承陰教，遵訓誨於保阿；蹈襲閫儀，服箴規於圖史。外言罔入，内則 16 彌彰。昔生帝女之賢，今位皇姑之貴。肆加徽數，庸示渙恩。遂擇日辰之良，昭陳禮物之備。今遣使禮部侍郎、參知政事王珪，副使工部侍郎、參知政事元絳，持節册命爾爲賢妃。於戲！《周南》戒（飾）〔飭〕於險詖，漢史稱揚於《肅雍》。惟善慶足以降福祥，惟（爲）〔撝〕謙足以長富貴。式永終譽，不其美歟！」元豐元年，詔賜賢妃。周氏乞遇同天節，比類婕妤等親屬霞帔，故有是詔。

【宋會要】

神宗賢妃邢氏〔一〕。元豐元年十二月三十日，制以婉儀邢氏進封賢妃，免册命，（上）〔止〕進告。自是免行册禮者並不書。

【宋會要】

神宗賢妃張氏〔二〕。初封安定郡君，元豐八年四月爲才人，元符三年正月進美人。崇寧五年七月卒，贈脩容，繼贈貴儀，政和四年三月贈賢妃。

徽宗賢妃楊氏〔三〕。崇寧元年二月封永嘉郡君，三年九月進才人，大觀二年二月進美人，政和元年七月進脩容。五年十二月卒，贈賢妃。生和王栻、順淑公主。

徽宗賢妃王氏〔四〕，大觀元年閏十月封平昌郡君，二年正月進才人，二月進美人，四年五月進脩容，政和三年閏四月進婉容，重和元年十一月進賢妃。生沂王㮵、冲惠公主。

【宋會要】

高宗賢妃潘氏〔五〕。高宗建炎元年，詔潘氏進封賢妃。四年，詔月供賢妃以 17 下月料炭九百八十（枰）〔秤〕，一半文本色，餘（拆）〔折〕支價錢。

高宗賢妃張氏〔六〕。〔紹興〕十二年，婉儀張氏卒，詔特贈賢妃。（以上《永樂大典》卷一二六六）

昭儀

【宋會要】

18 昭儀鮑氏。初封永嘉郡君，元豐八年四月爲才人，元符三年正月進美人。崇寧元年十一月卒，贈昭儀。

〔一〕天頭原批：「神宗賢妃邢氏。」今據以移入正字。

〔二〕天頭原批：「神宗賢妃張氏。」據補「神宗」二字。

〔三〕天頭原批：「徽宗賢妃楊氏。」據補「徽宗」二字。

〔四〕天頭原批：「徽宗賢妃王氏。」據補「徽宗」二字。

〔五〕天頭原批：「高宗賢妃潘氏。」今據以移入正文。

〔六〕按，此條原與上條連抄，天頭亦無批語，今分出，并仿前文體例添此六字。婉儀張氏係高宗之妃。《建炎要録》卷一四四：紹興十二年二月庚午，「婉儀張氏薨，輟視朝二日，贈賢妃，葬城外延壽院。」又張擴《東窗集》卷一四有《婉儀張氏贈賢妃制》，並其證。

昭儀勾氏。初封仁壽郡君，元豐八年四月爲才人，元符三年正月進美人，大觀二年二月進倢伃，政和六年贈昭儀。

昭儀夏氏。初爲典闈，建中靖國元年十二月封安定郡君，政和三年六月進才人。五年十一月卒，贈昭儀。

淑儀

【宋會要】

太宗淑儀李氏〔一〕。淳化初爲尚宮，久在宮掖，事無巨細悉主之。四年卒，贈昭儀。明道二年十二月贈淑容，慶曆四年九月贈淑儀。

太宗淑儀吳氏〔二〕。右屯衛將軍延保之女，太平興國四年二月入宮，五年爲美人，真宗初進昭容。景德四年卒，明道二年十二月贈淑容，慶曆四年九月贈淑儀。

充儀

【宋會要】

充儀尚氏。初爲美人，景祐元年八月於洞真宮入道。皇祐二年九月卒，贈充儀。治平以後無加封。

充儀朱氏。初封沛國郡君，元豐八年四月爲才人。紹聖二年七月卒，贈充儀。

貴儀

【宋會要】

貴儀張氏。初封仁壽郡君，元豐八年四月爲才人，元符三年正月進婕妤，大觀二年二月進修容。政和元年十[19]月卒，贈貴儀。（以上《永樂大典》卷一三〇四）〔三〕

婉儀〔四〕

【中興會要】

[20]婉儀慕容氏〔五〕。紹興十四年十一月九日，內降制曰：「朕紹隆基緒，撫御家邦。有如淑女之賢，夙幸泰陵之遇。相典刑之猶在，況年德之俱尊。進位(視)〔示〕恩，揚庭孚號。婉儀慕容氏稟資謙慎，植志靜專。訓靡待於姆儀，動必遵於圖史。暨預紫庭之選，益昭彤管之輝。藻鑒精

〔一〕地脚原批：「定本：太宗。」據補「太宗」二字。

〔二〕地脚原批：「定本：太宗。」據補「太宗」二字。

〔三〕一三〇四：陳智超云，當作一三〇五（見《解開宋會要之謎》頁三〇一）。按據《永樂大典目録》卷四，《大典》卷一三〇四「儀」字韻事目爲「九儀、三禮圖」，卷一三〇五「儀」字韻，事目爲「事韻、詩文」，陳説是。

〔四〕婉儀：陳智超云：「應爲『貴妃』，《輯稿》標目誤。」（《解開宋會要之謎》頁一四九）按陳説據《大典》而言是也。此條所收之文出《大典》卷一二六五，據《永樂大典目録》，此卷爲「妃」字韻，事目爲「宸妃、貴妃」，則《大典》本在「貴妃」目。但據本文内容言之，標「婉儀」亦是，標「貴妃」則非也（見下文「可特進位賢妃」句校記）。

〔五〕天頭原批：「婉儀慕容氏。」今據以移入正文。

明，獨前知於聖母；蘭心芳潔，令娛侍於東朝。雖眷禮之每加，尚名秩之未稱。是循彝制，庸舉褒章。積自九嬪之聯，陞處四星之次。增光壼則，歸厚民風。於戲！思孝奉先，實廣因心之愛；近親貴老，益推錫類之仁。祇服寵榮，永綏壽祉。可特進位賢妃〔一〕，仍令所司擇日備禮册命。」

（以上《永樂大典》卷一二六五）

美人〔二〕

【宋會要】

21 太宗吳美人〔三〕，右屯衛將軍延保之女，太平興國四年二月入宫，五年爲美人。

臧美人，江南李煜宫人，煜卒，入宫中。太平興國八年九月，自御侍爲縣君，端拱二年四月爲美人。

曹美人，樞密院使、檢校太師、兼侍中、贈魯王彬之女，大中祥符中爲美人。

陳美人，初事藩邸，爲司衣。至道二年卒於東宫，葬沙臺寺，咸平三年十月改葬普安院，追號美人。

徐美人，大中祥符元年自蘭陵郡夫人知尚書内省事。時被疾，帝以其在禁中，及其未亟，進封滕國夫人，尋卒。明道二年十二月贈才人，慶曆四年贈美人。

方美人，初封新安郡君，天禧二年九月爲美人。

王美人，初封金城郡君，天禧二年九月進爲美人。

俞美人，仁宗景祐五年三月自御侍、延安郡君爲才人，九月進美人。

周美人，仁宗嘉祐四年六月自御侍、安定郡君爲美人。

【宋會要】

22 張美人〔四〕，熙寧九年十一月，詔：「魯國大長公主養母、仁宗後宫延安郡君張氏可特進美人。」

連美人，初封馮翊郡君，元豐二年二月贈美人。

林美人，初爲御侍，元豐五年八月封永嘉郡君，六年十月爲美人。

武美人，初爲御侍，元豐五年八月進才人，八年四月進美人。

勾美人，初封仁壽郡君，元豐八年四月爲才人，元符三年正月進美人。

鮑美人，初封永嘉郡君，元豐八年四月爲才人，元符三年正月進美人。

楊美人，初封原武郡君，元豐八年四月爲才人，元符三年正月進美人。

〔一〕賢妃：原作「貴妃」，據本書后妃四之一六改。按，紹興二十二年九月乃特贈貴妃。《大典》即據此誤字編入「貴妃」目。

〔二〕陳智超曰：「《大典》此卷現存，《輯稿》漏序言。」（《解開宋會要之謎》頁一四九）按，所謂「漏序言」，指《大典》卷二九七二「美人」目録《宋會要》：「皇后之下有美人。」

〔三〕太宗：原在下句「右屯衛」前，據本書體例移。

〔四〕張美人：按，原稿此三字爲旁批，今據以補入正文。《大典》卷二九七二原文無此三字。

張美人，初封安定郡君，元豐八年四月爲才人，元符三年正月進美人。

錢美人，初封廣平郡君，元豐八年四月進美人，出居瑶華宫，入道，賜名格非。元符元年十月卒，建中靖國元〔年〕正月追復美人。

朱美人，初封南陽郡君，元祐七年三月卒，贈美人。

王美人，初封壽昌郡君，建中靖國元年十月進美人。

張美人，初爲御侍，崇寧元年正月封文安郡君，三年十一月進美人。

王美人，崇寧三年九月封平昌郡君，四年閏二月進才人，三月進美人。

慕美人，初爲御侍，崇寧元年正月進才人，大觀二年二月進美人。

魏美人，初爲御侍，崇寧元年正月封安定郡君，大觀元年五月進才人，二年二月進美人。

王美人，大觀元年閏十月封平昌郡君，二年正月進才人，二月[23]進美人。

高美人，初爲御侍，崇寧元年正月封信安郡君，大觀二年二月進才人。政和二年十月卒，贈美人。

胡美人，初爲御侍，崇寧元年正月進才人，大觀二年二月進美人。

韓美人，初爲御侍，元符二年閏九月封仁壽郡君，十一月進才人，大觀二年二月進美人。

朱美人，崇寧三年九月封永嘉郡君，大觀二年二月進才人，五年八月進美人。

楊美人，崇寧元年二月封永嘉郡君，三年九月進才人，大觀二年三月進美人。

陳美人，大觀元年五月封仁壽郡君，八月進才人，三年二月進美人。

崔美人，初爲御侍，大觀三年正月封平昌郡君，十月進才人，四年十一月進美人。

韓美人，政和二年五月封壽昌郡君，十月進美人。

劉美人，宣和三年五月封美人。

馮美人，紹興十六年五月，詔典籍馮氏進封美人。

才人

【宋會要】

[24]孫才人，左金吾衛大將軍守斌之女，太平興國二年七月入宫，三年爲才人。

高才人，太平興國二年三月入宫，三年三月爲才人。

朱才人，淳化二年七月自御侍爲縣君，四年十一月爲才人。

沈才人，真宗故相倫之孫，光禄少卿繼宗之女，大中祥符二年四月爲才人。

陳才人，明道二年十二月，自御侍追贈才人。

苗才人，景祐五年三月，自御侍、仁壽郡君爲才人。

朱才人，初封沛國郡君，元豐八年四月爲才人。

張才人，初封平昌郡君，元豐八年四月爲才人。

張才人，初封仁壽郡君，元豐八年四月爲才人。

宋才人，熙寧二年十一月爲才人，六年四月進婕妤。

張才人，神宗初爲御侍，熙寧二年四月封仁壽縣君，三年正月進才人。

馮才人，初封治平郡君，元豐八年四月爲才人，元符二年六月進婕妤。

郭才人，初封淮陽郡君，元符三年正月爲才人。

劉才人，初爲御侍，崇寧元年正月封晉安郡君，大觀二年二月進才人。

夏才人，初爲典闈，建中靖國元年封安定郡君，政和三年六月進才人。

喬才人，大觀三年七月封永嘉郡君，四年四月進才人，生顯福公主。

李才人，政和四年二月封才人。

王才人，政和四年六月封才人。

韓才人，紹興十三年六月九日，詔宮正韓氏進封才人。

吳才人，紹興二十二年五月十八日，25 詔新興郡夫人吳氏進封才人。

【宋會要】

貴人〔一〕

26 戴貴人，真宗順容也。定武軍節度使興之女，入宮爲貴人，慶曆四年九月贈順容。（以上《永樂大典》卷二九七二）

夫人〔二〕

【宋會要】

27 太祖置司簿〔三〕、司賓，並封縣君。太宗置尚宮及大監，並知内省事，充内宣徽南院使兼承旨，與司簿或封國夫人、郡夫人。

【宋會要】

熙寧十年十月，詔：「昌平郡夫人周氏，先朝選置東宮，保視朕躬，凡十餘年，勤謹小心，久而不懈。今以壽終，可贈楚國夫人。」

元祐元年五月，詔典寶夫人龐氏特授司贊夫人。蓋以英宗皇帝隨龍保養荆王有勞，故有是命。

八月，詔内人張氏特授典贊夫人，以伴哲宗讀書於藩邸，勤謹不懈故也。

〔一〕原稿於「宋會要」下批題爲「順容」，天頭又批「戴順容」，但《大典》卷二九七二原文在「貴人」目，今據改。

〔二〕此題原署於下文第一、二條之間，作「郡夫人」。然首條本爲此類文字之序文，不容分割，故移於此。又按正文内容不止於郡夫人，《大典》卷二九六八原題亦只作「夫人」，今删「郡」字。

〔三〕天頭原批：「均複出，已補卷數于正本。」按，此門之文乃摘自本書后妃四「内職」門，但條文甚少，紀時有年無月，且多脱誤，此蓋《大典》據《會要》摘編而成，非《會要》之舊。

（八年）〔三年九月〕〔一〕，詔聽宣胡氏、董氏等並特授掌簿夫人，管幹尚書内省公事。以直筆累年、謹密無闕故也。

紹聖元年九月，詔東陽郡夫人柳氏特追贈崇國夫人，以入侍宮掖、服勤累朝故也。

〔熙寧十年六月〕〔二〕，詔典言李氏追封華原郡夫人，以李氏入宮七十餘年，給事章懿太后洎仁宗誕生，而供奉之勤著聞宮掖故也。

〔元豐八年四月〕〔三〕，詔咸寧郡夫人任氏特授京兆郡夫人，典寶李氏特授司記〔四〕。任氏以神宗皇帝隨龍，李氏（常）〔嘗〕在藩邸日侍從太皇太后故也。

建中靖國元年，詔咸安郡夫人李氏特授温國夫人，仁壽郡夫人王氏特授成國夫人〔五〕。並以隨龍初遇大禮推恩故也。

崇寧元年五月，詔以尚服張氏爲景國夫 28 人。以昔在哲宗朝侍御服勤，今徹几筵，故加恩獎也。

（三）〔二〕年正月〔六〕，詔衛國夫人步氏特授吴國榮壽夫人，安定郡夫人董氏特授儀國夫人。並以欽聖憲肅太后宮人〔七〕，執事服勤，因大祥推恩。

政和元年六月，詔同安郡君張氏封安康郡夫人，皆隨龍人，以正婦官换封故也。

〔政和元年五月〕〔八〕，詔隨龍宮人故濟陽郡夫人王氏可特贈國夫人。

乾道元年十月，詔隨龍平樂郡夫人張氏加封信國夫人。皆隨龍被恩者也〔九〕。

六年正月，詔崇國夫人王從恭加封崇國柔明淑美和懿順穆夫人，儀國夫人朱從仁加封儀國柔惠嘉淑静懿夫人。王從恭年八十七，朱從仁年八十九，並掌文字有勞，故有是詔。

八月，詔德壽宮和國夫人張氏加封和國柔嘉夫人〔一〇〕，御前隨龍信國夫人張氏加封信國明順夫人。

九年六月，詔主管大内公事、知尚書内省事、慶國夫人李從信兼提舉十（閤）〔閣〕分事，知尚書内省事、齊安郡夫人張從善主管大内公事〔一一〕，加封惠國夫人。（以上《永樂大典》卷二九六八）

〔一〕三年九月：原作「八年」，據本書后妃四之七改。

〔二〕熙寧十年六月：原脱，據本書后妃四之六補。按，此條及下條因脱去年月，《大典》遂胡亂編於此。

〔三〕元豐八年四月：原脱，據本書后妃四之六補。

〔四〕此句原脱，據本書后妃四之六補。

〔五〕「仁壽郡」上原衍「仁壽郡夫人王氏特授温國夫人」一句，據本書后妃四之八删。

〔六〕二年：原作「三年」，據本書后妃四之九改。

〔七〕憲：原作「懿」，據本書后妃四之九改。

〔八〕政和元年五月：原脱，據本書后妃四之九補。

〔九〕本書后妃四之一九有此條而無此句，蓋《大典》所加。

〔一〇〕宮：原脱，據本書后妃四之二〇補。

〔一一〕「從」下原衍「先」字，據本書后妃四之二〇删。

乳母

【宋會要】

29 太宗陳國夫人耿氏〔一〕，始封鉅鹿郡夫人，太平興國二年八月封陳國夫人。八年正月卒。

太宗至道三年八月十七日，封乳母齊國夫人劉氏爲秦國延壽保聖夫人。先是，帝以漢唐封乳母爲夫人、邑君故事付中書省，問宰臣呂端等曰：「斯禮可行否？」端等曰：「前代舊規，斯可行也。或加以大國，或益之美名，事出宸衷，禮無定制。」故有是命。

真宗齊魯國夫人劉氏〔二〕，初封齊國夫人，至道三年八月封秦國，加號延壽保聖。咸平元年九月卒，追號成聖繼明〔三〕。天聖四年改號秦國肅明賢順，至和二年追封齊魯國夫人。

真宗荆(楊)〔揚〕國肅明賢順夫人劉氏，元符三年三月改封荆(楊)〔揚〕國。

真宗咸平元年九月三日，秦國延壽保聖夫人劉氏薨。先是，帝謂宰相曰：「朕有乳母，奉之如母。近染疾，堅請就外將理，故令就高懷德舊宅安泊。如有不諱，朕將親臨，可乎？」咸言於禮無嫌。及薨，帝臨喪，廢朝三日，命入內副都知秦翰護喪事，遣諸親及東宮舊給使輩以次奠哭。十一日，帝制服哀於苑中，群臣奉慰。十月二十四日，葬(子)〔于〕奉先寺。前一日車駕臨奠，葬日輟朝，給鹵簿鼓吹。時將發哀，又以太宗喪始期，頗疑其事，令有司詳定。禮官奏議曰：「《書》稱高宗諒陰，三年不言，孔安國曰，既卒哭，即位，除縗麻，聽於冢宰，以終三 30 年。至漢文帝即位，乃革三年之制，以日易月，二十七日除服，心喪終制。《開寶通禮》云：『先遭重喪，後遭輕喪，皆爲制服，往則服其輕，反則服其重。』又云：『皇帝爲乳母緦麻三月。』按《喪葬令》〔四〕，皇帝爲緦麻一舉哀而正服。伏以秦國夫人保傅聖躬，綿歷星紀，遽茲淪謝，宜備哀榮。況太宗上仙，已終易月之制，而聖躬念往，當用舉哀之文，酌於人情，允符典禮。」遂從之。

寶元二年四月九日，六宅使、象州團練使郭承祐奏：「自宣魏國夫人入內以永聖保壽賜名，今魏國(即)〔既〕已即世，諸事當悉如舊。晉國夫人陳氏，內外傳言，特繼永聖之例。乞宣諭大臣，自今後依先朝舊式，更不添創名職，永爲定制。」帝曰：「宮中之事，自有皇后，餘局各有主者，美人亦不令見人，蓋不欲別生頭項。」對曰：「皇后母儀天下，規範六宮，如此，正合其理，禁中自然肅靜。」帝曰：「承祐之

〔一〕《補編》頁八一此句作「陳國夫人耿氏，太宗乳母」。《補編》所録，其題目爲「夫人」，而此門題目爲「乳母」，故表述方式小異，以下相關條文均仿此。
〔二〕按，以下四條實爲同一人，即真宗乳母劉氏。同一人而內容與文字有同有異，或是《大典》抄合《會要》不同門目之文而然。
〔三〕追：原作「進」，據《補編》頁八一改。
〔四〕令：原作「入」，據《宋史》卷一二四《禮志》二七改。

奏並依，劄與入內〔內〕侍省。」

至和二年八月二十二日，秦晉國肅恭賢正夫人林氏卒，帝成服於苑中，輟視朝三日，宰臣率百官奉慰。

仁宗燕國夫人錢氏，天禧二年九月封爲安吉縣君，進封榮國夫人，至和二年追封燕國夫人。

仁宗秦晉國夫人林氏〔一〕，天禧五年四月始封福昌縣君，乾興元年四月進封南康郡夫人，天聖六年十月進蔣國，徙晉國，加號慈壽福聖，慶曆元年十二月進韓國賢和祐聖，益秦、晉二國，更號永壽祐聖，又號肅恭賢正。至和二年八月卒，贈秦晉國祐賢肅聖夫人。31 元符三年三月改封吳越國〔二〕。

仁宗吳越國夫人許氏，先出嫁苗繼宗，天聖二年四月邀車駕自陳，詔封臨潁縣君，補繼宗右班殿直。尋封高陽郡夫人。景祐元年十一月進崇國，四年六月進齊國，五年二月加永聖保壽之號，九月進魏國〔三〕。寶元二年三月卒，詔輟視朝三日，帝爲制服發哀，追改號肅成賢穆。至和二年二月贈吳越國夫人。元符三年三月改封燕冀國〔四〕。

崇國夫人戴氏〔五〕，嘉祐二年五月，自尚服追封。

燕冀國肅成賢穆夫人許氏〔六〕，元符三年改封燕冀國。

《宋續通鑑長編》：乳母許氏先爲宮人所譏，出嫁苗繼宗，及是自陳，復入宮。

英宗徐國仁良懿恪夫人賈氏〔七〕，治平四年三月封韓國夫人，元符三年三月追封徐國夫人，仍賜謚仁良懿恪〔八〕。

神宗燕魯陳國兩朝佑聖安仁保慶榮壽體慈履順太夫人張氏〔九〕，初封永康縣君，治平四年三月進封崇國夫人〔一〇〕。熙寧八年二月封魏國，加號安仁保佑。元豐八年四月封秦晉國安仁保佑夫人。元祐二年六月封吳楚國〔一一〕，加號安仁賢壽。元符三年正月封韓魏國，加號保聖贊慈安仁賢壽惠和。建中靖國元年四月封兩朝佑聖太夫人，品秩視貴妃。崇寧二年二月，改封兩朝佑聖安仁保慶榮壽太夫人。五年十二月薨。大觀元年正月贈燕魯陳國太夫人，增「體慈履順」四字，謚曰恭懿。

神宗元豐三年九月八日，詔魏國安仁保佑夫人張氏，自今遇大禮，增奏親屬恩澤一人，仍歲加賜冠帔三道。哲宗元祐二年六月二日，詔神宗 32 皇帝乳母秦晉國安仁保佑夫人張氏守陵回，特封吳楚國安仁賢壽夫人。八月五

〔一〕按此林氏與前「至和二年八月」條之林氏實爲一人，當移在上條錢氏之前。

〔二〕「元符三年」句原爲眉批，今移入正文。眉批又注云：「《大典》卷二千九百六十九。」按，即《補編》頁八一所録者。

〔三〕九：原作「肅」，據《補編》頁八一改。

〔四〕「元符三年」句原爲地脚批語，今移入正文。此亦爲《補編》頁八一之文。

〔五〕「戴氏」下，《補編》頁八一有「仁宗乳母」四字。

〔六〕冀：原作「翼」，據前「仁宗吳越國夫人許氏」條改。下同。又按此二條爲同一人，當移至「崇國夫人戴氏」條之前。

〔七〕「賈氏」下，《補編》頁八一有「英宗乳母」四字。

〔八〕謚：原作「謐」，據《補編》頁八一改。

〔九〕「張氏」下，《補編》頁八一有「神宗乳母」四字。

〔一〇〕進：原作「追」，據《補編》頁八一改。按此時其人在世，不得云「追」。

〔一一〕吳楚：原作「吳越」，據下二條及《補編》頁八一改。

日，詔以奉先寺後空營地半賜安仁賢壽夫人張氏爲壽堂，其制度悉(放)〔倣〕仁宗皇帝乳母林氏之制。詔後許張氏買壽堂北民間地二段及賜官地一段，仍詔張氏本閤許置房緡爲壽堂費用。

〔元祐〕四年十一月六日〔一〕，詔慶國夫人竇氏，今遇明堂，可依例許封贈三代。十八日，詔慶國夫人竇氏每遇明堂大禮，特許奏有服親一名恩澤。紹聖二年十一月八日，魏國福康惠佑夫人竇氏奏：「蒙恩進封，欲乞與姪竇晞古等推恩。」詔竇晞古特與三班借職。三年六月十一日，魏國福康惠佑夫人竇氏言：「本位輦官張遇等四人到位歲久，備見勤勞，乞依吳楚國安仁保佑賢壽夫人張氏例，各與轉官一等，仍舊祗應。」從之。

元符三年，徽宗即位，詔神宗乳母進封韓魏國保聖贊慈安仁賢壽惠和夫人。建中靖國元年四(年)〔月〕詔曰：「錫名十字，疏地兩邦，曾未足以稱萬一而厭予志也。是用度越舊章，發揚顯號，峻超列品，增畀大名。寵膺報禮之隆，益介壽祺之永。」遂以爲兩朝佑聖太夫人，品秩視貴妃。

哲宗韓燕國翊德保順勤惠肅穆夫人竇氏，元豐八年四月封安康郡夫人，元祐四年三月封慶國夫人，(詔)〔紹〕聖二年十月封魏國，加號「福康惠佑」。元符三年正月，詔以先帝寢疾彌留，尚隱蔽不以聞，降扶風郡夫人。建中靖國元年五月，復魏 33 國夫人。崇寧元年正月封楚越國，加號翊德保順。四年三月卒，贈韓燕國，加「勤惠肅穆」四字。

安平縣君王氏，紹興元年九月，自陳元豐二年蒙取入皇太妃閤，常有乳抱之勤，元豐三年放出，望封一縣君。詔特封安平縣君，月給錢五(十)〔千〕。

徽宗燕越國安仁順懿靜和恭恪夫人劉氏〔二〕，元符三年二月封安康郡夫人，建中靖國元年三月封榮國夫人，十二月封秦國夫〔人〕，加號安和順懿。大觀二年二月封燕國，加號安和順懿恭恪。政和六年十二月進封越國，加號安和順懿靜和恭恪。七年正月改「安和」字爲「安仁」。

邠兖國康靜恭懿惠穆夫人王氏〔三〕，元符三年二月封和義郡君，四月封安定郡夫人。建中靖國元年三月封嘉國夫人，十二月封楚國，號康靖惠恭。大觀二年二月封魯國，加康靖惠恭懿穆。政和元年五月封魯國，加康靖順和懿穆。三年五月卒，贈邠兖國，易今號。

徽宗崇寧四年七月五日，詔初供奉御乳人管氏特封縣君，月支料錢五貫。以管氏自陳先於欽慈皇太后殿備月權乳，遇皇帝降生，首進御乳故也。八月七日，又詔管氏每月添料錢一十五貫文，以管氏陳乞依神宗朝司飾劉氏等例入内祗應，故有是詔。

〔一〕元祐：原無，按下文云，竇氏「元祐四年三月封慶國夫人，紹聖二年十月封魏國」，則此處「四年」必爲元祐四年。據補。
〔二〕「劉氏」下，《補編》頁八一有「徽宗乳母」四字。
〔三〕「王氏」下，《補編》頁八一有「徽宗乳母」四字。

五年十二月〔一〕，兩朝佑聖安仁保慶榮壽太夫人張氏薨，詔許特于苑中治具，車駕臨奠，輟朝三日。大觀元年正月，以鹵簿鼓吹葬。是日車駕爲出郊，駐蹕于崇福隆壽禪院。贈燕魯 34 陳國太夫人〔二〕，謚恭懿。崇寧中，即壽堂建院，賜金額。

高宗紹興五年五月十一日，詔壽國柔惠淑婉夫人王氏特授壽國柔惠淑婉育聖夫人，慶國柔懿淑美夫人吳氏特授慶國柔懿淑美保慈夫人，并依《禄式》支破諸般請給〔三〕。

九年八月六日，詔故慶國柔懿淑美保慈夫人吳氏，特贈慶國柔懿淑美靖肅保慈夫人。

九月二十四日，詔壽國柔惠淑婉育聖夫人王氏，特授壽國柔惠淑婉和懿慈穆育聖夫人，依《禄式》支破諸般請給。

二十年二月二日，詔壽國柔惠淑婉和懿慈穆育聖王夫人位官吏、諸色祗應人，自到位未曾陳乞推恩，各特轉一官資。六月十五日，詔故壽國柔惠淑婉和懿慈穆育聖夫人王氏特贈福壽國柔惠淑婉和懿慈穆育聖夫人，仍賜絹二千匹、錢一萬貫，充敕葬使用。七月十四日，詔故壽國柔惠淑婉和懿慈穆育聖夫人王氏本位官吏，可特轉兩官資。

三十二年孝宗即位未改元。八月二十七日，詔隨龍妳周氏特〔封〕崇國夫人，依《禄式》支破諸般請給。十一月十五日，加封崇國慈良保佑賢壽夫人。十二月十四日薨。乾道二年九月二十一日，贈崇國慈良保佑賢壽柔嘉静莊夫人。

孝宗乾道二年九月二十一日，詔故乳母紅霞帔孫氏特贈柔靖夫人。

淳熙十六年三月九日，詔隨龍乳母張氏特封吉國柔明慈惠夫人，依《禄式》支破諸般請給。紹熙三年三月二十四日，加封吉國柔 35 明慈惠淑謹和順端懿夫人。

十一月十日，詔故乳母新安郡夫人徐氏特贈寧國夫人。（以上《永樂大典》卷一〇八一一）

〔一〕按，張氏，神宗乳母，見前后妃四之三一，當移併於前。
〔二〕魯：原脱，據前后妃三之三一補。
〔三〕按，二人皆高宗乳母，見《建炎要録》卷八九。

宋會要輯稿　后妃四

內職

【宋會要】

1 宋朝承舊制，皇后之下有貴妃、淑妃、德妃、賢妃、昭儀、昭容、昭媛、修儀、修容、修媛、充儀、充容、充媛、婕妤、美人、才人。舊有寶林、御女、采女，國朝不置。太祖置司簿、司賓，並封縣君；又置樂使〔一〕。並賜裙帔。太宗置尚宮及大監，並知內省事，充內宣徽南院使兼承旨，與司簿或封國夫人、郡夫人〔二〕；寶省、尚食封縣君，司寶、司儀、司給封郡君、縣君；樂使之下增副使。改內省爲尚書內省，令尚宮、大監並號尚書。改祇候人爲御侍，衣服爲司衣，梳篦爲司飾，枕被爲司寢，湯藥爲司藥，樂使、副使爲仙韶使、副使，弟子呼供奉。置直筆、書省主事，改茶器爲翰林局，掌御閤爲直閤，掌宮門爲直門，掌燈火爲掌燈，掌從物爲直仗〔三〕，針線院爲裁縫院。令司簿兼掌寶，司言兼監班，司儀兼承宣。掌寶、司儀及仙韶使、副使封縣君。司記知尚書內省公事，皆賜以(君)〔裙〕帔。真宗置宮正、司籍、司樂、司贊、司珍、司膳、典寶、典言、典贊、尚儀、尚功、尚服、尚食、尚寢、司闈、司仗、司醞、司饎、司正、司設、司輿、司苑、司製、司綵、樂長、引客御侍、行首押班、殿直、散直、行首、都行首、輦頭、知書省之名。景德二年，增置太儀。大中祥符二年，特置貴人。六年，增置淑儀、淑容、順儀、順容、婉儀、婉容〔四〕，在昭儀之上。司宮令一員，在尚宮之上。仁宗乾興元年，置貴儀，在淑儀之上。

凡內命婦品〔五〕：貴妃、淑妃、德妃、賢妃，夫人，正一品。太儀、貴儀、淑儀、淑 2 容、順儀、順容、婉儀、婉容、昭儀、昭容、昭媛、修儀、修容、修媛、充儀、充容、充媛，嬪，正二品。婕妤，正三品。美人，正四品。才人，正五品。貴人。無視品。宮人女官品：六尚書，正五品。二十四司司正、彤史，正七品。二十四掌，正八品。女史。流外勳品。

凡宮人女官職員〔六〕：尚宮二人：掌導引皇后，管司記、司言、司簿、司闈，仍總知五尚須物出納等事。司記二人，掌在內諸司文書入出目録，爲記審訖付行監印等事。其佐有典記、掌記各二人，女史六人。司言二人，掌宣傳啓奏事。其佐有典言、掌言各二人，女史六人。司簿二人，掌宮人名簿廩賜之事。其佐有典簿、掌簿各二人，女史六人。司闈六人。掌宮闈管籥之事。其佐有典闈、掌闈各六人，女史四人。尚儀二人：掌禮儀起居，管司籍、司樂、司賓、司贊事。司籍二人，掌經籍教學紙

〔一〕又置：原脱，據《文獻通考》卷二五六補。
〔二〕地脚原批：「《大典》卷二千(一)〔九〕百六十八，又二萬四百七十八。」
〔三〕直：原作「宜」，據《職官分紀》卷二五改。
〔四〕婉容：原作「婉客」，據《職官分紀》卷二五改。
〔五〕天頭原批：「内外命婦品。」
〔六〕天頭原批：「宮人女官職員。」

筆几案之類。其佐有典籍、掌籍各二人，女史十人。司樂四人，掌音樂之事〔一〕。其佐有典樂、掌樂各四人〔二〕，女史二人。司賓二人，掌賓客參見朝會引導之事。其佐有典賓、掌賓〔三〕、女史各二人。司贊二人。掌禮儀班序、設版、贊拜之事。其佐有典贊、掌贊、女史、彤史各二人。尚服二人：掌司寶、司衣、司飾、司仗之事〔四〕。司寶二人，掌珍寶、符契、圖籍之事。其佐有典寶、掌寶各二人，女史共四人。司衣二人，掌御衣服首飾之事。其佐有典衣、掌衣各二人，女史四人。司飾二人，掌膏沐巾櫛服玩之事。其佐有典飾、掌飾、女史各二人。司仗二人。掌仗衛 3 兵器之事。其佐有典仗、掌仗、女史各二人。尚食二人：掌知御膳，進食先嘗，管司膳、司醞、司藥、司饎事。司饍二人，掌饍羞器（血）〔皿〕之事。其佐有典膳、掌膳、女史各四人。司醞二人，掌酒醞之事。其佐有典醞、掌醞、女史各二人。司藥二人，掌醫藥之事。其佐有典藥、掌藥各二人，女史四人。司饎二人。掌宮人食及柴炭之事。其佐有典饎、掌饎各二人，女史四人。尚寢二人：管司設、司輿、司苑、司燈事。司設二人，掌帷帳牀褥枕蓆灑掃鋪設之事。其佐有典設、掌設各二人，女史四人。司輿二人，掌輿繖扇羽儀之事。其佐有典輿、掌輿、女史各二人。司苑二人，掌園苑種植蔬果之事。其佐有典苑、掌苑、女史各二人。司燈二人。掌燈油火燭之事。其佐有典燈、掌燈、女史各二人。尚功二人：掌女工，管司（制）〔製〕、司珍、司綵、司計事。司製二人，掌裁縫衣服纂組之事。其佐有典製、掌製各二人，女史四人。司珍二人，掌金玉珠寶財貨之事。其佐有典珍、掌珍各二人，女史六人。司綵二人，掌錦文縑綵絲枲之事。其佐有典綵、掌綵各二人，女史六人。司計二人〔五〕。掌支度衣服飲食柴炭雜物之事。其佐有典計、掌計各二人，女史共四人。宮正一人：掌總知宮内格式，糾正推罰之事。司正二人。掌同宮正〔六〕。其佐有典正、女史各四人。

内職雜録

真宗景德二年七月三日，以雍王元份疾，帝親視之，問以：「母氏早亡，得無永感？」元份頓首泣謝。翌日，詔置太儀〔七〕，以贈 4 （王）〔元〕份母任氏焉。舊制，親王母爲太妃，公主母爲太儀，時不欲有妃號故也〔八〕。

大中祥符六年正月二十八日，詔曰：「朕以祇嗣慶基，交修茂則，眷言壼教，實繫國風。辨彤管之等威，既存於舊制；益紫庭之位號，亦著於前聞。爰考典章，用新班秩。垂兹憲度，屬在隆平。今增置淑儀、淑容、順儀、順容、婉

〔一〕樂：原作「集」，徑改。
〔二〕掌樂：「樂」原作「集」，據《唐六典》卷一二改。宋承唐制。
〔三〕掌賓：「賓」字原脱，據《唐六典》卷一二補。
〔四〕按，據前後文例及《唐六典》卷一二，此注「掌」下有脱文，當云「掌△△△，管司寶、司衣、司飾、司仗之事」。《職官分紀》卷二五：「尚服，掌供内服用采章之數，總司寶、司衣、司飾、司仗四司之官屬。」未知《會要》「掌」下是否亦爲「供内服用采章之數」等字。
〔五〕計：原作「記」，據上文及《唐六典》卷一二改。
〔六〕同：疑當作「佐」。《職官分紀》卷二五：「宮正掌戒令糾禁謫罰之事，司正、典正佐之。」
〔七〕太：原稿本作「太」字，又改爲「大」。按此條事又見《長編》卷六一，作「太」字，據改。下同。
〔八〕天頭原批：「《大典》卷一千二百十四亦引此條。」按「十四」當作「六十四」，《大典》此卷爲「歷代帝妃」目。

儀、婉容，並從一品，在昭儀之上。可著之甲令，以爲永式。」時將加恩太宗高昭儀、臧昭儀故也。

二月一日，詔曰：「朕以宮壼之間，各分事任；班序之際，夙著等威。爰按舊章，肇新明制，增其常秩，創以佳名。所冀彤管承榮，聿彰於茂渥；紫庭莅職，彌振於宏綱。(令)〔今〕特置司宮令一員，正四品，班在尚宮之上。著于令式，以爲永規。」時以宮正邵氏久在宮掖掌事，故特增置(於)〔以〕加恩也。

七年六月十八日，封婉儀楊氏爲淑妃，帝不欲藩臣貢賀，故不降制外庭，止命學士草制付中書。翌日，宰臣言：「宮掖加恩，朝廷慶事，臣下不可闕禮，望令客省依例受貢賀。」帝勉從之〔一〕。

乾興元年仁宗即位未改元。四月三日，詔曰：「朕仰紹鴻基，均覃渙號。眷惟宮掖，(建)〔逮〕事先朝，茂渥方行，徽章溥及。其有恭勤頗著，位秩已崇，所宜別建嘉名，用旌懿行。今增置貴儀，在淑儀之上。」時以加恩太宗臧淑儀故也。

景祐元年八月十五日，詔曰：「朕祗紹慶基，務敦静治，每遵勤儉，用洽沖寧。至於宮掖之中，嬪侍之列，雖僅充於儀職，而靡厚於寵私。頃以中闈，有 5 虧善道，降處次妃之位，仍從別館之居。尚邇禁宸，未叶彝制。郭氏宜於外宅居止，更不入内。美人尚氏昨由下陳，列於近侍，素非令善，但肆驕矜，特貸刑章，令於洞真宮披戴，永不入内。美人楊氏自居左右，靡蹈箴規，宜令出内，別宅安置。長秋之重，陰教是宣，顧厥位以難虚，必惟賢而是擇。當求德閥，以稱坤儀。屬於勳舊之家，兼咨冠甲之族。將行(騁)〔聘〕納，式助烝嘗。曩者母后垂簾，廣示慈愛，遂有臣僚戚屬進獻女口入宮，留處掖庭，頗彰物論，宜並放出。朕常思恬素，動守端莊，固於聲色之間，絶無溺惑之意。每觀古籍，備鑒前修。上或恣於耽荒，下必争於寵幸。虧德敗度，莫甚於兹。固深念於防閑，弗暫忘於規戒。自此八月之筭，無事於訪求；九御之班，庶臻於簡肅。咨爾宰府，克輔善猷。」

皇祐二年十月十九日，昭容苗氏特授淑儀。舊例，内命婦官告並稱「宜特進封」，至是，中書門下議改稱「特授」，後遂著例。

神宗熙寧四年六月十八日，岐國賢壽夫人朱氏奏：「昨以老病，恩許於開聖尼寺養病。今得安痊，復見宮省，本位使臣祗應人等乞賜推恩。」從之。上語密院曰：「此真宗皇帝子周王乳母也。百歲而耳目聰明，宮中無先之者，可特聽許。」宮人有疾甚者，出之比丘尼寺，十亡八九。上閔其然，著爲條約，使太醫治病，歲終計其全失而誅賞之，是所全活者多矣，朱氏乃其一也。

七年四月三日，詔婕妤 6 宋氏遇同天節，賜親屬霞帔

〔一〕天頭原批：「同上。又卷一千三百九十六。」

三道，自今爲例。

八年四月二十九日，詔妃嬪每三歲許奏乞同宗或異姓有服親合入差遣一次。先是，妃嬪陳乞無定法，故立此制。

九年九月十六日，詔喬氏特封掌綵，劉氏特封掌設。以給侍太皇太后四十餘年，最爲勤舊，故有是詔。

十年六月一日，詔典言李氏追封華原郡夫人。以李氏入宮七十餘年，給事章懿太后洎仁宗誕生，而供奉之勤著聞宮掖故也。

十月十二日，詔：「平昌郡夫人周氏，先朝選置東宮，保視朕躬凡十餘年〔一〕，勤謹小心，久而不懈，今以壽終，可特贈楚國夫人〔二〕。」

元豐元年五月十五日，詔賜婕妤、賢妃親屬霞帔各五道，美人二道，仍著爲例。先是，(得)〔德〕妃苗氏、賢妃周氏、美人張氏乞遇同天節比類婕妤等親屬霞帔，故有是詔。

四年五月十七日，詔洞真宮女道士楊易行特補充本宮法正，仍賜號志静大師，以元係仁宗皇帝嬪御故也。

十二月二十五日，詔司設吴氏特授尚宮。以景祐初承事章惠皇太后，繼事太皇太后垂五十年，故有是命。

五年正月九日，詔典贊吴氏、典記李氏、典綵張氏各特進位一等，以給事太皇太后歲久故也。

十一月十一日，詔故淑妃董氏與恩澤四人，令本家具名以聞。以逮事仁宗、生莊夷大長公主故也。

八年四月十二日，詔咸寧郡夫人任氏特授京兆郡夫人，典寶李氏特授司記。任氏以神宗皇帝隨龍、7 李氏嘗在藩邸日侍從太皇太后故也。

哲宗元祐元年五月九日，詔典寶夫人龐氏特授司贊夫人，龐氏以英宗皇帝隨龍，保養荆王有勞，故有是命。

八月十七日，詔内人張氏特授典贊夫人，以伴哲宗讀書于藩邸、勤謹不懈故也。

三年九月十一日，詔聽宣胡氏、董氏並特授掌簿夫人，管幹尚書内省公事，以宜筆累年、謹密無闕故也。

七年五月二十三日，詔聽宣夫人李氏特授掌簿夫人，以管幹内庫有勞故也。

紹聖元年九月十四日，詔東陽郡夫人柳氏特追贈崇國夫人〔三〕，以入侍宮掖，服勤累朝故也〔四〕。

十月十二日〔五〕，詔皇太后殿典賓朱氏爲司寶，掌闈董氏爲司正，掌籍閻氏爲典言，掌設丁氏爲典寶，聽宣李氏爲掌飾，宮人薛氏爲掌珍，李氏爲掌膳，吴氏爲掌醖，皇太妃殿宮人畢氏爲掌賓，張氏爲掌製。以御批「兩殿宮人久在左右，可特與遷補」故也。

二年四月十九日，詔今後諸妃嬪陳乞本位使臣，申入

〔一〕凡：原作「几」，據《長編》卷二八五改。
〔二〕可特：原無，據《長編》卷二八五補。
〔三〕陽：原脱，據本書后妃三之二七補。
〔四〕「勤」下原有「勞」字，據本書后妃三之二七删。
〔五〕自上條「十四日」至此條「十月」原抄本脱，據天頭原批補。

内侍省契勘保明，申尚書省。先是吏部請妃嬪陳乞有服親差遣者，委本位使臣申朝廷，下内侍省再行保明，方得施行，故有是詔。

三年四月三日，詔美人武氏進封婕妤，充儀陳氏追贈貴儀。以大寧郡王及上出閤故也。

五年三月二日，詔才人引用妃嬪條陳乞有服親差遣，今後依條施行。先是三省言：「諸妃嬪三年許陳乞有服親差遣一次〔一〕，吏部已用近例施行。天聖《内命婦品職令》，才人不在妃嬪品内，合行改正。」故有是詔。

元符二年五月二日，詔宮人景氏等特與遷補，景氏掌言，裴氏掌贊，張氏掌設，勾氏掌籍〔二〕、吴氏掌[8]綵、蕭氏掌樂、劉氏掌輿。皆以久侍皇太后，故特命之。

二十九日，詔：「莘王俁、睦王偲幼喪所生母，才人馮氏乃王之所養母。實自襁褓，悉心撫養。邇以並建王爵，出奉外朝，例令改封，少報勤劬。可特進封婕妤。」

三年正月二十四日，降哲宗皇帝乳母魏國福康惠祐夫人竇氏爲扶風郡夫人，樂安郡夫人李氏爲隴西郡君，永嘉郡夫人陳氏爲潁川郡君，司闈馬氏爲掌闈，司正白氏爲典正，司贊王氏爲典贊，才人韓氏爲紅霞帔。以哲宗皇帝彌留，侍疾無狀及蔽匿不以聞故也。

四月一日，贈仁宗司正曹氏爲華原郡夫人，神宗尚宫楊氏爲榮國夫人，京兆郡夫人任氏爲成國夫人。

十二月二十七日，詔：「内命婦降生皇子，許依大禮奏有服親三品以上三人。著爲令。」

徽宗建中靖國元年四月八日，詔宮人孫氏特授掌闈，王氏特授掌賓。

六月八日，詔尚儀楊氏特授安康郡夫人，掌設張氏特授典賓，任氏特授掌記，郭氏特授掌言。並以隨龍推恩。

十二月二日，詔咸安郡夫人李氏特授温國夫人，仁壽郡夫人王氏特授成國夫人，典闈夏氏特授安定郡君，掌賓王氏特授典言，掌闈孫氏特授典記，宮人王氏特授掌賓，崔氏特授掌贊。並以隨龍初遇大禮推恩。

崇寧元年五月十三日，詔以尚服張氏爲景國夫人，司正白氏爲尚儀，司記孟氏爲尚服，典闈馬氏爲尚功，隨龍曹氏爲掌設，花氏[9]爲掌珍，王氏爲掌綵，張氏爲文安郡君，魏氏爲安定郡君，高氏爲信安郡君，劉氏爲普安郡君，紅霞帔張氏爲永嘉郡君，張氏爲仁壽郡君。以昔在哲宗朝，翊贊保護，侍御服勤，今徹几筵，故加恩獎。

二年正月十四日，詔魏國夫人步氏特授吴國榮壽夫人，安定郡夫人董氏特授儀國夫人，司言閻氏特授司宫，典飾李氏特授司飾，典言景氏特授司飾。並以欽聖憲肅太后宮人，執事服勤，因大祥推恩。

三年三月十七日，詔宮人王氏特授掌籍；九月五日，

〔一〕「今後依條」至「服親差遣」：原抄本脱，據天頭原批補。
〔二〕掌：原闕，據上下文補。

詔宮人孫氏特授仁壽郡君；二十三日，詔掌賓王氏特授永嘉郡夫人，郭氏特授掌言；二十四日，詔聽宣劉氏特授典記；十一月十八日，詔典記劉氏特授尚儀。並以隨龍推恩。

四年八月，詔楊氏追贈賢妃。以及事禧陵潛藩故也〔一〕。

政和元年二月十六日，詔以司言張氏爲尚儀，典記徐氏爲尚服，典籍王氏爲司簿，典賓王氏爲司飾，宮人劉氏爲掌闈，喬氏爲掌製，李氏爲掌言，張氏爲掌贊，楊氏爲掌賓，王氏爲掌記，陳氏爲掌樂，郭氏爲掌輿，任氏爲掌饎。皆以皇后受册禮畢，推恩本閤宮人故也。

四月二十五日，詔才人喬氏進封合得親屬恩澤，可特與親兄白身進士昇補三班借職。

五月二十〔二〕，詔：「宮人魯國安仁惠和夫人李氏〔三〕，昨遇冬祀大禮，特與依魏國惠和康祐夫人薛氏例，封贈三代。」

十五日，詔隨龍宮人、故濟陽郡夫 10 人王氏可特贈國夫人。

六月二十四日，詔安定郡君夏氏封才人，同安郡君張氏封安康郡夫人。皆隨龍人，以正婦官換封故也。

七月十六日，詔美人楊氏以降誕皇子，特進封修容。

十一月十日，詔：「婕妤韓氏以誕育帝姬，可封修容。其親屬及本位使臣、諸色人推恩有差。」

二十六日，詔：「婕妤勾氏、美人魏氏昨遇冬祀大禮，合得親屬恩澤，並回授逐位使臣。」

二年二月十九日，詔婉容崔氏降誕皇子，其親屬並祇應使臣等推恩有差。

四月五日，詔修容楊氏昨遇冬祀大禮，合得親屬恩澤依所乞回授與本位使臣。

十月二十八日，詔壽昌郡君韓氏以降誕皇子，可進封爲美人。

三年四月三日，詔宮人典贊劉氏爲司言。以哲宗隨龍宮人故也。

五月二十八日，手詔曰：「先王之政，自家刑國，自內及外。惟我祖考，董正治官，分建百職，總核萬事。然乘五代之亂，循襲舊制，名不稱實。惟我神考外設六聯，分職三省，各有常守；而宮闈內官，尚或沿襲，有所未暇。朝夕惟念，內外家國，理當一體，則有條而不紊。機政之暇，因考古釐改，俾各遵承，永爲定制。尚書內省內宰二人、副宰四人，總正六司，使率其屬，以聽內治，掌外省六曹所上之事。都事六人，主事六人，録事十二人，令史十二人，書令史二十四人，書史二十四人。內省六司：司治視吏部職事。官，內史一人，治中一人，吏令史二人，書令史四人，11 書史六

〔一〕禧陵：按徽宗以前諸帝山陵無稱「禧陵」者，疑是「裕陵」之誤。神宗陵名永裕陵，簡稱裕陵，以字形相近訛爲「禧」。

〔二〕二十：疑爲「二日」之誤。下條爲十五日，若作「二十日」則時序顛倒。

〔三〕安仁：原作「安人」，據本書后妃四之一二「六年三月十六日」條改。

人。司教視户部職事。官，内史一人、治中一人、吏令史二人、書令史四人、書史六人。司儀視禮部職事。官，内史一人、治中一人、吏令史二人、書令史四人、書史六人。司政視兵部職事。官，内史一人、治中一人、吏令史二人、書令史四人、書史六人。司憲視刑部職事。官，内史一人，治中一人，吏令史二人，書令史四人，書史六人。司膳視工部職事。官，内史一人，治中一人，吏令史二人，書令史四人，書史六人。」

四年正月四日，詔依（礼劄）〔議禮〕局擬定諸妃告身綾紙：四妃用雲龍，貴儀至婉容用葛藟鷺，昭儀至充媛用蘭燕，婕妤至美人用荇魚。内命婦告（告）身綾紙：内宰、副宰用遍地雲鳳，宫正、尚宫、内史、郡夫人、治中用雲朵鳳，國夫人用遍地雲鶴，寶林至掌樂、管幹仙（詔）〔韶〕公事用朵。

七月四日，詔於宫城西北隅創建館宇，專充掖庭宫人養疾之所，以「保壽粹和」爲名，仍差同知入内内侍省事李穀提舉。所有差置官屬胥徒，選醫治療，典掌湯劑，立考覈殿最之格，核存亡勸沮之法，並（抑）〔仰〕提舉所條具聞奏。先是，宫人疾患，例於妙法廣福之寺醫治，（見）〔既〕至鮮有生者，蓋尼徒上下幸其物故喪葬賻贈及其私財，上知其弊，故有是詔。

九月二十六日，手詔：「創建保壽粹和館，已設官置吏，肇新條式，可自今年十月一日奉行新法，更不往廣福妙法等院。其見在逐院者仰一面結絶，不候覆奏。」

十一月七日，手詔：「比者創修[12]保壽粹和館，充掖庭宫人養疾之所，建官設屬，一新條法，革去尼寺宿弊。又選擇良醫，治其沉痾，仍置典掌劑療人以供藥餌，庶無夭枉之患。尚以管幹養病使臣未能革心，利於必死，覬有厚利，未副仁政之本意。可自今第六等已下差養病使臣，若病人亡殁，即時申入内内侍省，并提舉保壽粹和館所别差官管幹殯葬。」

五年五月一日，詔修容韓氏父武節郎中立特依初遇大禮例，贈右武衛將軍。

六月十三日，婕妤劉氏以降誕皇子，其父及親屬推恩有差。

六年三月十六日，詔宫人魯國安仁惠和夫人李氏乞歸道宇修養，可依所請。特賜悟真冲道先生，法名見素。

八月四日，婕妤勾氏特贈昭儀，以熙豐嬪御故也。

七年三月四日，詔隨龍宫人楚國仁壽夫人王氏加號仁壽惠和夫人。

八年六月二十八日，内出手詔曰：「神考嬪御貴妃宋氏自熙寧初誕育皇嗣，年德彌邵，嚮藹掖庭。遽爾淪謝，殊用傷惻。可依例賜二字謚，并依貴妃苗氏合得恩澤七人外，更添三人，以稱朕思親眷舊之意。」

宣和五年十二月二十九日，以岳陽軍節度使王舜臣乞致仕，手詔奬諭王貴妃。

七年八月四日，詔：「婕妤王氏（隆）〔降〕誕，親屬可依下項推恩：親叔起復朝散大夫、試殿中監王羲叔，親娣之夫武節郎、開德府兵馬鈐轄士潰，承節郎、鄜陵縣巡檢郝誦，各與轉行一官；親叔迪功郎、新授守大理司直王義叟，13迪功郎、新授滑州司儀曹事羲佐，親兄從事郎、監登聞檢院瑄，迪功郎、沂州司刑曹事璘，親弟從事郎、汝州司刑曹事球，並與改合入官；親弟白身瑗、琚、璹，並與補迪功郎。」

十二月二十一日，保壽粹和館官吏並罷，宫人依舊法往尼寺養病，地歸軍器所。

欽宗靖康元年六月一日，詔道君皇帝妃嬪並以龍德宫妃嬪爲稱。

高宗建炎元年六月，詔潘氏可進封賢妃。

九月四日，詔榮國柔惠夫人郭氏、永嘉郡夫人王氏、宜春郡夫人孫氏位祗候使臣、諸色祗應人等，依和國王夫人例支破身分驛券諸般請給。以扈從隆佑皇太后故也。

四年六月二十九日，詔才人張氏可封婕妤。

十一月二十四日，詔月供賢妃以下月料炭九百八十秤，一半支本色，餘折支價錢。

十二月十六日，詔永嘉郡夫人王氏可特賜名從恭、咸安郡夫人蘇氏賜名從温，並轉國夫人，除知尚書内省事，諸般請給依《禄式》支破。

同日，紅霞帔李氏、馬氏與轉「掌」字，殿直王氏、文氏、邢氏、吴氏、李氏、王氏並與轉聽宣，魏氏、趙氏、張氏、王氏、解氏、李氏、董氏、王氏並與殿直。

紹興二年八月二十七日，主管大内公事、知尚書内省、兼提舉十（閣）〔閤〕分〔事〕嘉國懿康惠徽夫人朱氏遺表乞依例推恩官吏并諸色人，詔各特與轉一官資，内白身人候有名目收使。

二年四月二十一日，詔哲宗皇帝房院美人慕氏、魏氏並特轉婕妤，依《禄14式》支破諸般請給。以昭慈聖獻皇后祥除，故有此詔。典飾郭氏特轉「尚」字，典寶蘇氏、典衣宋氏並轉司字，紅霞帔朱氏轉「掌」字，紫霞帔張氏、王氏並轉紅霞帔，張氏特與紅霞帔，曾氏與轉殿直。

五年閏二月五日，詔主管大内公事、知尚書内省、兼提舉十（閣）〔閤〕分〔事〕潤國莊淑惠徽夫人張從義與轉兩字，主管大内公事、知尚書内省、兼提舉十（閣）〔閤〕分〔事〕、崇國夫人王從恭與轉四字，依《禄式》支破諸般請給。

同日，司飾張氏與轉「宫」字，典賓馬氏與轉「尚」字，紅霞帔楊氏與轉「典」字，紫霞帔王氏、紅霞帔趙氏、李氏並與轉「掌」字，司設何氏與轉「尚」字，紫霞帔宋氏與轉紅帔。

五月二十六日，詔主管大内公事、知尚書内省事，宜春郡夫人朱從仁可特授儀國夫人，依前主管大内公事、知尚書内省事。

同日，紅霞帔李氏特授典籍，司賓張氏特授宫正。

十五年五月十九日，詔紅霞帔李氏特轉「掌」字。

十六年二月二十三日，詔紅霞帔黄氏轉「掌」字，紅霞帔黄氏、郭氏特轉「典」字。

五月二十八日，詔紅霞帔唐氏特轉「典」字，紅霞帔王氏轉「掌」字。

十七年十二月二十一日，詔紅霞帔陳氏特與封永嘉郡夫人。

十八年七月三日，詔紅霞帔鄭氏、李氏並轉「典」字。

九月十三日，詔典寶袁氏與轉尚儀，紅霞帔王氏與轉典賓，紅霞帔趙氏與賜掌衣。

十二月二日，詔張氏與轉「掌」字。

九日，詔掌記黄氏特授典樂，掌衣李氏特授典醞，紅[15]霞帔張氏特授典綵。

十九年二月二十七日，詔典飾唐氏特與轉尚儀，紅霞帔李氏特與轉掌寶。

二十年二月十五日，詔司記朱氏特與轉宫記，典籍郭氏與轉司籍，掌綵王氏與轉典綵，掌言李氏與轉典言，尚衣王氏與轉典衣，紅霞帔劉氏與轉典綵，紅霞帔周氏與轉典輿。

七月十八日，詔典賓王氏與轉尚儀，紅霞帔張氏與轉典記，王氏與轉典寶。

二十一年六月二十三日，詔典賓張氏與轉「宫」字。

二十二年九月十一日，詔紅霞帔崔氏特轉典製，張氏特轉典珍。

十四日，詔典字黄氏特轉司記，紅霞帔楊氏特轉典寶，馮氏特轉典簿，鄭氏特轉典闈，王氏特轉典籍，董氏特轉典樂，紫霞帔王氏特轉掌贊，張氏特轉掌言。

三十二年，詔書省張氏特與轉聽宣。

〔紹興〕十年十二月三十日〔一〕，詔婕妤張氏可轉婉儀。十二年二月六日卒，十五日詔特贈賢妃。十七日，詔：「本位官可特各轉兩官，内鄧鄂、趙轍、梁璋並階官遥郡上各轉行一官，張去爲、馮覲並遥郡上轉行，黎琦皆官上轉行，陳誠之、莫鉞各轉兩官，内合寄資者依舊寄資。親弟張莘與轉三官，姪張子晉、張子習各補承信郎〔二〕。主管文字使臣并諸色祗應人各與轉兩官資，礙止法之人依條支賜，令户部支本色。」

十三年六月九日，詔宫正韓氏進封才人。九年三月二十五日爲紅霞帔，十年九月二十七日轉宫正。十四年九月七[16]日，詔先降指揮封才人可更不施行。

十四年十一月九日，制婉儀慕容氏可特進賢妃，仍令所司擇日備禮册命。先是，上宣諭輔臣曰：「婉儀慕容氏頗有賢德，年餘七十，見娱（待）〔侍〕太后，可進位賢妃。」故降制焉，辭不受册。二十二年九月一日，詔特贈貴妃。

十六年五月十日，詔典籍馮氏進封美人。十二年正月二十六日爲紅霞帔，十三年六月九日轉典籍。二十八年七

〔一〕按，上文已叙至紹興三十二年，此條又從十年起，下文叙至三十二年，又再次從十九年起。此兩次返回記事，當是張紹祖、李心傳各補一次。

〔二〕承信郎：原作「承信致」，據文獻，宋無此官階，當爲「承信郎」之誤。因改。

月十四日，詔可令歸家自便，本(閣)〔閤〕官吏等並發遣歸合屬去處，官告令有司毀抹。

十八年三月二十四日，詔知尚書内省事、安康郡夫人李氏從謹與轉國夫人；直筆宮正何氏賜名從信，除知尚書内省事，與轉郡夫人。

閏八月七日，詔直筆尚儀楊氏特授信安郡夫人、知尚書内省事，賜名從義。

十二月二日，詔何從信除主管大内公事、知尚書内省事，與轉國夫人；王氏除知尚書内省事，與轉郡夫人，賜名從敏。

二十六年十一月十九日，詔知尚書内省事、信安郡夫人楊從義除主管大内公事，與轉國夫人；直筆司字呂氏除知尚書省事，與轉郡夫人，賜名從禮。

三十二年閏二月二十七日，詔知尚書内省事、南昌郡夫人王從敏除主管大内公事，與轉國夫人；「典」字李氏除知尚書内省事，與轉郡夫人，賜名從貞。

〔紹興〕十九年二月二十七日，詔尚儀袁氏可特授宜春郡夫人。

二十二年五月十八日，詔新興郡夫人吳氏 17 進封才人。十年九月二十七日爲紫霞帔，十三年六月九日轉紅霞帔，十九年十二月二十日封新興郡夫人。二十八年七月十四日，詔可令歸家逐便，本(閣)〔閤〕官吏等並發遣歸合屬去處。

十一月二十九日，吏部言：「賢妃慕容氏上遺表，姪孫宗興乞與使臣内安排，依格合補承信郎。」從之。

十二月三日，詔才人劉氏祖母耿氏特封郡夫人。

同日，詔才人吳氏母裴氏特封齊安國夫人。

二十三年九月四日，詔婉容劉氏母故永嘉郡夫人李氏特贈榮國夫人。二十四年正月二十四日，制婉容劉氏進封貴妃，仍令所司擇日備禮册命，辭不受册。十年九月二十七日爲紅霞帔，十三年六月九日轉司記，十六年五月十日封才人，十七年二月十五日進封婕妤，二十二年五月十八日進封親屬。二十四年二月二十四日，詔進封親屬并本位官吏依例合行推恩。叔保義郎、閤門祗候勲與轉兩官，忠翊郎顒特除閤門祗候，僧悟正與補左街僧録；弟允升特於遥郡上轉行兩官，候服闋日收使；堂弟承節郎允中、承信郎允恭各與轉兩官，允迪與補承信郎；堂妹夫張文中與補承信郎。本位官吏等兩經進封，各特與轉兩官資，合寄資者依礙止法人特與轉行。

二十五年十二月十二日，詔該遇大禮，依格合得蔭補恩澤二人〔一〕，自紹興二十五年爲始，特與放行。

六月二十日〔二〕，詔自今後宮人陞 18 轉「掌」字至宮正更不命詞給告，止降宣命。

〔一〕二人：疑當作「之人」。
〔二〕「六月二十日」上疑脱「二十六年」。

二十七年二月六日，詔才人劉氏弟舜卿、晉卿、堂叔伋、僖、偁，並特與補承信郎。

二十八年九月二十三日，詔宮正張氏與轉郡夫人，依《禄式》支破諸般請給。

十二月二十一日，詔才人劉氏進封婕妤。 十七年二月十八日轉紅霞帔，十九年十二月二十日轉宜春郡夫人，二十二年五月十八日封才人。 三十一年八月，詔可令歸家逐便。

二十九年二月六日，詔慈寧殿夫人尚儀王氏與轉郡夫人，依《禄式》支破諸般請給。

十二月二十日，詔（宜）〔直〕筆典衣王氏除知尚書内省事，與轉郡夫人，賜名從謹，依《禄式》支破諸般請給。

（二）〔三〕十二年五月十八日，詔吳氏可封才人。

六月十五日，是月孝宗即位未改元。 詔主管大内公事、知尚書内省事，兼提舉十閤分事、崇國柔明淑美元犯御名，改作「美」字。 和懿夫人王從恭，知尚書内省事、永嘉郡夫人李從信，元犯御名，改作「信」字。 並令改正，別出告命。

八月七日，詔「司」字邢氏知内庫，封宜春郡夫人，賜名從美。

二十七日，詔張氏封平樂郡夫人，依《禄式》支破諸般請給。

十一月二十八日〔一〕，詔和國夫人郭氏加封和國淑懿靖順夫人。 乾道二年十月七日，詔贈和國淑懿靖順端恪惠和雍穆夫人。

乾道元年七月九日，詔壽聖太上皇后殿 19 永嘉郡夫人張氏加封和國夫人，「典」字馮氏封信安郡夫人，並各依《禄式》支破諸般請給。

十月十二日，詔隨龍平樂郡夫人張氏加封信國夫人。

二年五月十二日，詔紅霞帔夫人韓氏封宜春郡夫人。

九月九日，詔知尚書内省事、和義郡夫人王從謹加封和國夫人，兼主管大内公事；「司」字直筆王氏宜春郡夫人、知尚書内省事，賜名從義。 各依《禄式》支破諸般請給。

三年十一月十七日，詔紅霞帔陳氏封信安郡夫人，蔡氏封和義郡夫人，鄭氏與轉「宮」字。

六年正月八日，詔崇國柔明淑美和懿夫人王從恭加封崇國柔明淑美和懿順穆夫人，儀國柔惠夫人朱從仁加封儀國柔惠嘉淑靜懿夫人，並依《禄式》支破諸般請給。 王從恭年八十七歲，朱從仁年八十九歲，並掌文字有勞，故有是詔。

閏五月十一日，詔主管大内公事、知尚書内省事、榮國夫人王從敏加封崇國惠和夫人，兼提舉十閤分事； 知尚書内省事、永嘉郡夫人李從信加封慶國夫人，主管大内公

〔一〕原稿此條之前尚有一條：「十一月二十八日，詔張氏封平樂郡夫人，依禄式支破諸般請給。」天頭原批「誤」。其意指本條詔文與上條全同，而時間又與下條相同。綜合分析，此條應是衍文，今刪。

事；直筆「尚」字張氏知尚書内省事，封齊安郡夫人，賜名從善。

八月四日，詔「宫」字鄭氏封新定郡夫人，依《禄式》支破諸般請給。

二十八日，詔永嘉郡夫人張氏侍奉太上皇帝日久，特封婉儀。九月八日，詔本位官吏等各特與轉一官，礙止法人特與轉行；合寄資人依舊寄資，願回授者聽；白身人特與補進武副尉；諸色供御輦官、20厨子、翰林司、供内儀鸞、入内院子各特與轉一資，礙止法人特與轉行。

三十日，詔德壽宫和國夫人張氏加封和國柔嘉夫人，御前隨龍信國夫人張氏加封信國明順夫人，並各依《禄式》支破諸般請給。

七年十一月九日，詔德壽宫「典」字趙氏封信安郡夫人，並依《禄式》支破諸般請給。

八年七月二十七日，詔主管大内公事、知尚書内省事、和國夫人王從謹加封和國恭順夫人，提舉十閤分事；知尚書内省事、宜春郡夫人王從義加封惠國夫人，主管大内公事；直筆「尚」字王氏封永嘉郡夫人、知尚書内省事，賜名從誠。並各依《禄式》支破諸般請給。

十二月十四日，詔隨龍「尚」字于氏封新興郡夫人，隨龍「尚」字張氏封順政郡夫人。

九年六月三十日，詔主管大内公事、知尚書内省事、慶國夫人李從信兼提舉十閤分事；知尚書内省事、齊安郡夫人張從善主管大内公事，加封惠國夫人；「尚」字直筆劉氏知尚書内省事，封安城郡夫人，賜名從惠。並依《禄式》支破諸般請給。内李從信止係遷職兼領，合授宣命。

十月一日，詔紅霞帔魏氏知内庫，特與封新安郡夫人，賜名從正，依《禄式》支破諸般請給。以上《乾道會要》。

淳熙元年正月十二日，詔隨龍信國明順夫人張氏特與轉信國明順柔靚淑貞夫人。

四月二日，詔和國柔嘉夫人張氏轉和國柔嘉肅懿夫人。四年十一月二十八日，特加贈和國柔嘉21肅懿雍穆莊靚順正夫人。

二年二月二十四日，詔主管大内公事、知尚書内省事、兼提舉十閤分事、慶國夫人李從信特加封淑懿夫人。三年正月四日，以失點檢加恩鎖院，降授慶國夫人，依前主管大内公事、知尚書内省事、兼提舉十閤分事。是年五月復慶國淑懿夫人，依前主管大内公事、知尚書内省事、兼提舉十閤分事。五年五月二十四日，上遺表，乞將本位官吏、祗應人等，依故惠國夫人張氏遺表例，各與轉一官資，礙止法人特與轉行，内白身人特與補進武副尉。臣僚繳駁，乞將礙止法人依條回授，其白身人例轉一官，候有名目日收使。從之。

十二月二十八日，詔德壽宫内人藺氏特封咸寧郡夫人。

三年正月四日，詔直筆「司」字吴氏差誤加恩鏁院，降紫霞帔。

十一月十九日，詔和義郡夫人蔡氏可進封婉容。十年十月八日進封貴妃，親屬並官吏推恩有差。

十二月四日，詔内人李氏封同安郡夫人，劉氏封永寧郡夫人，「典」字李氏封通義郡夫人。

四年四月七日，詔故「宮」字徐氏特贈新安郡夫人。以皇太子乳母故也。

十一月二十八日，詔故信安郡夫人馮氏特贈嘉國夫人。

五年正月二十三日，詔德壽宮内人王氏特封平樂郡夫人，郭氏特封咸寧郡夫人。

五月二十一日，詔知尚書内省事、新興郡夫人房從柔除主管大内公事、知尚書内省事，轉崇國夫人。

同日，詔直筆「司」字梁氏除知尚書内省事，轉永嘉郡夫人，賜名從溫。十 22 年閏十一月十五日轉儀國夫人〔一〕、主管大内公事、知尚書内省事。

六年六月二十九日，詔内人吳從善除主管大内公事，轉信國夫人；直筆「司」字王氏除知尚書内省事，轉咸安郡夫人，賜名從順。

十月二十四日，詔德壽宮内人陳氏特封新興郡夫人，張氏特封高平郡夫人〔二〕，李氏特封齊安郡夫人，黄氏特封和義郡夫人。

二十五日，詔内人黄氏特封新平郡夫人。

七年十二月二日，詔通義郡夫人李氏、同安郡夫人張氏並進封婕妤。本位親屬、官吏推恩有差。

九年二月二十七日，詔主管大内公事、知尚書内省事、兼提舉十閤分事、嘉國夫人王從誠特授嘉國惠淑夫人，主管大内公事、知尚書内省事、兼提舉十閤分事成國夫人劉從惠特授成國柔穆夫人。

四月十六日，詔壽聖齊明廣慈太上皇后殿内人姜氏特轉咸寧郡夫人。

七月三日，詔隨龍榮國夫人張氏特轉榮國婉靚夫人。

十年八月二日，詔婕妤李氏贈貴妃。八日上遺表，乞親屬並官吏依故崇國夫人周氏遺表例。從之。

九月十五日，詔：「恭奉太上皇后聖旨，齊安郡夫人李氏侍奉太上皇帝日久有勞，特封才人。」親屬推恩有差。

十月八日，詔婕妤張氏進封婉容。親屬并本位官吏推恩有差。

閏十一月十五日，詔直筆「司」字朱氏轉宜春郡夫人，賜名從謙，知尚書内省事。

十二月二十六日，詔壽聖齊明廣慈太上皇后殿内人平 23 樂郡夫人王氏封成國夫人，咸安郡夫人郭氏封榮國夫人，徐氏封信安郡夫人，黄氏封咸寧郡夫人，鞏氏封和義郡夫人。

十一年正月八日，詔德壽宮内人孫氏封高平郡夫人，蔡氏封縉雲郡夫人，王氏封順政郡夫人，張氏封南平郡夫人，張氏封齊安郡夫人。

二月三日，詔隨龍榮國婉靚夫人張氏特轉榮國婉靚柔惠夫人。

〔一〕十年：原作「十一年」。按閏十一月在淳熙十年，據刪。

〔二〕封：原脱，據上下文補。

二十四日，詔主管大內公事、知尚書內省事、兼提舉十閤分事、崇國夫人房從柔特轉崇國和惠夫人。十五年十一月十七日，轉崇國和惠懿敏賢肅夫人。

九月二十八日，詔內人闕氏轉南平郡夫人，王氏轉永陽郡夫人。

十二年十月二十二日，詔新平郡夫人陳氏特與封美人〔一〕。十四年三月一日進封婉容，親屬并官吏推恩有差。

十二月二十二日，詔主管大內公事、信國夫人吳從善除兼提舉十閤分事、知尚書內省事。十四年六月六日，轉信國順懿夫人，十五年十一月十七日轉信國順懿賢惠夫人。

同日，詔咸安郡夫人王從順除主管大內公事、知尚書內省事，轉寧國夫人；直筆「司」字朱氏除知尚書內省事、轉永嘉郡夫人，賜名從禮。

十三年正月十九日，詔德壽宮內人紅霞帔李氏轉安定郡夫人。

三月二日，詔內人盛氏特封南陽郡夫人，黃氏封平原郡夫人。

十四年正月二十日，詔嘉國夫人謝氏轉嘉國淑惠夫人，永嘉郡夫人劉氏轉崇國夫人。

24 八日〔二〕，詔知尚書內省事、宜春郡夫人朱從謙除主管大內公事、知尚書內省事，轉潤國夫人；直筆「司」字陳氏除知尚書內省事，轉順政郡夫人，賜名從信。

五月二十一日，詔德壽宮順政郡夫人王氏特封才人。親屬推恩有差。

十五年八月一日，詔皇太后殿內人成國夫人王氏轉成國靚穆夫人。

十六年二月一日，詔「司」字吳氏轉縉雲郡夫人。以上《孝宗會要》。

淳熙十六年五月十八日，詔紅霞帔張氏進封婉儀。

六月十七日，詔知尚書內省事、永嘉郡夫人朱從禮除主管大內公事，轉和國夫人；「典」字直筆馮巧巧除知尚書內省事，轉齊安郡夫人，賜名從順。

十一月二十一日，臣僚言：「淳熙十四年九月十九日指揮：國、郡夫人各減代手分充主管文字一名，合省減人數且令依舊，候離司或事故更不作（關）〔闕〕。近鄭夫人、馮夫人位各差主管文字并代手分充主管文字及手分三人，緣逐位各已承降指揮，蒙朝廷給降付身了當，不敢申請裁損。竊慮日後更有國、郡夫人指例從舊差破三人，難以阻遏，乞檢會已降裁減代手分充主管文字一名施行。」詔令照應已降裁減指揮，將增置人並罷。

紹熙元年二月十五日，詔成國靚穆夫人王氏特授成國靚穆柔正夫人，信安郡夫人徐氏特授信國夫人，鄭氏特授清河郡夫人，方氏特授安化郡夫人〔三〕，高氏特授彭原郡

〔一〕美人：原作「美夫人」，逕刪「夫」字。
〔二〕日序顛倒，當有脫誤。
〔三〕授，原誤作「按」，據上下文改。

夫人。

三十日，詔重華宮内人[25]梁氏封新安郡夫人。

三月十日，詔壽成殿内人崇國夫人劉氏封崇國柔惠夫人，劉氏特封感義郡夫人，並依《禄式》支破諸般請給。

十二日，詔宮人潘氏封新興郡夫人，朱氏、趙氏並與〔支〕破「宮」字請給。

五月二十三日，詔重華宮内人宋氏特與封高平郡夫人。

八月十二日，詔壽成殿内人張氏特與轉永嘉郡夫人。

九月二十三日，詔重華宮内人傅氏特封信安郡夫人，吳氏特封新安郡夫人，韓氏特封齊安郡夫人，吳氏特封咸安郡夫人。

同日，詔至尊壽皇聖帝隨龍人吳氏、郭氏並封淑人。

十二月十五日，詔壽皇聖帝隨龍人信安郡夫人胡氏特與依宮人《禄格》支破諸般請給。

二年正月十二日，詔重華宮内人朱氏特與封縉雲郡夫人。

四月二十八日〔一〕，詔隨龍内人張氏封高平郡夫人，依《禄格》支破請給。三月改封永嘉郡夫人。

二十一日〔二〕，詔重華宮内人張氏特與破「典」字，依《禄式》則例支破諸般請給。

三年九月二十二日，詔張氏可特封郡夫人，請給特與依宮人《禄式》支破。

十二月二十五日，詔大内女道吳仲修特與補左街鑒義。

四年十二月十五日，詔宮人符氏與轉永寧郡夫人，李氏與轉通義郡夫人。

五年二月二十一日，詔同安郡夫人武氏進封才人。

三月十二日，詔宮人張氏與封同安郡夫人。以上《光宗會要》。

慶元元年正月七日，詔宮人劉氏特封國夫人，袁氏、錢氏[26]特封郡夫人，並依《禄式》支破諸般請給。

二年二月十四日，詔壽康宮内人鍾氏、朱氏並特封郡夫人，依《禄式》支破諸般請給。

三月十五日，詔宮人王氏特封郡夫人，依《禄式》支破諸般請給。

七月二十一日，詔隨龍信國淑明慈懿夫人袁氏特轉信國淑明慈懿端靖夫人，温國柔惠莊順夫人成氏特轉温國柔惠莊順雍穆夫人，並依《禄式》支破諸般請給。三年四月，袁氏加封信國淑明慈懿端靖柔嘉婉肅夫人，成氏加封温國柔惠莊順雍穆和懿英淑夫人。

八月十三日，詔知尚書内省事、平樂郡夫人楊從慧除主管大内公事、知尚書内省事，轉崇國夫人；直筆「尚」字

〔一〕四月：按本條注云「三月改封永嘉郡夫人」，則封高平郡夫人應在其前，「四月」、「三月」必有一誤。

〔二〕日序顛倒，當有誤。

衛氏除知尚書内省事，轉感義郡夫人，賜名從正。

三年二月十二日，詔宮人劉氏特封郡夫人，新安郡夫人張氏特轉國夫人。

三月二十八日，詔主管大内公事、知尚書内省事、兼提舉十(閣)〔閤〕分事潤國和順夫人朱從謙特轉潤國和順端肅夫人，主管大内公事、知尚書内省事、兼提舉十(閣)〔閤〕分事和國夫人朱從禮特轉和國順懿夫人，並依《禄式》支破諸般請給。

九月六日，詔壽康宮宜春郡夫人宋氏、新興郡夫人潘氏並特轉國夫人，「宮」字陶氏特轉郡夫人，並依《禄式》支破諸般請給。

四年二月二十七日，詔壽康宮小殿直孫氏特轉齊安郡夫人，于氏特轉新定郡夫人，吳氏特轉感義郡夫人，請給等並依《禄式》支破。

十二月十二 27 日，詔壽康宮隨龍信安郡夫人陶氏特轉和國夫人，「宮」字趙氏特封寧國夫人，依《禄格》支破諸般請給。

十三日，詔壽慈皇太后殿内人崇國柔惠夫人劉氏特轉崇國柔惠端肅夫人，感義郡夫人劉氏特轉信國夫人，「宮」字俞氏特封新安郡夫人，朱氏特封齊安郡夫人，並依《禄式》支破諸般請給。

五年四月二十九日，詔：「恭奉聖安壽仁太上皇帝聖旨，壽康宮宮人劉氏特封(榮)〔滎〕陽郡夫人，依《禄式》支破諸般請給。」

五月十三日，詔婕妤楊氏進封婉儀。

同日，詔宮人李氏特封新安郡夫人。是月改封新定郡夫人，六年二月改封和國夫人。

八月二十六日，詔壽康宮内人安國夫人鍾氏特轉安國柔嘉恭懿夫人，冉氏特封新安郡夫人，並依《禄式》支破諸般請給。

九月二十一日，詔壽康宮宮人「尚」字張氏特封清河郡夫人，「尚」字周氏特封高平郡夫人，「尚」字馬氏特封安化郡夫人，並依《禄式》支破諸般請給。

十二月二日，詔壽康宮内人紅霞帔孫氏特轉郡夫人，依《禄式》支破諸般請給。

六年二月十三日，詔：「恭奉聖安壽仁太上皇帝聖旨，壽康宮宮人永寧郡夫人符氏進封婕妤。」

二十日，詔宮人齊安郡夫人王氏特封吉國夫人，通義郡夫人曹氏特封榮國夫人；「司」字李氏特封通義郡夫人，「典」字潘氏特封通化郡夫人，曹氏特封永嘉郡夫人，黄氏特封順政郡夫人； 紅霞帔周氏特封新興郡夫人，28 宮人駱氏特封宜春郡夫人，周氏特封和義郡夫人，童氏特封縉雲郡夫人。

四月一日，詔：「恭奉聖安壽仁太上皇帝聖旨，壽康宮宮人感義郡夫人吳氏特封美人。」

五月二十三日，詔：「恭奉聖安壽仁太上皇帝聖旨，壽康宮才人武氏進封婉容。」

七月七日，詔宮人曹氏特封和政郡夫人，紅霞帔俞氏特轉咸寧郡夫人，並依《禄式》支破諸般請給。

九月二十七日，詔宮人「掌」字賈氏、紅霞帔李氏並轉郡夫人，依《禄式》支破諸般請給。

嘉泰元年三月九日，詔宮人通義郡夫人李氏特轉成國夫人，紅霞帔王氏特封新定郡夫人，並依《禄式》支破諸般請給。

二年六月十三日，詔知内庫新安郡夫人魏從正特與轉和國夫人，請給等並依《禄式》則例支破。

三年三月三日，詔美人曹氏進封婕妤，高平郡夫人閻氏封美人。

四月二十七日，詔皇后閤榮國夫人曹氏與（陞）〔陞〕兩字國夫人，咸寧郡夫人俞氏、新興郡夫人周氏、宜春郡夫人駱氏、和義郡夫人周氏、「司」字李氏、「典」字蔡氏各特與陞轉國夫人，「典」字徐氏、紅霞帔鄧氏、董氏、張氏各特與陞轉郡夫人，並依《禄式》支破請給。

同日，詔崇國夫人韓氏可陞兩國夫人。

嘉定元年正月十四日，詔主管大内公事、知尚書内省事、兼提舉十閤分事惠國莊順夫人馮從順與轉四字；主管大内公事、知尚書内省事、崇國夫人楊從慧除兼提舉十閤分事，與轉兩29字；知尚書内省事、感義郡夫人衛從正除主管大内公事〔一〕，與轉國夫人；直筆「尚」字何氏知尚書内省事，與轉郡夫人，賜名從謹。

五年八月十五日，詔宮人楊氏除知内庫，轉信安郡夫人，賜名從簡；包氏與轉紅霞帔。並依《禄式》支破諸般請給。

九年閏七月三日，詔知尚書内省事、咸寧郡夫人王從義除主管大内公事，轉潤國夫人；直筆「尚」字呂氏除知尚書内省事，轉永嘉郡夫人，賜名從智；直筆「司」字王氏與轉「尚」字；寶案「典」字張氏與轉「司」字；書省紅霞帔李氏、馮氏並與轉「掌」字；聽宣王氏、吳氏，未出請受官身王氏、張氏，内藏庫「識」字王氏，並與轉紫霞帔；未出請受官身楊氏、張氏、史氏，並與轉聽宣；寶閤紫霞帔張氏、管殿紫霞帔王氏、未出請受官身田氏，並與轉紅霞帔。並依《禄式》支破請給。

十年九月十二日，詔宮人吳氏可封新安郡夫人，依《禄式》支破請給。

十二年十月二十七日，詔知尚書内省事、新安郡夫人何從謹除主管大内公事，轉吉國夫人；直筆「尚」字王氏除知尚書内省事，轉宜春郡夫人，賜名從信。並依《禄式》支破諸般請給。

十五年三月十五日，詔宮人吳氏可特與封咸寧郡夫

〔一〕感：原作「咸」。按宋代無咸義郡，「咸」當爲「感」之誤，感義郡即藤州。因改。

人，依《禄式》支破諸般請給。

十六年正月七日，詔宫人紅霞帔楊氏特與封咸安郡夫人，依《禄式》支破諸般請給。以上《寧宗會要》〔一〕。（以上《永樂大典》卷二〇四七八）

〔一〕原稿此下又批：「《大典》卷二萬四千二百八十八。」按《永樂大典》全書只有二萬二千八百七十七卷，此處所批卷次誤，今以原稿版心所標卷次爲準。

宋會要輯稿　樂一

律呂　一

【宋會要】

■1 宋太祖皇帝乾德四年十一月冬至，御乾元殿受朝賀畢，群臣詣大明殿行上壽之禮，始用雅樂、登歌二舞。先是，帝每謂雅樂聲高，近於哀思，不合中和；又念王朴、竇儼素各知樂，皆已淪没，因詔和峴討論其理。峴奏議曰：「十二月聲，含在寂默，古聖設法，演而出之。先立尺寸〔一〕，作爲律呂，三分損益，上下相生，取合真音，謂之形器。但以尺寸長短，非書可傳，故累秬黍，永爲準的。後代試之，或不符會。臣謂西京銅望臬可校古法〔二〕，今司天臺影表上有銅臬，下有石尺是也。今以朴尺比量，短於影表石尺四分〔三〕，方知今樂聲之高，皆由於此。況影表測於天地，則律管可以準繩。」帝乃令依古法別造新尺〔四〕。并黄鍾九寸管，令工人共校其聲〔五〕，果下於朴管一律。尋又中出上黨羊頭山秬黍，累尺校律，亦相符合。乃下尚書集官議定，遂重造十二律管取聲，自此雅音和暢。自國初以來，御正殿受朝賀用宮縣；次御別殿，群臣上壽，舉教坊樂。是歲始備用焉。王應麟《玉海》：初，周世宗顯德六年正月，樞密使王朴依周法〔六〕，以秬黍校定尺度。長九寸，虛徑三分，爲黄鍾之管。黄鍾之律長九寸。物以三生，三三九。以上下相生之法推之，得十二律管。乃作律準十三絃，用七聲爲均，均有七調，聲有十二均，合八十四調。張昭等議：「朴采京房之準法，練梁武之通音，考鄭譯、寶常之七均，校孝孫、■2 文收之九變，積絫黍以審其度，聽聲詩以測其情，音律和諧，不相凌越。」學士竇儼編古今樂事爲《正樂》。皇朝受命，儼仍兼太常。建隆元年，詔儼專其事。儼乃改周樂文舞《崇德之舞》爲《文德之舞》，武舞《象德之舞》爲《武功之舞》〔七〕，改樂章十二《順》爲十二《安》，蓋取「治世之音安以樂」之義。竇儼上疏：「三正生天地之美，七宗固陰陽之序。請命博通之士，上自五帝，迄於聖朝，凡樂章沿革，總次編録。凡三絃之通，七絃之琴，十三絃之筝，二十絃之離，二十五絃之瑟，三漏之籥，六漏之簥〔八〕，七漏之笛，八漏之篪，十三管之和，十七管之笙，十九管之巢，二十管之簫，皆列譜記，編於《歷代樂録》之後，永爲定式，名曰《正樂》。」儼判太常，乃校鍾磬筦籥之數，辨清濁上下之節，復舉律呂旋相之法，迄今遵用。

太宗至道二年正月十九日，太常寺言：音律官田琮以帝新增九絃琴、五絃阮均配十二律〔九〕，旋相爲宮，隔八相生，並已協律，冠于《雅樂》，以旋宮相生之法，畫爲圖以獻，遂請廢拱宸管。帝覽之喜，詔本寺即與琮還職以賞之。

真宗咸平四年二月甲子，雅樂正王繼昌上言：「祭享

〔一〕先：原無，據《長編》卷七補。
〔二〕臣謂：原無，據《玉海》卷一〇五補。
〔三〕石：原作「上」，據《長編》卷七改。
〔四〕別：原作「則」，據《玉海》卷一〇五改。
〔五〕令工：原作「今二」，據《玉海》卷一〇五改。
〔六〕密：原作「蜜」，據《玉海》卷七改。
〔七〕象德：《宋史》卷一二六《樂志》一作「象成」，《玉海》誤。
〔八〕簥：原作「喬」，據《玉海》卷七改。
〔九〕阮：原作「院」，據《宋史》卷一二六《樂志》一改。

郊廟，止奏黄鍾宮一調，未嘗隨月轉律。其樂工二百餘人，無藝者甚衆。」乃命侍讀學士夏侯嶠、判太常郭贄，及令選大樂雲韶班中官一人、明雅樂京朝官三數人較試。

仁宗景祐元年八月二十三日，判太常寺燕肅等言：「本寺編鍾磬年歲深遠，累經采飾，用銅 3 緑、膠墨塗染，填翳字號及有破壞全無聲韻者〔一〕。今雖將元定律準及鍾磬三料堪充祗應，欲乞選差臣僚與判寺官員集本局通知音律者，將律準同共考擊按試，定奪聲韻。所有鍾磬聲韻壞損不堪者〔二〕，欲乞送造作處添修抽換〔三〕。」詔宋祁與内殿崇班李隨同本寺按試，又令祠部員外郎、集賢校理李照參其事。

九月，帝御觀文殿，詔取王朴律準觀視，御筆篆寫「律準」字於其底，復付太常秘藏。本寺模勒，刻石于廳事，博士、直史館宋祁爲之贊曰：「在周有臣，翩古成器。絃寫瑄音〔四〕，柱分律位。俾授攸司，謹傳來世。上聖稽古，規庭閱視。嘉御正聲，親銘寶字。奎鉤奮芒，河龍獻勢〔五〕。樂府增榮，乾華俯賁〔六〕。用協咸韶，永和天地。」

景祐二年二月四日，燕肅等以考定樂工樂器畢，詔於延福宮進呈按試，作御製天地、宗廟樂曲樂章，凡五十一曲。帝問李照：「此樂如何？」照對「高古樂五律」，遂命照詳陳其事。照上言：「臣始到太常寺時，已磨琢鍾磬成就。竊聽八音之作，雖與王朴所造律準品格符合，其於聲調則乃太高，比之古樂約高五律，比之胡部亦高二律。若擊黄鍾，則必齊於仲吕；若擊夾鍾，則必齊於夷則。乃是冬行夏令，春召秋氣〔七〕。此皆王朴所造律準，經五代亂離之後，雅樂廢壞，鑿空創意，不合古法。臣又觀編鍾、鎛鍾，大小輕重、厚薄長短，並無差降倫序之法。加以銅錫不精，聲韻失美，大者則陵，小者則抑，非中度之器也。雖 4 在鑄造年代文字，本寺相傳云是唐來舊鍾，亦有周朝所製，驗其率易，必在倉卒之時也。且唐室遺故物於末代，累經衰亂之世；王朴造律準於本朝，莫覩福應之驗。以茲爲美，未見其可。臣聞昔者軒轅氏命伶倫截竹爲律〔八〕，復令神瞽協其中聲，然後聲應鳳鳴，而管之參差亦如鳳翅。是以大樂著美，世稱其善，傳之敻古，不刊之法也。望令臣特依神瞽律法，試鑄編鍾一架，則大小輕重、長短厚薄必令合法，復使度量權衡無不協和，可以助歌薰之美，覃擊壤之樂，來儀率舞，未易可量。」帝令照於錫慶院試作編鍾。既成奏御，照遂欲改大樂，又令内侍禮賓副使鄧保信參其事〔九〕。

〔一〕全：原作「合」，據《補編》頁二一四改。
〔二〕韻：原作「損」，據《補編》頁二一四改。
〔三〕處：原脱，據《補編》頁二一四補。
〔四〕絃：原作「綰」，據《玉海》卷七改。
〔五〕勢：原作「執」，據《玉海》卷七改。
〔六〕俯：原作「府」，據《玉海》卷七改。
〔七〕氣：原作「風」，據《玉海》卷七改。
〔八〕命：原無，據《補編》頁二一四補。
〔九〕信：原作「言」，據《宋史》卷一二六《樂志》一補。

照并引司封員外郎、集賢校理聶冠卿爲檢討雅樂制度故實官，因更定尺律，別創樂器。其形制詭異〔一〕，多非經說。時詔馮元、宋祁等修撰樂書，冠卿、照亦預編修。

四月八日，李照言：「製造鍾律度量，見用黍粒差小。伏見太府寺石記云：官尺每寸十黍。臣以今黍十二，方盈得一寸。欲望更造官尺律管一副，相兼候氣。仍下河北路尋訪大黑秬黍，每十粒充得太府官尺一寸者；及河内葭莩爲灰一百斤進納〔二〕，以憑驗定尺律。」從之。

十二日，詔宰臣呂夷簡以下同共管勾鑄造大樂〔三〕。

十七日，詔：「應文武臣僚、幕職州縣官，及州里儒學、草澤博聞之士，如有能曉達古今雅樂制作法度，或考正鍾律音調得失、灰琯測候次第，並許稱薦，或自經官司陳狀，所在即時以聞。」於是知杭州鄭向言〔四〕：鎮江軍節度推官阮逸自撰琴準，用求律管相生之聲，圜轉應律，靡不符合。又（制）〔製〕律管十三枚，著《樂論》十二篇、《律管說》一篇。〔知〕蘇州范仲淹言：進士胡瑗能明律曆之學，及通知古樂管絃鍾磬制度，有所著雅樂文字。隨州言：進士蘇齊有舊藏樂書《應天旋宮昭慶集》十三卷，并樂圖。（入）〔又〕草澤安宋上《樂本圖》并奏議一卷；何文廣上《古今樂纂》一卷、《樂纂造律》一卷、《樂府七秘訣》一卷、《樂府雜録》一卷；司天靈臺郎丁濤上《新術律管筭草》三卷。詔逸、瑗赴闕，並取其書就有司考議之。

〔五月〕二十五日〔五〕，李照上造成今古權量律度式：「凡新尺、律、龠、合、升、斗、秤共七物。尺準太府寺尺以起分寸。爲方龠，廣九分，長一寸，高七分，積六百三十分。以其黄鍾律管横實七分，高實九十分，亦計六百三十分。以黄鍾管受水平滿，注龠中亦平滿，合於筭法。若依古法千二百黍而爲一龠者，則於筭法加減不成。樂合方寸四分，高一寸，受水三方龠〔六〕。樂升廣二寸八分，長三寸，高二寸七分，受水十二樂合。樂升所受如太府升制。樂斗廣六寸，長七寸，高五寸四分，受水十升。總計三百六十方龠，以應乾坤二策之數。樂秤以一合水之重爲一兩，一升水之重爲一斤〔七〕，一斗水之重爲一秤。及造《漢書》升、合二枚，漢合廣寸八分，長二寸五分，高與廣等，受水十方龠。此合分寸之數舊無其說，今以筭法推究知之。6漢升廣四寸五分，長五寸，高二寸八分，受水十漢合。準今太府升凡二升，則餘二十八龠。又造《周禮》升、豆二枚，周豆方寸，與黄鍾新律管法不合；周升方三寸，受水二十七豆，準今太府寺升凡大七龠有畸。臣以新律龠、合、升、斗比較周、

〔一〕形：原作「刑」，據《群書考索》卷五〇改。
〔二〕「葭莩」上原衍「爲」字，據《補編》頁八三一刪。
〔三〕鑄：原作「士」，據《補編》頁二一五改。
〔四〕知：原脱，據《玉海》卷七補。
〔五〕五月：原脱，據《補編》頁二一五、《玉海》卷八補。
〔六〕方：原作「分」，據上下文改。
〔七〕斤：原作「升」，據《補編》頁二一五改。

漢舊制，並據今新律龠立法，但小大不同。若取《虞書》「同律度量衡」，則此法量與律合，而《周禮》用豆起升，以方寸立法，則律、量不同矣。今制律定樂，聲以諧和，其龠、合、升、斗亦合更造，用存永制。今欲以塗金熟銅鑄造新定律、龠、合、升、斗，及别以木造周、漢升、合、豆、升四等各三副，以備聖覽〔一〕。」從之。初，照答帝問，輒云「今樂高五律」，其實無所準據。既造鍾磬，因率意鑿行均、展舊度，殆至太府常用布帛尺，取符「五律」之言，然而樂聲重濁甚矣。又遂以太府尺寸爲本，作量法木式四等，而所容受不合累黍之數。又以太府尺寸作周、漢量法木式各二等〔二〕，欲通已説，亦不能合。且《漢志》云「合龠爲合」〔三〕，乃黄鍾二龠之實，而照誤云十龠爲合，蓋出於流俗之本，故識者皆譏其妄。

六月十三日，李照言：「編鍾〔四〕、編磬之數，自來未有定制。今若止用十二，其聲已具於律呂，其變已全於七均，頗合天然造化之法。臣考詳舊典，今編鍾十六枚者，按《周禮》小胥正樂縣之位，『凡縣鍾磬，半爲堵，全爲肆』，鄭康成注云：『鍾磬者，編縣之，二八十六枚而在一虡，謂之堵。鍾一堵，磬一堵，謂之肆。』《疏》引《左氏》義云：舞羽者，天
7 子用八，諸侯六〔五〕，大夫四，士二。夫舞所以節八音而行八風，故以八爲數。樂縣之法，取數於此，又倍之爲十六。是以《淮南子》亦云樂生以風，亦是取數於八風之義。臣今詳天子用八、諸侯用六之文，乃直言舞數之法，非鍾律之義也。必若以鍾體於五數，則天子用八，倍之爲十六可也；諸侯用六，倍之爲十二可也〔六〕；大夫用四，倍之爲八，士用二，倍之爲四，則彼八鍾豈堪考擊，而調曲矣，非法也。此則前賢未達鍾律之旨耳。夫十二月律與八風相均等，凡一律之法具三十日，一風之法具四十五日〔七〕，八風十二律各具三百六十之數。風律相周，是故正北之風則叶黄鍾，東北之風則叶大呂、大簇，正東之風則叶夾鍾，東南之風則叶姑洗、仲呂，正南之風則叶蕤賓，西南之風則叶林鍾、夷則，正西之風則叶南呂，西北之風則叶無射、應鍾。故八風之法周於十有二律，豈可以八律之數而行八風之氣哉！夫自黄鍾右旋，至于林鍾則是八鍾。此八鍾者，但是五風之半，實非八風之象也。夫十六鍾之設，出於武琴。且舜琴五絃，以歌鍾律，則具七音、六律、十二鍾之用。若文琴六絃，則具九音〔八〕、七律、十四鍾之用；武琴七絃，則具十音、八律、十六鍾之用也。然十二鍾之外，其餘四鍾皆是清聲，非中聲，乃鄭衛之樂也。本以武琴七絃以爲之法，

〔一〕聖：原作「程」，據《玉海》卷八改。
〔二〕等：原作「寸」，據《玉海》卷八改。
〔三〕上「合」字原作「含」，據《漢書·律曆志》上改。
〔四〕編鍾：原脱，據《補編》頁二一六補。
〔五〕六：原作「七」，據《左傳》隱公五年、《補編》頁二一六改。
〔六〕倍：原作「俗」，據《太常因革禮》卷一八改。
〔七〕日：原脱，據《太常因革禮》卷一八補。
〔八〕具：原作「其」，據《太常因革禮》卷一八改。

但加靡靡之音，而無雅正之節〔一〕，皆假清鍾，以成焦殺。若或去彼四清之鍾，則哀思邪僻之聲無由而起。8 是故古之大樂，明言『五降之後，不容彈矣』，此則正謂大樂之法止用十二鍾聲而已。古之鄭衛之樂亦用歌鍾，今胡部中方響十六〔二〕，乃是鄭衛編縣之數。然方響十六，亦有爲也。夫胡部有篳篥，相傳目之爲梁柱〔三〕，言篳篥之聲於諸器中最得其實，不可增減其聲。其曲法用十字，已極盡人手指之力，過此不可能也。以此十字能應方響十六聲，若方響去清聲四版，篳篥中去五六二字，則胡部不可成曲矣，而於大樂都無所妨。則知清聲四鍾，大樂本自不用，而鄭衛之聲無此不可。今於編縣之内但留十二中聲，去四清鍾，於事則無所害。又古有編縣十九枚者。按《周禮》鍾縣，疏引服虔注云：六律七音，七律爲七器音。十二鍾當一月，十二月十二辰，加七律之鍾，則十九鍾。臣今詳，服虔所説甚爲迂闊，此但術數之家積閏餘之法，其於大樂都無所謂。又古有編縣十四枚及二十一枚者。按《後魏志》云：『漢成帝時，犍爲人於水濱得古磬十六枚，漢以爲瑞，復依禮圖，編縣十六。去正始中〔四〕，徐州薛城送玉磬十六枚，亦是一縣之器。』而云大樂所用鍾磬法，鍾磬各一縣十四。《隋書·音樂志》引後周故事，縣鍾磬法〔五〕：七正七倍，合爲十四，蓋準變宮、變徵凡爲七聲，有正有倍，而爲十四也。又引《尚書大傳》『七始』，注云：『謂黄鍾、林鍾、太簇、南呂、姑洗、應鍾、蕤賓也。』然據一均變也。宮、商、角、徵、羽爲正，變宮、變徵爲和，加倍而有十四焉。又梁武帝加以濁倍，三七二十一，而同爲一架。雖取繁會，聲不合 9 古。臣今詳，十四之磬乃是文琴之法，後之相傳，若言（十）〔七〕正七倍，於鍾律中，事法乖戾，亦與八風取義不殊。其二十一縣，則尤無旨意也。又古有編鍾二十四枚者〔六〕，校《唐書·志》云：『古制，雅樂宫縣編鍾十六口，近代用二十四口，正聲十二，倍聲十二。』臣今詳，二十四鍾，其清聲十二不是中聲，神瞽昔所不用，管律不能諧之。其聲一例皆石，非合法之器也。又古有編縣十二枚者〔七〕。按《樂府雜録》云：『雅樂部十二律鍾，依月律排之，每面石磬及編磬各一架，每架各編鍾十二，亦中律呂〔八〕。』臣今詳，編鍾十二，律呂具備，可爲不易之法。今引正經四議證之：一、《周禮》云：『凡爲樂器，以十有二律爲之數度，以十有二聲爲之齊量〔九〕。』此一義也。二、《左氏傳》：晏子云：『爲七音六律，

〔一〕雅：原作「邪」，據《補編》頁二一七改。
〔二〕響：原作「饗」，據《太常因革禮》卷一八改。
〔三〕目：原作「自」，據《太常因革禮》卷一八改。
〔四〕去：原作「云」，據《魏書·樂志》改。
〔五〕「鍾磬各一縣十四」以下至此，原脱，據《太常因革禮》卷一八補。
〔六〕二十四：原作「一十四」，據《太常因革禮》卷一八改。
〔七〕古：原作「金」，據《太常因革禮》卷一八改。
〔八〕「十二律鍾」至「亦中」二十八字原脱，據《太常因革禮》卷一八補。
〔九〕量：原作「鍾」，據《周禮·典同》改。

以奉五聲〔一〕。』夫七音六律出於十二鍾〔二〕，若用十六鍾，則有九音八律矣。此二義也。三、《左氏傳》：吳季子觀樂於魯，美《韶》樂，曰：『五音和，八風平，節有度，守有序，盛德之所同也。』夫言『五音和』者，則舜琴五絃，七〈七〉音、六律、十二管之義也。夫五絃之中，自具七音，數用十二管，五聲各一，蓋無偏重之音，如此則五聲和矣。若武琴七絃，則是九音、八律、十六管之義，宮、商、變宮，三位重複，如此則五聲不和矣。『八風平』者，五絃既具十二管，則與八風自相均等，此乃平也。若武琴七絃，當具十六管，則有十一風，正北、東北、正東之風偏重，此皆不平也。『節有度』者，惟止七音而爲節也。『守有序』者，惟止八風而爲序也。若過七音、八風，則是無節守也。四、《國語》云：『王將【10】鑄無射，問律於泠州鳩，對曰：律所以立均出度也。古之神瞽考其中聲，而量之以制，度律均鍾，百官軌儀。紀之以三，平之以六，成於十二，天之道也。』此乃景王將鑄無射倍聲〔三〕，泠州鳩患其過多，故言成於十二，天之道也。夫『律所以立均出度』者，此言月律十二，而爲均度之法，不可增減者也。『考其中聲，量之以制』者，謂除其減倍之聲，惟存正中之聲也。夫黃鍾之律凡九十黍，自九十一黍已上皆屬三倍黃鍾之法，四十五黍以下皆屬三減黃鍾之法〔四〕，唯自四十六黍已上至九十黍名爲中聲〔五〕，自具十二律，故曰『考其中聲，量之以制』者也。又夫『度律均鍾』者，謂以十二律之聲均調十二鍾者也。又夫『百官軌儀』者，此言樂爲天子之職，但貴其鍾律諧和，使人聞之欣然而感，不知手舞足蹈；而官司設法立制，發號施令，民亦悅隨，如聞鍾律之和，是故謂之『百官軌儀』。此乃三皇五帝至治之盛也。又夫『紀之以三』者，謂度量衡法，紀其聲律而成鍾也。『平之以六』者，此言造鍾之法不可過於六律，則平和之理也。『成於十二』者，此言六律之變，極於十二之數，不可越也。『天之道』者，言天然造化之法，必以十二而爲體也。』

詔馮元、宋祁等更議其事。元等議曰：「竊惟大樂之本，金石爲先，曩制相沿，典策具在。蓋前聖善制，取法非一，故有十三管之和、十九管之巢、二十六簧之竽、二十五絃之瑟、十三絃之箏、九絃七絃之琴、十六枚之鍾磬，各自取義，寧有一【11】之於律呂，專爲十二之數也？且鍾磬八音之首，絲竹以下受而爲均，故聖人尤所用心焉。《春秋》號樂，總言『金奏』；《詩·頌》稱美，實依磬聲。諒茲二器，非可輕改。今照欲損爲十二，不得其法於古。臣等以爲有不可者四，甚不可者一。傳曰『天子用八』者，誠羽舞之列也，然鍾磬亦取用八之義，故先儒引以爲言。夫八音生於八風，是制樂之本，鍾磬得倍其數者，由統率衆器，使無遺

〔一〕奉：原作「奏」，據《左傳》昭公二十五年改。
〔二〕夫：原作「失」，據《太常因革禮》卷一八改。
〔三〕聲：原作「量」，據《太常因革禮》卷一八改。
〔四〕「四十五」至「之法」十四字原脫，據《太常因革禮》卷一八補。
〔五〕上：原作「下」，據《太常因革禮》卷一八改。

聲，十六之興，其義在此〔一〕。若止於十二，是虧天子用八之義，且不得盡衆器之聲，一不可也。後王相尚，亦時改作，諸儒偏見，或存異説。蓋嘗有十九鍾、二十一〔種〕〔鍾〕者〔也〕〔矣〕，十四鍾、二十四鍾者矣。雖暫施樂府，槩見篇籍，及鉅儒名臣討論至當，俾克行遠，終歸十六。今欲隳至當行遠之法，二不可也。漢成帝時，犍爲郡水濱得古磬十六枚，漢家因是議明堂、辟雍，以立制度。驗此一事，蓋非近物，故班固之立《漢志》，康成之註《周官》，杜預之釋《傳》文，阮氏之圖三《禮》，而十六之數，初無異論。且前儒名學，各有師承，脱無全文，常慎疑闕，非如今世之儒〔二〕，師心獨得，便爲可行也。唐家稽古，禮樂最爲詳明，今其所存者，正史、《通禮》、《會要》、《令式》、《六典》〔三〕、《通典》、《義纂》、《義羅》之類，究尋鍾磬之數，咸云十六。惟有《樂府雜録》，乃唐人段安節所著，於雅樂部有編鍾十二之説。臣等詳覽其書，舛駮特甚，且其文曰：『雅樂部十二律鍾，依月律排之，每面石磬及編磬各一架，每架各編鍾 12 十二，亦依律呂。』以上三十三字是《樂府雜録》正文。敘事之體，誠有工拙，至於鋪陳名物，要須有次。今於『編磬各一架』之下便云『每架各編鍾十二』〔四〕，且鍾架尚未有説，鍾數何緣先見？漏畧顛倒，判其非真〔五〕。又安節當僖、昭喪亂之餘，唐家備樂既已殘缺，而安節但率所見，筆之於書，所傳之事，故多失實。今若捨《周官》、漢儒之明據〔六〕，背班固、康成之名學，斥唐家正典之法，遵後人失傳之議，此三不可也。而照引正經四義爲編鍾十二之據，其一引《周禮》『凡爲樂器，以十有二律爲之度數，以十有二聲爲之齊量』。臣等謂『爲之度數』者，若黄鍾之鍾九寸〔七〕，倍而更半之，其長二尺二寸五分之類也。『爲之齊量』者，乃是十有二聲之鍾，取其所容，以爲聲之齊量，非論編鍾之數也。其二引春秋晏子之言『爲七音六律以奉五聲』。臣等謂：七音、七均、六律，兼六呂而言之也，以奉五聲者，而爲之主也。此蓋普説樂意，非如照指定鍾體，〔疆〕〔彊〕配十二也。其三引季子觀樂，美韶樂，曰『五聲和，八風平，節有度，守有序，盛德之所同也』。照解之曰：『五聲和者，則舜琴五絃，七音、六律、十二管之義也。夫五絃之中自具七音，數用十二管，五聲各一，蓋無偏重則五聲和矣。若武琴七絃，則九音、八律、十六管之義，宫、商、變宫三位重複，則五聲不和矣。八風平者，五絃之中具十二管，則與八風自相均等，此乃八風平也。若武琴七絃，當具十六 13 管，則有十一風，正北、東

〔一〕義：原作「議」，據《太常因革禮》卷一八改。
〔二〕今：原脱，據《太常因革禮》卷一八補。
〔三〕「通禮」下原有「樂」字，「六典」下原有「通」字，據《太常因革禮》卷一八删。
〔四〕編磬：原作「編鍾」，據《太常因革禮》卷一八改。
〔五〕真：原作「文」，據《太常因革禮》卷一八改。
〔六〕儒：原作「瑞」，據《補編》頁二一八改。
〔七〕「黄」原作「若」，又「鍾之鍾」下衍「則以黄鍾」四字，據《太常因革禮》卷一八改删。

北〔一〕、正東之風偏重，則八風不平也。』臣等檢勘：《春秋》魯襄公二十九年，吴公子札聘於魯，請觀周樂，爲之歌《頌》。《頌》者，今《詩》之周、魯、商《頌》也。季子曰：『至矣哉！五聲和，八風平，盛德之所同也。』則季子之言，美三《頌》之盛德，非爲《韶》樂而發也。夫周家之樂自用七絃之琴，既用七絃，亦得五聲和、八風平、節有度、守有序，則照之前言不惟誤引經傳，兼亦自相(予)〔矛〕楯。其四引《國語》『王將鑄無射，問律於泠州鳩，對曰：律所以立均出度也』。照謂月律十二〔二〕，而爲均度之法，不可增減。又曰『考其中聲，量之以制』，照謂除去減倍聲，唯存中正之聲也。又曰『度律均鍾』，照謂以十二律聲均調十二鍾也。『紀之以三』〔三〕，照謂度量衡法以成鍾也。『平之以六』〔四〕，照謂造鍾之法不可過於六律。『成於十二』，照謂六度之變極十二之數，此天然造化之法，必十二爲體也。臣等按：『立均出度』者，謂先以律呂立爲均器，以均鍾音，乃出大小清濁之度。『考其中聲』者，直謂中和之聲以爲樂制。『度律均鍾』者，謂度律呂之長短〔五〕，以平其鍾。『紀之以三』者，謂天神、地祇、人鬼紀聲合樂也。『平之以六』，謂六律也。『成於十二』，謂律呂相配也。天地之道不過十二，故以律呂之數配之。且州鳩本以景王鑄爲大鍾，不合雅樂，故極言律呂之本，欲使樂鍾必依於律，非爲論編鍾之數以爲十二也〔六〕。且昔黃帝命伶倫與營援鑄十二鍾，以調月律，(令)〔今〕之鎛鍾是也。而照遂執月 14 鍾之數，欲施編縣，指正聲之清者謂之鄭聲，以雅爲鄭。此不可四也。臣等又徧問大樂諸工：鍾磬十六，若損爲十二，聲何所闕，理何所害？工對言：『每朝饗祭祀，但傳舊法，只用正聲十二，其四清聲多不能考擊。惟無射爲宮之時，黃鍾爲商。舊傳黃鍾，律之尊，不可爲臣，故用黃鍾之清。』又曰：『瑟有二十五絃，而有清聲，若去鍾磬之四清聲，則不能盡瑟之調也。』臣等深求其旨，蓋樂工但見其一，未見其二，何則？聖人以金石有一定之調，故於鍾磬寄其法度焉。既已十二律各配一鍾，又設黃鍾、夾鍾四清聲以附正聲之次。原其四清之意，蓋爲夷則至應鍾四宮而設也。夫五音，宮爲君，商爲臣，角爲民，徵爲事，羽爲物。不相凌謂之正，迭相凌謂之慢，百王之不易也。聲重大者爲尊，輕清者爲卑，卑者不可加於尊，古今之所同也。故列聲之尊卑者，事與物不與焉，何則？事爲君治，物爲君用，不能尊於君故也。惟君、臣、民三者則自有上下之分，不得相越，故四清聲之設，正謂君民相避，以爲尊卑也。今粗舉一宮，則三宮可見。且以無射爲宮，則黃鍾爲商，太簇爲角。無射君也，君管長四寸九

〔一〕東北：原脱，據前樂一之九補。
〔二〕謂：原作「爲」，據《太常因革禮》卷一八改。
〔三〕三：原作「上」，據《太常因革禮》卷一八改。
〔四〕以六：原脱，據《太常因革禮》卷一八補。
〔五〕謂：原作「調」，據《補編》頁二一九改。
〔六〕論：原作「諭」，據《補編》頁二一九改。

分；黄鍾臣也，乃長九寸；太簇民也，亦長八寸。若用正聲，則民與臣聲皆尊，而君聲獨卑，上下交戾，安得和協？故必須用黄鍾四寸五分、太簇四寸之清，以荅無射之律，則君尊於上，臣卑於下，民役其令矣。今若止用十二鍾旋相考擊，15至夷則以下四管爲宫之時，臣民相越，上下交戾，則懼淩犯之音作矣，此甚不可一也。不可者四，甚不可者一，而欲輕變舊貫，法將何賴？且照(爲)〔謂〕十六之數出於文武二琴，又曰：『鄭衛之樂本以五琴七絃以爲之法，但加靡靡之音，而無雅正之節。』夫周監二代，仲尼從之，觀《武》而嘆，稱其盡美。文、武可謂三代之盛王也，使後聖有作，亦不過之，故國朝太宗皇帝因七絃之法，又加九絃，易俗移風，義實有寄，寧可謂九絃之設皆爲鄭聲也？況照於樂律非不極慮，然推論今古，恐有未通。其鍾磬十六，欲望上采周漢諸儒及唐家典章法令〔一〕，且如舊制。至於十二之説，惟照獨見，未可施行。其夷則以下至應鍾四宫用管之法，言之難了，謹列爲《十二律圖》〔二〕，并封上進。」詔試以十二枚爲編〔三〕，以通照學。

《十二律圖》　子：黄鍾，子之氣，十一月建焉。辰合星紀，律合大吕，在《乾》爲初九，下生林鍾之初(下)〔六〕，謂之娶妻。其律數八十一，其管長九寸，其生數一，其日壬癸，其宿虚，其次須、女，其候冬至。丑：大吕，丑之氣，十二月建焉。辰合玄枵，律合黄鍾。在《坤》爲六四，下生夷則之九五，謂之生子。其律數七十六，其管長八寸二百四十三分寸之一百四，其倍黄鍾之數三，其宿牽牛，其次建星，其候大寒。寅：太簇，寅之氣，正月建焉。辰合娵訾，律合應鍾。在《乾》爲九二，下生南吕之六二，謂之娶妻。其律數七16十二，其管長八寸，其倍大吕之數九，其宿箕，其次尾，其節啓蟄。卯：夾鍾，卯之氣，二月建焉。辰合降婁，律合無射。在《坤》爲六五，下生無射之上九，謂之生子。其律數六十七，其管長七寸二千一百八十七分寸之(千)七十五，其倍太簇之數二十七，其日甲乙，其宿心，其次房，其候春分。辰：姑洗，辰之氣，三月建焉。辰合大梁，律合南吕。在《乾》爲九三，下生應鍾之六三，謂之娶妻。其律數六十四，其管長七寸九分寸之一，其倍夾鍾之數八十一，其宿氐，其次角、亢，其候清明。巳：仲吕，巳之氣，四月建焉。辰合實沈，律合夷則。在《坤》爲上六，五下六上，是謂一終。其律數六十，其管長六寸萬九千六百八十三(寸寸分之)〔分寸之〕萬二千九百七十四，其倍姑洗之數二百四十三，其宿軫，其次翼，其候小滿。午：蕤賓，午之氣，五月建焉。辰合鶉首，律合林鍾。在《乾》爲九四，上

〔一〕「欲」原作「望」，「章」二字原脱，并據《太常因革禮》卷一八改補。
〔二〕爲：原脱，據《太常因革禮》卷一八補。
〔三〕以：原脱，據《太常因革禮》卷一八補。

生大呂之六四，謂之娶妻。其律數五十七，其管長八寸八十一分寸之二十六，其倍仲呂之數七百二十九，其日丙丁，其宿張，其次星紀〔一〕，其候夏至。　未：林鍾，未之氣，六月建焉。辰合鶉火，律合蕤賓。在《坤》爲初六，上生太簇之九二，謂之生子。其律數五十四，其管長六寸，其倍蕤賓之數二千一百八十，其日戊己，其宿弧〔二〕，其次狼，其候大暑。　申：夷則，申之氣，七月建焉。辰合鶉尾，律合仲呂。在《乾》爲九五，上生夾鍾之六五，謂之娶妻。其律數五十一，其管長[17]五寸七百二十九分寸之四百五十一，其倍林鍾之數六千五百六十一，其宿伐〔三〕，其次參，其候處暑。

酉：南呂，酉之氣，八月建焉。辰合壽星，律合姑洗。在《坤》爲六二，上生姑洗之九三，謂之生子。其律數四十八，其管長五寸三分寸之一，其倍夷則之數萬九千六百八十三，其日庚辛，其宿噣〔四〕，其次留，其候秋分。　戌：無射，戌之氣，九月建焉。辰合大火，律合夾鍾。在《乾》爲上九，上生仲呂之上六，謂之娶妻。其律數四十五，其管長四寸六千五百六十一分寸之六千五百六十四，其倍南呂之數五萬九千四十有九，其宿胃，其次婁、奎，其候霜降。　亥：應鍾，亥之氣，十月建焉。辰合析木，律合太簇。在《坤》爲六三，上生蕤賓之九四，謂之生子。其律數四十三，其管長四寸二十七分寸之二十，其倍無射之數十七萬七千一百四十七，其宿壁，其次室、危，其候小雪。　黄鍾子：黄者，中之色，君之服也；鍾，種也。天之中數五，五爲聲，聲上言，五聲莫大焉。地之數六，六爲律，律有形有色，色上黄，五色莫盛焉。故陽氣施種於黄泉，孳萌萬物，爲六氣元也。或曰：冬至德氣爲土，土色黄，故曰黄鍾。又曰：陽氣鍾於黄泉而出。亦曰：鍾，動也，言陽氣動於黄泉以養萬物也。子，孳也，十一月陽氣動，萬物滋入以爲稱。或曰：陽氣至此更孳生也。故曰「孳萌於子」。　大呂丑：呂，旅也，言陰大，旅助黄鍾宣氣而牙物也。或曰：呂，距也，言陽[18]氣欲出，陰氣不許，旅距難之也。丑，紐也，言陽氣在上未條，萬物厄紐未敢出也〔五〕。或曰：十二月萬物動，用事，文象手形。又曰：居終始之際，以紐結爲名。故曰「紐牙於丑」。　太簇寅：簇，奏也，言陽氣大，奏地而達物也。寅，髕也，正月陽氣動，去黄泉欲上出，陰尚强，不達而髕寅於下。或曰：萬物資生螾然也。又曰：寅，津也，言生物之津途也。故曰「引達於寅」。　夾鍾卯：夾，助也，時物未盡出，陰乃夾助

〔一〕紀：原作「注」，據陳暘《樂書》卷四〇改。
〔二〕弧：原作「孤」，據陳暘《樂書》卷四〇改。
〔三〕伐：原作「代」，據陳暘《樂書》卷四〇改。
〔四〕噣：原作「濁」，據陳暘《樂書》卷四〇改。
〔五〕厄：原脱，據《史記·律書》補。

太簇宣四方之氣而出種物也。或曰：陰陽之氣相夾厠也。又曰：夾者，孚甲也，言萬物孚甲，種類分也。卯，冒也，二月萬物冒地而出。其文象開門之形，故二月爲天門。或曰：茂也，言陽氣生而滋茂。故曰「冒茆於卯」。茆，莫保切，叢生也。　姑洗辰：姑，必也；洗，潔也。言陽氣洗物，必潔之也。或曰：姑，枯也，言物生新潔，洗濯其枯也。又曰：姑，故也；洗，鮮也。物皆去故就新，莫不鮮明也。辰，震也，三月陽氣動，雷電震民，農時也。辰，房星，天時也。或曰：謂時物盡震動而長也〔一〕。故曰「振美於辰」。　仲呂巳：言微陰始起未成，著於其中，旅助姑洗宣氣齊物也。或曰：陽氣將極，故復中難之也。又曰：言萬物盡旅而西行也。巳，已也，四月陽氣已出，陰氣已藏，萬物見成文章，故文爲蛇象。或曰：巳，起也，物至此時，畢盡而起。故曰「已盛於巳」。　蕤賓午：蕤，繼也；賓，導也。言陽始導陰氣，使繼養物也。或曰：葳蕤，下垂貌；賓，謹也。言陽下陰生，相賓謹也。亦曰：陰氣[19]幼少故曰蕤，陽不用事故曰賓。午，啎也〔二〕，五月陰氣干陽，冒地而出。或曰：長也，大也，言物皆長大。故曰「咢布於午」。　林鍾未：林，君也，言陰氣受任，助蕤賓君主種物，使長大楙盛也。或曰：林，茂也，謂時物茂盛於野。又曰：萬物將就，衰氣林林然。亦曰：林，衆也；鍾，種也。萬物成熟，種類衆多也。未，味也，六〔三〕。　夷則申：夷，傷也；則，法也。言陽氣正法度，而使陰氣夷當傷之物也。或曰：夷，平也，萬物將成，平均皆有法則也。又曰：陰陽之賊萬物也。申，神也，七月陰氣成體自申束也。或曰：身也，言萬物身體皆成就也。故曰「申堅於申」。　南宮酉：南，任也，言陰氣旅助夷則，任成萬物也。或曰：謂時物皆秀，有懷任之象。又曰：陽氣尚有，任生薺麥也。酉，就也，八月黍成，可爲酎酒。或曰：緧也，謂時物皆緧縮也。故曰「留孰於酉」。　無射戌：射，厭也，言陽氣究物，而使陰氣畢剥落之，終而復始，無厭已也。或曰：陰氣盛，用事，陽氣無餘也。又曰：射，出也，言陽氣上升，萬物收藏，無復出也。戌，滅也，九月陽氣微，萬物畢成，陽下入地〔四〕。或曰：取時物皆衰滅也〔五〕。故曰「畢入於戌」。　應鍾亥：言陰氣應無射，該藏萬物，而雜陽閡胡待切，外閉曰

〔一〕震：原作「宸」，據《晉書》卷二二《樂志》上改。
〔二〕啎：原作「梧」，據《説文解字》卷一四下「午」字條改。
〔三〕此下有脱文。按此篇自「黄鍾子」以下皆是引用各種古書，且極有規律。其中每段末節之數句，凡釋十二支之字義則用《説文》卷一四下，其下「或曰」則用《晉書》卷二二《樂志》上，末句「故曰」則用《漢書·律曆志》上，莫不皆然。據此，此處闕文當作：「未，味也，六月滋味也。或曰：言時向成，有滋味也。故曰『味薆於未』。」
〔四〕陽：原脱，據《説文解字》卷一四下補。
〔五〕物：原脱，據《晉書·樂志》上補。

閡。種也。或曰：歲功皆成，應和陽功，收聚之也。又曰：鍾，動也，萬物應陽而動，以下藏也。亥，荄也，十月微陽起〔一〕，接盛陰也。或曰：劾也，言時陰氣劾殺萬物。故曰「該閡於亥」。

臣案：古者伶倫制十二筩，以聽鳳鳴，其雄鳴爲六，雌鳴 20 亦六，以此黄鍾之管始爲律本。於是步天成辰，候地得氣，導人爲聲，三才者備，而天下之能事興矣。爲之度以檢長短，量以齊多少，衡以權輕重，樂以管清濁。聖人所以治天下者，同律度，謹權衡，虞舜是已，仲尼是已。陽六爲律，律者法也，以統氣類物。陰六爲吕，吕者助也，以旅陽宣氣。因黄鍾之律，九寸爲宫，或損或益，始而左旋，八八爲耦。陽常唱，陰常和。三其實而進一，謂之上生陽，主息也；三其實而去一，謂之下生陰，主減也。上生者自（牛）〔午〕而左，下生者自子而右。夫兩陽必争，二陰不孳，自然之理也。故六律具而六間隨焉。又以乾坤九六，互爲之醜，同位者爲夫婦，異位者爲母子。故黄鍾於仲吕爲子母，於林鍾爲夫婦，於太簇爲父子，於南吕爲子婦。由是第之，人道該焉。故曰「紀之以三，平之以六，成於十二，天之道也。」所以宣養六氣九德，命曰黄鍾。所以協金奏，贊陽出滯，命曰太簇。所以修潔百物，考神納賓，命曰姑洗。所以安靖神人，獻酬交酢，命曰蕤賓。所以詠歌九則，平民無貳，命曰夷則。所以宣布令德，示民軌儀，命曰無射。此之謂六律，以立均出度也。所以助陽宣物，歸功於上，命曰大吕。所以出四隙之細，命曰夾鍾。所以宣陽中氣，命曰仲吕。所以和展百事，莫不任肅，命曰林鍾。所以贊陽發秀，命曰南吕。所以均利器用，咸使應律，命曰應鐘。此之謂六間，以揚沈伏〔二〕、黜散越也。始自黄鍾，周於仲吕，五 21 下六上，乃一終焉。仲吕不曰上生黄鍾者，以黄鍾爲諸律之先，似若無所稟生然，蓋尊之也。或謂蕤賓於大吕當言下生，其説曰：黄鍾爲律之本，陽數興焉。蕤賓生吕之元，陰數興焉。夫陽益數而下生陰，陰損數而上生陽。今去益不同，上下無異，爲陰數興也。而言律者因一上一下相生之説，遂不取焉。黄鍾之數一一以三乘之，終於應鍾，得十七萬七千一百四十七數之實也。述夫至治之世，天地之氣合以生風，天下之風氣正，十二律定，然則播五聲、叩八音、列四時，而陰陽莫不咸蹕，萬物該成而條鬯也。蓋尋文難曉，案象易知，臣今取歷代之言律吕，攟摭大槩，著《十二律圖》，則盈虚消長指掌而知矣。

七月五日，李照言鑄造鎛鍾大小法度：「謹按《國語》：『制（制）鍾大不出鈞，重不過石。』注云：『鈞，所以鈞音之法也〔三〕，以木長七尺，有絃繫之，以爲鈞法。百二十斤爲石。』臣參詳注文，蓋亦差誤。夫言輕重之法，皆屬權

〔一〕陽：原脱，據《説文解字》卷一四下補。
〔二〕揚：原作「陽」，據《晉書》卷一六《律曆志》上改。
〔三〕鈞：原作「配」，據《國語》卷三改。

衡；方圓之法，皆屬規矩；大小之法，則屬器量；遠近長短厚薄之法，則屬尺度；高下之法，則屬於圭表。此文既言大不出鈞，理當以器量之義釋之，不當以木表之法以爲解〔一〕。且若鑄鍾〔二〕，形高七尺，則銅錫千餘斤未能充就，豈有重不過石之説邪？據諸書皆言三十斤爲鈞，此文所云『大不出鈞』者，乃是三十斤之量爾。若以三十斤金土之重準其量，則量（大）〔太〕小；若以三十斤黍穀之重準其量，則量太大。唯《漢志》22云『以水準其槩』者，乃得大小輕重酌中之法，可以爲準矣。今秤水三㪷，則重三十斤，以爲鑄鍾之量，頗協聲韻。鑄造成鍾之後，其最重者亦不過百二十斤。蓋據事見法，有此顯驗，臣所以取之。除此法度之外，止有《周禮疏》云：假設二尺二寸半爲廣、長、圓徑注之，此亦太大。若用百二十斤銅錫鑄之，必不可成就也。其太常寺舊鍾大小輕重並無古今制度，欲望定以《國語》鈞石之説爲法以鑄鍾。」從之。王應麟《玉海》：八月己巳，御崇政殿觀新樂，上出雙鳳管下太常肄習，其制合二管以足律聲，管端刻飾雙鳳，施兩簧焉。九月壬寅，御崇政殿按新樂。景祐三年二月丙辰，詔翰學馮元、禮賓副使（劉）〔鄧〕保信與阮逸、胡（爰）〔瑗〕較定新舊鍾律。三月乙未，御崇政殿，召輔臣觀新定鍾律。丙申，馮元等上秬黍新定，詔别爲鍾磬各一架。（以上《永樂大典》卷二〇九一六）

23 六月九日，左司諫姚仲孫言：「伏聞議者欲改制雅樂，俾協純音，謂舊律太高，裁之就下。以高形下，人固知之，然或制之未得其精，損之必差其度。臣蓋不知其得於何道，而輒變更。聞其所爲，率多詭異，至如練白石以爲磬，範中金以作鍾，又欲以三辰、五靈、二十四孝爲樂器之飾。臣雖愚昧，竊有所疑。自祖宗以來，考正雅樂，薦之郊廟，垂八十年。洪惟先朝備行正禮，燔柴岱嶽，瘞玉汾脽，振前王久墜之風，舉歷代難行之典。蕆事之際，斯樂具陳，固以格神明，昭景貺，先儒審議，曾靡間言。若一旦輕用新規，全黜舊制，臣竊以爲不可。望特詔罷之，止用舊樂。」時帝既許照制器，業以爲之，且欲究其術之是非，故仲孫之章不下有司（馬）〔焉〕。（以上《永樂大典》卷二一六七九）

〔一〕以：原脱，據《補編》頁二二〇補。
〔二〕且：原作「具」，據《補編》頁二二〇改。

宋會要輯稿　樂二

律呂二

1 景祐三年六月九日，馮元等上言：「奉詔修撰樂書，望特降書名。」詔以《景祐廣樂記》爲名。

七月十三日，馮元等上《景祐廣樂記》八十一卷。《因革》篇叙國朝制作云：

元年秋九月，太常燕肅建言：「金石不調，願以周世王朴律準更加考按。」有詔許之。又命李照、宋祁及中人李隨共領其事。明年正月，金石一部成，帝御延福宮臨閲焉。因問李照：「樂果和否？」照對：「金石之音，與王朴律準已協，然朴準比古樂差高五律，比教坊樂差高二律〔一〕。臣願制管以度調。」帝曰：「試爲之。」乃取京縣秬黍累尺成律，鑄鍾。審之，其2聲猶高。更用太府布帛尺爲法，乃下太常四律。別詔潞州取羊頭山秬黍上送於官。照乃自爲律管之法，以九十黍之量爲四百二十星，率一星占九抄，一黍之量得四星六抄，九十黍得四百二十星〔二〕，以爲十二管定法。於是詔内東頭供奉官鄧保信與照監視群工，改作金石；命聶冠卿檢閲典實，佐其興作；入内内侍省都知閻文應董其事，丞相府總領焉。凡所改制，皆關相府詳定以聞。別詔臣元、臣冠卿、臣祁討論樂理，爲一代之典。乃詔天下有深知鍾律者以自言，在所亟以名上。照乃鑄銅立龠（龠）、合、升、㪷四物，以興鍾、鎛聲量之法。龠之率六百三十黍，爲黄鍾之容；合三倍於龠，升十二倍於合，斗十倍於升。乃改造諸器，以定其法。俄又以鎛之容受差大，更增六龠爲合，十合爲升，十升爲斗。銘曰「樂斗」。後數月，潞州上秬黍，照等擇大黍縱累之，檢考長短。尺成〔三〕，與太府尺合，法乃堅定。先時，太常鍾磬每十六枚爲一（虚）〔虡〕，而四清聲相承不擊。照因是上言：十二律聲已備，願去四清聲。于時諸臣議駁，帝令權用十二枚爲一格，且詔曰：「俟有知音者能考四鍾，協調清濁，有司別議以聞。」鍾舊飾旋蟲，改爲龍云。乃遣使採泗濱浮石千餘段〔四〕，以爲縣磬〔五〕。（以上《永樂大典》卷二〇九一六）

3 先是臣祁建言：「縣設建鼓，初不考擊，又無三𪔛，且舊用諸鼓率多陋敝。」於是敕臣元等詳求典故。

〔一〕教：原作「禁」，據《宋史》卷一二六《樂志》一改。
〔二〕星：原作「量」，據《宋史》卷一二六《樂志》一改。
〔三〕「尺」上原重一「尺」字，據《宋史》卷一二六《樂志》一删。
〔四〕泗：原作「四」，據《宋史》卷一二六《樂志》一改。
〔五〕自「鍾舊飾」以下數句乃是嘉業堂整理者剪貼於此，原與上文不相連屬，而與下文相連。今據《宋史》卷一二六《樂志》一移與上文相接。

臣等上言〔一〕：「建鼓四，今樂局皆具而不擊，別設四散鼓於縣間擊之〔二〕，以代建鼓。乾德四年，秘書監尹拙上言：散鼓不詳所置之由，且於古無文，去之便。時雖可之，而散鼓于今仍在。又雷鼓、靈鼓、路鼓，雖擊之，皆不成聲，故常賴散鼓以爲樂節〔三〕，而雷鼗、靈鼗、路鼗闕而未製。今既修正雅樂，謂宜申飭大匠作諸鼓，使擊考有聲。及創爲三鼗，如古之制，使先播之，以通三鼓。罷四散鼓，如乾德詔書。」詔從之。時有上言者，以爲：「雷鼓八面，前世用以迎神，不載考擊之法。而太樂見鼓以柱貫中，故擊之無聲。更令改造，山趺上出雲以承鼓〔四〕，刻龍以飾柱。面各一工擊鼓，一工左執鼗以先引。凡圜丘降神六變，初八面皆三擊，推而左旋，三步則止。三者，取陽數也。又載擊以爲節，率以此法，至六成。靈鼓、路鼓亦如之。建鼓植縣四隅〔五〕，皆有左鞞、右應。乾隅，左鞞應鍾，亥之位也；中鼓黃鍾，子之位也；右應大呂，丑之位也。艮隅，左鞞太簇，寅之位也；中鼓夾鍾，卯之位也；右應姑洗，辰之位也。巽隅，右應中呂，巳之位也；中鼓蕤賓，午之位也；左鞞林鍾，未之位也。坤隅，右應夷則，申之位也；中鼓南呂，酉之位也；左鞞無射，戌之位也。宜隨月建，依律呂之均擊之。」詔可其奏。後照等更以殿庭備奏，四隅建鼓既隨月協均，顧無以節樂。而《周官》鼓人「以 **4** 晉鼓鼓金奏」，應以施用。帝曰：「可依《周官》舊法製焉〔六〕。」於是縣內始有晉鼓矣。

古者鎛鍾擊爲節檢，而無合曲之義。大射有二鎛，皆亂擊焉。後周以十二鎛相生擊之。景德中，李宗諤領太常，總考十二鎛鍾，而樂工相承，殿庭習用三調六曲。三調者，黃鍾、太簇、蕤賓也；六曲者，調別有《隆安》、《正安》二曲。郊廟之縣，則環而擊之。宗諤上言曰：「金部之中，鎛鍾爲難和〔七〕，一聲不及，則宮商失序。使十二鎛工皆精習，則遲速有倫，隨月用律，諸曲無不通矣。」真宗因詔黃鍾、太簇二宮更增文舞、武舞、福酒三曲。至是詔臣元等詢考擊之法。臣等奏言：「後周嘗以相生之法擊之，音韻克諧。國朝亦用隨均合曲，然但施殿庭，未及郊廟。謂宜使十二鍾依辰列位，隨均爲節，便於合樂，仍得并施郊廟。若軒縣以下則不用此制，所以重備樂、尊王制也。」詔從焉。

〔一〕「臣等上言」上，《玉海》卷一一〇引此文有「二年七月甲辰」。
〔二〕間：原作「明」，據《宋史》卷一二六《樂志》一改。
〔三〕賴：原作「預」，據《宋史》卷一二六《樂志》一改。
〔四〕趺：原作「跌」，據《宋史》卷一二六《樂志》一改。
〔五〕「建鼓植縣」句：《宋史》卷一二六《樂志》一作「植建鼓于四隅」。
〔六〕製：原脱，據《宋史》卷一二六《樂志》一補。
〔七〕和：原作「如」，據《宋史》卷一二六《樂志》一改。

隋制，內宮縣二十虡，以大磬代鎛鍾而去建鼓。唐武太后稱制，更改用鍾，因而莫革。於是乃詔訪臣元等曰：「大磬應何法考擊？何禮應用？」臣等具言：「古者特磬以代鎛鍾，本施內宮，遂及柔祀。隋唐之代，繼有因改。先皇帝東禪梁甫〔一〕，西瘞汾壤，並仍舊章，陳於縣奏。若其所由，吉禮則中宮之縣，祀禮則皇地祇、神州地祇、先蠶、今之后廟、奉慈廟，皆應陳設。宮縣則三十六虡，去四隅建鼓，如古便。若考擊之法，謂宜同於鎛鍾。比緣詔旨〔二〕，不俾循環互擊，而立依均合曲之制〔三〕，則特磬故應不出本均，[5]與編磬相應，爲之樂節也。」詔可。其年冬，帝躬欵奉慈廟，樂縣罷建鼓，始以磬代鎛鍾。

太樂局塤，舊以漆飾，敕令黃其色，以其土音云。或奏言：「柷，舊以方畫木爲之，外圖以時卉則可矣，而中設一色，非稱也。先儒之説曰：『有柄，連底挏之。』鄭康成以爲設椎其中撞之〔四〕。今當創法垂久，用明制作之意有所本焉。柷之東方圖以青，隱而爲青龍；南方圖以赤，隱而爲丹鳳；西方圖以白，隱而爲騶虞；北方圖以墨，隱而爲靈龜；中央圖以黃，隱而爲神螾。撞擊之法，宜用康成之説〔五〕。」詔曰可。

又以新製雙鳳管，詔付大樂局。其制，合二管以足律聲〔六〕，管端刻而爲雙鳳之飾，施兩簧焉。照因自造葦籥、清管、簫管、清笛、雅笛、大笙、大竽、宮琴、宮瑟、大阮、大嵇，凡十一種，求備雅器。詔許以大竽、大笙二種下大樂用之〔七〕，餘悉罷不用。

時又出兩儀琴及十二絃琴二種，以備雅樂。兩儀琴者，施兩絃，十二柱。十二絃琴者，如常琴之制，增其絃，皆以象律呂之數〔八〕。又敕更造七絃、九絃琴，皆令圓其首者以祀天，方其首者以祀地。

帝乃親製樂曲，以夾鍾之宮、黃鍾之角、太簇之徵、姑洗之羽作《景安之曲》，以祀昊天。更以《高安》祀五帝、日月，作《太安》以饗景靈宮，罷舊《真安之曲》。以黃鍾之宮、大呂之角、太簇之徵、應鍾之羽作《興安》，以獻宗廟，罷舊《理安》之曲。《景安》、《興安》惟乘輿親行則用之〔九〕。以姑洗之角、林鍾之徵、黃鍾之宮、太簇之角、南呂之羽作《祐安之曲》〔一〇〕，以酌[6]獻五帝。以林鍾之宮、太簇之角、姑洗之徵、南呂之羽

〔一〕東：原脱，據《宋史》卷一二六《樂志》一補。
〔二〕比：原作「此」，據《宋史》卷一二六《樂志》一改。
〔三〕合：原作「今」，據《宋史》卷一二六《樂志》一改。
〔四〕設：原作「投」，據《宋史》卷一二六《樂志》一改。
〔五〕之説：原脱，據《宋史》卷一二六《樂志》一補。
〔六〕律聲：原作「聲律」，據《宋史》卷一二六《樂志》一乙。
〔七〕種：原作「鍾」，據《宋史》卷一二六《樂志》一改。
〔八〕皆：原作「習」，據《宋史》卷一二六《樂志》一改。
〔九〕輿：原作「羽」，據《宋史》卷一二六《樂志》一改。
〔一〇〕呂：原作『羽』，據《宋史》卷一二六《樂志》一改。

作《寧安之曲》，以祭地及太社〔一〕、太稷，罷舊《靖安之曲》。于時制詔有司，太祖、太宗、真宗三聖並配侑上帝，乃以黃鍾之宮作《廣安之曲》以奠幣，《彰安之曲》以酌獻。又詔，躬詣奉慈廟莊獻明肅皇太后之室，作《達安之曲》以奠瓚，《厚安》以酌獻；莊懿皇太后之室，作《報安之曲》以奠瓚，《衍安》以酌獻。皇帝入出作《乾安》，罷舊《隆安之曲》。常祀：至日圜丘祀昊天，太祖配，以黃鍾之宮作《定安》以奠幣，《英安》以酌獻；孟春祀感生帝，宣祖配，以太簇之宮作《皇安》以奠幣〔二〕，《肅安》以酌獻。祈穀祀昊天，太宗配，作《仁安》以奠幣，《紹安》以酌獻。孟夏雩上帝，太宗配〔三〕，以仲呂之宮作《獻安》以奠幣，《感安》以酌獻。夏至祭皇地祇，太祖配，以蕤賓之宮作《恭安》以奠幣，《英安》以酌獻。季秋大饗明堂，祀昊天，真宗配，以無射之宮作《誠安》以奠幣，《德安》以酌獻。孟冬祭神州地祇，太宗配，以應鍾之宮作《化安》以奠幣，《韶安》以酌獻。又造《冲安之曲》，以七均演之爲八十四，皆作聲譜，以授有司。《冲安之曲》獨未施行。親製郊廟樂章二十一曲，財成頌體，告于神明。詔丞相呂夷簡等分造樂章，參施群祀。

又爲《景祐樂髓新經》，凡六篇：第一，釋十二均；第二，明所主事；第三，辨音聲；第四，圖律呂相生，并祭天地、宗廟用律及陰陽數配；第五，十二管長短；第六，歷代度量衡。皆本之於陰陽，配之於四時，建之於日辰，通之於鞮 **7** 竺，演之於壬式遁甲之法〔四〕，以授樂府〔五〕，以考正聲，以賜群臣焉。

于時又詔奉慈廟準《春秋》獻羽之義，止用文舞，以陰事貴静云。

初，照等改造金石，所用員程凡七百一十四：攻金之工二百五十三，攻木之工二百一十六，攻皮之工四十九，刮摩之工九十一，摶埴之工十六，設色之工百八十九。起五月，止九月，成金石具七縣焉。至於鼓吹及十二案，悉修飾之。令臣冠卿等作《景祐大樂圖》二十篇，以載鎔金鑢石之法，歷世八音諸器異同之狀，新舊律管之差。是月，與新樂并獻於崇政殿，詔中書、門下、樞密院大臣與觀焉。考聲展器，靡不如素。帝悦，於是頒賞，自監董而下至工徒，進秩賞賜各有差。其年十一月，有事于南郊，悉以新樂并聖製及諸臣樂章用之，觀者歎異焉。大樂舊器皆藏之四庫，以備因革之法。此篇頗注李照異制，故詳録之。（以上《永樂大典》卷五四

〔一〕及：原作「以」，據《宋史》卷一二六《樂志》一改。

〔二〕皇安：原作「廣安」，據《長編》卷一一六、《宋史》卷一二六《樂志》一改。

〔三〕太宗：《宋史》卷一二六《樂志》一作「太祖」，但《長編》卷一一六亦作「太宗」。

〔四〕於：原脱，據《宋史》卷一二六《樂志》一補。

〔五〕授：原作「受」，據《宋史》卷一二六《樂志》一改。

（六四）

二十一日，詔翰林學士丁度、知制誥胥偃、直史館高若訥、直集賢院韓琦取鄧保信、阮逸、胡瑗等鍾律，定奪得失、可施行與否以聞。保信奏議引《隋志》云：「用上黨羊頭山烏圜秬黍。其黍有異他鄉，其色至烏，其形圜重。臣於上黨[8]秬黍中揀圜者，用一黍之長累百成尺，則與蔡邕銅龠尺符合。據《隋・律曆志》，有諸代十五等尺各有長短之説，據尺裁龠，各有增損，則容黍不同，故聲有高下。今於十五等尺内取容黍數同者，則合於蔡邕銅龠尺。據書所載，從上相承有銅龠一，以銀錯題其銘曰：『龠，黃鍾之宮，長九寸，空圍九分〔一〕，容秬黍千二百粒，稱重十二銖。兩之爲合，三分損益，轉生十二律。』臣今用此定尺，知與蔡邕銅龠尺符合，比李照尺短九分，比阮逸、胡瑗用一黍之廣尺長九分五厘。又據尺裁定律管，黃鍾龠度九十黍之長，空徑三分，空圍九分，秬黍千二百粒。又爲一減黃鍾，以四十五黍之長裁龠，容六百粒；二減黃鍾，以二十黍五厘之長裁龠如上，容三百粒；三減黃鍾，以十一黍二釐半之長裁龠如上，容百十五粒。其空徑皆三分，空圍皆九分，用龠容黍，皆合蔡邕銀錯題龠之數。其律管聲比新定大呂相近，比太常舊樂約下一律半。臣又據《漢志》衡權法，起於黃鍾，一龠容千二百黍〔二〕，重十二銖。兩之爲兩，凡二十四銖爲一兩，十六兩爲斤，三十斤爲鈞〔三〕，四鈞爲石。今依黃鍾龠容黍千二百，重十二銖，每百黍重一銖造稱，止用銖、兩、斤，準古之輕重。第三毫先從銖起，在衡裏旁，其第一星準定空平，然後稱物。移之一星，稱黍百粒，其重一銖。至十二銖星，計千二百黍，是一龠之實重，古之一小兩也。至星盡所，爲二龠，合重二十四銖。[9]第二毫起衡之中，第一星重二小兩，移一星重一銖，至星盡，計古之八小兩，九十六銖。第一毫起衡外旁，第一星重古之八小兩，移一星重六銖，至星盡，計古之二小斤，計三百八十四銖。臣又據《漢志》：『量者，龠、合、升、斗、斛，所以量多少也。本起於黃鍾之龠容，以黍千二百實其龠，以井水準其概。合龠爲合，十合爲升，十升爲斗，十斗爲斛。』今依《漢志》造龠、合、升、斗，參校古之多少，（具）〔其〕容受之數，各以水準其概，皆平。爲龠一，徑闊九分，深七分二釐〔四〕，容黃鍾一龠，黍千二百，乃平。合一，徑闊九分，深寸三分八釐，容黃鍾二龠，黍二千四百，乃平。升一，徑闊二寸六分九釐，深寸六分二釐，容黍十合，乃平。斗一，徑闊五寸三分一釐，深四寸八釐，容黍十升，乃平。凡四量皆以水準，如其龠數亦平。臣又以五物校定黃鍾龠空徑法，則爲鐵堅三分一片，所謂三分，於黍尺上取之。木長圓軟三分、圍軟九分一條，於鐵三分上取之，納龠中，端直無旁庳。紙圍方緊九

〔一〕空：原脱，據《隋書》卷一六《律曆志》上補。
〔二〕一龠：原作「二龠」，據《漢書・律曆志》改。
〔三〕斤：原作「銖」，據《漢書・律曆志》改。
〔四〕深：原作「徑」，據《補編》頁八三九改。

分，卷而納之龠中，以校空圍九分之數實也。黄鍾龠尺一條，長九十黍；一減黄鍾龠尺一條，長四十五黍。」

阮逸、胡瑗《鍾律奏議》三卷，并所造黄鍾律管、銅龠一、木龠一，各受黍千二百粒。其數法，取空圍内容九方分以積之。又木嘉量斛、鬴式各一，編鍾、編磬各一，銅尺一，木黍尺一，銅律管十二，銅合、升、豆、斗、區各一，銅鈞稱一。

初，馮元等奏，令司天秋官正楚衍、靈臺郎朱吉【10】筭定逸、瑗律管九方分之法云：黄鍾管長九寸，徑三分，按《九章》之法求積分，以徑三分自乘得九分，又以管長寸通之爲九十分，乘之得八百十分，爲方積之數，容黍一千二百。今求管長九寸，圍盛千二百黍〔一〕，實徑之數，準《禮記》筭投壺法求其徑制〔二〕。八百一十分分作九十重，每重得九分。按圓田術，三分蓋得十二。以開方法除之，得三分四釐六毫强，爲實徑之數。「强」（爲）〔謂〕所不盡二毫八絲四忽者。今求圓積之數，以徑三分四厘六毫，自乘得十一分九釐七毫一絲六忽。加以開方不盡之數二毫八絲四忽，得十二分。以管長九十分乘之，得千八十分，爲方積之數。以三去之，得八百一十，爲圓積之數。容黍千二百，即黄鍾管長九寸、徑三分四釐六毫强，容黍一龠之數。又筭舊法黄鍾管長九寸、徑三分、圍九分之法：按《九章》圓田術，圍九分自乘得八十一分。又以管長九寸乘之，得七千二百九十分。以十二而一，只得六百七分半，是爲分。今此積方分八百一十，容黍千二百，以《九章》今有術，置黍千二百，以圓積六百七分半乘之，得七十二萬九千。却以積多分八百一十除之〔三〕，只容九百黍。又筭《周禮》斛法：方一尺，高尺有六寸二分，爲一斛之容。今以高百截之，得方一尺，高一分六厘二毫，爲一升之容。又以四升爲豆，豆方一尺，高六分四釐八毫。四豆爲區，區方一尺，高二寸五分九釐二毫，區十六升。四區爲鬴〔四〕，鬴方一【11】（一）尺，高一尺三分六厘八毫，與逸、瑗等律鬴之法正同。

至是，度等又奏：冬官正張奎覆衍、吉所定及鄧保信龠、合、升、斗數，奎言：「據阮逸、胡瑗律法求九方分，徑三分四厘六毫强，得圍之數。按《九章·抄廣第四》圓田求外周術，置九分，以十二乘之，得一百八分。以開平方術開之，得一寸三厘九毫二絲三忽，不盡一忽七十二抄。其法滿萬爲忽〔五〕，與衍、吉、元等並同。又筭鄧保信龠、合、升、斗：其龠量一，徑闊九分、深七分二厘，容黄鍾一龠，受黍千二百粒。按《九章·抄廣第四》求積方術〔六〕，以闊九分自乘之，得八十（二）〔一〕分。以深七分二厘乘之，得五百八

〔一〕二：原脱，據《補編》頁八三九補。
〔二〕制：原作「置」，據《補編》頁八三九改。
〔三〕八：原脱，據《補編》頁八三九補。
〔四〕爲：原脱，據《補編》頁八三九補。
〔五〕其：原脱，據《補編》頁八四〇補。
〔六〕四：原脱，據《補編》頁八四〇補。

十三分二厘，爲龠之積。今二龠成合，得千一百六十六分四釐，爲一合之積。以十之，得萬一千六百六十四分，爲一升之積。又以十之，得十一萬六千六百四十分，爲一斗之積。又合量一，徑闊九分、深一寸三分八厘，容黄鍾〔三〕〔二〕龠，受黍二千四百。按《九章》積方分術，以闊九分自乘，得八十一分。又以深一寸三分八厘乘之，得千一百一十七分八厘，爲一合之積。今詳，若以黄鍾二龠爲合，則當用千一百六十六分四厘爲積，今〔此〕〔比〕龠法少四十八分六厘，不合得前來龠法。若以黄鍾法，十之得萬一千一百七十八分，爲升之積；又十一萬一千七百八十分，爲斗之積。又升量一，徑闊二寸六分九厘、深一寸六分二釐，黍十合。按《九章》積方術，以闊二寸六分九厘自乘之，得七百二十三分 12 六厘一毫；又以深一寸六分二厘乘之，得一萬一千七百〔一〕〔二〕十二分四厘八毫二絲，爲一升之積。今詳升法、龠法相比，即升多五十分四厘八毫二絲，又比合法亦多五百四十四分四厘八毫二絲。其升又以十之，得十一萬七千〔二百〕二十四分八厘二毫，爲一斗之積。又斗量一，徑闊五寸三分一厘、深四寸八厘，容黍十升。按《九章》積方術，以闊五寸三分一厘自乘，得二千八百一十九分六厘一毫。又以深四寸八厘乘之，得十一萬五千四十分八毫八絲，爲一斗之積。今看詳，若比龠法，少五百九十九分九厘一毫二絲；若比合法，又多三千二百六十分八毫八絲；若比升法，又少二千一百八十四分一厘三毫二絲。此龠、合、升、斗皆不相合，亦不合《周禮》斛法。」度等又以王朴律準尺比校鄧保信舊尺，大一寸七分强；阮逸、胡瑗等舊尺大七分强；景表石尺大四分；太府寺鐵尺大三寸三分强。又校鄧保信一升，凡二升六分强當太府官量一升〔一〕。

九月十一日，阮逸言：「臣等所造鍾磬，其檢詳典故皆稟於馮元、宋祁，其方分定律又出於胡瑗筭術，而臣獨執《周禮》嘉量聲中黄鍾之法，及《國語》鈞鍾絃準之制，皆抑而不用。臣前蒙召對，親承天問，言王朴律高，而李照鍾下。竊覩御製《樂髓新經·歷代度量衡》篇，言《隋書》依《漢志》黍尺制管，或不容千二百，或不啻九寸之長。此則明班《志》已後，歷代無聞符合者。惟蔡邕銅 13 龠本得於《周禮》遺範，故《明堂月令章句》云：『鍾以容受斤兩輕重爲法，管以大小長短爲法。』此蓋皆率千二百黍以爲本也。邕自知音，所以只傳銅龠，積成嘉量，則是〔身〕〔聲〕中黄鍾，而律本定矣。謂管有大小長短者，蓋嘉量既成，即以量聲定尺明矣。御製新編又引《禮記》『布手爲尺』、《白虎通》『八寸爲尺』、許慎《説文》『八寸爲咫，周尺』等法〔二〕。臣仰遵聖作，無不盡究前古之法度，而立一朝之盛美也。今議者但争《漢志》黍尺無準之法，殊不知鍾有鈞石量衡之制。

〔一〕官：原作「宫」，據《補編》頁八四〇改。
〔二〕周：原作「同」，據《説文》「咫」字條改。

況《周禮》、《國語》，姬代聖經，翻謂無憑，孰爲稽古〔一〕？有唐張文收定樂〔二〕，亦鑄銅甌，此足驗周之嘉量以聲定律明矣。臣所謂獨執《周禮》鑄嘉量者，以其方尺深尺，則度可見也；其容一鬴，則量可見也；其重（均）〔鈞〕，則衡可見也；聲中黄鍾之宫，則律可見也。既律、度、量、衡如此符合，則制管歌聲，其中必矣。臣昧死，欲乞將臣見鑄成銅甌，再限半月内更鑄嘉量。以其聲中黄鍾之宫，乃取李照新鍾就加修整，務合周制。鍾量法度文字已編寫次，未敢便具進呈。」詔送度等并定以聞。

十月四日，丁度等〔言〕：「奉詔（敢）〔取〕鄧保信、阮逸、胡瑗等鍾律定奪聞奏。并續準中書送下安宋〔三〕、何文廣所進《樂本圖》、《樂纂祕訣》等一處詳定。今取到鄧保信等奏議，及所造黍尺、律管、權量、鍾（聲）〔磬〕等，并崇文院檢到歷代鍾律典故，與差到天官再筭管籥法度；仍取保信、逸、瑗、元實黄鍾管秬黍，再令尺匠别造到黍尺 14 各二條參校，備見得失。據鄧保信律法，其黍尺一條，稱用上黨秬黍圓者，一黍之長，累百成尺，與蔡邕銅籥符合。臣等檢詳典故，前代累黍造尺，皆以一黍之廣爲分，唯後魏公孫崇以一黍之長累爲尺法。尋太常卿劉芳受詔修樂，以秬黍中者一黍之廣者爲一分；而中尉元匡以一黍之廣〔四〕，度黍二縫，以取一分。三家紛競，久不能決。太和十九年，高祖詔以一黍之廣，用成分體，典修金石。及《（隨）〔隋〕志》云：『從上相承，有銅籥一，以銀錯題其銘曰〔五〕：黄鍾之宫，長九寸，空圍九分，容秬黍千二百粒。祖孝孫云：相承傳是蔡邕銅籥。』本志中即不明言用黍長廣累尺。臣等今將保信送到黄鍾管内秬黍二百粒，令匠人石素等以黍長爲分，再累到尺二條，比保信元將到尺，一條長五黍，一條長七黍。蓋保信元尺用圓黍累尺，及首尾有相銜處，（到）〔致〕有差異。又律管黄鍾籥黍校稱：據尺裁，九十黍之長，空徑三分，空圍九分，容秬黍千二百粒。臣等用保信元送到黍尺、斛量，分寸畧同。復將保信實籥秬黍再累者尺校之，即長廣分寸不同。又秤一量，稱止是銖、兩、斤之數。臣等比保信元將到實籥黍校之，即同。又籥、合、升、斗等，籥徑九分，深七分二厘；合徑九分，深寸有三分八厘；升徑二寸六分九厘，深一寸六分二厘；斗徑五寸三分一厘，深四寸八厘。臣等詳保信籥法，稱徑闊九分，即當深一寸四厘。今保信合法稱徑闊九分，深一寸 15 三分八厘，自已差舛。其升斗之數，亦皆類此。兼據楚衍等狀，筭到籥、合、升、斗皆不相合，亦不合周漢量法。又據阮逸、胡瑗鍾律法黍尺一條，稱以上黨羊頭山秬黍中者，累廣求尺，制黄鍾之

〔一〕爲：原作「有」，據《宋史》卷一二七《樂志》二改。
〔二〕張文收：原作「張文牧」，據《宋史》卷一二七《樂志》二改。
〔三〕安宋：原作「安朱」，據下文及《補編》頁二二五改。
〔四〕匡：原作「正」，據《魏書》卷一〇七上《律曆志》改。
〔五〕銘曰：原作「名」，據《隋書》卷一六《律曆志》上改補。

聲〔一〕。臣等詳，逸等尺以大黍百粒，累廣成之，復令尺匠石素等將逸等送到黄鍾管内秬黍二百粒，以黍廣爲分，再累到尺二條，比逸等元尺，一條短七黍，一條短三黍半。蓋逸等元尺並用一等大黍累成，其實管之黍大小不均，致有差異。又銅律管十二枚，臣等將黄鍾一管，據楚衍等筭到圍九方分之法校之〔二〕，黄鍾管長九寸，徑三分四厘六毫强，圍一寸三厘九毫二絲强。如用逸等元將到黍尺校之，累同；若將逸等實龠秬黍再累者尺校之，即長廣分寸不同。又銅稱二量，稱以兩黄鍾之龠合爲一兩，十六兩爲斤。自銖至斤，作銖稱一；又以斤至鈞，作鈞稱一。鈞稱之制，衡修三尺六寸，權重七十二兩，權〔行〕〔形〕圜，而環之肉倍好〔三〕。臣等以逸等元將到實龠黍校之，即同。又龠、合、升、斗、斛、豆、區〔四〕、鬴等：龠方一寸，深八分一厘；合方一寸，深一寸六分二厘；升方三寸，深一寸八分；斗方六寸，深四寸五分；斛方一尺，深一尺六寸二分；豆方四寸，深四寸五厘，容四升〔五〕；區方六寸，深七寸一分，容一斗六升；鬴方一尺，深一尺三分七厘弱，容六斗四升。據楚衍等再筭逸等所製量方深寸，如用逸等元累黍尺校之，即合量法；若將逸等實16龠秬黍再累者尺參校，即有差異。又鍾、〔聲〕〔磬〕各一架，臣等看詳，雖形制有合典故，又緣黍尺已差，難爲定奪。臣等檢詳鍾律典故，自晉至隋，累黍之法但求尺裁管，不以權量互相酬校，故歷代黄鍾之管、容黍之數不同。惟後周因掘地得古玉斗，據斗造律，兼制權量，亦不同周、漢制度。然《虞書》所載『協時月正日，同律度量衡』，司馬遷亦云：『王者制事立法，物度軌則一稟於六律，爲萬事根本焉。』故《漢志》有備數、和聲、審度、嘉量、權衡之説，悉起於黄鍾之數。今若欲器之制參互無失，則班《志》積分之法爲近。其逸、瑗所進鍾律法奏議，管龠權量積分之數，前志中雖不明述方分，今據秋官正楚衍等再以《九章》等術及《禮記》投壺法推究開方，求所合班《志》。逸等以大黍累尺、小黍實龠，即於本法自相違戾。所以鄧保信黍尺以長爲分，雖合後魏公孫崇所説，然當時已不施用。況保信今尺以圓黍累之，及首尾相銜處，又與實龠之黍再累到大不同。其量器分寸既不合，則權衡之法不可獨用。所有安宋、何文廣元進《樂本圖》及《樂纂録祕訣》，於鍾律制度别無可采。」詔悉罷之。

十九日，詔丁度等將太府寺四等尺比較，詳定可以行用者聞奏。度等言：「伏以尺度之興，其來尚矣。《周官》『璧羨以起度』，度徑八寸、袤一尺。《禮記》『大夫布手爲尺』，《淮南子》十二粟爲寸，《孫子》十厘爲分、十分爲寸，雖存異説，莫可適從。《漢志》：元始中，召天17下通知鍾律者百

〔一〕制：原作「於」，據《宋史》卷一二七《樂志》二改。
〔二〕方分：原作「分分」，據《宋史》卷一二七《樂志》二改。
〔三〕肉：原作「内」，據《補編》頁二二六改。
〔四〕區：原作「鬴」，據《補編》頁二二六改。
〔五〕升：原作「斗」，據《補編》頁二二六改。

餘人，使劉歆典領之。是時周滅二百餘年，古之律度當有存者，以歆之博貫藝文，曉達曆筭，有所制作，宜不凡近。其審度之法云：一黍之廣爲分，十分爲寸，十寸爲尺。先儒訓解經籍，率多引以爲義，歷世祖襲，著之定令。然而歲有豐儉，地有磽肥，就令一歲之中、一境之内，取黍較驗，亦復不齊。是蓋天地之生，理難均一，古之立法，存其大槩耳。故前代制尺，非特累黍，必求古雅之器以參校焉。晉泰始十年，荀氏校定尺度，以調鍾律，是爲晉之前尺。以古物七品勘之：一曰姑洗玉律，二曰小吕玉律，三曰西京銅望臬，四曰金錯望臬，五曰銅斛，六曰古錢，七曰建武銅尺。當時以荀尺揆古器，與本銘尺寸無差〔一〕，前史稱其用意精密焉。《隋志》所載諸代尺度十有五等，然以晉之前尺爲本，以其與姬周之尺、劉歆銅斛尺、建武銅尺相合。臣等竊惟，周、漢二代，饗年永久，聖賢制作，可取則焉。而隋鑄毀金石，典正之物罕復（有）〔存〕者。臣等以爲，古物之有分寸，明著史籍，可以酬驗者，惟有錢法而已。周之圜法，歷載曠遠，莫得而詳。秦之半兩，實重八銖，漢初四銖，其文亦曰『半兩』。孝武之世，始行五銖；下曁隋朝，多以五銖爲號。既歷代尺度屢改〔二〕，大小輕重，鮮有同者。惟劉歆制銅斛之世，所鑄錯刀并大泉五十，王莽天鳳元年改鑄貨布〔三〕、貨泉之類，不聞後世有鑄者。臣等檢詳《漢志》〔四〕、《通典》、《唐六典》云：大泉五十重 **18** 十二銖，徑一寸二分。錯刀環如大泉，身形如刀，長二寸。貨布重二十五銖，長二寸五分，廣一寸；首長八分有奇，廣八分；足枝長八分，間廣二分，圓好徑二分半。貨泉重五銖，徑一寸。臣等今以上件大泉、錯刀、貨布、貨泉四物互相參校，分寸正同。或有大小輕重，與本志微差者，蓋當時盜鑄既多，不必皆中法度，但當校其首足肉好、長廣分寸皆合正史者用之，則銅（斗）〔斛〕之尺從而可知矣。伏況經籍制度，皆起周世，劉歆術業之傳，祖冲筭數之妙，晉荀氏之詳密，既合姬周之尺，則最爲可法者焉。兼詳隋牛里仁等議稱：後周太祖令蘇綽所造鐵尺，與宋尺符同，即以調鍾律〔五〕，并用均田度地。按《隋志》：後周鐵尺及宋尺比晉前尺長六分四厘〔六〕。唐祖孝孫云：隋平陳之後，廢周玉尺，用此鐵尺律。然則比晉前尺並長六分四厘〔七〕。今司天監景表尺，和峴所謂西京銅望臬者，蓋以其洛都舊物也。晉荀氏所謂西京銅望臬者，蓋西漢之物，和峴謂洛陽西京，乃唐東都耳。五代兵亂，不聞改制，測景之事，計即是唐尺。今以貨布、錯刀、貨泉、大泉等校之，則景表尺長六分有奇，畧合宋氏、周、隋之尺。由此論之，則銅斛與貨布

〔一〕銘：原作「名」，據《補編》頁二二七改。
〔二〕改：原作「次」，據《長編》卷一一九改。
〔三〕元年：原作「五年」，據《長編》卷一一九改。
〔四〕志：原作「法」，據《長編》卷一一九改。
〔五〕調鍾律：原作「鍾調律」，據《長編》卷一一九乙正。
〔六〕比：原作「皆」，據《補編》頁八四三改。
〔七〕比：原作「此」，據《補編》頁八四三改。

等尺寸昭然可知矣。有唐享國三百年，其制作法度雖未及乎周、漢，然亦可謂治安之世。今朝廷必求尺度之中，當依漢錢分寸。若以爲太祖皇帝膺圖受禪，創制垂法，嘗詔和峴等用景表尺典修金石，七十年[19]間，薦之郊廟，稽合唐制，以示詒謀，則可且依景表舊尺，俟天下有妙達鍾律之學者，俾考正之，以從周、漢之制。其王朴律準尺，比漢錢尺寸長二分有奇，比景表尺短四分〔一〕，既前代不曾施用，復經太祖朝更改。其阮逸、胡瑗、鄧保信并李照所用太府寺等尺，其制彌長，去古彌遠。及阮逸狀進《周禮》度量法議，欲先鑄嘉量，然後取尺度權衡，其説疏舛，不可依用。臣等輒率愚慮，蓋守舊文，至於音律，皆非素習，承詔自竭，伏用惶恐。謹再量造到景表尺一條，及以漢錢校定造到尺二條，并大泉、錯刀、貨布、貨泉共十七枚上進，乞自聖鑒裁處〔二〕。」詔度等將錢尺、景表尺各造律管，比驗阮逸、胡瑗并太常新舊鍾磬，較音高下聞奏。度等言：「前承詔定奪太府寺四尺中可用尺度，止是檢詳前代典故，及將《漢志》古錢分寸比量參校，得司天監景表石尺畧合宋、周、隋之尺，兼太祖朝嘗詔和峴用以改修金石，乞依景表舊尺施用。今被旨令造律管，比驗音韻高下。伏緣臣等不閑音藝，累已陳述，若止令太常教坊樂工一面考正〔三〕，又慮難以憑實。欲望特降聖旨，別選差通曉音律臣僚一兩員總領較定〔四〕，庶得精審。」既而詔罷其事。

景祐五年五月十九日，右司諫、直集賢院韓琦言：「臣先奉詔詳定鍾律，嘗覽《景祐廣樂記》，伏覩李照所造樂不依古法，率意妄行，別爲律度，朝廷因而施用，識者久以爲非。今來南郊在近，不可重以[20]違古之樂上薦天地宗廟。臣竊聞太常舊樂見今存在，伏乞將來郊廟大禮復用舊樂。」詔三司使晏殊、資政殿大學士宋綬與兩制詳定以聞〔五〕。綬等言：「參詳李照新樂比舊樂減下三律，衆論以爲無所依據，欲望將來郊廟行禮且用和峴所定舊樂。兼得太樂令單仲辛等狀稱：舊樂鍾磬内不經李照鐫磨者，見存餘七架，將來郊廟殿廷可以互換祗應〔六〕。」並從之。

康定元年三月十八日，太子中允阮逸上《鍾律制議并圖》三卷，詔送秘閣。

皇祐二年四月二十八日，太常言：「五郊迎氣，各用本音之樂。上辛祀感生赤帝，即隨月用律。今明堂祀上帝，宜隨月用律，以無射爲宮。五天帝用迎氣所奏五音：青以姑洗爲角，赤以林鍾爲徵〔七〕，黄以黄鍾爲宮，白以太簇爲商，黑以南宮爲羽。」詔禮官議定。五月十一日上言：「隨

〔一〕比：原作「此」，據《補編》頁八四三改。
〔二〕鑒：原作「監」，據《補編》頁八四三改。
〔三〕面：原作「而」，據《補編》頁八四三改。
〔四〕總：原脱，據《長編》卷一一九補。
〔五〕資：原作「次」，據《補編》頁二二八改。
〔六〕祗：原作「抵」，據《補編》頁二二九改。
〔七〕徵：原作「祉」，據《玉海》卷七改。按，此乃宋人避仁宗趙禎諱，「徵」與「禎」同音，故改字。此處雖不同音，亦改。

月用律，九月以無射爲均。五天帝各用本音之樂，如太常所定。」詔可。

〔五月〕二十三日〔一〕，御製明堂樂曲及二舞名。

六月四日，御撰明堂樂八曲，以君、臣、民、事、物配屬五音，凡二十聲爲一曲。用宮變、徵變者，天、地、人、四時爲七音，凡音三十聲爲一曲。以子母相生，凡二十八聲爲一曲。皆黃鍾爲均。又以明堂月律五十七聲爲二曲，皆無射爲均。又以二十聲、二十八聲、三十聲爲三曲，亦無射爲均，皆自黃鍾宮轉入無射。或當用四十八或五十七聲，則如前譜次第成曲，其徵聲自同本律。又製鼓吹、警嚴曲〔二〕、合宮歌一闋。21《玉海》〔三〕：丁卯御撰黃鍾五音五曲，凡五十七聲，下太常肄習之。

十一日，翰林學士承旨王堯臣等言：「奉詔與太常寺參議阮逸所上《編鍾四聲清譜法》，請用之於明堂者。竊以律呂旋宮之法，既定以管，又制十二鍾準爲十二正聲〔四〕，以律計，自倍半。説者云：半者，準正聲之半，以爲十二子聲之鍾，故有正聲、子聲各十二。子聲，即清聲也。其正管長者爲均，自用正聲；正管短者爲均，則通用子聲，而成五音。然求聲之法，本之於鍾，故《國語》所謂『度律均鍾』者也。其編縣之法，則歷代不同。或以十九爲一虡者，蓋取十二鍾當一月之辰〔五〕，又加七律焉。或二十一爲虡者，以一均聲更加濁倍。或以十六爲一虡者，以一均清〔六〕、正爲十四，宮商各置一副，是謂縣八用七也。或以二十四爲一虡，則清、正之聲備。故唐制以十六數爲小架，二十四爲大架，天地、宗廟、朝會等各有所施〔七〕。今太常鍾縣十六者，舊傳正聲之外有黃鍾至夾鍾四清聲，雖於圖典未明所出，然考之實有義趣。蓋自夷則至應鍾四律爲均之時〔八〕，若盡用正聲，則宮輕而商重，緣宮聲以下不容更有濁聲。一均之中，宮弱商强，是謂陵僭〔九〕，故須用子聲〔一〇〕，乃得長短相叙。自角而下，亦循兹法。故夷則爲宮，則黃鍾爲角；南呂爲宮，則大呂爲角；無射爲宮，則黃鍾爲商，（又）太簇爲角；應鍾爲宮，則大呂爲商，夾鍾爲角。蓋黃鍾、大呂、太簇、夾鍾正律俱長，並當用清聲。如此，則音律相諧，而無所抗。22此四清聲可用之驗也。至他律爲宮，其長短

〔一〕五月：原無，據《玉海》卷七補。

〔二〕警：原作「驚」，據《玉海》卷一〇六改。

〔三〕原無「玉海」二字，又「丁卯」至「肄習之」皆作正文大字。按《宋會要》記日皆用數字，此不應忽用干支。且丁卯爲六月十二日，本書下文「十二日」條正記此事，不應此處重出。查「丁卯」以下文字見於《玉海》卷七，此乃是《大典》引《玉海》之文爲注，非《會要》之文。今補「玉海」二字，並改爲小字。

〔四〕制：原脱，據《長編》卷一六八補。

〔五〕二：原脱，據《長編》卷一六八補。

〔六〕一：原脱，據《長編》卷一六八補。

〔七〕朝：原作「廟」，據《長編》卷一六八改。

〔八〕自：原無，據《長編》卷一六八補。

〔九〕僭：原作「替」，據《長編》卷一六八改。

〔一〇〕須：原作「雖」，據《長編》卷一六八改。

尊卑自序者不當更以清聲間之。自唐末多故，樂文墜缺，考擊之法，久(以)〔已〕不傳，今若使匏、土、絲、竹諸器盡求清聲，即未見其法。又據大樂諸工所陳，自磬、(蕭)〔簫〕、琴、和、巢(生)〔笙〕五器本有清聲，塤、篪、竽、筑、瑟五器本無清聲。五絃阮、九絃琴則有太宗皇帝聖製譜法，至歌工引音極唱，止及黄鍾清聲。臣等參議，其清、正二聲既有典據，理當施用。自今大樂奏夷則以下四均，正律爲宫之時，商、角依次並用清聲，自餘八均盡如常法。至於絲、竹等諸器〔一〕，舊有清聲者，令隨鍾石教習〔二〕；本無清聲者，未可創意求法，但當如舊。惟歌者本用中聲〔三〕，故夏禹以聲爲律，明人皆可及；若强所未至，足累至和，請止以正聲作歌。應合諸器亦自是一音，别無差戾。其阮逸所上聲譜，以清濁相應，先後互擊，取音靡曼，似近鄭聲，不可用。」從之。

十二日，以御製黄鍾五音五曲凡五十七聲付太常教習施行。

七月三日，内出御製明堂無射宫樂曲譜三，皆五十七字：五音一曲，捧俎用之；二變七律一曲，飲福用之；七律相生一曲，退文舞、迎武舞及亞獻、三獻、徹豆用之。

(八月)二十二日〔四〕，上封者言：「明堂酌獻五帝《精安之曲》，並用黄鍾一均聲，此常祀五時迎氣所用，若親饗，則未安。且明堂五室之位，皆用五行本始所王之次，獻神之樂當用五行本始之月律，各從其音以爲曲。《精安》五曲宜以無射之均：太簇 23 爲角，以獻青帝；仲吕爲徵〔五〕，以獻赤帝；林鍾爲宫，以獻黄帝；夷則爲商，以獻白帝；應鍾爲羽，以獻黑帝。」《玉海》〔六〕：王堯臣言：「《開(實)〔寶〕通禮》用周制，祭天以夾鍾，降神則奏黄鍾、歌大吕；宗廟以黄鍾，饗神則奏無射、歌夾鍾；祈穀、明堂盡用祀天之樂。先帝東封西祀以前，皆遵用，後有司稍失傳。孫奭《崇祀録》：『五方帝降神之樂與昊天同，酌獻則各奏本方之音，皆隨月用律爲均。』又云：『聖朝定禮，隨月用律，如十一月則升降奠獻皆以黄鍾爲均。』」詔俟大禮畢别加詳定。

皇祐三年十二月二十七日，益州進士房庶爲秘書省校書郎，命上《律吕旋相圖》。庶，成都人。宋祁嘗上其所著《樂書補亡》三卷，田況自蜀還〔七〕，亦言其知音。既召赴闕，(其)〔具〕言：「太常樂比古樂高五律。古以黄鍾起尺，而今累黍爲尺以製律，非是。」馬端臨《文獻通考》：宋祁、田況薦益州進士房庶曉音，祁上其《樂書補亡》三卷，召詣闕。庶自言：「常得古本《漢志》云〔八〕：『度起於黄鍾之長，以子穀秬黍中者，一黍之起，積一千二百黍之廣度之，九十分黄鍾之長，一爲一分。』今文脱『之起積一千二百黍』八字。故自前世以來，累黍爲赤以製律，是律生於尺，尺非起於黄鍾也。且《漢志》云『一爲一分』者，蓋九十分之一。後儒誤以一黍爲一分，其法非是。當以秬黍

〔一〕諸：原作「清」，據《長編》卷一六八改。
〔二〕令：原作「今」，據《宋史》卷一二七《樂志》二改。
〔三〕用：原作「無」，據《宋史》卷一二七《樂志》二改。
〔四〕「二十二日」上原有「八月」二字。按此條，《長編》卷一六八、《玉海》卷七均繫於七月二十二日丁未，作「八月」誤，據删。
〔五〕徵：原作「祉」，據《宋史》卷一二七《樂志》二改。
〔六〕玉海：原無，按此段小注乃《玉海》卷七之文，今補二字。
〔七〕田：原作「曰」，據《長編》卷一七一改。
〔八〕古本：原作「古今」，據《文獻通考》卷一三一改。

中者一千二百實管中，黍盡，得九十分，爲黄鍾之長〔一〕。九寸加一以爲赤，則律定矣。」直秘閣范鎮是之，乃爲言曰：「照以縱黍累赤〔二〕，管空徑三 24 分，容黍千七百三十。瑗以横黍累赤，管容黍一千二百，而空徑三分四釐六毫。是皆以尺生律〔三〕，不合古法。今庶所言，實千二百黍於管，以爲黄鍾之長，就取三分以爲空徑，則無容受不合之差，校前二説爲是。蓋累黍爲赤，始失之於《隋書》，當時議者以其容受不合，棄而不用。及隋平陳，得古樂器，高祖聞而嘆曰：『華夏舊聲也。』遂傳用之。至唐祖孝孫、張文收號稱知音，不能更造赤律，止沿隋之古樂制定聲器。朝廷久以鍾律未正，屢下詔書，博訪群議，冀有所獲。今庶所言以律生赤，誠衆論所不及。請如其法試造赤律，更以古器參攷，當得其真。」乃令直祕閣范鎮同於修制大樂所，依其所説而制造之。至是上律〔四〕、尺、龠三物。律徑三分，圍九分，長九十分。龠徑九分，深一寸。尺起黄鍾之長加十分，而律容受千二百黍。皆合其聲，才下三律。蓋用今黍，而非古所謂一稃二米黍也〔五〕。庶又言〔六〕：「古有五音，而今無正徵音。」又言：「《尚書》『同律度量衡』，所以齊一風俗。今太常、教坊、鈞容及天下州縣各自爲律，非《尚書》同律之義。且古者帝王巡狩方岳，必考禮樂同異，以行誅賞。自今宜自京師及天下州縣，頒格律，不令有異。如有擅高下者，乞依古加罪。」帝因召輔臣觀庶所進律及尺、龠，又令庶自陳其事。帝因問旋相爲宫事，令撰圖以進。其説：「五行相生，以黄鍾爲宫；林鍾爲閏宫；太簇爲商，土生金也；南呂爲羽，金生水也；姑洗爲閏羽；應 25 鍾爲角，水生木也；蕤賓爲徵，木生火也。而世以林鍾爲變徵，應鍾爲宫，以旋相之法推之，則五行相戾，非是。」繼上其圖。而胡瑗、阮逸制樂已有定議，止以圖送詳定所，推恩而遣之。

其後，直秘閣范鎮上書言：「陛下制樂，以事天地、宗廟，以揚祖宗之休，兹盛德之事也。然自下詔以來，及今三年，有司之論，紛然未決，蓋由不議其本而争其末也。竊惟樂者和氣也，發和氣者聲音也。聲音之生，生於無形，故古人以有形之物傳其法，俾後人參考之，然後無形之聲音得，而和氣可道也。有形者何？秬黍也，律也，尺也，龠也，鬴也，斛也，筭數也，權衡也，鍾也，磬也。是十者必相合而不相戾，然後爲得也；今皆相戾而不相合，則爲非是矣。有形之物非是，而欲求無形之聲音和，安可得哉！臣謹條十者非是之驗列于左，惟陛下裁擇焉。按《詩》：『誕降嘉種，維秬維秠。』誕降者，天降之也。許慎云：『秬，一稃二米。』又云：『一秠二米。』後漢任城縣産秬黍三斛八斗，實皆二米，史官載之，以爲嘉瑞。又古人以秬黍爲酒者，謂之秬鬯。宗廟降神，惟用一尊，諸侯有功，惟賜一卣〔七〕，以明天降之物，世不常有而貴（一）〔之〕也。今秬黍取之民間（間）者

〔一〕爲：原脱，據《長編》卷一七一補。
〔二〕以：原作「依」，據《文獻通考》卷一三一改。
〔三〕尺：原作「入」，據《文獻通考》卷一三一改。
〔四〕至：原無，據《補編》頁二三〇補。
〔五〕稃：原作「桴」，據《文獻通考》卷一三一改。
〔六〕庶：原無，據《文獻通考》卷一三一補。
〔七〕以上二句，「一尊」原作「二尊」，「一卣」原亦作「二尊」，并據《國朝二百家名賢文粹》卷六九、《長編》卷一七二改。

動至數斛，秠皆一米，河東之(米)〔人〕謂之黑黍。設有真黍，以取數至多，不敢送官。(比)〔此〕秬黍爲非是，一也。又按，先儒皆言：律空徑三分，圍九分，長九十分，容千二百黍，積實八百一十分。今律空徑三分四厘六毫，圍十分三厘[26]八毫，是圍九分外，大其一分三厘八毫，而後容千二百黍。除其圍廣，則長止七十二分六厘矣。説者謂四厘六毫爲方分，古者以竹爲律，竹形本圓，而今以方分置筭。此律之爲非是，二也。又按《漢書》分、寸、尺、丈、引本起黄鍾之長，又云九十分黄鍾之長。黄鍾之長者〔一〕，據千二百黍而言。千二百黍之施於量，則曰黄鍾之龠；施於權衡，則曰黄鍾之重；施於尺，則曰黄鍾之長。今遺千二百黍之數，而以百黍爲尺，又不起於黄鍾，此尺之爲非是，三也。又按《漢書》言，龠其狀似爵〔二〕。爵謂爵琖，其體正圓，故龠當圓徑九分，深十分，容千二百黍〔三〕，積實八百一十分，與律分正同。今龠乃方一寸，深八分一厘，容千二百黍，是亦以方分置筭也。此龠之非是，四也。又按《周禮》鬴法，方尺，圓其外，深尺，容六斗四升。方尺者，八寸之尺也；深尺者，十寸之尺也。何以知尺有八寸、十寸之别？按《周禮》：『(壁)〔璧〕羡度尺，好三寸以爲度〔四〕。』(壁)〔璧〕羡之制，長十寸，廣八寸，同謂之度尺。以爲尺，則八寸、十寸俱爲尺矣。又《王制》云：『古者以周尺八尺爲步〔五〕，今以周尺六尺四寸爲步。』八尺者，八寸之尺也；六尺四寸者，十寸之尺也。同謂之周尺者，是周用八寸、十寸尺明矣。故知以八寸尺爲鬴之方，十寸尺爲鬴之深，而容六斗四升，千二百八十龠也，積實一百(二)〔三〕萬六千八百分。今鬴方尺，積十寸，此鬴之非是，五也。又按《漢書》斛法〔六〕，方尺，圓其外，容十斗，旁有庣焉。當(隨)〔隋〕時，漢斛尚在，故[27]《隋書》載其銘曰：『律嘉量斛，方尺，圓其外，庣旁九厘五毫，冪百六十二寸，深尺，容一斛。』今斛方尺，深一尺六寸二分，此斛之法非是，六也。又按筭法，圓分謂之徑圍〔七〕，方分謂之方斜。所謂『徑三、圍九、方五、斜七』是也。今圓分而以方法筭之，此筭數非是，七也。又按權衡者，起千二百黍而立法也。周之鬴，其重一鈞，聲中黄鍾；漢之斛，其重二鈞，聲中黄鍾。鬴、斛之制，有容受，有尺寸，又取其輕重者，欲見薄厚之法，以考其聲也。今黍之輕重未真，此權衡爲非是，八也。又按，鳧氏爲鍾，大鍾十分其鼓間〔八〕，以其一爲之厚；小鍾十分其鉦間，以其一爲之厚。今無大小厚薄，而一以黄鍾爲率，此鍾之非是，九

〔一〕黄鍾之長：原脱，據《國朝二百家名賢文粹》卷六九補。
〔二〕似：原作「以」，據《國朝二百家名賢文粹》卷六九改。
〔三〕二：原無，據《補編》頁二三一補。
〔四〕度：原作「尺」，據《周禮·考工記》改。
〔五〕尺：原作「寸」，據《禮記·王制》改。
〔六〕漢書：原作「秦書」，據《國朝二百家名賢文粹》卷六九改。
〔七〕圓：原作「圍」，據《長編》卷一七二改。
〔八〕鼓：原作「彭」，據《周禮·考工記》改。

也。又按，磬氏爲磬，倨句一矩有半〔一〕，其博爲一，股爲二，鼓爲三，蓋各以其律之長短爲法也。今亦以黄鍾爲率，而無長短薄厚之别，此磬之非是，十也。前此者皆有形之物也，易見者也，使其一不合，則未可以爲法，況十者之皆相戾乎？臣固知其無形之聲音不可得而和也。請以臣章下有司，問黍之二米與一米孰是？律之空徑三分與三分四厘六毫孰是〔二〕？律之起尺與尺之起律孰是〔三〕？龠之圓制與方制孰是？鬴之方尺、圓其外、深尺，與方尺、積十寸孰是〔四〕？斛之方尺、圓其外、庣旁九厘五毫，與方尺、深尺六寸二分孰是〔五〕？筭數之以圓分與方分孰是？權衡之重以二米秬黍與一米孰是？鍾磬依古法有大小輕重、厚薄長短而中律，與不依古法而 28 中律孰是？是不是定，然後制龠、合、升、斗、鬴、斛以較其容受；容受合，然後下詔以求真黍，真黍至，然後可以爲量，爲鍾磬；量與鍾磬合於律，然後可以爲樂也〔六〕。今夫律本末未定，而詳定、修制二局工作之費無慮千萬計矣，此議者所云云也。然議者不言，有司論議依違不決，而顧謂陛下作樂爲過舉，又言當今宜先政令，而禮樂非所急，此臣之所尤惑也。儻使有司合禮樂之論，是其所是，非其所非，陛下親臨決之，顧於政令不已大乎？昔漢儒議鹽鐵，後世傳《鹽鐵論》。今陛下定雅樂，以求廢墜之法，而有司論議不著盛德之事，後世將何考焉？願陛下令有司，人各以經史論議條上，合爲一書，則孰敢不自竭盡，以副陛下之意？如以臣議爲然，伏請權罷詳定、修制二局，俟真黍至，然後爲樂，則必得至當，而無事於浮費也〔七〕。」詔送詳定大樂所。

皇祐五年九月十九日，御崇政殿，召近臣、宗室、臺諫官、省府推判官觀新樂及新作晉鼓、三牲鼎、鸞刀。先是，鍾磬之音未合古法，詔中書、門下集兩制及太常、禮官與知鍾律者考定其當〔八〕。然議者各安己習，久而不決，乃命諸家各作鍾律以獻〔九〕，親臨視之。然古者黄鍾爲萬事根本〔一〇〕，故尺量權衡皆起於黄鍾。至晉、隋間，累黍爲尺，而以制律，容受卒不能合。及平陳，得古樂，遂用之。唐興，因其聲以制樂，其器雖無法，而其聲猶不失於古。五代之亂，大樂淪散，王朴始用尺定律，而聲與 29 器皆失之，故太祖患其聲高，特減一律，至是又減半律。然太常樂比唐之聲猶高五律，比今燕樂高三律。帝雖勤勞於制作，而未能得其當者，有司失之於以尺而生律也。又新作鼓、鼎、刀，

〔一〕倨句一矩：原作「股句一短」，據《周禮·考工記》、《宋史》卷七一《律曆志》四改。
〔二〕「徑」原作「圍」，「三分四厘」原脱「三分」，據《長編》卷一七二改補。
〔三〕起尺與：原作「準尺而」，據《長編》卷一七二改。
〔四〕積十寸：原脱，據上文補。
〔五〕尺六寸二分：原作「尺十二分」，據《國朝二百家名賢文粹》卷六九改。
〔六〕後：原作「律」，據《長編》卷一七二改。
〔七〕浮：原作「桴」，據《長編》卷一七二改。
〔八〕者：原脱，據《長編》卷一七五補。
〔九〕以：原作「考」，據《長編》卷一七五改。
〔一〇〕萬：原作「律」，據《長編》卷一七五改。

以補禮器之缺。以光禄寺丞、國子監直講胡瑗爲大理寺丞，復勒停人阮逸爲尚書屯田員外郎，内侍省内侍押班、左騏驥使、英州團練使鄧保信爲榮州防禦使，入内東頭供奉官賈宣吉爲内殿承制。並以上所定鍾律成〔一〕，特遷之。王應麟《玉海》：劉敞獻律、鍾、鼎、鸞刀之銘四章，表曰：「陛下敕有司宿儒，據周漢舊典及魏晉以來百家之説，參覈是非，以立鍾律。前後二十餘年，及得其真，至詳至謹，無以加矣。律初就，以較尺寸，與司天景表正合，可謂得天。及以鑄鍾考其聲，下王朴一律，如太祖之素；又因以興神鼎、鸞刀，奉事郊廟。出於聖慮，稽合典訓。」《律銘》曰：「律之長以立度，以軌天下。律之實以爲量，以禄四方。律之重以起權，萬物運焉。律之數以治曆，四時不忒。律之聲以和樂，以詔述作。上儀之天，陽晷既同；下揆之地，八風攸從。天地是符，而況於人乎？況於鬼神乎？」

哲宗元祐(元)〔三〕年閏十二月〔二〕，楊傑言：「元豐中嘗詔范鎮、劉几與臣詳議郊廟大樂，既成而奏，稱其和協。近見鎮有《元祐新定樂法》，頗與樂局所議不同。竊緣其樂先經仁宗製作，後經神考睿斷，奏之郊廟朝廷，蓋已久矣，不可用鎮一家之説而遽改之，遂撰成《元祐 30 樂議》七篇。」其《議樂章》曰：「國朝大樂，所立曲名各有成憲，不相淆雜，所以重正名也。故廟堂之樂皆以『大』名之，如《大喜》、《大仁》、《大英》之類是也。今鎮以《文明之曲》進獻祖廟〔三〕，以《大成之曲》進呈皇帝〔四〕，以《萬歲之曲》進呈太皇太后，其名未正，恐難以施於宗廟朝廷。」《議秬秠》曰：「按《爾雅》曰：『秬，黑黍。』又曰：『秠，一稃二米。』法律有用秬黍之文，即無用秠之説〔五〕。《詩》云『維秬維秠』者，蓋秬是黑黍，秠乃一稃二米之黍，其種相異。鎮以爲必得秠然後製律，臣未之前聞也。」《議量》曰：「臣元豐議樂時，常見鎮所造銅量，斛在上，斗在下，左耳爲升，右耳上爲合〔六〕，下爲龠。上三下二，與漢制符矣。《漢(制)〔志〕》曰：『量，聲中黄鍾〔七〕，始於黄鍾而反覆焉。』孟康曰：『反斛聲中黄鍾，覆斛亦中黄鍾之宫。』是時嘗叩鎮所造銅量〔八〕，其聲不與黄鍾相合。鎮言後來所制量斛止用舊法〔九〕，臣審知其不與漢制符也。若更其制，則臣不知也。但以鎮所造黄鍾之鍾參考量聲，則可知其聲之中否。」《議鍾》曰：「鎮言：『今太常鍾無大小，無厚薄，無金齊，一以黄鍾爲率，而磨以取律之合〔一〇〕，故黄鍾最薄而輕，自大呂以降，迭加重厚。是以卑陵尊，以小加大，其可得乎〔一一〕？』」《議聲器》曰：

〔一〕成：原脱，據《長編》卷一七五補。
〔二〕三年：原作「元年」，據本書樂五之一五改。閏十二月在三年。
〔三〕「鎮」原無，「之」原作「文」，據《補編》頁二三七、《宋史》卷一二八《樂志》三補改。
〔四〕大成：原作「成安」，據《補編》頁二三七、《宋史》一二八《樂志》三改。
〔五〕秠：原作「秬」，據《補編》頁二三七及下文文意改。
〔六〕上：原脱，據《補編》頁二三七補。
〔七〕聲：原作「升」，據《補編》頁二三七、《漢書・律曆志》上改。
〔八〕鎮：原作「鍾」，據《補編》頁二三七改。
〔九〕止：原作「上」，據《補編》頁二三七改。
〔一〇〕磨：原作「摩」，據《宋史》卷一二八《樂志》三引范鎮《論鐘》篇改。
〔一一〕按，據《宋史》卷一二八《樂志》三，以上所引皆范鎮《論鐘》篇之文，而無楊傑之駁議，似有脱文。

「鎮論聲器之失，以爲國朝李照以縱黍累尺，胡瑗以横黍累尺，皆失之於以尺而生律也。房庶之法以律而生尺，得古之制。鎮用太府尺以爲樂尺，下今樂一律有奇，以爲得其理。謹按（皇）〔黄〕帝命伶倫斷竹節兩間，聽鳳之鳴，以爲律[31]呂。此造律之本也，初無用黍之法。至《漢·律曆志》則曰：『度本起黄鍾之長，以子穀秬黍中者一黍之廣度之，九十分黄鍾之長，一爲一分。』又曰：『量起於黄鍾之龠，用度數審其容，以子穀秬黍中者千有二百實其龠。』乃有用黍之制矣。鎮以謂世無真黍，乃用太府尺以爲樂尺，蓋出於鎮一家之言；而又下一律有奇，其實下舊樂三律矣。然則管笛之類比舊差長，竅比舊差大而短，未知久長而可用之乎？」鎮樂律卒不行。

徽宗崇寧三年正月二十九日，中書門下省、尚書省送到魏漢津劄子：「臣聞通二十四氣，行七十二候，和天地，役鬼神，莫善於樂。伏犧以一寸之器，名爲含微，其樂曰《扶桑》。女媧以二寸之器，名爲葦籥，其樂曰《光樂》。黄帝以三寸之器，名爲咸池，其樂曰《大卷》，三三而九，乃爲黄鍾之律。後世因之，至唐虞未嘗易。洪水之變，樂器漂蕩。禹效黄帝之法，以聲爲律，以身爲度，用左手中指三節三寸，謂之君指，裁爲宮聲之管；又用第四指三節三寸，謂之臣指，裁爲商聲之管；又用第五指三節三寸，謂之物指，裁爲羽聲之管。第二指爲民，爲角，大指爲事，爲徵。民與事，君、臣治之，以物養之，故不用爲裁管之法。得三指，合之爲九寸，即黄鍾之律定矣。黄鍾定，餘律從而生焉。又中指之徑圍乃容盛也，則度量權衡皆自是出而合矣。商周以來，皆用此法。因秦火，樂之法度盡廢，漢諸儒張蒼、班固之徒惟用累黍[32]容盛之法，遂至差誤。晉永嘉之亂，累黍之法廢。隋時，牛洪用萬寶常水尺。至唐室田畸及後周王朴，並有水尺之法。本朝爲王朴樂聲太高，令竇儼等裁損，方得聲律諧和。聲雖諧和，即非古法。」漢津又曰〔一〕：「有大聲，有少聲。大者清聲，陽也，天道也；少者濁聲，陰也，地道也；中聲，人道也。今欲請聖人三指爲法，謂中指、第四指、第五指各三節。先鑄九鼎，次鑄帝座大鍾，次鑄四韻清聲鍾〔二〕，次鑄二十四氣鍾，然後均絃裁管，爲一代之樂。」從之。（以上《永樂大典》卷二〇九一六）

〔一〕津：原作「律」，按，此乃指魏漢津，因改。
〔二〕鑄：原作「鍾」，據《宋史》卷一二八《樂志》三改。

宋會要輯稿　樂三

詳定樂律 一〔一〕

【宋會要】

1「俾來者有考焉爲樂志」〔二〕

國朝雅樂，登歌用工員三十一：歌四，塤、篪、巢笙、和、笛各二，編鍾、編磬各一，箏、阮咸、九絃琴、七絃琴、筑、瑟、簫各二，節鼓一。太樂令一員押樂，樂正一員節奏應奉，協律郎一員押麾，挾仗色一人主麾舉偃。親祠郊廟及上壽並同此制。歲時常祠，中祠以上用登歌樂，亦如之，而無協律郎、挾仗色及麾。南郊壇宮縣用工員二百六十五：歌三十，篪十六，塤十七，巢笙、笛〔各〕十六，編鍾、編磬、鎛鍾各十二，箏、阮咸、九絃琴、七絃琴、筑、瑟、簫各十六，竽、笙十四，建鼓四，柷、敔各一，雷鼓二。太樂令、丞各一員押樂，樂正各二員節奏應奉，協律郎一員押麾，挾仗色一人主麾舉偃，引樂官二人押引二舞。引武舞樂工十八人：鞉鼓、雙頭單頭鐸各二，持金錞四，奏金錞二，（饒）〔鐃〕、雅、相各二。部轄二舞一人，教二人，舞師一人；引二舞頭二人，引文舞執纛，引武舞並執旌；舞郎六十四人，文舞執翟、籥，武舞執干、戚。初，文舞畢，退，改服入就武舞。景靈宮、太廟並同。〔太〕廟改雷鼓用路鼓。奉慈廟不設鎛鍾，以特懸磬十二代之〔三〕，又無武舞。大朝會，御樓宣制册，並不設登歌二舞，及無路鼓，其宮縣樂工增歌四，篪、塤各一，巢笙、笛、箏、阮咸、九絃、七絃、筑、瑟、簫各二。餘同郊壇。

「其冠服同引舞之制」

2〔乾德四年〕十月一日〔四〕，詔太常寺置熊羆十二案及文武舞羽籥、干戚、樂工之數。本寺上言：「文舞六十六人，内二人執纛前引，其舞人並服進賢冠、黄紗袍、白紗中單、皂領褾〔五〕、白布大口袴、緑褠襠、革帶、烏皮履、白布襪。左手執籥，右手執翟。武舞六十六人，内二人執旌。其舞人並服武弁、平巾幘〔六〕、金支緋絲布大袖、白布豹文大口袴、紫褠襠、緋絲布兩襠、甲金飾、錦騰蛇起梁帶、烏皮靴。左手執干，右手執鏚。引舞十八人，内二人執髮，二人

〔一〕序號「一」原無，爲與後題照應加。

〔二〕俾來者有考焉爲樂志：此爲《宋史》卷一二六《樂志》總序之末句。蓋《永樂大典》此數卷本以《宋史・樂志》爲正文，以《宋會要》爲注，徐松輯録時，删去《宋史》之文，僅存各段之末句，而後抄録《宋會要》之文。而後來的整理者又將徐稿之文割裂，因此今之《輯稿》所存者已非徐稿原貌。其中部分殘文今尚存於《補編》頁八三〇至八四七。

〔三〕十二：原作「一二」，據《補編》頁二一一改。

〔四〕乾德四年：原無，據《玉海》卷一〇七補。以下此類年分脱落，皆因《大典》割裂《會要》之條文所致。

〔五〕褾：原作「標」，據《舊五代史》卷一四四《樂志》上改。

〔六〕巾：原作「口」，據《舊五代史》卷一四四《樂志》上改。

執鐸，六人執金錞，二人執鐃，二人執相，四人執雅。其引舞人並服武弁冠、朱褠衣、白絹袴、革帶、烏皮履、白布襪、紅抹額、黃臂韝。以上二舞郎并引舞共一百五十人，準例下教坊抽差年十五以上、二十以下容貌端正者（克）〔充〕；如不足，即下開封府選伶官子弟添填。其鼓吹十二案，設氈牀十二，爲熊羆騰倚之狀，以承其下。每案上大鼓一，羽葆鼓一，金錞一。歌二人，（蕭）〔簫〕二人，笳二人，十二案共一百八人。鼓吹二人。並服武弁冠、朱褠衣、白絹袴、革帶、烏皮履、白布襪、紅抹額、黃臂韝，亦（不）〔下〕教坊、開封府選充。其案合用鉤蘭氈二十四，蘭蓆百，錦額十二，鼓（塠）〔槌〕二十四，鼖、旌、鼗鼓、金鐃、雅、相各二，簫、翟、干、戈各六十四，熊羆三十六，梯十二。」並詔少府監修製，熊羆案令八作司造。二舞合用樂章四首，詔翰林學士陶穀、竇儀分撰，付本寺教習。

「事具律曆志」

3 峴奏議曰〔一〕：「十二月聲，含在寂默，古聖設法，演而出之。立尺寸作爲律呂，三分損益，上下相生，取合真音，謂之形器。但以尺寸長短非書可傳，故累秬黍，永爲準的。後代試之，或不符會。西京銅望臬可校古法，今司天臺影表上有銅臬，下有石尺是也。今以朴尺比量，短於影表石尺四分〔二〕，方知今樂聲之高，皆由於此。況影表測於天地，則律管可以準繩。」帝乃令依古法別造新尺，并黃鍾九寸管。令工人共校其聲，果下於朴管一律。尋又中出上黨羊頭山秬黍，累尺校律，亦相符合。迺下尚書集官議定，遂重造十二律管。

「餘依前制」〔三〕

真宗咸平二年五月十三日，命翰林學士承旨宋白撰元德皇太后廟登歌樂章。

「自是樂府制度頗有倫理」

帝謂王旦等曰：「鼓吹局現用樂曲，詞制非雅；及郊祀五畤饗廟歌詞、冬正御殿合用歌曲，可並令兩制分撰，預遣教習。」

「六變八變如通禮所載」

先是，帝以祀皇〔地〕祇不用樂，及應大祠合與不合用樂，4 下太常禮院，令具禮例聞奏。本院稱，按禮文並合用樂。故有是詔。

〔景德〕四年閏五月八日〔四〕，太常禮院言：「大行皇后

〔一〕事在太祖乾德四年，已見本書樂一。
〔二〕石：原作「上」，據《長編》卷七改。
〔三〕原稿此行之後被挖去三行，含《會要》之文一條，《宋史·樂志》一之一句。此三行今猶存於《補編》頁八三〇。
〔四〕景德：原無。按真宗時惟景德四年閏在五月，據補。

神主附別廟，準禮合用登歌酌獻。」舞名詔翰林學士李宗諤撰進。宗諤請作《治安之舞》，并上樂章〔一〕。

「更不設熊羆十二案從之」

〔大中祥符元年〕六月九日〔二〕，太常寺言：「大樂工先發泰山，車駕離京後，欲權停大祠樂。」從之。

二十三日，詳定所言：「準手詔『東封大禮只用舊日樂章，若取封禪之義而易其名，用明制作，以彰典禮，可否更商量』者。臣等參酌，以酌獻昊天上帝《禧安之樂》爲《封安之樂》〔三〕；酌獻皇地祇《禧安之樂》爲《禪安之樂》；皇帝飲福酒《禧安之樂》爲《祺安之樂》。」詔曰：「雅樂之設，允洽於同和；名制有常，非可以輒易。惟封禪之大祭，與郊祀之異名。饗天地以潔誠，嚴祖宗而配侑。式彰茂烈，恭達至誠。庶協徽章，特更美號。其所定樂曲名宜依，俟封禪禮畢仍舊。」

「於是特詔亞終獻並用登歌」

〔大中祥符元年〕十一月七日〔四〕，判太常寺李宗諤上加上太祖、太宗尊謚册寶《顯安曲》、謝太廟奠獻圜臺登歌亞獻、終獻樂章。

十二月二十三日，詔曰：「朕祇受元符，率遵令典。武備禋燔之禮，俾揚金石之音。宜令太常寺別製天書樂章，
5 俟親饗圜丘日，以奉禋祀。取天書降及議封禪以來祥瑞尤異者，別撰樂曲、樂章，以備朝會宴饗。」於是太常寺請郊祀酌獻天書用《瑞安曲》〔五〕，天書升降用《靈文曲》，朝饗用《醴泉》、《神芝》、《慶雲》、《靈鶴》、《瑞木》五曲。詔近臣撰詞。

三年八月十七日，詔：祀汾陰酌獻后土、地祇樂曲，以《博安》爲名；奠獻飲福登歌宮架并后土廟降神《靖安》；酌獻《博安》。樂章令學士院撰。

十月十九日，翰林學士晁迥上汾陰后土躬謝太廟《顯安曲》樂章。

四年七月八日，詳定所言：「皇帝臨軒册五嶽，參詳册入無作樂之儀。」帝曰：「凡大朝會公卿出入尚作樂，且禮緣人情，宜令有司別撰樂章。」王旦曰：「册案當於門外設次俟之，則樂作。」從之。

「神宗以大英之曲尊英宗」

〔一〕徐稿此下原尚有「大中祥符元年正月四日」一條，被挖去，今存於《補編》頁八三一。
〔二〕大中祥符元年：原無，以封禪在此年，又下條改易樂名據《玉海》卷一〇六在此年六月二十三日，因補。
〔三〕封安：原作「豐安」，據《群書考索》卷二四、《玉海》卷一〇六改。
〔四〕大中祥符元年：原無。按下條據《長編》卷七〇在祥符元年，則知此條亦同，據補。
〔五〕酌：原作「配」，據《長編》卷七〇改。

〔大中祥符〕五年閏十月五日〔一〕，判太常寺李宗諤上太廟奠獻登歌《瑞安曲》樂章，帝親製薦饗玉皇、聖祖及太祖、太宗樂章，總十六篇。先是，詳定所言：「恭謝玉皇當用樂章。按唐《郊祀録》，太清宫樂章並御製。」帝始謙挹，宰臣以爲盛德之事，所不可辭。

十二月八日，詔太常寺改文舞《元德升聞之舞》爲《盛德升聞之舞》。

六年四月十九日，詔以太宗所製曲名三百九十，及九絃琴、五絃阮譜字變絃法并調弄操引名共三百二十六，付史館及太樂局。並以太宗製《萬國朝天》樂曲《同和之舞》，《平晉》樂曲《定功之舞》，及二曲樂章，令郊廟祭饗參用之。

九月二十五日，禮 6 儀院〔言〕：「謁太清宫薦獻飲福請用《大安》之樂，其降聖以下並同朝元殿恭謝之曲。」詔可。

七年正月九日，學士院上奉老君寶册《真安》、《太安》樂章二首，應天府《瑞安》樂章一首。

六月七日，詔曰：「朕欽奉真猷，載嚴宫館〔二〕。每講求於茂實，冀昭答於上靈。雖朝饗之儀亟加於申飭，而簨虡之數尚闕於討論。爰命禮官，博詳典故。庶以郊廟之制，備玆鍾磬之容。儼金石之九成，庶諧雅奏；竦熊羆之四列，永焕明禋。式罄精衷，以延丕祚。自今玉清昭應宫、景靈宫朕親行禮，其宫架樂並用三十六虡。」先是，詔崇文院檢討自魏晉至唐所用宫架，不定其數。太常寺準乾德四年敕添成三十六架。景靈宫以庭狹，止用二十虡。

天聖五年十月十六日，翰林侍講學士孫奭言：「太常雅樂近年制度因循闕漏，皇帝酌獻祇用登歌，不作文舞；亞獻不作武舞，但奏《正安》〔三〕。」詔兩制官詳定。翰林學士承旨劉（均）〔筠〕等言：「按《禮》云：樂以象功，歌以詠德，用之於廟，以盡孝心。周人奏《清廟》以祀文王，（秦）〔奏〕《執競》以（祝）〔祀〕武王。漢祖克（奏）〔秦〕之暴以安天下，作《武德之舞》。至文帝躬行節儉，澤施四海，制《昭德之舞》。又唐朝肅事于太廟，每至酌獻，各用本廟之舞。伏緣太廟逐室功德（名）〔各〕異，須至各陳舞容，以歌盛美。檢會儀注，國初咸平以前敕文並云：僖祖室奠爵，《大善之舞》作。以次諸室，各奏本室之舞。即明是宫架奏樂，文郎作舞。自後儀注乃云：《大善之曲》作，7 遂只奏登歌，更不奏宫架，所以文郎雖在列而不舞。今乞依孫奭所請〔四〕，復用真宗咸平以前舊儀，皇帝酌獻太廟，逐室宫架各奏逐室舞曲〔五〕，文郎作舞。所有武舞，按儀注，皇帝還版位，文舞退，武舞入。亞獻酌醴齊訖，武舞作〔六〕；三獻酌奠訖，

〔一〕大中祥符：原無，據《玉海》卷九七補。
〔二〕宫：原作「恭」，據《太常因革禮》卷一七改。
〔三〕正安：原作「書安」，據《太常因革禮》卷一七改。
〔四〕乞：原脱，據《太常因革禮》卷一七補。
〔五〕室宫架：原作「宫室架」，據《太常因革禮》一七乙。
〔六〕武舞：原作「舞舞」，據《太常因革禮》卷一七改。

還版位〔一〕，武舞止。其近儀引亞獻之次，方退文舞、進武舞，所以亞獻酌奠用舞不及。今參詳，亞獻以下並舞《正安之曲》。所有郊祀，按《開寶正禮》、咸平以前舊儀，皇帝酌汎齊訖，止言《禧安之樂》作。惟《郊祀録》及周正樂，凡奠獻之禮，初獻皆作文舞。又緣迎神已奏文舞，尊禮天地，即與太廟逐室稱頌功業稍異，初獻之時難更再奏文舞。所有亞獻、三獻武舞亦（訖）〔乞〕一依《正禮》及舊儀進退，庶協禮節。其玉清昭應宫、景靈宫，緣與奉天神之禮同，其進退請如郊壇。所有登歌宫架，樂作樂止〔二〕，按儀注：降神降真詣罍洗，解劍，還版位，迎俎，迎饌，退文舞；亞獻、三獻、送真，就望燎位，還大次，出廟門，並宫架樂作；皇帝升降壇殿，奉玉幣，裸瓚，酌獻，郊壇二宫飲福，徹豆〔三〕，徹饌，並登歌樂作〔四〕。」詔可。

九年四月二十一日，資政殿學士晏殊上奉詔撰皇太后御殿樂章十四首，詔付有司。其《德合無疆之舞》宜改曰《厚德無疆之舞》。

二十九日，承明殿垂簾，設太常樂器、鼓吹，兩宫臨觀，賜樂工衣帶錢帛。先是，太常上言：「本寺雅樂自景德三年真宗躬臨按閲，自後增製樂章，比舊甚多，而未參聖覽。」故臨觀焉。

8「以屬太常」

〔景祐元年〕九月〔五〕，帝御觀文殿，詔取王朴律準觀視，御筆篆寫「律準」字於其底，復付太常秘藏。本寺模勒，刻石于廳事，博士、直史館宋祁爲之贊：「在周有臣，嗣古成器。紘寫瑄音〔六〕，柱分律位。俾授攸司，謹傳來世。上聖稽古，規庭閲視。嘉御正聲，親銘寶字。奎鈎奮芒〔七〕，河龍獻勢。樂府增榮，乾華俯賁。用協咸韶，永和天地。」

十月十九日，内出御製雅樂十曲，令太常寺按習行用，仍宣付史館。

十一月二十五日，詔：「御製祀天地《景安曲》、祀宗廟《（與）〔興〕安曲》樂章，惟親祀乃用；臣僚攝事樂章，令近臣別撰進。」

二十七日，詔曰：「正樂之作，所以諧五降之節，導三靈之和，傳于禮文，著在（祠）〔祀〕典。頃罹多故，遂失舊章。肆先聖之重熙，復治音於大祀。然而祈耕甸籍、舍采學宫，製曲之名具存，誦功之奏猶闕。屬因考肆，思振墜遺。矧稼穡八政之先，文武二柄之本，咸有丕烈，被于蒸黎。雖牲具有差，而罄歆無廢。式循前矩，庶格至誠。今後每遇饗

〔一〕版：原脱，據《太常因革禮》卷一七補。
〔二〕樂作樂止：原只作一「上」字，據《太常因革禮》卷一七改補。
〔三〕徹豆：原脱，據《太常因革禮》卷一七補。
〔四〕登：原作「祭」，據《太常因革禮》卷一七改。
〔五〕景祐元年：原無，據《玉海》卷七補。
〔六〕瑄：原作「宣」，據《玉海》卷七改。
〔七〕芒：原作「茫」，據《玉海》卷七改。

先農、釋奠文宣、武成王，並用樂。」

9 景祐二年六月十九日〔一〕，御崇政殿，召輔臣觀按試大樂。七月十二日、八月十八日、九月二十三日三臨觀。

（宋史）「詔中書門下樞密院大臣與觀焉」

〔景祐二年七月〕十三日〔二〕，修撰樂書馮元等言：「得大樂局丞賈文顯等狀：大樂宮縣鎛鍾，每遇皇帝行禮，即依衆樂隨月用律。臣等按，李宗諤《太常樂纂》云：『大樂局十二鎛鍾，各依月律考擊。自來傳習三調六曲。所謂三調，黄鍾宮、太簇宮、蕤賓宮是也。六曲者，三調中各有《隆安》、《正安》兩曲是也。』近因揀試樂工，徧令考擊，别以編鍾一架應之，旋相（應）爲宮，備諧律呂。然金奏之中，鎛鍾爲難，如一聲稍緩，則宮商失序。苟十二鍾工人皆能精習所業，考擊之際，疾速有倫，變宮變徵，隨月用律，雅樂諸曲無所不通矣。又奉詔於黄鍾、太簇二宮添習文舞、武〔舞〕、福酒三（典）〔曲〕，并據司封員外郎、集賢院校理聶冠卿檢詳典故云：鎛鍾，《周禮》鍾**10**（鍾）師掌金奏，擊金以爲奏樂之節。金謂鍾及鎛〔三〕。鎛師掌金奏之鼓，主擊晉鼓，以奏其鎛鍾。賈公彦曰：『鎛師不自擊鎛，使視瞭擊之，但擊金奏之鼓耳。』又曰：『金即鎛鍾。按視瞭職直云樂作擊編鍾〔四〕，不言鎛。鍾與鎛同類〔五〕，大小異耳。既擊鍾，明亦擊鎛。』又《儀禮·大射》：『樂人宿縣于阼階東，笙磬西面。其南笙鍾〔六〕，其南鎛，皆南陳。』東方鍾磬謂之笙，鎛如鍾而大，奏樂以鼓鎛爲節。《尚書大傳》：『天子將出，撞黄鍾，右五鍾皆應；黄鍾在陽，陽氣動，以動告静，静者皆和之。入則撞蕤賓，左五鍾皆應。蕤賓在陰，東五鍾在陽。君將入，故以静告動，動者皆和之。』《北史》：『魏永安末，元孚表依十二月爲十二律呂，各準辰次，當位設縣。月聲既備，隨月擊奏，則會還相爲宮之義，又得律呂相生之體。』《隋·音樂志》：『古者鎛鍾，據《儀禮》，擊爲節檢，而無合曲之義。《大射》有二鎛，皆亂擊焉，乃無成曲之理。依後周以十二鎛相生擊之，聲韻克諧。』《大樂曲制》：『天子宮縣之樂，鎛鍾十二，編鍾十二，編磬十二，凡三十六虡。宗廟與殿庭同。郊丘社則十虡，面列，去編鍾磬各十二虡。』周顯德五年，樞密使王朴表曰：『唐末及乎晉漢，未及暇於禮樂，雖有樂器，殊無相應之和。以至十二鎛鍾，不問聲律宮商，但循環而擊。』臣等今奉聖旨，與李照同詳定當合如何考擊行用。臣等參詳鎛鍾典故，雖有爲節之文，而無擊奏之法。後周以相生之法擊之，音韻克諧。國朝亦用隨均

〔一〕此前有大段闕文，見《補編》頁八三三至八三七。
〔二〕景祐二年七月：原無，據《長編》卷一一七補。
〔三〕「擊金」二句原作正文大字，據《補編》頁二二〇及《太常因革禮》卷一九改作小字注。下文小字注并同。
〔四〕樂：原脱，據《周禮·鎛師》賈疏補。
〔五〕類：原作「鎛」，據《周禮·鎛師》賈疏改。
〔六〕南：原脱，據《儀禮·大射》補。

合曲，[11]但施殿庭，未及郊廟。況十二鎛鍾依辰列位，隨均爲節，便於合樂。欲望自今并施郊廟。若軒縣以下，即不用此，亦所以重備樂而尊王制也。」從之。

八月十八日，太常寺言：「準降到樂器一管閲習詳定。據笛色樂工徐惟德閲習到，黄鍾宫、大呂宫十二均並合聲韻，又合今來新樂。」詔以雙鳳管爲名〔一〕。

九月四日，詔笳管以牙骨參用之，仍並染紅色〔二〕。

二十九日，直史館宋祁上《大樂圖義》并《雜論》七篇，詔送兩制詳定。翰林學士承旨章得象言：「按祁所論，其一論武舞所執九器各有所用。臣等參考禮典，蓋是音官因循，致使前後不倫，有乖古義〔三〕。今請並如祁奏，凡武舞始入，執旌最前，鼗次之，鐸次之，錞又次之，相又次之，分左右。及舞成，則鳴鐃築雅以出，雅亦分左右。總九器。其入也，鐃、雅不作；其出也，鼗、鐸、錞、相亦不作〔四〕。其二乞別撰郊廟歌曲，述祖宗積累之業。臣等竊詳，太常合用樂章，皆咸平以後選官司綴撰，又有太宗、真宗聖製《朝天》、《平晉》二曲及聖祖樂章，鋪宣德美，播在樂府。今祁請陛下取三聖實録，摭其武功文德，作爲歌詩，別詔近臣畧依《生民》、《公劉》、《猗》、《那》、《長發》之比，裁屬頌聲。此則繫自聖慮，非外廷敢議。其三論太樂局設雷鼓、靈鼓、路鼓，備而不擊，及無三鼗。其四論有春牘之名，而無春牘。其五論竽及巢笙、和笙〔五〕。其七論以尺定律。以上四者，臣等切聞朝廷昨命李照考定鍾律，多已釐正。欲望以祁今議送馮元，令與[12]照等參議，如合修改〔六〕，別稟處分。其六請精選太常樂工，及募知音者備太常官屬。竊見昨降詔書已行搜訪，所請備置官屬、精擇樂工，事繫朝廷，行之爲允。祁所撰《圖義》，訂正今古，研究樂事，辭約義暢，深見該洽。今馮元等方纂樂事，欲望以祁此書付元，如可參用，即取纘綴附入；仍委脩樂書所別寫一本送上秘府，編入部類。庶當制樂之日，並宣稽古之能〔七〕。」從之。

十月十三日，有司撰太廟真宗室酌獻《大明》樂章，令太常行用舊樂章更不施行。

十四日，詔問奉慈廟一室應進奉文舞，不作武舞。太常禮院上言：「謹按《春秋》隱公五年〔八〕，『考仲子之宫，初獻六羽』。何休、范寧咸謂：『不言佾者，明佾則干舞在中。婦人無武事〔九〕，獨奏文樂也。』江左宋建平王宏據以爲説，故章獻太后廟獨用文舞。唐垂拱以來，中宫之縣始用鎛鍾。後葉相承，因而莫改，坤儀等廟備鍾石之樂，獻武舞

〔一〕詔：原脱，據《補編》頁二二一補。
〔二〕色：原作「骨」，據《補編》頁二二一改。
〔三〕義：原作「儀」，據《太常因革禮》卷一九改。
〔四〕相：原作「等」，據《太常因革禮》卷一九改。
〔五〕和笙：原脱，據《太常因革禮》卷一九補。
〔六〕合：原作「命」，據《太常因革禮》卷一九改。
〔七〕宣：原作「宜」，據《太常因革禮》卷一九改。
〔八〕五年：原作「三年」，據《春秋》改。
〔九〕事：原作「广」，據《公羊傳》何休注改。

焉，失禮之甚，不可爲法。朝廷謹於稽古，篤於奉先，詔書議奉慈之樂，有司執據舊典，請以特磬代鎛鍾，取陰數尚柔，以静爲體。有詔垂可，令樂去大鍾，而舞進干盾。事體相戾，經義無從，請止用《文德之舞》。」詔恭依。（以上《永樂大典》卷二一六七九）

13「阮逸上鍾律制議并圖三卷詔送秘閣」〔一〕

〔景祐四年□月〕十九日〔二〕，太常寺言：奉慈廟莊惠皇太后一室見闕樂章曲名。詔以《翕安》、《昌安》爲名。

慶曆三年八月二十七日，太常禮院言：「四時薦饗太廟、后廟、奉慈廟，有司攝事，酌獻升降，逐室各有樂章，惟送神通用。乞别撰后廟、奉慈廟送神樂章一首。」詔可。

五年十一月二十一日，翰林侍讀學士宋祁言：「先與馮元等同修樂書，其時李照用立黍累尺改作鍾磬，尋知照新樂不協停廢，却用舊樂。緣樂書是一朝大典，欲乞降樂書舊本付臣删去李照樂書一節，未備事跡就加添正。」詔翰林學士張方平與宋祁同共看詳删潤。

七年十一月十五日，詔學士院撰加上真宗謚號樂章。

「詔同定鍾磬制度」

先詔改作鎛鍾、特磬，而太常言瑗素曉音律而召之〔三〕。

「稱朕意焉」〔四〕

〔皇祐二年七月〕八日〔五〕，太常寺言：「得大樂局狀：『準勑，依兩制所定，自夷則以下四均用清聲。其餘樂器，有清聲者依鍾律教習，無者依舊。竊見笛色有四清聲，可以教習。其七絃琴，古法以中指按中徽，定取黄鍾以下十二均聲，今依阮逸法**14**移手抑按取四清聲，恐不依古法，難以行用。』本寺已令樂工將笛中清聲隨鍾律學習，其七絃琴本無清聲，止依舊法。」詔：笛、七絃琴，太常依前降指揮按習清聲。

九〔月〕〔日〕〔六〕，鄧保信言：「準敕：『兩制官與太常寺奏定九絃琴、五絃阮，二器則有太宗皇帝聖製譜法。又據音工所陳，磬、簫、琴、和、巢笙本有清聲，塤、篪、竽、筑、瑟本無清聲，唯歌者止以正聲作歌應合諸器，亦是一音，别無差戾』者。臣等已依詳按譜教習。所有九絃琴、五絃阮，今寺無譜，欲下國子監御書閣取本傳寫，以憑按譜學習。臣

〔一〕此行之前有闕文，見《補編》頁八三八至八四四。

〔二〕景祐四年□月：原無。天頭原批：「景祐元。」按，此批並無所據。本書禮一〇之五載：景祐四年二月，莊惠皇太后神主祔於奉慈廟。本條事當在此後不久，即景祐四年，但不知何月。據補。

〔三〕據《長編》卷一六九，此事在皇祐二年十一月乙酉（二日）。

〔四〕按，此四字不見於《宋史・樂志》。

〔五〕皇祐二年七月：原無。按以下二條亦見《補編》頁二三一九。經陳智超拼合審定，此頁上接本書樂四之二〇第一行皇祐二年六月「十二日」條，下接同頁末行皇祐二年七月「二十二日」條。據此可推斷，本條之「八日」乃皇祐二年七月之八日。因補。

〔六〕九日：原作「九月」，據《補編》頁二三一九改。

等又據塤、篪、竽、筑、瑟五器，求古法並有清聲。按樂書：雅塤土音重濁，而有頌塤，小而其聲皆清。篪似塤，多濁，然本竹音，互吹之則亦有清聲。竽，古法三十六簧，正、倍清聲各十二。瑟二十五絃，中聲、清聲各十二；更有極清一絃，如琴第一徽。已上五器，與鍾磬清濁互相同和。又據歌工止用正聲應合諸器，即令鑄鍾一擊、編鍾磬三擊，先後互應，清濁相均，既有定規，果無差戾。今來諸器考按，並得諧和，望下太常，令太樂令、丞、諸工等習學，各識古法〔一〕。」從之。

「特遷之」

先是鍾磬之音未合古法〔二〕，詔中書門下集兩制及太常、禮官與知鍾律（者）考定其當。然議者各安己習，久而不決。乃命諸家各作鍾律以獻，親臨視之。然古者黃鍾爲萬事根本〔三〕，故尺量權衡皆起於黃鍾。至晉、隋間，累黍爲[15]尺，而以制律，容受卒不能合。及平陳，得古樂，遂用之。唐興，因其聲以制樂。其器雖無法，而其聲猶不失於古。五代之亂，大樂淪散，王朴始用尺定律，而聲與器皆失之。故太祖患其聲高，特減一律，至是又減半律。然太常樂比唐之聲猶高五律，比今燕樂高三律。帝雖勤勞於制作，而未能得其當者，有司失之於以尺而生律也。又新作皷、鼎、刀，以補禮器之缺。以光禄寺丞、國子監直講胡瑗爲大理寺丞，復勒停人阮逸爲尚書屯田員外郎，內侍省內侍押班、左騏驥使、英州團練使鄧保信爲榮州防禦使，入內東頭供奉官賈宣吉爲內殿承制。並以上所定鍾律成〔四〕，特遷之。（以上《永樂大典》卷二一六八〇）

詳定樂律 二〔五〕

【宋會要】

[16]「詔宰臣富弼等撰大祚至采茨曲詞十八」〔六〕

至和元年十月八日〔七〕，內出太廟禘饗樂章并接神曲，下太常肄習之。

十一月五日，內出太廟禘祫、時饗及温成皇后廟祭饗

〔一〕識古：原作「職去」，據《補編》頁二二一九改。
〔二〕按，此條已見本書樂二之二八，乃皇祐五年九月事。
〔三〕事：原作「世」，據《長編》卷一七五改。
〔四〕成：原脱，據《長編》卷一七五補。
〔五〕原題作「宋樂」。按「宋樂」乃《大典》前後多卷之總題，用於此處不妥。其實以下之文與上文相連，本爲一體，今姑改爲「詳定樂律二」。
〔六〕「詔」字上原稿旁添「九朝紀事本末」六字，又天頭原批：「原校：《大典》此門均係分注《九朝紀事本末》之下。」意即《永樂大典》此門原以《續通鑑長編紀事本末》爲正文，而以《宋會要》有關之文分注其下。然考以下作爲題目之句，仍爲《宋史・樂志》之文，與前一門同，并非《長編紀事本末》之文（徐松原抄本中此類題目多被校者用墨筆删去，今復其舊）。又，此條之前尚有闕文，見《補編》頁八四四至八四六。
〔七〕「至和元年」四字原爲旁批，今查《玉海》卷一〇六，此條確爲至和元年事，今移入正文。

樂章、樂曲，下太常肄習之。

嘉祐元年八月十五日，內出御製恭謝樂章，下太常肄習之。

二十八日，詔太常寺恭謝日用舊樂。

六年十二月二十一日，太常寺言：「準詔，翰林學士范鎮與本寺官同定奪馮致祥奏議。伏見元會日登歌宮架之樂，其鍾磬絲聲隨逐歌管，有擊至五七聲者，煩手奪倫，無甚于此。蓋緣五代亂離之後，工人亡散，國初只以坊市細民爲樂工，因循未能釐正。尋令依譜，每字止擊一聲，隨逐歌管，實甚和諧。欲乞御殿日臨試。」詔令太常寺教習，于二十四日進呈。二十六日，翰林學士范鎮等言：「昨進呈，大樂鍾磬絲竹依譜，每字隨歌管止擊一聲，已得齊整，比舊疊聲，不至煩手，甚得奏樂之理。乞御殿日，及將來諸處祠祭，並依此施用。」詔且令依舊考擊，候過御殿，更子細講求以聞。

「伏請亦不去樂詔可」

八年英宗已即位，未改元。八月十五日，學士院言：「歌者所以發德，舞者所以明功。祖宗功德，著于萬世，永永無極者，繇此道也。伏惟仁宗皇帝恭儉遵業，憂勤致理，先民後己，尚德緩刑。仁恩所被，無思不服，故能饗國長久。[17]四十餘年，方內安寧，靡有兵革，耆老得以壽終，幼弱得以遂長。功德茂盛，非羣下所能勝識。夫欲取之强名，節以大善，章明休烈，加崇稱號。伏請仁宗廟室酌獻所用之舞，名曰《大仁之舞》，並上樂章。」詔恭依。

「以明祖宗之功德奏可」

治平二年九月十七日[一]，秘閣校理李育言：「伏覩南郊儀注：郊廟逐處文武二舞共六十八人。又問太樂局正等，皆云：文舞即罷，捨羽、籥，執干、戚，就爲武舞，所以二舞共此人數。欲乞將來南郊、太廟逐處二舞郎，依元會儀，各用六十四人，以備帝王之禮樂，以明祖宗之功德。」詔太常寺禮院同共詳定。既而請依育所請，各用六十四人。詔可，仍依例于教坊抽差預閱習。

「本朝宗廟之禮多從周請先灌而後作樂」

治平四年神宗即位未改元。八月十九日，學士院言：「伏以自昔繼體之君，必存承先王之德[二]，而不敢專其美。然則豐功茂烈，非當時歌舞之，則何以流聲于萬世哉！洪惟英宗皇帝繼天遵業，丕有睿聞。聰明造神而無所遺，憂勤經務而不敢逸[三]。固已軼百王之上，襲四聖之閎休者矣。今厚陵復土，祔廟有期。竊迹六代以來，皆有樂舞之名，以

[一]「治平」二字原爲帝批，今移入正文。
[二]「存」字疑衍。
[三]「繼天遵業」至「而不敢逸」，《宋史》卷一二七《樂志》二作「繼天遵業，欽明勤儉，不自暇逸。踐阼未幾，而恩行威立」。

象其功德，請上英宗皇帝廟所用舞曰《大英之舞》，并上樂章。」詔恭依。

九月十五日，學士院上大享明堂，英宗皇帝配座奠幣用《誠安》，酌獻用《德安》樂章。詔付太[18]常寺教習應奉。

熙寧九年五月十六日，同知太常禮院王仲修言：「伏以王者作樂，所以導天地之和；樂之和，在乎有節。故圜丘之樂六變，方澤之樂八變，宗廟之樂九變。變者，統乎節其聲，不可相續而無序也。《書》曰『合止柷敔』〔一〕，所以爲樂之始終也。臣爲禮官，嘗奉祀太廟，聽《興安之曲》，舉柷而聲已過，舉敔而聲不止。臣未見其所以爲始終之節，其何以感格天地宗廟之靈乎？願詔樂工，凡祠祭用樂，一奏將終則戛敔，而聲須少止；聽擊柷，則樂復作。如此，乃盡合止之義，庶乎不悖於經也。」詔太常禮院定奪以聞。既而禮官言：「臣等赴太常寺設樂按試，令樂工奏六變、九變降神之樂。將作，即擊柷，樂作；一奏既終，即戛敔止樂；再擊柷，樂復作。顯見節奏明白。請依仲修所請，下太常寺，今後凡祀天地宗廟等處，用樂依此舉節。」詔可。

「正安之樂作至位樂止」

元豐二年七月十二日〔二〕，詳定朝會儀注所言：「太常樂節，樂器并文武二舞未應典禮。按鄉飲酒及君饗燕，樂有四節：一升歌，二笙，三間歌，四合樂。升歌示德，且貴人聲，故爲先；下管示事，且貴人氣，故爲次；間歌德事互見，合樂八音相錯，且主歡心，故爲後。歌者席於堂西階之上，與搏拊琴瑟相和，謂之升歌。歌闋，笙者立于階間，以笙播詩，謂之笙。堂上一歌，階間一笙，更代而作，謂之間歌。堂上堂下，[19]衆樂俱作，謂之合樂。」

「丹墀東西各三巢一和」〔三〕

又按《大射儀》：「建鼓在阼階西，南鼓；應鼙在其東，南鼓。西階之西〔四〕。一建鼓在其東，南鼓，朔鼙在其北。」說者曰：「朔，始也。奏樂先擊西鼙樂，爲賓所由來也。應鼙，應朔鼙也。先擊朔鼙，應鼙應之〔五〕。鼙，小鼓也，在東，便其先擊小、後擊大也。」《記》曰：「廟堂之下，應鼓在東。」說者以《大射儀》爲解，曰：朔鼙、應鼙皆在大鼓之旁，先擊朔鼙，次擊應鼙，乃擊大鼓，即事有漸也。《周禮·大師》：「下管，播樂器，令奏鼓引〔六〕。」鄭司農云：「引，小鼓也，小鼓爲大鼓先引。」唐建鼓高六尺六寸，中植以柱，旁挾二小鼓，左曰鼙，右曰應。《三禮圖》曰：「商人加左鼙右

〔一〕柷：原作「祝」，據《尚書注疏》卷四改。
〔二〕天頭原批：「原校：『此係元豐二年詳定朝會樂第一條。凡十條。』」
〔三〕天頭原批：「原校：此係朝會樂第五條。」
〔四〕「西階之西」下，《儀禮·大射儀》本文尚有「頌磬東面」等句，此處節引不全。
〔五〕應鼙：原脱，據《儀禮·大射儀》鄭玄注補。
〔六〕引：《十三經注疏》本作「輮」。下同。

應，以爲衆樂之節。」

「設晉鼓以鼓金奏」〔一〕

《考工記》：「韗人爲皋陶，長六尺有六寸，左右端廣六寸，中厚三寸，穹者三之一，上三正。」鄭氏曰：「此鼓兩面，以六鼓差之。晉鼓大而短，近晉鼓也。」今其（置）〔制〕具存。伏請樂架内去散鼓，設晉鼓，以鼓金奏。又按《大射儀》：「鼗倚於頌磬西紘。」《禮記・王制》：「天子賜伯子男樂，則以鼗將之。」説者曰：鼗所以節一唱之終。

「乃補防爲樂正」〔二〕

元豐三年六月九日，同判太常寺王存言：「近詔祕書監劉几赴詳定郊廟禮文所議樂。伏見禮部侍郎致仕范鎮論辯雅【20】樂，乞召鎮與几參考得失。」從之。

二十一日，命知太常禮院、秘書丞楊傑赴詳定禮文所同議大樂，從祕書監致仕劉几請也。

二十八日，秘書監致仕劉几言：「祀明堂樂章，字與樂曲聲數多少不同，殊失《虞書》『歌永言』之法，乞遵用御撰樂章，委本局依律呂大均之法，隨樂章字數審定音律，以一聲歌，一言八音隨之。又古編鍾磬，其數皆十六，蓋十二律之外有黄鍾、大呂、太簇、夾鍾四清聲也。今聖朝大樂舊鍾磬皆十六，自李照議樂以來，不復考擊，全失古法。況《周禮》鄭氏注，編鍾盡具十六之數，李照不曉四清聲助成四律，宣導陰陽之和，今若不用，即懵唱和之理。乞依古法，具四清聲。」詔太常禮院按試，後如几所議。

七月二十七日，户部侍郎致仕范鎮言：「乞下京東、京西、河東、河北、陝西轉運司，量（力）〔立〕賞格，求訪真黍，以審音樂。」從之。

〔八月〕十八日〔三〕，權發遣司農都丞、太常博士吳雍，檢正中書户房公事、祕書監致仕、議樂劉几等言：「太常大樂，鍾磬凡三等〔四〕，王朴樂一也，李照樂二也，胡瑗、阮逸樂三也〔五〕。王朴之樂，其聲太高，此太祖皇帝所嘗言，不俟論而後明。仁宗皇帝景祐中，命李照定樂，乃下律法，以取黄鍾之聲。是時人習舊聽，疑其太重，李照之樂由是不用。至皇祐中，胡瑗、阮逸再定大樂，比王朴樂微下，而聲律相近。及鑄大鍾成，或譏其聲弇鬱，因亦不用。於是郊廟依舊用王朴樂。樂工等自陳：若用王朴樂，【21】鍾磬即清聲難依；如改製下律，鍾磬清聲乃可用〔六〕。益驗王朴鍾磬太高，難盡用矣。今以三等鍾磬參校其聲，則王朴、阮逸之樂，黄鍾正與李照樂之太簇相當。王朴、阮逸之樂，編

〔一〕天頭原批：「原校：此朝會樂第七條。」
〔二〕按，「防」指開封布衣葉防，見《宋史》卷一二八《樂志》三。
〔三〕八月：原脱，據《長編》卷三〇七補。
〔四〕磬：原作「聲」，據《長編》卷三〇七改。
〔五〕樂：原脱，據《長編》卷三〇七補。
〔六〕可：原作「不」，據《長編》卷三〇七改。

鍾、編磬各十六，雖有四清聲，而實差黃鍾、大呂之正聲也。李照之樂，編鍾、編磬各十二，雖有黃鍾、大呂，而全闕四清聲，非古制也。聖人作樂，以紀中和之聲，所以導中和之氣。清不可太高，重不可太下〔一〕，使八音協諧，歌者從容，而能永其言，乃中和之謂也。臣等因請擇李照編鍾、編磬十二參於律者，增以王朴無射、應鍾，及黃鍾、大呂清聲，以爲黃鍾、大呂、太簇、夾鍾之四清聲，俾衆樂隨之。歌工兼清聲以詠之，其音清不太高，重不太下，中和之聲可以考矣。欲請下王朴樂二律，以定中和之聲，就太常鍾磬，擇其可用者用之，其不可修者則別製。」從之。

二十六日，太常寺言：「近乞留王朴鍾磬，今修大樂所已集工匠(面)〔而〕備爐炭，恐即銷變磨鑢。況大樂法度之氣，其度量聲律，杪忽精微，已修之後，或陛下躬臨按聽，有如未協，即無舊器考驗。本寺每大禮見用王朴樂外，見李照、胡瑗所作樂器及石磬材不少，自可別製新樂，以驗議者之術。」詔許借王朴樂鍾爲清聲〔二〕，毋得銷毀磨鑢。初，劉几、楊傑欲銷王朴舊鍾，意新樂成，雖不善，更無舊聲可較。執政至太常寺按試前一夕，傑乃陳朴鍾已敝者一縣，樂工皆不平，夜易之，而傑弗之知。明日，執22政至，傑厲聲云：「朴鍾甚不諧美！」使樂工叩之，音韻更佳，傑大慙沮。

九月二十六日，罷議樂修樂局〔三〕，其范鎮令降敕獎諭，仍賜銀絹各一百匹兩，楊傑五十匹兩，劉几許特用明堂恩奏子若孫一人。

四年十一月二十一日，詳定禮文所言：「歌者在上，匏竹在下，貴人聲也。匏竹在前，鍾鼓在後，貴人氣也。《書》曰『搏拊琴瑟以詠』，此堂上之樂。又曰『下管鼗鼓，合止柷敔，笙鏞以間』，此堂下之樂。堂上之樂，以象朝廷之治；堂下之樂，以象萬物之治。後世有司失其傳，歌者在堂，兼設鍾磬；宮架在庭，兼設琴瑟；堂下匏竹，寘之于牀。並非其序矣。伏請每遇親祀郊廟，及有司攝事，歌者在堂，更不兼設鍾磬；宮架在庭，更不兼設琴瑟；堂下匏竹，更不置之於牀。」又言：「謹按《周禮》小胥之職曰：『王宮架〔四〕，諸侯軒架，卿大夫判架，士特架。』說者曰：宮架四面，軒架三面，判架二面，特架一面。又曰：『凡架鍾磬，半爲堵，全爲肆。』說者曰：鍾一虡謂之(四)〔肆〕。諸侯之卿大夫西一虡鍾，東一虡磬；士磬一虡而已。又按《(禮儀)〔儀禮〕·大射儀》曰：『笙、磬西面，其南笙、鍾，其南鏄，皆南陳。頌磬東面，其南鍾，其南鏄。一建鼓在西階之東，南面。』說者曰：此諸侯之制也。諸侯而西面一(磬)〔鍾〕一磬一鏄，則三面鍾、磬、鏄九而已。諸侯鍾、磬、鏄九，則天子鍾、磬、鏄十二虡爲宮架明矣。故或以爲配十二辰，或以爲

〔一〕「高」原作「重」，「重」原作「高」，據《長編》卷三〇七改。

〔二〕鍾：原作「終」，據《長編》卷三〇七改。

〔三〕議樂：「樂」字原脫，據《長編》卷三〇八補。

〔四〕架：《周禮·小胥》原文作「縣」(懸)。按此文之「架」字皆當作「縣」，宋人因避宋朝始祖玄朗之「玄」字音乃改爲「架」。

配十二次，則亦無過十二虡也。自先王之制廢，學者不能考其數，至有謂宮[23]架當二十虡〔一〕，甚者又以爲三十六虡〔二〕，此隋唐以來論不一也。方唐之盛日，有司攝事，樂並用宮架。至德後，太常聲音之工散亡，凡郊廟有登歌而無宮架，後世因仍不改。所有郊廟有司攝事樂，伏請改用宮架十二虡。」從之。

五年正月二十五日，太常寺言：「開封縣民葉防言：太常寺大樂、鼓吹兩局，樂舞節奏不應古法。送前同議樂楊傑看詳，據傑定：所言二事可行。防言金奏不用晉鼓爲節非是，乞以晉鼓節金奏，於經有據。又言簨虡之制不合禮經，乞因大禮雅飾，更加詳考改正。」從之。

「難以施於宗廟朝廷」〔三〕

（以上《永樂大典》卷二一六八一）

「而添用宮架之説不行」

元符元年四月十八日，協律郎周注年言〔四〕：「玉璽、靈光、翔鶴之瑞，乞詔詞臣撰樂章，付太常寺應奉朝會之用。」詔學士院修撰。二十三日，學士院撰到，詔按用。

十一月十五日，詳定重修大禮敕令所言：「元豐四年十一月詔：親祠宗廟，歌者在堂，更不兼設鍾磬；宮架在庭，更不兼設琴瑟；堂下匏竹，更不寘之於牀。」詔登歌鍾磬並依元豐四年詔旨。

二年正月二十七日，詔前信州司法參軍吳良輔太常寺按核雅樂。

三月二十二日，試太常少卿劉拯[24]奏：「今大樂局前後詞臣所撰樂章，詞采淺陋，援引謬誤，有辭與事異而通用，有禮文所無而嗟詠之者。乞別撰，降付有司施行。」詔令學士院取索看詳，其合删改者修定以聞。

十二月〔五〕，大樂正葉防言：「《周禮·樂師》：『及徹，帥學士而歌徹。』鄭司農謂：將徹之時，自有樂，故帥學士而歌徹。『三家者以《雍》徹』，説者謂天子祭宗廟，用此以徹祭。隨俎入奏《昭夏》，徹奠奏《雍》。唐祀天（唐）〔神〕以黄鍾爲宮，地祇以太簇爲宮，人鬼以無射爲宮，又以徹豆。今祭祀天神、宗廟，無徹豆之曲，請考古以製樂章。」從之。其辭闕。

「以太常少卿張商英薦其知樂故也」

徽宗建中靖國元年十一月十四日，大樂局言：「南郊見用樂章自景祐以來通用，其詞及於地祇。今合祭既罷，則當改撰。」於是内出御製親祀南郊樂章降神、送神各一

〔一〕二十：原作「十二」，據《長編》卷三二〇改。
〔二〕三十六：原作「二十六」，據《長編》卷三二〇改。
〔三〕此句以下之《宋會要》文被割去，今存於《補編》頁八四七。
〔四〕周注年：原作「用注」，據《長編》卷四九七改補。
〔五〕十二月：疑有誤，《長編》卷五〇三繫此事於元符元年十月二十七日辛丑。

首，付禮部。其詞闕。

崇寧元年八月十六日，翰林學士張商英言：「信州司理參軍吳良輔善鼓琴，知古樂。臣爲太常少卿日，嘗薦爲協按音律官，使改造琴瑟，教習登歌，旋以冗官罷。今乞還良輔舊職。」從之。

「宋樂之始」

〔崇寧三年〕十月九日〔一〕，翰林學士承旨、知制誥、兼侍講張康國奉敕撰《景鍾銘》，其序畧曰：「皇帝踐位之五年，崇寧甲申，攷協鍾律，保合太和〔二〕，以成一代之樂。有魏漢津者年過九十，誦其師説，以謂今之所作乃宋樂也，不當稽用前王之【25】法。宜以皇帝身爲度，自度而爲權、量，以數乘之，則聲諧而樂成，無所沿襲。其法始於鼎，以量容九斛爲鼎之大，取斛之八加斗之一，則鼎變而爲景鍾。景（鍾），大也，九九之數兆於此，有萬不同之所宗也。度高九尺，植以龍虡，其聲則爲黃鍾之正，而律呂由是以生焉。大祭祀、大朝會、大享燕，惟天子親御則用之，以肅群臣。其下則寶鍾，子以承繼也；其周則四清之鍾磬，奠方隅以拱衛也。平時弗考，風至則鳴，貴天籟而本自然也。鍾成於秋七月癸丑。」

「其舊樂勿用」

崇寧五年九月二十六日〔三〕，詔：「大樂新成，將薦祖考，其神宗本室與配位樂章，朕當親製，以伸孝思追述之志。可令大晟府先考定譜調聲以進。」其辭闕。

「先降三京四輔次帥府」

〔大觀三年〕八月二十三日〔四〕，中書省提舉製造大樂局所奏：「奉詔製造頒降三京、四府、二十八帥府等處大樂官吏、作匠等，及結絶罷局，有勞，可等第推恩。」内初補使臣免呈試參部〔五〕。提舉官、承受、主管製造等官轉兩官，有資者轉兩資，内提舉、承受官並回授；無資可轉者，與將一官改賜章服，一官許回授有服親。主管文字、主管雜務各轉一官，有資者轉一資，各更減二年磨勘。前提舉官及主管官、主管雜務、主管文字、監轄造作、點檢文字，各特轉一官，【26】有資者轉一資，待詔與改換服色。

「乞皆用宮架二舞詔可」

〔大觀四年□月〕十一日〔六〕，臣僚上言：「大觀之初，

〔一〕崇寧三年：原無，據《玉海》卷一〇九補。
〔二〕保合太和：原作「保和太合」，據《玉海》卷一〇九改。
〔三〕「崇寧」二字原係旁批，今移入正文。
〔四〕大觀三年：原無，據本書樂五之二〇補。
〔五〕補：原作「府」，據本書樂五之二〇改。
〔六〕「十一日」前，原旁批「大觀二年八月」。今按，《宋史》卷一二九《樂志》載國子生罷習二舞詔在大觀四年六月，臣僚此奏當在詔下之後不久，但不知在何月。今姑補「大觀四年□月」，以俟再考。

有詔令大晟府樂工教習太學、辟廱諸生，每月習學三日。其已習者曰登歌，逐色名數十有八；其未習者曰宮架，逐色名數三十。近選國子生教習文武二舞，以備(詞)〔祠〕祀先聖。未及施行，有詔令罷，以爲士子肄業上庠，頗聞恥習樂舞，與樂工爲伍，坐作擾雜，從事於伎藝之末。臣愚以謂，既罷二舞，無由更習宮架；若止習登歌，即非全樂，似乎無所用之。所有樂工教習諸生去處，如合減罷，伏望更賜詳酌施行。」

「卿宜爲朕典司之」〔一〕

「一、新樂頒降後〔二〕，在京限兩季，在外限三季，川、廣、福建又展一季，其(更)〔舊〕樂更不得作。所有舊來樂器不合行用者，如委是前代古器免申納外，餘並納所在官司詿訖申禮部〔三〕。即限滿用舊樂并聽之者，並徒一年；舊樂器應納不納者依此。一、應教坊、鈞(鎔)〔容〕及中外不依今樂，輒高下其聲，或別爲他聲，或移改增損樂器者，徒二年，許人告，賞錢一百貫。一、人户有造到新樂器，仰赴州呈驗，用所頒樂按協一次，聲同不異，即聽行用。一、諸路州軍習樂人，如願赴大(成)〔晟〕府按協習學，或賫樂器赴府開聲，或願收買者，並聽從便。一、舊來淫哇之聲，如打斷、哨笛、呀鼓、十般舞之類〔四〕，悉行禁止。違者杖一百，聽之者加[27]二等，許人告，賞錢五十貫文。其淫哇曲名，令開封府便行取索，申尚書省審訖，頒下禁止。一、天下如有善音律人，能翻樂譜，廣其聲律，許以所撰譜申州，州爲繳申禮部，令大晟府按協，可用聽行用。其翻譜撰詞人，大晟府看詳委是精熟，給券馬召赴府按試，申尚書省取旨。一、應監司候樂到，舉行督責，於限内出按，許以新頒樂與逐處所造樂與逐州官按試，如聲音不異，協比不差，具保明聞奏。其奉行如法，每路具三五州申尚書省取旨推恩。如施行弛慢違失，禁止舊樂不盡，仰按(刻)〔劾〕奏聞。」詔第七項「十般舞」字下添入「小鼓腔小笛」五字，賞錢改作一百貫。

〔政和三年〕六月二十八日〔五〕，中書省言：大晟府新燕樂進訖。詔提舉官劉炳特轉兩官，内一官轉行，一官回授有服親屬；楊戩落通仕大夫，除正任觀察留後；黃晃階官上轉一官；馬賁等五人各轉行兩官；王昭等三人各轉一官，減一年磨勘；張苑轉一官。

七月十三日，開封府尹王詔奏：「伏蒙頒降到新樂二

〔一〕按，此句不見於《宋史·樂志》，而見於《宋史》卷四四四《劉詵傳》。

〔二〕按此句之前，原旁批：「大觀二年八月，新樂成，詔令大晟府置圖頒降。」考《宋史》卷一二九《樂志》四，《大晟樂》成，「令大晟府置圖頒降」在政和三年冬，而本條下文所載法令條文乃是政和三年五月頒新燕樂時令尚書省所立，可證此批謬誤，今不取。又，據本段之末所載詔旨，「十般舞」在尚書省所奏法令之「第七項」，而此文乃在第五項，則知此文之前尚有缺文。

〔三〕詿：疑誤。

〔四〕般：原脱，據《宋史》卷一二九《樂志》四補。

〔五〕政和三年：原無。按下文「八月九日」條，據本書樂五之三六，乃政和三年事；八月「二十三日」條、九月「十八日」條，據《宋史》卷一二九《樂志》四，亦爲政和三年事。可證本條之「六月」爲政和三年六月無疑。因補。

副，臣今教習到本府衙前樂塤、箎、笙、石磬之類，於大晟府按試，並已精熟。臣等謹奉表稱賀以聞。」詔王詔轉一官，餘各減二年磨勘，並改賜章服。

八月九日，尚書省言：「大晟府燕樂已撥歸教坊。所有諸路從來習學之人，元降指揮令就大晟府教習，今當並就教坊習學。」從之。

二十三日，大晟府奏：「以雅樂中聲播於燕樂，舊闕徵、角二28調，及無土、石、匏三音〔一〕，今樂並已增入，崇政殿按試，八音克諧。」詔頒降天下。

二十六日，詔：燕樂新成，頒行內外，輔臣蔡京二子儵、修可並除集賢院修撰，改提舉宮觀，京依轉官例支賜；何執中進少師，鄭居中轉一官，各回授與五服內親屬，依轉官例支賜；余深、劉正夫、侯蒙、薛昂各進官一等，依例加恩。

二十八日，詔：平江府進士曹棐撰到徵調《堯韶》新曲，文理可採，特補將仕郎，充大晟府制撰。

九月九日，提舉大晟府言：「諸州差到買新燕樂人，例多村野。其賣樂人並各將舊格材管作今來新格樂器出賣。乞令賣樂器人並於樂器上各鐫『大晟新律，某人造』。如敢僞冒，立罪賞，許人告。」從之。

十八日，資政殿大學士、中太一宮使、兼侍讀鄧洵武言：「陛下以大晟樂頒於太學、辟廱，使諸生肄業。伏望特行按試，其有訓道之速、肄業之精者，優加獎勸，以勵四方。」詔輔臣按試(乞)〔訖〕取旨。諸生習樂，所服冠以弁，袍以素紗、皂緣，紳帶，珮玉。（以上《永樂大典》卷二一六八二）

〔一〕音：原作「首」，據《宋史》卷一二九《樂志》四改。

宋會要輯稿　樂四

樂器　樂舞〔一〕

【宋會要】

1「依月律改定」〔二〕

（大觀）〔政和〕四年正月十三日〔三〕，禮部奏：「教坊樂，春或用商聲，孟或用季律，甚失四時之序。乞以大晟府十有二月所定聲律，令教坊閱習。」從之，仍令秘書省撰詞。

四月二十三日，成都府路轉運副使周燾奏：「據成都府學申：本學所降大晟樂器兩次，經釋奠使用，今來在學諸生並已習熟。欲乞按試施行，仍乞今後府學春秋釋奠，許用學生所習雅樂。」詔依奏，諸路州軍更有似此精熟去處，依此。

二十八日，詔：「將來夏祭用宗子學生舞樂指揮更不施行，只用大晟樂工，直候冬祀始用。」

五年九月十六日，新差權知廬州朱維奏：「臣伏覩大晟府以雅樂（頌）〔頒〕降天下州軍，姑有其器而已，未必能作之。乞詔大晟府，將合頒降雅樂逐一圖繪形制，逐件以譜釋標記。謂如編鍾於逐鍾，編磬于逐磬，塤、篪、笛于逐穴旁，笙、簫于逐管上，各標題「黃」、「大」、「太」、「夾」字之類。不可譜釋者，逐色後疏說如何考擊。謂如柷後則聲說「凡樂初作，先以木椎于柷左右并柷底共擊九下」，敔後則聲說「凡樂止，以竹戛于敔背上劃三遍」之類。餘器亦各開排疏說。及將合用樂章譜并歌調一處鏤板行下。如外州樂工願赴大晟府習學者亦聽，仍每日量支與食錢，候精熟日發遣。仍乞川、廣、福建限一年，餘路限半年，習學限滿，委監司分詣按試，每路具習學精熟及推行不如法各三兩處奏聞，以賞罰隨之，則雅樂何患不行。」從之。

六年正月十三日，大晟府言：「神宗皇帝嘗命儒臣肇造玉磬，藏之樂府，久不施用。乞令署加磨礱，俾與律合。并造金鐘，專用于明堂。」從之。

閏正月九日，臣僚言：「大晟雅樂，頃歲已命儒臣著樂書，獨燕樂未有紀述。乞考古聲器所起，斷以方今制作之原，各附以圖，爲《燕樂新書》。」詔大晟府編集燕樂八十四調并圖譜，令劉昺撰文。《劉昺傳》：舊名炳，後賜今名。

【宋會要】

「又乞取已頒中聲樂在天下者」

〔一〕按，此題非徐稿原有，乃是後來整理者所加，實則此題並不確切。本卷承上卷在《大典》中均爲「樂」字韻「宋樂」目，二卷體例亦同是以《宋史・樂志》爲正文，以《宋會要》爲注。但本卷乃政和四年以後事，大體上不再詳定樂律，不便再用上卷之題，姑仍其舊。

〔二〕天頭原批：「此條分注《宋史》下，凡標題皆《宋史》。」

〔三〕政和：原作「大觀」，據本書樂五之三六改。按下文有「五年」、「六年」，而大觀只四年。又下文諸條所述事均在新樂頒降之後，明當作「政和」。又下文稱六年閏正月，徽宗朝唯政和六年閏在正月，尤爲明證。

〔政和〕八年四月二十五日〔一〕，詔：禮制局所鑄景虚玉陽神應鐘了當，應副管幹詳議官、管幹官、書篆官、製造官、雜務官、催促物料、造作受給，各轉行一官；應副管幹七鐘以上，各減三年磨勘；應副管幹六鐘以下，各減二年磨勘；人吏各轉一官資，無官資人補進義副尉。

二十六日，（蔡）攸又奏：「所有已頒中聲樂，欲乞令逐處，在京限一月，外路限一季，並行送納。」從之。

九月二十日，宣和殿大學士、上清寶籙宮使、兼神霄玉清萬壽宮副使、兼侍讀、編修蔡攸言：「昨奉詔，教坊、均容、衙前及天下州縣燕樂，舊行一十七調，大小曲譜聲 2 韻各有不同，令編脩燕樂書所審按校定，依月律次序添入，新補撰諸調曲譜令有司頒降。今揆以均度，正其過差，合于正聲，悉皆諧協。將燕樂一十七調看詳到大小曲三百二十三首，各依月律次序，謹以進呈。如得允當，欲望大晟府鏤板頒行。」從之。

重和元年十二月十九日，詔：「太、少二音，調燮歲運，使之適平。不行于世，迨數百年。近命官討論定律。鎔範既成，不假刊削，自合宫音，太、少正聲，相與爲一。已降指揮，置登歌宮架，用于明堂。所有樂局檢閱文字官三員各轉一官，差充修製大樂局管幹官；手分、楷書、書奏、書寫人、通引官、定聲、都作頭共十五人，各轉一官資，無官資人候有官日收使；工匠等共七十四人，共支絹三百匹，等第支散。」

宣和元年三月十九日，淮康軍節度使蔡攸奏：「謹按《周官》設籥師、籥章之職，掌舞羽龡籥，以奉祭饗，以迎寒暑，蓋律呂于是乎生。而《鼓鐘》之詩『以雅以南，以籥不僭』，則衆樂又待是而爲之節也。竊見大晟制籥，祇爲舞器，執而不龡。方今大晟樂備之時，獨此爲闕。近據百姓張重楊、教坊樂工張從寶齎到古籥一管，自陳世習其藝。按之以聲，悉協鈞律。臣攸《爾雅》，大籥爲産，其中爲仲，其小爲箹。攸之制造太少正聲，籥之律呂咸備，乞頒降施行。」從之。

【宋會要】

「明堂布政閏月體式景陽鐘并虡九鼎皆亡矣」〔二〕

〔宣和〕二年二月六日〔三〕，大晟府奏：「燕樂依月律撰詞八十四調，乞頒行。」從之。

四年六月九日，臣僚上言：「一歲之間，凡一百一十八祀，作樂者六十二，所用樂章總五百六十九首〔四〕。當時儒館分領，槩以與之，未嘗擇而授也，故其所作多有失義類者。」詔令尚書省措置，選官改定。除趙永裔已罷館職外，

〔一〕政和：原無，據本書樂五之二五補。
〔二〕景：原作「鍾」，據《宋史》卷一二九《樂志》四改。
〔三〕宣和：原無，據上文補。下條「四年六月九日」，本書樂五之二五明標爲宣和。
〔四〕用：原作「司」，據本書樂五之二六改。

餘並送吏部與合入差遣。

十月二十一日，洪州奏：「據管下豐城縣申：大順鄉人户范亮因斸地掘得古鐘大小九具，狀貌奇異，與今時式樣不同，各有篆文。驗之《考工記》，其制正與古合。尋令樂工敲擊，其聲中律之無射。繪畫圖狀申納。」詔令申發投進。

【宋會要】

「而禮樂之事（寢）〔寖〕以興矣」

高宗皇帝紹興四年四月十六日，禮部太常寺言：「大禮，依議合設宮架之樂，切慮無諳曉音樂人匠可以製造。欲權令登歌之樂通作宮架之曲，更不設三色匏、簫。減押樂太常卿、舉麾協律郎各一員祭服，二舞樂工三百一人衫幘。」從之。以臣僚言「明堂大禮除祀禮、賞軍外，其他事冗費，務在所減節」故也。

紹興七年五月二十八日，翰林學士朱震言：「奉詔撰明堂大禮朝饗太廟酌獻徽宗皇帝室樂曲，請名以《承元》。」詔恭依。

【宋會要】

3「自八月一日教習于是樂工漸集」

十年八月二十三日，太常博士周林言：「竊見堂上堂下樂工，搏拊、琴、瑟、笙、簫、塤、篪、柷、敔等，皆是就地坐而作樂，唯有鐘、磬樂工設木杌并交床作坐具，恐未允當。今大禮席地鋪設神位，兼係親行酌獻，深慮不應有此樂工坐物，難憑省記循習之例，有礙義理。欲令教習鐘磬樂工立地考擊。」從之。

十二年六月十五日，太常寺言：「懿節皇后祔廟，乞止用登歌，通作宮架之曲。及已後五饗并祫享合用樂章等曲名，報祕書省製撰，送本寺按譜教習。」並從之。

十三年二月二十七日，太常寺言：「昨來皇后受册寶，依儀御殿降堦受，合于殿下設宮架之樂，係女工人傳報，節次作樂。」詔不用女工，令太常寺于殿門外設樂。

三月六日，太常寺言：「將來郊祀大禮，合設大樂。見闕鎛鐘、特磬外，少七星九曜閏餘匏笙各四把，編鐘五架、編磬五架、一絃琴六面、三絃琴十面、五絃琴十面、七絃琴十二面、九絃琴十三面、巢笙十四把、簫十四（面）〔管〕，篪十八管，塤十二枚，笛二十管，竽笙十把，和笙六把，琴六面，搏拊鼓六面，柷敔三副。乞下二廣、荆湖南北、兩浙、江西、福建路州軍，除柷敔樂架外，應有大樂，剗刷發納本寺。或闕少並不堪名件及柷敔樂架，令軍器所製造。」從之〔一〕。

【宋會要】

「皆備而不作云」

〔一〕自「本寺」至「從之」二十三字，原脱，據《補編》頁二三九補。

十六年四月十三日〔一〕，上謂輔臣曰：「禮器局鑄造鎛鐘，須是聲和應律，乃可更令禮官詳審。若聲未和協，未可以奉祭祀。」

五月十八日，給事中段拂等言：「禮局准降下景鐘制度，御前降到《大晟樂書》并金字牙尺二十八量，及太常少卿李周等所立碑刻《大樂尺圖本》，付局參照。今詳禮部、太常寺討論，黄鐘之律九寸，故景鐘之高九尺，而九九之數寓于其間。又降到《樂書》所載，景鐘垂則爲鐘，仰則爲鼎，鼎之大，中于九斛〔二〕，中聲所極。九數退藏，則八斛有一焉。及將降到金字牙尺，數内用皇祐二年製造大樂中黍尺，點量太常寺見管黄鐘律編鐘一顆，得高九寸，相合。所有退藏斛數，既鐘高九尺，若約度金分厚薄，取應鐘律，退藏可容二十斛數，即不應八斛有一。若就退藏八斛有一鎬造，緣九尺之高，則金分太厚，委寔難以取應聲律。欲乞依樂書制度，以皇祐二年大樂中黍尺爲準，取高九尺，厚薄隨宜鎬造。」從之。先是太常寺討論到景鐘制度：「按《大晟樂書》：黄帝有五鐘，一曰景鐘。景，大也；鐘，西方之聲，以象厥成。惟功大者，其鐘特大。蓋黄鐘者，樂之所自出；而景鐘者，又黄鐘之本也。故景鐘爲樂之祖，而不常用〔三〕。惟天子親郊4上帝，則立于宫架之中，以爲君圍。自齋宫詣壇以擊之，以召至陽之氣。既至，聲闋，衆樂乃作。祀事既畢，升輦，又擊之，至齋宫而止。蓋天者群物之祖，今以樂之祖感之，則天之百神皆可得而禮矣。黄鐘之律九寸，故景鐘之高九尺，而九九之數寓于其間。製煉玉屑，以入銅齊，取其精純，音韻清越。拱以九龍，其下則寶鐘清聲，子以承繼也。其周則四清之鐘磬，奠方隅以拱衛也。龍虡鳴球，間以風琴，平時弗考，風至則鳴，貴天籟而本自然也。聲氣之和，以降瑞露，唯積累修德，和氣薰烝，光明盛大之業格于上下，始可作爲景鐘，郊見上帝。九九相生，其數無窮，寔爲受命無疆之應。昔（皇）〔黄〕帝以指爲寸，大禹以身爲度，其制請以聖上君指三節爲三寸，三三爲九，以起律度。徽宗皇帝崇寧四年，命鑄景鐘，具載製作。」詔可付禮器局依此製造。至是本局參考制度來上，從其請也。

七月二十八日，宰臣秦檜奉詔書撰《景鐘銘》進呈。上曰：「詞翰俱美，無可改者。」檜曰：「天子銘德，諸侯計功，臣淺陋豈能形容盛德？臣切惟文德武功，猶陰陽之時，而虞舜、周文之用心，世莫之識。蓋較勝則蹟顯，兼懷則度宏，不可使後世無傳也。」先是有司言：所鑄景鐘，合用鐘銘，典禮係翰林學士撰，宰臣書。有詔令秦檜一就撰、書，銘之金石，以爲萬世不朽之傳。至是秦檜撰、書上焉。

八月十三日，秦檜進呈：「禮器局申，現造景鐘等，侯

〔一〕十三日：《補編》頁二四四作「十五日」。
〔二〕大中：原作「中大」，據《補編》頁二四四乙。
〔三〕常：原作「當」，據《補編》頁二四四改。

禮器俱畢，乞一併進呈。」上曰：「鐘磬音律，其餘皆和，惟黃鐘、大呂未甚應律，更宜詳加考究。」

十月二日，上御射殿，召宰執、侍從、臺諫、南班宗室、卿監、省官、禮官、館閣及武臣刺史以上立班，觀閱新造景鐘禮器。其日，皇帝御殿視事畢，再坐，宣宰臣以下繫鞋起居畢，升殿侍立；及監視制造禮器官亦升殿，執樂譜立御前，以待顧問。皇帝起觀看訖，宰臣、侍從、正任刺史以上并觀，管軍從後觀看〔一〕。訖，皇帝復御坐，宣合赴坐官，宣坐賜茶。是日作朝會樂三曲，節次候喝排立時，撞景鐘，俟皇帝即御坐，引起居班絶止。次作宮架之樂，俟降座，再撞景鐘，至還内止。既而詔太師、尚書左僕射秦檜以書，撰景鐘之銘，可轉一官，許回授，依例加恩，仍與長孫進職一等。餘造禮器官屬並推恩有差。

二十五年（八月十七）〔七月十八〕日〔二〕，刑部員外郎許興古言：「比者休祥協應，靈芝生于廟楹，瑞麥秀于留都。斯太平之盛，億萬年無疆惟休之符也。臣謂宜如漢《齋房之歌》〔三〕，製爲樂章，登歌郊廟，于以答揚神貺。」詔學士院：將（今）來郊祀大禮，圓壇、景靈宮、太廟所奏樂章内添入修製。

二十八年七月二十日，詔：宰執、學士院、兩省官所修潤郊祀大禮樂章七十九首，下太常肄習之。

二十四日，内出御製郊祀大禮天地、宗廟樂章十三首，下太常寺肄習之。

紹興三十二年孝宗已即位，未改元。六5月二十日，禮部、太常寺言：「今來皇帝登寶位，車駕詣太廟、別廟親行朝饗之禮，依儀合用登歌、宮架、樂舞、鼓吹等，内鼓吹係備而不作。今具下項：一、所有大樂樂章，乞從本寺（由）〔申〕學士院製撰修潤，降付本寺教習。一、合用登歌、金玉大樂及彩畫宮架、樂舞，係用節奏樂正六人，登歌樂工四十八人，別廟登歌樂工三十六人，宮架樂工一百九人，二舞九十人。内登歌樂工前十日受誓戒，合服着衫幘等乞于祗候庫并文思院應副使用，更不請敕號，止乞令所屬照驗頭冠法衣，放令入出祗候。一、今來親行朝享，創行製撰，修潤樂曲。每遇大禮，樂舞係教習一百餘日，今係作樂，教習四十餘曲，委是繁難，止乞教習一十曲。一、合用般運大樂軍兵一百五十人，及遮護樂架油幕屋，乞依例下所屬差撥，絞縛施行。一、契勘別廟殿基窄隘，難以鋪設大樂、祭器，欲乞令臨安府依大禮景靈宮例，幫築堦基，搭蓋席屋，安設施行。一、合用鼓吹係在儀仗内排設，備而不作，導引祗應合用鼓吹二百二十六人。除本寺見管令丞三人外，其餘人乞下殿前馬步三司差撥。雜攢樂人所有合用服著、執色樂器，乞下祗候庫揀選使用。」詔依。

〔一〕管軍從後：原作「軍後從」，據《補編》頁二四七改。
〔二〕七月十八：原作「八月十七」，據《建炎要録》卷一六九改。
〔三〕齋房：《漢書·武帝紀》作「芝房」。

八月十日，禮部、太常寺言：「將來奉上太上皇帝、太上皇后尊號册寶，依禮例合設宫架樂于大慶殿及德壽宫，並備而不作。今條具合申請事件：一、大慶殿并德壽宫合設宫架大樂二料，並合前期逐處排設。合差般運大樂軍兵，乞依例下殿前〔步馬〕〔馬步〕三司借差軍兵二百人，候禮畢般運訖，發遣歸司。至日，樂正、樂工等自大慶殿番衮赴德壽宫應奉，其樂架候次日般發出殿。内德壽〔宫〕合設樂架，依今來修立儀注，于中門之外，北向，隨地之宜安設，禮畢即時般發。乞關報皇城司、德壽宫關借牌號，放令出入。内所有逐處遮護宫架油幕、蓆屋，乞依例令儀鸞司絞縛。内油帕、蘆蓆、椽木等，依〔例〕下臨安府應付。所有宫架大樂係差樂正四人、樂工一百九十人，亦合前期點習。乞從本寺開具姓名，前期報皇城司，關借敕號，禮畢拘收送納。」詔從之。乾道七年正月加上册寶亦如此制。

十一月十八日，禮部、太常寺言：「將來皇后神主祔廟，乞依顯仁皇后神主祔廟禮例：一、合用鼓吹導引〔祠〕〔詞〕曲及添撰追册皇后祔廟合用鼓吹導引酌獻樂章，乞從本寺申學士院修撰，降下本寺教習。一、合設登歌、宫架、樂舞，昨顯仁皇后祔廟係用節奏樂正六人、登歌樂工七十二人、宫架樂工九十九人、二舞九十人，教習十日。今乞依數差人，止教習七日。其合用般運大樂軍兵八十人，乞行下步軍司差撥施行。及合用遮護宫架油幕、蓆屋，依例係儀鸞司絞縛，臨安府〔應付〕油幕、椽屋、蘆蓆等。」詔從之。

十二月三日，臣僚上言：「古之祭者，室事交乎户，堂事交6乎階，自始行事至于禮成，蓋不甚久，故有强力之容、肅敬之心者，不至于倦怠也。《開寶通禮》：時享太廟十有一室，并與同時而祭，亞獻復位而文舞始退，武舞立定而終獻詣洗。所用時刻頗多，有司侍祠，不勝其久，非特跛倚，仍至有顛仆者，其爲不敬大矣。欲乞將來安穆皇后祔廟，及太廟、别廟逐時祭享，並倣《開寶通禮》，文舞用于初獻以前，武舞用于亞獻以後；仍于亞獻既入太室，即引終獻，相繼行事。其間如隋祭之與合樂，肺祭之與奉俎，束茅之與徹豆，皆可以並行而不相悖者。庶幾百辟卿士各盡虔恭，以稱主上嚴奉宗廟之意。」詔從之。

五日，太常寺言：「勘會來年正月十日上辛祈穀祀上帝，同日祀感生帝，並依大祀。今具下項：一、兩壇合設登歌、宫架、樂舞，係用樂工、二舞四百五十人。依昨紹興十八年已降指揮，逐年行禮，遇闕二舞樂工，于殿前司借差雜攢樂人湊數，充攝祇應。今來殿前司申降指揮稱，差出軍〔兵〕權住差借。緣見今除見管樂工、二舞外，見闕一百六十三人，别無可差去處，乞下殿前司將見在諸軍依年例借差，分作兩壇湊數，充攝樂舞行禮，庶免闕誤，禮畢即便發還。一、契勘每遇大禮，合用樂舞去處，係差般運大樂軍兵八十八人；大樂用登歌樂去處，係差撥般運大樂軍兵一十人，係殿前馬步三司借差。近來殿前、馬軍司各有申請免差指揮〔一〕，並係步軍司差撥。今來若止差步軍司應付，諸處差使數多，其般運人多差不足。緣今來見排辦臘祭太社、太稷、四蜡百神、薦享太廟、別廟樂舞，上辛祈穀祀上帝，同日祀感生帝，逐處合用樂舞各用大樂二千五百餘件，闕人般運，排辦竊慮不前。其所差撥〔般〕運軍兵係祠前差到，晝則般運，至晚各歸營寨，禮畢即便發還，即非久占差身役。今來若止差步軍司軍兵，委是人力不勝。乞依自來例，下殿前、馬、步軍司均差，所貴辦集，不誤祠事。」詔從之。

十三日，禮部侍郎黄中等言：「檢准國朝故事，神主祔廟係用儀仗鼓吹導引至太廟，俟時用樂舞行事。今來追册皇后祔廟，緣在欽宗皇帝服制之内，即與昨來景靈宫奉安顯仁皇后神御尊卑不同。雖宗廟薦享已用樂舞，然鼓吹施于道路，情所未安。其將來追册皇后、祔享太廟，合依見今薦享別廟懿節皇后禮例用樂行事外，所有導引儀仗内鼓吹，欲乞備而不作。」有旨依。續臣僚上書：「竊惟薦享宗廟，爲祖宗也，故以大包小。雖別廟無嫌于用樂，今祔廟之禮專爲安穆皇后也，豈可與薦享同日而語哉！竊見禮官申請，尚有未盡。欲乞將來〔安〕穆皇后神主至太廟祔謁諸室，用樂舞行事外，所有別廟奉安之際，則乞備樂不作。蓋用于前殿，是不以欽宗之服而廢祖宗之禮也；停于別廟，是懿節皇后、安穆皇后爲欽宗服 7 制未畢而少屈也。如此，則于禮爲順，于義爲允。」詔從之。

二十二日，詔安穆皇后祔廟日，以欽宗皇帝服未除，前後殿樂皆備而不作。先是安穆皇后册寶既成，祔廟有日，于用樂一事，以欽宗之服未除，臣下意有所嫌，禮部奏欲去鼓吹。既可之，給舍又言：廟中之樂于祖宗前殿當用，于安穆別廟不當用。亦可之。至是臣僚上言：「給舍之議固爲得矣，而猶未盡也。祖宗前殿尊無二上，其于用樂，無復有嫌。然用之于其他行禮之日則可，用之于安穆祔廟之日則似不可。何者？今日之事是爲安穆設也，其所用樂是爲安穆用樂也。雖于別廟不用，然而爲安穆用樂之名猶在也。曷若無間前後殿，皆備而不作，爲盡善盡美，無一毫可議哉！」于是有旨從之。

隆興二年五月六日，詔：郊祀樂工令肄習一月，依例肄習九十八日。至是太常少卿、兼權禮部侍郎洪适奏：「仰惟陛下踐阼以來，務崇儉德，始講郊丘之禮，專以誠意交神，此外（樽）〔撙〕節浮費。臣職在太常，不容箝嘿。竊謂古今不相沿樂，金石八音不入時俗之耳，故通國無習其藝者，而聽之則倦且寐，獨以古樂用之郊廟爾。昔者竽工鼓員不應經法者，孔光、何武蓋嘗奏罷于漢代，前史是之。今所用鼓吹、警場諸工凡一千一百五十有九人〔二〕，有司已三分減一，獨是肄習踵例，尚存九十八日。夫驅游手之人擽金擊石，不當律令，顧亦安能使鳳儀而獸舞？而所用日給

〔一〕司：原作「師」，據《補編》頁二四八改。
〔二〕場：原作「楊」，據《盤洲文集》卷四二改。

之錣，爲緡一萬六千三百有奇，誠爲虛費。欲望祇令肄習一月㈠，亦可以成聲中節，不至闕事。」詔從之。

二十六日，禮部、太常寺言：「一、郊祀大禮逐處合用樂章，乞從本寺將紹興二十八年郊祀大禮樂章開具申學士院看詳修潤，降下修習。一、逐次郊祀大禮係用節奏樂正五人、登歌樂工四十八人、宮架樂工二百七人、引舞二舞九十人，並番衮逐處祇應；並分詣九宮貴神、太社、太稷登歌樂工一百十四人，共四百六十四人。今來別廟懿節皇后一室係親饗行禮，合用登歌樂正、樂工，今欲將分詣太社、太稷樂正樂工內差撥祇應。其分詣別廟安穆皇后一室，依逐次大禮例番衮祇應，更不添置人額。今來本寺見管樂工、二舞係祇應歲中常祀，除逃亡事故之人，大段（聞）〔闕〕人教習。大禮逐處樂章、舞儀、樂曲，及前期事務，令大禮五使肄習，至期受誓戒，逐處行禮祇應。除登歌三十六人有請給外，其餘樂工、二舞並是無請給之人，止是免中下等行役。今來樂工、二舞除見管外，見闕一百六十餘人，教習九十餘日。今准近降指揮，止肄習一月，若行盡數召募新人，竊慮難以教習，兼合係御前應奉，其見闕人欲乞拘收曾經應奉慣熟之人赴寺應辦，教習行禮，不許辭避。如不足，乞行召募有行止之人充填。其支破食糧，于本寺曆 8 內批放支散。」詔從之。

九月五日，太常少卿、兼權禮部侍郎洪适言：「勘會今歲郊祀大禮，依逐次典故，用儀仗鼓吹，內鼓吹已赴警場振作。所有禮畢車駕回鑾導引振作，亦合用軍樂。端門肆赦所設宮架㈡，係合用雅樂，並與燕樂不同，難以一例不用。」從之，以欽宗服未除故也。

十九日，太常少卿、兼權禮部侍郎洪适奏：「伏覩紹興二十八年郊祀，用儀仗一萬五千五十人，鼓吹、警場一千一百五十九人，八音、二舞樂工四百五十九人。近降指揮，儀仗人減半。臣前曾申請鼓吹、警場人已三分減一。舊例，樂人及鼓吹、警場人肄習九十八日，臣又曾具奏減作一月㈢。所有樂工凡二百六十人，太常有籍三十六人，有月給錢糧，所闕一百六十六人旋行招補肄習。緣竄名籍中可以規免臨安府行鋪名役㈣，不無計囑之弊。再行研考，除登歌壇上樂四十八人、二舞九十人不可減外，壇下宮架二百七人今欲減省六十七人。凡琴二十人，十人可減；瑟十二人，六人可減；笙二十人，四人可減；簫十人，六人可減；笛二十人，八人可減；篪十二人，六人可減；塤十人，四人可減；歌二十人㈤，可減四人㈥；鐘磬四十八架，十六架可減；分詣九宮貴神、太社、太稷給祠一百十四人，四

㈠ 月：原作「日」，據《盤洲文集》卷四二改。
㈡ 肆：原作「肄」，據《盤洲文集》卷四三改。
㈢ 臣又曾：原作「入」，據《盤洲文集》卷四三改。
㈣ 名役：原作「技名」，據《盤洲文集》卷四三改。
㈤ 人：原無，據《盤洲文集》卷四三補。
㈥ 可減：原無，據《盤洲文集》卷四三補。

十五人可減。既減員，得以省費，而于事神之禮初無所闕。有旨令量減人數。本寺今將壇下宮架鐘磬依舊排設四十八架，所有樂工于宮架二百七人內，量減閑慢樂色二十人，并詣九宮貴神、太社、太稷一百一十四人內量減三十人，可以事神，排設祇應不致闕事。」詔從之。

十二月十日，國子博士、兼權太常博士芮(輝)〔煇〕言：「勘會今來郊祀大禮，其合用樂曲，太廟行禮徽宗皇帝酌獻一曲係御製，并其餘樂章、鼓吹改詞曲。今來改月行禮，節候不同，亦合修潤。亦乞從本寺具申學士院修潤，降下教習。」從之。

乾道三年七月二十五日，禮部、太常寺言：「勘會將來安恭皇后神主祔廟，依禮例合用鼓吹導引至太廟，排設樂舞行禮。其鼓吹詞曲(拜)〔并〕樂章，依例本寺(由)〔申〕學士院修撰。內鼓吹、樂舞支破教習食錢，今乞依見今例三分內減一分支破。」從之。

四年十月二十九日，戶部、禮部言：「太常少卿王淪奏：『樂之有舞，所以形容功德，施之天地宗廟之祭。歲十有二，工師之衆必皆整肅，然後可以仰稱皇上敬祭重祀之意。今二舞所用舞師，舊例並係招募百姓，殊不整潔。乞許每遇祠祭，合用二舞樂工，依正月上辛祀上帝例，借差殿前司雜攢樂人四十八人、部轄都管轄一名，在外充攝二舞。于受誓戒前一日差撥赴寺，禮畢交納法衣訖，即便發遣歸司。其教習食錢依上辛借差例支破，每祭逐人止支食錢三百文，于本寺大曆內幫勘。』戶、禮部看詳，欲依所乞。」詔從之。(以上《永樂大典》卷二一六八三)

郊祀樂 一〔一〕

【宋會要】

9 太祖建隆元年二月五日，有司上言：「(王)〔三〕王異代，不相襲禮，五帝殊時，不相 10 沿樂。請改一代樂名，并太廟四室酌獻迎俎送神樂章。」詔恭依典禮，宜令權判太常寺事竇儼撰進。四月四日，竇儼上新定二舞十二樂曲名并樂章：文舞爲《文德之舞》，武舞爲《武功之舞》，祭天用《高安之曲》，祭地用《靖安之曲》，祭宗廟用《理安之曲》，祭天地宗廟登歌用《嘉安之曲》，皇帝臨軒用《隆安之曲》，王公出入用《正安之曲》，皇帝食飲用《和安之曲》，皇帝受朝、皇后入宮用《順安之曲》，皇太子軒縣出入用《良安之曲》，正冬朝會登歌用《永安之曲》，郊廟俎入用《豐安之曲》，祭饗、酌獻、飲福、受胙用《禧安之曲》。

【宋會要】

〔乾德元年〕閏十二月二十七日〔二〕，翰林學士承旨陶

〔一〕原無序號，因下卷亦有相同之題，故添。
〔二〕乾德元年：原無，據《宋史》卷一二六《樂志》一補。

穀上祀感生帝樂章曲名：降神用《大安》，太尉行用《保安》，奠玉幣用《慶安》，司徒奉俎用《咸安》，酌獻用《崇安》，飲福用《廣安》，亞獻、終獻用《文安》，送神用《普安》。

四年六月，判太常寺和峴言：「舊制，宮縣三十六設虡於庭〔一〕，登歌兩架設於殿上。請詔重造，仍令徐州採泗濱之石以爲縣磬。」從之。

11 十月十九日，判太常寺和峴言：「樂器中有抄手笛〔二〕，臣曾令樂工調勘，得大樂局令賈峻等狀稱，與雅樂正聲清濁相應。謹按《唐・樂志》：呂才歌《白雪》之琴，馬滔進《太一》之樂，皆於當日得預宮縣。況抄手笛可以旋十二宮，可以通八十四調。其制如雅笛而小，其長九寸，與黃鍾之管等；其竅有六，左四右二，樂工執持之時，兩手相交，有拱揖之狀。請改爲拱宸管，於十二案上及十二編磬并登歌兩架下各一，仍望編於令式。」又言：「郊廟殿庭通用《文德》、12《武功》之舞，然其綴兆未稱文德武功之形容。又依古義，以揖遜得天下者先奏文舞，以征伐得天下者先奏武舞。陛下以揖讓受禪，宜先奏文舞。按《尚書》，舜受堯禪，玄德聲聞，乃命以位。請改殿庭所用文舞爲《玄德升聞之舞》〔三〕。其舞人約唐太宗舞圖，用百二十八人，以倍八佾之數。分爲八行，行十六人，皆著履，執紼，服袴褶，冠進賢冠。引舞二人各執五采纛。其舞狀、文容、變數，聊更增改舊制。又陛下以神武平一宇內，即當次奏武舞〔四〕。按《尚書》，周武王一戎衣而天下大定，請改武舞爲《天下大定之舞》。人數行列悉同文舞，其人皆被金甲、持戟，引舞二人各執五采旗。其舞六變：一變象六師初舉，二變象上黨克平，三變象維揚底定，四變象荆湖歸復，五變象邛蜀納款，六變象兵還振旅。仍別撰舞曲樂章。其鐃、鐸、雅、相、金錞、鼗鼓，并引二舞等工人冠服，即依《樂令》。而《文德》、《武功》之舞，請於郊廟仍舊通用。又按唐貞觀十四年景雲見，河水清，張文收採古《朱鴈》、《天馬》之義，制《景雲》、《河清歌》，名曰讌樂，元會第二奏者是也。伏見今年荆南進甘露，京兆、果州進嘉禾，黃州進紫芝，和州進綠毛龜，黃州進白兔。欲依月律撰《神龜》、《甘露》、《紫芝》、《嘉禾》、《玉兔》五瑞各一曲，每朝會登歌首奏之。」詔二舞人數、衣冠悉仍舊制，拱宸管、樂章如所請。

六年十月二十七日，和峴言：「漢朝獲天馬、赤鴈、神鼎、白麟之瑞，並爲郊歌。國朝合州進瑞木 13 成文，馴象由南方自至，秦州獲白烏〔五〕，黃州獲白雀，並合播在筦絃，薦于郊廟。」又〔言〕：「按《開元禮》，郊祀車駕還宮，入嘉德門，奏《采茨之樂》；入太極門，奏《太和之樂》。今郊祀禮畢，登樓肆赦，然後還宮，宮縣但用《隆安》，不用《采茨》。

〔一〕虡：原脱，據《宋史》卷一二六《樂志》一補。
〔二〕抄手笛：《宋史》卷一二六《樂志》一作「叉手笛」。
〔三〕升：原作「聲」，據《宋史》卷一二六《樂志》一改。
〔四〕次：原無，據《宋史》卷一二六《樂志》一補。
〔五〕烏：原作「馬」，據《宋史》卷一二六《樂志》一改。

其《隆安》樂章本是御殿之辭，伏詳禮意，《隆安之樂》自內而出，《采茨之樂》自外而入，若不並用，有失舊典〔一〕。今大樂局丞王光裕誦得唐日《采茨曲》，望依月律別撰其辭，每郊祀畢，車駕初入，奏之。御樓禮畢還宮，即奏《隆安之樂》。」詔峴作《瑞文》、《馴象》、《玉烏》、《皓雀》四瑞樂章，以備登歌，餘從之。

(二十八日)〔開寶九年四月三日〕〔二〕，太常寺言：「準令：宗廟殿庭宮縣三十簴，郊社二十簴，殿庭加鼓吹十二案。開寶四年郊祀誤用宗廟之數，今歲親郊，欲用舊禮。」詔圜丘增十六簴，餘依前制。

太宗淳化三年元日，朝賀畢，再御朝元殿，羣臣上壽，復用宮縣、二舞、登歌、五瑞曲。〔和〕㠓又請取今朝祥瑞之殊尤者，作爲四瑞樂章，備郊廟奠獻，以代舊曲。詔從之。有司雖承詔，而不能奉行，故今闕其曲。

至道元年十二月十二日，帝以新增九絃琴、五絃阮宣示近臣，因謂之曰：「古樂之用，與鄭衛不同。朕近因內治心術，外觀時政，求古人之意，有未盡者。增琴爲九絃，曰君、臣、文、武、禮、樂、正、民、心；阮爲五絃，曰金、木、水、火、土。別造新譜，凡三十七卷，俾太常樂工肄習之，以備登薦。」凡造九絃琴宮調、鳳吟商調、角調、徵調、羽調、龍仙羽調、側蜀調、黃鍾〔調〕、無射商調、瑟調變絃法各一。制
14 宮調《鶴唳天弄》、鳳吟商調《鳳來儀弄》、龍仙羽調《八仙操》〔三〕，凡三曲。又以新聲被舊曲者，宮調四十三曲，商調十三曲，角調二十三曲，徵調十四曲，羽調二十六曲，側蜀調四曲，黃鍾調十九曲，無射商調七曲，瑟調七曲〔四〕。造五絃阮宮調、商調、鳳吟商調、角調、徵調、羽調、黃鍾調、無射商調、瑟調、碧玉調、慢角調、金羽調變絃法各一。製宮調《鶴唳天弄》、鳳吟商調《鳳來儀弄》，凡二曲。又以新聲被舊曲者，宮調四十四曲〔五〕、商調十三曲、角調十一曲、徵調十曲、羽調十曲、黃鍾調十九曲、無射商調七曲、瑟調七曲、碧玉調十四曲、慢角調十曲、金羽調三曲。

〔真宗咸平〕四年二月〔六〕，雅樂工王繼昌言：「祭饗郊廟，止奏黃鍾宮一調，未嘗隨月轉律。其樂工二百餘人，無藝者甚衆。」乃命翰林侍讀學士夏侯嶠，刑部侍郎、判太常寺郭贄，及令選雲韶班中官一人、明雅樂京朝官三數人較試。

〔一〕典：原作「曲」，據《宋史》卷一二六《樂志》一改。

〔二〕按原文只作「二十八日」，承前似爲乾德六年十月二十八日，然太常寺奏中稱「開寶四年」，則必在開寶四年之後。《長編》卷一七繫此事於開寶九年四月三日己亥，《玉海》卷一〇五亦云在開寶九年四月，今據改。

〔三〕八：原作「入」，據《宋史》卷一二六《樂志》一改。

〔四〕瑟調七曲：原脱，據《宋史》卷一二六《樂志》一補。

〔五〕「宮」及後一「四」字，原脱，據《宋史》卷一二六《樂志》一補。

〔六〕「真宗咸平」四字原無。按徐稿此條之前有二條被挖去，見於《補編》頁二一二。其第一條爲至道二年正月，次條爲咸平二年五月。本條承上，則是咸平四年。《玉海》卷七記此事亦在四年。因補四字。

景德二年八月一日，殿中侍御史艾仲孺言〔一〕：「太常樂器多損，音律不調。嚴禋在近，望遣使修飾。」帝以典樂之任宜得其人，乃命翰林學士李宗諤權判太常寺，及令內臣監修樂[15]器，後復以龍圖閣待制戚綸同判寺。乃命大樂、鼓吹兩局工，較其優劣，黜去濫吹者五十餘人。宗諤因編録律吕法度、樂物名數，目曰《樂纂》。又裁定兩局工人試補條式及肄習程課〔二〕。明年八月四日，引太常工於崇政殿，設宮縣，作新教雅樂。帝召親王、輔臣列侍以觀，宗諤執樂譜立御前承旨。先以鍾磬按律準，次令登歌，鍾、磬、塤、篪、琴、阮、簫、笛等各兩色合奏，箏、瑟、筑三色合奏，迭爲一曲。復擊鎛鍾，爲六變、九變之樂。又爲朝正御殿上壽之樂，及文武二舞，鼓吹爲警夜六周之曲。舊制，巢笙、和笙每變宮之際，必換義管，然難於遽易。樂工單仲辛遂改爲一定之制，不復旋易，與諸宮調皆協。又令仲辛誦唱八十四調，頗爲積習。自是樂府制度頓有倫理。既畢，帝謂王旦等曰：「鼓吹局見用樂曲，詞制非雅，及郊祀五時饗廟歌詞、冬正御殿合用歌曲，可並令兩制分撰，預遣教習。」

三年八月一日，詔曰：「致恭明神，邦國之重事；升薦備樂，方策之彝章。況乃大祠，所宜嚴奉。爰舉行於舊典，用昭格於靈祇。夏至祭皇地祇，孟冬祭神州地祇，二月、八月社日，及臘祭太社、太稷，春秋二仲月祀九宮貴神，春分朝日，秋分夕月，季冬臘日蜡百神，立春日祀青帝，立夏日祀赤帝，季夏土王祀黃帝，立秋日祀白帝，立冬日祀黑帝等十四祭，宜並用樂。」先是，帝以祀皇（帝）〔地〕祇不用樂及應大祠合與不合用樂，下太常禮院，令具禮例[16]聞奏。本院稱，按禮文並合用樂。故有是詔。

大中祥符元年正月四日，判太常寺李宗諤上皇帝奉迎天書酌獻瑞文樂章，有詔嘉獎。時學士晁迥、知貢舉楊億被病，參知政事趙安仁草詔焉。

仁宗天聖四年二月十七日，帝謂宰臣曰：「祠祭或遇大忌，如何？」王曾對曰：「祀事如禮，惟樂縣設而不作。」帝因問古樂與今樂何故不同，曾曰：「古之樂所以饗宗廟、格神祇、法陰陽、來福祉者，蓋雅正之音與天地同和也。今之樂則不然，蕩情性，惑視聽，開嗜慾之源，萌禍亂之本，無益於至治也。」帝曰：「朕不好樂，至於內外宴設不可闕者，勉強耳。居常多恬然默坐，至於聲妓蕩心之物，固不屑意。」張知白曰：「聖心如此，但外人不知，抑兹盛美，實光史册。今吕夷簡等見修《時政記》，此事不可闕載也。」

〔一〕殿中侍御史：《宋史》卷一二六《樂志》一作「監察御史」。孺：原作「儒」，據《長編》卷六一、《玉海》卷七、《宋史》卷一二六改。

〔二〕肄：原作「隸」，據《宋史》卷一二六《樂志》一改。

【17】景祐五年八月五日〔一〕，太常寺言：「得大樂局狀：李照所造大竽、大笙、雙鳳管、兩儀琴、十二絃琴，並先準朝旨閲習行用。又舊樂宮縣内用龍鳳散鼓四面以應樂節，李照樂廢散鼓不用，止以晉鼓一面應節。（文）〔又〕舊（鼓）〔樂〕建鼓四架，并左鞞、右應，共十二面，設於宮縣四隅，備而不擊。李照樂以四隅建鼓與鎛鍾相應考擊。又舊樂雷鼓兩架，各八面，止用一人考擊，李照樂别造雷鼓，每面各用一人椎鼓，順天左旋，三步一止，各用一人考擊，又令二人摇鞉以應之。今既復用舊樂，未委李照所作樂器制度改與不改？」詔依舊樂制度，其李照所作更不行用。

皇祐二年五月二十三日，内出御製明堂樂曲及二舞名：降神曰《誠安》；皇帝升降行止曰《儀安》；昊天上帝、皇（帝）〔地〕祇、神州地祇位奠玉幣曰《鎮安》，酌獻曰《慶安》；太祖、太宗、真【18】宗位奠幣曰《信安》，酌獻曰《孝安》，司徒奉俎曰《饎安》〔二〕；五天帝位奠玉幣亦曰《鎮安》，酌獻曰《精安》，皇帝飲福曰《胙安》；退文舞、迎武舞曰《穆安》，亞獻、三獻皆曰《穆安》，徹豆曰《歆安》，送神曰《誠安》，歸大次曰《憩安》。文舞曰《右文化俗》，武舞曰《威功睿德》。又出御製樂章《鎮安》、《慶安》、《信安》、《孝安》四曲。餘所用樂章仍詔輔臣分撰。二十四日，詔御製樂曲名與常祀同者並更之。於是更常所用圜丘寓祭明堂《誠安》曰《宗安》，祀感生帝《慶安》曰《光安》，奉慈廟《信安》曰《慈安》。

〔六月〕十一日〔三〕，翰林學士承旨王堯臣等言：「奉詔與太常寺參議阮逸所上編鍾四清聲譜法，請用之於明堂者。竊以律呂旋宮之法既定以管，又制十二鍾準爲十二正聲〔四〕，以律計自倍半。説者云：『半者，準正聲之半，以爲十二子聲之鍾，故有正聲、子聲各十二。』子聲即清聲也。其正管長者爲均，自用正聲；正管短者爲均，則通用子聲，而成五音。然求聲之法本之於鍾，故《國語》所謂『度律均鍾』者也。其編縣之法，則歷代不同。或以十九爲一虡者，蓋取十二鍾當一月之辰，又加七律焉。或以二十一爲一虡者，以一均聲，更加濁倍。或以十六爲一虡者，以一均清、正爲十四〔五〕，宮、商各置一副，是謂『縣八用七』也。或以二十四爲一虡，則清、正之聲備。故唐制以十六數爲小架，二十四爲大架，天地、宗廟、朝會等各有所施。今太常鍾縣十六者，舊傳正聲之外有黄鍾至夾鍾四清聲，雖於圖【19】典未明所出，然考之實有義趣。蓋自夷則至應鍾四律爲均之

〔一〕「景祐五年」原爲旁批。又上頁之末原有「景祐」二字。按徐稿此條之前被挖去多頁，本條之前一條爲景祐五年五月條，故此批「景祐五年」是也。
〔二〕饎：原作「僖」，據《宋史》卷一二七《樂志》二改。
〔三〕六月：原無，據《宋史》卷一二七《樂志》二補。
〔四〕制：原脱，據《太常因革禮》卷二〇補。
〔五〕「一」、「十」二字原脱，據《長編》卷一六八補。

時〔一〕，若盡用正聲，則宮輕而商重。緣宮聲以下，不容更有濁聲。一均之中，宮弱商强，是謂陵僭，故須用子聲，乃得長短相叙。自角而下，亦循兹法。故夷則爲宮，則黄鍾爲角；南吕爲宮，則大吕爲角；無射爲宮，則黄鍾爲商、太簇爲角；應鍾爲宮，則大吕爲商、夾鍾爲角。蓋黄鍾、大吕、太簇、夾鍾正律俱長，並當用清聲，如此則音律相諧而無所抗。此四清聲可用之驗也〔二〕。至他律爲宮，其長短尊卑自序者，不當更以清聲間之。自唐末多故，樂文墜缺〔三〕，考擊之法，久已不傳〔四〕。今若使匏、土、絲、竹諸器盡求清聲，即未見其法。又據大樂諸工所陳，自磬、簫、琴、和、巢笙五器本有清聲，塤、篪、竽、筑、瑟五器本無清聲，五絃阮、九絃琴則有太宗皇帝聖製譜法。至歌工引音極唱，止及黄鍾清聲。臣等參議，其清、正二聲既有典據，理當施用。自今大樂奏夷則以下四均正律爲宮之時，商、角依次並用清聲〔五〕，自餘八均盡如常法。至於絲竹等諸器，舊有清聲者，今隨鍾石教習；本無清聲者，未可創意求法〔六〕，且當如舊。惟歌者本用中聲，故夏禹以聲爲律，明人皆可及；若彊所未至，足累至和。請止以正聲作歌，應合諸器亦自是一音，别無差戾〔七〕。其阮逸所上聲譜，以清濁相應，先後互擊，取音靡曼，似近鄭聲，不可用。」從之。

十二日，以御製黄鍾五音五曲凡五十七聲，付太常教習施20用。

〔七月〕二十二日〔八〕，上封者言：「明堂酌獻五帝《精安21之曲》，並用黄鍾一均聲。此乃國朝常祀、五時迎氣所用舊法，若於親行大饗，即所未安。且明堂五室之位，木室在寅，火室在巳，金室在申，水室在亥，蓋木、火、金、水之始也；土室在西南，蓋土王之次也。既皆用五行本始所王之次，則獻神之樂亦當用五行本始之月律，各從其音以爲曲。其《精安》五曲宜以無射之均：太簇爲角，以獻青帝；仲吕爲徵，以獻赤帝；林鍾爲宮，以獻黄帝；夷則爲商，以獻白帝；應鍾爲羽，以獻黑帝。」詔兩制與太常寺詳定以聞。

九月三日，帝服靴袍，御崇政殿，召近臣、宗室、館閣、臺諫官閱雅樂。自宮縣、登歌、舞佾之奏，凡九十一曲徧作之。因出太宗皇帝琴、阮譜及御撰明堂樂曲音譜，并按習大樂新録，賜羣臣。又出新製頌塤、匏笙、洞簫，仍令登歌以八音諸器各奏一曲。遂召鼓吹局按警場，賜大樂、鼓吹令丞至樂工徒史緡錢有差。帝自景祐初詔所司博訪通古

〔一〕時：原作「特」，據《太常因革禮》卷二〇改。
〔二〕聲：原作「鍾」，據《長編》卷一六八改。
〔三〕句首原有「故」字，據《太常因革禮》卷二〇删。
〔四〕已：原作「以」，據《太常因革禮》卷二〇改。
〔五〕依：原作「作」，據《長編》卷一六八改。
〔六〕可：原作「有」，據《長編》卷一六八改。
〔七〕戾：原作「累」，據《太常因革禮》卷二〇改。
〔八〕七月：原旁批作「五月」，據《宋史》卷一二七《樂志》二、《玉海》卷七改。

知音之士，討論雅樂制度與歷代沿革，考正音器，作爲新書，成一朝之典。至是謂輔臣曰：「作樂崇德，薦之上帝，以配祖考。今將有事于明堂，世鮮知音，其令太常益加講求。」於是內出改制樂曲名及譜法、樂章，令肄習之。

五日，詔：鎛鍾、特磬未協音律，令鄧保信、阮逸、盧昭序同太常寺檢詳典禮，別行鑄造。

十一月二日，召太子中舍致仕胡瑗赴大樂所同定鍾磬制度。先詔改作鎛鍾、特磬，而太常言瑗素曉音律，而召之。

22 閏十一月十二日，內出手詔曰：「朕聞古者作樂，本以薦上帝、配祖考。三五之盛，不相沿襲，然必太平，始克明備。周武受命，至成王時，始合大樂。漢初亦沿舊樂，至武帝時始定泰一、后土樂詩。光武中興，至明帝時，始改《大予》之名〔一〕。唐高祖造邦，至太宗時，孝孫、文收始定鍾律，明皇方成唐樂。是知經啓善述，禮樂重事，須三四世，聲文乃定。國初亦循用王朴、竇儼所定周樂，太祖患其聲高，遂令和峴減下一律。真宗始議隨月轉律之法〔二〕，屢加按覈〔三〕。然念樂經久墜，學者罕傳，歷古研覃，亦未究緒。頃雖博加訪求，終未有知聲、知經可信之人。嘗爲改更，未適兹意。宜委中書門下集兩制及太常禮樂官，以天地、五方、神州、日月、宗廟、社蜡祭饗所用登歌、宮縣，審更定奪聲律是非，按古合今，調諧中和，使經久可用，以發揚祖宗之功德，朕何憚改爲？但審聲、驗書，二學鮮並，互詆胸臆，無所援據，慨然希古，靡忘于懷。」

十四日，詔中書門下集兩制及太常官，置局於秘閣，詳定大樂。

十七日，翰林學士承旨王堯臣等言：「天章閣待制兼侍講趙師民博通今古，望令同詳定大樂，及乞借參知政事高若訥所校古尺十五等。」並從之。（以上《永樂大典》卷五四六四）

〔一〕大予：原作「太子」，據《宋史》卷一二七《樂志》二改。
〔二〕轉：原脱，據《宋史》卷一二七《樂志》二補。
〔三〕覈：原作「覆」，據《宋史》卷一二七《樂志》二改。

宋會要輯稿　樂五

郊祀樂二

【宋會要】

1 皇祐三年七月九日〔一〕，翰林學士承旨王堯臣等言：「按太常天地、宗廟、四時祠祀樂章，凡八十九曲，自《景安》而下七十五章率以『安』名曲，豈特本道德政教嘉靖之美，亦緣神靈祖考安樂之故。臣等謹上議，國朝樂宜名曰《大安》。其祀感生帝降神《大安曲》，請更爲《元安》。」詔曰：「朕惟古先哲王，隨代立樂，亦既制作，必有稱謂，緣名以討義，繇義以知德。蓋名者德之所載，而行遠垂久之致焉。故《韶》以紹堯，《夏》以承舜，《濩》以救民，《武》以象伐，傳之不朽，用此道也。國朝紹膺顯序，表裏禔福，興墜正失，典章交備。獨斯體大，而有司莫敢易言之。朕憫然念茲，大懼列聖之休未能昭揭於天下之聽，是用申敕執事，遠求博講，而考定其衷。今禮官、學士迨三事之臣同寅一辭，以《大安》之議來復，且以謂：藝祖之戡暴亂也，安天下之未安，其功大；二宗之致太平也，安天下之既安，其德盛；洎朕之承聖烈也，安祖宗之已安，其仁厚。祇覽所議，熟復於懷。恭惟神德之造基，神功之戡武，章聖恢清淨之治〔二〕，冲人蒙成定之業，雖因世之迹各異，而靖民之道同歸。以之播鍾球、文羽籥〔三〕，用諸郊廟，告於神明，曰大且安，誠得其正〔四〕。恭依。」

2 四年十月二日，殿中丞致仕胡瑗落致仕，爲光禄寺丞、國子監直講，同議大樂。

十二月二十一日，召兩府及侍臣觀新樂于紫宸殿。凡鎛鍾十二：黄鍾高二尺二寸半，于廣一尺二寸，鼓六，鉦四，舞六，甬〔五〕、衡并旋蟲共高八寸四分，隧徑二寸二分、深一寸二鼇〔六〕，篆帶每面縱者四、横者四，枚景俠鼓與舞，四處各有九，每面共三十六〔七〕。兩欒間一尺四寸，容九斗九升五合，重一百六斤。大吕以下十一鍾並與黄鍾同制，而兩欒間遞減半分，至（黄）〔應〕鍾一尺三寸四分半；容受遞減至應鍾容九斗三升五合，而其重加至應鍾重一百四十八斤。並中新律本律。特磬十二：黄鍾、大吕股長二尺、博一尺，鼓三尺，博六寸九分之六，絃三尺七寸五分。太簇以下股長尺八寸、博九寸，鼓二尺七寸、博六寸，絃三尺三

〔一〕七月：原作「十月」，據《長編》卷一七〇、《宋史》卷一二七《樂志》二改。
〔二〕恢：原作「拔」，據《長編》卷一七〇改。
〔三〕文：原脱，據《長編》卷一七〇補。
〔四〕得：原作「安」，據《長編》卷一七〇改。
〔五〕甬：原作「角」，據《宋史》卷一二七《樂志》二改。
〔六〕二鼇：原作「三鼇」，據《長編》卷一七三、《宋史》卷一二七《樂志》二改。
〔七〕共：原作「重」，據《宋史》卷一二七《樂志》二改。

寸七分半。其聲各中本律。黄鍾厚二寸一分，大吕以下遞加其厚，至應鍾厚三寸五分。詔以其圖送中書。按《周禮》：「大鍾十分其鼓間，以其一爲之厚；小鍾十分其鉦間〔一〕，以其一爲之厚。」則是大鍾宜厚，小鍾宜薄。今大鍾重一百六【3】（千）斤，小鍾乃重一百四十八斤，則小鍾厚，非也。又：「磬氏爲磬，倨句一矩有半，博爲一，股爲二，鼓爲三。參分其股博，去其一以爲鼓博。三分其鼓博，以其一爲之厚。」今磬無博厚、無長短，亦非也。

五年四月二十六日，知制誥王洙言：「黄鍾爲宫最尊者，但聲有尊卑耳，不必在其形體也。言鍾磬依律數爲小大之制者〔二〕，經典無正文，惟鄭康成立意言之，亦自云假設之法〔三〕，孔穎達等作疏，因而述之。據歷代史籍，亦無鍾磬依律數大小之説，其康成、穎達等即非身曾制作樂器。至如言『磬前長三律，二尺七寸；後長二律，一尺八寸』，是磬有大小之制』者，據此以黄鍾爲律〔四〕。臣曾依此法造黄鍾特磬者，止得林鍾律聲。若隨律長短爲鍾磬大小之制，則黄鍾長二尺二寸半，減至應鍾，則形制大小比黄鍾（則）才四分之一。又九月、十月以無射、應鍾爲宫，即黄鍾、大吕反爲商聲，宫小而商大，是君弱臣强之象也。今參酌其鎛鍾、特磬制度，欲且各依律數，筭定逐鍾磬長短、大小、容受數，仍以皇祐中黍尺爲法，鑄大吕、應鍾鍾磬各一，即見形制、聲韻所歸。」從之。

時知諫院李兑等言：「去歲十二月二十一日，紫（宫）〔宸〕殿按試太常新樂，時議者以鍾之形制未中律度，斥而不用，復詔近（侍）〔臣〕詳定。竊聞今月一日崇文院聚議，而王拱辰欲更前史文義，王洙不從，言語往復，殆生諠譁。夫樂之道廣大微妙，非知音入神，豈可輕議？西漢去聖尚近，有制【4】氏世典大樂，但能紀其鏗鏘，而不能言其義。況今又千餘年，而欲求三代之（奇）〔音〕，不亦難乎？且阮逸罪廢之人，安能通聖明述作之事？務爲異説，欲規恩賞。朝廷制樂，數年于兹，當國財匱乏〔之〕時，煩費甚廣。器既成矣，又欲改爲，雖命兩府大臣監總論議，然未能裁定其當。請以新成鍾聲與祖宗舊樂參校其聲，取諧和近雅者合而用之。」翰林學士承旨王拱辰言：「奉詔詳定大樂，比臣至局，鍾磬已成。竊緣律有長短，聲有大小，黄鍾九寸最長，其氣陽，其象土，其正聲爲宫，爲諸律之首，蓋君德之象，不可並也。今十二鍾磬一以黄鍾爲率〔五〕，與古爲異。臣亦嘗詢問阮逸、胡瑗等，皆言依律大小，則其聲恐不能諧和。臣竊有疑，請下〔詳〕定大樂所，更稽尋古義而參定之。」

六月七日，御紫宸殿，奏太常寺新定《大安樂》，召宰臣

〔一〕鉦：原作「鉟」，據《宋史》卷一二七《樂志》二改。
〔二〕律：原作「吕」，據《宋史》卷一二七《樂志》二改。
〔三〕自云假設：原作「自假」，據《宋史》卷一二七《樂志》二補。
〔四〕以：原脱，據《宋史》卷一二七《樂志》二補。
〔五〕磬：原作「聲」，據《宋史》卷一二七《樂志》二改。

至省府、館閣官預觀之，仍觀宗廟祭器，賜詳定官器幣有差。

八月十九日，詔：「南郊且用舊樂，其新定《大安之樂》，常祀及朝會用之。」

5 至和元年四月二十四日，殿中侍御史裏行吳中復對于延和殿，帝謂曰：「比來上封者多言陰陽未和，蓋由大樂未定。且樂之不合於古久矣，朕以謂水旱之來繫時政之得失〔一〕，非樂之所召也。」

6 嘉祐七年八月一日〔二〕，翰林學士王珪等言：「準詔詳定太常禮院所議秘閣校理裴煜奏〔三〕：『大祠天地、日月、社稷，其行禮日與國忌同者，自慶曆至嘉祐凡八祠，皆援太常新禮天禧二年六月十七日秋祀白帝，以文懿皇后忌同，樂備而不作。伏緣忌日必哀，志有所至，其有不樂，宜也。然樂所以降格神祇，非以適一己之私也，在禮固不可輟。謹按開元中禮部建言：忌日饗廟應用樂。裴寬自以情立議：廟尊忌卑則作樂，廟卑忌尊則備而不奏。中書令張説以寬議爲是。宗廟如此，則天地、日月、社稷之祠用樂明矣。臣以爲，凡大祠天地、7 日月、社稷，與忌日同者，伏請用樂。其在廟，則如寬之議。所冀畧輕存重，不失其稱。』太常禮院據《禮》云『君子有終身之憂，而無一日之患』，謂忌日也。忌日不樂，謂不舉吉事也。然而《禮令》即無忌日饗廟廢樂之文。至唐始有祭與忌日同，則縣而不樂。裴寬建議：廟尊忌卑則作樂，廟卑忌尊則備而不奏。當時雖從寬議，然亦無所據。禮家之説：祭天以燔爲歆神之始，以血爲陳饌之始；祭地以埋爲歆神之始，以血爲陳饌之始；宗廟以灌爲歆神之始，以腥爲陳饌之始。然則天、地、宗廟皆以樂爲致神之始，故曰『大祭有三始』，謂此也。天地之間虛豁而不見其形者，陽也；鬼神居天地之間，不可以人道接也。聲屬於陽，故樂之音聲號呼召於天地之間〔四〕，庶幾神明聞之，因而來格。故祭必求諸陽。商人之祭，先奏樂以求神，先求於陽也；次灌地求神於陰，達于淵泉也。周人尚臭，四時之祭先灌地以求神，先求諸陰也。然則天神、地祇、人鬼之祀，不可去樂明矣。今七廟連室，難分廟忌之尊卑，欲依唐舊制及國朝故事：廟祭與忌同日，並縣而不作；其與別廟諸后忌同者，作之。若祠天地、日月、九宮、太一及䄍百神，並請作樂。社稷以下諸祠既卑於廟，則樂（不可）〔可不〕爲。如此，則雖純用三代之禮，亦可廣孝思之至。臣珪等議：社稷，國之所尊，其祠日若與別廟諸后忌同者，伏請亦不去樂。餘並如禮官所議。」

〔一〕水：原脱，據《長編》卷一七六補。
〔二〕「嘉祐」二字原爲旁批，今移入正文。按徐稿此條之前被挖去，其末條爲嘉祐六年十二月。
〔三〕裴煜：原作「斐昱」，據《長編》卷一九七、《宋史》卷一二七《樂志》二改。
〔四〕音：原作「歆」，據《宋史》卷一二七《樂志》二改。

詔恭依。

四日，翰林學士王8珪言：「昔之作樂，以五聲播於八音，調和諧合，而與治道通。先王用於天地、宗廟、社稷，事于山川、鬼神，使鳥獸盡感，況於人心乎？ 然則樂雖盛而音虧，未知其所以爲樂也。今郊廟升歌之樂，有金、石〔一〕、絲、竹、土、革，而無木音。夫所謂柷敔者，聖人用以著樂之始終，顧豈容有缺邪〔二〕？ 亦嘗竊迹國朝以來議樂之文，蓋莫究其所失之因。且樂莫隆於《韶》，《書》曰『戛擊鳴球，搏拊琴瑟』，又曰『下管鼗鼓，合止柷敔』。孔安國以戛擊是柷敔之用，既云『管下（擊）鼗鼓』，知鳴球與琴瑟之在堂，故傳曰堂上堂下各有柷敔也。今陛下躬祠明堂，去並侑之瀆，又將以薦至樂之和，願詔有司考古而增定之，下太常寺詳定。」既而本寺言：「乞依所請，堂上增置柷敔，以合《尚書》八音之數，仍乞下有司依法製造。其節鼓本出於江左清樂，至唐雅樂升歌用之，其事非古，欲乞停罷，復用搏拊，以備革音。」從之。

【宋會要】

9 熙寧元年四月二十八日，太常禮院上言：「檢詳景德二年七月詔書，南郊用鹵簿、儀仗、冠冕、車輅、宮架、登歌、鼓吹等，並依常行郊禮，別無增減。今請一依景德故事施行。并據當年八月宰臣畢士安等三上表請聽樂，批答以爲：『大壇展禮，八音降格於神祇；清廟奉先，二舞形容於德業。同和之奏，誠難闕焉。朕今勉徇輿情，審思中道，除郊天之庶事，資禮樂以相成，暫舉簫韶，以盡明察。俟嚴禋之告畢，守舊制以如初。』看詳當時詔意，樂舞之類似止施於郊廟。今欲乞除郊廟及景靈宮禮神用樂外，所有鹵簿、鼓吹及樓前宮架、諸軍音樂，皆備而不作。其逐處警場，止鳴金鉦鼓角。」從之。

熙寧九年五月十六日，同知太常禮院王仲修言：「伏以王者作樂，所以導天地之和。樂之和在乎有節，故圜丘之樂六變，方澤之樂八變，宗廟之樂九變。變者，統乎節其聲，不可相續而無序也。《書》曰『合止柷敔』，所以爲樂之始終也。臣爲禮官，常奉祠太廟，聽《興安之曲》，舉柷而聲已過，舉敔而聲不止。臣未見其所以爲始終之節，其何以感格天地宗廟之靈乎？ 願詔樂工，凡祠祭用樂，一奏將終則戛敔，而聲須少止；聽擊柷，則樂復作。如此，乃盡『合止』之義，庶乎不悖於經也。」詔太常禮院定奪以聞。既而禮官言：「臣等赴太常寺設樂按試，令樂工奏六變、九變降神之樂。將作即擊10柷，樂作；一奏既終，即戛敔止樂；擊柷，樂復作。顯見節奏明白。請依仲修所請，下太常寺：今後凡祀天地、宗廟等處，用樂依此舉節。」詔可。

〔一〕石：原脱，據《宋史》卷一二七《樂志》二改。
〔二〕顧豈：原作「豈顧」，據《宋史》卷一二七《樂志》二乙。

元豐元年十〔一〕月二日〔一〕，詳定郊廟禮文所言：「郊禮遇雨，朝服，望祭，不設樂。按《禮記》曰：『大夫冕而祭於公，弁而祭於己。』則是臣子助祭不以朝服也。又曰：『年穀不登，祭事不懸。』則是於祭之時，既行吉禮，樂不當撤也。本朝祠祭，遇雨則望祀，不爲違禮；然而服公服，又不設樂，則非所以稱奉神之意。伏請遇雨望祀，服祭服，仍設樂。」從之。

三年五月六日，詔秘書監致仕劉几乘驛赴詳定禮文所議樂。

六月九日，同判太常寺王存言：「近詔秘書監劉几赴詳定郊廟禮文所議樂。伏見禮部侍郎致仕范鎮論辨雅樂，乞召鎮與几參考得失。」從之。

二十一日，命知太常禮院、秘書丞楊傑赴詳定禮文所同議大樂，從秘書監致仕劉几請也。

七月二十七日，户部侍郎致仕范鎮言：「乞下京東、京西、河北、陝西轉運司，量立賞格，求訪真黍，以審音樂。」從之。

八月五日，詳定郊廟禮文所言：劉几請依景祐中例，擇近上使臣修製大樂器。從之。

十五日，秘書丞、同知太常禮院楊傑言：「先於去年八月上《大樂十二均圖》，未蒙付外施行。」又言：「金聲舂容，失之則重；石聲温潤，失之則輕；土聲函胡，失之則下；竹聲清越，失之則高；絲聲纖微，失之則細；革聲隆大，失之則洪；匏聲叢聚，失之則長；木聲無餘，失之[11]則短。惟人稟中和之氣，而有中和之聲，足以權量八音，使律呂皆以人聲爲度，以一聲歌一言，言雖永，不可以逾其聲。今夫歌者或詠一言而濫及數律，或章句已闋而樂音未終，茲所謂歌不永言也。伏請節裁煩聲，一聲歌一言，遵用『永言』之法。先儒云：依人音而制樂，託樂器以寫音。樂本效人，非人效樂也。今祭祀樂章，並隨月律〔二〕，聲不依詠，以詠依聲，律不和聲，以聲和律，非古制也。伏請詳定大樂，以歌爲本，聲必依詠，律必和聲。」又言：「《虞書》曰：『簫韶九成，鳳凰來儀。』蓋以簫爲主也。《商頌》曰：『既和且平，依我磬聲。』蓋以磬聲爲依也。《周官》鍾師『以鍾鼓奏九夏』，蓋以金爲首也。是鍾、磬、簫者，衆樂之所宗，聖帝明王之所貴。數十有六，其所由來尚矣。漢得古磬十六於犍爲郡；鄭氏注《周禮》編鍾、編磬，及《大周正樂》、《三禮圖》，編鍾、編磬、簫，並以十六爲數。示天子之樂用八，鍾、磬、簫爲衆樂之本，又倍之爲十六矣。且十二者，律之本聲也；四者，律之應聲也。本身重大，應聲輕清，本聲爲君父，應聲爲臣子，故其四聲或曰清聲，又曰子聲。自景祐中李照議樂以來，鍾、磬、簫始不用四聲，是有本而無應，有倡而無和，八音何從而諧邪？今巢笙、和笙，其管皆十有九，

〔一〕十一月：原作「十月」，據《長編》卷二九四補「一」字。
〔二〕月：原作「同」，據《宋史》卷一二八《樂志》三改。

以十二管發律呂之本聲，以七管爲律呂之應聲，用之已久，而聲至和協。伏請參考古制，依巢笙、和笙例，用編鍾、編磬、簫以諧八音。今大樂作，琴、瑟、塤、篪、笛、簫、笙、阮、筝、筑奏[12]一聲，則鎛鍾、特磬、編鍾、編磬連擊三聲，於衆樂中聲最煩數。伏請詳鎛鍾、特磬、編鍾、編磬並依器節奏，不可連擊，所貴八音無相奪倫。本朝郊廟之樂，先奏文舞，次奏武舞。武舞容節六變：一變象六師初舉，所向宜北；二變象上黨克平，所向宜北；三變象維揚底定，所向宜東南；四變象荆湖來歸，所向宜南；五變象邛蜀納款，所向宜西；六變象兵還振旅〔一〕，所向宜北而南。今舞者非止發揚奮厲、進退俯仰不稱成功盛德，差失所向，又文舞容節殊無法度〔二〕。乞定二舞容節，及改所向，以稱成功盛德。」又乞依《周禮》奏律歌呂，合陰陽之聲。又曰：「今雅樂古器非不存，太常律（古）〔呂〕非不備，而學士大夫置而不講，考擊奏作，委之賤工，如之何不使雅、鄭之雜邪？伏請審調太常鍾琯，依典禮用十二律還宮均法，令上下曉知十二律音，則鄭聲無由亂雅矣。」詔送議樂所。劉几等言，傑所請皆可施行。從之。

【宋會要】

[13]〔元豐三年九月〕二十六日〔三〕，罷議樂修樂局，其范鎮令降勑奬諭，仍賜銀絹各一百疋兩〔四〕，楊傑五十疋兩，劉几許特用明堂恩奏子若孫一人。

四年十月六日，詳定郊廟奉祀禮文所言：「天地之德至大，故用文舞以祀。《周禮》曰：『舞《雲門》以祀天神。』『《雲門之舞》，冬日至於地上之圜丘奏之〔五〕。』《雲門》則黄帝樂，所謂文舞也，於天之德，用此以求稱。近世南郊樂舞兼用武舞，即《記》所謂干戚之舞，非備樂也。既非古制，又不足以稱天地之德。請南郊樂舞純用羽、籥，庶合禮意。」從之。

〔十一月二〕十一日〔六〕，又言：「歌者在上，匏竹在下，貴人聲也；匏竹在前，鍾鼓在後，貴人氣也。《書》曰『搏拊、琴、瑟以詠』，此堂上之樂；又曰『下管、鼗鼓』，『合止柷、敔』，『笙、鏞以間』，此堂下之樂。堂上之樂以象朝廷之治，堂下之樂以象萬物之治。後世有司失其傳，歌者在堂，兼設鍾磬；宮架在庭，兼設琴瑟；堂下匏柷，置之於床，並失其序。伏請每遇親祠郊廟，及有司攝事，歌者在堂，更不兼設鍾磬；宮架在庭，更不兼設琴瑟；堂下匏竹，更不置之於床。」又言：「謹按《周禮》小胥之職曰：『王宮架，諸侯

〔一〕兵還振旅：原作「丘還振旋」，據《宋史》卷一二八《樂志》三改。
〔二〕舞：原作「武」，據《宋史》卷一二八《樂志》三改。
〔三〕元豐三年九月：原無，據本書樂三之二一、《長編》卷三〇八補。
〔四〕銀：原作「金」，據《長編》卷三〇八改。
〔五〕日至：原作「至日」，據《周禮·大司樂》、《長編》卷三二〇乙。
〔六〕十一月二十一日：原作「十一日」，據本書樂三之二二、《長編》卷三二〇補。

軒架，卿大夫判架，士特架。』説者曰：宮架四面，軒架三面，判架二面，特架一面。又曰：『凡架鍾磬，半爲堵，全爲肆。』説者曰：鍾一虡、磬一（虛）〔虡〕謂之肆。諸侯之卿大夫西一虡鍾，東一虡磬；士磬一虡而已。又按《儀禮・[14]大射儀》曰：『笙磬西面，其南笙鍾，其南鑮，皆南陳。頌磬東面，其南鍾，其南鑮。一建鼓在西階之東，南面。』説者曰：此諸侯之制也。諸侯而西面一磬、一鍾、一鑮，則三面鍾、磬、鑮九而已。諸侯鍾、磬、鑮九，則天子鍾、磬、鑮十二虡爲宮架，明矣。故或以爲配十二次，則亦無過十二虡也。自先王之制廢，學者不能考其數，至有謂宮架當二十虡，甚者又以爲三十六虡，此隋唐以來論不一也。方唐之盛日，有司攝事，樂並用宮架。至德後，太常聲音之工散亡，凡郊廟，有登歌而無宮架，後世因仍不改。所有郊廟有司攝事樂，伏請改用宮架十二虡。」從之。

【宋會要】

五年正月二十五日，太常寺言：「開封縣民葉防言：太常寺大樂、鼓吹兩局樂舞奏節不應古法。送前同議樂楊傑看詳，據傑定：『所言二事可行。防言金奏不用晉鼓爲節，非是，乞以晉鼓節金奏，於經有據。』又言：『簨虡之制不合禮經，乞因大禮雅飾，更加詳考改正。』」從之，以葉防爲樂正。

六年二月二十六日，太常寺言：「郊廟用樂二十虡，若遇雨雪，則覆以幕，臨祭恐不能應辦。自今如望祭，即設於殿上。」從之。

三月六日，禮部奏：「有司攝事祀昊天舞名〔一〕，伏請初獻曰《帝臨嘉至之舞》，亞、終獻曰《神娭錫羡之舞》〔二〕，太廟初獻曰《孝熙昭德之舞》，亞、終獻曰《禮洽儲祥之舞》。」從之。

【宋會要】

[15]七年正月十九日，詔奉宸庫選玉造磬，就差太常博士楊傑審定玉磬音律，提轄主管。從協律郎榮咨道請也。

六月六日，禮部又言：「親郊之歲，夏至祀皇地祇於方丘，遣冢宰攝事。禮容、樂舞謂宜加常祀〔三〕。而其樂虡二十、樂工百五十有二、舞者六十有四，與常歲南北郊上公攝事無異，殆未足以稱明詔欽崇之意。乞自今親郊之歲，方丘所用樂舞如親祠：三十六虡〔四〕，工人三百有六，舞人百三十有四。」從之。

哲宗元祐三年閏十二月二日，京西北路都監楊安道管押范鎮所定鑄成律十二，編鍾十二，鑮鍾一，衡一〔五〕，尺一，斛一，響石爲編磬十二，特磬一，簫、笛、塤、篪、巢笙、和笙各二。較景祐中李照所定又下一律有奇。并書及圖法

〔一〕舞名：原脱，據《宋史》卷一二八《樂志》三補。
〔二〕娭：原作「娱」，據《宋史》卷一二八《樂志》三改。
〔三〕謂：原作「請」，據《宋史》卷一二八《樂志》三改。
〔四〕三十六：原作「二十六」，據《長編》卷三四六、《玉海》卷一〇七改。
〔五〕衡一：原無，據《宋史》卷一二八《樂志》三補。

上進。詔送太常寺。樂法有可行事，令尚書禮部、太常寺參定以聞。仍令尚書、侍郎、學士、兩省、御史臺、館職、秘書省官赴太常寺觀。翌日，賜詔獎諭，又詔與鎮一子有官人陞一任差遣，製造人等第支賜。

閏十二月，楊傑言〔一〕：「元豐中嘗詔范鎮、劉几與臣詳議郊廟大樂，既成而奏，稱其和協。近見鎮有《元祐新定樂法》，頗與樂局所議不同。竊緣其樂先經仁宗製作，後經神考睿斷，奏之郊廟朝廷，蓋已久矣，不可用鎮一家之説而遽改之？」遂撰成《元祐樂議》七篇。其《議樂章》曰：「國朝大樂，所立曲名各有成憲，不相淆雜，所以重正名也。故廟堂之樂皆以『大』名之，如《大善》〔二〕、《大仁》、《大英》之類是也。今鎮以《文明之曲》進獻祖廟，以《大成之曲》進呈皇帝，以《萬歲之曲》進呈太皇太后，其名未正，恐難以施於宗廟朝廷。」《議秬秠》曰：「按《爾雅》曰：『秬，黑黍。』又曰：『秠，一稃二米。』法律有用秬黍之文，即無用秠之説。《詩》云『維秬維秠』者，蓋秬是黑黍，秠乃一稃二米之黍，其種相異。鎮以爲必得秠然後製律〔三〕，臣未之前聞也。」《議量》曰：「臣元豐議樂時，常見鎮所造銅量，斛在上，斗在下，左耳爲升，右耳上爲合，下爲龠。上三下二，與漢制符矣。《漢（制）〔志〕》曰：『量，聲中黄鍾，始於黄鍾而反覆焉〔四〕。』孟康曰：『反斛聲中黄鍾，覆斛亦中黄鍾之宫。』是時嘗叩鎮所造銅量，其聲不與黄鍾相合。鎮言後來所制量斛止用舊法，臣審知其不與漢制符也。若更其制，則臣不知也。但以鎮所造黄鍾之鍾參考量聲，則可知其聲之中否。」《議鍾》曰：「鎮言：『今太常鍾無大小〔五〕，無厚薄，無金齊〔六〕，一以黄鍾爲率，而磨以取律之合〔七〕，故黄鍾最薄而輕，自大呂以降，迭加重厚。是以卑陵尊，以小加大，其可得乎〔八〕？』」《議聲器》曰：「鎮論聲器之失，以爲國朝李照以縱黍累尺，胡瑗以横黍累尺，皆失之於以尺而生律也。房庶之法以律而生尺，得古之制。鎮用太府尺以爲樂尺，下今樂一律有奇，以爲得其理。謹按黄帝命伶倫斷竹節兩間，聽鳳之鳴，以爲律呂。此造律之本也，初無用黍之法。至《漢・律曆志》則曰：『度本起黄鍾之長，以子穀秬黍中者一黍之廣度之，九十分黄鍾之長，一爲一分。』又曰：『量

〔一〕「楊傑言」下，原稿被嘉業堂整理者挖去約一葉半（因其與本書樂二之二九至三一重複），而以小字批「不可用鎮一家之學，遂撰《樂議》七篇，其《議樂章》、《議量》、《議鍾》」二十二字，又於天頭批「按已見前《律呂》」，不但非《會要》本文，且與下文亦不連貫。今核被挖棄之文尚存於《補編》頁二三六至二三七，因據以補足徐稿原文，自「元豐中」起，至「未知久長而可用之乎」止。

〔二〕善：原作「喜」，據《宋史》卷一二八《樂志》三改。

〔三〕秠：原作「秬」，據本書樂二之三〇改。

〔四〕始於黄鍾：原脱，據本書樂二之三〇、《漢書・律曆志》上補。

〔五〕「今」、「鍾」二字原脱，據本書樂二之三〇補。

〔六〕金：原作「全」，據本書樂二之三〇、《宋史》卷一二八《樂志》三改。

〔七〕磨：原作「摩」，據《宋史》卷一二八《樂志》三改。

〔八〕按，據《宋史》卷一二八《樂志》三，以上所引皆范鎮《論鐘》篇之文，而無楊傑之駁議，似有脱文。

起於黃鍾之龠，用度數審其容，以子穀秬黍中者千有二百實其龠。』乃有用黍之制矣。鎮以謂世無真黍，乃用太府尺以爲樂尺，蓋出於鎮一家之言；而又下一律有奇，其實下舊樂三律矣。然則管笛之類比舊差長，簫比舊差大而短，未知久長而可用之乎？」16《議宮架加磬》曰：「鎮言：『國朝祀天地、宗廟及大朝會，宮架内止設鎛鍾，惟后廟乃用特磬，非也。今已升后廟，特磬遂爲無用之樂。欲乞凡宮架内於鎛鍾後各加特磬，貴乎金石之聲大小相應。』謹按《唐六典》曰：天子宮架之樂，鎛鍾十二、編鍾十二、編磬十二，凡三十有六虡。宗廟與殿庭同。凡中宮之樂，則以大磬代鍾，餘如宮架之制，即無鎛鍾。今以鎛鍾〔一〕、特磬並設之，則爲四十八架，於古無法，恐非所宜。是以皇帝將出，宮架撞黃鍾之鍾，右五鍾皆應；皇帝興，宮架撞蕤賓之鍾，左五鍾皆應。未聞皇帝出入，以特磬爲節。《禮》曰『金聲鏗鏘以立號』，此之謂也。」《議十六鍾磬》曰：「鎮以謂：『清聲者不見於經，惟《小胥》注云：鍾磬者編次之，二八十六枚而在一虡，謂之堵。至唐又有十二清聲，其聲愈高，尤爲非是。國朝舊有四清聲〔二〕，置而不用，至劉几用之，與鄭、衛無異〔三〕。』謹按編鍾、編磬十六，其來遠矣，豈獨見於《周禮·小胥》之注哉！漢成帝時，犍爲郡於水濱得古磬十六枚，帝因是陳禮樂雅頌之聲，以風化天下。其事載於《禮樂志》不爲不詳，豈因劉几17然後用哉？且漢承秦，秦未嘗制作禮樂，其稱古磬十六者，乃二帝、三王之遺法也。其王朴樂内編鍾〔四〕、編磬，以其聲律太高，歌者難逐，故四清聲置而不用。及神宗朝用仁宗皇帝時下二律鍾，則四清聲皆用而諧協矣。《周禮》曰：『鳧氏爲鍾，薄厚之所震動，清濁之所由出。』則清聲豈不見於經哉？今鎮以簫、笛、塤、篪、巢笙、和笙獻於朝廷〔五〕，簫必十六管，是四清聲在其間矣。自古無十二管之簫，豈簫韶九成之樂已有鄭、衛之聲乎？」禮部、太常寺亦言：「鎮樂法自係一家之學，與見行樂制不同，難以摘取於見行樂内相參增損。」遂置不〔同〕〔用〕，而樂仍舊制。

四年正月十三日，詔講筵官許依秘書省職官例觀新樂。

【宋會要】

元符二年正月二十七日，詔前信州司法參軍吳良輔太常寺按核雅樂。

三月二十二日，試太常少卿劉拯奏：「今大樂局前後詞臣所撰樂章，辭采淺陋，援引謬誤，有辭與事異而通用，有禮文所無而嗟詠之者。乞別撰，降付有司施行。」詔令學士院取索看詳，其合删改者修定以聞。

〔一〕今以鎛鍾：原無，據《宋史》卷一二八《樂志》三補。
〔二〕清：原無，據《宋史》卷一二八《樂志》三補。
〔三〕衛：原脱，據《宋史》卷一二八《樂志》三補。
〔四〕樂：原脱，據《宋史》卷一二八《樂志》三補。
〔五〕和笙：原脱「笙」字，據《宋史》卷一二八《樂志》三補。

十二月〔一〕，大樂正葉防言：「《周禮・樂師》：『及徹，帥學士而歌徹。』鄭司農謂：『將徹之時自有樂，故帥學士而歌徹。』『三家者以《雍》徹』，説者謂：『天子祭宗廟，用此以徹祭。隨俎入，奏《韶夏》；徹奠，奏《雍》。』唐祀天神以黄鍾爲宫，地祇以太簇爲宫，人鬼以無射爲宫，又以徹豆。今祭祀天地、宗廟，無[18]徹豆之曲，請考古以製樂章。」從之。其辭闕。

〔徽宗崇寧〕二年九月六日〔二〕，吏部尚書何執中等奏：「近禮部員外郎陳暘所撰《樂書》二百卷，送臣等看詳。臣等欲乞特加優奬。所有暘欲考定音律，以正中聲，更乞送講議司，令知音律之人相度施行。」詔陳暘轉一官，餘依奏。

【宋會要】

三年正月二十九日，中書門下省、尚書省送到魏漢津劄子：「臣聞通二十四氣、七十二候，和天地，役鬼神，莫善於樂。伏羲以一寸之器，名爲含微，其樂曰《扶桑》。女媧以二寸之器，名爲（韋）〔葦〕籥，其樂曰《光樂》。黄帝以三寸之器，名爲咸池，其樂曰《大卷》，三三而九，乃爲黄鍾之律。後世因之，至唐虞未嘗易。洪水之變，樂器漂蕩，禹效黄帝之法，以聲爲律，以身爲度，用左手中指三節三寸，謂之君指，裁爲宫聲之管。又用第四指三節三寸，謂之臣指，裁爲商聲之管。又用第五指三節三寸，謂之物指，裁爲羽聲[19]之管。第二指爲民，爲角；大指爲事，爲徵。民與事，君臣治之，以物養之，故不用爲裁管之法。得三指，合之爲九寸，即黄鍾之律矣。黄鍾定，餘律從而生焉。商周以來，皆用此法。因秦火，樂之法度盡廢，漢諸儒張蒼、班固之徒惟用累黍容盛之法，遂至差誤。晉永嘉之亂，累黍之法廢，隋時牛洪用萬寶常水尺。至唐室田疇及後周王朴，並用水尺之法。本（廟）〔朝〕爲王朴樂聲太高，令竇儼等裁損，方得聲律諧和。聲雖諧和，即非古法。漢津今欲請聖人三指爲法，謂中指、第四指、第五指各三節。先鑄九鼎，次鑄帝座大鍾，次鑄四韻清聲鍾，次鑄二十四氣鍾，然後均絃裁管，爲一代之樂。」從之。

十月九日，翰林學士承旨、知制誥、兼侍郎張康國奉勑撰《景鍾銘》，其序畧曰：「皇帝踐位之五年，崇寧甲申，攷協鍾律，保合太和，以成一代之樂。有魏漢津者年過九十，誦其（詩）〔師〕説，以謂：今之所作乃宋樂也，不當稽用前王之法。宜以皇帝身爲度，自度而爲權量，以數乘之，則聲諧而樂成，無所沿襲。其法始於鼎，以量容九斛爲鼎之大。取斛之八加斗之一，則鼎變而爲景鍾。景，大也，九九之數兆於此，有萬不同之所宗也。度高九尺，植以龍虡，其聲則

〔一〕十二月：按《長編》卷五〇三繫此事於元符元年十月二十七日辛丑。

〔二〕徽宗崇寧：原無，整理者旁批「徽宗建中靖國」。按原稿此條之前被挖去二條，今存於《補編》頁二三八，其末條爲崇寧元年；此條據《宋史》卷一二八《樂志》三，乃崇寧二年。因補。

爲黄鍾之正，而律吕由是生焉。大祭祀、大朝會、大享燕，惟天子親御則用之，以肅群臣。其下則寶鍾，子以承繼也。其周則四清之鍾磬[一]，奠方隅以拱衛也。平時弗考，風至則鳴，貴天籟而本自[20]然也。鍾成於秋七月癸丑。」

【宋會要】

四年八月二十四日，大司樂劉炳奏：「乞改定二舞，各分九成，每三成爲一變。執籥秉翟，揚戈持盾，威儀之節，取象治功。」從之。

二十七日，詔曰：「迺者得隱逸之士於草茅之賤，獲《英》、《莖》之器於受命之邦。時端州上古銀器，有樂鍾，驗款識，乃宋成公時。適時之宜，以身爲度，鑄鼎以起律，因律以制器。按協於庭，八音克諧，宜賜名曰《大晟》。其舊樂可更不行用。」

大觀元年五月九日，詔：「樂作已久，方薦郊廟，施於朝廷，而未及頒之天下。宜令大晟府議頒新樂，使雅正之聲被於四海。先降三京、四輔，次帥府。」

十一月五日，大司成强淵明等奏：「伏覩陛下已降睿旨，編修樂書。乞俟書成日，頒之庠序，使承學之士得以推求義訓。」從之。

二年三月三十日，詔：「樂久不作，自唐以來，正聲全失，世無徵、角之音，五聲不備，豈足以道和而化俗哉[二]？劉詵所上徵聲，可令大晟府同教坊依譜按習，仍增徵、角二譜。候習熟，取旨進呈。」先是，進士彭几進樂書，論五音云：「本朝以火德王，而羽音不禁，徵調尚闕。」時禮部員外郎吴時善其説，建言乞召几至樂府，朝廷從之。至是劉詵亦上徵聲。

三年八月二十三日，中書省提舉製造大樂局所奏：「奉詔製造頒降三京、四輔、二十八帥府等處大樂官吏、作匠等，及結絶罷局，有勞，可等第推恩。」内初補使臣免[21]呈試參部，提舉官、承受、主管製造等官轉兩官，有資者轉兩資，内提舉、承受官並回授；無資可轉者，與將一官改賜章服，一官許回授有服親。主管文字、主管雜務各轉一官，有資者轉一資，各更減二年磨勘。前提舉官及主管官、主管雜務[三]、主管文字、監轄造作、點檢文字各特轉一官，有資者轉一資，待詔與改换服色。

四年八月一日，御製《大晟樂記》。

政和三年四月二十九日，議禮局上親祠登歌之制：金鍾一，在東；玉磬一，在西，俱北向。柷一，在金鍾北稍西；敔一，在玉磬北稍東。搏拊二，一在柷北，一在敔北，東西相向。一絃、三絃、五絃、七絃、九絃琴各一，瑟四，在金鍾之南，西上；玉磬之南亦如之，東上。又於午階之東設笛二、篪一、巢笙二、和笙二，爲一列，西上；塤一，在笛

[一] 周：原作「用」，據本書樂三之二五改。
[二] 道：原作「適」，據《宋史》卷一二九《樂志》四改。
[三] 主管雜務：「主管」二字原脱，據本書樂三之二五補。

南。閏餘匏一、簫一，各在巢笙南。又於午階之西設笛二、篪一、巢笙二、和笙二，爲一列，東上；塤一，在笛南。七星匏一、九星匏一，在巢笙南。簫一，在九星匏西。鍾、磬、柷、敔、搏拊、琴、瑟工各坐於壇上，塤、篪、笙、笛、簫、匏工並立於午階之東西。樂正二人在鍾、磬南，歌工四人在敔東，俱東西相向。執麾挾仗色掌事一名〔一〕，在樂虡之西，東向。樂正紫公服，樂工黑介幘〔二〕，執麾人平巾幘，並緋繡鸞衫、白絹夾袴、抹帶。

又上親祠宮架之制：四方各設編磬三、編鍾三。東方，編鍾起北，編磬間之，東向。西方，編磬起北，編鍾間之，西向。南方，編磬起西，編鍾間之；北方，編鍾起西，編磬間之〔三〕：俱北向。設十二鎛鍾〔四〕、特磬於編架內，各依月律。四方各鎛鍾 22 三、特磬三。東方，鎛鍾起北，特磬間之，東向。西方，特磬起北，鎛鍾間之，西向。南方，特磬起西，鎛鍾間之；北方，鎛鍾起西，特磬間之：皆北向。植建鼓、鞞鼓、應鼓於四隅，建鼓在中，鞞鼓在左，應鼓在右。設柷、敔於北架內：柷一，在道東；敔一，在道西。設瑟五十二，列爲四行：二行在柷東，二行在敔西。次一絃琴七，左四右三。次三絃琴一十有八，次五絃琴一十有八，並分左右。次七絃琴二十有三，次九絃琴二十有三，並左各十有二，右各十有一。次巢笙二十有八，分左右。次匏笙三，在巢笙之間，左二右一。次簫二十有八，次竽二十，次篪二十有八，次塤一十有八，次篴二十有八〔五〕，並分左右。雷鼓、雷鼗各一，在左；又雷鼓、雷鼗各一，在右：地祇：靈鼓、靈鼗各二。並在三絃、五絃琴之間，東西相向。晉鼓一，在匏笙間，少南，北向。副樂正二人，在柷、敔之前，北向。歌工三十有二，次柷、敔，東西相向，列爲四行，左右各二行。樂師四人，在歌工之南北，東西相向。運譜二人，在晉鼓之左右，北向。執麾挾仗色掌事一名，在樂虡之右，東向。副樂正同樂正服，樂師緋公服，運譜緑公服，樂工、執麾人並同登歌執麾人服。詔並頒行。

同日，又上親祠文武二舞之制：文舞六十四人，執籥、翟；武舞六十四人，執干、戚：俱爲八佾。文舞分立於表之左右，各四佾。引文舞二人，執纛在前，東西相向。舞色長二人，在執纛之前，分東西。若武舞則在執旌之前。引武舞執旌二人，鼗二人，雙鐸二人，單鐸 23 二人，鐃二人，(特)〔持〕金錞四人，奏金錞二人，鉦二人，相二人，雅二人，分立於宮架之東西，北向，北上，武舞在其後。舞色長幞頭、抹額、紫繡袍。引二舞頭及二舞郎並紫平冕、皂繡鸞衫、金銅革帶、

〔一〕名：原作「各」，據《宋史》卷一二九《樂志》四改。

〔二〕黑：原脱，據《宋史》卷一二九《樂志》四補。

〔三〕自「西方編磬起北」之「起北」，至末句「編磬間之」之「編磬」，共二十六字原脱，據《宋史》卷一二九《樂志》四補。

〔四〕鎛鍾：原作「鍾鎛」，據《宋史》卷一二九《樂志》四乙。

〔五〕次篴二十有八：原脱，據《宋史》卷一二九《樂志》四補。

烏皮履。引武舞人武弁〔一〕、緋繡鸞衫、抹額、紅錦臂韝、白絹袴、金銅革帶、烏皮履。詔頒行。

同日，又上大、中祠登歌之制：編鍾一，在東；編磬一，在西：俱北向。柷一，在編鍾之北，稍西；敔一，在編磬之北，稍東。搏拊二：一在柷北，一在敔北，俱東西相向。一絃、三絃、五絃、七絃、九絃琴各一，瑟一，在編鍾之南，西上。編磬之南亦如之，東上。（擅）〔壇〕下午階之東，設笛一、篪一、塤一，爲一列，西上。和笙一，在笛南；巢笙一，在篪南；簫一，在塤南。午階之西亦如之，東上。鍾、磬、柷、敔、搏拊、琴、瑟工各坐於壇上，塤、篪、笛、笙、簫工並立於午階東西。樂正二人在鍾磬南，歌工四人在敔東，俱東西相向。執麾挾仗色掌事一名，在樂虡之西，東向。樂正公服，執麾挾仗色掌事平巾幘，樂工黑介幘，並緋繡鸞衫，白絹抹帶。詔頒行。

同日，又上大祠宮架、二舞之制：四方各設鎛鍾三，各依月律；編鍾一，編磬一。北方，應鍾起西，編鍾次之，黃鍾次之，編磬次之，大呂次之，皆北向。東方，太簇起北，編鍾次之，夾鍾次之，編磬次之，（沽）〔姑〕洗次之，皆東向。南方，仲呂起東，編鍾次之，蕤賓次之，編磬次之，林鍾次之：皆北向。西方，夷則起南，編鍾次之，南呂次之，編磬次之，無射次之，皆西向。十二特磬，24各在鎛鍾之內。植建鼓、鞞鼓、應鼓於四隅。設柷、敔於北架內，柷在左，敔在右。雷鼓、雷鼗各二，地祇以靈鼓、靈鼗。分東西，在歌工之南。瑟二，在柷東。次一絃琴，次三絃琴，次五絃琴，次七絃琴，次九絃琴，各二，各爲一列。敔西亦如之。巢笙、簫、竽、篪、塤、笛各四，爲四列，在雷鼓之後；若地祇即在靈鼓後。晉鼓一，在笛之後：俱北向。副樂正二人，在敔、柷之北。歌工八人，左右各四，在柷、敔之南，東西相向。執麾挾仗色掌事一名，在宮架西，北向〔二〕。副樂正本色公服，執麾挾仗色掌事及樂正平巾幘，服同登歌樂正。凡軒架之樂三面，其制，去宮架之南面。判架之樂二面，其制，去軒架之北面。特架之樂一面，其制闕。文武二舞並同親祠，惟二舞郎並紫平冕、皂繡袍、銀褐裙、白絹抹帶，與親祠稍異。詔頒行。

七月二十八日，詔平江府進士曹棐撰到徵調《舜韶新曲》，文理可采，特補將仕郎，充大晟東府制撰。

四年四月二十八日，詔：將來夏祭用宗子學生舞樂指揮更不施行，只用大晟樂工，直候冬祀始用。

七年三月一日，議禮局奏：「先王之制，樂舞文則用羽、籥，武則用干、戚，而又有小大焉。《周官》樂師『教國子小舞』，則舞有小大可知矣。文舞之大用羽、籥，文舞之小則有羽無籥，謂之羽舞。武舞之大用干、戚，武舞之小則有干無戚，謂之干舞。《禮記·文王世子》曰：『春夏學干、戈，秋冬學羽、籥。』又曰：『小學正學干，籥師學戈。』則武

〔一〕引：原脱，據《宋史》卷一二九《樂志》四補。
〔二〕「北」下原有「東」字，據《宋史》卷一二九《樂志》四刪。

舞又有戈舞焉，而戈不用於大舞。近世武舞以戈配干，未嘗用戚。乞武舞 25 以戚配干，置戈不用，庶協古制。」又奏：「考《周禮・春官》有鍾師、鎛師。《國語》伶州鳩曰：『大鈞有鎛無鍾，鳴其細也；細鈞有鍾無鎛，昭其大也。』然則鍾，大器也；鎛，小鍾也。以宮商爲鈞，則謂之大鈞，其聲大，故用鎛以鳴其細，而不用鍾。以角、徵、羽爲鈞，則謂之小鈞，其聲細，故用鍾以昭其大，而不用鎛。然後細大不踰，聲應相保，和平出焉。是鎛、鍾兩器，其用不同，故周人各立其官。後世之鎛鍾非特不分小大，又混爲一器，復於樂架編鍾、編磬之外，設鎛鍾十二，配十二辰，皆非是。蓋鎛鍾猶之特磬，與編鍾、編磬相須爲用者也。編鍾、編磬，其陽聲六，以應律；其陰聲六，以應呂。既應十二辰矣，復爲鎛鍾十二以配之，則於義重（復）〔複〕。乞宮架樂去十二鎛鍾，止設一大鍾爲鍾，一小鍾爲鎛，一大磬爲特磬，以爲衆聲所依。」從之。

四月十八日，禮制局言：「尊祖配天者，郊祀也；嚴父配帝者，明堂也。郊祀以遠人而尊，故尊祖以配天；明堂以近人而親，故嚴父以配帝。所以來天神而禮之，其義一也。則明堂宜同郊祀，用禮天神六變之樂。」從之。

八年四月二十五日，詔：禮制局所鑄景虛玉陽神應鍾了當，應副管幹詳議官、管幹官、書篆官、製造官、雜務官、催促物料、造作受給各轉行一官。應副管幹七鍾以上，各減三年磨勘。應副管幹六鍾以下，各減二年磨勘。人吏各轉一官資，無官資人補進義副尉。

宣和四年六月九日，臣僚上言：「一歲 26 之間凡一百一十八祀，作樂者六十二，所用樂章總五百六十九首。當時儒館分領，槩以與之，未嘗擇而授也，故其所作多有失義類者。」詔令尚書省措置，選官改定。除趙永裔已罷館職外，餘並送吏部與合入差遣。（以上《永樂大典》卷五四六五）

詩樂〔一〕

27 詩樂。虞庭言樂，以詩爲本。孔門禮樂之教，自「興於詩」始。《記》曰：「十有三年學樂、誦詩。」詠歌以養其性情，舞蹈以養其血脈，此古之成材所以爲易也。宋朝湖學之興，老師宿儒痛正音之寂寥，嘗擇取二《南》、《小雅》數十篇，寓之塤、籥，使學者朝夕詠歌。自爾聲詩之學爲儒者稍知所尚。張載嘗慨然思欲講明，作之朝廷，被諸郊廟矣；朱熹述爲詩篇，彙于學禮，將使後之學者學焉。

《小雅》歌凡六篇。朱熹曰：「《傳》曰：『大學始教，宵雅肄三。』謂習小雅《鹿鳴》、《四牡》、《皇皇者華》之三詩也。此皆君臣宴勞之詩，始學者習之，所以取其上下相和厚也。古鄉飲酒及燕禮皆歌此三詩。及笙入，六笙間歌《魚麗》、《南有嘉魚》、《南山有臺》。六笙詩本無辭，其遺聲亦不復

〔一〕按此門所録乃《宋史》卷一四二《樂志》一七之文，非《宋會要》。

傳矣。《小雅》爲諸侯之樂，《大雅》、《頌》爲天子之樂。」

二南《國風》歌凡六篇〔一〕。朱熹曰：「《周南》、《召南》，正始之道，王化之基，故用之鄉人焉，用之邦國焉。《鄉飲酒》及《鄉射禮》：『合樂，《周南》：《關雎》、《葛覃》、《卷耳》；《召南》：《鵲巢》、《采蘩》、《采蘋》。』《燕禮》28云『遂歌鄉樂』，即此六篇也。合樂，謂歌舞與衆聲皆作。《周南》、《召南》，古房中之樂歌也。《關雎》言后妃之志，《鵲巢》言國君夫人之德，《采蘩》言夫人之不失職，《采蘋》言卿大夫妻能循法度。夫婦之道，生民之本，王化之端，此六篇者其教之原也。故國君與其臣下及四方之賓燕，用之合樂也。」

《小雅》詩譜：《鹿鳴》、《四牡》、《皇皇者華》、《魚麗》、《南有嘉魚》、《南山有臺》皆用黃鍾清宮。俗呼爲正宮調。

二南《國風》詩譜：《關雎》、《葛覃》、《卷耳》、《鵲巢》、《采蘩》、《采蘋》皆用無射清商。俗呼爲越調。朱熹曰：「《大戴禮》言：《雅》二十六篇，其八可歌，其八廢，不可歌，本文頗有闕誤。漢末杜夔傳舊雅樂四曲：一曰《鹿鳴》，二曰《騶虞》，三曰《伐檀》，又加《文王》詩，皆古聲辭。其後新辭作，而舊曲遂廢。唐開元鄉飲酒禮乃有此十二篇之目，而其聲亦莫得聞。此譜，相傳即開元遺聲也。古聲亡滅已久，不知當時工師何所考而爲此。竊疑古樂有唱、有嘆。唱者，發歌句也；和者，繼其聲也。詩詞之外，應更有疊字散聲，以歎發其趣。故漢晉間舊曲既失其傳，則其詞雖存，而世莫能補。如此譜，直以一聲協一字，則古詩篇篇可歌。又其以清聲爲調，似亦非古法。然古聲既不可考〔二〕，姑存此以見詩歌之彷彿，俟知樂者考焉。」（以上《永樂大典》卷二一六九一）

教坊樂 與《職官·教坊》互見〔三〕。

29隊舞之制，其名各十。小兒隊，凡七十二人：一曰（拓）〔柘〕枝隊，衣五色繡羅寬袍，戴胡帽，繫銀帶。二曰劍器隊，衣五色繡羅襦，裹交脚幞頭，紅羅繡抹額，帶器仗。三曰婆羅門隊，紫羅僧衣，緋掛子，執錫鐶（柱）〔拄〕杖。四曰醉鬍騰隊，衣紅錦襦，繫銀鞊鞢〔四〕，帶氈帽。五曰諢臣萬歲樂隊，衣紫緋緑羅寬衫，諢裹簇花幞頭。六曰兒童感聖樂隊，衣青羅生色衫，繫勒帛，總兩角。七曰玉兔渾30脱隊，四色繡羅襦，繫銀帶，冠玉兔冠。八曰異域朝天隊，

〔一〕南：原脱，據《宋史》卷一四二《樂志》一七補。
〔二〕可：原脱，據《宋史》卷一四二《樂志》一七補。
〔三〕此題及注爲後來整理者所批，在「宋會要」之後。原稿「宋會要」以下被割去「國朝凡大宴」至「並令逐便」近一千二百字。此千餘字今存於《補編》頁八五五至八五六（本書職官二二之二八至三一有重文），而後即緊接此處「隊舞之制」以下正文。則似以下正文亦爲《宋會要》。然經比勘，自「隊舞之制」以下直至本卷之末，全同於《宋史》卷一四二《樂志》一七，則是抄自《宋史》，而非《會要》之文。茲刪「宋會要」三字。
〔四〕鞊鞢：原作「韚鞢」，據《文獻通考》卷一四六改。下文「鞊」字同。

衣錦襖，繫銀束帶，冠夷冠，執寶盤。九曰兒童解紅隊，衣紫緋繡襦，繫銀束帶〔一〕，冠花砌鳳冠，綬帶。十曰射鵰回鶻隊，衣盤雕錦襦，繫銀鞊韘，射雕盤。

女弟子隊，凡一百五十三人：一曰菩薩蠻隊，衣緋生色窄砌衣，冠卷雲冠。二曰感化樂隊，衣青羅生色通衣，背梳髻，繫綬帶。三曰抛毬樂隊，衣四色繡羅寬衫，繫銀帶，奉繡毬。四曰佳人剪牡丹隊，衣紅生色砌衣，戴金冠〔二〕，剪牡丹花。五曰拂霓裳隊，衣紅仙砌衣，碧霞帔，戴仙冠，紅繡抹額。六曰採蓮隊，衣紅羅生色綽子，繫暈裙，戴雲鬟髻，乘綵船，執蓮花。七曰鳳迎樂隊，衣紅仙砌衣，戴雲鬟鳳髻。八曰菩薩獻香花隊，衣生色窄砌衣，戴寶冠，執香花盤。九曰綵雲仙隊，衣黄生色道衣，紫霞帔，冠仙冠，執旌節、鶴扇〔三〕。十曰打毬樂隊，衣四色窄繡羅襦，繫銀帶，裹順風脚簇花幞頭，執毬杖。大抵若此，而復從宜變易。

百戲有蹴毬、踏蹺、藏擫、雜旋、獅子、弄鎗、鈴瓶、茶盌、氈龊、碎劍、踏索、上竿、筋斗、擎戴、拗腰、透劍門、打彈丸之類。錫慶院宴會，諸王賜食及宰相筵設時賜樂者，第四部充。

建隆中，教坊都知李德昇作《長春樂曲》。乾德元年，又作《萬歲升平樂曲》。明年，教坊高班都知郭延美又作《紫雲長壽樂》鼓吹曲，以奏御焉。太宗洞曉音律，前後親制大小曲及因舊曲創新聲者，總三百九十。

凡制大曲十八：正宮《平戎破陣樂》，南呂宮 31 《平晉普天樂》，中呂宮《大宋朝歡樂》，黄鍾宮《宇宙荷皇恩》，道調宮《垂衣定八方》，仙呂宮《甘露降龍庭》，小石調《金枝玉葉春》，林鍾商《大惠帝恩寬》，歇指調《大定寰中樂》，雙調《惠化樂堯風》，越調《萬國朝天樂》，大石調《嘉禾生九穗》，南呂調《文興禮樂歡》〔四〕，仙呂調《齊天長壽樂》，般涉調《君臣宴會樂》，中呂調《一斛夜明珠》，黄鍾羽《降聖萬年春》，平調《金觴祝壽春》。

曲破二十九：正宮《宴鈞臺》，南呂宮《七盤樂》，仙呂宮《王母桃》，高宮《静三邊》，黄鍾宮《採蓮回》，中呂宮《杏園春》〔五〕、《獻玉杯》，道調宮《折枝花》，林鍾商《宴朝簪》，歇指調《九穗禾》，高大石調《囀春鶯》，小石調《舞霓裳》，越調《九霞觴》，雙調《朝八蠻》，大石調《清夜遊》，林鍾角《慶雲見》，越角《露如珠》，小石角《龍池柳》，高角《陽臺雲》，歇指角《金步摇》，大石角《念邊功》，雙角《宴新春》，南呂調《鳳城春》，仙呂調《夢鈞天》〔六〕，中呂調《採明珠》，平調《萬年枝》，黄鍾羽《賀回鸞》，般涉調《鬱金香》，高般涉調《會天仙》。

琵琶獨彈曲破十五：鳳鸞商《慶成功》，應鍾調《九曲

〔一〕銀：原無，據《宋史》卷一四二《樂志》一七補。
〔二〕戴：原作「帶」，據《宋史》卷一四二《樂志》一七改。
〔三〕扇：原作「羽」，據《宋史》卷一四二《樂志》一七改。
〔四〕「呂」下原有「宮」字，據《宋史》卷一四二《樂志》一七删。
〔五〕杏園春：原作「杏春園」，據《宋史》卷一四二《樂志》一七乙。
〔六〕鈞：原作「均」，據《宋史》卷一四二《樂志》一七改。

清》，金石角《鳳來儀》，芙蓉調《蘂宮春》，蕤賓調《連理枝》，正仙呂調《朝天樂》，蘭陵角《奉宸歡》，孤鴈調《賀昌時》，大石調《寰海清》，玉仙商《玉芙蓉》，林鍾角《泛仙槎》，無射宮調《帝臺春》，龍仙羽《宴蓬萊》，聖德商《美時清》，仙呂調《壽星見》。

小曲二百七十：正宮十：《一陽生》、《玉牕寒》〔一〕、《念邊戍》、《玉如意》、《瓊樹枝》〔二〕、《鸝鸖裘》、《塞鴻飛》、《漏丁丁》、《息鼙鼓》、《勸流霞》〔三〕。南呂宮十一：《仙盤露》、《冰盤果》、《芙蓉園》、《林下風》、《風雨調》、《開月幌》、**32**《鳳來賓》、《落梁塵》、《望陽臺》、《慶年豐》、《青駿馬》。中呂宮十三：《上林春》、《春波緑》、《百樹花》、《壽無疆》、《萬年春》、《擊珊瑚》〔四〕、《柳垂絲》、《醉紅樓》、《折紅杏》、《一園花》、《花下醉》、《遊春歸》、《千樹柳》。仙呂宮九：《折紅蕖》、《鵲填河》、《紫蘭香》、《喜堯時》、《猗蘭殿》、《步瑶階》、《千秋樂》、《百和香》、《佩珊珊》。黄鍾宮十二：《菊花杯》、《翠幕新》、《四塞清》、《滿簾霜》、《畫屏風》、《折茱萸》、《望春雲》、《苑中鶴》、《賜征袍》、《望回戈》、《稻稼成》、《泛金英》。高宮九：《嘉順成》、《安邊塞》、《獵騎還》、《遊兔園》、《錦步帳》、《博山鑪》、《煖寒杯》、《雲紛紜》、《待春來》。道調宮九：《會夔龍》、《泛仙杯》、《披風襟》、《孔雀扇》、《百尺樓》、《金尊滿》、《奏明庭》、《拾落花》、《聲聲好》。越調八：《翡翠帷》、《玉照臺》、《香旖旎》〔五〕、《紅樓夜》、《朱頂鶴》、《得賢臣》、《蘭堂燭》、《金鏑流》。雙調十六：《宴瓊林》、《汎龍舟》、《汀洲緑》、《登高樓》、《麥隴雉》、《柳如煙》、《楊花飛》、《玉澤新》、《玳瑁簪》、《玉階曉》、《喜清和》、《人歡樂》、《征戍回》、《一院香》、《一片雲》、《千萬年》。小石調七：《滿庭香》、《七寶冠》、《玉唾盂》、《辟塵犀》、《喜新晴》、《慶雲飛》、《太平時》。林鍾商十：《採秋蘭》、《紫絲囊》、《留征騎》、《塞鴻度》、《回鶻朝》、《汀洲鴈》〔六〕、《風入松》、《蓼花紅》、《曳珠佩》、《遵渚鴻》。歇指調九：《榆塞清》、《聽秋風》、《紫玉簫》、《碧池魚》、《鶴盤旋》、《湛恩新》、《聽秋蟬》、《月中歸》、《千家月》。高大石調九：《花下宴》、《甘雨足》、《畫秋千》〔七〕、《夾竹桃》、《攀露桃》、《燕初來》、《踏青回》、《抛繡毬》、《潑火雨》。大石調八：《賀元正》、《待花開》、《採紅蓮》、《出谷鶯》、《遊月宮》、《望回車》〔八〕、《塞雲平》、《秉燭遊》。小石角九〔九〕：《月宮春》、《折仙枝》、《春日遲》、《綺筵春》、《登春臺》、《紫桃花》、《一林紅》、《喜春雨》、《汎春池》。雙角九：《鳳樓燈》、《九門開》、《落

〔一〕牕：原作「葱」，據《宋史》卷一四二《樂志》一七改。
〔二〕枝：原脱，據《宋史》卷一四二《樂志》一七補。
〔三〕勸：原作「歡」，據《宋史》卷一四二《樂志》一七改。
〔四〕擊：原作「繫」，據《宋史》卷一四二《樂志》一七改。
〔五〕旖：原作「椅」，據《宋史》卷一四二《樂志》一七改。
〔六〕洲：原作「州」，據《宋史》卷一四二《樂志》一七改。
〔七〕畫：原作「盡」，據《宋史》卷一四二《樂志》一七改。
〔八〕回車：原倒，據《宋史》卷一四二《樂志》一七乙。
〔九〕角：原作「調」，據《明集禮》卷五三上改。

【33】梅香》、《春冰拆》、《萬年安》、《催花發》、《降真香》、《迎新春》、《望蓬島》。高角九：《日南至》、《帝道昌》、《文風盛》、《琥珀杯》、《雪花飛》、《皂貂裘》、《征馬嘶》〔一〕、《射飛鴈》、《雪飄飄》。大石角九：《紅鑪火》、《翠雲裘》、《慶成功》、《冬夜長》、《金鸚鵡》、《玉樓寒》、《鳳戲雛》、《一鑪香》、《雲中鴈》。歇指角九：《玉壺冰》、《卷珠箔》、《隨風簾》、《樹青葱》、《紫桂叢》〔二〕、《五色雲》、《玉樓宴》、《蘭堂宴》、《千千歲》。越角九：《望明堂》、《華池露》、《貯香囊》、《秋氣清》、《照秋池》、《曉風度》、《靖邊塵》、《聞新鴈》、《吟風蟬》。林鍾角九〔三〕：《慶時康》、《上林果》、《畫簾垂》、《水精簟》、《夏木繁》、《暑氣清》、《風中琴》、《轉輕車》、《清風來》。仙呂調十五：《喜清和》、《芰荷新》、《清世歡》、《玉鈎欄》、《金步搖》、《金錯落》、《燕引雛》、《草芊芊》、《步玉砌》、《整華裾》、《海山青》、《旋絮綿》、《風中帆》、《青絲騎》、《喜聞聲》。南呂調七：《春景麗》、《牡丹開》、《展芳茵》、《紅桃露》、《囀林鶯》、《滿林花》、《風飛花》。中呂調九：《宴嘉賓》、《會羣仙》、《集百祥》、《凭朱欄》、《香煙細》、《仙洞開》、《上馬杯》、《拂長袂》、《羽觴飛》。高般涉調九：《喜秋成》、《戲馬臺》、《汎秋菊》、《芝殿樂》、《鸂鶒杯》、《玉芙蓉》、《偃干戈》、《聽秋砧》、《秋雲飛》。般涉調十：《玉樹花》、《望星斗》、《金錢花》、《玉窗深》、《萬民康》、《瑤林風》、《隨陽鴈》、《倒金罍》、《鴈來賓》、《看秋月》。黃鍾羽七：《宴鄒枚》、《雲中樹》、《燎金鑪》、《澗底松》、《嶺頭梅》、《玉鑪香》、《瑞雪飛》。平調十：《萬國朝》、《獻春盤》、《魚上冰》、《紅梅花》、《洞中春》、《春雪飛》、《翻羅袖》、《落梅花》、《夜遊樂》、《鬬春雞》。

因舊曲造新聲者五十八：正宮、南呂宮、道調宮、越調、南呂調，並《傾杯樂》、《三臺》。仙呂宮、高宮、小石調、大石調、高大石調、小石角、雙角、高角、大石角、歇指角、林鍾角、越角〔四〕、高【34】般涉調、黃鍾羽、平調，並《傾杯樂》。中呂宮《傾杯樂》〔五〕、《劍器》、《感皇化》、《三臺》。黃鍾宮《傾杯樂》、《朝中措》、《三臺》。雙調《傾杯樂》、《攤破拋毬樂》、《醉花間》、《小重山》、《三臺》。林鍾商《傾杯樂》、《洞中仙》、《望行宮》、《三臺》。歇指調《傾杯樂》、《洞仙歌》、《三臺》。仙呂調《傾杯樂》、《月宮仙》、《戴仙花》、《三臺》。中呂調《傾杯樂》、《菩薩蠻》、《瑞鷓鴣》、《三臺》。般涉調《傾杯樂》、《望征人》、《嘉宴樂》、《引駕回》、《拜新月》、《三臺》。

若《宇宙賀皇恩》、《降聖萬年春》之類，皆藩邸所作，以述太祖美德，諸曲多祕。而《平晉普天樂》者，平河東回所製，《萬國朝天樂》者〔六〕，又明年製，每宴享常用之。然帝

〔一〕嘶：原作「斯」，據《宋史》卷一四二《樂志》一七改。
〔二〕桂：原作「柱」，據《宋史》卷一四二《樂志》一七改。
〔三〕九：原脱，據《宋史》卷一四二《樂志》一七補。
〔四〕越角：原脱，據中華書局標點本《宋史》卷一四二《樂志》一七校勘記補。
〔五〕宮：原脱，據標點本《宋史》卷一四二《樂志》一七校勘記補。
〔六〕「平河」以下十二字，原脱，據《宋史》卷一四二《樂志》一七補。

勤求治道，未嘗自逸，故舉樂有度。雍熙初，教坊使郭守中求外任，止賜束帛。

真宗不喜鄭聲，而或爲雜詞，未嘗宣布于外。太平興國中，伶官蔚茂多侍大宴，聞鷄唱，殿前都虞候崔翰問之曰：「此可被管絃乎？」茂多即法其聲，製曲曰《鷄叫子》。又民間作新聲者甚衆，而教坊不用也。太宗所製曲，乾興以來通用之。凡新奏十七調，總四十八曲：黄鍾、道調、仙呂、中呂、南呂、正宮、小石、歇指、高平、般涉、大石、中呂、仙呂、雙越調、黄鍾羽〔一〕。其急慢諸曲幾千數。又法曲、龜兹、鼓笛三部，凡二十有四曲。

仁宗洞曉音律，每禁中度曲，以賜教坊，或命教坊使撰進。凡五十四曲，朝廷多用之。天聖中，帝嘗問輔臣以古今樂之異同〔二〕，王曾對曰：「古樂祀天地、宗廟、社稷、山川、鬼神，而聽者莫不和悦。今樂則不然，徒虞人耳目而蕩人心志。自昔人君流連荒亡者，莫不由此。」帝曰：「朕於聲技固未[35]嘗留意，内外宴遊皆勉强耳。」張知白曰：「陛下盛德，外人豈知之，願備書《時政記》。」

世號太常爲雅樂，而未嘗施于宴享，豈以正聲爲不美聽哉？夫樂者樂也，其道雖微妙難知，至於奏之而使人悦豫和平，則不待知音而後能也。今太常樂縣鍾、磬、塤、篪、搏拊之器，與夫舞綴羽、籥、干、戚之制，類皆倣古，逮振作之，則聽者不知爲樂，而觀者厭焉。古樂豈真若此哉？孔子曰「惡鄭聲」，恐其亂雅。亂之云者，似是而非也。孟子亦曰「今樂猶古樂」，而太常乃與教坊殊絶〔三〕，何哉？昔李照、胡瑗、阮逸改鑄鍾磬，處士徐復笑之曰：「聖人寓器以聲，不先求其聲而更其器，其可用乎？」照、瑗、逸制作久之，卒無所成。蜀人房庶亦深訂其非是，因著書論古樂與今樂本末不遠。其大畧以謂：「上古世質，器與聲朴，後世稍變焉。金石，鍾磬也，後世易之爲方響；絲竹，琴簫也，後世變之爲筝笛。匏，笙也，攢之以斗；塤，土也，變而爲甌；革，麻料也，擊而爲鼓；木，柷敔也，貫之爲板。此八音者於世甚便，而不達者指廟樂鎛鍾、鎛磬宫軒爲正聲，而槩謂夷部、鹵部爲淫聲。殊不知大輅起于椎輪〔四〕，龍艘生于落葉，其變則然也。古者食以俎豆，後世易以杯盂；簟席以爲安，(世後)〔後世〕更以榻桉。使聖人復生，不能舍杯盂榻桉，而復俎豆簟席之質也。八音之器，豈異此哉！孔子曰『鄭聲淫』者，豈以其器不若古哉？亦疾其聲之變爾〔五〕。試使知樂者由今之器，寄古之聲，去沾懘[36]靡曼而歸之中和雅正，則感人心、導和氣，不曰治世之音乎？然則世所謂雅者未必如古，而教坊所奏豈盡爲淫聲哉！」當數子紛紛鋭意改制之後，庶之論指意獨如此，故存其語，以

〔一〕羽：原脱，據《宋史》卷一四二《樂志》一七補。
〔二〕帝：原作「常」，據《宋史》卷一四二《樂志》一七改。
〔三〕絶：原作「也」，據《宋史》卷一四二《樂志》一七改。
〔四〕椎：原作「雅」，據《宋史》卷一四二《樂志》一七改。
〔五〕變爾：原作「爾變」，據《宋史》卷一四二《樂志》一七乙。

侯知者。

教坊本隸宣徽院，有使、副使、判官、都色長、色長、高班、大小都知。天聖五年，以内侍二人爲鈐轄。嘉祐中，詔樂工每色額止二人，教頭止三人，有闕即填。異時或傳詔增置，許有司論奏。使、副歲閱雜劇，把色人分三等，遇三殿應奉人闕，即以次補。諸部應奉及二十年〔一〕、年五十已上，許補廟令或鎮將。官制行，以隸太常寺。同天節，寶慈、慶壽宮生辰〔二〕，皇子、公主生，凡國之慶事，皆進歌樂詞。

熙寧九年，教坊副使花日新言：「樂聲高，歌者難繼。方響部器不中度，絲竹從之。宜去噍殺之急，歸嘽緩之易。請下一律，改造方響，以爲樂準，絲竹悉從其聲，則音律諧協，以導中和之氣。」詔從之。十一月，奏新樂于化成殿，帝諭近臣曰：「樂聲第降一律，已得寬和之節矣。」增賜方響爲架三十。命太常下法駕、鹵部樂一律，如教坊云。初熙寧二年五月，罷宗室正任以上借教坊樂人，至八年復之，許教樂。

政和三年五月，詔：「比以《大晟樂》播之教坊，嘉與天下共之，可以所進樂頒之天下。」八月，尚書省言：「大晟府宴樂已撥歸教坊，所有諸府從來習學之人，元降指揮令就大晟府教習，今當並就教坊習學。」從之。四年正月，禮部奏：「教坊樂，春或用商聲，孟或 37 用季律，甚失四時之序。乞以大晟府十二月所定聲律令教坊閱習，仍令祕書省撰詞。」

高宗建炎初，省教坊。紹興十四年復置，凡樂工四百六十人，以内侍充鈐轄。紹興末復省。孝宗隆興二年天申節，將用樂上壽，上曰：「一歲之間只兩宮誕日外，餘無所用，不知作何名色？」大臣皆言，臨時點集，不必置教坊。上曰：「善。」乾道後，北使每歲兩至，亦用樂，但呼市人使之，不置教坊，止令修内司先兩旬教習。舊例用樂人三百人，百戲軍百人，百禽鳴二人，小兒隊七十一人，女童隊百三十七人，築毬軍三十二人，起立門行人三十二人，旗鼓四十人，以上並臨安府差。相撲等子二十一人。御前忠佐司差。命罷小兒及女童隊，餘用之。

雲韶部者〔三〕，黄門樂也。開寶中平嶺表，擇廣州内臣之聰警者，得八十人，令于教坊習樂藝，賜名簫韶部。雍熙初，改曰「雲韶」，每上元觀燈，上巳、端午觀水嬉，皆命作樂于宮中。遇南至、元正、清明、春秋分社之節，親王内中宴射，則亦用之。奏大曲十三：一曰中呂宮《萬年歡》；二曰黄鍾宮《中和樂》；三曰南呂宮《普天獻壽》，此曲亦太宗所

〔一〕奉：原作「奏」，據《宋史》卷一四二《樂志》一七改。
〔二〕辰：原作「宸」，據《宋史》卷一四二《樂志》一七改。
〔三〕「雲韶部」及後之「鈞容直」、「四夷樂」，據《宋史》卷一四二《樂志》一七卷前總題，均係與「詩樂」、「教坊」等平列之小題，但《宋史》於正文中未署標題，今仍之，止以空行區分。又天頭原批：「『雲韶部』一段與《職官》重文。」

製；四曰正宫《梁州》；五曰林鍾商《汎清波》；六曰雙調《大定樂》；七曰小石調《喜新春》；八曰越調《胡渭州》；九曰大石調《清平樂》；十曰般涉調《長壽仙》；十一曰高平調《罷金鉦》；十二曰中呂調《緑腰》；十三曰仙呂調《綵雲歸》。樂用琵琶、箏、笙、觱栗、笛、方響、杖鼓、羯鼓、大鼓、拍板。雜劇38用傀儡，後不復補。

鈞容直，亦軍樂也。太平興國三年，詔籍軍中之善樂者，命曰引龍直。每巡省遊幸，則騎導車駕而奏樂。若御樓觀燈、賜酺，則載第一山車。端拱二年，又選捧日〔一〕、天武、拱聖軍曉暢音律者，增多其數，以中使監視；藩臣以樂工上貢者亦隸之。淳化四年，改名鈞容直，取鈞天之義。初用樂工，同雲韶部〔二〕。大中祥符五年，因鼓工温用之請，增龜兹部，如教坊，其奉天書及四宫觀皆用之。有指揮使一人，都知二人，副都知二人，押班三人，應奉文字一人，監領内侍二人。嘉祐元年，係籍三百八十三人。六年，增置四百三十四人，詔以爲額，闕即補之。七年，詔隸班及二十四年、年五十以上者，聽補軍職，隸軍頭司。其樂舊奏十六調，凡三十六大曲，鼓笛二十一曲，并他曲甚衆。嘉祐二年，兼領内侍言：鈞容直與教坊樂並奏，聲不諧。詔罷鈞容舊十六調，取教坊十七調肄習之。雖間有損益，然其大曲、曲破并急慢諸曲與教坊頗同矣。紹興中，鈞容直舊管四百人，楊存中請復收補，權以舊管之半爲額。尋聞其召募搔擾，降詔止之。及其以應奉有勞，進呈推賞，又申諭止于支賜一次，庶杜其日後希望。紹興三十年，復詔鈞容班可蠲省，令殿司比擬一等班直收頓，内老弱癃疾者放停。教坊所嘗援祖宗舊典，點選入教，雖暫從其請，紹興三十一年有詔，教坊即日蠲罷，各令自便。

東西班樂，亦太平興國中選東西班習樂者。樂器獨用銀字觱栗、小笛、小笙。每騎從車駕而39奏樂，或巡方則夜奏于行宫殿庭。

諸軍皆有善樂者，每車駕親祀回，則衣緋緑衣，自青城至朱雀門，列於御道之左右(奉)〔奏〕樂迎奉，其聲相屬，聞十數里。或軍宴設亦奏之。

棹刀鎗牌翻歌等，不常置。

清衛軍習樂者，令鈞容直教之，内侍主其事，園苑賜會及館待契丹使人。

又有親從親事樂，及開封府衙前樂，園苑又分用諸軍樂，諸州皆有衙前樂。

四夷樂者，元豐六年五月召見米脂砦所降戎樂四十二人，奏樂于崇政殿。以三班借職王恩普等六人差監在京閑

〔一〕捧：原作「奉」，據《宋史》卷一四二《樂志》一七改。
〔二〕雲韶：原作「韶雲」，據《宋史》卷一四二《樂志》一七乙。

慢庫務門〔一〕；及舊城門西蕃敢勇三十六人〔二〕，與茶酒新班殿侍〔三〕。《大晟樂書》曰：「前此宮架之外，列熊羆案，所奏皆夷樂也，豈容淆雜大樂！乃奏罷之。然古鞮鞻氏掌四夷樂，韎師、旄人各有所掌，以承祭祀，以供宴享。蓋中天下而立，得四海之歡心，使鼓舞焉，先王之所不廢也。《漢律》曰：『每大朝會，宜設於殿門之外。』天子御樓，則宮架之外列於道側，豈可施於廣庭，與大樂並奏哉！」（以上《永樂大典》卷二一六九二）

〔一〕普：原脱，據《長編》卷三三五補。
〔二〕西蕃：原脱，據《長編》卷三三五補。
〔三〕班：原作「任」，據《長編》卷三三五改。

宋會要輯稿　樂六

郊社羣祀樂歌

南郊親祀

【宋會要】

1 降神用《景安》：仁宗御製，四曲。無爲靡遠，深厚廣圻。祭神如在，弁冕衮衣。粢盛豐美，惟德馨輝。以祥以祐，非眇專祈。

奠幣用《廣安》：千靈啓運，三后在天。嘉壇並侑，億萬斯年。

酌獻用《彰安》：皇基締搆，帝系靈長。躬薦鬱鬯，子孫保昌。

送神用《景安》：馨遺八樽，器空三簋〔一〕。至祝至虔，穹祇貺祉。

降神用《高安》：建隆元年竇儼撰，八曲。在國南方，時惟就陽。以祈帝祉，式致民康。豆籩鼎俎，金石絲簧〔二〕。禮行樂奏，皇祚無疆。

皇帝行用《隆安》〔三〕：步武舒遲，升壇肅祇。其容允若，于禮攸宜。

奠玉幣用《嘉安》：嘉玉制幣，以通神明。神不饗物，饗于克誠。

奉俎用《豐安》：笙鏞備樂，繭栗陳牲〔四〕。乃迎芳俎，以薦高明。

酌獻用《禧安》：丹雲之爵，金龍之杓。挹於樽罍，是曰清酌〔五〕。

飲福用《禧安》：潔兹五齊，酌彼六樽。致誠斯至，率禮彌敦。以介景福，永隆後昆。重熙累洽，帝道攸尊。

亞獻、終獻用《正安》：謂天蓋高，其聽孔卑。聞樂歆德，介以福禧〔六〕。

送神用《高安》：倏兮而來，忽兮而回。雲馭杳邈，天門洞開。

降神：咸平五年諸臣撰，八曲，曲名同建隆元年。圜丘何方？在國之陽。禮神合祭，運啓無疆。祖考來格，籩豆成行。其儀肅肅，降福穰穰。

皇帝行：禮備樂成，乾健天行。帝容有穆，珮玉鏘鳴。

〔一〕三：《宋史》卷一三二《樂志》七作「二」。
〔二〕絲：原作「綵」，據《宋史》卷一三二《樂志》七改。
〔三〕行：《宋史》卷一三二《樂志》七作「升降」。以下同。
〔四〕栗：原作「粟」，據《宋史》卷一三二《樂志》七改。
〔五〕曰：原作「白」，據《宋史》卷一三二《樂志》七改。
〔六〕福：原缺，據《宋史》卷一三二《樂志》七補。

奠玉幣：定位毖祀，告于神明。嘉玉量幣，饗于克誠。

奉俎：有牲斯純，有俎斯陳。進于上帝，昭報深仁。

酌獻：大2報于帝，盛德升聞。醴齊良潔〔一〕，粢盛毖芬。

飲福：祀帝圜丘，九州獻力。禮行于郊，百神受職。靈祇格思，饗我明德。天鑒孔彰，玄祉昭錫。

亞獻、終獻：羽籥云罷，干戚載揚。接神有恪，錫羡無疆。

送神：神駕來思，風舉雲飛。神馭歸止，天空露晞。

皇帝行用《乾安》：景祐元年中書門下撰。神靈擁衛，景從雲隨。玉色温粹，天步舒遲。周旋陟降，皇心肅祇。千靈是保，百福攸宜。（以上《永樂大典》卷五四七〇）

郊祀大禮前二日朝獻嘉定五年。八年、十一年、十四年並同此。

皇帝入門用《乾安之曲》：閟幄邃深，雲景杳冥。天清日晬，展容玉庭。締基發祥，希夷降靈。神其來燕，是享是聽。

皇帝升殿用《乾安之曲》：帝居瑶圃，璇題玉京。日月經振，列宿上熒。桂簋飶芬，瑚器華晶。寅承祀典，用戒昭明。

降聖用《太安之曲》、《發祥流慶之舞》，六變。圜鐘爲宮，三奏：四靈晨耀，五緯夕明。風雲晏和，天地粹清。靈兮來迎，靈兮來寧。啓我子孫，饗于純精。　降聖，黄鐘爲角，一奏：芬枝揚烈，熉3珠叶陶〔二〕。閶珍闡符，展詩舞箾〔三〕。神哉來下，神哉來翔。肅若有承，靈心昭摇。　降聖，太簇爲徵，一奏：龍車既奏，鳳馭載翔。帝幄佇靈，天衢騰芳。神來留俞，神來褰驤。禮卺樂明，奏假孔將。　降聖，姑洗爲羽，一奏：虹旌蜺旄，鸞旗翠蓋。星樞扶輪，月御叶衛。靈至陰陰，靈般裔裔。來假來饗，福流萬世。

皇帝盥洗，宫架奏，用《乾安之曲》：禮文有俶，祀事孔明。將以潔告，亶惟齋精。自盥而往，聿觀厥成。靈監下臨，天德其清。

皇帝詣聖祖位，登歌作，用《乾安之曲》：維宋肖德，欽天顧右。於皇道祖，丕釐靈祐。葛藟殖繁〔四〕，瓜瓞孕茂。克昌厥後，世世孝奏。

皇帝還位，登歌作，用《乾安之曲》：桂宫耽耽，藻儀穆穆。天回衮采，風韶璜玉。《咸》、《英》宣亮，容典炳煜。假我上靈，景命有僕。

尚書奉饌，宫架奏，用《吉安之曲》：我簋斯盈，我簠斯實。或剥或烹，或燔或炙。有骰既將，爲俎孔碩。禮儀卒

〔一〕醴：原作「體」，據《宋史》卷一三二《樂志》七改。
〔二〕熉珠：原作「銷朱」，據《宋史》卷一三五《樂志》一〇改。
〔三〕箾：原作「梢」，據《宋史》卷一三五《樂志》一〇改。
〔四〕繁：原作「蘩」，據《宋史》卷一三五《樂志》一〇改。

度，永錫爾極。

皇帝再盥洗，宮架奏，用《乾安之曲》： 觴濬初勺，禮戒重盥。假廟以《萃》，取象于《觀》。清明外暢，精肅中貫。我儀圖之，三靈幽贊。

皇帝再詣聖祖位，登歌作，（同）〔用〕《乾安之曲》： 肇基駿命，鞏右鴻業。鼎玉龜符，垂固萬葉。靈貺益甄〔一〕，神光載燁。暉胙無疆，規重矩疊。

皇帝還位，登歌作，用《乾安之曲》： 皇帝瑞慶，長發其祥。纂係悠遠，（朔）〔遡〕源靈長。德之克明，休烈有光〔二〕。配天作極，孝饗是將。

文舞退，武舞進，宮架奏，用《正安之曲》： 持翟成象〔三〕，秉朱就列。旄乘整4溢，鳳儀諧節。揮舒皇文，歌蹈先烈。合好效懽，福流有截。

亞獻，宮架奏，用《冲安之曲》、《降（貞）〔真〕觀德之舞》： 光熉紫幄〔四〕，神留玉房。秉文侑儀，嘉虞貳觴。震濬醉喜，放悲迪嘗。璇源之休，地久天長。

終獻，宮架奏，用《冲安之曲》、《降聖觀德之舞》： 靈輿騫驤，畢觴宣筵〔五〕。貳饗允穆，祼將克竣〔六〕。垂恩儲祉，錫羡永年。將以慶成，燕及皇天。

皇帝詣飲福位，登歌作，用《乾安之曲》： 若木露英〔七〕，清雲流霞〔八〕。蔓蔓芝秀，馮馮桂華。綿瑞無疆，産嘏孔奢。皇則受之，鞏我帝家。

皇帝飲福酒，登歌作，用《報安之曲》： 旨酒惟蘭，勺漿惟椒。福流瓚斝，光燭琨瑤。拜貺清宮，凝暉慶霄。神其如在，徘徊招搖。

皇帝還位，登歌作，用《乾安之曲》： 烝哉我皇，繼天毓聖。逆釐元都，對越靈慶。如天斯久，如日斯盛。瑤圖濬邈，永隆天命。

尚書徹饌，登歌作，用《吉安之曲》： 房鉶陳列，室簋登奉。告饗具歆，展徹唯拱。祥光奕奕，嘉氣幪幪。受嘏不僭〔九〕，燕天之寵〔一〇〕。

送真，宮架奏，用《大安之曲》一成〔一一〕： 雲車風馬〔一二〕，靈其來游。天門軼蕩〔一三〕，神其莫留。遺慶陰陰，祉發祥流。康我有宋，與天匹休。

皇帝降殿，登歌作，用《乾安之曲》： 璇庭爛景，紫殿流

〔一〕益甄：《宋史》卷一三五《樂志》一〇作「具臻」。

〔二〕烈有：原倒，據《宋史》卷一三五《樂志》一〇乙。

〔三〕翟：原作「翠」，據《宋史》卷一三五《樂志》一〇改。

〔四〕熉：原作「隕」，據《宋史》卷一三五《樂志》一〇改。

〔五〕宣：《宋史》卷一三五《樂志》一〇作「泰」。

〔六〕竣：原作「踆」，據《宋史》卷一三五《樂志》一〇改。

〔七〕露：原作「靈」，據《宋史》卷一三五《樂志》一〇改。

〔八〕霞：原作「暇」，據《宋史》卷一三五《樂志》一〇改。

〔九〕僭：原作「侃言」，據《宋史》卷一三五《樂志》一〇改。

〔一〇〕之：原無，據《宋史》卷一三五《樂志》一〇補。

〔一一〕大安：《宋史》卷一三五《樂志》一〇作「太安」。

〔一二〕風：原作「鳳」，據《宋史》卷一三五《樂志》一〇改。

〔一三〕軼：原作「詄」，據《宋史》卷一三五《樂志》一〇改。

光。禮合乾回，福應日昌。聖系龐鴻，景命溥將。德茂功成，率祀無疆。

皇帝詣望燎位，宮架奏，用《乾安之曲》：厥初生民，淵濬唯祖。芳薦既輟，明燎具舉。德馨升聞，靈貺蕃詡。懷濡上靈，侈周之祜。

皇帝還大次，宮架奏，用《乾安之曲》：帝假 5 于宮，彝承清祀。天嘽臨幄，宸衛森峙。行繇太室，旋趨紫畤。率禮不違，式敷靈祉。（以上《永樂大典》卷二四八）

圜丘

【宋會要】

冬至圜丘仁宗御製，二曲。

太祖配座奠幣用《定安》：翕受駿命，震疊羣方。侑配上帝，德厚流光。

酌獻用《英安》：誕受靈符，肇基丕業。配饗潔樽，永隆萬葉。

送神用《景安》：哲宗朝差官撰。上辛、雩祀、常祀、明堂同用此。帝臨中壇，肅恭禋祀。靈景舒光，秋龍旋軌。送樂有章，神心具醉。輔德佑仁，永錫元祉。（以上《永樂大典》卷五四七〇）

方丘〔一〕

【宋會要】

6 **方丘樂歌**

迎神《鎮寧之曲》，林鍾宮再奏，太簇角再奏，姑洗徵再奏，南宮羽再奏，詞同：至哉坤儀，萬彙資生。稱物平施，流謙變盈。禮修泰折，祭極精誠。皇皇靈睠，永奠寰瀛。

初獻盥洗，太簇宮《肅寧之曲》：禮有五經，無先祭禮。即時伸虔，惟時盥洗。品物吉蠲，威儀濟濟。錫之純嘏，來歆愷悌。

初獻升壇，應鍾宮《肅寧之曲》：無疆之德，至哉坤元。沉潛剛克，資生實蕃。方丘之儀，惟敬無文。神其來思，時歆薦殷。

初獻奠玉幣，太簇宮《億寧之曲》：禮行方澤，文物備舉。惟皇地祇，昭格來下。奠瘞玉帛，純誠內著。神保是享，陟降斯祐。

司徒捧俎，太簇宮《豐寧之曲》：四階秩儀，壇於方澤。昭事皇祇，即陰以墌。潔肆於祊，孔嘉且碩。神其福之，如幾如式。

正位酌獻，太簇宮《溥寧之曲》：蕩蕩坤德，物無不載。柔順利貞，含弘光大。籩豆既陳，金石斯在。四海永寧，福祿攸介。

配位酌獻，配太宗也。太簇宮《保寧之曲》詞闕。

亞、終獻升壇，太簇宮《咸寧之曲》：卓彼嘉壇，奠玉方

〔一〕此下所列方丘樂歌，實爲《金史》卷三九《樂志》上之文，《永樂大典》誤收，當刪。

澤。百辟祗肅，八音純繹。祀事孔明〔一〕，柔祇感格。

徹豆，應鍾宮《豐寧之曲》：修理方丘，吉蠲是宜。籩豆靜嘉，登於有司。芬芬馨香，來享來儀。郊儀將終，聲歌徹之。

送神，林鍾宮《鎮寧之曲》：因地方丘，濟濟多儀。樂成八變，靈祇格思。薦餘徹豆，神貺昭7垂。億萬斯年，永祐丕基。

詣望燎位，太簇宮《肅寧之曲》詞同升壇。（以上《永樂大典》卷八八六八）〔二〕

祈穀

【宋會要】

8 **孟春祈穀**仁宗御製二曲。

太宗配座奠幣用《仁安》：天祚以開，文德來遠。祈穀日辛，侑農禮展。

酌獻用《紹安》：於穆神宗，惟皇永命。薦醴六罇，聲歌千詠。

降神紹興中分館職撰，三曲。降〔神〕樂曲同冬祀圜丘。

盥洗樂曲同圜丘。

升壇樂曲同圜丘。內止易第三句，則曰「三陽交泰」。

上帝位奠玉幣樂曲同圜丘。

太宗位奠幣用《宗安》：於穆思文，克配上帝。涓選休成，遵揚嚴衛。祗薦忱誠，肅陳量幣。享茲吉蠲，申錫來裔。

還位樂曲同圜丘。

捧俎樂曲同圜丘。

上帝位酌獻用《嘉安》〔三〕：三陽肇新，萬物資始。精誠祈天，其聽斯邇。願均雨暘，田疇之喜。如坻如京，以備百禮。

太宗位酌獻用《德安》：天錫勇智，允爲太宗。功隆德盛，與帝比崇。禮嚴陟配，誠達精衷。尚其錫祉，歲以屢豐。

文舞退，武舞進樂曲同圜丘。

亞、終獻樂曲同圜丘。

徹豆樂曲同圜丘。

送神樂曲同圜丘。

望燎樂曲同圜丘。（以上《永樂大典》卷五四七〇）

雩祀

9 **孟夏雩祀**仁宗御製二首。

太祖配座奠幣，《獻安》：昊天蓋高，祀事爲大。嚴配皇靈，億萬來介。

〔一〕孔：原作「承」，據《金史》卷三九《樂志》上改。

〔二〕原稿中縫所標《大典》卷次爲八千八百六十，查《永樂大典目録》卷二四，應爲卷八千八百六十八。此卷爲「丘」字韻，事目爲「方丘一：黄帝至元」。

〔三〕酌：原作「奠」，據《宋史》卷一三二《樂志》七改。

酌獻，《感安》：龍見而雩，神之來格。犧尊精良〔一〕，威靈赫奕。

降神樂曲同圜丘。

盥洗樂曲同圜丘。

升壇樂曲同圜丘。

上帝位奠玉幣樂曲仝圜丘。內止易第三句，則曰「蒼龍夕見」。

太宗位奠幣樂曲仝圜丘。

還位樂曲仝圜丘。

擇俎樂曲仝圜丘。

紹興雩祀一首

上帝位酌獻，《嘉安》：蒼蒼昊穹，臨覆下土。茲惟歲事，民所依怙。爰竭精虔，禮典斯舉〔二〕。百澤以時，介我稷黍。

冬至、孟春、孟夏、季秋四祀上公攝事七首

降神，《景安》二章：天何言哉，至清而健。默定幽贊，降祥福善。夙設圜壇，恭陳嘉薦。貞馭下臨，儲休錫羨。生物之祖，興益之宗。于國之陽，以禋昊穹。六變降神，於論鼓鐘。親德享道，錫羨無窮。

太尉行，《正安》：禮經之重，祭典爲宗。上公攝事，登降彌恭。庶品豐潔，令儀肅雍。百神萃止，惟吉之從。

司徒奉俎，《豐安》：禮崇禋祀，神鑒孔明。牲牷博腯，以炰以烹。馨香蠲潔，品物惟精。錫以純嘏，享茲至誠。

飲福，《廣安》：簠簋既陳，吉蠲登薦〔三〕。洗心防邪，肅祇祭典。陟降惟寅，籩豆有踐。百福咸宜，淳耀丕顯。

亞、終獻，《文安》：秩秩禮文，肅肅嚴祀。仰洽神休，式協民紀。灌獻有容，叙其俎簋。明德惟馨，以介丕祉。

送神，《景安》：帝臨中壇，肅恭禋祀。靈景舒光，飛龍旋軌。送神有章，神心具醉。輔德惟仁，永錫元祉。

五方帝

【宋會要】

降神以《景安》。哲宗朝，議者謂上公攝事，四祀上帝，惟明堂以南郊齋宮望祭殿爲化所，而樂章通用，有「夙設圜壇」之句，與禮意不協，遂改定。

景德以後祀五方帝十六首

青帝降神用《高安》：四序伊始，三陽肇新。氣迎東郊，蟄户咸春〔四〕。功宣播殖，澤被蒸民。祝史正辭，昭事惟寅。

奠玉幣、酌獻並用《嘉安》：條風始至，盛德在木。平秩東作，種獻穜稑。律應青陽，氣和玉燭。惠此兆人，以介

〔一〕犧尊：《宋史》卷一三二《樂志》七作「犧象」。
〔二〕典：原作「曲」，據《宋史》卷一三二《樂志》七改。
〔三〕吉：原作「言」，據《宋史》卷一三二《樂志》七改。
〔四〕咸：原作「成」，據《宋史》卷一三二《樂志》七改。

景福〔一〕。

送神,《高安》:備物致用,薦羞神明〔二〕。禮成樂舉,克饗克禋。

酌獻,《祐安》:條風斯應,候曆惟新。陽和啓蟄,品物皆春。篪簧協奏,簠簋畢陳。精意豐薦,景福攸臻。

【宋會要】

酌獻,《精安》〔三〕:皇祐二年明堂,文彦博撰。帝宅震方,在德惟木。宣仁賦和,大生10育〔四〕。祀法有虔,皇情允肅。神之格思,報以介福。

酌獻用《精安》:嘉祐二年明堂,韓琦撰。太微靈德,若首五精。本仁興益,降氣施生。純牲有碩,旨酒斯清。錫兹壽嘏,既壽洽平。

赤帝降神,《高安》:長嬴戒序,候正南訛。功資藩育,氣應清和。鼎實嘉俎,樂備登歌。神其來享,降福孔多。

奠玉幣、酌獻,《嘉安》:景祐用《祐安》,辭亦不同。象分離位,德配炎精〔五〕。景風協律,化被含生。百嘉茂育,乃順高明。神無常享,享于克誠。

送神,《高安》:籩豆有踐,黍稷惟馨。禮終三獻〔六〕,神歸杳冥。

【宋會要】

酌獻用《祐安》:景祐元年宋綬撰〔七〕。惟帝乘離,恢台其德。平秩南訛,百嘉允殖。感精啓運,祖我炎曆。璋幣迎郊,虔虔翼翼。

酌獻用《精安》:皇祐二年明堂,宋庠撰。惟帝乘離,司厥生殖。感所自興,據我炎德。既度斯筵,乃馨斯稷。對越居歆,介祉無極。

酌獻用《精安》:嘉祐二年明堂,韓琦撰。聖考能饗,宗祀熙成。駿烈惟帝,於皇執衡。茂育元運,降祚丕平。載清斯酌,庸罄精誠。

黄帝降神,《高安》:坤輿厚載,黄裳元吉。宅中居正,含章抱質。分王四季,其功靡秩〔八〕。育此群生,首兹六律。

奠玉幣、酌獻,《嘉安》:景祐用《祐安》,辭亦不同。中央定位,厚德惟新。五行攸正,四氣爰均。笙鏞以間,簠簋斯

〔一〕以介:原作「介以」,據《宋史》卷一三二《樂志》七乙。

〔二〕神明:原倒,據《宋史》卷一三二《樂志》七改。

〔三〕按,此下二條仍承前爲青帝之酌獻,謂降神、奠玉幣、送神之辭仍同,惟酌獻則改辭。以下四帝酌獻之辭並同,凡此皆不在「十六首」之數。

〔四〕大生育:「大」字上下當脱一字。

〔五〕配:原作「酌」,據《宋史》卷一三二《樂志》七改。

〔六〕三獻:原作「二獻」,據《宋史》卷一三二《樂志》七改。

〔七〕宋綬:原作「宋紹」。按宋代撰此類樂章之辭者均爲宰執侍從等名臣,而此處及下文之「宋紹」即不見於宋代文獻,當爲「宋綬」之誤。宋綬於明道二年自端明殿學士除參知政事,至景祐四年乃罷,年代正合。據改。後文之「宋綻」亦同。

〔八〕秩:原作「失」,據《宋史》卷一三二《樂志》七改。

陳。爲民祈福，肅奉明禋。

送神，《高安》：土德居中，方輿配位。樂以送神，式伸昭事。

【宋會要】

（配）〔酌〕獻用《祐安》：景祐元年宋綬撰。四序均氣，五色奠方。元標樞紐，位正中央。至誠馨潔，率土阜康。神兮降止，鼎祚綿長。

酌獻用《精安》：景祐二年明堂，宋綬撰。盛德居厚，含章有融。惟思惟信，曰黄曰中。禮誠薦達，福祐嘉通。永延永阜，九穀咸豐。

酌獻用《精安》：嘉祐七年明堂，韓琦撰。帝乘中央，沉載函蒙。經緯四方，物性滋豐。金石之薦，象德以宫。神錫嘉虞，介祉無窮。

白帝降神，《高安》：西顥騰晶，天地始肅。盛德在金，百靈阜育〔一〕。彍弩射牲，築場登穀。明靈格思，旒采紛屬〔二〕。

奠玉幣、酌獻，《嘉安》：景祐用《祐安》，辭亦不同。博碩肥腯，以炰以烹。嘉栗旨酒，有瀰斯盈。殽蔌惟旅，肅肅蒸蒸。吉蠲備物，享于克誠。

送神，《高安》：飈輪戾止，景燭靈壇。金奏繹如，白露溥溥。

【宋會要】

酌獻用《祐安》：景祐元年呂夷簡撰。玉瑄均和，金風候氣。神其格思，豐粢潔幣。九穀順成，群物茂遂。降福無疆，德澤光被。

酌獻用《精安》：皇祐二年 11 明堂，高若訥撰。白煒方肅，合宫孔碩。琥以象象〔三〕，神惟饗德。陞配有序，虔恭無斁。降福穰穰，永安邦國。

酌獻用《精安》：嘉祐七年明堂，韓琦撰。於赫路寢，肆筵有序。粤若西顥，其神執矩。以薦幣玉，式陳簠簋。神其格思，受天之祜。

黑帝降神，《高安》：隆冬戒序，歲曆順成。一人有慶，萬福攸寧。有旨斯酒，有碩斯牲。報功崇德，正直聰明。

奠玉幣、酌獻《嘉安》：景祐用《祐安》，辭亦不同。大儀斡運，星紀環周。三時不害，黍稷盈疇。克誠致饗，品物咸羞。禮成樂變，錫祚貽休。

送神，《高安》：管磬咸和，禮獻斯畢。靈馭言旋〔四〕，神降之吉。

〔一〕百靈阜育：《宋史》卷一三二《樂志》七作「百嘉茂育」。
〔二〕旒采：《宋史》卷一三二《樂志》七作「旌罕」。
〔三〕下「象」字疑誤。《周禮·大宗伯》：「以白琥禮西方。」鄭玄注：「琥猛象秋嚴。」此用其意，「象象」疑當作「象嚴」。
〔四〕靈：原作「露」，據《宋史》卷一三二《樂志》七改。

酌獻用《祐安》：景祐元年宋（綻）〔綬〕撰。水官修職，星昴居方。執權含寶，萬物伏藏。天明昌祚，臨下皇皇。曰寒時若，神降之康。

酌獻用《精安》：皇祐二年明堂，梁適撰。今月季秋，穀日辛亥。路寢合宮，親修嚴配。北方之神，五室來會。馨烈是將，庬褫攸介。

酌獻用《精安》：嘉祐七年明堂，韓琦撰。太宇清明，室以方色。沛哉靈游，昭示幽則。崇配尊親，惟茲孝德。神熙蕃丕，涵冒四極。

奠帛用《嘉安》：九宮貴神、朝日、夕月、（祇）〔祈〕太社、太稷、神州地祇、高禖，禮幣同用此。哲宗朝差官撰。禮經之重，祀典惟明。命官攝事，陟降以誠。既升庶品，亦奉二精。錫茲福祉，迄用丕平。

紹興以後祀五方帝六十首

青帝降神，《高安》：圜鐘爲宮，三奏：于神何司，而德于木？肅然顧歆，則我斯福。我祀孔時，我心載祗。匪我之私，神來不來？　黃鐘爲角一奏：神兮焉居，神在震方。仁以爲宅，秉（大）〔天〕之陽。神之來矣，道修以阻。望神未來，使我心苦。　太簇爲徵一奏：神在途矣，習習以風。百君後先，敢一不恭。奔走癘疫，祓除菑兇。顧瞻下方，逍遥從容。　姑洗爲羽一奏：温然仁矣，熙然春矣。龍駕帝服，穆將臨矣〔一〕。我酒清矣，我殽烝矣。我樂備矣，我神顧矣。

升殿，《正安》：在國之東，有壇崇成。節以和樂，式降式登。潔我佩服，璆琳鏘鳴。匪壇斯高，曷安厥靈。

青帝位奠玉幣，《嘉安》：物之熙熙，胡爲其然。蒙神之休，迺奠報旃〔二〕。有邸斯珪，有量斯幣。于以奠之，格此精意。

太昊氏位奠幣，《嘉安》：卜歲之初，我迎春祺。孰克侑享，曰古宓犧。於皇宓犧，萬世之德。再拜稽首，敢愛斯璧。

捧俎，《豐安》：靈兮安留，煙燎既升。有碩其牲，有俎斯承。匪牲則碩，我德惟馨。綏節安歌，庶幾是聽。

青帝位酌獻，《祐安》：百末布蘭，我酒伊旨。酌以匏爵，洽我百禮。帝居青陽，顧予嘉觴。右我天子，宜君宜王。

太昊氏位酌獻，《祐安》：五德之王，誰寔始之。功參造化，與天無期。酌我清酤，盥獻載飭。神鑒孔享〔三〕，天子之德。

亞、終獻，《文安》：二位並用此章。貳觴具舉，承神嘉虞。神具醉止，眷焉此都。我歲方新，我畝伊殖。時暘時雨，緊

〔一〕穆：原作「邊」，據《宋史》卷一三二《樂志》七改。
〔二〕奠：《宋史》卷一三二《樂志》七作「敢」。
〔三〕鑒：原作「蓋」，據《宋史》卷一三二《樂志》七改。

神之力〔一〕。

送神，《高安》：忽而來兮，格神鴻休。忽而往兮，12神不予留。神在天兮，福我壽我。千萬春兮，高靈下墮。

赤帝降神，《高安》：圜鐘爲宮：離明御正，德協于火。有感其生，維帝是何。帝圖炎炎，貽福錫我〔二〕。鑒于妥虔，高靈下墮。黃鐘爲角：赤精之君，位于朱明。茂育萬彙，假然長嬴。我潔我盛，我蠲我誠。神其下來，雲車是承。太簇爲徵：八卦相盪，一氣散施。隆熾恢台，職神尸之〔三〕。肅肅飈御，神戾于天。於昭神休，天子萬年。姑洗爲羽：燁燁其光，炳炳其靈。窅其如容，欻其如聲。扇以景風，導以朱斿。我德匪類，神其安留。

升殿，《正安》：除地國南，其基崇崇。載陟載降，式虔式恭。燎煙既燔，黻冕斯容。神如在焉，肆于幽通。

赤帝位奠玉幣，《嘉安》：太微呈祥，炎德克彰。佑我基命，格于明昌。一純二精，有嚴典禮。于以奠之，以介繁祉〔四〕。

神農氏位奠幣，《嘉安》：練以纁黃，有篚將之。肸蠁斯答，有神昭之。惟神于民，寔始貨食。歸德報功，敢怠王國。

捧俎，《豐安》：有牲在滌，從以騂牡。或肆或將，有潔其俎。神嗜飲食，苾苾芬芬。奠胹于誠，神其顧歆。

赤帝位酌獻，用《祐安》：四月維夏，兆于重離。帝執其衡，物無癘疵。於皇帝功，思樂旨酒。奠爵既成，垂福則有。

神農氏位酌獻，用《祐安》：猗歟先農，肇茲黍稷。既殖既播，有此粒食。秬鬯潔清，彝罇疏冪。竭我瑶斝，莫報嘉績。

亞、終獻，《文安》：二位並用此章。盥爵奠斝，載虔載恭。籩豆靜嘉，於樂鼓鐘。禮備三獻，神具醉止。孰顯神德，揚光紛委。

送神，《高安》：神來何從？歘然靈風。神去何之？杳然幽蹤。伊神去來，霧散雲蒸。獨遺休祥，山崇川增。

黃帝降神，《高安》：圜鐘爲宮：維帝奠位，乃咸于時。孰主張是，而樞紐之？轂我腹我，比予于兒。吉我冠佩〔五〕，追其委蛇。黃鐘爲角：蓀無不在，日與我居。孰不可來，肸蠁斯須。象服龍駕，淵淵鼓枹。蓀不汝多，多汝意乎。太簇爲徵：樂哉帝君，逝留無常。爾信我宅，爾中我鄉。乃眷茲土，於赫君王〔六〕。翩然下來，去未

〔一〕緊：原作「非」，據《宋史》卷一三二《樂志》七改。
〔二〕錫：原作「襲」，據《宋史》卷一三二《樂志》七改。
〔三〕神：原作「身」，據《宋史》卷一三二《樂志》七改。
〔四〕以：原作「于」，據《宋史》卷一三二《樂志》七改。
〔五〕吉我冠佩：《宋史》卷一三二《樂志》七作「告我冠服」。
〔六〕君：原脱，據《宋史》卷一三二《樂志》七補。

遽央。

姑洗爲羽：澹兮撫瑟，啾兮吹笙。神之未來，肅穆以聽。繽紛羽毛，姣服在中。神既來止，亦無惰容〔一〕。

升殿，《正安》：民生地中，動作食息。與我周旋，莫匪爾極。捕鰈東海，搴茅南山。彼勞如何，矧升降間。

黄帝位奠玉幣，《嘉安》：萬櫝之寶，一絇之絲。孕之育之，誰爲此施？歸之后神，神曰何爲？不宰之功，盪然四垂。

有熊氏位奠幣，《嘉安》：維有熊氏，以土勝王。其後皆沿，兹德用壯。黼黻幅舄，裳衣是創。幣之元纁，對此昭亮。

捧俎，《豐安》：王曰欽哉，無愛斯牲。登我元祀，亦有皇靈〔二〕。以將以享，或剥或烹。大夫之俎，天子之誠。

黄帝位酌獻，《祐安》：黍以爲翁，鬱以爲婦。以侑元功，以酌大斗。伊誰歆之？皇皇帝后。伊誰嘏之？天子萬壽。

有熊氏位酌獻，《祐安》：昔在綿邈，有人公孫。登政撫辰，節用良勤。所蓄既 13 大，所行宜遠。載其匏樽〔三〕，從以簫管。

亞、終獻，《文安》：二位並用此章。羽觴更陳，厥味清涼。歆之不煩，又有柘漿。夜未艾止，明星浮浮。願言妥靈，靈兮淹留。

送神，《高安》：靈不肯留，沛兮將歸。玉節猋逝〔四〕，翠旌並馳。顧瞻佇立，悵焉佳期。蹇千萬年，無斁人斯。

白帝降神，《高安》：圜鐘爲宫：白藏啓序，庶彙向成。有嚴禋祀，用答幽靈。風馬雲車，來燕來寧。洋洋在上，休福是承。　黄鐘爲角：素精肇節，金行固藏〔五〕。氣沖炎伏，明河翻霜。功收有年，禮薦有章。祇越眇溟，鴻基永昌。　太簇爲徵：昊天之氣，揫斂萬彙。涓日潔齊，有嚴厥祀。有牲維肥，有酒維旨。神之燕娭〔六〕，錫兹福祉。　姑洗爲羽：執矩司兑，亶維素靈。受職儲休，萬寶以成。享于西郊，奠玉陳牲。侑以雅樂，來歆克誠。

升殿，《正安》：素猋諧律〔七〕，西顥墮靈。肇復元祀，晨煬肅清。下土層陔，嘉薦芳馨。以御蕃祉，介我西成。

白帝位奠玉幣，《嘉安》：惟時素秋，肇舉元祀。禮備樂作，降登有數。洋洋在上，神既來止。神之格思，錫我繁祉。

少昊氏位奠幣，《嘉安》：西顥肅清，群生茂遂。有嚴報典，孔明祀事。珪幣告虔〔八〕，神靈燕喜。賚我豐年，以

〔一〕無：原作「有」，據《宋史》卷一三二《樂志》七改。
〔二〕皇：原作「黄」，據《宋史》卷一三二《樂志》七改。
〔三〕匏：《宋史》卷一三二《樂志》七作「華」。
〔四〕猋：原作「焱」，據《宋史》卷一三二《樂志》七改。
〔五〕固：原作「國」，據《宋史》卷一三二《樂志》七改。
〔六〕娭：原作「娱」，據《宋史》卷一三二《樂志》七改。
〔七〕猋：原作「焱」，據《宋史》卷一三二《樂志》七改。
〔八〕告：原作「居」，據《宋史》卷一三二《樂志》七改。

錫繁祉。

捧俎,《豐安》: 洽禮既陳,諧音具舉。有滌斯牲,孔碩爲俎。亶時居歆〔一〕,介我稷黍。樂哉有秋,綮神之祜〔二〕。

白帝位酌獻,《祐安》: 徂商肇祀,靈蓋孔享。恭承嘉禧〔三〕,泔澮秬鬯〔四〕。監此馨香,靈其安留。疇惠下民,匪靈之休。

少昊氏位酌獻,用《祐安》: 沆碭西顥,功載萬世。乘金宅兑,侑我明祀。嘉觴布蘭,牲玉潔精。神之燕虞,肅用有成。

亞、終獻,《文安》: 二位並用此章。 肅成萬物,泬漻其秋。亶兹祀事,戾止靈斿。酌獻具舉,典禮是求。冀福斯民,黍稷盈疇。

送神,《高安》: 沆碭白藏,順成萬寶。有來德馨,於昭神安。露華晨晞,飈御聿還。介我嗣歲,澤均幅員。

黑帝降神,《高安》: 圜鐘爲宮: 吉日壬癸,律中應鐘。國有故常,北郊迎冬〔五〕。乃蕆祀事,必祇必恭。明默雖異,感而遂通。 黃鐘爲角: 良月盈數,四氣推遷。帝于是時,典司其權。高靈下墮,降祉幅員〔六〕。神之聽之,祀事罔愆。 太簇爲徵: 北方之神,執權司冬。三時務農,于焉告功。禮備樂作,歸功于神。風馬來游,永錫斯民。 姑洗爲羽: 天地閉塞,盛德在水。黑精之君,降福羡祉〔七〕。洋洋在上,若或見之。齊莊承祀,其敢斁思。

升殿,《正安》: 昧爽昭事,煌煌露光。滌溉蠲潔,容儀肅莊。牲肥酒旨,薦此芬芳。陟降有序,禮無越常。

黑帝位奠玉幣,《嘉安》: 晨曦未升,天宇肅穆。祗若元祀,將以幣玉。神之格思,三獻茅縮。明靈懌豫,下土是福。

高陽氏位奠幣,《嘉安》: 飈馭雲蓋,神之顧歆。於昭禮容,發揚樂音。祀事既舉,仰當神心。申以嘉幣,式薦誠諶。

捧俎,《豐安》: 辰牡孔碩〔八〕,奉牲以告。祕祝非祈〔九〕,豐年宜報。至意昭徹,交乎神明。降福 **14** 穰穰,用燕群生。

黑帝位酌獻,《祐安》: 赫赫神遊,周流八極。德馨上聞,于焉來格。不腆酒醴,用伸悃愊。神其歆之,民用饗德。

〔一〕亶時:《宋史》卷一三二《樂志》七作「維帝」。
〔二〕祜:原作「祐」,據《宋史》卷一三二《樂志》七改。
〔三〕禧:原作「虞」,據《宋史》卷一三二《樂志》七改。
〔四〕泔:《宋史》卷一三二《樂志》七作「湛」。
〔五〕迎冬:原作「冬迎」,據《宋史》卷一三二《樂志》七乙。
〔六〕祉:原作「止」,據《宋史》卷一三二《樂志》七改。
〔七〕羡:原作「茨」,據《宋史》卷一三二《樂志》七改。
〔八〕牡:原作「牲」,據《宋史》卷一三二《樂志》七改。
〔九〕祈:原作「常」,據《宋史》卷一三二《樂志》七改。

高陽氏位酌獻，《祐安》：十月納禾，民務藏蓋。不有神休，民罔攸賴。孟冬之吉，禮行不昧。神降百祥，昭若蓍蔡。

亞、終獻，《祐安》：二位並用此章。萬彙揫斂，時惟冬序。蠢爾黎氓，入此室處。酌獻告神，禮以時舉。賴此陰騭，民有所怙。

送神，《高安》：神之戾止，天門夜開。禮備告成，雲軿亟回。旗纛晻靄，萬靈喧豗。獨遺祉福，用澤九垓。

感生帝

乾德以後祀感生帝十首

降神用《大安》：和均玉琯，政協璿衡。四序資始，萬物含生。皇猷允洽，至德維明。爲民祈福，克致精誠。

太尉行，用《保安》：衣冠儼若，步武有容。公卿濟濟，率禮惟恭。

罍洗，《正安》：昊天降康，云何以報？斯謀斯惟，雍雍灌鬯。身之潔兮，神斯來止。神之享兮，民斯福矣。

奠玉幣，《慶安》：籩豆有踐，玉帛斯陳。神無常饗，饗于精純。

奉俎，《咸安》：俎實具列，明德惟馨。肅容祗薦，神其降靈。

酌獻，《崇安》：樂調鳳律，酒挹犧罇。至靈斯御，盛德彌敦。

飲福，《廣安》：三陽戒候，萬彙騰精。既蘇昆蟄[一]，畢達勾萌。具陳犧象，式薦誠明。錫以蕃祉，永保咸平。

亞獻、終獻，《文安》：大君有命，祀典咸修。薦獻式序，淑慎優柔。

徹豆，《肅安》：以下二首政和中製。奉承明祀，維羊維牛。印盛于豆，備陳庶羞。鐘鼓喤喤，神具醉止。其徹嘉籩，永綏福祉。

送神，《普安》：既臨下土，復歸于天。神之報貺[二]，受福無邊。

景祐祀感生帝二首

宣祖配座奠幣[三]，《皇安》：濬發長源，粵惟始祖。五運協圖，萬靈來護。

酌獻，《肅安》：龍德而隱，源流則長。宜乎億祀，昭侑彌昌。

元符祀感生帝五首

降神，《大安》，六變：二儀交泰，七政順行。四序資始，萬物含生。皇朝創業，盛德致平。爲民祈福，潔此精誠。

[一] 蟄：《宋史》卷一三二《樂志》七作「蟲」。
[二] 貺：原作「況」，據《宋史》卷一三二《樂志》七改。
[三] 配：原作「祀」，據《宋史》卷一三二《樂志》七改。

初獻升降,《保安》: 冕旒儼若,步武有容。公卿濟濟,韶濩邕邕。

帝位酌獻: 樂和鳳律,酒奠犧尊。神明斯享,禮盛難論。

亞、終獻,《文安》: 大君有命,闕典咸修。帝歆明祀,祐聖千秋。

送神,《普安》: 俯臨下土,回復上天。觸類而長〔一〕,荷福無邊。

帝位奠玉幣,同前《慶安》。僖祖奠幣同景祐《皇安》,酌獻同景祐宣祖《肅安》,奉俎同熙寧《咸安》。

紹興以後祀感生帝十六首

降神,《大安》: 圜鐘爲宮: 炎精之神,飛軿碧落。駕以浮雲,丹書赤雀。禮備籩豆,樂諧簫勺。神其醉止,佑我景鑠。　黃鐘爲角: 宋德惟火,神寔司之。上儀申蕆,迎方重離。瑶幣告潔〔二〕,秀華金支。啾啾神龍,來介繁禧。　太簇爲徵: 于物司火〔三〕,於方峙南。璇霄來下,羽衛毵毵。祠官祝釐,聯佩合簪。本支有衍,則百斯男。　姑洗爲羽: 惟神之安,方解羽鑾。赤旂霞曳,從以炎官。居歆嘉薦,肸蠁靈壇。神之格矣,民訖多盤。

盥洗,《保安》: 衝牙鏘鳴,肅容專精。交 15 神之義,罔敢弗誠〔四〕。設洗于阼,罍水惟清。盥以致潔,感通神明。

升殿,《保安》: 三陽交泰,日辛維良。大建厥祀,茲報興王。禮嚴陟降,德薦馨香。聿懷嘉慶,降福穰穰。

感生帝位奠玉幣,《光安》: 肅肅嚴祀,神幽必聞。騁駕臨享,將歆飶芬。嘉玉陳幣,欽恭無文。永綏多祐,國祚何垠。

僖祖位奠幣,《皇安》: 於穆文獻,景炎發祥。啓茲皇運,垂慶無疆。篚幣有陳,式昭肅莊。神之格思,如在洋洋。

捧俎,《咸安》: 籩豆大房,秩秩在列。奉牲以告,既全既潔。樂均無爽〔五〕,牲體攸設。神兮燕娭,霓旌孑孑。

感生帝位酌獻,《崇安》: 盛德在火〔六〕,相我炎祚。典祀有常,牲玉維具。風馬雲車,翩翩來顧。式蕃帝祉,後昆有裕。

僖祖位酌獻,《肅安》: 皇矣文獻,開國有先。德配感生,對越在天。練日得辛,來止靈壇。神其錫羨,瑞應猗蘭。

文舞退、武舞進,《正安》: 苾苾芬芬,神其醉止。笙磬鏗鏘,干旄旖旎。嘏假無言,神靈懽喜。申錫蕃釐,暨我孫子。

〔一〕觸: 原作「觴」,據《宋史》卷一三二《樂志》七改。
〔二〕幣: 原作「席」,據《宋史》卷一三二《樂志》七改。
〔三〕火: 原作「大」,據《宋史》卷一三二《樂志》七改。
〔四〕弗: 原作「或」,據《宋史》卷一三二《樂志》七改。
〔五〕均: 原作「切」,據《宋史》卷一三二《樂志》七改。
〔六〕盛: 原作「感」,據《宋史》卷一三二《樂志》七改。

亞、終獻，《文安》：偉炎厥初，緣感而系。慶衍式崇，昭融有契。樂均既諧，觴獻斯繼。歆類不違，克昌百世。

徹豆用《肅安》：潔陳斯備，昭格惟禋。神歆以飫，宰徹其餕〔一〕。清歌振曉，叶氣流春。永錫祚嗣，以渥烝民。

送神，《大安》：豐祀大飭，肅來自天。蘭尊既徹，飈馭載遄。騎雲縹緲，聆樂流連。惟邁惟顧，降福綿綿。

望燎，《普安》：禮文既洽，熏燎聿升〔二〕。嘉氣四塞，丹誠上騰。惟類之（之）應，惟福之興。永熾天統，億載靈承。

明堂大享樂章〔三〕

景祐大享明堂二首

真宗配位奠幣，《誠安》：思文聖考，對越在天。侑神作主，奉幣伸虔。

酌獻，《德安》：偃革興文，封巒考瑞。盛烈巍巍，允膺宗祀。（以上《永樂大典》卷二一六八四）

祠祭朝獻樂章〔四〕

【宋會要】

寧宗明堂前朝獻景靈宮〔五〕

16 祠祭樂章　明堂大禮前二日朝獻，嘉定二年。餘用舊詞。

皇帝入門，宮架奏，用《乾安之曲》：維皇齋居，承明厥初。有穆其容，龍步雲趨。華光爛如，精神之符。注茲酌茲，神人用孚。

皇帝升殿，登歌作，用《乾安之曲》：帝既臨饗，罄茲精意。陟降左右，維天是契。齋明乃心，祗肅在位。於萬斯年，百福來備。

降聖，宮架奏，用《文安之曲》，六變，《發祥流慶之舞》，圜鐘爲宮三奏：惟德馨香，升聞彼蒼。繄神臨之，來從帝鄉。萬靈景衛，有燁其光。監我精純，錫福穰穰。降聖，黃鐘爲角一奏；降聖，太簇爲徵一奏；降聖，姑洗爲羽一奏：並同上。

皇帝盥洗，宮架奏，用《乾安之曲》：合宮之享，報本奉先。欽惟道祖，濬發璿源。駕言謁欵，其盥惟虔。尚監精衷，錫祚綿綿。

寧宗郊祀前朝享太廟〔六〕

〔一〕餕：原作「逡」，據《宋史》卷一三二《樂志》七改。

〔二〕聿：原作「韋」，據《宋史》卷一三二《樂志》七改。

〔三〕原無此題，今添。按，明堂大享樂章，此處僅録景祐二首，《宋史》卷一三三《樂志》八備録各朝樂章，可參。

〔四〕樂章：原無，今添。

〔五〕原無此題。按下文云嘉定二年「明堂大禮前二日朝獻」，又據《宋史》卷三九《寧宗紀》三，嘉定二年九月辛丑明堂大禮前二日己亥「朝獻於景靈宮」，可知此乃朝獻景靈宮之樂章，因補。

〔六〕原無此題，參《宋史》卷三九《寧宗紀》三補。

太廟　皇帝入門，宮架奏，用《乾安之曲》：於皇我后，祇戒專精。假于有廟，祖宗是承。趨進維肅，僾思維誠。神之聽之，來燕來寧。

皇帝升殿，登歌作，用《乾安之曲》：皇皇太宮，不顯於穆。休德昭清，元氣回復。芝葉蔓茂，桂華馮翼。孝孫假斯，受茲介福。詣室還位同。

皇帝盥洗，宮架奏，用《乾安之曲》：維皇齋精，祗假于廟。觀盥之功，惟以潔告。衎承祖宗，恤祀昭孝。誠心有孚，介福斯報。

迎神，宮架奏，（同）〔用〕《興安之曲》，九變，《文德之舞》：秬鬯既將，黃鐘具奏。肅若真斿，祇栗以竢。於皇列聖，在帝左右。監觀于茲，雲車來下。大呂爲角二奏，太簇爲徵二奏，應鐘爲羽二奏，17 詞同上。

奉俎〔一〕，宮架奏，用《豐安之曲》：有碩其牲，登于大房。肅展以饗，庶幾迪嘗。匪腯是告，我民其康。保艾爾後，垂休無疆。

皇帝再盥洗，宮架奏，用《乾安之曲》：盥至于再，潔誠愈孚。帝用祇薦，靈咸嘉虞。騰歌臚歡，會于軒朱。觀厥顒若，受福之符。

皇帝詣太祖室酌獻，宮架奏，用《皇武》之樂舞：爲民請命，皇祖赫臨。天地並貺，億萬同心。造邦以德，介福宜深。挹彼惟旨〔二〕，真斿居歆。

皇帝詣太宗室酌獻，宮架奏，用《大定》之樂舞〔三〕：皇矣太宗，嗣服平成。益奮神旅，再征不庭。文武秉德，仁孝克明。以聖傳聖，對越紫清。

皇帝詣真宗室酌獻，宮架奏，用《熙文》之樂舞：思文真宗，體道之崇。憺威赫靈，遵制揚功。真符鼎來〔四〕，告成登封。盛德百世，於昭無窮。

皇帝詣仁宗室酌獻，宮架奏，用《美成》之樂舞：仁德如天，徧覆無偏〔五〕。功濟九有，恩涵八埏。齊民受福，朝野晏然。擊壤歌謠，四十二年。

皇帝詣英宗室酌獻，宮架奏，用《治隆》之樂舞：穆穆英宗，持盈守成。世德作求，是纘是承〔六〕。齊家睦族，偃武修文。於薦清酤，酌之欣欣。

皇帝詣神宗室酌獻，宮架奏，用《大明》之樂舞：烝哉惟后，繼明體神。稽古行道，文物一新。潤色洪業，垂裕後人。靈斿沛然，來燕來寧。

皇帝詣哲宗室酌獻，宮架奏，用《重光》之樂舞：明哲煌煌，照臨無疆。紹述先志，寔宣重光。詒謀燕翼，率由舊章。苾芬孝祀，降福穰穰。

〔一〕俎：原作「祖」，據《宋史》卷一三四《樂志》九改。
〔二〕挹：原作「施」，據《宋史》卷一三四《樂志》九改。
〔三〕大：原作「太」，據《宋史》卷一三四《樂志》九改。
〔四〕真：原作「珍」，據《宋史》卷一三四《樂志》九改。
〔五〕覆：原作「福」，據《宋史》卷一三四《樂志》九改。
〔六〕承：原作「成」，據《宋史》卷一三四《樂志》九改。

皇帝詣徽宗室酌獻，宮架奏，用《承元》之樂舞：18明明徽祖，撫世昇平。制禮作樂，發政施仁。聖靈在天，德澤在民〔一〕。億萬斯年，保佑後人。

皇帝詣欽宗室酌獻，宮架奏，用《瑞慶》之樂舞：於皇欽宗，道備德宏。允恭允儉，克艱克明。孝遵前烈，仁詡函生。歆茲肆祀，永燕宗祊。

皇帝詣高宗室酌獻，宮架奏，用《大德》之樂舞：昊天有命，中興復古。治定功成，修文偃武。德隆商宗，業閎漢祖。付託得人，系堯之緒。

皇帝詣孝宗室酌獻，宮架奏，用《大倫》之樂舞：藝祖有孫，聰叡神武。紹興受禪，歸尊于父。行道襲爵，百度修舉。聖德曰孝，光于千古。

皇帝詣光宗室酌獻，宮架奏，用《大和》之樂舞：維宋洽熙，帝繼于理。萬姓厚生，三辰順軌〔二〕。對時天休，以燕翼子。肅唱和聲，神其有喜。

皇帝升殿，登歌作，用《乾安之曲》：明德惟馨，進止回復。裼襲恭安，儼若齋肅。誠意昭融，羣工袂屬。成此祲容，荷天百禄。

皇帝入小次，宮架奏，用《乾安之曲》：於皇我后，祗戒專精。鴻儀繹陳，文思聰明。雍容戾止，玉立明庭。神聽如在，福禄來寧。

文舞退、武舞進，宮架〔奏〕，用《正安之曲》：八音諧律，綴兆充庭。進旅退旅，肅恭和平。盛薦祖宗，靈鑒昭升。象功崇德，遹觀厥成。

亞獻，宮架奏，用《正安之曲》、《武功之舞》：威神在天，享于克誠。申以貳觴，式昭德馨。籩豆孔嘉，樂舞具陳。庶幾是聽，福禄來成。

終獻，宮架奏，用《正安之曲》、《武功之舞》：羃巾三舉，誠意一純。孰陪于祀？公族振振。神具醉止，宴娭19窈冥。於萬斯年，綏我思成。

皇帝飲福，登歌作，用《禧安之曲》：赫赫明明，維祖維宗。監于文孫，維德之同。日靖四方，亦同其功。億萬斯年，以承家邦。

皇帝還位，登歌作，用《乾安之曲》：帝既臨饗，步武鳴鸞。陟降規矩，顒昂周旋。登歌一再，典禮莫愆。神之聽之，祉福綿綿。

徹豆，登歌作，用《豐安之曲》：熙事既成，嘉籩告徹。洋洋來臨，藹藹布列。配帝其功，在天對越。允集叢釐，萬邦和悅。

送神，宮架奏，用《興安之曲》一成：神之來游〔三〕，風馬雲車。奄留放悉，顧瞻欷歔。神之還歸，鈞天帝居。監觀於下，何福不除！

〔一〕民：原作「明」，據《宋史》卷一三四《樂志》九改。
〔二〕三辰：原作「二辰」，據《宋史》卷一三四《樂志》九改。
〔三〕游：原作「斿」，據《宋史》卷一三四《樂志》九改。

皇帝降殿，登歌作，用《乾安之曲》：大享合宫，於禮莫盛。入太室祼，徧于列聖。陟降有儀，一主乎敬。祀事孔明，邦家之慶。

皇帝還大次，宫架奏，用《乾安之曲》：禮既行矣，樂既成矣。維祖維妣，安且寧矣。皇舉玉趾，珮鏘鳴矣。拜貺總章，于厥明矣。

20 理宗明堂前朝獻景靈宫二首〔一〕餘用舊辭。

升殿，登歌，《乾安》：我享我將，罄兹精意。陟降左右，維天與契。齋明乃心，祇肅在位。於萬斯年，百福來備。

亞獻，宫架，《冲安》：慶雲郁郁，鳴璆琅琅。澮其容與，申薦貳觴。奉承若宥，神其樂康。錫以多祉，源深流長。（以上《永樂大典》卷二四八〇）

諸祀樂章〔二〕

皇地祇

【宋會要】

21 祀皇地祇

太祖配座奠幣用《恭安》：仁宗御製，二曲。赫矣淳耀，俶載帝基。一戎以定，萬國來儀。寅恭潔祀，博厚皇祇。威靈攸在，福禄如茨。

酌獻用《英安》：丕命惟皇，萬物咸覩。卜年邁周，崇功冠禹。有華炎精，大昌聖祚。酌鬯祈豐，永錫繁祐。

迎神用《精安》：景祐三年諸臣撰，三曲。至哉厚德，陟配天長。沉潛剛克，廣大無疆。資生萬物，神化含章〔三〕。同和八變，神靈效祥。

奠玉幣、酌獻用《嘉安》：於昭祀典，致饗坤儀。備物咸秩，柔祇格思。功宣利用〔四〕，日益鴻禧。持載品彙，率土攸宜。

送神用《静安》：妙用無方，倏來忽逝。蠲潔寅恭，式終禋瘞。

迎神用《寧安》：景祐元年呂夷〔簡〕撰，二曲，八變。坤元之德，光大無疆。一氣交感，百物阜昌。吉蠲致饗，精明是將。介兹景福，鼎祚靈長。

送神用《寧安》：物備百嘉，樂周八變。克誠是饗，明德斯薦。神鑒孔昭，蕃禧錫羡。回馭飄然，邈不可見。

【宋會要】

〔一〕按，《大典》輯《宋會要》止於寧宗朝，以下二首乃用《宋史》卷一三五《樂志》一〇之文。
〔二〕原無此題，今添。
〔三〕化：原缺，據《宋史》卷一三三《樂志》八補。
〔四〕利用：《宋史》卷一三三《樂志》八作「敏樹」。

紹興祀皇地祇

迎神用《寧安》：紹興中分館職撰，一十五曲。　函鍾爲宮：至哉厚德，生物是資。直方維則，翕闢攸宜。於昭祀典，致享坤儀。禮罔不答，神之格思。　太簇爲角：蕆事方丘，舊典時式。至誠感神，馨非黍稷。肸蠁來臨，鑒兹明德。永錫坤珍，時萬時億。　姑洗爲徵：至哉坤元，乃順承天。厚德載物，含洪八埏。日北多暑，祀儀吉蠲。式昭毋22事，敢告恭虔。　南呂爲羽：蕆事方丘，情文孔時。名山大澤，侑祭無遺。牲陳黝犢，樂備《咸池》。柔祇皆出，介我繁禧。

盥洗用《正安》：於穆盛禮，肅雍在庭。蕆事有初，直于東榮。滌濯是謹，惟寅惟清。祇薦柔嘉，享兹克誠。

升殿用《正安》：景風應時〔一〕，聿嚴毖祀。用事方丘〔二〕，鏘鏘濟濟。登降有節，三獻成禮。神其格思，錫我繁祉。

皇地祇位奠玉幣用《嘉安》：坤元博厚〔三〕，對越天明。展事方澤，亶惟顧歆。嘉玉量幣，祇薦精純〔四〕。錫我繁祉〔五〕，燕及含生〔六〕。

太祖位奠幣用《定安》：毖祀泰折，柔祇是承。於赫藝祖，道格三靈。式嚴配侑，厚德惟寧。昭薦量幣，享于克誠。

捧俎用《豐安》：丕答靈貺，蕆事方丘。豆登在列，鼎俎斯儔。牲牷告具，寅畏彌周。柔祇昭格，飈至雲流。

皇地祇位酌獻用《光安》：祇事坤元，飭躬敢憚！爰潔粢盛，載嚴圭瓚。清明内融，嘉旨外粲〔七〕。介我繁釐，時億時萬。

太祖位酌獻用《英安》：皇矣藝祖，九圍是式。至哉柔祇，萬彙允殖。保兹嘉邦，介我黍稷。酌鬯告虔，作配無極。

文舞退、武舞進，用《正安》：於穆媼神，媲德彼天〔八〕。我修毖祀，以莫不虔。肆陳時夏，干羽相宜。靈其來游，降福綿綿。

亞、終獻用《文安》：二位同用此章。禮有祈報，國惟典常。籩豆豐潔，降升齊莊。備物致志，式薦累觴。來格來享，自天降康。

徹豆用《娱安》：承天效法，其道貴誠。牲羞黄犢，薦德之馨。芳俎告畢，禮備樂盈。既静既安，庶物霑生。

送神用23《寧安》：至厚至深，其動也剛。精誠默通，

〔一〕時：原作「事」，據《宋史》卷一三三《樂志》八改。
〔二〕事：原作「祀」，據《宋史》卷一三三《樂志》八改。
〔三〕坤：原作「神」，據《宋史》卷一三三《樂志》八改。
〔四〕薦：原脱，據《宋史》卷一三三《樂志》八補。
〔五〕祉：原作「止」，據《宋史》卷一三三《樂志》八改。
〔六〕含：原作「舍」，據《宋史》卷一三三《樂志》八改。
〔七〕嘉：原作「喜」，據《宋史》卷一三三《樂志》八改。
〔八〕彼：原作「比」，據《宋史》卷一三三《樂志》八改。

或出其藏〔一〕。神之言歸，化斯有光〔二〕。相我炎圖，萬世無疆。

神州地祇

太宗配座奠幣用《化安》〔三〕：仁宗御製，二曲。削平僞邦〔四〕，嗣興鴻業。禮樂交修，仁德該洽。柔祇薦饗，量幣攸攝。侑坐延靈，神休允答。

酌獻用《韶安》〔五〕：有煒彌文，克隆丕構。詒此燕謀，具膺多祐。嶰律吹孳，彝樽奠酒〔六〕。佐乃沈潛，永祈豐楙。

降神用《静安》：景德三年諸臣撰，三曲。膴膴郊原，芒芒寓縣。畫野分疆，禹功疏奠。靈祇是臻，豆籩祇薦。幽贊皇圖，視之不見。

奠玉幣、酌獻用《嘉安》：肸蠁儲靈，肅恭用幣。鏘洋導和，洪休允契。嘉氣雲蒸，浹于華裔。式薦坤珍，聿符明世。

送神用《静安》：獻奠云畢，純嘏祁祁。威靈藏用，邈矣何之？

迎神用《寧安》：景祐元年呂夷〔簡〕撰，二曲，八變。膴膴浚邦，皇王是宅。必有幽贊，聰明正直〔七〕。布列籩豆，考擊金石。中外謐寧，緊神之力〔八〕。

送神用《寧安》：都邑浩穰，民物富盛。主以靈祇，昭乃丕應。玉帛牲牷，鼓鍾筦磬。祇薦攸歆〔九〕，歸于至静。

迎神用《寧安》：紹興中分館職撰，十（十）六曲。函鍾爲宮：芒芒下土，恢恢方儀。富媪統攝，潛運八維。爰稱元祀〔一〇〕，告備吉時。揭兹虔恭，僾其格思。太簇爲角：洪惟坤元，道著品物。上配紫昊〔一一〕，厚載其德。良月肇蒇〔一二〕，祭器布列。必先皇祇，以迓景福。姑洗爲徵：坱圠無垠，磅礴罔測。山盈川沖，自生自殖。其報維何？率禮靡忒。億萬斯年，功被無極。南呂爲羽：翕闢以時，叶氣陶蒸。播之金石，鏘24厥和聲。冥冥（呦呦）〔呦呦〕，孔享純誠。是聽是娭，邦其永寧。

盥洗用《正安》：晨熻致禋，涬然四施。飄飄風馬，放

〔一〕藏：原作「蔵」，據《宋史》卷一三三《樂志》八改。
〔二〕斯：原作「期」，據《宋史》卷一三三《樂志》八改。
〔三〕幣：原脱，據《宋史》卷一三三《樂志》八補。
〔四〕邦：原作「拜」，據《宋史》卷一三三《樂志》八改。
〔五〕韶安：原作「化安」，據《宋史》卷一三三《樂志》八改。
〔六〕奠：原作「萸」，據《宋史》卷一三三《樂志》八改。
〔七〕聰：原作「聽」，據《宋史》卷一三三《樂志》八改。
〔八〕神：原脱，據《宋史》卷一三三《樂志》八補。
〔九〕攸：原作「收」，據《宋史》卷一三三《樂志》八改。
〔一〇〕祀：原作「祐」，據《宋史》卷一三三《樂志》八改。
〔一一〕昊：《宋史》卷一三三《樂志》八作「旻」。
〔一二〕月：原作「民」，據《宋史》卷一三三《樂志》八改。

毖來斯。祀事惟清，沃之盥之。載涓載肅，罔有愧辭。

升殿用《正安》：崇崇其壇，屹矣層級〔一〕。佩約步趨，降登中節。左瞻右睨，祥風藹集。斿旆羽紛，昭監翊翊。

神州地祇位奠玉幣用《嘉安》：璿璣諧序，籍歛薦嘉。昭答柔祇，迭奏雅歌。幣琮以侑，儀腆氣和。靈其溥臨〔二〕，容與燕如。

太宗位奠幣用《嘉安》：穆穆令聞，溥博有容〔三〕。澤被萬宇，靡不率從。恭陳量幣，明薦其衷。禮亦宜之，享德攸同。

捧俎用《豐安》：肅肅嘉承，唯德其物。工祝以告，緊民之力。神哉廣生，孔蕃且碩。奠于嘉壇，吐之則弗。

神州地祇位酌獻用《嘉安》：恭承明祀，嘉薦令芳。亦有桂酒，誠慤是將。瑟瓚以酌，效歡厥觴。庶虞燕享，永懷不忘。

太宗位酌獻用《化安》：宗德含洪，方祇可擬。闢土開疆，八埏同軌。是用作配，有永無紀。祼獻以享〔四〕，茂格蕃祉。

文舞退、武舞進，用《文安》：奕奕綴兆，《咸池》孔章。丕闡文德，靡忘發揚。進退有節，乃容之常。樂備爾奏，燁燁榮光。

亞、終獻用《文安》〔五〕：縮酌以祼，既旨且多。三獻有序，情文愈加。黃祇臨饗，錫以休嘉〔六〕。廓茲靈禓，覃及邇遐。

徹豆用《成安》：展牲告全，乃登于俎。竣事而徹，宥以樂語。奉釐宣室，胙我神主。斂敷庶民，並受其祜〔七〕。

送神用《寧安》：雲馭洋洋，既歆既顧。悠然聿歸，曷求厥路。欽想頌堂，跂立以慕。25 賚我肸蠁〔八〕，莫不懌豫。

望瘞用《正安》：神罔怨恫，亶其有喜。蕆事告成〔九〕，爰修瘞禮。樂闋儀備，休氣四起。尚慎不愆，念終如始。

諸大祠有司攝事

太尉行用《大安》：禮經之重，祭典爲宗。上公攝事，登降彌恭。庶品豐潔，令儀肅恭。百祥萃止，惟吉之從。

司徒捧俎用《豐安》：禮崇禋祀，神鑒孔明。牲牷博腯，以炰以烹。馨香蠲潔，品物惟精。錫以純嘏，饗茲至誠。

退文舞、迎武舞用《威安》：進旅退旅，載揚干揚。不

〔一〕屹：原作「扢」，據《宋史》卷一三三《樂志》八改。
〔二〕溥：原作「博」，據《宋史》卷一三三《樂志》八改。
〔三〕博：原作「溥」，據《宋史》卷一三三《樂志》八改。
〔四〕祼：原作「課」，據《宋史》卷一三三《樂志》八改。下「縮酌以祼」同。
〔五〕終獻：原作「獻終」，據《宋史》卷一三三《樂志》八乙。
〔六〕嘉：原作「和」，據《宋史》卷一三三《樂志》八改。
〔七〕祜：原作「祐」，據《宋史》卷一三三《樂志》八改。
〔八〕肸蠁：原作「肹響」，據《宋史》卷一三三《樂志》八改。
〔九〕蕆：原作「藏」，據《宋史》卷一三三《樂志》八改。

愆于儀，容服有章。式綏式祐，神保是聽。鼓之舞之，神永安寧。

飲福酒用《廣安》：簠簋既陳，吉蠲登薦。洗心防邪，肅祇祭典。陟降惟寅，籩豆有踐。百福咸宜，淳耀丕顯〔一〕。

亞獻、終獻用《文安》：秩秩禮文，肅肅嚴祀。仰洽神休，式協民紀。灌獻有容，序其俎簋。明德惟馨，以介丕祉。

祀汾陰

后土迎神用《静安》：大中祥符三年諸臣撰，十曲。茫茫坤載，粤惟太寧。資生光大，品物流形。瞻言汾曲，允宅神靈。聖皇恭饗，明德惟馨。

奠玉幣用《嘉安》：至誠旁達，柔祇格思。奉以琮幣，致誠在兹〔二〕。

奉俎用《豐安》：博碩者牲，載純其色。體薦登俎，聿酬坤德〔三〕。

酌獻用《博安》：秉陰成德，毓粹宣功。應變審諦，神用無窮。沉潛剛克，流謙示冲。潔兹奠獻，妙物玄通。

太祖配坐酌獻用《博安》〔四〕：坤元茂育，植物成形。於穆聖祖，功齊三靈〔五〕。嚴恭配侑，厚德攸寧。永懷錫羡，歆此惟馨〔六〕。

太宗配坐酌獻用《博安》〔七〕：報功厚載，祀事惟明。思文烈考，26道濟羣生。侑神定位，協德安平。馨潔並薦，享于克誠。

飲福用《博安》：宣威保命〔八〕，明祀惟虔。協神備物，罔不吉蠲。后祇格思，靈飈肅然。誕受景祐〔九〕，遐哉億年。

亞獻、終獻用《正安》：至哉柔祇，資生蕃錫。滌濯静嘉，寅恭夕惕。金奏純如，萬舞有奕。作我烝民，莫匪爾極〔一〇〕。

后土廟迎神用《静安》：博厚流形，秉陰成德。柔順利正，直方維則。明祇格思，素汾之側。祇載吉蠲，宸心翼翼。

酌獻用《博安》〔一一〕：至哉物祖，設象隆脽。動静之德，翕闢攸宜。嘉粟以薦，精禱洪釐。茂宣陰貺，五穀(番)〔蕃〕滋。（以上《永樂大典》卷五四七一）

〔一〕耀：原作「輝」，據《宋史》卷一三二《樂志》七改。
〔二〕致誠在兹：原作「至誠其兹」，據《宋史》卷一三五《樂志》一〇改。
〔三〕酬：《宋史》卷一三五《樂志》一〇作「崇」。
〔四〕坐：原脱，據《宋史》卷一三五《樂志》一〇補。
〔五〕齊：原作「濟」，據《宋史》卷一三五《樂志》一〇改。
〔六〕歆：原作「欽」，據《宋史》卷一三五《樂志》一〇改。
〔七〕坐：原脱，據《宋史》卷一三五《樂志》一〇補。
〔八〕宣威保命：《宋史》卷一三五《樂志》一〇作「寅威寶命」。
〔九〕祐：《宋史》卷一三五《樂志》一〇作「福」。
〔一〇〕莫：原作「黄」，據《宋史》卷一三五《樂志》一〇改。
〔一一〕安：原作「平」，據《宋史》卷一三五《樂志》一〇改。

宋會要輯稿　樂七

廟祀並各典禮樂歌

太廟樂章

【宋會要】

1 祫饗太廟

僖祖室用《大基》：嘉祐四年諸臣撰，十五曲。猗我僖祖，德潛而充。慶之所基，日茂以崇。施及後嗣，天命有融。廟歌載之，播于無窮。

順祖室用《大祚》：皇矣烈祖，次于僖宫。燕貽憑厚，德遠而隆。尊昭綴穆，合食惟豐。孝孫奠爵，福嘏來同。

翼祖（宗）〔室〕用《大熙》：清廟有嚴，觀德惟祖。裕典時修，親尊並序。以祼以獻，禮交樂舉。靈其醉止，篤我純（祐）〔祜〕。

宣（宗）〔祖〕室用《大光》：洪緒載德，盛際講儀。精崇祫事，恭展孝思。肸蠁錫羡，齊莊受釐。猗歟馨烈，垂貺本支。

太祖室用《大統》：景炎啓旦，寶系開基。登俎如在，縮鬯有儀。明靈昭格，孝饗肅祇。福茨綿瓞，磬宇均禧。

太宗室用《大昌》：明明聖宗，大定區宇。永懷奉先，闊禮兹舉。惟德是馨，冀格我祖。萬嗣其昌，緊神之（祐）〔祜〕。

真宗室用《大治》：皇皇在宥，品物由庚。文教純被，武功告成。流頌樂府，擁休宗祊。帝奉祼瓚，欽哉孝誠。

皇帝升降用《肅安》：赫赫閟宫，肇親合食。玉步徊翔，大姿嚴翼。洗奠交舉，堂除並飭。禮賓無違，神其昭格。

奠瓚用《顧安》：瑟彼良玉，薦于明靈。宸襟蠲潔，鬱鬯芬馨。牲牢在俎，金石在庭。奠重者祼，慈嘏來寧。

奉俎用《克安》：嘉牲在俎，廣樂在庭。其所將者，曰躬曰誠。神兮來歆，以安以寧。以錫壽嘏，惟皇是膺。

飲福用《禧安》：鋪昭典禮，誕合神靈。饗通純孝，洽感至馨。鬱香既祼，聖酒來寧。膺兹福禄，萬壽益齡。

亞獻、終獻用《祐安》：禮備樂成，祖考來格。有嚴有翼，天子孝德。臣工在庭，罔不祗飭。玉爵之華，執如弗克。

退文舞、進武舞用《顯安》：樂統大安，舞昭盛德。合奏允諧，孔容有翼。秉翟言竣，總干是力。簫勺之仁，參和萬國。

徹豆用《克安》：靈其顧思，降福來萃。天子受之，餕爾在位。神既享矣，福既均矣。豆斯徹矣，禮之成矣。

皇帝歸次用《定安》：帝還于次，珮玉其徐。帝色不渝，罔解如初。凡百府司，各祇乃位。敢不肅恭，以訖爾事。

章獻明肅皇太后恭謝太廟明道元年

迎神用《成安》：於穆宋廟，肇允基扃，文母來獻，國祚咸寧。永言昭格，式薦惟馨。亦既降止，聿（柄）〔炳〕神靈。

皇太后升降用《徽安》：九奏允諧，皇靈來塈。備物芬馨，昭達精意。升降有儀，羣臣序位。享于克誠，萬福攸至。

奠瓚用《神蔡巢蓮曲》：懿彼靈龜，在宮之池。芳蓮是託，千歲奇姿。祼將清廟，播于聲詩。神降之吉，永保壽祺。

司徒奉俎用《熙安》：潔爾犧牲，既角且騂。玉俎奉將，式表純精。祖宗斯享，毖祀以成。福禄來降，邦祚隆平。

酌獻第一室用《大善》：太宮爾肅，烈祖巍巍。上炳淳耀，下流德暉。詒謀燕翼，奄宅邦畿。子孫千億，曆數同歸。

第二室 2 《大寧》：乃祖齊聖，綿瓞其昌。源流濬邈，統祚悠長。如聞肅僾，有飶（聲）〔馨〕香。監觀垂祐，萬葉儲祥。

第三室《大順》：奕奕清廟，巍巍帝基。詒謀積德，累洽重熙。粢盛豐潔，禮容肅祗。俯歆明薦，永錫蕃禧。

第四室《大慶》：赤符啓祚，長發其祥。靈源自遠，帝運重光。載潔籩豆，恭薦令芳。致成翼翼，降福穰穰。

第五室《大安》：英英藝祖，出震承乾。握圖撫運，卜祚延年。衣冠在廟，威靈在天。永錫無疆，子孫保焉。

第六室《大盛》：赫赫皇祖，萬邦之君。功崇偃革，德盛興文。聖謨宏達，至教氤氳。子孫百世，祗薦苾芬。

第七室《大明》：巍巍新廟，穆穆真皇。德符二聖，仁洽萬方。墜典咸秩，鴻儀用彰。威靈如在，時思不忘。

飲福用《壽和》：苾芬既薦，溥碩咸陳。禮備樂舉，先後有倫。以奉七室，齊潔惟寅。皇靈斯享，福祥荐臻。

亞獻、終獻用《欽安》：籥翟既備，干戚是陳。德業昭著，用和神人。

徹豆用《熙安》：牲牷腯肥，粢盛豐潔。三獻用行，萬舞復列。禮儀克成，樂奏將闋。神保聿歸，玉豆斯徹。

送神用《成安》：九奏合兮僾然來，百禮成兮歘爾（四）〔回〕。想霜馭兮望天閽，八音闋兮心悠哉。（以上《永樂大典》卷一七〇六五）

御樓

【宋會要】

3 郊祀回升樓

乘輿至樓前用《采茨》：高煙升太一，明祀達乾坤。天仗回嶢闕，皇輿入應門。簪裳如霧集，車騎若雲屯。兆庶皆翹首，巍巍萬乘尊。

升座用《隆安》：禋祀畢圜丘〔一〕，嘉辰慶澤流。天儀臨觀魏，盛禮藹風猷。洋溢歡聲動，氛氲瑞氣浮。上穹垂眷祐，邦國擁洪休。

降座用《隆安》：華纓就列，左袵來王。帝儀炳焕，大樂鏗鏘。禮成嶢闕，言旋未央〔二〕。一人有慶，萬壽無疆。

《采茨》：咸平五年楊億撰，四曲，增索扇《隆安》。禮成于郊，迎日之至〔三〕。時乘六龍，天旋象魏〔四〕。端門九重，虎賁萬騎。四夷來王，羣后輯瑞。

索扇〔五〕：應門有翼，羽衛斯陳。山龍衮冕，律度聲身。峨峨奉璋，肅肅九賓。清明在躬，志氣如神。

升座：圜丘類上帝，六變降天神。禋燔禮云畢，韶夏樂俱陳。天顔瞻咫**4**尺，王澤熙陽春。玉帛臻禹會，動植霑堯仁。

降座：肆眚云畢，淳熙溥將。雷雨麗澤，雲物効祥。禮容濟濟，天威煌煌。大賚四海，富壽無疆。（以上《永樂大典》卷五四七一）

【宋會要】〔六〕

5 皇帝還内用《采茨》：紹興二十八年中書舍人洪遵撰，三曲。（丑）〔五〕輅鳴鸞，八神警（畢）〔蹕〕。天官景從，莫不祗栗。祲威盛容，昭哉祖述。祚我無疆，叶氣充溢。　皇帝升御座用《乾安》：拜貺于郊，皇哉唐哉！熙事休成，六騑鼎來〔七〕。天闔以決，地垠以開。隤祉發祥，如登春臺。　皇帝降御座用《乾安》：鴻霈普洽，言歸端門。蕩蕩巍巍，旋乾轉坤。穆然宣室，儲思垂恩。於萬斯年，敷錫羣元。

咸平籍田回仗御樓二首

《采茨》：農皇既祀，禮畢躬耕。商輅旋軫，周頌騰聲。觀魏將陟，服御爰更。輿人瞻仰，如日之明。

升座，《隆安》：應門斯御，雉扇爰開〔八〕。人瞻日月〔九〕，澤動雲雷。同風三代，均禧九垓。歡心允洽，時詠康哉。

〔一〕禋：原作「祀」，據《宋史》卷一三八《樂志》一三改。

〔二〕未：原作「來」，據《宋史》卷一三八《樂志》一三改。

〔三〕迎：原作「近」，據《宋史》卷一三八《樂志》一三改。

〔四〕象：原作「衆」，據《宋史》卷一三八《樂志》一三改。

〔五〕索：原作「素」，據《宋史》卷一三八《樂志》一三改。

〔六〕此下原有旁批云：「大字皆《樂志》。」按，自此以下至卷末，《大典》正文録《宋史》卷一三八《樂志》一三，而以《宋會要》之文爲小字注。又按，《輯稿》此頁之上原有眉批：「『永光秘刻』下，《會要》：皇帝初舉酒用《甘露之曲》（天聖七年諸臣撰，三曲）：湛湛露斯，其甘如飴。清寧鑒德，和氣應之。神雪播液，冰玉凝姿。是爲仁瑞，萬壽維祺。　再舉酒用《瑞木成（仁）〔文〕之曲》：爰有嘉（禾）〔木〕，含章自天。宛（城）〔成〕洛書，粲若奎躔。珍符顯著，靈意昭宣。永告洪業，時萬斯年。　三舉酒用《嘉禾之曲》：地效珍物，時維兹禾。秀標同款，祥掩並柯。嘉生絶擬，羡應爲多。光溢圖（諜）〔牒〕，宣用登歌。」又批：「此《樂志》句。」按，「永光秘刻」乃《宋史》卷一三八《樂志》一三「大中祥符朝會五首」之末句。蓋《大典》某處録《宋史》此文，而於「永光秘刻」句下引《宋會要》以上文字爲注，整理者欲將其補入徐松輯稿。

〔七〕來：原作「米」，據《宋史》卷一三八《樂志》一三改。

〔八〕雉：原作「雄」，據《宋史》卷一三八《樂志》一三改。

〔九〕日月：原作「月日」，據《宋史》卷一三八《樂志》一三乙。

【宋會要】

《采茨》：明道元年有司撰，三曲。首壇帝籍，在國之東。薦籩執耜，率禮和容。鳴鸞回蹕，瑞氣凝空。萬方瞻仰，百順來同。　升座：重城春滿，雙闕雲浮。將披雉扇，載儼珠旒。叶風應律，文德懷柔。溥天率土，惠澤咸周。　降座：恩覃春煦，令布風馳。聲名昭晰，文物葳蕤。重森寶扇，將降端闈。永光國典，翕受天祺。

祫饗回升樓，乘至樓前，用《采茨》：嘉祐四年有司撰，三曲。饗（饗）于宗祧，維聖之孝。駿騰素虬，還歸自廟。端闈百常，聳環七校。萬邦傾瞻，天若覆燾。　升座用《聖安》：端闈壯麗，羽衛驍騰。天儀（畢）〔蹕〕6蹕，如日之昇。千官景從，萬宇仰承。輝光四充，介福其膺。　降座用《聖安》：渙號爰發，皇敷至仁。幽隱盡達，洪德日新。國容肅穆，天宇晏温。惠浹四遠，富壽無垠。

乾興御樓二首

升座，《隆安》：夾鍾紀月，初吉在辰。眚災流慶，布德推仁。采章震耀，典禮具陳。茂昭丕貺，永庇斯民。

降座，《隆安》：皇衢赫敞，黼座穹崇。華纓在列，嚴令發中。王制鉅麗，寶瑞豐融〔一〕。均禧綿宇，萬壽無窮〔二〕。

紹興登門肆赦二首

升座，《乾安》：拜況于郊，皇哉唐哉。熙事休成，六騑鼎來。天闔以決，地垠以開。隤祉發祥，如登春臺。

降座，《乾安》：鴻霈普洽，言歸端門。蕩蕩巍巍，旋乾轉坤。穆然宣室，儲思垂恩。於萬斯年，敷錫羣元。

寧宗登門肆赦二首〔三〕

升座，《乾安》：帝饗于郊，荷天之休。五福敷錫，皇明燭幽。雲行雨施，仁翔德游。聖人多男，歌頌九州。

降座，《乾安》：天日清晏，朝野靖安。三靈答祉，萬國騰懽。帝命不違，王業艱難。天子萬年，永迪監觀。

上尊號發册寶〔四〕

皇帝上尊號一首

册、寶入門，《正安》：於穆元后，天臨紫宸。飛綏星拱，建羽林芬。徽册是奉，鴻名愈新。荷兹介祉，永永無垠。

【宋會要】

册、寶入門用《正安》：治平四年有司撰，一曲。在宋五世，天子神明。羣公奉册，乃揚鴻名。金書煌煌，通昭厥成。思皇多祜，與天同聲。

明道元年章獻明肅皇太后朝會十7五首

皇太后升座，《聖安》：聖母有子，重光類禋。聖皇事母，感極天人。百辟在庭，九儀具陳。禮容之盛，萬國

〔一〕「瑞」下原衍「寶」字，據《宋史》卷一三八《樂志》一三删。
〔二〕萬：原作「曼」，據《宋史》卷一三八《樂志》一三改。
〔三〕登：原作「祭」，據《宋史》卷一三八《樂志》一三改。
〔四〕原無此題，下句「皇帝上尊號一首」直與上文相連。今按，此爲皇帝上尊號之樂章，《宋史·樂志》本別爲一類，與下「明道元年……朝會十五首」等文相接，《輯稿》抄者誤與上文連抄，而入于御樓樂章之中。今分出，並加題。

咸賓。

公卿入門，《禮安》：帝率四海，承顔盡恭。端闈肅設，羣后來同。玉珮鏘鳴，衣冠有容。《英》《韶》節步，磬管雍雍。

皇帝上壽酒，《崇安》：天子之德，形于四方。尊親立愛，化洽風揚。聖母褘衣，明君黼裳。因時獻壽，克盛朝章。

上壽，《福安》：盛禮煌煌，六衣有光。千官在位，百福稱觴。坤德慈仁，邦斯淑祥〔一〕。如山之壽，佑聖無疆。

皇太后初舉酒，《玉芝》：燁燁靈芝，生于殿闈。照映華拱，紛敷玉蕤。感召元和，光符聖期。祥篇協吉，百福咸宜。

再舉酒，《壽星》：現彼南極，昭然瑞文。騰光丙位，薦壽中宸。太史駢奏，升歌有聞。軒宫就養，億萬斯春。

三舉酒，《奇木連理》：王化無外，坤珍效靈。旁枝〔兩〕〔内〕附，直幹來并。羣分非一，祺祥紹登。至誠攸感，海縣斯寧。

羣臣酒行，《禮安》：肅肅臨下，有威有容。循循事上，惟信惟忠。盛禮興樂，示慈訓恭。君臣協吉，惟道之從。湛湛零露〔二〕，晞于載陽。我有旨酒，羣臣樂康。既飲以德，亦圖爾良。永言修輔，用協天常。　禮均孝慈，樂合《韶》、《武》。至德光矣，鴻恩亦溥。上下和濟，華夷樂胥。醆斝三行，盛儀斯舉。

酒一行畢，作《厚德無疆之舞》：堯母之聖，放勛爲子。同心協謀，柔遠能邇。以德康俗〔三〕，以文興治。斯焉象功，罔不昭濟。　至矣坤元，道符惟聖。就養宸極，助隆善政。翟籥分舉，笙鏞叶應。翱翔有容〔四〕，8 表德之盛。

酒再行，《四海會同之舞》：七德之舞，四朝用康。有如姬、姒，助集周邦〔五〕。威克厥愛，居安不忘。風旋山立，濟濟煌煌。　左秉朱干，右揮玉戚。以象武綴，以明皇德。天子榮養，羣臣述職。四夷賓附，罔不承式。

降座，《聖安》：長樂居尊，盛容有煒。文王事親，萬國歸美。朝會之則，邦家之紀，受福于天，克昭隆禮。

【宋會要】

皇帝初舉酒，用《靈芝之曲》：治平四年諸臣撰，三曲。華滋凝氣，靈粹發祥。紫蓋輪囷，金跗煒煌。陽寥三秀，甘泉九房。瑞圖休證，君王壽昌。　再舉酒用《嘉禾之曲》：太平之符，昭發衆瑞。爰有嘉禾，異壠合穗。大田如雲，既穫既刈。野人愉愉，不亦有歲。　三舉酒用《慶雲之曲》：毓粹乾坤，儲休陰陽。氤氳馥郁，紛煒煌煌。融爲和氣，發爲祥光。瑞牒昭紀，萬壽無疆。

治平皇太后、皇后册寶三首

皇帝升座，《乾安》：王化之始，治繇内乎。時庸作命，

〔一〕斯：原作「期」，據《宋史》卷一三八《樂志》一三改。
〔二〕零：原作「靈」，據《宋史》卷一三八《樂志》一三改。
〔三〕俗：原作「裕」，據《宋史》卷一三八《樂志》一三改。
〔四〕翱：原作「翔」，據《宋史》卷一三八《樂志》一三改。
〔五〕集周：原作「習用」，據《宋史》卷一三八《樂志》一三改。

玉簡金書。磬管在庭〔一〕，其縱繹如。天臨法扆，禮與誠俱。

太尉等奉册、寶入門〔二〕，《正安》：晬儀臨拱，丕命明敭。鸞回寶勢，虹貫瑶光。禮成樂備，德裕名芳。肇基王化，永懋天祥。

皇帝降坐，《乾安》：衮衣繡裳，嚴威肅莊〔三〕。八音具張，簨虡龍驤。玉簡瑶章，金書煌煌。壽千萬年，與天比長。

熙寧皇太后册寶三首

出入，《正安》：煌煌鳳字，玉氣宛延。天門崛屻，飛驂後先〔四〕。龍簨四合，奏鼓鼘鼘。母儀天下，何千萬9年。

升座，《乾安》：峨峨繡扆，旋珮以登。如彼杲日，凌天而升。玉色下照〔五〕，亹亹繩繩。猗歟大孝，四海其承。

降座，《乾安》：皇帝降席，流雲四開。堯趨舜步，下躡天階。恭授寶册，翠旄裴徊。明明純孝，鴻釐大來〔六〕。

哲宗上太皇太后册寶五首

皇帝升座，《乾安》：大矣孝熙，帥民以躬。奉承寶册，欽明兩宮。萬樂具舉〔七〕，一人肅雍。化繇上始，四海來同。

降座，《乾安》：皇帝仁孝，總臨萬方。褒顯其親，日嚴以莊。龍衮翼翼，玉書煌煌。傳之億世，休有烈光。

太皇太后升座，《乾安》：總裁庶政，擁佑嗣皇。金書玉簡，爛其文章。衆樂警作，筦磬將將。保安四極，降福無疆。

降座，《乾安》：塗山之德，渭涘之祥。圖徽寶册，玉色金相〔八〕。管絃煒煜，鍾鼓喤喤。天之所啓，既壽而昌。

太尉等奉册寶出入門，《正安》：(王)〔玉〕車臨御，鳳蓋棽麗〔九〕。奉承寶册，彌文盛儀。抗聲極律，助我孝熙。天之所祐，萬壽無期。

紹興十年發皇太后册寶八首〔一〇〕

皇帝隨册、寶降殿，《聖安》：景祚有開，符坤媲昊。誕毓聖神，是崇位號。星拱天隨，祇嚴册寶。還御慈寧，增光舜道。

中書令奉册詣皇帝褥位，《禮安》：聲樂備陳，禮容罔

〔一〕磬：原作「罄」，據《宋史》卷一三八《樂志》一三改。
〔二〕等、門：原無，據《宋史》卷一三八《樂志》一三補。
〔三〕威：原作「畏」，據《宋史》卷一三八《樂志》一三改。
〔四〕先：原作「光」，據《宋史》卷一三八《樂志》一三改。
〔五〕色：原作「邑」，據《宋史》卷一三八《樂志》一三改。
〔六〕大：原作「天」，據《宋史》卷一三八《樂志》一三改。
〔七〕舉：原作「備」，據《宋史》卷一三八《樂志》一三改。
〔八〕相：原作「箱」，據《宋史》卷一三八《樂志》一三改。
〔九〕棽：原作「埜」，據《宋史》卷一三八《樂志》一三改。
〔一〇〕十年：原作「十一年」，據《宋史》卷二九《高宗紀》六、卷一一〇《禮志》一三改。

式。相維上公，虔奉玉册。皇則受之，慕形於色。既壽且康，與天無極。

侍中奉寶詣皇帝褥位，《禮安》：祖啓瑤光〔一〕，誕生明聖。尊極母儀，帝庸作命。寶章煌煌，導以笙磬。還燕慈寧，邦家傒慶。

太傅奉册、寶出門，《聖安》：肅肅東朝，帝隆孝治。猗歟丕10稱，寶册斯備。皇扉四開〔二〕，導迎慶瑞。德邁太任，有周卜世。

太傅奉册、寶入門，《聖安》：静順坤儀，聖神是育。懿鑠昭陳，鏤文華玉。樂奏既備，禮儀不瀆。導迎善祥，翟車歸罼。

太傅奉册授提點官，《禮安》：孝奉天儀，信維休德。發越徽音〔三〕，禮文靡忒。永保嘉祥，時萬時億。歸于東朝，含飴燕息。

太傅奉寶授提點官〔四〕，《禮安》：肅雍長樂，克篤其慶。河洲茂德，沙麓啓聖。是生睿哲，蚤隆丕運。欽稱洪寶〔五〕，永膺是命。

册、寶升慈寧殿幄，《聖安》：禮行東朝，樂奏大吕。羽衛森陳，簪紳式序。雲幄邃嚴〔六〕，宏典是舉。天子萬年，母儀寰宇。

乾道七年恭上太上皇帝太上皇后尊號十一首

册、寶降殿，《正安》：元祀介福，孰綏孰將。歸于尊親，孝哉君王。載鏤斯牒，載琢斯章。得名得壽，如虞如唐〔七〕。

中書令、侍中奉册、寶詣殿下，《正安》：宗郊既成，交舉典册。汝輔汝弼，威儀是力。陳于廣庭，迨此上日。巍巍煌煌，烏覩在昔。

皇帝奉太上皇帝册〔八〕、寶授太傅，《禮安》：奉太上皇后同。儀物陳矣，禮樂明矣。天子戾止，詒爾臣矣。陟降維則〔九〕，恭且勤矣。茫茫四海，德教形矣。

册、寶出門，《正安》：天門九重，蕩蕩開徹。金支秀華，垂紳佩玦。或導或陪，率履不越。注民耳目，四表胥悦。

册、寶入德壽宫門，《正安》：禮神頌祇，福禄來下。不

〔一〕瑤：原作「搖」，據《宋史》卷一三八《樂志》一三改。
〔二〕開：《宋史》卷一三八《樂志》一三作「闢」。
〔三〕音：原作「旨」，據《宋史》卷一三八《樂志》一三改。
〔四〕奉寶：原作「奉册」。按，前首已爲此目，而此一儀式不應奏兩樂章。即使有兩樂章，依例當連書，中空二格，不必另作一目。又按此處爲發册寶樂歌，不應只有册而無寶，下文云「欽稱鴻寶」，可證「奉册」當作「奉寶」。本書樂七之三二録《中興會要》此句作「太傅奉册寶授提點官」，「册」字爲衍文，但有「寶」字。
〔五〕洪：《宋史》卷一三八《樂志》一三作「鴻」。
〔六〕邃：原作「遂」，據《宋史》卷一三八《樂志》一三改。
〔七〕如唐：原作「紹唐」，據《宋史》卷一三八《樂志》一三改。
〔八〕册：原脱，據《宋史》卷一三八《樂志》一三補。
〔九〕則：原作「明」，據《宋史》卷一三八《樂志》一三改。

有榮名，孰緝伊嘏？千乘萬騎，魚魚雅雅。皇扉洞開，鞠躬如也。

太上皇帝升御座，《乾安》：降同。穆穆聖顔，安安天步。有縟者儀，以莫不【11】舉。天人和同，恩德洋普。億載萬年，爲衆父父。

太傅奉太上皇帝册、寶升殿，用《聖安》〔一〕：大哉堯乎，南嚮垂裳。君哉舜也，拜而奉觴。纚藉光華，鼓鍾鏗鏘。三事稽首，宋德無疆。

太傅奉太上皇后册、寶升殿，用《聖安》〔二〕：乾元資始，坤元資生。允也聖德，同實異名，春王三朝，典册並行。咨爾上公，相儀以登。

皇帝從太上皇后册、寶詣宫中，用《正安》〔三〕：維册伊何？鏤玉垂鴻。維寶伊何？範金鈕龍。翊以酳御，間以笙鏞。誰敢不恭，天子實從。

太上皇后出閤升御座，《坤安》：降同。帝膺永福，功靡專有。既尊聖父，亦燕壽母。怡怡在宫，大典時受。彤管紀之，天長地久。

内侍官舉太上皇后册詣讀册位，用《聖安》〔四〕：歛福于郊，逢時之泰。揭名日月，侔德覆載。自我作古，域中有大。永言保之，眉壽無害。

淳熙二年發太上皇帝太上皇后册寶十一首

册、寶降殿，《正安》：高明者乾，博厚者坤。以清以寧，資始資生。壽胡可度，德胡可評。願言從欲，誕受强名。

中書令、侍中奉册、寶詣殿下，《正安》：受命既長，福禄既康。如日之升，如月之常。追琢其章，金玉其相。君子萬年，保其家邦。

皇帝奉太上皇册、寶授太傅，《禮安》：奉太上皇后同。翠華之旗，靈鼉之鼓。陳于廣宇，相我盛舉。來汝公傅，肅乃儀矩。毋愆于素，以篤多祜。

册、寶出門，《正安》：蚴蟉青龍，婉嬗象輿。其載伊何？煌煌金書。乃由端門，乃行康衢。于以榮親，振古所無。

册、寶入德壽宫門，《正【12】安》：惟天惟大，其德曰誠。惟堯則之，其性曰仁。迺文迺武，得壽得名。於萬斯年，以莫不增。

太上皇帝升御座，《乾安》：降同。天行惟健，天步惟安。聖子中立，臣工四環。民無能名，威不違顔。宋德宜頌，漢儀可删。

太傅奉太上皇帝册升殿，《聖安》：奉寶同。天畀遐福，允彰父慈。維昔曠典，我能舉之。徐爾陟降，敬爾威儀。

〔一〕用：原無，據《宋史》卷一三八《樂志》一三補。
〔二〕用：原無，據《宋史》卷一三八《樂志》一三補。
〔三〕用：原無，據《宋史》卷一三八《樂志》一三補。
〔四〕用：原無，據《宋史》卷一三八《樂志》一三補。

申錫無疆，永言保之。

太傅奉太上皇后册、寶升殿，《聖安》：乾健坤從，陽剛陰相。迨茲受祉〔一〕，允也並況。虡業在下〔二〕，儀物在上。咨時三公，執事無曠。

皇帝從太上皇后册、寶詣宫中，用《正安》：丕顯文王，之德之純。亦有太姒，式揚徽音。維册維寶，迺玉迺金。伊誰從之？一人事親。

太上皇后出閤升御坐，《坤安》：降同。重翟出房，褘衣被躬。委委佗佗，河潤山容。聖皇臨軒，聖母在宫。並受鴻名，與天無窮。

内侍官舉太上皇后册詣讀册位，用《聖安》：舉寶同。珉玉玢豳，褭蹏精良。既刻厥文，亦鑄之章。象德維何？至静而方。輔我光堯，萬壽無疆。

淳熙十二年加上太上皇帝太上皇后尊號十一首

大慶殿發册、寶降殿，《正安》：維天蓋高，維地克承。父尊母親，天地難名。疆名廣大，建號安榮。衍登壽嘏，闡繹皇明。

中書令、侍中奉太上皇帝册、寶、太上皇后册寶詣殿下，用《正安》〔三〕：二儀同尊，兩耀齊光。巍巍煌煌，不顯亦彰。實茂號榮，玉振金相。於萬斯年，既壽且康。

皇帝奉太上皇帝册寶授太傅：太上皇后 13 册寶同。我尊我親，承天之祉。壽名兼美，家國咸喜。公傅秉禮，寶册有煒。惟千萬祀，令聞不已。

册、寶出門，《正安》：羽衛有嚴，寶書有輝。昭衍尊名，鋪張上儀。出其端闈〔四〕，由于康逵〔五〕。比屋延瞻，歌之舞之。

德壽宫册、寶入殿門，用《正安》：南山之聳，皇壽無窮。太極之尊，皇名是崇。奉茲寶册，于皇之宫。皇則受之，於昭盛容。

太上皇帝出宫升御坐，《乾安》：降坐同。聖明太上，天子有尊。玉坐高拱，慈顏晬温。震禁嘉承，朝弁旿分。盛禮縟典，邃古未聞。

太傅、中書令、侍中奉太上皇帝册、寶升殿，用《聖安》〔六〕：天錫伊嘏〔七〕，地效其珍。誕作寶典，奉于尊親。爾公爾相，爾恭爾寅。協舉令儀，遹臻厥成。

太傅、中書令、侍中奉太上皇后册、寶升殿，用《聖安》：坤載有元，乾行是順。施生萬彙，厥德彌盛。翼翼母道，贊我皇訓。相維辟公，奉典斯敬。

〔一〕迨：原作「追」，據《宋史》卷一三八《樂志》一三改。
〔二〕虡：原作「虚」，據《宋史》卷一三八《樂志》一三改。
〔三〕用：原無，據《宋史》卷一三八《樂志》一三補。
〔四〕闈：原作「門」，據《宋史》卷一三八《樂志》一三改。
〔五〕于：原作「子」，據《宋史》卷一三八《樂志》一三改。
〔六〕用：原無，據《宋史》卷一三八《樂志》一三補。
〔七〕嘏：原作「蝦」，據《宋史》卷一三八《樂志》一三改。

皇帝從太上皇后册、寶詣宮中，用《正安》：大矣母慈，德備且純。思古齊敬，佐我皇文。明章茂典，金玉其音。帝親奉之，以翼以欽。

太上皇后出閤升御坐，用《坤安》：降坐同。天相慈皇，慶臻壼闈。徽柔内修，壽與天齊。既承皇歡，載覲母儀。懿典鴻名，永綏多祺。

内侍舉太上皇后册、寶詣讀册、寶位，用《聖安》：有美英瑤，於昭祥金。爲策爲章，並著徽音。德聖而尊，備舉彌文。億載萬年，永輔堯勛。

紹熙元年恭上壽聖皇太后至尊壽皇聖帝壽成皇后尊號册寶十四首〔一〕

大慶殿發册、寶降殿，《正安》：帝受[14]内禪，紀元紹熙。欽崇慈親，孝心肅祇。迺建顯號，迺蒇丕儀。發册廣庭，聲歌侑之。

中書令、侍中奉三宮册、寶詣東階下，用《禮安》：鍾鼓交作，文物咸備。彤庭玉階，天子是莅。咨爾輔臣，展采錯事。輔臣稽首，敢不率禮。

册、寶出門，《正安》：巍巍天宮，洞開閶闔。旗常葳蕤，劍佩雜沓。寶册啓行，法駕繼發〔二〕。鑠哉盛典，快覩胥悦。

册、寶入重華宮〔三〕，《正安》：仰止皇居，九門載闢。麗日重光，非煙五色。雷動萬乘，雲從百辟。咫尺重霄，鞠躬屏息。

至尊壽（聖皇）〔皇聖〕帝升坐，《乾安》：降同。玉璽瑤編，禮容畢具。穆穆至尊，華殿是御。德配有虞，紹唐授禹。於萬斯年，受天之祜。

太傅、中書令奉至尊壽（聖皇）〔皇聖〕帝册升殿，用《聖安》：慈皇天臨，晬表怡怡。欽哉聖子，親奉玉巵。鼇抃嵩呼，歡浹華夷。邇臣捧册，是恪是祇。

太傅、侍中奉至尊壽（聖皇）〔皇聖〕帝寶升殿〔四〕，用《聖安》：瑟彼華玉，篆魚紐龍。與册並登，咨爾上公。詠以歌詩，協之鼓鍾。是陟是降，靡有弗恭。

太傅、中書令、侍中奉壽聖皇太后册〔五〕、寶升殿，用《聖安》：天祐皇家，慶集重闈。寶兮揚名，册兮流徽。金支秀華，盛容祲威〔六〕。昭我近弼，相禮不違。

太傅、中書令、侍中奉壽成皇后册、寶升殿，用《聖安》：大哉乾元，既極形容。坤元至德，實與比隆。寶册並登，勒崇垂鴻。相我縟儀，肅肅雍雍。

皇帝從壽聖皇太后册、寶詣慈福宮，用《正安》：涓辰

〔一〕壽皇聖帝：原作「壽聖皇帝」，據《宋史》卷三五《孝宗紀》三乙。
〔二〕繼：原作「既」，據《宋史》卷一三九《樂志》一四改。
〔三〕重：原作「車」，據《宋史》卷一三九《樂志》一四改。
〔四〕「寶」上原有「册」字，據《宋史》卷一三九《樂志》一四删。
〔五〕皇：原脱，據《宋史》卷一三九《樂志》一四補。
〔六〕祲：原作「侵」，據《宋史》卷一三九《樂志》一四改。

協吉，時維春元。上册三殿，曠古無前。思齊重闈，積慶有源。是尊[15]是崇，帝心載虔。

壽聖皇太后出閤升坐，《坤安》：降同。丕赫有宋，三聖授受。誰其助之？繄我太母。東朝受册，飲此春酒。聖子神孫，密侍左右。

内侍官舉壽聖皇太后册寶詣讀册、寶位，用《聖安》：坤德益崇，天壽平格。慶流萬世，子孫千億。刻玉範金，鋪張赫奕。惟昔姜、任，則莫我匹。

皇帝詣壽成殿，壽成皇后出閤升座，《坤安》：降同。鞠育保護，母道備矣。密贊親傳，德其至矣。綵服來朝，慈容有喜。既受鴻名，又多受祉。

内侍官舉壽成皇后册寶詣讀册、寶位，用《聖安》：仰瞻慈闈，登進寶册。惟時暬御，祇率厥職。曰壽曰名，母兮兼得。儷我尊父，億載無極。

紹熙四年加上壽聖皇太后尊號八首

大慶殿發册、寶降殿，《正安》：德厚重闈，沖澹粹穆。何以名之？惟慈惟福。寶鏤精鏐，册鐫華玉。物盛禮崇，丕昭羣目。

中書令、侍中奉壽聖皇太后册、寶詣東階下，《禮安》：於皇帝室，休運貽孫。重熙叠慶，祇進號榮。爰授茲册〔一〕，必躬必親。天子聖孝，萬邦儀刑。

册、寶出門，《正安》：煌煌册寶，天子受之。言徐其行，肅展迺儀。其儀維何？劍佩黄麾。鸞駕清蹕，聳瞻九逵。

册、寶入慈福宫殿門，《正安》：熙辰禮備，濟濟雍雍。言奉斯册，重親之宫。宫帷既敞，協氣感通。皇儀親展，壽祉無窮。

太傅、中書令、侍中奉壽聖皇太后册、寶升殿，《聖安》：既肅琨庭，載升金戺。迺導迺陪，威儀濟濟。天步繼臨，孝誠備矣。聲容孔昭，中外悦喜。

册、寶詣[16]宫中，《正安》：琱輿彩仗，祇詣慈宫。寶册前奉，龍挾雲從。言備茲禮，于宫之中。惟天子孝，於昭祲容〔二〕。

壽聖皇太后出閤升御座，《坤安》：降同。懿典大册，陳儀邃深。怡怡愉愉，寶坐是臨。重綵儼侍，采展肅心。三宫協慶，永播徽音。

内侍官舉壽聖皇太后册、寶詣讀册、寶位，用《聖安》：寶册既奉，祇誦迺言。仁深慶衍，益顯益尊。和聲協氣，充溢乾坤。並受伊嘏，聖子神孫。

慶元二年恭上太皇太后皇太后太上皇帝太上皇后尊號二十四首

〔一〕茲：原作「慈」，據《宋史》卷一三九《樂志》一四改。
〔二〕「昭祲」二字原倒，據《宋史》卷一三九《樂志》一四乙。

册、寶降殿：天擁帝家，澤流子孫。三宮燕胥，四海崇尊。聲諧《韶》、《濩》，輝燭瑤琨。維皇緝熙，耀德乾坤。

册、寶授太傅，奉詣東階下：祖后重壽，親闈並崇。駢慶聯休，申景鋪鴻。疊璧交輝，多儀焕叢。億萬斯年，福禄攸同。

册、寶出門：太任媚姜，塗山翼禹。慈祥曼衍，鴻儀迭舉。寶章奕奕，祲宮俣俣。帝用將之，于彼宮所。

慈福宮（寶册）〔册、寶〕入門：東朝層邃，端闈靖深。列仗節鑾，鏤玉繩金。來奉來崇，載祇載欽。曾孫之慶，世世徽音。

册、寶升殿：純佑我宋，母儀四朝。擁翼孫謀，如虞承堯。仁覃函夏，喜浮慶霄。福禄萬年，金玉孔昭。

册、寶詣宮中：神人和懌，天日淑清。王母來燕，必壽而名。琨庭璈音，五雲佩聲。勉勉我皇，遹昭厥成。

太皇太后出閤升坐：曾孫致養，五福駢臻。太極所運，兩儀三辰。輝光日新，啓佑後人〔一〕。永翼瑤圖，億萬堯春。

册、寶詣讀册、寶位：徽光宣華，仁聲流文。曠儀 17 合沓，泰和絪緼。慈顔有喜，祚我聖君。珠宮含飴，坐閲來雲。

太皇太后降坐歸閤：縟儀既登，寶册既膺。喜洽祥流，雲烝川增。天子萬年，鳴玉慈庭。惠我無疆，詵詵繩繩。

壽慈宮册、寶入門：新庭靖安，祖后燕怡。有開聖謀，累崇天基。典章文明，聲容葳蕤。御于邦家，曰壽曰慈。

册、寶升殿：三禮崇容，八鑾警衛。有來辰儀，闈徽嫣汭。璇宮肅雍，藻景澄霽。文子文孫，本支百世。

册、寶詣宮門：堯門叠瑞，姒幄齊輝。重坤靖夷，麗册華徽。天子仁聖，禮文弗違。福壽康寧，同燕層闈。

皇太后出閤升坐：文母曼壽，載錫之光。總集瑞命，宜君宜王。惠以仁顯，慈以德彰。保佑子孫，受福無疆。

册、寶詣讀册、寶位：華鸞編玉，文螭液金。頌德摛英，揚徽嗣音。紫幄天開，翠華日臨。歲歲年年，如周太任。

皇太后降坐歸閤：宋有明德，天保佑之。以壽繼壽，以慈廣慈。聲文宣昭，福祉茂綏。神孫之休，燕及華夷。

壽康宮册、寶入門，《正安》：大安耽耽，興慶崇崇〔二〕。維皇之尊，與天比隆。非心間燕，文命延鴻。欲報之恩，禮縟儀豐。

太上皇帝升御坐，《乾安》：上帝有赫，百靈效祥。儲祉垂恩，錫年降康。皇儀睟温，帝躬肅莊。三宮齊懽，地久天長。

太上皇帝册、寶升殿，《聖安》：夏典稽瑞，禹玉含淳。

〔一〕佑：原作「右」，據《宋史》卷一三九《樂志》一四改。

〔二〕慶：原作「壽」，據《宋史》卷一三九《樂志》一四改。

追琢有章，温潤孔純。聖底于安，壽綿于仁。太上立德，自天其申。

太上皇后册、寶升殿，《聖安》：父尊母親，天涵地育。燕我翼子，景命有僕。得名[18]得壽，如金如玉。子孫千億，成其厚福。

太上皇帝降御坐，《乾安》：天地清寧，日月華光〔一〕。歸尊慈極，嵩呼未央。慶函百嘉，壽躋八荒。上皇萬歲〔二〕，俾熾俾昌。

册、寶詣宫中，《正安》：晨趨慈幄，佳氣鬱葱。受帝之祉，配天其崇。璧華金精〔三〕，禮敷樂充。天子是若，懽聲融融。

太上皇后出閤升坐，《坤安》：文物流彩，鑾輅靖陳。龜瑞薦祉，坤儀效珍。比皇之壽，翼帝以仁。和氣致祥，與物爲春。

讀册、寶，《聖安》：黼黻其文，金玉其相。永壽於萬，合德無疆。福緒祥源，厥後克昌。天維格斯，祚我聖皇。

太上皇后降坐歸閤，《坤安》：榮懷之慶，莫盛於斯。三宫四册，五葉一時。德皁而豐，福大而滋。子子孫孫，于時保之。

嘉泰二年恭上太皇太后尊號八首

册、寶降殿：思齊太任，嬪于周京。至哉坤元，萬物資生。不可儀測，矧可强名。鏤玉繩金，昭哉號榮。

册、寶詣東階：鼓鍾喤喤，儀物載陳。儀物陳矣，爛其瑶琨。咨爾上公，相予文孫〔四〕。勿亟勿徐，奉我重親。

册、寶出門：蕩蕩天門，金鋪玉户。采旄翠旌，流蘇葆羽。千官影從，迺導迺輔。都人縱觀，填道呼舞。

壽慈宫册、寶入門：煌煌寶書，玉篆金縷。曷爲來哉？自天子所。自天子所〔五〕，以燕文母。婉嫿祥雲，日正當午。

册、寶升殿：文物備矣，三事其承。崇牙高張〔六〕，樂充宫庭〔七〕。耽耽廣殿，左城右平。敬爾威儀，攝齊以登。

册、寶詣宫中：維壽伊何？聖德日新。維慈伊何？祐于後人。迺范斯金，迺鏤斯珉。皇[19]舉玉趾，從于堯門。

太皇太后升御坐：降同。侍中版奏，辦外嚴中。出自玉房，褘褕被躬。我龍受之，祲威盛容。皇帝聖孝，其樂融融。

册、寶詣讀册、寶位：麟趾褭蹄，我寶斯刻。碝磩采緻，

〔一〕日月：原作「二月」，據《宋史》卷一三九《樂志》一四改。
〔二〕歲：原作「壽」，據《宋史》卷一三九《樂志》一四改。
〔三〕璧：原作「壁」，據《宋史》卷一三九《樂志》一四改。
〔四〕予：原作「子」，據《宋史》卷一三九《樂志》一四改。
〔五〕自天子所：原脱，據《宋史》卷一三九《樂志》一四補。
〔六〕牙：原作「才」，據《宋史》卷一三九《樂志》一四改。
〔七〕充：原作「克」，據《宋史》卷一三九《樂志》一四改。

載備斯册。眉壽萬年，詒謀燕翼。於赫湯孫，克綿永福〔一〕。

紹定三年壽明仁福慈睿皇太后册寶九首

文德殿册、寶降殿：思齊聖母，媲于周任。體乾履坤，博厚洪深。七袠既啓，萬壽自今。昕庭發號，式昭德音。

册、寶詣東階：煌煌儀物，繹繹鼓鍾。奉兹寶册〔二〕，至于階東。上公相儀，列辟盡恭。拜手慈宸，福如華嵩。

册、寶出門：帝闕肅開〔三〕，天階坦履。霓旌羽蓋，導儀護衛。匪誇雕琢，匪矜繁麗。兹謂盛儀，億載千歲。

慈明殿册、寶入門：金堅玉純，文郁禮縟。來從帝所，作瑞王國。天開地闢，日熙春燠〔四〕。兹謂盛事，永燕茀禄。

册、寶升殿：皇儀有煒，綵昇次升。沈沈邃殿，穆穆天庭。坤德丕隆，皇圖永寧。資爾廷臣，攝齊以登。

册、寶詣宫中：壽爲福先，明燭物表。仁沾動植，福齊穹昊。曰慈與睿，並崇丕號。演而申之，萬世永保。

皇太后升御坐：邇臣跪奏，嚴辦必恭。乃御褘褕，升于殿中。慈顔雍穆，和氣冲融。芳流清史，傳之無窮。

册、寶詣讀册、寶位：徽音孔昭，寶傳斯刻。金昭玉粹，有煒斯册。載祈載祝，以燕以翼。寶之萬年，與宋無極。

皇太后降御坐：皇文既舉，慶禮告虔。肇自宫闈，格于幅員。子稱母壽，母謂子賢。陟降在兹，隆[20]名際天。

册皇后〔五〕

哲宗發皇后册寶三首

皇帝升座，以《乾安》：既登乃依，如日之升。有嚴有翼，丕顯丕承。天作之合，家邦其興。朱芾斯皇，子孫繩繩。

降座，以《乾安》：我禮嘉成，我駕言旋。降座而蹕，奏鼓淵淵。景命有僕〔六〕，保祐自天。永錫祚嗣，何千萬年。

太尉等奉册、寶出入，以《正安》：宣哲維公，就位肅莊。册寶具舉，丕顯其光。出于宸闈，鼓鍾喤喤。母儀天下，萬壽無疆。

紹興十三年發皇后册寶十三首

皇帝升御座，用《乾安》：天地奠位，乾坤以分。夫婦有别，父子相親。聖王之治，禮重婚姻。端冕從事，是正大倫。

〔一〕綿：原作「綽」，據《宋史》卷一三九《樂志》一四改。
〔二〕兹：原作「慈」，據《宋史》卷一三九《樂志》一四改。
〔三〕闕：原作「關」，據《宋史》卷一三九《樂志》一四改。
〔四〕熙：原作「照」，據《宋史》卷一三九《樂志》一四改。
〔五〕原無此題，今添。
〔六〕僕：原作「慶」，據《宋史》卷一三九《樂志》一四改。

使、副入門，用《正安》：天子當陽，羣工就列〔一〕。册寶既陳，鍾鼓備設。上公奉事，容莊心協。克相盛禮，光昭玉牒。

册、寶出門，《正安》：穆穆晬容，如天之臨。赫赫明命，如玉之音。虔恭出門，禮容兢兢〔二〕。塗山生啓，夏道以興。

皇帝降御座，用《乾安》：朝陽已升，薰風習至。樂奏既成，禮容亦備。玉佩鏘鳴〔三〕，帝徐舉趾。壼政穆宣，以聽内治。

皇后出閤，用《坤安》：猗歟賢后，德本性成。承天致順，遡日爲明。作配儷極，王化以行。萬有千歲，奉祀宗祊〔四〕。

册、寶入門，用《宜安》：欽承祗事，時維肅雍。跪奉册、寶，陳于法宫。以俯以仰，有儀有容。明神介之，福禄來崇。

皇后降殿，用《承安》：温惠之德，褘翟之衣。行中《采薺》〔五〕，禮無或違。降于丹陛，有容有儀。委委蛇蛇〔六〕，誰其似之！

皇后受册、寶，用《成安》：鏤蒼玉兮，盛德載揚。鑄南金兮，作鎮椒[21]房〔七〕。虔受賜兮，有煒其光。宜室家兮，朱芾斯皇。

皇后升座，用《和安》：禮既行兮，厥位孔安。母儀正兮，容止可觀。奉東朝兮，常得其歡。求淑女兮〔八〕，豈樂多般。

內命婦入門，用《惠安》：素月澄輝，衆星顯列。炳爲天文，各有攸別。椒房既正，陰教斯設。《關雎》、《麟趾》，應如響捷。

外命婦入門，用《成安》：窈窕其容，淑嫕其姿〔九〕。爛其如雲，瞻我母儀。曰天之（妹）〔妹〕，作合惟宜。粲然舞抃，疇不肅祗。

皇后降座，用《徽安》：寶字煌煌，册書粲粲。副笄加飾，褘褕有爛。祗若帝休，委蛇樂衎〔一〇〕。億萬斯年，永膺宸翰。

皇后歸閤，用《泰安》：太任徽音，太姒是嗣。百男之祥〔一一〕，周室以熾。天子萬年，受茲女士。如姒事任，從以孫子。

〔一〕工：原作「公」，據《宋史》卷一三九《樂志》一四改。
〔二〕容：原作「用」，據《宋史》卷一三九《樂志》一四改。
〔三〕鳴：原作「鸞」，據《宋史》卷一三九《樂志》一四改。
〔四〕祊：原作「枋」，據《宋史》卷一三九《樂志》一四改。
〔五〕薺：原作「齊」，據《宋史》卷一三九《樂志》一四改。
〔六〕蛇蛇：原作「迤迤」，據《宋史》卷一三九《樂志》一四改。
〔七〕作：原作「永」，據《宋史》卷一三九《樂志》一四改。
〔八〕求：原作「永」，據《宋史》卷一三九《樂志》一四改。
〔九〕嫕：原作「慎」，據《宋史》卷一三九《樂志》一四改。
〔一〇〕蛇：原作「迤」，據《宋史》卷一三九《樂志》一四改。
〔一一〕百男之祥：《宋史》卷一三九《樂志》一四作「則百斯男」。

淳熙三年發皇后册寶十三首

皇帝升坐，《乾安》：赫赫惟皇，如日之光。肅肅惟后，如月之常。禮行一時，明照無疆。天子莅止，疇敢不莊！

册、寶入門，《正安》：卜月惟良，練辰斯臧。臣工在庭，劍佩瑲瑲。來汝疑丞，明命是將。有淑其儀，無或怠遑。

册、寶出門，《正安》：刻簡以珉，鑄寶以金。持節伊誰？時維四鄰。自我文德，達之穆清。委蛇委蛇，往迄于成。

皇帝降坐，《乾安》：册行何歸？于門東偏。禮備樂成，合扇鳴鞭。皇舉玉趾，如天之旋。燕及家邦，億萬斯年。

皇后出閤，《坤安》：椒塗蘭馭，河潤山容。副笄在首，褘衣被躬。静女其姝，實翼實從。自彼西閤，聿來殿中。

册、寶入門，《宜安》：德隆位尊，禮厚文縟。乃篆斯金，乃鏤斯玉。羣公 22 盈門，執事有肅。願言保之，永鎮坤軸。

皇后降殿，《承安》：規殿沉沉，叶氣旼旼。明章婦順，表正人倫。躡是左墄，暨于中庭。尚宮顯相，罔有弗欽。

皇后受册、寶，《成安》：備物典册，樂之鼓鍾。拜而受之〔一〕，極其肅雍。司言司寶，各以職從。行地有慶，與天無窮。

皇后升坐，《和安》：容典既膺，壼儀既正。羽衛外列，揚顏中映。如帝如天，以莊以靚。六宮承式，二《南》流詠。

內命婦入門，《惠安》：《葛覃》節用，《樛木》逮下。形爲嬪則，夙已心化。茲臨長秋，遂正諸夏。以慶以祈，百祥來迓。

外命婦入門，《咸安》：碩人其頎，公侯之妻。翟茀以朝，象服是宜。如星之芒〔二〕，遡月之輝。母儀既瞻，羣心則夷。

皇后降坐，《徽安》：窈窕淑女，備六服兮。陟降多儀，聳羣目兮。內治允備，陰教肅兮。宜君宜王，綏有福兮。

皇后歸閤，《泰安》：天監有周，是生太任。亦有太姒，嗣其徽音。孰如兩宮，慈愛相承。《思齊》之盛，復見于今。

淳熙十六年皇后册寶十三首

皇帝升坐，《乾安》：乾位既正，坤斯順承。日麗于天，月斯遡明。惟帝受命，惟帝並登。黼扆尊臨，典册是行。

册、寶入門，《正安》：迺協良辰，維春之宜。迺詔近弼，來汝相儀。九門洞開，文物華輝。聲詩載歌，于以侑之。

册、寶出門，《正安》：有璽範金，有册鏤瓊。汝使汝介，持節以行。禮始文德，達于穆清。是恪是虔，依我和聲。

〔一〕拜：原作「邦」，據《宋史》卷一三九《樂志》一四改。

〔二〕芒：《宋史》卷一三九《樂志》一四作「共」。

皇帝降坐，《乾安》：鼓鍾喤喤，磬筦鏘鏘。劍佩充庭，濟濟洋洋。禮典告備，皇心樂康。於 23 萬斯年，受福無疆。

穆清殿受册、寶，皇后出閤，《坤安》：懿範柔容，如月斯輝。駕厥翟輅，被以褘衣。九御從之，如雲祁祁。典册是承，心焉肅祗。

册、寶入門，《宜安》：華褑璧璫，有馨椒殿。備物來陳，多儀式煥。曰册曰寶，是刻是瑑。並舉以行，皇矣懿典。

皇后降殿，《承安》：褘褕盛服，有恪其容。是陟是降，相以尚宮。金殿玉階，聿來于中。展詩應律，載詠肅雍。

皇后受册、寶，《成安》：帝有顯命，稟于親慈。后德克承，拜而受之。人倫既正，王化是基。億載萬年，永祚坤儀。

皇后升坐，《和安》：帝慶三宮，膺受寶册。御于中闈，載欣載惕。迺孚陰教，迺明内則。翼翼魚貫，罔不承式。

内命婦入門，《惠安》：掖庭頒官，于位有四。嘒彼小星，撫以德惠。熙焉如春，育焉如地。慶禮聿成，靡弗咸喜。

外命婦入門，《咸安》：魚軒鼎來，象服是宜。班于内庭，率禮惟祗。化以婦道，時惟母儀。是慶是類，于胥樂兮。

皇后降坐，《徽安》：正位長秋，容典備矣。王假有家，人倫至矣。儷極俔天，多受祉矣。蟄蟄螽斯，宜孫子矣。

皇后歸閤，《泰安》：維天佑宋，盛事相仍。崇號三宮，甫兹浹辰。肇正中闈，縟禮載陳。邦家之慶，曠古無倫。

皇帝升坐，《乾安》：乾健坤順，群生首資。日常月升，四時叶熙。帝嗣天曆，后崇母儀。黼黻承暉，王化是基。

使、副入門，《正安》：熛闕蟺蜎，璧門雲龍。烈文維輔，翊奉有容。典章煇明，彝度肅雍。蕆時縟儀，登于瑢宮。

册、寶出門，《正 24 安》：金晶麗輝，璧葉含春。贊夏之翼，纆虞之嬪。樂序韶亮，禮文藻新。辟公相成，物采彬彬。

皇帝降坐，《乾安》：帟旒雲舒，金秀充庭。璇衛鑾華，蒨佩垂綎。皇容熙備，柔儀順承。三宮齊懽，萬福昭膺。

皇后出閤，《坤安》：驂翟崇容，褘鞠陳衣。戾止蘭殿，夙興椒闈。淑正宣華，粹明騰煇。欽若有承，嗣音之徽〔一〕。

册、寶入門，《宜安》：褘帟流光〔二〕，沙祥增衍。編玉鏤德，螭金溢篆。粹猷藻黻，徽文華顯。二《南》聲詩，于時昭闡。

皇后降殿，《承安》：翬珩煥采，趨節風韶。陟降城陛，奉將英瑶。辟道承薰，嬪儀揚翹。是敬是祇，德音孔昭。

〔一〕音：原作「首」，據《宋史》卷一三九《樂志》一四改。
〔二〕帟：原作「奕」，據《宋史》卷一三九《樂志》一四改。

皇后受册寶，《成安》：帝奉太室，后儀成之。帝養三宮，后志承之。德如《關雎》，盛如《螽斯》。宜君宜王，百世本支。

皇后升坐，《和安》：肅肅壼彝，雍雍陰教。險詖自防，警戒是儆。中闈端委，列御胥告。其思輔順，永翼帝孝。

內命婦入門，《惠安》：天子九嬪，王宮六寢。有煒令儀，載秩華品。福履綏將，節用躬儉。矢其德音，于以來諗。

外命婦入門，《咸安》：象服之文，《鵲巢》之風。化以婦道，覲于內宮。采蘋澗濱，采藻澗中。夙夜在公，贊彼累功。

皇后降坐，《和安》：光佑晏寧，惠慈燕喜。壽仁並崇，家邦均祉。懿文交舉，壼册嗣美。維億萬年，愛敬惟似。

皇后歸閤，《泰安》：天心仁佑，坤德世昭。灼有慈範，著于累朝。儉以贊虞，勤以承堯。是用則儆，共勵夙宵。

嘉泰三年皇后册寶十三首

皇帝升坐，《乾安》：茂建坤極，容典聿[25]新。天命所贊，慈訓是遵。肅涓穀旦，躬御紫宸。鴻禧累福，駢賚翕臻。

使、副入門，《正安》：端門曉闢，瑞氣雲凝。有儼良輔，踵武造廷。肅肅王命，是將是承。登册穆清，萬歲永膺。

册、寶出門，《正安》：瑤册玉寶，爛然瑞輝。旁翼絳節，上承紫微。璆鳴朝佩，徐出獸扉。登進坤極，益彰典徽。

皇帝降坐，《乾安》：天臨黼扆，雲集弁纓。金石迭奏，典禮備成。玉趾緩步，龍駕翼行。言旋北極〔一〕，永燕西清。

皇后出閤，《坤安》：日薰椒屋，雲靄璧門。有華瑞節，來自帝閽。統天惟乾，合德者坤。我龍受之，福禄永繁。

册、寶入門，《宜安》：虹輝燦爛，雲篆綢繆。絳節前導，瑞光上浮。瑶階玉扉，既集長秋。欽承天寵，永荷帝休。

皇后降殿，《承安》：瑶殿清閟，玉墄坦夷。褘衣副珈，陟降不遲。寶册聿至，載肅載祇。禮儀昭備，福履永綏。

皇后受册、寶，《成安》：日月臨燭，乾坤覆持。明並二曜，德合兩儀。光媲宸極，共恢化基。膺受茂典，億載永宜。

皇后升坐，《和安》：寶璽瑶册，既祇既承。繡裀藻席，載躋載升。柔儀肅穆，瑞命端凝。永膺多福，如川方增。

內命婦入門，《惠安》：服煥盛儀，班分華緻。九嬪婦職，六寢內治。參差荇菜，求勤寤寐。烝然來思，相禮讚祭。

〔一〕旋：原作「璇」，據《宋史》卷一三九《樂志》一四改。

外命婦入門，《咸安》：婦榮於室，通籍禁中。班列有次，車服有容。佐我《關雎》，《鵲巢》之風。被之僮僮，曷不肅雍！

皇后降坐，《徽安》：金石具舉，典禮茂明。淑慎其止，逌觀厥成。瓊琚微動，鳳輦翼行。儀光媲 26 極，德邁嬪京。

皇后歸閤，《泰安》：寶坐既興，鳳輿戒行。奏解嚴辦，歸燕邃清。問安壽慈，奉盤宗祊。彌千萬年，内助聖明。

嘉定十五年皇帝受「恭膺天命之寶」三首

《恭膺天命之曲》，太簇宮：我祖受命，恭膺于天。爰作玉寶，載祇載虔。申錫無疆，神聖有傳。昭茲興運，於萬斯年。

《舊疆來歸之曲》，太簇宮：於穆我皇，之德之純。涵濡羣生，矧我遺民。連齊跨晉，輸貢效珍。土宇日闢，一視同仁。

《永清四海之曲》，太簇宮：我祖我宗，德厚澤深。於皇繼序，益單厥心。天人協扶，一統有臨。乾坤清夷，振古斯今。

册太子〔一〕

至道元年册皇太子二首

〔太子〕出入，用《正安》：主鬯之重，允屬賢明。承華肇啓，上嗣騰英。禮修樂舉，毓德開榮。一人元良〔二〕，萬邦以寧。

羣臣稱賀，用《正安》：皇儲既建，聖祚無疆。鸞旌列敘，鵷戟分行。前星有爛，瑞日重光。繼天接聖，温文允臧。

天禧三年册皇太子一首

太子出入，用《明安》：明離之象，少陽之位。固邦爲本〔三〕，體天作貳。儀範克温，禮章斯備。丕宜令猷，恭守宗器。

乾道元年册皇太子四首

皇帝升坐，《乾安》：宋受天命，聖緒無疆。惟懷永圖，乃登元良。涓選休辰，册書是將。黼坐天臨，穆穆皇皇。

太子入門，《明安》：於維皇儲，玉潤金聲。體《震》之洊，重《離》之明。册寶具舉，環佩鏘鳴。守器承祧，惟邦之榮。

太子出門，《明安》：樂備既奏，和聲沖融。玉簡金書，翔鸞戲鴻。下拜登受〔四〕，旋于青宮。儀辰作貳，垂 27 休

〔一〕原無此題，今添。
〔二〕人：原作「有」，據《宋史》卷一三九《樂志》一四改。
〔三〕邦：原作「安」，據《宋史》卷一三九《樂志》一四改。
〔四〕下：原作「不」，據《宋史》卷一三九《樂志》一四改。

無窮。

皇帝降坐，《乾安》：我禮備成，我駕言旋。降坐而蹕，奏鼓淵淵。國本既定，保佑自天。克昌厥後，何千萬年。

乾道七年册皇太子四首

皇帝升座，《乾安》：建儲以賢，闢宮于東。典册既備，筮占既從。濟濟卿士，將將鼓鍾。天子戾止，盛哉禮容。

太子入門，《明安》：琱瑨瑳瑳〔一〕，篆金煌煌。對揚于庭，是承是將。星重其暉〔二〕，日重其光。觀瞻以懌，國有元良。

太子出門，《明安》：淵沖象德，玉裕凝姿。進退周旋，有肅其儀。既定國本，益隆慶基〔三〕。燕及兩宮，福禄如茨。

皇帝降座，《乾安》：儲副豫定，器之公兮。册授孔時，禮之隆兮。天步遲遲，旋九重兮。壽祉萬年，德無窮兮。

嘉定二年册皇太子四首

皇帝升坐：於皇我宋，受命于天。升儲主鬯，衍慶卜年。典册告備，庭工載虔。萬乘涖止，端冕邃延。

太子入門受册寶：太極端御，少陽肅祇。珉簡斯鏤，衮服孔宜。式奏備樂，迺陳盛儀。下拜登受，永言保之。

太子受册寶出門：明兩承曜，作貳宣猷。茂德金昭，令譽川流〔四〕。豫定厥本，永貽迺謀。三朝致養，問寢龍樓。

皇帝降坐：《震》洊體象，我儲明兮。涣揚顯册，我禮成兮。大駕言旋，警蹕鳴兮。燕祉無疆，邦之榮兮。

皇子冠〔五〕

寶祐二年皇子冠二十首

皇帝將出文德殿，《隆安》：於皇帝德，乃聖乃神。本支百世，立愛惟親。敬共冠事，以明人倫。承天右序，休命用申。

賓贊入門，《祇安》：豐芑詒謀，建爾元子。揆禮儀年，筮賓敬事。八音克諧，嘉28賓至止。于以冠之，成其福履。

賓贊出門，《祇安》：禮國之本，冠禮之始。賓升自西，維賓之位。于著於阼，維子之義。厥惟欽哉，敬以從事。

皇帝降坐，《隆安》：路寢闢門，黼坐恭己。羣公在庭，所重維禮。正心齊家，以燕翼子。於萬斯年，王心載喜。

皇子初行：有來振振，月重輪兮。瑜玉在佩，綦組明兮。左徵右羽，德結旌兮。步中《采薺》，矩矱循兮。

〔一〕原脱一「瑳」字，據《宋史》卷一三九《樂志》一四補。
〔二〕星：原作「山」，據《宋史》卷一三九《樂志》一四改。
〔三〕隆：原作「降」，據《宋史》卷一三九《樂志》一四改。
〔四〕流：原作「洸」，據《宋史》卷一三九《樂志》一四改。
〔五〕原無此題，今添。

賓贊入門：我有嘉賓〔一〕，直大以方。亦既至止，厥德用光。冠而字之，厥義孔彰。表裏純備，黄耇無疆。

皇子詣受制位：吉圭休成，其日南至。天子有詔，冠爾皇嗣。爲國之本，隆邦之禮。拜而受之，式共敬止。

皇子升東階：茲惟阼階，厥義有在。歷階而升，敬謹將冠。經訓昭昭，邦儀粲粲。正纚賓筵，壽考未艾。

皇子升筵：秩秩賓筵，籩豆孔嘉。帝子至止，衿纓振華。周旋陟降，禮行三加。成人有德，匪驕匪奢。

初加：帝子惟賢，懋昭厥德。跪冠于房，玄冠有特。鼓鍾喤喤，威儀抑抑。百禮既洽，祚我王國。

初醮：有賓在筵，有尊在户。磬管將將，醮禮時舉。跪觴祝辭，以永燕譽。寶祚萬年，磐石鞏固。

再加：《復》爻肇祥，《震》維標德。乃共皮弁，其儀不忒。體正色齊，維民之則。璇霄眷佑〔二〕，國壽箕翼。

再醮：冠醮之義，匪酬匪酌。于户之西，敬共以恪〔三〕。金石相宣，冠醮相錯。帝祉之受，施及家國。

三加：善頌善禱，三加彌尊。爵弁峨峨，介珪温温。陽德方長，成德允存〔四〕。燕及君親，厥祉 29 孔蕃。

三醮：席于賓階，禮義以興。受爵執爵，多福以膺。匪惟服加，德加(俞)〔愈〕升。匪惟德加，壽加愈增。

皇子降：命服煌煌，跬步中度。慶輯皇闈，化行海宇。禮具樂成，惕若戒懼。寶璐厥躬，有秩斯祜。

朝謁皇帝將出：皇王烝哉，令聞不已。燕翼有謀，冠醮有禮。百僚在庭，遹相厥事。頌聲所同，嘉受帝祉。

皇子再拜：青社分封，前星啓燄。繁弱綏章，厥光莫揜。容稱其德，蓄學之驗。芳譽敷華，大圭無玷。

皇子退：元衮黼裳，垂徽永世。勉勉成德，是在元子。胙土南賓，厥旨孔懿。充一忠字，作百無愧。

皇帝降坐：愛始於親，聖盡倫兮。元子冠字，邦禮成兮。天步舒徐，皇心寧兮。家人之吉，億萬春兮。

鄉飲酒〔五〕

淳化鄉飲酒三十三章

鹿鳴呦呦，命侶與儔。宴樂嘉賓，既獻且酬。獻酬有序，休祉無疆。展矣君子，邦家之光。　鹿鳴呦呦，在彼中林。宴樂嘉賓，式昭德音。德音愔愔，既樂且湛。允矣君子，實慰我心。　鹿鳴呦呦，在彼高岡。宴樂嘉賓，吹笙鼓簧。幣帛戔戔，禮儀鏘鏘。樂只君子，利用賓王。　鹿鳴相呼，聚澤之蒲。我樂嘉賓，鼓瑟吹竽。我命旨酒，以燕以娱。何以贈之？玄纁粲如。　鹿鳴相邀，聚場之苗。我美嘉賓，令名孔昭。我命旨酒，以謌以謠。何以

〔一〕有：原作「育」，據《宋史》卷一三九《樂志》一四改。
〔二〕眷：原作「春」，據《宋史》卷一三九《樂志》一四改。
〔三〕敬：原作「敷」，據《宋史》卷一三九《樂志》一四改。
〔四〕允：原作「欲」，據《宋史》卷一三九《樂志》一四改。
〔五〕原無此題，今添。

置之？大君之朝。　鹿鳴相應，聚山之荆。我燕嘉賓，鼓簧吹笙。我命旨酒，以逢以迎。何以薦之？揚于王庭。

右《鹿鳴》六章，章八句。

瞻彼南陔，時物嘉良。有泉清泚，有蘭馨香。晨飲是汲，30夕膳是嘗。慈顔未悦，我心靡遑。　嬉嬉南陔，眷眷慈顔。和氣怡色，奉甘與鮮。事親爾宜〔一〕，事君爾思。虔勉忠孝，邦家之基〔二〕。

右《南陔》二章，章八句。

洋洋嘉魚，佇以美罛。君子有道，嘉賓式燕以娱。　洋洋嘉魚，佇以芳罟〔三〕。君子有德，嘉賓式歌且舞。　我有宮沼，龜龍擾之。君子有禮，嘉賓式貴表之。　我有宮藪〔四〕，麟鳳來思。君子有樂，嘉賓式慰懃思。　相彼嘉魚，爰縱之壑。我有旨酒，嘉賓式燕以樂。　相彼嘉魚，在漢之梁。我有旨酒，嘉賓式燕以康。　森森喬木，美蔓縈之。我有旨酒，嘉賓式燕宜之。　喈喈黄鳥，載飛載止。我有〔旨〕酒，嘉賓式燕且喜。

右《嘉魚》八章，章四句。

崇丘峨峨，動植斯屬。高既自遂，大亦自足。　和風斯扇，膏雨斯沐〔五〕。我仁如天，以亭以育。　崇丘巍巍，動植其依。高大之性，各極爾宜。　王道坦坦，皇猷熙熙。仁壽之域，烝民允躋。

右《崇丘》二章，章八句。

關雎于飛，洲渚之湄。自家刑國，樂且有儀〔六〕。郁郁芳蘭，幽人擷之。温温恭人，哲后求之。　求之無斁，寤寐所屬。罄爾一心，受天百禄。　郁郁芳蘭，雨露滋之。温温恭人，圭組靡之。　郁郁芳蘭，佩服珍之。温温恭人，福履綏之。　關雎蹌蹌，集水之央。好求賢輔，同揚德光。　蘋蘩芳滋，同誰掇之。願言賢德，靡日不思。　偶其賢德，輔成己職。永配玉音，服之無斁。　潔其粢盛，中心匪寧。薦於宗廟，助君德馨。　賢淑來思，人之表儀。風化天下，何樂如之！

右《關雎》十章，章四句。

彼鵲成巢，爾類攸處。之子有31歸，瓊瑶是祖。　彼鵲成巢，爾類攸匹。之子有行，錦繡是飾。　彼鵲成巢，爾類攸共。之子有從，蘭蓀是奉。　伊鵲成巢，珍禽戾止。婉彼佳人，配于君子。　伊鵲營巢，珍禽攸處。内助賢侯，弼于明主。　伊鵲營巢，珍禽輯睦。均養嘉雛〔七〕，致于蕃育。

右《鵲巢》六章，章四句。（以上《永樂大典》卷二一六八九）

〔一〕爾：《宋史》卷一三九《樂志》一四作「是」。下句同。
〔二〕基：原作「肥」，據《宋史》卷一三九《樂志》一四改。
〔三〕佇：原作「伺」，據《宋史》卷一三九《樂志》一四改。
〔四〕宮：原作「郊」，據《宋史》卷一三九《樂志》一四改。
〔五〕雨：原脱，據《宋史》卷一三九《樂志》一四補。
〔六〕儀：原作「宜」，據《宋史》卷一三九《樂志》一四改。
〔七〕嘉：原作「衆」，據《宋史》卷一三九《樂志》一四改。

【中興會要】

32 皇帝發皇太后册寶 〔一〕紹興十年學士院撰，八曲。

皇帝隨册、寶降殿，用《聖安》： 景祚有開，符坤媲昊。誕毓聖神，是崇位號。星拱天隨，祇嚴册寶。還御慈寧，增光舜道。

中書令奉册詣皇帝褥位，用《禮安》： 聲樂備陳，禮容罔忒。相維上公，虔奉玉册。皇則受之〔二〕，慕形於色。既壽且康，與天無極。

侍中奉寶詣皇帝褥位： 曲名與奉册同。 祖啓瑶光，誕生明聖。尊極母儀，帝庸作命。寶章煌煌，道以笙磬。還燕慈寧，邦家徯慶。

太傅奉（寶用）〔册、寶〕出門，用《聖安》： 肅肅東朝，帝隆孝治。猗歟丕稱，寶册斯備。皇扉四開，導迎慶瑞。德邁太任，有周卜世。

太傅奉册、寶入門： 曲名與出門同。 静順坤儀，聖神是育。懿（昭）鑠昭陳，鏤文華玉。樂奏既備，禮儀不瀆。導迎善祥，翟車歸毣。

太傅奉册授提〔點〕官： 曲名與前奉册同。 孝（奏）〔奉〕天儀，信維休德。發越徽（旨）〔音〕，禮文靡忒。永保嘉祥，時萬時億。歸于東朝，含飴燕息。

太傅奉（册）寶授提點官： 曲名與前奉册同。 肅雍長樂，克篤其慶。河洲茂德，沙麓啓聖。是生睿哲，蚤隆丕運。欽稱洪寶，永膺（是）〔天〕命。

册、寶升慈寧殿幄： 曲名與出門同。 禮行〔東〕朝，樂奏大呂。羽衛森陳，簪紳式序。雲幄邃嚴，（容）〔宏〕典是舉。天子萬年，母儀寰宇。（以上《永樂大典》卷一七二九三）

〔一〕按此處輯録《中興會要》之文，與《樂》七之九所録《宋史·樂志》「紹興十年發皇太后册寶八首」相同。

〔二〕之：原脱，據本書樂七之九補。

宋會要輯稿　樂八

鼓吹導引樂歌

南郊鼓吹歌曲〔一〕

❶《導引》建隆二年〔二〕，三曲。　氣和玉燭，睿化著鴻明，緹管一陽生。郊禋盛禮燔柴畢〔三〕，旋軫鳳凰城。森羅儀衛振華纓，載路溢歡聲。皇圖大業超前古，垂象泰階平。和聲。歲時豐衍，九土樂升平，覩寰海澄清〔四〕。道高堯舜垂衣治〔五〕，日月並文明。《嘉禾》、《甘露》登歌薦，雲物煥祥經。兢兢夕惕持謙德，未許禪云亭。

《六州》　嚴夜警，銅蓮漏遲遲〔六〕。清禁肅，森陛戟，羽衛儼皇闈。角聲厲〔七〕，鉦鼓攸宜。金管成雅奏〔八〕，逐吹逶迤。薦蒼璧，郊祀神祇，屬景運純熙。京坻豐衍，羣材樂育，諸侯述職，盛德服蠻夷。和聲。殊祥萃，九苞丹鳳來儀〔九〕。膏露降，和氣洽，三秀煥靈芝。鴻猷播，史册相輝。張四維，卜世永固丕基。敷玄化，蕩蕩無爲，合堯舜文思。混并寰宇，放牛歸馬，銷金偃革，蹈詠慶昌期。

《十二時》　承寶運，馴致隆平，鴻慶被寰瀛。時清俗阜，治定功成，遐邇詠《由庚》〔一〇〕。嚴郊❷祀，文物聲明，會天正。星拱奏嚴蹕〔一一〕，布羽儀簪纓。宸心虔潔，明德播惟馨。動蒼冥，神降饗精誠。和聲。燔柴半，萬乘移天仗，肅鑾輅旋衡。千官雲擁，羣后輸誠，玉帛旅明庭。《韶》、《濩》薦〔一二〕，金奏諧聲〔一三〕，集休亨。皇澤浹黎庶〔一四〕，普率洽恩榮。仰欽元后〔一五〕，神聖貫三靈。萬邦寧，景貺福千齡。

《導引》天禧三年，三曲。　皇穹錫瑞，帝業愈蕃昌，會萬玉來王。名山珍館神遊接，寶信降雲房〔一六〕。卜兹顯位嚴壇墠，奕奕覩輝光。精衷昭格靈心答，天曆保無疆。和聲。皇家立極，炎德赫中區，執契應蘿圖。文章煥爛垂星

〔一〕按，此目所録仍爲《宋會要》之文。
〔二〕建隆二年：《宋史》卷一四〇《樂志》一五作「開寶元年」。
〔三〕禋：原脱，據《宋史》卷一四〇《樂志》一五補。
〔四〕「覩」原作「當」，「寰」原作「環」，據《宋史》卷一四〇《樂志》一五改。
〔五〕舜：原脱，據《宋史》卷一四〇《樂志》一五補。
〔六〕蓮：原作「更」，據《宋史》卷一四〇《樂志》一五改。
〔七〕角聲：原脱，據《宋史》卷一四〇《樂志》一五補。
〔八〕「金」原脱，「成」原作「城」，據《宋史》卷一四〇《樂志》一五補改。
〔九〕苞：原作「包」，據《宋史》卷一四〇《樂志》一五改。
〔一〇〕由：原脱，據《宋史》卷一四〇《樂志》一五補。
〔一一〕奏：原作「奉」，據《宋史》卷一四〇《樂志》一五改。
〔一二〕濩：原作「護」，據《宋史》卷一四〇《樂志》一五改。
〔一三〕奏諧：原作「春歡」，據《宋史》卷一四〇《樂志》一五改。
〔一四〕浹：原脱，據《宋史》卷一四〇《樂志》一五補。
〔一五〕仰欽元后：原作「回車正五」，據《宋朝事實》卷一一、《宋史》卷一四〇《樂志》一五改。
〔一六〕寶：原作「實」，據《補編》頁八五三改。

斗，威畧定方隅。丹扆翠巘錫靈符，瑞物紀神輸。紫壇大報陳昭配，福慶降清都。

《六州》　齊天寓，四海洽淳風。接寶胄，垂真檢，景祚無窮。成玉牒，日觀歸功。冀野升方鼎，脽上由崇。欽檜井，雲蹕巡東，國本《震》爲宮。乾文焕炳，真祠曲密，重祥疊瑞，瓊蘊降高穹。和聲。膺丕烈，虔心建顯垂鴻〔一〕。詢吉土，卜郊兆〔二〕，執玉薦清衷〔三〕。鍾律應，雲物迎空。樂和同〔四〕，輪囷嘉氣蔥蔥。天神來降發沖融，玉燭四時通。星回金輅，雷聲作解〔五〕，昆蚑被惠，億載帝基隆。

《十二時》　雕戈偃，玉塞清明，道德洽和平。龜疇鳳枏，騰實飛英，岱畎讓功成。汾水上，寅輅鑾聲，薦精誠。仙宇玉爲京，圭潔奉高明。瑶山銀牓，固國本丕閎。詔公卿，綿蕝狥輿情。和聲。稽陽位，報本郊壇時，助祭儼簪纓。祖宗配侑，朱燎晶熒，百禮備豐盈。答天地，用厚懷生，泰黎氓。千畿先潤澤，萬寶盡開榮。龍沙日窟，文軌永來并。

3 保嘉亨〔六〕，史册焕鴻名。

《導引》天聖二年，三曲。　真人臨御，(實)〔寶〕瑞集豐融，萬國仰天聰。嘉禋盛禮文章焕，齊潔致清衷。笙鏞六變三神格，喜備盛儀容。乾穹上達昭靈饗，慶緒藹丕隆。和聲〔七〕。陽郊報本，嗣聖肇恭禋〔八〕，太一下威神。天臨兩觀推三赦，慶祉被臣民。徽名薦册縟儀陳，盛節焕書筠。塗歌邑誦揚徽懿，鼎命協惟新。

《六州》　承皇統，天地洽清寧。熙帝載，建民極，百度惟明〔九〕。崇講肄，博考儒經。遊豫騰謡誦，星蹕天行。留紺宇，順拜金庭，兆庶動歡聲。靈心上達，卿雲成蓋，祥風襲物，瑞日耀圜清。和聲。列聖孝，德被寰瀛。就陽位，協吉周正，儼簪纓，交歡對越羣靈〔一〇〕。皇威赫奕盛儀成，徽册受鴻名。鷄竿肆赦，鴛行均慶，翾飛浸澤，斯萬保升平。

《十二時》　嘉亨運，璿曆均調，光烈邁唐堯。珍圖緣錯，垂錫乾霄，封岱順車杓。修合答，萬玉來朝，瑞丕昭。構宇結瑛瑶，虚氣下仙飈。欽崇道祖，輿駕動臨譙〔一一〕。整鑾鑣，郊報厚黎苗。和聲。均純貺，滲漉咸滋液，能事播歡謡。繼明纘緒，緩賦輕徭，京庾比豐饒。勤中昃，採善詢蕘，五風飄。授人時吏正，休馬櫜兵銷。良肱隆棟，助化率皇僚。德聲遥，懿鑠簡書標。

〔一〕顯：原脱，據《補編》頁八五三補。
〔二〕卜：原脱，據《補編》頁八五三補。
〔三〕清：原脱，據《補編》頁八五三補。
〔四〕同：原脱，據《補編》頁八五三補。
〔五〕聲：原脱，據《補編》頁八五三補。
〔六〕亨：原作「享」，據《補編》頁八五三改。
〔七〕和聲：原無，據前後文該曲體例補。
〔八〕嗣聖肇恭：原作「禮意彌勤」，據《補編》頁八五三改。
〔九〕惟：原作「推」，據《補編》頁八五三改。
〔一〇〕歡：原無，據《補編》頁八五三補。
〔一一〕動：《補編》頁八五三作「徇」。

《導引》治平二年，四曲。　治平天子，景至肇嚴禋，華玉禮威神。六龍齊捧鑾輿動，采仗轉鉤陳。歸來瑞氣滿清晨，金石舜韶新。樓前山鶴銜書下，天地已爲春。

《六州》　垂炎運，真主嗣瑶圖。海波晏，卿雲爛，日月麗皇都。年屢稔，萬寶山儲。廣莫風 4 生律，一氣潛噓。陳法駕，翠羽裝輿，清蹕下天衢。金匏六變，欻然靈顧，來如風馬〔一〕，拜貺紫壇初。和聲。奉神娛，嘉籩薦，美玉奠，照熒[illegible]。星彩動，霜華薄，禁閣漏聲疎。回龍馭，寶瑞紛敷。衆心愉，鈞天別奏簫竽。仙人樓上捧赦書，舞鶴更躊躕。丹徼北窮，沙漠涵皇澤，盛德邁唐虞。

《十二時》　千年運，五葉升平，法宸坐中楹〔二〕。天高日潤，雷動風行，三萬里聲明。靈臺偃伯仆邊兵，事農耕。一氣重滋萌，萬寶迄登成。天生嘉穀，博碩又芳馨。罄齊精，謁欸謝嘉生。和聲。神明地，當陽定天位，來助見人情。璧珪蒽璪，金石鏗鈜，儀禮盛西京。靈祇喜，福禄來盈，詠《夷庚》。幔城班上笏，鑾路趣還衡。觚稜雙闕，赭案切三清。動歡聲，恩澤遍寰瀛。

《奉禋歌》　皇天眷命集珍符，上聖膺期起天衢。環紫極，握鴻樞〔三〕。此時朝野歡娛，樂于于，人似住華胥〔四〕。和氣至，嘉生遂，豆實正芬敷。禮與誠俱，風飄洒，靈來下，喜怡愉。斗隨車轉，月上壇觚，奉禋初。至誠孚，如山岳，福委祥儲。車旋軌，雲間雙闕峙，百尺朱繩到地，兩行雉扇排虛。仙鶴銜書，珍袍上笏相趨。共歡呼，號令崇朝，徧滿寰區，陽動春噓。躬盛事，受多祉，千萬祀，天長地久皇圖。

皇帝歸青城，用《降仙臺》：熙寧十年南郊增一曲。　清都未曉，萬乘並駕，煌煌擁天行。祥風散瑞藹，紫蓋聳旂常，建耀曾城。四列兵衛，爟火映金龍衡平〔五〕。衆樂警作充宮庭，皦繹成。和聲。紺幄褰裳，袞冕色鮮明。壇陛霄昇振璜珩，神格至誠。雲 5 車下冥冥，儲祥錫嘏莫可名。御端闕，朌號敷榮〔六〕。澤翔施溥，茂祉均被羣生。（以上《永樂大典》卷五四七一）

高宗郊祀大禮 紹興十三年學士院撰，6 五曲。

《導引》〔七〕　聖皇巡狩〔八〕，清蹕駐三吳〔九〕，十世嗣瑶圖。邊（城）〔塵〕不動干戈戢，文德溥天敷〔一〇〕。灰飛緹室

〔一〕如：原作「車」，據《補編》頁八五四改。
〔二〕宸：原作「戾」，據《補編》頁八五四改。
〔三〕握：原無，據《補編》頁八五四補。
〔四〕人：原脱，據《補編》頁八五四補。
〔五〕爟：原作「權」，據《宋史》卷一四〇《樂志》一五改。龍衡平：《補編》頁三七二、又頁八五四、《宋史》卷一四〇《樂志》一五均作「支翠旌」。
〔六〕朌號敷榮：原作「朌敷號榮」，據《宋史》卷一四〇《樂志》一五乙。朌與頒同。
〔七〕導引：原脱，據《宋史》卷一四一《樂志》一六補。
〔八〕狩：原作「守」，據《宋史》卷一四一《樂志》一六改。
〔九〕吳：原作「河」，據《宋史》卷一四一《樂志》一六改。
〔一〇〕德：原脱，據《宋史》卷一四一《樂志》一六補。

氣潛噓，郊見紫壇初。歸來赦令樓前下，喜氣溢寰區。

《六州》　雙鳳落，佳氣藹龍山。澄江左，清湖右，日夜海潮翻。因吉地，卜築圜壇。宏基隆陛級，神位周環。邊陲靜，掛起橐鞬，奠枕海隅安。三年親祀，一陽初動，虔修大報，高處紫煙燔。　看鳴鑾，鈎陳肅，天仗轉，朔風寒。孤竹管，雲和瑟，樂奏徹天關。嘉籩薦，玉奠璵璠，奉神歡。九霄瑞氣起祥煙〔一〕，來如風馬欻然還，留福已滋繁。回龍馭，升丹闕，布皇澤，春色滿人間。

《十二時》〔二〕　日將旦，陰曀潛消，天宇扇祥飈。邊陲靜謐，夜熄鳴刁，文教普旁昭。興太學，多士舒翹。奉宗祧，新廟榜宸毫〔三〕，配侑享於郊。慈寧萬壽，四海仰東朝。男女正，中壼致《桃夭》〔四〕。　年屢稔，漕舟啣尾夥，高廪接楹饒〔五〕。廟堂自有擎天一柱，功比漢庭蕭。多少群工同德，俊乂旁招〔六〕。吉祥諸福集，燮理四時調。三年郊見，六變奏《咸》、《韶》。望雲霄，福降與唐堯。

《奉禋歌》　蒼蒼天色是還非，視下應疑亦若斯。統元氣，覆無私。四時寒暑推移，物蕃滋，造化有誰知！嚴大報，反本始，禮重祀神祇。律管灰飛，黃宮動，陽來復，景長時。車陳法駕〔七〕，仗列黃麾，帝心祇。紫霄霽，霜華薄，星爛明垂。祥煙起，紛敷浮袞冕，六變笙鏞迭奏，一誠幣玉交持〔八〕。宮漏聲遲，千官顯相多儀。百神嬉，風馬雲車，來止來綏，誕降純禧。受神策，萬年無極，歌頌《昊天成命》周詩〔九〕。

《降仙臺》　**7** 升煙既罷，良夜未曉，天步下神丘。鏘鏘鳴玉珮，煒煒照金蓮，杳靄雲裘。綵仗初轉，回龍馭，旆旌悠悠。星影疏動與天流，漏盡五更籌。　大明昇，東海頭。杲杲靈曜，倒景射旗旒。輦路具修〔一〇〕，葱鬱瑞光浮。歸來雙闕，看御樓，有仙鶴啣書赦囚。萬方喜氣，均祉福，播謠謳。（以上《永樂大典》一一八六）

諸禮鼓吹歌曲〔一一〕

8 真宗封禪四首〔一二〕

〔一〕氣：原脱，據《宋史》卷一四一《樂志》一六補。
〔二〕二：原作「三」，據《宋史》卷一四一《樂志》一六改。
〔三〕宸：原作「神」，據《宋史》卷一四一《樂志》一六改。
〔四〕桃夭：原作「夭桃」，據《宋史》卷一四一《樂志》一六乙。
〔五〕楹：原作「盈」，據《宋史》卷一四一《樂志》一六改。
〔六〕乂：原作「義」，據《宋史》卷一四一《樂志》一六改。
〔七〕陳：原作「乘」，據《宋史》卷一四一《樂志》一六改。
〔八〕交：原作「友」，據《宋史》卷一四一《樂志》一六改。
〔九〕頌：原作「訟」，據《宋史》卷一四一《樂志》一六改。
〔一〇〕具：原作「且」，據《宋史》卷一四一《樂志》一六改。
〔一一〕原無此題，今添。
〔一二〕原稿此條以上尚有「腆朱燎焜櫄薪積讙欣皇曆萬斯春」十四字，此乃本書樂八之一九嘉祐七年明堂導引《十二時》之末尾，蓋原稿前面部分被整理者移至樂八之一八、一九，此爲其殘存者，今已移至彼處。又按，自樂八之八至樂八之三二，《永樂大典》又是以《宋史·樂志》爲正文，以《宋會要》爲注。因此以下大字乃《宋史》之文，小字（除《宋史》文中注以外）則爲《宋會要》之文。

《導引》　民康俗阜，萬國樂升平，慶海晏河清。唐堯、虞舜垂衣化，詎比我皇明！九天寶命垂丕貺，雲物効祥英。星羅羽衛登喬嶽，親告禪云、亭。汾陰云：「星羅羽衛臨汾曲，親饗答資生。」　我皇垂拱，惠化洽文明，盛禮慶重行。登封降禪燔柴畢，汾陰云：「告虔脽上皇儀畢。」天仗入咸京〔一〕。雲雷布澤徧寰瀛，遐邇振歡聲。巍巍聖壽南山拱，千載賀承平。

《六州》　良夜永，玉漏正遲遲。丹禁肅，周廬列，羽衛遶皇闈。嚴鼓動，畫角聲齊。金管飄雅韻，遠逐輕飈〔二〕。薦嘉玉，躬祀神祇，祈福爲黔黎。升中盛禮，增高益厚，登封檢玉，時邁合周詩。汾陰云：「方丘盛禮，精嚴越古，陳牲檢玉，時邁展鴻儀。」　玄文錫，卿雲五色相隨。甘露降，醴泉湧，汾陰云「嘉禾合」。三秀發靈芝。皇猷播，史册光輝。受鴻禧，萬年永固丕基。吾君德，蕩蕩巍巍，邁堯舜文思。從今寰宇，休牛歸馬，耕田鑿井，鼓腹樂昌期。

《十二時》　聖明代，海縣澄清，惠化洽寰瀛。時康歲稔，治定功成，遐邇賀昇平。嘉壇上，昭事神靈。薦明誠，報本禪云、亭，汾陰云「蠲潔答鴻寧」。俎豆列犧牲。宸心蠲潔，明德薦惟馨。紀鴻名，千古振天聲。　燔柴畢，汾陰云「親祠畢」。雲罕回仙仗，慶鑾輅還京。八神扈蹕，四隩來庭，嘉氣覆重城。殊常禮，曠古難行，遇文明。仁恩蘇品彙，霈澤被簪纓。祥符錫祚，武庫永銷兵。育羣生，景運保千齡。

告廟《導引》　明明 9 我后，至德合高穹，祇翼勵精衷。上真紫殿回飈馭，示聖胄延鴻〔三〕。躬承寶訓表欽崇，慶澤布寰中。告虔備物朝清廟，荷景福來同。

奉祀太清宫三首

《導引》　穹旻錫祐，盛德日章明，見地平天成。垂衣恭己干戈偃，億載祐黎甿。羽旄飾駕當春候，欵謁屈殊庭。精衷昭感膺多福，夷夏保咸寧。　聖君御宇，祇翼奉三靈，已偃革休兵。區中海外鴻禧浹，恭館勵虔誠。九斿七萃著聲明，徯后徇輿情。丕圖寶緒承繁祉，率土仰隆平。

《六州》　千載運，寶業正遐昌。欽至道，崇明祀，盛禮邁前王〔四〕。鑾輅動，萬騎騰驤。馳道紛綵仗，瑞日煌煌。奉秘檢，玉羽羣翔，非霧滿康莊。躬朝真館，齊心繹思，順風俯拜，奠酒爇蕭薌。　精衷達，飈輪降格昭彰。回羽旆，駐琱輦，舊地訪脽陽。饗清廟，孝德輝光。屈靈場，星羅萬國珪璋。陳牲幣，金石鏘洋，景福降穰穰。垂衣法座，恩覃羣品，慶均海寓，聖壽保無疆。

《十二時》　乾坤泰，帝祚遐昌，寓縣喜平康〔五〕。真遊降格，寶誨昭彰，宸蹕造仙鄉。崇妙典，敷意齊莊。欵靈

〔一〕咸：《宋史》卷一四〇《樂志》一五作「神」。
〔二〕遠：原脱，據《宋史》卷一四〇《樂志》一五補。
〔三〕延：原作「誕」，據《宋史》卷一四〇《樂志》一五改。
〔四〕王：原作「玉」，據《宋史》卷一四〇《樂志》一五改。
〔五〕縣：原作「宙」，據《宋史》卷一四〇《樂志》一五改。

場〔一〕，潔豆薦芬芳，備樂奏鏗鏘。猶龍垂裕，千古播休光。極褒揚，明號洽徽章。　朝修展，春豫諧民望〔二〕，覲文物煌煌。言旋羽衛，夙設壇場〔三〕，報本達蕭薌〔四〕。申嚴祀〔五〕，禮備烝嘗，答穹蒼。純禧霑品彙，慶賚浹窮荒。封人獻壽，德化掩陶唐。保綿長，錫佑永無疆。

亳州迴詣玉清昭應宮一首

《導引》　祕文鏤玉，金闕奉安時，旌蓋儼仙儀。珠旒俯拜陳章奏，10精意達希夷。卿雲郁郁耀祥曦〔六〕，玉羽拂華枝。靈心報貺垂繁祉〔七〕，寶祚永隆熙。

親享太廟一首〔八〕

《導引》　躬朝太室，列聖大功宣，綵仗耀甘泉。祕文升輅空歌發，一路覆祥煙。珠旒薦獻極精虔，列侍儼貂蟬。穰穰降福均寰宇，垂拱萬斯年。

南郊恭謝三首

《導引》　重熙累盛，睿化暢真風，尊祖奉高穹。林棽綵仗明初日，瑞氣滿晴空。玉鑾徐動出環宮，虔鞏罄宸衷。禮成均慶人神悅，聖壽保無窮。

《六州》　承天統，聖主應昌辰。寶籙降，飈游至，瑞命慶惟新〔九〕。崇大號，仰奉高真。獻歲當初吉，天下皆春。謁祕宇，藻衛星陳，薌靄極紛綸。瓊編焜燿〔一〇〕，仙衣綷縩，垂旒俯拜，薦獻禮惟寅。　芬芳備，精衷上達穹旻。尊道祖，饗清廟，助祭萬方臻。升泰畤，縟典彌文。侍羣臣，漢庭儒雅彬彬。煙飛火舉，畢嚴禋，天地降氤氳。高臨華闕，恩覃動植，慶延宗社，聖壽比靈椿。

《十二時》　亨嘉會，萬寓歡康，聖化邁陶唐。元符錫命，天鑒昭章，徽號奉琳房。陳縟禮，獻歲惟良。耀旗章，翠輦駐仙鄉，睿意極齋莊。仙衣渥彩，玉冊共熒煌。薦芬芳，飈馭降靈場。　回雲罕，尊祖趨仙宇，金石韻鏘洋。聿朝清廟，躬奠瑶觴，報本國之陽。執籩豆，列侍貂璫，對穹蒼。洪恩霈夷夏，大慶浹家邦。垂衣紫極，聖壽保遐昌。集祺祥，地久與天長。

【宋會要】

恭謝《導引》：嘉祐元年，四曲。

六龍馳駕〔一一〕，玉輅儼宸威，天11仗下端闈。華旌翠羽籠黄道，赫奕照晨暉。大哉仁孝踰堯舜，圭瓚罄虔祇。神靈肸蠁來歆答，萬壽保純禧。

《合宫歌》：泰階平，勳業屬全盛。盱（吴）〔昃〕焦勞訪道，纘三朝仁政。大庭蕆事欵上靈，服冕執圭，侑饗尊累聖。豆籩奕奕，嘉靖神光，四照百禮成。回御天門，講丕彝，敷大慶。蒙被草木，萬國仰聲明。和聲。

〔一〕欵：原作「疑」，據《宋史》卷一四〇《樂志》一五改。
〔二〕春：原作「眷」，據《宋史》卷一四〇《樂志》一五改。
〔三〕夙：《宋史》卷一四〇《樂志》一五作「肅」。
〔四〕「本」原脱，「薌」原作「鄉」，據《宋史》卷一四〇《樂志》一五補改。
〔五〕祀：原作「配」，據《宋史》卷一四〇《樂志》一五改。
〔六〕祥：《宋史》卷一四〇《樂志》一五作「晨」。
〔七〕「貺」原作「況」，「祉」原作「祚」，據《宋史》卷一四〇《樂志》一五改。
〔八〕享：原作「亨」，據《宋史》卷一四〇《樂志》一五改。
〔九〕慶：原脱，據《宋史》卷一四〇《樂志》一五補。
〔一〇〕瓊編：原脱，據《宋史》卷一四〇《樂志》一五補。
〔一一〕六：原脱，據《補編》頁三七二補。

《六州》：嚴(太)〔大〕寢，容禮繹前經。仰蒼粹，欽厚順，式報生成。至信洽，上格神靈。太和凝氣象，霄宇澄清。圭幣列，鼓鍾鏗，羣品薦豐盈。熙事既備，大儀交舉，百嘉允集，萬福來迎。和聲。

《十二時》：金徒箭，曉漏延長，霄極爛星芒。珠旒絢采，黼衮交章，宸表寢顒昂〔一〕。上交合，奠鬯流香，燎揚光。神錫以百祥，壽延于無疆。三時告稔，萬億滿倉箱。息邊防〔二〕，蠻貊盡來王。和聲。

天書《導引》七首

詣泰山：我皇纘位，覆燾合穹旻，祕籙示靈文。齋居紫殿膺(元)〔玄〕貺，降寶命氤氳。奉符讓德事嚴禋，檢玉陟天孫。垂鴻紀號光前古，邁八九爲君。汾陰云：「后祇坤德宅河汾，瘞玉考前聞。垂休紀績超唐、漢，光監格鴻勳。」靈臺偃武，書軌慶同文，奄六合居尊。圓穹錫命垂真籙，清曉降金門。升中報本禪云云，汾陰云「方丘報本務精勤」。嚴祀事惟寅。無爲致治臻清淨，見反朴還淳。

詣太清宮：寶圖熙盛，登格聖功全，瑞命集靈篇。欽修祀典成明察，道祖降雲軿。賴鄉珍館宅真仙，朝謁帝心虔。尊崇教父膺鴻福，綿亘萬斯年。猶龍勝境，真宇儼靈姿，12 肅謁展皇儀。寶符先路，嘉祥應，雲物煥金枝。紛紜紫節間黃麾，藻衛極葳蕤。高穹報況延休祉，仁壽協昌期。

詣玉清昭應宮：紫霄金闕，重疊降元符，億兆祚皇圖。雲章焜燿傳温玉，寶闕起清都。奉迎綵仗溢天衢，觀者競歡呼。明君欽翼承鴻蔭，億載御中區。寶符錫祚，慶壽命惟新，俄降格飈輪。巍巍帝德增虔奉，懿號薦穹旻。精齋祕館奉嚴禋，文物耀昌辰。升煙太一修郊報，鴻福介烝民。

詣南郊：聖神纘緒，赫奕帝圖昌，寶籙降穹蒼。宸心勵翼修郊報，綵仗列康莊。祥煙瑞靄雜天香，管磬發聲長。升壇禮畢膺繁祉，睿算保無疆。

建安軍迎奉聖像《導引》四首

玉皇大帝：太霄玉帝，總御冠靈真，威德聳天人。寶文瑞命符皇運，綿遠慶惟新。洞開霞館法虛晨，八景降飈輪。含生普洽平鴻福，聖壽比仙椿。

聖祖天尊：至真降鑒，飈馭下皇闈，清漏正依依。範金肖像申嚴奉，仙館壯翬飛。萬靈拱衛瑞煙披，岸柳映黃麾。九清祚聖鴻基永，堯德更巍巍。

太祖皇帝：元符錫命，祇受罄誠明，恭館法三清。開基盛烈垂無極，金像儼天成。奉迎霞布甘泉仗，簫鼓振和聲。靈辰協吉鴻儀畢，萬國保隆平。

太宗皇帝：膺乾撫運，垂慶洽重熙，元聖嗣鴻基。發揮寶緒靈仙降，感吉夢先期。閟宮神館崇嚴配，萬祀播英蕤〔三〕。精意答蕃釐。

聖像赴玉清昭應宮《導引》四首

〔一〕顒：原作「永」，據《補編》頁三七二改。
〔二〕息：原作「思」，據《補編》頁三七二改。
〔三〕「播」字原在「萬祀」上，據《宋史》卷一四〇《樂志》一五乙。

玉皇大帝：先天氣[13]祖，魄寶御中宸，列位冠高真。緑符錫瑞昭元聖，寶曆亘千春。琳宮壯麗俯嚴闉，璇碧照龍津〔一〕。珍金鑄像靈儀晬，集福庇蒸民。

聖祖天尊：僊宗靈祖，御氣降中宸，孚佑慶惟新。國工鎔範成金像，儀炳動威神。玉虛勝境絶纖塵，歡抃洽羣倫。導迎雲駕歸琳館，恭肅奉高真。

太祖皇帝：石文應瑞，真主御寰瀛，慈儉撫羣生。巍巍盛德超千古，大業保盈成。神皐福地開恭館，靈貺日昭明。鑄金九牧天儀晬，紺殿矗千楹。

太宗皇帝：乘雲英聖，千歲仰皇靈〔二〕，垂法藹朝經。禹金鎔範肖儀形，日角焕珠庭。琳宮翠殿鳳文屏，迎奉慶安寧。孝思瞻謁薦惟馨，誠慤貫青冥。

奉寶册《導引》三首

玉清昭應宮：太霄垂祐，綿寓洽祺祥，祕檢焕雲章。宸心虔奉崇徽號，茂典邁前王。霞明藻衛列通莊，寶册奉琳房〔三〕。都人震抃騰謡頌，億載保歡康。

景靈宮：明明道祖，金闕冠仙真，清禁降飈輪。遥源始悟垂鴻慶，億兆聳羣倫。虔崇徽號盛儀陳，寶册奉良辰。邦家億載蒙繁祉，聖壽保無垠。

太廟：祖宗垂祐，亨會協重熙〔四〕，德澤被蒸黎。虔崇尊謚陳徽册〔五〕，藻衛列葳蕤。宸心致孝極孜孜，展禮詔台司。祥煙瑞靄浮清廟，綿寓被純禧。

治平四年英宗祔廟《導引》一首

壽原初掩，歸蹕九虞終，僊馭更無蹤。思皇攀慕追來孝，作廟繼三宗。旌旗居外擁千重，延望想威容。寶輿迎引歸新殿，奏饗被欽崇。

熙寧二年仁宗英宗[14]御容赴西京會聖宮應天禪院奉安《導引》一首

九清三境，飈馭杳難追，功烈並巍巍。洛都不及西巡到，猶識睟容歸〔六〕。三條馳道隱金椎，仙仗共逶迤。琳宮紺宇申嚴奉，億載固皇基。

章惠皇太后神主赴西京《導引》一首

祥符盛際，二鄗正休兵，瑞應滿寰瀛。東封西祀鳴鑾輅，從幸見升平。仙遊一去上三清〔七〕，廟食享隆名。寢園松栢秋風起，簫吹想平生。

中太一宮奉安神像《導引》一首

九霄仙馭，四紀樂西清，游衍遍黄庭。雲軿萬里歸真室，上應太階平。金輿玉像下瑶京，綵仗擁霓旌。天人感

〔一〕璇：原作「旋」，據《宋史》卷一四〇《樂志》一五改。
〔二〕皇：原作「黄」，據《宋史》卷一四〇《樂志》一五改。
〔三〕琳：原作「靈」，據《宋史》卷一四〇《樂志》一五改。
〔四〕亨：原作「享」，據《宋史》卷一四〇《樂志》一五改。
〔五〕謚：原作「謐」，據《宋史》卷一四〇《樂志》一五改。
〔六〕睟：原作「醉」，據《宋史》卷一四〇《樂志》一五改。
〔七〕去：原作「女」，據《宋史》卷一四〇《樂志》一五改。

會千年運，福祚永昌明。

四年英宗御容赴景靈宮奉安《導引》一首〔一〕

鼎湖龍去，仙仗隔蓬萊，輦路已蒼苔。漢家原廟臨清渭，還泣玉衣來。鳳簫鸞扇共徘徊，帳殿倚雲開。春風不向〔二〕天袍動，空繞翠輿回。

元豐二年慈聖光獻皇后發引四首〔三〕

儀仗内《導引》一首　駕斑龍，忽催金母，轉仙仗，去瑶宮。絳闕深沉杳無蹤，漸塵空。絲網瓊林，花似怨東風，垂清露啼紅。猶想舊春中，獻萬壽，實船空。

警場内三曲：《六州》　九龍輿，記【15】春暮，幸蓬壺。瓊囿敞，繡仗趨，年華與逝水俱。瑶京遠，信息斷無。寶津池面落花鋪，愁晚容車來禁塗。鳳簫鸞翣，西指昭陵去。舊賞蟠桃熟，又見漲海枯。應共靈真母，曳霞裾。宴清都，恨滿山隅，春城翠柏藏烏。扃户劍，照燈魚，人間一夢覺餘。泉宫窈窕鏁夜龍，銀江澄澹浴仙鳧，煙冷金爐玉殿虚。緑苔新長，雕輦曾行處。夜夜東朝月，似舊照錦疏，侍女盈盈淚珠。

《十二時》　治平時，暫垂簾，佑聖子，解危疑。坐安天下，踰歲厭避萬機，退處宸闈。殿開慶，養志入希夷。扶皓日，浴咸池。看神孫撫御，千載重雍累熙，四方欽仰洪慈。陰德遠，仁功積，歡養罄九域，禮無違。事難期，乘霞去，乍覩升仙，誥下九闈。泣血漣如，更鸞車動，春晚霧暗翠旂，路指嵩伊。薤歌鳳吹，悠颺逐風悲。珠殿悄，網塵垂。空坐濕，罔極吾皇孝思，鏤玉寫音徽。彤管煒，青編紀，寧更羨周雅播聲詩。

《祔陵歌》　真人地，瑞應待聖時。鞏原西，滎河會，澗洛與瀍伊。衆水縈回，嵩高映抱，幾疊屏幃。秀嶺參差，遥山羣鳳隨。共瞻陵寢浮佳氣，非煙朝暮飛，龜筮告前期。鈴歌怨，奠收玉斝，筵卷時衣。鑾輅曉駕載龍旂，路逶遲。畫翣引華芝，霧薄風微。真游遠，閉寶〔閤〕〔閣〕金扉，侍女悲啼。玉階春草〔四〕滋，露桃結子靈椿翠，青車何日歸！銜恨望西畿，便一房鏁，夜臺曉無期。

虞主回京四首

儀仗内《導引》一曲　龍輿春晚，曉日轉三川，鼓吹慘寒煙。清明過後落花天，望池【16】館依然。東風百寶泛樓船，共薦壽當年。如今又到苑西邊，但魂斷香軿。

警場内三曲：《六州》　慶深恩，寶曆正乾坤。前帝子，後聖孫，援立兩儀軒。西宫大母朝寢門，望椒闥常温。芳時媚景，有三千宫女，相將奉玉輦金根。上林紅英繁，縹緲鈞天奏梨園。望絶瑶池，影斷桃源。恨難論，開禁闥，春

〔一〕赴：原作「附」，據《宋史》卷一四〇《樂志》一五改。
〔二〕向：原作「迥」，據《宋史》卷一四〇《樂志》一五改。
〔三〕按《宋史·樂志》此條之前尚有「十年南郊，皇帝歸青城《降仙臺》一首」，《輯稿》收入樂八之四。
〔四〕草：原作「華」，又圈去。據《宋史》卷一四〇《樂志》一五補。

風丹旐翩翻。飛翠蓋，駕琱輼，容衛入西原。管籥動地清喧，陵上柏煙昏。殘霞弄影，孤蟾浮天外，行人觸目是消魂。問蒼天，塵世光陰去如奔。河洛潺湲〔一〕，此恨長存。

《十二時》　望嵩、邙〔二〕，永昭陵畔，王氣壓龍岡。翚，洛靈光，鬱鬱起嘉祥。虛綵帟，轉哀仗，閟幽堂。歎仙鄉路長，景霞飛松上。珠襦宵掩，細扇晨歸，崑閬茫茫。滿目東郊好，紅葩鬭芳，韶景空駘蕩。對春色，倍淒涼。最情傷，從輦嬪嬙，指瑶津路，淚雨泣千行〔三〕。翠珥瑫，曾憶薦瓊觴。春又至，人何往，事難忘，向斜陽斷腸。聽鈞天嘹亮，清都風細，朱欄花滿，誰奏清商！紫幄重簾外，時飄寶香。環佩珊珊響，問何日，反琱房！

《虞主歌》　轉紫芝，指東都帝畿。愁霧裏，簫聲宛轉，輦路逶迤。那堪見，郊原芳菲日遲遲。對列鳳翣龍旗，輕陰黯四垂。樓臺緑瓦沍琉璃，仙仗歸。壽原清夜，寒月掩褕褘〔四〕。翠幰琱輪，空反靈螭。憇長岐，嵩峰遠，伊川渺瀰。此時還帝里，旌旛上下，葆羽葳蕤。天街迴〔五〕，垂楊依依。過端闈，閶闔正闢金扉，觚棱射暖暉。虞神寶篆散輕絲，空涕洟。望陵宮女，嗟物是人非。萬古千 17 秋，煙慘風悲。

虞主祔廟儀仗内《導引》一首

輕輿小輦，曾宴玉欄秋，慶賞殿宸遊。傷心處，獸香散盡，一夜入丹丘。翠簾人静月光浮，但半捲銀鈎〔六〕。誰知道，桂華今夜，却照鵲臺幽。（以上《永樂大典》卷二一六九〇）

18【宋會要】

明堂《導引》：皇祐二年，四曲。

膺乾興運，辰火正心房，宗祀繼文王。典容希闊咸昭備〔七〕，彬郁亶暉光。因心崇孝申郊侑，内外罄齋莊。神靈驩喜昌綿瓞〔八〕，受福介無疆。

《合宮歌》：纘重明，端拱保凝命。廣大孝休德，永錫四海有慶。觚壇寓禮正典名，幔室雅奏，綵仗崇制定。五位倣古甚盛。蒿宮光符辰星，高秋嘉時歆(芎)〔穹〕靈，交累聖。上下來顧，寅畏歆純誠。三階平，金氣肅，轉和景。翠葆御雙觀，巽風兑澤布令。脂荼劃蕩墨索清，遠邇嚮附，動植咸遂性。表裏悦穆，庶政醇醲，熙然胥庭。唐堯華封，祝如南山壽永。願今廣懷寧，延昌基扃。

《六州》：崇嚴配，衢室饗中宸。尋漢禮，崇唐典，襲暎情文。方寶輅羽衛星陳，藻繡填馳路，昭爛如雲。靈顧諟，德升聞，曠瑞集紛綸。承平嘉靖，收成穌熟，萬方歌舞，喜氣滿青旻。成熙事，宣和輿物惟新。展宮寢，歆廟室，饗帝極尊親。罄宸慮，四海駢(騄)〔臻〕，肅簪紳〔九〕。齋明際，浹人神。乾元盛則屬茲辰，皇業協華勳。房心正位，端居報政，三年美薦，廣孝福吾民。

《十二時》：恢皇統，宵旰勤，孜正朔，亶同規。留談經幄，來諫書帷，稽古極文思。尊耀魄寶秩神祇，禮從宜，顯相協欽祇。顥氣結華滋，西成獻瑞，百穀

〔一〕潺：原作「孱」，據《宋史》卷一四〇《樂志》一五改。
〔二〕邙：原作「印」，據《宋史》卷一四〇《樂志》一五改。
〔三〕行：原作「門」，據《宋史》卷一四〇《樂志》一五改。
〔四〕褕：原作「揄」，據《宋史》卷一四〇《樂志》一五改。
〔五〕迴：原作「逥」，據《宋史》卷一四〇《樂志》一五改。
〔六〕捲：原作「掩」，據《宋史》卷一四〇《樂志》一五改。
〔七〕咸：原作「成」，據《補編》頁三七三改。
〔八〕喜：原作「嘉」，據《補編》頁三七三改。
〔九〕紳：《補編》頁三一七作「纓」。

滿京坻。化無爲，斯萬卜年期。隆昌運，大報同姬〔一〕。成文武，紹重熙。歷朝缺典，自我親祠，容采炳葳蕤。嘉能事，秀錯多儀。太和時，清風涵溥惠，浩露19浹深慈。羣方昭泰，保定宅華夷。擁靈禧，萬葉累鴻基。

《導引》：嘉祐七年，四曲。

帝皇盛烈，教孝謹民常，嚴父位明堂。管絲金石含天韻，籩豆薦芬芳。肅然音響靈來下，容與動祥光。四方内外交欣喜，飲福萬年觴。

《合宫歌》：太平時，寶殿垂衣治。馭左右賢俊，萬國執玉助祭。涼秋九月霜華飛，感發純孝，五室配上帝。紫漢入夜凝霽。房心下泛華芝，大田棲糧歲功成，農歌沸。複道躬拜，肅迎神嬉。漏聲遲，玉磬響，遞清吹。嘉薦升雕俎，柘漿屢酌幾醉。雲扶靈駕欻若歸，天意留顧，萬福如山委。便御丹闕，布爲皇澤，與民熙熙。遠觀唐虞，未有如兹盛禮。願常遇鳴鑾，三歲親祠。

《六州》：承景運，天子奉明堂。玉燭應，金飈動，萬寶盈箱。嚴法駕，天路龍驤。采仗迎祥，日色動扶桑。欸清廟，我誠將，回御八鸞鏘。於皇仁孝，祖宗來顧，熙于四極，令問載無疆。躬嚴配，笙鏞奏，鳳來翔。瑞煙起，浮帝衮，玉步聞天香。升重宇，璧玉華光，桂流觴。神虞夕照熉黄，九霄鳴珮下清厢，齊拱太微傍。羣心同願，長臨路寢，三年講禮，顯祀文王。

《十二時》：承平世，嘉祐壬寅，九月上旬辛。酒醪香旨，穀實豐珍，宗祀敞中宸。賓延上帝五方神，以嚴親。誠心通杳杳，文物盛彬彬。金聲玉色，和奏翕鏗。純蕩無垠，天地一洪鈞。明天子，至化深仁，壹意奉精禋。感時怵惕，即事恭夤，用孝教斯民。多儀舉，大恩淪，福來臻。清風動閶闔，皓氣下天津。(弊)〔幣〕誠玉腆，朱燎焜槱薪。積讙欣，皇曆萬斯春〔二〕。

20 **乾道發太上皇帝太上皇后册寶《導引》一首**

重華真主，晨夕奉庭闈，禋祀慶成時。乾元坤載同歸美，寶册兩光輝。斑衣何似赭黄衣〔三〕，此事古今稀。都人歡樂嵩呼震，聖壽總天齊。

淳熙發太上皇帝太上皇后册寶《導引》一首

新陽初應，樂事起彤庭，和氣滿吳京。帝家來慶東皇壽，西母共長生。金書玉篆粲龍文〔四〕，前導沸懽聲。修齡無極名無盡，一歲一回增。

加上太上皇帝太上帝后册寶《導引》一首

皇家多慶，親壽與天長，德業播輝光。焜煌寶册來清禁，玉篆映金相。庭闈尊奉會明昌，佳氣溢康莊。洪禧申輯名增衍，億載頌無疆。

恭上壽聖皇太后至尊壽皇聖帝壽成皇后尊號册寶《導引》一首

皇家盛事，三殿慶重重，聖主極推崇。瑤編寶列相輝映，歸美意何窮！鈞韶九奏度春風，彩仗焕儀容。懽聲和氣彌寰宇，皇壽與天同。

加上壽聖皇太后尊號册寶《導引》一首

重親萬壽，八帙衍新元，禮典備文孫。温温和氣迎長日，寶册焕瑶琨。徽音顯號自堯門，德行已該存。更期昌筭齊箕翼，愈久愈崇尊。

嘉泰二年加上壽成太皇太后册寶《導引》一首

思齊文母，盛德比姜、任，擁佑極恩深。湯孫歸美熙鴻

〔一〕同：《補編》頁三二七作「周」。
〔二〕自「腆」字以下十四字原錯簡在本書樂八之八，今移補(參樂八之八校記)。
〔三〕似：原作「以」，據《宋史》卷一四一《樂志》一六改。
〔四〕書：原脱，據《宋史》卷一四一《樂志》一六補。

號，鏤玉更繩金。虞廷萬辟萃華簪，法仗儼天臨。層闈慶典年年舉，千古播徽音。

親耕藉田四首

《導引》　春融日暖，四野瑞煙浮，柳苑更柔柔。土膏脈起條風21扇，宿雪潤田疇。金根轂轉如雷動，羽衛擁貔貅。扶携老稚康衢滿，延跂望凝旒。斗移星轉，一氣又環周，六府要時修。務農重穀人胥勸，耕籍禮殊尤。壇壝嶽峙文明地，黛耜駕青牛。雍容南畝三推了，玉趾更遲留。

《六州》　昭聖武，不戰屈人兵。干戈戢，烽燧息，海宇清寧。民豐業，歌詠昇平。顧咸歸畎畝，力穡爲甿。經界正，東作西成。農務軫皇情，躬親耒耜，相勸深耕。人心咸悦，擊壤沸歡聲。乘鸞輅，羽旗采仗鮮明。傳清蹕，行黄道[一]，緹騎出重城。仰瞻日表映朱紘，環佩更鏘鳴。百執公卿，不辭染屨意專精，準擬奉粢盛。田多稼，風行遐邇，家家給足，胥慶三登。

《十二時》　臨寰宇，恭己嵓廊，屬意在耕桑。愛民利物，德邁陶唐，躋俗盡敦(龐)[庬]。開千畝，帝籍神倉。舉彝章，祇祓壇埸，爲農事祈祥。涓辰行禮，節物值春陽。罄齋莊[二]，明德薦馨香。宮禁邃，嬪妃并御侍，穜稑獻君王。中闈表率，陰教逾光。帳殿藹熉黄，梐枑設，翠幕高張，慶雲翔。樽罍陳酒醴，金石奏鏗鏘。神靈感格，歲歲富倉箱[三]。慶明昌，行旅不齎糧。

《奉禋歌》　吾皇端立太平基，奉祀肅雍(容)格神祇。撫御耦，降嘉種，何辭手攬洪縻。命太史視日，祇告前期。驗穹象，天田入望更光輝。掌禮陳儀蒐鉅典，迎春令，頒宣温詔遍九圍，人盡熙熙。仰明時，儼垂衣，佳氣氤氲表庬禧。豐年屢，大田生異粟，含滋吐秀，九種傳圖，盡來丹闕，瑞應昌時。亨運正當攝提，佇見詠京坻。躬稼穡，重耘耔。盛禮22興行先百姓，敦本業，憂勤如禹稷，播在聲詩。

【宋會要】

籍田《導引》：明道二年，四曲。

綿區泱寓，三萬里封疆，躬稼穡重光。神宗昔舉殊尤禮，今復覩吾皇。先農祀罷東郊曉，玉趾染游場。三推初畢公卿徧，從此萬斯箱。務農敦本，自古屬明王，方冊布彝章。吾皇睿聖躬千畝，將欲積神倉。去年宿雪田膏極，黛耜應農祥。堯郊擊壤迎歸輅，解雨遍遐荒。

《六州》：寰宇定，四海奉文思。書軌混，梯航湊，共戴昌期。稽古典，方詠京坻。耕籍豐民稼，敦本農時。陳羽衛，日月旌旂。袞冕次壇壝，帷宮宿設，梐枑相差。穆清端拱，星畢照罘罳。和聲。良宵永，爲民廣洽庬褫。奏行漏，昭庭燎，鐃吹鼓曾颸。百神擁衛斗東移，明發儼皇儀，手攬洪縻。豐年萬億與千斯，德澤遍華夷。回旋輅，天臨雙闕，四方在宥，永保鴻基。

《十二時》：君天下，萬國來王，玉帛湊梯航。五風十雨，品物蕃昌，棲(瓏)[壠]有餘糧。躬千畝，天步龍翔。化重光，舉祖彝章，驗晨正農祥。東郊如砥，黛耜御游場。薦芬芳，稼穡佇豐穰。和聲。成禘禮，三事并卿尹，執耒有經

[一] 行黄道：原作「傳道」，據《宋史》卷一四一《樂志》一六改。

[二] 罄：原脱，據《宋史》卷一四一《樂志》一六補。

[三] 歲歲富：原僅作「歲」，脱二字，據《宋史》卷一四一《樂志》一六補。

常。此儀曠絶，行自吾皇，玉振復金相。觀九扈〔一〕，流衍倉箱，洽歡康。蟲魚皆茂育，戈殺永韜藏。兩闈至聖，輔以股肱良。祚延長，壽嶽保無疆。

《奉禋歌》：六龍承馭紫壇平，瑞藹葱籠擁神都。肅環衛，嚴(貌)〔貔〕虎，鷄人行漏傳呼。靈景霽，星斗臨帝居。曠天宇，微風來，23 翠幄遶相烏〔二〕，對越方初。笳鼓震，鐃簫舉，陽律纔動協氣舒，氛祲交祛。和聲。物昭蘇，撫瑤圖。柴類精誠，當契唐虞。思前古，泰平承多祐，包戈偃革，柔遠詠皇謨。稱文武，四表覆盂。端冕出，從路車，兵帥謹儲胥。唯奏凱，樂康衢，朝野歡娛。歌帝烈，揚盛節，圜丘禮大洽，霈澤綿區。

顯仁皇后上仙發引三首

《導引》　長樂晚，綵戲萊衣，奄忽夢報僊期。帝鄉渺渺乘鸞去，啼紅嬪御不勝悲，蒼梧煙水杳難追。腸斷處，過江時。銀濤千萬疊，不知何處是瑤池。

《六州》　中興運，孝治格昇平〔三〕。迴騩馭，弭鳳駕，册寶初上鴻名。龍樓問寢候鷄鳴〔四〕，更翻萊戲綵衣輕。坤躔夜照老人星，金觴上壽，長願燕慈寧。乘鸞何處去，愁斷紫簫聲。追思金殿，椒壁丹楹。又誰知勤儉仁明，風行化被宮庭。佑聖主，底明時，陰功暗及生靈。離宮晚，花卉娉婷。甲觀高，潮海峥嶸。往事回頭忽飄零，空留嬪御，掩泣望霓旌。會稽山翠，永祐陵高，而今便是蓬瀛。

《十二時》　炎圖景運正延鴻，文思坐深宮。慈寧大養，樂事時奏宸聰。皇齡永，恩霈下遍寰中。君王垂綵服，嬪御上瑤鍾。年年誕節，就盈吉月，交慶流虹，懽洽意方濃〔五〕。不覺仙遊渺邈，但號泣蒼穹。追慕念音容，詩書慈儉，配古追蹤。躬行四德，誰知繼，二《南》風。移昞俄空，寶鑑脂澤塵封。清都遠，帝鄉遙，杳難通。想雲軿還上瀛蓬〔六〕。稽山何在，當年禹宅，萬古葱葱。最難堪，潮頭定，海波融。

顯仁皇后神主祔 24 太廟《導引》一首

返虞長樂，猶是憶賓天，何事駕仙軿〔七〕！簫笳儀衛辭宮闕，移仗入雲煙。於皇清廟敞華筵，昭穆謹承先。千秋長奉烝嘗孝，永享中興年。

欽宗皇帝《導引》一首

鼎湖龍遠，九祭畢嘉觴，遙望白雲鄉。簫笳凄咽離天闕，千仗儼成行。聖神昭穆盛重光，寶室萬年藏。皇心追慕思無極，孝享奉烝嘗。

安穆皇后《導引》一首

鳳簫聲斷，縹緲遡丹丘，猶是憶河洲。熒煌寶册來天上，何處訪仙遊。葱葱鬱鬱瑞光浮，嘉酌侑芳羞。珮輿繡

〔一〕「觀」原作「覩」，「九扈」原作「九邑」，據《補編》頁三七五改。《左傳》昭公十七年：「九扈爲九農正。」「扈」本鳥名，人觀其色、聽其聲以候農事，因以爲農官之號。

〔二〕烏：原作「鳥」，據《補編》頁三七五改。

〔三〕「治」下原衍「正」字，據《宋史》卷一四一《樂志》一六删。

〔四〕鳴：原作「名」，據《宋史》卷一四一《樂志》一六改。

〔五〕意：原作「萬」，據《宋史》卷一四一《樂志》一六改。

〔六〕瀛蓬：原作「蓬瀛」，據《宋史》卷一四一《樂志》一六乙。

〔七〕仙：原作「龍」，據《宋史》卷一四一《樂志》一六改。

仗歸新廟〔一〕，百世與千秋。

景靈宮奉安神御聖像三首

徽宗皇帝《導引》　中興復古，孝治日昭鴻，原廟飾瑰宮。金璧千門礌萬碣，楹桷競穹崇。亭童芝蓋擁班龍，列聖儼相從〔二〕。天錫神孫千萬壽，龜鼎亘衡嵩。

顯仁皇后《導引》（一首）　坤儀厚載，遺德滿寰中，歸御廣寒宮。玉容如在飇輿遠，長樂起悲風。霓旌絳節下層空〔三〕，雲闕曉曈曨。真遊千載安原廟，聖孝與天通。

欽宗皇帝《導引》（一首）　深仁厚德，流澤自無窮，仙馭倏賓空。衣冠未返蒼梧遠，遥望鼎湖龍。人間髣髴認天容〔四〕，縹緲五雲中。帝城猶有遺民在，垂淚向西風。

安恭皇后上僊發引一首

金殿晚，愁結坤寧〔五〕。天下母，忽仙昇。雲山浩浩歸何處，但聞空際綵鸞聲。紫簫斷後無蹤跡，煙靄夜澄澄〔六〕。曉夢到瑶城，當時花木正冥冥。

【宋會要】

25《六州》：娟娟月，初未缺，忽沉西。桂枝殘，寒兔下，惟見露脚釵飛。六合歌笑奉瑶墀，一朝寂寞掩禕衣。夜星不動玉鸞嘶，沉沉何處，愁霧鎖金扉。羣仙瞻道範，肅駕到蓬池。紫清逸轡，飛電奔馳。又誰知，一世柔儀，椒塗玉鈕金螭。贊聖主，膺天命，功勤曾佐雍熙。瑶天隔，玉闥低迷，五雲高，絳府參差。往事如今好尋思，留得香牋，鏤管寫新詩。但看芳猷美，寶册傳徽，隆名萬古昭垂。

《十二時》：皇家景運合無疆，天子坐明堂。豐年多黍，四方争報時康。酒常清，花易好，壽君王。天宮見玉女，大笑億千場。不知何事，椒塗暗淡，瑶殿淒涼。寶鏡玉臺光，可奈畫眉人去，脂澤散餘芳。極目望瀟湘，波遥草遠，只見殘陽。南山古阜，松柏茂蔚蒼蒼。杳靄宫商，風過金殿琳琅。導歌繁，嚴鼓近，慘悲傷。水凝愁，山攢恨，煙淡雲黄。神仙何在，蟠桃已遠，弱水何長！最難堪，回翟雉，返鸞凰。向芙蓉〔七〕，别殿謾焚香。

高宗梓宮發引三首

《導引》　寒日短，草露朝晞。仙鶴下，夢雲歸。大椿亭畔蒼蒼柳，恨無由挽住天衣。昭陽深，暝鴉飛。愁帶箭，戀恩栖。笳簫三疊奏，都人悲淚袂成帷。

《六州》　堯傳舜，盛事千古難并。回龍馭，辭鳳掖，北内别有蓬瀛。爲天子父册鴻名，萬年千歲福康寧，春秋不説楚冥靈。萊衣綵戲，漢殿玉巵輕。宸遊今不見，煙外落霞明。前回丁未，霧塞神京。正同符光武中興，擎天獨力扶傾。定宗廟，保河山，乾坤整頓庚庚。功成了，脱26屣遺榮。訪崆峒，容與丹庭，笑挹塵寰不留行。吾皇哀戀，淚血灑神旌。腸斷濤江渡，明日稽山，暮雲東望元陵。

《十二時》　璧門雙闕轉蒼龍，德壽儼祇宫。軒屏正坐，天子親拜天公。儀紳笏，羅鵷鷺，粲庭中。仙家歡不

〔一〕仗：《宋史》卷一四一《樂志》一六作「幰」。
〔二〕從：原作「容」，據《宋史》卷一四一《樂志》一六改。
〔三〕絳：原作「降」，據《宋史》卷一四一《樂志》一六改。
〔四〕人：原作「雲」，據《宋史》卷一四一《樂志》一六改。
〔五〕結：原脱，據《宋史》卷一四一《樂志》一六補。
〔六〕「靄」下原重「靄」字，據《宋史》卷一四一《樂志》一六删。
〔七〕向芙蓉：《補編》頁三八〇作「音容遠」。

盡，人世壽無窮。誰知雲路，玉京成就，催返璇穹，轉手萬緣空。見説煙霄好處，不與下方同。塵合霧迷濛，笙簫寥亮，樓閣玲瓏。中興大業，巍巍稽古成功。事去孤鴻，忍聽宵柝晨鍾！靈轝駕，素幃低，杳尨茸。浙江潮，萬神護，川后滋恭。因山祇事，崔嵬禹穴，此日重逢。柏城封，愁長夜，起悲風。歌《清廟》，千古誦高宗。

虞主赴德壽宫《導引》一首

上皇天大，華旦焕堯文，鴻福浩無垠。羽龍俄駕靈輴去，空鏁鼎湖雲。稽山翠擁浙江濆，歸旆捲繽紛。僊游指日嚴升祔，萬載頌高勳。

祔廟《導引》一首

虞觴奉主，僊馭返皇宫，禮典極欽崇。雲旗前導開清廟，龍管咽薰風。巍巍堯父告神功，追慕孝誠通。千秋萬載中興統，宗祀與天同。

淳熙十六年高宗神御奉安《導引》一首

中興揖遜，功德仰兼隆，仁澤被華戎。鼎湖俄痛遺弓墮，如日想威容。柔儀懿範與堯同〔一〕，飈馭儼相從。靈宫真館偕來燕，垂裕永無窮。

紹熙五年孝宗皇帝虞主還宫《導引》一首

孝宗純孝，前聖更何加，高蹈處重華。丹成仙去龍輴遠，越岸暮山遐。波臣先爲捲寒沙，來往護靈槎。九虞禮畢神祇樂，萬世佑皇家。

祔廟《導引》一首

吾皇盡孝，[27]宗廟務崇尊，鉅典備彌文〔二〕。巍巍東向開基主，七世祔神孫。追思九閏整乾坤〔三〕，寰宇慕洪恩。從今密邇高宗室，千載事如存。

慶元六年光宗皇帝發引一首

笳鼓發，雲慘寒空。丹旐去，捲悲風。憂勤六載親幾務，有巍巍聖德仁功。褰裳尊處大安宫，荆鼎就，遽遺弓。僊遊攀不及，臣民號慟訴蒼穹。

神御奉安《導引》一首

龜書畀姒，曆數在皇躬，揖遜仰高風。鼎湖龍去遺弓墮，冠劍鏁深宫。塗山齊德翊成功，僊魄蚤賓空。珍臺閒館棲神地，獻饗永無窮。

寧宗皇帝發引三首〔四〕

《導引》　三弄曉，雲黯天低。攀六引，轉悲悽。儉慈孝哲鍾天性，深仁厚澤徧羣黎，東西南北傒商霓。功甫就，别宸閨。臣民千古恨，幾時羽衛帶潮歸！

《六州》　明天子，昔日丕纂鴻圖。躬道德，崇學問，稽古訓，訪羣儒。日親廣廈論唐虞，講求政治想都俞〔五〕，君臣一德志交孚。外夷效順，猶自選車徒。仁恩霑四國，

〔一〕範：原脱，據《宋史》卷一四一《樂志》一六補。
〔二〕備彌：原作「彌備」，據《宋史》卷一四一《樂志》一六乙。
〔三〕閏：原作「潤」，據《宋史》卷一四一《樂志》一六改。
〔四〕三首：原作「一首」，據《宋史》卷一四一《樂志》一六改。
〔五〕俞：原作「愈」，據《宋史》卷一四一《樂志》一六改。

固結滿寰區。千年宗社，萬歲規摹。重新天命出乾符，老癃策杖相扶，願觀德化偏方隅。幸無死須臾，謂宜聖壽等嵩呼。遽登雲輿上龍湖，宸居幽寂紫雲孤。宸章寶畫，但與日星俱。龍帷鳳翣已載塗，忍聽笳鼓嗟吁！

《十二時》　弋綈革舄最仁賢，儉德自躬全。憂勤庶政，三十餘年。金風肅，秋漸老，攝調愆。忱恂徧羣祀，號泣訴旻天。綴衣將出，神凝玉几，一夜登僊，弓墮隔蒼煙。七月有來同軌，引紼動靈軨。悽愴淚潸然〔一〕，行號巷哭，《薤露》聲 28 傳。東城去路，驚濤忍見江船！憔悴山川，不禁簫鼓咽。山陰處，茂林脩竹芊芊。望陵宮，應弗遠，金粟堆前。人徒慕戀，百神警侍〔二〕，盤翥驅先。戴鴻恩，空痛慕，淚珠連。千秋歲，功德寄華編。

神主祔廟《導引》一首

中興四葉，休德繼昭清，王度日熙平。氣調玉燭金穰應，八表頌聲騰。中原圖籍入宸廷，列聖慰真靈。袞龍登廟遊仙闕〔三〕，億萬載尊承。

寶慶三年奉上寧宗徽號《導引》一首

中興五葉，天子肇明禋，一德格高旻。寧皇至聖功超古，萬國慕深仁。徽稱顯號又還新，功德粲雕珉。乾坤繪畫終難盡，遺澤在斯民。

莊文太子薨《導引》一首

秋月冷，秋鶴無聲。清禁曉，動皇情。玉笙忽斷今何在？不知誰報玉樓成。七星授轡驂鸞種，人不見，恨難平。何以返霓旌？一天風露苦淒清。

景獻太子薨《導引》一首

霜月苦，宮鼓鼕鼕。霓旌啓，鶴闈空。洞簫聲斷知何處？海山依約五雲東。玉符龍節參神閟，昭聖眷，慘天容。千古恨無窮，徧山松柏撼悲風〔四〕。

【宋會要】

章獻明肅皇后、章懿皇后升祔《導引》：慶曆五年，二曲。

受遺仍几，負扆擁文明，勤翼助持盈。徽音不獨流笙管，青冊更峥嵘。羽軿上、漢玉衣輕，隙駟去無程。宸心追遠嚴成配，億世饗粢盛。

受天明命，作漢發靈長，龍日夢休祥。真人承體應圖籙，慶祚啓無疆。望舒未滿殞 29 清光，舜慕極旻蒼。禰宮崇祔申追養，禘祫復烝嘗。

三聖御容赴南京鴻慶宮《導引》：慶曆七年

炎精鑿乾，正統膺瑶曆，萬宇歸神德。以聖繼聖三后光，聲明揚典則。天清日潤瑩玉澤，華殿輝金碧。宸心思孝仙馭妥〔五〕，靈休綏萬億。

真宗加上謚號册寶《導引》：慶曆七年

聖真下武，淳烈緝丕隆，絶瑞與天通。封山育穀聲名舉，仙馭邈軒龍。騰金篆玉顯成功，業業承垂鴻。惟皇孝述光前志，保祐福來同。

三聖御容萬壽觀奉安《導引》：皇祐五年

萬靈昭瑞，天地讚昌期，寶運協開基。巍巍列聖無疆德，神化洽重熙。虔思出駕馨彰施，歲暮儼神宜。雲輿迎奉依珍館，塞外焕朝儀。

〔一〕潸：原作「潛」，據《宋史》卷一四一《樂志》一六改。
〔二〕警：原作「驚」，據《宋史》卷一四一《樂志》一六改。
〔三〕登：原作「廟」，據《宋史》卷一四一《樂志》一六改。
〔四〕撼：原作「憾」，據《宋史》卷一四一《樂志》一六改。
〔五〕妥：原作「三」，據《補編》頁三七八改。

三聖御容赴滁并澶州奉安《導引》：皇祐五年

穆清冲境，金闕祕寥陽，二后侍虛皇。真人恭默欽先烈，肖象啓琳房。巋然神物護靈光，玉色粹愈彰。虎旍龍節輝前後，館御鎮無疆。

太祖孝明皇后御容赴太平興國寺開先殿奉安《導引》：至和二年

剗除霸軌，穆穆照皇明，大統一寰瀛。窮湖絶塞人安業，武庫遂銷兵。仙遊昔日上三清，極望紫雲平。珠宮寶坐嚴崇奉，聖祚永綏寧。

太宗元德皇后御容赴啓聖院奉安《導引》：至和二年

寶圖全盛，端拱信巍巍，聲教暨華夷。辰髦盡入英雄彀，齊築太平基。仙輿前指玉霄歸，夾道九鸞飛。真宮祕殿嚴崇奉，聖治永無爲。

宣祖昭憲皇后御容赴奉先 30 禪院奉安《導引》：嘉祐五年

於皇祖烈，大宋啓鴻名，駿命屬炎靈。閟宮厚德太陰精，重華誕聖明。軒臺百世護基扃，龍駕在清冥。漢家原廟崇新飾，鼎業永安寧。

明德、章穆皇后御容赴普安禪院奉安《導引》〔一〕：嘉祐六年

母儀天寓，彤史藹遺芳〔二〕。紆餘慶氣固靈長，基祚寖明昌。重華大孝奉蒸嘗，原廟閟靈光。采章褕翟嚴新飾，歆顧福穰穰。

真宗御容赴壽星觀奉安《導引》：嘉祐七年

憶玉清景，繁盛極當時，千古事難追。漢家別廟秋風起，空出奉宸衣。三山曉海日暉暉，羽蓋共雲飛。靈宮舊是棲真處，還望玉輿歸。

仁宗神主祔廟《導引》：嘉祐八年

九虞初畢，黼座掩瑶觴，羽衛盛煌煌。數聲清蹕來天上，想像赭袍光。新成清廟畾雲堂，孝饗奉蒸嘗。子孫千載承丕緒，景福介無疆。

仁宗御容赴景靈宮奉安《導引》〔三〕：治平二年

彤霞縹緲，海上隱三山，仙去莫能攀。琳宮本是神靈宅，飈馭此來還。雲邊天日望威顔，不似在人間。當時齊魯嗚鸞處，稽首淚潺湲。

祫享太廟《導引》：嘉祐四年，四曲。

天儀安豫，至治治無爲〔四〕，九域被雍熙。鸞刀親割升圭瓚，清廟展孝思。簫韶九變皇靈格，嘏告顯深慈。精誠動感歸能饗，福祚衍金枝。

《奉禋歌》：皇澤均普羣生遂，萬宇和附。講天津合祭，聖宗神祖。八音鈞奏諧節，堂上薦鳴球琴瑟，擊越布濩。霜空静，月華凝，光景藹藹，紛紛曉霞披。和鈴 31 作，鸞輿迴，天人共覩，慶無疆祚，崇明祀。五輅駕，騰黄純駟，旂常扈蹕嚴環衛。公卿奉引，虛徐馳道，祲容藿靡。葱葱鬱鬱，祥風瑞靄發，天光旖旎。錫羡豐融，漏泉該浹，上恩遐被。羣心豫，頌聲作，皇德至。侔乾貺，浩浩霈。

《六州》：深仁化，穹厚格成平。徇誠慮，托皇統，萬宇光亨。中孝致潔饗宗祊。金駕徐徐動，容禮輝明。躬道祖，謁款殊庭，列聖固純誠。靈心底豫，休祥充塞，端闈肆眚，愛日燦然明。和聲

《十二時》：明昌世，乾統彌文，皇德揆華勛〔五〕。三辰順晷，慶靄輪囷，潛寶耀坤珍。躬祫饗，肅薦犧尊。孝儀申，助祭儼纓紳，大樂奏韶鈞。陽開陰閉，幽顯盡欣欣。慶霄文，思結在黎民。和聲

莊獻明肅皇后恭謝太廟《導引》：明道二年，三曲。

母儀天下，聖祚保延長，聲教被遐方。嚴恭孝饗來清廟，鸞輅歷康莊。簫韶九奏鳳來翔，褘翟焕祥光。惟馨藻醴奠瑶觴，萬壽永無疆。親承先顧，保祐助吾皇，億載正乾綱。宗文祖武尊邦社，天下錫蕃昌。六宮扈從乘重翟，清廟薦蕭薌。禮行樂備神祇饗，四海永來王。

《六州》：炎靈永，長樂助文明。居靖懿，敷皇化，四海升平。慈是寶，萬物懷生。耀德不觀兵，大洽歡聲。金輅飭，藻衛天行，春色滿皇京。登歌《清廟》，神祇顧饗，瑄玉純精，億萬載持盈。和聲。膺天況，尤祥紛委來呈。木連〔理〕，芝三秀，玉燭協和平。仲春月，萬杏初榮。整羽衛，葱衡親欵神明。九

〔一〕章穆：原作「章德」，據《長編》卷一九三改。

〔二〕此句下似脱一五言句。

〔三〕景靈宮：原作「景宮靈」，據《補編》頁三七八乙。

〔四〕至治：原脱，據《補編》頁三七八補。

〔五〕華：原作「蕐」，據文意改。「華勛」即重華、放勛，亦即舜、堯。

韶疊奏磬簫笙，上以繼《咸》、《英》。黄流玉瓚，殊庭肸 32 蠁，宸儀回復，景祐遍寰瀛。

《十二時》：母儀下，國祚和平，玉帛湊寰瀛。尤祥極瑞，茂實英聲，兩耀比皇明。昭孝饗，躬薦精誠。萬祥并〔一〕，保佑洽《由庚》，和樂遍懷生。柔遠能邇，海寓永澄清。復曾城，寶册受鴻名。和聲。綿龍緒，十治同齊聖，至治播歡聲。止戈爲武，頓網搜英，察萬物人情。損服御，不尚瑛瓊，俗懷生。動循文考制〔二〕，顓法上天明。地不愛寶，人不愛其誠。帝圖宏，壽嶽永嶢崢。

（以上《永樂大典》卷二一六九一）

〔一〕萬：原脱，據《補編》頁三七六補。
〔二〕循：原作「修」，據《補編》頁三七六改。

宋會要輯稿　禮一

郊祀職事〔一〕

【宋會要】

❶親郊，其五使已載別門，餘執事官謂都大主管排連、提〔點〕、（黔）〔鈐〕轄捧日奉宸隊、法駕鹵簿、儀仗兵隊，（斡）〔幹〕辦排連法駕鹵簿、儀仗兵隊，都大提舉、主管并一行應奉兼主監散賞給，都大主管大内公事，行宮使，輦輅前編排引駕臣寮，及御營四面巡檢、青城内至郊壇巡檢、城裏都巡檢使，金玉輅前後經畧、提點、編排，捧日奉宸兵隊執儀仗等。比舊書雖名稱畧異，而所差官亦以武臣、内侍充，與元豐官制之前頗同，更不重見。

【宋會要】

乾德六年十一月四日，詔：「行事官令太常禮院以諸道前資賓幕、州縣京官、黄衣、諸司守選人充，仍須以逐人出身，歷任文書，准勅格分明磨勘，委無違礙，引驗正身，方得差補。如數内曾有殿犯及除（除）名、免官、勒停人，未經恩洗雪者，不在差補之限。有已取到文解選人，不得更赴行事。」

開寶九年二月，詔：「南郊，諸司寺監準例合差行事（宫）〔官〕，宜令逐州點檢，除先受西川、廣南官不赴任，應自前准勅起遣不赴闕者，并曾經引見揀落及不與官人等，並不得差補。如行事畢後參選日，銓曹磨勘，却有違礙，其元差補官吏勘罪奏裁。」

太宗太平興國三年十月十日，詔：「應諸司奉郊祀行事官等，並以前資官、吏❷部黄衣選人充。曾犯除名及免所居官，得任未經恩宥人等，並無得差補。」

六年十月二十一日，詔：「自今奉郊廟行事文武官，致齋日並須洗沐，澣濯衣服，務於虔肅。違者以不恭論，令御史臺糾察。」

淳化元年正月，判宗正寺趙昂言：「宗（朝）〔廟〕（祀）〔祠〕祭差攝行事官多輒稱疾不赴，饗祭之時，員多通攝。欲望自今如實患者，具名以聞，遣使（司）〔同〕醫官驗視，如涉虚誑，請行降黜。」詔從之，仍令監（察）〔祭〕使常切告諭。

三年八月十六日，中書門下言：「昊天四祭、太廟五饗，望依舊以宰臣攝太尉行事。自餘大祀並差給舍已上攝，中小祠諸司四品以下攝。」從之。

真宗咸平二年二月，詔：「自今祠祭行事官遇急速差遣，即聽申〔中〕書門下，委實疾患，監祭使牒醫官院看驗，

〔一〕原稿標目作「郊祀儀注・職事」。按此目不確，郊祀儀注自在下門，此門僅爲郊祀職事，因刪「儀注」二字。據《永樂大典目録》，《大典》卷五四八五、五四八六均爲「郊」字韻，事目爲「郊祀・行事執事官」，「儀注」別在以後各卷。

依淳化元年詔書施行。內有主判帶職者，無得託故陳狀，如有規避，令御史臺、太常寺糾察以（間）〔聞〕。」

景德二年九月三日，詔：「南郊行事官並須依壇上下等級官資次第定差，不得差老幼疾患者。禮有不肅，命御史臺覺察彈奏。」

十一月六日，詔京官年未十五，願赴南郊陪位者並聽。時秘書省正字晏殊上章，願觀大禮，帝憐其意，許之，因有是詔。

（景德）〔大中祥符〕三年八月二日〔一〕，命知樞密院事陳堯叟爲祀汾陰經度制置使，權判河中府，翰林學士李宗諤副之，仍權同知府事。河北轉運使李士衡、三司鹽鐵副使林特計度（度）糧草，提舉京西陝西轉運司事；樞密直學士 3 戚綸、昭宣使劉承珪計度發運。綸知杭州，以龍圖閣待制王曙代〔二〕。客省使曹利用、西京左藏庫使張景宗、供備庫使藍繼宗相度行宮道路；內供奉官李懷岊、殿頭郝昭信句當修造及省廚；內供奉官史崇貴、高品趙履信同管行宮橋梁道路。並取陳堯叟等指揮，仍迭入奏事。

二十四日，上封事者言：「〔南〕郊，兵部及諸寺監、太常禮院差前資幕職州縣官并在京百司人吏行事，無定員數，多是身不在京，許人投狀，創給公驗減選。欲望自今先定合用員數申中書，以無違礙官差，並須親赴行事，方得出給公驗；如違，委御史臺、禮院覺舉以聞。」從之。

十二月二十四日，又置車駕前後、行宮四面都巡檢三人，同巡檢三人，欄前收後巡檢三人，車駕左右廂巡檢四人，都大提點排頓三人，整肅行在禁衛一人，編排導駕官二人，東京舊城內都巡檢使一人、同巡檢使一人，新城內都（內）〔同〕巡檢使二人，舊城內都同巡檢、鈐轄三人，新城內巡檢二人，管（內）〔勾〕皇城大內公事一人，同管勾大內公事一人，大內（西）〔四〕面巡檢四人。並以閤門、諸司使副、管軍樞密承旨、內侍押班都知充。

四年正月十三日，詳定所上從至（睢）〔脽〕上及奉祀官從人數：入內內侍省都知二人，內臣五人，內侍省都知一人，內臣五人，閤門使一人，通事舍人二人，帶御器械二人，親王內臣一人，知客一人，中書門下（臣）直省官，樞密院知客、押衙各一人。幕次所 4 留從人：親王、（書）樞密院四人，三司使、學士、尚書丞郎、上將軍、觀察使已上三人，給諫、知制誥、龍圖閣待制、大卿監、三司副使、知雜御史、大將軍、樞密都承旨、防、團、刺史、閤門使已上二人，餘並一人。仍不得至壇下。升壇職掌人數：中書省十人舁册，門下省二人捧寶，太常寺六人捧俎，二十二人登歌，禮院三人引贊行事，少府監三人供祭玉、酒爵，光祿寺二人酌酒過俎，司天監二人設神位，太府寺一人供幣，將作監一人掌香

〔一〕大中祥符：原作「景德」，據《長編》卷七四改。以下三條亦爲祥符三年、四年事。此四條蓋《大典》從別處抄來，因首條脱去年號，遂誤插於此。應移在下文大中祥符元年九月條之後。

〔二〕王曙：原作「王曉」，據《長編》卷七四改。此乃修《會要》者避英宗諱改字。

火。從之。

大中祥符元年四月二十四日，殿中侍御史崔憲言：「近差行事官，或初登仕路，或久在外官，不習祠祭禮儀。望自今並先赴齋宮習儀。」從之。

九月二十二日，詔：「群臣有期喪未滿，餘服未卒哭者，不得預祭。敢有隱匿，遇赦不原。」自是大祀皆用此制。

五年九月三日，詔：「大禮、朝會，據《儀制》，京官並赴陪位。自今不至者，令御史彈奏。」

六年三月六日，詔：「應祠祀行事官，並須早入致齋。遇大禮，行事官並午前集朝堂。」先是饗先蠶，太祝馮綬致齋後至，爲監祭使所糾，故申明之。

七年二月八〔日〕，詔：「行事官、諸司職掌奉祀，行事懈慢者，委御史臺糾察，重加其罪，遇赦不原。」

八月二十七日，詔：「齋郎、室長每年預五大饗，行事無遺闕，放一選〔一〕；一年內全不到者，殿一選；預一兩次者，勤，守本出身選。仍給曆，于歲終具逐人行事度數聞奏。定爲永式。」

八年七月二十七日，中書門下言：「舊制，祀昊天 5 上帝及饗太廟，並宰臣、參知政事攝事。近歲多遣他官，慮乖嚴重，自今望依舊制。」從之。

十月九日，太常禮院言：「諸祠祀獻官數少，慮虧恭恪。冬至祀昊〔天〕上帝，舊司天監一員，今請添分獻官一員。夏至祭皇地祇，舊司天監一員，今請添分獻官一員。䄍百神，舊司天監二員，今請添分獻官二員。准禮，兼祝史、齋郎助奠。」從之。

天禧元年正月七日，有司言：「冬至祀圜丘，舊命獻官十四員。伏緣神位甚多，未盡恭恪，望量增七員。雩祀大饗並增一員，夏至、方丘、䄍祭百神並增二員。」從之。

四年閏十二月，太常寺言：「管太祝、奉禮，除授差遣及年小、在外，止有十一員，四季祠祭共使百二十餘員。」詔令本寺牒御史臺，取索祕書郎至寺、監主簿官位姓名，以十七歲以上堪差攝祇應者，與見在寺太祝、奉禮，共三十人爲額。自今差攝行事官，應奉及五年無遺闕公過者，牒送審官院磨勘引見。內有遺闕，曾因祀事犯私罪一兩次已上，即更差攝行事一年，亦送審官院。

仁宗景祐二年二月十五日，詔：「每歲大祠，故事以宰臣攝事者，自今以參知政事、尚書丞郎、學士奉祠。」

八月十一日，太常禮院言：「南郊壇第一龕五方帝、大明、神州地祇、天皇大帝〔二〕、北極，並只差司天監保章正等官行禮。五帝以下皆屬尊神，官秩苟卑，饗接非稱。今參詳，壇第一龕欲差少卿監或正郎充獻官，每位各一員。其第二、第三龕並差員外 6 郎以下，每龕一員。神位多處，量加員數。如官闕，即差已次官。內壝外衆星，並乞量位

〔一〕放：《長編》卷八三作「減」。
〔二〕大帝：原作「太常」，據《宋朝事實》卷四改。

數，差京官與保章正等官分拜。」詔可。

康定二年十一月十五日，詔：「南郊行事，鴻臚寺、禮賓院蕃客並於宣德門、景靈宮門外及南郊壇立班，不赴太廟。」

慶曆七年八月九日，集賢校理、同知禮院邵必言：「准敕，郊禮行事除有父母服不得入太廟、奉慈廟，其景靈宮、南郊壇即聽入。臣竊以南郊、太廟俱爲重祀，奉承之意無容異禮。今居父母喪者既不得入太廟，而得與郊祀，郊愈爲重，能無妨乎？如聞今非與祀之官，但緣祀事闕職，有父母服者雖不入神門行禮，然皆得至齋宮，其南郊雖至壇所亦無禁止。吉凶相瀆，莫此爲甚！且常祀行事官，出入尚先期清道，不得見諸凶穢，今天子親祠郊廟，而(返)〔反〕容喪者執從其間，尤所不可。臣欲乞今後郊、廟行禮，應臣僚有居父母喪而被起者，並不許赴。若以慶澤之行，例須霑錫，亦在朝廷恩旨所及爾，不必屈禮而回容也。」詔禮官定議以(間)〔聞〕。太常禮院言：「郊祀大禮，國之重事，百司聯職，僅取濟集。若居喪被起之官悉不豫事，則或有妨闕。但不以慘黷之容接於祭次，則亦可行。按太常新禮：自今宗室及文武百官有遭喪被起及卒哭赴朝參者，遇大朝會，聽不入。若緣郊祀大禮，惟不入宗廟外，其郊壇、景靈宮得權從吉服陪位，或差攝行事，著祭服無嫌。伏緣今來遭喪被起者悉 **7** 有職事，難以盡廢。欲今後大祭祀，應有父母喪被起者，依舊不得入宗廟外，其郊壇所聽權從吉服，行本職事，唯不得入壝門，庶協禮意，又不廢官守。」詔可。

神宗熙寧三年十一月八日，詔應係祠祭合差分獻官，只令審官東院准例差攝。

五年正月十九日，詔自今奉祠太廟，命宗室使相以上攝事。先是，侍御史知雜事鄧綰言：「伏見《著令》：郊廟大祀常以宰臣攝太尉[一]，受誓戒，致齋，動經累日，中書政事多所廢滯。祭祀之禮，於古則專以宗伯治神，於唐則宰相之外兼用尚書、嗣王、郡王，下至三品以上職事官通攝。而本朝親行大禮，亞獻、終獻亦有以親王及宗室近親攝事者。方陛下講修百度，政府大臣翊贊萬機，而又使之奉郊廟、四時獻享之禮，實恐淹廢事務。欲乞明詔有司，凡四時獻享、郊廟大祀，專使宗室近親兼使相者攝上公行事。」故有是詔。

八年十一月二十二日，詔：每歲昊天四祭，差兩省以上官攝司徒行事。

十年正月二十九日，侍御史周尹言：「今後宗室使相已上赴太廟大祠行事者，不得臨時託疾避免；如違，請委大宗正司劾取旨。如使相已上員數不多，祠事差攝頻數，即乞自節使已上相兼差攝。」從之。

【宋會要】

元豐三年六月二十八日，詳定郊廟奉祀禮文所言：

[一] 大祀：原作「太祖」，據《長編》卷二二九改。

「先王事祖考，致其力，而又致天下之力，所以盡誠孝也。《周8禮》大宗伯職：『大祭祀，王后不與，則攝而薦豆籩徹。』以（比）〔此〕見當祀必躬親之，蓋致其力也。《禮記》曰：武王奠牧室〔一〕，『率天下諸侯執豆籩，駿奔走。』又曰：『有事於太廟，群昭群穆咸在。』此致天下力也。後世苟簡，有侍祠而無助祭，故沈約謂侍祠非舊典，言其無所事也。本朝親祠郊廟，執事之官皆一切臨時取充位而已，宗室及陪祠官則無預於職事，異於用力忘勞、同事神明之意。伏請親祀南郊，薦徹籩豆簠簋俎饌，以朝臣充；太廟以宗（廟）室遙郡刺史已上充。」從之，仍令審官東院、大宗正司選差無過犯堪執〔事〕之人。

是日，又言：「《唐六典》：中書侍郎掌貳令之職，凡臨軒册命大臣，令爲之使，則持册書以授之。若自内册，則以册書授使者。」又曰：「漢置中書掌密詔，《周官》内史掌王之八柄。掌書王命，蓋中書之任也。古者爵有德而禄有功，必賜爵禄於太廟，故命内史讀册。《洛誥》曰：『戊辰，王在新邑。烝祭歲，文王騂牛一、武王騂牛一。王命作册，逸祝册，惟告周公其後。』釋者曰：褒德賞功，必於祭日，示不敢專也。讀册告神謂之祝。逸〔祝〕册者，使史逸讀册書也。《周禮·内史》：『凡命諸侯及孤卿大夫，則册命之。』《祭統》所謂『祭之日，一獻，君降立于阼階之南，南鄉。所命北面，史由君右執册命之』是也。然則古者褒德賞功于太廟，乃命内史讀册。開寶禮及郊廟、明堂儀注，告神之册而使中書侍郎讀之，殊爲舛誤。蓋贊詞接神者莫如祝，故《郊特牲》9曰：『祝，將命也。』《周禮·大祝》：下大夫二人，上士四人，掌六祝之辭以事鬼神示。《儀禮·少牢饋食禮》記説室中陰厭饗神之節云：『主人西面，祝在左，主人再拜稽首。祝祝曰〔二〕：孝孫某，敢用柔毛剛鬣、嘉薦普淖，用薦歲事于皇祖伯某，以某妃配某氏。尚饗。主人又再拜稽首。』此則讀册之任也。《開元禮》郊廟、明堂讀祝並命太祝，最爲近古。伏請郊廟明堂讀册改命太祝。」從之，仍差史官攝。

八月十五日，大宗正司言：「奉詔：親祠南郊，薦徹籩豆簠簋俎饌，以朝臣充；太廟以宗室遙郡刺史以上充。今勘會，宗室自郡王、使相以下至遙郡刺史，數等官位，欲自遙郡防禦使以下至遙郡刺史以上選充。」從之。

二十七日，詔有司攝事依舊於尚書省受誓。

（十一月）〔四年十月十一日〕〔三〕，又言：「禮文所詳定到：祭前一日，司尊彝〔帥〕其屬以法陳祭器於堂東，僕射、禮部尚書視滌濯告潔。祭之旦，光禄卿帥其屬取籩豆簠簋

〔一〕牧室：原作「收室」，據《禮記·大傳》改。

〔二〕「祝」字原不重，據《儀禮》原文補。

〔三〕四年十月十一日：原作「十一月」，承前即元豐三年十一月。查下文第一奏，《長編》卷三一七繫於元豐四年十月十一日甲子，並注云：「元豐四年十月十一日中書劄子，奉聖旨依奏。」則此「十一月」乃「十月十一日」之誤，又脱去年分。據改。

實之，禮部尚書帥其屬薦籩豆簠簋，户部、兵部、工部尚書薦三牲之腥俎，又薦熟俎。畢，禮部尚書徹籩豆。及親祀太廟以宮闈令，圜丘以郊社令掃除。」從之。又言：「皇帝親祠，供〔奉〕官並差命官、選人。乞下太常寺於投狀願行事官內選差。如（關）〔闕〕，報所屬差，仍令於習儀前半月，每日赴太常寺教習朝拜。」從之。

〔三年〕十二月〔一〕，又言：「奉詔：五方嶽鎮海瀆共爲一壇，係中祠，以五時迎氣日祭之。舊例，中（詞）〔祠〕，審官東院差行事官等。（迄）〔乞〕今後逐次〔依〕例牒審官東院差攝。」從之。

10 四年四月十三日，詔：「親祠（比）〔北〕郊，依南郊儀；如不親祠，上公攝事。仰太常禮院條具以聞。」

十月二十一日，詳定郊廟奉祀禮文所言：「親祠儀注：皇帝至罍洗，侍中跪取匜沃水，又侍中跪取盤承水，皇帝搢圭盥手。門下侍郎跪取巾於篚以進〔二〕。謹按《周禮》：小臣，上士四人，大祭祀沃王盥；御僕，下士十有二人，大祭祀相盥而登。鄭氏注云：相盥者，謂奉槃授巾。則是周以上士沃盥，下士相盥也。唐開元中，施敬本駮奏〔三〕：舊封禪禮八條，其畧以謂盥手洗爵，人君將致潔而尊神，故使小臣爲之。今侍中，大臣也，而沃盥於人君；太祝，小臣也，乃詔祝於天神，非禮也。今侍中名則古官〔四〕，非復漢魏執虎子之班，漢禮侍中行之則可，今以侍中爲之，非也。門下侍郎在漢與侍中俱領門下衆事，郊廟則一人執蓋，臨軒朝會則一人執麾。其官給事於黄闥之內，故曰黄門侍郎。今之所受，皆是執政官，非昔執麾蓋之任，而使之進巾，是又循名而不察其實也。伏請親祠，以御藥院內臣一員沃盥，一員授巾。」從之。

二十七日，又言：「古者神民不雜，禮刑易制，治禮之官常得以治禮，事神之官常得以事神。故《周官》，王與后不親祭事，則宗伯攝。自漢以來，官不得其職，太尉掌郊祀亞獻〔五〕，光禄掌三獻。太尉掌兵，今則爲三公；光禄本掌宮殿門户，皆非祠官之任。伏請祠祭，應攝太尉並以禮部尚書充。如正官闕，則南北郊以中書臣僚攝，太廟以 11 宗室攝。其餘及亞獻，太常卿並以太常禮院主判官攝；其光禄卿並罷終獻，仍以太常卿行禮。又博士之官掌贊相祭祀，本朝始有監禮之名，今若俾之攝行祠事，正合古意。緣已有御史監祭，合罷監禮。」詔：「自今南北郊，差執政官爲初獻，禮部尚書、侍郎爲亞獻，太常卿少爲終獻。諸祠祭，禮部尚書、侍郎、太常卿爲初獻，太常少卿、禮部、祠部郎

〔一〕三年：原無。按，此條仍爲元豐三年十二月，因文中所稱詔，據《長編》卷三〇八，在元豐三年九月。因補。
〔二〕以：原作「與」，據《長編》卷三一八改。
〔三〕施敬本：原作「施恭本」，據《唐會要》卷八改。按，宋太祖之祖父名敬，宋人避諱改爲「恭」，今回改。
〔四〕古：原作「吉」，據《唐會要》卷八改。
〔五〕掌：原作「常」，據《長編》卷三一九改。

中、員外郎爲亞獻，太常博士爲終獻。宗廟，親王宗室使相、節度使爲初獻，宗室正任已上爲亞獻、終獻。已上如闕，即遞差以次官充。仍罷監禮。」

是日，又言：「《周官》太史之職：正歲年以序事，頒告朔于邦國。自漢以來，皆以司天時日星災祥之事。至唐改爲司天臺，職任如舊，惟置諸生掌布諸壇神位。本朝大中祥符中，增司天監爲二員，分獻昊天上帝壇第一陔五方帝以下九位。自後又命他官攝司天監行事。夫日官既非習禮事神之司，又假其官名以行禮，殆非禮意。伏請應以司天監分獻者改差禮官。」從之。

【宋會要】

〔元豐七年〕七月〔一〕，秘書少監孫覺言：「今後遇闕監祭，令預牒太常博士；如有妨闕，即申尚書吏部差曾任臺諫并館職清資官；又闕，差知州資序人。其太祝並差進士出身人。」從之。

〔元豐六年〕十月十三日〔二〕，南郊禮儀使言：將來南郊行禮，當差行事官。詔更不用試差攝〔三〕，止以見任兩省、御史并六曹侍郎、12待制以上，仍不限員數。今後准此。其儀仗内六引，開封牧〔四〕、令闕，差知府、知縣；太常卿闕，差少卿；司徒闕，差户部尚書，又闕，差侍郎；御史大夫闕，差中丞；兵部尚書闕，差侍郎〔五〕。其僚佐即依條差官。

〔七年〕〔元豐四年〕十月〔六〕，詳定郊廟奉祀禮文所言：「《唐六典》：大朝會、大祭祀，則侍中版奏中嚴外辦，以爲出入之節。輿駕還宮，則請解嚴，告禮成也。竊詳侍中之職，掌出納帝命，凡軍國之務，與中書令參總焉。唐以來謂之真宰相，非復秦之丞相史。《通典》曰：「秦爲侍〔才〕〔中〕，本丞相史。」漢魏掌御物之任。而使之奏中嚴外辦及請解嚴，殊不應禮。《周官》：小宗伯『大祭祀告時于王，告備于王』；肆師〔七〕『凡祭祀禮成，則告事畢』。小宗伯，春官之貳，則今禮部侍郎之比；肆師，春官之屬，則今禮部郎中之比也。伏請奏中嚴外辦以禮部侍郎，解嚴以禮部郎中掌之。」又言：「《周禮》大宰之職：祀五帝之日〔八〕，『贊玉幣爵之事。祀大神示亦如之，享先王亦如之，贊玉几玉爵。』又小宰之

〔一〕按，此條原稿不著年分，然文中稱「祕書少監孫覺」。考《宋史》卷三四四本傳，孫覺「知應天府，入爲太常少卿，易祕書少監」。據《長編》卷三四〇至三五八諸卷，元豐六年十月，孫覺尚知應天府，其爲祕書少監應在七年。至八年七月六日戊戌，自祕書少監兼侍講遷右諫議大夫。則此條之「七月」必爲元豐七年之七月。據補。原稿此下數條年代均錯亂。

〔二〕元豐六年：原無，據《長編》卷三四〇補。

〔三〕試：原作「式」，據《長編》卷三四〇改。

〔四〕牧：原作「收」，據《長編》卷三四〇改。

〔五〕「差」下原衍「中丞兵部尚書闕差」八字，據《長編》卷三四〇删。

〔六〕此條原繫於七年，按下文有司所奏二事，《長編》卷三一七均繫于元豐四年十月，則此「七年」當爲「四年」之誤，據改。

〔七〕肆師：原作「隸師」，據《周禮·春官宗伯》改。下同。

〔八〕祀：原作「此」，據《周禮》改。

職：『凡祭祀贊玉幣爵之事，凡受爵之事，凡受幣之事。』國朝郊廟、明堂禮，以郊社令設玉幣，太祝取玉幣以授侍中，進皇帝；門下侍郎取爵進皇帝。奠，爵皆未合禮。伏請郊廟、明堂，命吏部尚書一員奉玉幣，吏部侍郎一員奉爵，以次從皇帝至神坐前。左僕射闕則右僕射。以玉幣進皇帝，奠於地。及酌獻，尚書左丞闕則右丞。以爵授僕射，進爵皇帝。酌獻訖，侍郎受幣受爵〔一〕，以贊飲福及焚燎。外，宗廟仍尚13書設玉几。」從之。

十二月二日〔二〕，尚書禮部言：「太官令遇祠祭行禮，合先以常服升壇殿，陳設畢，改服本品祭服，同奉禮、太祝立於罇罍之次。」從之。

【宋會要】

哲宗元祐元年六月十六日，中書省言：「向者祠官、御史每奉祠已事之日，雖城內，例各歸休，更不赴朝謁等。所以祭日前三刻設位，具籩豆；祭前一刻，監祭點閱畢，然後行事。與夫辨色而朝，二者不可得而兼也。昨因御史楊畏申請，自後城內祠事畢，仍赴起居，拜表行香，赴燕入局。由此，恭君事神之道常畧其一：欲辨色而朝，則須中夜而起，先時而祭，是恭於君而畧於神也；欲祭前三刻奉祀，則辨色之趨固不逮矣。夫（齊）〔齋〕心一意以奉祠祀，猶恐未盡其至誠，今怵迫從事，憂其不逮，恐非以齋戒之道。欲應今後城內祠事畢，行事官並免赴起居、拜表行香、赴燕，止令入局。所貴恭事之心，情文兩盡。」從之。

六年七月二十七日，太常寺言：「本寺《祀儀》：祀天地、宗廟，登歌節奏，協律郎舉麾，其餘大中小祠並不與。竊以諸壇祠祀，歌詞、樂器之類與夫節奏，務要整齊，協律郎若不與祭，無由檢察。自來同日數祭，闕行事官，並申尚書吏部差待次官充攝。欲乞今後祠祭用樂處，若不與享祀天地、宗廟同日，其祠祭闕官，即輪協律郎充攝，因使審聽樂曲；餘闕，即申吏部差官。」從之。

七年正月二十14二日，太常寺言：「本朝因唐之舊，以御史爲監祭〔三〕，使輪知；太常禮院官監禮。近年以博士爲獻官，遂罷監禮，惟御史專視祀事。然御史多闕員，博士雖可權攝監祭，又或不赴，遂以他官攝事，無所督察。乞每祠以博士監禮如故。」從之。崇寧三年，復專以御史監祭，遂罷監禮。

八年正月十九日，詔：「應大祠，差禮部尚書、侍郎、太常卿爲初獻，已受誓戒而有故不赴，若禮部郎官爲亞獻，自可攝初獻外，餘官即令本祭內官高者通攝。謂如職事郎官奉俎，而博士或吏部差到官爲亞獻，即令奉俎職事官攝初獻之類。」

元符元年六月，太常寺言：「請光禄寺官今後每遇祠

〔一〕受幣受爵：原只有一「爵」字，據本書禮一之三一補。
〔二〕此十二月不知在何年。
〔三〕祭：原作「察」，據《長編》卷四六九改。

祭，已受誓戒後，及中小祠散齋日分，其約束事體並從《祀儀》禁止。郊社令亦乞依此。」從之。

徽宗崇寧元年四月七日，太常寺言：「諸祀天地，宰臣、執政官已受誓戒，有故不赴，以本祭内職事官高者攝。亞獻以禮部尚書、侍郎，有故或闕，(伏)〔依〕次輪差五曹長貳；又闕，即輪給舍、諫議。終獻官以太常卿、少，禮、祠部郎官，有故或闕，即差比司官；又闕，依次輪差五曹郎官。其奉俎，以户部、工部長貳，有故或闕，即户、兵、工部通差；又闕，以逐部郎官攝。應行事官雖本職獨員，並不許免。内六曹官，如遇本曹四部止有一員者，聽免，仍申本曹，關吏部。」從之。

大觀元年二月六日，監察御史王亶言：「伏覩神宗皇帝稱情立文，著爲一代成憲，祠祭格令所委行事官以大中小祠定其職位。【15】今捧俎官，有用户、兵、工部郎官以上；至於獻官或闕，則吏部所差多是班秩在郎官之下。輕重先後，情文不稱，望下有司講究。」於是太常寺言：「請自今行事官依格差，及遞差以次官外，若闕初獻，聽報秘書省，以長貳充。亞獻、終獻禮官闕，以太常丞；闕，以祕書丞以下充；又闕，本省直報尚書吏部，仍報太常寺。監祭御史闕，聽輪博士；又闕，報尚書吏部。其吏部差官攝初獻，光禄卿、少以朝奉大夫以上充；户部、兵部、工部郎官、監察御史亞獻以朝奉郎以上；内監察御史以親民人充。終獻禮官以通直郎以上。仍著爲令。」從之。

政和二年四月二十日，詔：「祀爲國之大事，苟失其儀，何以享神？比聞祠祀，類多簡惰，執事之人代名者十有七八。加之容止全無莊肅，牲牢不依祀料，失嚴奉神祇祖考之意。自今大祠，御前不時差官詣祠檢察，不如《禮令》，具實以聞；尚敢弗虔，重置于法。」

三年五月十五日，臣僚言：「奉祠之官，祗赴祠事，多於受誓點饌之後方至。蓋是吏部所差外官攝行，既無人從，又太常寺贊者不肯前期指説，緣此後時，遂至闕誤。」詔自今差在京釐務官。

四年八月十二日，太常寺言：「祠事監祭差監察御史，不足，以太常博士；又不足，則吏部差官，不諳糾察之職。今後太常博士闕，乞輪六曹郎官或祕書省官充攝監祭。」從之。

六年十月二十八日，冬祀大禮使司言：「太廟行禮，樽罍酌酒，十室止差宗室一員，往來【16】交錯，不至肅静。及奏奉神主并禮畢(奏)〔奉〕納，自來止差太常寺吏人御前躬奏，殊失嚴奉之體。」詔：酌酒每室差一員，奉納神主等改差侍從官一員，令本寺吏人引贊。

八年正月二十四日，内出手詔：「古者祭必擇士，所以致其恭且嚴者如此。今太常歲祠，因仍舊例，差吏部(侍)〔待〕次官攝事，老疾罷癃，謾不簡擇，非致恭之意也。自今輪差宗學及書局官，吏部差官並罷。」

宣和七年八月五日，中書省言：「勘會冬祀、夏祭大禮，依例詔致仕、宮觀、前宰臣、執政官赴闕陪位。」前宰臣提舉西京嵩山(嵩)〔崇〕福宮余深，前執政大名尹徐處仁、河南尹王襄，提舉西京嵩山(嵩)〔崇〕福宮薛昂，提舉(毫)〔亳〕州明道宮范致虛，詔並令赴闕陪位。

高宗紹興八年十二月七日，前同知大宗正事、安定郡王令廣言：「恭覩詔書，太祖皇帝之後擇屬近而行尊者，列土而王，常令從獻於郊廟，世世勿絶。臣忝冒襲封，緣衰老多病，拜跪艱難，如遇大禮，乞免從獻，止乞陪位。」從之。

紹興十三年八月十九日，禮部、太常寺言：「紹興十年明堂大禮前一日朝饗太廟，除薦籩豆官更不差官外，其薦牛、羊、豕俎官更不逐室差官，係差南班宗室三員詣諸室薦牛、羊、豕俎行事。其籩豆簠簋先次設置，更不差官薦奠。內依(議)〔儀〕合徹籩豆，係薦牛俎官兼徹籩豆行事。今來郊祀大禮前一日朝饗太廟，欲乞依上件禮例施行。」詔依。後皆倣此。

紹興十三年八月二十五日，禮[17]部、太常寺言：「今來郊祀大禮并朝獻景靈宮、朝饗太廟，合差贊者一百二十四人；并同日分祭太社、太稷，合差贊者八人；并同日分命九宮貴神，合差贊者七人。共合用贊者一百三十九人。所有今來郊祀大禮，除見管贊者二十五人外，其餘見闕贊者一百一十四人。今措置於下項去處差借：正名貼司已上不居父母服制之人，於大禮前四十日當官封臂，保明正身，發遣赴太常寺教習。吏部七司三十五人，户部五司三十五人，兵部四司一十五人，太府、司農寺、國子監、官告院各五人，軍器、將作監、大宗正司各三人。」詔依。自後倣此。

二十六日，吏部言：「將來郊祀大禮，據太常寺狀，今來景靈宮、諸殿、太廟、別廟、圓壇、分詣九宮貴神、社稷，合差捧執籩豆簠簋執事等官一百餘員，兵部又差儀仗，內合用攝殿中侍御史二十四員，共及一百三十員，並令本部差撥。竊緣尚書左選在部官員數不多，今相度，欲乞候將來差官日，如京朝官闕少，即差選人或大小使臣。若不足，更於臨安府并管下縣鎮見任及寄居待闕文武官內那差，候事畢日歸還本處。如又無官可差，仍乞於三省行首司已參堂官內差撥。其所差官並不許辭避。所有在部承務郎以上并大小使臣及參堂官，乞自今年九月一日權住給假出外，並選人亦不許歸鄉指射。如已授差遣官，除見闕合赴任官外，餘不許朝辭。」詔除臨安府并管下[18]見任、寄居待闕參堂官準備朝廷差撥外，餘〔依〕。

同日，禮部、太常寺言：「紹興十年明堂大禮前一日朝饗太廟，薦香燈官一十一員，係令大宗正司依自來例差南班宗室充。所有今來郊祀大禮前一日朝饗太廟，合差薦香燈官，欲乞依禮例施行。」詔依。後皆倣此。

二十八日，禮部、太常寺言：「紹興十年明堂大禮并前二日朝獻景靈宮、前一日朝饗太廟，所差行事官係太常寺具行事官窠目申中書省差官。所有今來郊祀大禮，所差行事官欲乞依禮例施行。」詔依。後皆倣此。

二十九日，禮部、太常寺言：「今具下項：一、將來郊祀大禮，壇上正配四位，合差捧執籩豆俎官二十四員、舉鼎官一十六員。欲乞依禮例，從太常寺具窠目申吏部差官，並前一月趁赴習儀。一、將來郊祀大禮前一日朝饗太廟，依儀合差捧俎官六十六員。今欲乞依禮例，於所差圓壇捧執籩豆等官四十員、并圓壇奉禮郎一員，就充太廟捧俎官行事外，見闕一十六員，乞從太常寺申吏部差官。一、在京遇冬祀大禮，隨所差分獻官員數，合差奉禮郎一員，并龕壝木爵官一員，並係吏部差官。所有今來郊祀大禮，除第一龕合差奉禮郎一十員，乞依例令吏部差官，前一月趁赴教習外，所有其餘合差奉禮郎并龕壝木爵官，乞從逐次明堂禮例更不差官，令執事人充代。一、將來郊祀大禮，合差供亞、終獻匏爵及盥洗、拭爵巾官，并分詣別廟、[19]九宮貴神、太社、太稷、較門奉禮郎等官〔一〕，乞從本寺具窠目申吏部差官施行。」詔依。

九月二十日〔二〕，內侍省言：「據點班申：契勘將來郊祀大禮，本省依令格，合差使臣共七十九員。雖隨宜裁減，并依例送入內省差人外，其餘窠目又令兼併主管，每員不下三兩處，尚合使三十一員。緣即今本省止有使臣三人，寄班祗候一十二人，委是差撥不足。伏望敷奏，於吏部見任得替寄居、待闕、已未到部、日前曾任寄班祗候、大小使臣內踏逐指差一十員；如不足，於小使臣內指差。不許辭避，並前一月到省，與使臣寄班衮同排備幹辦，應奉郊祀大禮事務差遣。事畢無遺闕，發遣歸部。」詔依。

同日，禮部、太常寺言：「今來郊祀大禮，前一日朝饗太廟，依（議）〔儀〕，設七祀并配饗功臣位於殿下。昨紹興十年明堂大禮前一日朝饗太廟，祀七祀并配饗功臣，合差獻官二員，係朝廷降勑差官，其七祀太祝一員係吏部差官。所有今來郊祀大禮，欲乞依禮例差官施行。」詔依。後皆倣此。

四日〔三〕，禮部、太常寺言：「今具下項：一、自來大禮前一日朝饗太廟，合差舉册官四員，係南班宗室充。昨紹興十年明堂大禮前一日朝饗太廟，舉册官當時所差宗室員數不足，止就差明堂舉册文臣四員通衮行事。所有今來郊祀大禮前一日朝饗太廟，舉册官欲乞依禮例施行。一、將來郊祀大禮，神位係七百七十一位。今來除正配四位外，有從祀[20]神位七百六十七位，依禮例合差分獻官一百員。乞從太常寺具窠目申中書省差官。」詔依。後皆倣此。

同日，禮部、太常寺言：「檢會國朝故事，大中祥符五年詳定所言：恭謝玉皇禮例，應（郡）〔群〕官并應奉人如有期周以上服，及自餘服制未經卒哭，不得升殿預（視）〔祀〕事。所有今來郊祀大禮，應（郡）〔群〕官并應奉人如有服制，

〔一〕較門：疑誤。
〔二〕天頭原批：「九月十三日、十四日、同日三條移此。」按，此三條見後文。又按，下文爲「十三日」，疑此「二十日」爲「十二日」之誤。
〔三〕四日：疑是「同日」之誤。

乞依上件禮例施行。」詔依。自後倣此。至隆興二年七月二十二日，禮部、太常寺言：「檢准紹興三十一年八月十五日權禮部侍郎金安節等言：『檢會大中祥符五年恭謝玉皇大帝，詳定所言：群官有期以上服及餘服未卒哭，不得升殿預祀事。從之。又檢會天聖五年禮院奏：乞今後依准唐（正）〔貞〕元詔書，百官有私喪期以下、緦以上公除者，聽赴宗廟之祭。詔可。契勘大中祥符指揮既稱餘服，即該緦麻以上，其緦麻之服三月而除，限以卒哭，於理未盡。所有今來明堂大禮及朝獻景靈（官）〔宮〕、朝饗太廟，行事、執事、應奉官，並乞依天聖五年典故施行。』契勘今來郊祀大禮及朝獻景靈宮、朝饗太廟，行事、執事、應奉官並乞依天聖五年典故及已降指揮施行。」詔依。

同日，禮部、太常寺言：「今具下項：一、紹興十年明堂大禮前一日朝饗太廟，進幣爵酒官兼進瓚。所有今來郊祀大禮前一日朝饗太廟，欲依禮例施行。一、自來大禮并前二日朝獻景靈宮，依儀合差刑部尚書實鑊水，刑部侍郎增沃鑊水。內前一日朝饗太廟，係差南班宗室充實鑊水、增沃鑊水官。所有今來郊祀大禮，欲乞依禮例，（其）〔具〕窠目申中書省差官。」詔依。後皆倣此。

十三日[一]，吏部言：「據兵部關到，差儀仗、監門并太常寺徹殘燭及齋香、儀鸞司三頓部役小使臣。除依條將見在部合著短使人差撥外，緣即目合著短使人止有三二十員，不住據諸官司報到差檢 21 視㪷面并管押川陝告敕、祠部度牒等官文字。今准尚書左選關到：將來太常寺等處關申差官日，如京朝官闕少，即差選人或大小使臣。其諸門管鑰使臣亦未曾差撥及緩急事故之人。今相度，如無官司關報到差官文字到部，除依條先差合著短使人外，如不足，將見在部待次住程人並從下差撥。其所差官，若授任程差遣付身，又以過滿及官司踏逐指差等不許辭免，並候過將來大禮依舊。今後如每遇大禮，乞依此施行。」詔依。

十四日，禮部、太常寺言：「自來大禮前二日朝獻景靈宮，俟皇帝詣聖祖天尊大帝位行禮畢，合差侍從官詣神御殿分詣行禮。所有今來郊祀大禮前二日朝獻景靈宮，欲乞差侍從官三員，內一員詣中殿祖宗諸帝神御前行禮，二員詣元天大聖后并諸后神御前行禮。」詔依。後皆倣此。

同日，禮部、太常寺言：「檢會紹興十年明堂大禮，其所差南班宗室，如內有見在紹興府官，指揮大宗正司令逐官於正習儀前十日到行在。所有今來郊祀大禮，其所差南班宗室，如內有見在紹興府官，欲乞依上件指揮施行。」詔依。後皆倣此。

二十三日，樞密院言：「入內內侍省申：『准御寶批下本省奏，據點班申：契勘昨明堂大禮，除相兼窠目外，實使臣五十五人。即日外務并見祇候使臣，除年小外，見管一十八人；并近借到在外差遣等使臣六人，通共止有二十四人。若依明堂大禮窠目差人，尚 22 闕三十一人。緣今來郊祀大禮，比之明堂大禮，增添窠目、人數未定，今欲乞所借使臣並不許占留。數內合差供祠執事使臣，乞依紹興十

[一] 天頭原批：「此下三條移前。」按，若前文「二十日」誤，則此三條位置不須移動。

年例止差八人，宫闈令止差六人。内除就差太廟幹辦官二人外，餘合貼差四人。或更有添差人數，從散祗候相度差撥。」詔依。

十月十日，太常寺言：「勘會今來郊祀大禮，已降指揮，所差行事官令太常寺具窠目申中書省差官。所有郊祀大禮前（二）日朝獻景靈宫、前一日朝饗太廟，合差亞獻、終獻各一員。」詔：亞獻差安德軍節度使、知大宗正事士夽；終獻，揚州觀察使、同知大宗正事士㒟〔一〕。紹興十六年至二十八年亞獻：普安郡王。乾道元年：鄧王愭。三年、六年：慶王愷。九年、淳熙三年：皇太子惇。紹興十六年至二十八年終獻：恩平郡王璩。内二十二年，知大宗正事士街。乾道元年：慶王愷。三年、六年：恭王惇。九年、淳熙三年：少保、岳陽軍節度使、永陽郡王居廣。

二十六日，尚書省言：「吏部差到待次官充郊祀大禮執事官等，其習儀、宿齋依已降指揮支破喫食折羊錢，入曆批請。緣内有不曾將到請受文曆，及未有文曆之人，有妨批勘；兼無當直人從，理宜措置。」詔：「令臨安府，每員各支折食錢十貫文，係省錢内支撥。仍令本府日下於見管將兵或廂軍内，每員差撥兵士二人隨逐祗應。」後皆倣此。

二十八日，禮部、太常寺言：「據修武郎程宗亮等八十五員狀：『各蒙吏部發遣前來太常寺，充捧執籩豆簠簋等官，係赴圜壇、太廟、景靈宫行事。緣各係是在部官，即無轎馬，竊慮臨時趁赴不前。欲乞備申朝廷，下所屬，23權行各關借馬一匹、兵士二人。』今契勘，伏乞朝廷指揮，於殿前司權行每員差借馬一匹，鞍轡全，並控馬兵士二人；及乞支破逐官每員到幕次勑號二道。」詔依。後倣此。

紹興十三年十一月十六日，詔：「郊祀大禮應行事、執事官等，務在嚴肅，如有懈怠不恭，令閤門取旨，送御史臺。」自是每遇親郊，並降此詔。

【宋會要】

紹興十九年十一月二十一日，詔監贍軍東酒庫杜欽雲、臨安府録事參軍馬亮，以郊祀行事失儀，各降一官。爲御史所劾也。（以上《永樂大典》卷五四八五）

【宋會要】

24紹興二十七年十一月三日，禮部侍郎周方崇言：「上辛祈穀、孟夏雩祀、夏日至祭皇地祇、季秋祀上帝〔二〕、冬日至祀昊天上帝，皆嚴配以祖宗，縟典禋容，與親祠等。是以《政和新禮》，初獻之官必以執政。頃權臣憚於齋戒，凡此五祀，但遣侍從，循習既久，遂爲故事。冬日至與高禖之祠既已分命宰臣，獨上辛、夏秋四祀未還舊制。望申詔有司，自來歲始，以宰執將事。」詔依祖宗典故。

紹興二十八年十一月二十六日，監察御史任古等言：「郊祀大禮圜壇行事一〔三〕，皇帝第三次升壇時，其樞密都

〔一〕士㒟：原作「士夽」，據《建炎要録》卷一五一改。
〔二〕秋：原脱，據《中興禮書》卷一六四補。
〔三〕「一」字疑衍或誤。

承旨陳正同不赴前導。」詔罰銅十斤。

二十九年十月二十一日，禮部〔一〕、太常寺言：「冬日至祀昊天上帝係大祀，數内差初獻一員，以宰執充。於受誓戒以後散齋内，有告廟、奉謚册寶、奉慰，竊慮宰執職事相妨，若依舊例差侍從官充攝初獻行事，即無妨礙。」從之。時奉上顯仁皇后謚册寶故也〔二〕。

三十年三月十三日，御史臺檢法官、攝監察御史張闡言：「三月九日出火祀大辰，監察行事，有吏部差右宣教郎、攝太官令施興祖飲酒至醉，祼祖監視宰殺，喧鬧不肅。」詔特降一官〔三〕，仍依衝替人例。

七月二十六日，禮部員外郎洪邁言：「每歲大祀五十五，中祀四，小祀十四。自獻官之外，必用奉禮授幣、太祝筴祝〔四〕、太官令酌酒。而大祠又有兵、工部官、光禄卿丞、太社令。至於[25]天地、高禖、感生帝，□用執政將禮。設八佾之舞，鍾磬備樂，則又有太常卿〔五〕、丞，宫架、登歌兩協律郎。歲所差官，亡慮數百。比年以來，唯兵〔六〕、工捧俎以本部長貳郎官行事〔七〕，而光禄卿、丞時以太常攝領，其他率於兩銓在選者取之。除受誓、散齋外，當於祠所致齋二日。南至郊壇，西至惠照院，北至九宫壇，皆與城市隔絶，士大夫逆旅相去或至數十里，一遇行事，則告(敕)〔飭〕囊槖，預謀寄寓。州縣遠人不閑俎豆儀範，梗野不中法式，既憂且懼，豈復有齋栗之心交於神明？望今後祠祭，令禮部具合差官闕報吏部，許於寺監簿、編修、删定、學官、宫教授、六曹架閣、六院瞀務官内輪行差攝。」吏、禮部、太常寺看詳：「欲依本官所乞事理，每歲中、大、小祀令太常寺具合差官窠目申禮部，備關吏部，籍定輪差職位，下太常寺照會。如遇差官不足，令吏部帖京局瞀務官充攝行事，並不許辭避。」從之。

乾道三年閏七月七日，宰執以禮官定郊廟祠祭事進呈，上曰：「訪聞致齋處多飲酒喧笑者，可令監察御史須俟祠祭一切了畢，方許退。」先是，月行近心大星，宰執次日奏對，上憂懼天戒，形於玉色，因言：「近時祭祀全不嚴肅，何以感格天地？可令禮官條具措置約束。」既而進呈，乃有是命。

乾道四年九月十一日，臣僚言：「國家每歲祀天地并高[26]禖，以宰執爲初獻，餘大祀以侍從、卿、監爲之。自紹興三十一年冬祀，宰執以職事有妨，後並差侍從官行禮，餘大祀或以館職代之。今年雩祀雖已差宰臣爲初獻，立夏、立秋祀太一差中書舍人，然未能盡如舊制。乞自今祭祀並

〔一〕禮：原脱，據《中興禮書》卷一六四補。
〔二〕寶：原脱，據《中興禮書》卷一六四補。
〔三〕特：原作「時」，據《中興禮書》卷一六四改。
〔四〕太祝：原作「太祀」，據《中興禮書》卷一六四改。
〔五〕有：原脱，據《中興禮書》卷一六四補。
〔六〕唯：原作「爲」，據《中興禮書》卷一六四改。
〔七〕郎：原脱，據《中興禮書》卷一六四補。

依禮儀差官。」從之。

六年十月二日，嗣濮王士輵言：「今來郊祀日近，緣年踰七十，筋力稍退，乞免差行事，止令陪位。」從之。九年亦依所請免差。

七年十一月六日，士輵言：「濮安懿王神主神貌在紹興府光孝寺奉安，每年四仲享差三獻官，依格以子侄爲亞、終獻。舊係紹興府行司差南班官權充，今行司已併歸行在宗司，乞每遇四仲饗月，就差本位子姪或紹興府見任、寄居待闕宗室，以長幼次序，許牒紹興府權差行事。」從之。

十月十六日〔一〕，臣僚言：「比歲有司差行事官，或臨期稱疾，則令以次官通攝，漫無檢束。淳化中臣僚有請，應祀事稱疾者，遣使同醫官驗視虛僞，即行降黜。乞詔有司申嚴法禁，庶幾郊(視)〔祀〕每歲，小大協恭。」從之。

光宗紹熙二年九月二十七日，詔郊祀大禮差鄭興裔、李裕文、蕭奪里懶、李孝友充都大主管大內公事，趙師夔、楊皓、鄧從訓、夏執中、蕭鷓巴、張子仁、謝淵充行宮使。翌日，詔韋璞差充郊祀大禮主管大內公事。

二十八日，詔：郊祀大禮，車駕自太廟詣青城，輅上執綏官差權禮部尚書、兼直學士院、27 兼權吏部尚書李巘。

寧宗慶元三年八月二十七日，詔：郊祀大禮，霍汝翼、甘昺、李孝純、李孝友、張卓充行宮使，潘師稷充都大主管大內公事，郭揚充輦輅前編排引駕臣僚及御營四面巡檢。

（以上《永樂大典》卷五四八六）

郊祀儀注〔二〕

【宋會要】

28 太祖乾德元年十一月〔三〕，祀南郊，以皇弟開封尹匡義爲亞獻〔四〕，興元尹光美爲終獻。

開寶六年十一月七日，詔以開封尹匡義、興元尹光美充郊廟亞獻、三獻。

九年三月二十三日，中書門下言：「四月四日有事于南郊，請其日升壇奠玉幣訖，不降壇，便奠爵及讀册文。」詔依。

太宗至道二年正月十日，親郊，以皇太子爲郊廟亞獻，越王元份爲終獻。及次齋宮，禮儀使宋白言：「伏詳儀注：朝饗太廟，皇帝先詣罍洗，奠瓚；祀昊天上帝，即未詣罍洗，先奠玉幣。先後之際，恐爲未允。請先詣罍洗，後奠玉幣。」帝遽召宰相問：「前代祀上帝，未詣罍洗而先奠玉

〔一〕十月：疑是十一月或十二月。

〔二〕原稿天頭又批「饗獻」二字，今不取。

〔三〕「太祖乾德元年」原在「宋會要」下，今移入正文。以下似此者徑移。

〔四〕匡義：按本書帝系一之四、禮四九之五、《長編》卷一、《宋史》卷一《太祖紀》一等俱云建隆元年皇弟匡乂（一作義）賜名光義，則此處亦當作「光義」。但本書中十餘處均作「開封尹匡義」，而無一處作「光義」，似不應十餘處皆誤，姑仍其舊。

幣，于禮可乎？」呂端等對曰：「王者親執玉帛以事上帝。玉帛者，接神之物也，于禮尤宜蠲潔。若沃盥而後奠獻，亦足以表虔潔之意。」白曰：「如允所陳，止一次升壇。」帝憮然改容而言曰：「朕親行郊祀，蓋爲蒼生祈福。若變禮爲允，固當依卿所奏；如合遵舊典，雖百次登降，亦不以爲勞。」端等言：「禮官所陳，得禮之中。」遂從白議。

【宋會要】

咸平二年八月二十八日，禮儀使言：「南郊親祀，舊儀先升壇奠玉幣訖，降壇方詣罍洗，再升壇行禮。至道二年先詣罍洗，後奠玉幣，即是一時新禮。」詔如舊儀。

五年十一月一日，詔南郊引駕，中書、樞密院行在西，餘並依 29 官次。

十一日，親郊前三日，帝齋于乾元殿，尚食進素膳。以雍王元份爲郊廟亞獻，兖王元傑爲終獻。

天（祐）〔禧〕三年十一月十九日，奉天書升壇，合祭天地，以皇太子爲郊廟亞獻，通王元儼爲終獻。禮畢，皇太子賀于殿上，文武百官賀于庭中。

【宋會要】

天聖二年十一月十三日，親郊，皇兄、亳州觀察使、樂安郡公惟正攝左武衛上將軍、祁國公，爲郊廟亞獻；齊州防禦使允升攝左領軍衛上將軍、萊國公，爲終獻。故事：獻官攝上將軍、國公，自是事如儀。

五年十一月十七日，親郊，以樂安郡公惟正爲郊廟亞獻，皇兄、（穎）〔潁〕州防禦使允寧爲終獻。

八年十一月十九日，親郊，保信軍節度（使）觀察留後惟正爲郊廟亞獻，同州觀察使允寧爲終獻。

景祐二年十一月十四日，合祭天地于圓丘，以安化軍節度（使）觀察留後允讓爲郊廟亞獻，貝州觀察使允弼爲終獻。

寶元元年十一月十八日，親郊，以寧江軍節度使〔二〕、濮安懿王爲郊廟亞獻，安化軍節度觀察留後允弼爲終獻。

慶曆元年十一月二十日，親郊，以寧江軍節度使允讓爲郊廟亞獻，安化節度使觀察留後允弼爲終獻。

四年十一月，親郊，以寧江軍節度使、同中書門下平章事、汝南郡王允讓爲郊廟亞獻，武康軍節度使、北海郡王允弼爲終獻。

七年十一月二十八日，親郊，以汝南 30 郡王允讓爲郊廟亞獻，北海郡王允弼爲終獻。

皇祐五年十一月四日，親郊，以汝南郡王允讓爲郊廟亞獻，北海郡王允弼爲終獻。

英宗治平二年十一月十六日，親郊，皇子潁王爲郊廟亞獻，皇兄涇州觀察使、舒國公從式爲終獻。初命東平郡王允弼爲三獻，辭以疾，改差襄陽郡王允良，又以疾辭，故命從式。故事，親祠，皇帝將就位，祠官皆回班嚮帝，須就

〔二〕寧：原作「迎」，據《宋史》卷二四五《宗室傳》二改。

位乃復；侍臣跪讀册，至御名則興〔一〕。至是，始詔以事奉祠事云。

神宗熙寧元年十一月，合祭天地于南郊，以皇弟、泰寧鎮海軍節度使、同中書門下平章事、岐王顥爲郊廟亞獻，皇伯、彰德〔軍〕節度使、同中書門下平章事、濮國公宗樸爲終獻。

七年九月四日，詔岐王顥爲南郊亞獻，嘉王頵爲終獻。十一月，以岐王顥爲郊廟亞獻，嘉王頵爲終獻。十年九月四日，詔岐王顥爲南郊亞獻，嘉王頵爲終獻。十一月二十七日，親郊，以岐王顥爲郊廟亞獻，嘉王頵爲終獻。

【宋會要】

元豐元年十一月五日，詳定禮文所言：「臣等看詳南郊儀注：分獻之官于内壝東門之外，公卿之後，重行，西向北上立。皇帝至位，再拜，並隨拜；降神樂止，又隨拜。皇帝將奠配帝之幣，禮生各引分獻官奉玉幣升壇，奠于上下諸神之位訖，各引復位。初獻、亞獻將升壇，禮生分引諸位獻官 31 俱詣罍洗，各由其陛。酌奠訖，俱還位。今則獻官在外不拜，不盥手，先期升壇，就位而立；禮生更不贊升降之節，唯贊上香、捧幣、奠爵而已。伏乞自今分獻官行事並如儀注。」

【宋會要】

元豐四年十月十一日，詳定郊廟奉祀禮文〔所〕又言：「《周禮》太宰之職：祀五帝之日，『贊玉幣爵之事。祀大神示亦如之，享先王亦如之，贊玉几玉爵。』又小宰之職：『凡祭祀贊玉幣爵之事，凡受幣之事，凡受爵之事。』國朝郊廟、明堂禮以郊社令設玉幣，太祝取玉幣以授侍中，進皇帝；門下侍郎取爵進皇帝。奠、爵皆未合禮。伏請郊廟、明堂，令吏部尚書一員奉玉幣，吏部侍郎一員奉爵，以次從皇帝至神坐前。左僕射闕即右僕射。以玉幣進皇帝，奠于地。及酌獻，尚書左丞闕則右丞。以爵授僕射〔二〕，進爵皇帝。酌獻訖，侍郎受幣受爵，以贊飲福及焚燎。外，宗廟仍尚書設玉几。」從之。

【宋會要】〔三〕

〔元豐〕六年九月二十七日，禮部言：「親祠南郊舊儀：皇帝進詣昊天上帝神座前，奠玉幣訖，還位，又再升壇進熟。一獻禮畢，即飲福受胙。昨被旨：候亞獻、終獻禮成，然後飲福。則皇帝須再拜升壇。欲乞俟終獻復位，皇帝于壇下，當午陛前北嚮飲福。乞于儀注内修正。」又言：「《周禮》，凡祭祀，王出入則奏《王夏》，明入廟門已用樂矣。今既移祼在作 32 樂之前，皇帝詣罍洗奏《乾安曲》，則入景靈宫門及南郊壝門，亦當奏《乾安曲》，庶合古制。」從之。

〔一〕至：原作「致」，據《長編》卷二〇六改。
〔二〕授：原作「受」，據《長編》卷三一七改。
〔三〕此下原注「元豐年間」。

同日，詔：親祀南郊，候三獻畢升壇飲福。以尚書禮部言：「太常寺狀：『親祀南郊舊儀：皇帝進詣昊天上帝神座前，奠玉幣訖，還位，又再升壇進熟。一獻禮畢，即飲福受胙。』詔候亞獻、終獻禮成然後飲福。已修入儀注。緣(此)〔比〕舊儀添此飲福陟降一節，今親祀南郊儀內，候終獻禮畢飲福，須(臾)〔再〕升壇。欲乞候終獻復位，皇帝于壇下，當午陛前北嚮飲福。乞于儀注內修正。」并太常少卿葉均等言：「皇帝冬至祀圜丘，內皇帝詣飲福位一節，依禮文所申請，朝旨：並候亞獻、終獻行禮畢後，皇帝飲福受胙。今看詳：自來祭祀即無初獻已畢，尚猶立待亞獻行禮之儀。今來皇帝既已一獻，更須退俟于何處？欲乞且依舊儀，皇帝酌獻畢，即飲福，降壇就位如常儀。其景靈宮、太廟亦當依此。」帝意在虔恭，故有是詔。

十月十八日，太常博士何洵直言：「郊祀不陳寶瑞，恐未應禮。乞于冬至祀圜丘儀增入所司陳異寶及嘉瑞等于樂架之北東西。」詔從之。

【宋會要】

哲宗元祐七年十一月十四日，祀昊天上帝于圜丘，以皇叔祖、感德軍節度使宗景爲亞獻，皇伯祖、安定郡王世準爲終獻。

【宋會要】

33 元符元年八月六日，三省言：「南郊請依元豐三年，俟終獻禮畢，皇帝再升飲福。仍著爲定例。」從之。

十月十七日，以皇弟端王佶爲亞獻，莘王(俟)〔俁〕爲終獻。

二年二月二十三日，禮部、太常寺言：「今後南郊大禮，乞令獻官、祝官、贊者並立于逐龕陛之下。」從之。先是南郊大禮，郊壇分獻官、祝官、贊者並立于小次之後，去龕陛稍遠，外壇行事，迫于壇上禮畢，奔走不逮，不能盡虔恭之禮，故有是詔。

〔政和〕四年五月十二日〔一〕，皇帝親祭地于方澤，以皇弟燕王(俟)〔俁〕爲亞獻，越王偲爲終獻。前期，皇帝散齋二日於別殿，致齋七日于內殿，一日于齋宮。舊儀，侍從官設次青城內，餘就草場。今聽于青城附近官舍設次，日給食錢，更不具食。祭前一日，奏告太祖皇帝室。殿中監設大次于外壝西門之內道北，南向；小次于第一成子階之西，東向。設皇帝褥位于小次前，東向。設文武侍臣次于大次前，陪祀、行事官、宗室及有司次于外壝南門之外；設饌幔于內壝東西門之外。開瘞坎于壇子階之北壬地。光祿牽牲詣祀所。大晟陳登歌之樂于壇上稍北，南向；設宮架于壇北內壝之外；立舞表于酇綴之間。祭前一日，太史設皇地祇位于壇上南方，北向，席以藁秸；太祖皇帝位于壇上西方，東向，席以蒲越；神州地祇位于第一成午階，席以藁秸；五官神、嶽鎮

〔一〕按元符無四年，據《宋史》卷二一《徽宗紀》三、又卷一〇〇《禮志》三，此乃政和四年事，據補年號。此條應移後。

海瀆各以其方設位于第二成，山林、川澤、丘陵、墳衍、原隰各以其方設位于壇下内壝之内，皆席以莞，内向。奉禮郎、34禮直官設皇帝位版于第二成子階之西，東向；飲福位于壇上皇地祇神位東北，南向；望瘞位于瘞坎之南，北向；設爟火于望瘞位之西，北向。司尊彝帥其屬設玉、幣篚于酌尊所。次設籩豆（箾）〔簠〕簋之位：正、配位皆左十有一籩，右十有一豆，俱爲三行。俎一在籩前，二在豆右，爲二重；登一，在籩豆間；血盤一，在登之前；簠一、簋一在籩豆外，簠在左，簋在右。又設尊罍之位，每位太尊三，著尊二，犧尊、象尊、壺尊、山尊各一。尊皆有罍，以東爲上，尊南罍北。又設篚一于第二成子階之側，實以槃、匜、巾、爵。坫二于正、配位尊罍之次。又設内侍供奉皇帝盥帨位于皇帝版位之前。又設象尊二、壺尊二，在壇下子階之西，俱南向東上，皆加杓冪，並實水。又設第二成從祀，每位皆左十籩，右十豆，俱爲三行。俎二，在籩、豆前；登一、槃一，神州地祇、五官神用。在籩豆間；簠一、簋一，在籩、豆外，簠在左，簋在右；爵一，置于俎上。内壝神位每位皆左二籩、右二豆；俎一，在神位前，爵一次之；簠一、簋一，在爵之前，簠在左，簋在右；登一，在籩、豆之間。又設尊罍之位：二成每方各犧尊二、山尊二；壇下每方設蜃尊二、散尊二，在神位之左。蜃尊、散尊外，餘皆有罍副之。凡尊、罍皆加杓冪。又設正、配位籩、豆、簠、簋、俎、斗、鼎各一于饌幔之内。太府卿、少府監帥其屬陳玉、幣于篚，皇地祇玉以黄琮，幣以黄。配帝幣亦如之。神州地祇玉以兩圭，有邸，幣以黑。五行、五官、五方、嶽鎮35海瀆諸神，幣各從其方色。禮神之玉各置于神位前，瘞玉加于幣。先是郊祀，尊彝籩豆簠簋之類習用前代，無所考正。上遠稽三代，作郊廟禋祀之器，至是舉而用之，燦然大備。手詔具親祀圜壇門。前期一日，尚輦奉御進輿于垂拱殿，皇帝服通天冠、絳紗袍，乘輿以出，稱警蹕如常儀。乘黄令進玉輅于宣德門外，左輔奏請降輿升輅，至齋宫明禋殿前，迴輅南向。左輔奏請降輅乘輿，入齋殿，侍衛如常儀。祭日，皇帝服通天冠、絳紗袍，乘輿至大次。禮儀使等分立大次前，有司奏請行事。皇帝服衮冕以出，禮儀使等前導。至中壝門外，殿中監跪進大圭，皇帝執以入，宫架《儀安之樂》作。至午階，樂止，登歌樂作。至第二成版位，東向立，樂止。禮儀使奏請：「有司謹具，請行事。」宫架作《寧安之樂》、《廣生儲祐之舞》，八成，止。皇帝再拜。禮儀使奏請搢大圭，盥手，登歌樂作。帨手訖，執大圭至壇，樂止，登歌《嘉安之樂》作。殿中監進鎮圭，皇帝搢大圭，執鎮圭，詣皇地祇神位前，南嚮跪，奠鎮圭于繅藉，執大圭，俛伏，興，搢圭。禮儀使奏請受玉幣。奠訖，俛伏，興，再拜，樂止，《恭安〔之〕樂》作。詣太祖皇帝神位前，西向，奠圭、幣如前儀。禮儀使前導皇帝還版位，登歌樂作。至位，東向立，樂止。禮部、户部尚書以下奉饌俎，宫架《豐安之樂》作。奉奠訖，樂止。皇帝再詣罍洗，搢大圭，盥手，登歌樂作。帨手、洗爵、拭爵訖，執大圭至壇上，樂止，登歌《光安之樂》作。詣皇地祇神位前，搢大圭，跪，執爵祭酒。三奠爵訖，執圭，俛伏，興，樂止。**36**太祝讀册，皇帝再拜訖，登歌《英安之樂》作。詣太祖皇帝神位前，如前儀。皇帝還版位，登歌樂作；至位，樂止。皇帝還小次，登歌樂作。殿中監跪受大圭，簾降，樂止，文舞退，武舞進，宫架《文安之樂》作。舞者立定，樂止。亞獻，盥帨訖，作《隆安之樂》、《厚載凝福之舞》。禮畢，樂止。終獻行禮如前儀。皇帝詣飲福位，登歌樂作；至位，樂止，《禧安之樂》作。皇帝再拜，搢圭，跪受爵，祭酒，三啐酒，奠爵，受俎，奠俎，受摶黍豆。既奠，再受爵飲福。訖，奠爵，執圭，俛伏，興，再拜，樂止，皇帝還版位如前儀。禮部、户部尚書撤俎豆，登歌《成安之樂》作；卒撤，樂止，禮部尚書等降復位。禮直(宫)〔官〕曰「賜胙」，行事、陪祀官再拜。宫架《寧安之樂》作，一成，止。皇帝詣望瘞位，登歌樂作。降自子階，樂止〔一〕，宫架樂作。至位，北向立，樂止。禮直官曰「可瘞」，舉爟火，瘞半坎。禮儀使跪奏禮畢，宫架樂作。皇帝出中壝門，殿中監受大圭。皇帝至大次，樂止。有司奏「解嚴」。皇帝常服，乘大輦還齋宫，鼓吹振作。皇帝升御座，百官稱賀。皇帝降座，鳴鞭，殿上侍立官以次退，所司放仗還内，如常儀。

徽宗建中靖國元年十月十七日，詔南郊以皇弟衛王(俟)〔俣〕爲亞獻，蔡王似爲終獻。崇寧三年親祀同。

【宋會要】

大觀四年十一月三日冬至，祀天于圜壇，以皇弟燕王(俟)〔俣〕爲亞獻，趙王偲爲終獻。

政和三年十一月五日，帝**37**躬上神宗皇帝、哲宗皇帝徽號册寳于太廟。越翌日，祀昊天上帝于圜丘，以皇弟燕王(俟)〔俣〕爲亞獻、越王偲爲終獻。

六年十一月八日，朝獻景靈宫。九日，朝享太廟。翌日，祀昊天上帝于圜壇，皇弟燕王(俟)〔俣〕爲亞獻，越王偲爲終獻。(以上《永樂大典》卷五四九〇)

【宋會要】

38高宗紹興二年，太常寺每歲常祀，夏日至祭皇地祇〔二〕，係于行在錢湖門外惠照院望祭，齋宫設位行禮，以太祖皇帝配。三獻官依儀〔三〕，初獻係差宰執，亞獻禮部尚書、侍郎；有故或闕，次輪别曹長貳，次給舍、諫議。終獻太常卿少〔四〕、禮部郎官；有故或闕，差北司官〔五〕，次輪别曹郎官。(以上《永樂大典》卷五四九五)

【宋會要】〔六〕

39孝宗乾道元年正月一日，親郊，以皇子鄧(土)〔王〕愭

〔一〕止：原作「作」，據《文獻通考》卷七六改。
〔二〕至：原作「致」，據《文獻通考》卷三九改。
〔三〕儀：原作「議」，據《文獻通考》卷三九改。
〔四〕卿少：原作「少卿」，據《文獻通考》卷七六乙。
〔五〕北司：本書禮一之一四所載相似文字作「比司」，當是。
〔六〕天頭原批：「此當入郊祀，接祀感生帝後。」

爲亞獻，恭王惇爲終獻。

六年十一月六日，親郊，以皇子慶王愷爲亞獻，恭王惇爲終獻。

九年十月九日，親郊，以皇太子爲亞獻，皇兄永陽郡王居廣爲終獻〔一〕。

淳熙三年十一月十二日，親郊於圜壇，以皇太子惇爲亞獻，永陽郡王居廣爲終獻。

十二年九月十四日，詔：親郊，以皇太子惇爲亞獻，嗣濮王士歆爲終獻；別廟以恩平郡王璩爲初獻，榮陽郡王伯圭爲亞獻〔二〕，昭慶軍節度使、提舉佑神觀士峴爲終獻。

同日，詔：親郊，皇孫安慶軍節度使〔三〕、平陽郡王擴令陪祠。（以上《永樂大典》卷五四九〇）〔四〕

〔一〕居廣：原無，據下條補。
〔二〕榮陽郡王：原作「榮陽王」，據《宋史》卷二四四《宗室傳》二改補。
〔三〕皇孫：原作「皇帝」，按趙擴即宋寧宗，乃光宗之子，孝宗之孫，因改。
〔四〕原稿以上六條獨作一葉，版心未標《永樂大典》卷次，但據其內容，應與上文禮一之三六、三七諸條爲同類，當在《大典》卷五四九〇，因補。

宋會要輯稿　禮二

郊祀壇殿大小次

【宋會要】

1 聖朝自太祖以來，每行郊禮，皆營構青城幄殿，即《周禮》之大次也。又於東壝門外設更衣殿，即《周禮》之小次也。

哲宗元祐九年正月，詔重修黑壇齋宮。

紹聖三年五月三日，工部侍郎王宗望等言：「瑞聖園宴殿偏在西北隅〔一〕，逼近街道，不唯將來陳列儀衛喧坌，兼輅出入由歷正門，難以迂曲。其殿庭西廊外至園牆（上）〔止〕闊四十步，若修蓋望祭殿，委是窄狹。今比類南郊青城，擬移近東，充齋殿，直本園南北門修蓋。」從之。《玉海》：六月乙酉〔二〕，詔立北郊齋宮於瑞聖園。

六月二十七日，權尚書禮部侍郎黃裳等言：「臣等相視北郊瑞聖園，與南郊青城皆方三百步，若以瑞聖園爲帷宮，最是近便。其宴殿可以爲齋宮，即殿之西北爲望祭殿，以備陰雨。」詔入內內侍省選差使臣與工部同繪圖聞奏。

四年九月二十一日，管幹修蓋北郊帷宮所言：「元詔別立望祭殿，今來帷宮之東見建登成殿，可以充望祭之所。乞下禮官審議。」禮部、太常寺言：「登成殿係車駕觀穀游幸之處，若遇親祠北郊，權充望祭所，恐非朝廷專爲祠神之意。」詔候將來禮畢，令有司申請。

元符元年六月，將作監言：「被詔修建南郊青城齋宮，今已繪圖進稟。緣大禮日逼，望且先次修建寢殿等，餘候禮畢興修。宮外城圍亦預計工力。」從 2 之。十一日工畢，凡爲屋九百一十三間。

〔元符元年正月二十七日〕〔三〕，帝幸瑞聖園觀新城北郊齋宮。故事，郊宮悉設以幕帟，其費不貲，上命繕營，不日而成。上曰〔四〕：「三歲一郊，次舍之費，縑帛三十餘萬，工又倍之。易以屋室，一勞永逸，所省多矣。」

徽宗崇（慶）〔寧〕二年六月八日，試給事中、詳定編修大禮勅令鄧洵仁等言：「昨修建南北郊齋宿宮殿，南郊曰齋宮，北郊曰帷宮。事體如一而名稱不同，今欲並稱齋宮。」

十五日，編修大禮勅令所言：「將來北郊若依南郊例，百官並宿青城，竊恐盛夏幕次逼窄。今有廢草場地，與青城及方丘相近，請宰（執）〔相〕、親王、使相、執（正）〔政〕、侍從官、六曹尚書、侍郎並設次青城內，餘就草場設次。」從之。

政和四年四月十九日，詔：「夏祭齋宮，大內門曰廣

〔一〕西：原作「南」，據《長編》卷四八七改。
〔二〕玉海：原無，「六月」以下原作正文大字。按，「六月乙酉」以下二句乃《大典》抄《玉海》卷九四爲注，非《會要》之文。今添「玉海」二字，並改爲小字。
〔三〕原無年月日，據《長編》卷四九四補。按此條當移前。
〔四〕「上曰」二字原無，據《長編》卷四九四補。

禋，東偏門曰東秩，西偏門曰西平，正東門曰含光〔一〕，正西門曰咸亨，正北門曰至順，南門裏大殿門曰厚德〔二〕，東曰左景華，西曰右景華。正殿曰厚德，便殿曰受福、曰坤珍、曰道光，亭曰承休。」

【中興禮書】

高宗紹興二年二月五日，太常少卿程瑀等言：「已降指揮，令臨安府於城外東南巳地踏逐祀天去處。本府見踏逐城外東南妙覺院屋四間，城內天寧觀屋五間。今相視得妙覺院屋係面東，兼出城遥遠，不可用。城外東南別無寺院，若令創行修建，有礙近降權住修造指揮；若止就城內天寧觀望祭，又近降指揮合於城外東南 3 望祭。今來合取自朝廷指揮。」詔權於天寧觀望祭。

六年正月十五日，禮部言：「準都省批下太常少卿何慤（尋）〔等〕劄子：『近準省劄，勘會圓丘、方澤、社稷之祭見於臨安府天慶觀，小屋三楹，卑陋湫隘，軍民雜居，喧怒雜亂，深屬不便，劄付〔本〕寺同臨安府於城內外空閒去處別行踏逐，申尚書省。今同共踏逐到城外惠照院見今空閒，堪充望祭齋宮。其屋宇與見今齋宮間數頗同。除廊門屋三間欲還寺僧依舊居止，及別援屋兩間安頓佛像外，其餘堪充齋宮屋宇去處合行修葺，擗截門窗籬壁之類，乞下臨安府施行，更合取自朝廷指揮。』後批送禮部。本部相度，欲依所乞施行。」詔依。

十三年正月十九日，禮部、太常寺言：「准紹興十二年十二月十一日勑節文，來歲大禮乞用南郊冬祀之儀，庶幾壇陛日時克符象類，上應祖宗之故事，遠合古昔之彝典。詔令禮部、太常寺討論禮制，申尚書省。今討論：國朝禮制，圓壇在國之東南，壇之側建青城齋宮，以備車駕出郊宿齋。今欲令臨安府詳前項禮制，於行宮東南城外，先次踏逐可以修建圓壇并青城齋宮去處，申（處）〔取〕朝廷指揮，候降下，逐旋討論其餘合行禮制。」詔依討論到事理施行。

二月十四日，詔：將來郊祀齋宮更不修蓋，止令計置幕殿。

三月八日，權禮部侍郎王賞等言：「檢會在京青城宮殿，大內門曰泰禋，東偏門曰承和，西偏門曰迎禧，正東門曰祥曦，4 正西門曰景耀，後門曰拱極，大殿門曰端誠，大殿曰端誠，便殿曰熙成。所有將來郊祀大禮，如車駕前一日赴青城宿齋，欲乞令儀鸞司同臨安府預先於已踏逐地步內，體倣前項青城制度，隨宜絞縛。所有行事、執事、陪祀官宿齋幕次，亦乞令臨安府同儀鸞司預先踏逐側近寺院，貼占釘設排（辨）〔辦〕。」詔依，令隨宜絞縛，不得侈大。三月十九日，詔令有司遵守施行，仍不得建造瓦屋。

同日，王賞等又言：「勘會將來郊祀大禮，依禮例合修

〔一〕含：原作「合」，據《宋史》卷一〇〇《禮志》三改。
〔二〕大殿門：原脱「門」，據《宋史》卷一〇〇《禮志》三補。

蓋望祭殿。契勘在京圓壇望祭殿係五間，周圍重廊等。今欲乞從太常寺具合用間例，畫圖報臨安府預先修蓋施行。」詔並令絞縛幕屋。

同日，王賞等又言：「勘會國朝禮例，每遇冬祀大禮，依儀，皇帝宿齋三日，内一日於大慶殿，一日於太廟，一日於青城。所(以)〔有〕將來郊祀大禮宿齋，未審依前項禮儀，唯復依紹興十年明堂大禮禮例，並於前殿宿齋？」詔依祖宗禮例施行，不得創造齋殿。

十九日，禮部、太常寺言：「少保、保成軍節度使、兼領殿前都指揮使職事楊存中等劄子：『踏逐到龍華寺西空地一段，東西長二百二十步，南北長一百八十步，修築圓壇。除壇及内壝丈尺依制度使用地步九十步外，其中壝、外壝欲乞隨地之宜，用二十五步，分作兩壝，外有四十步。若依前項地步修築，車輅、儀仗、禁衛可以排列。所有龍華寺側近地步修青城并望祭殿，委是圓備。』小帖子開説圓壇丈尺係冬祀大禮 5 昊天上帝壇。緣將來行郊祀大禮係合祭昊天上帝、皇地祇，并從祀共七百七十一位。詔依，尋令合干人打量合用丈尺。相視今來圓壇依倣舊制及郊祀所設神位，鋪設祭器、登歌樂架、酒尊、前導路，及皇帝飲福位等，共合用第一成縱(橫)〔廣〕七丈，第二成縱廣一十二丈，第三成縱廣一十七丈，第四成縱廣二十二丈。分一十二陛，每陛七十二級。三壝，第一壝去壇二十五步，中壝去第一壝一十二步半，外壝去中壝一十二步半。并燎壇之制，方一丈，高一丈二尺，開上南出户方六尺，三出陛，在壇内二十步丙地修建。今契勘，所建圓壇并燎壇，即未審合令是何官司管認修建？」詔令臨安府同殿前司修建。用七月二十三日庚時興工，至十月二十二日畢工。《宋會要》：其後畢工，監修官屬並轉一官，選人比類施行。

六月十二日，權禮部侍郎王賞等言：「勘會將來郊祀大禮，已降指揮，前一日於太廟宿齋。緣今來太廟止有大次瓦屋五小間外，未曾建置齋殿。若行申明，就大次後修蓋齋殿，有礙近降不得創建齋殿指揮；若不申明，又恐將來車駕至太廟，未有宿齋殿宇。伏望更賜取旨施行。」詔令儀鸞司絞縛幕次。

十三日，皇城司言：「知臨安府王㬇劄子照會：『將來郊祀大禮，所有青城齋宫合用絞縛物料，係本府應辦。即未見得的實合起蓋屋宇間架、深闊丈尺數目，及皇城四壁地步去處。欲望劄下禁衛所、皇城司等處，將合起齋宫屋宇間架、丈尺數目 6 并皇城四壁分明標遷地步，關報儀鸞司，同本府前去檢計實用物料，以憑預行計置施行。』本司隨宜相度到下項：一、熙成殿前東西兩廊各設廊屋五間，殿後貯廊并兩廊各設三間，及後擁舍並係充十閤分事務等。一、端誠殿并端誠殿門係受賀殿宇，所有殿前合設班位，本司即不見得立班員數，竊慮至時妨闕，乞下閤門等處相度施行。一、端誠殿門外東西壁附近寢殿慮致喧鬧，並合搬截，不通過往。并端誠殿門外合設宮門，及宮門外合設皇城門。其面南門內中道門係御路，東西兩偏門放行事百官等并應奉人入出。其周圍並係皇城，即不見得皇城內置局、應奉官司及宿齋臣僚幕次，本司即難以標遷廣闊丈尺，乞下所屬相度施行。一、皇城裏合差親事官擺鋪，除擗截不通過往更不差人外，合設二十鋪，每鋪六人，各合用自方八尺鋪屋一間，並乞以本司兵幕充。」詔依。

七月十三日，禮部、太常寺言：「勘會今來郊祀大禮，依（議）〔儀〕設小次於壇午階下之東，西向。乞令儀鸞司依禮例絞縛，釘設排辦。」詔依。後皆倣此。

八月七日，禮部、太常寺言：「勘會依（議）〔儀〕設小次於圓壇外壝東門之內道北，南向。所有今來郊祀大禮合設大次，欲乞令儀鸞司同臨安府預行計置，絞縛釘設。」詔依。後皆倣此。

十日，禮部、太常寺言：「將來郊祀大禮，前二日朝獻景靈宮，欲乞依在京禮例，就齋殿設大次。乞下儀鸞 7 司預先相度，前期釘設排辦。」詔依。後皆倣此。

十三日，禮部、太常寺言：「今續條具到事件下項：

一、勘會將來郊祀大禮，依儀於壇之東南修築燎壇，於壇之西北開撅瘞坎。今來除燎壇已降指揮令殿前司、臨安府修築外，所有瘞坎亦乞令殿前司、臨安府計會，一就開撅。

一、勘會將來郊祀大禮，前二日朝獻景靈宮，依儀於殿之東南修築燎壇，乞依自來大禮例，令修內司計會，隨地之宜修築。」詔依。

二十三日，禮部、太常寺言：「勘會已降指揮，令臨安府同殿前司修築圓壇，并令儀鸞司、臨安府絞縛青城并望祭齋宮。今欲乞候逐處修築絞縛了日，從禮部依自來大禮例，定日同太常寺官將帶禮直官等及應奉官司，詣逐處按視。」詔依。

二十四日，禮部、太常寺言：「勘會今來所建圓壇并壝牆、燎壇，並合用紅灰泥飾。及十二階陛并望祭殿內合用十二時立牌各一十二面，共二十四面，下馬牌六面。其牌欲乞行下文思院計會，太常寺指説製造。所有合用紅灰，令修建官司一就計料泥飾施行。」劄付工部施行。

九月十七日，尚書省言：「勘會將來郊祀大禮，太廟齋居逼近廟室，致有喧雜。」詔令禮部、太常寺同臨安府相度地步增展。上曰：「太廟窄隘，宿齋處與神御殿逼近，人跡喧雜，行禮不肅。可令展套地步，添蓋宿齋處所。若要規模宏壯似舊日則不可，至於崇奉之意，須當依舊也。」

二十一日，禮部侍郎王賞等言：「已降指揮：太廟齋居逼近廟室，致有喧雜，令禮部、太常寺同 8 臨安府相度地步增展。尋相度到太廟齋廳後隔牆南省倉內有敖四間，及傍有空地。若拆去敖屋，其地南北九丈、東西一十丈，可以將見今絞縛齋廳移那向後，兼北牆與別廟後牆一齊。」詔依。

二十九日，禮部、太常寺狀：「勘會昨在京日，圓壇并望祭齋宮，省記得依條例合差宮、壇户各六人，歲終打併，掃洒照管，除治草莽。係下開封縣差取，更不支破請給，止與免户下科配差使，專一在壇祇應。兼契勘今來圓壇應奉將來郊祀大禮畢，其歲終常祀、非泛奏告並合赴圓壇行禮，務要清潔。今相度，不敢依在京條例差破壇户，止乞令臨安府責委錢塘縣巡檢司差人兵一十人，專一在壇照管打併，除治草莽，每季一替。如壇壝有不測倒塌去處，即令臨安府差人併手修築埿飾施行。」劄下臨安府依所申。

十月九日，禮部、太常寺言：「郊祀大禮前一日朝饗太廟，依例合自欞星門絞縛露屋曲尺，接至大次前貯廊；及大次上綵結鵰鴉，並乞下儀鸞司同臨安府依例施行。」詔依。後皆倣此。

十月十三日，禮部、太常寺言：「修立郊禮儀注：前祀三日，儀鸞司帥其屬設大次於外壝東門之内道北，南向；小次於午階之東，西向。又設文武侍臣次於大次前，隨地之宜；行事、陪祠官、宗室及有司次於外壝東門之外。設東方、南方客使次於文官之後，西方、北方客使次於武官之後。設饌幔於内壝東門之外，隨地之宜。」

紹興十四年八月十七日，禮部、太常寺言：「勘會望祭殿并端誠[9]殿兩廊等，臨安府並行去拆了當。將來十一月冬至祀昊天上帝，若遍行設從祀神位，其望祭殿却合修蓋。今檢準紹興元年二月五日勅節文，每歲祀祭天地，止乞設正、配位，詔依。勘會將來冬至祀昊天上帝，依儀合於圓壇設正、配位行事。所有從祀神位，緣望祭殿并齋宮未曾修蓋，欲乞權依紹興元年二月五日指揮施行。」詔依。

十五年五月十四日，詔祀天去處令臨安府措置，務要嚴潔。

十六年三月十一日，詔圓壇令臨安府相度增葺。

六月十三日，禮部、太常寺言：「勘會將來車駕前一日赴青城，合用齋殿等，紹興十三年並係臨安府及(鸞儀)〔儀鸞〕司承指揮絞縛排辦了當。數内，望祭殿當時係太常寺具合用間數，畫圖報臨安府絞縛幕屋。所有今來大禮合用望祭殿，乞依十三年(體)〔禮〕例，令太常寺具合用間數，畫圖報臨安府如法絞縛幕屋。其青(殿)〔城〕齋殿等，亦乞依例令臨安府同儀鸞司絞縛施行。」詔就齋殿後量造瓦屋，餘並絞縛幕屋。

十九年五月三日，禮部、太常寺言：「太廟奉安所申，乞修蓋將來大禮齋殿等。尋委太常寺主簿林大鼐相視得初獻廳後元搭蓋齋殿地步。其齋殿若遇大禮，旋行絞縛，其木植、甃塼、物料等所用浩瀚。今來若行修蓋，别無妨礙，貴得永久應奉車駕宿齋嚴潔，免致逐番費擾。今欲依本官相視到事理，并齋殿兩壁合用屋宇，乞下兩浙轉運〔司〕修蓋。」詔依。

七[10]月十二日，禮部、太常寺言：「大社令韓彦直公文：『乞每月遍詣諸壇壝、齋宮檢視，遇有修整去處，本局申太常寺，報臨安府修整施行。』今省記，在京大社令每月詣諸壇壝、齋宮檢視，如有修整去處，申太常寺，報將作監行下所屬修整。竊慮見今將作監别無所轄修造去處，兼即今應修飾壇壝等並係臨安府應副，今來欲乞依例下臨安府修飾施行。」詔依。

十九年八月十九日，禮部言：「臣僚上言：『臣近差祠皇地祇。竊見齋宮在城外惠照院，殿宇卑陋，廊廡湫隘，祭器、樂舞之類皆隨宜安頓，省牲視饌之處殆不容周旋，仍迫近營寨，諠譁弗蠲，甚非國家嚴恭事神之意。臣竊按在京祠事，郊外各有壇壝齋宮。今恐未能悉如舊制，亦合於城外寬敞去處別創(見)〔建〕齋宮，所貴嚴潔，不致褻慢。況孟夏雩祀，季秋時饗皆係祭祀上帝，以配祖宗，豈宜因陋就簡，一切闕畧？伏望令有司措置施行。』詔令禮部、太常寺同臨安府措置。本府申：『相度得惠照寺望祭齋宮，見今行路與營寨一處通行。欲於西向築牆截斷，於南向河内填築土橋一道，通徹舊齋宮門出入。所有殿宇，今欲去拆攙簷，及兩廊脱换損爛去處重行修整，取令明爽。及於西壁創建齋宮一所，廳屋五間，挾屋七間，兩廊屋十八間，充行事宿齋、省牲視饌幕次。所有營寨牆屋迫近，欲乞朝廷劄付殿前司行下本軍，量行展入一丈，免致喧譁。』外，今措置 **11** 下項：一、見今望祭殿東西廊，係準備值雨行事，往來升降；及東廊係巡牲點饌，并入就位，升降立班；其西廊依舊充大樂禮器庫。一、欲乞將今來創建宿齋屋，東廊從南第一間蓋貯廊，通接齋宮，西廊作角子門通過。其常日乞令大社封鎖望祭殿門，其鑰匙賫納太常寺官收掌，遇行事，令合干人請鑰匙開門，放令祗應人鋪設。一、初獻廳後更行修蓋龜頭屋，充聚廳、習讀祝文位次。」詔依。

二十五年十月，太常寺言：「大禮所用幕次係臨安府應副排辦，乞專委知府提調。」從之。

孝宗隆興二年三月二十六日，禮部、太常寺言：「准正月一日詔：『今歲冬至日當郊見上帝，可令有司除事神儀物、諸軍賞給依舊制外，其乘輿服御及中外支費並從省約。仍條具以聞。』今條具下項：一、勘會今來大禮，朝獻景靈宫合用燎壇，并朝饗太廟、別廟殿室内合用神帳、法物、祭器、神厨什物名件，門戟，并小次及七祀配饗功臣位次等，并圓壇龜陛壝牆，燎壇，望祭齋殿、大小次册幄、神厨什物等，並係祀神儀物。欲乞依逐次大禮體例，關報臨安府等處修飾絞縛，排辦施行外，其端誠殿并青城及待班屋等，乞令兵部同臨安府等處照應今降省約指揮，條具申請施行。一、太廟、別廟廊廡、神厨、齋殿、齋坊屋宇，依逐次大禮例，係兩浙轉運司、臨安府檢計修飾。今來太廟、別廟殿宇欲乞依例修飾外，所有齋殿并 **12** 其餘屋宇亦合省約，乞差官檢計，量行修飾施行。」後皆倣此。

乾道三年二月十一日，權發遣臨安府王炎劄子：「今月初一日内殿奏事，面奉聖旨宣諭：『今歲郊禮，務欲節省。如寢齋在易安齋，相去稍遠，更不欲去，只端誠殿後旋安排一寢殿，可以省造露屋之類。』炎已奏恭領聖旨外，緣本府見今計置合行事件，欲望朝廷特賜覆奏行下，以憑恭依施行。」詔依已得指揮。

五年九月十一日，太常少卿林栗、丞陳損、博士龔滂、主簿馮仲夷言：「竊惟祀帝於郊，在國之南，就陽位也。古今議禮者(惟)〔雖〕差參不齊，然就陽之義未之有改。伏見國家舉行典禮，歲中祀上帝者四：春祈、夏雩、秋饗、冬報。其二在南郊圓壇，其二在城西惠照院望祭齋宮。蓋緣在京日，孟夏大雩別建雩壇於郊丘之左；季秋大饗，有司設事就南郊齋宮端誠殿。今來行在未建雩壇及端誠殿，遂權就城西望祭齋宮，然於就陽之義，因天事天，無所依據。謹按唐武德、貞觀、開元，國朝開寶、興國、祥符之間，孟夏大雩、季秋大饗皆即南郊圓丘行事。皇祐二年始即大慶殿爲明堂，躬行嚴配之禮，至每歲有司設事，仍寓圓丘。元豐五年，始建雩壇於郊丘之左，前此皆在圓丘。欲望朝廷詳酌，除三歲親祠自有典故外，其有司攝事歲中四祭，並即圓壇，以遵舊制。」詔依。

二十七日，權禮部侍郎鄭聞、員外郎范成大等言：「近准録黃林栗等劄子：爲季秋祀上帝，13 乞於郊丘行事，得旨已依所乞。然尚有當議者。蓋國初沿襲唐制，一歲四祭昊天上帝於郊丘，謂祈穀、大雩、饗明堂、祀圓丘也。唯是明堂當從屋祭，因循未正。至元祐六年，太常博士趙叡建言：本朝親饗之禮，自明道以來即大慶殿以爲明堂，蓋得聖人之意；至於有司攝事之所，乃尚寓於圓丘。竊見南郊齋宮有望祭殿，其間屋宇頗寬，乞將來季秋大饗明堂，有司攝事只就南郊齋宮行禮。至元符元年，又寓於齋宮端誠殿。以此考之，蓋既曰明堂，當從屋祭故也。前日寓祭於城西惠照齋宮，以方位爲非是，今既改就南郊，於禮爲合。但明堂當從屋祭，不當在壇。臣等竊見今郊丘之隅有净明寺，每祠事遇雨，望祭於此。欲乞遇明堂親饗，則遵依紹興三十一年已行典禮；如常歲有司攝事，則當依元祐臣僚所陳，權寓净明寺行禮，庶合明堂之義。」詔依。

【中興禮書】〔一〕

淳熙十二年八月五日，郊祀大禮提點一行事務所言：「皇孫進封平陽郡王，趁赴起居等與宗室正任同幕次。今來郊祀大禮，除景靈宮幕次從已降指揮外，所有太廟、青城宿齋幕次乞施行。」詔令別行排辦。

二十五日，御史臺言：「勘會今來郊祀大禮前一日朝饗太廟，至日圓壇行禮，所有皇太子、皇孫平陽郡王合用幕次：皇太子前二日太廟宿齋，今貼占齋殿前西壁四間；前一日 14 圓壇宿齋，今貼占龍華寺。皇孫平陽郡王前二日太廟宿齋，今貼占齋殿前皇太子幕次南壁四間；前一日圓壇宿齋，今貼占龍華寺東廊當屋三間。」詔依。

十月二十六日，權發遣臨安府張杓劄子奏〔二〕：「伏見圓壇牆垣，當郊之歲旋復營葺，熙事告成，又姑置而不問。

〔一〕此下原批：「郊祀壇殿大小次。」
〔二〕張杓：原作「張均」，據《咸淳臨安志》卷四八《秩官》六、《宋史》卷三六一《張杓傳》改。即張栻之弟也。又按，「杓」字，本書及其他文獻中又多寫作「枃」，未知孰是，今仍兩存之。

青城熙成一殿固所素有，門禁不肅，幾若通衢。臣以爲莫若俟今來禮成後，將郊壇牆垣、熙成殿宇嚴其扃鐍，非時擅啓，從本府量差使臣軍兵巡守，守臣逐時檢察。伏乞特降指揮施行。」詔依。（以上《永樂大典》卷五四八七）〔一〕

郊祀位次

【宋會要】

仁宗慶曆元年十一月十五日，詔免諸蕃太廟陪位，其宣德門、景靈宮門外及南郊壇立班如故。

二十日，親郊，詔：「郊壇黃道褥改用緋絹。奠幣登獻畢，朕更不就小次，並捲去簾幃，以表恭事天地之意。」

四年十一月二十五日，合祭天地於圜丘，始至壇下，詔太常：「大樂六變，無擅減節。不御小次，徹黃道，以盡恭肅之意。」舊制，郊禮，黃道褥鋪至一級，其第一級接以緋（辱）〔褥〕至神位，至是盡令徹去。

神宗熙寧元年十一月十八日昧爽，合祭天地於圓丘。帝至壝門，却御蓋，登壇，撤黃道褥，不御小次。命侍祠官勿回班，以罄寅恭報本之意。

四年二月十八日，詔圓壇無用地衣。

【中興禮書】

紹興十三年八月五日，禮部、太常寺言：「檢會紹興十年 15 明堂大禮，并前二日朝獻景靈宮，前一日朝饗太廟，行禮黃羅拜褥并飲福黃羅褥，承指揮並改用緋。所有今來郊祀大禮并朝獻景靈宮、朝饗太廟，行禮應合設皇帝拜褥，未審依舊例用黃，唯復依紹興十年禮例用緋？」詔依紹興十年例施行。後皆倣此。

十日，禮部、太常寺言：「檢會《大禮令》：讀冊官讀冊，至御名勿興；壇殿上下徹去黃道裀褥；入壇殿門不張蓋；百官不得回班；御燎從物繖扇更不入壇殿；行禮前衛士不起居呼萬歲。所有今來郊祀大禮并朝獻景靈宮、朝饗太廟，欲乞並依上件令文。」詔依。後皆倣此。

【宋會要】

高宗紹興十三年十月，禮部、太常寺修立郊祀大禮儀注：前祀一日，奉禮郎、禮直官設皇帝位版於壇下小次前，西向；飲福位於壇上午階之西，北向；望燎位於柴壇之北，南向；望瘞位於坎之南，北向。贊者設亞獻、終獻位於小次之南稍東，西向。大禮使、左僕射又於其南；行事吏部、户部、禮部、刑部尚書，吏部、禮部、刑部侍郎，光禄卿、讀冊舉冊官、光禄丞位於大禮使之東；光禄丞稍却。奉禮郎、太祝、郊社〔二〕、太官令位於小次之東北：俱西向北上。監

〔一〕《大典》卷次原缺，據《永樂大典目録》卷一五補。
〔二〕社：原作「祀」，據《文獻通考》卷七二改。

察御史位二：一於壇下午階之西南，一於子階西北。協律郎二：一於壇上樂虡西北〔一〕，一於宮架西北，俱東向。押樂太常丞於登歌虡北〔二〕，押樂太常卿於宮架北，良醞令於
16 酌尊所，俱北向。又設陪祀文武官位於執事官之南；諸方客使在文官之南，隨其方國。光禄陳牲於東壝門外，西向；祝史各位於牲後。太常設省牲位於牲西。大禮使左僕射在南，北向西上；分獻官位於其後。行事吏部、禮部、户部、刑部尚書、吏部、禮部、刑部侍郎、押樂太常卿、光禄卿、讀册舉册官、押樂太常丞、光禄丞、奉禮、協律郎、太祝、郊社、太官令在北，南向西上。凡設太常丞以下位皆稍却。監察御史在吏部尚書之西，異位稍却。光禄陳禮饌於東壝門外道北，南向；太常設省饌位版於禮饌之南。大禮使、左僕射在南，北向西上；分獻官位於其後。監察御史二，俱在西，東向北上。行事吏部、户部、禮部、刑部尚書、吏部、禮部、刑部侍郎、押樂太常卿、光禄卿、讀册舉册官、押樂太常丞、光禄丞、奉禮、協律郎、太祝、郊社、太官令在東，西向北上。設進盤匜帨巾内侍位於皇帝版位之後，分左右。奉盤者(向北)〔北向〕，奉匜及執巾者南向。祀日丑前五刻，太常設大禮使已下行事、執事官揖位於卯階之東、内壝外，如省牲位。行事升壇、飲福、望燎、望瘞。升陛立向同唐禮，詳見總儀。

孝宗(興隆)〔隆興〕二年正月一日，禮部、太常寺言：「准已降旨，條具約省事。如南郊皇帝位版、亞終獻及公卿位版、腰輿帕匣，例合修製者，止添黃羅夾帕一，公卿位版七十番衮用，餘止量行雅飾。」從之。自後遇郊並依此條具。

(以上《永樂大典》卷五四八七)〔三〕。

郊祀奏告

【中興禮書】

17 郊祀奏告。紹興十三年六月二十三日，禮部、太常寺言：「准御札，今年冬至日有事於南郊，合奏告天地、宗廟、社稷、宮觀。據太史局申，宜用六月二十七日壬子吉。今參酌到合行事件：一、合用御封降真香二十合，天地二合，宗廟十二合，社稷二合，天慶觀一合，報恩光孝觀三合。乞下入内内侍省請降付太常寺。一、合用祝文一十六首，天地二首，宗廟一十二首，社稷二首。青詞二通，天慶觀一通，報恩光孝觀一通。並述以今年冬至日有事於南郊，合祭天地奏告之意。内懿節皇后祝文一首更不撰書寫，進書訖，降付太常寺。乞下學士院修進請。一、合用幣帛二十段，蒼五、黃一、白十二、皁一〔四〕。各長一丈八尺小尺，下太府寺，行下左藏東庫支供赴太常寺。一、奏告天地、社稷合用神位版并鋪設學生，下太史局排辦差撥。前一日赴惠照院齋宮祗應。一、奏告天地合差奏告

〔一〕虡：原作「虛」，據《文獻通考》卷七二改。
〔二〕虡：原作「虛」，據《文獻通考》卷七二改。
〔三〕原缺《大典》卷次，據《永樂大典目録》卷一五補。
〔四〕注文總計爲十九段，與正文「二十段」不合，疑有誤。

官一員，前一日赴惠照院齋宮致齋。依禮例，降勑差宰執。一、奏告太社、太稷合差奏告官一員，前一日赴惠照院齋宮致齋。天慶觀合差奏告官一員，前一日赴本觀致齋。報恩光孝觀合差奏告官一員，緣本觀別無屋宇，欲乞前一日於明慶寺宿齋，至日赴本觀行事。依禮例，並降勑差侍從官。一、奏告(官)宗廟合差奏告官一員，前一日赴太廟致齋。依禮例，降勑差南班宗室。一、奏告逐處各差光禄卿、奉禮郎、太祝、太官令，並各前一日絶早赴祠所致齋。內太祝差文(人)〔臣〕有出身人充。乞從太常寺請官，及具員[18]數申吏部差官。一、奏告天地、宗廟、社稷，每位各合用酒二升，鹿脯一段，每段重四兩。鹿臡二合半，真蠟燭三條，每條重四兩。縮酒茅一束。其天慶觀、報恩光孝觀每位各合用酒二升，鵝梨五顆，闕，以時果代。法醬二合半，真蠟燭三條。每條重四兩。及逐處合用香爐、匙合、炭火、神席、燎草、粇盆，並下臨安府排辦。」詔依。十六年用六月二十四日。十九年用七月九日。二十年用七月十日。二十五年用七月二日。二十八年用六月二十一日。隆(慶)〔興〕二年先用六月二十五日，續准指揮，以來年正陽之月、雩祀之辰，恭見上帝於圓丘，再用十一月二十三日；又準詔改用獻歲上辛，又用十二月十四日。乾道三年用六月十六日。六年用六月十九日。九年用六月十四日。淳熙三年用六月十五日。其所差光禄卿、奉禮郎、太祝、太官令，及排辦香幣、青詞、祝文、禮料、酒脯等，並如紹興十三年之制。

七月五日，禮部、太常寺言：「奏告諸陵宜用七月九日甲子。乞依禮例，權於法惠寺設位，奏告行禮。今具合行事件下項：一、奏告諸陵合用表文二十八通，并昭慈聖獻皇后欑宮表文一通，永祐陵欑宮表文二通，懿節皇后欑宮祝文一首。並述以今年冬至日有事於南郊，合祭天地奏告之意。並下學士院修撰書寫，進書訖，降付太常寺。所有欑宮表文、祝文，乞令學士院一面降付入內內侍省，令所差齎香人一就齎降前去欑宮司。內懿節皇后祝文更不進書。一、合用御封降真香，內諸陵二十八合，昭慈聖獻皇后欑宮一合，永祐陵欑宮三合。乞下入內內侍省請降付太常寺。所有欑宮合用香，乞依例差人降付欑宮司。內懿節皇后香更不進請。一、奏告諸陵合差奏告官二員，乞依例降勑差南班宗[19]室；并合差太祝三員，以文臣有出〔身〕人充，並前一日赴法惠寺致齋。所有每位合用供養茶、酒、果、蠟燭、燎草等，下臨安府排辦。一、奏告昭慈聖獻皇后欑宮并永祐陵欑宮，乞候香祝到日，令紹興府一面選日差官，及排辦供養茶、酒、果、蠟燭等。」詔依。十六年用六月二十九日。十九年用七月十八日，改於惠照院齋宮設位。二十二年用七月十九日。二十五年用七月十一日。二十八年用六月二十四日。隆興二年用(用)六月二十九日，續准指揮，以來年正陽之月、雩祀之辰，恭見上帝，再用十一月二十四日；又準詔改用獻歲上辛，又用十二月十五日。是年添祭告安穆皇后欑宮。乾道三年用六月十九日。六年用六月二十四日，是年添祭告安恭皇后欑宮。九年用六月二十二日。淳(寧)〔熙〕三年用六月二十一日。其降香、表、祝文、奏告昭慈聖獻皇后欑宮、永祐陵欑宮，並如紹興十三年之制。

二十二日，禮部言：「准都省批送下入內內侍省申：大禮前豫告宮觀禮畢，各作道場一晝夜等。後批送部看詳，尋下太常寺看詳，(欽)〔欲〕依紹興十年體例，於大禮前降香，於行在天慶觀設道場一晝夜罷散。并禮畢亦降香，於天慶觀設道場一晝夜罷散。」詔依。紹興十六年至淳熙三年郊祀，降香預告宮觀，於天慶觀作道場，并禮畢設道場，並如紹興十三年之制。

八月五日，禮部、太常寺言：「今來郊祀大禮，御札降祭告五嶽、四海、四瀆。其路通去處，欲依紹興十年明堂大禮例，齎降香祝前去逐處祭告；所有道路未通去處，亦乞依禮例於行在設位祭告。今具合行事件下項：一、道路未通去處，係兖州東嶽天齊仁聖帝、華州西嶽金天順聖帝、定州北嶽安天元聖帝、河南府中嶽中天崇聖帝、萊州東海助順淵聖廣德王、河中府西海通聖[20]廣潤王、孟州北海冲聖廣澤王、唐州東瀆大淮長源王、河中府西瀆大河顯聖靈源王、孟州北瀆大濟清源王。所有設位祭告日辰，據太史局申，宜用八月八日壬辰吉。其應合差官、排辦香祝、幣帛、禮料等，依禮例從太常寺開具，關報所屬差官，及排辦於望祭齋宮設位行禮。一、路通去處，係潭州南嶽司天昭聖帝、廣州南海洪聖廣利昭順威顯王、益州南瀆大江廣源王。各合用御封降真香一合，乞令入內內侍省請降。各合用祝文一首，並述以今年冬至日有事於南郊祭告之意。乞令學士院修撰書寫，進書訖，並降付太常寺，同禮料、牒，給付所差使臣齎降前去。各合用幣帛、禮料、酒脯、差官等，乞從本寺開具，牒報逐州軍照會排辦。及申吏部，各差小使臣一員赴太常寺請領香祝，并禮料、牒前去逐州軍交割。及下臨安府，各差兵士一名擡擎香祝役使。所有合用祭告日辰，乞候香祝到日，令逐州軍一面擇日排辦祭告。」詔依。其路未通去處，十六年用七月十六日，改於望祭齋宮設位。十九年用七月十九日。二十二年用七月二十三日。二十五年用七月十四日。二十八年用七月一日。隆興二年用七月二日，續准指揮，以來年正陽之月，雩祀之辰，恭見上帝於圜丘，再用十一月二十四日；又準詔改用獻歲上辛，又用十二月十五日。乾道二年用六月二十二日。六年用六月二十七日。九年用六月二十四日。其路通去處，依條例齎降香祝前去逐處祭告。隆興二年唐州亦係路通去處，降香祝前去祭告東瀆大淮長源王。自後告謝東瀆，止於行在設位。

九月十四日，禮部、太常寺言：「將來郊祀大禮，前二日奏告太祖皇帝、太宗皇帝配侑，今具合行事件下項：一、合用御封降真[21]香二合，乞下入內內侍省請降付太常寺。一、合用祝文二首，並述以今年冬至日有事于南郊，前二日奏告。乞下學士院修撰書寫，進書訖，降付太常寺。一、每位合用鹿脯一段，重六兩。鹿臡五合，真蠟燭三條，每條重四兩。法酒四升，并合用縮酒茅、藉祭器席、拜褥，并行事官幕次等，乞下臨安府排辦，及儀鸞司同共釘設。」詔依。紹興十六年至淳熙三年郊祀前二日奏告，合用香祝等，並如十三年之制。

十九年六月二十四日，禮部、太常寺言：「准御札，今年十一月十四日謁款於南郊。契勘昨紹興十六年郊祀大禮，依禮例合奏告在京宮觀，當時奏告天慶觀、報恩光孝觀。昨紹興十八年修蓋太一宮，係在京宮觀。所有今來御札降，即合依在京例，奏告太一宮十神、太一十位。」詔依。

隆興二年六月二十四日，太常寺言：「郊祀大禮奏告天地、宗廟、社稷、宮觀，其日依禮例，皇帝前後殿不視事。」

詔依。凡遇奏告天地等，差宰執行禮日，並前後殿不視事。

十一月二十日，禮部、太常寺言：「昨准御札，今年十一月二十九日謁欵於南郊，已依逐次大禮奏告五嶽、四海、四瀆等了當。續准指揮，以來年正陽之月雩祀之辰，恭見上帝於圓丘。所有祭告外路嶽、鎮、海、瀆香祝，止乞依見今歲中常祀禮例，付進奏院入遞前去逐處。」詔依。舊制，郊祀告謝南方嶽、鎮、海、瀆，依吏部各差小使臣一員齎降香祝前去逐州行禮，是年冬至郊祀改作雩祀，續又改上辛，差官不及，遂有此請。自後因以爲例。

乾道五年七月二十六日，太常少卿林栗等言：「伏見國家駐蹕東南，東海、南海實在封域之內。22 檢照國朝祀儀，立春祭東海於萊州，立夏祭南海於廣州。其西海、北〔海〕遠在夷貊，獨即方州行二時望祭之禮。自渡江以後，唯南海廣利王廟歲時降御書祝文，令廣州行禮，如東海之祠。但以萊州隔絶，不曾令沿海官司致祭。栗等謹按：東海祠，隋祭於會稽縣界，唐祭於萊州界。本朝沿唐制，萊州立祠。元豐元年，建廟於明州定海縣，加封「淵聖助順」之後，則東海之祠本朝累加崇奉，皆在明州，不必泥於萊州矣。欲乞自今後立春及大禮告謝，依見今廣州祭南海禮例，關報所屬請降香祝，下明州排辦，差官行禮。」詔依。自後倣此。

奏告天地、宗廟、太社、太稷儀注

前二日，儀鸞司設行事、執事官次於祠所。前一日質明，行事、執事官赴祠所清齋，集告官齋所肄儀，太祝習讀祝文，及眡禮饌香幣訖，俱還齋所。

告日前三刻，禮直官、贊者、諸司職掌各服其服。太常設神位席。天地、社稷席以藁秸，餘以莞。太廟、別廟宮闈令入殿開室，帥其屬掃除，於神幄内鋪筵，南向設几筵上，如常儀。太史設神位版於壇上北方，南向。社稷位南方，北向。太常陳玉、幣於神位之左，玉加於幣上，置諸篚；太廟、別廟及祠廟用幣。祝版於神位之右，置於坫；香爐并合置於案上。以御封香。次設祭器，皆藉以席，光禄實之。每位各左一籩，實以鹿脯。右一豆。實以鹿臡。犧尊一，置於坫，加勺、冪，在壇之東南隅，北向。實以祠祭酒。社稷設於西北隅，南向。太廟、別廟於本室前楹間，祠廟於堂上前楹間，俱北向。太常設燭於神位前。洗二〔於〕卯階之東，北向。太廟、別廟於東階下，直東霤；祠廟於東階之東。並盥洗在東，爵 23 洗在西。罍在洗東，加勺。篚在洗西南肆，實以巾，若洗爵之篚，則又實以爵，加坫。執罍、篚者位於其後。設燎柴於壇之東南，北向。地祇開瘞坎於子階之北，社稷於子階之西北，太廟、別廟於西階之東，俱南向。設望燎位於其北，告官在北，南向；設望瘞位，則於瘞坎之南，告官在南，北向。奉禮郎、太祝在其後，西上。設告官席位於卯階之東，西向；太廟、別廟於東階之東，西向。祠廟准此。社稷於北墉下，南向。光禄卿席位於午階之南，北向；太廟、別廟於殿庭之南，北向；社稷於壇之北，南向。唯天地、太廟、別廟、社稷設光禄卿位。奉禮郎、太祝、太官令位於其東，北向西上。太廟、別廟、祠廟准此。社稷於壇之北，南向西上，在光禄卿後。又設奉禮郎、太祝位於壇上之東，西向北上；社稷奉禮郎、太祝位稷壇上，東向南上；太廟、別廟於殿上之東，西向北上。祠廟准此。太官令於酒尊所，北向。社稷南向。

告日未明，太(常)〔官〕令帥其屬實饌具畢，贊者引光祿卿入就位。凡告官行事，禮直官引，餘官贊者引。贊者曰「再拜」，光祿卿再拜。升自卯階，太廟、別廟升自西階，祠廟升自東階。凡行事、執事官升降階准此。點眡禮饌畢，退還齋所。餘官各服祭服。次引奉禮郎、太祝、太官令先入就席位，次引告官入就位。太廟、別廟告官既就位，祠祭官於殿上贊奉神主。宮闈令入室，搢笏，於祏室內奉神主詣神幄內〔一〕，於几後啓匱，設於座，以白羅巾覆之。別廟以青羅巾覆之。執笏退，復執事位。祠祭官於殿上贊奉神主訖。禮直官稍前，贊：「有司謹具，請行事。」贊者曰「再拜」，在位者皆再拜。次引奉禮郎、太祝、太官令俱升，就位立定。次引告官詣盥洗位，北向立，社稷南向。以下詣盥洗、爵洗位准此。搢笏，盥手，帨手，執笏，升詣神位前，搢笏，跪，三上香。祠廟搢笏上香乃跪。次引奉禮郎搢笏，西向跪，社稷東向。執事者以玉、幣授奉禮郎。奉禮郎捧玉、幣授告官訖，執笏，興，[24] 詣神位前，北向立，搢笏，跪。執事者以爵授告官，告官執爵，三祭酒，奠爵，執笏，俛伏，興，少立。若太廟、別廟，則祭酒訖，告官出室戶外立。次引太祝詣神位前，東向，若太廟、別廟，則太祝於室戶外東向，社稷則西向。搢笏，跪讀祝文訖，執笏，興，復位。若詣太廟次室，則太祝、告官行禮並如上儀。告官再拜，復位。次引告官詣望燎位，地祇、社稷詣望瘞位。太廟、別廟俟祠祭官於上贊奉神主入祏室，引宮闈令搢笏，捧匱至於神座，納神主於匱，捧匱入祏室訖，詣望瘞位。有司各詣神位前，取幣、祝版置於燎柴。地祇、社廟、別廟、祠廟置於瘞次。次引奉禮郎、太祝降(詛)〔詣〕望燎位立定，禮直官曰「可燎」，瘞則曰「可瘞」。火燎半柴。瘞則寘土半坎。禮(真)〔直〕官贊禮畢，引告官以下退。太廟、別廟宮闈令闔戶以降，太常藏祝版於匱。

奏告宮觀儀注

前二日，儀鸞司設行事、執事官次於宮觀。前一日質明，行事、執事官赴本宮觀清齋，集告官齋所肄儀。太祝習讀青詞、祝文。眡禮饌香幣訖，俱還齋所。

告日前三刻，禮直官、贊者、諸司職掌各服其服。太常設幣篚於神位之左，青詞、祝文於神位之右，香爐合并置於案上。以御封香。次設祭器，皆藉以席，每位各左一籩，實以時果。右一豆。實以法醬。著尊一，置於坫，加勺、冪，在殿上前楹間，北向。實以祠祭酒。太常設燭於神位前。洗二於東階之東，北向。盥洗在東，爵洗在西。罍在洗東，加勺。篚在洗西南肆，實以巾，若爵洗之篚，則又寘以爵，加坫。執罍(匪)〔篚〕者位於其後。設燎柴於殿庭東南隅，北向。設望燎位於其北，告官在北，南向；奉禮郎、太祝在其後，西上。又設告官席位於殿下東階之東，西向；奉禮郎、太祝、太官令位於殿庭，北向，[25] 西上。又設奉禮郎、太祝位於殿上之東，西向，北上；太官令於酒尊所，北向。

〔一〕祏室：原作「祐室」，據文意改。下同。

告日未明，告官以下並常服以俟。贊者引奉禮郎、太祝、太官令詣殿庭，各就席位。禮直官引告官就位。凡告官行事，禮直官引，餘官贊者引。禮直官稍前，贊：「有司謹具，請行事。」贊者曰「再拜」，在位者皆再拜。次引奉禮郎、太祝、太官令升殿，就位立定。次引告官詣盥洗位，北向立，搢笏，盥手，帨手，執笏，升自東階，詣神位前，搢笏，三上香，跪。次引奉禮郎搢笏，西向，跪。執事者以幣授奉禮郎，奉禮郎奉幣授告官訖，執笏，興，復位。告官受幣，奠訖，執笏，俛伏，興，再拜訖，復位。若詣以次神位，則奉禮郎、告官行禮並如上儀。少頃，引告官再詣盥洗位，北向立，搢笏，盥手，帨手，執笏，詣爵洗位，搢笏，洗爵，拭爵，以授執事者，執笏，詣酒尊所，西向立。執事者以爵授告官，告官搢笏，跪。執爵、執尊者舉羃，太官令酌酒。告官以爵授執事者，執笏，興，詣神位前，搢笏，跪。執事者以爵授告官，告官執爵，三祭酒，奠爵，天慶觀、(執)〔報〕恩光孝觀三進酒。執笏，俛伏，興，少立。次引太祝詣神位前，東向，搢笏，跪，讀青詞、祝文訖，執笏，興，復位。告官再拜，復位。若詣以次神位，則太祝、告官行禮並如上儀。少頃，引告官詣望燎位，有司各詣神位前，取詞幣置於燎柴。次引奉禮郎、太祝詣望燎位立定，禮直官贊曰「可燎」，火燎半柴。禮直官贊禮畢，引告官以下退。

外路告謝祠廟儀排辦事件：幣帛一段，長一丈八尺小尺，各隨方色；祠祭法酒二升；鹿脯一段，重四兩；鹿臡二合半，闕，以羊肉醬代；真蠟燭三條，每條重四兩；上香木炭二斤；燎草一束；祭器，26 如闕，以常器代；祭服，闕，以常服行事。獻官一員，以知州充，如闕，差以次官；奉禮郎、太祝、太官令各一員，以文臣充，內太祝以有出〔身〕人充。

本州候降到御書祝版、御香，擇日祭告。凡祭告報謝之儀准此。前二日，設行事、執事官次於祠所。前一日質明，行事、執事官赴祠所清齋，官給饌物，不飲酒茹葷，葷謂辛菜。唯祭告事得行，其餘悉禁。禮生引奉禮郎以下集告官齋所肄儀，太祝習讀祝文。眡禮饌香幣訖，俱還齋所。

告日前三刻，有司陳幣篚於神位之左，幣以方色。祝版於神位之右，置於坫，香爐并合置於案上。以御封香。次設祭器，皆藉以席，每位各左一籩、實以鹿脯。右一豆。實以鹿臡。犧尊一，加勺、羃，在殿上前楹間，北向。實以酒。設燭於神位前。洗二在東階之東，北向。盥洗在東，爵洗在西。罍在洗東，加勺。篚在洗西南肆，實以巾，若洗爵之篚，即又實以爵。執罍篚者位於其後。開瘞坎於殿庭西階之東，方深取足容物。設望瘞位於其南。告官在南，北向；奉禮郎、太祝在其後，西上。設告官席位於東階之東，西向；奉禮郎、太祝、太官令位於庭中，北向西上。又設奉禮郎、太祝位於殿上之東，西向北上；太官令於酒尊所，北向。

告日未明，太官令率其屬實饌具畢，禮生引告官升自東階，凡行事、執事官升降皆自東階。點眡禮饌畢，退，各服祭服。次〔引〕奉禮郎、太祝、太官令先入就位，次引告官入就位。禮生贊：「有司謹具，請行事。」禮生曰「再拜」，在位者皆再拜拜。次引奉禮郎、太祝、太官令俱升，就位立定。次引告官詣盥洗位，北向立，搢笏，盥手，帨手，執笏，升，詣神位前，搢笏，27三上香，乃跪。次引奉禮郎西向，搢笏，跪，奉幣授告官訖，執笏，興，復位。告官(授)〔受〕幣，奠訖，執笏，俛伏，興，再拜，降，復位。少頃，引告官再詣盥洗位，北向立，搢笏，盥手，帨手，執笏，詣爵洗位，北向立，洗爵，拭爵，以授執事者，執笏，升，詣尊所，(向西)〔西向〕立。執事者以爵授告官，告官搢笏，跪，執爵執尊者舉冪，太官令酌酒。告官以爵授執事者，執笏，興，詣神位前，北向立，搢笏，跪。執事者以爵授告官，告官執爵，三祭酒，奠爵，執笏，俛伏，興，少立。次引太祝詣神位前，東向，搢笏，跪，讀祝文訖，執笏，興，復位。告官再拜，降，復位。次引告官詣望瘞位，有司各詣神位前，取祝版、幣置於坎。次引奉禮郎、太祝降詣望瘞位立定。禮生曰「可瘞」，以火焚半，寘土半坎。禮生贊「禮畢」，引告官以下退。(以上《永樂大典》卷五四八八)〔一〕

郊祀陳八寶

【中興禮書】

紹興十三年閏四月三日，工部言：「依奉聖旨製造車輅寶輿，合要見在寶數照應造作。尋申朝廷，下門下後省，契勘得九寶盝腰輿并沿寶法物係禁中收掌，自有內符寶局官吏掌管；其習儀虛〔盝〕、腰輿、行馬、香案、寶案、席褥、條帕、燭籠并〔帕〕袋、案衣，係外符寶郎掌管。今本省既不掌行寶，不見得寶數，遂再會到禮部，見在寶數緣係禁中收掌，即無文字見得，若不申朝廷，乞敷奏請降見在寶數，無由照應製造。」詔係八寶。

七月十八日，起居郎、兼權給事中鄭朴言：「契勘已降指揮，將來郊祀八寶導駕，應28奉行禮。今來門下後省見准兵部會問八寶行列次序、前連後次、一行人數、執著、服色等圖本。除一行人數、執著、服色已回報外，本省今省(既)〔記〕得在京(曰)〔日〕八寶名稱、行列次序、前連後次圖本下項。」詔依，臨期進匣請降。左一鎮國神寶，右二受命之寶，左三皇帝之寶，右四天子之寶，左五皇帝信寶，右六天子信寶，左七皇帝行寶，右八天子行寶。前連濟旗，後次方繖。

十九日，禮部言：「門下後省申：將來郊祀大禮，奏請寶出及守視應奉行禮，合差內外符寶郎等。送部看詳。尋下太常寺看詳下項：一、在京(曰)〔日〕奏請寶出，合差內外符寶郎守視八寶，應奉行禮。昨降指揮，內外符寶郎並罷。今來郊祀大禮，合差內外符寶郎。今看詳，欲依本省所申，前期申朝廷指揮，差官權攝。一、將來郊祀，皇帝宿齋并應行禮處，諸頓並合設寶幄，安設八寶腰輿、香案，乞下儀鸞司相度，至時釘設。其(寶符郎)〔符寶郎〕守視八寶幕次，於寶幄側近釘設。今看詳，欲依所乞。一、今來八寶合差奉

〔一〕《大典》卷次原缺，據《永樂大典目錄》卷一五補。

寶次供輦官共二百二十六人，今欲乞令御輦院，於次供輦官内差撥曾經寶下應奉慣熟人員二人，節級八人，長行每寶止差四人，餘數於下都輦官内貼差。其(授)〔援〕衛、傳喝、親從官人員已下共一百人，亦乞令皇城使於應奉慣人内差撥。仍乞令逐處前兩月發遣赴後省閲習。今看詳，欲依所乞。一、今來見制造八寶習儀虚盝、腰輿、行馬、香案、燭籠、席褥、帕袋、案衣等物，數目浩瀚。昨在京日，上件法物係於右掖門外御29廊上置寶堂五間安頓，門首掛金字額牌，彫「寶堂」二字。專差皂院子二人、剩員四人看管。今欲乞令臨安府於三省側近標撥修蓋，仍依舊例造牌一面。今看詳：所乞修蓋寶堂，差人看管，緣即今行在郊祀行禮，比之在京不同，欲乞俟今來郊祀大禮畢，權令本省將前項法物交割，付文思院收掌。又禮部、太常寺狀：「契勘後省乞於三省側近修蓋寶堂，今再看詳：其沿寶法物，大禮前未有頓放去處，欲令後省措置，於本省内權行安置，候將來禮畢，交付文思院。」一、引寶、香案、寶案職掌共八人，今乞將本省令史、守當官各一名充引寶職掌，其引香、寶職掌之人即於本省諸案人吏内差充，如不足，乞從本省於中書(省後)〔後省〕指名抽差。今看詳，欲依所乞。」詔依。

九月十四日，禮部言：「門下後省具到八寶合行事件，送部看詳，申尚書省。本部下太常寺看詳到下項：一、在京日請降進納八寶等文字係用外符寶郎之印，昨緣符寶郎廢罷，今乞用本省見行使之印。今看詳，欲依所乞。一、在京遇大禮日，車駕詣景靈宮、太廟、青城行禮，八寶并引寶燭籠、行馬，内青城入壇，餘處入殿，於宮架之側隨宜安設。其香案并引香案燭籠、席褥、油帕袋並止入殿。援衛、傳喝、親從止至殿門，候行禮畢，寶出，援衛不入壇殿。今欲並依舊例施行。所有引寶職掌、奉寶并人員節級及打行馬、執擎引寶燭籠輦官，並合給入出壇殿勑號。引香案職掌、擡香案并執擎引香案燭籠、席褥、油帕袋、法物等輦官，並合給黄方號。援衛、30傳喝、親從人員已下並合給黄長號。欲乞臨期從本省據所差人數、職次、姓名，移文所屬支給。今看詳，欲依所乞。一、引寶職掌在京日入壇殿，往來安設八寶，招引起止，照管一行事務，並許穿班越禁。今欲將引寶職掌並許依舊例施行。今看詳，欲依所乞。」詔依。

十月十四日，禮部狀：「准都省批下門下後省申：『勘會今來郊祀大禮，習景靈宮、太廟、圓壇儀日，八寶下祗應人並合服著常服，除援衛、親從各有頭帽、紫衫服著外，其奉寶、執法物等輦官據御輦院差到近二百人，並係殿前司軍兵充代輦官，即無頭帽、衫色。竊見禮部捧册等職掌乞用衫幘習儀，已降指揮了當，今欲乞將所差輦官，逐次習儀日並止服已造介幘、緋衫習儀。』送部看詳。尋下太常寺看詳，欲依所乞事理施行。劄付禮部，依看詳到行下本省照會。」内引寶職掌二人，後省申：在京日服烏皮介幘，(降)〔絳〕公服方心曲領，革帶，大帶，襪履，執笏。

十七日，門下後省、太常寺言：「勘會今來郊祀大禮，八寶導駕，詣景靈宮、太廟、圓壇行禮，依儀合於壇殿内宮架東西安設。及奏請皇帝宿齋日，八寶合陳於大慶殿上。今來地步比舊不同，逐處隨宜相度下項：一、奏請皇帝宿齋日，八寶合陳於大慶殿上御榻前，分東西安設，符寶郎等守視在側，俟奏請宿齋畢，奉寶歸幄。所有將來奏請皇帝宿齋日，欲將八寶權於殿下分東西隨宜安設，符寶郎等守視在側，奉寶輦官權約在後，以俟奏[31]請皇帝致齋畢，（奏寶郎）〔奉寶〕出行宮北門，宿於寶幄。寶幄已承指揮將都亭驛充。一、景靈宮殿內地步隘窄，欲至日八寶導駕至景靈宮，於殿外宮架西南隨宜安設，符寶郎等守視在側，奉寶輦官權約在後，俟皇帝行禮將畢，奉寶導駕，以次詣太廟。一、太廟殿內除安設宮架、二舞外，今欲將八寶至日於殿內宮架之東西兩壁隨宜安設，符寶郎等守視在側。其奉寶輦官人數頗多，欲權約出南神門，俟皇帝行禮畢歸齋殿，却行招引輦官入南神門，奉寶歸幄，以俟導駕詣青城。一、圓壇，至日八寶自青城導駕詣圓壇內，於午階之南、宮架之側隨宜安設，符寶郎等守視在側，奉寶輦官權約在後，俟皇帝行禮將畢，奉寶前導還青城。俟皇帝受賀將畢，前導還內，仍依儀自東壝門入出。一、將來如遇雨雪，內圓壇皇帝望祭行禮依舊例更不安設宮架、八寶外，其奏請皇帝宿齋日，欲於殿下東西兩廊上隨宜安設。景靈宮、太廟止將逐寶已造到油絹夾帕蓋搭。其符寶郎等許令隨宜主班守視。」詔依。

十六年六月二十二日，門下後省言：「勘會將來郊祀大禮，八寶導駕詣景靈宮、太廟、圓壇行禮，依儀合於宮架東西安設。今乞於前期從本省差人，及關報太常寺差使臣、禮直官一兩名，同詣逐處相視，隨宜申請施行。」詔依。後並倣此。

十月十四日，門下後省、太常寺言：「今來相視到太廟、圓壇有合申請事件下項：一、[32]太廟內東西地步比十三年增展稍寬，今欲將八寶至日依儀於宮架東西隨地之宜安設。如遇雨雪，那移於廊上隨宜安設。一、太廟、圓壇宮架東西地步雖可以隨宜安設八寶，緣行禮將畢，八寶却合前導，內圓壇中壝并太廟八寶導駕行路侵礙立班官及二舞，欲乞至時量行隨宜趲那，許八寶趁赴前導。其奏請皇帝宿齋并景靈宮等處安設行禮，並依十三年已得指揮體例施行。」詔依。後倣此。

二十二年八月十一日，門下後省言：「勘會將來郊祀大禮，皇帝宿齋前一日，請降八寶出外歸寶幄。所有寶幄并符寶郎幕次等，昨十三年係將都亭驛充，十六〔年〕以後係於天慶觀巷內空閑府第。今欲乞依十六年體例，令儀鸞司、臨安府釘設排辦。」詔依。

隆興二年三月三日，禮部言：「門下後省申，爲大禮八寶更不排辦事，送部看詳。尋下太常寺看詳：八寶係乘輿儀衛，不係事神儀物，乞依昨明堂大禮體例，更不排辦。欲依本省所申事理施行。」詔依。乾道三年、六年並倣此。

乾道九年七月十八日，門下後省言：「契勘本省每遇郊祀大禮，合排辦八寶。昨自乾道元年已後，大禮更不排辦。今檢照乾道六(禮)〔年〕五輅已行應奉了當，所有將來郊祀大禮排設八寶導駕，合與不合依紹興二十八年以前體例排辦，更合取自朝廷指揮。」詔依例排辦。淳熙三年倣此。

淳熙十二年六月十五日，門下後省言：「將來郊祀大禮排設八寶導駕行禮，未審合與不 33 合依淳熙三年郊祀大禮體例排辦。」詔依例排辦。(以上《永樂大典》卷五四八八)

郊祀鹵簿〔一〕

【宋會要】

34 〔太祖建隆四年〕八月庚辰朔〔二〕，內出御札，以十一月十六日甲子有事南郊。十一月辛酉，十三日。宿齋崇元殿。壬戌，服通天冠、絳紗袍，執鎮圭，乘玉輅，鹵簿前導，赴太廟宿齋。癸亥，十五日。服袞冕，執圭，饗四室。是夕陰翳，及夜分開霽。質明，乘玉輅赴南郊。甲子〔三〕，合祭天地于圜丘。禮畢，有司奏還宮當乘金輅，帝曰：「朕欲乘輦，可乎？」侍臣對無背於禮，乃乘輦還。

【宋會要】

真宗咸平二年八月二十九日，禮儀使言：「皇帝自朝元門(出)〔乘〕玉輅出乾元門，至太廟門，禮畢，迴(伏)〔仗〕至南薰門，入乾元門。四處並左右金吾仗，與閤門對鸞駕前勘箭。請編入儀注施行。」從之。

景德三年十月二十六日，命殿前指揮使曹燦、都虞候鄭誠提點捧日奉宸隊及鹵簿儀仗使衛，馬軍副都(旨)〔指〕揮使張旻編排鹵簿儀仗，御前忠佐馬軍都軍頭安玉、步軍都軍頭朱顯編排捧日奉宸隊，步軍都軍頭王欒、鄭榮編排儀仗軍士。

〔大中祥符三年〕十一月十六日〔四〕，詔：「將來出西京，經麗景、金耀門、平頭門，改乘小輦，其金玉輅、大輦並由城外過。」初，有司言：至西京，具鑾駕儀仗，皇帝乘大輦，而城門卑，欲高廣之。帝慮勞人，故有是詔。

十二月三日，禮儀使王欽若言：汾陰路應車駕經由，前三日坊市禁止喪事。從之。陳堯叟等言：硤石程路 35 多山險，少居舍。詔俟至新安日，駕前軍先赴張茅，駕後軍馬上石壕，令御前忠佐鹿信、韓瓊於駕前。

十二月二十一日，詔定天書儀仗爲一千六百人，初止千人，東封塗中分法駕儀仗，以申崇奉。還至含芳園，以仗衛簡省，遂令益數。至是始爲定式。賜諸司奉祀職掌裝錢衣服。

二十二日，詳定所言：「車駕經西京，合用儀仗，其留司太僕寺見管車輅法物，望令先次修飭。又朝覲壇仗衛，

〔一〕按，以下一段用干支紀日，實非《宋會要》之文。今查此文自首句至「合祭天地於圜丘」句皆抄自《玉海》卷九三(包括小字注)，惟條末「禮畢」以下數句爲今《玉海》所無。

〔二〕建隆四年：原無，據《玉海》卷九三補。

〔三〕甲子：原脱，據《玉海》卷九三補。

〔四〕大中祥符三年：原無，據《長編》卷七四補。

請令諸司比御殿例，於法駕内量取戟槊旗旛等陳設。其陪位舉人，以曾經省試者充。」並從之。

【宋會要】

〔神宗熙寧〕十年〔一〕，詔：「南郊行禮乘舊玉輅，還内乘大輦。其新玉輅更不隨行。今後准此。」

元豐元年七月二十三日，禮院言：「按儀注，親祠，皇帝所過之門皆勘箭契。自熙寧四年始罷勘箭，而猶存勘契之禮。若車駕入太廟、皇城、京城門，鹵簿前仗已從門入，而天子將至，則復閉中門，稽留玉輅。竊詳此禮於衆人則通之，於至尊則限之，非所以爲順也。所有太廟及宣德、朱雀、南薰門勘契伏請不行。明堂文德殿門亦乞准此。」從之。

【宋會要】

哲宗紹聖三年六月二十七日，權尚書禮部侍郎黄裳等言：「南郊用大駕鹵簿儀仗二萬六十一人，明堂祫享用法駕計一萬八千八十八人。今親祀北郊，備物則當用大駕；如以盛暑之月稍減煩文，即依明堂禮用法駕 36 鹵簿。」詔依南郊用大駕鹵簿〔二〕。

徽宗政和四年正月二十四日，禮制局言：「夏祭用法駕合乘玉輅，前降去乘大輦指揮，乞賜裁酌。」詔乘玉輅。

二十七日，夏祭大禮使言：「親郊詔乘玉輅，緣方盛暑，其大安輦亦乞按習，以備供進。」從之。

三月十三日，詔齋宫至方壇往迴並乘大輦。

三月二十九日，手詔：「夏祭前一日，備輦輅於宣德門聽旨，如值雨，乘逍遥輦。」

五月九日，龍圖閣學士、兼侍讀蔡攸奏：「有旨令臣夏祭陞輅執綏，若御大輦，乞騎從於玉輅之後。」從之。

十日，乘大輦還齋宫，解嚴放仗，常服還内。

六年，言者謂：「親祠天地，皆乘玉輅以赴齋宫。自齋宫至壇正當祀事之時，乃乘大輦〔三〕，疑非禮意。」下詔討論。七月五日，禮制局言：「請造大輅，如玉輅之制，唯不飾以玉。所駕之馬，其數如之，唯繁纓一就，以稱尚質之義。仍建大旂，十有二旒，龍章日月，以協象天之義。至禮畢還齋宫，則御大輦，於禮無嫌。」從之。

七年正月二十七日，禮制局言：「昨討論大駕六引，開封令、開封牧乘墨車，兵部尚書、禮部尚書、户部尚書、御史大夫乘夏縵。已經冬祀陳設訖，所有駕士衣服尚循舊六引之制，宜行改正。況天子五輅，駕士之服各隨其輅之色，則六引駕士之服當亦如之。請墨車駕士衣皁，夏縵駕士衣皁質，繡五色團花，於禮爲稱。」從之。（以上《永樂大典》卷五四七九）

【續會要】

37 淳熙三年十月八日，詔：郊祀幹（辨）〔辦〕排連法駕

〔一〕神宗熙寧：原無，據《長編》卷二八三補。
〔二〕詔：原作「照」，據《文獻通考》卷七六改。
〔三〕乃：原作「九」，據《宋史》卷一四九《輿服志》一改。

鹵簿儀仗兵隊，可更差王明一員。《續會要》。（以上《永樂大典》卷五四八〇）

郊祀冕輅冠服

38 太祖乾德元年十一月，大祀南郊。十三日，宿（齊）〔齋〕於崇元殿。翌日，服通天冠、絳紗袍，執鎮圭，乘玉輅，由明德門赴太廟。朝享禮畢，乘輅赴〔南〕郊，齋於帷宮。十六日，冕服，執圭，合祭天地于圜丘。

〔元豐六年〕十一月五日〔一〕，冬至祀昊天上帝于圜丘，帝服靴袍，乘輦至大次。有司請行禮，帝服大裘，被衮冕以出，至壇中壝門外。殿中監進大圭，帝執以入。

紹聖三年六月二十七日，權尚書禮部侍郎黄裳等言〔二〕：「南郊朝祭服皆以羅綾爲之，今北郊盛暑之月，難用袷服。謹按《月令》，孟夏初衣暑服，孟冬始裘。欲依衮冕制度改用單衣〔三〕。」從之。又言：「天聖《衣服令》：群臣朝服亦用絳紗單衣、白紗中單之制。即將來北郊朝祭服宜用紗爲單衣。」詔令通天冠、絳紗袍，慮當暑月，（令）〔另〕行裁制，令入内内侍省選差使臣一員同有司詳定奏聞。其朝祭服并用單紗。

〔政和三年〕十月三日〔四〕，詔：「朕若古之訓，惟天爲大，天下萬物無以稱之，故先以類而求。祀於圜丘，象其形；奠以蒼璧，倣其色；冬日之至，取其時；大裘而冕，法其幽。而未有以體其道。夫天玄而地黄，玄，天道也。朕荷天顧諟，錫以玄圭，内赤外黑，尺有二寸，旁列十有二山。蓋周之鎮圭，有法乎是。祇天之休，于以昭事上帝而體其道，過周遠矣。將來冬 39 祀，可搢大圭，執玄圭，庶格上帝之心，以敷祐于下民，永爲定制。」

四年五月十二日，皇帝親祭地于方澤〔五〕。前期一日，尚輦奉御進輿於垂拱殿，皇帝服通天冠、絳紗袍，乘輿以出，稱警蹕，如常儀。乘黄令進玉輅於宣德門外〔六〕，左輔奏請降輿升輅。至齋宫明禋殿前〔七〕，迴輅南向，左輔奏請降輅乘輿。入齋殿，侍衛如常儀。祭日，皇帝服通天冠、絳紗袍，乘輿至大次。禮儀使等分立大次前，有司奏請行事。皇帝服衮冕以出，行事。奉禮畢，解嚴，皇帝常服〔八〕，乘大輦還齋宫。鼓吹振作，皇帝升御座，百官稱賀。皇帝降座，鳴鞭，殿上侍立官以次退。所司放仗還内，如常儀。

七年三月二十五日，詔夏祭百官朝祭服用紗。

四月十八日，禮制局言：「按《周禮》，祀昊天上帝則大

〔一〕元豐六年：原無，據《文獻通考》卷九八補。
〔二〕禮部侍郎：原作「禮部尚書」，據《文獻通考》卷七六改。
〔三〕欲依衮：原作「朝依」，據《文獻通考》卷七六改補。
〔四〕政和三年：原無，據《宋大詔令集》卷一二二補。以下三條亦爲政和事。
〔五〕于方：原倒，據《文獻通考》卷七六乙。
〔六〕外：原作「内」，據《文獻通考》卷七六改。
〔七〕至：原作「玉」，據《文獻通考》卷七六改。
〔八〕常：原作「裳」，據《文獻通考》卷七六改。

衮而冕，祀五帝亦如之，享先王則衮冕。祀昊天上帝則郊祀是也，享先王則宗祀在其中。蓋於大裘，舉正位以見配位；於衮冕，舉配位以見正位。伏請祀明堂服衮冕〔一〕。」從之。

隆興二年八月二十八日，太常少卿洪适言：「准已降旨，郊祀回止乘平輦，冠服令禮部官討論。今討論，欲視景靈宮、太廟獻饗禮例，郊祀畢，皇帝自齋殿服履袍，乘平輦還内，導駕官以常服前導。其奉迎及侍中奏請升輦，參知政事當輦奏請進發等，合於見行儀注内修改。其自青城至大次，并禮畢自大次還青城，每郊係服通天冠、絳紗袍，今乞依上儀服冠袍，乘平輦。」並從之。先是 40 二月八日，因禮部奏，有旨，將來郊禮除玉輅、逍遥平輦外，餘車輦並從省約。至是，适言皇帝以朝服乘平輦，禮容不相稱，恐當用大安輦，申審修飾。乃詔(旨)〔只〕用平輦，而討論冠服之制。（以上《永樂大典》卷五四七六）

南北郊壇

【宋會要】

41 宋初，因舊制，每歲冬至圜丘、正月上辛祈穀、孟夏雩祀、季秋大享，凡四祭昊天上帝，親祀則并皇地祇位作壇於國城之南薰門外。

【宋會要】

紹興十三年二月二十五日，領殿前都指揮使職事楊存中、兵部侍郎程瑀、知臨安府王涣、權禮部侍郎王賞、權太常少卿王師心、祠部員外郎兼禮部段拂、兵部員外郎錢時敏、駕部員外郎王言恭、太常丞葉庭珪、太常博士劉嶸、凌哲言：「同共出城相視圜靈地步，今於龍華寺西空地得東西長一百二十步，南北長一百八十步，修築圜壇。除壇及内壝丈尺依制度使用地步九十步外，其中壝、外壝，欲乞隨地之宜，用二十五步，分作兩壝，外有四十步。若依先頃地步修築，兵部車輅儀仗、殿前司禁衛皆可以排列。其龍華寺地步修建青城并望祭殿，委是圓備。」從之。

【宋會要】

真宗景德三年三月二十七日，太常寺言：「神州壇壝中有阬塹及車馬之迹〔二〕，又兩壝步數迫隘，不合禮文。望令改擇壇位，及依令式封標諸壇外壝，禁人耕墾樵牧。」奏可，即徙壇於方丘之西焉。

八月九日，詳定所上言：「祀汾 42 陰后土，請如封禪，以太祖、太宗並配。又按《開寶通禮》及《義纂》，方丘之制，八角三成，每等高四尺，上闊十六步。設八陛，上等陛廣八尺，中等陛廣一丈，下等陛廣一丈二尺。爲三重壝，量地之宜，四面開門。爲瘞坎於壇之壬地外壝之内，方深取足容

〔一〕服：原脱，據《宋史》卷一〇一《禮志》四補。

〔二〕神州：原作「神明」，據後禮二之四四重文改。「神州」謂神州地祇。

物。其后土壇望下經度制置使依此修築，及依社首壇，止用細土泥飾，別無方色。

【宋會要】

哲宗紹聖三年八月十七日，禮部言：「再詳定北郊壇制(一)，高廣丈尺已有元豐六年七月朝旨，壇高一丈二尺，設四陛。其除治四面，稍令低下，以應澤中之制。緣深廣丈尺別無典禮，自外壝之外，量宜除治，其深廣令與壝壇相稱。仍於外壝四門外各留道路。其〔祀〕〔祠〕祭官孫昭度等度北郊皇地祇壇，東西一十六步，步五尺，凡八十尺。南北如之。周圍總六十四步，計積尺三百二十尺。壇身四壁四百五十六尺五寸。看詳北郊外壝之外既除治，合稍低下，以應澤中之制。又外壝四門之外當留道路，以備親祀儀衛經由，其廣闊合與外壝門相照。今度南郊東外壝櫺星三門，南北共六十二尺，南薰門外御路東西牆壁闊五丈五尺五寸，今所留道路若只與外壝門相照，亦自廣六丈有奇，不妨儀衛往來。」從之，仍令工部遣禮直官指畫增飾。

四年四月十四日，工部言：「禮直官指畫到壇心東西南北各四十尺，上等陛八尺，中等 43 陛一丈，下等陛一丈二尺，闊一丈二尺。裏壝二十五步，牆基三尺；外壝二十五步，牆基三尺。東西南北四方總九百八尺。內除東北兩壁別無增展地步外，有西壁比舊增出五尺(二)，侵官道；南壁比舊增出一丈三尺，侵官道。三壝牆四門各闊六十二尺。壇身低處將高就低，一例貼築，并增飾一尺五寸，外有櫺星門。外壝之外，量宜除治四面，稍令低下。欲乞自外壝外留五尺除治，闊十丈，以漸至中心，深四尺。擇日興工，合得祭告。」從之。

【宋會要】

其從祭之祇，升四鎮海瀆與五行五嶽同位於第二，而山林、川澤、丘陵、墳衍、原隰之祇，位內壝之內如故。及壇並飾以黃色。詔令楊戩依此修築五帝壇(三)。

【宋會要】

元豐六年八月，監察御史翟思言：「白帝壇地形北傾，久雨積水，無下地可決。謂宜即高原廣阜改制，乞下有司相視。」太常寺請下〔詳〕〔祥〕符縣，命官同郊社令行視閑地改置，從之。

紹聖四年閏二月八日，禮部、工部言：白帝壇宮乞移於庶人園。從之。（以上《永樂大典》卷五四五一）

【宋會要】(四)

44 真宗景德三年〔四〕〔三〕月(五)，太常寺言：「神州壇

(一) 北：原作「言」，據《補編》頁一三〇改。
(二) 西：原作「四」，據《補編》頁一三一改。
(三) 按，楊戩乃徽宗時宦者，此條乃徽宗朝事。
(四) 天頭原批：「郊壇，重複。」按，見本門上文。
(五) 三月：原作「四月」，按上文禮二之四一及本書禮二八之四〇俱作「三月二十七日」，據改。

壝中有阬塹及車馬之迹，又兩壝步數迫隘，不合禮文。望令改擇壇位，及依今式封標諸壇外壝，禁人耕墾樵牧。」奏可，即徙壇於方丘之西焉。

八月九日，詳定所上言：「祀汾陰后土，請如封禪，以太祖、太宗並配。又按《開寶通禮》及《義纂》，方丘之制，八角三成，每等高四尺，上闊十六步。設八陛，上等陛廣八尺，中等陛廣一丈，下等陛廣一丈二尺。爲三重壝，量地之宜，四面開門。爲瘞坎於壇之壬地外壝之内，方深取足容物。其后土壇望下經度制置使依此修築，及依社首壇，止用細土泥飾，别無方色。」（以上《永樂大典》卷四三六六）

宋會要輯稿　禮三

郊祀議論

【宋會要】

[1] 太祖乾德元年十一月二十日，太常博士和峴言：「今月十六日親祀南郊，合饗天地，準畫日二十九日冬至祀昊天上帝。謹按《禮記·祭義》云：『祭不欲數，數則煩，煩則不恭。』又按《開元禮義纂》云：『當禘祫之月，不行時饗，以大包小，禮所從也。』望依禮令權停南至之祀。」詔可。

【宋會要】

仁宗景祐五年十月九日，天章閣侍講賈昌朝言：「伏覩南郊前二日〔一〕，皇帝謁景靈宮，薦饗訖，乃齋於太廟。次日朝饗訖，齋於南郊。以臣所見，朝廟之禮，本告以配天饗侑之意，合於舊典，所宜奉行。其景靈宮朝謁，蓋沿唐世太清宮故事，有違經訓，固可改革〔二〕。欲望將來朝廟前未行此禮，候郊祀禮畢，駕幸諸寺觀日，首詣景靈宮謝成〔三〕，如下元朝謁之儀。所冀尊祖事天，禮簡誠至。」詔禮儀使與太常禮院詳定以聞。禮儀使等言：「參詳真宗崇奉聖祖，營建宮館，每行郊祭，必親薦饗。陛下五經郊籍，並修此禮，今如俟郊禮畢依下元朝拜，則太爲簡畧；如别擇日備仗衛宿齋親謁，又誠煩併。況尊祖之地，務極嚴祇，欲望且依舊例。」從之。

【宋會要】

[2] 淳化三年十二月二十二日，有事南郊。前祀十日，皇太子許王蓁，太宗以郊祀俯逼，禮有不便，命宰臣集議，改用來年正月上辛。（以上《永樂大典》卷五四四八）〔四〕

【宋會要】

神宗元豐元年八月二十九日，郊社令辛公佑言：「北郊壇壝雖存，而修飾不嚴，與小祀諸壇相對，無以别異，況歲久經雨，陛級低墊。伏見圜丘用石灰泥飾，及社稷宮 [3] 垣皆瓦木營建，欲乞參酌典禮，依放增修。」從之。

【宋會要】

元豐三年六月九日，詳定郊廟奉祀禮文所言：「奉詔詳定燔柴方位。臣等考之，三代禮文皆不經見。謹按《後漢志》，郊祀既送神，燔俎實於壇南巳地。晉賀循議積柴之壇，宜於神壇南二十步丙地，當太微明堂之位。唐禮因之，

〔一〕前二日：原作「前一日」，按南郊慣例，皆是前二日謁景靈宮，前一日饗太廟，後文所述亦如此，因改。
〔二〕固：原作「因」，據《文獻通考》卷七一改。
〔三〕景靈：原倒，據《文獻通考》卷七一乙。
〔四〕按，前二條原稿版心標《大典》卷次作「五千四百四十八」，而此條之末及此葉版心標作「五千四百八十八」。按，作「四十八」是，「八十八」乃誤寫。以上二處「宋會要」之下均批標題爲「郊祀議論」，據《永樂大典目録》，卷五四四八之事目正爲「郊祀議論」，而卷五四八八之事目乃是「郊祀奏告、請謚、陳八寶」，與此不合。

柴壇在圜丘南内壝之外丙地。今來燎壇元在丙地，已應古制。」詔從之。

【宋會要】

元豐六年七月九日，尚書禮部言：「太常寺修定北郊壇制，方丘三成，級高四尺，上闊十六步。設八陛，上級陛廣八尺，中級陛廣一丈，下級陛廣一丈二尺。三壝，每壝各二十五步。并祀儀，皇地祇舊壇制八角三成。看詳壇制既爲方丘，難設八陛，乞别選澤中之丘以爲方壇，高六尺，設四陛。詔下集議，而太常寺又言：方丘壇制度皆不經見。後漢爲四陛，高六尺。陳宣帝壇壇高一丈二尺，隋唐皆爲八陛。《周禮》『以黄琮禮地』，鄭氏注：『琮八方，象地。』則壇制八陛，固有所本。本部再詳，《周禮》祭地以方丘，且在澤中，乃是經據。漢制設四陛，高六尺，其法可用。蓋壇之四旁各設一陛，則四陛與方壇，於禮爲宜。又其崇六尺，去地未遠，且有親地之意。」詔以禮部、太常寺所定，壇高一丈二尺，設四陛，餘依所請。（以上《永樂大典》卷五四五一）

【宋會要】

4 元祐七年三月十八日，禮部言：「尚書左丞許將奏：『伏以三歲冬至，天子親祠，偏享宗廟，祀天圜丘。而其歲夏至方澤之祭，乃止遣上公，則是皇地祇遂永不在親祀之典。此大闕禮也，不可不議。伏望博詔儒臣，講求典故，斟酌其宜，明正祠典。』今檢會元豐六年五月八日敕：太常寺修定到郊祀之歲夏至皇帝親詣北郊祭皇地祇於方丘儀，并上公攝事儀，詔依所定。今看詳：如遇郊祀之歲，親祠方丘及攝事，並合典禮之正。所有親祠北郊之歲，南郊圜丘於理亦合以上公攝事；及改樂舞，亦乞一就修定儀注。如此，則更無可議，伏乞更不聚議。」又禮部郎中崔公度言：「許將建言，南郊合祭天地非禮。竊見累次集議未合，將來南郊或别行大禮，乞只用資政殿學士陳薦建言，依舊合祭天地，并從祀百神。」公度又言：「謹按《周頌·昊天有成命》之序曰：『《昊天有成命》，郊祀天地也。』又《周禮》：『冬至祀昊天上帝於圜丘〔一〕，夏至祭皇地祇於方丘。』漢武帝《郊祀歌》曰：『惟泰元尊，媪神蕃釐。經緯天地，作成四時。』又曰：『涓選休成〔二〕。天地並況，惟余有慕。爰熙紫壇，思求厥路。』又曰：『上天布施后土成，穰穰豐年四時榮。』皆合祭天地於南郊之辭也。《周頌》合祭，禮之情也；《周禮》特祀，禮之文也。文必有情，情必有文，然則祭祀天地，或合 5 或特，繫於時君，而禮則一也。今特祀難行，即當依舊合祭，並依祖宗舊儀，爲聖朝萬世不刊之典。」詔令侍從官及尚書、侍郎〔三〕、給舍、臺諫、禮官集議以聞。

〔一〕祀：原作「記」，據《長編》卷四七一改。

〔二〕按，據《漢書》卷二二《禮樂志》，「涓選休成」乃上一樂章之文，此處乃誤讀《漢書》，此四字當删。

〔三〕侍郎：原作「舍人」，據後文改。

九月十二日，三省以翰林學士顧臨等郊祀議進呈，太皇太后曰：「宜依仁皇、先帝故事。」呂大防曰：「天地之祭，自漢以來，分合不一。唐天寶後，惟天子親祠，乃合祭於南郊，其餘時祀並依禮分祭。國朝以來，大率三歲一親郊，並祭天地、宗廟，因行赦宥於天下，及賜諸軍賞給。遂以爲常，亦不可廢。雖欲歲歲親行南北二郊之禮，乃不可得。今諸儒獻議，欲用禮官前説，南郊不設皇地祇位，唯祭昊天上帝，不爲無據，但於祖宗權宜之制，未見其可。」蘇頌曰：「伏見仁宗皇帝九郊，皆合祭天地。先皇帝四郊，三郊合祭，惟元豐六年用禮文所參議，止祀上帝，而北郊雖已從所議修定儀注，未及親行。今年南郊，望準故事。」蘇轍曰：「議者持合祭、別祭二説，各有所據，若非朝廷酌量事體輕重大小，斷自聖意，臣恐無所折衷。自熙寧十年神宗皇帝親祀南郊，合祭天地，今十五年矣，皇帝即位又已八年，未嘗親見地祇，乃朝廷闕典，不可不講。」范百禄曰：「祖宗皆遵故事，每遇南郊，合祭天地。神宗皇帝聖學睿斷，必以爲圜丘無祭地之理，遂詔詳定禮文所考求先王典禮。至元豐六年，南郊止祀上帝，配以太祖。《禮記》曰：『有其廢之，莫可舉也。』先帝所廢，稽古據經，未可輕改。臣以爲 6 先帝之詔、先王之典，朝廷所宜遵守而行。」梁燾曰：「典禮重事，宜更熟加講議。」

十四日再進呈，大防曰：「先帝因禮文所建議，遂令諸儒議定北郊祀地之禮，然未經親行。今來皇帝臨御之始，當親見天地，而地祇獨不設位，恐亦未安。況前代人君親祠並祭，多緣便於己事。本朝祖宗則不然，直以恩霈四方，慶賚將士，非三歲一行，則國力有限。今日須爲國事，勉行權制，候將來議定北郊制度，及太廟享禮，行之未晚。」范百禄曰：「祖宗圜丘合祭，皆是循用後代權時之制。至神宗皇帝元豐六年，南郊不合祭地示，乃是復行先王典禮，今已著爲太常寺元祐令。昨來夏至已詔呂大防以上公攝事祭地於北郊，況祭不欲數，今冬至圜丘地示未合再祭。」大防又曰：「范百禄之言雖是，典禮未易遽行，蓋爲國事。」太皇太后曰：「大防之言是也，非不知此，蓋爲國家事爾。」頌曰：「古者人君嗣位之初，必郊見天地。今皇帝初郊而不祀地，恐未合古。然而先王典禮未必盡同，且虞夏之禮，商周亦不相襲，商周非欲變虞夏，蓋質文異尚，禮亦從其宜也。至如唐虞之世，一歲四巡方嶽，遍祀群神；夏商則五載一巡狩；成周十二年乃遍，仍不常行。豈是盡行先王典禮？況三代去今，年禩益遠，非商周去虞夏之比，而國朝制作，多循漢唐之舊，郊丘宗廟之祀，典章儀物之盛，恩霈賚予之費，事與古異，豈勝變復？今以皇帝初郊，依熙寧十 7 年故事合祭天地，俟將來遇郊禮〔一〕，再下有司舉行先帝詔旨，詳議南北郊祭，亦未爲晚。」轍曰：「《周禮》一歲徧祀天地，皆王者親行。自漢唐以來，禮文日盛，費用日廣，

〔一〕遇：原作「過」，據《長編》卷四七七改。

故一歲徧祀，不可復行。唐明皇天寶初，始定三歲一親郊，於致齋之日先享太清宮，次享太廟，然後合祭天地，從祀百神。所以然者，蓋謂三年一行大禮，若又不徧，則人情不安。此近世變禮，非復三代之舊，而議者欲以三代遺文參亂其間，亦失之矣。今別祭之議，有欲當郊之歲皇帝先以夏至親祀北郊者，有欲移夏至之祀行於十月者，有欲三年祀天、三年祀地者。然夏至暑雨方作，以行大禮，勢必不可；夏至之禮行於孟冬，其爲非周禮，與冬至無異，而數月之間，再舉大事，力何以堪？若天地之祀互用三年，則天地均爲六年乃獲一祭，而以地廢天，以卑畧尊，尤爲不順。」鄭雍曰：「合祭天地，自漢唐以來行之。本朝六聖，亦皆合祭，元豐六年方特祀昊天上帝。然而自古帝王受命之初，未嘗不郊見天地者。」大防又曰：「適所奏陳，恐禁中未盡見本末。」於是條具祖宗以來郊祀次數，及臨等所議進入。太皇太后宣諭曰：「皇帝即位以來，未曾親祀天地，今行合祭，不爲無名。」大防曰：「臣等議，欲緣皇帝郊見之始，特設地祇位於圜丘，則於先帝議行北郊之禮並不相妨。今蒙聖諭，正如衆議，欲依此令學士院降詔。」及言致齋日躬行廟享，亦未合禮，欲於詔[8]中令議官與北郊事并議施行。乃降詔設皇地祇位于南郊。

先是元豐中，詳定郊廟禮文所建議：親郊之歲，設皇地祇位於圜丘並祭非禮。有詔下議，而議者或以當郊之歲，冬、夏至日，分祭南郊、北郊，以軍賞爲二，而分給之；或以致齋三日，郊廟各一日而祀徧；或欲於圜丘之傍，別營方丘而望祭；或以夏至盛暑，天子不可親祭，改用十月；或欲親郊圜丘之歲，夏至日遣上公攝事於方丘。先帝降詔〔一〕，定親祠北郊如南郊儀，并定上公攝事之禮。至元祐五年，尚書右丞許將建言：「三歲冬至，天子親祠，徧享宗廟，祀天圜丘；而其歲夏至方澤之祭，乃止遣上公，即是皇地祇遂永不在親祠之典。此大闕禮，不可不議。」始詔侍從官及尚書、侍郎、給舍、臺諫、禮官集議。既而臨等八人議：宜如祖宗故事合祭天地，俟將來親行北郊之禮，則合祭可罷。吏部侍郎范純禮等二十人議：天地重祀，不宜數有廢舉。昨罷合祭，既已合禮〔二〕，而又紛更，恐失尊事神祇之意，請依先朝詔旨施行。權兵部侍郎杜純請於苑中設望祀位〔三〕，置權火於壇所，俟躬祠南郊之歲，則夏至北郊上公攝事，每獻舉權火，望拜。權工部侍郎王欽臣議：宜如祖宗故事並祭天地，一次申謝丕貺。中書舍人孔武仲等議：請南郊專祀上帝，而間以孟冬詣北郊親祠。改先帝北郊之儀〔四〕。冬至祀天，夏至祭地，先王之制也。先帝是正禮典，至是猶復合議，唯蘇[9]頌議論稍有經據，頗合禮典。

十八日，詔曰：「祖宗以來，郊廟常祀皆以時遣官攝

〔一〕降詔：原作「詔曰」，據《長編》卷四七七改。
〔二〕既已合禮：《長編》卷四七七作「既復古禮」。
〔三〕「杜」原作「社」，「祀」原作「祠」，據《長編》卷四七七改。
〔四〕儀：原作「議」，據《長編》卷四七七改。

事，惟三歲一行親郊之禮，因徧享廟室，並祭天地於圜丘。昨因詳定郊廟禮文所建議，親祠合祭，不應古義，先帝有詔，定親祭北郊之儀。命下而未果行，是歲圜丘罷設皇地祇位，而廟享尚循權制。今朕以臨御之初郊見上帝，因得躬享太廟，然地祇大祀，獨闕不講。深惟王者察於事地，義不可緩，其今歲圜丘，宜依熙寧十年故事，設皇地祇位，以申始見之禮。候親祠北郊，依元豐六年五月八日指揮，宜令有司擇日遣官奏告施行。仍候禮畢日，依前來指揮，集官詳議將來親祀北郊合行事件，及郊祀之歲廟享典禮聞奏。」

十月四日，禮（新）〔部〕侍郎曾肇言：「伏覩詔書，冬至南郊宜設皇地祇位，以嚴並況之報。此蓋陛下急於親祭地祇，不待考正典禮，遽下此詔。然臣竊詳詔旨，亦云合祭不應古義，今則設皇地祇位於南郊，乃是復行合祭禮。既以爲非，又自行之，一詔之中，前後違戾。詔書又云：『厥後躬行方澤之祀，則修元豐六年五月之制。』是則異時北郊禮行，合祭復罷。天地大祀，國家重事，而輕易變更，頗類兒戲，廢置神位，幾於弈棋。臣伏思陛下之意無他，以謂王者父天母地，尊親並行，即位以來，親見上帝，而未及地祇，恐乖明察之義。又爲議者所惑，以謂五月祭地，必不可行，則是長闕事地之禮，故因南郊并舉地祭，欲 [10] 以致誠敬於大祇爾。以臣所見，欲以致誠，反近於怠；欲以致敬，反近於瀆。何則？南郊非欵地之處，冬至非見地之時。樂以圜鐘爲均，其變以六，非致地祇之音；燔柴升煙，非祭地祇之禮。不問神之享與不享，姑欲便於人事，不近於怠乎？今世之人家有尊長，所居異宮，子弟致敬，必即其處，尚不敢屈致一堂，況天子事地，可不如家人之禮哉！前日以合祭爲非而罷之，今日復行，異日復罷，謂神無象，廢置自由，不近於瀆乎！陛下志在誠敬，而所行反近於怠且瀆，此無他，爲陛下謀者以古爲迂，率意改作，務從苟且〔一〕，趣便一時故也。臣愚不達時變，切爲陛下痛惜之。陛下即位八年，兩行明堂大享之禮，今茲有事南郊，凡與天神，舉皆從祀，次第行之，則將來郊祀之歲，親祠北郊，并及地理諸神，固未爲晚，何苦遽爲此舉，以涉非禮之議哉！況五月祭地，前世之所嘗行，本朝開寶中亦曾四月行雩祀之禮。古人尚以六月出師，孰謂夏至有不可行禮者哉？伏願速降德音，收還前詔，今冬南郊禮畢，即命有司詳定親祠北郊儀物〔二〕，令斟酌時宜，省去繁文末節，以從簡便，俟至郊祀之歲，斷在必行。如此，則於承事神祇，不失誠敬，先帝已正禮文，不至無名改作，萬世之後，以謂復行先王祭地之禮自陛下始，不亦善乎？臣蒙恩擢備從官，職在典禮，朝廷舉措得失，臣與其責。故自聞詔以來，彷徨累日，言之則爲逆旨，不言則 [11] 爲失職。熟慮再三，寧以逆旨獲罪，不敢失職，以負陛下任使也。是以罄竭狂愚，觸犯忌諱，庶幾萬一有

〔一〕從：原脱，據《長編》卷四七七補。
〔二〕詳：原作「擇」，據《長編》卷四七七改。

補聖明，則臣雖受重誅，所不敢避。唯陛下留神省察，不勝幸甚。」

【宋會要】

12 元祐八年二月二十五日，禮部尚書蘇軾言：「恭覩陛下近者至日親祀郊廟，神祇饗答，實蒙休應。然則圜丘合祭，允當天地之心，不宜復有改更。竊惟議者欲變祖宗之舊，圜丘祀天而不祀地，不過以謂冬至祀天於南郊，陽時陽位也，夏至祀地於北郊，陰時陰位也，以類求神，則陽時陽位不可以求陰也。是大不然。冬至南郊既祀上帝，則天地百神莫不從祀。古者秋分夕月於西郊，亦可謂陰時陰位矣；至於從祀上帝，則冬至而祀月於南郊，議者不以爲疑。今皇地祇亦從上帝而合祭於圜丘，獨以爲不可，則過矣。《書》曰：『肆類於上帝，禋于六宗，望于山川，徧於羣神。』舜之受禪也，自上帝、六宗、山川，羣神莫不畢告，而獨不告地祇，豈有此理哉？武王克商，庚戌柴望。柴，祭上帝也；望，祭山川也。一日之間，自上帝而及山川，必無南北郊之别也，而獨畧地祇，豈有此理哉？臣以此知古者祀上帝，并祀地祇矣。何以明之？《詩》之序曰：『《昊天有成命》，郊祀天地也。』此乃合祭天地，經之明文。而説者乃以比之豐年秋冬報也，曰秋冬各報，而皆歌豐年，則天地各祭而皆歌《昊天有成命》也。是大不然。《豐年》之詩曰：『豐年多黍多稌，亦有高廩，萬億及秭。爲酒爲醴，烝畀祖妣。以洽百禮，降福孔皆。』歌於秋可也，歌於冬亦可 13 也。《昊天〔有〕成命》之詩曰：『昊天有成命，二后受之。成王不敢康，夙夜基命宥密。於緝熙，單厥心，肆其靖之。』終篇言天，而不及地。頌，以告神明也，未有歌其所不祭，祭其所不歌也〔一〕。今祭地於北郊，獨歌天而不歌地，豈有此理哉？臣以此知周之世祀上帝〔二〕，則地祇在焉。歌天而不歌地，所以尊上帝，故其序曰『郊祀天地』也。《春秋》書『不郊，猶三望』，《左氏傳》曰『望，郊之細也』。説者曰：三望，泰山、河、海，或曰淮、海也，又或曰分野之星及山川也。魯，諸侯也，故郊之細及其分野山川而已。周有天下，則郊之細獨不及五嶽、四瀆乎？嶽、瀆猶得從祀，而地祇獨不得合祭乎？秦燔詩書，經籍散亡，學者各以意推類而已，王、鄭、賈、服之流未必皆得其真。臣以《詩》、《書》、《春秋》考之，則天地合祭久矣。議者乃謂合祭天地始於王莽，以爲不足法。臣竊謂，禮當論其是非，不當以人廢。光武皇帝，親誅莽者也，尚采用元始合祭故事。謹按《後漢書·郊祀志》：建武二年初制郊兆於洛陽，爲圜丘，八階，中又爲重壇，天地位其上，皆南鄉西上。此則漢世合祭天地之明驗也。又按《水經注》：『伊水東北至洛陽縣圜丘東，大魏郊天之所。準漢故事爲圜丘壇，八階，中又爲重壇，天地位其上。』此則魏世合祭天地之明驗也。唐睿宗將有事於南

〔一〕祭其：「祭」字原脱，據《蘇文忠公全集》卷三五補。
〔二〕此：原脱，據《長編》卷四八一補。

郊，賈曾議曰：『有虞氏禘黄帝而郊嚳，夏后氏禘黄帝而郊鯀。郊之與廟，皆有禘也。禘於廟，則祖宗合食於太祖；禘於郊，則地祇群望皆[14]合食於圜丘，以始祖配享。蓋有事之大祭，非常祀也。《三輔故事》：祭于圜丘，上帝、后土位皆南面。則漢嘗合祭矣。』時褚無量、郭山惲等皆以曾言爲然。明皇天寶元年二月，敕曰：『凡所祠享，必在躬親，朕不親祭，禮將有闕。其皇地祇宜就南郊合祭。』是月二十日，合祭天地於南郊。自後有事于圜丘，皆合祭。此則唐世合祭天地之明驗也。今議者欲冬至祀天，夏至祀地，蓋以爲用周禮也，臣請言周禮與今禮之別。古者一歲祀天者三[一]，明堂享帝者一，四時迎氣者五，祭地者二，享宗廟者四。此十五者皆天子親祭也。而又朝日、夕月、四望、山川、社稷、五祀及羣小祀之類，亦皆親祭，此周禮也。太祖皇帝受天眷命，肇造宋室，建隆初郊，先享宗廟，乃祀天地。自真宗以來，三歲一郊，必先有事景靈宫，享太廟，乃祀天地。此國朝之禮也。夫周之禮，親祭如彼其多，而歲歲行之，不以爲難；今之禮，親祭如此其少，而三歲一行，不以爲易。其故何也？古者天子出入，儀物不繁，兵衛甚簡，用財有節，而宗廟在大門之内，朝諸(候)〔侯〕，出爵賞，必於太廟。不止時祭而已，天子所治，不過王畿千里，唯以齋祭禮樂爲政事，能守此，則天下服矣。是故歲歲行之，率以爲常。至於後世，海内爲一，四方萬里皆聽命於上，機務之繁億萬倍於古，日力有不給。自秦漢以來，天子儀物，日以滋多，有加無損，以至于今，非復如古之簡易也。今之所行，皆非[15]周禮。三年一郊，非周禮也。先郊二日而告原廟，一日而祭太廟，非周禮也。郊而肆赦，非周禮也。優賞諸軍，非周禮也。自后妃以下至文武官皆得蔭補親屬，非周禮也。自宰相、宗室以下至百官皆有賜賚，非周禮也。此皆不改，而獨於地祇則曰周禮不當祭於圜丘，此何義也哉！議者必曰：今之寒暑與古無異，而宣王薄伐玁狁，六月出師，則夏至之日何爲不可祭乎？臣將應之曰：舜一歲巡四嶽，五月方暑而南至衡山，十一月方寒而北至常山，亦今之寒暑也，後世人主亦能行之乎？周所以十二歲一巡者，唯不能如舜也。夫周已不能行舜之禮，然則後世豈必能行周禮乎？天之寒暑雖同，而禮之繁簡則異，是以有虞氏之禮，夏有所不能行，夏、商之禮，周有所不能用[二]，時不同故也。宣王以六月出師驅逐玁狁，蓋非得已，且吉父爲將，王不親行也。今欲定一代之禮，爲三歲常行之法，豈可以六月出師爲比乎？議者必又曰：夏至不能行禮，則遣官攝祭，亦有故事。此非臣之所知也。《周禮·大宗伯》：『若王不與祭祀，則攝位。』鄭氏注曰：『王有故，則代行其祭事。』賈公彦疏曰：『有故，謂王有疾及哀慘皆是也。』然則攝事非安吉之禮。後世人主不能歲歲親祭，故命

[一] 三：原作「二」，據《蘇文忠公全集》卷三五改。
[二] 有所：原重此二字，據《長編》卷四八一刪。

有司行事，其所從來久矣。若親郊之歲遣官攝事，是無故而用有故之禮也。議者必又曰：省去繁文末節，則一歲可以再郊。臣將應之曰：古者以親郊爲常16禮，故無繁文；今世以親郊爲大禮，則繁文有不能省也。若帷城幔屋，盛夏則有風雨之虞。陛下自宮入廟，自廟出郊，冠通天，乘大輅，日中而舍，百官衛兵，暴露於道，鎧甲具裝，人馬喘汗，皆非夏至所能堪也。王者父事天、母事地，不可（徧）〔偏〕異，事天則備，事地則簡，是於父母有隆殺也，豈得以爲繁文末節，而一切欲省去乎？國家養兵，異於前世。自唐之時未有軍賞，猶不能歲歲親祠。天子出郊，兵衛不可簡省，大輅一動，必有賞給。今三年一郊，傾竭帑藏，猶恐不足，郊賚之外，豈可復加〔一〕？若一年再賞，國力將何以給？分而與之，人情豈不失望？議者必又曰：三年一祀天，又三年一祭地。此又非臣之所知也。三年一郊，已爲疏闊，若獨祭地而不祭天，是因事地而愈疏於事天，自古未有六年一祀天者。如此，則典禮愈壞，欲復古而背古益遠，神祇必不顧享〔二〕，非所以爲禮也。議者必又曰：當郊之歲，以十月神州之祭易夏至方澤之祀，則可以免方暑舉事之患。此又非臣之所知也。夫所以議此者，爲欲舉從周禮也。今以十月易夏至，以神州代方澤，不知此周禮之經耶？抑變禮之權耶？若變禮從權而可，則合祭圜丘何獨不可乎？十月親祭地，十一月親祭天，先地後天，古無是禮。而一歲再郊，軍國勞費之患尚未免也。議者必又曰〔三〕：當郊之歲，以夏至祀地祇於方澤，上不親郊而通權火，天子于禁中望祀。此又非臣之所知17也。《書》之望秩，《周禮》之四望，《春秋》之三望，皆謂山川在四郊者，故遠望而祭也。今所在之處，俛則見地，而云『望祭』，是爲京師不見地乎？此六議者，合祭可否之決也。夫漢之郊禮尤與古戾，唐亦不能如古。本朝祖宗欽崇祭祀，儒臣禮官講求損益，非不知圜丘、方澤皆親祭之爲是也，蓋以時不可行，是故參酌古今，上合典禮，下合時宜，較其所得，已多於漢唐矣。天地宗廟之祭皆當歲徧，今不得歲徧，是故徧於三年當郊之歲；又不能於一歲之中再舉大禮，是故徧於三日。此皆因時制宜，雖聖人復起，不能易也。今並祀不失親祭，而北郊則必不能親往，二者孰爲重乎？若一年再郊，而遣官攝事，是長不親事地也。三年間郊，當祀地之歲而暑雨，不可親行，遣官攝事，則是天地皆不親祭也。夫分祀天地，決非今世之所能行，議者不過於當郊之歲祀天、地、宗廟，分而爲三耳〔四〕。分而爲三，有三不可：夏至之日，不可以動大衆、舉大禮，一也。軍賞不可復加，二也。自有國以來，天地宗廟，唯享此祭，累聖相承，唯用此禮，此乃神祇所歆，祖宗所安，不可輕動，動之則有吉凶禍福，不

〔一〕可：原作「有」，據《長編》卷四八一改。
〔二〕不：原作「有」，據《蘇文忠公全集》卷三五改。
〔三〕者：原脱，據《長編》卷四八一補。
〔四〕耳：原作「年」，據《蘇文忠公全集》卷三五改。

可不慮，三也。凡此三者，臣熟計之，無一可行之理，伏請從舊爲便。昔西漢之衰，元帝納貢禹之言毁宗廟，成帝用丞相衡之議改郊位，皆有殃咎，著於史策，往鑒甚明，可爲寒心。伏望陛下覽臣此章，則知合祭天地乃是古今正禮，本非權宜，不獨 18 初郊之歲所當施行，實爲無窮不刊之典〔一〕。願陛下謹守太祖建隆、神宗熙寧之禮，無更改易，郊祀廟享，以億寧上下神祇。仍乞下臣此章，付有司集議，如有異論，即須畫一，解破臣所陳六議，使皆屈伏，上合周禮，下不爲當今軍國之患。不可但執周禮，更不論今可與不可施行。所貴嚴祀大典，以時決定。取進止。」貼黄稱：「唐制，將有事於南郊，則先朝獻太清宮，朝享太廟，亦如今禮先二日告原廟，先一日享太廟。然議者或亦以爲非三代之禮。臣謹按，武王克商，丁未祀周廟，庚戌柴望，相去三日。則先廟後郊，亦三代之禮也。」詔令集議聞奏。（以上《永樂大典》卷五四四八）

19 【章如愚《考索》】〔二〕

宋朝自仁宗以來，三歲一郊，始爲定制。明道、嘉祐間，又有恭謝天地之禮，即大慶殿行之，如明堂故事。（以上《永樂大典》卷次原缺）

【宋會要】

20 〔元祐八年〕四月十一日〔三〕，詔曰：「朕聞五帝不相沿樂，三王不相襲禮，世有損益，因時制宜。惟我祖宗，嚴奉郊廟。當遣官攝事，皆考合於前文；唯奠玉親祠，自裁成於大禮。每以三歲，對越二儀，咸秩百神，大賚四海。迄先帝元豐之末，講方丘特祭之儀，蓋將補一代之闕畧〔四〕，振百王之墜典。朕惟菲德，嗣守丕基。列聖已行，謹當遵奉；先朝未舉，懼不克堪。是以昔歲仲冬，竭誠大祀，神祇享答，祖考燕寧。前詔有司，載加集議，猶欲咨度諸儒之論，稽參六藝之文。然理既不疑，則事無可議，斷自朕志，協于僉言，祇率舊章，永爲成式。今後南郊合祭天地，依元祐七年例施行，仍罷禮部集官詳議。」

（詔）〔紹〕聖元年五月十四日，右正言張商英言：「義理之在人心，禮文之出人情，捨六經無以折衷其是非。事有不幸而不經見，則因時損益可也。經訓坦明，而故違之，此在先王之法，謂之亂名改作，誅而不赦者也。先皇帝以歷代典禮訛謬，置詳定禮文所，考合異同，講廢興墜。謂天地合祭非古也，據經而正之。元祐之臣乃率其私意，剗蕩前美，既畫權且合祭指揮於前，蘇軾又發六議於後，太常博士陳祥道又以《昊天有成命》郊祀天地之詩爲合祭不可破之論。或折詳道曰：審如子言，則春夏祈穀於上帝，豈以

〔一〕不刊：原無，據《長編》卷四八一補。
〔二〕考索：原作「考藁」，按下文出自章如愚《群書考索》卷三一，因改。
〔三〕元祐八年：原無，據天頭原批及《長編》卷四八三補。
〔四〕畧：原作「容」，據《長編》卷四八三改。

夏祈而合於春乎？時邁[21]巡守，而祀四岳、河、海也，詩曰『允猶翕河』，豈以海、岳之祀而合於河乎？祥道屈，無以對。而六議方且下禮部集官詳議，乃下手詔曰：『先朝未舉，懼不克堪。理既不疑，事無可議。斷自朕志，叶于僉言。』謂僉言叶同，則范百禄何以執議不從？盛陶、宇文昌齡何以爲蘇軾所責？曾肇、朱彦何以求去？欲乞再下禮部議。」詔令尚書禮部、太常寺同共詳議聞奏。

十八日，御史中丞黄履言：「南郊合祭，自古無有，止因王莽諂事元后，遂躋地位，同席共牢。逮于先帝，始釐正之。陛下初郊，大臣以宣仁同政，復用王莽私意，合而祀之，瀆亂典禮。而進言者既陳殃咎以動之，又條六議以實之，且謂古今之正禮，不獨初郊可行，實爲無窮不刊之典。臣詳其説，大槩以夕月西郊、《昊天有成命》爲得其要，而不知天地定位不可爲一，故自日而降，始得從祀。《記》曰『大報天而主日』，是也。至《昊天有成命》郊祀天地之詩，終篇雖不言地，而其用可通，是以序兼言之。亦猶《天作》祀先王先公詩不言先公，《般》巡守祀四嶽河海詩不言海，其旨皆同。由是推之，天地不可合祭，亦昭然矣。」詔送尚書禮部、太常寺。

權禮部侍郎盛陶、員外郎韓治、太常丞王誼、博士許彦、劉逵、傅楫等言：「今畧具元豐以來及元祐臣僚論議本末。元豐元年，詳定郊廟奉祀禮文所奏：『本朝親祀上帝，即設皇地祇位，雖盡其恭事之誠，而稽之典禮，有所未合。』送本所詳定合更改[22]禮文聞奏。陳襄議：『既罷合祭，則南北二郊自當别祀。請每遇親祠之歲，先以夏日至祭地祇於方丘，然後以冬日至祀昊天於圜丘。』李清臣議：『常歲有司攝事于南郊，亦不合祭。其合祭之意，止緣親祠欲偏及爾。乞每遇親郊，宿太廟以告，宿北郊以祭，宿南郊以祀。』王存議：『備物而後動，不可以不相天時。歷代祀天地之月率皆不同，若間有事於北郊，用孟冬純陰用事之月，理無不可。』陸佃議：『郊後必有望祭，請冬至親祠，因即圜丘之北别祠地祇。』張璪議：『謂宜即郊祀之歲，於夏至之日，盛禮容，具樂舞，遣冢宰攝事。』陳薦議：『夏至方丘之祀，于今決不可躬行。雖然大備禮樂，上公攝事，則恐此議亦未能與古合也。況天子父事天，母事地，既親禮天神，而不親禮地祇，質之情文，深恐於義未安。乞且循用舊制。』曾肇議：『國朝以來，三歲一見天地祖宗，未嘗廢闕。今冬至若罷合祭，而夏至又以有司攝事，則不復有親祭地祇之時。於事天則躬行，於事地則遣官以往，其於父天母地之義若有隆殺。願親祀南郊之歲，以夏至日備禮躬款北郊，以存事地之義。』顧臨等議：『恐北郊之禮未及親行，徒崇空文，則天子長無親事地之禮。請合祭如祖宗故事。』孔武仲等議：『乞檢會王存奏議，以孟冬詣北郊行親祠之禮。』杜純議：『遇北郊上公攝事，請於後苑中設望祠位，舉權火以望拜。臣等以謂，宜用先帝北郊儀，以時躬行，罷[23]去合祭之禮。』太常少卿王子韶議：『《周禮》，夏日至祭地於方澤。聖人制禮，垂訓萬世，不易之典。元豐六年修定皇帝親祠北郊祭皇地示於方丘，并上公攝事等儀，已在有司，望舉而行之。』」

【宋會要】

24〔紹聖〕二年正月十四日〔一〕，三省言：「合祭既非禮典，但盛夏之月祭地示，必難親行。」詔令翰林學士、尚書、侍郎、兩省、臺諫官、禮官同議如何可以親行祭地之禮，然後可罷合祭。曾布言：「天地宗廟四時皆有祭，未聞盛夏可以廢祭祀也。若謂議可以親祀北郊，然後可罷合祭，則先帝罷合祭爲不當矣。」四月，翰林學士錢勰、刑部侍郎范純禮議：「先帝親祠之詔，所宜遵守，但當斟酌時宜，省去繁文末節，以行親祠之禮，無不可爲。若謂盛夏之月天子必不可出郊，即姑從權變禮，以循祖宗故事。」吏部侍郎韓宗師、兵部侍郎王古議：「陛下郊見之初，既已詔舉合祭，若不先親祠北郊，而遽罷合祭，則遂闕事地之禮。宜如祖宗舊制，及前已降詔旨，南郊合祭爲便，俟已親祠北郊，然後可罷合祭。」權户部侍郎李琮議：「祭地之禮若能削去浮費，敦正古典，追復三代，誠爲盡美。若以乘輿出郊，而暑雨不常，理難預度，六軍儀衛，百官車服勢難減損，三代典禮或難全復，則合祭權宜，亦難輕罷。」太常博士傅楫議：「古者齋莊虔肅，以事天地，苟可致恭，不敢少怠，豈以暑暍，遂廢大禮？又況往返於將旦，展采於未明，而暑暍非患也，願陛下果斷力行之。」殿中侍御史井亮采、監察御史常安民等議：乞且依祖宗舊典合祭。給事中25虞策、權給事中劉定、中書舍人盛陶、太常少卿黄裳議：「權用十月親祭皇地示于北郊，以從世宜，不失先王制禮以類饗神之意。」吏部侍郎豐稷議：「若祭地示，比祀昊天之禮，則盛夏之月難以親行。欲乞郊祀之歲，於夏至前三日，皇帝御文德殿致齋，遣官奏告太廟，其行事、陪祠官如常（議）〔儀〕。至日五更一點，皇帝乘法駕出宣德門，詣北郊齋殿，俟質明行事。比幸（全）〔金〕明池稍加儀衛，禮畢還宮，不甚炎溽。若遇陰雨，大慶殿可陳望祭之禮。」中書舍人盛陶議：「元豐中王存議以十月祭地，臣竊以謂最近於古。以純陰用事之月而祭地示於北郊，於求陰之義不爲過也。」起居舍人葉祖洽議，以謂：「北郊之祠，主於事地。所有太廟、景靈宮，自可差官攝事。皇帝致齋於文德殿，前事一日夙興至郊外齋宮，次日五鼓行事，質明禮畢還内。則是乘輿宿外，不過一日，無憚暑之虞，於理爲可。」户部尚書蔡京、禮部尚書林希、翰林學士蔡卞、御史中丞黄履、工部侍郎吴安持、秘書少監晁端彦、侍御史翟思、殿中侍御史郭知章、正言劉拯、監察御史黄慶基、董敦逸等議：「先皇帝考協先王，遂罷合

〔一〕紹聖：原無，據《文獻通考》卷七六補。又，此條上原有眉批云：「此或是元豐二年，應查。」後又批云：「案《宋史》，三省議禮在紹聖時。」按，見《宋史》卷一〇〇《禮志》三。

祭，修北郊祀地之文，更定儀注。逼追來孝，正在今日。而議者乃復於此尚持二三之説，謂盛夏之月不可躬祠，且當合祭，違先皇帝之詔，此臣等所未喻也。又或以謂，當用孟冬純陰之月。神州地示出於讖緯，鄭氏祖而用之，腐儒臆決，無26所經見。今奉祀大示，而欲更用此禮，亦臣等所未喻也。蓋地示，大祀也，而夏至之日，先王之所當行，迄魏、周、隋、唐之君，亦有能行之者，奚獨至今而疑之？伏請罷合祭天地。自後間因大禮歲，以夏至之日親祠北郊，其親祠北郊歲更不親祠南郊。」

三年正月二十七日，詔曰：「朕惟先王之祀天地，其時物器數各以其象類求之。故以陽求天，祀於冬至之日，以陰求地，祭於澤中之丘，載於典經，其義明甚。而合祭之論特起於腐儒之臆説，歷世襲行，未之有改。先皇帝以天縱大智，緝熙王度，是正百禮，以交神明，遂定北郊親祠之儀，將舉千載已墜之典。雖甚盛德，無以復加。乃者有司不原本指，尚或固陋。肆予冲人，嗣有令緒，仰惟先志，其敢忽忘！宜罷合祭，自今間因大禮之歲，以夏至之日躬祭地祇於北郊。應緣祀事儀物及壇壝、道路、帷宮等，宜令有司參酌，詳具以聞。」蓋用蔡京等議，然北郊親祠，終帝世未克舉云。（以上《永樂大典》卷五四四八）

【宋會要】

27徽宗建中靖國元年八月十八日，起居郎周常言：「親祠南郊歲，其夏至日祭皇地祇。元豐四年四月十三日奉詔修定上公攝事儀。今來親祀北郊之歲，冬至祠昊天上帝，即未有上公攝事指揮。兼遇明堂、祫饗、籍田等大禮，不及親祠天地，並合以上公攝事。」詔令禮部、太常寺詳議，修定儀制聞奏。

【宋會要】

28寧宗嘉定五年十月二十五日，臣僚言：「伏覩郊禋在即，陛下祇奉神示，其純誠固有以昭格矣；而躬行盛德，又自足以上當天心，不惟致敬於練日告虔之時也。然臣以爲，一人致其精一於上，必百官有司駿奔無射而不匱於下，斯可以咸助聖德，而潛通於黝冥，自然神示降格，而福禄之來下也。《周頌》有曰：『濟濟多士，秉文之德，對越在天。』《春秋傳》曰：『有司一人不備其職，不可以祭。』祭者，薦其敬也，薦其美也，臣請得而詳陳之。商人尚聲，臭味未成，滌蕩其聲，樂三闋然後出迎牲。聲音之號，所以詔告於天地之間也。此祭宗廟之文也。而周家祀天祭地，奏黄鍾，歌大吕，奏太簇，歌應鐘，其爲詔告於天地之間則一也。樂工、瞽師，蓋聲音之所自出。今登歌之樂列於壇上，簉於上龠，蓋上帝、地祇、太祖、太宗並侑之側也；而宮架之樂列於午堦之下，則百神之所同聽也。夫樂莫尚於和平，以平時羣祀言之，絲竹管絃，類有斷闋，未知今復何以戛擊搏拊？鼓吹佾舞之工蓋數百人，寠人賤工，安能蠲潔？而無請係名之人亦與其間，垢穢擾雜，殆不可辨。此不可不嚴者一也。周人尚臭，灌用鬱鬯，臭陰達於淵泉，灌以圭璋，用玉氣也，〔故〕既灌然後迎牲。蕭合黍稷，臭陽達於牆屋，故既奠然後焫蕭合羶薌。此祭宗廟 29 之文也。而《大雅》所言：『卬盛于豆，于豆于登。其香始升，上帝居歆，胡臭亶時。』毛氏曰：『木曰豆，瓦曰登。豆，薦葅醢也；登，登大羹也。』其求乎神之義則一也。今自圜壇之上，暨于層龕之下，相承位序甚衆。所謂籩、豆、簠、簋、登、鉶、尊、俎之實，内惟牲牢至期宰擊；餘如膴鮑魚鱐，與夫兔雁麠蚳之醢，麋麇之臡，其類甚不一也，皆各司之所豫造也。餌餈酏糝〔一〕、黍稷稻粱之食，芹茍之葅，亦不一也，則皆神厨至期之所造也。竊聞豫造者先後遲速，或不能指措日分，至有色惡臭惡之慮；而先期呈饌之時，或兩辰浹，無乃太早，而所供之物或不可用。如醢、臡之屬，覆之瓦瓿，無復再察〔二〕，其可改換者未免倉卒，而無復可祭者不可得措手矣。蓋呈饌出於一時頃刻之間，而豫造之司，吏卒習於鹵莽之素，而有司掌之者不過一巡視之而已。百司狃於文具，至於事神，亦復無忌。以至酒齊之設，凡有數等，京尹之司不過委之右選趨走之人，其爲醇醨既不可品嘗，其不中度者甚多也。氣臭之不嚴如此，豈復有馨香之上達也哉！矧又有最甚者，名爲供官，殆百餘人。祭之日，凡籩、豆、簠、簋、登、鉶、尊、俎之屬，滌濯者此曹也；籩、豆、簠、簋、登、鉶、尊、俎之實，鋪設者亦此曹也。滌濯固已鹵莽，而夜半設實於器，皆其手所敷頓。豈但蕡藮乾物之類，而醯臡餌酏、腥熟酒齊之屬，亦皆出於其手之所置。竊聞此曹係籍奉常，平時所給微甚，籃縷垢穢，30 殆不可近。而況執事之夕，又復無所止宿，半夜而興，靧面濯手，皆所不及也。僅有漫漶之服以蒙其外〔三〕，而可使之供祭實乎？至若贊引之人亦百餘輩，進退於神位儀物之間，上焉則切近於至尊，次焉則隨逐於禮官，平時亦皆供官之類耳。以垢汙之人，而蒙之以漫漶之服〔四〕，是皆不可進退於神位儀物之間者也。此不可不嚴者二也。昔魯人之祭也，日不足，繼之以燭，雖有彊力之容、肅敬之心，皆倦怠矣。有司跛倚，則爲不敬之大。今圜壇一龕之位，通二龕、三龕，至壝埒之内外〔五〕，爲位者八百，分獻之官、贊禮之人不能審候壇上疾徐之節，但欲速於竣事。獻官既多，而禮生率常抽差六部、寺監、帥漕之貼吏爲之。既不閑習於禮，而贊引捷給，獻官跪拜俛興酌奠皆不及於禮，端行無有，而并行如奔，其爲怠慢甚矣！此不可不嚴者三也。夫三說如此，正合汲汲求所以整齊之。臣愚以爲，天下之事，一則治，散則偷，久則專，暫則忽。今郊禋大禮，其百司所供之物、所造

〔一〕酏：原作「配」，據《文獻通考》卷七二改。
〔二〕察：原作「祭」，據《文獻通考》卷七二改。
〔三〕蒙：原作「濛」，據《文獻通考》卷七二改。
〔四〕蒙：原作「濛」，據《文獻通考》卷七二改。
〔五〕埒：原作「垺」，據《文獻通考》卷七二改。

之物，各有攸司，固不可不分任之也。而提綱總要，當出於一，不然則禁之徒峻，察之徒苛，而下之便文逃責，終不可得而究也。奉常爲九卿之長，蓋統攝齊一之所自出，況今郊禋大禮，實又奉常之所掌乎！臣前所陳，登歌宮架之上，奉常固自有籍矣，其有請者若干人，而尚不足用，則未免以無請寄名者足之。今名爲色長者，當考見絲竹管絃有無[31]斷闕，速行修補；仍必拘集羣工，洗沐澣濯，存其衣裝之可者，其有不整之人，責限令其措辦可也。今雖有澣濯之令，而莫之尊奉也。若其供官、贊引之人垢弊已甚，又非樂工之比。乞從御史臺行下奉常，於一行人點名之外，更加逐一檢察合用若干人，除其間稍可備數之人，自餘垢弊已甚，必不可責其自辦者，令奉常具申朝廷，行下外祗備庫，將先來檢計退下漫漶舊弊之物，置造衲衣，一褐一袴，先期發下，奉常見名責領。色長至期，盡去其垢弊之衣，而外襲之以法服。表裏咸潔，可以執事於籩、豆、簠、簋、登、鉶、尊、俎之間，而親近於崇嚴清肅之地矣。若夫一行合干等人，名數猥衆，乞下臨安府令於便近慈雲等處，關報居民灑掃爲備。先期一夕，令執色之人分就民居止宿，夜半而興，各靧面濯手，整束衣服，以趨祭所。仍周環壇下約每十數步爲置一盥帨[一]，俾供官、禮生等人必先盥帨而後升壇。所是半夜鋪設，亦乞於分獻官差劄内就令分頭躬親同供官逐位鋪設，務令極其嚴潔，汋之抆之，一一如法可也。所是神厨雖已差官監造，亦必奉常幾察之，仍乞下臨安府、大禮酒庫，專差文官監造。而豫造之厨，從所司亟撥人員，徑過奉常躬親監造可也。雖然，(令)〔今〕奉常之官，朝廷分遣專一周旋檢察，如升歌、宮架之工，豫造、近造之厨，府屬所造之齊，供官、贊引之役，察之必周，令之必嚴，皆歸於奉常，而不[32]至於散漫苟且，而無及於事也。彼分獻贊引之人，必令詳緩如禮，亦從御史臺行下約束。夫以郊禋大禮，竊聞鉅費至數百萬，而四方之犒費不與焉，皆非切於事神也，而聲音、氣臭之用，莫嚴於圓壇一處耳。若夫先二日之朝獻，先一日之朝饗[二]，其聲音氣臭之用則同出乎此也。臣前所陳，弊害非一，此而不嚴，則鉅費數百萬，皆所謂不揣其本而齊其末也。臣覩士庶之家，或延緇黃，設禱祠，主人(齊)〔齋〕戒於家，而僮僕莫不知懼於下，庖厨者屏氣不息，守護者呵禁甚虔。仰惟萬乘之尊，郊禋大禮，赫臨在上，陛下嚴恭寅畏，無一息之少間；而又臨之以五使之重，兢兢謹飭。而百官有司顧循習舊弊，不能凜然上承九重之意，其可不亟正之，以對越天地祖宗之威靈！」從之。(以上《永樂大典》卷五四四九)

[一] 帨：原作「稅」，據《文獻通考》卷七二改。
[二] 朝：原作「期」，據《文獻通考》卷七二改。